Lebenslauf

Es werden Träume immerzu
den Lebenslauf begleiten,
die Stunden voller Freud und Leid
vom Neuem aufbereiten
den Sinn dazu und das Motiv
im Inneren tief ergründen,
um die Spur, die sich verlief
als Quintessenz zu finden

(J. Riedel)

Hartmut Binder

Kafkas Welt

Eine Lebenschronik in Bildern

Rowohlt

1. Auflage Mai 2008
Copyright © 2008 by Rowohlt Verlag GmbH,
Reinbek bei Hamburg
Lektorat Heiner Höfener
Layout Christine Lohmann
Satz Walbaum PostScript, InDesign CS2
bei KCS GmbH, Buchholz bei Hamburg
Lithographie Dr. Cantz'sche Druckerei,
Cantz Medienmanagement, Ostfildern
Druck und Bindung Mohn media
Mohndruck GmbH, Gütersloh
Printed in Germany
ISBN 978 3 498 00643 3

Inhalt

Kapitel I

Frühe Kindheit

Prag

Im Jahr 1784 wurden vier bisher selbständige Städte zu einem Gemeinwesen vereint, das man Prag nannte; es umfaßte Altstadt (Prag I), Neustadt (Prag II), Kleinseite (Prag III) und Hradschin (Prag IV). Nachdem die Ghettomauern gefallen waren, wurde 1850 die Eingliederung der im Moldauknie liegenden Judenstadt als V. Bezirk durchgeführt. Die Folge war, daß der größte Teil der Prager Juden die übervölkerten Gäßchen der Josefstadt, in der untragbare sanitäre Verhältnisse herrschten, verließ und kriminellen Elementen und großstädtischem Proletariat Platz machte, das die industrielle Entwicklung angelockt hatte. Ab 1883, als die Gemeinde *Wischehrad* als Prag VI der böhmischen Metropole einverleibt wurde, verlor eine Vorstadt nach der anderen ihre Selbständigkeit, so daß die Kapitale bis zum Beginn des Ersten Weltkriegs auf knapp eine halbe Million Einwohner anschwoll.

Gleichwohl behielt die Stadt in den Augen Kafkas das Gesicht einer *Provinzstadt*, während sein Freund Max Brod immerhin von *einer nicht ganz ernstzunehmenden Großstadt* sprach. Tatsächlich war Prag gegenüber vergleichbar großen Kommunen im Deutschen Reich in mancherlei Beziehung rückständig. So besaß es beispielsweise bis zum Jahr 1913 kein hygienisch einwandfreies Trinkwasser, denn dieses kam aus Brunnen, die im verseuchten Boden mit undichten Abwasserkanälen und damit mit menschlichen Exkrementen in Berührung kamen, so daß Typhusfälle an der Tagesordnung waren. Da diese Kanäle an den Moldauufern endeten, verunreinigten sie auch den Fluß, so daß gebildete Prager ihren Kindern verboten, darin zu baden.

Im Jahr 1897 wurde mit der sich bis zum Ende des Ersten Weltkriegs hinziehenden Sanierung von Teilen der Altstadt und des Ghettos begonnen, von der nur wenige historisch bedeutsame Synagogen und teilweise auch der berühmte *Alte jüdische Friedhof* verschont blieben. Da in der Prager Neustadt zugleich zahlreiche repräsentative Neubauten wie Banken, Hotels, Kaffeehäuser sowie Verwaltungsgebäude großer Verbände und Wirtschaftsunternehmen entstanden, war die Innenstadt in dieser Zeit eine einzige große Baustelle, die zwangsläufig eine starke Fluktuation der Bevölkerung mit sich brachte: Dies war einer der Gründe, daß Kafka bis zu seiner Einschulung schon fünfmal die Wohnung gewechselt hatte.

In der Stadt lebte eine deutsche Minderheit, die im Jahr 1900 rund 30000 Personen umfaßte und zu einem beträchtlichen Teil aus Juden bestand. Diese deutschjüdische Gesellschaft, die sich vor allem aus Vertretern der Mittel- und Oberschicht, aber auch aus Handwerkern zusammensetzte, war liberal und praktisch frei von Antisemitismus, der sich im Prag der ausgehenden Habsburgermonarchie vor allem als Haß der tschechischen Bevölkerung auf die privilegierte Stellung des privilegierten deutschen Bevölkerungsteils äußerte. Diese deutsche Minderheit unterhielt zwei Tageszeitungen, zwei Theater, zwei Hochschulen und zahlreiche Vereine, in denen sich ihr gesellschaftliches Leben konzentrierte. Ihr Minderheitenstatus, ihre auf ihrer Kleinheit gründende Überschaubarkeit – die ihr entstammenden Kulturträger kannten sich und waren vielfach miteinander verwandt – sowie der Kampf um Selbstbehauptung gegenüber einem zahlenmäßig überlegenen nationalen Gegner machten es jungen Talenten leicht, sich in der Öffentlichkeit zu profilieren, besonders auf dem Gebiet der Literatur, die im damaligen gesellschaftlichen Wertekanon einen hohen Rang einnahm.

Die beiden deutschen Bühnen ließen Prager Dramatiker zu Wort kommen, die deutschen Blätter öffneten ihre Tagesfeuilletons und literarischen Sonntagsbeilagen heimischen Autoren, und die anspruchsvoll aufgemachte Monatsschrift *Deutsche Arbeit,* in der die kulturellen Leistungen der in Böhmen lebenden Deutschen der Öffentlichkeit vorgestellt wurden, kurzzeitig auch die *Herder-Blätter,* die als Forum der sich um Max Brod und Franz Werfel gruppierenden jungen Autoren gedacht waren, eröffneten weitere vorzügliche Publikationsmöglichkeiten für aufstrebende Schriftsteller, unter denen auch mehrere ambitionierte Frauen waren. Außerdem hielten die beiden großen Tageszeitungen *Bohemia* und *Prager Tagblatt* ihre Leserschaft über die in der Stadt lebenden Autoren, Theaterleute, Musiker und bildenden Künstler auf dem laufenden, besprachen ihre Werke, ihre Auftritte, selbst in der böhmischen Provinz und im Ausland, und berichteten über ihre Vertragsabschlüsse, Jubiläen, Preise, Geburts- und Todestage, oft auch mit Hinweisen auf entsprechende Artikel in anderen Zeitungen und Zeitschriften in Österreich und im Deutschen Reich.

Eine nicht weniger gewichtige Rolle in der Förderung deutscher Kultur spielten die Vereine, besonders das *Deutsche Casino* (→ Abb. 555) und einige von Frauen gegründete und unterhaltene Klubs, die in ihren Räumen Ausstellungen und Konzerte Prager Künstler veranstalteten und Nachwuchsliteraten zu Rezitationen einluden. Nicht zu vergessen die *Gesellschaft zur Förderung deutscher Wissenschaft, Kunst und Literatur in Böhmen,* die jedes Jahr bedürftige Autoren und Künstler mit beträchtlichen Summen unterstützte. Unter diesen günstigen Schaffensbedingungen trat in Prag seit dem Ende des 19. Jahrhunderts eine überraschende Vielzahl deutschschreibender Autoren hervor, die schon im jugendlichen Alter von 18, 19 Jahren mit Erzählungen und Buchpublikationen den Weg in die Öffentlichkeit fand (→ Abb. 119, 172f., 403 und 1017). Kafka, der als 24jähriger seinen ersten Prosatext veröffentlichte und mit 29 sein erstes Buch, stellte eine Ausnahme dar, ein Sachverhalt, der ihm durchaus bewußt war und ihn zu der Aussage veranlaßte, er gehöre zu den Leuten, *die ein bischen langsamer aus der vorigen Generation herausgekommen* seien.

Es ist behauptet worden, die deutschjüdische Minderheit Prags habe auf einer durch mehrfache Ghettoisierung von ihrem natürlichen Umfeld abgetrennten Sprachinsel gelebt. Weiterhin habe die hier herrschende Treibhausatmosphäre die Blüte der in der Stadt beheimateten deutschen Literatur im ersten Drittel des 20. Jahrhunderts hervorgebracht, in der Prag folgerichtig in seiner bedrohlichen,

1 | Blick auf die *Karlsbrücke* (→ Abb. 40 und 782), Kleinseite und Prager *Burg* (→ Abb. 12 und 793) mit dem *St. Veits-Dom* (→ Abb. 795), der noch ohne Längsschiff und Westwerk ist. Weiter rechts die beiden Türme der *St. Georgskirche* (→ Abb. 796). Am Ende des ganzen Gebäudekomplexes der *Schwarze Turm* (→ Abb. 798), daneben, am äußersten Bildrand rechts, der Beginn der zur Kleinseite hinunterführenden *Alten Schloßstiege* (→ Abb. 800) (um 1880).

undurchschaubaren Nachtseite erscheine. Aber diese ohne zureichende quellenmäßige Fundierung vorgebrachte Sicht steht im Widerspruch zu den tatsächlich in der Stadt herrschenden Verhältnissen: Zunächst ist festzuhalten, daß die sich zur deutschen Sprache und Kultur bekennenden Prager Juden mit den nichtjüdischen Bewohnern deutscher Zunge eine einheitliche Gesellschaft bildeten, die alle Institutionen erfaßte und sich dauernd durch Zuwanderung von außen ergänzte. Denn die Hälfte der Prager Bevölkerung, zu der auch Kafkas Eltern, Verwandte und befreundete Familien gehörten, waren aus der Provinz zugewandert, und dies gilt auch für die Mehrzahl der zur deutschen Literatur zählenden Prager Autoren, deren sprachliche Wurzeln in der böhmischen Provinz lagen. Außerdem lebten zahlreiche aus den deutschen Randgebieten stammende Studenten und Lehrpersonen in der böhmischen Metropole, deren Idiome die Prager Sprachlandschaft veränderten und bereicherten. Schließlich beförderten die häufigen Gastspiele Wiener und Berliner Bühnen sowie eine Flut von Vorträgen der meist ebenfalls aus diesen

Metropolen angereisten Schriftsteller und anderer Kulturträger einen unablässigen Austausch mit dem gesamten deutschen Sprachgebiet, der möglicherweise vorhandenen isolationistischen Tendenzen und Neigungen zur Selbstgenügsamkeit entgegenwirkte.

Das Verhältnis der Prager Deutschen zum tschechischen Nachbarn zeichnete sich dadurch aus, daß die Grenzen zwischen den beiden Volksgruppen, die ohne Rücksicht auf ihre nationale Zugehörigkeit in den Prager Mietshäusern zusammenwohnten, durchlässig und fließend waren: Denn die nationale Identität war vielfach keine Sache des Blutes oder der Sprache, sondern allein eine solche des Bekenntnisses, so daß beispielsweise Angehörige ein und derselben Familie für unterschiedliche Volkszugehörigkeiten votieren konnten. Einige der deutschschreibenden Prager Autoren entstammten sogar einem tschechischen Milieu und sprachen zunächst besser Tschechisch als Deutsch. Fast alle diese Schriftsteller übersetzten auch Werke ihrer tschechischen Kollegen, mit denen sie vielfach in persönlichem Kontakt standen, ins Deutsche und entzogen sie so den Beschränkungen einer bloß nationalen Rezeption.

Br II 313, EFR 97 und Br I 116, vgl. Wilhelm Klein: *Die Kanalisation der Stadt Prag*, in: PT 35, Nr. 223 (14. VIII. 1910), S. 2 f., Anthony Northey: *Mizzi Hanel, Marie Gibian und andere Randgestalten der Kafka-Zeit*, in: *Juden zwischen Deutschen und Tschechen*, hrsg. von Marek Nekula und Walter Koschamal, München 2006, S. 174–181, Hartmut Binder: *Entlarvung einer Chimäre. Die deutsche Sprachinsel Prag*, in: *Deutsche, Juden und Tschechen in Prag 1890–1924*, (Montpellier 1996), S. 183–209 und ders.: *Paul Eisners dreifaches Ghetto. Deutsche, Juden und Tschechen in Prag*, in: *Die Welt Franz Werfels und die Moral der Völker*, hrsg. von Michel Reffet, Bern u. a. (2000), S. 17–137.

Die Familie

Der Geschäftsmann Angelus Kafka (1837–1908) und seine Familie waren vermutlich wichtige Bezugspersonen Kafkas während seiner Kinderjahre. Angelus hatte 1866 in Strakonitz (Strakonice) eine Essig- und Likörfabrik gegründet, war aber, wie auf ihn ausgestellte Gewerbescheine zeigen, schon im Jahr darauf auf die Prager Kleinseite übersiedelt, wo er eine Konzession für den Ausschank alkoholischer Getränke unter Einschluß des Branntweins erhielt. Seit 1868 wohnte er in der *Plattnergasse (Platnéřská)* Nr. 13 (I-90), während er sein Geschäft zunächst an verschiedenen Lokalitäten in der Prager Alt- und Neustadt betrieb, bis er 1893 erstmals sein Gewerbe ebenfalls in diesem Haus ausübte. Das Prager Adreßbuch von 1907 zeigt, daß er damals auch das Haus *Plattnergasse* Nr. 9 (I-88) für Geschäftszwecke nutzte; das wenig ansehnliche Gebäude war Sitz seiner Weingroßhandlung. Außerdem verfügte Angelus Kafka über großen Landbesitz und einen Weinkeller in Podhoř (Podhoří) im Norden Prags, in dem auch Franz Kafka zu Gast war. (→ Abb. 141)

Der Vater von Angelus, Samuel Kafka (1813–1895), war der älteste Sohn von Josef Kafka, der im südböhmischen Wossek (Osek) lebte und ein Urgroßvater Franz

Kafkas war, denn Samuels um ein Jahr jüngerer Bruder (nach anderer Auffassung Halbbruder) Jakob (1814–1889) war der Vater Hermann Kafkas, der demnach ein Vetter von Angelus war. Offensichtlich half Angelus seinen Verwandten, in Prag geschäftlich Fuß zu fassen: Sein Bruder Friedrich (1849–1908) war kurze Zeit Gesellschafter in seinem Betrieb, gründete aber 1877 im böhmischen Příbram (Pibrans) eine eigene Likörfabrik und war auf der *Jubiläumsausstellung* des Jahres 1908 (→ Abb. 42) mit einem Stand vertreten. Ein weiterer Bruder, Heinrich (1855–1917), hatte eine Weinhandlung in der Prager *Fischmarktgasse (Rybná)* Nr. 24 (I-693), führte aber auch die Příbramer Likörspezialitäten seines Bruders. Dieses Geschäft lag in unmittelbarer Nähe der *K. k. Knaben-Volksschule mit deutscher Unterrichtssprache in Prag-Altstadt* (→ Abb. 32), die sein Großneffe Franz Kafka besuchte, der an der Ladenfront lesen konnte: *Kavka rád prodává ale na dluh nic nedává.* (Kafka verkauft gern, gibt aber nichts auf Pump.) Als Heinrich überraschend starb und Frau und Tochter in schlechten pekuniären Verhältnissen zurückließ, gab Kafkas Vater den Hinterbliebenen 3000 Kronen und hielt eine Rede vor knauserigen Verwandten, die er mit dem Argument zur Mildtätigkeit veranlaßte, man könne, auch wenn man zwölf Zimmer bewohne, nur in einem Bett schlafen und Erspartes nicht mit ins Grab nehmen.

Sehr erfolgreich waren Moritz Kafka (1844–1929), ein jüngerer Bruder von Angelus Kafka, der zu akademischen Ehren gelangte und seit 1879 in Prag eine Advokatur unterhielt, und sein im Aussehen Kafka ähnelnder und von diesem wegen seiner Energie, Organisationskraft und Redebegabung bewunderter Sohn Bruno (1881–1931), der schon als Jurastudent, dann als Hochschullehrer und Abgeordneter ein führender Vertreter der Prager Deutschen und den Zeitgenossen gewiß der bekannteste Vertreter des Kafka-Clans war. Bruno Kafka begegnete seinem Gliedcousin Franz und dessen Freunden in der *Lese- und Redehalle der deutschen Studenten*, und zwar als Gegenspieler. (→ Abb. 167)

In der *Plattnergasse* Nr. 13 lebte zeitweilig auch Leopold Kafka (1829–1902), ein Onkel von Angelus und der jüngste Bruder Jakob Kafkas. Er eröffnete 1878 in der *Plattnergasse* Nr. 11 (I-89), *Zum weißen Löwen (U bilího lva)*, eine Schenke gleichen Namens, leitete Anfang der 90er Jahre das *Grand Café London* am *Obstmarkt (Ovocný trh)*, in dem später Franz Kafka und seine Freunde verkehrten (→ Abb. 264), und unterhielt 1897 am *Altstädter Ringplatz (Staroměstské náměstí)* einen Kaffeesalon (→ Abb. 23).

Seinen Vetter Hermann, Kafkas Vater, hat Angelus ebenfalls in sein Haus aufgenommen. Nachdem er 1875 seinen dreijährigen Militärdienst absolviert hatte, war Hermann als Handelsvertreter im Auftrag einer Firma im böhmischen Raum tätig gewesen und lebte von 1880 bis zu seiner am 3. September 1882 erfolgten Heirat mit Julie Löwy, die er im Frühsommer dieses Jahres kennengelernt hatte, in der *Plattnergasse* Nr. 13, und als ihm am 3. Juli 1883 sein erstes Kind Franz geboren wurde, übernahm der geschäftlich sehr erfolgreiche und wohlhabende Angelus die Patenschaft, die ihm vermutlich von Hermann Kafka angetragen wurde. Kafkas Vater war der Sohn des Fleischhauers Jakob Kafka und seiner Frau Franziska, geb. Platowski, die in Wossek lebten (→ Abb. 675). Er hatte zwei Schwestern, Anna (1848–1936) (→ Abb. 183) und Julie (1855–1921) (→ Abb. 491), sowie drei Brüder, Filip (→ Abb. 152), Heinrich und Ludwig.

Während Filip in Kolin (→ Abb. 821) und Heinrich in Leitmeritz (→ Abb. 688) ihr Glück suchten, ließ sich der Jüngste, Ludwig Kafka (1857–1911), in den 1880er Jahren als Versicherungsagent in Prag nieder, war aber, vielleicht wegen einer bakteriellen Hauterkrankung im Gesicht, wenig erfolgreich. Seit 1903 wohnte er in der *Joachimsgasse (Jachymova)* Nr. 2 (V-26) in der Prager Altstadt (→ Abb. 821 und 1122), also ganz in der Nähe des Galanteriewarengeschäfts, das sein Bruder Hermann betrieb. Als Ludwig überraschend starb und zwei Töchter hinterließ, übernahm Hermann Kafka, wenngleich murrend, die unversorgte Irma (1889–1919) als Angestellte in sein Unternehmen, wo sie die beste Freundin von Kafkas jüngster Schwester Ottla wurde, die ebenfalls im elterlichen Geschäft arbeitete.

Spätestens seit der Jahrhundertwende befanden sich Comptoir und Detailverkauf der Firma Angelus Kafka im Haus *Zum weißen Löwen,* in dem Angelus auch starb. Am 31. August 1908, nachmittags um drei Uhr, begann von hier aus das sogenannte Trauerbegängnis, an dem natürlich auch das Patenkind Franz teilzunehmen hatte. Man versammelte sich vor dem Haus des Verstorbenen und folgte von dort dem Leichenwagen bis zum *Neuen jüdischen Friedhof,* wo auch Kafka selbst, seine Eltern (→ Abb. 1212) und andere Verwandte ihre letzte Ruhestätte fanden. Später begannen die Beerdigungen an der Ecke *Graben/Wenzelsplatz, Beim Spinka* genannt, wo Wagen warteten, um die Trauergäste zu den entfernt liegenden Friedhöfen in Wollschan (Olschany) zu befördern. So auch am 24. Mai 1908, als Kafkas Großmutter Julie Löwy begraben wurde, und am 5. April 1910, als ihr Mann beerdigt wurde.

Als die Häuser in der *Plattnergasse* im Lauf des Jahres 1908 der Sanierung zum Opfer fielen, übersiedelte die Firma Angelus Kafka, die nach dem Tod ihres Gründers auf seine beiden Söhne überging, in ein Notquartier (→ Abb. 4). Nach der Vollendung dieser städtebaulichen Maßnahmen bezog sie einen Neubau (I-90), der sich an derselben Stelle erhebt wie sein Vorgänger.

Im Jahr 1877 verkaufte der in Podiebrad (Poděbrady) lebende Geschäftsmann Jakob Löwy sein Haus und sein Unternehmen und ließ sich mit seiner zweiten Frau Julie, geb. Heller, als Pensionär in der Prager Neustadt nieder. Die Tochter des Paars, Julie, die mitgekommen war und 1882 Hermann Kafka heiratete, behauptete später, die Ursache für diese Entscheidung sei gewesen, daß alle ihre Brüder in der Fremde gearbeitet hätten, so daß kein Nachfolger für das elterliche Geschäft vorhanden gewesen sei. Tatsächlich war Alfred (1852–1923), der wie seine Schwester sowie seine Brüder Josef und Richard aus der ersten Ehe Jakob Löwys mit Esther Porias (1830–1859) stammte, schon 1873 als Buchhalter nach Wien übersiedelt, bevor er 1876 Prokurist in einer Pariser Bank und später in Madrid Direktor einer spanischen Eisenbahngesellschaft wurde. Aber Josef und Richard waren ebenfalls mit ihren Eltern nach Prag übersiedelt wie ihre zu diesem Zeitpunkt noch halbwüchsigen Halbbrüder Rudolf (1861–1921), der später als Buchhalter in einem Brauhaus in Koschir (Košíře), einem Vorort von Prag, arbeitete (→ Abb. 490), und Siegfried (1867–1942), der an der Prager *Karl-Ferdinands-Universität* Medizin studierte und 1899 Landarzt im mährischen Triesch (Třešť) wurde (→ Abb. 202). Josef (1858–1952) war zwar in der böhmischen Region berufstätig, wohnte aber noch bei seinen Eltern, bis er 1882 seine Heimat in Richtung Paris verließ. Er arbeitete von 1891 bis 1902 im belgischen Kongo beim Eisenbahnbau und danach als Bankangestellter in China und Kanada. Um 1910 zog er sich von seinen Geschäften zurück und lebte in Versailles und in der Schweiz. Richard blieb in Prag und eröffnete ein Wäschegeschäft (→ Abb. 186 und 212).

Jakob Löwy, jüngster Sohn Isaak Löwys (1777–1860), eines sehr wohlhabenden und angesehenen Geschäftsmannes in Humpolec (Humpoletz), hatte vier Brüder, darunter Ahron und Leopold, die als Geschäftsleute in ihrer Heimatstadt blieben. Aber Ahrons Sohn Alexander (→ Abb. 490) und Leopolds Sohn Friedrich (→ Abb. 219) übersiedelten später nach Prag, wo sie in nähere Beziehungen zur Familie Kafka traten.

Bruno Kisch: *Wanderungen und Wandlungen. Die Geschichte eines Arztes im 20. Jahrhundert,* Köln (1966), S. 53, vgl. PT 31, Nr. 349 (19. XII. 1906), S. 15, PT 33, Nr. 260 (20. IX. 1908), S. 29, PT 20, Nr. 278 (8. X. 1895), S. 19, PT 33, Nr. 240 (31. VIII. 1908), S. 7, PT 33, Nr. 142 (23. V. 1908), S. 21, PT 35, Nr. 93 (5. IV. 1910), S. 9, Irma Kafka an Ottla am 22. XI. 1917, FK 12, 44 f., Alena Wagnerová: *«Im Hauptquartier des Lärms». Die Familie Kafka aus Prag,* (Köln 1997), S. 30 f., 46, 69 f. sowie Anthony Northey: *Kafkas Mischpoche,* Berlin (1988), S. 13, 19–30 und 75 f.

2 | Die Häuser *Plattnergasse* Nr. 11 (I-89), *Zum weißen Löwen* (links), und Nr. 13 (I-90) in der Darstellung des *Langweilschen Modells* (1826–1834).

3 | Der junge Hermann Kafka (1852–1931).

*So hast Du mir z. B. vor Kurzem gesagt:
«ich habe Dich immer gern gehabt, wenn ich
auch äußerlich nicht so zu Dir war wie andere Väter zu sein pflegen, eben deshalb weil
ich mich nicht verstellen kann, wie andere».*

Brief an den Vater, S. 145.

4 | Das Haus *Plattnergasse* Nr. 13, in dem Hermann Kafka bis zu seiner Heirat mit Julie Löwy lebte, während der Assanation, die aber am Verlauf der Straße nichts änderte. Auf dem Schild ist zu lesen: *Změna místnosti/Závod firmy/A. Kafka/náléza se vedle v novém domě*. (Lokalwechsel/Der Betrieb der Firma/A. Kafka/befindet sich in dem neuen Haus nebenan.)

Die Gasse erstreckt sich vom *Niklasplatz* (dem heutigen *náměstí Franze Kafky*) in westlicher Richtung bis zur *Kreuzherrengasse (Křižovnická)* in der Nähe der Moldau. Die das Südende des Prager Ghettos markierende, aber außerhalb desselben liegende *Platnéřská*, die mit ihren ausla-

denden Stockwerken, Giebeln und Erkern mittelalterliches Gepräge trug, gehörte zu den Hauptverkehrsadern im alten Prag. Hier war ursprünglich der Sitz der Plattner oder Spengler, die Rüstungen, Waffen und Beschläge herstellten.

Die Assanierung der Plattnergasse und ihrer Umgebung, in: PT 33, Nr. 141 (22. V. 1908), S. 4.

5 | Blick auf die Südfront des *Altstädter Ringplat-zes*. In dem Eckhaus links von der Einmündung der *Eisengasse (Železná)*, dem *Smetana-Haus* (I-548), wohnte Kafkas Mutter mit ihrem Bruder Josef und ihren Eltern seit Juli 1881. An der Fassade des Hauses befindet sich eine Bronzeplatte aus dem Jahr 1927 mit folgender tschechischer In-schrift: *In diesem Haus eröffnete Bedřich Smetana im August 1848 ein Musikinstitut.*

Im September 1884 übersiedelten Jakob Löwy und seine Frau an den *Wenzelsplatz* (II-840), im Juni des darauffolgenden Jahres, als Hermann Kafka gerade dorthin gezogen war (→ Abb. 12), auf den *Annaplatz (Anenské náměstí)* (I-209) und dann im Mai 1892 in die *Gerstengasse (Ječná)* Nr. 9 (II-1433) (→ Abb. 68).

6 | Julie Kafka (1856–1934).

Es ist wahr, daß die Mutter grenzenlos gut zu mir war, aber alles das stand für mich in Beziehung zu Dir, also in keiner guten Beziehung. Die Mutter hatte unbewußt die Rolle eines Treibers in der Jagd. Wenn schon Deine Erziehung in irgendeinem unwahrscheinlichen Fall mich durch Erzeugung von Trotz, Abneigung oder gar Haß auf eigene Füße hätte stellen können, so glich das die Mutter durch Gut-sein, durch vernünftige Rede (sie war im Wirrwarr der Kindheit das Urbild der Vernunft), durch Fürbitte wieder aus und ich war wieder in Deinen Kreis zurückgetrieben, aus dem ich sonst vielleicht, Dir und mir zum Vorteil ausgebrochen wäre.

Brief an den Vater, S. 167.

FK 233 (Max Brod), vgl. Max Brod: *Kafka stand niemals beiseite, Rede zur Eröffnung der Prager Kafka-Ausstellung*, in: Österreichische Monatshefte 11, Heft 130 (Oktober 1964), S. 495.

7 | Blick vom *Altstädter Ringplatz* auf die Einmündung der *Langegasse (Dlouhá třída)* (1900).

Er *[*Kafka*] liebte es, Stellen vorzulesen, die er bei Autoren (oft auch solchen, die sonst von niemandem geschätzt wurden) als inspiriert aufgefunden hatte – und seine ganze Begeisterung flammte auf, wenn er mit stillen, aber aufs Äußerste überzeugenden Gesten seinen Fund ins rechte Licht setzte. So hat er mir auch einmal, und zwar auf der Gasse, beim Licht einer Straßenlaterne (ich sehe die Stelle noch vor mir, es war auf dem Altstädter Ring, beim Eingang zur Langengasse) aus einer kleinen Talmud-Anthologie, einem zerfetzten Heftchen, jene Erzählung vorgelesen, deren Hauptsatz dann der Angelpunkt meines Buches «Heidentum, Christentum, Judentum» (1921) geworden ist, der Satz Schimon bar Jochais: «Mir ist ein Wunder widerfahren; daher will ich eine nützliche Einrichtung treffen.»*

Wie ein Gewerbeschein vom 12. August 1882 ausweist, eröffnete Hermann Kafka im nicht mehr existierenden zweiten Haus von links (I-929) – *Altstädter Ring* Nr. 12 (heutiger Nachfolgebau Nr. 8) – ein Geschäft mit Zwirn, Baumwolle und Galanteriewaren. Im gleichen Gebäude lag das Hotel *Goldhammer*, in dem Hermann Kafka und Julie Löwy am 3. September 1882 Hochzeit hielten. (→ Abb. 697)

8 | Kafkas Geburtshaus in der *Niklasgasse (Mikulašská)* Nr. 9, heute *náměstí Franze Kafky* Nr. 3 (I-24).

Das von Kilian Ignaz Dientzenhofer um 1730 erbaute *St. Nikolauskloster*, in dem Kafkas Eltern nach ihrer Heirat eine Wohnung bezogen hatten, die sie bis zum April 1885 beibehielten, wurde 1898 abgerissen und durch einen Neubau ersetzt. Vergleicht man dessen Fassade mit der hier reproduzierten Abbildung, dann zeigt sich, daß man das Portal mit der darüber liegenden Balkonbrüstung und die baldachinartigen Verzierungen über dem Balkon wiederverwendete. Möglicherweise gilt dies auch für die barocken Fensterbekrönungen, besonders im obersten Stockwerk. An der Fassade befindet sich heute eine von Karel Hladík geschaffene, 1965 enthüllte Kafka-Gedenktafel.

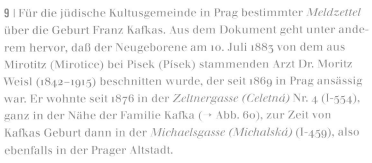

9 | Für die jüdische Kultusgemeinde in Prag bestimmter *Meldzettel* über die Geburt Franz Kafkas. Aus dem Dokument geht unter anderem hervor, daß der Neugeborene am 10. Juli 1883 von dem aus Mirotitz (Mirotice) bei Pisek (Písek) stammenden Arzt Dr. Moritz Weisl (1842–1915) beschnitten wurde, der seit 1869 in Prag ansässig war. Er wohnte seit 1876 in der *Zeltnergasse (Celetná)* Nr. 4 (I-554), ganz in der Nähe der Familie Kafka (→ Abb. 60), zur Zeit von Kafkas Geburt dann in der *Michaelsgasse (Michalská)* (I-459), also ebenfalls in der Prager Altstadt.

Vgl. Hartmut Binder: *Kafkas jüdisches Schicksal. Ein unveröffentlichtes Dokument*, in: *Stuttgarter Zeitung* 22, Nr. 147 (1. VII. 1966), S. 33.

10 | Das früheste erhaltene Photo von Franz Kafka (1883).

   Unser ältester Sohn Franz war ein zartes aber gesundes Kind.

Julie Kafka über die Familie, in: Alena Wagnerová: *«Im Hauptquartier des Lärms»*. *Die Familie Kafka aus Prag*, (Köln 1997), S. 44.

11 | Franz Kafka (Sommer 1884).

   Ich lege eine Photographie von mir bei, ich war vielleicht 5 Jahre alt, das böse Gesicht war damals Spaß, jetzt halte ich es für geheimen Ernst [...] Fünf Jahre war ich wohl auf dieser Photographie noch nicht alt, vielleicht eher 2, aber das wirst Du als Kinderfreundin besser beurteilen können als ich, der ich vor Kindern lieber die Augen zumache. Später korrigierte Kafka seine Datierung: Falsch ist nur mein Alter auf der Photographie angenommen, ich war gerade 1 Jahr alt, wie ich jetzt erfahren habe.

An Felice am 21. und 26. XI. 1912.

12 | Der *Wenzelsplatz* im letzten Drittel des
19. Jahrhunderts. Ganz links im Hintergrund
der *St. Veits-Dom (Chrám svatého Víta)*, damals
noch ohne Schiff und Westwerk. Hinter der
Häuserzeile rechts der monumentale Chor der
von Kaiser Karl IV. gestifteten, unvollendet ge-
bliebenen *Maria-Schnee-Kirche (kostel P. Marie
Sněžné)* in der Neustadt. In der Häuserfront sind
die Einmündungen der *Krakauer- (Krakovská)*
und dahinter der *Smečkagasse (Ve Smečkách)*
zu erkennen. In dem nur zwei Obergeschosse
aufweisenden Haus *Wenzelsplatz* Nr. 56 (II-802)
an der zum Betrachter gewandten Ecke *Smečka-
gasse/Wenzelsplatz* (nicht erhalten) wohnte die
Familie Kafka von Mai bis Oktober 1885. Hier
wurde am 11. September 1885 Kafkas Bruder
Georg geboren, *ein schönes kräftiges Kind*, wie
sich Julie Kafka in dem schon angeführten Bericht über ihre Familie ausdrückte. Georg starb
am 15. XII. 1886 an den Masern. (→ Abb. 16)

Julie Kafka über die Familie, in: Alena Wagnerová: «*Im Hauptquartier
des Lärms*». *Die Familie Kafka aus Prag*, (Köln 1997), S. 44.

13 | Die *Stockhausgasse (Vězeňská)* vor der Alt-
stadtsanierung.

*[...] auch flogen im Gespräch zuhause und
besonders im Geschäft die Schimpfwörter rings
um mich in solchen Mengen auf andere nieder,
daß ich als kleiner Junge manchmal davon fast
betäubt war und keinen Grund hatte, sie nicht
auch auf mich zu beziehn, denn die Leute, die
Du beschimpftest, waren gewiß nicht schlechter
als ich und Du warst gewiß mit ihnen nicht unzufriedener als mit mir.*

Gleichzeitig mit der Übersiedlung der Familie
an den *Wenzelsplatz* verlegte Hermann Kafka
sein Geschäft vom *Altstädter Ringplatz* in die
am Südrand des Ghettos entlangführende *Stockhausgasse* Nr. 4 (I-909), rechts im Bild. Das nicht
erhaltene Gebäude, heute Verkehrsfläche, lag
an der Stelle, wo die Straßen *V kolkovně* und
Vězeňská zusammenstoßen.

Brief an den Vater, S. 160 f.

14 | Kafka als Vorschulkind.

Deine äußerst wirkungsvollen, wenigstens mir gegenüber nie-
mals versagenden rednerischen Mittel bei der Erziehung waren:
Schimpfen, Drohen, Ironie, böses Lachen und – merkwürdiger
Weise – Selbstbeklagung.

Daß Du mich direkt und mit ausdrücklichen Schimpfwörtern
beschimpft hättest, kann ich mich nicht erinnern. Es war auch
nicht nötig, Du hattest so viele andere Mittel, auch flogen im
Gespräch zuhause und besonders im Geschäft die Schimpfwörter
rings um mich in solchen Mengen auf andere nieder, daß ich als
kleiner Junge manchmal davon fast betäubt war und keinen Grund
hatte, sie nicht auch auf mich zu beziehn, denn die Leute, die Du
beschimpftest, waren gewiß nicht schlechter als ich und Du warst
gewiß mit ihnen nicht unzufriedener als mit mir. [...]

Das Schimpfen verstärktest Du mit Drohen und das galt nun
auch schon mir. Schrecklich war mir z. B. dieses: «Ich zerreiße Dich
wie einen Fisch», trotzdem ich ja wußte, daß dem nichts Schlimmeres
nachfolgte (als kleines Kind wußte ich das allerdings nicht).

Brief an den Vater, S. 161.

15 | Die *Geistgasse (Dušní)* im Prager Ghetto; Blick nach Norden.

Ich winselte einmal in der Nacht immerfort um Wasser, gewiß nicht
aus Durst, sondern wahrscheinlich teils um zu ärgern, teils um mich
zu unterhalten. Nachdem einige starke Drohungen nicht geholfen
hatten, nahmst Du mich aus dem Bett, trugst mich auf die Pawlat-
sche [an der Hofseite Prager Häuser entlangführende Balkone] und
ließest mich dort allein vor der geschlossenen Tür ein Weilchen im
Hemd stehn. Ich will nicht sagen, daß das unrichtig war, vielleicht
war damals die Nachtruhe auf andere Weise wirklich nicht zu ver-
schaffen, ich will aber damit Deine Erziehungsmittel und ihre Wir-
kung auf mich charakterisieren. Ich war damals nachher wohl schon
folgsam, aber ich hatte einen innern Schaden davon.

Im zweitletzten Haus in der Häuserzeile links (rechts hinter der
hellen Litfaßsäule), *Geistgasse* Nr. 27 (V-187), wohnte die Familie
Kafka von November 1885 bis Juni 1887; es war ihr einziges Domizil im Ghetto. In dieser Wohnung starb Kafkas Bruder Georg. Hier
ist auch am ehesten die eben angeführte Szene anzusiedeln, die
im *Brief an den Vater* als Vorfall aus den ersten Jahren bezeichnet wird. Einerseits war Kafka während der am *Wenzelsplatz* verbrachten Zeit noch zu klein, als daß er sich an ein solches Ereignis
hätte erinnern können, andererseits hätte er zu Lebzeiten Georgs
oder nach der Geburt seines zweiten Bruders Heinrich (→ Abb. 16)
schwerlich die Nächte im elterlichen Schlafzimmer verbracht.

Brief an den Vater, S. 149.

16 | Das 1901 abgerissene *Krenn-Haus* (I-936, heute Verkehrsfläche) vom *Niklasplatz* aus gesehen. Links die *St. Nikolaus-Kirche (kostel svatého Mikuláše)*, die 1871 von der Stadt Prag, der Eigentümerin, an die russisch-orthodoxe Kirche vermietet worden war, aber am 16. Juli 1915 beschlagnahmt und anschließend renoviert wurde, um ab September 1916 als *Garnisonskirche* dienen zu können. Dazwischen, ganz im Hintergrund, sind Teile des *Kinsky-Palais* zu sehen. Rechts im Bild der neugotische Erweiterungsbau des *Altstädter Rathauses*, der am Ende des Zweiten Weltkriegs zerstört und nicht wieder aufgebaut wurde.

Im *Krenn-Haus* wohnte die Familie Kafka von Juli 1887 bis zum August 1888. Die Adresse war *Niklasgasse* Nr. 14, was bedeutet, daß die Fenster der Wohnung zum *Niklasplatz* oder zur links am Haus vorbeiführenden *Niklasgasse* zeigten. Hier wurde am 27. September 1887 Kafkas Bruder Heinrich geboren, der am 10. April 1888 an Mittelohrentzündung starb (→ Abb. 12). Im Protokoll der ärztlichen Untersuchung, der sich Kafka am 2. Oktober 1907 im Zusammenhang mit seiner Aufnahme in die Prager Vertretung der *Assicurazioni Generali* zu unterziehen hatte (→ Abb. 257), heißt es allerdings, Georg und Heinrich seien an

Hirnhautentzündung gestorben. Während Kafka der Auffassung war, seine beiden Brüder seien durch *Schuld der Ärzte* gestorben, glaubte seine Mutter, den Tod ihrer Kinder selbst verursacht zu haben, weil sie deren Pflege dem Hauspersonal überlassen hatte, um ihrem Mann nach den Geburten wieder wie üblich im Geschäft zur Seite stehen zu können.

Die topographischen Gegebenheiten dieses eng mit Kafkas Kindheit verbundenen Gebiets um das *Krenn-Haus* kehren in der zwischen 1904 und 1907 entstandenen ersten Version seiner *Beschreibung eines Kampfes* wieder. Bei der im Kapitel *Begonnenes Gespräch mit dem Beter* erwähnten Kirche handelt es sich vermutlich um die *St. Nikolaus-Kirche*, ist sie doch die einzige in der gesamten Prager Altstadt, die, wie im Text der Erzählung vorausgesetzt, eine Freitreppe besitzt, deren Stufen hinunter auf einen beleuchteten Platz führen, nämlich den von großen Kandelabern erhellten *Altstädter Ring* (→ Abb. 37), der seit dem Abriß des *Krenn-Hauses* direkt an dieses Gotteshaus grenzt. Auch der im Text begegnende *Lärm der vorüberfahrenden Straßenbahn* spiegelt die Prager Wirklichkeit, denn schon im Jahr 1902 führte über den *Großen* und *Kleinen Ring* eine elektrische Straßen-

17 | Das Portal des *Sixenhauses (dům Sixtův)*, *Zeltnergasse (Celetná)* Nr. 2 (I-553). Hier wohnte die Familie Kafka von September 1888 bis Juli 1889.

So habe ich sehr lange allein gelebt und mich mit Ammen, alten Kindermädchen, bissigen Köchinnen [→ Abb. 20], traurigen Gouvernannten herumgeschlagen, denn meine Eltern waren doch immerfort im Geschäft.

An Felice am 19./20. XII. 1912.

bahnlinie. Andererseits erkennt man in den verkehrsreichen, schmalen Gassen, in denen sich der Beter verliert, die sich westlich und nördlich der *St. Nikolaus-Kirche* ausbreitende Prager Altstadt mit dem Ghetto, das zu dem Zeitpunkt, an dem die Erzählung entstand, zumindest teilweise noch sein ursprüngliches Gepräge bewahrt hatte.

Br I 345 und B I 124 f., vgl. 118 f., 124 f., PT 41, Nr. 235 (26. VIII. 1916), S. 4 und Věra Saudková, Prag (mündlich, 1966).

Kapitel II

Schulzeit

Volksschule

Als Kafka im September 1889 eingeschult wurde, fand er sich in einer Klasse mit über achtzig Mitschülern wieder. Im zweiten Schuljahr teilte man die Klasse, die sonst auf neunzig Kinder angestiegen wäre. Trotzdem hatte Kafka im dritten Schuljahr vierundfünfzig, im vierten sogar sechzig Klassenkameraden. Man benötigt kein pädagogisches Spezialwissen, um zu erkennen, daß bei solchen Klassengrößen individuelle Förderung unmöglich ist. Für den zarten, sensiblen, in seiner Persönlichkeit unsicheren Jungen bedeutete das zweifellos eine Erschwerung seiner schulischen Laufbahn.

Was die soziale und konfessionelle Schichtung der Klasse angeht, so waren die meisten Väter der Schüler Gewerbetreibende und Angestellte: Die Agenten, Reisenden, Buchhalter und Schreiber sowie die selbständigen Geschäftsleute bildeten mit rund fünfundfünfzig Personen die stärkste Gruppe, danach folgten die Handwerker sowie die Vertreter des Dienstleistungsgewerbes (Kellner, Kutscher, Diener und Gastwirte) mit jeweils etwa zehn Vertretern. Beamte, Offiziere, Ärzte und Juristen tauchen dagegen nur je einmal auf; der kleine Rest ist nicht zu identifizieren, weil es sich dabei um bereits verstorbene Erziehungsberechtigte handelt, deren Berufe in den Schulkatalogen nicht in Erscheinung treten.

Die Schulkataloge verraten auch, ob die Schüler etwaige Kenntnisse in der zweiten Landessprache aufwiesen, sowie deren Religionszugehörigkeit. Obwohl es sich bei der Knabenvolksschule, die Kafka besuchte, um ein Institut mit deutscher Unterrichtssprache handelte, beherrschten fast alle Schüler mehr oder weniger die zweite Landessprache, darunter auch Kafka. Außerdem gab es eine Minderheit von etwa zehn Kindern, die besser Tschechisch sprachen als Deutsch. Von den dreiundachtzig Erstkläßlern bekannten sich sechsundsechzig zum jüdischen Glauben, siebzehn waren katholisch.

Die Zusammensetzung, die sich während der gesamten Volksschulzeit nicht grundlegend änderte, wirkte sich günstig auf Kafkas Sozialisation aus. Da sein Vater Kaufmann war, gehörte er gesellschaftlich zu einer Gruppe, der die Mehrheit der Klasse zuzurechnen war. Einerseits waren also beispielsweise Hänseleien wegen der gesellschaftlichen Stellung seiner Eltern wenig wahrscheinlich, andererseits konnten die Lehrer auch nicht an den sozialen und kulturellen Voraussetzungen vorbei unterrichten, die den überwiegenden Teil ihrer Schüler bestimmten. Entscheidender war vielleicht noch, daß die Klasse stark vom Milieu des jüdischen Mittelstandes geprägt war, Kafka also in religiöser Beziehung nicht stigmatisiert werden konnte: Außenseiter waren demnach andere, und zwar nicht nur dem sozialen Status und dem religiösen Bekenntnis nach, sondern auch im Blick auf die Volkszugehörigkeit, die sich in der böhmischen Metropole mit beiden Religionen zu verbinden pflegte: Von den fünfundfünfzig Schülern des dritten Schuljahrs waren achtunddreißig deutschjüdischer Herkunft, darunter Kafka; ihnen standen fünf tschechische Juden gegenüber. Auch die Katholiken schieden sich in zehn deut-sche und zwei tschechische.

Bezeichnend ist weiterhin, daß das verzärtelte, schwächliche Kind kaum die Flucht in die Krankheit angetreten hat. Seine Behauptung, er sei, abgesehen von den üblichen Kinderkrankheiten, die in die Vor- und Grundschulzeit zu fal-len pflegen, in seinen Jugendjahren nicht eigentlich krank gewesen, wird durch penibel geführte Versäumnislisten in den Grundschulprotokollen bestätigt. Zwar hat er während des zweiten Schuljahrs einmal längere Zeit gefehlt, nämlich den ganzen April und die ersten vier Maitage des Jahres 1891 – damals erkrankte er vermutlich an Keuchhusten (→ Abb. 1204) –, aber in der ersten Klasse kam er nur auf fünfundzwanzig, in der dritten und vierten lediglich auf dreizehn beziehungs-weise fünfzehn versäumte halbe Unterrichtstage und blieb damit im Rahmen üb-licher Fehlzeiten. Der Fächerkanon war recht umfangreich: In der ersten Klasse gab es Religion, Rechnen, Gesang, Turnen, Anschauungsunterricht, Zeichnen und Deutsch, das zunächst in zwei, später in fünf Disziplinen unterteilt war, nämlich in Lesen, Schreiben, Sprachlehre, Rechtschreiben und Schriftlichen Gedankenaus-druck. Im dritten Schuljahr entfiel der Anschauungsunterricht, der anhand von thematisch ausgerichteten Schautafeln, die sich an die Lebenskreise der Schüler anlehnten, den Sachunterricht späterer Schuljahre vorbereiten sollte, und wurde durch das Fach Naturgeschichte/Naturlehre ersetzt. Außerdem kamen jetzt Geo-graphie/Geschichte sowie ein freiwilliger Tschechischunterricht hinzu, den Kafka mit sehr gutem Erfolg besuchte.

Die Behauptung von Hugo Hecht (→ Abb. 75), sein Klassenkamerad Kafka sei ein Muster- und Vorzugsschüler gewesen, wird durch die *Hauptkataloge* der von Kafka besuchten Grundschule bestätigt, die sich im *Prager Stadtarchiv (Archiv hlavního města Prahy)* erhalten haben. Einerseits sucht man dort vergeblich nach kritischen Bemerkungen, Einträgen also, wie sie, wenn auch selten, in diesen Do-kumenten begegnen, wenn Schüler auffällig gegen die üblichen Verhaltensnormen verstoßen hatten (→ Abb. 126). Andererseits lautete Kafkas Note in sittlichem Betra-gen stets *vollkommen entsprechend,* die höchste Bewertung innerhalb der vierstufi-gen, speziell für diesen Bereich gültigen Notenskala. Auch für den Fleiß bekam er, abgesehen vom ersten Halbjahr des ersten Schuljahrs, wo er offenbar Eingewöh-nungsschwierigkeiten hatte, immer *ausdauernd,* in dieser Kategorie ebenfalls die Höchstnote. Ein *genügend,* nach der heute in der Bundesrepublik Deutschland ge-bräuchlichen Bezeichnung etwa ein schwaches *befriedigend,* findet sich während der gesamten Grundschulzeit nur je zweimal im Turnen und im Zeichnen, bei dem es sich übrigens um ein bloßes Nachbilden vorgegebener Objekte handelte. In allen anderen Fächern hatte Kafka *sehr gut* oder wenigstens *gut* aufzuweisen, wobei er im dritten und vierten Schuljahr in Sprachlehre, Rechtschreibung und im Schriftli-chen Gedankenausdruck ausnahmslos die Bestnote erreichte. Dies traf, nur auf den ersten Blick überraschend, mit Ausnahme des zweiten Schuljahrs auch auf seine

Gesangsnote zu. Zwar war Kafka nach seiner eigenen Auffassung und der seiner Freunde vollkommen unmusikalisch, doch gehörte die Musik zusammen mit der Philosophie und der Zeichenkunst zu den Gebieten, denen sein besonderes Interesse galt, bevor ihnen das Schreiben alle Lebenskraft entzog. Die Freude am Singen scheint ihm aber geblieben zu sein, denn es gibt mehrere Briefe Ottlas, die einen auf Spaziergängen singenden Bruder belegen, auch zu Hause sang er gelegentlich, und Max Brod erinnerte sich, daß Kafka oft Carl Loewes Ballade *Graf Eberstein*, die sein Lieblingsstück war, vor sich hin gesungen habe. Auch Konzert- und Opernbesuche lassen sich vereinzelt belegen. (→ Abb. 162, 552 und 1135)

Nach seiner eigenen Aussage im *Brief an den Vater* bekam Kafka am Ende des ersten Schuljahrs eine Prämie, das heißt, er wurde mit Vorzug versetzt, weil er überdurchschnittliche Leistungen aufzuweisen hatte. Die erhaltenen Zeugnislisten zeigen, daß dies auch in den übrigen drei Grundschulklassen der Fall war. Dies beweist freilich lediglich, daß Kafkas Schulängste während dieser Zeit unberechtigt waren, nicht aber, daß er sie nicht gehabt und darunter gelitten hätte.

In einem an Milena Jesenská (→ Abb. 1066) gerichteten Schreiben vom 21. Juni 1920 berichtet Kafka ausführlich, wie er während der ersten Klasse von einer bissigen Köchin zur Schule geführt wurde, die auch in einem in mehreren Fassungen vorliegenden, autobiographisch getönten Erzählfragment unter den Figuren erscheint, denen der Erzähler eine schädliche Wirkung auf seine Entwicklung zuschreibt. Dieser Schulweg, der im Folgenden Schritt für Schritt dokumentiert werden soll, führte zunächst quer über den *Altstädter Ringplatz (Staroměstské náměstí)* und durch das *Teingäßchen (Týnská ulička)*, das an der *Stupartgasse (Štupartská)* endet, die sich hier, an ihrem Nordende, beträchtlich verbreitert, bevor sie in die *Fleischmarktgasse (Masná)* einmündet. Von dieser platzartigen Erweiterung aus, die im Osten von den Stirnseiten der eigentlichen Fleischmarkthallen begrenzt wurde, gelangte man über die *Fleischmarktgasse* zur *K. k. Knaben-Volksschule mit deutscher Unterrichtssprache in Prag-Altstadt.*

Natürlich waren andere Wege möglich, vor allem durch den *Altes Ungelt* genannten *Teinhof (Týnský dvůr)* und die an der *St. Jakobskirche (kostel svatého Jakuba)* vorbeiführende *Stupartgasse*, doch dürfte diese Route vor allem in späteren Schuljahren und für den Rückweg benutzt worden sein, wenn die Zeit nicht drängte und kindliche Neugier zu Erkundungsgängen in die Höfe und Durchhäuser dieses Altstadtviertels einlud. Den Erinnerungen Friedrich Feigls (→ Abb. 906) nach, dem sein Mitschüler als *schmaler, zarter Junge mit sehr großen, schwarzen Augen, einem langen Kopf und spitzen Ohren* in Erinnerung blieb, wurde Kafka zumindest während der ersten Klasse nach dem Unterricht abgeholt und ist deswegen vermutlich während dieser Zeit wieder durch das *Teingäßchen* nach Hause gebracht worden.

EFK 147, vgl. 36, Hartmut Binder: *Kindheit in Prag. Kafkas Volksschuljahre*, in: *Humanismen. Som salt & styrka. Bilder & betraktelser tillägnade Harry Järv.* (Stockholm 1987), S. 63–115, EFK 58, FK 103, T 18 f., 20, 27 und 887.

18 | Blick vom *Kleinen* auf den *Großen* oder *Altstädter Ring.* Ganz links das Haus *Zur Minute (Minuta), Altstädter Ring* Nr. 2 (I-5), dessen aus dem Anfang des 17. Jahrhunderts stammende Fassaden-Sgraffiti zu Kafkas Lebzeiten unter Verputz lagen. Im ersten Obergeschoß des Gebäudes wohnte die Familie Kafka von Juli 1889 bis 1892. Hier wurde am 22. September 1889 Kafkas Schwester Gabriele (Elli) und am 25. September 1890 Valerie (Valli) geboren. Ottilie (Ottla) kam am 29. Oktober 1892 in der *Zeltnergasse* Nr. 3 zur Welt. Die Namensbeilegung, die bei jüdischen Mädchen die Beschneidung vertritt, erfolgte im Falle Ellis am 5. Oktober 1889, bei Valli am 7. Oktober 1890 und bei Ottla am 17. November 1892, jeweils in der elterlichen Wohnung.

In einem an Milena Jesenská gerichteten Brief vom 18. Juli 1920 schildert Kafka ein Kindheitserlebnis, das sich auf dieses Domizil und seine Umgebung bezieht: *Ich hatte einmal als ganz kleiner Junge ein Sechserl bekommen und hatte große Lust es einer alten Bettlerin zu geben, die zwischen dem großen und dem kleinen Ring saß. Nun schien mir aber die Summe ungeheuer, eine Summe die wahrscheinlich noch niemals einem Bettler gegeben worden ist, ich schämte mich deswegen vor der Bettlerin etwas so* *Ungeheuerliches zu tun. Geben aber mußte ich es ihr doch, ich wechselte deshalb das Sechserl, gab der Bettlerin einen Kreuzer, umlief den ganzen Komplex des Rathauses und des Laubenganges am kleinen Ring, kam als ein ganz neuer Wohltäter links heraus, gab der Bettlerin wieder einen Kreuzer, fing wieder zu laufen an und machte das glücklich zehnmal (Oder auch etwas weniger, denn, ich glaube die Bettlerin verlor dann später die Geduld und verschwand mir). Jedenfalls war ich zum Schluß, auch moralisch, so erschöpft, daß ich gleich nach Hause lief und so lange weinte, bis mir die Mutter das Sechserl wieder ersetzte.*

Kafka rannte also auf den *Altstädter Ringplatz,* folgte dem neugotischen Flügel des *Altstädter Rathauses,* bog an dessen Ende in die *Rathausgasse (U radnice)* ein, um dann über die *Niklasgasse* und die immer noch existierenden Lauben an deren Ostseite und den *Kleinen Ring* zu seinem zwischen den beiden Plätzen liegenden Ausgangspunkt zurückzukehren. (→ Abb. 21)

Nach der Dezimalisierung des österreichischen Guldens in der Mitte des 19. Jahrhunderts war ein Sechserl 10 Kreuzer wert; als man 1892 die Währung auf die Krone umstellte, 20 Heller.

19 | Kafka als Grundschüler mit seinen Schwestern Elli (rechts) und Valli.

Ich bin der älteste von sechs Geschwistern, zwei Brüder etwas jünger als ich, starben als kleine Kinder durch Schuld der Ärzte, dann war eine Zeitlang still, ich war das einzige Kind, bis dann nach 4, 5 Jahren, die drei Schwestern durch 1 beziehungsweise durch 2 Jahre getrennt anmarschierten. So habe ich sehr lange allein gelebt und mich mit Ammen, alten Kindermädchen, bissigen Köchinnen, traurigen Gouvernannten herumgeschlagen, denn meine Eltern waren doch immerfort im Geschäft.

Kafkas Rechnung leuchtet nicht ein: Falls er seine beiden früh verstorbenen Brüder in die Betrachtung einbezog, betrug die Zeitspanne, während deren er Einzelkind war, anderthalb Jahre, ließ er sie unberücksichtigt, waren es sechs.

An Felice am 19./20. XII. 1912.

20 | Der *Altstädter Ringplatz* vom *Kleinen Ring* aus gesehen. Im Hintergrund die *Hauptpfarrkirche zu Mariä Himmelfahrt am Tein (Týnský chrám)*, die 1340 begonnen und 1463 vollendet wurde. Zwischen der ihr vorgelagerten mittelalterlichen *Teinschule* mit ihren Rundgiebeln und dem links davon liegenden Haus *Zur Glocke (U zvonu)* (hinter der *Mariensäule*), das in den letzten Jahren durch Restaurierungsmaßnahmen sein ursprüngliches Aussehen wiedergewonnen hat, öffnet sich das *Teingäßchen*, das zunächst an der Nordseite der Kirche entlangführt (um 1890).

Die Kafka zur Schule führende Köchin suchte sich offenbar für die ungerechte Behandlung, die ihr und anderen Angestellten von ihrem Dienstherrn zuteil wurde (→ Abb. 448 und 1038), zu rächen, indem sie ihre schlechte Laune an dessen Sohn ausließ: *Unsere Köchin, eine kleine trockene magere spitznasige, wangenhohl, gelblich, aber fest, energisch und überlegen führte mich jeden Morgen in die Schule. Wir wohnten in dem Haus, welches den kleinen Ring vom großen Ring trennt. Und nun wiederholte sich jeden Morgen das Gleiche wohl ein Jahr lang. Beim Aus-dem-Haus-treten sagte die Köchin, sie werde dem Lehrer erzählen, wie unartig ich zuhause gewesen bin. Nun war ich ja wahrscheinlich nicht sehr unartig, aber doch trotzig, nichtsnutzig, traurig, böse und es hätte sich daraus wahrscheinlich immer etwas Hübsches für den Lehrer zusammenstellen lassen. Das wußte ich und nahm also die Drohung der Köchin nicht leicht.*

An Milena am 21. VI. 1920.

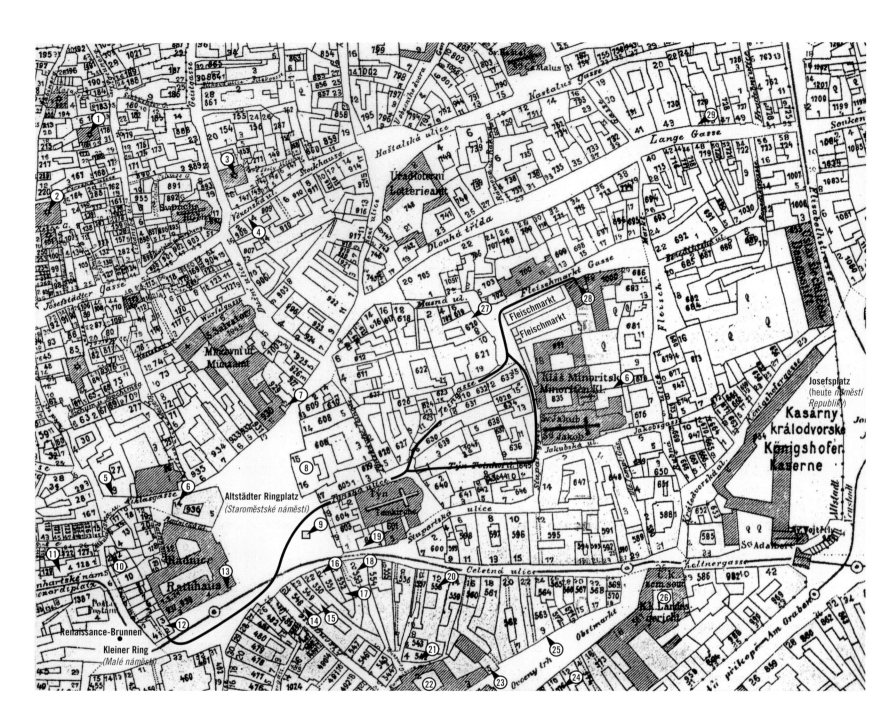

21 | Teile der Prager Judenstadt und Altstadt mit dem *Altstädter Ring*. Ausschnitt aus einem Stadtplan von 1891.

1 Die *Zigeuner-Synagoge,* in der am 13. Juni 1896 Kafkas Bar-Mizwah gefeiert wurde. (→ Abb. 55)

2 Die *Alt-Neu-Synagoge (Staronová synagóga).* (→ Abb. 208)

3 Die *Spanische Synagoge (Španělská synagóga),* in der Kafkas Schwestern Elli und Valli getraut wurden. (→ Abb. 695)

4 Das Haus *Stockhausgasse (Vězeňská)* Nr. 4 (I-909), in dem Hermann Kafka ab Mai 1885 und im darauffolgenden Jahr sein Geschäft betrieb. (→ Abb. 13)

5 Das ehemalige *St. Nikolauskloster* in der *Niklasgasse (Mikulášská)* Nr. 9 (I-27), in dem Kafka am 3. Juli 1883 geboren wurde. (→ Abb. 8)

6 *Niklasgasse* Nr. 14 (I-936). Hier wohnte die Familie Kafka von Juli 1887 bis August 1888. (→ Abb. 16)

7 *Altstädter Ring* Nr. 12 (I-929). In diesem Gebäude eröffnete Hermann Kafka am 12. August 1882 sein Galanteriewarengeschäft. Hier lag auch das Hotel *Goldhammer,* in dem Kafkas Eltern am 3. September 1882 heirateten. (→ Abb. 7)

8 Das *Kinsky-Palais,* in dem Kafkas Gymnasium und seit Oktober 1912 auch das elterliche Geschäft untergebracht war. (→ Abb. 218 und 219)

9 Die *Mariensäule* auf dem *Altstädter Ring.* (→ Abb. 708)

10 *Niklasgasse* Nr. 2 (heute *U radnice* Nr. 6) (I-12). Hier wohnten Kafkas Jugendfreund Hugo Bergmann und seine Familie bis zum Jahr 1897. (→ Abb. 64)

11 Der *Leonhardiplatz* Nr. 4 (I-128), die Wohnung der Familie Bergmann während der letzten vier Gymnasialjahre Kafkas. (Das nicht mehr existierende Gebäude ist in dem 1909 bis 1912 erbauten *Neuen Rathaus* aufgegangen.)

12 Das Haus *Zur Minute (Minuta)* am *Altstädter Ring* Nr. 2 (I-3), in dem die Familie Kafka von Juli 1889 bis 1892 lebte. (→ Abb. 18 und 81)

13 Die *Astronomische Uhr (Orloj)* am *Altstädter Rathausturm.* (→ Abb. 224 und 1212)

14 Das *Smetana-Haus* (I-548), in dem Kafkas Mutter vor ihrer Heirat wohnte. (→ Abb. 5)

15 Das Haus *Zum Lazarus (U Lazara)* (I-549), in dem Leopold Kafka, der jüngste Bruder von Kafkas Großvater väterlicherseits, im Jahr 1897 einen Kaffeesalon eröffnete. (→ Abb. 23)

16 Das Haus *Zum Einhorn (U jednorožce)* (I-551). Hier wohnte seit Oktober 1903 die Familie des Apothekers Max Fanta, die einen auch von Kafka frequentierten Salon unterhielt. (→ Abb. 162)

17 Das *Storch-Haus* mit der Buchhandlung *A. Storch & syn* im Erdgeschoß (I-552). Hier hatte seit 1903 der Rechtsanwalt und Strafverteidiger Dr. Richard Löwy seine Kanzlei, in die Kafka am 1. April 1906 als Advokaturskoncipient eintrat. (→ Abb. 186)

18 Das *Sixenhaus (dům Sixtův),* *Zeltnergasse (Celetná)* Nr. 2 (I-553), in dem die Familie Kafka von September 1888 bis Juli 1889 wohnte. (→ Abb. 17)

19 Das Haus *Zu den drei Königen (U tří králův)* in der *Zeltnergasse* Nr. 3 (I-602), in dem die Familie Kafka von September 1896 bis Mai 1907 wohnte. Seit 1887 lag hier auch das elterliche Geschäft. (→ Abb. 60)

20 Das Haus *Zeltnergasse* Nr. 12 (I-558), in dem Hermann Kafka von Mai 1906 bis September 1912 seinen Galanteriewarengroßhandel betrieb. (→ Abb. 230)

21 Das Haus *Gemsengäßchen (Kamzíková ulička)* Nr. 4 (I-542), in dem Kafkas Freund Felix Weltsch bis zu seiner Verheiratung wohnte. (→ Abb. 278)

22 Das *Karolinum,* in dem Kafka juristische Vorlesungen hörte und zum Doktor beider Rechte promoviert wurde. (→ Abb. 189)

23 Das Haus *Obstmarkt (Ovocný trh)* Nr. 5 (I-560), in dem das *Kunstgeschichtliche Institut* untergebracht war, in dem Kafka während seines Studiums Veranstaltungen besuchte. (→ Abb. 120)

24 Das Haus *Obstmarkt* Nr. 10 (I-576), in dem Kafkas Onkel Richard Löwy ein Wäschegeschäft unterhielt. (→ Abb. 212)

25 Das Haus I-563, in dem das *Café London* untergebracht war, das zu Anfang der 90er Jahre des 19. Jahrhunderts von Leopold Kafka geleitet wurde, einem Bruder von Kafkas Großvater Jakob Kafka. Im Juli 1906 wurde als Teil dieses Lokals die Weinstube *Trocadero* eröffnet, die von Kafka und seinen Freunden frequentiert wurde. (→ Abb. 264)

26 Das *K. k. Landesgericht* (I-587), an dem Kafka nach Beendigung seines Studiums einen Teil seines Gerichtsjahres ableistete. (→ Abb. 192)

27 Die *Deutsche Handelsakademie* in der *Fleischmarktgasse* Nr. 8 (I-620), in der Kafka 1908 versicherungswissenschaftliche Kurse absolvierte. (→ Abb. 266)

28 Die *K. k. Knabenvolksschule mit deutscher Unterrichtssprache* in der *Fleischmarktgasse* Nr. 16 (I-1000), die Kafka von September 1889 bis zum Juli 1893 besuchte. (→ Abb. 32)

29 Das Gasthaus *Zum goldenen Baum (U zlatého stromu)* in der *Langegasse (Dlouhá třída)* (I-729), in dem der *Deutsche academisch-technische «Altstädter Collegientag»* zu tagen pflegte, mit dem Kafka am Ende seiner Gymnasialzeit sympathisierte. (→ Abb. 97)

22 | Blick auf das *Altstädter Rathaus (Staroměstská radnice)* mit seinem heute nicht mehr existierenden neugotischen Erweiterungsbau, dem rechts daneben liegenden *Krenn-Haus* und der Nordfront des *Altstädter Ringplatzes*, die bis auf das ganz rechts liegende Gebäude (mit Statue auf dem Dach) Sanierungsmaßnahmen am Ende des 19. Jahrhunderts zum Opfer fiel und durch repräsentative Historismus- und Jugendstilbauten ersetzt wurde (→ Abb. 246). Am Bildrand, angeschnitten, das *Kinsky-Palais* (um 1890).

Doch glaubte ich zunächst, daß der Weg in die Schule ungeheuer lang sei, daß da noch vieles geschehen könne […] auch war ich, wenigstens noch auf dem Altstädter Ring, sehr im Zweifel, ob die Köchin, die zwar Respektsperson aber doch nur eine häusliche war, mit der Welt-Respekts-Person des Lehrers überhaupt zu sprechen wagen würde.

An Milena am 21. VI. 1920.

23 | Die Südseite des *Altstädter Ringplatzes* in den 80er Jahren des 19. Jahrhunderts. Ganz rechts das Haus *Zum Lazarus (U Lazara)* (I-549), in dem Leopold Kafka, der jüngste Bruder von Kafkas Großvater Jakob Kafka, 1897 einen Kaffeesalon eröffnete. Im übernächsten Haus links, *Zum Einhorn* (I-551) – das namengebende Hauszeichen, eine Reliefplatte neben dem im zweiten Obergeschoß liegenden Balkon, ist deutlich zu erkennen –, wohnte seit 1903 die Fami-

lie des Apothekers Max Fanta, die einen von Kafka frequentierten Salon unterhielt. Links daneben das *Storch-Haus* (I-552) mit der Buchhandlung *A. Storch & syn*, die bis September 1944 bestand. Im gleichen Gebäude hatte seit 1903 der Rechtsanwalt Dr. Richard Löwy seine Kanzlei, in die Kafka am 1. April 1906 eintrat. Das letzte Haus in der Front, schon zur *Zeltnergasse* gehörend, ist das *Sixenhaus* (→ Abb. 227). Bei den auf dem Platz tobenden Kämpfen am Ende des Zweiten Weltkriegs wurden die Häuser der Südfront stark beschädigt, zeigen aber heute mit gewissen Abstrichen wieder ihr altes Aussehen.

24 | Das im *Teingäßchen* liegende Nordportal der *Teinkirche* (um 1890). Das inzwischen durch eine Kopie ersetzte Tympanon zeigt eine gotische Reliefdarstellung der Leidensgeschichte Jesu. (→ Abb. 1144)

   Heute Gottesdienst in der Teingasse.

Tagebuch, 14. V. 1915.

25 | Blick vom *Teingäßchen* auf das zum *Teinhof (Týnský dvůr)* führende Tor. Ganz rechts, angeschnitten, die *Teinkirche*.

26 | Im *Teingäßchen*, das sich hinter dem mittleren Torbogen fortsetzt.

   Da gieng es also zuerst über den Ring, dann in die Teingasse, dann durch eine Art Torwölbung in die Fleischmarktgasse zum Fleischmarkt hinunter.

An Milena am 21. VI. 1920.

27 | Eine Kohlenhandlung in der Prager Altstadt.

Und manchmal [...] stampfte sie [die Köchin] auch auf der Gasse vor Zorn über mich und auch eine Kohlehändlerin war manchmal irgendwo und schaute zu.

Im *Teingäßchen* gab es in den Häusern Nr. 10 (I-652) und Nr. 15 (I-623), die ähnliche Gewölbe aufweisen wie das auf der Abbildung gezeigte Gebäude, vergleichbare Kohlenhandlungen – frühe Erfahrungen Kafkas mit einem Gewerbe, das viele Jahre später in der humoristischen Erzählung *Der Kübelreiter* Gegenstand literarischer Gestaltung werden sollte. (→ Abb. 935 und 1030)

An Milena am 21. VI. 1920.

28 | Ein Vogelhändler in der *Stupartgasse,* gegenüber der Einmündung der *Teingasse.*

Ottla brachte einmal irgendwoher einen kleinen gelben Kanarienvogel mit, und Franz bewunderte ihn ebenso wie seine jüngeren Schwestern. Er gab ihm auch einen Namen – Carabontara –, einen genug komplizierten, die Mädchen mußten ihn üben, damit sie sich nicht die Zunge brachen, wie Franz sagte.

Diese Erinnerung Anna Pouzarovás, einer Hausangestellten der Familie Kafka, fällt in das Jahr 1902/03, doch gibt es mehrere Belege dafür, daß man auch in späteren Jahren Kanarienvögel hielt.

EFK 62 f.

29 | Blick auf eine der beiden nicht mehr existierenden Markthallen an der Ecke *Stupartgasse/Fleischmarktgasse* (um 1900). Deutlich sind die in den Ladentüren und Schaufenstern aufgehängten Fleischwaren zu erkennen.

Etwa in der Gegend des Eingangs zur Fleischmarktgasse [...] bekam die Furcht vor der Drohung das Übergewicht. Nun war ja die Schule an und für sich ein Schrecken und jetzt wollte es mir die Köchin noch so erschweren. Ich fieng zu bitten an, sie schüttelte die Kopf, je mehr ich bat, desto wertvoller erschien mir das, um was ich bat, desto größer die Gefahr, ich blieb stehn und bat um

Verzeihung, sie zog mich fort, ich drohte ihr mit der Vergeltung durch die Eltern, sie lachte, hier *war sie allmächtig, ich hielt mich an den Geschäftsportalen, an den Ecksteinen fest, ich wollte nicht weiter, ehe sie mir nicht verziehen hatte, ich riß sie am Rock zurück (leicht hatte sie es auch nicht) aber sie schleppte mich weiter unter der Versicherung auch dieses noch dem Lehrer zu erzählen.*

Auf dem Prager *Fleischmarkt,* der auf ein königliches Privileg des Jahres 1559 zurückging und bis in die 30er Jahre des 20. Jahrhunderts bestand, gab es sowohl von Juden als auch von Christen betriebene Fleischerläden, doch wurden in den etwa 100 Ständen auch Mahlzeiten, Geflügel, Eier, Quark, Butter und allerlei Kleinkram feilgeboten. Im Jahr 1905/06 änderte sich der Charakter des Marktes infolge strengerer hygienischer Vorschriften. Dies hatte zur Folge, daß lediglich noch Obst und Gemüse angeboten werden konnten, während Fleisch- und Wurstwaren fortan in der neuerrichteten *Altstädter Markthalle* in der *Rittergasse (Rytířská)* verkauft wurden.

Das Metalltor zwischen den beiden den *Fleischmarkt* bildenden Gebäuden öffnete sich in einen Gang, der von Verkaufsständen gesäumt war und direkt auf die *Altstädter deutsche Knabenvolksschule* zulief. Die *Fleischmarktgasse* selbst führte an den Marktbuden vorbei und wurde an ihrer Nordseite von der tschechischen Volksschule flankiert, deren obere Stockwerke im Hintergrund zu sehen sind.

An Milena am 21. VI. 1920.

30 | Zeichnung Kafkas in einem an Milena Jesenská gerichteten Brief vom September 1920, mit der er der Adressatin seine selbst-quälerischen *Beschäftigungen* zu veranschaulichen suchte. Der zugehörige Kommentar läßt erkennen, daß die Darstellung von Alltagserfahrungen angeregt ist, die er schon auf dem Weg zur Grundschule machen konnte:

Es sind vier Pfähle, durch die zwei mittleren werden Stangen geschoben, an denen die Hände des «Delinquenten» befestigt werden; durch die zwei äußern schiebt man Stangen für die Füße. Ist der Mann so befestigt, werden die Stangen weiter hinausgeschoben, bis der Mann in der Mitte zerreißt. An der Säule lehnt der Erfinder und tut mit übereinandergeschlagenen Beinen sehr groß, so als ob das Ganze eine Originalerfindung wäre, während er es doch nur dem Fleischhauer abgeschaut hat, der das ausgeweidete Schwein vor seinem Laden ausspannt.

Vgl. Hartmut Binder: «*... Wie die Planeten auf dem Weihnachtsmarkt*», in: *Franz Kafka und die Prager deutsche Literatur. Deutungen und Wirkungen*, hrsg. von H. B., (Bonn 1988), S. 19–25.

31 | Blick durch die Verkaufsstände an der *Fleischmarktgasse*. Im Hintergrund Kafkas Volksschule.

[...] es wurde spät, es schlug 8 von der Jakobskirche [→ Abb. 34, 35 und 60], man hörte die Schulglocken, andere Kinder fiengen zu laufen an, vor dem Zuspätkommen hatte ich immer die größte Angst, jetzt mußten auch wir laufen und immerfort die Überlegung: «sie wird es sagen, sie wird es nicht sagen» – nun sie sagte es nicht, niemals, aber immer hatte sie die Möglichkeit (gestern habe ich es nicht gesagt, aber heute werde ich es ganz bestimmt sagen) und die ließ sie niemals los.

An Milena am 21. VI. 1920.

32 | Die am *Fleischmarkt* gelegene *K. k. Knabenvolksschule mit deutscher Unterrichtssprache in Prag-Altstadt* (1947). Der zugehörige Hof war so klein, daß die Schüler die Unterrichtspausen in den Klassenzimmern oder auf den Gängen verbringen mußten.

Es ist in einem geistigen Sinn so, wie es vor 26 Jahren der Lehrer Beck ohne allerdings den prophetischen Spaß zu merken, sagte: «Lassen Sie ihn noch in die fünfte Klasse gehen, er ist zu schwach, solche Überhetzung rächt sich später.»

Wie der Tagebucheintrag zeigt, empfahl der Klassenlehrer im vierten Schuljahr, Matthias Beck (1838–1910), nach den Erinnerungen Hugo Hechts ein hervorragender Pädagoge, der das Zutrauen seiner Schüler besaß und mit ihnen oft auch außerhalb der Unterrichtsstunden sprach, Kafkas Eltern vergeblich, ihren Sohn erst nach der fünften Grundschulklasse ins Gymnasium überwechseln zu lassen. Um schon nach vier Jahren in diese weiterführende Schule übernommen werden zu können, mußte Kafka eine Aufnahmeprüfung in Deutsch, Rechnen und Religion ablegen.

Tagebuch, 11. XII. 1919, vgl. EFK 34.

			Classification der Schüler									

(Handschriftliche Katalogseite „Classification der Schüler" und „Ausweis des Schulbesuches")

33 | Kafkas Zeugnisse in der ersten Grundschulklasse, dokumentiert im *Hauptkatalog* der *K. k. Knabenvolksschule mit deutscher Unterrichtssprache in Prag-Altstadt.*

Niemals würde ich durch die erste Volksschulklasse kommen, dachte ich, aber es gelang, ich bekam sogar eine Prämie.

In der Rubrik *Classification der Schüler* ist der Anfangsunterricht handschriftlich nachgetragen, der an den Prager Grundschulen schon im ersten Schuljahr gelehrt wurde. Der *Ausweis des Schulbesuchs* zeigt, an welchen Tagen der betreffende Schüler nicht zum Unterricht erschienen war, wobei penibel halbe ($\frac{1}{}$) und ganze Tage ($\frac{1}{1}$) unterschieden wurden. Die Spalte *Anmerkung* dokumentiert die Sprachkenntnisse – in Kafkas Fall *d. u. b.* (deutsch und böhmisch) – sowie die Art des Abschlusses: *v[ersetzt] mit Vorzug*.

Die abgebildeten Schulnachrichten erlauben die Widerlegung der schon von Max Brod bekämpften Auffassung, Kafka habe am Begräbnis seines Großvaters Jakob Kafka teilgenommen, der am 10. Dezember 1889 in dem bei Strakonitz (Strakonice) gelegenen südböhmischen Dorf Wossek (Osek) verstorben war, und sich Jahrzehnte später bei der Gestaltung seines *Schloss*-Romans von diesem Kindheitserlebnis anregen lassen. Denn die Strichlisten über die versäumten Schulstunden belegen, daß Kafka im fraglichen Zeitraum lediglich am Vormittag des 12. Dezember, einem Donnerstag, gefehlt hatte, dem Tag also, an dem seine Eltern vermutlich nach Südböhmen zur Beisetzung des zwei Tage zuvor Verstorbenen aufbrachen. Da aber, wie zeitgenössische Fahrpläne belegen, diese Reise mindestens zwei Tage in Anspruch nahm, kann der sechsjährige Grundschüler nicht mitgefahren sein.

Brief an den Vater, S. 196, vgl. PK 103 f. und Hartmut Binder: Vergesst Wossek! Zum letztenmal: Wo liegt Kafkas Schloß?, in: NZZ 207, Nr. 13 (17. I. 1986), S. 40.

34 | Blick aus der *Fleischmarktgasse* in die *Stupartgasse.* Links über den Dächern die *St. Jakobskirche (kostel svatého Jakuba).* Hinter dem angeschnittenen Haus rechts beginnt das *Teingäßchen.* Für Kafka ergab sich dieser Anblick, wenn er nach dem Ende des Unterrichts das Schulgebäude wieder verlassen und die Fleischmarktbuden passiert hatte.

35 | In der *Stupartgasse* auf Höhe der *St. Jakobs-kirche* (rechts). Im Hintergrund sind die oberen Stockwerke der tschechischen Volksschule am *Fleischmarkt* zu erkennen.

Natürlich gingen wir selten den kürzesten Weg nach Hause. War es doch so schön, erst durch verschiedene winkelige Gassen und Gäßchen zu schlendern, in die Auslagefenster zu blicken oder gar in die alten Höfe hinein zu schauen.

EFK 32 f. (Hugo Hecht).

36 | Im *Teinhof*. Im Hintergrund die *Teinkirche*.

Unsere Schule war ein verhältnismäßig neues Gebäude. Aber die Häuser, an denen wir vorbei mußten, waren 200 und mehr Jahre alt, mit dunklen Toreingängen und weiten Höfen, in denen allerlei Dinge zu sehen waren: Handwagen, Kinderwägelchen, Lastwagen und Kutschen.

EFK 33 (Hugo Hecht).

37 | Der *Altstädter Ring* um 1900. Links das *Krenn-Haus* (I-956), rechts daneben das neuerbaute *Oppeltsche Haus* (I-934), in dem die Familie Kafka ab November 1913 wohnte (→ Abb. 246). Im Vordergrund einer der einst zahlreichen, nur vereinzelt erhaltenen Prager Kandelaber, von denen sich Kafka in seinem frühen Romanfragment *Hochzeitsvorbereitungen auf dem Lande* anregen ließ. Es heißt da: *Ein eiserner Ständer, verziert mit Karyatiden in Gräsern und unter Blättern, nahe dem Ende der Gasse aus der sie kamen, trug einige Lampen, die in zwei wagrecht übereinander hängenden Ringen befestigt waren. Die trapezförmige Flamme brannte zwischen aneinandergefügten Glasplatten unter thurmartigem breiten Deckel wie in einem Zimmerchen und ließ wenige Schritte entferntes Dunkel bestehen.*

Hochzeitsvorbereitungen auf dem Lande, S. 25.

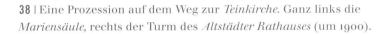

38 | Eine Prozession auf dem Weg zur *Teinkirche*. Ganz links die *Mariensäule*, rechts der Turm des *Altstädter Rathauses* (um 1900).

39 | Blick auf den Gebäudekomplex des *Altstädter Rathauses* und das Haus *Zur Minute* (links außen). Die Fenster im ersten Obergeschoß gehörten zur Wohnung der Familie Kafka.

40 | Die in der Nacht zum 4. September 1890 eingestürzte *Karlsbrücke (Karlův most)*.

[…] als am nächsten Morgen […] die Köchin vom Einkaufen die Schreckensnachricht mitbrachte, in der Nacht sei die steinerne Karlsbrücke eingestürzt, klang das zwar so unwahrscheinlich, daß es niemand glauben wollte, doch wanderten auch wir am Nachmittag mit unserem Fräulein inmitten eines Menschenstromes zum Franzensquai hinunter. […] Ein Polizeikordon verhinderte das Vortreten bis nahe zum Eisengeländer des Quais, aber da das Wasser bis zur Krone der Ufermauerung reichte, sah man genug: eine schmutzige, gelbe Wasserflut schoß mit großen Wellen dahin. Die Schützeninsel gegenüber war ganz überflutet und von den herausragenden Bäumen waren die meisten gebrochen und hingen mit ihren Kronen in das Wassser.

Am 1. Februar 1891 wurde eine provisorische Holzbrücke eröffnet, am 19. November 1892 die vollständig wiederhergestellte *Karlsbrücke* dem Verkehr übergeben.

F. Schobloch: *Die Überschwemmung im Jahre 1890,* in: PN 12, Nr. 8 (August 1961), S. 2.

41 | Der Haupteingang zur *Allgemeinen Landes-Ausstellung (Všeobecná zemská výstava)* von 1891, die als Jubiläumsfeier der ersten Gewerbeschau von 1791 unter dem Protektorat des Kaisers Franz Josef I. im *Baumgarten (Stromovka)* stattfand. Dieses Großereignis, das am 14. Mai eröffnet wurde und am 18. Oktober endete, übte mit seinen aus lichtdurchfluteten Glaswänden bestehenden Ausstellungspavillons und einer *fontaine lumineuse*, deren hochschießende Wasserstrahlen durch farbige Gläser erleuchtet wurden, eine große Anziehungskraft auf die Besucher aus. Als der Kaiser am 26. September nach Prag kam, um die Ausstellung zu besuchen, fuhr er vom *Staatsbahnhof* über den *Graben*, die *Obstgasse*, die *Ferdinandstraße*, den *Franzensquai*, die *Karlsbrücke*, die *Brückengasse* und die *Nerudagasse* zur Prager *Burg*, wo die offizielle Begrüßung stattfand, bevor er am Nachmittag die Ausstellung besuchte.

Schaulustige und Patrioten säumten den Weg des Kaisers. Sämtliche deutschen Vereine sowie die Schüler der Lehranstalten mit deutscher Unterrichtssprache waren von Festordnern zu vorbestimmten Positionen am Straßenrand gebracht worden, wo sie ihrer Begeisterung für den in einem offenen Wagen vorbeifahrenden Monarchen Ausdruck verleihen konnten. Die in Festtagskleidung erschienenen Schüler der Altstädter Volks- und Bürgerschulen, unter denen auch der Drittkläßler Franz Kafka gewesen sein muß, der so gern dem Kaiser gegenübergestellt worden wäre (→ Abb. 43), waren klassenweise abgeordnet worden und bildeten in dem zwischen dem *Bergstein (Na Perštýně)* und dem *Tschechischen Nationaltheater* liegenden Abschnitt der *Ferdinandstraße* (heute *Národní třída*) Spalier, die aus diesem Anlaß festlich illuminiert worden war: In allen Fenstern brannten Kerzen und leuchteten Tausende kleiner Gasflämmchen, die, aus entsprechend geformten Röhrchen strahlend, die verschiedenartigsten Gebilde darstellten.

Franz Machaczek: *Prager Kaisertage*, in: PN 4, Nr. 5/6 (15. V. 1953), S. 4, vgl. *Die Ankunft des Kaisers*, in: DZB 64, Nr. 264 (26. IX. 1891), *Beilage*, S. 2.

42 | Annonce der Firma Angelus Kafka in der tschechischen Ausgabe des Katalogs zur *Allgemeinen Landes-Ausstellung*. Kafkas Pate wirbt hier für seine Weine, die nicht nur in seinem Hauptgeschäft in der *Plattnergasse (Platnéřská)*, sondern auch in mehreren Dependancen angeboten wurden. Der Pavillon, in dem sich Angelus präsentierte, lag im hintersten Teil des Ausstellungsgeländes, ganz in der Nähe des Platzes, an dem die Franzosen Louis Godard und Edouard Surcouf ihren Fesselballon vorführten: Die Schau war nämlich auch ein Fest der Ballonluftfahrt, das insgesamt 35 Flüge sah. Der spektakulärste fand am 16. Juni statt, als ein Ballon in 1000 Metern Höhe platzte, aber so langsam zu Boden sank, daß niemand verletzt wurde. Vielleicht wurzelt in derartigen Veranstaltungen Kafkas späteres Interesse an dieser Art der Aviatik, das sich im Kauf eines Buches über *Die Anfänge der Luftschiffahrt* niederschlug, das frühen Ballonflügen gewidmet ist.

Vgl. KB 144.

43 | Der *Pavillon Sr. Majestät des Kaisers und
Königs* auf der *Allgemeinen Landes-Ausstellung.*
   *Wie kühl war ich dagegen als Kind! Ich wünsch-
te mir oft dem Kaiser entgegengestellt zu werden,
um ihm seine Wirkungslosigkeit zu zeigen. Und
das war nicht Mut, nur Kühle.* (→ Abb. 268)
Tagebuch, 12. XI. 1911.

44 | Der Aufbau der sogenannten *Civilschwimm-
schule* (April 1908).
   Die 1840 gegründete, aus Holzplanken bestehende Flußbadeanstalt wurde jedes Frühjahr neu
in der Moldau verankert und im Herbst wieder
abgebaut, weil sie sonst vom Treibeis des damals
noch nicht regulierten Flusses gefährdet worden
wäre. Gleichwohl riß 1872 das Hochwasser die
Militärschwimmschule aus ihrer Verankerung,
trieb sie auf die benachbarte *Civilschwimmschule*
und zerstörte sie. So kam es 1875 und 1876 zu
einer Neuerrichtung dieser Anstalt in moderne-
rer Gestalt mit 150 Kabinen, Restaurationsküchen
und Quellduschen.

45 | Zeitungsannonce zur Saisoneröffnung der *Prager Civil-Schwimm- u. Bade-Anstalten.*

Als kleiner Junge, als ich noch nicht schwimmen konnte, ging ich manchmal mit dem Vater, der auch nicht schwimmen kann, in die Nichtschwimmerabteilung. Dann saßen wir nackt beim Buffet, jeder mit einer Wurst und einem halben Liter Bier zusammen. Gewöhnlich brachte der Vater die Wurst mit, weil sie auf der Schwimmschule zu teuer war. (→ Abb. 717 und 1208)

Ein an die Eltern gerichteter Brief Kafkas und ein Gesprächszettel aus Kierling beweisen, daß er und sein Vater tatsächlich die *Civilschwimmschule* und nicht eine der anderen in der Moldau liegenden Bäder aufzusuchen pflegten (→ Abb. 1208). Solange er in der *Niklasstraße* Nr. 36 wohnte, behielt Kafka die *Civilschwimmschule,* die kaum von Juden besucht wurde, als Badeplatz bei, doch bevorzugte er später die Flußbadeanstalt an der *Sofieninsel.*

FK 180 (Gesprächszettel), vgl. NS II 150, O 155, Br 491, M 219, 227 und O 83.

46 | Das Nichtschwimmer-Becken in der *Civilschwimmschule* im Jahr 1890. Im Hintergrund das Prager Ghetto. (→ Abb. 209, d)

Ich erinnere mich z. B. daran, wie wir uns öfters zusammen in einer Kabine auszogen. Ich mager, schwach, schmal, Du stark, groß, breit. Schon in der Kabine kam ich mir jämmerlich vor undzwar nicht nur vor Dir, sondern vor der ganzen Welt, denn Du warst für mich das Maß aller Dinge. Traten wir dann aber aus der Kabine vor die Leute hinaus, ich an Deiner Hand, ein kleines Gerippe, unsicher bloßfüßig auf den Planken, in Angst vor dem Wasser, unfähig Deine Schwimmbewegungen nachzumachen, die Du mir in guter Absicht, aber tatsächlich zu meiner tiefen Beschämung immerfort vormachtest, dann war ich sehr verzweifelt und alle meine schlimmen Erfahrungen auf allen Gebieten stimmten in solchen Augenblicken großartig zusammen.

Brief an den Vater, S. 151.

Gymnasium

Von September 1893 bis zum Juli 1901 besuchte Kafka das *K. k. Staatsgymnasium mit deutscher Unterrichtssprache in Prag-Altstadt,* das im *Kinsky-Palais* am *Altstädter Ringplatz* untergebracht war. Im Rückblick empfand er diese Lebensphase als so schrecklich, daß er im *Brief an den Vater* behauptete, alle Lehrgegenstände seien ihm innerlich fremd gewesen, weil tiefste Sorgen der geistigen Existenzbehauptung zu einer selbstzufriedenen Gleichgültigkeit geführt hätten, die allein Schutz vor Nervenzerstörung durch Angst und Schuldbewußtsein geboten habe. Eine solche Haltung ist keineswegs einzigartig, denn beispielsweise hatte auch der sechs Jahre jüngere Guido Kisch (1889–1985), Sohn eines Rabbiners, der dasselbe Gymnasium besuchte wie Kafka, Schulängste, die bis zum Erbrechen gingen und dazu führten, daß ihm sämtliche Fächer verleidet waren. Ähnliches gilt für Kafkas späteren Intimus Max Brod, der, obwohl stets Klassenprimus, in einem Feuilleton ausführlich von den morgendlichen Qualen vor einer Klassenarbeit und seiner inneren Erregung bei deren Rückgabe berichtet. (→ Abb. 50)

Die unterrichtenden Professoren mögen zu derartigen Befindlichkeiten beigetragen haben, jedenfalls wenn Bruno Kisch (1890–1966), ein Bruder Guidos, recht hat, der in seinen Erinnerungen schreibt: *Die meisten Lehrer waren alte Herren, verdrossen und verbittert, die ihre Schüler im merklichen Genuß ihrer absoluten Gewaltherrschaft kommandierten und zu sklavischem Gehorsam zu erziehen suchten.* Auch ist in diesem Zusammenhang zu bedenken, daß die Schüler zuviel Unterricht und zuwenig Freizeit genossen, denn wenn man sich wie Kafka neben den Pflichtfächern noch für Stenographie, Tschechisch und Französisch entschieden hatte und ein Instrument zu erlernen suchte, waren vier Nachmittage für andere Aktivitäten verloren.

Weiterhin ist im Falle Kafkas zu berücksichtigen, daß es seine nach Anerkennung verlangende Persönlichkeit, die vom Vater keine Aufmunterung erfuhr, verletzen mußte, daß er seit der vierten Gymnasialklasse nicht mehr zu den Vorzugsschülern gehörte, ins Mittelmaß zurückgefallen war und zwischen dem fünften und siebenten Schuljahr, also zwischen seinem fünfzehnten und siebzehnten Lebensjahr, einen traurigen Leistungstiefpunkt erreichte. Es war die Zeit der Pubertät, die um 1900 wesentlich später einsetzte als heute, zumal bei Kafka, bei dem aus mancherlei Gründen ein beträchtlicher Entwicklungsrückstand gegenüber seinen Altersgenossen angenommen werden muß.

Die neue Situation zeigt sich schon in den Kopfnoten: Das Betragen, in den vorhergehenden Klassen konstant *lobenswert,* was in der gegenüber der Grundschule veränderten Bewertungsskala einem *gut* entspricht, fiel im fünften und sechsten Schuljahr auf *befriedigend* ab, was dem heutigen Urteil *noch befriedigend* nahekommt, eigentlich schon eine Schande darstellte und mehr noch als die nachlassenden Leistungen in den eigentlichen Unterrichtsfächern zum Ausdruck brachte, daß hier ein Schüler Schwierigkeiten im Umgang mit sich selbst hatte. Auch Kafkas Fleiß wurde seit dem fünften Schuljahr regelmäßig mit *befriedigend* bewertet, in Analogie zur Grundschulzeit, wo in den ersten anderthalb Jahren, wohl aufgrund von Anpassungsschwierigkeiten, die gleiche Note erscheint, die immerhin noch eine ordentliche Beurteilung darstellte, denn in der vierstufigen, allein diesem Bereich vorbehaltenen Skala gab es darüber nur noch die Bewertung *ausdauernd*, die Kafka in den folgenden zweieinhalb Jahren erreichte. Die Religionsnote verrät ebenfalls, daß sich Kafka in einer Krise befand. Im allgemeinen konstant auf *lobenswert*, sank sie im zweiten Halbjahr des fünften und siebenten Schuljahrs auf *befriedigend* ab. Kafka befand sich damals offensichtlich in der Lebensphase, in der es ihm, wie er im *Brief an den Vater* schreibt, die pietätvollste Handlung schien, sein jüdisches Erbe möglichst schnell loszuwerden.

Gleichwohl: Stellt man in Rechnung, daß er gegen sich selbst überkritisch eingestellt war, also übertrieb und zu akzentuieren pflegte, was geeignet war, ihn in schlechtem Licht zu zeigen, dann ist seine Behauptung, keinem der am *Altstädter Gymnasium* gelehrten Fächer zugetan gewesen zu sein, schwer zu glauben. Denn da er sich einmal als *Liebhaber der Geographie* bezeichnet, unter den wenigen Ausstattungsstücken seines Zimmers ein Globus war und viele der Bücher, die er besaß oder las, länderkundliche Darstellungen und Reisebeschreibungen waren (→ Abb. 1004), ist anzunehmen, daß ihn die Geographie, die damals mit der Geschichte ein einziges Unterrichtsfach bildete, keineswegs kaltließ. Dafür spricht auch, daß er bis zum Halbjahreszeugnis des fünften Schuljahrs in dieser Disziplin die Höchstnote *vorzüglich* erhielt, nach der heutigen Nomenklatur also ein *sehr gut*. Diese Note erscheint während der gesamten Schulzeit nur noch an einer einzigen Stelle, nämlich im zweiten Halbjahr der dritten Klasse, und zwar im Fach Deutsch. In den folgenden anderthalb Jahren verschlechterten sich die Geographieleistungen Kafkas allerdings um eine Stufe und fallen in der siebenten Klasse sogar auf *befriedigend* ab, was etwa einem heutigen *befriedigend* entspricht, um dann in der Abitursklasse wieder auf *lobenswert* anzusteigen. Ursache dieser Schwankungen dürfte teilweise ein Lehrerwechsel gewesen sein, bei dem der originelle, von der Sache begeisterte Pädagoge Emerich Müller, der das Fach in den ersten sechs Jahren gelehrt hatte, durch den kalten Fachmann und österreichischen Patrioten Hugo Ostermann ersetzt wurde.

Das Fach Biologie, das Naturgeschichte hieß und Mineralogie einschloß, dürfte Kafka ebenfalls angezogen haben, war er doch nach seinem eigenen Urteil und dem seines Freundes Max Brod ein *Tierliebhaber*, der gern Hunde um sich hatte (→ Abb. 265 und 1154), zoologische Gärten besuchte (→ Abb. 656 und 1184) und sich offensichtlich bei der Konzeption seiner Erzählungen *Schakale und Araber* und *Ein Bericht für eine Akademie* von *Brehms Tierleben* anregen ließ, auch wenn unter seinen Büchern lediglich Brehms *Riesen der Tierwelt* nachzuweisen sind. Die im *Altstädter Gymnasium* verwendeten Zoologie-Lehrbücher dürften seine diesbezüglichen Neigungen befördert, wenn nicht sogar hervorgerufen haben. Denn im Untergymnasium, also den ersten vier Klassenstufen, war *Pokorny's Naturgeschichte des Thierreiches* im Gebrauch. Dieses Unterrichtswerk war mit 363 feinstrichigen, ansprechend gestalteten Schwarzweißzeichnungen ausgestattet, die in Einzelfällen Kafkas Erzählschaffen angeregt haben dürften, das mehrfach Tiere in den Mittelpunkt stellt. Aufwendiger ist *Grabers Leitfaden der Zoologie* gehalten, der an der gymnasialen Oberstufe des *Altstädter Gymnasiums* eingeführt war. Denn über die 391 Textabbildungen hinaus, die meist dem Innenleben der Tierkörper gewidmet sind, enthält dieses Unterrichtswerk als Beilage einen *Bilder-Atlas*, bestehend aus dreizehn doppelseitigen Tafeln mit 101 kolorierten Abbildungen sowie vier ganzseitigen Farbtafeln, die einem *Aquarium Neapolitanum* betitelten Führer durch das *Aquarium der Zoologischen Station zu Neapel (Stazione Zoologica di Napoli)* entstammen und die Meeresfauna und -flora in ihrer exotischen Schönheit und Vielfalt zeigen. Allerdings wurde Zoologie nur in zwei Schuljahren gelehrt, und dann auch nur jeweils ein Halbjahr lang, nämlich im ersten, wo das Ergebnis *lobenswert* war, und im sechsten, wo Kafka ein *befriedigend* erreichte. Die vier Farbtafeln verschafften Kafka erste Einblicke in die Tierwelt des Mittelmeeres, die ihn fasziniert haben muß: Unter seinen Büchern war ein 1912 erschienenes Exemplar des *Aquarium Neapolitanum.*

Im Jahr 1872 hatte Anton Dohrn, ein Schüler des Zoologen Ernst Haeckel (→ Abb. 79), der 1872 an einer Tiefsee-Expedition teilgenommen hatte, in Neapel eine meeresbiologische Station gegründet, um Darwins Evolutionsgedanken durch das Studium der Meeresfauna experimentell testen und im Sinn einer monistischen Welterkennung popularisieren zu können. Das bis heute bestehende Laboratorium, das nach dem Tod des Gründers von seinem Sohn Reinhard Dohrn weitergeführt wurde, war von Anfang an mit einem öffentlichen Aquarium verbunden, das schnell zu einer Sehenswürdigkeit wurde: Der Blick durch das Glas verwies den Betrachter auf den Urgrund des Lebens, das Meer, dem der Mensch am Beginn der Naturgeschichte entsprungen war.

Kafkas Schulbücher hatten beträchtliches Niveau, vor allem die in den alten Sprachen benutzten Textausgaben, denn es gab ausführliche Anhänge mit Glossaren, Sacherläuterungen und biographischen Darstellungen, wie sie für wissenschaftliche Werke kennzeichnend sind. In diesen Fächern war Kafka ebenfalls ein guter Schüler, denn seine Leistungen, die zwischen *befriedigend* und *lobenswert* pendeln, lagen weit über dem Klassendurchschnitt. Gleichwohl scheint er vor dem mündlichen Griechisch-Abitur solche Angst gehabt zu haben, daß er sich möglicherweise an einem Betrugsmanöver beteiligte. (→ Abb. 98)

Was den Deutschunterricht angeht, so wurden Kafkas Leistungen meist mit *lobenswert* bewertet. In der zweiten Hälfte der vierten und siebenten sowie in der Abitursklasse erreichte er allerdings nur ein *befriedigend* (→ Abb. 67). Die letzten drei Jahre waren als systematischer Durchgang durch die deutsche Literaturgeschichte angelegt, der in der althochdeutschen Zeit begann und mit einem Kapitel über die österreichischen Schriftsteller Grillparzer, Lenau und Anastasius Grün endete. Das Schwergewicht des Unterrichts lag natürlich auf den deutschen Klassikern. Daß Kafka erwog, Germanistik zu studieren und in diesem Zusammenhang ein Seminar über Hartmann von Aue belegte, dürfte eine Wurzel im Schulunterricht haben, wo man in der sechsten Klasse Walthers Lyrik und Teile des *Nibelungenliedes* im mittelhochdeutschen Original las.

Besonderer Beachtung bedürfen die beiden freiwillig erlernten modernen Fremdsprachen. Daß Kafka am Tschechischunterricht teilnahm, und zwar mit fast durchweg lobenswerten Leistungen, läßt sich mit Rücksicht auf die spätere Berufstätigkeit erklären, für die, vor allem in Staatsstellungen, bei Ärzten und bei Advokaten, die Kenntnis der zweiten Landessprache Voraussetzung war. Doch zeigt der Inhalt der in diesem Fach verwendeten Lehrbücher, daß dieser nur zwei Wochenstunden umfassende Unterricht, obwohl als Fremdsprachenunterricht angelegt, mit dem Anspruch auftrat, einen Einblick in die tschechische Kultur zu vermitteln, und deswegen wichtige Schriftsteller vorstellte, die zwischen 1774 und 1850 tätig waren. Das war nur möglich, weil man davon ausging, daß die Schüler, die sich für dieses Fach meldeten, bereits Tschechischkenntnisse aufwiesen, die lediglich gefestigt und weiter ausgebaut werden mußten, eine Voraussetzung, die jedenfalls auf Kafka zutraf. Auch wenn sich belegen läßt, daß er sich später von einem Privatlehrer im Tschechischen unterrichten ließ, trug dieser Unterricht mit Sicherheit dazu bei, daß er die zweite Landessprache in Wort und Schrift vergleichsweise sehr gut beherrschte und sich seit den Studienjahren mit der zeitgenössischen tschechischen Literatur in der Originalsprache beschäftigen konnte. Das früheste Beispiel für dieses Interesse stammt aus dem Jahr 1902 oder 1903. Damals schenkte er der Erzieherin seiner halbwüchsigen Schwestern eine illustrierte tschechische Ausgabe von Božena Němcovás Roman *Babička (Großmütterchen)*, dessen *Sprachmusik* er bewunderte. Anna Pouzarová sollte daraus vorlesen und so die Sprachkompetenz Ellis, Vallis und Ottlas verbessern helfen.

Wieder anders verhält es sich mit dem Fach Französisch, das Kafka drei Jahre lang betrieb, nämlich von der fünften bis zur siebenten Klasse, und zwar, auch wenn seine Note in der Regel nur *befriedigend* war, mit solchem Erfolg, daß er französische Literatur lesen sowie Vorträgen und Theaterstücken in dieser Sprache folgen konnte. Wenn man bedenkt, daß Kafka, als er im zweiten Semester Germanistik studierte, Griechisch als Nebenfach wählte (→ Abb. 98 und 124), daß er während der Studienjahre Grundkenntnisse des Englischen erwarb, zeitweilig sogar erwog, Spanisch zu lernen, sich dann aber während der zehn Monate, die er bei den *Assicurazioni Generali* beschäftigt war, im Selbststudium die Grundzüge des Italienischen beibrachte, und wenn man dann noch seine späteren intensiven Bemühungen um das Hebräische einbezieht, erkennt man, warum er in einer Tagebuchstelle vom 23. Januar 1922 das Erlernen von Sprachen unter die Versuche rechnete, sich zu

47 | Kafka als Gymnasiast.

Ich war ein ängstliches Kind, trotzdem war ich gewiß auch störrisch, wie Kinder sind, gewiß verwöhnte mich die Mutter auch, aber ich kann nicht glauben, daß ich besonders schwer lenkbar war, ich kann nicht glauben, daß ein freundliches Wort, ein stilles Bei-der-Hand-nehmen, ein guter Blick mir nicht alles hätte abfordern können, was man wollte.

Brief an den Vater, S. 148.

verwirklichen. Dies wiederum läßt den Schluß zu, daß er als Gymnasiast die sprachlichen Fächer mit ziemlichem Engagement betrieben haben muß.

Kafkas Problem war die Mathematik, ein Fach, bei dem der Abwärtstrend in der Pubertätszeit besonders deutlich vor Augen tritt. Schon seit dem vierten Schuljahr erscheint hier ein bedrohliches *genügend,* nach der heutigen Notenskala also *ausreichend,* das leicht zu einem *nicht genügend* werden konnte. In einem an Milena gerichteten Brief erzählt Kafka ein derartiges Beispiel. Da er in der Situation, die er hier erzählt, gesiezt wird, kommt nur ein Lehrer des Obergymnasiums in Frage, und da es sich um einen Professor handelte, der 1920 noch in Prag gelebt haben muß, kann es sich nur um Wenzel Rosický (*1850) gehandelt haben, der dieses Fach im siebenten Schuljahr lehrte. Die Folge war, daß ihm sein Freund Hugo Bergmann immer wieder bei den Mathematik-Hausaufgaben helfen mußte.

Bruno Kisch: *Wanderungen und Wandlungen,* Köln (1966), S. 62, Br I 50, T 85 und M 22, vgl. Guido Kisch: *Lebensweg eines Rechtshistorikers. Erinnerungen,* Sigmaringen (1975), S. 26, Max Brod: *Die Schularbeit,* in: PA 57, Nr. 291 (24. XII. 1923), S. 4 f., Hartmut Binder: *Schüler in Prag. Franz Kafka im Spiegel seiner Zeugnisse,* in: NZZ 205, Nr. 245 (20./21. X. 1984), S. 67 f., PK 97, Br I 40, T 924, Z, W 263, Paul Heller: *Franz Kafka. Wissenschaft und Wissenschaftskritik,* (Tübingen 1989), S. 111–116, Marek Nekula: *Franz Kafkas Sprachen,* Tübingen 2003, S. 142–151, EFK 66, Br I 69, 85, 123, Hartmut Binder: *Früher Blick auf Paris. Über Franz Kafkas Französischkenntnisse,* in: KK 9, Nr. 1 (2001), S. 1–9 und M 146 f.

48 | Die Rückfront des *Kinsky-Palais (palác Kinský)* im *Teingäßchen.* Hier lag der Eingang für die Schüler der ersten vier Klassen des *Altstädter Gymnasiums,* die im Rückgebäude untergebracht waren.

49 | Emil Gschwind (*1841), Priester des Piaristenordens und K. k. Professor, der Kafka als Klassenlehrer durch alle acht Gymnasialjahre begleitete, im Sommer 1894.

[...] den Ton der Klasse bestimmte dieser katholische Priester. Er begnügte sich nicht mit den sieben oder acht Wochenstunden Latein. Er verlangte Privatlektüre und Sammlung von «Parallelstellen» in einem dicken Heft. Dieses Heft führte ich wohl mit Franz zusammen.

In den beiden ersten Schuljahren hatte man wöchentlich acht Stunden Latein, ab der dritten Klasse sieben.

EFK 23 (Hugo Bergmann).

50 | Das Portal des *Piaristenkollegiums* in der *Herrengasse (Panská)* Nr. 1 (II-892), in dem Emil Gschwind wohnte. Die Zimmer der Piaristen lagen im dritten Stock und waren über eine Galerie zugänglich. In diesem Gebäudekomplex war auch die private Volksschule des Ordens mit Öffentlichkeitsrecht untergebracht, in der unter anderem Max Brod, Egon Erwin Kisch, Ernst Popper (→ Abb. 400), Otto Rosenfeld (→ Abb. 399), Felix Weltsch und Franz Werfel unterrichtet wurden.

Noch heute befällt mich ein dunkler Schauer, wenn ich an dem Portal des Piaristenhauses, Herrengasse, vorbeigehe. Mit nüchternen Sinnen weiß ich ja, daß mich das Tor, das in die schreckliche Schule führt, nicht mehr einsaugen wird. Aber immer

noch zittern die Beine. Und immer noch muß ich mir sagen: die schwarze allegorische Figur, die da oben sitzt und mit ihrem Fuß auf einem dicken Menschengesicht herumtritt, bedeutet vermutlich den «Sieg des Glaubens über den Unglauben», – sie bedeutet gewiß nicht das, was dem ängstlichen Kind als Sinn der Gruppe erschien, bedeutet nicht, daß eine mächtige böse Fee, die «Schule» in höchsteigener Person, den gemarterten Kopf des Kindes, des Schülers, meinen eigenen Kopf zerstampft. Aber mag ich mir das auch hundertmal sagen: so oft ich mich dem Tore nähere, muß ich mit den Augen des kleinen Jungen sehen, der vor der Schule zitterte und dem im kalten Morgennebel beim Näherkommen Schritt für Schritt da oben auf dem Torgesims ein Symbol seines persönlichen Schicksals sich entschleierte.

Max Brod: *Die Qual der Schule*, in: PT 55, Nr. 53 (2. III. 1930), *Unterhaltungs-Beilage*, S. II, vgl. PK 35 und Enoch Heinrich Kisch: *Erlebtes und Erstrebtes. Erinnerungen*, Stuttgart und Berlin 1914, S. 53 f.

51 | Im *Piaristenkollegium.*

Emil Gschwind, der Kafka acht Jahre lang in Latein, im dritten und vierten Schuljahr auch in Griechisch sowie in den beiden Abschlußklassen in philosophischer Propädeutik unterrichtete, verlangte von seinen Schülern über das übliche Hausaufgabenpensum hinaus Privatlektüre der antiken Autoren und die Anlegung eines entsprechenden Florilegiums, über das diese sich an Sonntagen in seiner Wohnung auszuweisen hatten. Hugo Bergmann berichtet: *[...] die Privatlectüre bei Gschwind hatte den Zweck, uns zur Selbständigkeit in der Lektüre zu erziehen, zur Benutzung des Wörterbuches von Stowasser und zur Auffindung von ‹Parallelstellen› im Stil, die in ein besonderes dickes Heft einzutragen waren. Diese Lektüre hatten wir privat vorzubereiten, um dann von Gschwind an einem Sonntag im Piaristenkloster abgeprüft zu werden. Der Besuch in seiner ‹Zelle› machte großen Eindruck auf uns.*

Als Kafka im Februar 1915 zum erstenmal in einem von ihm selbst gemieteten Zimmer außerhalb der elterlichen Wohnung lebte (→ Abb. 851) und wegen seiner sich andeutenden Junggesellenexistenz verzweifelt war, erinnerte er sich an das Domizil Gschwinds, der ihm eine derartige Lebensweise vor Augen geführt hatte.

W 58, vgl. T 727.

Bernhardiner.
Eskimohund.
Pudel.
Dachshund.

Deutsche Dogge.
Engl. Schweißhund.

Vorstehhund.
Bulldog.
Windhund.

Neufundländer.
Schäferhund.
Spitz.

28. Hunderassen (¹/₁₀ d. nat. Gr.).

52 | *Pokorny's Naturgeschichte des Thierreiches.* Für die unteren Classen der Mittelschulen bearbeitet von Dr. R. Latzel und Jos. Mik. Dreiundzwanzigste verbesserte Auflage. Mit 563 Abbildungen und 1 Karte der beiden Halbkugeln der Erde, (Verlag von F. Tempsky) Wien und Prag, 1894, S. 13: *Hunderassen.* (In Kafkas Klasse wurde diese Auflage des verbreiteten Unterrichtswerks benutzt.)

Kein Geschöpf lebt meines Wissens so weithin zerstreut wie wir Hunde, keines hat so viele, gar nicht übersehbare Unterschiede der Klassen, der Arten, der Beschäftigungen.

Dem Befremden israelischer Leser über die Assoziationen, die sich ihnen im Blick auf Kafkas Spätzählung *Forschungen eines Hundes* aufdrängten, in der jüdisches Leben in Hundegestalt erscheine, setzte Hugo Bergmann folgende Erinnerung entgegen: *Ich war zwölf Jahre Mitschüler von Kafka und ich glaube, dass ich in diesen zwölf*

Jahren nie, weder von Lehrern, noch von Mitschülern ein Wort der Verachtung für Hunde gehört habe. Viele Erzählungen habe ich vernommen über die Treue des Hundes, über seinen Willen zur Selbstaufopferung, über die Bernhardinerhunde, die in den Alpen Menschen retten, die von Lawinen verschüttet worden sind; wenn Kafka von Hunden spricht, müssen in seiner Seele solche Worte nachgezittert haben. Eine Verachtung lag seiner Seele völlig fern.

Forschungen eines Hundes, S. 425 f. und Hugo Bergman: *Franz Kafka und die Hunde,* in: *Mitteilungsblatt des Irgun Olej Merkas Europa* 40, Nr. 34/35 (3. IX. 1972), S. 4.

53 | Ausschnitt aus einem Diorama, das die zweite Schlacht von Custozza darstellt, in der die von Erzherzog Albrecht geführte, aus 75 000 Mann bestehende kaiserliche Armee die 130 000 Italiener unter Vittore Emanuele in der Nähe des südöstlich des Gardasees gelegenen Dorfes Custozza zurückwarf und dadurch den Besitzstand der Habsburgermonarchie in Italien noch für eine gewisse Zeit wahrte. Schon am 25. Juli 1848 hatte der österreichische Feldherr Radetzky an gleicher Stelle über die italienischen Truppen gesiegt, ein Ereignis, das zur Aufstellung des *Radetzky-Denkmals* auf dem *Kleinseitner Ringplatz* in Prag geführt hatte. (→ Abb. 785)

Auf der Grundlage der von General-Major Carl Ritter von Mathes von Bilaburg verfaßten Studie über die Schlacht von Custozza fertigten österreichische Patrioten im Jahr 1891 in Wien eine 84 Quadratmeter große plastische Darstellung des Geschehens im Maßstab 1 : 450, die sich 30 Zentimeter über dem Fußboden erhob und aus der Vogelschau den Moment zeigte, in dem am späten Nachmittag des 24. Juni 1866 Custozza und die umliegenden Höhen in die Hände der österreichischen Truppen fielen. Die Soldaten – man konnte aufgrund der farbgetreu wiedergegebenen Uniformen Infanteristen, Jäger, Ulanen und Husaren unterscheiden – waren aus Zinn gefertigt, die Bäume aus grün angestrichenen Schwammteilen, die Wasserflächen aus Spiegelglasstückchen,

und an den aus Holz hergestellten Häusern waren rote Papierflammen angebracht, die Brände darstellten. Auch die Waffen, Geschütze, die Gefangenen, Gefallenen, die Verwundetentransporte, ja sogar die zerbrochenen Pulverkarren und weggeworfenen Gewehre waren zu erkennen.

Das Diorama wanderte im Lauf der Jahre durch die Städte der Habsburgermonarchie und kam 1894 nach Prag, wo es vom 7. Oktober an in einem leeren Laden im glasüberdachten Hof der *St. Wenzels-Vorschußkassa* in der *Karlsgasse (Karlova)* Nr. 30 (I-172) zu sehen war, der in der zur *Kettengasse (Řetězová)* führenden Passage lag. Die Präsentation war ein Riesenerfolg. Bereits in der ersten Woche zählte man 10 000 Besucher, und die *Bohemia* brachte am 14., 21. und 27. Oktober sowie am 4. November ungewöhnlich umfangreiche und detaillierte Artikel über den Verlauf der Schlacht, die offensichtlich durch das zur Schau gestellte Diorama angeregt worden waren.

Am 10. November 1894 besuchten alle Schüler des *Altstädter Gymnasiums* unter Führung ihrer Klassenlehrer das Diorama, das von seinem Betreiber mit Hilfe eines Bambusstöckchens erläutert wurde. Die Schulchronik berichtet: *Behufs der Erzielung eines thunlichst nachhaltigen Erfolges dieser Beschauung waren die Schüler durch die P. T. Herren Fachlehrer der Geschichte auf den wesentlichen Inhalt und die hohe Bedeutung des bezüglichen Ereignisses entsprechend aufmerksam gemacht.*

Daß der elfjährige Kafka von der *Beschauung* beeindruckt war, darf man angesichts der technischen Qualität des Gebotenen voraussetzen, belebte sich doch beim Anblick des Tableaus selbst die Phantasie des für das *Prager Tagblatt* tätigen Berichterstatters, der *die Commandorufe und Hornsignale, das Wirbeln der Trommeln und das Geknatter des Gewehres, sowie die Donner der Geschütze* zu vernehmen glaubte. Dergleichen kann man auch im Falle Kafkas vermuten, denn es dürfte nicht ganz zufällig sein, daß die Bildebenen der von ihm verwendeten Vergleiche und Metaphern häufig dem Bereich des Militärischen entstammen.

Welche Emotionen das Diorama unter den jugendlichen Besuchern auslöste, davon berichtet Max Brod, dessen Gymnasium den behördlicherseits bedingungslos empfohlenen Besuch seinen Schülern freigestellt hatte, in seiner in den 50er Jahren entstandenen Erzählung *Custozza*. Der von patriotischen Gedanken erfüllte Zehnjährige, der von Freunden, die die Besichtigung bereits hinter sich hatten, Bewunderungswürdiges darüber gehört und sich in seiner Erregung angesichts des bevorstehenden Erlebnisses am elterlichen Klavier ein Loch in den Kopf geschlagen hatte, war von dem Dargebotenen so begeistert, daß ihm die nachgebauten Flußböschungen mit ihren attackierenden Reiterregimentern als Inbegriff menschlicher Fertigkeit erschienen.

Nach seiner Reise durch die Städte der Habsburgermonarchie wurde das Diorama im *K. u. k. Heeresmuseum* (heute *Heeresgeschichtliches Museum im Arsenal*) in Wien in einem eigenen Raum aufgestellt. Später wurde es zerlegt und in Kisten verpackt, die sich im Depot dieser Institution erhalten haben.

Als Erzherzog Albrecht am 18. Februar 1895 starb, hielt Emerich Müller, der in diesem Schuljahr in Kafkas Klasse den Geographie- und Geschichtsunterricht versah, eine Ansprache, in der die Bedeutung und die Verdienste des Verstorbenen in einer der Fassungskraft der Jugendlichen angemessenen Form zu gebührender Würdigung gelangte. Dazu kamen Trauergottesdienste, die für die Schüler jüdischer Herkunft, sofern sie die Unterklassen besuchten, am 2. März stattfanden.

23. Jahresbericht über das Staats-Gymnasium mit deutscher Unterrichtssprache in Prag-Altstadt für das Schuljahr 1894/95, Prag 1895, S. 68, vgl. 69 f. und *Plastische Darstellung der Schlacht bei Custozza*, in: PT 9, Nr. 276 (6. X. 1894), S. 5, vgl. Nr. 279 (8. X. 1894), S. 3, Nr. 288 (18. X. 1894), S. 3, Max Brod: *Custozza*, in: M. B.: *Durchbruch ins Wunder*, Rothenburg ob der Tauber (1962), S. 31–45 und *Österreichs Hort. Geschichts- und Kulturbilder aus den Habsburgischen Erblanden. Eine Festgabe an das österreichische Volk zur Jubelfeier des Kaisers Franz Josef I.*, [Band II], hrsg. von Albin Freiherr von Teuffenbach zu Tiefenbach und Maßweg, Wien 1908, S. 399 (Abbildung des Custozza-Saals im Wiener *Heeresmuseum* mit dem Diorama).

54 | Akrobaten auf der *Tschechoslowa-kischen Ethnographischen Ausstellung (Národopisná Výstava Českoslovanská)*, die am 15. Mai 1895 im Prager *Baumgarten* er-öffnet wurde und bis 28. August dauerte.

Die von den Prager Deutschen mit Miß-behagen betrachtete Schau präsentierte in architektonischen Ensembles und nach-gestellten szenischen Arrangements die Kultur der auf dem Gebiet der böhmischen Kronländer lebenden slawischen Volks-gruppen als Ausdruck wiedergewonne-ner nationaler Identität und hatte deswe-gen ungeheuren Zulauf. Da allein schon das Begleitprogramm, das mit derartigen Großveranstaltungen einherzugehen pflegt, Kinderaugen faszinieren mußte, dürfte auch Kafka unter den Besuchern gewesen sein, der hier zum erstenmal bewußt mit der Welt des Schaugewerbes in Berührung gekommen sein könnte, dessen Spielarten er später aufmerksam beobachtete.

Rilke erwarb auf dieser Ausstellung eine Ansichtskarte, die das Arbeitszimmer des tschechischen Schriftstellers Kajetán Tyl zeigte, das in einer Rekonstruktion zu se-hen war. Er schrieb darüber ein *Kajetán Tyl* betiteltes Gedicht, das Teil seiner 1895

veröffentlichten Lyriksammlung *Larenop-fer* wurde.

Vgl. Fritz Schobloch: *Spaziergang in der Stadt in den neun-ziger Jahren*, in: PN 16, Nr. 3 (März 1965), S. 4, KB 144 und *Mit Rilke durch das alte Prag. Ein historischer Spaziergang*, hrsg. von Hartmut Binder, (Frankfurt/M. 1994), S. 108 f.

55 | Im Prager Ghetto. Links der Eingang zur *Zigeuner-Synagoge* (V-152), die nicht an der Straße, sondern in einem Hinterhof lag und der für die Familie Kafka zuständige Tempel war, in dem am 13. Juni 1896, mor-gens um halb zehn Uhr, Kafkas Bar-Miz-wah stattfand. (→ Abb. 1052)

Ich durchgähnte und durchduselte also dort die vielen Stunden […] und suchte mich möglichst an den paar kleinen Abwechslun-gen zu freuen, die es dort gab, etwa wenn die Bundeslade aufgemacht wurde, was mich immer an die Schießbuden erinnerte, wo auch, wenn man in ein Schwarzes traf, eine Kastentüre sich aufmachte, nur daß dort aber immer etwas Interessantes heraus-kam und hier nur immer wieder die alten Puppen [nämlich die festlich eingekleideten Thorarollen] ohne Köpfe.

Brief an den Vater, S. 186 f., vgl. W 59.

56 | Die Bundeslade in der *Zigeuner-Syn-agoge*.

Zuerst erfolgte die Aushebung der Thora-rolle, auf welcher die heilige Lehre ge-schrieben ist, aus der festlich illuminierten Bundeslade. Im feierlichen Umzug wird sie zu einem Platz getragen, wo ein sitzender Beter sie in Empfang nimmt und auf seinen Knien hält, damit ein anderer sie ihres Fest-schmuckes entkleiden kann. Erst die silberne Krone, dann die reich bestickte Sammethül-le. Sie wird auf den Altartisch gelegt und bis zu dem Abschnitt, der an diesem Sabbat vorgelesen wird, aufgerollt. Der Vorleser, der in einem traditionellen Akzentsystem liest, steht zwischen einem Betenden, der mit einer kunstvoll silbergeschmiedeten Hand mit ausgestrecktem Zeigefinger den Vorleser entlang der Zeilen führt, und einem anderen Betenden, der entsprechend der Länge der Abschnitte die Rolle weiter öffnet. […] Nach dem Vorlesen des Abschnittes wird die Thora wieder zusammengerollt, bekleidet und im festlichen Gesang zur Bundeslade zurückge-bracht.

Josef Tal: *Der Sohn des Rabbiners*, Berlin 1985, S. 46.

57 | Das Innere der Prager *Zigeuner-Synagoge.*

Der 13te Geburtstag ist ein besonderes Fest, ich mußte im Tempel ein mühselig eingelerntes Stück vorbeten, oben beim Altar, dann zuhause eine kleine (auch eingelernte) Rede halten. Ich bekam auch viele Geschenke.

An Milena am 10. VIII. 1920.

58 | Karl Faulmann: *Im Reiche des Geistes. Illustrirte Geschichte der Wissenschaften, anschaulich dargestellt.* Mit 30 Tafeln, 30 Beilagen und 220 Textabbildungen, (A. Hartlebens's Verlag) Wien, Pest, Leipzig 1894.

Erscheinungsjahr und Thema des Buches – eine populäre Darstellung aller Wissensgebiete – geben der Vermutung Raum, dieses Werk und der utopische Roman *Das Ende der Welt* von Camille Flammarion, der bereits im Jahr seines Erscheinens (1894) in tschechischer Übersetzung und im Jahr darauf auch auf Deutsch vorlag und davon berichtet, wie freundliche Marsbewohner die Erde vor einem Asteroiden-Impakt warnen, seien unter den Geschenken gewesen, die Kafka zu seiner Bar-Mizwah erhalten habe. Beide Titel finden sich nämlich in einem Verzeichnis, das Bücher auflistet, die ehemals in seinem Besitz waren.

Vgl. Z.

59 | Der *Valentinsplatz*, Ende des 19. Jahrhunderts. Blick in die *Karpfengasse (Kaprová)* (rechts), die im Lauf der Sanierungsmaßnahmen beträchtlich verbreitert wurde, und in die *Josefstädter Gasse (Josefovská)*, die als Hauptverkehrsader das Prager Ghetto in Ostwestrichtung durchquerte und, bei etwas verändertem Verlauf am Westende, in der *Ufergasse* (der *Široká*) weiterlebt.

In seinem Tagebuch berichtet Kafka einmal, in welcher Weise Phantasien seiner Pubertätszeit um das Prager Ghetto kreisten: *Ich konnte daher lange Zeit vor dem Einschlafen mich damit abgeben, daß ich einmal als reicher Mann in vierspännigem Wagen in der Judenstadt einfahren ein mit Unrecht geprügeltes schönes Mädchen mit einem Machtwort befreien und in meinem Wagen fortführen werde.*
Tagebuch, 31. XII. 1911.

60 | Das Haus *Zu den drei Königen* in der *Zeltnergasse* Nr. 3 (I-602) (rechts) (→ Abb. 21, 19). Links oben, angeschnitten, die *Teinkirche*, im Hintergrund die *St. Jakobskirche*. Die Fensterfront im obersten Stock des Gebäudes gehörte zur Wohnung der Familie Kafka, die hier spätestens vom Frühherbst 1892 bis zum Mai 1907 lebte.

Zwar überliefert ein Meldezettel den September 1896 als Einzugstermin, doch steht diese Angabe in Widerspruch zu Erinnerungen eines ehemaligen Lehrjungen Hermann Kafkas, der im September 1892 seine Ausbildung im Haus *Zu den drei Königen* begann und sich an die im gleichen Gebäude liegende Wohnung seines Arbeitgebers erinnert. Vor allem aber beweisen die im Prager *Nationalarchiv* erhaltenen, penibel geführten jüdischen Matriken, daß Ottla Kafka Ende Oktober 1892 in der *Zeltnergasse* Nr. 3 zur Welt kam. Die Übersiedelung in eine geräumigere Wohnung war wegen des bevorstehenden Familienzuwachses notwendig geworden und muß deswegen durchgeführt worden sein, während Kafkas Mutter schwanger war.

Schon 1887 hatte Hermann Kafka sein Geschäft von der *Stockhausgasse* (→ Abb. 13) in dieses Haus verlegt und im Jahr darauf sein Sortiment um Muffs, Textilschuhe mit Ledersohle und Unterwäsche erweitert, die in einer Werkstatt im Hinterhof hergestellt wurden. Im Mai 1906 gab er den Einzelhandel und damit das *Gassengeschäft* auf und führte sein Unternehmen als Großhandel in dem schräg gegenüberliegenden Haus *Zeltnergasse* Nr. 12 (I-558) weiter (→ Abb. 230).

NS II 171, vgl. Alena Wagnerová: *«Im Hauptquartier des Lärms». Die Familie Kafka aus Prag,* (Köln 1997), S. 101, *Franz Kafka Brief an den Vater. Mit einem unbekannten Bericht über Kafkas Vater als Lehrherr und anderen Materialien,* hrsg. von Hans-Gerd Koch, Berlin (2004), S. 69 und 74.

61 | Geschäftskarte Hermann Kafkas.

Das Geschäftsemblem spielt auf den Inhaber an: ‹kavka› bedeutet im Tschechischen ‹Dohle›, eine freilich etymologisch fragwürdige Herleitung des Namens, die jedoch von Kafka selbst in seinem Erzählfragment *Der Jäger Gracchus* aufgegriffen wurde, denn die Titelgestalt spielt auf das italienische Wort ‹gracchio› an, das ‹Krähe› bedeutet, also wie die Dohle einen Rabenvogel meint. An anderer Stelle schreibt Kafka unter Bezug auf seinen Urgroßvater Adam Porias (1794–1862), der sich auf jiddisch Amschel Brias nannte: *Ich hei-ße hebräisch Amschel wie der Großvater meiner Mutter von der Mutterseite, der als ein sehr from-mer und gelehrter Mann mit langem weißem Bart meiner Mutter erinnerlich ist, die 6 Jahre alt war als er starb.* Tatsächlich erscheint der von Kafka erwähnte jüdische Traditionsname auf der hebräi-schen Inschrift, die sich auf seinem Grabstein auf dem *Neuen jüdischen Friedhof* findet. (→ Abb. 1212)

Auf der Geschäftskarte, auf der Hermann Kafka als *Großbetrieb für Galanterie-, Kurz- und Wirk-waren* firmiert, bezeichnet er sein Geschäft als *Fabriklager für echte mährische Babuschen [Filz-pantoffeln]/Schweizer Stickereien/Spitzen/Trikot-ware/und/Herrenwäsche.*

Tagebuch, 25. XII. 1911, vgl. KH 110 f.

62 | Ottla, die jüngere Schwester Kafkas.

Ich weiß nicht, was Euch um das Glück der Ein-tracht zwischen Vater und Kind gebracht hat, es liegt mir nur nahe zu glauben, daß die Entwick-lung ähnlich war, wie bei mir. Auf Deiner Seite die Tyrannei Deines Wesens, auf ihrer Seite Löwy'scher Trotz, Empfindlichkeit, Gerechtigkeitsgefühl, Un-ruhe und alles das gestützt durch das Bewußtsein Kafka'scher Kraft. Wohl habe auch ich sie beein-flußt, aber kaum aus eigenem Antrieb, sondern durch die bloße Tatsache meines Daseins. Übrigens kam sie doch als Letzte schon in fertige Machtver-hältnisse hinein und konnte sich aus dem vielen bereitliegenden Material ihr Urteil selbst bilden. Ich kann mir sogar denken, daß sie in ihrem Wesen eine Zeit lang geschwankt hat, ob sie sich Dir an die Brust werfen soll oder den Gegnern, offenbar hast Du damals etwas versäumt und sie zurückge-stoßen. (→ Abb. 1039f.)

Brief an den Vater, S. 179 f.

63 | Plakat der *II. Internationalen Pharmaceutischen Ausstellung*, die vom 15. August bis zum 15. September 1896 im Prager *Baumgarten* stattfand.

Am Nachmittag des 26. September besuchten die Schüler des *Altstädter Gymnasiums* die Ausstellung, die ihr Thema denkbar weit gefächert ausbreitete: So wurde beispielsweise die Herstellung von Arzneimitteln, Seifen und Likören ebenso gezeigt wie chemische Laboratorien. Gegenstand der Schau waren auch die böhmischen Heilquellen und die Badeorte, die in photographischen Darstellungen vorgestellt wurden, Heilpflanzen aus dem *Botanischen Garten* der Prager Universität, alte medizinische Schriftquellen, Einrichtungen von Krankenhäusern, Sanitätsausrüstungen sowie Feldbahnwagen für den Transport Verwundeter.

25. Jahresbericht über das Staatsgymnasium mit deutscher Unterrichtssprache in Prag-Altstadt für das Schuljahr 1896/97, Prag 1897, S. 79, vgl. DZB 69, Nr. 230 (21. VIII. 1896), Beilage, S. I und Nr. 241 (1. IX. 1896), Beilage, S. I.

64 | Das gegenüber von Kafkas Geburtshaus am Beginn der *Niklasgasse (Mikulašska)* liegende Haus Nr. 2 (I-12), in dem während der ersten vier Gymnasialjahre Kafkas Schulfreund Hugo Bergmann wohnte. Links davon, angeschnitten, das ehemals sehr bekannte Lokal *Zum grünen Frosch (U jelení záby)* (I-13). Später wohnten die Bergmanns auf dem *Leonhardiplatz* Nr. 4 (I-128), in einem Gebäude, das der Stadtsanierung zum Opfer fiel und heute von der Südostecke des *Neuen Rathauses (Nová radnice)* bedeckt wird.

Oft kam natürlich Franz auch zu uns, zu mir und meinem älteren Bruder Artur. Es muß in den ersten Gymnasialjahren gewesen sein, dass Kafka uns erzählte, er wolle Schriftsteller werden. Bei meinem Bruder, der keine besonderen Beziehungen zur Literatur hatte, erregte dieses Bekenntnis Hohn und Spott. «Also das erste Buch, das Du schreiben wirst, wirst Du mir widmen», sagte er. Kafka versprach, aber hat dieses Versprechen sicherlich längst vergessen gehabt, als sein erstes Buch erschien. Die ersten erwähnenswerten schriftstellerischen Versuche Kafkas dürften ins Jahr 1897 fallen, als er vierzehn Jahre alt war. (→ Abb. 68)

EFK 25 f. (Hugo Bergmann).

66 | Klassenphoto aus dem fünften Schuljahr (1897/98).

[…] es war das Wohlbefinden und Nichtfremd- sein, das ich etwa als Schüler bei meinem Neben- sitzenden fühlte. Ich war ihm gut, er war mir unentbehrlich, für alle Schrecken der Schule waren wir verbündet, ich verstellte mich vor ihm weniger als vor irgend jemandem – aber was für eine kläg- liche Verbindung war es im Grunde.

Oberste Reihe von links: Oskar Flammerschein (→ Abb. 76), Franz Kafka, Paul Kisch (→ Abb. 134), Karl Steiner, Emil Jokl, Otto Pergamenter; zwei- te Reihe: ?, Oskar Pollak (→ Abb. 89), Victor Patz, Paul Fischer, ?, Karl Fritsch, Alois Jeiteles, Hugo Pollak; dritte Reihe: Rudolf Illowý, Alexander Heindl, Hugo Bergmann (→ Abb. 80), Direktor Johann Konrad Hackspiel, Klassenlehrer Emil Gschwind (→ Abb. 49), Otto Steuer, Ewald Felix Příbram (→ Abb. 143); unterste Reihe: Karl Kraus (→ Abb. 126), Emil Utitz (→ Abb. 172) und Camill Gibian (→ Abb. 159).

An Milena, Mitte November 1920.

65 | Dr. Josef Kail im Kreis seiner Familie. Kail unterrichtete Kafka von September 1897 bis zum Juli 1900 in Französisch.

Unser Lehrer, Professor Keil, mit einem sehr lan- gen, sehr gepflegten roten Vollbart, der ihm bis zur Brustmitte reichte, musterte uns immer etwas ver- ächtlich durch ganz scharfe Gläser einer eisenge- faßten Brille. Seine Anforderungen an Grammatik und Orthographie ließen mich nicht zum Genuß der Schönheit der französischen Sprache kommen.

Kail, geboren 1866 in Dauba (Dubá), war der Sohn eines Landarbeiters und mußte sich sein Studium selbst verdienen, was unter anderem mit Hilfe einer Seidenraupenzucht gelang. Er verlang- te viel von seinen Schülern, die aus allen Prager deutschen Gymnasien zum Französischunterricht im *Altstädter Gymnasium* zusammenkamen. Spä- ter wurde er Realschuldirektor und Landesschul- inspektor. Kail, der auch Latein gab, war deutsch- national gesinnt und wanderte gern, vor allem im Riesengebirge. Er verhungerte am 31. Juli 1945 in einem tschechischen Internierungslager.

Bruno Kisch: *Wanderungen und Wandlungen. Die Geschichte eines Arztes im 20. Jahrhundert,* Köln (1966), S. 68, vgl. Guido Kisch: *Der Lebensweg eines Rechtshistorikers. Erinnerungen,* Sigmaringen (1975), S. 28 und Marie Kail (mündlich, am 19. III. 2006).

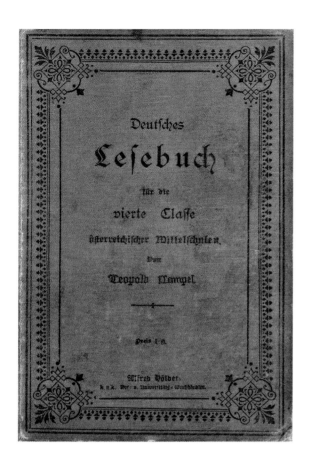

67 | *Deutsches Lesebuch für die vierte Classe österreichischer Mittelschulen,* hrsg. von Leopold Lampel, vierte Auflage, Wien 1895, Einband.

Das im Untergymnasium benutzte Unterrichtswerk – in Kafkas Klasse war die vierte Auflage eingeführt – mit Texten unter anderem von Eichendorff, Fouqué, Goethe, Lenau, Schiller, Stifter und Uhland enthielt Sacherläuterungen. Kafkas Deutschleistungen waren über dem Durchschnitt, aber nicht herausragend.

Vgl. 25. Jahresbericht über das Staats-Gymnasium mit deutscher Unterrichtssprache in Prag-Altstadt für das Schuljahr 1896/97, Prag 1897, S. 52.

68 | Die *Gerstengasse (Ječná)* vom *Karlsplatz (Karlovo náměstí)* aus gesehen (Ende 19. Jahrhundert). Im fünften Haus (in verwahrlostem Zustand erhalten) in der linken Reihe (II-1433) lag zwischen 1892 und 1908 die Wohnung der Großeltern Kafkas.

Einmal hatte ich einen Roman vor, in dem zwei Brüder gegeneinander kämpften, von denen einer nach Amerika fuhr, während der andere in einem europäischen Gefängnis blieb. Ich fieng nur hie und da Zeilen zu schreiben an, denn es ermüdete mich gleich. So schrieb ich einmal auch an einem Sonntagnachmittag, als wir bei den Großeltern zu Besuch waren und ein dort immer übliches besonders weiches Brot mit Butter bestrichen aufgegessen hatten, etwas über mein Gefängnis auf. Es ist schon möglich, daß ich es zum größten Teil aus Eitelkeit machte und durch Verschieben des Papiers auf dem Tischtuch, Klopfen mit dem Bleistift, Herumschauen in der Runde unter der Lampe durch jemanden verlocken wollte, das Geschriebene mir wegzunehmen, es anzuschauen und mich zu bewundern. In den paar Zeilen war in der Hauptsache der Korridor des Gefängnisses beschrieben, vor allem seine Stille und Kälte; über den zurückbleibenden Bruder war auch ein mitleidiges Wort gesagt, weil es der gute Bruder war. Vielleicht hatte ich ein augenblicksweises Gefühl für die Wertlosigkeit meiner Schilderung, nur habe ich vor jenem Nachmittag auf solche Gefühle nie viel geachtet, wenn ich unter den Verwandten, an die ich gewöhnt war

(meine Ängstlichkeit war so groß, daß sie mich im Gewohnten schon halb glücklich machte) um den runden Tisch im bekannten Zimmer saß und nicht vergessen konnte, daß ich jung und aus dieser gegenwärtigen Ungestörtheit zu großem berufen war. Ein Onkel der gern auslachte nahm mir endlich das Blatt, das ich nur schwach hielt, sah es kurz an, reichte es mir wieder sogar ohne zu lachen und sagte nur zu den andern, die ihn mit den Augen verfolgten «Das gewöhnliche Zeug», zu mir sagte er nichts. Ich blieb zwar sitzen und beugte mich wie früher über mein also unbrauchbares Blatt, aber aus der Gesellschaft war ich tatsächlich mit einem Stoß vertrieben, das Urteil des Onkels wiederholte sich in mir mit schon fast wirklicher Bedeutung und ich bekam selbst innerhalb des Familiengefühls einen Einblick in den kalten Raum unserer Welt, den ich mit einem Feuer erwärmen mußte, das ich erst suchen wollte.

Der vorstehend geschilderte erste Romanversuch Kafkas kann wegen des damit verbundenen Drangs, sich zur Schau stellen zu wollen, und dem Gefühl des Schreibers, zu Großem berufen zu sein, nur während dessen Pubertätszeit unternommen worden sein, vermutlich also um 1897. Für diesen zeitlichen Ansatz spricht auch ein an Felice gerichtetes Schreiben vom 11. November 1912, dem zu entnehmen ist, daß Kafka zu diesem Zeitpunkt seit 15 Jahren literarisch tätig war, also Erinnerungen an Texte bewahrt hatte, die frühestens um 1897 entstanden waren. Bei dem Onkel, der sich

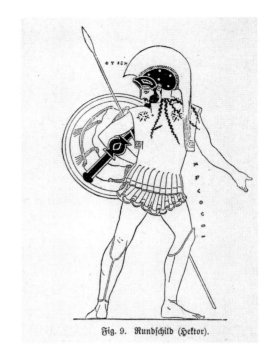

Fig. 9. Rundschild (Hektor).

dafür interessierte, was sein Neffe schrieb, dürfte es sich um Rudolf Löwy gehandelt haben, der Junggeselle war, teilweise bei seinen Eltern lebte und selbst literarisch tätig war. (→ Abb. 490)

Möglicherweise ließ sich Kafka bei seinem frühen Romanprojekt von Otto Kafka anregen, einem Sohn seines Onkels Filip Kafka, der als schwarzes Schaf der Familie galt und im Jahr 1897, also im Alter von 17 Jahren, nach Südamerika ging (→ Abb. 195). Die Auswanderung eines jugendlichen Helden nach Amerika, die Kafka viele Jahre später im *Verschollenen* wieder aufgriff, speist sich jedoch vermutlich in gleichem Maße aus einem Vorgang, der sich im März 1901 ereignete. Damals verließen Kafkas Klassenkameraden Karl Kraus (→ Abb. 126) und Richard Hostofsky heimlich Prag, um ihr Glück in der Neuen Welt zu machen. Sie wurden aber von der Hamburger Polizei aufgegriffen, mit Verbrechern zusammen ins Gefängnis gesperrt – Tage, in denen Hostofsky, wie er damals seinen Eltern schrieb, die Schlechtigkeit seines Genossen Kraus aufging – und in ihre Heimatstadt zurückgeschafft, ein Abenteuer, das natürlich ihren Mitschülern nicht verborgen bleiben konnte. Schließlich kommt als Quelle für das in Frage stehende Motiv Otto Kafkas jüngerer Bruder Franz (1893–1953) in Frage, der im Juni 1909, also 16jährig wie Karl Roßmann im *Verschollenen*, nach New York emigrierte, von seinem Bruder Otto in ein exklusives Internat geschickt wurde, dann als Kommis in dessen Firma eintrat und sogar eine Weile in deren Filiale in Havanna tätig war. (→ Abb. 1085)

Kafkas Großvater mütterlicherseits war 1877 mit seiner Familie nach Prag gekommen und hatte sich zunächst am Rande des Ghettos, an der Ecke *Geistgasse (Dušní)/Bilekgasse (Bílkova)*, niedergelassen, bis er 1881 nach zwei weiteren Umzügen für drei

Jahre eine Wohnung am *Altstädter Ringplatz* bezog (→ Abb. 5). Danach übersiedelte die Familie an den *Wenzelsplatz* (II-840) und im Juni 1885 an den *Annenplatz (Anenské náměstí)* Nr. 4 (I-209), bis man im Mai 1892 in der *Gerstengasse (Ječná)* Nr. 9 (II-1433) seßhaft wurde, wo Julie Löwy am 22. Mai 1908 starb. Ihr Mann Jakob blieb noch bis zum Ende des Jahres in dieser Wohnung – Kafka besuchte ihn dort am 9. Juni 1908, einem Sonntag – und zog dann zusammen mit seinem Sohn Rudolf, der seit Oktober 1901 wieder bei seinen Eltern wohnte, in die *Karlsgasse (Karlova)* Nr. 24 (I-178), wo er 1910 starb (→ Abb. 781). Nach dem Tod seines Vaters fand Rudolf Löwy, der Junggeselle war, für zehn Jahre in der Vorstadt Königliche Weinberge eine Unterkunft, bis er Anfang November 1920 bei seinen Verwandten in der *Bilekgasse* Nr. 4 unterkam (→ Abb. 1032), wo er am 30. Januar des darauffolgenden Jahres starb.

Tagebuch, 19. I. 1911, vgl. Anthony Northey: *Yet another Source For Kafka's «Der Verschollene»*, in: KK 14, Nr. 1 (2006), S. 7–9, ders.: *Kafkas Mischpoche*, (Berlin 1988), S. 48–52 und Br I 84.

69 | *Homers Ilias in verkürzter Ausgabe.* Für den Schulgebrauch von A. Th. Christ. Mit 9 Abbildungen und 2 Karten. Zweite unveränderte Auflage, Leipzig, Verlag von G. Freytag, 1894, Anhang, S. 406: *Rundschild (Hektor).*

Manchmal stelle ich mir zum Spiel einen anonymen Griechen vor, der nach Troja kommt, ohne daß er jemals dorthin wollte. Er hat sich dort noch nicht umgesehn, ist er schon im Getümmel, die Götter selbst wissen noch gar nicht, um was es geht, er aber hängt schon an einem trojanischen Streitwagen und wird um die Stadt geschleift.

Die Passage, angeregt von den Ereignissen, die Homer aus Anlaß von Hektors Tod schildert, aber vermutlich auch durch eine

Rezitation Ludwig Wüllners Kafka im Gedächtnis geblieben war (→ Abb. 933), findet sich in einem auf Anfang April 1921 zu datierenden, an Brod gerichteten Brief Kafkas. Was damit gemeint ist, erhellt aus Brods Antwort, in der er auf eine Anthologie über Friedrich den Großen zu sprechen kommt, die er gelesen hatte. Er schreibt: *Da sind am Anfang Briefe zitiert, die die fürchterlichste Sohnesunterdrückung durch einen Vater darstellen, die wohl möglich ist. Und doch ist dieser Friedrich nicht geschichtslos gestorben wie der Grieche vor Troja. Es ist doch gewiß diese erste Zeit nicht so entscheidend, wie Freud und du es immer darstellen. Auch das vielleicht nur Hypochondrie –?* Brod war laut Tagebuch im Mai und Juni 1911 mit der *Traumdeutung* und anderen psychoanalytischen Schriften Freuds in Berührung gekommen. Kafkas Freud-Rezeption dürfte wenig später begonnen haben.

Die zweite Auflage der *Ilias*-Ausgabe von Christ wurde in der vierten, fünften und sechsten Klasse benutzt. Im Schuljahr 1896/97 unterrichtete der Klassenvorstand Emil Gschwind dieses Fach, 1897/98 Johann Kohm und 1898/99 Gustav Adolf Lindner. Nach Erinnerungen von Hugo Hecht glänzte Kafka, wenn es galt, aus Homers Werken vorzulesen.

EFB 332 und Max Brod an Kafka am 16. IV. 1921 (ungedruckt, Z), vgl. Br I 162 und Hugo Hecht: *The elementary School and after* (Typoskript), S. 3 (unveröffentlicht).

70 | Gustav Adolf Lindner (1901), Kafkas
Griechischlehrer in den letzten drei Gymnasialjahren.

Um zu erläutern, daß gelegentlich selbst
das Unbegreifliche sehr gute Wirkungen
erzielen könne, erwähnt Kafka Felice gegenüber am 9. Oktober 1916 die folgende
Aussage eines Griechischlehrers, die ihm
mehr Eindruck gemacht habe als *Ilias* und
Odyssee zusammen: *«Sehr schade, daß man
das mit Euch lesen muß. Ihr könnt es ja
nicht verstehn, selbst wenn Ihr glaubt daß
Ihr es versteht, versteht Ihr es gar nicht. Man
muß viel erfahren haben, ehe man auch nur
einen Zipfel davon versteht.»*

71 | *Albert Langen's Verlags Katalog
1893–1898*, Paris, Leipzig, München (1898),
Einband.

Kafka liebte es, in Verlagskatalogen zu
blättern, und zwar, wie eine Tagebuchnotiz
vom 21. November 1915 zeigt, auch in solchen, die nicht mehr aktuell waren, aber
offenbar gleichwohl stets griffbereit auf
seinem Schreibtisch lagen (→ Abb. 252).
Anfang März 1924 schrieb er unter dem
Eindruck der Lebenserinnerungen Arthur

Holitschers, die damals in Fortsetzungen
in der *Neuen Rundschau* erschienen, an
seinen Freund Robert Klopstock: *Bei mir
kommen zur Verstärkung des Genusses noch
«literarische» Jugenderinnerungen, das Aus-
saugen der Langenschen Verlagskataloge
bis auf den Grund und immer von neuem,
weil sie unerschöpflich waren und weil ich
die Bücher, von denen sie handelten, meist
nicht bekommen konnte und meist auch
nicht verstand. Der Glanz von Paris und*

*von Literatur, der für mich jahrelang um
Holitscher und die Titel seiner Romane
war.* Da Holitschers Roman *Weiße Liebe*
aus dem Jahr 1896 der einzige ist, der in
Paris spielt und im Albert Langen Verlag
erschienen ist, muß er es sein, der in
Kafka den gegenüber Klopstock erwähnten *Glanz von Paris* erzeugt hat.

Vgl. Hartmut Binder: *Die Entdeckung Frankreichs. Zur
Vorgeschichte von Kafkas und Brods Paris-Reisen*, in:
Euphorion 95 (2001), Heft 4, S. 441–482.

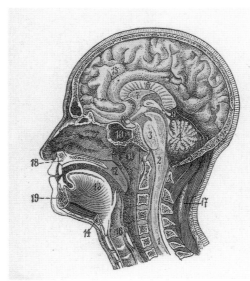

Fig. 4. Kopflängsschnitt des Menschen. Verkleinert. Das Nervensystem gelb, die Muskeln roth, die äußere Haut quergestrichelt, die Knochen punktiert. 1. Rückenmark, 2. verlängertes Mark, 3. Varolsbrücke, 4. Kleinhirn, 5. Hirnzelt, 6. Balken, 7. Gewölbe, 8. Sehnerv, 9. Zirbeldrüse, 10. Keilbeinhöhle, 11. Mündung der Ohrtrompete, 12. weicher Gaumen, 13. Zunge, 14. Zungenbein, 15. Großhirn, 16. Stimmritze, 17. Nackenmuskeln, 18. Oberkiefer (mit dem harten Gaumen), 19. Unterkiefer. — Zu S. 24, 25, 26, 38 und 40.

72 | *Kopflängsschnitt des Menschen* aus dem *Bilder-Atlas* zu Grabers *Leitfaden der Zoologie für die oberen Classen*, der eine Erdkarte, vier Farbdruckbilder mit der Meeresfauna im Aquarium der *Zoologischen Station zu Neapel* sowie dreizehn Tafeln mit insgesamt 101 kolorierten Strichzeichnungen enthält, auf denen Querschnitte von Tieren, menschlichen Organen und Körperteilen zu sehen sind.

Kafka erinnerte sich an dieses Unterrichtswerk, das im Schuljahr 1898/99 in der dritten, von J. Mik bearbeiteten Auflage verwendet wurde (Prag, Wien, Leipzig 1898), in einem Tagebucheintrag vom 9. Oktober 1911, wo vom *Anblick der Schädelquerschnitte in den Schullehrbüchern* die Rede ist.

Tagebuch, 9. X. 1911.

73 | Liboch (Liběchov), Blick ins Libochtal Richtung Geweihtenbrunn (Boží Voda) und Schelesen (Želízy).

Am 5. Juni 1899 machte das gesamte *Altstädter Gymnasium* einen Ausflug nach Wegstädtl. Man fuhr vom Prager *Franz-Josefs-Bahnhof* nach Liboch (Liběchov), wanderte von dort über Geweihtenbrunn und Schelesen (→ Abb. 1024) nach Wegstädtl, wo man den Nachmittag mit Spielen auf dem geräumigen Kirchplatz verbrachte. Am Abend ging es mit der *Nordwestbahn* bis Všetat-Přivor (Všetaty-Přívory), wo man in die *Böhmische Nordbahn* umsteigen mußte, um nach Prag zurückzugelangen.

27. Jahresbericht über das Staats-Gymnasium mit deutscher Unterrichtssprache in Prag-Altstadt für das Schuljahr 1898/99, Prag 1899, S. 93.

74 | Wegstädtl (Štětí) (Lithographie 1898). Links im Bild die Stadtkirche mit dem baumbewachsenen Kirchplatz davor.

76 | Oskar Flammerschein (1883–1919) als Abiturient. Flammerschein gehörte mit Hecht und Camill Gibian zur Sportgruppe der Klasse.

75 | Hugo Hecht (1883–1970).

Sieh z. B. die zwei Jungen, die mich belehrt haben, sie wissen heute gewiß nicht mehr als damals, allerdings waren es, wie sich gezeigt hat, besonders einheitliche konsequente Charaktere. Sie bekehrten mich gleichzeitig, der eine von rechts, der andere von links, der rechte lustig, väterlich, weltmännisch, mit einem Lachen, das ich später bei Männern aller Lebensalter, auch bei mir, genau so gehört habe (es gibt gewiß auch ein freies, ein anderes Lachen über den Dingen, von einem Lebenden habe ich es aber noch nicht gehört), der linke sachlich, theoretisch, das war viel abscheulicher: Beide haben längst geheiratet und sind in Prag geblieben, der rechte ist schon viele Jahre von Syphilis bis zur Unkenntlichkeit zerstört, ich weiß nicht, ob er noch lebt, der linke ist Professor für Geschlechtskrankheiten und Gründer und Vorsitzender eines Vereines zur Bekämpfung der Geschlechtskrankheiten. Gegeneinander abschätzen will ich sie nicht, übrigens waren sie nicht etwa Freunde, damals sind sie nur zufällig zwecks meiner Belehrung zusammengekommen.

Der eine der beiden Klassenkameraden, die ihren etwa 16jährigen Mitschüler Kafka aufklärten, war Oskar Flammerschein, der andere Hugo Hecht, der sich merkwürdigerweise dieses Vorgangs nicht erinnert, obwohl er in seinem Beitrag *Zwölf Jahre in der Schule mit Franz Kafka* ausführlich auf die Sexualität Kafkas zu sprechen kommt.

Der Medizinstudent Hecht, Sohn eines Fleischers, hielt am 7. Februar 1905 auf einer Veranstaltung der *Abteilung für Medizin und Naturwissenschaften* der *Lese- und Redehalle der deutschen Studenten in Prag* (→ Abb. 109), der er und Kafka angehörten, einen Vortrag über *Konträre Sexualempfindung*, der ungeheuren Zulauf hatte, weil es das erstemal war, daß in diesem Rahmen öffentlich über Homosexualität gesprochen wurde. Einige Tage später traf er im Leseraum dieses Studentenvereins Kafka, der ihn zu seinem Auftritt beglückwünschte. Als Hecht ihn fragte, warum er, der übrigens ohne homosexuelle Neigungen war, kein Interesse an Mädchen zeige, habe Kafka das Thema gewechselt.

Hecht, eher an Sport und Naturwissenschaften interessiert, gehörte nicht zu Kafkas Freundeskreis, aber die beiden trafen sich in ihrem Engagement für die Ziele des Vereins *Freie Schule*, der dafür kämpfte, daß alle öffentlichen Anstalten vollständig der Aufsicht

der Kirche entzogen und staatlichen Organen unterstellt würden, damit möglicher Mißbrauch der Religion zu politischen Zwecken unterbunden werde. Die erste öffentliche Versammlung der Prager Ortsgruppe des Vereins fand am 16. Juni 1907 im *Wintergarten* des *Deutschen Studentenheims* statt.

Hecht war Assistent an der dermatologischen Klinik in Prag, bevor er im Januar 1913 in der *Seilergasse (Provaznická)* Nr. 10 in der Prager Altstadt eine Praxis als Spezialarzt für Kosmetik, Haut-, Geschlechtskrankheiten und Syphilis eröffnete. Er emigrierte im November 1938 in die USA, wo er am Mount Sinai Hospital in Cleveland, Ohio, tätig war.

Br 341 (an Elli), vgl. *Brief an den Vater*, S. 202, PT 38, Nr. 1 (1. I. 1913), S. 19, Hugo Hecht: *Franz Kafkas Tragödie – Zeiten, Zustände und Zeitgenossen, nebst autobiographischen Bemerkungen des Verfassers* (Rückübersetzung aus dem Englischen, unveröffentlicht), dazu: Klaus-Peter Hinze: *Neue Aspekte zum Kafka-Bild. Bericht über ein noch unveröffentlichtes Manuskript*, in: *Modern Austrian Literature* 5 (1972), Nr. 3–4, S. 83–92, *56. Bericht der Lese- und Redehalle der deutschen Studenten in Prag. 1904*, Prag 1905, S. 94, Hartmut Binder: *Kafkas «Verwandlung»*, (Frankfurt/M. 2004), S. 442–447 und PT 32, Nr. 165 (17. VI. 1907), S. 5 f.

78 | Blick von der *Tischlergasse (Truhlářska)* auf den *Petersplatz (Petrské náměstí)* (um 1900).

Das ansatzweise sichtbare, nur zwei Stockwerke aufweisende Haus (II-1180) hinter dem Gebäude links im Bild beherbergte die Prager *Volksküche*, in der während des Ersten Weltkriegs galizische Flüchtlinge versorgt wurden. (→ Abb. 838)

In den höheren Mittelschulklassen gab ich, um etwas zum Haushalt beizusteuern, Privatstunden. Mein Schüler wohnte am Petersplatz, unweit des Nordwestbahnhofs, ¼ Wegstunde entfernt vom Hause von Franz in der Zeltnergasse. Franz kam oft, wenn ich mit meiner Lektion fertig war, mir entgegen, und wir besprachen auf dem Heimwege die Dinge, die uns interessierten. Ich erinnere mich deutlich an die Begeisterung, mit welcher Franz von den Buren sprach, die um ihre Freiheit kämpften, und an die Leidenschaft, mit der er gegen die Engländer redete. Das muß also in der Zeit des Burenkrieges, 1900, gewesen sein, vermutlich in der 7. Gymnasialklasse. Die Kampfhandlungen im zweiten Burenkrieg begannen im Oktober 1899. (→ Abb. 531)

Auf dem *Petersplatz* Nr. 7 (I-1096) wohnte damals Kafkas Freund Camill Gibian. (→ Abb. 139)

EFK 27 (Hugo Bergmann).

77 | Kafkas Zeugnisse im sechsten Gymnasialjahr (11. Februar und 7. Juli 1899), dokumentiert im *Hauptkatalog* des *Altstädter Gymnasiums*.

Oft sah ich im Geist die schreckliche Versammlung der Professoren (das Gymnasium ist nur das einheitlichste Beispiel, überall um mich war es aber ähnlich), wie sie, wenn ich die Prima überstanden hatte, also in der Sekunda, wenn ich diese überstanden hatte, also in der Tertia u. s. w. zusammenkommen würden, um diesen einzigartigen himmelschreienden Fall zu untersuchen, wie es mir, dem Unfähigsten und jedenfalls Unwissendsten gelungen war, mich bis hinauf in diese Klasse zu schleichen, die mich, da nun die allgemeine Aufmerksamkeit auf mich gelenkt war, natürlich sofort ausspeien würde, zum Jubel aller von diesem Albdruck befreiten Gerechten. Mit solchen Vorstellungen zu leben ist für ein Kind nicht leicht.

Die schlechten und für die ersten Schuljahre untypischen Kopfnoten verweisen auf den für die Pubertätszeit typischen Abfall des Leistungswillens. Nur Deutsch und Geographie/Geschichte widersetzen sich nicht zufällig mit der Note *lobenswert* diesem Trend. Bei der Beurteilung dieser Leistungen ist aber nicht nur zu berücksichtigen, daß damals sehr streng zensiert wurde, Bestnoten also selten gegeben wurden, sondern auch zu bedenken, daß Kafka in der zweiten Hälfte der fünften sowie in der sechsten und siebenten Klasse vier Fremdsprachen zu bewältigen hatte.

Brief an den Vater, S. 196 f.

79 | Ernst Haeckel (1834–1919).

Im siebenten Schuljahr (1899/1900) kaufte sich Kafka unter dem Einfluß seines Freundes Oskar Pollak Ernst Haeckels Buch *Welträthsel* und las es mit Begeisterung. Er war unter dem Einfluß seines Lehrers Adolf Gottwald, der den Naturkundeunterricht versah und die neuen Ergebnisse der Physik und Chemie zu vermitteln suchte, Darwinist geworden und versuchte, Hugo Bergmann vom Glauben abzubringen und zum Pantheismus zu bekehren, der sich zugleich aus einer Beschäftigung mit Spinoza speiste. Haeckel leugnet ein außerhalb der Natur stehendes, persönliches göttliches Wesen und vertritt einen eigentlich als Atheismus zu bezeichnenden Monismus, der die Wahrheit allein im Tempel der Naturerkenntnis verankert sieht. Er leitet aus der Evolution des Lebens die Einheit der gesamten organischen Welt ab, die sich aus ihrem gemeinsamen Ursprung ergebe, und zwar unter Einschluß des Seelenlebens, das sich zum großen Teil unbewußt entfalte. Dabei postuliert er eine kontinuierliche Stufenreihe der psychischen Entwicklung von den einfachsten Empfindungen der niedersten Lebewesen bis zu den vollkommensten Erscheinungen des Tierreichs, die ihn zu der Erkenntnis führten, daß die psychische Schranke zwischen Mensch und Tier überwunden sei

und Säugetieren Bewußtsein zugeschrieben werden müsse: Er propagiert außerdem engste Verwandtschaft des Menschen mit den Menschenaffen, die abstammungsmäßige Deszendenz einschließt, und hält die Unterschiede, die im Bau des Gehirns und im Seelenleben zwischen Menschen und Menschenaffen bestehen, für geringer als entsprechende Unterschiede zwischen den höheren und den niederen Primaten.

Daß Haeckel seine Auffassungen über die Entstehung der Welt und die menschliche Natur mit apodiktischer Sicherheit vorbrachte, daß er seine Einsichten in aggressive Formulierungen zu kleiden wußte, die vor keiner Provokation zurückschreckten, und Zivilcourage zeigte, indem er Gott als Gespenst bezeichnete, konnte leicht den Beifall des in Gärung begriffenen Heranwachsenden finden, der im Lauf dieses siebenten Schuljahrs ein begeisterter Leser von Nietzsches *Also sprach Zarathustra* geworden war. Dazu kommt, daß die am *Altstädter Gymnasium* verwendeten Biologielehrbücher keine Antwort auf die Frage gaben, wie das Leben und seine Artenfülle entstanden, sowie frühere Perioden der Erdgeschichte und ihre Bewohner verschwiegen, ganz abgesehen davon, daß sie die Fortpflanzung bei Mensch und Tier tabuisierten.

So erscheint verständlich, daß Kafka durch den Darwin-Schüler Haeckel den zeitgenössischen Stand der Naturwissenschaften repräsentiert und die natürliche Entstehung der Arten durch allmähliche Umbildung erklärt sah. Sein Interesse an der *Zoologischen Station zu Neapel*, an den ‹denkenden Pferden von Elberfeld› (→ Abb. 811), am ‹Konsul Peter›, der ihn zum *Bericht für eine Akademie* anregte (→ Abb. 522), in dem sich ein Schimpanse zu einem Menschen weiterentwickelt, sein Wissen vom ‹klugen Rolf›, der zu

den Voraussetzungen seiner *Forschungen eines Hundes* gehört (→ Abb. 1160) – all dies deutet genauso darauf hin, daß er auch in späteren Jahren von den Auffassungen Haeckels geprägt war; das zeigen auch seine Besuche im Dresdener Zoo (→ Abb. 656), im Berliner *Aquarium* (→ Abb. 1184) und der Respekt, den er dem Leben niederer Tiere entgegenbrachte: So beanstandete er, daß Eidechsen in Gläsern gehalten wurden, zeigte sich unwillig, wenn man Fliegen verjagte (→ Abb. 1027), und vermied es, sich die Hände zu waschen, wenn sich Kleintiere im Waschbecken zeigten.

Daß er am 8. November 1903 an Oskar Pollak schrieb, er lese Fechner und Eckehart, gehört vermutlich in den gleichen Zusammenhang, denn Fechner (1801–1887) hatte sich aufgrund eines psychotischen Schubes, den er durchgemacht hatte, einer mystischen Naturphilosophie verschrieben. Er hatte Visionen und Erscheinungen, die er als Botschaften einer übersinnlichen Welt betrachtete, und schrieb Bücher über die Entwicklungsgeschichte der Organismen und das Seelenleben der Pflanzen, die offenbar Kafkas Aufmerksamkeit auf sich zogen.

Vgl. W 60, Z, *Brief an den Vater*, S. 186, 188 und T 161.

80 | Hugo Bergmann (1883–1975) als Abiturient.

Bergmann war zwölf Jahre lang Kafkas Klassenkamerad und dessen erster Freund. Nachdem er wie dieser zunächst ein Chemiestudium begonnen hatte, entschied er sich für die Philosophie. Von 1906 bis zu seiner Emigration nach Palästina im Jahr 1920 – er war früh Zionist geworden und zu Studienbeginn dem *Verein jüdischer Hochschüler «Bar Kochba»* (→ Abb. 438) beigetreten – war er in der Prager Universitätsbibliothek angestellt. Bergmann heiratete am 29. März 1908 Else Fanta, die mit Kafka befreundet war (→ Abb. 163). Während des Ersten Weltkriegs war er Soldat an der Ostfront. In Palästina war er zunächst Leiter der Universitätsbibliothek in Jerusalem, dann als Professor für Philosophie erster Rektor der dortigen hebräischen Universität.

In seinem Tagebuch schrieb Kafka: *So habe ich allerdings in der Erinnerung, daß ich in den Gymnasialzeiten öfters [...] mit Bergmann in einer entweder innerlich vorgefundenen oder ihm nachgeahmten talmudischen Weise über Gott und seine Möglichkeit disputierte. Ich knüpfte damals gern an das in einer christlichen Zeitschrift [...] gefundene Thema an, in welchem eine Uhr und die Welt und der Uhrmacher und Gott einander gegenübergestellt waren und die Existenz des Uhrmachers jene Gottes beweisen sollte. Das konnte ich meiner Meinung nach sehr gut dem Bergmann gegenüber widerlegen wenn auch diese Widerlegung in mir nicht fest begründet war und ich mir sie für den Gebrauch erst wie ein Geduldspiel zusammensetzen mußte. Eine solche Widerlegung fand einmal statt, als wir den Rathausturm umgingen.* (→ Abb. 224)

Auch Bergmann erinnerte sich an diese Diskussionen, die im Vorfrühling des Jahres 1900 stattfanden: *Da kam in der Septima eine philosophische Hochflut in unsere Klasse. Da ging ich einmal mit dem Franz Kafka spazieren vor dem Rathause auf und ab und er hatte eben erst eine Schrift gegen den Gottesglauben gelesen und sah ein gutes Werk darin, mich zu bekehren. Es gelang ihm ... Darwinismus – Kampf ums Dasein – Willensfreiheit – das Böse in der Welt; es war nicht schwer, Gott aus der Welt herauszuwerfen. Es war damals ein schrecklicher Kampf in mir, in dem mein Herz meinem Verstande unterlag.*

Tagebuch, 31. XII. 1911 und G 329, vgl. SW 9, Nr. 9 (5. III. 1915), S. 7 und EFK 20.

81 | Blick auf die Nahtstelle zwischen dem *Altstädter Ring* (rechts) und dem *Kleinen Ring* (links) mit dem Haus *Zur Minute* (I-3) (→ Abb. 21, 12). Im Erdgeschoß des Gebäudes, auf der Abbildung ganz rechts, ist das Schaufenster eines Buchhändlers zu erkennen, vor dem eine von Hugo Bergmann in folgender Weise überlieferte Szene spielt: *Wir gingen einmal am Prager Rathaus vorbei und kamen zu dem Auslagefenster des Hauses «Minuta». Da gab es ein Auslagefenster einer großen Buchhandlung, und Franz sagte zu mir: Jetzt prüfe mich einmal. Ich schließe die Augen, und Du wirst mir die Titel der ausgestellten Bücher nennen, und ich rate die Verfasser. Ich tat es, und Franz bestand seine «Prüfung» in glänzender Weise, die auf mich großen Eindruck machte.*

EFK 27.

82 | Rostok bei Prag (Roztoky u Prahy).

Vorne links im Bild die kleine, an der Moldau gelegene Flußbadeanstalt des Ortes.

In dieser zehn Kilometer nördlich von Prag gelegenen Sommerfrische, die Kafka von einem halbtägigen Schulausflug kannte, der am 21. Mai 1895 stattgefunden hatte, verbrachte er mit Eltern und Schwestern im Juli, August und September 1900 Ferientage, die ihn, der gern badete, auch in dieses Flußbad geführt haben dürften. In späteren Jahren war Rostok, das berühmt für seine Kirschblüte war, ebenfalls Ziel von Ausflügen. (→ Abb. 722)

Um nach Rostok zu gelangen, startete man am *Prager Staatsbahnhof* (heute *Masarykovo nádraží*) an der Ecke *Hibernergasse (Hybernská)/ Havličekgasse (Havličkova),* fuhr über Holleschowitz (Holešovice) und vorbei am *Baumgarten (Stromovka)* nach Bubentsch (Bubeneč) und von dort aus längs der Moldau weiter über Podbaba (→ Abb. 879 und 844) und Seltz (Sedlec) nach Rostok, das man in einer halben Stunde erreichte.

23. Jahresbericht über das Staats-Gymnasium mit deutscher Unterrichtssprache in Prag-Altstadt für das Schuljahr 1894/95, Prag 1895, S. 72.

83 | Die siebzehnjährige Selma Kohn (1883–1963).

Die Familie Kafka hatte im ersten Stock der Rostoker *Postmeisterei* Quartier genommen, wo Kafka sich mit Selma Kohn, der Tochter des Vermieters, anfreundete. Selma berichtete später Max Brod über diese Jugendfreundschaft: *wir haben uns gegenseitig angeschwärmt, wie man damals*

war, ich war schön und er war sehr klug und beide waren wir so himmlisch jung.

Es ist bemerkenswert, daß Kafka Freundinnen und Partnerinnen in der Regel außerhalb Prags kennenlernte, nämlich Selma Kohn in Rostok, das Mädchen Fanny in Salesel (→ Abb. 150), die namentlich Unbekannte in Zuckmantel (→ Abb. 182), Hedwig Weiler in Triesch (→ Abb. 203), Margarethe Kirchner in Weimar (→ Abb. 591), die geheimnisvolle G. W. in Riva (→ Abb. 731), Julie Wohryzek (→ Abb. 1029 und 1033) und Minze Eisner (→ Abb. 1051) in Schelesen, Milena Jesenská (→ Abb. 1052 und 1066), wenn man so will, in Meran, Anna Nittmann (→ Abb. 1119) in Matlarenau und Dora Diamant (→ Abb. 1174) in Müritz. Lediglich auf seine erste Braut Felice Bauer traf dies nicht zu, aber auch sie lebte nicht in Prag, wo sie sich nur besuchsweise aufhielt, als Kafka ihr zum erstenmal begegnete, sondern in Berlin. (→ Abb. 659)

Br 495 f.

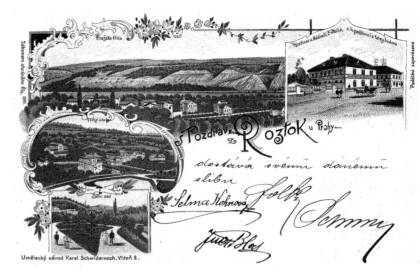

84 | Rostock (Lithographierte Ansichtskarte von 1897).

Unser Garten lief in einen hohen Berg aus. Oben stand eine Bank und des Abends gingen wir oftmals, Franz eine brennende Kerze in der Hand, zu dieser Bank – man sah so weit, das ganze Tal, das silberne Band der Moldau […].

Rechts oben das *Gasthaus zum Bahnhof* sowie daneben das Post- und Telegraphengebäude, in dem die Familie Kafka im Sommer 1900 drei Zimmer gemietet hatte. Links im Bild, zwischen der Ansicht der *Prager Straße (Pražska třída)* und dem *Bělin-Garten (Bělin sad)*, die *Stilles Tal (Tiché údolý)* genannte Straße, die wegen der dort liegenden Restauration *Maxmilianka* (→ Abb. 722) zu Kafkas Ausflugszielen gehörte. Unter den vier handschriftlich Grüßenden findet sich auch der Namenszug Selma Kohns.

Da Hermann Kafka und Selmas Vater Angst hatten, ihre Kinder könnten sich näherkommen, und alles taten, dies zu verhindern, trafen sich die beiden spätabends, wenn alle schliefen, im Garten des Hauses.

Br 496 (Selma Robitschek an Max Brod).

85 | Albumblatt aus Selma Kohns Poesiealbum mit den folgenden Abschiedsworten Kafkas:

Wie viele Worte in dem Buche stehn!
Erinnern sollen sie! Als ob Worte erinnern könnten!
Denn Worte sind schlechte Bergsteiger und schlechte Bergmänner. Sie holen nicht die Schätze von den Bergeshöhn und nicht die von den Bergestiefen!
Aber es gibt ein lebendiges Gedenken, das über alles Erinnerungswerte sanft hinfuhr wie mit kosender Hand. Und wenn aus dieser Asche die Lohe aufsteigt, glühend und heiß, gewaltig und stark und Du hineinstarrst, wie vom magischen Zauber gebannt, dann – – –
Aber in dieses keusche Gedenken, da kann man sich nicht hineinschreiben mit ungeschickter Hand und grobem Handwerkszeug, das kann man nur in diese weißen, anspruchslosen Blätter. Das that ich am 4. September 1900.

Franz Kafka.

Br I 380 f.

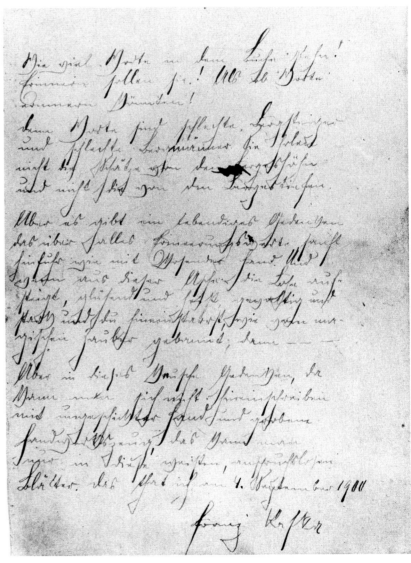

86 | Die heute nicht mehr existierende *Kirschen-Allee* in Rostok (Roztoky).

Tausende und Abertausende frühlingsdurstiger Prager wanderten am letzten Sonntag nach Rostock. Es herrschte echte Lenzstimmung, die Sonne beleuchtete mit ihrem hellsten Gold die ganze Erde, ohne zu sengen; die Luft war klar und frisch, voll Erdegeruch und Blütenduft. Schon im Baumgarten war das Menschengewühl außerordentlich, so daß die Spazierenden auf dem Genußplatz [→ Abb. 1145] nur in langsamem Schritt vorwärts konnten. Vom Baumgarten bis nach Rostock eine endlose Karawane! Zu Fuß, zu Rad und zu Wagen. Rechts der Fluß mit dem romantischen Felsenufer gegenüber; zahlreiche Kähne beleben die glatte Fläche [...]. Hinter Selc beginnt die Kirschenallee – alles im Blütenschnee; ein förmlicher Rausch überkommt einen. Es geht weiter durch den Villenort. [...] Endlich ist die «Maxmilianka» erreicht [→ Abb. 722].

Kirschblüte, in: PT 31, Nr. 112 (24. IV. 1906), S. 3.

87 | Josef Wihan (1874–1930), Kafkas Deutschlehrer in den beiden letzten Gymnasialklassen, war ein glühender Goethe-Verehrer, der offensichtlich dafür mitverantwortlich ist, daß Kafka das Werk des Olympiers lebenslang mit besonderer Wertschätzung bedachte. Er stammte aus dem nordböhmischen Ketzelsdorf (Kocléřov), heute ein Teil von Königinhof an der Elbe (Dvůr Králové nad Labem) und legte 1894

sein Abitur in Arnau (Hostinné) ab. Anschließend studierte er in Prag Literaturwissenschaft und Philosophie und promovierte im Sommersemester 1900 mit einer Arbeit über *M. von Collins ästhetische Anschauungen in ihrem Zusammenhang mit der patriotisch-nationalen Kunstentwicklung in Österreich im ersten Viertel unseres Jahrhunderts.* Er habilitierte sich 1907 und wurde 1923 außerordentlicher Professor für vergleichende neuere Literatur an der Prager deutschen Universität.

Im unveröffentlichten Teil seiner Erinnerungen an Kafka behauptet Hugo Hecht, das Abiturthema der Klasse für den deutschen Aufsatz sei das folgende Wort Grillparzers gewesen: *Der Österreicher hat ein Vaterland/Er liebt's und hat auch Ursach', es zu lieben.* Kafka, verzweifelt, habe nicht gewußt, was schreiben, so daß er, der vor ihm sitzende Hecht, mit seinem Manuskript habe aushelfen müssen. Kafka habe für diese Leistung von Wihan ein *vorzüglich* erhalten, er selbst nur *befriedigend.* Skepsis gegenüber dieser Darstellung ist allerdings angebracht: Falls Kafkas Aufsatz nämlich in der behaupteten Weise benotet wurde, wäre doch sehr verwunderlich, daß seine Abiturnote im Fach Deutsch lediglich *befriedigend* war. Außerdem läßt der Jahresbericht des *Altstädter Gymnasiums* für das Schuljahr 1900/01 erkennen, daß das Prüfungsthema lautete: *Welche Vorteile erwachsen Österreich aus seiner Weltlage und seinen Bodenverhältnissen?*

Max Brod läßt in seinem autobiographisch ausgerichteten Roman *Stefan Rott oder Das Jahr der Entscheidung* seine Titelfigur in der Septima mit folgenden Worten über das von Hecht erwähnte Thema sinnieren, obwohl er selbst dieses Grillparzer-Zitat nicht zu bearbeiten hatte: *Der Österreicher liebt sein Vaterland? Die Wahrheit ist, daß man nichts dagegen, aber auch nichts dafür hat. [...] Das gute matte Vaterland Österreich will nichts von mir, und ich will nichts vom Vaterland – das ist in Wirklichkeit das nicht unsympathische Verhältnis. [...] Nur in Wien und in den Alpenländern gibt es ehrlichen österreichischen Patriotismus, – konstatiert Stefan. Überall sonst ist Austria ebenso fern wie etwa Australia. Als Deutscher fühle ich mich, deutsches Wesen – das ist lebendig, mit Händen zu greifen. Das zusammengeheiratete Österreich kann in Prag, in allen Randländern niemanden interessieren, von den Tschechen (soweit sie nicht Duckmäuser sind) wird es geradezu gehaßt.*

Aus der Romanstelle könnte eine Begründung für Kafkas möglicherweise durchaus vorhandene Schwierigkeiten beim Schreiben des Abituraufsatzes abgeleitet werden.

Max Brod: *Stefan Rott oder Das Jahr der Entscheidung. Roman,* (Frankfurt/M. 1973), S. 129 f., vgl. Hugo Hecht: *Franz Kafkas Tragödie – Zeiten, Zustände und Zeitgenossen, nebst autobiographischen Bemerkungen des Verfassers* (unveröffentlichtes Typoskript) und Schiller Nationalmuseum/ Deutsches Literaturarchiv Marbach am Neckar: *Die Kafka-Sammlung Hélène Zylberberg,* (Marbach/N. 1996), S. 8.

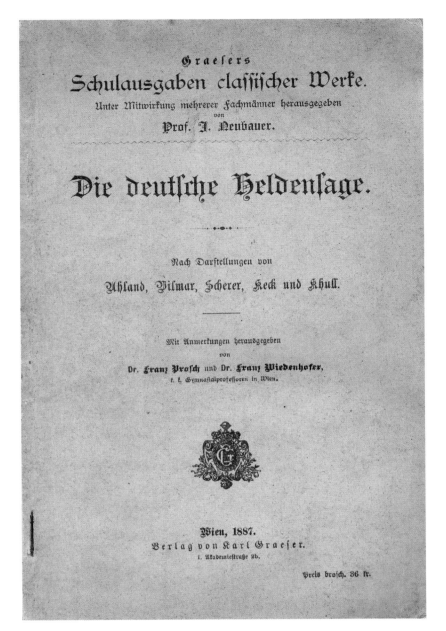

88 | *Die deutsche Heldensage. Nach Darstellungen von Uhland, Vilmar, Scherer, Keck und Khull.* Mit Anmerkungen herausgegeben von Franz Prosch und Franz Wiedenhofer, (Verlag von Karl Graeser) Wien 1887, Einband.

Das 96seitige Heft enthält Zusammenfassungen der Nibelungen-, Gudrun- und Dietrichssage, Texte über König Rother, Ornit, Hugdietrich und Wolfdietrich, die, ohne Prosaauflösungen der Epen zu werden, alle wesentlichen Handlungszüge in kontinuierlicher Abfolge vermitteln. Vermutlich hat Kafka dieses Schulbuch, das jedoch keineswegs zu den eingeführten Lehrmitteln am *Altstädter Gymnasium* gehörte, in seine Büchersammlung aufgenommen, als er beschloß, Germanistik zu studieren, ein Fach, das zu seinen Lebzeiten in erheblichem Maß von der altgermanischen Literatur und ihrem Nachleben bestimmt war.

Vgl. W 263.

89 | Oskar Pollak (1883–1915).

Pollak war der Sohn eines Großkaufmanns und seit Anfang 1899, also seit Mitte der sechsten Gymnasialklasse, mit seinem Klassenkameraden Kafka befreundet. Wie dieser und Hugo Bergmann begann Pollak mit einem Chemiestudium, wechselte dann aber zur Kunstgeschichte und promovierte 1910 über die Barockbildhauer Johann und Ferdinand Max Brokoff. Danach war er drei Jahre Assistent an der Wiener Universität und anschließend als kunsthistorischer Sekretär des *Österreichischen geschichtlichen Instituts* in Rom tätig. Bei Kriegsbeginn meldete er sich als Kriegsfreiwilliger und fiel am 11. Juni 1915 bei den schweren Kämpfen am Isonzo. Pollak brachte Kafka den *Kunstwart* nahe, der auf Dauer starken Einfluß auf dessen Kunst- und Literaturverständnis ausübte (→ Abb. 342). In einem an den Freund gerichteten Brief vom 27. Januar 1904 kennzeichnet Kafka das gegenseitige Verhältnis wie folgt: *Aber daß ich an Deinem Glück schuld bin, das glaubst Du nicht. Höchstens so: Ein Weiser, dessen Weisheit sich vor ihm selbst versteckte, kam mit einem Narren zusammen und redete ein Weilchen mit ihm, über scheinbar fernliegende Sachen. Als nun das Gespräch zu Ende war und der Narr nach Hause gehen wollte – er wohnte in einem Taubenschlag –, fällt ihm da der andere um den Hals, küßt ihn und schreit: danke, danke, danke. Warum? Die Narrheit des Narren war so groß gewesen, daß sich dem Weisen seine Weisheit zeigte.*

Hugo Hecht: *Franz Kafkas Maturaklasse – nach 60 Jahren,* in: PN 14, Nr. 2 (Februar 1963), S. 2.

90 | Der *Kunstwart*, herausgegeben von Ferdinand Avenarius, zweites Juniheft 1904. Diese Nummer dürfte Kafkas besonderes Interesse geweckt haben, denn sie war Detlev von Liliencron gewidmet. (→ Abb. 165)

In den ersten Jahren seines Studiums unterlag Kafka dem Einfluß dieser *Halbmonatsschrift über Dichtung, Theater, Musik, bildende und angewandte Künste,* die sich gegen die Vorherrschaft der französischen Kultur richtete und maßgeblich daran beteiligt war, daß er der progressiven zeitgenössischen Literatur skeptisch gegenüberstand und sich an Autoren wie Goethe, Stifter, Hebel, Claudius, Mörike und Eichendorff orientierte, die wegen ihrer ebenmäßigen Sprachgebung und der klassischen Ausgewogenheit ihrer Darstellung vom *Kunstwart* propagiert wurden. Daß sich unter seinen Büchern nicht weniger als drei von Avenarius verantwortete Lyriksammlungen befanden – darunter das *Balladenbuch,* das ihm sein Freund Oskar Baum Anfang 1918 schenkte –, und zwar in Auflagen, die gedruckt wurden, als Kafka längst zu neuen Ufern aufgebrochen war, darf als Indiz für die Wirkung gelten, die auch in späteren Jahren von der Vorstellungswelt dieses Kunstrichters ausging.

Daß Kafka der *Kunstwart Arbeit* – so der Titel einer Buchveröffentlichung aus dem Jahr 1908, in der die von Avenarius begründeten und geleiteten Unternehmungen vorgestellt werden – im weitesten Sinn verpflichtet war, zeigt sich daran, daß er neben der Zeitschrift und den von ihr empfohlenen Autoren und Künstlern dem *Gesundbrunnen,* den *Meisterbildern fürs deutsche Haus,* den *Flugschriften zur ästhetischen Kultur* und dem *Schatzgräber* (→ Abb. 1004) Beachtung zollte, die vom *Kunstwart* oder seinem 1902 gegründeten Ableger *Dürer-Bund* herausgegeben wurden, der sich als Organisation zur Pflege des ästhetischen Lebens verstand und sich 1904 auch in Prag konstituierte.

Vgl. Hartmut Binder: Die Entdeckung Frankreichs. Zur Vorgeschichte von Kafkas und Brods Paris-Reisen, in: Euphorion 95, Heft 4 (2001), S. 441–482, KB 58–61, Z und PT 29, Nr. 151 (2. VI. 1904), S. 7.

91 | Luca Signorelli: *Die Auferstehung des Fleisches,* Kunstdruck (27 × 36,5 cm), *Meisterbilder fürs deutsche Haus,* hrsg. vom Kunstwart, München o. J. [1902], Blatt 30.

Um ihr einen zutreffenden Eindruck von dem Generalstabshauptmann Antonín Holub zu vermitteln, der ihm in Matlarenau begegnet war (→ Abb. 1103), schrieb Kafka im April 1921 an seine Schwester Ottla: *Wenn man in seiner Nähe ist und das magere faltige (zum Teil vom Flötenblasen faltige) Gesicht ansieht, mit seiner blassen Holzfärbung, auch der Hals und der ganze Körper ist so trocken hölzern, dann erinnert er an die Toten (auf dem Bild von Signorelli. Ich glaube es ist unter den Meisterbildern) wie sie dort aus den Gräbern steigen.*

92 | Luca Signorelli: *Die Auferstehung des Fleisches. Meisterbilder fürs deutsche Haus*, Blatt 30, Rückseite des Schutzumschlags, wo unter der Überschrift *Was wollen die Meisterbilder?* gefordert wird, wer mit der Kunst vertraut werden wolle, solle sich einläßlich mit wenigen Bildern beschäftigen.

In ihrem gemeinsam entworfenen Memorandum *Unser Millionenplan ‹Billig›* – die Freunde planten einen Reiseführer, der besonders billige Aufenthalte in Großstädten ermöglichen sollte – zeigen sich Brod und Kafka dieser Betrachtungsweise verpflichtet, denn sie geben sich volkserzieherisch und empfehlen Reisenden, sich in Bildergalerien nach *Kunstwart-Art* nur wenige wichtige Bilder anzusehen, diese aber *gründlich*.

EFR 191, vgl. Hartmut Binder: *Die Entdeckung Frankreichs. Zur Vorgeschichte von Kafkas und Brods Paris-Reisen*, in: *Euphorion* 95, Heft 4 (2001), S. 441–449.

93 | *Gesundbrunnen. Kalender für 1908*, hrsg. vom Dürerbunde, (Georg D. Callwey) München (1907), S. 44 f.

Wie sehr Kafka auch in späteren Jahren an den vom *Kunstwart* vertretenen Vorstellungen interessiert war, läßt sich unter anderem daran ablesen, daß der seit 1907 erscheinende *Gesundbrunnen* unter seinen Büchern war. Der Kalender, der als Ableger der von Avenarius betreuten Zeitschrift anzusehen ist, redete einer gesunden Kultur das Wort, deren Erscheinung wahr, klar und erfreulich ausdrücke, was sei. Diese Forderung galt auch für Gebrauchsgegenstände und führte beispielsweise zur Propagierung von einfachen, zweckmäßig gestalteten Wohninterieurs, wie sie Kafka nachweislich schätzte, der nach der geplanten Heirat mit Felice Bauer seine Wohnung mit Möbeln der *Deutschen Werkstätten* in Hellerau einrichten wollte, die ähnliche Zielsetzungen verfolgten wie der *Kunstwart*. Daß Kafka Auffassungen teilte, wie sie im hier reproduzierten ersten Absatz des Beitrags *Ungleiche Geschwister* zum Ausdruck kommen, zeigt sich etwa in seiner Beurteilung Mailänder Baudenkmäler. (→ Abb. 206)

Vgl. Niels Bokhove: *Kafka's boekenkast 1*, in: KK 12, Nr. 1 (2004), S. 13 und ders.: *Kafka's boekenkast 2. De lijst an Aimé van Santen*, in: KK 12, Nr. 4 (2004), S. 110.

Klimbim-Möbel. *Einfaches, gutes Möbel.*

94 | Moritz von Schwind: Illustration zu Mörikes Märchen *Das Stutt-garter Hutzelmännlein*. Die Zeichnung findet sich zusammen mit sechs weiteren in Eduard Mörike: *Das Stuttgarter Hutzelmännlein. Mozart auf der Reise nach Prag. Selbstbiographie. Bruchstücke.* Der Kunstwart-Ausgabe Vierter Band, München o. J. [1907], nach S. 246.

Ich habe […] überhaupt, wie ja viele Menschen wahrscheinlich, kei-nen primären Blick für die bildende Kunst. Ich liebe an Bildern nur die Liebe, die sie in Menschen primären Blicks erweckt haben (soweit ich diese Menschen erfassen kann) Und das braucht Zeit.

Daß Kafka die beiden berühmtesten Prosawerke Mörikes in der sogenannten *Ehren-Ausgabe* des *Kunstwarts* las, wird durch den Umstand nahegelegt, daß er in einer Tagebuchaufzeichnung vom 3. Dezember 1911 Mörikes Beitrag *Zu meiner Investitur als Pfarrer in Cleversulzbach* als *Selbstbiographie* bezeichnete, denn dieser Titel findet sich unter den ihm zugänglichen Editionen nur hier. In die gleiche Richtung weist, daß er später *Die Historie von der schönen Lau* in einer 1919 erschienenen Ausgabe der *Phoebus-Bücher* erwarb, der die Illustrationen des vom *Kunstwart* warm empfohlenen Mo-ritz von Schwind ebenfalls beigegeben waren.

An Irene Bugsch (→ Abb. 1116) gerichteter Brief Kafkas (Entwurf), Anfang 1922 (unveröffent-licht), vgl. KB 43 und Hartmut Binder: *Die Entdeckung Frankreichs. Zur Vorgeschichte von Kafkas und Brods Paris-Reisen,* in: *Euphorion* 95, Heft 4 (2001), S. 442 f.

95 | Skalitz (Skalice) bei Leitmeritz (Litoměřice).

Am 5. Juni 1901 unternahmen alle Klassen des *Altstädter Gym-nasiums* einen Ausflug nach Skalitz und Sebusein (Sebuzin) an der Elbe. Als man Anfang 1924 überlegte, ob der schwerkranke Kafka bei seiner Tante in Leitmeritz Aufnahme finden könnte, wurde auch Skalitz als möglicher Aufenthaltsort vorgeschlagen, der Kafka aber zu weit von Leitmeritz entfernt lag.

Vgl. *29. Jahresbericht über das Staats-Gymnasium mit deutscher Unterrichtssprache in Prag-Altstadt für das Schuljahr 1900–1901,* Prag 1901, S. 44 und Br E 59 f.

96 | Das Elbtal bei Sebusein. Im Hintergrund rechts das böhmische Mittelgebirge.

97 | Das Gasthaus *Zum goldenen Baum (U zlatého stromu)* in der *Langegasse (Dlouhá třída)* (I-729), in dem der *Deutsche academisch-technische «Alt-städter Collegientag»* zu tagen pflegte (→ Abb. 21, 29). Laut Statuten vom 20. Dezember 1900 rekru-tierten sich die Mitglieder dieser Vereinigung insbesondere aus ehemaligen Schülern des *K. k. deutschen Staatsgymnasiums zu Prag-Altstadt*, die an einer der beiden deutschen Hochschulen Prags studierten. Die Verbindung war zu dem Zweck gegründet worden, die Geselligkeit und Kollegialität im Kreise ihrer Mitglieder zu fördern. Zur Erreichung dieses Ziels dienten vorzugsweise gemütliche Abende, Fechtübungen und Ausflüge. Aus ungedruckten Erinnerungen Hugo Hechts geht hervor, daß Kafka im *Goldenen Baum* an Veranstaltungen des *Altstädter Collegientags* teil-genommen hat.

Vgl. Hugo Hecht: *Franz Kafkas Tragödie – Zeiten, Zustände und Zeitgenossen, nebst autobiographischen Bemerkungen des Verfassers* (Typoskript) und NA.

98 | Der Altphilologe Alois Rzach (1850–1935), Ordinarius an der Prager deutschen Universität, der im Schuljahr 1900/01 in staatlichem Auftrag der Kommission vorstand, die am *Altstädter Gymnasium* die mündliche Reifeprüfung durchführte, nach den Erinnerungen Bruno Kischs ein mehrere Stunden dauerndes Kreuzverhör, dem sich Kafka zwischen dem 8. und 11. Juli 1901 zu unterziehen hatte. Von den 22 Kandidaten bestanden 18, drei davon mit Auszeichnung, drei weitere hatten eine Wiederholungsprüfung in je einem Fach zu absolvieren, die traditionsgemäß nach den Sommerferien angesetzt wurde.

Wie Hugo Hecht überliefert, fürchtete man die mündliche Griechisch-Prüfung am meisten, in der jedem Schüler ein anderer Text zur Übersetzung vorgelegt wurde. Dies habe auch für Kafka gegolten, der zu den aktivsten Mitgliedern eines Kriegsrats gehört habe, der diesem Notstand auf folgende Weise abhalf: *Es war klar, daß es nur einen Weg gab, um zu lernen, was wir brauchten – nämlich ein kleines Notizbuch in die Hände zu bekommen, in dem unser Griechischlehrer (Lindner) die genauen Informationen verwahrte: den Text, der von jedem Schüler übersetzt werden mußte, von Autoren, die wir niemals während unserer Schulzeit gelesen hatten. Der einfachste Plan schien zu sein, die junge und gut aussehende Haushälterin unseres Junggesellen und Gymnasialprofessors zu bestechen, das Notizbuch aus seiner Tasche zu nehmen und es uns für eine kurze Zeit zu leihen, so daß wir dessen wichtigen Teil kopieren konnten. Wir*

brachten Geld zusammen und vertrauten es einem der Ältesten in unserer Klasse an, der schon einen guten Ruf als Frauenheld hatte, mit dem Auftrag, mit der Haushälterin Bekanntschaft zu schließen. So geschah es: Er führte sie mehrmals zum Dinner, zum Tanz und ins Theater aus, und drei Wochen später warteten wir gespannt an einem Samstag abend in einem nahegelegenen Kaffeehaus auf das Notizbuch. Wir erhielten es tatsächlich, kopierten die ersehnten Notizen ab, und eine Stunde später war es wieder in der Tasche des Professors. Einer der Kopisten war unser Kafka. Natürlich bestanden wir unsere mündliche Griechisch-Prüfung alle mit wehenden Fahnen – wir hatten die Vorkehrung getroffen, daß die Schwächeren einige Fehler und Irrtümer einstreuen mußten, um keinen Verdacht zu erregen. Der Vorsitzende der Kommission war sehr erfreut, wie auch unser Professor. Er erhielt sogar eine spezielle Empfehlung für seine herausragenden Ergebnisse mit einer durchschnittlichen Klasse und war stolz darüber.

Freilich scheint schwer vorstellbar, daß sich der ängstliche Kafka an einer solchen Manipulation beteiligt haben soll, zumal objektiv dazu keinerlei Anlaß bestand: Seine Griechischleistungen waren stets *befriedigend* oder *lobenswert*, und die zuletzt genannte Note erscheint auch in den beiden Halbjahreszeugnissen der Abitursklasse, so daß er nicht fürchten mußte, in diesem Fach durchzufallen. Daß er aber das Gymnasium nur mit Hilfe betrügerischer Machenschaften erfolgreich absolvierte, überliefert er selbst, wenn er im *Brief an den Vater* davon spricht, er sei *zum Teil nur durch Schwindel bis zur Matura gekommen.*

Im Sommersemester 1902 besuchte Kafka eine grammatisch-stilistische Übung bei Rzach, die der Interpretation von Ciceros Rede *Pro Archia Poeta* gewidmet war und

in einem Hörsaal des *Klementinums* stattfand. Außerdem belegte er bei dem Privatdozenten Friedrich Schubert eine weitere Veranstaltung dieses Typs, in der Lektüre ausgewählter Stücke aus griechischen Prosaschriftstellern betrieben wurde. Sein Interesse an den alten Sprachen erhellt weiterhin daraus, daß er wenig später zusammen mit Max Brod Platos *Protagoras* im Original studierte, obwohl er inzwischen sein Philologiestudium wieder aufgegeben hatte.

Schubert (*1844 in Buchlovice) hatte von 1862–1865 in Prag studiert, habilitierte sich 1878 für das Fach Klassische Philologie und wurde 1894 außerordentlicher Professor.

Hugo Hecht: *Franz Kafkas Tragödie – Zeiten, Zustände und Zeitgenossen, nebst autobiographischen Bemerkungen des Verfassers* und *Brief an den Vater*, S. 197, vgl. Bruno Kisch: *Wanderungen und Wandlungen. Die Geschichte eines Arztes im 20. Jahrhundert*, Köln (1966), S. 76, DZB 74, Nr. 192 (14. VII. 1901), S. 7, FK 53 und SL 140.

99 | Abitur-Photo (1901).

Oberste Reihe, von links: Oskar Flammerschein, ?, Franz Kafka, ?, ?, Alois Jeiteles, Karl Steiner; zweite Reihe: Paul Kisch, ?, Hugo Ostermann (Geschichte), Gustav Effenberger (Mathematik und Physik), Karl Kraus, Paul Fischer; dritte Reihe: Griechischlehrer Gustav Adolf Lindner, Deutschlehrer Josef Wihan; vierte Reihe: Viktor Stein, Hugo Bergmann, Direktor Anton Frank, Klassenlehrer Emil Gschwind, Emil Utitz, Oskar Pollak; fünfte Reihe: Victor Patz, Otto Steuer, Hugo Pollak, ?; vorderste Reihe: Hugo Hecht, Alexander Heindl, Ewald Felix Přibram und Camill Gibian.

Das Tableau wurde vom *K. u. k. Hof- und Kammer-Fotografen J. H. Langhans* zusammengestellt, der in der *Wassergasse (Vodičkova)* Nr. 37 (II-707) sein Geschäft hatte.

100 | Die *Treppenstraße* auf Helgoland (um 1900).

Nach bestandenem Abitur gönnte sich Kafka eine Reise an die Nordsee. Er erreichte am 28. Juli Helgoland, wo er seinen Onkel Dr. Siegfried Löwy (→ Abb. 202) aus Triesch (Třešť) erwartete, bei dem er im Jahr zuvor Teile seiner Sommerferien verbracht hatte. Löwy traf am 4. August ein und logierte bei dem Badearzt und Kreisphysikus Dr. Hermann Martini in der *Treppenstraße.* Am 8. des Monats verließen die beiden Helgoland und fuhren mit dem Raddampfer *Najade* nach Norderney weiter. Ein Photo, das Hermann Kafka mit seinen Brüdern Ludwig und Filip und deren Frauen in Norderney zeigt, könnte zu der Vermutung führen, Kafka sei durch eine Reise seines Vaters veranlaßt worden, die Nordsee aufzusuchen. Aber weil Hermann Kafka in der näheren Umgebung Prags Urlaub zu machen pflegte und am 16. Juli 1905 in der Abfahrtshalle des Prager *Staatsbahnhofs* ein Koffer entwendet wurde, der auf seinen Namen lautende Dokumente sowie eine Beschreibung Norderneys enthielt, scheint es wahrscheinlicher, daß es sich umgekehrt verhielt, dessen Norderney-Reise also von seinem Sohn und seinem Schwager angeregt wurde, die ihrerseits bestimmten Konventionen folgten, indem sie in einem ‹jüdischen Ort› Aufenthalt nahmen: Denn die Insel gehörte mit dem böhmischen Bäderdreieck, das ebenfalls von der Familie Kafka frequentiert wurde, zu den vom jüdischen Mittelstand bevorzugten Feriengebieten. Diese Feriengebiete verdankten ihre Popularität unter dieser Klientel deren Sorge um die eigene Gesundheit, den Synagogen und koscheren Restaurants, den vorhandenen kulturellen Einrichtungen bis hin zum Wiener Kaffeehaus sowie einer domestizierten Natur, die den meist städtischen Gästen das Wandeln und Spazierengehen erlaubte, das ihnen vertrauter war als Wandern und Bergsteigen.

Vgl. Brigitte und Helmut Heintel: *Franz Kafka: 1901 allein auf Norderney und Helgoland?,* in: *Freibeuter* 17 (1983), S. 20–25, an Elli am 21. VII. 1900, Klaus Wagenbach: *Franz Kafka. Bilder aus seinem Leben,* (Berlin 1994), S. 42, NA und Michael Brenner: *Zwischen Marienbad und Norderney: Der Kurort als «jewish space»,* in: *Jüdischer Almanach des Leo Baeck Instituts. Orte und Räume,* hrsg. von Gisela Dachs, (Frankfurt am Main 2001), S. 119–137.

101 | Die *Najade*, die damals den Schiffsverkehr zwischen Helgoland und Norderney besorgte.

E. F. [Emil Faktor]: *Helgoland*, in: DZB 74, Nr. 240 (31. VIII. 1901), *Beilage* [S. I].

102 | Der Gasthof *Frisia* in der *Chausseestraße* Nr. 4 auf Norderney, der heute als Schullandheim dient. (1954) Der saalartige Anbau war zu Kafkas Zeit noch nicht vorhanden.

Wahr ist, ich lebe nicht sehr gern weder im Gebirge noch am Meer, es ist mir zu heroisch. (→ Abb. 850)

Kafka und sein Onkel nahmen zunächst im Hotel *Zum Reichsadler* Quartier, wo sie aber nur bis zum 12. August blieben. Danach übersiedelten sie in den Gasthof *Frisia*, der nur wenige Minuten vom Badestrand für Herren entfernt lag. Sie blieben, vermutlich auch wegen des schönen Sommerwetters, bis zum 28. August. Mit Rücksicht auf die vielen österreichischen Gäste wurde am 18. des Monats in Form von Banketten eine feierliche Geburtstagsfeier für Kaiser Franz Josef abgehalten, die mit einem großen Feuerwerk endete.

An Felix Weltsch, April/Mai 1920, vgl. Arnold Marle: *Norderney*, in: PT 33, Nr. 252 (12. IX. 1908), S. 7 f.

Kapitel III

Studium

Im Wintersemester 1901/02 begann Kafka an der Prager *Karl-Ferdinands-Universität* ein Chemiestudium, das er aber nach drei Wochen abbrach (→ Abb. 108), um es mit der Juristerei zu vertauschen. Schon am Ende dieses ersten Semesters gab er jedoch auch diese Disziplin wieder auf und wechselte, vermutlich unter dem Einfluß von Paul Kisch (→ Abb. 134), in die philosophische Fakultät über, um sich der Germanistik zu widmen. Von dem Fach und seinem Hauptvertreter, dem Ordinarius August Sauer, enttäuscht, kehrte er im Herbst 1902 endgültig zur Rechtswissenschaft zurück und legte am 18. Juli 1903 erfolgreich die rechtshistorische Staatsprüfung ab, die dem Römischen Recht, dem Kirchenrecht, dem Deutschen Recht und der Österreichischen Reichsgeschichte galt. Alle Prüfer votierten für *gut*, auch der gefürchtete Horaz Krasnopolski (→ Abb. 149), der den Vorsitz der Prüfungskommission innehatte. Weniger günstig war das Ergebnis der judiziellen Staatsprüfung, die am 23. November 1905 stattfand, denn es reichte nur zu einem *ausreichend*. Nicht besser erging es Kafka in der staatswissenschaftlichen Staatsprüfung am 22. März 1906. Die beiden zuletzt genannten Prüfungen wurden wie das vorausgehende Romanum lediglich mündlich abgenommen und umfaßten österreichisches Privatrecht, Handels- und Wechselrecht, Zivil- und Strafrecht, Staatsrecht, Verwaltungslehre, Volkswirtschaftslehre und Finanzgesetzgebung, denn damals gehörten die Gegenstandsbereiche Volkswirtschaftspolitik, Finanzwissenschaft, Finanzrecht und Statistik noch zu den Rechtswissenschaften.

Voraussetzung für die Zulassung zur judiziellen und staatswissenschaftlichen Staatsprüfung war das sogenannte Absolutorium, eine Auflistung aller besuchten Veranstaltungen, mit der Rektor und Dekan bestätigten, daß die entsprechenden Studien gemäß den bestehenden Anordnungen durchgeführt worden waren. Da die Kafka betreffende, von fremder Hand zusammengestellte und im Prager Universitätsarchiv erhaltene Liste Abkürzungen enthält, die zu Fehldeutungen führten, werden die von ihm besuchten Vorlesungen und Seminarveranstaltungen hier in der Gestalt angeführt, in der sie im Vorlesungsverzeichnis der Prager *Karl-Ferdinands-Universität* erscheinen.

Daß Kafka bei einem vorgeschriebenen Pflichtstudium von acht juristischen Semestern schon im Juli 1905 abschließen konnte, obwohl er im Sommersemester 1902 keine einzige Fachveranstaltung besucht hatte – allerdings konnte er sich eine vierstündige Philosophie-Vorlesung anrechnen lassen, deren Besuch Voraussetzung für die Ablegung des Romanums war –, lag vor allem daran, daß eine zu geringe Stundenzahl in einem Semester durch einen Überschuß in einem anderen ausgeglichen werden konnte, weil lediglich eine Gesamtzahl von 152 Stunden vorgeschrieben war, insofern die rechtshistorische Staatsprüfung nach vier Semestern abgelegt wurde, was in Kafkas Fall zutraf. Von diesen 152 Stunden waren 72 in der ersten Studienhälfte zu absolvieren, eine Vorschrift, die leicht zu erfüllen war, da Kafka beispielsweise eine nicht obligatorische Vorlesung über Völkerrecht belegt hatte, das nur bei den Rigorosa geprüft wurde, während umgekehrt österreichische Reichsgeschichte lediglich in den Staatsprüfungen zur Sprache kam. Eine der beiden Staatsprüfungen konnte schon in den letzten vier Wochen des achten Semesters abgelegt werden, dann lagen zwischen den beiden Terminen zumindest die Semesterferien; sonst waren keine Intervalle zwischen diesen Prüfungen vorgeschrieben.

Um den juristischen Doktorgrad zu erlangen, mußte man zusätzlich drei Rigorosa absolvieren, in denen mehr verlangt wurde als in den Staatsprüfungen. Zwischen zweien dieser mündlichen Prüfungen sollten in der Regel drei Monate liegen, aber wenn der Kandidat bei einem vorhergehenden Rigorosum einstimmig approbiert wurde, konnte der Dekan diese Frist verkürzen. Während in den Staatsprüfungen in der Regel drei Kandidaten zusammen auftraten und insgesamt drei, im Romanum zweieinhalb Stunden Rede und Antwort stehen mußten, waren die Rigorosa Einzelprüfungen, die sich über jeweils zwei Stunden hinzogen. Alle diese Prüfungen waren hochschulöffentlich. Die drei Rigorosa Kafkas fanden am 7. November 1905, am 16. März und am 13. Juni 1906 statt. Am 18. Juni, dem eigentlichen Datum der Promotion, wurden die Absolventen in einer feierlichen Zeremonie dem Rektor der Universität vorgestellt.

Im Rückblick beurteilte Kafka sein Studium wie folgt: *Also eigentliche Freiheit der Berufswahl gab es für mich nicht, ich wußte: alles wird mir gegenüber der Hauptsache genau so gleichgültig sein, wie alle Lehrgegenstände im Gymnasium, es handelt sich also darum einen Beruf zu finden, der mir, ohne meine Eitelkeit allzusehr zu verletzen, diese Gleichgültigkeit am ehesten erlaubt. Also war Jus das Selbstverständliche. [...] Das bedeutete, daß ich mich in den paar Monaten vor den Prüfungen unter reichlicher Mitnahme der Nerven geistig förmlich von Holzmehl nährte, das mir überdies schon von tausend Mäulern vorgekaut war. Aber in gewissem Sinn schmeckte mir das gerade, wie in gewissem Sinn früher das Gymnasium und später der Beamtenberuf, denn das alles entsprach vollkommen meiner Lage. Jedenfalls zeigte ich hier erstaunliche Voraussicht, schon als kleines Kind hatte ich hinsichtlich der Studien und des Berufes genug klare Vorahnungen. Von hier aus erwartete ich keine Rettung, hier hatte ich schon längst verzichtet.*

Brief an den Vater, S. 198, vgl. Ludwig Spiegel: Die rechts- und staatswissenschaftlichen Studien und Prüfungen, in: Sammlung von Gesetzen und Verordnungen für die deutsche Universität in Prag, rechts- und staatswissenschaftl. Fakultät, Prag 1901, S. 9 f., 2 und 15 f.

103 | Franz Kafka, nach bestandenem Abitur (Juli 1901).

Du suchtest unbewußt seit Deiner Kindheit nach einem Inhalt fürs Leben. Und auch ich tat das. Doch Du warst anders gewachsen als ich. Du konntest Dich in Sonnenhöhe schwingen und Deine Träume bis hinauf an den Himmel spannen. Was lähmte Deine Kraft? Und Du warst seit je auf Dich allein angewiesen und bekamst so auch die Kraft, allein zu sein.

Hugo Bergmann an Franz Kafka, 1902 (Br I 605).

104 | Blick vom *Laurenziberg (Petřín)* (Sommer 1901). Links der *Hradschin* mit dem *St. Veits-Dom,* ganz rechts und jenseits der Moldau der *Wischehrad* mit der Kollegiatskirche *St. Peter und Paul,* deren 1901/02 erbaute Westtürme im neugotischen Stil noch unvollendet sind. Zu erkennen sind sechs Brücken: Halb links im Bild, im Moldaubogen, der *Kettensteg* (→ Abb. 499), hinter dem sich auf dem rechten Moldauufer das *Rudolfinum* erhebt, rechts davon und weiter flußabwärts ist hinter den Häusern ein Pfeiler der *Elisabethbrücke* (→ Abb. 468) zu sehen. Weiter im Vordergrund die mit Statuen geschmückte, auf die Kleinseite führende *Karlsbrücke* (→ Abb. 782) und direkt vor dem Betrachter die im Juni 1901 eröffnete, über die *Schützeninsel* (→ 447 und 842) führende *Kaiser Franzens-Brücke* (heute *most Legii*) (→ Abb. 508), die sich jenseits des Flusses in der *Ferdinandstraße* (→ Abb. 1078) fortsetzt. Auf der rechten Seite dieser Straße, an der Ecke zum Uferquai, das *Tschechische Nationaltheater* (→ Abb. 497, 11). Weiter rechts die *Palackýbrücke* mit ihren sieben Bögen (→ Abb. 511), die die Prager Neustadt mit Smichow verbindet (→ Abb. 497, 14), und schließlich unterhalb des *Wischehrads* die *Eisenbahnbrücke,* auf der 1901 Galerien für Fußgänger eingerichtet wurden.

In einer auf den 15. Februar 1920 datierten Tagebucheintragung berichtet Kafka, wie er viele Jahre zuvor, traurig am Hang des *Laurenziberges* sitzend, Abschied von der *Scheinwelt der Jugend* genommen hatte, von deren Autoritäten er sich getäuscht fühlte: *Ich prüfte die Wünsche, die ich für das Leben hatte. Als wichtigster oder als reizvollster ergab sich der Wunsch, eine Ansicht des Lebens zu gewinnen (und – das war allerdings notwendig verbunden – schriftlich die andern von ihr überzeugen zu können) in der das Leben zwar sein natürliches schweres Fallen und Steigen bewahre aber gleichzeitig mit nicht minderer Deutlichkeit als ein Nichts, als ein Traum, als ein Schweben erkannt werde.*

105 | Der gotische Erker am *Karolinum* (→ Abb. 21, 22), dem historischen Kern der 1348 von Kaiser Karl IV. gegründeten *Karlsuniversität.* Rechts, angeschnitten, das *Königliche deutsche Landestheater.* Im *Karolinum* lagen die Hörsäle der deutschen und tschechischen juristischen Fakultät sowie die von beiden Hochschulen gemeinsam benutzte Aula, in der die Promotionsfeiern stattfanden.

Nach der Trennung der *Karlsuniversität* in zwei selbständige Einrichtungen im Jahr 1882 wurde die Nutzung des Gebäudes so geregelt, daß der von der deutschen Institution benutzte Teil von der *Eisengasse (Železná)* Nr. 11 aus betreten wurde, während der Eingang zum tschechischen Bereich am *Obstmarkt (Ovocný trh)* Nr. 3 lag.

Johann Bauer [d. i. Josef Čermák]/Isidor Pollak/Jaroslav Schneider: *Kafka und Prag,* (Stuttgart 1971), S. 63.

106 | Der Eingang zum *Karolinum* in der *Eisengasse* Nr 11.

Im Vorraum des der *Karl-Ferdinands-Universität* zugewiesenen Teils lag die Quästur, wo man an Tischen die zu belegenden Veranstaltungen in das Meldebuch eintrug (→ Abb. 124). Das Wintersemester begann am 1. Oktober und endete Ende März oder Anfang April. Das Sommersemester dauerte vom 16. April bis zum 31. Juli.

r: *Erinnerungen an die philosophische Fakultät,* in: PN 47, Nr. 6 (November/Dezember 1996), S. 10.

107 | Die zum *Altstädter Ring* führende *Eisengasse,* durch die Kafka als Student zu der in der *Zeltnergasse* gelegenen elterlichen Wohnung gelangte. Ganz rechts im Bild, angeschnitten, das *Königliche deutsche Landestheater,* dahinter *Teile des Karolinums.*

Er machte den Eindruck eines durchaus gesunden Menschen. Krankheiten zu verhüten, schien er peinlich bedacht zu sein. An einem heißen Nachmittag begleitete ich ihn durch die alte Eisengasse. Vor einer Sodawasserbude blieb ich stehen und trank eine Limonade, nachdem ich den Rand des Glases vorher mit der Hand abgewischt hatte. Kafka beobachtete mich mißbilligend. «Das kann Ihnen nicht helfen», sagte er.

EFK 108 (Rudolf Fuchs).

108 | Das 1879 errichtete *K. k. deutsche chemische Institut* in der *Krankenhausgasse (U nemocnice)* Nr. 3 in der Prager Neustadt, in dem nicht nur Sammlungsräume und Laboratorien lagen, sondern auch ein großer Hörsaal.

In seinen Erinnerungen an Kafka schreibt Hugo Bergmann: *[...] einem Juden, der die Universität absolviert hatte, blieben unter den damaligen Umständen, wenn er sich nicht taufen lassen wollte, um eine staatliche Karriere einzuschlagen [→ Abb. 143], praktisch nur die «freien» Berufe übrig: Arzt oder Advokat. Da wir beide dies nicht wollten, sahen wir uns nach einer anderen Möglichkeit um, und man riet uns, Chemie zu studieren, weil für Juden die Möglichkeit bestand, in die chemische Industrie aufgenommen zu werden. So gingen wir denn beide zusammen in das chemische Institut der Deutschen Universität in Prag, das unter der Leitung eines getauften Juden, Professor Goldschmied, stand, und wurden nach einem Gespräch mit ihm aufgenommen. Wir hatten beide nicht überlegt, daß man Chemie nicht aus Büchern, sondern im Laboratorium lernen muß. Die Arbeit im Laboratorium war für uns beide nicht leicht, denn unsere Hände waren nicht geschickt genug, mit den chemischen Eprouvetten umzugehen. Kafka hielt es nicht lange durch. Er ging noch zu Beginn des Semesters von der Chemie zum Jus über, das er früher verschmäht hatte.*

Bei der von Bergmann erwähnten Arbeit kann es sich nur um die Übungen gehandelt haben, die Guido Goldschmiedt an jedem Wochentag von Montag bis Freitag von 8–12 und von 3–6 im *Chemischen Institut* anbot, denn Bergmanns Belegbuch zeigt, daß er in seinem ersten Semester bei diesem Dozenten 15 Wochenstunden *Chemische Übungen* belegt hatte.

Kafka spricht im *Brief an den Vater* von zwei Wochen Chemiestudium, doch da das Semester am 1. Oktober 1901 begann und sein Belegbuch, das den Übergang in die juristische Fakultät verzeichnet, den Vorgang auf den 23. des Monats datiert, vergingen *de facto* drei Wochen, bis er hier Fuß gefaßt hatte.

EFK 17 f.

109 | Das *Patzakhaus* in der *Ferdinandstraße* (heute *Národní třída*) Nr. 12 (II-137), links im Bild.

Die Vereinsräume der *Lese- und Redehalle der deutschen Studenten in Prag* befanden sich im ersten Obergeschoß des Gebäudes, das in den 60er Jahren des 20. Jahrhunderts abgerissen wurde. Gemäß den in der Vollversammlung vom 26. Februar 1903 abgeänderten Statuten bestand der Zweck des 1848 gegründeten Vereins darin, der *Vereinigungspunkt* der deutschen Studentenschaft Prags zu sein und deren geistige Bildung zu fördern. Zur Erreichung des Zwecks dienten:

1. eine Bücherei, sowie in den Vereinsräumen aufliegende Zeitungen und Zeitschriften;

2. Vorträge und Besprechungen in allgemeinen Redeversammlungen und in fachwissenschaftlichen Abteilungen;

3. die Herausgabe schriftstellerischer Arbeiten der Mitglieder.

Kafka ist der *Halle*, wie sie kurz genannt wurde, unmittelbar nach Studienbeginn beigetreten. Zu diesem Zweck hatte er sich beim Ausschuß in der *Ferdinandstraße* einzufinden, sich darüber auszuweisen, daß er einer der beiden deutschen Hochschulen Prags angehörte, sowie eine Aufnahmegebühr und einen Semesterbeitrag zu entrichten. Hatte der Kandidat, der nach Paragraph vier der Statuten Deutscher sein mußte, diese Formalitäten erfüllt und war der *Handschlag auf deutsche Gesinnung geleistet*, wurde sein Name acht Tage lang der Mitgliedschaft am Schwarzen Brett bekanntgegeben. Gab es keine Einsprüche, erfolgte die endgültige Aufnahme durch die Ausstellung einer Mitgliedskarte.

Satzungen der Lese- und Redehalle der deutschen Studenten in Prag, Prag 1903, S. 3 und 4.

110 | Die Fahne der *Lese- und Redehalle der deutschen Studenten in Prag.*

Ursprünglich war die Halle eine schwarze Verbindung gewesen, hatte aber 1881 auf Antrag ihres damaligen Obmanns, des Schriftstellers Friedrich Adler (→ Abb. 304), die Farben Schwarz-Rot-Gold angenommen. Zu Beginn jedes Semesters wurde im *Deutschen Casino* (→ Abb. 555) ein sogenannter interner Kommers abgehalten, in dessen Verlauf den neu eingetretenen Mitgliedern vom Obmann in feierlicher Weise vor dem Vereinsbanner das *Ehrenwort auf treudeutsche Gesinnung* abgenommen wurde. Bei dieser Gelegenheit wurde das Lesehalleband überreicht, das schräg über der Brust getragen wurde, sowie die Vereinsnadel, die ins Knopfloch des Jakketts gesteckt wurde. 1898, zum 50jährigen Bestehen, kam eine von den Frauen Prags gestiftete Vereinsfahne hinzu. Ihre Vorderseite zeigt auf goldenem Grund in schwarzen, rot verzierten Buchstaben den Vereinsnamen und darunter die Jahreszahlen 1848 und 1898. Darüber, von schwarzem Lorbeer umsäumt, ist als Symbol der Wissenschaft die Göttin Minerva zu sehen, die aus einer silbernen Schale den deutschen Aar tränkt und in der Rechten den schwarz-rot-goldenen Schild mit dem Zirkel der *Halle* hält. Auf dem umschließenden Rahmen finden sich die Embleme der vier Fakultäten der Universität und der vier Abteilungen der in der *Deutschen Technischen Hochschule* vertretenen Fachrichtungen: Einerseits Kelch, Kruzifix und Bibel für die Theologie, die auf einem Buch sitzende Eule für die Philosophie, Becher und Schlange für die Medizin sowie ein Waage für die Juristerei; andererseits Zirkel und Dreieck für die Architektur, ein Zahnrad für den Maschinenbau, einen Theodolit für das Ingenieurswesen und eine Retorte für die Chemie.

Vgl. DZB 75, Nr. 65 (7. III. 1902), S. 3, SL 136, EFK 66, FK 44 und Bruno Kisch: *Wanderungen und Wandlungen. Die Geschichte eines Arztes im 20. Jahrhundert,* Köln (1966), S. 82.

111 | Der *Wintergarten* im *Deutschen Studentenheim* in der *Marien-gasse* (heute *Opletalova*) Nr. 34 (II-1663, als Gebäude erhalten), zu Kafkas Zeiten ein wichtiger Treffpunkt der Prager Deutschen (1902).

Zu Beginn jedes Studienjahres hielten die *Lese- und Redehalle* und die ihr befreundeten studentischen Verbindungen hier einen großen Eröffnungskommers ab, der in Kafkas erstem Semester am 23. November 1901 stattfand. Er begann damit, daß man die Vereinsfahne über die große Freitreppe in den Saal trug und auf dem Podium des Präsidiums aufpflanzte. Anschließend erfolgte der festliche Einmarsch, die Vertreter der mit der *Halle* kooperieren-den Verbindungen in Farben, die Finkenschaft der *Halle* in feierli-chem Schwarz mit dem schwarz-rot-goldenen Band über der Brust. Nachdem einleitend das *Gaudeamus igitur* erklungen war, mit dem traditionsgemäß alle Kommerse der deutschen Studentenschaft Prags eröffnet wurden, nahm man an langen Tafeln Platz und lauschte den Reden der Professorenschaft und der Repräsentanten der *Halle.* Nach einem gemeinsamen Essen endete der offizielle Teil wie üblich mit dem Absingen der *Wacht am Rhein.*

Zu Kafkas Zeit fanden in diesem Saal auch Bälle sowie die belieb-ten Sonntagspromenadenkonzerte statt, bei denen die Kapellen verschiedener Prager Infanterieregimenter spielten. Seit Ende 1912 war hier auch die *Lese- und Redehalle* untergebracht.

Am 6. November 1911 hörte Kafka im *Adlersaal* des *Deutschen Studentenheims* einen Vortrag von Paul Wiegler (→ Abb. 295) über Friedrich Hebbel.

Hartmut Binder: «*nachdem der Handschlag auf deutsche Gesinnung geleistet worden …*».
Kafka in der «Lese- und Redehalle», in: *Else Lasker-Schüler-Jahrbuch zur Klassischen Moderne,* Band 2, hrsg. von Lothar Bluhm und Andreas Meier, Trier 2003, S. 165.

112 | *Die Wacht am Rhein.* Ansichtskarte. In der Ecke rechts oben eine Art Vignette des deutschnationalen *Bundes der Deutschen in Böhmen,* der besonders durch die Verbreitung von Kunstpostkarten mit biedermeierlich-romantisierenden Motiven aus der deutschen Vergangenheit hervortrat (Prag, um 1910).

Hugo Bergmann überliefert, Kafka und er selbst seien als Gym-nasiasten auf einer Veranstaltung des *Altstädter Kollegientages* aus Protest sitzen geblieben, als die *Wacht am Rhein* gesungen wurde, und deswegen ausgeschlossen worden. Hätte Kafka jedoch ernst-haft und auf Dauer an diesem Lied Anstoß genommen, das den Prager Deutschen Bekenntnis zu ihrem Volkstum war, hätte er niemals Mitglied der *Lese- und Redehalle der deutschen Studenten* werden dürfen.

EFK 24.

113 | Das ehemalige Gasthaus *Zur Stadt Moskau* in der *Seilergasse (Provaznická)* Nr. 3 (I-385) (2000).

Hier hielt die Finkenschaft der *Lese- und Redehalle*, deren Mitglied Kafka sechs Semester lang war, ihre Vollversammlungen ab, auf denen ohne Bevormundung durch den *Halle*-Ausschuß Fragen des studentischen Lebens besprochen werden konnten. Es ist unbekannt, ob Kafka die seinen Studienbeginn markierende Vollversammlung am 10. November 1901 besucht hat. Mit einiger Wahrscheinlichkeit war er aber am 2. März 1904 dabei, als sich die Finkenschaft in dem Lokal traf, um das eben angebrochene Sommersemester vorzubereiten, denn zu diesem Zeitpunkt war die *Abteilung für Literatur und Kunst* der *Halle*, zu deren Funktionsträgern er damals gehörte, in einen Streit mit dem Ausschuß verwickelt, der unter anderem dazu führte, daß man unter den Mitgliedern nachdrücklich für eine Gegenliste zu den vom Führungsgremium empfohlenen Kandidaten warb, und dies konnte natürlich am besten auf einer solchen Vollversammlung geschehen.

Hartmut Binder: «*nachdem der Handschlag auf deutsche Gesinnung geleistet worden … *». *Kafka in der «Lese- und Redehalle»*, in: *Else Lasker-Schüler-Jahrbuch zur Klassischen Moderne*, Band 2, hrsg. von Lothar Bluhm und Andreas Meier, Trier 2003, S. 165 f.

114 | Emil Orlik (Selbstbildnis, 1901).

Im Dezember 1901 hatte der aus Prag stammende Orlik (1870–1932) in Berlin in der *Kunstgalerie Bruno Cassirer* Zeichnungen und Farbholzschnitte gezeigt, die von der japanischen Kunst beeinflußt waren, und damit auch in seiner Heimatstadt Aufmerksamkeit erregt. So hielt er am 26. des Monats im *Spiegelsaal* (→ Abb. 157) des *Deutschen Casinos* einen Lichtbildervortrag, in dem er das Wesen der japanischen Malerei und deren Einfluß auf die europäische Kunst erläuterte. Diese Aktivitäten bereiteten einer Orlik-Ausstellung den Boden, die vom 30. Oktober bis zum 30. November 1902 im *Rudolfinum* (→ Abb. 547) stattfand. Orlik selbst sprach am 16. November im *Kunstgewerbemuseum (Uměleckoprůmyslové muzeum)* (→ Abb. 335) über Kunst und Leben in Japan.

Diese Ereignisse wurden in der *Abteilung für Literatur und Kunst* der *Lese- und Redehalle* besprochen. Am 25. November *feierte*, wie es im Protokoll dieser Sitzung heißt, Max Horb, ein Klassenkamerad Max Brods, der wenig später selbst als Zeichner und Maler hervortrat, aber schon 1907 an einer unheilbaren Krankheit starb (→ Abb. 387), Orlik als vielseitigen Meister, der mit seiner Ausstellung den Beweis seines Könnens erbracht habe. Zwei Wochen später kündigte Kafka seinen Kommilitonen einen Vortrag über *Japan und wir* an, der aber offensichtlich nicht zustande kam. Gleichwohl ist hier der Ausgangspunkt einer lebenslangen Beschäftigung Kafkas mit der japanischen Kultur zu erkennen: So wurde eine Szene seiner *Beschreibung eines Kampfes* von einem Farbholzschnitt Hiroshiges angeregt, der damals als Ansichtskarte in Umlauf war. Auf der *Jubiläumsausstellung* des Jahres 1908 besuchte Kafka das japanische Teehaus, wo Geishas

bedienten (→ Abb. 272), und im November des Jahres schickte er Brod seine schönste, ebenfalls eine Arbeit Hiroshiges reproduzierende Ansichtskarte, die eine Landschaft in der Umgebung des Fudschijama zeigte; schon zwei Jahre zuvor hatte er für Brods Erzählsammlung *Experimente* eine Umschlagszeichnung entworfen, die deutlich vom Japonismus geprägt war. Am 5. März 1911 schickte er Brod eine Ansichtskarte, auf der eine traditionell gekleidete Japanerin zu sehen war, und am 17. April 1911, am Ostermontag, besuchten die beiden im *Rudolfinum* die am 9. April eröffnete Jahresausstellung des utraquistisch geführten *Kunstvereins für Böhmen*, wo sie sich japanische Malereien, Keramiken und Lackarbeiten anschauten. Noch für Kafkas letzte Lebensjahre läßt sich ein starkes Interesse an ostasiatischer Kunst und Kultur nachweisen. (→ Abb. 1127 und 1196)

Hartmut Binder: «*nachdem der Handschlag auf deutsche Gesinnung geleistet worden … *». *Kafka in der «Lese- und Redehalle»*, in: *Else Lasker-Schüler-Jahrbuch zur Klassischen Moderne*, Band 2, hrsg. von Lothar Bluhm und Andreas Meier, Trier 2003, S. 180, vgl. Br I 90, Franz Kafka: *Beschreibung eines Kampfes. Novellen, Skizzen, Aphorismen aus dem Nachlaß*, (hrsg. von Max Brod), (Frankfurt/M. 1954), S. 347, Hartmut Binder: *Zwischen Bäumchen zum Abgrund. Wie Max Brod versuchte, Kafka als Zeichner zu etablieren*, in: *Frankfurter Allgemeine Zeitung* Nr. 172 (23. XI. 2000), S. 58, Br I 488, DZB 84, Nr. 99 (9. IV. 1911), S. 10 und C 66 (Brods Tagebuch vermerkt: *Alt Japan*).

115 | Christian von Ehrenfels (1859–1932), einer der beiden Prager Ordinarien für Philosophie.

Komische Szenen, als Prof. Ehrenfels, der immer schöner wird und dem sich im Licht der kahle Kopf in einer gehauchten Kontur nach oben abgrenzt, die Hände an einander gelegt und gegenseitig drük-kend, mit seiner vollen wie bei einem Musikinstrument modulierten Stimme, vor Vertrauen zur Versammlung lächelnd für Mischrassen sich einsetzt.

In seinem ersten Semester belegte Kafka bei von Ehrenfels *Praktische Philosophie* (vierstündig) und im darauffolgenden Sommer-semester 1902 *Ästhetik des musikalischen Dramas* (einstündig) (→ Abb. 522 und 1155). Nach einem am 20. April 1893 in Kraft ge-tretenen Gesetz mußten Studierende der rechts- und staatswissen-schaftlichen Fakultät eine vierstündige Vorlesung aus dem Gebiet der Philosophie gehört haben, um zur rechtshistorischen Staats-prüfung zugelassen zu werden, die den ersten Teil des Studiums abschloß. Voraussetzung für die Zulassung zur judiziellen und zur staatswissenschaftlichen Staatsprüfung war eine dreistündige Vorlesung aus dem Gebiet der Philosophie, die vor oder nach der rechtshistorischen Staatsprüfung belegt werden konnte.

Von Ehrenfels propagierte unter dem Einfluß Darwins die Zucht-wahl des Tüchtigen, die eine Empfehlung der Polygamie und die Propagierung von Mischrassen einschloß. Dies geschah auch in einer Diskussion über einen Vortrag des Berliner Mediziners Felix Theilhaber, der am 28. Januar 1912 im Festsaal des *Jüdischen Rat-hauses* (→ Abb. 742) stattfand und von Kafka in der hier angeführten Weise in seinem Tagebuch festgehalten wird. Am 23. März 1912 sah Kafka im *Neuen deutschen Theater* die Uraufführung des ebenfalls dem Gedanken der Polygamie verpflichteten Dramas *Die Sternen-braut* von Christian von Ehrenfels, dem er im Tagebuch in Überein-stimmung mit Brods Besprechung in der *Schaubühne* vom 4. April einen Mangel an künstlerischer Gestaltung attestiert. Ja, es scheint sogar, daß er sich selbständig mit Aufsätzen von Ehrenfels' beschäf-tigt hat, die dem gleichen Thema galten.

Im Wintersemester 1913/14 besuchte er, *begeistert*, wie Brod am 13. Oktober 1913 in seinem Tagebuch vermerkt, ein von ihm geleite-tes Seminar, in dem das von Max Brod und Felix Weltsch gemein-sam verfaßte, von Kafka geschätzte Buch *Anschauung und Begriff* zur Diskussion gestellt wurde, zu dem sich die beiden Verfasser im September 1910 entschlossen hatten. Allerdings scheint Kafka die Veranstaltung keineswegs regelmäßig besucht zu haben. (→ Abb. 762)

T 370, vgl. 341, *Die deutsche Karl-Ferdinands-Universität in Prag unter der Regierung seiner Majestät des Kaisers Franz Josef I.,* Prag 1899, S. 103 f., T 412, Niels Bokhove: *Christian von Ehrenfels, Kafkas Professor,* in: *Kafka a Čechy. Kafka und Böhmen,* Prag (2007), S. 132, 150, 137–141, T 587, 801, SL 164, Br II 122 f. und 577.

116 | Der *Circus Albert Schumann* (Annonce).

Der Zirkus gastierte im April 1902 (die Eröffnungsvorstellung fand am 5. des Monats statt) und 1903 auf dem Prager *Josefsplatz* (heute *náměstí Republiky*) in einem Holzgebäude im Hof der *Kadettenschule*, auf dem sich heute das *Repräsentationshaus* (→ Abb. 241) und das ehemalige Domizil der *Österreichischen Länderbank* (→ Abb. 238) erheben. Die damals weltberühmte Pferdedressur übernahm der Direktor des Unternehmens, Albert Schumann (1858–1939), der auch die Wasserpantomime *Quer durch Paris* in Szene setzte; im Jahr 1903 fiel diese Aufgabe Max Schumann zu. Auch eine sogenannte Schulreiterin trat beidemal auf.

Erinnerungen an solche Wasserpantomimen, die in Deutschland erstmals Anfang der 1880er Jahre zu sehen waren und vielleicht durch ein am Abend des 7. September 1920 geführtes Gespräch Kafkas mit Max Brod und Ewald Felix Přibram reaktiviert worden sein könnten, das *alte Zeiten* zum Gegenstand hatte, veranlaßten ihn möglicherweise am Tag darauf zur Niederschrift des folgenden Erzählfragments: *Im Zirkus wird heute eine große Pantomime, eine Wasserpantomime gespielt, die ganze Manege wird unter Wasser gesetzt werden, Poseidon wird mit seinem Gefolge durch das Wasser jagen, das Schiff des Odysseus wird erscheinen und die Sirenen werden singen, dann wird Venus nackt aus den Fluten steigen womit der Übergang zur Darstellung des Lebens in einem modernen Familienbad gegeben sein wird. Der Direktor, ein weißhaariger alter Herr, aber noch immer der straffe Zirkusreiter, verspricht sich vom Erfolg dieser Pantomime sehr viel. Ein Erfolg ist auch höchst notwendig, das letzte Jahr war sehr schlecht, einige verfehlte Reisen haben große Verluste gebracht. Nun ist man hier im Städtchen.* (→ Abb. 826)

M 257 und NS II 300, vgl. NS II A 90 f., PT 27, Nr. 100 (12. IV. 1902), S. 5, Nr. 132 (14. V. 1902), S. 5 und DZB 76, Nr. 107 (19. V. 1903), S. 5.

117 | Antonín Procházka (1882–1945): *Cirkus* (1907/08, *Národní Galerie v Praze*).

Wenn irgendeine hinfällige, lungensüchtige Kunstreiterin in der Manege auf schwankendem Pferd vor einem unermüdlichen Publikum vom peitschenschwingenden erbarmungslosen Chef monatelang ohne Unterbrechung im Kreise rundum getrieben würde, auf dem Pferde schwirrend, Küsse werfend, in der Taille sich wiegend, und wenn dieses Spiel unter dem nichtaussetzenden Brausen des Orchesters und der Ventilatoren in die immerfort weiter sich öffnende graue Zukunft sich fortsetzte, begleitet vom vergehenden und neu anschwellenden Beifallsklatschen der Hände, die eigentlich Dampfhämmer sind – vielleicht eilte dann ein junger Galeriebesucher die lange Treppe durch alle Gänge hinab, stürzte in die Manege, riefe das: Halt! durch die Fanfaren des immer sich anpassenden Orchesters.

Es ist denkbar, daß Kafka zu seinem Prosastück *Auf der Galerie* nicht nur durch Besuche von Zirkusvorstellungen, sondern auch durch Gestaltungen der bildenden Kunst angeregt wurde. Ob er allerdings Georges Seurats Gemälde *Zirkus*, das gewöhnlich in diesem Zusammenhang angeführt wird, tatsächlich im Pariser *Louvre* oder in einer Kunstzeitschrift gesehen hat, läßt sich nicht sagen. Wahrscheinlicher ist, daß er Procházkas Zirkusbild gekannt hat, das auf der zweiten Verkaufsausstellung der *Osma (Die Acht)* im Juni und Juli 1908 im bis heute bestehenden *Salon Topič (Topičův salón)* in der *Ferdinandstraße (Národní třída)* Nr. 9 (I-1011) gezeigt wurde, zu einer Zeit also, als er sich mehr als Zeichner denn als Schriftsteller fühlte und persönliche Kontakte zu der Gruppe unterhielt, der er Procházka zurechnete.

Auf der Galerie, S. 262, vgl. EFK 147, PK 52–58 und Br II 87.

118 | Der junge Max Brod (1884–1968).

Ich weiß nicht, ob es noch einen Menschen gibt, der eine Ahnung davon hat, wie Franz dich liebt. Du selbst wirst es wohl empfunden haben, aber dies Glühen habe ich allein nur gesehen.

Als Max Brod im Herbst 1902 an der Prager *Karl-Ferdinands-Universität* ein Jurastudium begann, trat er der *Halle* bei und nahm an den Zusammenkünften der *Literarisch-künstlerischen Sektion* der *Lese- und Redehalle* teil. Man traf sich in den Vereinsräumen in der *Ferdinandstraße* zu Vorträgen der Mitglieder, zu denen öffentlich eingeladen wurde, oder engagierte bereits etablierte Künstler von außerhalb. In Referat und Diskussion beschäftigte man sich mit Gerhart Hauptmann, Ibsen, d'Annunzio, Otto Ernst, Maeterlinck, Frenssen, Björnson, Heyse, Schnitzler, Gorki, Josef Willomitzer, Reuter, Grillparzer und Hadwiger.

In diesem Rahmen hielt Brod am 23. Oktober 1902 einen Vortrag über *Schicksal und Zukunft von Schopenhauers Philosophie*, in dem er Nietzsche als Schwindler bezeichnete. Unter den anwesenden Kommilitonen war auch Kafka, der ebenfalls gleich bei Studienbeginn in dieser Sektion tätig geworden war, sich zum Widerspruch aufgefordert fühlte und den Referenten nach der Veranstaltung nach Hause begleitete. Auf diesem nächtlichen Gang durch die Stadt, der keineswegs vor Brods Wohnung endete, sondern die beiden Jurastudenten mehrfach zwischen der *Schalengasse* Nr. 1 (→ Abb. 658) und Kafkas Domizil in der *Zeltnergasse (Celetná)* Nr. 3 (→ Abb. 60) hin- und herpendeln ließ, kam es zu einer Diskussion über Literatur, in deren Verlauf Brod unter den ihn beeindruckenden Stellen in literarischen Werken auch die folgende Passage aus dem *Violetten Tod* von Gustav Meyrink zitierte: *Schillernde handgroße Falter, seltsam gezeichnet, saßen mit*

offenen Flügeln wie aufgeschlagene Zauberbücher auf stillen Blumen. Aber sein Gesprächspartner rümpfte die Nase, weil ihm derartiges zu aufdringlich-effektvoll war. Gleichwohl bedeutete dieses Gespräch den Beginn einer lebenslangen Freundschaft.

Auch Kafkas Klassenkameraden Paul Kisch, Oskar Pollak und Emil Utitz sowie Brods Freund Max Horb arbeiteten in der *Literarisch-künstlerischen Sektion* mit, die sich jedes Semester einen eigenen Ausschuß wählte. Im Wintersemester 1903/04 – Brod hatte sich zum 1. Pressereferenten und Kafka zum Kunstberichterstatter wählen lassen – gipfelten die Aktivitäten der Sektion im Januar und Februar 1904 in einem fünfteiligen Vortragszyklus heimischer Autoren, zu dessen Urhebern Kafka gehörte. Auf diesen Matineen lasen Kommilitonen Dichtungen von Friedrich Adler (→ Abb. 304), Gustav Meyrink, Hedda Sauer, Heinrich Teweles, Emil Faktor, Paul Leppin (→ Abb. 502), Oskar Wiener, Eugen Lirsch, Max Milrath und Friedrich Werner van Oestéren.

Dora Diamant an Max Brod am 2. V. 1930 (PK 113), Gustav Meyrink: *Des deutschen Spießers Wunderhorn. Gesammelte Novellen*, (München, Wien 1981), S. 334 und FK 46, vgl. SL 161 und Hartmut Binder: *«nachdem der Handschlag auf deutsche Gesinnung geleistet worden … ». Kafka in der «Lese- und Redehalle»*, in: *Else Lasker-Schüler-Jahrbuch zur Klassischen Moderne*, Band 2, hrsg. von Lothar Bluhm und Andreas Meier, Trier 2003, S. 160–207.

119 | Gustav Meyrink (1868–1932) als Prager Elegant.

Max Brod hatte während seines letzten Gymnasialjahrs die ersten Beiträge Meyrinks im *Simplicissimus* gelesen und war davon elektrisiert worden. Als er im Sommersemester 1903 erfuhr, daß Meyrink in Prag lebte, suchte er den Kontakt zu ihm und gehörte bald zu dem Kreis seiner Verehrer, der sich im Schachzimmer des *Café Continental* (→ Abb. 559) zu treffen pflegte. Meyrink verhalf dem 19jährigen Adepten zu seiner ersten Veröffentlichung, denn er schickte dessen satirische Skizze *Spargel* mit herzlicher Empfehlung an das von Jakob Hegner redigierte *Magazin für Litteratur*, wo sie im zweiten Oktoberheft des Jahres 1903 erschien. Im Wintersemester 1903/04 lud Brod sein Idol ein, einen Termin in der heimischen Autoren gewidmeten Vortragsreihe der *Abteilung für Literatur und Kunst* zu übernehmen und eigene Werke zu Gehör zu bringen. Meyrink verweigerte sich diesem Ansinnen mit der Begründung, er habe keine Vorlesestimme, und schlug Brod als Rezitator vor. Als dieser zustimmte, traf man sich zur Beratung im *Café Edison* (→ Abb. 1130), wo Brod die noch unveröffentlichten Texte *G. M.* und *Bologneser Tränen* auswählte, die er am Sonntag, dem 24. Januar 1904, zusammen mit einigen schon publizierten Skizzen

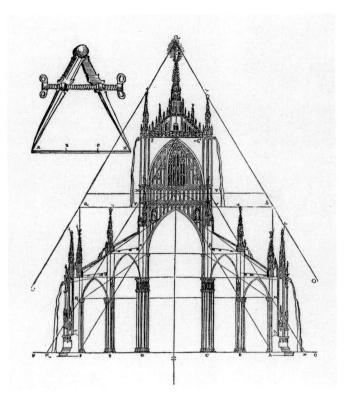

Meyrinks in den Vereinsräumen der *Lese- und Redehalle* in der *Ferdinandstraße* vortrug. Daß Meyrink dieser Rezitation seiner Werke beiwohnte, ist überliefert, daß Kafka als Mitinitiator der Vortragsreihe gleichfalls anwesend war, äußerst wahrscheinlich (→ Abb. 926). Meyrink verließ Prag im Frühjahr 1904.

Max Brod: *Meine Anfänge*, in: DZB 86, Nr. 81 (23. III. 1913), *Oster-Beilage*, S. 21, vgl. ders.: *Streitbares Leben. Autobiographie*, (München 1960), S. 292 und 299 (das in dieser Ausgabe enthaltene Kapitel *Bekanntschaft mit Gustav Meyrink* fehlt in SL), ders.: *In memoriam Gustav Meyrink*, in: *Frankfurter Zeitung* 77, Nr. 924/925 (11. XII. 1932), S. 1, KB 201 und SL 168.

120 | Auf dem *Obstmarkt* (um 1900).

Ganz links das zum Komplex des *Karolinums* zählende Haus *Obstmarkt* Nr. 5 (I-560) (→ Abb. 21, 23), in dem das *Kunsthistorische Institut* und die *K. k. Lehrmittelsammlung für Kunstgeschichte* untergebracht waren. Außerdem befand sich in diesem Gebäudekomplex das *Rechtswissenschaftliche Institut*, in dem auch Seminarübungen stattfanden, von denen Kafka jedoch keine zu besuchen hatte.

121 | Alwin Schultz: *Einführung in das Studium der neueren Kunstgeschichte*. Zweite vermehrte Auflage. Mit 351 Abbildungen und 12 Tafeln in Farbendruck, (F. Tempsky) Prag und (G. Freitag) Leipzig, 1887, S. 81: *Geometrische Construktion des Durchschnittes vom Dome zu Mailand*.

Es fällt auf, daß unter den nicht auf die Rechtswissenschaft bezüglichen, von Kafka belegten Veranstaltungen nicht weniger als sieben dem Bereich der Kunstgeschichte zugehören. Abgesehen von einstündigen *Kunsthistorischen Übungen für Anfänger* im achten Semester, die Kafka bei Heinrich Alfred Schmid hörte, handelte es sich dabei um Vorlesungen und Seminare von Schultz. Gleich im ersten Semester belegte er bei diesem eine dreistündige Vorlesung über *Deutsche Kunstgeschichte II*, eine zweistündige über *Geschichte der Baukunst* und einstündige *Kunstgeschichtliche Übungen*. Im zweiten Semester kamen eine dreistündige Vorlesung über *Geschichte der niederländischen Malerei*, eine zweistündige über

Geschichte der christlichen Bildhauerkunst sowie einstündige *Kunstgeschichtliche Übungen* dazu. Alle diese Veranstaltungen fanden im Hörsaal des *Kunstgeschichtlichen Instituts* (*Obstmarkt* Nr. 5) statt.

Was Schultz im einzelnen vortrug, ist nicht überliefert, aber der grobe Inhalt seiner Darlegungen und seine Lehrmeinungen lassen sich aus seiner *Einführung in das Studium der neueren Kunstgeschichte* erheben. Der Text des Buches und das ihm beigegebene Bildmaterial zeigen, daß der Schwerpunkt der Darstellung auf Gotik, Renaissance und Barock liegt, während die Romanik nicht als eigenständige Epoche in Erscheinung tritt. So wird der Mailänder Dom, dem Kafka bei seiner Italienreise im Sommer 1911 wohl nicht ohne Grund besondere Beachtung zollte (→ Abb. 416), zusammen mit der Kathedrale von Amiens, dem Kölner Dom und der Fassade des Doms von Orvieto als Musterfall einer geometrischen Konstruktion gewürdigt, weil sich Raumverhältnisse unter Einschluß der Fenstergrößen und Türmchenhöhen einem Schema fügen, das durch drei symmetrisch übereinander angeordnete Dreiecke dargestellt werden kann. Daß Kafka mit dieser Betrachtungsweise vertraut war, zeigt eine Briefstelle, an der er Größe und symmetrische Gestaltungsprinzipien eines Romans von Max Brod mit den Proportionen und statischen Verhältnissen eines gotischen Doms vergleicht.

Alwin Schultz (1838–1909) wirkte von 1882 bis 1903 als Ordinarius für Kunstgeschichte an der Prager *Karl-Ferdinands-Universität* und galt als einer der bedeutendsten Kunsthistoriker des deutschen Raumes.

Vgl. Br I 117 und *100 Jahre Kunstgeschichte an der Universität Graz*, hrsg. von Walter Höflechner und Götz Pochat, Graz 1992, S. 59.

122 | Der Eingang zum *Klementinum* auf dem *Marienplatz (Marianské náměstí)* Nr. 5 (links) (um 1900).

Das ehemalige *Jesuiten-Kollegium* beherbergte unter anderem die Prager Sternwarte, Hörsäle der deutschen und tschechischen philosophischen Fakultät, das *Philosophische Seminar*, das *Philologische Proseminar* der Altphilologen sowie die im ersten Obergeschoß gelegene Universitätsbibliothek, die von der tschechischen Universität an geraden und der deutschen an ungeraden Tagen benutzt wurde. In dem großen Gebäude rechts, *Plattnergasse* Nr. 25 (I-101), befand sich im Sommersemester 1902 das *Seminar für deutsche Philologie*, in dem aber keine Veranstaltungen stattfanden. Heute erhebt sich an dieser Stelle die Prager Stadtbibliothek. (→ Abb. 859)

123 | August Sauer (1855–1926), der Prager Ordinarius für Germanistik.

[...] ein klein wenig Germanistik, in der Hölle soll sie braten.

Im Sommersemester 1902 belegte Kafka bei Sauer ein Seminar über *Gerstenbergs Briefe über Merkwürdigkeiten der Litteratur 1766/7*, das samstags von neun bis elf Uhr im *Klementinum* stattfand. Vorträge der Mitglieder gehörten zum Programm.

Kafkas Unzufriedenheit mit der Prager Germanistik, die so stark war, daß er dieses Fach nach einem Semester wieder aufgab, dürfte mindestens teilweise ihren Grund in Sauers deutschnationaler Gesinnung gehabt haben. Sauer verstand Literatur als Produkt des Bodens, dem ihr Urheber entstammte, und bewertete sie in erster Linie nach ihrer nationalen Gesinnung. Kafka, der sich als jüdischer, zudem seiner Überlieferung entfremdeter Schriftsteller in keinem angestammten Erdreich verwurzelt fühlte, vermochte sich offenbar mit dieser Auffassung nicht anzufreunden.

An Oskar Pollak, am oder vor dem 24. August 1902, vgl. Hartmut Binder: *Kafkas Weg zu Stifter. Mit besonderer Berücksichtigung August Sauers*, in: *Adalbert Stifter. Studien zu seiner Rezeption und Wirkung I: 1868–1930. Kolloquium I*, hrsg. von Johann Lachinger, Linz 1995, S. 180–183.

K. k. deutsche Carl-Ferdinands-Universität in Prag.

NATIONALE.

Vor- und Zuname	
Vaterland, Geburtsort, Geburtsdaten, Religion	
Muttersprache	
Wohnung (Stadtviertel, Gasse, Nr. C.)	
Vorname, Stand und Wohnort des Vaters oder Vormundes	
Bezeichnung der Lehranstalt, an welcher der Studierende das letzte Semester zugebracht	
Angabe, ob der Studierende dem Verbande des Heeres, Kriegsmarine, Landwehr angehört oder nicht	
Angabe, wann er den Präsenzdienst anzutreten hat und bei welchem Truppenkörper	
Geniesst ein … (Stipendium, Stiftung) im Betrage von … K … h	
verliehen von … mit Decret vom … 19 … Z.	
Anführung der Grundlage mit Angabe des Datums und der Zahl der Urkunde, auf welcher der Studierende die Immatriculation oder Inscription anspricht	

Verzeichnis der Vorlesungen, welche der Studirende zu hören beabsichtigt.

Gegenstand der Vorlesung	Wöchentliche Stundenzahl derselben	Name des Docenten	Eigenhändige Unterschrift des Studirenden

Verzeichnis der Vorlesungen, welche der Studirende zu hören beabsichtigt.

Gegenstand der Vorlesung	Wöchentliche Stundenzahl derselben	Name des Docenten	Eigenhändige Unterschrift des Studirenden

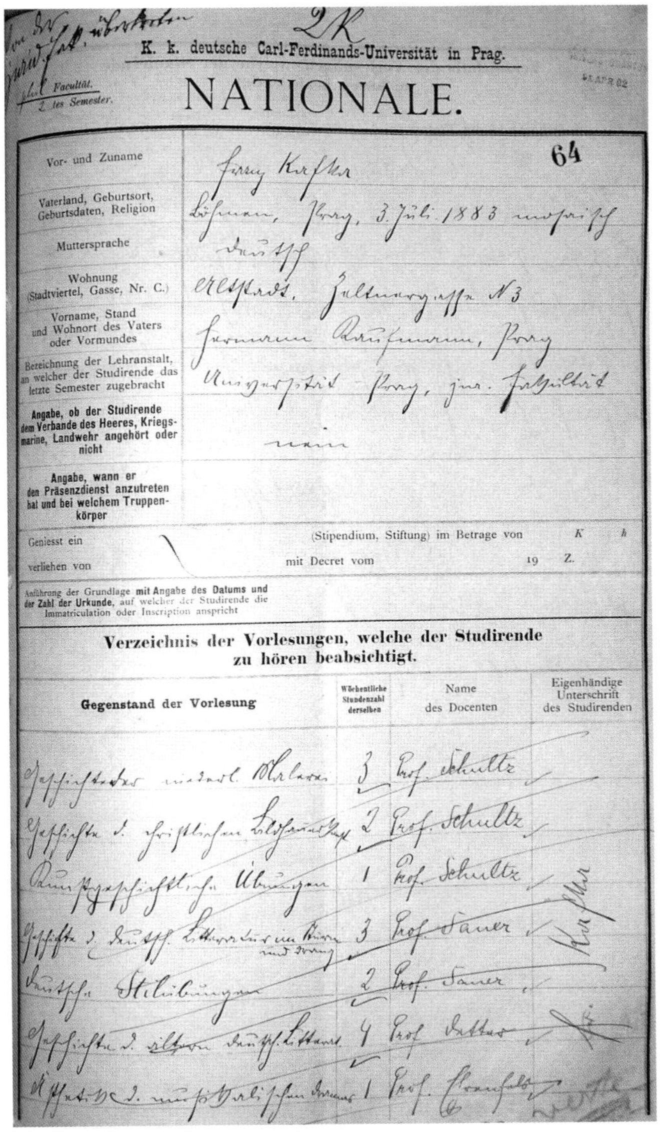

124 | Eigenhändige Eintragungen Kafkas im Belegbuch der philosophischen Fakultät der *Karl-Ferdinands-Universität* in Prag für das Sommersemester 1902.

Auf dem ersten Blatt ist oben links vermerkt: *Von der jurid. Fak. übertreten*, darunter, daß es sich um Kafkas zweites Semester handelte. Interessant ist die Rubrik *Vaterland:* Für Kafka war das in diesem Fall wie auch im ersten, dritten, siebenten und achten Semester *Böhmen*, im vierten, fünften und sechsten *Österreich*. (→ Abb. 87)

Die Eintragungen, deren Richtigkeit mit einer Unterschrift des Studierenden in der Spalte ganz rechts verbürgt wurde, beginnen mit drei Veranstaltungen von Alwin Schultz, denen drei germanistische sowie eine von Christian von Ehrenfels abgehaltene *Ästhetik des musikalischen Dramas* folgten. Bemerkenswert ist, daß Kafka zunächst auch Alfred Kastils *Einführung in die Philosophie* belegt, dann aber auf den Besuch dieser Vorlesung verzichtet und statt dessen nachträglich zwei weitere Veranstaltungen aus dem Gebiet der Germanistik belegt hatte, offensichtlich ein Zeichen dafür, daß er sich zu Beginn des Semesters noch nicht darüber im klaren war, welche Gewichtung die drei Fächer Kunstgeschichte, Altphilologie und Germanistik haben sollten, die er fortan zu studieren gedachte. Denn wenn er plante, seine literaturwissenschaftlichen Studien wie üblich mit einer Dissertation abzuschließen, benötigte er für die mündlichen Prüfungen ein Nebenfach, das dann Griechisch (→ Abb. 98) oder Kunstgeschichte gewesen wäre.

Bei der Feststellung der Hörgelder hat die Quästur die Vorlesungen, für die bezahlt werden mußte, nachträglich mit Hilfe von schräg über die Seite laufenden Strichen als bearbeitet gekennzeichnet und Hörgelder in Höhe von 39 Kronen, 90 Heller errechnet. Die Bemerkung *Behebt sich* ganz am Ende der Eintragungen bezieht sich auf den Umstand, daß die nachträglich aufgeführten Veranstaltungen zu keiner Erhöhung dieses Betrags geführt hatten, weil die kostenpflichtige Vorlesung von Adolf Hauffen (1863–1930) über *Neuhochdeutsche Syntax* mit Kastils *Einführung in das Studium der Philosophie* gewissermaßen schon bezahlt war, während die von Ferdinand Detter (1864–1905) angebotene Veranstaltung über Hartmann von Aue als Seminar gebührenfrei war.

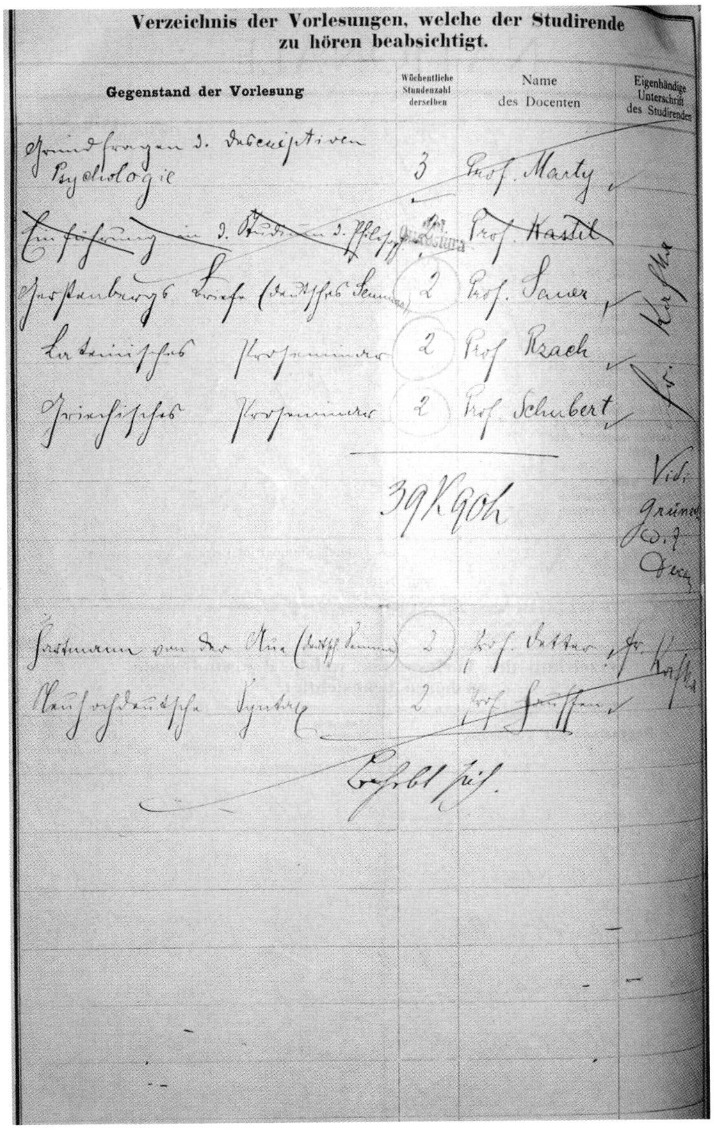

125 | Handschriftliche Notizen Kafkas zu Hartmann von Aues erstem *Büchlein*, das im Sommersemester 1902 Gegenstand einer zweistündigen Seminarübung war.

Von Kafkas Beschäftigung mit diesem mittelhochdeutschen Text haben sich insgesamt drei bisher unveröffentlichte Seiten mit sprachlichen Bemerkungen zu den Versen 695, 696, 701, 702, 706, 707, 721, 727, 735 und 743 erhalten, deren Zählung der von Fedor Beck herausgegebenen dreibändigen Ausgabe der Werke Hartmanns von Aue folgt, die als Band fünf der von Franz Pfeiffer begründeten Reihe *Deutsche Classiker des Mittelalters* zuletzt 1891 in dritter Auflage erschienen war. Diese Edition kann Kafka allerdings bei der Niederschrift seiner Notizen nicht vorgelegen haben, denn diese betreffen teilweise andere Sachverhalte als die dem Text beigegebenen Erläuterungen, teilweise erklären sie die von Beck kommentierten Phänomene auf andere Weise. Da sich zudem in Kafkas Bemerkungen Wortentsprechungen im Althochdeutschen und Hinweise auf Parallelstellen in Hartmanns *Gregorius, Iwein* und *Parceval* finden, sein Schriftduktus ungewöhnlich flüchtig ist und einmal Stenographie verwendet wird, kann vermutet werden, daß die Niederschrift während einer Seminarsitzung erfolgte und vorwiegend Aussagen

Detters oder Beiträge von Kommilitonen festhält.

In dem 1914 Verse umfassenden Werk klagt Hartmann von Aue über die versagte Gunst seiner Herrin, deren Huld er sich jedoch durch treuen Dienst noch zu verdienen hofft.

Vgl. KB 207.

126 | Kafkas Klassenkamerad Karl Kraus (1901).

In meiner Klasse waren wohl nur 2 Juden, die Mut hatten und beide haben sich noch während des Gymnasiums oder kurz darauf erschossen. (→ Abb. 126, 139 und 750)

Die Schulakten des *Altstädter Gymnasiums*, die sich im *Archiv hlavního města Prahy* erhalten haben, belegen, daß Kraus Verhaltensauffälligkeiten zeigte: Im letzten Schuljahr war sein sittliches Betragen *minder entsprechend wegen wiederholter Störung des Religionsunterrichtes und ungeziemenden Benehmens,* im zweiten Halbjahr wurde er wegen *ungezogenen Benehmens* aktenkundig, und sein Fleiß war *ungleichmäßig.* Auch wurde er während seiner Schulzeit wegen kleinerer Delikte mehrfach zu Geldstrafen verurteilt. Im März 1901 unternahm er mit einem Klassenkameraden einen Ausreißversuch, der ihn nach Amerika führen sollte, aber schon in Hamburg endete (→ Abb. 68). Nach der Ab-

127 | Das Grab von Karl Kraus auf dem *Neuen jüdischen Friedhof* in Prag (1986).

Das Leichenbegängnis, dem nach Hugo Hechts Erinnerungen fast die ganze Klasse und die Professoren des *Altstädter Gymnasiums* beiwohnten, fand am 31. Juli 1902 um fünf Uhr nachmittags statt.

Vgl. Hugo Hecht: *Franz Kafkas Maturaklasse – nach 60 Jahren,* in: PN 14, Nr. 2 (Februar 1963), S. 2.

solvierung der Reifeprüfung, wurde Kraus Student an der *Deutschen Technischen Hochschule* und Mitglied der schlagenden Verbindung *Hercynia*. Zugleich entschloß er sich zum Dienst als Einjährig-Freiwilliger und zog im Sommer des nächsten Jahres zur soldatischen Ausbildung in die Garnisonstadt Freistadt in Oberösterreich. Dort erlitt er am 25. April bei einem Säbelduell eine schwere Verletzung; fünf Tage später erschoß er sich, laut Obduktionsbericht in unzurechnungsfähigem Zustand, also vermutlich volltrunken. Aus einem Zettel, den man in seiner Wohnung fand, läßt sich Lebensüberdruß ableiten, Hugo Hecht nennt Spielschulden als Motiv für die Entleibung; seine Familie weiß von einem Wechsel, den er auf den Namen seines Vaters gefälscht hatte.

Tagebuch, 18. I. 1922, vgl. Anthony Northey: *Kafkas Selbstmörder,* in: *Sudetenland* 49, Heft 3 (2007), S. 275 f.

128 | Liboch (Libĕchov), *Pod kostelíčem*
Nr. 84 (1985).

In diesem Haus, bei der Familie Windisch-
bauer, verbrachte Kafka mit seiner Familie
im August 1902 einen Teil seiner Semesterferien. Dieses Urlaubsdomizil lag an einem
Hang, der teilweise mit Weinbergen bedeckt war und eine weite Sicht in das Elbtal und auf den alten Ortskern an der von
Melnik (Mĕlník) nach Wegstädtl (Štĕtí)
führenden Straße erlaubte (→ Abb. 73). An
Oskar Pollak schrieb Kafka damals: *Gerade
gegenüber dem Weinberg an der Landstraße
tief im Tal steht ein kleines Häuschen, das
erste und letzte vom Dorf. Nicht viel ist daran. Unter Brüdern ist es allerhöchstens 100
miserable Gulden wert. Und was vielleicht
noch schlimmer ist, nicht einmal Schultze-
Naumburg [→ Abb. 157] könnte es brauchen,
höchstens als abschreckendes Beispiel. Wahrscheinlich bin ich, den Besitzer mit einge-
schlossen, der einzige, der es lieb hat und
seine Träume darum zieht.*

Br I 15.

129 | Herrschaftliche Weinberge in Liboch.

Unzufrieden damit, daß ein in Oskar
Pollak lebender böser Kritikus den Freund
verhinderte, Natur unverstellt in sich aufzunehmen, erzählte Kafka, der offenbar auf
dem Gipfel des von Weinbergen bestan-
denen Hügels zu liegen pflegte, seinem
Freund am 24. August 1902 die folgende Geschichte: *Wenn ich auf der Weinbergsmau-
er lag und übers Land sah und vielleicht
etwas Liebes schaute oder hörte dort weit
hinter den Bergen, so kannst Du sicher sein,
daß sich plötzlich jemand mit ziemlichem
Geräusch hinter der Mauer erhob, feierlich
mäh mäh sagte und gravitätisch seine tref-
fende Ansicht zum Ausdruck brachte, daß
die schöne Landschaft entschieden einer
Behandlung bedürftig sei. Er explizierte den
Plan einer gründlichen Monographie oder
einer lieblichen Idylle ausführlich und be-
wies ihn wirklich schlagend. Ich konnte ihm
nichts entgegensetzen als mich und das war
wenig genug.*

130 | Liboch an der Elbe (1900).

Die Libocher Ferientage haben Spuren
in der *Beschreibung eines Kampfes* hinterlassen, denn eine der hier begegnenden Erinnerungen des Ich-Erzählers wird in der
zweiten Fassung *in L.* lokalisiert. Auch der
in der Erzählung erwähnte Fluß und die
an beiden Ufern verlaufenden Eisenbahn-
schienen verweisen auf diesen Ort: *Jetzt
zum Beispiel könnte ich mich erinnern, wie
ich in L. auf einer Bank gesessen bin. [...]
Den Kopf hatte ich gegen die hölzerne Lehne
der Bank gelehnt, von wo ich die wolken-
haften Berge des andern Ufers ansah. Eine
Geige spielte zart im Strandhotel. Auf beiden
Ufern fuhren hin und wieder schiebende
Züge mit erglänzendem Rauch.*

Das im deutschen Sprachgebiet Böhmens
liegende Liboch wurde im Sommer von
zahlreichen deutschen Kurgästen aus Prag
frequentiert.

Beschreibung eines Kampfes. Gegen zwölf Uhr [...],
S. 24–27.

131 | Eröffnung der staatlichen Post-Automobil-
linie Liboch–Dauba–Hirschberg (Liběchov–Dubá–
Doksy) am 29. Juli 1908.

Da die ersten der als Postwagen verkehrenden
Kutschen in der Habsburgermonarchie erst ab
1907 durch Autobuslinien ersetzt wurden, konnte Kafka im August 1902 beobachten, wie eine
arme Postkutsche von Liboch nach Dauba ‹hum-
pelte›. In einem an Oskar Pollak gerichteten Brief
vom 6. September 1903 kommt er neuerlich auf
das Thema zu sprechen, vielleicht weil ihm kurz
zuvor in Salesel (→ Abb. 150) wiederum Postkut-
schen begegnet waren: *Du, verstehst Du das Gefühl, das man haben muß, wenn man allein eine
gelbe Postkutsche voll schlafender Menschen durch
eine weite Nacht ziehn muß? Man ist traurig, man
hat ein paar Tränen im Augenwinkel, schleppt
sich langsam von einem weißen Meilenstein zum
andern, hat einen krummen Rücken und muß
immer die Landstraße entlang schauen, auf der
doch nichts ist als Nacht.*

Der Sachverhalt ist dann in dem Prosastück
Kinder auf der Landstraße aufgegriffen worden,
das der zweiten, 1909/10 entstandenen Fassung
der *Beschreibung eines Kampfes* entstammt und
in einem Dorf spielt. Hier wird nämlich erzählt,
wie ein Postwagen im Mondlicht an spielenden
Kindern vorbeifährt, die das Ereignis teilweise
verschlafen.

Br I 14 f., vgl. Br II 64 f.

132 | Kafkas Onkel Filip Kafka (1847–1914).

*Nicht ganzer Kafka bist Du vielleicht in Deiner
allgemeinen Weltansicht, soweit ich Dich mit Onkel
Philipp, Ludwig, Heinrich vergleichen kann. Das
ist merkwürdig, ich sehe hier auch nicht ganz
klar. Sie waren doch alle fröhlicher, frischer, unge-
zwungener, leichtlebiger, weniger streng als Du.*

Die Stelle läßt erkennen, daß Kafka seinen
Vater mit dessen Brüdern verglich, um heraus-
zufinden, ob dessen Jähzorn, Uneinsichtigkeit,
Rechthaberei und Brutalität, die sein Leben seit
den Kindertagen zu zerstören drohten, genetisch
bedingt oder durch eigenes Verhalten mitgeprägt
war. Zwar starb Heinrich Kafka (→ Abb. 688) zu
früh, als daß Kafka sich persönlich von dessen
Wesensart hätte ein Bild machen können, aber die
beiden anderen Onkel kannte er natürlich: Filip
Kafka (→ Abb. 821) sah er, wenn er in Ferienzeiten
allein oder mit seinen Angehörigen die Koliner
Vettern besuchte (→ Abb. 818) – Hermann Kafka hielt sehr auf die Pflege verwandtschaftlicher
Beziehungen –, erfuhr von ihm aber auch von
dessen Sohn Robert, mit dem er in Prag verkehrte (→ Abb. 1085); Ludwig Kafka lebte in unmittelbarer Nachbarschaft der elterlichen Wohnung
(→ Abb. 1121).

Brief an den Vater, S. 146 f.

133 | Das Renaissanceportal des Hauses *Zu den zwei goldenen Bären (U dvou zlatých medvídků)* im *Ledergäßchen (Kožná ulička)* Nr. 1 (I-475). Hier wohnte der Tuchwarenhändler Hermann Kisch mit seiner Frau und seinen fünf Söhnen, darunter Egon Erwin (→ Abb. 868) und Paul. Da Kafka zu Beginn seines Studiums mit Paul befreundet war – die beiden gingen in die gleiche Klasse –, kann als sicher gelten, daß er gelegentlich in der Wohnung der Familie Kisch zu Gast war, zumal diese in unmittelbarer Nähe des *Altstädter Ringplatzes* lag.

134 | Paul Kisch (1883–1944).

Frühlingsfest, Paul Kisch getroffen der von seiner Dissertation «Hebbel u. die Tschechen» erzählt. Sein fürchterliches Aussehn. Auswüchse hinten auf dem Hals. Der Eindruck, wenn er von seinen Liebchen spricht.

Das seit 1884 alljährlich stattfindende Frühlingsfest der in der Stadt beheimateten deutschen Vereine, das den saisonalen Höhepunkt im gesellig-nationalen Leben der deutschen Volksgruppe in Prag darstellte, fand am 1. Juni 1912 im Garten des *Deutschen Casinos* am *Graben* statt (→ Abb. 555).

Kisch hatte im Herbst 1901 an der Prager deutschen Universität ein Germanistikstudium begonnen, das er 1913 mit einer Dissertation über das von Kafka erwähnte Thema abschloß. Aus einem an Max Brod gerichteten Brief Kischs vom 26. August 1927 geht hervor, daß er es war, der Kafka, freilich vergeblich, dazu aufgefordert hatte, im Herbst 1902 mit ihm zusammen sein Literaturstudium in München fortzusetzen. Kisch, der Kafka eigene Gedichte und Erzählungen zur Begutachtung übergab, verbrachte das Wintersemester 1902/03 tatsächlich in der bayerischen Metropole, die den Zeitgenossen als Inbegriff künstlerischer Moderne galt: *während man hier auf dem Kanapee gähnt*, schrieb Kafka am 4. Februar 1903 an diesen Freund, um die Langeweile zu demonstrieren, die ihn als Besucher eines literarisch-musikalischen Salons im Hause Fanta überfallen hatte (→ Abb. 137 und 138), *rast es in München* (→ Abb. 158). Noch im Jahr 1914 hielt Kafka München und Berlin für die einzigen Städte, in denen es ihm möglich sei, sich als freier Schriftsteller literarisch zu verwirklichen; und Ende November 1919 erwog er sogar, einen sich abzeichnenden dreimonatigen Erholungsurlaub in München zu verbringen.

Der wegen seiner deutschnationalen Haltung bekannte Paul Kisch wurde Journalist und war bei der *Bohemia*, später bei der *Neuen freien Presse* in Wien tätig. Er war bei Studienbeginn der studentischen Verbindung *Saxonia* beigetreten und wurde wegen seines von Mensurschlägen durchfurchten Gesichts ‹Schmisso› genannt. Kisch wurde im Dezember 1941 nach Theresienstadt deportiert und von dort am 12. Oktober 1944 nach Auschwitz gebracht, wo er umkam.

Tagebuch, 2. VI. 1912, vgl. Hartmut Binder: *Über den Umgang mit Topographica in Kritischen Ausgaben am Beispiel der Tagebücher Kafkas*, in: *Edition von autobiographischen Schriften und Zeugnissen zur Biographie*, hrsg. von Jochen Golz, Tübingen 1995, S. 164 f., Franz Kafka: *Karten und Briefe an Paul Kisch*, in: *Sinn und Form* 44 (1988), S. 816 f., Br III 101, Br 255 und *Thronwanzen in der Praga und allerhand schlaraffischer Scherz*, in: PN 10, Nr. 8 (August 1959), S. 5.

XIII.

115 157 115 b. 158

92 47 247 50 52

179 112 48 123

108 163 114 250

135 | Atelier für plastische Kunst und Ver-
golderei Johann Weinknecht: *Katalog über
antik imitierte Gipsabgüsse von plastischen
Meisterwerken aller Zeiten*, München o. J.,
Tafel XIII.

Der Katalog besteht aus 34 Tafeln, auf
denen die angebotenen Objekte abgebildet
sind, sowie einer sechsseitigen, losen Beilage mit Beschreibungen und Preisangaben.
Dieses Verfahren erlaubte es, die Replikate
der allgemeinen Preisentwicklung anzupassen, ohne den aufwendigen Bilderteil je-

desmal neu drucken zu müssen. Kafka, der
einen solchen Katalog von seinem Freund
Oskar Pollak erhalten hatte, schrieb im Februar 1903 an Paul Kisch nach München:
*Du schreibst: wenn ich Dir am 24 März
etwas mitbringen soll – das ist ein gefährlicher Satz. Kennst Du Weinknecht Theresien-
straße 66. Dort wollte ich für die Mutter [Ge-
burtstag 24 März] den jungen Johannes von
Donatello [Elfenbein- oder Steintönung] 3 M.
bestellen. Nun hab ich mich wieder zu spät
besonnen, denn der Oskar sagt mir er hat
dort für jemanden etwas bestellt, aber es hat
unglaublich lang gedauert ehe es angekommen ist. Wenn Du es nun selbst bestellst und
es gleich verpacken und einschicken lassen
wolltest von der Firma, so dürfte es ja noch
zur Zeit kommen.*

Die von Kafka ausersehene Skulptur ist
auf der hier reproduzierten Tafel als Nr. 47
abgebildet. Es handelt sich dabei um die
Teilreplik einer von Donatello (1386–1466)
geschaffenen Ganzkörperfigur, die Johannes den Täufer darstellt und sich in der
Pinacoteca von Faenza befindet. Die Figur
war 35 cm hoch, als Holz-, Elfenbein-, Stein-
oder Bronzeimitat lieferbar oder, die wesentlich teureren Versionen, in Polychrom-
Antik oder Majolica. Da die Objekte aber
inzwischen teurer geworden waren, mußte
Kisch zunächst das Placet Kafkas einholen, bevor er das Stück kaufte und nach
Prag schicken ließ, wo dieser es dann vom
Zollamt abholte, das sich in der *Finanzlandesdirektion* (→ Abb. 239) am *Josefsplatz*
befand.

An Paul Kisch am 7. II. 1903. (Die Worte in eckigen Klammern
stammen von Kafka.)

136 | *Tanzende Mänade* (römischer Marmor, Relief, 24 × 44 cm, *Britisches Museum*, London).

Zur Seite an der Wand [in Kafkas Zimmer hing] der vergilbte Gipsabguß eines kleinen antiken Reliefs, einer Mänadin, die ein Fleischstück, einen Ochsenschenkel, schwingt. Die zierlichen Falten ihres Kleides tanzten um die Gestalt ohne Kopf. Das alles sehe ich noch genau vor mir, so wie meine Augen unzählige Male darüber hingestreift sind. – Ich habe es in meinem Roman «Zauberreich der Liebe» beschrieben, in dem Kafka als Richard Garta auftritt.

Kafka hatte an Paul Kisch nach München geschrieben: *Ich will mir auch etwas bei dem Weinknecht kaufen. Katalognummer 64. Tanzende Mänade [gelb Elfenbein] 2 M. Es ist ein Relief.* Daß er seine Absicht in die Tat umgesetzt hat, ist aufgrund Max Brods Zeugnis offensichtlich, nur daß die hier abgebildete Figur, die der Replik als Vorlage diente, durchaus nicht kopflos daherkommt, wie Brod behauptet, dessen Beschreibung im übrigen durchaus zutreffend erscheint. Da aber die im Besitz des *Britischen Museums* befindliche Mänade die einzige ist, die von der Münchener Firma angeboten wurde, außerdem keinerlei Hinweise vorhanden sind, die

nahelegen könnten, Kafka habe sich aus anderer Quelle bedient, und sich überdies die Vorstellung verbietet, ein kommerziell und für die breite Öffentlichkeit produzierendes Unternehmen biete in dieser Weise fragmentierte antike Skulpturen an, obwohl unversehrte existierten, bleibt allein die Vermutung, Brod unterliege einer Gedächtnistäuschung. Denn in seinem Roman *Zauberreich der Liebe*, in dem er sein Leben mit Kafka in poetischer Freiheit, aber detailgenau darstellt, und zwar neun Jahre früher als in seiner Kafka-Biographie, wird die tanzschreitende Mänade im Schleierkleid erwähnt, ohne daß ihres fehlenden Kopfes Erwähnung getan wird.

FK 54 und Br I 22 (Worte in eckigen Klammern von Kafka), vgl. Lori-Ann Touchette: *The dancing maenad Reliefs. Continuity and change in Roman Copies*, London 1995, Abbildung 19b und Max Brod: *Zauberreich der Liebe. Roman*, Berlin, Wien, Leipzig 1928, S. 93.

137 | Der Prager *Wenzelsplatz* vom *Nationalmuseum* aus gesehen. In dem angeschnittenen Eckhaus ganz rechts im Bild, *Stadtpark* (heute *Washingtonova*) Nr. 1 (II-812), und nicht etwa in Nr. 4, wie in der im Folgenden angeführten Briefstelle Kafkas irrtümlich behauptet wird, wohnte von August 1898 bis Oktober 1903 der Apotheker Max Fanta mit seiner Frau Berta und ihren Kindern Else und Otto.

Die ehrgeizige, wissensdurstige Hausherrin (→ Abb. 945), unterstützt von ihrer Schwester Ida Freund, unterhielt hier einen literarisch-musikalischen Salon. Wie ein an Paul Kisch gerichteter Brief Kafkas vom 4. Februar 1903 zeigt, gehörte dieser zu den Besuchern: *Man muß hier auf der Hut sein vor Einfällen, kaum läßt man sie laufen haben sie Hängebäuche und schwitzen. Es ist drei Wochen her da dachte ich an so etwas wie eine Montmartrekneipe etwas zum Schrein Tolles. Aber schon in einer Woche war besagte Montmartrekneipe in den Stadtpark übersiedelt ausgerechnet N 4 bei –, hieß ästhetisch-ethischer – es ist nicht zum ausschreiben, war wohlerzogen, trank schlechten Likör und knabberte. Der Oskar [→ Abb. 89] hat es vermittelt. Es soll sich alle 14 Tage wiederholen.*

138 | Ida Freund (1868–1931).

Auch Künstlerinnen sind dort mit wundervoller Ein- und Un-bildung. Die eine singt und heißt Frau Freund (heulen Wölfe die Hungrigen oder sind es Hyänen?), die zweite dichtet und heißt Frau Freund (Einer steht auf: ich werde die Thür aufmachen, es muß hier sehr heiß sein, 2 Herrn schwitzen stark), die dritte macht Bilder und heißt Frau Freund.

Ida Freund (→ Abb. 474) war auf einer Prager Kunstausstellung des Jahres 1902 mit einem Aquarell vertreten und veröffentlichte kleine Erzählungen.

An Paul Kisch am 7. Februar 1903, vgl. F. A.: *Prager Kunstausstellung IV.*, in: DZB 75, Nr. 133 (15. V. 1902), *Beilage*, S. 2 und Ida Freund: *Der kleine Musiker*, in: DZB 80, Nr. 199 (21. VII. 1907), *Frauen-Beilage*, S. 226 (Kinder-Zeitung).

139 | Camill Gibian (1883–1905).

Über den Silvesterabend des Jahres 1902 berichtet die damals bei der Familie Kafka angestellte Erzieherin Anna Pouzarová: *Etwa eine Dreiviertelstunde vor Mitternacht ertönte die Klingel. Es kam Herr Camill Gibian und fragte gleich, ob Franz zu Hause sei. Als ich bejahte, fragte er, ob er schon schliefe. «Einen Augenblick, ich werde es gleich feststellen», sagte ich und ging ins Zimmer des jungen Herrn nachsehen, ob Licht brannte. Er saß beim Tisch und schrieb, ungern habe ich ihn gestört: «Junger Herr, Herr Gibian ist hier!» – «Und sagten Sie ihm, daß ich zu Hause bin?» – «Ja!» – «O je, o je!» Traurig nickte er mit dem Kopf, zog seinen Rock an, nach einer Weile ging er mit Herrn Gibian weg. Den Abend – eigentlich nur den Rest – ver-brachte Franz irgendwo in fröhlicher Gesellschaft.*

Gibian, Sohn eines Arztes, begleitete Kafka, der ihn *sehr gern* hatte, durch die gesamte Schulzeit. Er war ein allgemein belieb-ter, verläßlicher Kamerad, der an allen Unternehmungen teilnahm, ohne besonders hervorzutreten. Da er gern Fußball spielte, gehörte er zur Sportgruppe der Klasse, wie Hugo Hecht, der schrieb, Gibian sei bei der letzten Prüfung zweimal durchgefallen, habe bei der Vor-bereitung zum dritten und letztmöglichen Versuch die Nerven ver-loren und seinem Leben ein Ende gemacht (→ Abb. 750). Tatsäch-lich belegen die Urkunden lediglich die erfolgreiche Absolvierung der Rechtshistorischen Staatsprüfung am 6. Oktober 1903.

Am 13. September 1905 schoß sich Camill Gibian in der elterli-chen Wohnung in der *Niklasstraße* Nr. 6 (I-936) (→ Abb. 215) zweimal in den Kopf und verstarb kurz darauf im *Allgemeinen Krankenhaus*. Nach Erinnerungen von Familienangehörigen war unglückliche Liebe die Ursache der Tat. (→ Abb. 126)

EFK 62 und Br III 357, vgl. Hugo Hecht: *Franz Kafkas Maturaklasse – nach 60 Jahren*, in: PN 14, Nr. 2 (Februar 1963), S. 5 und Anthony Northey: *Kafkas Selbstmörder*, in: *Sudetenland* 49, Nr. 3 (2007), S. 280 f.

140 | Fahrrad-Übungsplatz der Firma *Langer & Heller*, deren Büro unmittelbar neben der *Arbeiter-Unfall-Versicherungs-Anstalt* lag, in der Kafka seit Herbst 1908 beschäftigt war (um 1900).

In seinem Zimmer riß er gleich die Schubladen des Schreibtisches auf, es lag dort alles in grosser Ordnung, aber gerade die Legitimati-onspapiere, die er suchte, konnte er in der Aufregung nicht gleich fin-den. Schliesslich fand er seine Radfahrlegitimation und wollte schon mit ihr zu den Wächtern gehen, dann aber schien ihm das Papier zu geringfügig und er suchte weiter, bis er den Geburtsschein fand.

Besonders in seiner Jugend betätigte sich Kafka in verschiedener Weise sportlich: Er schwamm, ruderte, ritt, wanderte, spielte Tennis (→ Abb. 185 und 657), Billard, fuhr Motorrad (→ Abb. 201) und ver-suchte sich eben auch, wie die Erinnerungen Anna Pouzarovás und Max Brods (→ Abb. 185) belegen, auf dem Fahrrad.

Die für Prag gültige, im Prager *Národní Archiv* erhaltene *Fahr-Ordnung für Bicykles und Tricykles* aus dem Jahr 1892 bestimmte, daß man, um öffentliche Straßen und Plätze befahren zu dürfen, 16 Jahre alt und im Besitz einer auf den eigenen Namen lautenden, mit einer Photographie versehenen Legitimationskarte sein muß-te. Um sie zu erhalten, brauchte man ein Zeugnis, daß man das Radfahren beherrschte. Es wurde von Sachverständigen oder von einem anerkannten Velocipisten-Verein ausgestellt, bei dem man üblicherweise das Fahren erlernte.

Möglicherweise wurde Kafka durch Zeitungsberichte zu der oben zitierten Passage im Eingangskapitel seines *Process*-Fragments an-geregt, denn am 10. August 1914 berichteten *Prager Tagblatt* und *Bo-hemia*, Radfahrer, die außerhalb der Stadt unterwegs seien, müßten mit Kontrollen rechnen und sollten deswegen ihre Legitimations-

141 | Ansicht von Podhoř (Podhoří) (um 1900).

Franz Kafka hatte auch einen Vetter in Troja, der dort einen Wein-
keller besaß. Einmal machte ich mich mit den Mädchen [Kafkas
halbwüchsigen Schwestern] auf den Weg nach Troja. Franz war
schon vor uns mit seinen Freunden Felix E. Příbram und Camill Gi-
bian mit dem Fahrrad dorthin gefahren, sie warteten am Weinkeller.
Die Mädchen gingen in den Garten spielen, mich aber lud Franz in
den Keller ein, goß in die Gläser Wein ein und «Prost»! Ich nippte aus
Höflichkeit und wollte nicht mehr trinken. Franz überredete mich,
endlich trank ich etwa drei Gläser aus. Dann entschuldigte ich mich,
trotz des Drängens aller drei jungen Männer, und lief zu den Mäd-
chen weg.

Das heute zu Prag gehörige Podhoř liegt nahe der Moldau nord-
westlich von *Schloß Troja* (→ Abb. 839), das man damals gewöhnlich über den *Baumgarten*, die *Kaiserinsel* und eine den nördlichen
Moldauarm bedienende Fähre erreichte. Auf der Abbildung links ist
der Weinkeller (das Gebäude existiert noch) von Angelus Kafka zu
sehen (→ Abb. 916), in dessen Besitz auch der hinter dem Anwesen
aufsteigende Berghang (rechts in der Abbildung) sowie ein ebenfalls in Podhoř gelegenes, langgestrecktes, sehr schmales Landstück
entlang des Moldauufers war, das offensichtlich dazu berechtigte, im zugehörigen Flußabschnitt Fische zu fangen oder zu züch-
ten. Denn die Firma offerierte nicht nur selbsterzeugte Naturweine,
in- und ausländische Marken, Weinessig, Weingeist und Weinhefe
zu Heilzwecken, sondern bot den Besuchern des Weinkellers auch
frische Fische an.

Angelus Kafka hatte zwei Söhne, die beide konvertierten: Der
eine, Ernst Kafka (1875–1946), bei dem es sich um den von Anna
Pouzarová erwähnten Vetter gehandelt haben dürfte, hatte spätestens seit seiner Heirat im Jahr 1905 die Leitung der Außenstelle in
Podhoř übernommen, wo er auch für einige Jahre wohnte, bevor er
in sein Elternhaus *Plattnergasse* Nr. 11 (I-89) zurückkehrte. Anfang

papiere mit sich führen. In diesem Fall hätte Kafka seinen Roman
frühestens am Abend des 10. August begonnen. (→ Abb. 805)

P *Jemand musste Josef K. verläumdet haben* 14–17, vgl. Br I 53, Br II 36, FK 49, EFK 61 f., 65,
und Anthony Northey: *Die geringfügige Radfahrlegitimation,* in: KK 12, Nr. 2 (2004), S. 52 und
zusätzliche Informationen Northeys.

1906 übernahm er von seinem Vater die Berechtigung, Spirituosen
ausschenken zu dürfen, die er aber im darauffolgenden Jahr wieder zurückgab. 1908 beantragte er, ein Lokal am *Karlsplatz* führen
zu dürfen, verzichtete aber 1910 auch darauf. Im April dieses Jahres
versuchte er es erneut mit einem Kaffeehaus, war aber schon ein
Vierteljahr später pleite, und im darauffolgenden Herbst hatte er
sein ganzes Vermögen durch Fehlspekulation verloren. Während
des Ersten Weltkriegs diente er als Militärchauffeur.

Vgl. EFK 65 f. (Anna Pouzarová), *Führer durch Prag u. Umgebung. Mit einer Beilage: Das fidele
Prag,* Prag o. J. [um 1900], S. 87, PT 20, Nr. 278 (8. X. 1895), S. 19 und NA.

142 | Briefkopf der Firma *Angelus Kafka* in Prag, die nach dem
Tod des Gründers von dessen Sohn Oskar Kafka (*1882) übernommen wurde, nachdem sein älterer Bruder sich dieser Aufgabe
nicht gewachsen zeigte.

Wir giengen auf dem Hauptweg, rechts und links waren Särge,
die Gruft war sehr groß, zumindest sehr lang Es war zwar dunkel,
aber nicht vollständig, es war eine Art Dämmerung, die sich aber
auch noch ein wenig aufhellte dort wo wir waren und in einem
kleinen Kreis um uns. […] Wir bogen rechts in einen Seitenweg ein,
wieder zwischen zwei Sargreihen. In der Anlage erinnerte mich das
Ganze an einen großen Weinkeller, den ich einmal gesehen hatte.

In der Mitte der Abbildung ist der Weinkeller in Podhoř zu sehen,
davor die Moldau mit dem zur Firma gehörigen Uferstreifen, der
allerdings nicht ganz so dicht beim Anwesen liegt, wie es der Zeichner glauben machen möchte. Rechts davon und darunter Innenan-
sichten des Weinkellers, auch von den eigentlichen Lagerräumen
im Kellergeschoß. Sie zeigen eine Anordnung der Weinfässer, von
der sich Kafka in einem 1920 entstandenen Erzählfragment, aus
dem hier zitiert wurde, zu einem Vergleich anregen ließ. Links im
Bild die Fassade des Hauses *Plattnergasse* Nr. 9 (I-88), in dem nach
der Sanierung der Prager Altstadt das Hauptgeschäft mit der Fabrik
halle lag, in der Essig produziert wurde. Die Darstellung wird von
Preismedaillen eingerahmt, welche die Firma für ihre Produkte
erhalten hatte.

NS II 229.

143 | Kafkas Klassenkamerad Ewald Felix Přibram (1883–1940).

Daß Kafka gegen Ende der Gymnasialzeit und als Student eng mit Přibram befreundet gewesen sein muß, ergibt sich aus einem Schreiben an Felice Bauer (→ Abb. 145) und den Erinnerungen Anna Pouzarovás, die berichtet, in der Zeit von Oktober 1902 bis Oktober 1903 sei der Jurastudent Přibram am häufigsten ins Haus gekommen. Allerdings gehörte Kafka einer anderen sozialen Schicht an als sein Freund, dessen Familie zu den Spitzen der Prager Gesellschaft zählte. Dies hatte etwa zur Folge, daß Přibram an der Organisation der Frühlingsfeste der Prager deutschen Vereine (→ Abb. 134) beteiligt war, daß er Bälle vorbereiten half oder Kassier der Hausbaulotterie (→ Abb. 166) war, die von der *Lese- und Redehalle der deutschen Studenten* durchgeführt wurde. Dazu paßt Max Brods Vermutung, der Begleiter des Ich-Erzählers in der Rahmenhandlung der *Beschreibung eines Kampfes*, die mit einem Hausball in der Faschingszeit beginnt, trage Züge Přibrams; und wenn die Nachtschwärmer danach eine gleichmäßig erhellte Gasse betreten, bevor sie durch die namentlich genannte *Ferdinandstraße* zur Moldau gehen, so könnte damit auf den *Graben* angespielt sein, eine der beiden während der Nachtstunden natürlich besonders gut beleuchteten Hauptgeschäftsstraßen der Stadt, deren mittelbare Fortsetzung gegen Westen die *Ferdinandstraße* bildet. Denn die Přibrams wohnten bis zum Jahr 1908 an dem zur *Ferdinandstraße* weisenden Ende des *Grabens*. (→ Abb. 16)

Přibram hatte beträchtlichen Anteil daran, daß Kafka im Herbst 1908 trotz seiner miserablen Zeugnisse in die halbstaatliche *Arbeiter-Unfall-Versicherungs-Anstalt* überwechseln konnte, deren Präsident Ewalds Vater war (→ Abb. 306). Eine solche, für Juden sehr schwer zu erreichende Anstellung, in der die tägliche Arbeitszeit nur fünf oder sechs Stunden betrug, war von jeher Kafkas Ideal gewesen, der sich zum Advokaten nicht berufen fühlte (→ Abb. 186). Offenbar hatte Přibram sofort nach Kafkas Promotion, die am gleichen Tag wie seine eigene stattfand, eine solche Beschäftigungsmöglichkeit für den Freund ausfindig gemacht, die freilich an die Bedingung geknüpft war, daß der Bewerber sich taufen ließ. Dies war sicher einer der Gründe, daß Kafka dieses verlockende Angebot nicht annahm. Přibram selbst hatte gleich nach dem Abitur in einem Brief an die Prager Kultusgemeinde seinen Austritt aus der jüdischen Religionsgemeinschaft erklärt und war am 28. August 1901 zum Katholizismus konvertiert. Ende April 1908 übersiedelte er aus beruflichen Gründen nach Reichenberg. Kafka schickte ihm dorthin eine Ansichtskarte (→ Abb. 268) –, kehrte aber Anfang 1909 in seine Heimatstadt zurück. Als Kafka in einer Feierstunde anläßlich

seiner Beförderung zum Koncipisten der Anstalt am 28. April 1910 dem Präsidenten ins Gesicht lachte, anstatt sich für die gewährte Rangerhöhung zu bedanken, bügelte Ewald dieses Fehlverhalten einigermaßen wieder aus. Auch in späteren Jahren blieben die beiden in Kontakt. So schickte Kafka seinem Freund Anfang Juli 1914 ein Exemplar seines *Heizers* mit einer persönlichen Widmung, für das sich dieser in einem herzlich gehaltenen Schreiben bedankte.

Zu Beginn des Ersten Weltkriegs wurde Přibram eingezogen, war aber seit 1917 frontuntauglich. Nach dem Ende der Kampfhandlungen zog er für zwei Jahre nach Wien, wo er heiratete, lebte aber seit Ende 1920 als Bankangestellter neuerlich in Prag. Politisch bekannte er sich ungewohnt deutlich zum Anschluß Deutschböhmens an das Deutsche Reich: In einer 1919 erschienenen kleinen Schrift sprach er sich dafür aus, die deutschböhmischen Gebiete mit dem Deutschen Reich zu vereinen: *Auf der einen Seite steht das kleine tschechische Volk von 6 Millionen Einwohnern, dessen Zukunft völlig ungewiß ist, das zweifellos einen großen Lebenswillen an den Tag legt, aber auch vor keiner Unterdrückung und Gewalt zurückschreckt; auf der anderen Seite winkt die lang ersehnte Vereinigung mit dem großen deutschen Volke von 70 Millionen.*

Nach der Okkupation der Tschechoslowakei durch die Wehrmacht gelang Přibram die Flucht nach Belgien, das er am 1. Mai 1939 erreichte. Als im Jahr darauf deutsche Truppen Holland überrannten, versuchte er, mit einem Schiff zu entkommen. Als dieses von der Luftwaffe bombardiert wurde, büßte er sein Leben ein.

Ewald Přibram: *Die wirtschaftliche Lage des Sudetenlandes. Anschluß an das deutsche Reich oder den tschecho-slowakischen Staat?*, Wien 1919, S. 10, vgl. EFK 61, Anthony Northey: *Ewald Přibram, die Jubiläumsausstellung von 1908 und eine unveröffentlichte Postkarte Kafkas an seinen Freund*, in: KK 15, Nr. 4 (2007), S. 65–67, Max Brod: *Nachwort*, in: *Beschreibung eines Kampfes. Die zwei Fassungen*, hrsg. und mit einem Nachwort versehen von Max Brod. Textedition Ludwig Dietz, (Frankfurt/M. 1969), S. 151, C 39, F 100, Br II 29, M 257 und Br III 732 f.

144 | Blick auf den *Graben (Na příkopě).*
Die von Pferden gezogene Plattform im
Vordergrund diente zur Reparatur der
Oberleitung der Straßenbahn (1903).

*Mein geistiger Niedergang begann mit
kindischem allerdings kindisch-bewußtem
Spiel. Ich ließ z. B. Gesichtsmuskeln künstlich zusammenzucken, ich ging mit hinter
dem Kopf gekreuzten Armen über den
Graben. Kindlich-widerliches aber erfolg-
reiches Spiel.*

Der von teuren Geschäften, Kaffeehäusern und Banken gesäumte *Graben* war
der *Corso* der Prager Deutschen, auf dem
am Sonntagmorgen auch die Studenten
der beiden in der Stadt beheimateten deutschen Hochschulen ihren traditionellen
Bummel durchführten, der am *Deutschen
Casino* (→ Abb. 555) begann. Im dritten
Gebäude von rechts, 1894/95 erbaut (mit
Kuppel), *Am Graben* Nr. 10, heute Nr. 8
(II-850) (→ Abb. 209, n), wohnte die
Familie Příbram von November 1895 bis
zum Mai 1908.

Tagebuch, 24. I. 1922.

145 | Der Garten der im Besitz der Familie
Příbram befindlichen Villa in der *Pelléova*
Nr. 20 (XIX-70) in Prag-Bubentsch (Bube-
neč) (2007).

*Ich wäre vielleicht gar nicht darauf so
aufmerksam gemacht worden, daß ich ein
solcher Fremder unter Blumen bin, wenn ich
nicht gegen das Ende des Gymnasiums und
während der Universitätszeit einen guten
Freund gehabt hätte (er hat mit dem Vornamen Ewald geheißen, fast ein Blumenname,
nicht?) der, ohne besonders für zartere Eindrücke empfänglich zu sein, ja ohne sogar
musikalisches Gefühl zu haben, eine solche
Liebe zu Blumen besaß, daß sie ihn, wenn
er z. B. gerade Blumen ansah, abschnitt (er
hatte einen schönen Garten) begoß, in eine
Vase steckte, in der Hand trug oder mir
schenkte [...] daß ihn also diese Liebe geradezu verwandelte und er dann anders – ich
möchte fast sagen – tönender sprach trotz
des kleinen Sprachfehlers, den er hatte. Oft
standen wir vor Blumenbeeten, er sah auf
die Blumen, ich gelangweilt über sie hinweg.*

Da weder das Haus am *Graben,* in dem
die Příbrams bis 1908 wohnten, noch ihr
nächstes Domizil in der *Ferdinandstraße*
einen Garten hatte, kann es sich bei den
von Kafka geschilderten Zusammenkünften mit Ewald Příbram in dessen Garten
nur um die in Bubentsch gelegene Villa der
Familie handeln, ein Sachverhalt, der als
Indiz für den Intensitätsgrad dieser Freundschaft gelten darf.

An Felice am 10./11. III. 1913, vgl. Anthony Northey: *Ewald
Příbram*, in: KK 15, Nr. 4 (2007), S. 66, Anm. 13.

146 | Die *K. k. Hof- und Universitätsbuch-
handlung J. G. Calve* im Haus *Zur goldenen
Lilie* (I-458) an der Südseite des *Kleinen
Rings.* (→ Abb. 779, 2 und 780)

*Zweifellos ist in mir die Gier nach Bü-
chern. Nicht eigentlich sie zu besitzen oder
zu lesen, als vielmehr sie zu sehn, mich in
der Auslage eines Buchhändlers von ihrem
Bestand zu überzeugen.*

In seiner Autobiographie überliefert Max
Brod, Kafka habe seine Bücher bei *Calve*
gekauft, eine Behauptung, die relativiert
werden muß (→ Abb. 232, 241 und 1010),
auch wenn belegt ist, daß Kafka noch Anfang 1923 in dieser Buchhandlung einkaufte
(→ Abb. 1010).

Von 1894 bis 1908 war das Unternehmen
im Besitz von Josef Koch, der aber seinen
Schwiegersohn Robert Lerche am Geschäft
beteiligte. Im Verlag der Calveschen Buchhandlung, die seit 1859 Universitätsbuchhandlung, seit 1874 auch Hofbuchhandlung
war, erschienen Unterrichtswerke wie die
Griechische Schulgrammatik von Georg
Curtius oder das *Lehrbuch der Geschichte*
von Anton Gindely, die am *Altstädter Gymnasium* verwendet wurden.

Tagebuch, 11. XI. 1911, vgl. SL 159 und Br 428.

147 | Die Grundsteinlegung des *Hus-Denkmals* am 5. Juli 1903 auf dem *Altstädter Ring.* Im Hintergrund die Südfront mit dem *Smetana-Haus* ganz rechts (→ Abb. 5) und dem schon zur *Zeltnergasse* zählenden *Sixenhaus* ganz links (→ Abb. 227).

Die Veranstaltung, ein Großereignis, mußte allein schon wegen ihres antideutschen Charakters die Aufmerksamkeit Kafkas und seiner sich in der *Lese- und Redehalle* unter der Flagge der deutschen Sprache und Kultur vereinigenden Kommilitonen Beachtung finden. Nachdem der tschechische Festredner unter dem Beifall seiner Zuhörer betont hatte, durch das Hussitentum sei die tschechische Nationalität vor dem Untergang bewahrt worden, sagte er: *Einer Hochflut gleich kamen Fremdlinge aus dem deutschen Nachbarreiche zu uns, überfluteten mit fremden Sitten und Gebräuchen die schönen Gaue unseres Landes und germanisierten unsere Städte; schon so weit waren wir, daß unser Adel sich der tschechischen Sprache schämte. Da war es wieder Hus, der mit übermenschlicher Kraft das tschechische Idiom emporrichtete, sein Volk aus den Klauen der Fremdlinge befreite und unsere Universität von den frechen Eindringlingen säuberte.*

Die Hus-Feier, in: DZB 76, Nr. 182 (6. VII. 1903), *Mittags-Ausgabe,* S. 2 f.

148 | Kafkas Schwestern Elli, Valli und Ottla (von links).

Die Schulbildung der drei Schwestern Kafkas ist der seinigen nicht entfernt zu vergleichen: Elli besuchte von September 1895 bis zum Juli 1900 die vorgeschriebenen fünf Klassen der *Allgemeinen Volks- und Bürgerschule für Mädchen in Prag-Altstadt,* deren Unterrichtssprache Deutsch war. Sie war im gleichen Gebäudekomplex untergebracht wie die Volksschule für Jungen, in der ihr Bruder die ersten vier Schuljahre verbracht hatte (I-1000, Nr. 18, für Jungen Nr. 16). Als Muttersprache gab sie Tschechisch an, das ab der dritten Klasse auch als freiwilliges Unterrichtsfach gewählt werden konnte. Elli erzielte gute und sehr gute Ergebnisse, auch im Fach Deutsch, zu dem im ersten Schuljahr das Memorieren gehörte. Ihre jüngere Schwester Valli absolvierte, um ein Jahr zeitversetzt, das gleiche Programm, lernte also ebenfalls freiwillig und sehr erfolgreich Tschechisch, gab aber ab der dritten Klasse Deutsch als Muttersprache an, das ihre Glanzdisziplin gewesen zu sein scheint, denn sie erreichte hier mehrfach in allen Teilbereichen die Höchstnote.

Anders verlief die Grundschulzeit Ottlas. Sie wurde im September 1898 in der *Staroměstská obecná a měšťanska škola pro dívky (Altstädter Volks- und Bürgerschule für Mädchen)* eingeschult, die in der *Fleischmarktgasse (Masná)* Nr. 9 (I-700) lag, also der deutschen Volksschule für Jungen direkt gegenüber. Möglicherweise war Hermann Kafka aufgrund der pogromartigen Ausschreitungen im Dezember 1897, von denen sein Geschäft verschont geblieben war, weil der plündernde Mob ihn für einen Tschechen hielt, zu dem Schluß gekommen, es sei vorteilhafter, seine Tochter in tschechische Schulen zu schicken. Während also ihre Schwestern in Klassen unterrichtet wurden, in denen das deutschjüdische Element dominierte, waren fast alle Mitschülerinnen Ottlas katholische Tschechinnen. Nachdem Ottla drei Jahre in dieser tschechischen Grundschule verbracht und in der dritten Klasse mit sehr gutem Erfolg am freiwilligen Deutschunterricht teilgenommen hatte, wechselte sie im Herbst 1901 an die Grundschule ihrer Schwestern über, wo sie die beiden folgenden Schuljahre verbrachte, allerdings mit sehr schlechten Zeugnissen, abgesehen natürlich von ihren Noten in Tschechisch.

Im Herbst 1900 setzte Elli ihre schulische Laufbahn an der *Bürger-Schule für Mädchen in Prag-Altstadt* fort, erreichte aber in diesem Schuljahr das Klassenziel nicht, weil ihr Fleiß – im *Brief an den Vater* wird ausdrücklich ihre Faulheit hervorgehoben – und ihre Leistungen in mehreren Fächern, darunter in Deutsch, Geographie und Geschichte, ungenügend waren. In der Rubrik für Bemerkungen findet sich der Eintrag: *Mutter krank*, ein Umstand, der teilweise als Erklärung für den zu beobachtenden Leistungsabfall dienen kann. Elli wiederholte die Klasse, hatte aber auch im darauffolgenden Schuljahr 1902/03, mit dem ihre gesetzliche Schulpflicht endete, wenig Erfolg: Obwohl sie sich vom Freihandzeichnen und der Handarbeit, die Schulfach war, befreien ließ und keine Fremdsprachen belegt hatte – in den beiden Klassen zuvor hatte sie am Tschechischunterricht teilgenommen –, waren ihre Leistungen weiterhin unbefriedigend. Zwar trat sie im September 1903 noch einmal an, um die Bürgerschule mit der dritten und letzten Klasse abzuschließen, warf aber schon nach einer Woche das Handtuch. Die Privatschule von Adele Schembor, die Elli im Schuljahr 1902/03 besucht haben soll – Anna Pouzarová meinte, Elli sei damals schon 15 Jahre alt gewesen und habe die Regelschule mit guten Zeugnissen bereits hinter sich gelassen –, kann demnach kaum der Weiterbildung gedient haben, sondern eher der Nachhilfe.

Vallis Bürgerschulzeit ließ sich nur wenig erfreulicher an. Im Schuljahr 1901/02 erbrachte sie nur im Turnen und in Handarbeit überdurchschnittliche Leistungen; die darauffolgende zweite Klasse wiederholte sie freiwillig, und obwohl sie den Tschechischunterricht, den sie bisher besucht hatte, im zweiten Halbjahr aufgab, gab es wieder sehr schlechte Zensuren. Offenbar wollte sie ihre Schulzeit lediglich absitzen, denn auch sie absolvierte die dritte Klasse der Bürgerschule nicht mehr, sondern kehrte dieser am 25. September 1904 nach lediglich zehn Tagen den Rücken: Der achtjährigen Schulpflicht war Genüge getan.

Im gleichen Schuljahr 1903/04 durchlief Ottla die erste Klasse der *Deutschen Bürger-Schule für Mädchen in Prag-Altstadt*, die auch ihre Schwestern besucht hatten, verließ sie aber nach einem Jahr wieder mit schlechten Zensuren (außer in Tschechisch), ohne aber ihre Ausbildung in einer der für sie zuständigen tschechischen Regelschulen fortzusetzen, so daß anzunehmen ist, sie habe den Rest ihrer Pflichtschulzeit in einer der privaten Lehranstalten verbracht, wie sie Adele Schembor betrieb. In solchen Instituten wurden auch Fortbildungskurse für Mädchen angeboten, die ihre gesetzliche Schulzeit schon erfüllt hatten. Ottla muß solche Kurse oder eine Handelsschule besucht haben, denn andernfalls hätte sie schwerlich erfolgreich im Kontor ihres Vaters arbeiten können.

Die Bücher, die Kafka ihr später schenkte oder aus denen er ihr vorlas, vermitteln also ein vollkommen falsches Bild von ihren intellektuellen Begabungen und Vorlieben: Nach den Erinnerungen ihrer Tochter Věra war Ottla jeder theoretisch-abstrahierenden Tätigkeit abhold und deswegen unfähig, ein Buch zu Ende zu lesen. Auch sind ihre schriftlichen Äußerungen sprachlich hölzern, von erschreckend einfacher Diktion und nicht in der Lage, das von ihr Gemeinte einigermaßen angemessen zum Ausdruck zu bringen. Kafka war dies wohl bewußt. Er schrieb ihr einmal, recht beschönigend, er habe in ihren Briefen immer wieder *Wendungen gefunden, die sich auffällig oft wiederholten von Brief zu Brief und, trotzdem sie ganz gutes Deutsch waren, doch und besonders in ihrer Wiederholung ungewöhnlich und fast gesucht klangen, nicht das ausdrückten, was sie sagen wollten.*

Unter solcher Perspektive dürfte sowohl die Gouvernante Elvira Sterk zu sehen sein, die bis zum Sommer 1902 in Diensten der Familie Kafka stand, als auch die Erzieherin Anna Pouzarová, die von Oktober 1902 bis zum Herbst 1903 für die drei Schwestern engagiert worden war. Denn ihre Aufgabe dürfte weniger darin bestanden haben, brave und gefügige Mädchen hervorzubringen, wie das neuerdings behauptet wurde, sondern dafür zu sorgen, daß sich die Mädchen in der Hauptschule überhaupt halten konnten und die für notwendig erachteten Grundkenntnisse des Französischen erwarben. Denn es wirft doch ein bezeichnendes Licht auf die Begabung der Schwestern, daß nur Elli, und auch nur im ersten Halbjahr der ersten Bürgerschulklasse, von dem Angebot Gebrauch machte, diese im damaligen Böhmen sehr beliebte Sprache zu erlernen. Mit den Kenntnissen der Schwestern in Tschechisch, das auch in der Familie gesprochen wurde, stand es ebenfalls nicht zum besten, obwohl sie mehrere Jahre darin unterrichtet worden waren – nach Ausweis Anna Pouzarovás fehlte es an der Grammatik –, aber da sie immerhin Tschechisch gut verstanden, glaubte Kafka, sie würden Spaß daran haben, wenn man ihnen aus Božena Němcovás *Babička* vorlas. Daß sich die Eltern Kafkas hinsichtlich der Ausbildung Ellis, Vallis und Ottlas mit einer Minimallösung zufriedengaben, lag also nicht daran, daß sie ihre Töchter auf ihre zukünftige Rolle als Ehefrauen und Mütter beschränken wollten, sondern an diesen selbst, die niemals in der Lage gewesen wären, das Prager *Mädchen-Lyzeum* durchzustehen.

Alena Wagnerová: «*Im Hauptquartier des Lärms*». *Die Familie Kafka aus Prag*, (Köln 1997), S. 93, 98 und O 66 f., vgl. *Archiv hlavního města Prahy* (Schulkataloge), KH 27, W 19 f., NS II 177, EFK 59, 66 und Věra Saudková, Prag (mündlich, 1966).

149 | Horaz Krasnopolski (1842–1908).

*Du sagtest einmal daß Du Krasnopolski-Bogen haben willst
Ich wünsche Dir Glück.*

Krasnopolski hatte von 1861 bis 1868 in Prag Jura studiert und war 1872 außerordentlicher und 1881 ordentlicher Professor für Österreichisches Zivilrecht geworden. Er verfügte über eine eminente didaktische Begabung und war von der Vortrefflichkeit und Wichtigkeit des *Allgemeinen Bürgerlichen Gesetzbuches* für das Leben jedes einzelnen überzeugt und einer der wenigen, die ihre Lehrtätigkeit ernst nahmen. In seinen Vorlesungen war der Stoff des Österreichischen Privatrechts in ein klares, der Aufnahmefähigkeit der Hörer angepaßtes System gebracht. Die erhaltenen Zeugnisse heben auch einstimmig seine Interpretationskunst hervor, die von seinen Gegnern als Jurisprudenz der Unterscheidungszeichen verspottet wurde, es aber ermöglichte, eine Stelle verständnismäßig voll auszuschöpfen. Es ist nicht von der Hand zu weisen, daß Kafkas Skrupulosität in der Beurteilung von Briefen Felicens und Milenas und die Textgenesen seiner Helden im *Process* und im *Schloss* von dieser Ausbildung her mitgeprägt sind.

Kafka hörte im Studienjahr 1903/04 und im anschließenden Wintersemester 1904/05 *Österreichisches Privatrecht* (insgesamt 19 Semesterwochenstunden) und *Österreichisches Familienrecht* (drei Semesterwochenstunden) bei Krasnopolski, der ihn am 7. November 1905 im Rigorosum II auf diesem Gebiet prüfte. Da Max Brod am 17. Oktober 1906 im Rigorosum II den gleichen Prüfer hatte, wollte er sich von Kafka unter den Studenten kursierende Skripten von Krasnopolskis Vorlesungen ausleihen, die seine Erfolgsaussichten verbessern sollten. Krasnopolski war auch der Vorsitzende der Kommission, die am 18. Juli 1903 Kafkas rechtshistorische Staatsprüfung abnahm.

An Max Brod vor dem 17. X. 1906, vgl. KH 290 f. und Br I 434.

150 | Salesel (Dolní Zálezly) an der Elbe, Blick auf das *Dubitzer Kirchlein*, ein damals beliebtes Ausflugsziel, das gewiß auch von Kafka und den Seinen aufgesucht wurde, die sich im Sommer 1903 hier einmieteten. Der terrassenförmig zwischen Obst- und Weinbergen ansteigende, im deutschen Sprachgebiet Nordböhmens gelegene Ort, der rund 500 Einwohner zählte und wegen seiner geschützten Lage Elb-Meran genannt wurde, war 1880 als Sommerfrische in Mode gekommen.

Kafka kommentiert seinen Aufenthalt in Salesel (auch Salesl), der vermutlich in die ersten drei Wochen des Monats August fiel, Oskar Pollak gegenüber mit folgenden Worten: *Die Lippen nun hat mir der Sommer ein wenig auseinandergezwängt – ich bin gesünder geworden – [...] ich bin stärker geworden, ich war viel unter Menschen, ich kann mit Frauen reden.* Aus einem an Milena gerichteten Schreiben vom 8. und 9. August 1920 sowie den Erinnerungen von Anna Pouzarová geht hervor, daß Kafka in Salesel eine Liebelei mit einem Mädchen namens Fanny hatte. Offenbar erleichterten es ihm die sexuellen Erfahrungen, die er kurz zuvor in Prag gemacht hatte (→ Abb. 244), seine Befangenheit gegenüber dem anderen Geschlecht besser in den Griff zu bekommen. Vielleicht hat er sich aus diesem Anlaß den folgenden Beweis notiert, daß er rasch lebe: *Ich sehe einem Mädchen in die Augen und es war eine sehr lange Liebesgeschichte mit Donner und Küssen und Blitz.* Die Angelegenheit scheint aber keine tieferen Spuren hinterlassen zu haben, schrieb er doch im Rückblick auf diese Zeit, er habe sich in seinen frühen Jahren leicht verliebt und die Mädchen, mit denen er *lustig* gewesen sei, noch leichter verlassen oder sei von ihnen verlassen worden, ohne daß ihm dies den geringsten Schmerz bereitet habe.

An Oskar Pollak am 6. IX. 1903, Br I 35 und Br II 191, vgl. EFK 66.

151 | Die Badeanstalt in Salesel.

Es gab eine Zeit, das ist nun schon allerdings sehr lange her, wir waren in einer Sommerfrische an der Elbe, es war ein sehr heißer Sommer, das Flußbad war ein besonderes Vergnügen. Nun war aber die Badeanstalt sehr klein, Männer und Frauen badeten durcheinander, ich weiß gar nicht mehr, ob es dort zwei Kabinen gegeben hat, die Gesellschaft in jener Sommerfrische war überhaupt sehr lustig und hat es sich wohl sein lassen. Ich aber nicht; hie und da wagte ich mich unter die Frauen, aber nur selten, meistens – mein Verlangen nach dem Bad war natürlich unaufhörlich und grenzenlos – streifte ich allein wie ein verlorener Hund auf den schmalsten Wegen der den Fluß begleitenden Anhöhen herum und beobachtete die kleine Badeanstalt stundenlang, ob sie sich nicht endlich leeren und für mich zugänglich werden wolle. Wie verfluchte ich zu spät Kommende, welche die vielleicht schon leere Badeanstalt plötzlich wieder füllten, wie jammerte ich, wenn nach ungewöhnlicher Hitze, während welcher alle Leute das Bad genossen hatten, ein großes Gewitter kam und mir jede Hoffnung aufs Bad nun nahm. Im allgemeinen konnte ich erst gegen Abend baden, aber dann war die Luft schon kühl und das Vergnügen war nicht mehr so groß.

Die von Kafka vorgenommene zeitliche Einordnung, die vorausgesetzten topographischen Gegebenheiten, seine Zweifel darüber, ob es zwei Kabinen gegeben habe, die Fröhlichkeit der Badegesellschaft sowie der Umstand schließlich, daß die erhaltenen Zeugnisse von keinem anderen Famlienaufenthalt an der Elbe wissen, verweisen auf Salesel als den Ort des hier berichteten Geschehens.

An Felice am 10./11. Januar 1913.

152 | Das Sanatorium *Weißer Hirsch* in Dresden-Loschwitz (1903).

Kafka, offenbar immer noch erschöpft von der im Juni abgelegten rechtshistorischen Staatsprüfung, die seine Nerven angegriffen hatte, suchte den *Weißen Hirsch* Ende Juli 1903 auf, denn die auf den 4. August, einen Dienstag, datierte Kurliste des Sanatoriums nennt ihn unter den Neuangekommenen. Felice gegenüber begründete er diesen und andere Sanatoriumsaufenthalte wie folgt: *In den Sanatorien war ich nur wegen des Magens und der allgemeinen Schwäche und nicht zu vergessen der in sich selbst verliebten Hypochondrie.*

Das in einem Vorort Dresdens gelegene und nach einem dortigen Wirtshaus benannte Sanatorium *Weißer Hirsch* war Anfang 1888 von Heinrich Lahmann gegründet worden, konnte im Sommer bis zu 350 Gäste aufnehmen und erlangte bald internationales Ansehen. Die Gebäude, die allerdings auf tiefgreifende Umbau- und Erweiterungsmaßnahmen zurückgehen, die einige Jahre nach Kafkas Aufenthalt vorgenommen wurden, haben sich weitgehend erhalten.

Kafka könnte durch seinen Hausarzt Dr. Heinrich Kral (→ Abb. 213) oder durch die Familie Fanta auf den *Weißen Hirsch* aufmerksam gemacht worden sein. Berta Fanta ließ sich 1901 in Dresden ein von Heinrich Lahmann propagiertes Reformkleid anfertigen, während ihre Schwester Ida Freund im Herbst dieses Jahres im *Weißen Hirsch* zu Gast war.

An Felice am 5. XI. 1912, vgl. N. B. [Niels Bokhove]: *Taartjes & poppekoppen*, in: KK 2, Nr. 1 (1994), S. 4, G 88 und 93.

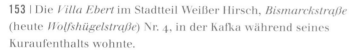

153 | Die *Villa Ebert* im Stadtteil Weißer Hirsch, *Bismarckstraße* (heute *Wolfshügelstraße*) Nr. 4, in der Kafka während seines Kuraufenthalts wohnte.

Petra Pforr: *Der junge Kafka am Kurort Weißer Hirsch*, in: *Der Elbhangkurier* Nr. 4 (1997), S. 22.

154 | Dr. Heinrich Lahmann (1860–1905) mit seinem vier Monate alten Sohn, der den Erfolg der von seinem Vater verfochtenen Ernährungslehre demonstriert (1893). Die Abbildung findet sich in Lahmanns Buch *Die diätetische Blutentmischung*, das in Kafkas Besitz war, und zwar vermutlich in der 1901 veröffentlichten elften, erweiterten Auflage. Der auf diesem Photo dokumentierte Sachverhalt mußte ihn interessieren, da er selbst rachitisch und von asthenischer Konstitution war. (→ Abb. 194 und 257)

Lahmann setzte auf Reformkleidung, Luftbäder und diätetische Maßnahmen, die er in seinen Schriften erläuterte. Er sah die meisten Krankheiten durch einen Mangel an Mineralien verursacht, den er durch Fehlernährung hervorgerufen glaubte und durch den reichlichen Genuß von Wurzel- und Blattgemüsen, Salaten und Früchten beheben wollte, die in den Küchen der Zeit nur eine untergeordnete Rolle spielten. Weiterhin erkannte er, daß die Berührung des Körpers mit Luft Heilwirkungen zeitigte, weil sie den Stoffwechsel anregte und gegen Erkältungskrankheiten unempfindlicher machte. Dies führte ihn sowohl zum Bau von Luftparks, in denen sich seine Patienten ohne Kleidung ergehen konnten, als auch zur Entwicklung einer speziellen Reformkleidung, die seit 1885 unter dem Namen *Dr. Lahmann's Reform-Baumwollkleidung* vertrieben wurde. Durch die Verwendung von ungeschlichteter und ungefütterter Baumwolle ohne Appretur verbesserte sich die Luft-

durchlässigkeit der Gewebe und ermöglichte zugleich eine bessere Aufnahme des Schweißes.

Obwohl Kafka Felice gegenüber am 5. November 1912 schrieb, berühmten Ärzten glaube er nur, wenn sie sagten, nichts zu wissen, scheint er durch den Aufenthalt im *Weißen Hirsch* wesentliche Impulse für seine weitere Lebensgestaltung empfangen zu haben. So aß er vorwiegend Obst (→ Abb. 156), ließ das Fenster seines Zimmers Tag und Nacht geöffnet und verwendete besonders leichte Kleidung: Er trug bis in den November hinein keinen Mantel und gab deswegen *unter eingepackten Passanten einen Narren im Sommeranzug mit Sommerhütchen* ab – Lahmann hatte auch Schuhe und Hüte in seine Überlegungen einbezogen –, trug grundsätzlich keine Weste und mied im Alltag einengende Stehkragen. Außerdem zeichnete sich seine Wäsche durch *Merkwürdigkeiten* aus, zu denen gehörte, daß er in der kalten Jahreszeit keine langen Unterhosen verwendete, was ihm den Spott Werfels eintrug.

An Felice am 7. XI. 1912, vgl. Z (die Liste verschweigt, welche Auflage sich Kafka gekauft hatte), Heinrich Lahmann: *Das Luftbad als Heil- und Abhärtungsmittel*, 2. Auflage, Stuttgart 1901, S. 10, 24 f., EFK 108 und Br I 293.

155 | Das Luftbad im Sanatorium *Weißer Hirsch* (um 1903).

Hier trinkt man Luft statt Bier badet in Luft statt in Wasser und es thut recht wohl.

Daß Kafka diese an Paul Kisch gerichteten Worte auf eine Ansichtskarte schrieb, die Kegelbahn und Luftbad des Sanatoriums zeigen, deutet darauf hin, daß Luftbäder zu den Therapieformen gehörten, denen er sich in Dresden unterzog.

An Paul Kisch am 23. VIII. 1903, vgl. Br I 399.

156 | Vorrichten von Salaten und Kompotten im Sanatorium *Weißer Hirsch* (um 1903).

Abend um ½ 10 im Winter Joghurt, Simonsbrot, Butter, Nüsse aller Art, Kastanien, Datteln, Feigen, Trauben, Mandeln, Rosinen, Kürbisse, Bananen, Äpfel, Birnen, Orangen. Alles wird natürlich in Auswahl gegessen und nicht etwa durcheinander wie aus einem Füllhorn in mich hineingeworfen.

An Felice am 21. XI. 1912.

157 | Der *Spiegelsaal* im *Deutschen Casino* am *Graben.*

Hier sprach am 4. November 1903 Paul Schultze-Naumburg über *Frauenschönheit und Frauentracht.* Dem Vortragenden lag vor allem daran, die Änderung der Frauenkleidung als eine Pflicht der Hygiene, Ästhetik und Sittlichkeit zu erweisen. Kafka, der den Redner aus Beiträgen im *Kunstwart* kannte (→ Abb. 90), wo dieser seine Auffassungen über gute und schlechte Architektur erläuterte, besuchte den Vortrag und kommentierte ihn ausführlich in einem Brief an Oskar Pollak von 8. November 1903.

Vgl. PT 28, Nr. 302 (5. XI. 1903), S. 6 und PT 29, Nr. 68 (8. III. 1904), S. 9.

158 | In der *Königlichen Neuen Pinakothek* in München.

Ich werde viel Nutzen von München haben. Vom 24. November bis zum 5. Dezember 1903, also mitten in seinem fünften Semester, hielt sich Kafka in der bayerischen Metropole auf, wo sein Klassenkamerad Emil Utitz studierte. Was er mit diesem gänzlich zur Unzeit vorgenommenen Besuch bezweckte und was er in München unternahm, liegt fast vollkommen im Dunkeln. Sicher ist nur, daß er eine Vorstellung des Kabaretts *Die elf Scharfrichter* sah sowie die Künstlerkneipe *Dichtelei* und das als Treffpunkt literarischer Avantgarde bekannte *Café Luitpold* aufsuchte.

Aus den Postkarten, die er damals an Paul Kisch schrieb, geht weiterhin hervor, daß er rasch und auf eigene Faust *in das Innere* der Stadt eindringen und *in kaum 14 Tagen aufessen* wollte, was der Adressat in einem halben Jahr zu sich genommen hatte, und daß er *dieses wunderbare München* so sehr genoß, daß er erst hinterher, *beim Verdauen*, darüber sprechen zu können meinte. Es ist deswegen anzunehmen, daß er keineswegs gekommen war, um Studienmöglichkeiten zu erkunden, sondern daß sein Interesse der Kunst- und Literaturmetropole galt, die überdies in dem Ruf stand, die einzige liberale Großstadt Deutschlands zu sein: Hier lebten Tausende von Malern, wirkte Thomas Mann, einer seiner Lieblingsautoren, der in seiner ihm wohlbekannten Erzählung *Gladius Dei* München ‹leuchten› ließ und die Sehnsucht des Prager Jurastu-

denten nach literarisch-großstädtischem Leben weiter entfacht haben mag. Außerdem wurden hier nicht nur das progressive Kunstmagazin *Jugend* und der aufmüpfig-satirische *Simplicissimus* verlegt, die bei der literarisch ambitionierten jungen Generation in besonderem Ansehen standen, sondern auch der *Kunstwart*, der Kafka seit Jahren ans Herz gewachsen war (→ Abb. 90). Schließlich ist zu vermuten, daß er der *Neuen Pinakothek* Besuche abstattete, zumal er während der Studienjahre, und ganz besonders in den ersten Semestern, ein ungewöhnliches Interesse an der bildenden Kunst an den Tag legte (→ Abb. 121). Daß ihn, wie er 1917 schrieb, München lediglich *als trostlose Jugenderinnerung* etwas angehe, muß man seinem damaligen Zustand zuschreiben, der durch eine in seinen Augen mißlungene Lesung und ein problematisches Zusammentreffen mit Felice Bauer bestimmt war. Andernfalls wäre nicht verständlich, daß er im Sommer 1911 einen Bahnaufenthalt in München für ein kurzes Wiedersehen nutzte, das ihm so zugesagt haben muß, daß er zwei Jahre später auf der Rückreise von Riva hier einen ganzen Tag Zwischenhalt machte. (→ Abb. 921)

An Paul Kisch am 26. und 30. XI. 1903 sowie Br III 283, vgl. Br I 403, Hartmut Binder: *Kafkas « Verwandlung »*, (Frankfurt/M./Basel 2004), S. 266 und Br II 286.

159 | Die Künstlerkneipe *Dichtelei* in der Münchner *Türkenstraße* Nr. 81.

Vorn im Lokal befand sich ein Wirtsraum, nicht viel unterschieden von anderen Wirtsräumen; hinten das Hauptlokal mit Theke, Klavier und Podium; dazwischen der beide Räume verbindende Kanal, ein langer, sehr schmaler Gang, dennoch mit Tischen und Stühlen so eng bestückt, daß das Passieren in den Abendstunden, wenn der Betrieb im Gang war, nur unter vielen Schlängelbewegungen möglich war und man die mit Flaschen und Tabletts jonglierenden Kellnerinnen für gelernte Akrobatinnen halten konnte. Das Gedränge war in allen Räumen von zehn Uhr abends an beängstigend, und die von Weindunst, Tabakrauch und menschlicher Ausdünstung sichtbar wogende Luft erklärt ebenfalls nicht völlig befriedigend die Anziehung, die der «Simpl» auf die geschmackverwöhnte Schwabinger Künstlerschaft ausübte.

Bezugsperson für die hier verkehrenden Bohemiens und Literaten war eine mollige Kellnerin namens Kathi Kobus, die überredet worden war, ihren eigenen Laden aufzumachen, was am 1. Mai 1903 in der *Türkenstraße* geschah. Die *Neue Dichtelei* wurde später in *Simplicissimus* umgetauft. Da die Bildseite einer Ansichtspostkarte, die Kafka am 30. November 1903 an Paul Kisch sandte, das Innere dieser Weinstube zeigt, darf angenommen werden, daß er dort zu Gast war.

Volker Kühn: *Das Kabarett der frühen Jahre,* (Weinheim, Berlin 1989), S. 109 f., vgl. Br I 403.

160 | Die *Säulenhalle II* im *Café Luitpold* in der *Brienner Straße* Nr. 11 in München, das in veränderter Gestalt bis heute besteht.

So, das schreibe ich im Luitpold, ich habe einen schlechten Kaffee getrunken und ich werde noch eine schlechtere Karte schreiben.

An Paul Kisch am 26. XI. 1903.

161 | *Die Elf Scharfrichter:* Bildseite einer Ansichtskarte, die Kafka am 5. Dezember 1903, auf der Rückreise aus München, an seinen Freund Paul Kisch schickte. Wahrscheinlich hat er an diesem Tag in Nürnberg die Fahrt nach Prag unterbrochen, um sich die Stadt Dürers anzusehen, die im *Kunstwart* als Inbegriff deutscher Kultur gefeiert wurde.

Das von Zeichnern und Schriftstellern des *Simplicissimus*, Studenten und Schauspielern des *Akademisch-Dramatischen Vereins* und jungen Malern der *Münchner Secession* gegründete literarische Kabarett in der *Türkenstraße* Nr. 28 war am 12. April 1901 eröffnet worden. Zu Beginn der Vorführung pflegten die Elf in einer blutroten Scharfrichterrobe mit vermummter Miene, das Hackebeil geschultert, auf die kleine Bühne zu marschieren, sich um den schwarzen Richtblock zu versammeln und ihr Programm zu verkünden.

Nachdem Frank Wedekind, Otto Falckenberg und Hans von Gumppenberg ausgeschieden waren, präsentierte sich das Ensemble am 3. Oktober 1903 nach viermonatiger Pause unter der Regie von Franz Blei (→ Abb. 284) mit einem neuen Programm, das Kafka sich angeschaut haben muß. Was er sah, läßt sich ungefähr aus einem Bericht des *Prager Tagblatts* erschließen, das aus diesem Anlaß schrieb: *Goethes Scherzspiel «Satyros», ganz trefflich vom Hauspersonal dargestellt, leitet den Abend ein. Eine Nachtszene: «Die Last der Freiheit», von Tristan Bernards, obwohl angeblich eine französische Übersetzung, gleicht soweit unsere Erinnerung reicht, fünf Szenen aus einer guten alten Wiener Posse von Friedrich Kaiser, wie ein Ei dem anderen. Vielleicht hat Tristan Bernards seine Studien für die Grobheiten, die er den Leuten herzhaft ins Gesicht schleudert, bei dem alten Wiener Lokaldichter gemacht. Paul Larsen spielte*

DIE ELF SCHARFRICHTER

den Grobian in der Schellenkappe mit großem Geschick. Marya Delvard sang wieder Lieder aus des Knaben Wunderhorn von Hans Ruch vertont. Frigidius Strang gab mit seiner hübschen Stimme zur Laute, wie in den guten Zeiten, als die 11 Scharfrichter noch nicht die Wandlung durchgemacht, prächtige alte Volkslieder und von ihm selbst komponierte Lieder.

Im März 1904 gastierten die *Elf Scharfrichter* in Prag, natürlich wieder mit einem anderen Programm, aber mit Marc Henry und Marya Delvard. Ende 1905 zerfiel die Gruppe. Die beiden Stars gingen nach Wien, traten im dortigen *Nachtlicht* auf und kamen später zu Gastspielen ins Prager *Cabaret Lucerna*, wo Kafka sie wiedersah. (→ Abb. 526)

PT 28, Nr. 270 (4. X. 1903), S. 11, vgl. Br I 716 und Volker Kühn: *Das Kabarett der frühen Jahre,* (Weinheim, Berlin 1989), S. 95 und 92.

163 | Else Fanta (1886–1969).

Erinnerung für F. K.
Ich habe vielerlei Männer genossen
Neugier des Leibes und heißer Drang
Doch einmal nur himmlischen Grund getroffen
In dieses Lebens jagender Zeit
Es war ein Hauch, kaum wars ein Kuss
Es traf ein leichter, goldner Strahl mein Herz
Ein einzig, winzig-kleiner Augenblick,
Hat meinem ganzen Leben Licht gebracht,
Und deine Worte: Freundschaft, Güte tragend
vielleicht – Unsterblichkeit.

G 28 (Faksimile) und 309.

162 | Das Haus *Zum Einhorn* (I-551) in der Südfront des *Altstädter Rings.* Rechts, hinter dem Kandelaber, der Eingang zur gleichnamigen Apotheke, die von Max Fanta betrieben wurde. (→ Abb. 21, 16)

Im Oktober 1903 war die Familie Fanta von ihrer Wohnung an der Ecke *Wenzelsplatz/Stadtpark* (heute *Washingtonova*) (II-812), in der Kafka zu Gast gewesen war (→ Abb. 137), in das Haus *Zum Einhorn* am *Altstädter Ringplatz* übersiedelt. Es ist belegbar, daß Kafka während seiner Studienjahre in diesem Domizil verkehrte,

doch existieren dafür nur wenige indirekte Zeugnisse: So veranstaltete Ida Freund, die Schwester Berta Fantas, vermutlich im Frühherbst 1905 einen Goetheabend, auf dem Kafka und Max Brod als Diplomaten im Frack und mit farbigen Brustbändern erschienen. In den gleichen Zusammenhang gehört eine Stelle aus der ersten Fassung der *Beschreibung eines Kampfes,* die in der ersten Hälfte des Jahres 1907 entstanden sein dürfte: In dem Kapitel *Geschichte des Beters* besucht der Ich-Erzähler eine Abendgesellschaft, in der musiziert und vorgelesen wird. Da diese Gestalt, als sie das Haus ihrer Gastgeber verläßt, vom *Altstädter Ringplatz* mit *Mariensäule, Rathaus* und *Teinkirche* ‹überfallen› wird, kann die Veranstaltung nur in einem Gebäude in der Südfront des Platzes stattgefunden haben, die *Rathaus* und *Mariensäule* direkt benachbart ist. Der Schluß liegt nahe, Kafka habe dabei an ein geselliges Zusammensein im Hause der musikalisch und literarisch interessierten Berta Fanta gedacht, deren Salon sich tatsächlich durch künstlerische Darbietungen der genannten Art auszeichnete. Bezeugt wird dieser Verkehr weiterhin durch ein *Erinnerung für F. K.* betiteltes Gedicht Else Bergmanns, der

Tochter Berta Fantas, aus dem sich schließen läßt, daß sie in ihrer Jugend Kafka zärtliche Gefühle entgegenbrachte. Hugo Bergmann, der sich im Mai 1904 mit ihr verlobte und sie 1908 heiratete, berichtet zudem in einem Nachruf auf seine Frau, die Verstorbene sei in ihrer Jugend mit Kafka befreundet gewesen. Schließlich ist in diesem Zusammenhang ein an Max Brod gerichtetes Schreiben Kafkas vom 5. April 1905 anzuführen, das folgenden Wortlaut hat: *Es ist heute Kammermusik und ich geh hin. Bitte, verzeihe mir, die «Ethik» bringe ich Dir Samstag.* Denn hier wird doch ein Kunstgenüssen gewidmeter *jour fixe* vorausgesetzt, wie er die Frühphase des Salons Fanta kennzeichnete.

Beschreibung eines Kampfes, S. 164 f., vgl. G 305 und Hartmut Binder: *Der Prager Fanta-Kreis. Kafkas Interesse an Rudolf Steiner,* in: *Sudetenland* 38, Heft 2 (1996), S. 116–129.

164 | Der Prager Arzt und Schriftsteller Hugo Salus (1866–1929).

Mitte Februar 1904 schrieb Detlev von Liliencron an seinen Freund Hugo Salus, er wolle Prag besuchen und bei dieser Gelegenheit eigene Werke vortragen. Salus, der mit der *Lese- und Redehalle* eng verbunden war, wandte sich deswegen an die *Literarisch-künstlerische Abteilung* dieses Studentenvereins, welche die Veranstaltung gern ausgerichtet hätte, aber am *Halle*-Ausschuß scheiterte, dem das finanzielle Risiko zu groß war. Daraufhin richtete die Sektion am 29. Februar einen Antrag an den Ausschuß, in dem sie sich bereit erklärte, die Kosten der Veranstaltung zu tragen, die durch einen Garantiefonds gedeckt seien. Beigeschlossen war ein Blatt mit 17 Namen

– Personen, die bereit waren, mit Geldbeträgen für die Veranstaltung zu bürgen. Salus machte mit 120 Kronen den Anfang, gefolgt von Paul Kisch und Max Brod, die je 20 Kronen beisteuerten. Die restlichen 14 Studenten, darunter Kafka, zeichneten je 10 Kronen. Dies sowie die nachdrückliche Fürsprache von Salus dürften bewirkt haben, daß dem Antrag stattgegeben wurde, so daß Liliencron am 18. April 1904 im *Spiegelsaal* des *Deutschen Casinos* vortragen konnte. Nach der Veranstaltung fand am gleichen Ort ein gemütliches Beisammensein statt, das Schriftsteller, Gäste und Studenten um Liliencron vereinte. Daß Brod und Kafka daran teilnahmen, duldet angesichts ihres Engagements keinen Zweifel, zumal jener gerade zum Obmann der *Literarisch-künstlerischen Abteilung* für das Sommersemester, dieser zum Literaturberichterstatter gewählt worden war.

Hartmut Binder: «*nachdem der Handschlag auf deutsche Gesinnung geleistet worden … *». Kafka in der «*Lese- und Redehalle*», in: *Else Lasker-Schüler-Jahrbuch zur Klassischen Moderne*, Band 2, hrsg. von Lothar Bluhm und Andreas Meier, Trier 2003, S. 194–196 und Max Brod: *Kleine Gefälligkeiten*, in: PA 57, Nr. 123 (3. X. 1923), S. 5.

165 | Detlev von Liliencron (1904).

Mit dem Gebiß des alten Herrn schien etwas nicht in Ordnung zu sein. Sprudelnd und zischend brachen die elysischen Gebilde hervor […] der seltsam zerzauste, grauhaarige Kavalier mochte spucken, so viele er wollte: Wir liebten ihn. Und sein wütend hervorgesprühtes «Leber tot als Sklav» verstanden wir ganz genau. Auch im Vortragssaal, wenn er fast tonlos, fast atemlos vor höchster Leidenschaft, seinen heiseren Schlachtruf «Téméraire! Téméraire!» ausstieß, den Namen des berühmten Kriegsschiffes (in der Glorie des Turnerschen Gemäldes): auch da umflogen unsere etwas ängstlichen, binnenländischen Herzen aufgeregt den kleinen stämmigen See-Greis. Waren wir aber gewürdigt, mit ihm auf der Bank des gleichen unanständigen «Beisels» Platz zu nehmen, dann spannte Begeisterung unsere Adern.

SL 136.

166 | Ein Los der von der *Lese- und Redehalle der deutschen Studenten* veranstalteten Lotterie zur Finanzierung eines eigenen Vereinshauses. An der erfolgreichen Verwirklichung dieses Projekts war Kafkas Gliedcousin Bruno Kafka maßgeblich beteiligt, der auf dem abgebildeten 2-Kronen-Los für das Exekutivkomitee des Vereins als 1. Obmannstellvertreter unterzeichnete.

167 | Bruno Kafka.

*Er war getauft und ein erklärter Feind
alles Jüdischen. Hochmütig, ironisch, mit
spanischer Grandezza, dabei aber sarkastisch in seinem gefährlichen Witz, der den
Gegner der Lächerlichkeit preisgab. [...]
Wie sich alles Gute und Heilsame, das mir
in der Studentenzeit widerfahren ist, an die
Namen meiner beiden Freunde Felix Weltsch
und Franz Kafka wie an meine Freundin
Elsa Taussig (meine spätere Frau) knüpft,
so war alles Hemmende, Störende mit
der Figur Bruno Kafkas verbunden. Dabei
sahen einander die Vettern Franz und Bruno
auffallend ähnlich. Nur war Bruno größer
und viel dicker, massiver, gleichsam aus
gröberem Holz geformt, das Gesicht aber,
die ganze Gestalt erschien sichtlich nach
dem gleichen Familienschema angelegt.*

Bruno, ein Sohn Dr. Moritz Kafkas
(1844–1924), der in Graz ein Jurastudium
durchlaufen und 1879 in Prag eine Advo-
katenpraxis eröffnet hatte, war zwei Jahre
älter als sein Gliedcousin Franz, der ihn
bewunderte, und entschied sich wie sein
Vater für eine juristische Ausbildung, die
er an der Prager *Karl-Ferdinands-Universität* absolvierte, wo er 1904 mit dem Doctor
juris abschloß. Während dieser Studienjahre bekleidete er wichtige Positionen in den
Führungsgremien der *Lese- und Redehalle
der deutschen Studenten in Prag* und geriet

auf diese Weise in Gegensatz zu Max Brod,
Kafka und ihren Freunden, die Funktions-
stellen in der *Literarisch-künstlerischen
Abteilung* dieser Vereinigung bekleideten
und Ziele verfolgten, die mit dem Kurs der
Führungsmannschaft kollidierten.

Nach Beendigung seiner Ausbildung
wurde Bruno Kafka Assistent bei Horaz
Krasnopolski und später dessen Nachfolger. Als Abgeordneter der *Deutsch-demokratischen Freiheitspartei*, in der sich das
deutsche liberale Bürgertum Prags sammelte, und einer ihrer Führer gehörte er
zu den bekanntesten Persönlichkeiten
im öffentlichen Leben der Stadt. Bruno
Kafka starb 1931.

SL 156, vgl. FK 45, Hartmut Binder: «nachdem der Hand-
schlag auf deutsche Gesinnung geleistet worden ... ». Kafka
in der «Lese- und Redehalle», in: Else Lasker-Schüler-
Jahrbuch zur Klassischen Moderne, Band 2, hrsg. von Lothar
Bluhm und Andreas Meier, Trier 2003, S. 184–200 und
Anthony Northey: Kafka's Relatives. Their Lives and His
Writing, New Haven, London 1991, S. 88–90.

168 | Der Vortragssaal im *Vereinshaus* der
*Lese- und Redehalle der deutschen Studenten
in Prag.*

Kafka war vermutlich unter den Zuhörern, als Franz Blei hier am 6. März 1909
aus seiner *Puderquaste* vorlas (→ Abb. 284).
Mit Sicherheit war das der Fall, als Oskar
Baum am 21. März 1912 Ausschnitte aus
seinem Roman *Uferdasein* zum besten gab.
Auch Max Brod hat hier mehrfach vorgetragen.

Vgl. T 411.

169 | Das Vereinshaus der *Lese- und Redehalle der deutschen Studenten* in der Prager *Krakauergasse (Krakovská)* Nr. 14 (II-1562) (rechts), das im Sommersemester 1904 bezogen wurde. (→ Abb. 209, x) Die Bibliothek nahm das ganze Souterrain und das Erdgeschoß ein; die Klubräume, zu denen ein Schachzimmer und ein Lesezimmer mit über hundert Zeitungen aus der ganzen Welt gehörten, sowie der Vortragssaal befanden sich im ersten Obergeschoß. Allerdings konnte der Verein das Gebäude auf Dauer nicht halten und verkaufte es im Juni 1912 wieder. Ab Herbst dieses Jahres residierte man im *Deutschen Studentenheim* (→ Abb. 111).

Während Kafkas Mitgliedschaft umfaßte die Bibliothek der *Halle* etwa 50 000 Bände, die für literarisch ambitionierte Studenten von besonderer Bedeutung sein mußten. Denn anders als die wissenschaftlichen Zwecken vorbehaltene Universitätsbibliothek hatte die Bibliothek der *Halle* einen Schwerpunkt in der Gegenwartsliteratur. Es war nämlich üblich, Schriftsteller mit dem Hinweis auf die bedrängte Lage der Prager Deutschen um Freiexemplare ihrer Neuerscheinungen anzugehen, die in der Regel gewährt wurden. Während Hugo Hecht überliefert, er selbst und Kafka hätten von diesem verlockenden Angebot reichlich Gebrauch gemacht, war sich Brod in den fünfziger Jahren des 20. Jahrhunderts nicht sicher, ob Kafka diese Bibliothek überhaupt benutzt habe, und in seiner Autobiographie behauptet er sogar, er habe bei seinem Freund nie ein Buch gesehen, das aus den Beständen der *Halle* ausgeliehen war. Dies letztere mag zutreffen, führt aber gleichwohl in die Irre. Denn einerseits lernte Brod Kafka erst in dessen drittem Semester kennen, vermochte also über das erste Studienjahr seines Kommilitonen keine zutreffenden Aussagen zu machen. Andererseits war er in der Zeit ihrer Mitgliedschaft in der *Halle* schwerlich schon so gut mit Kafka bekannt, daß er regelmäßig in dessen Zimmer zu Besuch war. Vor allem aber lassen diese Erinnerungen keinen Schluß darüber zu, inwiefern Kafka, dessen *Gier nach Zeitschriften* belegt ist, beispielsweise vor Ort den über 600 Titel umfassenden Periodikabestand nutzte. (→ Abb. 559)

Br II 133, vgl. Bruno Kisch: *Wanderungen und Wandlungen*, Köln (1966), S. 80 und 83, PT 37, Nr. 154 (6. VI. 1912), S. 5, EFK 36, W 474 und SL 159.

170 | Das *Café Louvre* in der *Ferdinandstraße* (heute *Národní třída*) Nr. 20 (II-116) zu Beginn des 20. Jahrhunderts. (→ Abb. 209, q)

Das seit einigen Jahren wieder existierende Lokal wurde am 15. Mai 1904 eröffnet und war alle zwei Wochen Treffpunkt des nach ihm benannten *Louvre-Zirkels*, der sich der Philosophie Franz Brentanos verschrieben und zunächst im Salon Fanta getagt, sich aber im Herbst 1904 in das neugegründete *Café Louvre* in der *Ferdinandstraße* verlagert hatte. Der Kreis, der als ein im privaten Rahmen fortgeführtes Hochschulseminar für philosophisch interessierte Studenten verstanden werden kann – der Ordinarius für Philosophie, Anton Marty, gehörte genauso dazu wie seine beiden Doktoranden Hugo Bergmann und Emil Utitz –, hatte sich im Frühjahr 1903 gebildet und bestand in dieser Form etwa bis 1907. Außer den drei Genannten nahmen die Universitätsdozenten Alfred Kastil (1875–1950), Oskar Kraus (1872–1942) und Josef Eisenmeyer (1871–1926), Berta Fanta, Ida Freund, Oskar Pollak, Max Brod, Franz Kafka, Max Lederer und Leopold Pollak an dieser Gesprächsrunde teil.

Der 1884 geborene Pollak, Sohn eines jüdischen Kaufmanns, war im Schuljahr 1899/1900 ins Prager *Stephans-Gymnasium* eingetreten und dadurch drei Jahre lang Mitschüler Max Brods gewesen, der eine Klasse über ihm war. Er studierte seit Herbst 1903 an der Prager deutschen Universität, wo er im Sommersemester 1908 sein Medizinstudium beendete, in dessen Verlauf er sich in der *Literarisch-künstlerischen Abteilung* der *Lese- und Redehalle* engagierte, durch die vermutlich die Verbindung zum Gesprächskreis im *Louvre* zustande kam. Der 1879 in Prag-Weinberge geborene Max Lederer, auch er Sohn eines jüdischen Kaufmanns, hatte das gleiche Gymnasium durchlaufen und vom Herbst 1898 bis zum Sommer 1902 ein Jurastudium absolviert, das er am 3. Mai 1903 mit dem juristischen Doktorgrad abschloß. Daß er in seinem fünften, sechsten und siebenten Semester insgesamt vier philosophische Veranstaltungen belegt hatte, also doppelt soviel, wie von der Prüfungsordnung vorgeschrieben, deutet auf entsprechende Interessen,

die sich auch darin zeigen, daß er im Sommersemester 1904 als außerordentlicher Hörer bei Marty *Grundfragen der Sprachphilosophie* und ein philosophisches Seminar belegte, im darauffolgenden Wintersemester an Seminaren teilnahm, die Marty und von Ehrenfels anboten, und im Sommer 1906 zusammen mit Oskar Pollak zu Franz Brentano nach Florenz fuhr. Im Mai 1907 berichtete er im *Louvre-Zirkel* über seine amerikanischen Erfahrungen mit Kindergerichtshöfen, die er auch in Österreich eingeführt sehen wollte.

Im Herbst 1904 kam es im *Louvre-Zirkel* zu großen Debatten über ästhetische Fragen, bei denen sich besonders Oskar Pollak und Emil Utitz, der im Frühjahr aus München zurückgekommen war, als Diskussionspartner hervortaten; aufgrund ihrer späteren beruflichen Laufbahn müssen sie als Fachleute für dieses Gebiet angesehen werden. Im Herbst 1906 dienten Aufzeichnungen, die sich Bergmann und Utitz bei einem Besuch bei Franz Brentano gemacht hatten, in den Zusammenkünften als Grundlage.

Kafkas Teilnahme an diesen Sitzungen, die dem Semesterturnus folgten, also im Mai und dann wieder nach längerer Sommerpause im Oktober zu beginnen pflegten, ist durch das Zeugnis Max Brods und durch eine Unterschrift in Ludwig Busses philosophischem Werk *Geist und Körper, Seele und Leib* bezeugt, das Mitglieder des Kreises Hugo Bergmann anläßlich seiner am 18. Dezember 1905 erfolgten Promotion zum Doktor der Philosophie als Geschenk überreichten. Das Exemplar trägt die Widmung: *Zur Erinnerung an unser gemeinschaftliches Streben. Berta Fanta, Dr. Max Lederer, Emil Utitz, Oskar Pollak, Ida Freund, Leopold Pollak, F. Kafka.*

Ein Indiz für Kafkas Teilnahme ist ein an Max Brod gerichteter Brief vom 5. April 1905, in dem Kafka schreibt, er werde dem Adressaten bald die *Ethik* zurückbringen. Ob es sich dabei nun um die *Nichomachische Ethik* des von Brentano sehr geschätzten Aristoteles, um Brentanos Werk *Vom Ursprung der sittlichen Erkenntnis* oder um eine Nachschrift der Vorlesung über *Praktische Philosophie* handelte, die Marty auf der Grundlage brentanistischer Auffassungen im Wintersemester 1904/05 hielt und Brod zu einem *Evidenz in der Ethik* betitelten Vortrag veranlaßte, in dem er sich gegen Brentanos Auffassungen wandte – das Schreiben zeigt in jedem Fall Kafkas damaliges Interesse an philosophischen Fragestellungen, das auch aus dem Umstand erhellt, daß er im Wintersemester 1904/05 bei Emil Arleth eine dreistündige Vorlesung über *Geschichte der neueren Philosophie. II. Teil* belegte, denn mit dem Besuch von Martys dreistündiger Vorlesung über *Grundfragen der deskriptiven Psychologie* im zweiten Semester hatte er hinsichtlich der Philosophie die Zulassungsvoraussetzungen für die beiden noch zu absolvierenden juristischen Staatsprüfungen bereits erfüllt. Schließlich findet sich unter seinen Büchern ein umfangreiches Werk von

Oskar Ewald, das 1909 unter dem Titel *Gründe und Abgründe. Präludien zu einer Philosophie des Lebens* erschien. Es handelt sich um Vorstudien zu einer ethischen Psychologie, in der die Tragik des Schaffenden und des Philosophen genauso im Mittelpunkt der Darstellung standen wie Wille und Erotik, deren Spannweite vom Sadismus bis zum Madonnenkult reicht. Damit dürfte auch zeitlich das Ende der ernsthaften Beschäftigung mit dieser Disziplin bezeichnet sein. Denn in einer Tagebuchstelle vom 3. Januar 1912 erscheinen die Freuden des philosophischen Nachdenkens als Kennzeichen einer früheren Lebensphase. Ihr Wortlaut gibt zu erkennen, daß es sich dabei um eine dem Schreiber eigentlich nicht gemäße jugendliche Verkennung handelte, die auf seine frühen Jahre beschränkt blieb und für seine literarische Arbeit folgenlos blieb.

EFK 28, vgl. PT 29, Nr. 135 (15. V. 1904), S. 29, G 174, Arnold Heidsieck: *The Intellectual Contexts of Kafka's Fiction: Philosophy, Law, Religion,* (Columbia 1994), S. 7 f. und 175 f., SL 167, Hartmut Binder: *Jugendliche Verkennung. Kafka und die Philosophie,* in: *Wirkendes Wort* 34 (1984), S. 411–421 und KB 167.

171 | Der in Schwyz geborene, seit 1880 in Prag lebende Ordinarius für Philosophie Anton Marty (1847–1914) in seiner Wohnung in der *Mariengasse* (heute *Opletalova*) Nr. 35 (II-1336) in der Prager Neustadt. Das Gemälde im Hintergrund zeigt den Philosophen Franz Brentano, dessen Schüler und Anhänger Marty war.

Im Wintersemester 1904/05 und im darauffolgenden Sommersemester hielt Marty ein Seminar ab, das laut Ankündigung selbständigen Arbeiten der Mitglieder gewidmet war; im Sommersemester 1905 bot er zusätzlich eine Veranstaltung mit dem Titel *Lektüre eines philosophischen Schriftstellers* an, bei dem es sich nach Max Brods Erinnerung um Lockes *Abhandlung über den menschlichen Verstand* handelte, die man gemeinsam analysierte. Als sicher darf weiterhin gelten, daß Brod in beiden Semestern Seminare Martys besucht hat, wobei eine gewisse Wahrscheinlichkeit dafür besteht, daß man sich schon im Winter 1904/05 mit Locke beschäftigt hatte.

In seiner Groteske *Warum sang der Vogel?,* die am 27. Mai 1905 in der Berliner Zeitschrift *Die Gegenwart* erschien, persifliert Brod eine der Seminarsitzungen, die Marty in seiner Wohnung abzuhalten pflegte, obwohl im Vorlesungsverzeichnis das *Klementinum* als Veranstaltungsort angegeben war (→ Abb. 122). Für Kenner der Verhältnisse war die Satire leicht zu erkennen: So wird im Text ein Kanarienvogel erwähnt, der offensichtlich in dem Bewohner des Vogelbauers sein Vorbild hat, der auf der hier reproduzierten Abbildung zu sehen ist. Weiterhin ist vom heißgeglühten Zimmer die Rede – in seiner Autobiographie betont Brod besonders, der in einen Pelzmantel gehüllte Marty habe im Winter erst den Hörsaal betreten, nachdem er sich davon überzeugt hatte, daß die von ihm

gewünschte Raumtemperatur erreicht war. Daß Brod sich zwar mit seinem vollen Namen als Verfasser der Groteske zu erkennen gibt, dahinter in runden Klammern aber die Bezirkshauptstadt Orbe im Schweizer Kanton Waadt als Wohnort angibt und damit auf die Herkunft Martys aus der Schweizer Provinz anspielt, ist ein weiteres Indiz dafür, welche Absichten er mit seiner Erzählung verfolgte. Nicht minder deutlich ist die folgende Stelle, in der das in der Wohnung Martys hängende Bildnis Brentanos zur Büste geworden ist: *Wie ich an die Thüre trat, bemerkte ich oben auf einem Bibliotheksregal eine Büste unseres philosophischen Schriftstellers, den unser Gastgeber besonders feierte. Aus der Nähe hatte ich sie nicht sehen können. Und da kam mir der Gedanke, daß dieser berühmte Philosoph selbst vielleicht auch nur deßhalb geschrieben habe, um Ehre und Ansehen zu erlangen, um durch unsterblichen Ruhm dem Tode zu entkommen, um mit seinen Büsten noch in späten Zeiten die Köpfe junger Männer zu verwirren ...*

Als Brod dann ein zweites Mal zuschlug und in seinem Beitrag *Zwillingspaar von Seelen,* der am 7. Oktober des Jahres ebenfalls in der *Gegenwart* erschien, Brentano in einem vergleichsweise harmlosen Zusammenhang namentlich nannte, kam es zum Eklat. Brod wurde im *Louvre-Zirkel* zur Rechenschaft gezogen, wobei, so berichtet er in seiner Autobiographie, Emil Utitz die Anklage führte, die das Ergebnis hatte, daß er aus dem Gesprächskreis ausgeschlossen wurde. In dieser Situation erklärte sich Kafka mit seinem Freund solidarisch und blieb in Zukunft dem Zirkel ebenfalls fern. Brods Tagebücher enthüllen allerdings, daß neben Utitz sein Hauptgegner Hugo Bergmann war, der, wie der Schreiber in diesem Zusammenhang verbittert vermerkt, selbst dem treuen Freund Kafka als *moralisch, wohlüberlegt, tiefsinnig* galt. Der Rausschmiß, den Bergmann später Brod gegenüber als die *größte Dummheit seines Lebens* bezeichnete, erschütterte Brods Selbstbewußtsein so tief, daß er sich selbst für einen Verbrecher hielt. Wegen seiner späteren Freundschaft mit Bergmann, der wie er selbst nach Palästina emigriert war, hat Brod den ihn so bedrückenden Skandal, den er vielleicht auch nur unvollkommen erinnerte – als Auslöser erwähnt er lediglich sein *Zwillingspaar von Seelen* –, in seinen Veröffentlichungen nur unvollständig zur Sprache gebracht.

Die Gegenwart 34, Nr. 21 (27. V. 1905), S. 332 und Max Brod: Tagebuch, 27. und 25. I. 1911.

172 | Emil Utitz.

Utitz, gleichaltrig mit Kafka, war seit dem Schuljahr 1896/97 dessen Klassenkamerad und mit Hugo Bergmann zusammen der Primus der Klasse. Im Herbst 1901 begann er in Prag ein Studium der Philosophie und Ästhetik, das er im Sommersemester 1902 in München fortsetzte. Ein seinem Besitz entstammendes, 1904 gedrucktes Exemplar von Wedekinds Schauspiel *Hidalla oder Sein und Haben*, das unlängst in einem Antiquariat auftauchte, zeigt sein Interesse am Theater, das er mit dem jungen Kafka teilte (→ Abb. 328–330), so daß gemeinsame Theaterbesuche im Spätjahr 1903, als Kafka ihn in München besuchte, wo Wedekind wirkte, nicht von der Hand zu weisen sind; vielleicht ist es deswegen nicht ganz zufällig, daß er in einem Traum Kafkas als Bearbeiter eines Schnitzler-Stücks erscheint.

Wegen seiner großen intellektuellen Begabung, aber auch wegen seiner Darstellungsgabe, vor allem jedoch wegen seiner erfolgreichen literarischen Produktion als Student mußte er unter seinen Kommilitonen auffallen. So veröffentlichte er unter dem Pseudonym Ernst Limé bereits als Neunzehnjähriger den Lyrikband *Meine Hochburg*, der in der Stadt beträchtliches Aufsehen erregte. Er erschien im Dresdener Verlag Pierson, der sich auf Titel spezialisiert hatte, die von den Autoren selbst finanziert wurden, und ist der Großmutter

173 | Ernst Limé: *Meine Hochburg*, Dresden und Leipzig 1902, Titelblatt.

von Utitz gewidmet, welche die Druckkosten bezahlte und überhaupt das Studium ihres Enkels finanzierte. Ein Jahr später, 1903, veröffentlichte Utitz am gleichen Ort unter dem Titel *Von des Lebens letzten Rätseln* eine weitere, heute gänzlich verschollene literarische Arbeit. 1906 promovierte er bei Marty und August Sauer über *J. J. Wilhelm Heinse und die Ästhetik zur Zeit der deutschen Aufklärung.* 1910 wurde er Dozent für Ästhetik, später Professor in Halle, bis er vor den Nazis nach Prag zurückfloh. Er wurde Ende Juli 1942 nach Theresienstadt deportiert, wo er als Leiter der Theaterbibliothek überlebte. Utitz starb 1956 in Halle.

Einem Tagebucheintrag Kafkas ist zu entnehmen, daß er im November 1912 einen Abend mit Utitz verbrachte, der seinerseits überliefert, auch in späteren Jahren in Verbindung mit seinem Klassenkameraden gewesen zu sein. Ein letztes Mal sahen sich die beiden wenige Wochen vor Kafkas Tod in Prag: *Wegen seiner Tuberkulose sollte und durfte er nicht sprechen, er lächelte freundlich, ruhig, scheu und ein bißchen rätselhaft, dasselbe Lächeln, das ihn schon seit seinen jungen Jahren begleitete.*

EFK 49, vgl. SL 166, T 253 und 436.

174 | Der Strafrechtler Hans Gross (1847–1915), bei dem Kafka in seinem fünften, sechsten und siebenten Semester insgesamt sechzehn Wochenstunden belegte, und zwar in den Gebieten Strafrecht, Strafprozeß und Rechtsphilosophie.

Gross, der jahrelang Untersuchungsrichter gewesen war, ist der Begründer der modernen Kriminologie als Wissenschaft. Sein zuerst 1893 erschienenes *Handbuch für Untersuchungsrichter, Polizeibeamte, Gendarmen,* in dem er die Betrachtung des Verbrechers in den Mittelpunkt stellte, wurde in alle Kultursprachen übersetzt und diente ganzen Schriftstellergenerationen als Anregung und Stofflieferant für Kriminalromane. Daß Kafka von der Ausrichtung dieses Lehrers aufs Greifbar-Tatsächliche und aufs Menschlich-Psychologische gefesselt werden konnte, scheint plausibel.

175 | Treppenhaus in dem von Johann Fischer von Erlach entworfenen, um 1715 erbauten *Palais Clam-Gallas (palác Clam-Gallasův)* in der *Husgasse (Husova třída)* Nr. 20 (I-158). Wegen der Enge der Gasse befanden sich die Prachträume des Palais ausnahmsweise im zweiten Obergeschoß, während im Stockwerk darunter das *Staatswissenschaftliche Institut* untergebracht war, in dem Seminarveranstaltungen dieses juristischen Teilfachs abgehalten wurden. Kafka besuchte hier im Sommersemester 1905 ein *Zivilprozessuales Seminar*, das von Anton Rintelen (1876–1946) abgehalten wurde.

176 | Die *Husgasse* vom *Palais Clam-Gallas* aus gesehen.

Wenn Kafka vom *Klementinum* oder vom *Palais Clam-Gallas* aus seinen Freund Max Brod aufsuchen oder nach Hause begleiten wollte, führte sein Weg durch die *Husgasse*.

177 | *Dr. Ludwig Schweinburg's Sanatorium und Wasserheilanstalt* in Zuckmantel (Zlaté Hory v Jeseníkách).

So aber bin ich leichtsinnig, leichtsinnig schon die vierte Woche in einem Sanatorium in Schlesien sehr viel unter Menschen und Frauenzimmern und ziemlich lebendig geworden.

Die knapp zwei Kilometer von Zuckmantel entfernt gelegene Anstalt, die durch Anzeigen in Prager Zeitungen auf sich aufmerksam machte, existierte von 1879 bis 1939, hatte 60 Patientenzimmer und war zu Kafkas Zeiten von April bis Oktober geöffnet. 1887 übernahm Dr. Ludwig Schweinburg das Sanatorium. Er war Spezialist auf dem Gebiet der Hydrotherapie, der Assistent bei Wilhelm Winternitz in Wien-Kaltenleutgeben gewesen war und mit einschlägigen Veröffentlichungen hervortrat. Er richtete Zentralheizung ein und erweiterte die Anstalt um einen Salon, einen Lesesaal, ein Turnzimmer mit medizinischen Geräten sowie um einen 150 Meter langen Korridor, der alle Gebäude miteinander verband und bei schlechtem Wetter als Promenade diente.

An Max Brod am 23. VIII. 1905.

178 | Ausschnitt aus dem Patientenbuch des Sanatoriums in Zuckmantel für das Jahr 1905.

Die Eintragungen zeigen, daß Kafka am 3. August anreiste und die Anstalt am 27. des Monats wieder verließ. Im Jahr darauf kam er erneut, diesmal sogar für fünf Wochen. Anreise: 23. Juli, Abreise: 29. August 1906. Überforderung durch das Studium, Magenprobleme, Nervenschwäche wegen der bevorstehenden judiziellen und staatswissenschaftlichen Staatsprüfungen und der Rigorosa sowie Hypochondrie mögen die Gründe dafür gewesen sein, daß Kafka nach dem Ende des achten Semesters in Zuckmantel Erholung suchte. Daß er nach der Absolvierung der Rigorosa wiederkam, hatte aber nicht nur gesundheitliche Gründe. Vielmehr wollte er eine Frau wiedersehen, die er im Vorjahr in Zuckmantel kennengelernt hatte. Dies und ein Vergleich der Gästelisten in den Jahren 1905 und 1906 läßt den Schluß zu, daß diese Urlaubsbekanntschaft keine Mitpatientin gewesen

sein kann, sondern daß es sich um jemanden aus dem Personal der Anstalt oder um eine Bedienstete der nahegelegenen Wald-Restauration *Edelstein* gehandelt haben muß. Kafka hatte sich, soweit bekannt ein einmaliger Vorgang in seinem Leben, in eine wesentlich ältere Partnerin verliebt, die, weil er sie *Frau* nennt (→ Abb. 182), vermutlich verheiratet war. Er erlebte mit ihr eine Vertrautheit, die er später nur noch in Riva mit der ebenfalls namentlich nicht bekannten Schweizerin G. W. erreichen sollte (→ Abb. 731 und 735).

T 723, vgl. 795.

179 | Dr. Ludwig Schweinburg.

Als Schweinburg im Juli 1923 starb, wurde das Sanatorium von seinem Sohn Erich weitergeführt, der im September 1938 in die Emigration ging. Während des Zweiten Weltkriegs okkupierten deutsche Truppen die Räume, die nach 1945 zu einem Erholungsheim für Kinder umgebaut wurden.

180 | Behandlung mit Elektrizität im *Sanatorium Zuckmantel* (1909).

Der von Adolphe Gaiffe in Paris stammende Apparat zur Behandlung mit hochfrequentem Wechselstrom fand bei der Behandlung funktioneller Neurosen, bei Schlaflosigkeit, Neurasthenie und Neuralgien Anwendung. Daneben propagierte Schweinburg bei Neurasthenie vor allem die Hydrotherapie, der Kafka eher zugeneigt gewesen sein dürfte als der Behandlung mit elektrischem Strom, die er später einmal als nutzlos bezeichnete.

Schweinburg empfahl vor allem durch Kopfwaschungen eingeleitete Teilwaschungen mit lauwarmem Wasser am frühen Morgen nach dem Aufstehen und ein mäßig warmes Halbbad mit einem anschließenden kalten Guß. Auch Packungen und Dampfkastenbäder standen auf dem Programm. Bei der Mehrzahl der Patienten wurden täglich nur zwei Prozeduren angewandt, denen ein halbstündiger Spaziergang folgen sollte.

Ludwig Schweinburg: *Handbuch der allgemeinen und speziellen Hydrotherapie*, Wiesbaden 1904, S. 137–141, vgl. Br III 156.

181 | Die in unmittelbarer Nähe des Sanatoriums gelegene Wald-Restauration *Edelstein*, die Kafka als geeignetes, weil preisgünstiges Feriendomizil für die Eltern Max Brods ausgekundschaftet hatte.

Vgl. Br I 47.

182 | Waldpromenade in Zuckmantel.

*Geliebt daß es mich im Innersten geschüt-
telt hat, habe ich vielleicht nur eine Frau,
das ist jetzt sieben oder acht Jahre her.*

Es ist anzunehmen, daß Kafka im Frühsommer 1906 nach Zuckmantel geschrieben und seine geheimnisvolle Urlaubsbekanntschaft gefragt hatte, ob er wiederkom-
men solle. Daraufhin erhielt er vermutlich
eine Ansichtskarte, die auf der Bildseite
die hier abgebildete Waldpromenade zeigte
und darunter die Worte: *Das ist ein Wald
und in diesem Wald kann man glücklich
sein. Deshalb kommen Sie!* Die stenogra-
phierte Unterschrift wurde von Brod mit
Ritschi Grader aufgelöst, doch konnte
bisher eine Person dieses Namens nicht
gefunden werden.

An Felice am 18. V. 1913 und Br I 47, vgl. 415.

183 | Strakonitz (Strakonice).

Im September 1905 fuhr Kafka mit Mutter
und Schwestern ins südböhmische Strakonitz zu Anna Adler (1848–1936), der älteren
Schwester Hermann Kafkas, die zwischen
1891 und 1896 in Prag gewohnt hatte.

Vgl. W 130.

184 | Kafka gegen Ende seines Studiums.

*Es steht vor mir das Bild des jungen Kaf-
kas, dieses aus dem Rahmen der Altersgenossen fallenden schönen Menschen mit den
großen Augen, die oft verwundert in die Welt
sahen, mit dem aufblitzenden Blick des Ver-
stehens. Er war unter uns der sauberste und
reinste, stets im dunkelblauen Anzug, hohen
weißen Stehkragen und dunkler Kravatte
und eines Wesens, das aus dem Kreise der
Freunde hervorstach.*

*Eine Erinnerung: Es duerfte 1904 oder
1905 gewesen sein, dass Kafka mich bat, ihn
einmal zu einem Fußballwettspiel mitzu-
nehmen. Es war ein kalter Tag und Kafka
schaute mit einem mir unerwarteten Interesse dem Wettkampf zu. Immer wieder bewunderte er die schoenen Koerper, die nur
im Sporthemd in der Kaelte sich herumtum-
melten.*

Daß Kafka gewisse Kenntnisse über diese
Sportart hatte, ist auch aus seinem Essay
Die Aeroplane in Brescia erschließbar, in
dem es heißt, dem Gelände, von dem die
Aeronauten starteten, fehle neben anderem
der frische Rasen der Fußballspiele.

Willy Weltsch am 26. X. 1976 und D 404.

185 | Die *Primatoreninsel*, von der *Hetzinsel (ostrov štvanice)* aus gesehen. Im Hintergrund der *Hradschin* (1915).

Die *Primatoreninsel* diente im ersten Jahrzehnt des 20. Jahrhunderts den Prager Deutschen als Eislauf- und Tennisplatz, verschwand aber im Verlauf der Maßnahmen zur Regulierung der Moldau, die im Herbst 1909 in Angriff genommen wurden. Heute befinden sich an ihrer Stelle die Straße *nábřeží Ludvíka Svobody* und Teile der *Švermovy sady*.

Max Brod schreibt in seiner Autobiographie: *Meine Schwester und ich hatten einmal mit Kafka verabredet, mit ihm Tennis zu spielen. Die Insel hieß: Primatoreninsel. Ein schöner Sonntagsmorgen. Wir freuten uns sehr, warteten zwei Stunden lang auf dem Tennisplatz. Drei Stunden. Vergebens. Traurig machten wir uns auf den Heimweg. Als wir schon am Ende des Porschitsch, nahe dem Josephsplatz angelangt waren, etwa bei dem Taussigschen Eisengeschäft, sehen wir Kafka hoch zu Rad einherflitzen, uns entgegen. Den Tennisschläger vorn an der Lenkstange. Er bemerkte uns, sprang ab, mit dem freundlichsten Lächeln der Welt, allerdings recht verlegen. Seine Verspätung rechtfertigte er mit der ausführlichen Sonntagstoilette, die er gemacht hatte. In solchen Fällen (sie ereigneten sich öfters) konnte ich sehr wütend werden, ihn anbrüllen – doch rasch beruhigte ich mich. Er war zu hilflos, zu liebenswürdig nett und freundlich. Er wollte uns überreden, obwohl fast Mittag war, auf den Tennisplatz zurückzukehren. Das gelang ihm aber denn doch nicht. – Diese Begebenheit spielte sich noch in der Hochschulzeit ab.* (→ Abb. 746)

Der Platz auf der *Primatoreninsel* wurde vom *Lawn-Tennis Cercle Primatoreninsel* betrieben, der 1902 von deutschen Finanz- und Bankbeamten, insbesondere der *Union-Bank*, gegründet wurde und bis 1919 bestand. Während der Kriegsjahre war Felix Weltschs Bruder Willy (→ Abb. 184 und 285) eine Zeitlang im Ausschuß des Vereins. Vielleicht wurden Max Brod und seine Freunde über Brods Vater, der eine führende Stellung in der *Union-Bank* einnahm, in diesen Tennisklub auf der *Primatoreninsel* eingeführt.

SL 185, vgl. PT 34, Nr. 294 (24. X. 1909), S. 3 f. und *Archiv hlavního města Prahy* (Vereinsakten).

186 | Dr. Richard Löwy.

Ich war, wie ich mit dem Herrn Advokaten auch gleich vereinbart hatte, in die Kanzlei nur eingetreten, um die Zeit auszunützen, denn schon am Anfang hatte ich die Absicht, nicht bei der Advokatur zu bleiben.

Vom 1. April bis 1. Oktober 1906 arbeitete Kafka als Advokaturskoncipient bei dem Rechtsanwalt und Verteidiger in Strafsachen Dr. Richard Löwy, der seine Kanzlei Anfang 1903 im Haus der Buchhandlung *A. Storch* am *Altstädter Ring* (→ Abb. 23) eröffnet hatte.

Br I 70 (*Curriculum vitae*, 1906, → Abb. 256), vgl. Br I 70, 606 f. und DZB 76, Nr. 45 (15. II. 1903), S. 24.

187 | Gustave Flaubert: *L'Éducation senti-mentale. Histoire d'un jeune homme. Édition définitive*, (Bibliothèque-Charpentier) Paris 1898, erste Textseite.

Die «Education sentimentale» aber ist ein Buch, das mir durch viele Jahre nahegestanden ist, wie kaum zwei oder drei Menschen.

Nach den Erinnerungen Max Brods gehörte der Beginn des Romans zu den Passagen, die Kafka besonders bewunderte. Wann und auf welche Weise er mit Flaubert bekannt wurde, hat sich bisher nicht feststellen lassen. Das früheste in diesem Zusammenhang anzuführende Zeugnis, das die Kenntnis des französischen Autors aber bereits voraussetzt, ist ein an Max Brod gerichtetes Schreiben Kafkas, das auf das Jahr 1904 datiert wird, tatsächlich aber erst Ende 1905 oder Anfang 1906 entstanden sein kann. Da sich erschließen läßt, daß Kafka sich zuerst mit einer deutschen Version der *Éducation sentimentale* beschäftigte, dürfte er frühestens im Herbst 1904 auf den Roman gestoßen sein, als gleichzeitig zwei deutsche Übersetzungen in den Handel kamen, von denen die renommiertere, von Hugo von Hofmannsthal eingeleitete, Anfang November unter dem Titel *Der Roman eines jungen Mannes* bei Bruno Cassirer in Berlin erschien. Kafka war so begeistert, daß er Brod auf das Werk aufmerksam machte, was zur Folge hatte, daß man sich bald darauf zur Lektüre des zuletzt 1898 gedruckten Originals entschloß, was nach Brods eigenem Bericht

in gemeinsamen Arbeitssitzungen geschah: *Wir lasen «Education sentimentale» und «Tentation du St.-Antoine» im Original. Da wir zu diesen Studien nur einmal oder zweimal in der Woche Zeit fanden, zog sich diese gemeinsame Beschäftigung über Jahre hin und bot uns lange Zeit immer neuen Stoff. Meist fand die Lektüre in Kafkas kleinem Zimmer in der elterlichen Wohnung (Zeltnergasse) statt, manchmal auch bei mir.* Brods Aussagen erwecken den Eindruck, als habe man sich die beiden Flaubert-Romane mehr oder weniger unmittelbar hintereinander vorgenommen; in Wirklichkeit lagen aber mehrere Jahre dazwischen, und dies bedeutet wiederum, daß sich die gemeinsame Lektüre in der Prager *Zeltnergasse*, in der die Familie Kafka bis zum Mai 1907 wohnte, allein auf die *Éducation sentimentale* bezogen haben kann, jedenfalls unter der allerdings naheliegenden Voraussetzung, daß die beiden von Brod angeführten Werke tatsächlich in dieser Reihenfolge gelesen wurden und nicht umgekehrt, wie er das an anderer Stelle, freilich Jahrzehnte später, behauptete.

Im Jahr 1912 kaufte sich Kafka, der Flaubert neben Grillparzer, Dostojewski und Kleist zu seinen *Blutsverwandten* zählte, eine wissenschaftlichen Ansprüchen genügende Neuedition des Werks, die 1910 in Paris bei Louis Conard erschienen war. Kafka nahm das Buch, dessen entstehungsgeschichtlicher Anhang ihn fesselte, weil er Flauberts Ringen um den Text dokumen-

188 | Promotionsprotokoll Kafkas.

Nur die Zettelchen haben mich gerettet, denn dadurch erstrahlte ich dem W. [Weber] als seine eigene Spiegelung mit sogar interessanter österreichischer Färbung und trotzdem er in dieser großen Menge befangen war, die er dieses halbe Jahr gesprochen hat, ich dagegen nur Deine ganz kleinen Zettelchen in der Erinnerung hatte kamen wir doch zu der schönsten Übereinstimmung.

Der Nationalökonom und Soziologe Alfred Weber (1868–1958), der 1904 nach Prag gekommen war und Max Brod sofort

tierte, im Sommer 1912 mit in den Urlaub und hatte es noch Anfang 1913 auf dem Schreibtisch liegen. Unter dem Einfluß Flauberts bemühte er sich in seinem literarischen Schaffen um die Exaktheit äußerer Wahrnehmung, die Präzision des Blicks und des Wortes sowie um die nuancierte Wiedergabe von Alltagsdetails, Besonderheiten, die sich zuerst in den um 1906 entstandenen *Hochzeitsvorbereitungen auf dem Lande* zeigen (→ Abb. 37 und 199). Seit 1907 gewannen auch die Lebenszeugnisse Flauberts zunehmend an Bedeutung, die das Bild des französischen Autors beträchtlich modifizierten.

Br II 275 und FK 54, vgl. Hartmut Binder: *Die Entdeckung Frankreichs. Zur Vorgeschichte von Kafkas und Brods Paris-Reisen*, in: *Euphorion* 95, Heft 4 (2001), S. 450–457, Br II 42 f., KB Nr. 21, T 1052, *Börsenblatt für den Deutschen Buchhandel* 71, IV (Oktober bis Dezember 1904), Nr. 262 (10. XI. 1904), S. 9926 und SL 163.

begeisterte, gehörte nicht zu den Professoren, deren Veranstaltungen Kafka besucht
hatte, aber er war Mitglied der Kommission,
die am 16. März 1906 Kafkas Rigorosum III
abnahm, dessen Ergebnis denkbar knapp
ausfiel, denn nur drei der fünf Prüfer votierten für die Minimalnote *genügend*. Am
18. Juni des Jahres stellte Weber als Pro-
motor bei der Schlußzeremonie in der Aula
des *Karolinums* die frischgebackenen Doc-
tores juris dem Rektor der Universität vor.

Die anderen Prüfer waren Otto Frankl
(Wechselrecht), Heinrich Rauchberg
(1860–1938), bei dem Kafka im letzten Studienjahr *Allgemeine Staatslehre* und *Allgemeine und Österreichische Statistik* belegt
hatte, Robert Zuckerkandl (1856–1926) – er
lehrte *Volkswirtschaftslehre, Finanzwissenschaft* und *Volkswirtschaftspolitik* –, bei dem
er, wie man damals zu sagen pflegte, *sehr
schlecht [...] entsprochen* hatte, sowie Josef
Ulbrich (1843–1910), bei dem er *Völkerrecht,
Allgemeines und Österreichisches Staatsrecht*
sowie *Verwaltungslehre* gehört hatte, Veranstaltungen, die häufig ohne Vorankündigung ausfielen und nach den Erinnerungen
von Guido Kisch wenig attraktiv waren.

Das Rigorosum I, dessen Gegenstand
die Rechtsgeschichte war, wurde mit allen Stimmen für *genügend* erklärt. Zu den
Prüfern gehörten der beim Vortrag wenig
pädagogisches Geschick zeigende Ivo Pfaff
(1864–1925), seit 1898 ordentlicher Professor
für Römisches Recht an der Prager deutschen Universität, bei dem Kafka in der

189 | Die *Aula* im *Karolinum*, in der Kafka
am 18. Juni 1906 promoviert wurde (1899).

ersten Studienhälfte insgesamt 15 Semesterwochenstunden *Römische Rechtsgeschichte*
gehört hatte, und der Kirchenrechtler Heinrich Singer (1855–1934), bei dem Kafka eine
Vorlesung und ein Seminar besucht hatte,
in dem Singer weit ausgreifende Monologe
über die studentischen Vorträge hielt, deren
Themen er ausgegeben hatte.

Die Prüfer des Rigorosums II, das Kafka mit drei von vier Stimmen überstand,
waren Krasnopolski, Ludwig Spiegel
(1864–1926) und der seit 1902 in Prag leh-
rende Anton Rintelen (1876–1946), bei dem
Kafka in seinem letzten Studienjahr *Österreichisches zivilgerichtliches Verfahren* und
Österreichisches Zivilprozeßrecht belegt hatte. Überlieferte Urteile seiner Hörer gehen
weit auseinander, doch war er in den Prüfungen oft sarkastisch und höhnisch.

Das schlechte Abschneiden Kafkas trug
nicht unwesentlich dazu bei, daß er große
Schwierigkeiten bei der Suche nach einer ihm zusagenden Anstellung hatte, die
schließlich nur mit beträchtlicher Protektion und in der Privatwirtschaft zu erreichen und wegen ihrer langen Arbeits-
zeiten weit weniger gefragt war als der
Staatsdienst.

An Max Brod am 17. III. 1906 und Br III 354, vgl. Guido
Kisch: *Der Lebensweg eines Rechtshistorikers*, Sigmaringen
(1975), S. 39 f., 35, 37, SL 205, KH 277 f. und SL 198 f.

190 | Kafka als Doktor der Rechte (1906).

Aus Anlaß seiner Promotion ließ Kafka
Karten mit folgendem Wortlaut drucken:

*Franz Kafka beehrt sich anzuzeigen,
dass er am Montag den 18. Juni d. J. an
der K. k. deutschen Karl Ferdinands-Uni-
versität in Prag zum Doktor der Rechte
promoviert wurde.*

Prag, im Juli 1906.

Kafka a Praha. Vzpominky. Úvahy. Dokumenty [Kafka
und Prag. Erinnerungen, Betrachtungen, Dokumente],
(hrsg. von Hugo Siebenschein, Edwin Muir, Emil Utitz,
Petr Demetz), Praha 1947, S. 40.

191 | Visitenkarte Kafkas.

192 | Der Eingang zum *K. k. Landesgericht* in der *Zeltnergasse* (I-587) (→ Abb. 21, 26).

Das weitläufige Gebäude beherbergte die fünf Bezirksgerichte und das Präsidium des Gerichts. Als Kafka am 1. Oktober 1906 sein bis Ende September 1907 dauerndes Gerichtsjahr antrat, das für Juristen verpflichtend war, die in den Staatsdienst eintreten wollten, hatte er sich hier zu melden, wo er auch einen Teil dieses Referendariats ableistete. Den Rest absolvierte er am *Strafgericht* Ecke *Karlsplatz (Karlova náměstí)/ Brenntegasse (Spálená)* (II-6).

193 | Eugen Sandow: *Kraft und wie man sie erlangt. Mit einer Übungstafel und zahlreichen Original-Photographien.* Erste deutsche Ausgabe, Berlin (1904), Einband.

Das Buch war in Kafkas Besitz.

Vgl. Z.

194 | J. P. Müller: *Mein System. 15 Minuten täglicher Arbeit für die Gesundheit. Mit 41 Illustrationen nach der Natur, einem Statuenbild und einer Zeittafel.* Aus dem Dänischen nach der 6. Auflage des Originals von M. und H. Tillge übersetzt. Siebente durchgesehene und erweiterte Auflage, Kopenhagen 1908, Übung Nr. 15: *Abwechselndes hohes Knieheben gleichzeitig mit Frottieren der Außen- und Innenseiten der Unterbeine, jedesmal mit nachfolgendem Frottieren der Vorderfläche und unteren Rückseite des Rumpfes.*

Das Buch des Dänen Jens Peder Müller (1866–1938), das zu solcher körperlichen Betätigung anleitete, kam Weihnachten 1904 auf den deutschen Markt und wird zuerst in einem an Max Brod gerichteten Brief Kafkas vom 10. März 1910 erwähnt. Da der Schreiber zwei Tage später dem gleichen Adressaten gegenüber von sich als von einem durch ‹Müllern› (wie man das damals nannte) stark gewordenen Menschen spricht, kann geschlossen werden,

daß er spätestens einige Monate zuvor damit begonnen haben muß, nach dieser Methode nackt bei offenem Fenster zu turnen. Tatsächlich dürfte er jedoch schon im Sommer 1906 in Zuckmantel mit dieser Art der Körperertüchtigung bekannt geworden sein, die damals gerade in den Naturheilstätten die Runde machte, mit Sicherheit aber im Herbst dieses Jahres, als Müller sein Gymnastiksystem in Prag persönlich vorstellte. Dies geschah am 15. November vor geladenen Gästen im Hotel *Central* und am Tag darauf in einer öffentlichen Veranstaltung im *Deutschen Casino* am *Graben*. Diese Auftritte wurden ungewöhnlich ausführlich im *Prager Tagblatt* gewürdigt, das Kafka regelmäßig las und beispielsweise in Zürau so vermißte, daß er es dort abonnierte. Die Sportredaktion des Blattes hatte nämlich angeregt, Müller nach Prag zu holen. So erschien am 8. und 9. November 1906 in dieser Zeitung ein sehr ausführlicher Artikel, der sich aus sportwissenschaftlicher Sicht kritisch mit den von Müller empfohlenen Übungen auseinandersetzte. Außerdem brachte man am 13. und 14. des Monats Berichte über den letzten Auftritt Müllers in Berlin, und am 15. und 16. wurden achtzehn Übungen Müllers im Wortlaut vorgestellt, eine Besprechung der Veranstaltung im Hotel *Central* und eine wohlwollende Beurteilung dieses gymnastischen Systems

aus medizinischer Sicht veröffentlicht. Auch finden sich im *Prager Tagblatt* mehrfach Ankündigungen der Prager Auftritte Müllers, die nicht im Inseratenteil erschienen, sondern in den Spalten, die dem Sport gewidmet waren.

Da Kafka in späteren Jahren nach Müller geturnt hat und Sandow nie erwähnt, muß man davon ausgehen, daß er es zunächst mit letzterem versucht, sich dann aber auf Dauer für den Dänen entschieden hatte.

Kafka, der unter seiner schwachen Konstitution litt – er war bei der Musterung, die, wie seine Einberufungskarte vermuten läßt (→ Abb. 843), irgendwann zwischen Abitur und dem Ende des Studiums erfolgt sein dürfte, als *militärfrei wegen Schwäche* erklärt worden –, versuchte auf verschiedene Weise, diesen körperlichen Mangel auszugleichen, und unterzog sich deswegen täglich gymnastischen Übungen.

Br I 68, vgl. Br I 118, 204, Br III 261, NS II 41, 42, A. Bethe: *«Mein System Müller» in Prag*, in: PT 31, Nr. 308 (8. XI. 1906), S. 6 f., Nr. 309 (9. XI. 1906), S. 15 und *«Mein System» in Prag*, in: Nr. 316 (16. XI. 1906), S. 4.

195 | Otto Kafka (1879–1939).

Mein sehr interessanter Cousin aus Paraguay, von dem ich Dir schon erzählt habe und der während dieses europäischen Aufenthaltes einige Tage in Prag war zu einer Zeit, da Du gerade vor Deiner Staatsprüfung warst, ist heute wieder auf der Rückfahrt in Prag angekommen. Er wollte gleich heute Abend wegfahren; da ich Dir ihn aber zeigen wollte habe ich ihn mit großer Mühe dazu gebracht, erst morgen früh wegzufahren. Ich bin sehr froh und hole Dich heute Abend zur Zusammenkunft ab.

Otto Kafka war der älteste Sohn von Filip Kafka aus Kolin, einem Bruder Hermann Kafkas. Er wanderte 1897 nach Südamerika aus und etablierte sich später in den USA mit Erfolg als Geschäftsmann. Ottos

Lebensweg mag die Thematik des Romans beeinflußt haben, in dem sich der halbwüchsige Kafka versuchte (→ Abb. 68), kommt aber auch als Vorbild von Karl Roßmanns Onkel Eduard Jakob im *Verschollenen* in Betracht.

An Max Brod am 11. XII. 1906, vgl. Antony Northey: *Kafkas Mischpoche*, Berlin (1988), S. 48–52.

196 | Die *Königshofergasse (Králodvorská)*. Im mittleren der drei Häuser, Nr. 16 (heute Nr. 14, I-1086), wurde am 1. März 1907 die erste Ausstellung der Gruppe *Osma (Die Acht)* eröffnet, zu der sich acht junge deutsche und tschechische Künstler zusammengeschlossen hatten, die unter dem Einfluß der dem Werk Edvard Munchs gewidmeten Prager Ausstellung des Jahres 1905 zum Expressionismus gefunden hatten. Die Tschechen waren Emil Filla, Otakar Kubín, Bohumil Kubišta, Antonín Procházka (→ Abb. 117), die Deutschen Max Horb, Friedrich Feigl, Georg Kars, der aber,

weil gerade in Paris, sich an der Ausstellung nicht beteiligen konnte, sowie Willy Nowak, der sich um die Schau verdient machte, indem er sich ins Bein schießen ließ und mit der daraufhin anfallenden Versicherungssumme die Mietkosten für die Ausstellungsräume bezahlte. Max Brod besprach die Ausstellung begeistert in der Berliner Wochenschrift *Die Gegenwart* und legte der Gruppe Zeichnungen Kafkas vor, der sich damals von einer Malerin ausbilden ließ und schwankte, ob er sich als Zeichner oder als Schriftsteller verwirklichen sollte. Aus diesem Grund und weil Kafka zumindest Nowak (→ Abb. 487) und Feigl (→ Abb. 906) persönlich kannte, ist davon auszugehen, daß er die Ausstellung gesehen hat.

Im März 1907 sandte Max Brod seinem Verleger Axel Juncker eine Zeichnung Kafkas, die als Umschlagsillustration für sein im Druck befindliches Buch *Experimente* dienen sollte. Als dies abgelehnt wurde, schlug er vor, freilich ebenfalls vergeblich, sie als Schlußvignette für seine Lyriksammlung *Der Weg des Verliebten* zu verwenden.

Vgl. PK 51–56, DZB 80, Nr. 134 (16. V. 1907), *Beilage*, S. 2, EFK 147, Hartmut Binder: *Zwischen Bäumchen zum Abgrund. Wie Max Brod versuchte, Kafka als Zeichner zu etablieren*, in: *Frankfurter Allgemeine Zeitung* Nr. 172 (23. XI. 2000), S. 58 und T 128.

197 | Das aus Holz, Leinwand und Gips bestehende Modell des *Hus-Denkmals* auf dem *Altstädter Ring* (1907).

Nach der feierlichen Grundsteinlegung des Monuments am 5. Juli 1903 (→ Abb. 147) kamen Zweifel auf, ob es sich wegen seiner ungewöhnlichen Größe den Proportionen des Platzes harmonisch würde einfügen können. Um diese Frage zu klären, war im März 1907 am geplanten Standort des Denkmals eine Zeitlang ein maßstabgetreues Modell zu sehen, das freilich die Kritiker nicht überzeugen konnte. Die *Bohemia* schrieb: *Er [der Beschauer] braucht nur daran zu denken, welcher idyllische Zauber den romantischen Winkel zwischen der russischen Kirche und dem alten Rathause – besonders zur Zeit, da ihn die niedergehnde Abendsonne goldig überdacht – umspinnt und er wird es mit Bedauern empfinden, daß die Aussicht in diesen wundervollen Winkel, wohin jetzt von allen Seiten des Ringplatzes der Blick dringen kann, durch das Riesendenkmal von mehreren Seiten versperrt werden soll. Auch der Häuserprospekt der auf der Nordseite des Ringes gelegenen Bauten wird durch das große Monument verstellt.*

Prager Denkmalnöte, in: DZB 81, Nr. 68 (9. III. 1908), S. 4, vgl. DZB 80, Nr. 68 (9. III. 1907), S. 4.

198 | Im *Stadtpark* (heute *Vrchlického sady*) (→ Abb. 209, p). Der alte *Franz-Josefs-Bahnhof* (heute *Hlavní nádraží*) im Hintergrund wurde in den Jahren 1906 bis 1909 durch einen Jugendstil-Neubau ersetzt.

In einem autobiographisch getönten, in mehreren Versionen überlieferten Erzählfragment erhebt Kafka Vorwürfe gegen Personen, die seiner Erziehung geschadet hätten. In diesem Zusammenhang erwähnt er auch Damen aus dem *Stadtpark*, denen man es gar nicht ansehen würde, so daß zu vermuten ist, er sei dort als Kind ausgeführt und ihn demütigenden Gesprächen zwischen seinem Kindermädchen und Parkbesucherinnen ausgesetzt gewesen. Trotzdem gehörte der *Stadtpark* zu den Orten, wo Kafka als Erwachsener spazierenging. Er regte auch eine Passage in den um 1906 entstandenen *Hochzeitsvorbereitungen auf dem Lande* an, deren Gestaltungsweise sich stark von Flaubert beeinflußt zeigt: *Die Bahnhofsuhr schlug, es war dreiviertel sechs. Raban blieb stehn, weil er Herzklopfen verspürte, dann gieng er rasch den Parkteich entlang, kam in einen schmalen, schlecht beleuchteten Weg zwischen großen Sträuchern, stürzte in einen Platz, auf dem viele leere Bänke an Bäumchen gelehnt standen, lief dann langsamer durch eine Öffnung am Gitter auf die Straße, durchquerte sie, sprang in die Bahnhofsthüre.*

Die 1880 vollendeten Anlagen sind teilweise der nach dem Zweiten Weltkrieg erfolgten Erweiterung des Prager *Hauptbahnhofs* und der Schaffung der daran vorbeiführenden Stadtautobahn (Magistrale) zum Opfer gefallen und deswegen heute nur mehr in rudimentärer Gestalt vorhanden.

Hochzeitsvorbereitungen auf dem Lande, S. 28 f., vgl. T 27, FK 101 und NS I A 41 f.

199 | Eine österreichische Krone (1895).

Im Jahr 1892 wurden in der Habsburgermonarchie Gulden und Kreuzer durch Krone und Heller ersetzt, die jeweils die Hälfte der bisher geltenden Währungseinheiten wert und seit 1900 obligatorisch waren. In seinen *Hochzeitsvorbereitungen auf dem Lande* beschreibt Kafka, der damals minutiöser Beobachtung alltäglicher Phänomene verhaftet war, ein Einkronenstück wie folgt: *Raban nahm das Geld, das er vom Kassier erhalten hatte, aus der Westentasche und überzählte es. Er hielt jedes Geldstück lange aufrecht zwischen Daumen und Zeigefinger fest und drehte es auch mit der Spitze des Zeigefingers auf der Innenseite des Daumens hin und her. Er sah lange das Bild des Kaisers an, dann fiel ihm der Lorbeerkranz auf und wie er mit Knoten und Schleifen eines Bandes am Hinterkopf befestigt war.* (→ Abb. 268)

Hochzeitsvorbereitungen auf dem Lande, S. 32.

200 | Blick von der *Zeltnergasse* auf den *Altstädter Ringplatz* und das *Altstädter Rathaus.* Ganz rechts das Haus *Zu den drei Königen* mit Teilen der zur Wohnung der Familie Kafka gehörigen Fensterfront im zweiten Obergeschoß (um 1870).

Wenn Kafka sich aus dem Fenster seines Zimmers beugte und nach rechts schaute, hatte er ungefähr die Szenerie vor Augen, die auf der Abbildung zu sehen ist. Blickte er nach unten, ergaben sich im Vorfrühling in der in Ostwestrichtung verlaufenden Straße Lichtverhältnisse, wie sie in dem kleinen Prosastück *Zerstreutes Hinausschaun* vorausgesetzt sind, das, nimmt man das Ende 1907 zum Druck beförderte Stück als Spiegel der zu seiner Entstehungszeit herrschenden Verhältnisse, spätestens im Frühjahr dieses Jahres entstanden sein muß:

Unten sieht man das Licht der freilich schon sinkenden Sonne auf dem Gesicht des kindlichen Mädchens, das so geht und sich umschaut, und zugleich sieht man den Schatten des Mannes darauf, der hinter ihm rascher kommt.

Dann ist der Mann schon vorübergegangen und das Gesicht des Kindes ist ganz hell.

Zerstreutes Hinausschaun, S. 24 f.

201 | Triesch (Třešť) in Mähren.

*Ich fahre viel auf dem Motorrad, ich bade viel, ich liege lange
nackt im Gras am Teiche, bis Mitternacht bin ich mit einem lästig
verliebten Mädchen im Park, ich habe schon Heu auf der Wiese
umgelegt, ein Ringelspiel aufgebaut, nach dem Gewitter Bäumen
geholfen, Kühe und Ziegen geweidet und am Abend nachhause
getrieben, viel Billard gespielt, große Spaziergänge gemacht, viel
Bier getrunken und ich bin auch schon im Tempel gewesen.*

Der Marktflecken Triesch, in dem damals über 4000 Menschen
lebten, besaß ein Schloß mit Gartenanlagen, die sich naturgemäß
für ein nächtliches Stelldichein eigneten, sowie einen See, der im
Vordergrund der Abbildung zu sehen ist.

Kafka verbrachte den August 1907 teilweise bei seinem Onkel Dr.
Siegfried Löwy in Triesch, offenbar ein beliebtes Feriendomizil, das
er schon im Juli 1900 und September 1902 aufgesucht hatte. Noch
im Herbst 1922 erwog er, den bevorstehenden Winter bei seinem
Onkel zu verbringen. In Triesch lernte er die Philologiestudentin
Hedwig Weiler kennen, die bei Verwandten Ferientage verbrachte.
Die beiden verliebten sich ineinander, machten Zukunftspläne
und korrespondierten nach Kafkas Rückkehr miteinander, bis die
Beziehung im Frühjahr 1909 endete.

Nach einer Lokaltradition in Triesch soll Löwy auf Drängen
Kafkas seine Pferdekutsche gegen ein Motorrad getauscht haben,
was dazu führte, daß sein neues Beförderungsmittel von der Bevölkerung ‹der stinkende Teufel› genannt wurde. Allerdings soll
die Maschine bald durch einen Unfall zerstört und er selbst dabei
verletzt worden sein, als er am Abend auf einen quer über der
Straße liegenden Balken fuhr. Im Jahr darauf habe er sich ein
neues Motorrad gekauft, diesmal eine *Laurin & Klement*.

An Max Brod, Mitte August 1907, vgl. František Bukvaj: *MUDr. Siegfried Löwy – Kafkův strýc*,
in: *Věčný poutník* ..., sestavil F. B., (Třešť 2001), S. 11 f., Br 19, 17 und 412.

202 | Dr. Siegfried Löwy (1867–1942), der Landarzt, rechts Ottla
Kafka.

Löwy hatte das Prager *Graben-Gymnasium* durchlaufen, dort 1887
Abitur gemacht und anschließend an der Prager deutschen Univer-
sität Medizin studiert. Damals wohnte er noch bei seinen Eltern,
während des Studiums also *Annaplatz (Anenské náměstí)* Nr. 4
(I-209). Im Juni 1893 promovierte er und arbeitete anschließend als
Arzt am *Allgemeinen Krankenhaus* in der Prager Neustadt. In dieser
Zeit lebte er in der *Korngasse (Žitná)* Nr. 7 (II-668), wo Kafka ihn,
den Lieblingsonkel und einzigen Akademiker der Familie, öfter
besucht haben dürfte. (Das Haus wurde 1934 abgerissen, um einem
Neubau Platz zu machen, der die gleiche Konskriptionsnummer
trägt.) Im Jahr 1899 wurde Löwy Landarzt in Triesch, wo er am
Kleinen Ring (Malé náměstí) Nr. 131 (Kafka-Gedenktafel) wohnte
und praktizierte. Dank der dortigen gut organisierten und reichen
jüdischen Gemeinde – es gab drei Fabriken mit Betriebskranken-
kassen – hatte er ein gutes Einkommen. Auch vermittelte er ledigen
Müttern Arbeitsmöglichkeiten als Ammen in wohlhabenden Familien und führte als erster Zahnbehandlungen durch. Ende 1923 gab
er seine Praxis auf und übersiedelte nach Prag, wo er bis zum Oktober 1929, als er in der Stadt eine eigene Wohnung nahm, bei Kafkas
Eltern logierte.

In einem an Max Brod gerichteten Schreiben vom 18. September 1917 stellte sich Kafka die Frage, ob es Selbsttäuschung sei, daß
er für immer in ländlicher Umgebung habe leben wollen: *Wenn es
Selbsttäuschung ist, dann lockt mich damit mein Blut zu einer neuen
Verkörperung meines Onkels, des Landarztes, den ich (in aller und
allergrößten Teilnahme) manchmal den «Zwitscherer» nenne, weil er
einen so unmenschlich dünnen, junggesellenmäßigen, aus verengter
Kehle kommenden, vogelartigen Witz hat, der ihn nie verläßt.*

204 | Das Schloß in Triesch mit dem davorliegenden Park, in dem Kafka mit Hedwig Weiler im August 1902 die Abende zu verbringen pflegte.

Nach seiner Rückkehr in seine Heimatstadt schrieb er ihr: *Ich bin ganz durchwärmt von Deinem guten Brief. Ja, weiße Kleider und Mitleid kleiden Dich am schönsten, jedoch Pelzwerk verdeckt das ängstliche Mädchen zu sehr und will für sich sehr bewundert werden und leiden machen. Und ich will doch Dich und selbst Dein Brief ist nur eine verzierte Tapete, weiß und freundlich, hinter der Du irgendwo im Gras sitzt oder spazieren gehst und die man erst durchstoßen müßte, um Dich zu fangen und zu halten.*

Offenbar spielt Kafka in diesem Schreiben auf ein Photo an, das Hedwig ihm geschickt hatte und sie in einem um den Hals geschlungenen Fuchspelz zeigt. Dieses Portrait hat sich erhalten.

An Hedwig Weiler am 11. IX. 1907, vgl. Hartmut Binder / Jan Parik: *Kafka, ein Leben in Prag,* erweiterte und verbesserte Auflage, (Essen, München 1993), S. 142.

203 | Hedwig Weiler (1888–1953).

Mitte August 1907 schrieb Kafka an Max Brod über eine Urlaubsbekanntschaft: *H. ist klein und dick, ihre Wangen sind roth ununterbrochen und grenzenlos, ihre vordern Vorderzähne sind groß und erlauben dem Mund nicht, sich zu schließen, und dem Unterkiefer nicht, klein zu sein; sie ist sehr kurzsichtig und das nicht nur der hübschen Bewegung halber, mit der sie den Zwicker auf die Nase – deren Spitze ist wirklich schön aus kleinen Flächen zusammengesetzt – niedersetzt.*

Hedwig Weiler hatte rötlichblondes Haar und blaue Augen. Sie hatte das Lyzeum in Brünn (Brno) durchlaufen, sich im Wintersemester 1906/07 als Gasthörerin an der Wiener Universität in den Fächern Englisch und Germanistik immatrikuliert und bereitete sich gleichzeitig am dortigen *K. k. II. deutschen Staatsgymnasium* auf die Reifeprüfung vor, die sie im Juli 1909 bestand. Nachdem sie im darauffolgenden Wintersemester reguläre Hörerin der Wiener Universität geworden war, schloß sie im Juli 1914 ihre akademischen Studien mit einer Arbeit über Grillparzer ab. Außerdem beschäftigte sie sich mit Psychoanalyse und hörte bei Freud.

Vgl. Hartmut Binder/Jan Parik: *Kafka. Ein Leben in Prag.* Erweiterte und verbesserte Auflage, (Essen, München 1993), S. 142 f.

Kapitel IV

Weg zum Büro

Im Juni 1907 übersiedelte die Familie Kafka von der *Zeltnergasse* Nr. 3 in die *Niklasstraße* (*Mikulášská třída*, seit Juni 1926 *Pařížská*) Nr. 36 (heute Hotel *Intercontinental*, Neubau). Als Kafka im Oktober dieses Jahres in die Prager Zweigstelle der Triestiner Versicherungsgesellschaft *Assicurazioni Generali* eintrat (→ Abb. 258), führte ihn sein täglicher Weg zunächst durch die im Verlauf der Altstadtsanierung neu entstandene *Niklasstraße,* danach über den *Altstädter Ring* und von dort weiter durch die *Melantrichgasse (Melantrichova)* und das *Brückel (Na můstku)* zum *Wenzelsplatz,* wo sein Arbeitsplatz lag. Als er im September 1908 in die *Arbeiter-Unfall-Versicherungs-Anstalt für das Königreich Böhmen in Prag (Úrazová pojišťovna dělnická pro království české v Praze)* überwechselte, mußte er, auf dem *Altstädter Ring* angekommen, nach links in die *Zeltnergasse* einbiegen, diese in ihrer gesamten Länge durchschreiten und danach den *Josefsplatz* überqueren, um sein Büro in der *Pořitscherstraße* zu erreichen. Zwar gibt es in den Lebenszeugnissen keine direkten Belege dafür, daß er tatsächlich auf diese Weise zu seiner Arbeitsstätte gelangte und nicht etwa durch die *Bilek-, Ziegen-* und *Langegasse* in die *Elisabethstraße* und von dort aus zum *Josefsplatz* ging, aber wenn man diese Alternative abgeht, erkennt man den Weg durch die *Zeltnergasse* als den einfacheren, angenehmeren und architektonisch interessanteren, der zudem mit der Straßenbahn zurückgelegt werden konnte. Als Kafka mit seiner Familie dann im November 1913 an den *Altstädter Ring* zog, war der Weg durch die *Zeltnergasse* sowieso das Naturgegebene.

Daß in den Lebenszeugnissen Kafkas Stellen begegnen, die ihn während der Abendstunden in der *Zeltnergasse* zeigen, darf nicht verwundern, denn diese Straße führte ihn nicht nur zum Bürodienst, sondern auch zu den Lichtspieltheatern in der *Pořitscherstraße* und in der *Hibernergasse,* die er zuzeiten zu frequentieren pflegte, zum *Repräsentationshaus* und zum *Deutschen Casino* auf dem *Graben,* zum *Café Arco,* in dem er sich gelegentlich mit Schriftstellerkollegen traf, sowie zum Hotel *Central* und zum *Deutschen Studentenheim,* dessen Säle Veranstaltungszwekken dienten. Schließlich pflegte er zeitweise jeden Abend zum *Staatsbahnhof* in der *Hibernergasse* zu gehen, welche die *Zeltnergasse* in westlicher Richtung fortsetzt, wo er die für Felice Bauer bestimmten Briefe einwarf, um deren schnellstmögliche Beförderung nach Berlin zu gewährleisten.

Da Kafka während seiner Schulzeit und während seiner Berufsjahre den *Altstädter Ring* mindestens zweimal täglich überquerte, überrascht es nicht zu erfahren, daß dieser Platz und seine Monumente seine produktive Einbildungskraft in Bewegung setzten und zu Träumen und literarischen Gestaltungen Anlaß gaben. Als historischer Mittelpunkt der Altstadt war diese auch *Großer Ring* genannte Freifläche zudem Schauplatz von politischen Demonstrationen (→ Abb. 673), religiösen Veranstaltungen (→ Abb. 1144) und Staatsbegräbnissen (→ Abb. 1150), die Kafka, zumal als Anwohner, beobachten konnte, auch wenn sich dies in seinen Lebenszeugnissen nur ansatzweise niedergeschlagen hat. Hatte er während seiner Schulzeit erlebt, wie sich im Zuge der Ende des 19. Jahrhunderts einsetzenden Sanierungsmaßnahmen durch den Abbruch des *Krenn-Hauses* (→ Abb. 16) und wegen der Neugestaltung der Nordseite des Platzes (→ Abb. 246) dessen Charakter veränderte, so wurde er während seiner Berufsjahre Zeuge der sich über Jahre hinziehenden Errichtung des *Hus-Denkmals* (→ Abb. 147) und der Zerstörung der *Mariensäule* (→ Abb. 245), die vergleichbar starke Eingriffe in das Stadtbild bedeuteten.

205 | Kafka zu Beginn seiner Berufstätigkeit.
Max Brod beschreibt seinen Freund mit folgenden Worten: *[...] der Anzug dunkelgrau oder dunkelblau, ohne Muster, glatt, von nicht hervortretender Eleganz, stets sehr sorgfältig und geschmackvoll gekleidet, die schmalen Hände ausdrucksvoll, doch sparsam in ihren Bewegungen. Keine Baskenmütze, keine Haarmähne, überhaupt kein äußeres Abzeichen des Dichtertums; auch kein breiter Carbonarohut, keine Schmetterlingskrawatte à la Byron, wie ihm dies jetzt plötzlich von einem, der ‹sich erinnert›, zugeschrieben wird.*

FK 338.

Hinweg

206 | Die *Niklasstraße* unmittelbar nach ihrer Vollendung im Jahr 1907. Blick vom Haus *Zum Schiff* in Richtung *Altstädter Ring.*

Gestern in der Niklasstraße ein gestürztes Pferd mit blutigem Knie. Ich schaue weg und mache unbeherrscht Grimassen am hellen Tag.

Oskar Pollak, wie sein Freund Kafka den Stilprinzipien des *Kunstwarts* verpflichtet, der Schlichtheit der Gestaltung propagierte und Historismus und Jugendstil ablehnte, äußerte sich in einem Essay kritisch über die neue Prager Straße, die eine direkte Verbindung zwischen *Altstädter Ring* und Moldau schuf: Anstatt sich an den Bauten Otto Wagners zu orientieren, denen Kafka jedoch ebenfalls kritisch gegenübergestanden zu haben scheint, habe man die Zinshäuser der *Niklasstraße*, die ihr Wesen ruhig und frei zur Schau tragen könnten, mit Erkern, Erkerchen, dreieckigen Balkönchen, Giebeln, Fialen und Figuren behängt. Daß Kafka ähnlich urteilte, läßt sich daraus ableiten, daß er sich durch die vielen Spitzen des Mailänder Doms belästigt fühlte, während er andererseits die Architektur der *Galleria Vittorio Emanuele* lobte, weil sie keinen überflüssigen Schmuck aufwies und deswegen den über sie hingleitenden Blick nicht aufhielt. (→ Abb. 415)

Tagebuch, 7. X. 1915, vgl. Oskar Pollak: *Vom alten und vom neuen «schönen Prag»*, in: *Deutsche Arbeit* 6, Nr. 12 (1907), S. 780, Br II 346, T 966 und 967.

207 | Die *Niklasstraße* (1907). Im Hintergrund Häuser auf der Südseite des *Altstädter Ringplatzes.* Ganz links, angeschnitten, das *Café City, Niklasstraße* Nr. 30 (V-199).

Kleiner Ohnmachtsanfall gestern im Kafé City mit Löwy. Das Herabbeugen über ein Zeitungsblatt um ihn zu verbergen.

Das im gleichen Häuserblock wie die Wohnung der Familie Kafka gelegene Kaffeehaus (heute Verkehrsfläche), das sich zuvor eine Zeitlang *Hollandská kavárna* genannt hatte (→ Abb. 1052), eignete sich wegen seiner Lage für Zusammenkünfte mit Freunden, besonders mit solchen wie Max Brod und Jizchak Löwy, die Kafkas Vater nicht in seiner Wohnung sehen wollte.

In diesem Lokal wurde die endgültige Reihenfolge der in Kafkas Erstling gedruckten Stücke festgelegt. Ursprünglich hatte die für den 15. August 1912 geplante Endredaktion der *Betrachtung* in der Wohnung der Eltern Max Brods stattfinden sollen, doch als Kafka verabredungsgemäß am Abend dieses Tages dort erschien, fand er mit Felice Bauer überraschenderweise einen Besuch vor, so daß das Vorhaben nicht wie geplant durchgeführt werden konnte (→ Abb. 659). Nachdem er den Berliner Gast zusammen mit Brods Vater am späten Abend zu seinem Hotel zurückgebracht hatte, ging Kafka noch ins *Café City*, wo er mit Max Brod das Manuskript durchging, das dieser tags darauf an Ernst Rowohlt nach Leipzig schickte.

Tagebuch, 5. II. 1912, vgl. FK 112, Br I 166 und 192 f.

208 | Die *Niklasstraße*. Rechts die *Alt-Neu-Synagoge*, links dahinter das 1907 fertiggestellte Haus *Niklasstraße* Nr. 17 (V-98), in dem seit März 1910 Kafkas Onkel Richard Löwy mit seiner Familie lebte.

Wie zerworfen und erhoben ich nach dem Anhören von Werfel war! Wie ich mich nachher geradezu wild und ohne Fehler in die Gesellschaft bei den Löwyschen hinlegte.

Es ist anzunehmen, daß Kafka des öfteren bei der Familie seines Onkels Station machte, wenn er durch die *Niklasstraße* nach Hause ging, zumal die beiden Familien miteinander verkehrten. So ist belegt, daß die Kafkas einmal zu Silvester bei den Löwys eingeladen waren, während diese zu den von Kafka geschriebenen und inszenierten Theaterstücken kamen, die er als Schüler und noch zu Beginn der Studienjahre zusammen mit seinen Schwestern im Familienkreis zur Aufführung brachte.

Vor der *Alt-Neu-Synagoge*, aber zurückgesetzt und deswegen in der Abbildung nicht sichtbar, steht das Gebäude *Niklasstraße* Nr. 17a (V-41), in dem Kafkas späterer Arzt Dr. Otto Hermann (→ Abb. 1139) wohnte. Auf der gegenüberliegenden Straßenseite, *Niklasstraße* Nr. 20 (V-127, hinter der Straßenlaterne), praktizierte nach dem Ende des Ersten Weltkriegs der Hausarzt der Familie Kafka, Dr. Heinrich Kral (→ Abb. 213).

Tagebuch, 30. VIII. 1912, vgl. Br II 49, EFK 62 und 64.

209 | Plan der Prager Altstadt (I), Neustadt (II) und Josefstadt (V) (Ausschnitt, 1913).

1   Haus *Zum Schiff, Niklasstraße (Mikulášská třída)* Nr. 36 (I-883).

2   *Café City* (V-199).

3   *Alt-Neu-Synagoge.*

4   *Niklasstraße* Nr. 20 (V-127). In diesem Haus lag seit März 1915 die Wohnung von Kafkas Hausarzt Dr. Heinrich Kral.

5   *Niklasstraße* Nr. 17 (V-98). Seit März 1910 Wohnung von Richard Löwy und seiner Familie.

6   *Niklasstraße* Nr. 16 (V-125). Seit November 1907 Wohnung von Dr. Theodor Weltsch und seiner Familie.

7   *Palais des kaufmännischen Vereins Merkur, Niklasstraße* Nr. 9 (V-68), in dem im März 1911 ein Vortragszyklus Rudolf Steiners stattfand, den Kafka besuchte.

8   *Niklasstraße* Nr. 11 (V-69). In diesem Haus lag bis zum Ersten Weltkrieg die Praxis von Dr. Heinrich Kral, dem Hausarzt der Familie Kafka.

9   *Oppeltsches Haus, Altstädter Ring (Staroměstské náměstí)* Nr. 6 (heute Nr. 5) (I-934), Wohnung der Familie Kafka seit November 1913.

10   *Palais der städtischen Versicherungsgesellschaft (Pražská městská pojišťovna)* (I-930).

11   *Hus-Denkmal.*

12   *Kinsky-Palais, Altstädter Ring* Nr. 15 und 16 (heute Nr. 12) (I-606 und 607).

13   *Altstädter Rathaus (Staroměstská radnice).*

14   *Mariensäule.*

15   Arkadenhäuser am *Altstädter Ring* (I-603, 604 und 478 bis 482).

16   Haus *Zu den drei Königen (U tří králů), Zeltnergasse (Celetná)* Nr. 3 (I-602), in dem die Familie Kafka von September 1896 bis Mai 1907 wohnte.

17   Haus *Zum Einhorn (U jednorožce)* (I-551).

18   *Sixenhaus, Zeltnergasse* Nr. 2 (I-553), Wohnung der Familie Kafka von September 1888 bis Juli 1889.

19   *Zeltnergasse* Nr. 12 (I-558), Sitz des elterlichen Geschäfts von 1906 bis 1912.

20   *K. k. Landesgericht* (I-587).

21   Hotel *Goldener Engel* an der Ecke *Zeltnergasse/Königshofergasse (Králodvorská)* (I-588).

22   Hutgeschäft *Hess, Zeltnergasse* Nr. 38 (I-586).

23   *Deutsches Casino (Deutsches Haus), Am Graben (Na příkopě)* Nr. 26 (II-859).

24   *Pulverturm (Prašná brána).*

25   *Repräsentationshaus (Obecny dům)* am *Josefsplatz* (heute *náměstí Republiky*) (I-1090).

26   *Finanzlandesdirektion* am *Josefsplatz* (II-1037).

27   *Arbeiter-Unfall-Versicherungs-Anstalt* in der *Pořitscherstraße (Na poříčí)* (II-1075).

28   Hotel *Zum blauen Stern,* Ecke *Am Graben/Havlíčekgasse* (heute *Senovážná*) (II-864).

29   Hotel *Central* in der *Hibernergasse (Hybernská)* (II-1001).

30   *Café Arco,* Ecke *Hibernergasse/Pflastergasse (Dlážděná)* (II-1004 und 1005).

31   *Staatsbahnhof* (heute *Masarykovo nádraží*).

32   *Assicurazioni Generali,* Ecke *Wenzelsplatz/Heinrichsgasse (Jindřišská)* (II-832).

a   Tennisplatz auf dem *Belvedere (Letná).*

b   *Kronprinz-Rudolfs-Anlagen* (heute *Letenské sady).*

c   *Chotek-Park (Chotkovy sady).*

d   *Civilschwimmschule (Občanská plovárna).*

e   *Ufergasse (Břehová)* Nr. 8 (V-208), seit September 1914 Wohnung Max Brods und seiner Frau.

f   *Bilekgasse (Bílkova)* Nr. 10 (I-868), im Februar und März 1915 Kafkas Domizil.

g   *Stockhausgasse (Vězeňská)* Nr. 7 (I-860), seit November 1915 Wohnung von Kafkas Schwester Valli.

h   Das *Café Savoy* (heute *Hostinec sport*) an der Ecke *Stockhausgasse (Vězeňská)/Ziegengasse (Kozí)* (I-859).

i   Das Künstlerhaus *Rudolfinum.*

j   *Kunstgewerbemuseum (Uměleckoprůmyslové muzeum)* in der *Salnitergasse* (heute *ulice 17. listopadu*) Nr. 2.

k   *Karpfengasse (Kaprová)* Nr. 13 (V-14), Wohnung des Rabbiners Dr. Karl Thieberger und seiner Familie.

l   Hotel *Schwarzes Roß, Am Graben* (II-860/861).

m   *Café Continental, Am Graben (Na příkopě)* Nr. 17 (I-1047).

n   *Am Graben* Nr. 10 (heute Nr. 8, II-850), Wohnung der Familie Přibram von November 1895 bis zum Mai 1908.

o   *Hauptpost (Hlavní pošta).*

p   *Stadtpark* (heute *Vrchlického sady).*

q   *Café Louvre, Ferdinandstraße* (heute *Národní třída*) Nr. 20 (II-116).

r   Hotel *Erzherzog Stephan* (heute Hotel *Europa*), *Wenzelsplatz (Václavské náměstí)* Nr. 25 (II-825).

s   *Franz-Josefs-Bahnhof* (heute *Hlavní nádraží,* Hauptbahnhof).

t   *Judeninsel* (heute *Dětský ostrov).*

u   *Riegerquai* Nr. 32 (heute *Smetanovo nábřeží* Nr. 30, II-236), seit Juli 1912 Domizil des *Klubs deutscher Künstlerinnen.*

v   *Sofienschwimmschule.*

w   *Smečkagasse (Ve Smečkách)* Nr. 6 (II-1258), wo Julie Wohryzeks Schwester Růžena seit Mitte Februar 1920 einen Modesalon unterhielt.

x   Das Vereinshaus der *Lese- und Redehalle der deutschen Studenten* in der Prager *Krakauergasse (Krakovská)* Nr. 14 (II-1362).

y   Die Dampferstation am *Palackýquai* (heute *Rašínovo nábřeží*).

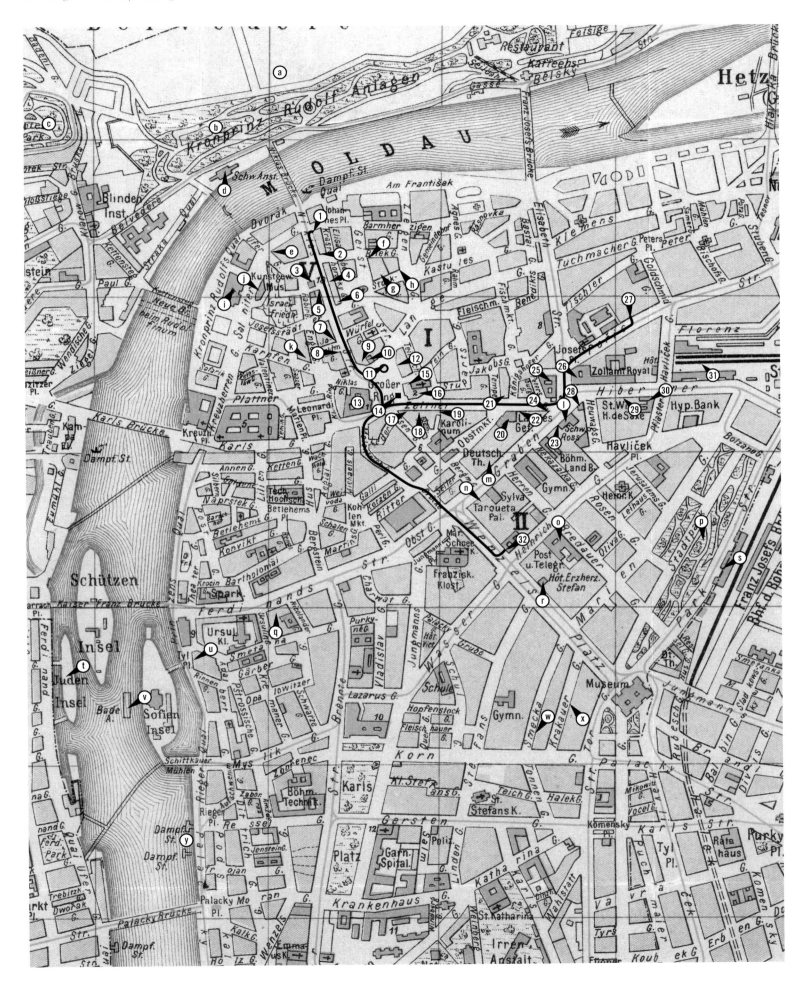

210 | Martha Löwy (1891–1942).

Richard Löwy hatte vier Kinder, darunter Martha, die mit Ottla Kafka befreundet – beide waren Mitglieder des zionistisch orientierten *Klubs jüdischer Frauen und Mädchen* – und deswegen oft bei der nur wenige Schritte entfernt wohnenden Verwandtschaft zu Gast war. Belegt sind auch gemeinsame Spaziergänge mit Ottla und ihrem Bruder, der Martha wegen ihres hübschen, eleganten Aussehens sowie wegen ihres sehr rücksichtsvollen Wesens schätzte und bei der Hochzeit seiner Schwester Valli als Kranzelherr in die *Spanische Synagoge* (→ Abb. 695) begleitete.

Vgl. G 303, Br II 33 f. und T 463.

211 | Richard Löwy (1857–1938).

Im *Brief an den Vater* äußerte Kafka, er habe die unausrottbare Überzeugung, zur Eheschließung gehörten Charaktereigenschaften, wie er sie in der Persönlichkeit des Adressaten verkörpert sah: *Von alledem hatte ich vergleichsweise fast nichts oder nur sehr wenig und damit wollte ich zu heiraten wagen, während ich doch sah, daß selbst Du in der Ehe schwer zu kämpfen hattest und gegenüber den Kindern sogar versagtest? Diese Frage stellte ich mir natürlich nicht ausdrücklich und beantwortete sie nicht ausdrücklich, sonst hätte sich ja das gewöhnliche Denken der Sache bemächtigt und mir andre Männer gezeigt, welche anders sind als Du (um in der Nähe einen von Dir sehr verschiedenen zu nennen: Onkel Richard) und doch geheiratet haben und darunter wenigstens nicht zusammengebrochen sind.*

Brief an den Vater, S. 213.

212 | Blick auf den *Obstmarkt* in Prag (um 1900).

Im ersten Obergeschoß des am rechten Bildrand angeschnittenen Gebäudes *Obstmarkt* Nr. 10 (I-576) (→ Abb. 21, 24) hatte Richard Löwy seit der Jahrhundertwende ein Wäschegeschäft. Das Haus und seine beiden Nachbarn I-575 und I-574 zur Linken wurden Ende der 20er Jahre abgerissen, so daß eine Lücke in der Bebauung entstand, die erst 1997 mit der Errichtung eines Geschäftszentrums geschlossen wurde. Richard Löwy war zunächst Geschäftsreisender gewesen, der mit seinen Eltern und seinem Bruder Josef nach Prag gekommen war. Von Anfang 1891 bis zum August 1895 lebte er allein, zunächst in der *Fleischmarktgasse* Nr. 3 (I-1051), also ganz in der Nähe der Grundschule, die Kafka bis zum Sommer 1893 besuchte, anschließend in der *Hibernergasse* (II-1007) und seit September 1898 am *Havlíčekplatz* (heute *Senovážné náměstí*) (II-993), bevor er im September 1899 heiratete und an den *Obstmarkt* zog. 1902 übersiedelte er in die *Zeltnergasse* Nr. 12, im Februar 1907 in die *Stockhausgasse* (I-914), wo er bis zum Februar 1910 blieb. Besuche Kafkas in diesen Domizilen sind wahrscheinlich.

213 | Dr. Heinrich Kral, der Hausarzt der Familie Kafka.

Durch Herumkratzen im Ohr meiner Schwester macht Dr. Kral
eine Trommelfellentzündung zu einer Mittelohrentzündung; das
Dienstmädchen fällt beim Einheizen hin, der Doktor erklärt es mit
jener Schnelligkeit der Diagnose, die er gegenüber Dienstmädchen
hat, für verdorbenen Magen und Blutandrang infolgedessen, am
nächsten Tag legt sie sich wieder nieder, hat hohes Fieber, der Doktor
dreht sie rechts und links, konstatiert Angina und läuft rasch weg,
um nicht vom nächsten Augenblick widerlegt zu werden.

Kral (*1871), Sohn eines Gymnasialprofessors, hatte in Prag mit
sehr guten Ergebnissen ein Medizinstudium absolviert und unterhielt danach eine große, bekannte Arztpraxis. Patientenbesuche
machte er teilweise mit einer Droschke, die von einem Schimmel
gezogen wurde. Er fand im Beruf Erfüllung und hielt sich durch
Lektüre medizinischer Zeitschriften auf dem laufenden. War jemand krank, mußten die Kinder zu Hause leise sein, weil er ein
sehr persönliches Verhältnis zu seinen Patienten hatte und mit ihnen litt. Er lebte bescheiden, aß maßvoll, um sich schlank zu halten,
trank nur Tee, war Nichtraucher und schrieb Unbemittelten keine
Rechnung. Johannes Urzidil läßt ihn in seiner Erzählung *Weißen-*
stein Karl auftreten und charakterisiert ihn dort mit den Worten: *er*
gehörte noch zu jenem Schlag von Ärzten, die ihren Beruf betreiben,
weil sie helfen wollen, und nicht nur sich selbst. Seine Leidenschaft
war das Bergsteigen, die ihn allein auf den Dachstein führte, auch
las er gern Biographien über historische Persönlichkeiten. Da er
während des Ersten Weltkriegs eingezogen und für die in Prager
Militärlazaretten liegenden Verwundeten verantwortlich war, mußte Kafka, als er 1916 und 1917 schwerwiegende gesundheitliche Probleme hatte, einen anderen Arzt aufsuchen (→ Abb. 957), konsul-
tierte Kral aber nach Kriegsende weiterhin. Dies verwundert wenig,
denn Kral war Anhänger der Naturheilkunde, die er erfolgreich
anwandte. Er versuchte, zunächst ohne Arzneimittel auszukom-

214 | Das Portal des von dem Architekten Anton Makovec errich-
teten und dem Bildhauer Karel Novák ausgeschmückten Hauses
Niklasstraße Nr. 11 (V-67), in dem Dr. Heinrich Kral, der um die
Jahrhundertwende eine Praxis in der *Zeltnergasse* Nr. 4 unterhalten
hatte (→ Abb. 244), seit 1907 seine Patienten empfing.
Vgl. DZB 75, Nr. 219 (10. VIII. 1902), S. 24.

men, verschrieb kalte Wickel und Inhalationen und schickte seine
Frau zur Diät in den *Weißen Hirsch* nach Dresden. Entgegen dem
Eindruck, den der zitierte Tagebucheintrag Kafkas vermittelt, war
Krals Stärke die Diagnose, so daß gelegentlich auch Professoren
seinen Rat suchten. Kral wurde am 13. Juli 1942 nach Theresien-
stadt deportiert, wo er am 9. Juni 1943 umkam.

Tagebuch, 5. III. 1912 und Johannes Urzidil: *Prager Triptychon. Erzählungen,* München
(1960), S. 106, vgl. Maria Bobasch, London (mündlich, April 1976) und PT 40, Nr. 87
(28. III. 1915), S. 9.

216 | Der *Delphinbrunnen* auf dem *Altstädter Ringplatz* (1910).

Bis zur Errichtung des *Radetzky-Denkmals* (→ Abb. 785) stand der Brunnen auf dem *Kleinseitner Ringplatz*, danach auf dem *Dreibrunnenplatz* in der Josefstadt und fand schließlich nach der Sanierung des Ghettos vor der *St. Nikolauskirche* seinen endgültigen Platz.

Am 9. November 1911 berichtet Kafka im Tagebuch von einem zwei Tage zurückliegenden Traum, in dem er den *Altstädter Ring* als Theaterbühne von der Einmündung der *Niklasstraße* aus in folgender Weise vor sich sah: *Der Platz war stark abfallend, das Pflaster fast schwarz, die Teinkirche war an ihrem Ort vor ihr aber war ein kleines Kaiserschloß, in dessen Vorhof, alles was sonst an Monumenten auf dem Platz stand in großer Ordnung versammelt war: die Mariensäule, der alte Brunnen vor dem Rathaus, den ich selbst nie gesehen habe, der Brunnen vor der Niklaskirche und eine Plankeneinzäunung, die man jetzt um die Grundaushebung für das Husdenkmal aufgeführt hat.* (→ Abb. 741)

Vgl. Hartmut Binder: «… wie die ‹Planeten› auf dem Weihnachtsmarkt». Prag in Bildvorstellungen Kafkas unter besonderer Berücksichtigung seines Traumes vom 7./8. November 1911, in: Franz Kafka und die Prager deutsche Literatur. Deutungen und Wirkungen, hrsg. von H. B., (Bonn 1988), S. 11−19.

215 | In der *Niklasstraße.* Das erste Haus rechts, Nr. 9, ist das *Palais des kaufmännischen Vereins Merkur* (V-68), in dem Kafka zwischen dem 19. und 28. März 1911 in Begleitung Max Brods zwei einführende Vorträge sowie einen neunteiligen, *Okkulte Physiologie* betitelten Zyklus Rudolf Steiners hörte (→ Abb. 355 und 1122). Weiter hinten in der gleichen Front ist der vorspringende Chor der *St. Nikolauskirche*, der neugotische Erweiterungsbau des *Altstädter Rathauses* sowie dessen Turm zu sehen. Die drei Häuser im Hintergrund liegen rechts von der *Eisengasse.*

In dem Gebäude ganz links in der Abbildung, *Niklasstraße* Nr. 6 (I-936), erschoß sich am 13. September 1905 Kafkas Klassenkamerad und Freund Camill Gibian (→ Abb. 139). Das letzte Gebäude in der Häuserzeile links ist das *Oppeltsche Haus,* in dem Kafka und seine Angehörigen ab November 1913 wohnten.

217 | Der *Krocinbrunnen*, der bis 1868 vor dem *Altstädter Rathaus* stand.

218 | Festzug vor dem *Kinsky-Palais*, welches das *K. k. Altstädter-Staats-Gymnasium mit deutscher Unterrichtssprache* beherbergte, das Kafka von September 1893 bis zum Juli 1901 besucht hatte. Die ersten vier Klassen waren im Hinterhaus untergebracht, das an die *Teingasse* grenzt (→ Abb. 48), die Oberklassen im zweiten Stock-werk des Vorderhauses. Im Erdgeschoß des Gebäudes rechts lag seit Oktober 1912 das Galanteriewarengeschäft Hermann Kafkas, dessen Name auf der Abbildung in tschechisierter Form erscheint. Im Juni 1918 verkaufte er sein Unternehmen, das wegen der Kriegs-verhältnisse schlecht ging, für 500 000 Kronen an Friedrich Löwy, einen Vetter Julie Kafkas, der es am 15. Juli unter Beibehaltung des eingeführten Namens übernahm. Friedrich (1868–1945) war ein Sohn Leopold Löwys (1816–1878), dessen jüngerer Bruder Jakob der Großvater Kafkas war (→ Abb. 675).

In dem unter Abbildung 216 erwähnten Traum war dargestellt, wie der zu einem Fest ausgefahrene kaiserliche Hof wegen einer in-zwischen ausgebrochenen Revolution in sein Schloß zurückkehrt: *Da kamen die Hofwagen von der Eisengasse her in so rasender Fahrt an, daß sie schon weit von der Schloßeinfahrt bremsen mußten und mit festgehaltenen Rädern über das Pflaster schleiften. Es waren Wägen, wie man sie bei Volksfesten und Umzügen sieht, auf denen le-bende Bilder gestellt werden, sie waren also flach, mit einem Blumen-gewinde umgeben und von der Wagenplatte hieng ringsherum ein farbiges Tuch herab das die Räder verdeckte.*

Tagebuch, 9. XI. 1911, vgl. Guido Kisch: *Der Lebensweg eines Rechtshistorikers*, Sigmaringen (1975), S. 24, Julie Kafka an Ottla am 6. VII. 1918, Irma Kafka an Ottla am 18. I. 1918 und Anthony Northey, Wolfville, Nova Scotia (mündlich, 2007).

219 | Blick in das ehemalige Geschäft Hermann Kafkas im *Kinsky-Palais* (I-606) (1947).

Im Jahr 1940 wurde das Geschäft im *Kinsky-Palais* arisiert. Als der neue Besitzer nach dem Ende des Zweiten Weltkriegs aus Prag vertrieben wurde, übernahm es eine Nichte Friedrich Löwys, die nach der Machtübernahme der Kommunisten im Februar 1948 nach Argentinien emigrierte. Im Jahr zuvor, als Prager Germani-sten bei der Planung des Bandes *Kafka a Praha* auf Materialsuche waren, dürfte das Photo entstanden sein.

Vgl. Alena Wagnerová: «*Im Hauptquartier des Lärms*». *Die Familie Kafka aus Prag*, (Köln 1997), S. 101 f.

220 | Ein Stand auf dem *Christ-* oder *Nikolomarkt* auf dem *Altstädter Ring,* der am 6. Dezember begann und bis Weihnachten dauerte.

In einer am 1. Oktober 1911 formulierten Tagebuchnotiz über einen Besuch im Bordell *Šuha* (I-722, Ecke *Dlouhá třída/Benediktská*) schreibt Kafka über die dort arbeitenden Prostituierten: *Einige hier und früher angezogen wie die Marionetten für Kindertheater, wie man sie auf dem Christmarkt verkauft d. h. mit Rüschen und Gold beklebt und lose benäht, so daß man sie mit einem Zug abtrennen kann und daß sie einem dann in den Fingern zerfallen.*

Stellt man in Rechnung, daß Kafka als Halbwüchsiger zu den Geburtstagen seiner Eltern kleine Theaterstücke verfaßte, die er zusammen mit seinen Schwestern inszenierte, und daß die jugendliche Hauptfigur im *Verschollenen* sich lebhaft an die Krippenspiele erinnert, die zu Hause auf dem *Christmarkt* den staunenden Kindern gezeigt wurden, dann scheint die Vermutung nahezuliegen, daß er schon als Kind von dieser Veranstaltung fasziniert war, die er insgesamt fünfmal erwähnt.

Vgl. *Der Verschollene,* S. 57 f.

221 | Szene auf dem Prager *Christmarkt.* Besucher lassen sich von einem Wellensittich in Briefform gehaltene Schicksalslose ziehen, sogenannte Planeten, die wie Karteikarten in einem rechteckigen Behältnis aufgereiht sind.

Als Kafka Ende August 1911 in Zürich Briefträger sah, die ihre Briefe in Kästchen geordnet vor sich hertrugen, fühlte er sich an die abgebildete Situation auf dem Prager *Christmarkt* erinnert, auf dem im Jahr zuvor, wie Egon Erwin Kischs Feuilleton *Weihnachtsmarkt* belegt, tatsächlich derartiges zu sehen war. Als er am 17. Dezember 1911 über den Markt ging, notierte er in seinem Tagebuch: *Die alten Künste auf dem Christmarkt. Zwei Kakadus auf einer Querstange ziehn Planeten. Irrtümer. Ein Mädchen bekommt eine Geliebte prophezeit.* Wie tief sich Szenen dieser Art in sein Bewußtsein eingegraben haben müssen, verdeutlicht eine elf Jahre jüngere Szene in seinem letzten Roman. In einem Gespräch äußert sich der Held des *Schloss*-Fragments über die Bedeutung zweier Botschaften, die ihm von einem geheimnisvollen Bürovorstand zugegangen sind, mit diesen Worten: *Mögen es auch alte wertlose Briefe sein, die wahllos aus einem Haufen genau so wertloser Briefe hervorgezogen wurden, wahllos und mit nicht mehr Verstand, als die Kanarienvögel auf den Jahrmärkten aufwenden, um das Lebenslos eines Beliebigen aus einem Haufen herauszupicken, mag das so sein, so haben diese Briefe doch wenigstens irgendeinen Bezug auf meine Arbeit, sichtlich sind sie für mich, wenn auch vielleicht nicht für meinen Nutzen bestimmt.*

Das Schloß, S. 290, vgl. Egon Erwin Kisch: *Weihnachtsmarkt,* in: DZB 83, Nr. 355 (25. XII. 1910), S. 3.

223 | Ein städtisches Reinigungskommando auf dem *Altstädter Ring.* Vorgänge dieser Art dürften Kafka zu dem folgenden Erzählfragment angeregt haben: *Ich trete aus dem Haus um einen kleinen Spaziergang zu machen. Es ist schönes Wetter aber die Gasse ist auffallend leer, nur in der Ferne steht ein städtischer Bediensteter mit dem Wasserschlauch in der Hand und spritzt einen ungeheueren Bogen Wassers die Gasse entlang. «Unerhört» sage ich und prüfe die Spannung des Bogens. «Ein kleiner städtischer Bediensteter» sage ich und blicke wieder auf den Mann in der Ferne.*

T 641.

222 | Die *Mariensäule* auf dem *Altstädter Ringplatz,* bei der es sich um einen Monolithen mit einer von Georg Pendel geschaffenen *Statue der unbefleckten Empfängnis Mariä* handelt, die Kaiser Ferdinand III. 1650 als Zeichen seiner Dankbarkeit für die Errettung Prags stiftete, das 1648 schwedischer Belagerung getrotzt hatte (→ Abb. 245). Halb rechts im Hintergrund (hinter dem großen Kandelaber) das Haus *Zeltnergasse* Nr. 2 (→ Abb. 227), in dem die Familie Kafka von September 1888 bis Juli 1889 wohnte.

Die *Mariensäule* war ein Ort, wo sich Kafka und Max Brod gelegentlich verabredeten, sie erscheint aber auch mehrfach im phantastischen Mittelteil der *Beschreibung eines Kampfes.* Hier veranlaßt der Ich-Erzähler in einer auf dem nächtlichen *Altstädter Ring* spielenden Passage im Kapitel *Geschichte des Beters* den übermütig scheinenden Mond zum Rückzug, indem er ihn als «*Mariensäule*» bezeichnet; andererseits läßt er die drohende Haltung dieses Monuments verschwinden, indem er es «*Mond, der gelbes Licht wirft*» nennt. Der Text wurde im Frühjahr 1909 unter dem Titel *Gespräch mit dem Betrunkenen* in der von Franz Blei herausgegebenen Zeitschrift *Hyperion* veröffentlicht. Außerdem wird im *Begonnenen Gespräch mit dem Beter,* das ebenfalls der ersten Fassung

dieser Erzählung entstammt und an gleicher Stelle als *Gespräch mit dem Beter* gedruckt wurde, die gesamte Szenerie traumhaft verfremdet: *Die Luft auf dem Platz ist aufgeregt. Die Spitze des Rathhausthurmes beschreibt kleine Kreise. Warum macht man nicht Ruhe in dem Gedränge? Was ist das doch für ein Lärm! Alle Fensterscheiben lärmen und die Laternenpfähle biegen sich wie Bambus. Der Mantel der heiligen Maria auf der Säule rundet sich und die stürmische Luft reißt an ihm. Sieht es denn niemand?*

Beschreibung eines Kampfes. S. 166–169 und 142 f., vgl. Br I 71 und 82.

224 | Die *Aposteluhr* am *Altstädter Rathaus*.

Auf seinem Weg zur Grundschule und später zu den *Assicurazioni Generali* passierte Kafka täglich die berühmte, im Kern auf das Jahr 1490 zurückgehende, 1866 wieder in Gang gesetzte *Astronomische Uhr* am *Altstädter Rathausturm* (→ Abb. 21, 13). Zu ihrem mechanischen Beiwerk gehören zwölf Apostel, die zu jeder vollen Stunde hinter zwei über dem eigentlichen Uhrwerk angebrachten Fenstern vorbeiziehen. Der Tod flankiert als Gerippe das obere Zifferblatt auf der rechten Seite und setzt das Spektakel fort, indem er mit der einen Hand das Totenglöckchen läutet, mit der anderen die Sanduhr umdreht und so einem neben ihm stehenden Türken andeutet, seine Zeit sei abgelaufen. Zum Abschluß kräht der über den Fensteröffnungen angebrachte Hahn, der auf den Verrat des Petrus anspielt. In einem an die tschechische Journalistin Milena Jesenská gerichteten Schreiben vom 30. Mai 1920 versuchte Kafka, die Adressatin, die in einem vorhergehenden Brief die Wendung *Nechápu* (Verstehe ich nicht) gebraucht hatte, dadurch zum Lachen zu bringen, daß er diese in folgender Weise deutete: *Möglich daß die 3 Silben auch die 3 Bewegungen der Apostel auf der Prager Uhr bedeuten. Ankunft, Sich-zeigen und böser Abgang.* (→ Abb. 1212)

Außerdem ist denkbar, daß sich Kafka von der Gestalt des Erzengels Michael, der links unten mit erhobenem Schwert zu sehen ist, anregen ließ, im Eingangskapitel seines *Verschollenen* den Arm der New Yorker Freiheitsstatue nicht mit einer Fackel, sondern mit einem Schwert emporragen zu lassen. (→ Abb. 573)

225 | Häuserfront in der Südseite des *Altstädter Rings* mit der Einmündung der *Melantrichgasse*, die Kafka durchqueren mußte, wenn er zur Arbeit in die *Assicurazioni Generali* ging oder vom *Wenzelsplatz* nach Hause zurückkehrte (1907).

226 | Arkaden in den der *Teinkirche* vorgelagerten beiden Häusern am *Altstädter Ringplatz*.

Ich warte wie ein Rind. Fühle ich nämlich einen wenn auch sehr unsichern Zweck meiner augenblicklichen Existenz bin ich in meiner Schwäche so eitel, daß ich um dieses einmal vorgesetzten Zwekkes halber alles gern ertrage. Wenn ich verliebt wäre, was könnte ich da tun. Wie lange wartete ich vor Jahren unter den Lauben auf dem Ring, bis die M. vorüberkam und wenn sie auch nur mit ihrem Liebhaber vorübergieng.

Tagebuch, 18. XII. 1911.

227 | Das *Sixenhaus*, *Zeltnergasse* Nr. 2 (I-553) (Mitte), in dem die Familie Kafka von September 1888 bis Juli 1889 wohnte.

Als Kind hatte ich Angst und wenn nicht Angst so Unbehagen, wenn mein Vater, wie er als Geschäftsmann öfters tat, vom Letzten oder vom Ultimo sprach. Da ich nicht neugierig war und wenn ich auch einmal fragte, infolge langsamen Denkens die Antwort nicht rasch genug verarbeiten konnte und weil oft eine einmal aufgetauchte schwach tätige Neugierde schon durch Frage und Antwort befriedigt war, ohne auch noch einen Sinn zu verlangen, so blieb mir der Ausdruck der Letzte ein peinliches Geheimnis dem infolge bessern Aufhorchens der Ausdruck Ultimo zur Seite trat wenn auch nie in so starker Bedeutung.

Tagebuch, 24. XII. 1911.

228 | Alfred Pascheles.

Er fühlt sich als Deutscher, ist Mitglied des hiesigen deutschen Casinos, einer zwar allgemeinen, aber unter den hiesigen Deutschen doch vornehmsten Vereinigung, und geht nun wahrscheinlich jeden Abend nachdem das Geschäft geschlossen ist und er genachtmahlt hat in das «Deutsche Haus». [→ Abb. 555] So war es auch vorgestern abend, als ich ihn zufällig beim Verlassen seines Hauses erblickte. Er gieng vor mir her, wie der junge Mann als den ich ihn eben immer noch in Erinnerung habe. Sein Rücken ist auffallend breit, er geht so eigentümlich stramm, daß man nicht weiß, ob er stramm oder verwachsen ist; jedenfalls ist er sehr knochig und hat z. B. einen mächtigen Unterkiefer. Begreifst Du nun Liebste, kannst Du es begreifen (sag es mir!) warum ich diesem Mann geradezu lüstern durch die Zeltnergasse folgte, hinter ihm auf den Graben einbog und mit unendlichem Genuß ihn im Tor des «Deutschen Hauses» verschwinden sah? Kafka handelt hier von dem 1870 geborenen jüdischen Buchbinder Alfred Pascheles, dessen winziges Geschäft in dem Gebäude *Zeltnergasse* Nr. 4 (I-554), also direkt gegenüber dem Haus *Zu den drei Königen* untergebracht und deswegen der Familie Kafka genau so bekannt war wie das Schicksal seiner Besitzer. So erinnerte er sich an Besuche von Frau Pascheles, die aber, wie er meinte, verschuldet von ihrem Ehemann und dessen Eltern, wenige Wochen nach der Heirat geisteskrank geworden und daraufhin geschieden worden war, wobei Pascheles zur besonderen Befriedigung Hermann Kafkas den größten Teil der Mitgift zurückgeben mußte.

Kafka besaß mit Teilbänden der berühmten *Sippurim-Sagen* und der nicht weniger bekannten *Volkstümlichen Geschichte der Juden* von Heinrich Graetz zwei Werke, die bei Pascheles gekauft worden waren, wenn auch offenbar nicht von ihm selbst.

Pascheles, der tatsächlich Mitglied des Vereins *Deutsches Casino* war, hat 1914 noch einmal geheiratet – diese Frau starb 1929 –, war während des Krieges Leutnant und wurde im Juli 1942 nach Theresienstadt deportiert, wo er im gleichen Monat starb.

An Felice am 23./24. II. 1913, vgl. KB Nr. 108, 225 und *Namens-Verzeichnis der Mitglieder des Deutschen Casino im Jahre 1896–97 und Rechnung für das Vereinsjahr 1896–97 d. i. für die Zeit vom 1. Oktober 1896 bis 30. September 1897*, Prag 1898, S. 69.

229 | Von Hermann Kafka ausgestellte Rechnung vom 26. März 1910.

Das Dokument – das einzige seiner Art, das bisher bekannt geworden ist – vermittelt einen Eindruck vom Großhandel, den Kafkas Vater betrieb, sowie von dessen Geschäftsgrundsätzen. Man sieht, daß die Firma weit über Prag hinaus Geschäftsverbindungen unterhielt, denn der hier belieferte Kunde wohnte in Vojnův Městec (Münchsberg) im Kreis Žd'ár nad Sazavou (Saar an der Sasau). Weiterhin ist zu erkennen, daß die Mengen, die Kafka versandte – zu diesem Zeitpunkt hatte er den Einzelhandel bereits aufgegeben – ziemlich bescheiden sein konnten, denn er lieferte hier lediglich zweimal ein halbes Dutzend Schuhe – graue Schuhe, die ebenfalls bestellt worden waren, hatte er nicht am Lager –, 50 Meter Schneiderband zum Einfassen von Stoff sowie die gleiche Menge Wäscheband in vier verschiedenen Preiskategorien.

Interessant sind die Konditionen: Die Rechnung war mittels sofort fälligem Wechsel bei Gewährung von 5 % Skonto zu begleichen oder innerhalb von 60 Tagen ohne Abzüge. Am Rand, um 90 Grad gedreht, steht, von Hand unterstrichen: *Zur Entgegennahme von Geld ist nur berechtigt, wer sich mit meiner Vollmacht ausweisen kann.* Dann folgt: *Kisten werden nach Herstellungskosten berechnet und nicht zurückgenommen. Persönlich ausgewählte Waren werden nicht zurückgenommen und bei [mit der Post] geschickter Ware wer-*

den nur Reklamationen innerhalb von acht Tagen nach Erhalt der Sendung berücksichtigt. Geldbeträge sollten via Postsparkasse überwiesen werden, da ich keine Auslagen übernehme, die mit der Geldüberweisung zusammenhängen.

Hermann Kafka bezeichnet sich im Rechnungskopf als *Großhändler für dekorative Kurz- und Galanteriewaren* sowie als *vereidigter Sachverständiger beim K. k. Landes- und Strafgericht in Prag.*

230 | Das Portal des Hauses *Zeltnergasse* Nr. 12 (I-558) mit dem in tschechischer Sprache gehaltenen Hinweis auf dem linken Türflügel, daß sich der Galanteriewarengroßhandel der Firma Hermann Kafka im I. Obergeschoß des Hauses befinde. (→ Abb. 21, 20)

Jetzt habe ich das Geschäft aufgemacht [...].

Hermann Kafka hatte seine Firma im Mai 1906 von der *Zeltnergasse* Nr. 3 hierher übersiedelt, was für Kafka bedeutete, daß er, wie er Brod am 27. des Monats mitteilte, beim Umzug helfen, nämlich Kisten abstauben und ins neue Geschäftslokal tragen mußte. Wenn seine Eltern in der Sommerfrische waren, scheint er gelegentlich auf dem Weg zur Arbeit das Geschäft für die Angestellten geöffnet zu haben.

An Hedwig Weiler am 29. VIII. 1907.

231 | Die *Zeltnergasse*, im Hintergrund der *Pulverturm.* Das helle, von rechts vorspringende Gebäude daneben ist das *Landesgericht*, in dem Kafka einen Teil seiner Rechtspraxis ableistete (→ Abb. 192). In dem Haus Nr. 22 in der Häuserfront rechts (I-563) redigierte Kafkas Freund Felix Weltsch ab 1919 die *Selbstwehr.* Anläßlich eines Besuches in dieser Redaktion vermerkte Kafka in seinem Tagebuch: *Gestern Makkabimädchen in der Selbstwehrredaktion telephoniert: «Přišla jsem ti pomoct.»* [«Ich bin gekommen, um Dir zu helfen.»] *Reine herzliche Stimme und Sprache.* Das Mädchen war ein Mitglied des nach den Makkabäern benannten zionistischen Turn- und Sportvereins *Makkabi.*
Tagebuch, 27. IV. 1922.

232 | Das Hotel *Goldener Engel* an der Ecke *Zeltnergasse/Königshofergasse (Králodvorská)* (I-588) (um 1916). Das Lokal beherbergte vom April 1913 bis zum Ausbruch des Ersten Weltkriegs das von Rolf Wagner (→ Abb. 986) gegründete Chantant *Chat Noir*, zu dessen Besuchern Kafka zählte (→ Abb. 534).

In dem Gebäude rechts dahinter, Nr. 33 (I-585), befand sich die Buchhandlung von *Jakob B. Brandeis*, in der Kafka Veröffentlichungen mit jüdischer Thematik zu kaufen pflegte. Denn unter den Büchern, die sich aus seiner Bibliothek erhalten haben, finden sich sechs mit dem Stempel dieser Verlagsbuchhandlung, die auch die zionistische Wochenschrift *Selbstwehr* herausgab (→ Abb. 816). Darunter war das *Lehrbuch der hebräischen Sprache* für Schul- und Selbstunterricht von Moses Rath (→ Abb. 1018) und Fritz Mordechai Kaufmanns *Vier Essays über ostjüdische Dichtung und Kultur*, die Brod dort erworben und seinem Freund im März 1920 anläßlich seiner Meranreise geschenkt hatte.
Vgl. KB Nr. 20, 61, 158, 230, 254 und 255.

233 | Das Hutgeschäft *Hess* in der *Zeltnergasse* Nr. 58 (I-586).

Es scheint, daß sich Kafka im Eingangsteil seines Romanfragments *Hochzeitsvorbereitungen auf dem Lande*, das den Gang der Hauptfigur durch ein städtisches Ambiente zum Bahnhof beschreibt, von Details seiner Prager Umgebung anregen ließ, zu denen vermutlich das Hutgeschäft Hess gehörte: *Vor einer Auslage, in der auf Stäbchen kleine Herrenhüte hinter einer nassen gläsernen Scheibe hiengen, blieb er stehn und schaute, die Lippen gespitzt, in sie.*

Hochzeitsvorbereitungen auf dem Lande, S. 18.

234 | Blick von der *Zeltnergasse* durch den *Pulverturm,* vor dem Kanalisationsarbeiten durchgeführt werden. Im Hintergrund das Hotel *Zum blauen Stern.* (→ Abb. 668)

235 | Der *Josefsplatz*. Rechts die Einmündung der *Pořitscherstraße*.

Auf dem Josefsplatz fuhr ein großes Reiseautomobil mit einer fest an einander sitzenden Familie an mir vorüber. Hinter dem Automobil gieng mir mit dem Benzingeruch ein Luftzug von Paris über das Gesicht.

Tagebuch, 3. X. 1911.

236 | Die *Pořitscherstraße (Na poříčí)* um 1900; links die *Josefskaserne (Josefská kasárna)*. Im Hintergrund das Gebäude der *Arbeiter-Unfall-Versicherungs-Anstalt* (mit Kuppel) (II-1075), das heute als Hotel dient.

237 | Eines der beiden Portale der *Arbeiter-Unfall-Versicherungs-Anstalt*.

Die mit reichem Schnitzwerk und vergitterten Kristallscheiben verzierten zwei Tore waren schwarz poliert, die Fenster glänzten, das Stiegen-haus und die Gänge waren stets hell erleuchtet, bei dem großen breiten Lift stand ein weißhaariger Portier mit goldverbrämter Tellermütze und einem mächtigen Rübezahlbart.

Gustav Janouch: *Prager Begegnungen*, (Leipzig 1959), S. 93.

Rückweg

Wie Erinnerungen Max Brods belegen, erfolgte der Nachhauseweg über die *Zeltnergasse,* also auf der gleichen Route wie der Hinweg: Brod pflegte Kafka nach Dienstschluß vor der *Finanzlandesdirektion* am *Josefsplatz* zu erwarten, um ihn ein Stück weit nach Hause zu begleiten. Die beiden gingen dann gemeinsam durch die *Zeltnergasse* zum *Altstädter Ring,* wo sich ihre Wege trennten, denn Brod wohnte in der *Schalengasse (Skořepka),* die er über den *Kleinen Ring (Malé náměstí)* und die *Aegidigasse (Jilská)* erreichte, nachdem er sich von seinem Freund verabschiedet hatte.

238 | Der *Josefsplatz* von der *Pořitscherstraße* aus. Ganz links im Bild die *Pariser Straße* (heute *U Obecního domu*), im Hintergrund einer der Türme der *Teinkirche.* Das zwischen 1904 und 1906 nach Plänen des Wiener Architekten Karl Stigler erbaute Gebäude ganz rechts (*Josefsplatz* Nr. 6, heute *náměstí Republiky* Nr. 7, I-1081) war der Sitz der Prager Filiale der *Kaiserlich königlich privilegierten Österreichischen Länderbank,* die Kafka als Hausbank diente und seine Kriegsanleihen verwaltete (→ Abb. 862). Hier arbeitete auch Ernst Polak (Pollak) bis zu seiner Übersiedelung nach Wien im März 1918.

Während eines Spaziergangs, der Kafka und seine Eltern im Jahr 1899 auf den *Josefsplatz* führte, hielt der damals 16jährige seinem Vater *in der Nähe der heutigen Länderbank* vor, er sei großen Gefahren ausgesetzt gewesen, weil er nicht aufgeklärt worden sei, deutete jedoch zugleich an, keine weitere Belehrung mehr zu benötigen, weil er inzwischen erfahren habe, was er wissen müsse. Sein Vater antwortete, er könne ihm raten, wie er *diese Dinge* ohne Gefahr werde *betreiben* können, worauf Kafka das Gespräch verletzt abbrach, dessen Auswirkungen noch zwanzig Jahre später für die Beziehung zu Julie Wohryzek und die Genese des *Schloss*-Romans von Bedeutung waren.

Brief an den Vater, S. 202, vgl. Hartmut Binder: *Kafka in neuer Sicht,* Stuttgart (1976), S. 427–437.

239 | Der Eingang zur *Finanzlandesdirektion* (I-1037) auf dem *Josefsplatz,* wo Brod, der als Beamter der Prager *Postdirektion* ebenfalls nur eine tägliche Arbeitszeit von sechs Stunden zu absolvieren hatte, nach Dienstschluß seinen Freund zu erwarten pflegte (→ Abb. 792). Der am First des Gebäudes angebrachte Doppeladler, Wappenemblem der Habsburgermonarchie, wurde am 28. Oktober 1918 zerstört (→ Abb. 245 und 505), inzwischen aber rekonstruiert. Brod schreibt:

So wartete ich täglich um 2 Uhr mittags beim Pulverturm auf Franz – wie gut und ausführlich habe ich dabei den alten kunstvollen doppelköpfigen Reichsadler im Giebel der Finanzlandesdirektion, Ecke Hybernergasse, studiert, denn Franz kam immer später als ich, er hatte noch amtlich zu tun oder verlor sich in ein Gespräch mit Kollegen – knurrenden Magens patrouillierte ich auf und ab, aber der Ärger war rasch vergessen, wenn die schlanke hohe Gestalt des Freundes auftauchte, meist mit einem verlegenen Lächeln, das höchsten Schreck, ja Entsetzen über seine lange Verspätung mehr posierte als wirklich ausdrücken sollte.

Dabei hielt er die Hand an sein Herz gepreßt. «Ich bin unschuldig», bedeutete diese Geste. Und überdies kam er im Laufschritt angetrabt, so daß man wirklich nichts Heftiges gegen ihn sagen konnte. Auf dem gemeinsamen Weg durch die Zeltnergasse bis zum Altstädter Ring gab es immer unendlich viel zu erzählen. Auch fanden wir, vor Franzens Wohnhaus, noch lange nicht das letzte Wort.

FK 61, vgl. PT 43, Nr. 251 (29. X. 1918), S. 3.

240 | Die heute noch existierende Prager *Hauptpost (Hlavní pošta)* (→ Abb. 209, o) an der Ecke *Heinrichsgasse (Jindřišská)/Bredauergasse* (heute *Politických vězňů*), in der Max Brod von 1909 bis 1921 arbeitete (mit Ausnahme der Jahre 1915 bis 17, wo er in einer Dependance in der *Růžová* tätig war). Um Kafka nach Dienstschluß abholen zu können, mußte Brod bis zu der am Ostende der *Heinrichsgasse* liegenden *St. Heinrichskirche* gehen und links auf den *Havlíčekplatz* (heute *Senovažné náměstí*) einbiegen; von dort kam er über die *Heuwagsgasse* (heute *Senovážná*) direkt zur *Finanzlandesdirektion*.

241 | Der Haupteingang des von den Architekten Antonín Balšanek und Osvald Polívka errichteten, 1912 eröffneten *Repräsentationshauses* mit dem dahinter liegenden *Pulverturm*, den Kafka auf dem Nachhauseweg durchschreiten mußte.

Das Gebäude im Hintergrund links beherbergt die Buchhandlung *André*, die Kafka gelegentlich aufzusuchen pflegte. Der Besitzer Max Berwald (*1853) war ein Freund von Brods Vater (→ Abb. 660), stellte deswegen die Bücher Brods und seiner Freunde an auffallender Stelle aus und bewarb sie durch Annoncen in den Prager Zeitungen. Der Schriftsteller Rudolf Fuchs (→ Abb. 905) schreibt in seinen Erinnerungen an Franz Kafka: *Als sein erstes Buch «Betrachtungen» bei Wolff erschienen war, sagte er mir: «Elf Bücher wurden bei André abgesetzt. Zehn habe ich selbst gekauft. Ich möchte nur wissen, wer das elfte hat.» Dabei lächelte er vergnügt.*

Von Kafkas Erstling, der im November 1912 unter dem Titel *Betrachtung* in dem damals von Ernst Rowohlt (→ Abb. 572) und Kurt Wolff (→ Abb. 575) gemeinsam geführten Rowohlt Verlag erschien, wurden 800 Exemplare gedruckt, von denen im Herbst 1915 erst etwa 300 verkauft waren.

EFK 110, vgl. Br 399 f., Max Brod an Alex Juncker am 22. VI. 1908 und DA 44.

242 | Dr. František Soukup (1871–1939) als Straßenredner. Nach dem Zeugnis Max Brods besuchte Kafka in den ersten Berufsjahren eifrig tschechische Massenversammlungen und stellte dann seinem Freund die Eigenart großer Volksredner wie František Soukup, Václav Klofáč, Karel Kramář detailliert und meist sehr kritisch vor Augen.

Am 1. Juni 1912 hörte Kafka, der gerade an der ersten, nicht überlieferten Fassung seines in der Neuen Welt spielenden *Verschollenen* arbeitete, im *Repräsentationshaus* einen Vortrag Soukups über *Amerika und seine Beamtenschaft.* Der tschechische Politiker und Journalist war im Herbst 1911 in den Vereinigten Staaten gewesen und hatte seine Eindrücke von dieser Reise in einem Buch niedergelegt, aus dem Kafka Anregungen für die ab September 1912 entstandene zweite Version des *Verschollenen* empfing.

FK 79, vgl. Hartmut Binder: *Kafka-Kommentar zu den Romanen, Rezensionen, Aphorismen und zum Brief an den Vater,* (München 1976), S. 85–158.

243 | In der *Zeltnergasse* (Blickrichtung *Altstädter Ring*). Links an der Fassade des vorspringenden *Landesgerichts* ein Ladenschild des schon erwähnten Hutgeschäfts *Hess,* das in dem davorliegenden Gebäude lag.

Gestern abend 10 Uhr gieng ich in meinem traurigen Schritt die Zeltnergasse herab. In der Gegend des Hutgeschäftes Hess bleibt ein junger Mann drei Schritte schief vor mir stehn, bringt mich dadurch auch zum Stehn, zieht den Hut und lauft dann auf mich zu. Ich trete im ersten Schrecken zurück, denke zuerst, jemand will den Weg zur Bahn wissen, aber warum in dieser Weise, glaube dann, da er vertraulich nahe an mich heran kommt und mir von unten her ins Gesicht sieht, weil ich größer bin, vielleicht will er Geld oder noch Ärgeres. Mein verwirrtes Zuhören und sein verwirrtes Reden vermischen sich. «Sie sind Jurist nicht wahr? Doktor? Bitte könnten Sie mir da nicht einen Rat geben? Ich habe da eine Sache, zu der ich einen Advokaten brauche.» Aus Vorsicht, allgemeinem Verdacht, und

Besorgnis, ich könnte mich blamieren, leugne ich Jurist zu sein, bin aber bereit ihm einen Rat zu geben, was ist es? Er beginnt zu erzählen, es interessiert mich, um das Vertrauen zu stärken, fordere ich ihn auf, lieber im Gehn mir zu erzählen, er will mich begleiten, nein ich werde lieber mit ihm gehen, ich habe keinen bestimmten Weg.

Und nun folgen in Kafkas Tagebuch nicht weniger als zehn Druckseiten, auf denen er mit hintergründigem Humor seine Begegnung mit dem drei Jahre jüngeren Bankbeamten Oskar Reichmann beschreibt, der aufgrund einer abstrus anmutenden Argumentation behauptete, ein von ihm geschriebener Artikel sei im *Prager Tagblatt* plagiiert worden. Kafka, der anschließend mit der erfrischenden Erfahrung nach Hause ging, *mit einem vollkommenen Narren* geredet zu haben, gab Reichmann, der am darauffolgenden Tag ins Irrenhaus eingeliefert wurde, den Rat, die Sache im Guten beizulegen.

Tagebuch, 27. II. 1912, vgl. T 400.

244 | In der *Zeltnergasse*. Links von der Bildmitte (hinter der kugel-förmigen Straßenbeleuchtung) das Haus *Zu den drei Königen*, in dem die Familie Kafka bis zum Mai 1907 wohnte. Am linken Bild-rand (mit Balkonen und Hängelampen) ist über den heruntergelas-senen Rolläden zweier Schaufenster das Ladenschild des Damen-konfektionsgeschäftes der Arnoštka Hraše zu erkennen, das links im Erdgeschoß des Hauses *Zeltnergasse* Nr. 4 (I-554) untergebracht war. Die schon erwähnte Buchhandlung von Alfred Pascheles be-fand sich unter der gleichen Adresse im rechten Flügel des Gebäu-des, das durch zwei Eingänge erschlossen wird.

Als Kafka sich im Frühsommer 1903 in seinem Zimmer im Haus *Zu den drei Königen* auf die rechtshistorische Staatsprüfung (→ Abb. 149) vorbereitete, die er am 18. Juli erfolgreich ablegte, geschah etwas, das nach seinem eigenen Bekunden sein Verhält-nis zur Sexualität auf Dauer prägte: *Ich erinnere mich an die erste Nacht. Wir wohnten damals in der Zeltnergasse, gegenüber war ein Konfektionsgeschäft, in der Tür stand immer ein Ladenmädchen, oben wanderte ich, etwas über 20 Jahre alt, unaufhörlich im Zimmer auf und ab mit dem nervenspannenden Einlernen für mich sinnloser Dinge zur ersten Staatsprüfung beschäftigt. Es war im Sommer, sehr*

heiß, diese Zeit wohl, es war ganz unerträglich, beim Fenster blieb ich, die widerliche römische Rechtsgeschichte zwischen den Zähnen, immer stehn, schließlich verständigten wir uns durch Zeichen. Abend um 8 Uhr sollte ich sie abholen, aber als ich abend hinunterkam, war schon ein anderer da [...] das Mädchen hängte sich zwar in ihn ein, aber machte mir Zeichen, daß ich hinter ihnen gehen solle. So kamen wir auf die Schützeninsel [→ Abb. 497, 8], tranken dort Bier, ich am Nebentisch, gingen dann, ich hinterher, langsam zur Woh-nung des Mädchens, irgendwo beim Fleischmarkt, dort nahm der Mann Abschied, das Mädchen lief ins Haus, ich wartete ein Weilchen, bis sie wieder zu mir herauskam und dann gingen wir in ein Hotel auf der Kleinseite.

Vermutlich war der hier berichtete Vorgang Endpunkt einer län-geren Entwicklung. Leopold B. Kreitner berichtet nämlich, er habe Kafka im Herbst 1902 oder Frühjahr 1903 in einem kleinen Prager Park hinter Büschen mit einem Mädchen angetroffen.

In der *Zeltnergasse* Nr. 4 befand sich um die Jahrhundertwende auch die Praxis von Dr. Heinrich Kral, der vermutlich in dieser Zeit schon der Hausarzt der Familie Kafka war. (→ Abb. 214)

An Milena am 9. VIII. 1920, vgl. EFK 52.

245 | Die umgestürzte *Mariensäule* auf dem *Altstädter Ring.*

Durch die historischer Grundlagen entbehrende Behauptung, die *Mariensäule* sei von Kaiser Ferdinand II. zur Feier des 1620 auf dem Weißen Berge erfochtenen Sieges über die böhmischen Stände errichtet worden (→ Abb. 222), ließ sich eine leicht entflammbare Menge am Nachmittag des 3. November 1918 dazu hinreißen, dieses verhaßte Symbol der eben zu Ende gegangenen Habsburgerherrschaft zu zerstören. Man legte eine Seilschlaufe um die Säule, schob sie bis zur halben Höhe nach oben, band sie dort fest und lockerte durch wiederholtes Straffen des Seils die Verankerung des Monuments, bis es so wackelte, daß es durch sein eigenes Gewicht zu Boden stürzte. *Hus-Denkmal* und *Mariensäule* standen also nur etwas mehr als drei Jahre gemeinsam auf dem *Altstädter Ringplatz.*

Vgl. PT 49, Nr. 48 (26. II. 1924), S. 3 f.

246 | Die Nordfront des *Altstädter Rings* nach der Sanierung mit der neu erbauten *Niklasstraße* (ganz links). Bei dem Eckhaus handelt es sich um das *Oppeltsche Haus* (I-934), in dem Kafka und seine Angehörigen im November 1913 eine Wohnung bezogen, die die Familie bis zum September 1932 beibehielt (→ Abb. 1032). Aufgrund zweier miteinander konkurrierender Zählweisen finden sich in Kafkas Lebenszeugnissen unterschiedliche Angaben über die Lage dieses Domizils im Gebäude, die Verwirrung stiften (→ Abb. 740). Die Erwägung aller Umstände führt zu der Auffassung, die Wohnung habe im dritten Obergeschoß gelegen und Fenster gehabt, die teilweise zum *Altstädter Ringplatz* zeigten, teilweise aber auch – so Kafkas Zimmer – zur *Niklasstraße.*

Im Stockwerk darunter lebten ab September 1920 Kafkas jüngste Schwester Ottla und ihr Mann Josef David. Das Paar übersiedelte aber im Januar 1925 mit seinen beiden Kindern Vera (*1921) und Helene (*1923) in die *Bilekgasse* Nr. 4. (→ Abb. 1032)

Das *Oppeltsche Haus* ist höchstwahrscheinlich Schauplatz einer Episode aus den letzten Gymnasialjahren Kafkas, über die er in Tagebucheinträgen vom 31. Dezember 1911 und 1. Januar 1912 berichtet: Als Tanzstundenunterricht anstand und ein entsprechendes

Festkleid gekauft werden sollte, drängte er den Schneider, der für die Anfertigung einer passenden Garderobe beauftragt worden war, sich mit ihm aber nicht über die Art der Ausführung einigen konnte, über den *Altstädter Ring* zur Auslage eines Händlers mit alten Kleidern zu gehen, in dessen Schaufenster er ein *Tanzkleid* gesehen hatte, das ihm für den genannten Zweck brauchbar erschienen war. Unglücklicherweise war dieses Kleidungsstück inzwischen aus der Auslage entfernt worden, und da er sich nicht traute, das Geschäft zu betreten, kamen die beiden in ihrer früheren Uneinigkeit zurück, so daß er sich selbst unter den Vorwürfen seiner Mutter für immer *von Mädchen, elegantem Auftreten und Tanzunterhaltungen* abgehalten sah. Da Kafka von der damaligen elterlichen Wohnung in der *Zeltnergasse* Nr. 3 über den *Altstädter Ring* gehen mußte, um das erwähnte Kleidergeschäft zu erreichen, kann es sich dabei eigentlich nur um den Laden Hermann Pollaks gehandelt haben, der sich seit der Vollendung des *Oppeltschen Hauses* im Jahr 1897 – der Vorgängerbau war im Vorfrühling 1896 eingerissen worden – in dessen Erdgeschoß befand und als einziger der an diesem Platz ansässigen Geschäftsleute gebrauchte und neue Herrenbekleidung feilbot.

Das übernächste Gebäude rechts des *Oppeltschen Hauses* ist das *Palais der städtischen Versicherungsgesellschaft,* das im November 1904 fertiggestellt wurde. Am Portal sind Feuer und Wasser als Allegorien dargestellt, am Giebel Kindergestalten, die Wasser, Blitz Hagel, Sturm, Feueralarm und Löschvorgänge symbolisieren. Kafka erwähnt das Bauwerk unter der witzigen Bezeichnung *Haus der Feuerwehr* in der Erstfassung seiner *Beschreibung eines Kampfes,* und zwar in dem phantastischen Vorstellungen verpflichteten Kapitel *Geschichte des Beters,* das demnach frühestens Ende 1904 entstanden sein dürfte.

Beschreibung eines Kampfes, S. 168–171, vgl. Br II 303, M 59, Julie Kafka an ihre Kinder am 9. VIII. 1920, Kurt Krolop: *Zu den Erinnerungen Anna Lichtensterns an Franz Kafka,* in: *Germanistica Pragensia* 5 (1968), S. 23 f., *Český svět* 1, Nr. 4 (9. XII. 1904), S. 149–151 und DZB 69, Nr. 45 (15. II. 1896), S. 14.

247 | *Niklasstraße* Nr. 16 (V-125).

Bin ich aber in einer fremden Wohnung, unter mehreren fremden Leuten oder solchen die ich als fremd fühle, dann liegt mir das ganze Zimmer auf der Brust und ich kann mich nicht rühren und dann scheint förmlich mein Wesen den Leuten ins Blut zu gehen und alles wird trostlos. So war es […] vorgestern abend beim Onkel von Weltsch, also bei Leuten, die mich unverständlicher Weise geradezu lieb haben. Ich erinnere mich so genau daran, ich lehnte dort an einem Tisch, neben mir lehnte die Haustochter – ich kenne in Prag kein Mädchen, das ich so gut leiden kann – ich war nicht imstande im Anblick dieser guten Freunde auch nur ein vernünftiges Wort herauszubringen. Ich starrte vor mich hin und sagte hie und da einen Unsinn.

Im ersten Stock dieses Hauses wohnte seit November 1907 der Rechtsanwalt Dr. Theodor Weltsch, ein Bruder Heinrich Weltschs (→ Abb. 279), mit seiner Frau und seinen Kindern Robert, Lise und Gerda. Robert, wie Kafka Absolvent des *Altstädter Gymnasiums* und Jurist, gehörte zu den führenden Mitgliedern des *Vereins jüdischer Hochschüler «Bar Kochba»*, dem er 1908 beigetreten war, und zeichnete als Obmann des Vereins im Studienjahr 1911/12 dafür verantwortlich, daß dieser im Februar 1912 das Patronat über den von Kafka organisierten Rezitationsabend des ostjüdischen

Wanderschauspielers Jizchak Löwy übernahm (→ Abb. 248 und 438). Lise, die viel im Haus ihres Cousins Felix Weltsch verkehrte, half Kafka bei der Vorbereitung des zweiten Vortragsabends von Löwy, der am 2. Juni 1913 im Hotel *Bristol* (→ Abb. 698 und 726) stattfand, und besuchte ihn 1923 in Berlin (→ Abb. 1200). Gastfreundschaft sowie Interesse für Musik und Bücher machten das Haus Theodor Weltschs für die akademische Jugend zu einem Mittelpunkt gesellschaftlich-geistigen Lebens, in dem auch die Musik eine wichtige Rolle spielte. Kafka feierte hier 1913 Silvester. Schon im Jahr zuvor war er von Lise Weltsch eingeladen worden, mit ihrer Familie den Altjahrabend zu verbringen, hatte jedoch abgesagt.

An Felice am 8. und 16. VI. 1913, vgl. Hans Tramer: *Die Dreivölkerstadt Prag,* in: Robert Weltsch zum 70. Geburtstag von seinen Freunden, (Tel-Aviv) 1961, S. 163 f. und 179 f.

248 | Prager Zionisten.

Stehend von links: Pepi Wien, ein Mitglied des *Vereins jüdischer Hochschüler «Bar-Kochba»*, Emmy Herrmann, Schwester von Leo Herrmann, Robert Weltsch (1891–1982) und Hans Kohn (1891–1971). Vorne sitzend: Leo Herrmann, links daneben Lise Weltsch (1889–1974) (→ Abb. 1200), rechts Nomi Auerbach.

Hans Kohn und Robert Weltsch verband eine gemeinsame Prager Kindheit. Leo Herrmann (1888–1951) stammte aus Lands-

kron, hatte dort 1906 Abitur gemacht und im Herbst des Jahres in Prag ein Jurastudium begonnen, das er aber nach der Ableistung der rechtshistorischen Staatsprüfung im Oktober 1908 abbrach. Im darauffolgenden Jahr, in dem er sich mit Lise und Robert Weltsch anfreundete, begann er, an der *Selbstwehr* mitzuarbeiten, deren Redaktion er Ende 1910 übernahm. Er machte die Wochenschrift zum Sprachrohr der im *Verein jüdischer Hochschüler «Bar-Kochba»* propagierten Ideen. Kafka suchte ihn und seinen Vetter Hugo Herrmann (→ Abb. 438) auf, als er im Februar 1912 den Vortragsabend Jizchak Löwys vorbereitete, vermutlich um eine optimale Berichterstattung durch die *Selbstwehr* zu erreichen. Leo Herrmann war von 1913 bis 1920 Sekretär der Exekutive der *Zionistischen Weltorganisation*, arbeitete dann im neugegründeten *Keren Hajessod* und ging 1926 als dessen Generalsekretär nach Palästina.

Am 20. Dezember 1912 besprach Hans Kohn in der *Selbstwehr* Kafkas *Betrachtung*. Es war die erste Rezension eines Kafkaschen Buches überhaupt und überdies eine sehr wohlwollende. Wegen dieser verständnisvollen Kritik und weil Kohn sich als Obmann des *«Bar-Kochba»* bereit erklärt hatte, die für den 2. Juni 1913 geplante Lesung Jizchak Löwys als Vereinsabend zu veranstalten, dedizierte Kafka ihm am 30. Mai ein Exemplar seines *Heizers* – erste Beleg-

stücke hatte er am 24. des Monats erhalten – *Mit den herzlichsten Grüßen.* Kohns
Antwort ließ nicht lange auf sich warten,
denn er zeigte das Werk schon in einer am
6. Juni erschienenen Sammelrezension in
der *Selbstwehr* als ein durch seine *Rein-*
heit und besonnene Grazie ausgezeichnetes
Werk an. Kohn war 1920 und 1921 Sekretär
des 1919 gegründeten *Comité des Délégati-*
ons Juives in Paris, dann Beamter des *Keren*
Hajessod in London und ab 1925 in Jerusalem tätig. Enttäuscht vom Zionismus, verließ er Palästina im Jahr 1931 und übersiedelte nach den USA, wo er auch starb.

Zu den jungen Zionisten, die in der Familie Weltsch verkehrten, gehörte seit 1909
auch Viktor Kellner (1887–1970), der sich
besonders durch sein Interesse an der hebräischen Sprache hervortat. Er wanderte
1910 nach Tel-Aviv aus, wo er als Lehrer am
Herzl-Gymnasium arbeitete. Als er im September 1911 besuchsweise nach Prag kam
und über seine Erfahrungen in Palästina
berichtete, war zumindest einmal auch
Kafka unter den Zuhörern. Zu Kriegsbeginn wurde Kohn, der gerade in Prag war,
eingezogen, danach wirkte er als Leiter des
Chajes-Gymnasiums in Wien, kehrte aber
1938 wieder nach Palästina zurück.

Hauswedell & Nolte: *Wertvolle Bücher und Autographen*
des 15.–20. Jahrhunderts, Hamburg 2005, S. 323 und
Tafel 56 (Auktion 384) und *Franz Kafka. Kritik und Rezeption*
zu seinen Lebzeiten 1912–1924, hrsg. von Jürgen Born,
(Frankfurt M. 1979), S. 41, vgl. 17, T 561, 437 und Lise
Kaznelson: *Viktor Kellner – Zum Gedenken,* in: *A. H. Verband*
Bar Kochba – Theodor Herzl. Zirkular, Chanukka 1970, Tel
Aviv, S. 1 f.

249 | Die *Niklasstraße* mit der *Svatopluk*
Čech-Brücke im Hintergrund. In der Häuserfront rechts das *Café City* (→ Abb. 207
und 1032). Das Gebäude links, *Niklasstraße*
Nr. 19 (V-203), wurde von dem Architekten Bendelmeyer (1872–1932) gebaut
(→ Abb. 525), der seinen Namen dem Onkel
im *Verschollenen* geliehen haben könnte,
auch wenn sich dieser Bendelmayer
schreibt, denn es gibt mehrere Beispiele
dafür, daß Kafka seinen Erzählfiguren
Namen gab, die er seiner Umgebung entnommen hatte (→ Abb. 308 und 598).

Der spätestens im Herbst 1907 entstandene Text *Der Nachhauseweg* reflektiert auf
subtile Weise Verhältnisse des in Auflösung
begriffenen Ghettos, durch das die neuge-
schaffene *Niklasstraße* führte: Einerseits befand man sich zu diesem Zeitpunkt schon
mitten in der Phase der Altstadtsanierung,
so daß überall Neubauten emporwuchsen,
andererseits bestanden Teile der *Josefstadt*
noch fort, die für ihre Spelunken und Bordelle berüchtigt war: *Ich marschiere und*
mein Tempo ist das Tempo dieser Gassensei-
te, dieser Gasse, dieses Viertels. Ich bin mit
Recht verantwortlich für alle Schläge gegen
Türen, auf die Platten der Tische, für alle
Trinksprüche, für die Liebespaare in ihren
Betten, in den Gerüsten der Neubauten, in
dunklen Gassen an die Häusermauern ge-
preßt, auf den Ottomanen der Bordelle.

Der Nachhauseweg, S. 25, vgl. V 37.

250 | Die *Svatopluk Čech-Brücke* im Bau.

Ich paßte vorige Woche wirklich in diese
Gasse in der ich wohne und die ich nenne:
«Anlaufstraße für Selbstmörder» denn diese
Straße führt breit zum Fluß, da wird eine
Brücke gebaut und das Belvedere auf dem
andern Ufer, das sind Hügel und Gärten,
wird untertunneliert werden, damit man
durch die Straße über die Brücke, unter dem
Belvedere spazieren kann. Vorläufig aber
steht nur das Gerüst der Brücke, die Straße
führt nur zum Fluß. Aber das ist alles nur
Spaß, denn es wird immer schöner bleiben
über die Brücke auf das Belvedere zu gehen,
als durch den Fluß in den Himmel.

An Hedwig Weiler Ende Oktober 1907.

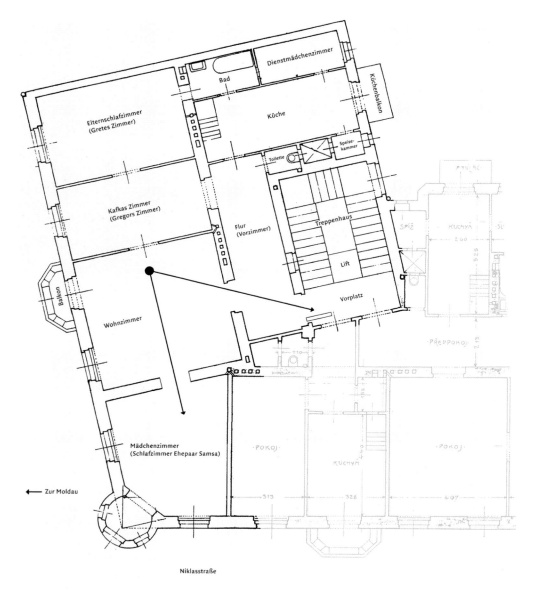

Elternschlafzimmer
(Gretes Zimmer)

Bad

Dienstmädchenzimmer

Küchenbalkon

Küche

Kafkas Zimmer
(Gregors Zimmer)

Flur
(Vorzimmer)

Speisekammer

Toilette

Treppenhaus

Lift

Balkon

Wohnzimmer

Vorplatz

Mädchenzimmer
(Schlafzimmer Ehepaar Samsa)

← **Zur Moldau**

Niklasstraße

251 | Grundriß der Wohnung der Familie Kafka im Haus *Zum Schiff*, die als Vorbild für das in der *Verwandlung* gezeigte räumliche Arrangement diente. In runden Klammern die Funktion des Elternschlafzimmers sowie der von Kafka und seinen Schwestern Valli und Ottla bewohnten Räume zu Beginn der Erzählung, in deren Verlauf das Zimmer der Haustochter in Übereinstimmung mit der Prager Wirklichkeit zum Elternschlafzimmer wird. Wie sehr Kafka aus diesem Ambiente schöpfte, zeigt sich auch daran, daß man, wie in der Erzählung vorausgesetzt, von der Stelle aus, an der er im ersten Kapitel den auf seine Beine niederfallenden Käfer plaziert hat, ins Turmzimmer, in den in Prag Vorzimmer genannten Wohnungsflur und in den dahinter im Treppenhaus liegenden Vorplatz sehen konnte.

In einem *Großer Lärm* betitelten Prosastück hat Kafka die in der *Niklasstraße* herrschenden Wohnverhältnisse noch deutlicher zum Ausdruck gebracht: *Ich sitze in meinem Zimmer im Hauptquartier des Lärms der ganzen Wohnung. Alle Türen höre ich schlagen, durch ihren Lärm bleiben mir nur die Schritte der zwischen ihnen Laufenden erspart, noch das Zuklappen der Herdtüre in der Küche höre ich. Der Vater durchbricht die Türen meines Zimmers und zieht im nachschleppenden Schlafrock durch, aus dem Ofen im Nebenzimmer wird die Asche gekratzt, Valli fragt, durch das Vorzimmer Wort für Wort rufend, ob des Vaters Hut schon geputzt ist, ein Zischen, das mir befreundet sein will, erhebt noch das Geschrei einer antwortenden Stimme. Die Wohnungstüre wird aufgeklinkt und lärmt, wie aus katarrhalischem Hals, öffnet sich dann weiterhin mit dem Singen einer Frauenstimme und schließt sich endlich mit einem dumpfen, männlichen Ruck, der sich am rücksichtslosesten anhört.*

Großer Lärm, S. 441, vgl. Hartmut Binder: *Kafkas «Verwandlung»*, (Frankfurt/M., Basel 2004). S. 108–118 und 593.

252 | Kafkas Schreibtisch.

Jetzt habe ich meinen Schreibtisch genauer angeschaut und einge-sehn, daß auf ihm nichts Gutes gemacht werden kann. [...] Sei auf dem grünen Tuch eine Unordnung wie sie will, das durfte auch im Parterre der alten Teater sein. Daß aber aus den Stehplätzen aus dem offenen Fach unter dem Tischaufsatz hervor Broschüren, alte Zeitun-gen, Kataloge Ansichtskarten, Briefe, alle zum Teil zerrissen, zum Teil geöffnet in Form einer Freitreppe hervorkommen, dieser unwürdige Zustand verdirbt alles. [...] Das nächst höhere, durch die kleinen ge-schlossenen Seitenschubladen schon eingeengte offene Fach des Auf-satzes ist nichts als eine Rumpelkammer, so als würde der niedrige Balkon des Zuschauerraumes, im Grunde die sichtbarste Stelle des Teaters für die gemeinsten Leute reserviert für alte Lebemänner, bei denen der Schmutz allmählich von innen nach außen kommt [...]. In diesem Fach liegen alte Papiere die ich längst weggeworfen hätte wenn ich einen Papierkorb hätte.

Es läßt sich nicht beweisen, daß der hier abgebildete Schreibtisch, der sich heute im Besitz der Nachkommen Ottlas befindet, mit dem im Tagebuch beschriebenen identisch ist. (Dabei ist allerdings zu berücksichtigen, daß der ehemals vorhandene halbrunde Ab-schlußbogen über dem erhöhten Mittelstück des Aufsatzes, der den Vergleich mit einem Theater naheliegender erscheinen läßt, nicht mehr vorhanden ist.) Jedenfalls übernahm Ottla nach dem Tod ihres Bruders das Stück als dessen Schreibtisch, der 1964 von Max Brod anläßlich eines Prag-Besuchs als Eigentum seines Freundes erkannt wurde.

Tagebuch, 24. und 25. XII. 1910, vgl. Věra Saudková, Prag (1966, mündlich).

253 | Die *Svatopluk Čech-Brücke* bei ihrer Eröffnung im Juni 1908.

Die Sockel der vier Säulen sind als Schutzhäuschen für Mautein-nehmer gedacht, denn für die Überschreitung der Prager Brücken (die *Karlsbrücke* ausgenommen), war ein Wegegeld zu entrichten, der sogenannte Brückenkreuzer. Solange diese feste Verbindung nicht bestand, setzte man hier mit Kähnen über, wenn man zur *Civilschwimmschule* oder zum *Belvedere* wollte, eine Möglichkeit, die nach der Vollendung des Bauwerks noch eine Zeitlang erhalten blieb. Das Photo, von einem auf der anderen Seite der *Niklasstraße* liegenden, dem Haus *Zum Schiff* benachbarten Gebäude aufgenom-men, zeigt die eben eröffnete Brücke, die Kafka vom Fenster seines Zimmers, wenngleich aus leicht verändertem Blickwinkel, eben-falls beobachten konnte. Im Hintergrund die *Kronprinz-Rudolfs-Anlagen* (→ Abb. 209, b), in denen er gelegentlich spazierenging.

Die Szenerie hat den Schauplatz des *Urteils* angeregt. Die Haupt-figur, die vor dem Fenster ihrer Wohnung Fluß, Brücke und die Anhöhen am anderen Ufer mit ihrem schwachen Grün sehen kann, stürzt sich am Ende von ebendieser Brücke in den Fluß. Mit dieser Konzeption verwirklichte Kafka gewissermaßen eine Phantasievor-stellung, die sich ihm von jeher mit der Entstehung der *Svatopluk Čech-Brücke* verband. (→ Abb. 250)

In der Nacht vom 7./8. Oktober 1912 schrieb er, der seit vielen Jahren immer wieder mit dem Gedanken an Selbstmord gespielt hatte, seinem Intimus Max Brod über den zurückliegenden Abend: *Ich bin lange am Fenster gestanden und habe mich gegen die Scheibe gedrückt und es hätte mir öfters gepaßt, den Mauteinnehmer auf der Brücke durch meinen Sturz aufzuschrecken.*

Vgl. Hartmut Binder: *Kafkas «Verwandlung»*, (Frankfurt/M., Basel 2004), S. 98–105.

254 | Blick auf Moldau und *Svatopluk Čech-Brücke.*

Der Anblick von Stiegen ergreift mich heute so. Schon früh und mehrere Male seitdem freute ich mich an dem von meinem Fenster aus sichtbaren dreieckigen Ausschnitt des steinernen Geländers jener Treppe die rechts von der Čechbrücke zum Quaiplateau hinunter führt. Sehr geneigt, als gebe sie nur eine rasche Andeutung. Und jetzt sehe ich drüben über dem Fluß eine Leitertreppe auf der Böschung die zum Wasser führt. Sie war seit jeher dort, ist aber nur im Herbst und Winter durch Wegnahme, der sonst vor ihr liegenden Schwimmschule enthüllt und liegt dort im dunklen Gras unter den braunen Bäumen im Spiel der Perspektive.

Am jenseitigen Flußufer sind zwei Flußbadeanstalten zu sehen: links die *Militärschwimmschule* und am Bildrand rechts das Südende der von Kafka bevorzugten *Civilschwimmschule*. Dahinter die *Kleinseite* mit der *St. Niklaskirche* ganz links im Bild. Darüber der *Hradschin* sowie weiter links der *Laurenziberg* (→ Abb. 104 und 740) mit den Doppeltürmen der *St. Laurentiuskirche*. Ganz vorn, rechts von der Mitte, ein Treppenabgang zum eigentlichen Uferbereich. Wenn Kafka aus dem Fenster schaute und sich nach links wandte, hatte er dieses Panorama vor Augen.

Tagebuch, 28. X. 1911.

255 | Prager Polizist in der Zeit der Habsburgermonarchie.

Der Blick aus dem Fenster der Wohnung in der *Niklasstraße* Nr. 36 ist schon in einem 1910 entstandenen, autobiographisch getönten Erzählfragment vorausgesetzt. Dabei beobachtet der von Selbstvorwürfen geplagte Ich-Erzähler unter anderem die unorganisch klingelnden und *mit vergröbertem Windesrauschen* über die Brücke fahrenden elektrischen Straßenbahnen und einen Polizeimann, der *schwarz von unten bis hinauf mit dem gelben Licht der Medaille auf der Brust an nichts anderes als an die Hölle erinnert.*

T 26.

Kapitel V

Im Amt

Am 1. Oktober 1907 trat Kafka in die Prager Zweigstelle der Triestiner Versicherungs-anstalt *Assicurazioni Generali* ein, die ihn zunächst in der Lebensversicherungs-branche und im Außendienst einsetzen wollte. Nicht gewohnt, sein *Tagesleben* auf wenige Abendstunden einzuschränken – Dienstzeiten: 8–12 und 14–18 Uhr –, fraß er die freien Abende *wie ein wildes Tier* in sich hinein. Er wurde zum Bummler, der die Nächte in Chantants, Weinstuben und Kabaretts versaß und amouröse Bezie-hungen zu Kellnerinnen unterhielt. Manches von seinen damaligen Lebensverhält-nissen ist in den *Process* eingegangen, dessen Hauptfigur ihre *kurzen Abende und Nächte als junger Mensch geniessen* möchte und einmal in der Woche ein Mädchen aufsucht, das *während der Nacht bis in den späten Morgen als Kellnerin in einer Weinstube bediente und während des Tages nur vom Bett aus Besuche empfing.*

Die lange Arbeitszeit, ungünstige Urlaubsregelungen und ein schlechtes Be-triebsklima führten dazu, daß Kafka seine erste Stellung bald wieder aufgab. Schon am 14. Juli 1908 mußte die Prager General-Agentschaft des Unternehmens ihrer Zentraldirektion in Triest mitteilen, Herr Dr. Kafka habe ein ärztliches Zeugnis vorgelegt, in dem bestätigt werde, daß er an Nervosität leide, verbunden mit einer großen Erregbarkeit des Herzens, die das sofortige Auflassen seiner Tätigkeit am 15. Juli dringend erforderlich mache. Kafka hatte nämlich, protegiert vom Vater sei-ner Freundes Ewald Felix Přibram, der Präsident der halbstaatlichen *Arbeiter-Un-fall-Versicherungs-Anstalt für das Königreich Böhmen in Prag* war (→ Abb. 306), in dieser Behörde einen Posten gefunden, der ihm mehr Freizeit gewährte – der um acht Uhr beginnende Dienst endete schon um zwei Uhr am Nachmittag – und bis zu seiner Pensionierung am 1. Juli 1922 seine Arbeitgeberin war. Auch die Urlaubs-regelung war befriedigender als bei den *Assicurazioni Generali* und erlaubte in den darauffolgenden Jahren bis zum Ausbruch des Ersten Weltkriegs Reisen nach Riva am Gardasee, zur Flugschau nach Brescia, nach Paris, in die Schweiz, nach Ober-italien, Leipzig, Weimar, Venedig, Verona und Dänemark.

Kafkas Arbeit als Anstaltspraktikant und seit Mai 1910 als Anstaltsconcipist be-stand darin, die in den ihm zugeteilten vier Bezirkshauptmannschaften Friedland, Gablonz, Leitmeritz und Reichenberg ansässigen Betriebe in Gefahrenklassen ein-zuteilen, aufgrund deren die Beiträge ermittelt wurden, welche die Unternehmen für die Unfallversicherung ihrer Arbeiter zu bezahlen hatten. Dieser Tätigkeitsbe-reich machte genauso Dienstreisen nach Nordböhmen notwendig wie Gerichtster-mine, die er für die Anstalt wahrzunehmen hatte, wenn Unternehmen gegen die ihnen zuerteilten Klassifizierungen Widerspruch einlegten.

Später, nach seiner Beförderung zum Vizesekretär im März 1913 – nach heu-tiger Bezeichnung machte ihn dieser Titel zum stellvertretenden Abteilungslei-ter –, hatte er, wie in einem Tagebucheintrag vom 15. Dezember 1914 ausdrücklich erwähnt wird, die von anderen vorgenommene Einreihung der Betriebe in die verschiedenen Gefahrenklassen zu überwachen. Außerdem war er für Unfallver-hütung und Erste Hilfe zuständig, eine Aufgabe, die ihn im September 1913 zusammen mit seinem Chef und dem Direktor der Anstalt zu einem internationalen Symposion nach Wien führte (→ Abb. 725). Da seine Dienstvorgesetzten schnell auf seine ungewöhnliche Formulierungsgabe aufmerksam geworden waren, nutzten sie seine Arbeitskraft in starkem Maße für versicherungstechnische Fachpublikationen. Insgesamt haben sich 24, teilweise recht umfangreiche Beiträge Kafkas nachweisen lassen, die in den Jahresberichten der Anstalt für die Jahre 1907 bis 1915 veröffentlicht wurden. Dazu kommen einige Zeitungsbeiträge, Rezensionen und zwei Vorträge, die er für seine Dienstvorgesetzten ausarbeitete, sowie Schriftsätze, die im Zusammenhang mit laufenden Gerichtsverfahren zu erstellen waren und die Position der Anstalt zu artikulieren hatten. Da die Akten der *Arbeiter-Unfall-Versicherungs-Anstalt* nach dem Zweiten Weltkrieg vernichtet wurden und alle für den Außenverkehr bestimmten Dokumente vom geschäftsführenden Direktor Dr. Robert Marschner unterschrieben werden mußten, haben sich bisher nur neun, freilich über Jahre sich hinziehende Prozesse identifizieren lassen, an denen Kafka als Fachreferent beteiligt war.

Nach dem Ausbruch des Ersten Weltkriegs erhielt Kafkas Tätigkeitsbereich mit der sogenannten Kriegsbeschädigtenfürsorge einen weiteren Schwerpunkt. Da die von der Front zurückkehrenden Kriegsversehrten durch das bestehende soziale Netz nicht hinreichend aufgefangen werden konnten, wurde 1915 eine *Staatliche Landeszentrale für das Königreich Böhmen zur Fürsorge für heimkehrende Krieger* geschaffen, deren Verwaltungs- und Finanzdienst von der *Arbeiter-Unfall-Versicherungs-Anstalt* übernommen wurde. Kafka arbeitete in dem von seinem Chef Eugen Pfohl geleiteten *Ausschuß für Heilbehandlungen* mit, der für die Erweiterung und Neuerrichtung bestehender Therapieeinrichtungen sorgen sollte. Er erledigte die Korrespondenz hinsichtlich der Gründung und des Betriebs der Heimstätten und kümmerte sich um die Behandlungsmöglichkeiten für nerven- und gemütskranke Kriegsversehrte, und als 1916 ein *Deutscher Verein zur Errichtung und Erhaltung einer Krieger- und Volksnervenanstalt in Deutschböhmen* entstand, wurde er in den vorbereitenden Ausschuß gewählt, der sehr erfolgreich arbeitete. Denn im Mai 1917 konnte das bisherige Sanatorium in Rumburg, in dem er sich selbst im Sommer 1915 für einige Tage aufgehalten hatte, als *Deutsche Krieger- und Volksnervenanstalt* eröffnet werden, für die er in der Folgezeit ebenfalls zuständig war.

Der Ausbruch eines Lungenspitzenkatarrhs im August 1917 führte zu einer achtmonatigen Beurlaubung Kafkas, die er in Zürau verbrachte, einem Dorf in Nordwestböhmen. Über die Situation, die sich durch die Krankheit ergeben hatte, schrieb er am 14. September an Max Brod:

Jedenfalls verhalte ich mich heute zu der Tuberkulose, wie ein Kind zu den Rockfalten der Mutter, an die es sich hält. Kommt die Krankheit von der Mutter, stimmt es noch besser und die Mutter hätte mir in ihrer unendlichen Sorgfalt, weit unter ihrem Verständnis der Sache, auch noch diesen Dienst getan. Immerfort suche ich eine Erklärung der Krankheit, denn selbst erjagt habe ich sie doch nicht. Manchmal scheint es mir, Gehirn und Lunge hätten sich ohne mein Wissen verständigt. «So geht es nicht weiter» hat das Gehirn gesagt und nach 5 Jahren hat sich die Lunge bereit erklärt zu helfen.

Zwar konnte Kafka im Mai 1918 seine Dienstgeschäfte wiederaufnehmen, aber da die Lungentuberkulose weiter fortschritt und eine Erkrankung an der Spanischen Grippe im Herbst des Jahres seinen gesundheitlichen Zustand dramatisch verschlechterte, wurden weitere Beurlaubungen nötig, die ihn, der anders als seine Dienstvorgesetzten Pfohl und Marschner die Säuberungswelle nach dem Zusammenbruch der Habsburgermonarchie überlebt hatte, monatelang vom Büro und seiner Heimatstadt fernhielten und schließlich, als die Ärzte jede Hoffnung auf Gesundung aufgegeben hatten, am 1. Juli 1922 zu seiner Pensionierung führten.

An Hedwig Weiler am 8. X. 1907, P *Advokat Fabrikant Maler* 44 f. und P *Jemand musste Josef K. verläumdet haben* 56 f., vgl. AS 11−104 und Hartmut Binder: *Wollweberei oder Baumwollweberei. Neues vom Büroalltag des Versicherungsangestellten Franz Kafka*, in: *Sudetenland* 39, Heft 2 (1997), S. 106−160.

256 | Eigenhändig geschriebener Lebenslauf Kafkas für die *Assicurazioni Generali*.

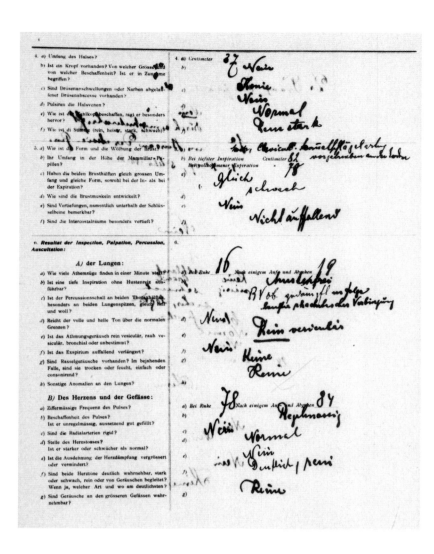

257 | Eine Seite aus dem Untersuchungsprotokoll über Kafkas Gesundheitszustand, das bei seinem Eintritt in die *Assicurazioni Generali* angefertigt wurde.

Das umfangreiche Dokument nötigte sowohl den untersuchenden Arzt als auch Kafka, Fragen zu beantworten, und gibt deswegen mehr als jedes andere Zeugnis über den körperlichen Zustand des letzteren Auskunft. Man erfährt, daß Kafka eine glatte, durch keinerlei Narben oder sonstwie entstellte Haut und sehr gute Zähne hatte sowie, entgegen anderslautenden Erinnerungen von Zeitgenossen, eine blasse, wenngleich frische Gesichtsfarbe zeigte: Daß er dichtes Haar hatte, erkennt man auch auf Photographien, nicht aber, daß es dunkelbraun war – in seinem Reisepaß freilich wird es als schwarz bezeichnet. Weiterhin präsentierte er sich als 181 cm großer und 61 Kilo schwerer, schlanker und graziler Mann, sicher und leicht in Gang und Haltung, mit einer Pulsfrequenz von 78 (nach einigem Aufundabgehen 84) und 16 (beziehungsweise 19) Atemzügen in der Minute, Werten also, die im Normalbereich liegen. An der Wirbelsäule, deren angebliche Krümmung Gegenstand seiner Hypochondrie und einer masochistischen Metaphorik war, konnte der untersuchende Arzt keine Anomalie feststellen, wohl aber in der Form der Brust, denn die Gelenke, die Brustbein und Rippen miteinander verbinden, waren *trommelschlägelartig* vorgetrieben. Kafkas Halsumfang betrug 37, sein Bauchumfang in Nabelhöhe 72 Zentimeter, Befunde, die mit seiner Selbstdarstellung übereinstimmen, der magerste Mensch zu sein, den er kenne (→ Abb. 770). So mußte der Arzt denn auch auf die Frage *Wie ist der allgemeine Ernährungszustand?* mit der Formulierung antworten: *mäßig schwach*. Seine Fragen, ob Kafka Trink-, Bade- oder Kaltwasserkuren gebraucht oder sich krankheitshalber in klimatischen Kurorten oder Heilanstalten aufgehalten habe, beantwortete dieser wahrheitswidrig mit *Nein*, doch kam dieser Antwort gleichwohl eine gewisse Berechtigung zu, weil er durchaus zutreffend zu Protokoll geben konnte, in den letzten zehn Jahren weder Krankheiten durchgemacht noch an Gebrechen gelitten zu haben. Denn auch aus seinen Lebenszeugnissen erhellt, daß er seit den Kindertagen niemals wirklich krank gewesen war. Da er auch Appetit, Stuhl, Verdauung und Harnentleerung – Kafka mußte in Gegenwart des Arztes Wasser lassen, Ergebnis: *gleichmäßig* – als normal bezeichnete, sein Urin *buttergelb* und dessen spezifisches Gewicht im üblichen Bereich lag und da er schließlich auch verneinte, daß seine Magengegend druckempfindlich sei, was angesichts seiner vielfach bezeugten Verdauungsbeschwerden schwerlich zutraf, konnte der Arzt nur konstatieren, daß der Gesundheitszustand seines Patienten gut sei.

Interessant ist eine im Protokollvordruck vorgegebene Frage, die auch im Blick auf eine möglicherweise mit den *Assicurazioni Generali* abzuschließende Lebensversicherung gestellt wurde: *Welchen Krankheiten dürfte die, wenn auch zur Zeit gesunde Person in der Zukunft am wahrscheinlichsten ausgesetzt sein?* Der Arzt gab zur Antwort, Kafka sei *ein zarter aber gesunder Mann,* benutzte also fast die gleichen Worte, mit denen Julie Kafka später ihren Erstgeborenen beschrieb (→ Abb. 10). Außerdem dokumentiert das Protokoll im Blick auf Kafkas spätere Lungenerkrankung einen nicht unwichtigen Sachverhalt: Zwar war die Bronchialventilation, also die Durchlüftung der Lungen, ohne Befund, aber wegen der vom Arzt festgestellten *Rachitis des Jugendalters,* die sich in einer Verbiegung des Brustkorbs zeigte, war der Perkussionsschall an beiden Thoraxhälften gedämpft, und die Interkostalräume waren etwas vertieft. Weiterhin waren die Brustmuskeln nur schwach entwickelt, und was schließlich die Form und Wölbung des Brustkorbs betrifft, so betrug ihr Umfang in der Höhe der Brustwarzen bei tiefster Inspiration 82, bei vollkommener Expiration 78 Zentimeter – bei einem jungen Mann, und sei er auch noch so schlank, sowohl als absolutes Maß als auch im Blick auf die Differenz ein bedenklicher Wert, der Lungenerkrankungen begünstigte und Kafka, den jede Unvollkommenheit seines Körpers störte, in seinem Bemühen bestärkt haben dürfte, durch Rudern, Schwimmen, Radfahren, Tennisspielen, Wandern und gymnastische Übungen gegenzusteuern (→ Abb. 194 und 1165).

Vgl. *Assicurazioni Generali,* Triest (Archiv), *Brief an den Vater,* S. 194 f. und Br 317.

258 | Der untere Teil des Prager *Wenzelsplatzes,* den Kafka zu passieren hatte, wenn er sein zur Hofseite liegendes Büro im obersten Stockwerk des 1895 bis 1898 von Friedrich Ohmann und Osvald Polívka erbauten *Palais der Assicurazioni Generali* (→ Abb. 209, 32) aufsuchte oder verließ, das sich rechts im Bild an der Ecke zur *Heinrichsgasse (Jindřišská)* erhebt (II-832) (1904).

Die Bureauzeit nämlich läßt sich nicht zertheilen, noch in der letzten halben Stunde spürt man den Druck der 8 Stunden wie in der ersten.

An Hedwig Weiler am 9. X. 1907, vgl. Josef Čermák: *Franz Kafka v Assicurazioni Generali,* in: *Kafka a Čechy. Kafka und Böhmen,* (Prag 2007), S. 26.

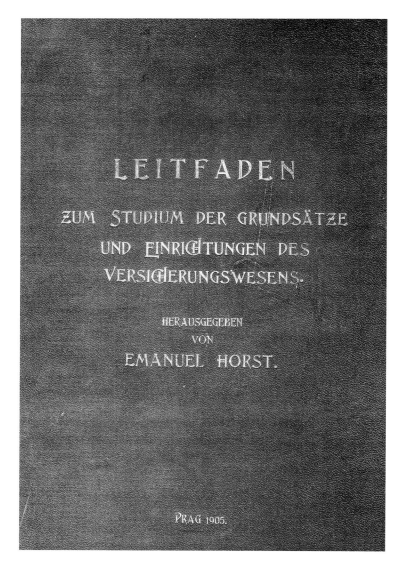

259 | Ernst Eisner (1882–1929).

Eisner, später Prokurist der *Assicurazioni Generali* in Prag, Direktor der *Versicherungsgesellschaft Moldavia-Generali* und Gründer des *Tschechoslowakischen Transport-Versicherungs-Verbandes* sowie dessen erster Präsident, war Kafkas Dienstvorgesetzter in den *Assicurazioni Generali*. In seiner Ausdrucksweise sarkastisch und schwer an einer Lähmung seines rechten Fußes tragend, war er hoch begabt, literarisch gebildet, ein scharfer Denker mit Entscheidungskraft, gerecht gegenüber seinen Untergebenen und ein guter Instrukteur, speziell für solche Angestellten, die Liebe zu ihrem Beruf zeigten. So entwickelte sich zwischen ihm und Kafka ein freundschaftliches Verhältnis, das dessen Abgang von den *Assicurazioni Generali* überdauerte: Man tauschte Bücher und Zeitschriften aus. Kafka widmete Eisner, der im Mai 1915 heiratete, ein Exemplar seines *Heizers* mit folgender handschriftlicher Widmung: *Meinem lieben Ernst Eisner. Franz K. 3. VIII. [recte VII.] 13 (dreißigjährig).* Ein Tagebucheintrag vom 16. September 1915 dokumentiert allerdings eine Entfremdung zwischen den beiden: *Demütigung bei Eisner. Erste Zeile eines Briefes an ihn geschrieben, weil sich mir im Kopf rasch ein würdiger Brief gebildet hatte. Trotzdem nach der ersten Zeile abgelassen. Früher war ich anders. Wie leicht ich außerdem die Demütigung getragen, wie leicht ich an sie vergessen habe, wie wenig Eindruck auch seine Gleichgültigkeit auf mich gemacht hat.*

Hauswedell & Nolte: *Wertvolle Bücher und Autographen des 15.–20. Jahrhunderts*, Hamburg 2005, S. 323 und Tafel 56, vgl. Joseph C. Pick am 27. XI. 1978, PK 109, Br I 115 und 136.

260 | *Leitfaden zum Studium der Grundsätze und Einrichtungen des Versicherungswesens*, herausgegeben von Emanuel Horst, (im Verlage der General-Agentschaft für Böhmen der k. k. priv. Assicurazioni Generali in Triest, K. u. k. Hofbuchdruckerei A. Haase), Prag 1905, Einband.

Laut Vorwort war die in beiden Landessprachen vorliegende Sammlung für die junge Beamtenschaft der *Assicurazioni Generali* bestimmt. Sie enthält die Instruktionen, die für die Ausbildung des Personals verwendet wurden, und gehörte sicherlich in der Einarbeitungsphase zu Kafkas Pflichtlektüre. Eine in diesem *Leitfaden* abgedruckte Bilanz für das Jahr 1904 zeigt, daß die Feuerversicherung (einschließlich Einbruchsdiebstahlversicherung) und die Lebensversicherung ungefähr zu gleichen Teilen das Hauptgeschäft der Anstalt ausmachten, während die Transportversicherung nur einen Bruchteil dieser Umsätze erreichte und in den darauffolgenden Jahren weiter zurückging.

Vgl. Josef Čermák: *Franz Kafka v Assicurazioni Generali*, in: *Kafka a Čechy. Kafka und Böhmen*, (Prag 2007), S. 22–24 und KH 332–337.

262 | Die Eingangshalle des wegen seines Jugendstildekors viel-
beachteten, aber auch angefeindeten *Café Corso* am *Graben*, das
zu den von Kafka und seinen Freunden aufgesuchten Prager
Kaffeehäusern gehörte (1899).

*Mein lieber Max – mach mir die Freude und komme morgen
Samstag ins «Korso», ich bin von 8 Uhr an dort. Ich kann dieses
Vergnügen Dir und mir noch beiläufig gönnen.*

An Max Brod am 6. XII. 1907, vgl. C 52.

261 | Das Hauptportal am Palais der Versicherungsanstalt *Assicura-
zioni Generali.*

*Ich komme im Sprunge um 6 ¼ Uhr aus dem großen Portal, be-
reue die verschwendete Viertelstunde, wende mich nach rechts und
gehe den Wenzelsplatz hinunter.*

An Hedwig Weiler zwischen Anfang Oktober und 9. Oktober 1907.

263 | Der Eingang zur Weinstube *Eldorado* im *Palais der Prager Creditbank* in der *Obstgasse* (heute *28. října*) Nr. 15 (heute Nr. 11) (I-376).

In der Nacht vom 3./4. Januar 1913 schrieb Kafka an Felice, er habe vor langer Zeit mit einem Bekannten um zehn Flaschen allerfeinsten Champagners gewettet, er werde in zehn Jahren noch Junggeselle sein: *Die Wette stammt wie Du schon erraten haben wirst aus jener längst vergangenen, angeblichen Bummelzeit, in der ich viele Nächte in Weinstuben versessen habe, ohne zu trinken. Nach den Namen zu schließen, waren es wunderbare Örtlichkeiten: Trokadero, Eldorado in dieser Art.* In einem an die gleiche Adressatin gerichteten Brief vom 12./13. Dezember 1912 legt Kafka diese *Bummelzeit* in das Jahr, das er bei den *Assicurazioni Generali* verbrachte.

Das zunächst mit einer Delikatessenhandlung verbundene und als *Erste mährische Weinstube (První moravská vinárna)* geführte Etablissement im Kellergeschoß des Gebäudes wurde am 1. November 1904 eröffnet. Im März 1906 erhielt der Besitzer Gustav Pley, ein ehemaliger Oberkellner, eine Konzession für eine Gastwirtschaft mit Ausschank von Wein, Branntwein und Speisen (nicht aber für Bier), im Mai des Jahres kam das Recht hinzu, einen Klavierspieler einzustellen, und im Juni wurde ihm erlaubt, das Lokal *Eldorado* zu nennen, aber der Zusatz verlangt, daß es sich um eine Gastwirtschaft handle.

In Erinnerungen erzählt Willy Haas von einer umfangreichen Dichtung seines Freundes Werfel in Terzinen, die in der Zeit entstanden sei, da man zusammen gerichtsmedizinische Vorlesungen besucht habe, und im pathologischen Milieu spiele: *Wir verkehrten in einer kleinen nächtlichen Weinstube in der Obstgasse, in der es ein nettes Barfräulein namens Grete gab, für die wir alle etwas übrig hatten. Einmal nachts waren wir Zeugen einer Eifersuchtsszene, die ihr ihr Freund machte. Wir gingen, weil der Lärm un[s] störte, in ein anderes Lokal. Dort hörten wir eine Stunde später zu unserem Schrecken, daß dieser Mann das Mädchen und danach sich selbst kurz nach unserem Weggehen erschossen hatte. Aber das eigentliche Grauen des Todes stand uns noch bevor: am nächsten Tag, als wir ins pathologische Institut kamen – da lagen dort auf dem Seziertisch, nebeneinander, entkleidet, die Leiche des Mädchens, mit dem wir am Abend vorher noch geplaudert hatten, und die Leiche ihres Freundes. Niemals, auch an der Front nicht, habe ich wieder die kalte Faust des Todes so im Nacken gespürt wie damals. Die Dichtung Werfels, die gewiß noch veröffentlichungwert wäre, war erfüllt von der nach Karbol und verwesendem Fleisch duftenden Trostlosigkeit dieser Säle, die auch der Nervenstarke nur mit der Zigarre im Mund betrat.*

Das von Haas berichtete Geschehen, das unter der *jeunesse dorée* der Stadt großes Aufsehen machte, geschah am Morgen des 8. März 1910. Der 19jährige tschechische Baukanzleigehilfe Franz Veit hatte die Nacht in verschiedenen Weinstuben verbracht und war anschließend ins *Eldorado* gekommen, wo er mit der gleichaltrigen Gertrude Kurz, einer aus Dresden stammenden, umschwärmten Schönen der Nacht, die erst vier Wochen zuvor als Kellnerin in das Lokal gekommen war, ein Essen in einem *chambre séparée* einnahm, wo er das Mädchen und sich selbst erschoß. Der Grund für seine Tat waren Liebeskummer – es war ihm nicht gelungen, die Gunst der ‹schönen Trude› zu gewinnen – und die Schulden, die er zur Finanzierung seines aufwendigen Nachtlebens gemacht hatte. Die Leichen wurden am 9. März im *Pathologischen Institut* der Prager deutschen Universität obduziert.

Willy Haas: *Prag und die Prager III. Dreimal die Stimme des Todes*, in: *Prager Mittag* 1, Nr. 7 (7. VIII. 1933), S. 3, vgl. Br I 82 f., PT 29, Nr. 303 (2. XI. 1904), S. 6, Hartmut Binder: *Wo Kafka und seine Freunde zu Gast waren*, (Furth im Wald, Prag 2000), S. 70–73, *Selbstmord des Täters*, in: DZB 83, Nr. 67 (8. III. 1910), *Abend-Ausgabe*, S. 2 und Nr. 68 (9. III. 1910), S. 6.

264 | Der *Obstmarkt (Ovocný trh)* im Jahr 1907. Im Hintergrund das *Königliche deutsche Landestheater*. Im vierten, seine Nachbarn überragenden Haus von rechts (Nr. 9), an dessen Stelle sich heute ein Nachfolgebau erhebt, lag das *Café London*, das auch, weil das Gebäude sich nach hinten bis zur *Zeltnergasse* erstreckte, von dieser aus (Nr. 22) zugänglich war (I-565) (→ Abb. 21, 25). Links daneben die Häuser Nr. 7 (I-562) und, vorspringend, Nr. 5 (I-560), in dem das *Kunsthistorische Institut* (→ Abb. 120 f.) und das *Rechtswissenschaftliche Institut* untergebracht waren. Anfang der 90er Jahre des 19. Jahrhunderts wurde das im Hof des Gebäudes *Obstmarkt* Nr. 9 untergebrachte *Café London* von Leopold Kafka geleitet (→ Abb. 23). Im Juli 1906 übersiedelte Carolin Cizek das inzwischen von ihr übernommene Lokal, in dem Kafka Beziehungen zu zwei Kellnerinnen namens Josci und Maltschi unterhielt, in die zum *Obstmarkt* weisenden Räumlichkeiten und richtete im Hof die Weinstube *Trocadero* ein, bei der es sich um ein Nachtlokal handelte, das keine Sperrstunde kannte. Zu Beginn des Ersten Weltkriegs wurden die Lokalitäten in *Café Astoria* umbenannt, um Assoziationen zu den Ländern des Feindes zu vermeiden.

Tatsächlich saß er oft studenlang in einer kleinen Weinstube in der Prager Altstadt, ohne von dem gefüllten Weinglas, das vor ihm stand, auch nur zu nippen und ohne mit den anderen Stammgästen, die ihn gut kannten, auch nur ein Wort zu wechseln, um schließlich, wenn er sich in sichtlich gehobener Stimmung empfahl, seinem erstaunten Tischnachbar[n] einen Wein anzubieten.

Diese von Ernst Popper (→ Abb. 400) stammende Erinnerung an Besuche Kafkas im *Trocadero* bestätigt, daß dieser nicht übertrieb, wenn er in der Nacht vom 3./4. Januar an Felice schrieb, daß er *viele Nächte in Weinstuben versessen habe, ohne zu trinken*.

EFK 117 und Br II 17, vgl. Br I 83, am 21. IV. 1908, Datierung korrigiert nach Anthony Northey: *Ewald Přibram, die Jubiläumsausstellung von 1908 und eine unveröffentlichte Postkarte Kafkas an seinen Freund*, in: KK 15, Nr. 4 (2007), S. 66, ders.: *Kafkas Mischpoche*, Berlin (1988), S. 75 und PT 32, Nr. 32 (1. II. 1907), S. 17.

265 | Kafka und die aus Wien stammende, drei Jahre jüngere Hansi Juliane Szokoll, mit der ihn, wie Max Brod in seiner Kafka-Biographie schreibt, eine unglückliche Liaison verband, die in die Zeit fällt, in der er für die *Assicurazioni Generali* tätig war: *Ich erinnere mich an seine Leidenschaft zu einer Weinstubenkellnerin namens Hansi, von der er einmal sagte, ganze Kavallerieregimenter seien über ihren Leib geritten. Franz war in dieser Liaison sehr unglücklich.*

FK 104, vgl. Br 84 und Anthony Northey: *Kafkas Liebchen und kein Ende*, in: KK 4, Nr. 4 (Dezember 1996), S. 66.

266 | Die *Deutsche Handelsakademie* (I-620) in der *Fleischmarktgasse (Masná)* (→ Abb. 21, 27). Hier absolvierte Kafka in der Zeit vom 3. Februar bis zum 20. Mai 1908 einen Kurs für Arbeiter-Versicherung, der von Dr. Robert Marschner, dem Direktor der *Arbeiter-Unfall-Versicherungs-Anstalt* und drei seiner Beamten abgehalten wurde, darunter Kafkas spätere Dienstvorgesetzte Dr. Fleischmann (→ Abb. 282) und Eugen Pfohl. Das am 11. Juni 1908 ausgestellte, vom Direktor der *Handelsakademie* unterschriebene Zeugnis, das Kafka vorzügliche Leistungen bescheinigte, war eine wichtige Voraussetzung für die von ihm betriebene Aufnahme in die *Arbeiter-Unfall-Versicherungs-Anstalt*.

Vgl. Br I 438.

267 | Blick auf das Gelände der am 14. Mai 1908 eröffneten *Landes-jubiläumsausstellung* im Prager *Baumgarten*, welche die wirtschaft-liche Leistungsfähigkeit böhmischer Industrieunternehmen und Gewerbebetriebe zeigen sollte, die im Verantwortungsbereich der *Prager Handelskammer* tätig waren oder dazu Beziehungen unter-hielten. Ein Schwerpunkt der Schau, die am 18. Oktober ihre Tore wieder schloß, lag auf den Innovationen in den Bereichen Photo-graphie, Chemie, Elektrotechnik und Medizin.

Der von Bedřich Münzberger errichtete viertürmige Zentralbau mit den beiden Seitenflügeln, der bis heute erhaltene *Industriepa-last*, war 1890/91 nach dem Vorbild der Maschinenhalle in der Pari-ser Weltausstellung von 1889 für die Prager *Jubiläums-Ausstellung* des Jahres 1891 errichtet worden (→ Abb. 41). Das langgestreckte Gebäude mit den drei Rundbögen vorne rechts von der Bildmitte diente seit 1905 der *Modernen Galerie des Königreiches Böhmen* als Domizil (→ Abb. 1044). Außerdem gab es Pavillons für Landwirt-schaft und Nahrungsmittelerzeugung, für Lederwaren- und Holzin-dustrie, für Keramik, Glas, Edelsteine, Metallverarbeitung sowie für die Stadt Prag und die *Handels- und Gewerbekammer.*

Kafka hat die anläßlich des 60jährigen Regierungsjubiläums von Kaiser Franz Josef I. veranstaltete Schau mehrfach besucht, und zwar sowohl in Begleitung Max Brods als auch zusammen mit ei-ner namentlich nicht bekannten Freundin. Dabei war man weniger an den gezeigten Objekten als an den Attraktionen interessiert, die derartige Großveranstaltungen zu begleiten pflegen: Es gab Kon-zerte, Theater, Ballonfahrten, Fahrradrennen, einen Kinematogra-phen, ein Aquarium, eine Schießstätte, ein Hippodrom, ein verzau-bertes Schloß, ein Marionettentheater für Kinder und natürlich Re-staurationen, Weinstuben, Konditoreien, Cafés und ein japanisches Teehaus.

Vgl. Anthony Northey: *Ewald Přibram, die Jubiläumsausstellung von 1908 und eine unveröffent-lichte Postkarte Kafkas an seinen Freund*, in: KK 15, Nr. 4 (2007), S. 69 f. und Br I 84.

268 | Bildseite einer Ansichtskarte, die Kafka seinem Freund Ewald Felix Přibram mit folgenden Worten nach Reichenberg schickte: *besten Grüsse lieber Ewald, sei froh, dass Du nicht hier bist. Dein Franz K.*

Die von Kolo Moser entworfene Postkarte, die auf der Adreßseite die Aufschrift *Jubiläumsausstellung/Prag 1908/Korrespondenzkarte* sowie deren tschechisches Äquivalent *Jubilejní výstava/Praha 1908/ Korespondenční lístek* trägt und nur auf dem Ausstellungsgelände erworben werden konnte, wurde am 18. August 1908, dem Geburts-tag Franz Josefs I., von der Postverwaltung in Umlauf gebracht und war bis zum Ende des Jahres verkehrsfähig. Die eingedruckte Fünf-hellermarke, auf der ein Kaiserbildnis aus dem Jahr 1848 zu sehen ist, wurde mit einem roten, ebenfalls von Kolo Moser entworfenen Rundstempel entwertet, der das Datum des 2. XII. 1908 zeigt, also den Tag, an dem sich die Thronbesteigung Franz Josefs I. zum 60. Male jährte. Auf der Bildseite ist der Kaiser zwischen Ansichten der *Burg Karlstein* und des *Hradschin* zu sehen, umrahmt vom Greif

des österreichischen Wappens, von Vignetten mit den Jahreszahlen 1848 und 1908 sowie Lorbeer- und Eichenzweigen. (→ Abb. 43)

Am Nachmittag des Tages, an dem Kafka seinem Freund Grüße nach Reichenberg sandte, war in Prag wegen der sich seit Wochen hinziehenden deutschfeindlichen Ausschreitungen des tschechischen Mobs das Standrecht verhängt worden.

Anthony Northey: *Ewald Příbram, die Jubiläumsausstellung von 1908 und eine unveröffentlichte Postkarte Kafkas an seinen Freund,* in: KK 15, Nr. 4 (2007), S. 1, 66 und 68 f.

269 | Der Kinematograph auf der *Jubiläumsausstellung,* der, wie die folgende Stelle aus einem Brief an Max Brod zeigt, dem Kinoliebhaber Kafka offenbar besonders gefiel:

Ich danke Dir aufrichtig, mein lieber Max, nur daß mir noch immer die Unklarheit der Tatsachen klarer ist als Deine Belehrung. Das einzige was ich aber überzeugend daraus erkenne, ist, daß wir noch lange und oft den Kinema, die Maschinenhalle und die Geishas zusammen uns ansehen müssen, ehe wir die Sache nicht nur für uns, sondern auch für die Welt verstehen werden.

Das Besondere des Kinematographen auf der *Jubiläumsausstellung* war eine hinter der Projektionsfläche aufgestellte Imitierbühne, auf der mit Hilfe von Hämmern, Querträgern, Brettern, Pauken, Körben mit Porzellanscherben und ähnlichen Utensilien die zum jeweiligen Filmgeschehen passenden Hintergrundgeräusche erzeugt werden konnten.

Die ersten bewegten Bilder waren in Prag im November 1896 zu sehen gewesen, und zwar fast gleichzeitig im *Hotel de Saxe* in der *Hibernergasse* Nr. 2 (II-997) und im *Théâtre Variété.*

An Max Brod am 22. VIII. 1908, vgl. Michal Mareš: *Tonfilm 1902,* in: PT 54, Nr. 189 (14. VIII. 1929), S. 3, Rudolf Hotowetz: *Offizieller Führer durch die Jubiläumsausstellung des Bezirkes der Handels- und Gewerbekammer in Prag 1908,* Prag 1908, S. 16, DZB 69, Nr. 304 (4. XI. 1896), S. 14 und Nr. 305 (5. XI. 1896), S. 12.

270 | Die *Maschinenhalle* auf der *Landesjubiläumsausstellung* mit dem Stand der *Prager Maschinenfabrik F. Ringhoffer*, mit der Kafka dienstlich zu tun hatte (→Abb. 758).

271 | Das abessinische Dorf auf der *Landesjubiläumsausstellung*.

Kein Wort fast das ich schreibe paßt zum andern, ich höre wie sich die Konsonanten blechern an einander reiben und die Vokale singen dazu wie Ausstellungsneger.

Es wurde ein ganzes Dorf mit 74 abessinischen Männern, Frauen und Kindern gezeigt, für das extra Eintritt bezahlt werden mußte. Da Kafka an länderkundlichen Darstellungen Interesse zeigte, die von Arabern, Chinesen, Eskimos, Indianern, Tschuktschen, Massai und Bimbinga handelten, ist anzunehmen, er habe auch den Abessiniern auf der *Jubiläumsausstellung* Beachtung geschenkt. Offenbar fand er die Gesänge, die von ihnen während ihrer Vorführungen zu hören waren, so unmelodiös, daß er sie in der angeführten Weise zu Vergleichszwecken benutzte und an anderer Stelle im Tagebuch schreiende Angehörige und Besucher als rohe negerhafte Wesen bezeichnet.

Tagebuch, 15. XII. 1910, vgl. T 358, W 263, KB 168, KB Nr. 241, T 621, 787 f. und Rudolf Hotowetz: *Offizieller Führer durch die Jubiläumsausstellung des Bezirkes der Handels- und Gewerbekammer in Prag 1908,* Prag 1908, S. 18.

272 | Das japanische Kaffee- und Teehaus auf der Prager *Jubiläumsausstellung*, das Kafka vermutlich wegen seines Interesses für die Kultur des Fernen Ostens anzog (→ Abb. 1196). Das Teehaus wurde von dem japanbegeisterten Tschechen Josef Hloucha (1881–1957) erbaut, der hier echte japanische Geishas beschäftigte.

Rudolf Hotowetz: *Offizieller Führer durch die Jubiläumsausstellung des Bezirkes der Handels- und Gewerbekammer in Prag 1908,* Prag 1908, S. 16.

273 | Das Hotel *Prokop* in Spitzberg
(Špičák), heute Teil der Stadt Markt Ei-
senstein (Železná Ruda) im Böhmerwald.
(→ Abb. 1066)

In der Mitte des Gebäudekomplexes links
ist die Veranda zu sehen, in der Kafka saß,
als er Max Brod die im Folgenden angeführte Ansichtskarte schrieb: *Ich sitze unter
dem Verandendach, vorn will es zu regnen
anfangen, die Füße schütze ich, indem ich
sie von dem kalten Ziegelboden auf eine
Tischleiste setze und nur die Hände gebe ich
preis, indem ich schreibe. Und ich schreibe,
daß ich sehr glücklich bin und daß ich froh
wäre, wärest Du hier, denn in den Wäldern
sind Dinge, über die nachzudenken, man
Jahre lang im Moos liegen könnte.* Da Kafkas Dienst bei der *Arbeiter-Unfall-Versicherungs-Anstalt* erst am 30. Juli 1908 begann,
hatte er nach seinem Ausscheiden aus den
Assicurazioni Generali am 15. des Monats
zwei Wochen Freizeit, die er teilweise zu
einem Ferienaufenthalt in Spitzberg nutzte,
der vom 18. bis 25. des Monats dauerte.

An Max Brod am 18. Juli 1908, vgl. Br I 752, Br III 171
und O 30.

274 | Oskar Baum (1883–1941).

*Baum […] war ein starker, schöner breit-
schultriger Mann. Seine Augen hatten dem
Anschein nach nichts Abnormales. Daß sie
nichts sahen, sah man nicht. Eine Zeitlang
trug Baum als ganz junger Mensch einen
Vollbart, dicht und hellbraun; unter Jugendlichen war das damals nicht üblich. Aber
Baums junge Frau hatte diese Pracht gewünscht.*

Der aus Pilsen stammende Schriftsteller, der von Geburt an ein schwaches Auge
hatte, das später gänzlich seine Sehkraft
einbüßte, erlitt am 8. Juli 1894 bei einer
Schlägerei mit tschechischen Altersgenossen eine schwere Verletzung an seinem
andern, noch gesunden Auge, das dadurch
seinen Dienst versagte, so daß er vollständig erblindete. Baum wurde daraufhin in
der *Israelitischen Blindenanstalt Hohe
Warte* in Wien zum Musiker ausgebildet
und zog nach Abschluß dieser Studien 1902
mit seinen Eltern nach Prag, wo er Organist
am *Kaiser Franz Josefs Jubiläums-Tempel* in
der *Jerusalemsgasse (Jerusalemská)* wurde.
Gleichwohl verdiente er seinen Lebensunterhalt vorwiegend als Klavierlehrer. Ein
Cousin machte ihn mit Max Brod bekannt,
der ihn im Herbst 1904 Kafka vorstellte. Es
dauerte einige Jahre, bis aus der Bekanntschaft mit Kafka eine Freundschaft wurde,
deren erste Belege von 1909 stammen. 1908
war mit *Uferdasein* ein autobiographischer
Roman Baums erschienen, der im Blinden-
milieu spielt und ihn bekannt machte, weil

er der erste war, der sich dieses Themas
angenommen hatte.

Wie Kafkas Lebenszeugnisse zeigen, war
er in den darauffolgenden Jahren vergleichsweise häufig bei Baum zu Gast,
wozu beigetragen haben mag, daß dieser
im Dezember 1907 durch seine Eheschließung mit der aus Neubidschow (Nový
Bydžov) (→ Abb. 276) in Ostböhmen stammenden und neun Jahre älteren Margarethe Schnabel einen eigenen Hausstand
gegründet hatte, so daß sich ganz andere
Möglichkeiten des Zusammenseins und der
Bewirtung ergaben, als dies bei Max Brod
oder Felix Weltsch der Fall war, die wie
Kafka selbst bis zu ihrer Heirat im Jahr 1913
und 1914 in ihren Kinderzimmern lebten.
Baum starb am 1. März 1941 und liegt auf
dem *Neuen jüdischen Friedhof* in Prag begraben, seine Frau Margarethe wurde am
9. September 1942 deportiert und starb im
August 1943 in Theresienstadt.

PK 120, vgl. 122, 127, C 52, Br I 105 und PT 34, Nr. 111
(22. IV. 1909), S. 9.

275 | Die *Heinrichsgasse (Jindřišská)* mit dem Turm der *St.-Heinrichskirche (kostel svatého Jindřicha)*. Im mittleren Gebäude der Häuserfront links (mit Türmchen), in Nr. 29 (II-875), bezog Oskar Baum nach seiner Heirat eine Wohnung, die er bis Ende 1909 beibehielt. Anschließend zog er in die *Stockhausgasse (Vězeňská)* Nr. 8 (I-913), im Sommer 1911 übersiedelte er in die *Mariengasse* (heute *Opletalova*) II-1566, im November in das in der gleichen Straße liegende Haus II-1606, bis er sich im Mai 1914 in Königliche Weinberge in der *Manesgasse (Mánesova)* Nr. 30 (XII-911) niederließ (→ Abb. 813).

276 | Oskar Baum: *Die böse Unschuld. Ein jüdischer Kleinstadtroman*, Frankfurt/M. 1913, Einband.

Bei Baum gewesen, so schöne Sachen gehört. Ich hinfällig wie früher und immer.

Der Roman, auf den sich Kafkas Tagebuchnotiz vermutlich bezieht, zeigt das Spektrum jüdischen Lebens in einer zeitgenössischen böhmischen Landgemeinde und spiegelt Verhältnisse, die Baum offensichtlich bei Ferienaufenthalten in Neubidschow kennengelernt hatte. Er wurde im Oktober 1909 begonnen und ein Jahr später vollendet, erschien aber nach einer Umarbeitung erst 1913. Da Brod, wie sein Tagebuch verrät, erst ab 21. April 1910 an seinen *Jüdinnen* zu arbeiten begann, ist Baum der erste unter den deutschschreibenden Prager Autoren des 20. Jahrhunderts gewesen, der die literarische Aufarbeitung jüdischer Gegenwartsprobleme in Angriff nahm.

Tagebücher, 21. XII. 1910, vgl. T 629 und Hartmut Binder: «... das mit wärmster Liebe ausgeforschte Fühlen, Denken und Tun der Provinzjuden». Oskar Baums Roman «Die böse Unschuld», in: Sudetenland 44, Heft 3 (2002), S. 273–295.

277 | Felix Weltsch (1884–1964) (1919).

Wie glücklich er lebt, in stetiger Forschung.

Nachdem Weltsch das *Altstädter Gymnasium* und im Sommer 1906 sein Jurastudium beendet hatte, begann er im Herbst dieses Jahres mit Philosophie, die er mit dem Sommersemester 1909 abschloß. Ein derart auf drei Jahre verkürztes Studium war möglich, wenn zwei vorhergegangene juristische Semester anerkannt wurden, was in Weltschs Fall in einem Ministerialerlaß vom 5. November 1909 geschah. Ab Frühjahr 1907, also gleichzeitig mit dem Zweitstudium, leistete Weltsch seine Gerichtspraxis ab, erwarb im April des Jahres den Dr. juris und war 1908 und 1909 als Advokatursconcipist tätig. Im Jahr 1911 promovierte er bei Marty und von Ehrenfels über *Lockes Erkenntnistheorie*, die seine Arbeit im März und August des Jahres annahmen. Das zweistündige philosophische Rigorosum bestand Weltsch am 27. Juni 1911 mit der Note *genügend*, nicht aber das einstündige im Nebenfach Österreichische Geschichte fünf Tage zuvor, das beide Prüfer mit *ungenügend* bewerteten. Kafka, der auf den Ausgang des Geschehens gewartet hatte, tröstete seinen Freund mit einem gemeinsamen Spaziergang, der die beiden zu einem idyllisch gelegenen Ort im *Baumgarten* führte (→ Abb. 916 und 917). Die Wiederholungsprüfung am 18. November verlief erfolgreich.

Da Weltsch einsah, daß sein höchster Wunsch, Philosophie zu lehren, unerfüllbar war, trat er im Januar 1910 in die Prager

278 | Das Haus *Gemsengäßchen (Kamzíková ulička)* Nr. 4 (I-542)
(→ Abb. 21, 21) (2007).

Mit Kafka «Wie schön ist doch unser Leben». Wir waren in einer
ganz seligen Stimmung. Dann mit Dr. Příbram. Dann warfen
wir Schneeballen an das Fenster von Weltsch und er kam herunter,
12 Uhr Nachts.

Im ersten Obergeschoß des Hauses lebte Felix Weltsch mit seinen
Eltern und seinen Geschwistern Wilhelm (*1887), Elisabeth (*1888)
und Paul (*1891) von März 1901 bis zu seiner Heirat im Jahr 1914
(→ Abb. 822).

Im Nebenhaus, *Gemsengäßchen* Nr. 6 (I-543), lag der Salon *Gold-*
schmied, ein bei den Prager Literaten beliebtes Edelbordell – allein
für die Jahre 1909 bis 1911 lassen sich elf Besuche Max Brods nachweisen –, das jedoch durchaus nicht allein amourösen Zwecken
diente, sondern auch Zufluchtstätte für Künstler und Bummler war,
die sich in einem anregenden Ambiente die Nacht um die Ohren
schlagen wollten. Franz Werfel hat dem Etablissement in seiner Erzählung *Das Trauerhaus* (1927) ein Denkmal gesetzt. Ob Kafka hier
ebenfalls zu Gast war, ist nicht bekannt, Verkehr mit Prostituierten,
der *nach dem Teufelswort «sexuelle Etikette»* für Prager Intellektuelle damals eine Selbstverständlichkeit war, läßt sich aber seit 1906
nachweisen. (→ Abb. 220 und 424)

C 38 (Brod: Tagebuch, 1. I. 1907) und T 915, vgl. 48 f., Br I 45 und 87.

Universitätsbibliothek ein. Diesen für einen Juden schwer erreichbaren Posten im Staatsdienst bekam er jedoch nur, weil er zwei
Doktorate hatte und dadurch dem Bibliotheksdirektor die Möglichkeit gab, einen anderen, ihm mißliebigen Kandidaten zu verhindern. Als Praktikant war Weltsch für die Abwicklung der Fernleihe
verantwortlich und hatte zu entscheiden, welche Bücher eingebun-
den werden sollten; als er 1919 Bibliothekar wurde, oblag ihm die
Entwicklung eines Sachkatalogs. Im gleichen Jahr übernahm er die
Redaktion der zionistischen Wochenschrift *Selbstwehr*. Am 14. März
1939 floh er mit Max Brod nach Palästina, wo er in der Bibliothek
der 1925 eröffneten *Hebräischen Universität* in Jerusalem arbeitete.

Obwohl Weltsch eine Klasse unter Kafka das *Altstädter Gymnasi-*
um durchlief, wurden die beiden erst während ihres Jurastudiums
von Max Brod miteinander bekannt gemacht, und es dauerte bis
1911, daß Kafka ihm das Du antrug. Regelmäßige wöchentliche Zusammenkünfte des aus Brod, Baum, Weltsch und Kafka bestehenden Freundeskreises, auf denen man sich gegenseitig eigene Werke
vorlas, dürfte es frühestens seit 1908 gegeben haben. Einerseits war
die erste Hälfte des Jahres 1907 bei Brod durch die juristischen Ab-
schlußprüfungen blockiert; zum andern hielt sich Brod die letzten
vier Monate dieses Jahres als Finanzbeamter in Komotau (Chomutov) auf. Vor allem aber intensivierte sich sein Verhältnis zu Kafka
erst nach dem Tod seines Jugendfreundes Max Bäuml (1882–1908).
Bäuml war seit der zweiten Gymnasialklasse Brods Klassenkamerad und begann im Herbst 1902 Philosophie, Germanistik und Mu-
siktheorie zu studieren.

Wie das eingangs angeführte Zitat zeigt, galt Weltsch gegenüber
seinen drei Freunden als der Ausgeglichenere, in Kafkas Augen
auch als der Zuversichtlichere, der bereit war, für seine Ziele zu
kämpfen, doch änderte sich dieses Bild nach seiner Eheschließung,
weil seine Frau wenig Verständnis für seine philosophische Arbeit
zeigte und ihn aufgrund ihrer labilen psychischen Verfassung
drangsalierte (→ Abb. 946).

Brod: Tagebuch, 11. I. 1911 und *Archiv Univerzity Karlovy v Praze*, vgl. Felix Weltsch an Jürgen
Born am 24. I. 1964, Guido Kisch: *Der Lebensweg eines Rechtshistorikers. Erinnerungen*,
Sigmaringen (1975), S. 31 und T 616.

279 | Heinrich Weltsch (1856–1936), der Vater von Felix Weltsch, dessen Geschäft – *S. Weltsch, Söhne, Herrenbekleidung* (ein Bruder, Moritz Weltsch, der zunächst ebenfalls an dem Unternehmen beteiligt war, verstarb früh) – sich wie die Wohnung der Familie im ersten Stock des Hauses *Gemsengäßchen* Nr. 4 befand. Photographie von Hans Klaus (1931/32). (→ Abb. 1076)

Ich habe heute aus verschiedenen Gründen statt zu schreiben einen Spaziergang mit jenem Dr. Weltsch gemacht nachdem ich 1½ Stunden inmitten seiner Familie gesessen bin und mir von seinem Vater, einem für alles interessierten klugen Menschen, er ist kleiner Tuchhändler, viele alte schöne Geschichten aus der frühern Prager Judenstadt, aus den Zeiten seines Großvaters, der noch ein großer Tuchhändler gewesen ist, habe erzählen lassen.

Heinrich Weltsch und seine Frau Louise (1863–1940) waren sehr kunst- und musikliebend. Sonntag nachmittags pflegten sich in ihrer Wohnung Freunde und Freundinnen ihrer Kinder zu versammeln, um zu musizieren, zu debattieren oder um sich vorzulesen. Aus diesen auf die Gymnasialzeit von Felix Weltsch zurückgehenden Zusammenkünften entwickelte sich während seiner Studienjahre ein fester Zirkel, der sich unter seiner und Max Brods Führung fast täglich in seinem Elterhaus traf.

An Felice am 8./9. I. 1913, vgl. PT 39, Nr. 44 (15. II. 1914), S. 17, Robert Weltsch am 29. IX. 1976 und Willy Weltsch am 26. X. 1976.

280 | Das Gebäude der *Arbeiter-Unfall-Versicherungs-Anstalt* in der *Pořitscherstraße* (II-1075), in dem 200 000 Unternehmer und 3 Millionen Arbeiter betreut wurden. Kafkas Arbeitsplatz lag zu Beginn seiner Tätigkeit im obersten Stockwerk.

[…] das Haus ist sehr groß, wir haben über 250 Beamten.

An Felice am 15. XI. 1912, vgl. Br I 302.

281 | Der *Marktplatz* von Tetschen (Děčín) an der Elbe mit den Hotels *Krone* und *Silberner Stern* (Anfang des 20. Jahrhunderts).

Jetzt um 5 Uhr die Langweile von 6 Stunden Arbeit mit Milch in sich hinuntertrinken das hat noch beiläufigen Sinn. Aber sonst. Sonst gibt es noch einiges: sehr gutes Essen früh, mittag, abend und im Hotelzimmer wohnen. Hotelzimmer habe ich gerne, in Hotelzimmern bin ich gleich zu Hause mehr als zu Hause wirklich.

Die erste mehrtägige Dienstreise, die Kafka als Angestellter der *Arbeiter-Unfall-Versicherungs-Anstalt* unternahm, führte ihn nach Tetschen an der Elbe. Da er seinem Freund Brod eine Ansichtspostkarte vom *Marktplatz* dieser Stadt schickte, hat er vielleicht in einem der beiden Hotels übernachtet, die auf der Abbildung zu sehen sind.

An Max Brod am 2. IX. 1908.

282 | Dr. Siegmund Fleischmann (1878–1935).

Als ich heute zu Dr. Fleischmann kam war es, trotzdem wir langsam und überlegt zusammenkamen, als wären wir wie Bälle zusammengestoßen, die einer den andern zurückwerfen und selbst ohne Beherrschung sich verlieren. Ich fragte ihn ob er müde wäre. Er war nicht müde. Warum ich fragte? Ich bin müde antwortete ich und setzte mich.

Nach der Erinnerung Max Brods suchte Dr. Fleischmann seinen fünf Jahre jüngeren Bürokollegen zu wissenschaftlicher Spezialarbeit anzuregen, besonders in den ersten beiden Berufsjahren.

Tagebuch, 5. II. 1912, vgl. Br 500.

283 | Johann Bartl (1852–1919), Oberkontrollor in der *Arbeiter-Unfall-Versicherungs-Anstalt*, als k. k. Hauptmann, der es im Ersten Weltkrieg bis zum Major brachte.

Oberkontrollor Bartl erzählt von einem ihm befreundeten pensionierten Oberst, der bei ganz offenem Fenster schläft: «Während der Nacht ist es sehr angenehm; dagegen wird es unangenehm, wenn ich früh von der Ottomane, die beim Fenster steht, den Schnee wegschaufeln muß und dann anfange mich zu rasieren.»

Tagebuch, 23. I. 1914.

284 | Franz Blei (1910).

Max Brod hatte mit seiner 1906 erschienenen Novellensammlung *Tod den Toten!* die Anerkennung Franz Bleis (1871–1942) gefunden, der den jungen Prager Autor zur Mitarbeit an den von ihm herausgegebenen Zeitschriften *Der Amethyst* und *Die Opale* einlud. Noch 1906 lernte Blei in Prag Brod kennen, im darauffolgenden Frühjahr auch Kafka, der ihm auf seine Bitte hin für die geplante Zeitschrift *Hyperion* gegen Ende des Jahres acht Prosastücke zur Verfügung stellte, die im März 1908 unter dem Titel *Betrachtung* erschienen. Im Juni 1909 wurden an gleicher Stelle zwei weitere, wesentlich umfangreichere Texte Kafkas gedruckt (→ Abb. 16, 222 und 285). Als Ende 1908 Bleis Abhandlung *Die Puderquaste. Ein Damenbrevier* herauskam, schrieb Kafka eine Rezension, die am 6. Februar 1909 in der Zeitschrift *Der neue Weg* veröffentlicht wurde. Am Tag darauf schickte er die Besprechung mit dem Bemerken, er freue sich von Herzen, Blei bald in Prag zu sehen, an diesen, der sie *sehr sehr fein* geschrieben fand. Als Blei dann am 6. März dieses Jahres in der *Lese- und Redehalle der deutschen Studenten* (→ Abb. 168) aus der *Puderquaste* vorlas, war Kafka höchstwahrscheinlich unter den Zuhörern. Ein weiteres Zusammentreffen erfolgte im Mai 1910: Kafka und Brods Schwester Sophie holten Blei, seine Frau Maria und Sohn Peter am 18. des Monats vom Bahnhof ab und gingen mit ihnen und Max Brod am Abend auf den *Laurenziberg* (→ Abb. 254), um den Durchzug des *Halleyschen Kometen* zu beobachten. Später war Blei maßgeblich daran beteiligt, daß der Fontanepreisträger Carl Sternheim das mit dieser Auszeichnung verbundene Preisgeld an Kafka weitergab und damit eine wichtige Voraussetzung für die Publikation der *Verwandlung* schuf.

Paul Raabe: *Franz Kafka und Franz Blei*, in: *Kafka-Symposion*, hrsg. von Jürgen Born u. a., Berlin (1965), S. 14, vgl. SL 13, U 26 und 253, Anm. 20, Br I 97, T 16, TK 13 und Hartmut Binder: *Kafkas «Verwandlung»*, (Frankfurt/M. und Basel 2004), bes. S. 179.

285 | Willy Weltsch.

Nach Kafka befragt, gab Willy Weltsch die Auskunft, er erinnere sich an eine Zusammenkunft, die Ende 1908 in einem Prager Lokal stattgefunden hatte. Anwesend waren außer ihm selbst sein Bruder Felix, Max Brod, Kafka und Franz Blei, der aus München gekommen war: *Max hatte Blei über die von Kafka verfaßten Erzählungen erzählt und nun entstand ein Kampf, da Blei die Erzählung für seine neue Zeitschrift Hyperion haben wollte, Kafka aber sich weigerte, etwas von ihm zum Druck zu geben. Nach langen Debatten und vielen Zureden, erklärte er sich doch bereit, zwei Erzählungen Blei für seine Zeitung zu geben.* Als Blei die der Erstfassung der *Beschreibung eines Kampfes* entstammenden Texte in Händen hielt, die Kafka *Gespräch mit dem Beter* und *Gespräch mit dem Betrunkenen* benannt hatte, fand er sie *schön* und druckte sie im Juni 1909 im *Hyperion*. Als die Zeitschrift ihr Erscheinen einstellen mußte, schrieb Kafka einen Nachruf, der unter dem Titel *Eine entschlafene Zeitschrift* am 20. März 1911 in der *Bohemia* veröffentlicht wurde.

Willy Weltsch am 26. X. 1976 und U 27, vgl. 254, Anm. 29.

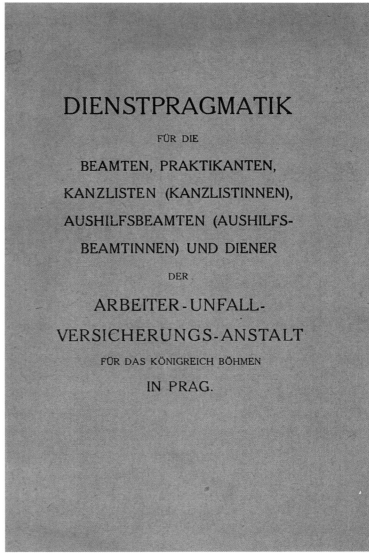

286 | Die Villa im Scharkatal, *V Šáreckém údolí* Nr. 30 (Konskriptionsnummer 192), in der Hugo Bergmann und seine Frau nach ihrer Eheschließung in den Jahren 1908 und 1909 wohnten.

In seiner Autobiographie berichtet Max Brod von einem Besuch bei Hugo Bergmann in der Scharka (Šarká), der vermutlich im Jahr 1909 stattfand. Man saß auf dem Balkon und diskutierte philosophische Probleme, bis Brod in einer Gesprächspause den Einfall hatte, sich die Wohnung seines seit ein paar Monaten verheirateten Freundes anzuschauen. Dabei sah er an der Wand ein Bild Theodor Herzls und ließ sich den Zionismus erklären, von dem er bisher so gut wie nichts gehört hatte. Diese Begegnung leitete seine Wendung zum Nationaljudentum ein, die bald auch auf Kafka ausstrahlte und dazu führte, daß dieser sich vom Assimilanten zum bewußten Juden und Zionisten wandelte.

Vgl. SL 48 f.

287 | Die für den internen Dienstgebrauch bestimmte, *Dienstpragmatik* betitelte Broschüre, die mehrfach aktualisiert wurde – das vorliegende Exemplar stammt vom Ende des Ersten Weltkriegs –, regelt die Rechte und Pflichten der in der *Arbeiter-Unfall-Versicherungs-Anstalt* beschäftigten Personen.

So heißt es etwa in § 9: *Die Anordnung einer zeitweiligen erweiterten Amtsfrequenz, insbesondere wegen Aufarbeitung der Geschäftsrückstände, bleibt nach Erfordernis des Dienstes dem Direktor vorbehalten und es kann die Verwendung der Angestellten ausserhalb der normalen Amtsstunden nur innerhalb jener Abteilung erfolgen, welcher die betreffenden Angestellten zugeteilt sind. In keinem dieser Fälle haben die Angestellten Anspruch auf besondere Honorierung der ausserhalb der Normalstunden verwendeten Überstunden.*

Auch Kafka machte mit dieser Regelung unliebsam Bekanntschaft, denn seine Lebenszeugnisse verraten, daß er zuweilen an Nachmittagen Bürodienst hatte, besonders während der Kriegszeit.

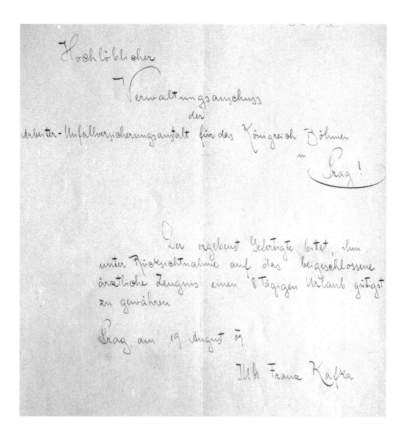

288 | Auf den 19. August 1909 datiertes Urlaubsgesuch Kafkas.

Die für die *Arbeiter-Unfall-Versicherungs-Anstalt* geltende *Dienstpragmatik* bestimmte, daß Beamte, Aushilfsbeamte und Diener, sofern sie mindestens ein volles Jahr im Dienst der Anstalt standen, alljährlich das Recht auf einen Erholungsurlaub hatten, insofern dadurch der geregelte und ungehemmte Fortgang der Geschäfte nicht behindert wurde. Die Dauer dieses ordentlichen Urlaubs betrug für die Beamten vierzehn, für die Diener und Hilfsbeamten acht Tage. Dies galt auch für Kafka, der am 30. Juli 1908 als Hilfsbeamter eingestellt worden war. Es muß deswegen verwundern, daß er beim Verwaltungsausschuß der Anstalt beantragte, ihm *unter Rücksichtnahme auf das beigeschlossene ärztliche Zeugnis einen 8tägigen Urlaub gütigst gewähren zu wollen.* Das kann nur bedeuten, daß man wegen der für das Jahr 1910 anstehenden Neuklassifizierung der Betriebe in Versicherungsklassen besonders viel zu tun hatte, jede Kraft benötigte und deswegen eine Urlaubssperre verhängt hatte, die nur mit medizinischen Gründen durchbrochen werden konnte.

Der ihn behandelnde Arzt bestätigte, daß Kafka infolge unausgesetzter, fast zweijähriger, ohne Urlaub verbrachter Arbeit sich gerade in letzter Zeit abgespannt und recht nervös fühle, an häufigem Kopfschmerz leide und es deswegen nötig habe, *einen wenn auch auf kurze Zeit berechneten Urlaub anzutreten, um auszuspannen, und dann gewiß erholt und gekräftigt seine Arbeit aufzunehmen.* Schon am darauffolgenden Tag wurde Kafkas Gesuch *ausnahmsweise* genehmigt, in dem er verschwiegen hatte, daß er keineswegs nahtlos von den *Assicurazioni Generali* in die *Arbeiter-Unfall-Versicherungs-Anstalt* übergewechselt war, sondern dazwischen zwei dienstfreie Wochen zur Verfügung gehabt hatte. Er verbrachte den

289 | Blick auf das Hafenbecken von Riva am Gardasee. Rechts der *Palazzo Comunale.* Im Hintergrund Hotel und Restaurant *Bayerischer Hof*, wo Kafka bei seinem Aufenthalt im Jahr 1913 einkehrte.

Eine Barke schwebte leise als werde sie über dem Wasser getragen in den kleinen Hafen. Ein Mann in blauem Kittel stieg ans Land und zog die Seile durch die Ringe. Zwei andere Männer in dunklen Röcken mit Silberknöpfen trugen hinter dem Bootsmann eine Bahre auf der unter einem großen blumengemusterten gefransten Seidentuch offenbar ein Mensch lag.

In einem der im *Alchimistengäßchen* entstandenen *Jäger-Gracchus-Fragmente* landet die Titelgestalt in einer Barke im Hafen von Riva und wird anschließend in ein am Ufer liegendes Gebäude getragen, das als *Palazzo Comunale* identifiziert werden kann.

NS I 304 f., vgl. Br II 285, Hartmut Binder: *« Der Jäger Gracchus ». Zu Kafkas Schaffensweise und poetischer Topographie,* in: *Jahrbuch der Deutschen Schillergesellschaft* 15 (1971), S. 375–440 und ders.: *Kafka. Der Schaffensprozeß*, (Frankfurt/M. 1983), S. 191–270.

ihm gewährten Urlaub, der vom 4. bis 14. Oktober dauerte, zusammen mit Max Brod und dessen Bruder Otto in Riva am Gardasee, am nahegelegenen Varone-Wasserfall, am Lago di Toblino, in Arco und auf der Flugschau von Montichiari bei Brescia.

Br I 109 und 609.

290 | Blick von den Arkaden des Restaurants *Andreis* auf die *Piazza Benacense* in Riva am Gardasee. Im Mittelgrund links das *Standbild des heiligen Johannes von Nepomuk*, ganz rechts, an einem zurückspringenden Fassadenteil des *Palazzo Pretorio*, ein Brunnen, aus dem gerade ein Mädchen Wasser schöpft.

Zwei Knaben saßen auf der Quaimauer und spielten Würfel. Ein Mann las eine Zeitung auf den Stufen eines Denkmals im Schatten des säbelschwingenden Helden. Ein Mädchen am Brunnen füllte Wasser in ihre Bütte. Ein Obstverkäufer lag neben seiner Ware und blickte auf den See hinaus. In der Tiefe einer Kneipe sah man durch die leeren Tür- und Fensterlöcher zwei Männer beim Wein.

Die Schilderung, mit der Kafka eines seiner *Jäger-Gracchus-Fragmente* beginnt, ist durch Besonderheiten der *Piazza Benacense* (heute *Piazza Tre Novembre*) in Riva angeregt, die freilich einer Traumszenerie einverwoben werden, greift aber auch typische Requisiten italienischer Plätze auf, mit denen Kafka anderenorts konfrontiert wurde. Auch der Name des Schwarzwaldjägers (→ Abb. 61) und die ihn betreffenden Handlungsmomente lassen sich autobiographisch ausdeuten.

NS I 305, vgl. Hartmut Binder: *Mit Kafka in den Süden*, (Prag 2007), S. 97–104.

291 | Der nördlich von Riva gelegene *Varone-Wasserfall*.

Während die Brods und Kafka in den ersten Tagen ihres Aufenthalts in Riva die Vormittage in der kleinen Badeanstalt *Bagni alla Madonnina* verbrachten, die ihnen Inbegriff südlichen Badeglücks war, unternahmen sie an den Nachmittagen Ausflüge in die Umgebung. Wie aus Erinnerungsartikeln Brods und seinen Tagebüchern hervorgeht, besuchte man das benachbarte Arco, einen Kurort, dessen Ansehen dasjenige Rivas weit übertraf, sowie das *Castel Toblino* und den *Varone-Wasserfall*, damals die größte Attraktion der Region, die man zu Fuß über das in unmittelbarer Nachbarschaft Rivas liegende Dorf S. Giacomo anging.

Der *Varone-Fall*, der 1874 und 1895 mit Einrichtungen versehen worden war, die ihn für Touristen gangbarer, aber auch attraktiver machten, verlockte auch Heinrich Mann, der das Naturschauspiel 1893 besichtigte, und seinen Bruder Thomas, der Ende 1901 vor Ort war und sich Notizen machte, die in das Kapitel *Mynheer Peeperkorn (Schluß)* im *Zauberberg* eingingen.

Vgl. Hartmut Binder: *Mit Kafka in den Süden*, (Prag 2007), S. 95 f. und Brod: Tagebuch, 4. IX. 1909.

292 | Kafka (mit Lodenmantel und Filzhut) und Otto Brod im *Castel Toblino*.

Es war am Abend, auch am Flußufer. Natürlich im Sommer. Und es ist meine Gewohnheit, an so einem Abend die Beine zu mir heraufzuziehn und zu umschlingen.

In seiner Kafka-Biographie schreibt Max Brod von einem Photo, auf dem Kafka unter den Arkaden des *Castel Toblino* zu sehen sei, und von einem anderen, auf dem er mit Otto Brod auf einer Marmorplatte in der grünen Wildnis des Seeufers sitze, bei dem es sich nur um das hier reproduzierte handeln kann. Merkwürdigerweise lautet die zugehörige Bildunterschrift in Brods Publikation aber *Franz Kafka (mit Otto Brod) in Riva 1909*. Ebenso behauptet Brod in seinem Jahrzehnte später entstandenen *Prager Kreis*, die fragliche Abbildung zeige Kafka und seinen Bruder in Riva. Aufgrund dieser Zuschreibungen wurde bisher angenommen, die beiden seien am Ufer des Gardasees aufgenommen worden. Aber die im Hintergrund sichtbare Felswand stammt mit den Umrissen des Bergmassivs überein, das sich hinter dem *Castel Toblino* erhebt, das demnach als Ort des Geschehens zu gelten hat.

Beschreibung eines Kampfes. Gegen zwölf Uhr [...], S. 24–27, vgl. FK 92, PK 105 und Hartmut Binder: *Mit Kafka in den Süden*, (Prag 2007), S. 37 f.

chronometrischer
Meßpunkt

Beobachtungsstand

Nebentribüne

Standort Brods
und Kafkas

Restaurant

Haupttribüne

Club Avviatore Roma

Cagno

Anzani

Moncher

Curtiss

Rougier

Calderara

Cobianchi

Blériot

Leblanc

Da Zara

Autogaragen

recinto

Buffet

Ticketbüro für
Tribünenbesucher

Eingang

Eingang zum
recinto

I° CIRCVITO AEREO
INTERNAZIONALE
DI BRESCIA - 1909

293 | Das Flugfeld von Montichiari, auf dem vom 8. bis 20. September 1909 eine internationale Flugschau stattfand, die Kafka und die Brüder Brod am 11. des Monats besuchten; Otto Brod war der Anreger für diese Unternehmung gewesen. Die Reisenden nahmen am Vortag den Liniendampfer nach Desenzano und reisten von dort mit der Bahn weiter nach Brescia, wo sie übernachteten. Die darauffolgende Nacht verbrachten sie in Desenzano und kehrten am Morgen des 12. September zu ihrem am Nordende des Sees gelegenen Ausgangspunkt Riva zurück.

Die Abbildung beruht auf einer Zeichnung in der zur Flugschau erschienenen *Guida ufficiale,* die aber, wie unlängst bekannt gewordene Photos belegen, die sich von dieser Veranstaltung erhalten haben, die tatsächlichen herrschenden Verhältnisse nicht ganz zutreffend wiedergibt. Die Darstellung wurde deswegen aufgrund dieser Erkenntnisse entsprechend modifiziert. Das neue Bildmaterial erlaubt es auch, die den einzelnen Aviatikern zugewiesenen Hangars zu identifizieren.

Es gab Eintrittskarten für den sogenannten *recinto,* die allein für den schmalen, sich am Rand des Flugfeldes entlangziehenden Streifen galten, von dem aus man das Geschehen lediglich aus großer Entfernung wahrnehmen konnte, solche für die beiden Tribünen und schließlich auch eine besondere Preisklasse für den bestuhlten Bereich vor Restaurant und Tribünen, für die sich die Freunde entschieden. Auf diese Weise kamen sie auf ihrem Anweg an den Hangars vorbei, wo sie die Aeronauten aus der Nähe beobachten konnten, und hatten die sich abhebenden Flugapparate genauso vor Augen wie Prominente (Puccini, d'Annunzio) und die vornehme italienische Gesellschaft, welche die Tribünen bevölkerten.

In einer Art literarischem Wettbewerb mit Max Brod schrieb Kafka über diesen Besuch unter dem Titel *Die Aeroplane in Brescia* eine Reportage, die am 28. September 1909 in der *Bohemia* erschien, wenngleich in verkürzter Gestalt. Dieser Umstand ist freilich keineswegs ein Indiz dafür, daß der für den Abdruck verantwortliche Redakteur Paul Wiegler (→ Abb. 295) mit der Qualität des Beitrags nicht zufrieden war, sondern hatte technische Gründe; denn da der Text für die am Wochenende erscheinende Literaturbeilage ungeeignet war und deswegen nur im sogenannten Tagesfeuilleton unter dem Strich erscheinen konnte, das keine Fortsetzungen duldete, durfte ein bestimmter Umfang nicht überschritten werden.

Vgl. PK 167 und Hartmut Binder: *Mit Kafka in den Süden,* (Prag 2007), S. 54–83, *Domenica del Corriere* 11, Nr. 38 (19.–26. IX. 1909), S. 8 und Roland Templin, Kleinmachnow, dessen Photosammlung die vorliegende Rekonstruktion ermöglichte.

294 | Die Flugschau in Brescia. Blick auf die Haupttribüne, dahinter die Hangars. Ganz links, angeschnitten, das große Restaurant; in der Luft zwei Voisin-Doppeldecker.

Viele solche Versuche werden gemacht und alle enden unabsichtlich. Jeder treibt das Publikum in die Höhe, auf die Strohsessel hinauf, auf denen man mit ausgestreckten Armen zugleich sich in Balance erhält, zugleich auch Hoffnung, Angst und Freude zeigen kann.

Kafka und seine Freunde verfolgten das Geschehen ungefähr von dem Standort aus, von dem aus das Photo aufgenommen wurde.

Die Aeroplane in Brescia, S. 407.

295 | Der Journalist und Schriftsteller Paul Wiegler während seiner Prager Jahre.

Wiegler (1878–1949) hatte in Berlin und Genf Anglistik, Germanistik und Romanistik studiert und sich dabei für die französische Literatur begeistert. Seit 1900 war er als Journalist in Lübeck, Stuttgart, Leipzig und Berlin tätig, bevor er am 1. November 1908 das Theaterreferat der Prager *Bohemia* übernahm, das er bis Anfang Januar 1913 innehatte. Danach kehrte er nach Berlin zurück, wo er für den Ullstein-Verlag tätig war. Er starb in Berlin.

Wiegler, der für sein immenses Wissen berühmt war, das er anderen selbstlos zur Verfügung stellte, wurde der Lehrmeister des jungen Willy Haas (→ Abb. 393), ermunterte seinen Kollegen Egon Erwin Kisch (→ Abb. 868) zu Prager Lokalreportagen, die dessen Ruhm als Journalist begründeten, übersetzte aus dem Französischen, veröffentlichte literaturkritische Werke, Erzählungen und Romane und bereicherte die *Bohemia* um zahlreiche kulturhistorische Artikel. Gleich nach seiner Ankunft in der böhmischen Metropole nahm er Kontakt zu der in der Stadt lebenden literarischen Avantgarde auf, der er bereitwillig die Spalten des Blattes öffnete: Außer Kafkas *Aeroplanen in Brescia*

veröffentlichte er am 16. Januar 1910 dessen Besprechung von Felix Sternheims Roman *Die Geschichte des jungen Oswald*, am 27. März dieses Jahres, in der *Oster-Beilage*, unter dem Titel *Betrachtungen* fünf kleine Prosastücke, am 19. März 1911 einen Nachruf auf den eingegangenen *Hyperion* und in der *Weihnachts-Beilage* des Jahres 1912 die Erzählung *Kinder auf der Landstraße*.

Vgl. Hartmut Binder: «... *das Theater menschlicher Zustände und Regungen zu öffnen». Der Erzähler, Essayist und Übersetzer Paul Wiegler*, in: *Brennpunkt Berlin. Prager Schriftsteller in der deutschen Metropole*, hrsg. von H. B., (Bonn 1995), S. 177–290.

ren gebraucht. So fanden in dem Rechts-
streit zwischen Kafkas Dienststelle und der
Maschinenbau-Actiengesellschaft in Prag-
Karolinenthal, an dem Kafka beteiligt war,
zwei von Jareš verfertigte Gutachten vom
Dezember 1911 und November 1912 Verwendung. Im Bereich der Unfallverhütung
arbeitete Kafka ebenfalls mit den Gewerbeinspektoren zusammen: So wird Jareš in
dem vermutlich von Kafka geschriebenen
Kapitel über Unfallverhütung erwähnt, das
1915 im Jubiläumsbericht der *Arbeiter-Unfall-Versicherungs-Anstalt* gedruckt wurde.
Im Einvernehmen mit dem Polizeiinspek-
torat Prag war es nämlich der Anstalt gelungen, zu Lehrzwecken einen Film über
Unfallverhütung auszuleihen, der auf dem
*II. Internationalen Kongreß für Rettungswe-
sen und Unfallverhütung* in Wien vorgeführt und unter anderem von Jareš im *Verein tschechischer Ingenieure und Architekten*
gezeigt worden war. Außerdem gibt es beispielsweise in den 1909 und 1910 verfaßten
Jahresberichten der Gewerbeinspektoren
von Reichenberg und Tetschen wiederholt
positive Erwähnungen der runden Sicher-
heitshobelmesser, die Kafka in seinen 1912
gedruckten *Maßnahmen zur Unfallverhütung* propagiert. Persönliche Kontakte zwischen Kafka, Jareš und dessen für Nordböhmen zuständige Kollegen sind demnach
vorauszusetzen. (→ Abb. 311)

Vgl. AS 557 f., 562 f., 911, *25 Jahre Arbeiter-Unfall-Versicherungs-Anstalt*, hrsg. von Robert Marschner, Prag 1915,
S. 470 und Uwe Jahnke: *Der Beamte Franz Kafka und die
k. k. Gewerbeinspektoren*, in: *Österreich in Geschichte und
Literatur mit Geographie* 34, Heft 1 (1990), S. 10–25.

296 | Die Region Reichenberg-Gablonz
(Liberec-Jablonec) und ihre Umgebung.
Ganz rechts in der Bildmitte sind Gränzendorf (Honsberk) und Johannesberg (Janov
nad Nisou) zu erkennen, an der nach Reichenberg führenden Bahnstrecke Maffersdorf (Vratislavice nad Nisou) und Röchlitz
(Rochlice u Liberce) sowie im Norden
Reichenbergs Ruppersdorf (Ruprechtice).
Am linken Bildrand ist Kratzau (Chrastava)
zu sehen, ganz oben Raspenau (Raspenava)
und rechts unten Gablonz. Alle diese Orte
waren Ziel von Dienstreisen Kafkas.

297 | Der für den Polizeibezirk Prag zustän-
dige Gewerbe-Oberinspektor Josef Jareš
(1861–1947).

Mit der Errichtung von Gewerbeinspek-
toraten in Österreich-Ungarn im Jahr 1883
wurde den Unternehmern eine staatliche
Kontrollinstanz entgegengesetzt, die unter
anderem die Einrichtungen zu kontrollieren und zu überwachen hatten, die der Unternehmer zum Schutz der Arbeiter zu treffen genötigt war (→ Abb. 311). Die Beamten
der *Arbeiter-Unfall-Versicherungs-Anstalt*
stützten sich bei der Einreihung der Betriebe in Gefahrenklassen auf die Gutachten der Gewerbeinspektoren, die diese aufgrund von Betriebsbesichtigungen erstellt
hatten. Auch bei rechtlichen Auseinandersetzungen zwischen Anstalt und einzelnen
Unternehmen wurden Gewerbeinspekto-

298 | Johannesberg, am Südabhang der Königshöhe gelegen, zu Kafkas Zeiten eine Sommerfrische, die 2600 Einwohner zählte (1908).

Heute ½ 7 bin ich nach Gablonz gefahren, von Gablonz nach Johannesberg, dann nach Grenzendorf, jetzt fahre ich nach Maffersdorf, dann nach Reichenberg, dann nach Röchlitz und gegen Abend nach Ruppersdorf und zurück.

Die in den Herbst 1909 fallende Dienstreise Kafkas in die Bezirkshauptmannschaft Gablonz, die weitgehend oder sogar gänzlich mit öffentlichen Verkehrsmitteln unternommen wurde, war wegen der Zersplitterung des Beförderungswesens etwas kompliziert. Kafka startete am *Franz-Josefs-Bahnhof* und fuhr mit der *Böhmischen Nordbahn* nach Turnau (Turnov), wo er in die nach Reichenberg führende *Nordwestbahn* umsteigen mußte. Um nach Gablonz zu gelangen, ist er vermutlich in Reichenau in die Straßenbahn übergewechselt, die ihn auch nach Röchlitz, Gränzendorf und Johannesberg brachte, das er von Gablonz aus in einer halben Stunde erreichen konnte.

Im Jahr 1909 wiesen die Fabriken in Reichenberg und Umgebung schwerwiegende Mängel auf. In baulicher Hinsicht fehlten feuersichere Notausgänge, innerhalb der Arbeitsräume lagerten sogar in unmittelbarer Nähe offener Feuer hochexplosive Materialien, und immer wieder wurden unausgebildete Kräfte zur Bedienung komplizierter Dampfkesselanlagen eingesetzt. Außerdem wehrten sich Unternehmer der Textilbranche gegen die Einrichtung von Entstaubungsanlagen, obwohl bekannt war, daß die heiße, staubdurchsetzte Luft eine Hauptursache der unter den Arbeitskräften verbreiteten Lungentuberkulose war. Die tägliche Arbeitszeit betrug gewöhnlich elf Stunden, doch wurde dieser gesetzlich festgelegte Wert häufig um ein bis zwei Stunden überschritten; weit verbreitet war auch Sonntagsarbeit.

Betriebsbesichtigungen, die für die Einordnung der Unternehmen in bestimmte Gefahrenklassen durch die *Arbeiter-Unfall-Versicherungs-Anstalt* unabdingbar waren, mußten im Einvernehmen mit den zuständigen Gewerbeinspektoren vorgenommen werden, so daß Gespräche zwischen diesen und Anstaltsbeamten notwendig wurden. Allerdings läßt sich das Arbeitsprogramm, das Kafka auf dieser Dienstreise zu bewältigen hatte, nicht allein damit erklären.

Es ist anzunehmen, daß er auch in Sachen Unfallverhütung unterwegs war und dabei Arbeitgeber beriet, die seine Dienststelle aufgefordert hatten, ihre inzwischen möglicherweise verbesserten Schutzmaßnahmen zu überprüfen, weil sie im Jahr 1910, als die alle vier Jahre vorzunehmende Neuklassifizierung vor der Tür stand, in eine für sie finanziell günstigere Gefahrenklasse eingeordnet werden wollten.

An Max Brod, vermutlich Herbst 1909, vgl. Uwe Jahnke: *Der Beamte Franz Kafka und die k. k. Gewerbeinspektoren*, in: *Österreich in Geschichte und Literatur mit Geographie* 34, Heft 1 (1990), S. 19 f.

299 | Maffersdorf (1912).

Von seiner im Herbst 1909 unternommenen Dienstreise nach Nordböhmen schickte Kafka seiner Schwester Ottla eine Ansichtspostkarte, die Maffersdorf in der Totalen zeigte, und schrieb dazu: *Dir bringe ich wieder etwas mit.*

Das an beiden Ufern der Neisse (Nisa) sich erstreckende Maffersdorf war damals ein Kurort mit etwa 6000 Einwohnern, in dem Bade- und Trinkkuren des dortigen Eisensäuerlings verabreicht wurden, doch dürfte Kafkas Besuch Betrieben wie der abgebildeten Dampfbierbrauerei und Malzfabrik, die von der *Reichenberg-Maffersdorfer und Gablonzer Brauereien-Aktien-Gesellschaft* betrieben wurde, der Teppich-, Decken- und Kunstwollefabrik *J. Ginskey* sowie der Teppich- und Deckenfabrik von *Karl Wagner & Co.* gegolten haben.

An Ottla, Herbst 1909.

300 | Das südlich von Reichenberg gelegene Röchlitz, das im Jahr 1910 rund 6000 Einwohner zählte, am Anfang des 20. Jahrhunderts. Die in Intervallen von 7 Minuten verkehrende elektrische Straßenbahn wurde auch von Kafka benutzt.

301 | Ruppersdorf.

302 | Der heute noch existierende *Konviktsaal* in der Prager *Konviktgasse (Konviktská)* Nr. 11 (I-291), in dem Max Brod und Kafka am 17. Januar 1910 einen Vortrag von Leo Pierre über Paris in französischer Sprache hörten.

Das *Konvikt* war ursprünglich ein von Kaiser Ferdinand I. gegründetes Alumnat, das 1785 von Josef II. aufgehoben wurde. Einen Teil kaufte die Prager Bürgerschaft, darunter den *Konviktsaal*, der in den darauffolgenden Jahrzehnten ein beliebter Tanz- und Konzertsaal wurde, besonders bevor der große Saal auf der *Sofieninsel* (→ Abb. 495) für derartige Zwecke zur Verfügung stand, der allerdings später in tschechische Hände überging. Beethoven gab hier im Februar 1798 Konzerte, in denen er unter anderem sein Klavierkonzert in B-Dur spielte. (Gedenktafel)

Vgl. C 55 und DZB 74, Nr. 89 (31. III. 1901), *Beilage*, S. 2.

303 | Von Kafkas Hand gefertigtes, für die *K. k. Statthalterei* bestimmtes Beäußerungs-Protokoll vom 26. April 1910, das, wie alle an Außenstehende adressierten Schriftsätze, vom Direktor der Anstalt, Dr. Robert Marschner, unterschrieben wurde. Es ist das einzige Dokument dieser Art, das sich bisher hat auffinden lassen.

Die Firma *Christian Geipel & Sohn* in Asch (Aš), die Stoffe für Damenbekleidung herstellte und 1905 in die Gefahrenklasse I eingereiht worden war, wurde von der *Arbeiter-Unfall-Versicherungs-Anstalt* bei der 1910 fälligen Neuklassifizierung am 20. Januar dieses Jahres in die höhere Gefahrenklasse II überführt, weil der Betrieb nicht nur Wolle, sondern auch Baumwolle verwendete und die Maschinen, die bei der Verarbeitung dieses Materials zum Einsatz kamen, ein höheres Unfallrisiko hatten. Gegen diese Beurteilung legte die Firma am 2. Februar bei der Prager *Statthalterei* Widerspruch ein, der in dem vorliegenden Protokoll von Kafka beurteilt wurde. Kafka begründete die von der Anstalt getroffene Entscheidung und wies den Einspruch ab. Da das Unternehmen auch dagegen juristisch vorging, landete der Streitfall schließlich beim Wiener Innenministerium, dessen Entscheidung vom 4. Dezember 1911 eine vollständige Niederlage der Versicherungsanstalt und damit auch der Auffassung ihres Fachreferenten Kafka bedeutete.

Hartmut Binder: *Wollweberei oder Baumwollweberei. Neues vom Büroalltag des Versicherungsangestellten Franz Kafka,* in: *Sudetenland* 39, Heft 2 (1997), S. 148–157.

Hier ift, ein wenig zwar gefchmeichelt,
Ein Dichterhaupt, das allerfchwerfte.
Uls Jubilar ward Adler jüngft geftreichelt.
Im Ulphabete ift er längft — der erfte.

304 | Gustav Croy: *Friedrich Adler. Mit Versen von Emil Faktor.* (In der Hand Adlers dessen Calderon-Übersetzung) (Karikatur, 1907).

In seinem Buch *Franz Kafkas Glauben und Lehre* berichtet Max Brod von einer ungefähr ins Jahr 1909 fallenden Begegnung zwischen Kafka und Friedrich Adler, der zusammen mit seinem Kollegen Hugo Salus (→ Abb. 164) das literarische Leben in der böhmischen Metropole dominierte: *In Prag thronte ein olympischer Dichter der alten Generation, der recht zum Philister gewordene Friedrich Adler. – Kafka ließ sich von unserem gemeinsamen Freund Oskar Baum überreden, sich bei A. einführen und als junger Dichter vorstellen zu lassen, der sich bei der Berühmtheit Rats erholt, wie jener Schüler bei Faust. Dabei stand Kafka bereits auf der Höhe seines Könnens, seiner schriftstellerischen Erfahrungen, einiges war auch bereits in Zeitschriften erschienen. Da er aber als Autor gänzlich unbekannt war, auch immer sehr jung, ja knabenhaft aussah, konnte der komödiantische Streich gelingen. Nachher erzählte er und Baum mit recht lausbübischer Freude, wie man den eitlen*

alten Herrn zu patronisierenden Orakelsprüchen, einem schön gespielten Wohlwollen verleitet hatte. Er korrigierte sogar an einer von Kafka unterbreiteten Skizze herum. Dann gab er Erfahrungen aus seiner eigenen Dichterlaufbahn zum Besten. Mit dem Motto etwa: «Es ist nicht alles Gold, was glänzt.» Daß sein Name mit A beginne, habe ihm allerdings sehr genützt. Denn nun stehe er, da auch der zweite Buchstabe günstig sei, in Anthologien meist an erster Stelle. Da aber habe neulich dieser Roda Roda den teuflischen Einfall gehabt, in die neue Auflage des Lexikons einfügen zu lassen: Aaba Aaba siehe Roda Roda. Diese Kombination war natürlich nicht zu schlagen. – Unter wildem Lachen rapportierte Kafka die blamablen Eröffnungen einer schönen Seele.

Am 1. August 1917 notierte sich Kafka im Tagebuch, Adler habe in seiner Studentenzeit wilde Reden gegen die Reichen geführt, über die man allgemein gelacht habe, sei aber still geworden, nachdem er reich geheiratet habe.

FK 295.

305 | Der tschechische Schriftsteller und Journalist Jan Herben (1857–1936) in der Redaktion des *Čas.*

Herben gab von 1886 an die tschechische Zeitung *Čas* (Zeit) heraus. Kafka las das Blatt gelegentlich, kannte aber auch Herbens Beitrag *Moje Vzpomínky na Antonína Slavíčka* (Meine Erinnerungen an Antonín Slavíček), die in einem 1910 erschienenen und 1916 neuerlich veröffentlichten Gedenkbuch enthalten waren, das Freunde des Malers herausgegeben hatten. Daß Kafka diesen bibliophil aufgemachten Band besaß, in dem 67 Reproduktionen von Werken Slavíčeks vereint sind, ist aus einem an Josef David gerichteten Brief Ottlas vom 7. Dezember 1916 erschließbar. Ottla kann das Buch nur von ihrem Bruder erhalten haben, und zwar in lehrhafter Absicht: Hier finden sich nämlich auch zwei 1907 entstandene, von ihr ausdrücklich erwähnte Arbeiten des tschechischen Künstlers, die das *Alchimistengäßchen* zeigen (Nr. 40 und 41), wobei auf der ersteren sogar das Häuschen zu sehen ist, das sie wenige Tage zuvor gemietet hatte.

Vgl. Br I 120, EFR 77, Hartmut Binder: *Mit Kafka in den Süden,* (Prag 2007), S. 160 f., 176 f. und *Antonín Slavíček. Výbor z jeho díla* [Auswahl aus seinem Werk], Praha 1910, S. 25–40.

306 | Dr. Otto Přibram (1844–1917).

Anläßlich seiner am 1. Mai 1910 erfolgten Rangerhöhung zum Anstaltsconcipisten wurde Kafka am 28. April mit zweien seiner Kollegen, die ebenfalls befördert worden waren, zum Präsidenten der Anstalt bestellt, der ihnen die Bedeutung des Vorgangs in einer Weise vergegenwärtigte, die Kafka derart komisch fand, daß er sich nicht mehr beherrschen konnte und loszulachen begann. Mit Hilfe eines Entschuldigungsbriefs und durch die Intervention seines Freundes Ewald Felix Přibram, dem Sohn des Präsidenten, brachte er die Angelegenheit dann notdürftig wieder in Ordnung, ohne freilich jemals gänzliche Verzeihung zu erlangen. Kafka beschreibt diesen Vorgang wie folgt: *Ich kann auch lachen, Felice, zweifle nicht daran, ich bin sogar als großer Lacher bekannt, doch war ich in dieser Hinsicht früher viel närrischer als jetzt. Es ist mir sogar passiert, daß ich in einer feierlichen Unterredung mit unserem Präsidenten – es ist schon zwei Jahre her wird aber in der Anstalt als Legende mich überleben – zu lachen angefangen habe; aber wie! Es wäre zu umständlich, Dir die Bedeutung dieses Mannes darzustellen, glaube mir also, daß sie sehr groß ist, und daß ein normaler Anstaltsbeamter sich diesen Mann nicht auf der Erde, sondern in den Wolken vorstellt. Und da wir im allgemeinen nicht viel Gelegenheit haben mit dem Kaiser zu reden, so ersetzt dieser Mann dem normalen Beamten – ähnlich ist es ja in allen großen Betrieben – das Gefühl einer Zusammenkunft mit dem Kaiser. Natürlich haftet auch diesem Mann, wie jedem in ganz klare allgemeine Beobachtung gestellten Menschen, dessen Stellung nicht ganz dem eigenen Verdienste entspricht, genug Lächerlichkeit an, aber sich durch eine solche Selbstverständlichkeit, durch diese Art Naturerscheinung, gar in der Gegenwart des großen Mannes zum Lachen verleiten lassen, dazu muß man schon gottverlassen sein.*

Der Rechtsanwalt Dr. Otto Přibram, Hofrat, Universitätsprofessor und Ritter des *Leopold-Ordens*, entstammte einer alten Patrizierfamilie, wurde 1887 Präsident der *Prager Maschinenbau-Aktien-Gesell-*

307 | Blick von der *Kaiser Franzens-Brücke* auf *Karlsbrücke, Altstädter Mühlen* und *Franzensquai.*

Vor einigen Jahren war ich viel im Seelentränker (maňas) auf der Moldau, ich ruderte hinauf und fuhr dann ganz ausgestreckt mit der Strömung hinunter, unter den Brücken durch. Wegen meiner Magerkeit mag das von der Brücke aus sehr komisch ausgesehen haben.

Kafka hatte sich im Frühjahr 1910 ein Boot gekauft, das den Namen *Rudi* trug und in der Nähe der *Civilschwimmschule* vertäut war. Es handelte sich dabei um einen ‹Seelentränker›, einen schmalen, leicht umschlagenden, waschtrogartigen Kahn, mit dem er sich allein oder mit Freunden auf der Moldau vergnügte. (→ Abb. 717)

An Milena am 29. V. 1920, vgl. Br II 223 und C 58.

schaft und 1893 von der Eisen- und Stahlindustrie in den Vorstand der *Arbeiter-Unfall-Versicherungs-Anstalt* gewählt, deren Präsident er 1895 wurde. Anläßlich seines 70. Geburtstags schrieb das *Prager Tagblatt: Sein bedeutendes Administrationstalent fand in dem vielverzweigten Anstaltsbetriebe eine Fülle von Aufgaben vor, deren erfolgreiche Bewältigung innerhalb der durch die unzulängliche Gesetzgebung gesteckten Grenzen seiner Energie und seinem praktischen Blicke vor allem zu danken ist.*

An Felice am 8./9. I. 1913 und *Präsident Dr. Otto Přibram. 70. Geburtstag,* in: PT 39, Nr. 185 (7. VII. 1914), S. 3, vgl. PT 37, Nr. 104 (16. IV. 1912), S. 12 und Brod: Tagebuch, 28. IV. 1910.

308 | Blick von der *Karlsbrücke* nach Süden. Im Mittelgrund die *Kaiser Franzens-Brücke* sowie, am Bildrand rechts angeschnitten, Bäume der *Schützeninsel* (→ Abb. 497, 8), auf die Kafka offenbar im Schlußkapitel des *Process*-Romans anspielt, wo Josef K., wenn er sich beim Gang über eine Brücke zum Geländer wendet, aufgehäufte Laubmassen einer nahegelegenen Insel bemerkt (→ Abb. 447). Im Vordergrund das *Altstädter Wehr* (→ Abb. 497, 6), das die Aufgabe hatte, den *Altstädter* und den *Kleinseitner Mühlen* das nötige Wassergefälle zu liefern. In seiner Mitte lag ein auf der Abbildung nicht mehr sichtbarer Durchlaß für die Flößer, die auf dem Fluß Baumstämme transportierten. Ein solches Floß ist rechts im Mittelgrund zu sehen. (1905)

Wer von der Karlsbrücke aus den Schwarm schmaler, flinker Seelentränker und breiter Jollen zum Wehr fahren sieht, mag über die Attraktion staunen, die ein vier Meter breites, primitives altes Steinwehr aus glatt gewaschenen, algenbewachsenen Blöcken und halbvermoderten Balken auf so viele junge Leute ausübt. Er kennt ja nicht die vielen freien und gesunden Genüsse, die hier zu holen sind, nicht die von Raum und Zeit losgebundenen, inmitten von Sonne und Wasser verträumten Stunden, nicht die Nervenanspannung einer Kanoefahrt durch die Floßschleuse, das frische Brausebad auf den Steinen, den Flirt im Badekostüm, die Klettertouren über Holz, Moos und Stein und die Schwimm- und Ruderkünste, zu denen es hier überall Gelegenheit gibt.

In seiner Kafka-Biographie schreibt Max Brod, er habe mit seinem Freund ungezählte schöne Stunden in den Prager Flußbadeanstalten, in Kähnen auf der Moldau und mit Kletterkunststücken auf den Mühlwehren des Stromes verbracht, wovon man in seinem *Stefan Rott* manchen Abglanz finde. Tatsächlich wird in diesem 1928 veröffentlichten Roman erzählt, wie zwei befreundete Gymnasiasten, auf die Brod seine Erlebnisse mit Kafka übertragen hatte, beim Bademeister der *Civilschwimmschule* ein Boot leihen und damit flußaufwärts fahren, vorbei am *Rudolfinum*, unter der *Karlsbrücke* hindurch und an den mächtigen Wellenbrechern entlang, um dann am *Altstädter Wehr* festzumachen und sich auf die schrägen, feuchten Steinplatten zu setzen, die hier und dort ein dünner Wasserstrahl überrieselt. (→ Abb. 717)

Die frühesten Belege für derartige Aktivitäten stammen vom 28. Mai und 2. Juni 1910, als Brod und Kafka in der Moldau bade-

309 | Kosteletz ob der Elbe (Kostelec nad Labem).

Am 6. und 7. August 1910, einem Wochenende, besuchten Max Brod und Kafka Otto Brod, der von Oktober 1908 bis September 1909 seinen Militärdienst als Einjährig-Freiwilliger abgeleistet, sich anschließend noch ein Jahr zu aktiver Dienstleistung verpflichtet hatte und nun in Kosteletz stationiert war. Am Sonntagmorgen badete man in der Elbe, wobei Kafka einen liegenden Knaben aus Sand modellierte. Am Nachmittag besuchten die beiden ein Reiterfest, auf dem sich Otto bei einem Jagdritt auszeichnete.

Vgl. C 58 und *Österreichisches Staatsarchiv (Kriegsarchiv)*, Wien (*Hauptgrundbuchblatt Otto Brod*).

ten und ruderten, wobei sie ihre Aktivitäten, wie Brods Tagebuch vermerkt, beim zweiten Termin bis zum *Altstädter Wehr* ausdehnten. Acht Tage später, am 10. des Monats – diesmal war Kafkas Cousine Martha (→ Abb. 210) mit von der Partie – beobachteten sie vom Wasser aus, wie ein Mann aus dem Fluß gezogen wurde, der sich gerade in einem Boot erschossen hatte. Am Tag darauf konnte Kafka in der *Bohemia* lesen, daß es sich dabei um den 21jährigen tschechischen Jurastudenten Emanuel Bambas gehandelt hatte. Der in diesem Zusammenhang erwähnte Polizeiarzt Dr. Kalmus, der Kafka natürlich aufgrund solcher Berichte bekannt war, scheint dem Ich-Erzähler eines späten Erzählfragments seinen Namen geliehen zu haben, der hier selbst zum Gegenstand der Darstellung wird (→ Abb. 249 und 598). Am 19. Juni badeten Kafka und die Brüder Brod und erneuerten, wie Max Brod im Tagebuch formulierte, *die Stimmung von Riva* (→ Abb. 291). Die gleiche Quelle verrät, was am 31. Juli geschah: Brod fuhr an diesem Sonntag mit seiner Freundin Elsa Taussig von der *Civilschwimmschule* aus flußaufwärts bis zum *Altstädter Wehr*, sein Bruder Otto begleitete ihn in einem zweiten Boot, Kafka in seinem Seelentränker.

Richard Katz: *Das alte Wehr bei der Karlsbrücke*, in: PT 41, Nr. 229 (19. VIII. 1916), S. 2, vgl. FK 91, Max Brod: *Stefan Rott oder Das Jahr der Entscheidung*, Berlin, Wien, Leipzig 1931, S. 285 f., Anthony Northey: *Kafkas Selbstmörder*, in: *Sudetenland* 49, Heft 3 (2007), S. 273 f., NS II 244 f., C 58 und 59.

310 | Das Hotel *Geling* (heute Hotel *Praha*) in der *Hauptstraße* (heute *Komenského*) Nr. 6 in Gablonz.

Am 29. September 1910 hielt Kafka auf Einladung des Gewerbe- und Handelsgenossenschaftsverbandes in Gablonz vor einer Versammlung von kleingewerblichen Betriebsbesitzern einen Vortrag. In diesem Jahr war die Zahl der Rekurse, das heißt der Einsprüche der Betriebsbesitzer gegen die Einstufung ihrer Unternehmen in eine bestimmte Gefahrenklasse, aus der sich die Höhe der Versicherungsprämien errechnete, von zwei auf 187 gestiegen und damit in entsprechendem Maße ihre Unzufriedenheit über die ihnen von der *Arbeiter-Unfall-Versicherungs-Anstalt* auferlegten Kosten, so daß Gürtlereien bei zwei Reichsratsabgeordneten agitierten und die Anstalt in die Defensive zu bringen drohten. Verständlich also, daß Kafka, der die Wogen wieder glätten sollte, vor seiner Rede mehr Angst hatte, *als zu einem Erfolg nötig* war, der ihm dann aber doch, wie er Brod nach seiner Rückkehr erzählte, durchaus zuteil wurde.

Br I 125, vgl. Anthony D. Northey: *Dr. Kafka in Gablonz,* in: *Modern Language Notes* 93, Nr. 3 (April 1978), S. 500–503.

311 | Der große Saal im Rückgebäude des Hotels *Geling*, in dem Kafkas Vortrag stattfand.

Nach dem Bericht der Lokalzeitung begann Kafka sein Referat mit folgenden Ausführungen: *Redner verbreitete sich zunächst über die Unfall-Versicherungspflicht im allgemeinen und besprach dann diejenige der kleingewerblichen Motorbetriebe, vornehmlich der Gürtlereien. Längere Zeit verweilte Redner bei der Ausfüllung des Fragebogens zur Einschätzung in die Gefahrenklassen für Kleinbetriebe und bezeichnete die genaue Ausfüllung dieser Fragebogen als unbedingt notwendig, sie liege sowohl im Interesse des Gewerbetreibenden wie in jenem der Unfallversicherungsanstalt. Groß sei die Zahl der Klagen über die Einreihung in die Gefahrenklassen und doch werde hierbei seitens der Anstalt mit größter Gewissenhaftigkeit vorgegangen. Wohl könnten bei der oft mangelhaften Ausfüllung der Fragebogen, wie bei der in dem kurzen Zeitraume von nur einigen Monaten zu erfolgenden Einreihung von rund 37000 Betrieben in die einzelnen Gefahrenklassen Mißverständnisse vorkommen, aber niemals eine absichtliche stärkere Belastung dieses oder jenes Gewerbetreibenden. Bei den kleingewerblichen Motorenbe-* *trieben werde auch auf die Intensität des Motorbetriebs Rücksicht genommen. Infolge der mangelhaften Ausfüllung der Fragebogen mache sich jetzt eine öftere Aussendung derselben notwendig, damit die Anstalt endlich einmal in die Lage komme, die richtige Gefahrenklasse für die Einreihung der einzelnen Betriebe zu ermitteln. Vorläufig sei nach dieser Richtung hin das Gutachten des Gewerbeinspektorates maßgebend. Eine Besichtigung der Betriebe sei leider noch nicht vorgeschrieben und deshalb müsse man sich auf den Gewerbeinspektor verlassen.* (→ Abb. 297)

Arbeiter-Unfallversicherungsanstalt, in: *Gablonzer Zeitung* 28, Nr. 119 (2. X. 1910), *Zweite Beilage*, S. 13.

312 | Das Hotel *Rother Hahn* in Nürnberg.

Am Morgen des 8. Oktober 1910, einem Samstag, verließen Franz Kafka und Otto Brod ihre Heimatstadt Prag, um eine zwei-, vielleicht sogar dreiwöchige Ferienreise anzutreten, die sie nach Paris führen sollte. Die beiden fuhren zunächst bis Nürnberg, wo sie im Hotel *Rother Hahn* übernachteten. Sie wollten die alte Kaiserstadt sehen, der Kafka während seiner Studienzeit schon einmal einen kurzen Besuch abgestattet hatte, weil sie ihm als Verkörperung deutschen Kunstschaffens lieb geworden war (→ Abb. 161), benutzten aber auch die Gelegenheit, das dortige Nachtleben kennenzulernen. Dienstliche Rücksichten hatten Kafka daran gehindert, seinen Jahresurlaub früher anzutreten, denn er war als Angestellter der *Arbeiter-Unfall-Versicherungs-Anstalt* in den Monaten zuvor mit den Folgearbeiten beschäftigt gewesen, die sich aus der in diesem Jahr vorzunehmenden Neueinreihung der Betriebe in Gefahrenklassen ergeben hatten. Am darauffolgenden Morgen erschien Max Brod im Hotel, weckte Freund und Bruder und begab sich mit ihnen zum Bahnhof, wo die drei Reisenden den Zug bestiegen, der sie am Abend dieses Tages nach Paris brachte. Wegen einer Furunkulose kehrte Kafka am 17. des Monats vorzeitig nach Prag zurück.

Vgl. EFR 37, Br I 124 und 127.

313 | Das Hotel *Windsor* in der *Rue Saint-Pétersbourg* Nr. 26 in Paris, in dem Kafka und die Brüder Brod im Oktober 1910 wohnten.

EFR 37.

314 | Die Halle der *Folies-Bergère* in der *Rue Richer* Nr. 32, die Kafka und die Brüder Brod am Abend des 10. Oktober besuchten. Geboten wurde eine dreiteilige Programmfolge, in der ein Ballett von artistischen und komischen Nummern und von reinen Musikdarbietungen eingerahmt wurde. Man sah Kunstradfahrer, Equilibristen und akrobatische Clownerien, den Schauspieler Georges Ali in seiner Glanzrolle als Hund Geotli, der die Zuschauer mit ungewöhnlichen Intelligenzleistungen zu verblüffen suchte, sowie das von Chékri Ganem (1861–1929) verfaßte und von Louis Ganne (1862–1825) in Musik gesetzte Feenballett *Les Ailes*, in dem die berühmten Tänzerinnen Stacia Napierkowska (1886–1945) und Carolina Otéro (1868–1956) auftraten.

Vgl. Hartmut Binder: *Kafka in Paris. Historische Spaziergänge mit alten Photographien*, (München 1999), S. 27–30.

315 | Die Tänzerin Carolina Otéro.
Vgl. EFR 37.

316 | Fernand Nozière/Charles Muller: *La Maison des Danses* (nach dem gleichnamigen Roman von Paul Reboux). Bühnenbild des 3. Aktes in der Inszenierung des *Théâtre du Vaudeville* an der Ecke *Rue de la Chaussée d'Antin/Boulevard des Capucines* in den Jahren 1909/10. Ganz rechts, auf dem Podium tanzend, die Polaire.

Am Abend des 12. Oktober 1910 besuchten Kafka und die Brods eine Vorstellung dieser Revue.

Hartmut Binder: *Kafka in Paris. Historische Spaziergänge mit alten Photographien*, (München 1999), S. 46–48.

317 | Die Polaire (1873–1945) in der Rolle der Estrella in *La Maison des Danses*.

[…] wenn ich im Vaudevilletheater abends die Polaire tanzen sah – ihr Mund ist groß, ihre Nase groß und zudem rotgeschminkt, die Augen eines Gassenmädchens und der Tanz einer göttlich zu verehrenden Spanierin – o, ihre Hände zittern, die Finger wie die dünnsten Äste im Frühlingswind, ihr Haar verlernt den Weg den Nacken hinab und fällt begehrlich, als hebe es Röckchen, über Stirn und Mund, die magern Schultern scheinen Befruchtung zu verlangen und die Schenkel sind dick – auch da blieb mir das Gefühl: Anders als bei uns …

Max Brod: *Verworrene Nebengedanken*, in: EFR 52.

319 | Der *Salon d'Audition der Compagnie des Phonographes* auf dem *Boulevard des Italiens* Nr. 24–26, den Kafka am Nachmittag des 13. Oktober 1910 besuchte.

Ich, ich muß gar kein Grammophon hören, schon, daß sie in der Welt sind, empfinde ich als Drohung. Nur in Paris haben sie mir gefallen, dort hat die Firma Pathé auf irgendeinem Boulevard einen Salon mit Pathephons, wo man für kleine Münze ein unendliches Programm (nach Wahl an der Hand eines dicken Programmbuches) sich vorspielen lassen kann.

An Felice am 27. XI. 1912, vgl. Hartmut Binder: *Kafka in Paris*, (München 1999), S. 58.

318 | Jean Huber: *Le Lever de Voltaire.*

Kafka blieb vor einem alten Stich stehen, der eine Episode aus dem Leben Voltaires zeigt; von dieser Darstellung konnte er sich nicht losreißen, auch später sprach er oft von ihr. Man sieht Voltaire, der eben aus dem Bett aufgesprungen ist, er hat noch die Nachtmütze auf dem Kopf – und, die eine Hand befehlend ausgestreckt, während er mit der andern die Hose hält, in die er schlüpft, beginnt er schon blitzenden Auges seinem Diener, der seitwärts an einem Tischchen sitzt, etwas zu diktieren. Ich verstand wohl, was Kafka an dem Stich [...] so sehr bezauberte: das Feuer des Geistes, die direkt in Geist umgesetzte ungemeine Vitalität eines auserkorenen Menschen.

Kafka sah die von Brod erwähnte Darstellung von Jean Huber, bei der es sich um ein Ölbild handelt, am 13. Oktober 1910 im *Musée Carnavalet* in Paris, das er vermutlich wegen der hier ausgestellten, die Französische Revolution betreffenden Exponate besuchte. Vom Schulunterricht kannte er Auszüge aus Alphonse Marie Louis Prat de Lamartines *Histoire des girondins*, die den Prozeß gegen Ludwig XVI. behandelt, ein Porträt Charlotte Cordays und die Beschreibung von Napoleons Expedition nach Ägypten aus der *Histoire de la Révolution française* von Adolphe Thiers sowie einen Bericht vom Übergang der französischen Armee über die Beresina auf dem Rußlandfeldzug des Kaisers aus Philippe-Paul de Ségurs *Histoire de la Grande Armée.* Diese Texte, mit denen Kafka im vorletzten Schuljahr im Fremdsprachenunterricht konfrontiert wurde, dürften nicht ohne Wirkung auf ihn geblieben sein, zumal er das Fach Französisch freiwillig gewählt hatte, also der hier zu erlernenden Sprache positiv gegenüberstand.

FK 231, vgl. Hartmut Binder: *Kafka in Paris*, (München 1999), S. 49–53, ders.: *Früher Blick auf Paris. Über Franz Kafkas Französischkenntnisse,* in: KK 9, Nr. 1 (2001), S. 1–9, KB 178, 180, 182 und 183.

320 | Die 1905 errichtete Fassade des Café-Concert *La Cigale* auf dem *Boulevard de Rochechouart* Nr. 120, wo Kafka und die Brüder Brod am 14. Oktober 1910 die Revue *T'en as du vice!* (Du hast vielleicht Laster!) sahen. Am Vormittag hatte man *Notre-Dame* und den *Palais du Justice* besichtigt.

Vgl. EFR 38 und Hartmut Binder: *Kafka in Paris*, (München 1999), S. 73–76.

321 | Die Schauspielerin Lucie Murger.

*Lucy Murger, vom Teufel besessene Com-
mère, strahlend vor Freude, helles Lachen,
gibt der Revue eine Bewegung und ein Stück
herrlicher Munterkeit. Sie singt, sie plaudert,
sie tanzt mit Verve und einem beneidenswer-
ten Temperament. Die Fröhlichkeit leuchtet
aus ihren Augen, lodert auf ihrem Mund, sie
hat das gallische Wesen und die schöne Gesundheit der Mädchen von Rabelais. Zarter,
weniger ausgelassen, erfreut uns Jane Mar-
nac auf andere Weise. Sie ist die Ehrendame
mit dem Faun und die liebende siamesische
Schwester … Dann Claudius, der zum erstenmal wunderbar drollige Typen gespielt
hat, den Zigaretten-Agenten, den Trianon-
Poeten …*

Emery: *T'en as du vice!*, in: *Comœdia* 4 (25. VI. 1910), S. 2,
vgl. Hartmut Binder: *Kafka in Paris,* (München 1999),
S. 74–76.

322 | Der Sarkophag Napoleons I. in der
Krypta des *Dôme des Invalides*. Zu Kafkas
Zeit konnte man die Krypta selbst nicht
betreten, sondern nur durch eine runde
Öffnung in ihrer Decke hineinschauen.

*In seiner [Richepins] Jugend wurde das
Grab Napoleons einmal im Jahr geöffnet
und den Invaliden, die im Zug vorüberge-
führt wurden, wurde das einbalsamierte
Gesicht Napoleons gezeigt, mehr ein Anblick
des Schreckens als der Bewunderung, weil
das Gesicht aufgedunsen und grünlich war;
man schaffte daher später dieses Graböff-
nen ab. Richepin sah das Gesicht noch auf
dem Arm seines Großonkels, der in Afrika
gedient hatte und für den der Kommandant
das Grab eigens öffnen ließ. […] Er schloß
mit dem Schwur, daß auch nach 1000 Jahren jedes Stäubchen seines Leichnams, falls
es Bewußtsein hätte, bereit sein würde, dem
Rufe Napoleons zu folgen.*

Am 15. Oktober besichtigten Max Brod
und Kafka den *Eiffelturm* und gingen dann
anschließend zum *Hôtel des Invalides,* wo
sie sich trennten. Kafka, der in den folgenden Jahren ein ganz ungewöhnliches Interesse an Napoleon zeigte (→ Abb. 451), dürfte an diesem Tag den *Dôme des Invalides*
mit dem Grab Napoleons und das im *Hôtel
des Invalides* liegende *Musée historique* besucht haben, wo auf Napoleon bezügliche
Devotionalien gezeigt wurden, von denen
die meisten in veränderter Anordnung
heute noch zu sehen sind. Vielleicht war
dieser Besuch der Grund, daß sich Kafka
am 11. November 1911 Jean Richepins *La
legende de Napoleon* betitelten Vortrag an-
hörte (→ Abb. 550 und 551) und sich im
Tagebuch dazu ungewöhnlich ausführliche
Notizen machte, unter denen sich auch die
hier angeführte Passage findet.

Tagebuch, 12. XI. 1911, vgl. T 246 und Hartmut Binder:
Kafka in Paris, (München 1999), S. 84–90.

323 | Das *Trocadéro* vom *Pont d'Iéna* aus.

Sie kennen das Trokadero in Paris? In diesem Gebäude, von dessen Ausdehnung Sie sich nach blossen Abbildungen keine auch nur annähernde Vorstellung machen können, findet soeben die Hauptverhandlung in einem großen Process statt. Sie denken vielleicht nach, wie es möglich ist, ein solches Gebäude in diesem fürchterlichen Winter genügend zu heizen. Es wird nicht geheizt. In eine[m] solchen Fall gleich an die Heizung denken das kann man nur in dem niedlichen Landstädtchen, in dem Sie ihr Leben verbringen. Das Trokadero wird nicht geheizt, aber dadurch wird der Fortgang des Processes nicht gehindert im Gegenteil, mitten in dieser von allen Seiten herauf und herab strahlenden Kälte wird in ganz ebenbürtigem Tempo kreuz und quer, der Länge und der Breite nach processiert.

Ob Kafka das 1878 im orientalischen Stil errichtete *Palais du Trocadéro* jemals betreten hat, ist ungewiß, aber er muß das 350 Meter breite Gebäude, das einen riesigen Festsaal aufwies und 1937 durch das *Palais de Chaillot* ersetzt wurde, gesehen haben, als er am 15. Oktober 1910 den *Eiffelturm* bestieg. Er machte es zum Schauplatz des angeführten Erzählfragments, das er mehr als sechs Jahre später, im Februar 1917, zu Papier brachte. Der handschriftliche Zusammenhang zeigt, daß das Bruchstück, in dem das *Trocadéro* im Widerspruch zu den tatsächlichen Gegebenheiten als Gerichtsgebäude genutzt wird, eine schnell wieder verworfene, weil in der Handschrift gänzlich gestrichene Zwischenstufe innerhalb eines Produktionsprozesses darstellt, dessen Ergebnis das Prosastück *Der neue Advokat* war.

Franz Kafka: *Oxforder Oktavheft 2*, (hrsg. von Roland Reuß), (Frankfurt/M., Basel 2006), S. 106–109, vgl. Hartmut Binder: *Kafka in Paris*, (München 1999), S. 79–84.

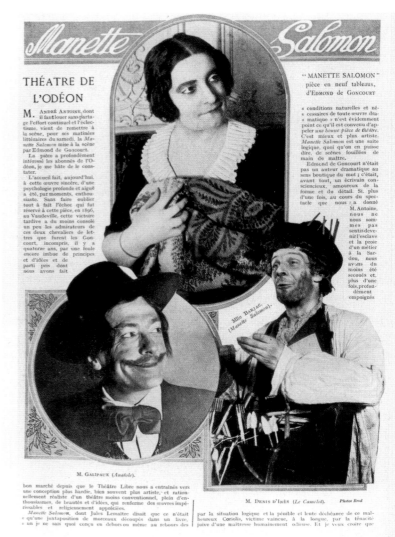

324 | Die Schauspieler Barjac, Galipaux und Denis d'Inès in einer Inszenierung der *Manette Salomon* von Edmond de Goncourt, die im Oktober 1910 im *Théâtre de l'Odéon* in Paris gezeigt wurde. Die drei Freunde sahen die Aufführung vom 15. Oktober, deren Kafka im darauffolgenden Jahr anläßlich eines Besuches im Büro seines Schwagers Karl Hermann – dieses befand sich in der *Mariengasse* (heute *Opletalova*) Nr. 18 (II-927) – mit folgenden Worten gedachte: *Die Contoristin bei Karl erinnerte mich an die Darstellerin der Madame Salomon im Odeon in Paris von 1 ½ Jahren. Zumindest wenn sie saß. Ein weicher mehr breiter als hoher von wolligem Stoff gedrückter Busen. Ein bis zum Mund breites, dann aber schnell sich verschmälerndes Gesicht. In einer glatten Frisur vernachlässigte Locken. Eifer und Ruhe in einem starken Körper.*

Tagebuch, 8. XI. 1911, vgl. Br I 501.

326 | Das *Théâtre Guignol* auf den *Champs-Élysées* in Paris.

Bevor Kafka am 16. Oktober 1910 in den Bois de Boulogne fuhr, um sich auf dem *Hippodrome de Longchamp* ein Pferderennen anzuschauen, blieb er vermutlich während eines Spaziergangs auf den *Champs-Elysées* bei einem der Puppentheater hängen, die auf den Kinderspielplätzen an der Einmündung der *Avenue de Marigny* ihre Stücke aufführten.

Vgl. EFR 38 und Hartmut Binder: *Kafka in Paris,* (München 1999), S. 102–104.

325 | Der *Bal-Tabarin* in der *Rue Jean-Baptiste-Pigalle* Nr. 58 und *Rue Victor-Massé* Nr. 34–36.

Nach der Vorstellung im *Théâtre de l'Odéon* besuchten die Freunde einen der täglich stattfindenden öffentlichen Bälle, die an diesem Samstag Galaabende boten. Es handelte sich dabei um eine Pariser Eigentümlichkeit, deren Besuch laut Baedeker nur Herren anzuraten war. Man steuerte den *Bal Taberin* an, den Max Brod bereits von einem Besuch im Jahr zuvor kannte, doch neigte sich die Veranstaltung bereits ihrem Ende zu.

Vgl. EFR 38 und Hartmut Binder: *Kafka in Paris,* (München 1999), S. 99 f.

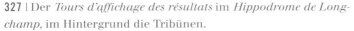

327 | Der *Tours d'affichage des résultats* im *Hippodrome de Long-champ*, im Hintergrund die Tribünen.

Hinter ihm fieng eine Maschinerie zu schnarren an, er drehte sich um und sah auf dem Apparat, auf dem beim Rennen die Namen der Sieger veröffentlicht werden, jetzt folgende Aufschrift in die Höhe ziehn: «Kaufmann Kalla mit Frau und Kind».

Am 16. Oktober 1910 besuchte Kafka, der selbst Reitstunden nahm und ein Besucher der Pferderennbahn in Kuchelbad war (→ Abb. 378), das *Hippodrom von Longchamp,* wo am Nachmittag Rennen durchgeführt wurden. Es spricht einiges dafür, daß die Szenerie, die er hier vor Augen hatte, zwei Jahre später die Konzeption eines Kapitels im *Verschollenen* beeinflußte, das, obwohl im Manuskript ohne Überschrift, unter dem Titel *Das Naturtheater von Oklahoma* bekannt ist. Denn das hier gezeigte Geschehen spielt in einer Pferderennbahn, deren Lage, Größe und Ausstattung keineswegs der Rennbahn in Kuchelbad, wohl aber der Anlage im Bois de Boulogne gleicht. Allerdings vergrößerte Kafka bei der Niederschrift seines Romans die ihm brauchbar erscheinenden Elemente des *Hippodroms von Longchamp* um den Faktor, um den er die in der Neuen Welt herrschenden Dimensionen europäischen Vorbildern überlegen sah (→ Abb. 427), denn solche Monumentalität hielt er für das Hauptkennzeichen des allermodernsten Amerika, das er darzustellen gedachte. Der rund 1200 Meter lange Parcours im Bois de Boulogne wurde auf diese Weise zu einer Anlage, die bis an ferne Wälder reichte, und die große Zahl der dazugehörigen Buchmacherbuden inspirierte ihn dazu, von zweihundert Büros dieser Art zu sprechen, die dem Theater von Oklahoma, von dem sich der Held des Romans Karl Roßmann anwerben läßt, als Aufnahmekanzleien dienen.

Der Verschollene, S. 404, vgl. Hartmut Binder: *Kafka in Paris,* (München 1999), S. 102–116 und Br II 196.

328 | Leopoldine Konstantin (1873–1914) als Dorimene und Victor Arnold (1886–1965) als Sganarell in Molières Komödie *Die Heirat wider Willen,* die in der archaisierenden Übersetzung Hugo von Hofmannsthals und in der Regie von Max Reinhardt am 7. Oktober 1910 zusammen mit Shakespeares *Komödie der Irrungen* Premiere in den Berliner *Kammerspielen* in der *Schumannstraße* Nr. 13 hatten, die 1906 auf einem Nachbargrundstück des *Deutsches Theaters* eröffnet worden waren. Kafka sah am 3. Dezember 1910 eine Aufführung in dieser Inszenierung, welche die ursprüngliche Version des Molière-Stücks als *comédie-ballett* wiederbelebte, indem am Schluß eine als Hochzeitsfeier deklarierte Tanzpantomime gezeigt wurde, die ironisch auf das zu erwartende Schicksal des im voraus von seiner jungen und koketten Braut betrogenen Ehemanns Bezug nimmt.

Da Kafka infolge des abgebrochenen Paris-Aufenthalts noch zwei Wochen seines Jahresurlaubs zur Verfügung hatte, entschloß er sich, von 3. bis 9. Dezember nach Berlin zu fahren, der *Quelle aller Theaterereignisse,* und die verbleibende Zeit für seine schriftstellerische Arbeit zu verwenden.

Br I 187, vgl. Leonhard M. Fiedler: *Max Reinhardt und Molière,* Salzburg (1972), S. 16–20 und Abb. 3.

329 | Das 1887/88 errichtete und im Zweiten Weltkrieg zerstörte *Lessing-Theater* (links) am *Friedrich-Karl-Ufer* (heute *Kapelleufer/ Unterbaumstraße*) in Berlin.

Hier sah Kafka am 4. Dezember 1910 Schnitzlers *Anatol*, eine Aufführung, die er positiv aufgenommen haben muß, denn in einem an Felice Bauer gerichteten Brief vom 14./15. Februar 1913 schreibt er zwar, die Stücke und die Prosa Schnitzlers seien angefüllt mit einer geradezu schwankenden Masse widerlichster Schreiberei, doch halte er Frühwerke, also Stücke wie den *Reigen, Lieutenant Gustl* oder *Anatol*, für vorzüglich.

330 | Albert Bassermann (1867–1952) als Hamlet.

Ich habe eine Hamletaufführung gesehn oder besser den Bassermann gehört. Ganze Viertelstunden hatte ich bei Gott das Gesicht eines andern Menschen, von Zeit zu Zeit mußte ich von der Bühne weg in eine leere Loge schauen, um in Ordnung zu kommen.

Kafka sah den Schauspieler in dieser Rolle am 6. Dezember 1910 im *Deutschen Theater* in Berlin. Als Bassermann dann als Hamlet am 3. April 1912 im *Neuen deutschen Theater* in Prag gastierte, veranlaßte Kafka, daß seine Schwester Ottla die Vorstellung besuchte, über die der Rezensent des *Prager Tagblatts* schrieb: *Sein Hamlet ist kein klassizistischer Held, der sich im Wohlklang der schönen Worte badet und dessen Wahnsinn ästhetisch veredelt ist. Bei Bassermann hört man keine melodisch klingenden Verse, vielmehr befremden zu Beginn die Spuren des strengen Dialektes, den er aus anderem Stil auch hierher überträgt. Dafür zwingt von Anfang an das geistige Erfassen der Rolle zu staunender Bewunderung.* Kafka besaß neun Bände der zehnbändigen, 1878 erschienenen Shakespeare-Ausgabe des Bibliographischen Instituts in Leipzig und erwähnt Werke des englischen Dramatikers mehrfach in seinen Lebenszeugnissen.

Am 14. März 1913 sah Kafka Bassermann in einer Verfilmung von Paul Lindaus Stück *Der Andere*, in dem der Schauspieler einen ehrenwerten Juristen gibt, der in merkwürdiger Bewußtseinsspaltung sich des Nachts als Einbrecher bewegt, ohne während des Tages von diesem Treiben eine Ahnung zu haben, und schließlich bei sich selbst einbricht. Fünf Tage zuvor hatte die *Bohemia* unter dem Titel *Wie ich mich im Film sehe* ein Feuilleton Bassermanns gebracht, in dem er über die Entstehung des Streifens und die Besonderheiten Auskunft gab, welche vom Schauspieler in einem Spielfilm verlangt werden.

An Max Brod am 9. XII. 1910 und St. [Ludwig Steiner]: «*Hamlet*» *mit Albert Bassermann,* in: PT 37, Nr. 93 (4. IV. 1912), S. 5, vgl. T 414, PK 117, Br II 121 f. und DZB 86, Nr. 67 (9. III. 1913), S. 33.

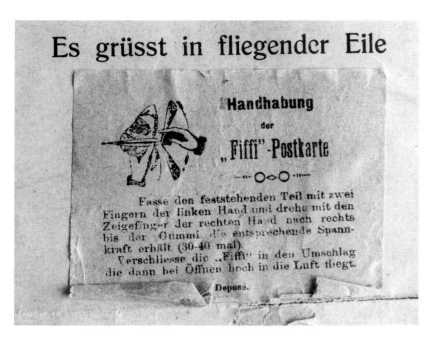

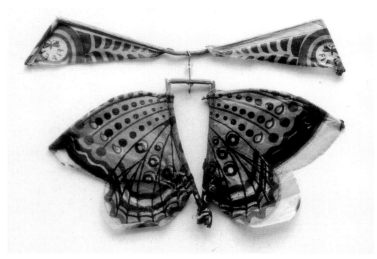

331 | Gebrauchsanweisung für einen «*Fiffi*», *Königin der Luft* genannten Papierflieger, den Kafka am 9. Dezember 1910 aus Berlin an seine damals 18jährige Lieblingsschwester Ottla schickte. Der Text befindet sich auf der Innenseite eines ausfaltbaren, aus dickem Papier gefertigten Briefumschlags, der auf seiner Rückseite mit einer Lasche verschließbar war. Wenn man den zugehörigen, aus Holzstäbchen und Seidenpapier bestehenden Schmetterling, dessen Fühler als Propeller ausgebildet waren, der *Handhabung* gemäß darin verstaute, schwirrte er beim Öffnen des Kuverts durch die Luft, und der Empfänger sah die witzig formulierte Grußbotschaft des Absenders vor sich.

Hartmut Binder: *Fiffi, Königin der Lüfte*, in: FAZ Nr. 263 (11. XI. 2000), S. 43.

332 | Der für Ottla bestimmte Papierflieger «*Fiffi*». Der Gummiring, der ursprünglich zwischen der Halterung des Propellers und dem, wie die kleine Zeichnung auf der *Handhabung* zeigt, nicht mehr vollständig erhaltenen Schwanz des Schmetterlings eingespannt war, besorgte den Antrieb.

Kafka hatte ein derartiges Objekt wohl zuerst auf der Flugveranstaltung in Montichiari gesehen. Beim Betreten des *circuito* bemerkten die Freunde nämlich vor dem Hangar Henri Rougiers eine junge Französin, die in ihrer Hand einen Spielzeug-Aeroplan hielt, der ihr von drei Herren erklärt wurde. Brod schreibt in seiner *Flugwoche in Brescia*: *Nett zieht sie, wie man ihr gezeigt hat, eine Schraube auf, das kleine Ding aus Papier knistert, reißt sich ihr aus der Hand, aber gleich purzelt es zu Boden.*

EFR 11.

333 | Kafka im Jahr 1910.

Um Dir jedes Bedenken zu nehmen (nicht um Dir gar welche Bedenken zu verursachen) schicke ich Dir eine Blitzlichtaufnahme von mir. Sie ist recht widerlich, sie war aber auch nicht für Dich bestimmt, sondern für meine Kontrollsvollmacht für Anstaltszwecke und ist beiläufig 2–3 Jahre alt. Ein verdrehtes Gesicht habe ich in Wirklichkeit nicht, den visionären Blick habe ich nur bei Blitzlicht, hohe Krägen trage ich längst nicht mehr. Dagegen ist der Anzug schon jener mehrerwähnte einzige (einzige ist natürlich eine Übertreibung, aber keine große) und ich trage ihn heute munter wie damals. Ich habe schon in Berliner Theatern auf vornehmen Plätzen ganz vorn in den Kammerspielen mit ihm Aufsehen gemacht und einige Nächte auf den Bänken der Eisenbahnwaggons in ihm durchschlafen oder durchsuselt. Er altert mit mir. So schön wie auf dem Bild ist er natürlich nicht mehr. Die Halsbinde ist ein Prachtstück, das ich von einer Pariser Reise mitgebracht habe und nicht einmal von der zweiten, sondern noch von der ersten, deren Jahreszahl ich augenblicklich gar nicht berechnen kann.

Offenbar schätzte Kafka die Halsbinde besonders, die er im Oktober 1910 in Paris gekauft hatte, denn noch im Herbst 1923 bat er Ottla darum, ihm das Stück nach Berlin zu schicken.

An Felice am 2./3. XII. 1912, vgl. an Ottla am 22. XI. 1923 (unveröffentlicht).

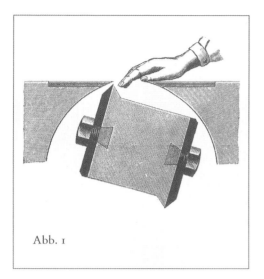

Abb. 1

334 | Vierkantwelle. Die Abbildung findet sich in Kafkas Aufsatz *Unfallverhütungs-maßregel bei Holzhobelmaschinen*, der *1910* im *Bericht der Arbeiter-Unfall-Versicherungs-Anstalt für das Königreich Böhmen in Prag über ihre Tätigkeit während der Zeit vom 1. Jänner bis zum 31. Dezember 1910* erschien.

Diese Abbildungen zeigen den Unterschied der Vierkantwellen und der runden Wellen in schutztechnischer Hinsicht.Die Messer der Vierkantwelle (Abbildung 1), direkt durch Schrauben an der Welle befestigt, drehen sich mit ihrer nackten Schneide bei 3800–4000 Umdrehungen in der Minute. Die Gefahren, die für den Arbeiter durch den großen Abstand zwischen Messerwellen und Tisch-fläche entsteht, treten deutlich hervor.

Bald nach seinem Eintritt in die Versi-cherungsanstalt erkannten Kafkas Dienst-vorgesetzten seine große Formulierungsgabe, die sie für die Öffentlichkeitsarbeit der Institution nutzten. So schrieb Kafka für die den Zeitraum 1907 bis 1915 betreffen-den Jahresberichte der Anstalt zahlreiche Beiträge, die vor allem Maßnahmen zur Unfallverhütung, den Umfang der Versiche-rungspflicht für Arbeitgeber sowie Fragen der Einreihung der Betriebe in die einzel-nen Gefahrenklassen betreffen.

In dem hier angeführten Beitag fordert Kafka, die unfallträchtigen Vierkantwellen durch runde Sicherheitswellen zu ersetzen, die die Hände der Arbeiter besser schützten, aber auch billiger und besser waren.

Unfallverhütungsmaßregel bei Holzhobelmaschinen, S. 195 f.

335 | Der Lesesaal des 1897–1901 von dem Architekten Josef Schulz geschaffenen *Kunstgewerbemuseums (Uměleckoprů-myslové muzeum)* in der *Salnitergasse* (heute *ulice 17. listopadu*) Nr. 2 (V-73) in Prag. (→ Ab. 209, j)

In seiner Kafka-Biographie schreibt Max Brod: *Anfang 1911 notierte ich mir: Kafka macht Sonntags einsame Spazier-gänge, ohne Ziel, ohne Denken. Er sagt: «Ich wünsche mich täglich von der Erde weg.» «Nichts fehlt mir, außer ich selbst.» Hat nichts gearbeitet. Nachmittag schläft er oder sieht sich im Kunstgewerbemuseum Zeitschriften an.* (→ Abb. 578)

FK 70.

336 | Julius Schnorr von Carolsfeld: *Porträt-studie nach Friedrich Olivier.*

Julius Schnorr von Karolsfeld na[ch] Zeichnung Friedrich Olivier, er zeichnet auf einem Abhang wie schön und ernst ist er da (ein hoher Hut wie eine abgeplattete Clownmütze mit steifem ins Gesicht gehen-den schmalen Rand, gewellte lange Haare, Augen nur für sein Bild, ruhige Hände, die Tafel auf den Knien, ein Fuß ist auf der Böschung ein wenig tiefer gerutscht.)

aber nein das ist Friedrich Olivier von Schnorr gezeichnet.

Kafka fand die Abbildung, deren Titel ihn offenbar zunächst vermuten ließ, Olivier habe Schnorr von Carolsfeld gezeichnet, in einem *Aus dem Hause Olivier* betitel-ten Aufsatz von Hans Tietze, der 1910 im 33. Jahrgang der Wiener Zeitschrift *Die graphischen Künste* erschien, und zwar in der Beilage *Mitteilungen der Gesellschaft für vervielfältigende Kunst* Nr. 1, Seite 11. Das bibliophil aufgemachte, großformatige und natürlich entsprechend teure Organ war nur im Prager *Kunstgewerbemuseum* zu fin-den, so daß anzunehmen ist, die von Brod überlieferte Zeitschriftenlektüre im Lese-saal dieser Institution reiche mindestens ins Jahr 1910 zurück.

Tagebuch, 7. XI. 1910.

337 | Das Hotel *Stephan* am *Marktplatz* (heute *náměstí T. G. Masaryk*) Nr. 19 (Konskriptionsnummer 95–96) in Friedland (Frýdlant), in dem Kafka während seiner vom 30. Januar bis zum 6. oder 7. Februar 1911 währenden Dienstreise wohnte, die ihn auch nach Raspenau und Neustadt an der Tafelfichte führte.

Das Reisetagebuch enthüllt, daß Kafka am *Marktplatz* wohnte, an dem zwei Hotels lagen, nämlich das von Josef Fischer geführte, heute noch existierende *Weiße Roß* (Nr. 16, Konskriptionsnummer 92–93) und das lediglich durch zwei Häuser davon getrennte Hotel *Schwarzer Adler*, das Hotel *Stephan* genannt wurde (heute Diskothek und Ladengeschäft). Von beiden Hotels aus hätte Kafka die Viktualienhandlung Josef Humpals sehen können, die auf der gegenüberliegenden Platzseite im Gebäude der *Bezirkshauptmannschaft* (Konskriptionsnummer 91–93) untergebracht war und offensichtlich mit dem Delikatessengeschäft identisch ist, das Kafka vor Augen hatte, wenn er ans Fenster seines Hotelzimmers trat. Da er davon spricht, er sei eine Zeitlang der einzige Gast gewesen, ist die Annahme naheliegend, man habe ihm das Zimmer Nr. 1 gegeben, das im Hotel *Stephan* über dem zum Hof führenden Tor lag. Daß sein Zimmer tatsächlich an dieser Stelle des Gebäudes gelegen war, verrät sein Tagebuch, in dem es heißt: *Auf der Diele und auf dem Gang war überall sehr kalt. Mein Zimmer war über der Hauseinfahrt; mir fiel gleich die Kälte auf, wie erst als ich den Grund bemerkte.* Dieses Zimmer war über einen kleinen, vorgelagerten Raum zugänglich, den er als eine Art Nebenzimmer der Diele erwähnt. Eine solche, ihm wegen ihrer Größe auffällige Diele war im ersten Obergeschoß des Hotels *Schwarzer Adler* tatsächlich vorhanden; sie erschloß die Zimmer eins bis sechs. Außerdem spricht Kafka von einem auf dieser Etage gelegenen Hochzeitszimmer und einer Toilette, die im ersten Obergeschoß tatsächlich vorhanden war.

Das *Kaiserpanorama* (nach dem Umsturz 1918 *Weltpanorama* genannt), Kafkas *einzige Vergnügung* in Friedland, das er als *merkwürdig schöne traurige Stadt* in Erinnerung behielt, lag in einem Wohnhaus in der vom *Marktplatz* ausgehenden *Reichenberger Gasse* (heute *ulice míru*), Konskriptionsnummer 168, und existierte bis kurz vor dem Zweiten Weltkrieg.

T 933, 936 und O 56, vgl. Br I 132, C 63 und Grete Grüger, Stuttgart (mündlich, Frühjahr 2006).

338 | Raspenau.

Kleine Städte haben auch kleine Umgebungen für den Spaziergänger.

Dieser auf den 20. Februar 1911 datierte Tagebucheintrag bezieht sich wohl auf die Erfahrungen, die Kafka auf der zwei Wochen zurückliegenden Dienstreise nach Nordböhmen gemacht hatte, zumal er die Eindrücke, die er dort empfangen hatte, erst einige Tage nach seiner Rückkehr niederzuschreiben begann. Während Friedland damals 7000 und Neustadt an der Tafelfichte 6000 Einwohner zählte, hatte Raspenau trotz seiner Kammgarnspinnereien, seiner mechanischen Webereien, seiner Kalkbrüche, Ziegeleien und Zementwarenfabriken nur 2500.

339 | Das winterlich verschneite Schloß in Friedland, das Kafka zur Beschreibung des Schloßkomplexes in seinem letzten Roman angeregt haben könnte.

Das Schloß in Friedland: Die vielen Möglichkeiten, es zu sehn: aus der Ebene, von einer Brücke aus, aus dem Park, zwischen entlaubten Bäumen, aus dem Wald zwischen großen Tannen durch.

Tagebuch, Januar 1911, vgl. Hartmut Binder: *Kafka in neuer Sicht*, (Stuttgart 1976), S. 55–57.

340 | Das Schloß in Friedland.

Schöner Park. Weil er terrassenförmig am Abhang, aber auch teilweise unten um einen Teich herum mit verschiedenartiger Baumgruppierung liegt kann man sich sein Sommeraussehn gar nicht vorstellen. Im eiskalten Teichwasser sitzen zwei Schwäne (ihren Namen habe ich erst in Prag erfahren), einer steckt Hals und Kopf ins Wasser.

Die Namen der Schwäne waren Hansel und Gretel.

Tagebuch, Januar 1911.

341 | Die *Schloßgasse (Zámecká)* in Friedland, im Hintergrund das *Rathaus* auf dem *Marktplatz.* Rechts ist das *Telegraphenamt* der Stadt zu sehen, ganz links die einzige Buchhandlung des Ortes, Nr. 40 (Konskriptionsnummer 406), deren Besitzer Josef Weeber im Eingang steht. (1907)

Kafka suchte die Buchhandlung auf, weil er sich für den im Schaufenster liegenden *Literarischen Ratgeber des Jahres 1910* interessierte.

342 | *Literarischer Ratgeber*, hrsg. durch Ferdinand Avenarius vom *Dürerbund*, München 1910. Titelblatt des *Literarischen Jahresberichts.*

Ich hatte in der Auslage des Buchladens den «literarischen Ratgeber» des Dürerbundes bemerkt. Beschloß ihn zu kaufen, änderte ihn dann wieder, kam nochmals darauf zurück, während dessen ich oftmals zu allen Tageszeiten vor der Auslage stehen blieb. [...] Eine alte Dame saß unter einer grünüberdachten Glühlampe. Vier, fünf eben ausgepackte Kunstwarthefte erinnerten mich daran, daß es Monatsanfang war. Die Frau zog meine Hilfe ablehnend das Buch, von dessen Dasein sie kaum wußte

aus der Auslage heraus, gab es mir in die Hand, wunderte sich daß ich es hinter der vereisten Scheibe bemerkt hatte (ich hatte es ja schon früher gesehn) und fing in den Geschäftsbüchern den Preis zu suchen an, denn sie kannte ihn nicht und ihr Mann war weg. Ich werde später abend kommen, sagte ich (es war 3 Uhr nachmittag) hielt aber mein Wort nicht.

Der aus dem *Kunstwart-Ratgeber* hervorgegangene *Literarische Ratgeber* empfahl sich seinen Lesern als unbestechliche Wegweisung und wurde im Jahr 1910 erstmals als selbständige Buchveröffentlichung im Umfang von 168 Seiten präsentiert, welcher der *Literarische Jahresbericht* beigebunden war, der 120 Seiten umfaßte, aber sowohl um eingeschobene Prospektblätter einzelner Verlage als auch um einen 44seitigen Annoncenteil bereichert war. Er war der aktuellen Buchproduktion gewidmet und den Bedürfnissen eines buchhändlerischen Weihnachtskatalogs angepaßt. (→ Abb. 90)

T 938 f.

343 | Das *Kaiser-Franz-Josef-Jubiläumsbad* im elf Kilometer östlich von Friedland gelegenen Neustadt an der Tafelfichte (Nové Město pod Smrkem).

Heute war ich in Neustadt an der Tafelfichte einem Ort wo man in den Hauptgassen mit unaufgeklappten Hosen ganz im Schnee stecken bleibt, während, wenn die Hosen aufgeklappt sind, der Schnee untendurch bis an die Knie steigt. Hier könnte man glücklich sein.

Da Kafka an einem Sonntag in Neustadt an der Tafelfichte war und vom Glücklichsein spricht, hatte er in dem Ort höchstwahrscheinlich nichts Dienstliches zu erledigen, sondern verlängerte seine Reise, um hier einen Ferientag verbringen zu können (→ Abb. 356). Er dürfte noch am Sonntag selbst nach Prag zurückgekehrt sein.

An Oskar Baum am 5. Februar 1911, vgl. C 63.

344 | Hotel und Gasthof *Schwarzes Roß* in Kratzau (Chrastava).

Es wird Dich doch liebe Ottla interessieren, daß ich in dem Hotel zum Roß auf der andern Seite einen Kalbbraten mit Kartoffeln und Preiselbeeren, hierauf eine Omelette gegessen und dazu und hierauf eine kleine Flasche Apfelwein getrunken habe. Unterdessen habe ich mit dem vielen Fleisch, das ich bekanntlich nicht zerkauen kann, teilweise eine Katze gefüttert, teilweise nur den Boden verschweinert.

Ende Februar 1911 unternahm Kafka eine Dienstreise nach Reichenberg (Liberec) und Umgebung. Er muß am 22. oder 23. gestartet und am 27. oder 28. nach Prag zurückgekehrt sein. Den

24. Februar verbrachte er in Kratzau, wo er am 25. und 26. November 1912 neuerlich zu tun hatte (→ Abb. 685), war aber am Abend wieder in Reichenberg, wo er im Stadttheater eine Aufführung von Grillparzers *Des Meeres und der Liebe Wellen* besuchte. Am darauffolgenden Tag hielt er sich in Grottau auf, und am 26. sah er, wiederum in Reichenberg, *Miß Dudelsack* von Rudolph Nelson, ein Stück, das auf ihn nicht ganz ohne Eindruck geblieben sein dürfte, denn Ende August dieses Jahres verglich er in Flüelen Mitreisende mit Figuren aus dieser Operette. Freilich ist anzunehmen, daß ihm das Stück bereits bekannt war. Es war im August 1910 im *Kleinen Schauspielhaus* in Berlin uraufgeführt worden, hatte viel von sich reden gemacht und dann Ende Dezember Prag erobert, wo es der Liebhaber leichter Muse (→ Abb. 524) vermutlich erstmals gesehen hat.

Die an Ottla gerichtete Ansichtskarte vom 25. Februar 1911, welcher der hier angeführte Text entstammt, zeigt auf der Bildseite den *Marktplatz* von Kratzau mit dem Hotel *Schwarzes Roß* im Hintergrund.

Vgl. T 955 und O Abb. 4 nach S. 18.

345 | Grottau (Hrádek nad Nisou) am Anfang des 20. Jahrhunderts; im Vordergrund die Brücke über die Neiße (Nisa).

Einige Neuigkeiten lieber Max: Leute haben schon Amseln im Volksgarten singen hören – die Karosserie der Hofequipagen muß man wenn die Herrschaften aussteigen, hinten festhalten wegen der starken Federung – heute sah ich auf der Herfahrt eine Ente im Wasser am Flußrand stehn.

An Max Brod am 25. II. 1911.

346 | Das *Hotel Eiche* in der *Wiener Straße* (heute *Moskevská*) Nr. 14 (Konskriptionsnummer 27) in Reichenberg, in dem Kafka wohnte. Das Gebäude hat sich erhalten, dient inzwischen aber anderen Zwecken.

Vgl. T 940.

347 | Das Stadttheater in Reichenberg.

Im Teater dreimal immer ausverkauft: Des Meeres u. der Liebe Wellen: ich saß auf dem Balkon, ein allzu guter Schauspieler macht mit dem Naukleros zu viel Lärm, ich hatte mehrmals Tränen in den Augen so beim Schluß des ersten Aktes als die Augen Heros und Leanders von einander nicht los können.

Die Aufführung des Grillparzer-Stücks, das Kafka am 24. Februar 1911 besuchte, muß ihn beeindruckt haben, denn er erinnerte sich ihrer, als er am 9. September des Jahres in Paris Racines *Phèdre* sah (→ Abb. 423), ohne freilich seine zunächst geplante Absicht durchzuführen, schriftlich zu fixieren, wie die zarteren, freilich auch schwächeren Reichenberger Schauspieler im Vergleich zum Spiel der *Comédie-Française* agiert hatten.

T 940, vgl. 1005.

349 | Blick in die *Bräuhofgasse* (heute *Rumunská*) in Reichenberg. Links das Haus Nr. 8 (Konskriptionsnummer 61), in dem eine Außenstelle der *Arbeiter-Unfall-Versicherungs-Anstalt* untergebracht war, in der Kafka bei seinem Besuch im Februar 1911 zu tun hatte (um 1930).

Ein Polizeimann weiß die Adresse der Arbeiterkrankenkassa, ein anderer jene der Anstaltsexpositur nicht, ein dritter weiß nicht einmal wo die Johannesgasse ist. Sie erklären es damit, daß sie erst kurze Zeit im Dienste sind.

Die Reichenberger Filiale der *Allgemeinen Arbeiter-Kranken- und Unterstützungs-kasse* lag bis zum Jahr 1912 in der *Johannesgasse (Jánská)* (Gebäude nicht erhalten).

T 939.

348 | Das *Rathaus* auf dem *Altstädter Platz* (heute *náměstí Dr. Ed. Beneše*) in Reichenberg (Liberec).

In seinem Tagebuch notierte Kafka über die Stadt: *Über die eigentümliche Absicht von Personen, die am Abend in einer Kleinstadt rasch gehn, ist man ganz im Unklaren. Wohnen sie außerhalb, dann müssen sie doch die Elektrische benützen weil die Entfernungen zu groß sind. Wohnen sie aber im Ort selbst, dann gibt es ja wieder keine Entfernungen und keinen Grund zum schnellen Gehn. Und doch kreuzen Leute mit gestreckten Beinen diesen Ringplatz, der für ein Dorf nicht zu groß wäre und dessen Rathaus durch seine unvermittelte Größe ihn noch kleiner macht (mit seinem Schatten kann er ihn reichlich bedecken) während man von dem kleinen Platze aus der Größe des Rathauses nicht recht glauben will und den ersten Eindruck seiner Größe mit der Kleinheit des Platzes erklären möchte.*

T 939.

350 | Die *Schückerstraße* (heute *Pražská*) in Reichenberg (um 1910).

In den engen Gassen konnte nur ein Geleise gelegt werden. Die Elektrische zum Bahnhof fährt daher durch andere Gassen, als jene vom Bahnhof. Vom Bahnhof durch die Wiener Straße, dort wohnte ich im Hotel Eiche, zum Bahnhof durch die Schückerstraße.

T 940.

351 | Die Familie Fanta.

Von links: der Apotheker Max Fanta, Otto Fanta, Else Bergmann, geb. Fanta, Hugo Bergmann und Berta Fanta.

Als der im *Café Louvre* tagende Gesprächskreis in seiner bisherigen Gestalt nicht weitergeführt werden konnte, weil die studentischen Teilnehmer inzwischen ihre Ausbildung abgeschlossen hatten (→ Abb. 170), fand sich die Gruppe – ein Teil des Zirkels hatte schon seit Mai 1906 unter philosophischer Zielsetzung bei Berta Fanta verkehrt – in etwas veränderter Zusammensetzung ab 1908 vorwiegend in der Wohnung der Apothekersgattin (→ Abb. 209, 17) zu Diskussionsabenden zusammen, die sich seit dem Winterhalbjahr 1910/11 zu zyklischen Veranstaltungsreihen auswuchsen. Allerdings zeigen die Tagebücher Brods, daß man im März, April und Mai 1911 auch im *Café City* (→ Abb. 207 und 209, 2) tagte. Man befaßte sich zunächst zwei Jahre lang mit Kants *Kritik der reinen Vernunft, Zeile für Zeile von neun Uhr abends bis zwölf Uhr nachts (und länger)* studierend, wie Max Brod sich erinnerte: *Unter Führung von Hugo Bergmann, unter besonders reger Teilnahme von Felix Weltsch wurde zunächst das Buch «Prolegomena zu einer künftigen Metaphysik», sodann die «Kritik der reinen Vernunft» Seite für Seite vorgelesen. Man ging nicht weiter, ehe alles Gelesene nicht durchüberlegt und verstanden war. Dies war freilich manchmal ungewollte Folge des Einspruchs, den der Sohn des Hauses, Otto Fanta, erhob. «Das verstehe ich nicht», erklärte er bündig, und alles, was wir schon durchgenommen hatten, mußte ihm (meist von dem höchst geduldigen Hugo Bergmann) nochmals erklärt werden.* In der darauffolgenden Saison nahm man sich Hegels *Phänomenologie des Geistes* vor, 1913/14 Fichtes *Wissenschaftslehre;* dann setzte der Ausbruch des Ersten Weltkriegs dem regelmäßig tagenden Zirkel ein Ende (→ Abb. 945). Zu den Teilnehmern gehörten neben der Gastgeberin, ihrem Mann Max, ihrem Sohn Otto (1890–1940), der 1912 sein Philosophiestudium mit einer Dissertation abschloß, sowie ihrem Schwiegersohn Hugo Bergmann, der den intellektuellen Mittelpunkt des Kreises bildete, vor allem der Prager Ordinarius für Philosophie, Christian von Ehrenfels (→ Abb. 115), der dem *Louvre-Zirkel* ferngeblieben war, Max Brod, mit dem man sich wieder ver-

söhnt hatte, Felix Weltsch und der Mathematiker Gerhard Kowalewski (1876–1950).

Kafka, der bei der Gastgeberin in hohem Ansehen stand, obwohl er sich kaum an den Gesprächen beteiligte, nahm zumindest gelegentlich an diesen Zusammenkünften teil: Ein Tagebucheintrag Brods vom 13. Oktober 1913 belegt, daß er sich an diesem Tag im Salon Fanta mit Fichte beschäftigt hat, und ein in seinem Besitz befindliches Exemplar der *Wissenschaftslehre* belegt zumindest seine Absicht, sich ernsthaft mit diesem Werk auseinandersetzen zu wollen. Allerdings bekannte er Brod gegenüber am 6. Februar 1914, offenbar frustriert von dem bisher Gehörten, er gehe *nicht gerne* hin. Im Grunde genommen war sein Interesse an philosophischer Betätigung inzwischen erloschen, auch war ihm wegen seines bildhaften Denkens die systematische Auseinandersetzung mit abstrakten philosophischen Vorstellungen weniger gemäß (→ Abb. 170). Er dürfte deswegen eher aus den Begegnungen mit andern Gästen Gewinn gezogen haben, die er im Hause Fanta traf. Zu diesen gehörte Albert Einstein, der von April 1911 bis zum Juli 1912 an der Prager deutschen Universität Ordinarius für Physik und während dieser Zeit ein regelmäßiger Besucher des Salons Fanta war. Einstein fand hier einen seinen Interessen entsprechenden gesellschaftlichen Umgang, obwohl er, freilich viele Jahre später, seine damaligen Gesprächspartner als mittelalterlich anmutende Schar weltferner Menschen bezeichnete. Er selbst muß ebenfalls nicht wenig aufgefallen sein, denn nach den Erinnerungen von Felix Weltsch erschien er zu einem feierlichen Begrüßungsabend, der zu seinen Ehren in einem Prager Hotel veranstaltet worden war, in einem dunkelblauen Hemd, so daß ihn der Portier für den Elektriker hielt, den man zu Reparaturen erwartete.

Natürlich sprach Einstein auch über seine physikalische Arbeit, zumal er in dem Prager Philosophen Oskar Kraus einen erbitterten Gegner seiner Auffassungen fand. So hielt er am 24. Mai 1911 auf Einladung des naturhistorischen Vereins *Lotos* im Hörsaal des *Physikalischen Instituts* der *Karl-Ferdinands-Universität* in der *Viničná* Nr. 3 (II-1594) in der Prager Neustadt einen Vortrag über seine Relativitätstheorie, den Kafka zusammen mit Max Brod und Felix Weltsch besuchte. Weltsch erinnerte sich auch, wie Einstein ihm und anderen an einem Kaffeehaustisch schilderte, *dass ein unscheinbares Maennchen unter der Voraussetzung, dass es sich in einer gewissen Beziehung zu seiner Vorwärtsbewegung mit einem jeden weiteren Hinruecken zum Tischrand verkleinere, diesen Weg trotz der Unendlichkeit der Zeit doch nie ablegen koenne.*

Eine Tagebuchstelle Kafkas läßt erkennen, daß ihn Einstein zumindest eine Zeitlang ernsthaft beschäftigt haben muß.

Am 1. April 1921 wurde er allerdings noch einmal mit Einsteins Vorstellungen konfrontiert. Damals las er im Feuilleton der tschechischen Zeitung *Lidové Noviny*, daß Körper, die sich von West nach Ost bewegen, gemäß der speziellen Relativitätstheorie größer würden. Auf Sanatoriumsschiffen entsprechend transportiert, könnten Lungenkranke, bei denen die Mästung nicht angeschlagen habe, an Gewicht zunehmen und geheilt werden. Der hoffnungslos kranke Kafka, der sich zu diesem Zeitpunkt in der Hohen Tatra zur Kur aufhielt, war so verzweifelt, daß er ein, zwei Stunden lang auf diesen Aprilscherz hereinfiel. Danach beauftragte er seine Schwester Ottla, den Beitrag ihrem Mann Josef David (→ Abb. 1157), den man in der Familie Pepa nannte, zur Begutachtung vorzulegen und ihn damit gewissermaßen nachträglich in den April zu schicken; mit Erfolg übrigens, wie ein an die gleiche Adressatin gerichtetes Schreiben vom 6. Mai dieses Jahres beweist: *Die Mutter, so lieb, schreibt mir heute wiederum wegen der Schiffe. Beim Hereinfall in Aprilscherze seid Ihr wirklich sehr hartnäckig, dabei hatte ich es nur auf Pepa abgesehn, aber Ihr wolltet ihn nicht allein lassen. Ich fürchte mich nur immerfort, daß Ihr Euch aus mir einen Spaß macht.*

SL 171 und I. Kraus: *Albert Einstein in Prag*, in: *A. H. Verband Bar Kochba – Theodor Herzl. Zirkular*, Juni 1968, Tel Aviv, S. 3, vgl. Arnold Heidsieck: *The Intellectual Contexts of Kafka's Fiction: Philosophy, Law, Religion*, (Columbia 1994), S. 175f., Z, FK 65, Hartmut Binder: *Der Prager Fanta-Kreis. Kafkas Interesse an Rudolf Steiner*, in: *Sudetenland* 38, Heft 2 (1996), S. 123–129, Albert Einstein/Hedwig und Max Born: *Briefwechsel 1916–1955*, Frankfurt/M. 1986, S. 21f., C 67, T 916 und Hartmut Binder: *Kur nach dem Kompaß*, in: *Stuttgarter Zeitung* 23, Nr. 75 (1. IV. 1967), S. 2.

352 | Rudolf Steiner: *Haeckel, die Welträtsel und die Theosophie*, 2. Auflage, Berlin 1909, Einband.

Daß Kafka im März 1911 den achtteiligen Prager Vortragszyklus Rudolf Steiners ohne Vorwissen über theosophische Fragestellungen gebucht habe, wird man nicht annehmen wollen. Tatsächlich weisen Indizien darauf hin, daß er in den vorausliegenden Jahren entsprechende Kenntnisse erworben hat. Einerseits nahmen er und Max Brod in den ersten Monaten des Jahres 1910 an spiritistischen Sitzungen teil, die ohne einen solchen Hintergrund schwer vorstellbar sind, andererseits zeigt der im Juni 1911 veröffentlichte Essay *Höhere Welten* von Max Brod Vertrautheit mit der Welt der Esoterik, die sich, wie Tagebucheinträge vom 9. und 10. März 1911 erweisen, Schriften von Rudolf Steiner verdankt, die Berta Fanta ihm geliehen hatte. Darunter war Steiners Schrift *Wie erlangt man Erkenntnis höherer Welten?*, die er sehr anregend fand.

Vor allem aber befanden sich unter Kafkas Büchern nicht weniger als drei Titel Steiners, die im fraglichen Zeitraum erstveröffentlicht worden waren: Er besaß die Erstausgabe der *Erziehung des Kindes vom Gesichtspunkte der Geisteswissenschaft* (1907, zweite Auflage 1909), den Beitrag über Haeckel, und zwar vermutlich in der 1909 erschienenen zweiten oder dritten Auflage, sowie die erstmals im gleichen Jahr publi-

zierte Schrift *Unsere atlantischen Vorfahren*. Hier referiert Steiner ein Kapitel aus der nur Eingeweihten zugänglichen *Akasha-Chronik*, bei der es sich nach theosophischer Auffassung um das universelle Weltgedächtnis handelt, das eine von der naturwissenschaftlichen Evolution abweichende Menschheitsgeschichte dokumentiert. Steiner beschreibt eine hochentwickelte, vor über 10000 Jahren zwischen Amerika und Europa lebende Gesellschaft, die in Bildern dachte, die Lebenskraft beherrschte und in Fahrzeugen durch die Luft fliegen konnte. Außerdem nannte Kafka Eduard Herrmanns *Populäre Theosophie* aus dem Jahr 1897 sein eigen, die im wesentlichen eine gut geschriebene Einführung in die *Geheimlehre* von Helena Petrowna Blavatsky darstellt, der Gründerin der *Theosophischen Gesellschaft*, sowie Hans Freimarks 1907 gedruckte Darstellung über die Lehren der berühmten Russin, die wichtige Grundlagen des Steinerschen Denkgebäudes bilden.

Hauptanregungspunkt für diese Beschäftigung Kafkas mit theosophischen Fragen im fraglichen Zeitraum war sicherlich der Salon Fanta. Aus den Erinnerungen Else Fantas geht nämlich hervor, daß ihre Mutter mit der spiritistischen Szene um Gustav Meyrink, der freilich Prag bereits im Frühjahr 1904 verlassen hatte, in Verbindung stand und sich ebenso wie ihre Schwester Ida von Helena Petrowna Blavatsky angezogen fühlte, bevor sie sich in einer zweiten Entwicklungsstufe mit der Theosophie Anni Besants und mit indischen Weisheitslehren befaßte. Tatsächlich läßt sich feststellen, daß Berta Fanta schon im Frühsommer 1903 die *Bagavadgita* gelesen hatte, zunächst freilich ohne sichtbare Folgen, denn noch Anfang 1906 propagierte sie in einem Vortrag unter dem Einfluß ihrer Freunde Alfred Kastil (1874–1950) und Anton Marty die Philosophie Franz Brentanos und machte die Vernunft zur alleinigen Richtschnur menschlichen Handelns. Um 1907 dürfte sie ansatzweise mit der Theosophie bekannt geworden sein, spätestens 1909 muß sie eine Wendung zu Rudolf Steiner vollzogen haben: Im Dezember dieses Jahres wandte sie sich erstmals ratsuchend an ihn, und als er im März 1911 zu einem Vortragszyklus nach Prag kam, suchte er sie auf. Der Vortrag, den Ida Freund zu Anfang dieses Monats über Helena Petrowna Blavatsky hielt, kann als Versuch angesehen werden, Steiner in Prag den Boden zu bereiten.

Außerdem kommt Felix Weltsch als Vermittler theosophischen Gedankenguts in Betracht, der nach eigenem Bekunden im ersten Jahrzehnt des 20. Jahrhunderts Besucher des Salons Fanta und in seinem Freundeskreis für Philosophie und Erkenntnistheorie zuständig war. Anfang 1913 nämlich stellte er im *Prager Tagblatt* Alfred Lehmanns Buch *Aberglaube und Zauberei von den ältesten Zeiten an bis in die Gegenwart* vor, dessen zweite Auflage jüngst erschienen sei (tatsächlich war dies schon 1908 der Fall): Er warnt davor, *den festen Bestand wohl und teuer erworbener Errungenschaften wissenschaftlich rationellen Denkens* um der Mystik willen im Stich zu lassen, die freilich in den letzten Jahren die geistige Entwicklung, die literarische und philosophische Produktion sowie das Leben bereichert habe. Lehmann habe fast alle großen Medien entlarvt, auch die Blavatsky, und verstehe die wunderbaren, durch jahrelanges Geistestraining erzeugten Erlebnisse der Theosophen als *durch Autosuggestion erzeugte Halluzinationen*. Spiritistische Phänomene erklärt Lehmann durch unbewußte Zitterbewegungen der Gliedmaßen, und Weltsch erinnerte ergänzend daran, daß auch die Kunststücke des ‹klugen Hans› (→ Abb. 811) von der Wissenschaft auf unwillkürliche, minimale Bewegungen seines Herrn zurückgeführt worden seien, die vom scharfen Pferdeauge bemerkt würden. Aufgrund der von ihm hervorgehobenen Sachkomplexe wirken Weltschs Ausführungen wie Kommentare zu den entsprechenden Diskussionen im Freundeskreis und im Salon Fanta.

Felix Weltsch: *Aberglaube und Zauberei*, in: PT 38, Nr. 3 (3. I. 1913), S. 1–3, vgl. Max Brod: *Höhere Welten*, in: *Pan* 1 (16. VI. 1911), S. 538–545, KB 131, Z, G 164–166, 257f., 283, PT 31, Nr. 19 (20. I. 1906), S. 5 und PT 36, Nr. 75 (16. III. 1911), S. 5.

353 | Franz Kafka und andere betreffende Aktennotiz eines Prager Polizeispitzels vom März 1911. Der ihn betreffende Vermerk lautet in deutscher Übersetzung: *Dr. Fr. Kafka Prag Niklasstrasse hat sich für den Zyklus angemeldet.*

Als die Theosophische Gesellschaft in Prag Rudolf Steiner zu einem achtteiligen Vortragszyklus einlud, der vom 20. bis 24. und vom 26. bis 28. März 1911 im Saal des *Kaufmännischen Vereins Merkur* in der *Niklasstraße* Nr. 9 (→ Abb. 215 und 1122) stattfand, meldete sich Kafka wie verlangt – es handelte sich um eine nichtöffentliche Veranstaltungsreihe – im Sekretariat der böhmischen Sektion im Vorort Königliche Weinberge, *Vocelgasse (Vocelova)* Nr. 2 an. Dieser Vorgang erweckte den Verdacht der Polizeibeamten, die Steiners Prager Auftritte überwachten, weil die Theosophie in dem Ruf stand, wegen ihrer angeblichen Nähe zur Sozialdemokratie und zum Freidenkertum staatsgefährdende Ziele zu verfolgen. Das Dokument macht wahrscheinlich, daß Kafka diesen *Okkulte Physiologie* betitelten Zyklus besucht hat, der dann tatsächlich neun Vorträge umfaßte. Tagebucheintragungen und andere Zeugnisse lassen den Schluß zu, daß er sich darüber hinaus am 19. und 25. März zusammen mit Max Brod zwei öffentliche Vorträge Steiners angehört hat, die der Widerlegung und der Verteidigung der Theosophie gewidmet waren. Else Bergmann hat in ihrer *Familienchronik* festgehalten, wie Kafka auf Steiners Darlegungen reagierte; sie schreibt: *Ich erinnere mich, während der Vorträge beobachtet zu haben, wie die Augen von Franz Kafka blitzten und leuchteten und ein erfreutes Lächeln sein Gesicht erhellte.* Außerdem besuchten die beiden Freunde am 25. März einen theosophischen Geselligkeitsabend, der im gleichen Saal stattfand, in dem Steiner seine Vorträge hielt. Bei dieser Gelegenheit beobachtete Kafka unter anderem den in der angeführten Aktennotiz erwähnten Maler Richard Pollak aus Prag-Karolinenthal.

G 259, vgl. T 30f., 159, Hartmut Binder: *Rudolf Steiners Prager Vortragsreise im Jahr 1911. Berichtigungen und Ergänzungen zu der Kritischen Ausgabe der Tagebücher Kafkas*, in: *editio* 9 (1995), S. 214–233 und ders.: *Der Prager Fanta-Kreis. Kafkas Interesse an Rudolf Steiner*, in: *Sudetenland* 38, Heft 2 (1996), S. 106–150.

354 | Das Hotel *Victoria* an der Ecke *Jung-mannstraße (Jungmannova)/Palackýgasse (Palackého)* (II-739), in dem Rudolf Steiner während seines Prag-Aufenthalts in März 1911 logierte.

Eine Frau wartet schon (oben im 2. Stock des Viktoriahotels in der Jungmannstraße) bittet mich aber dringend vor ihr hineinzu-gehn. Wir warten. Die Sekretärin kommt und vertröstet uns. In einem Korridordurch-blick sehe ich ihn. Gleich darauf kommt er mit halb ausgebreiteten Armen auf uns zu. Die Frau erklärt, ich sei zuerst dagewesen. Ich geh nun hinter ihm wie er mich in sein Zimmer führt.

Kafka suchte Steiner, der den 29. und 30. März für Beratungen reserviert hatte, am 29. in seinem Hotel auf, weil er sich von der Theosophie angezogen fühlte, aber nicht wußte, wie sich seinem schwierigen Doppelleben als Versicherungsbeamter und Schriftsteller die von Steiner propa-gierte Suche nach dem Religiösen einfügen würde, bei der er sich von den ästhetischen Vorstellungen beirrt fühlte, denen er ver-pflichtet war. Möglicherweise infolge eines Mißverständnisses erhielt er jedoch die als unzureichend empfundene Aufklärung, bei den theosophischen Riten würde künstleri-schen Belangen Rechnung getragen. Zwei Tage später schickte Kafka eines seiner Pro-sastücke Steiner zur Beurteilung, der um eine *Probe* seines literarischen Schaffens gebeten hatte. Mit welchem Ergebnis, ist unbekannt.

Tagebuch, 28. III. 1911 und Br I 137, vgl. SL 183f.

355 | Rudolf Steiner (1916).

Er hörte äußerst aufmerksam zu, ohne mich offenbar im geringsten zu beobachten, ganz meinen Worten hingegeben. Er nickte von Zeit zu Zeit, was er scheinbar für ein Hilfsmittel einer starken Koncentration hält. Am Anfang störte ihn ein stiller Schnupfen, es rann ihm aus der Nase, immerfort arbei-tete er mit dem Taschentuch bis tief in die Nase hinein, einen Finger an jedem Nasen-loch.

Das *Mitteilungsblatt für die Mitglieder des Vereins Freie Waldorfschule* aus dem Jahr 1922, das in Kafkas Besitz war, belegt, daß er im Zusammenhang mit seinem Versuch, seiner Nichte Gerti Hermann eine Internats-erziehung angedeihen zu lassen, auch das von Steiner entwickelte Schulsystem in seine Überlegungen einbezog. (→ Abb. 1161)

Tagebuch, 28. III. 1911, vgl. W 263.

356 | Burg Oybin, Westseite; aus Alfred Moschkau: *Ritterburg und Kloster Oybin. Beschreibung, Geschichte und Sagen*, 25. Auflage, Oybin o. J. [1914], S. 7.

Vermutlich am Samstag, dem 22. April 1911, machte sich Kafka zu einer Dienstrei-se nach Nordböhmen auf, die bis zum 28. des Monats dauerte und ihn unter anderem nach Warnsdorf führte. Um den arbeits-freien Sonntag für einen Ausflug nutzen zu

können (→ Abb. 876), fuhr er vermutlich am 22. nach Grottau (Hrádek nad Nisou) und am Tag darauf ins benachbarte Zittau in Sachsen, denn eine an diesem Tag an Brod versandte Ansichtskarte zeigt den dortigen *Marstall*. Von hier aus erreichte er mit einer Lokalbahn in einer Stunde den schon auf deutschem Gebiet liegen-den Luftkurort Oybin, wo er nach einer knapp halbstündigen Wanderung das auf dem gleichnamigen Berg liegende *Berg-hotel* erreichte, in dessen Restauration er sich vermutlich niederließ. Eine an Elli und Karl Hermann adressierte Ansichts-karte zeigt auf der Bildseite einen Blick von diesem Etablissement auf das sogenannte *Kaiserhaus*, das einen Teil der mittelalter-lichen Burgruine auf dem Oybin bildet. Dieses Monument dürfte das eigentliche Ziel der sonntäglichen Unternehmung gewesen sein, denn offensichtlich kaufte sich Kafka an diesem Tag den eben ange-führten Oybin-Führer, der unter anderem mit Strichzeichnungen aus dem 19. Jahr-hundert illustriert war.

Über Zittau und Großschönau konnte Kafka ohne Schwierigkeit noch am glei-chen Tag das böhmische Warnsdorf errei-chen.

Vgl. Br I 489 und W 263.

358 | Der Fabrikant Moriz Schnitzer (1861–1939) in verschiedenen Lebensaltern. Das Porträt ganz rechts zeigt ihn im Jahr 1906.

357 | Das 1910/11 erbaute Geschäftshaus von Moriz Schnitzer in der *Karlova* Nr. 43 (Konskriptionsnummer 1894) in *Warnsdorf (Varnsdorf)*, in dem vor allem Baumwolle und Samt hergestellt wurden. Hier empfing der Fabrikant, der sich 1901 selbständig gemacht hatte und nebenher einen Kohlenhandel betrieb, die Besucher, die ihn als Gesundheitsapostel konsultierten. Seine Villa lag in der *Habsburgerstraße* (heute *Čelakovická*), Konskriptionsnummer Nr. 1166.

Kafka lernte Schnitzer Ende April 1911 auf einer Dienstreise in Warnsdorf kennen, vielleicht weil sich im Zusammenhang mit der für 1910 vorgeschriebenen versicherungstechnischen Neuklassifizierung der Betriebe im Blick auf die Unfallschutzmaßnahmen in dessen neuer Fabrikhalle Fragen ergaben, die er vor Ort klären wollte. Nach seiner Rückkehr berichtete er Max Brod von diesem Besuch, der darüber folgende Erinnerung bewahrt hat: *Freitag nachmittag besuchte er mich, erzählt mir sehr hübsche Dinge von der Gartenstadt Warnsdorf, einem ‹Zauberer›, Naturheilmenschen, reichen Fabrikanten, der ihn untersucht, nur den Hals im Profil und von vorn, dann von Giften im Rückenmark und fast schon im Gehirn spricht, die infolge verkehrter Lebensweise entstanden seien. Als Heilmittel empfiehlt er: bei offnem Fenster schlafen, Sonnenbad, Gartenarbeit, Tätigkeit in einem Naturheil-Verein und Abonnement der von diesem Verein, respektive dem Fabrikanten selbst, herausgegebenen Zeitschrift. Spricht gegen Ärzte, Medizinen, Impfen. Erklärt die Bibel vegetarisch.*

Schnitzer, der jüdischer Herkunft war, profilierte sich in dem von ihm herausgegebenen *Reformblatt für Gesundheitspflege* unter anderem als Impfgegner. Kafka spendete dem Fabrikanten zwei Kronen für seinen Kampf gegen das von der Regierung in Aussicht genommene Seuchengesetz, in dem Impfzwang vorgesehen war.

FK 97, vgl. Adalbert Schnitzer am 27. II. 1977 und *Reformblatt für Gesundheitspflege* 15, Nr. 172 (Juni 1911), S. 2, Rubrik: *Für die Agitation gegen das Seuchen- recte Impfgesetz.*

Den Schnitzervortrag hätte ich gern gehört. Was Du über Schnitzer sagst ist sehr richtig, aber man unterschätzt doch solche Leute leicht. Er ist ganz kunstlos, daher großartig aufrichtig, daher dort wo er nichts hat als Redner, Schriftsteller, selbst als Denker nicht nur unkompliziert wie Du sagst, sondern geradezu blödsinnig. Setze dich ihm aber gegenüber, sieh ihn an, suche ihn zu überschauen, auch seine Wirksamkeit, versuche für ein Weilchen Dich seiner Blickrichtung zu nähern – er ist nicht so einfach abzutun.

Nachdem Felix Weltsch Schnitzers Vortrag über *Bestrebungen der Lebensreform* gehört hatte, der am 14. Oktober 1917 im *Klub deutscher Künstlerinnen* stattgefunden hatte, der jetzt Ecke *Bergstein (Na perštýně)/Martinsgasse (Martinská)* Nr. 6 (I-359) residierte, schrieb er an den damals in Zürau lebenden Kafka, Schnitzer, personifizierte Unkompliziertheit, sei ein Wunder an Kleinheit, Rundheit und Geschlossenheit des Horizonts, der in seinen Ausführungen so über Presse und Ärzte geschimpft habe, daß den *Weibern* die Tränen gekommen seien. Die zitierten Ausführungen sind Kafkas Antwort.

Schnitzer war 1892 lungenkrank geworden und hatte sich, von mehreren Ärzten aufgegeben, im Herbst dieses Jahres zur Kur nach Arco begeben. Dort las er *Die neue Heilwissenschaft oder Die Lehre von der Einheit aller Krankheiten und deren darauf begründete einheitliche, arzneilose und operationslose Heilung* des Leipziger Naturheilkundigen Louis Kuhne, dem er seine Genesung verdankte. Er wurde Vegetarier, auch aus religiöser Überzeugung, in der er durch Schriften Tolstois bestätigt wurde, sprach sich gegen das Rauchen und den Alkoholkonsum aus und betonte Hautpflege und den Aufenthalt in guter Luft. 1894 gründete er in Warnsdorf den *Verein für Naturheilkunde*, drei Jahre später das *Reformblatt für Gesundheitspflege. Organ des Vereins für Naturheilkunde in Warnsdorf*, seit 1906 mit der Rubrik *Naturärztlicher Ratgeber*.

Schnitzer beriet mit Erfolg Kranke im Sinn der Naturheilkunde. Nach den damals in Böhmen geltenden Gesetzen war eine solche Tätigkeit erlaubt, wenn die Beratung unentgeltlich war und den Patienten aus solcher Behandlung keine gesundheitlichen Nachteile erwuchsen. Erfolgreich war Schnitzer in seinem Kampf gegen

das geplante Seuchengesetz, denn er und einflußreiche Freunde verhinderten durch Interventionen in Wien, daß in Österreich der Impfzwang eingeführt wurde. Schnitzer schrieb viele Beiträge für das *Reformblatt*, trat aber auch mit selbständigen Veröffentlichungen zur Geschichte der Naturheilkunde und naturphilosophischen Betrachtungen hervor. Weiterhin veranlaßte er, daß Peter Spohrs Broschüre *Behandlung von Wunden und Vermeidung von Operationen nach den Grundsätzen der Naturheilkunde,* die Kafka vermutlich bei seinem Besuch in Warnsdorf erwarb, wiederveröffentlicht wurde. Der Verfasser, ein Oberstleutnant, beschreibt hier Erfahrungen, die er in den Feldzügen von 1864, 1866 und 1870/71 mit der Wundbehandlung gemacht und 1888 in Berlin veröffentlicht hatte. Allerdings zeigt der Umstand, wie Kafka eine Daumenverletzung behandelte, die er sich zugezogen hatte, daß er in diesem Punkt keineswegs Spohrs Vorstellungen folgte. Gleichwohl war er auch später Anhänger der naturheilkundlichen Prinzipien Schnitzers, denn er sprach sich gegen Impfungen und Medikamente aus, schlief stets bei offenem Fenster, zählte Gartenarbeit zu den Positiva seines Lebens, aß kein Fleisch und abonnierte das von Schnitzer herausgegebene *Reformblatt,* dem er offenbar bis zum Ende seines Lebens treu blieb. Als im September 1917 ein Lungenspitzenkatarrh festgestellt wurde, wandte er sich ratsuchend an Schnitzer, der seinen Brief aber nicht beantwortete.

An Felix Weltsch zwischen dem 19. und 21. X. 1917 und Br III 762, vgl. W 263, Peter Spohr: *Die Behandlung von Wunden nach den Grundsätzen der Naturheilkunde.* Zweites Tausend, Berlin 1888, S. 21–26, Moritz Schnitzer: *Zum neuen Ärztegesetz,* in: PT 50, Nr. 98 (26. IV. 1925), *Beilage,* S. II, ders.: *Zum 6. Januar 1918,* in: *Natur und Kultur* 4, Nr. 34 (Januar 1918), S. 402, B. O. Dürr: *Das Leben – ein Kampf. Zu Moriz Schnitzer's 70. Geburtstag,* in: *Reformblatt für Gesundheitspflege* 35, Nr. 410 (15. VII. 1931), S. 5175–5177, *Moriz Schnitzer – 70 Jahre,* in: *Ebenda,* S. 5168–5173 und Br III 59.

359 | Die Rückfront des Gebäudes *Franzensquai* (heute *Smetanovo nábřeží*) Nr. 8 (I-995) (→ Abb. 497, 7). Hier, hinter den Rundbogenfenstern, lag ein Hörsaal der *Deutschen Technischen Hochschule,* in dem Kafka am 17. Mai 1911 einen Vortrag von Adolf Loos über *Ornament und Verbrechen* hörte, der auf Einladung des *Deutschen polytechnischen Vereins in Böhmen* nach Prag gekommen war. In einem ausführlichen Vorbericht zu dieser Veranstaltung schrieb das *Prager Tagblatt:* Die blankeiserne Schönheit der angelsächsischen Industrie, die glatte Fläche wird sein Ideal und das Ornament sinkt ihm hinab zur «Tätowierung». Sein Lebensgedanke steigt herauf: Überwindung des Ornaments! Je weiter wir in der Kultur vorwärts schreiten, desto mehr befreien wir uns vom Ornament. Goldene Tressen sind heute noch ein Attribut der Hörigkeit. Das Bedürfnis zu ornamentieren durchschaut er als Indianerstandpunkt. Und was er alles als Ornament entlarvt! Ein fieberhafter Drang kommt über ihn, die Fläche zu säubern, auf daß in ihrer urtümlichen Reinheit erstrahle die Majestät des Materials. (→ Abb. 415)

Adolf Loos, in: PT 36, Nr. 76 (17. III. 1911), S. 7.

Kapitel VI

An Flüssen Böhmens

Auf dem Dampfer

Vermutlich im Sommer 1909 schrieb Kafka an seinen Freund Max Brod:

Mein lieber Max, stürze Dich nicht in Kosten wegen einer Rohrpostkarte, in der Du mir schreiben wirst, daß Du um 6 05 nicht auf der F. Josefs Bahn sein kannst, denn das mußt Du, da der Zug, mit dem wir nach Wran fahren, um 6 Uhr 05 fährt. Um ¼ 8 machen wir den ersten Schritt gegen Davle, wo wir um 10ʰ bei Lederer eine Paprika essen werden, um 12ʰ in Stechowitz mittagmahlen, von 2–½ 4 gehn wir durch den Wald zu den Stromschnellen auf denen wir herumfahren werden. Um 7 Uhr fahren wir mit dem Dampfer nach Prag. Überlege es Dir nicht weiter und sei um ¾ 6 auf der Bahn. –

Übrigens kannst Du doch eine Rohrpostkarte schreiben, daß Du nach Dobrichowitz oder anderswohin fahren willst.

Im Blick auf die vielen Ausflüge, welche die Freunde miteinander in die Umgebung Prags unternahmen, stellt dieses Schreiben ein einmaliges Zeugnis dar, weil es einen von Kafka konzipierten Tagesablauf in wesentlichen Umständen schildert und so einen Eindruck von der Freizeitgestaltung vermittelt, die er bevorzugte, lassen doch seine Ausführungen erkennen, daß man keineswegs zum erstenmal zu einer derartigen Unternehmung aufbrechen wollte. Falls die Tour in der vorgeschlagenen Weise durchgeführt wurde, bestiegen die Freunde auf dem Prager *Hauptbahnhof* den Zug nach Modřany, der bei Braník das Moldauufer gewann und dann auf der rechten, östlichen Seite des Flusses nach Süden fuhr.

Auf der Höhe von Königsaal (Zbraslav), dessen Flußbadeanstalt von Kafka gelegentlich aufgesucht wurde, passierte man die Villenkolonie Závist mit seiner Restauration und erreichte kurz darauf mit Wran (Vrané nad Vltavou) das erste Etappenziel. Da das Lokal, das man in Dawle (Davle) aufsuchen wollte, ebenfalls am Ostufer der Moldau lag, ist man vermutlich die etwa zehn Kilometer lange Strecke über Brezová und Oleško nach Dawle marschiert und dort zum Bahnhof gegangen, denn das *Gasthaus zur Sasau (Hostinec na Sazavé),* in dem man ein Gabelfrühstück einnehmen wollte, war ganz in der Nähe, und zwar an der ins Tal der Sasau (Sázava) führenden Landstraße. Um in das fünf Kilometer entfernte Stechowitz (Štěchovice) zu kommen, mußten Brod und Kafka über die Brücke in Dawle gehen und dann auf der am Westufer der Moldau verlaufenden Fahrstraße nach Süden weiterwandern.

Was Kafka am Nachmittag vorhatte, läßt sich mit Hilfe zeitgenössischer Quellen rekonstruieren. Die heute nicht mehr existierenden, damals berühmten *Stromschnellen von St. Johannes,* denen ein entsprechend überschriebener Teil von Smetanas sinfonischer Dichtung *Die Moldau (Vltava)* gilt, befanden sich oberhalb von Stechowitz (etwa beim heutigen Trebenice). Wer sie befahren wollte, mietete im Ort einen Kahn, der von einem Pferd auf der gepflasterten Uferböschung stromaufwärts gezogen wurde. Inzwischen ging man selbst auf einem kürzeren, durch Waldungen

360 | Die Flußbadeanstalt in Königsaal
(Zbraslav).

*Die Zeit, die jetzt verlaufen ist und in der
ich kein Wort geschrieben habe, ist für mich
deshalb wichtig gewesen, weil ich auf den
Schwimmschulen in Prag, Königssaal und
Czernoschitz [→ Abb. 380] aufgehört habe,
für meinen Körper mich zu schämen.*

Tagebuch, 15. VIII. 1911, vgl. PT 36, Nr. 205 (27. VII. 1911),
S. 2 und EFR 75.

führenden Weg in anderthalb Stunden zu einer *Statue des heiligen Johannes,* wo der
Fährmann schon wartete, der einen zwischen Klippen und Felsen auf schäumenden Wogen zurück nach Stechowitz brachte, oder man fuhr in Gesellschaft anderer
mit einem der großen Kähne, die die Strecke zu festgelegten Zeiten zu befahren
pflegten. Teils strömte der Fluß über sehr flache Wirbel dahin, auf denen das Boot
kaum genügend Wasser unter seinem Kiel fand, teils waren es tiefere Stellen, unter
denen sich Klippen verbargen, so daß die Fährleute kundige Lotsen sein mußten.
Heute sind die Stromschnellen in dem großen Stausee aufgegangen, dessen 60 Meter hohe Mauer sich südlich von Stechowitz erhebt.

Da die Fahrt etwa eine Stunde dauerte, dürften die Reisenden Stechowitz gemäß Kafkas durchaus einzuhaltender Zeitplanung zwischen vier und fünf Uhr am
Nachmittag erreicht haben, so daß noch Zeit zu einer Kaffeepause blieb, bevor sie
mit dem Dampfer wieder nach Prag zurückkehrten. Insgesamt war dies auch für
junge Leute ein beachtliches Programm, denn es waren rund zwanzig Kilometer
zurückzulegen, doch scheint solche Anstrengung nach dem Zeugnis Brods für die
Jugendjahre der beiden typisch gewesen zu sein, schreibt dieser doch in seiner
Autobiographie: *Weltsch, Kafka und ich waren rüstige Fußgänger, jeder Sonntag, oft
auch schon der Samstag, sah uns in den Wäldern der Umgebung Prags, deren Schönheit uns zu einem unschuldig-überschwänglichen Kult aufforderte. Die Zahl der tapfer zurückgelegten Kilometer war dabei von großer Wichtigkeit, die ich heute nicht
mehr so recht nachfühlen kann.*

Natürlich ist Kafka auch bei anderer Gelegenheit moldauaufwärts gefahren,
wenngleich seine Lebenszeugnisse dafür keine Belege liefern. Denn es gehörte
zu den Vergnügungen der Prager Bevölkerung, am *Palackýquai* (heute *Rašínovo
nábřeží*) in den Raddampfer zu steigen, nach Königsaal zu fahren, dort nach einem
Spaziergang einzukehren und auf gleichem Wege wieder in die Stadt zurückzukehren. Schon Rilke hat in seiner 1895 erschienenen Lyriksammlung *Larenopfer*
in dem Gedicht *Im Sommer* einen solchen Dampferausflug beschrieben, und Max
Brod hat 1907 in seiner *Dampferfahrt* – sie trägt die beziehungsreiche Widmung *An
Flaubert, Education sentimentale, I. Chap.* – dieses Sujet wieder aufgegriffen und
vor dem inneren Auge des Lesers die hohen Zinshäuser Smichows, die ihnen vor-

361 | Das Moldautal bei Zawist (1905).

gelagerte Flußbadeanstalt, die sich am gegenüberliegenden Ufer duckende Vorstadt Podskal (Podskalí) (→ Abb. 513), den sich daran anschließenden *Wischehrad* und die *Podoler Zementfabrik* (→ Abb. 519) vorbeiziehen lassen, bis mit der niederen Uferregion von Kuchelbad (Chuchle) mit seiner Pferderennbahn (→ Abb. 378) und den baumbewachsenen Bergen um Königsaal das Ziel der Reise erreicht ist:

> *Wohlan! Stromaufwärts fahren wir aus Prag*
> *Und lassen widrig unsre Mäntel flattern ....*
> *Am Ufer hohe Häuser, jetzt die platten*
> *Der Vorstadt, jetzt die Festung hell im Tag.*
> *Zementfabrik, Schwimmschulen, Ruderschlag,*
> *mitten im Strom Rollboote flink wie Nattern,*
> *ein Baggerschiff, die schwarzen Räder rattern,*
> *dann lichte Wiesen, Berge, ferner Hag.*
> *Wir stehn auf dem Verdeck, ringsum Gewühl.*
> *Man spricht von Wahlen, von Naturgefühl,*
> *vom Ziel der Reise: Manche schwanken noch;*
> *Verliebte möchten in den Wald gelangen;*
> *Ein kleiner Junge will Insekten fangen,*
> *bohrt langsam in die Schachtel Loch um Loch.*

Die Art der Darstellung, wie überhaupt die Lyrik des jungen Brod, sind nicht ohne Wirkung auf Franz Werfel geblieben, der diese von Flaubert entlehnte Art, Alltägliches zu poetisieren, weitergeführt und in dem Gedicht *Kindersonntagsausflug*, das Teil des 1911 veröffentlichten *Weltfreunds* ist (→ Abb. 372), um ein weiteres Beispiel bereichert hat.

Br I 102 f., SL 22 und Max Brod: *Dampferfahrt*, in: M. B.: *Der Weg des Verliebten. Gedichte*, Berlin, Stuttgart, Leipzig (1907), S. 59, vgl. O. Klauber: *Prag und Umgebung. Praktischer Reiseführer*, 16. A., Berlin 1913, S. 158 und *Mit Rilke durch das alte Prag. Ein historischer Spaziergang*, hrsg. von Hartmut Binder, (Frankfurt / M. 1994), S. 134 f.

362 | Der Bahnhof von Wran.

363 | Der am Ostufer der Moldau gelegene Bahnhof von Dawle.

364 | Das *Gasthaus zur Sasau (Hostinec na Sazavé)*. Am Türpfosten lehnend der Wirt A. Lederer.

Um ¼ 8 machen wir den ersten Schritt gegen Davle, wo wir um 10ʰ bei Lederer eine Paprika essen werden.

An Max Brod, vermutlich Sommer 1909.

365 | Der Biergarten des *Gasthauses zur Sasau.* Rechts, stehend, der Wirt mit seiner Frau.

366 | In Stechowitz.

367 | Die 1722 aufgestellte *Statue des heiligen Johannes von Nepomuk* und die Kaiser Ferdinand III. gewidmete Gedenksäule, der die Moldau 1643 schiffbar machen ließ, bei den *St. Johannes-Stromschnellen.*

368 | Auf den *St. Johannes-Stromschnellen* (1906).

369 | Die Anlegestelle der Dampfer in Stechowitz.
Um 7 Uhr fahren wir mit dem Dampfer nach Prag.

An Max Brod, vermutlich Sommer 1909.

370 | Die Moldau bei Dawle. Im Mittelgrund ganz links Teile des Bahnhofs. Bei dem hellen Gebäude zwischen Pappeln (mit Giebel und drei sichtbaren Fenstern) in der Bildmitte, von dem ein Weg zum Ufer hinunterführt, handelt es sich um das *Gasthaus zur Sasau.*

371 | Blick auf Königsaal; im Vordergrund der Bahnhof.

[…] dann lichte Wiesen, Berge, ferner Hag.

Max Brod: *Dampferfahrt,* in: *Der Weg des Verliebten. Gedichte,* Berlin, Stuttgart, Leipzig (1907), S. 59.

372 | Der Landungssteg für die seit 1881 verkehrenden Dampfschiffe der *Prager Moldau-Dampfschiffahrts-Gesellschaft* unterhalb des *Palackýquais* (→ Abb. 209, y), wo die Freunde ausstiegen, wenn sie von einem Ausflug zurückkamen, der sie flußaufwärts geführt hatte.

Vom Quai steigt eine Treppe zu Dampfschiff und
   Booten.
Oh, Kindersonntagsausflug! Wie abenteuerlich kam
   mir das alles vor.
Strahlender Fluß, Frühlingshimmel, Regattakähne,
   Eisenbahnbrücke, Gerüste und Piloten,
Blauer Rauch in der Luft. O dünnes Gewebe, o
   schwacher Flor!

Franz Werfel: *Kindersonntagsausflug,* in: F. W.: *Das lyrische Werk,* hrsg. von Adolf D. Klarmann, (Frankfurt / M.) 1967, S. 16.

373 | Mnichowitz.

In einem an Max Brod gerichteten, vermutlich im Sommer 1909 entstandenen Brief stellt sich Kafka vor, wie er seine Freunde trösten könnte: *mittag Erdbeeren mit verzuckertem sauerem Smetten, nachmittag in den Wald zwischen Mnichovic und Stranschitz zum Schlafen geschickt, abend 1 Liter Pschorr.* (→ Abb. 45 und 201)

Kafka kannte die Gegend von seiner Gymnasialzeit her, denn am 24. Juni 1898 fuhr man auf einem Klassenausflug in den zwischen Říčany und der Sázava gelegenen Doppelort Mnichowitz-Stranschitz, wo man Besitzungen des Piaristenordens besichtigte. Im Jahresbericht des *Altstädter Gymnasiums* für das Schuljahr 1897/98 heißt es: *In dem in nächster Nähe des Bahnhofes gelegenen Walde wurde die Gesellschaft von dem biederen alten Heger eine Strecke weit geleitet, über die Feinde des Waldbestandes aufgeklärt und mit den vorhandenen Schutzmaßregeln gegen den Borkenkäfer bekannt gemacht. Nach einer Jause wurde im Walde ein Spiel veranstaltet, bei dem Jugendlust und Frohsinn die Zügel ungezwungen schießen lassen durften.*

26. Jahresbericht über das Staats-Gymnasium mit deutscher Unterrichtssprache in Prag-Altstadt für das Schuljahr 1897/98, Prag 1898, S. 91 f.

Bei Senohrab

Als Alternative zum Besuch der Stromschnellen von Stechowitz bot sich eine Fahrt ins wildromantische Sázavatal an, das durch die nach Beneschau (Benešov) führende Eisenbahnlinie weitgehend erschlossen wurde. Gleich das letzte Talstück östlich von Dawle, bei Pikovice, wo sich der Fluß durch engstehende Bergformationen zwängt, galt den Zeitgenossen als sehenswert, die es auf Ansichtskarten unter die Leute brachten. Tatsächlich lassen sich Ausflüge Kafkas ins Tal der Sasau belegen, und zwar zu der Sommerfrische Senohrab (Senohraby), die sich den Prager Wasserfreunden wegen der dortigen Uferzone besonders für Badeaufenthalte empfahl. Max Brod berichtet: *Wir fuhren mit dem Dampfer zu den Moldau-Stromschnellen; oder mit der Bahn nach Senohrab, wo sich das liebliche Tal der rasch strömenden Sazawa erschloß.* Vermutlich benutzte man nicht die über Wran, Dawle und Čerčan (Čerčany) führende Bahnstrecke, sondern die kürzere Verbindung über Radesowitz (Radošovice) (→ Abb. 720 und 955), Stranschitz (Strančice) und Mnichowitz (Mnichovice), Orte, die ebenfalls zu den Ausflugszielen der Freunde gehörten und passiert wurden, wenn man nach Senohrab fuhr.

SL 23.

374 | Beim Bahnhof Senohrab.

375 | Senohrab, Partie an der Sázava.

Eines Tages beteiligte sich Franz Werfel an einem Sonntagsausflug der Freunde. Brod hatte ihn über Willy Haas kennengelernt – die Mutter von Willy Haas und Max Brod verkehrten miteinander – und mit Felix Weltsch und Kafka zusammengebracht.

Wir fuhren eines schönen Sommer-Sonntags an die reinen silbernen Strömungen der Sazawa, entkleideten uns mitten im Wald, in einem «Freibad», das wir jedesmal den zivilisierten Badeanstalten weit vorzogen, hörten als nackte Fluß- und Baumgötter die klingenden neuen Verse des «Weltfreundes» an, schwammen dann viele Stunden lang in den Fluten. In meiner Erinnerung nimmt dieser erhabene hellenische Sommertag überhaupt kein Ende. – Am nächsten Morgen stürmte Mama Werfel meine Wohnung. [...] Was mir denn eingefallen sei, rief sie. Ich sei doch der Ältere und müsse eigentlich Verstand haben! Ihr Junge sei puterrot vor Sonnenbrand heimgekehrt und liege jetzt an hohem Fieber darnieder! Er werde die Maturitätsprüfung nicht machen können ...

Das Tagebuch Brods belegt, daß die drei Freunde das auf den 16. und 17. Juli 1910 fallende Wochenende zu Ausflügen nach Senohrab genutzt hatten, wobei sich Werfel einen Sonnenbrand holte (auch hatte man sich im Wald verirrt). Doch kann sich die Fortsetzung nicht so abgespielt haben, wie Brod in seiner Autobiographie berichtet, lag doch zum fraglichen Zeitpunkt Werfels Abitur bereits ein Jahr zurück, so daß anzunehmen ist, dieser habe bereits 1909 mit Brod und seinen Freunden Badetouren an die Sázava unternommen, die den Unwillen der Mutter Werfels hervorgerufen hatten.

SL 23, vgl. C 59.

376 | Der junge Franz Werfel (1909).

Und der Junge ist schön geworden und liest mit einer Wildheit (gegen deren Einförmigkeit ich allerdings Einwände habe)! Er kann alles, was er je geschrieben hat, auswendig und scheint sich beim Vorlesen zerfetzen zu wollen, so setzt das Feuer diesen schweren Körper, diese große Brust die runden Wangen in Brand. (→ Abb. 388)

An Felice am 1./2. I. 1913.

Im Berauntal

Neben Ausflügen, die Kafka und seine Freunde moldauaufwärts oder an die Sázava führten, waren Fahrten ins Tal der Beraun (Berounka) mit seinen gepflegten Spazierwegen und Waldgebieten beliebt, das in wenigen Minuten mit der über Pilsen (Plzeň) nach Eger (Cheb) führenden *Böhmischen Westbahn* vom *Franz-Josefs-Bahnhof* aus erreicht werden konnte, also auf der Trasse einer Bahnstrecke, die der Reisende heute noch benutzt, wenn er über Furth im Wald oder Eger nach Prag fährt beziehungsweise Böhmen über diese Stationen wieder verläßt. Nachdem die Bahn auf der *Wischehrader Eisenbahnbrücke* (→ Abb. 516) die Moldau überquert und Smichow (Smíchov) tangiert hat, eine Zeitlang dem linken Moldauufer gefolgt ist und Kuchelbad (Chuchle) passiert hat, erreicht sie bei Radotin (Radotín) (→ Abb. 449) die Beraun, die nördlich von Königsaal (Zbraslav) in die Moldau mündet, und führt anschließend über Czernoschitz (Černošice), Wschenor (Všenor), Dobrichowitz (Dobřichovice) und Rewnitz (Řevnice) nach Karlstein (Karlštejn), das in einer Stunde erreicht wurde, und dann weiter durch einen wegen seiner Felsformationen landschaftlich besonders schönen Abschnitt des Tals nach Beraun (Beroun). Eine unveröffentlichte Karte, die Max Brod am 29. August 1909 an Felix Weltsch schrieb, belegt, daß man beabsichtigte, zwei Tage später, einem Sonntag, nach Beroun zu fahren. So ist anzunehmen, daß auch Kafka in Gesellschaft Brods und Weltschs gelegentlich ausflugshalber dieser Stadt einen Besuch abgestattet haben wird.

Die Karte Brods wurde dem Verfasser freundlicherweise von Roland Templin, Kleinmachnow, zugänglich gemacht.

377 | Das an der Moldau gelegene Gartenrestaurant in Kuchelbad. Der kleine Ort ist durch einen steilen Hang vor Winden geschützt und zeichnet sich deswegen durch eine reiche Vegetation aus.

Wir könnten statt unseres geplanten Nachtlebens von Montag zu Dienstag ein hübsches Morgenleben veranstalten, uns um 5 Uhr oder ½ 6 bei der Marienstatue treffen – bei den Weibern kann es uns dann nicht fehlen – und ins Trokadero oder nach Kuchelbad gehen oder ins Eldorado. Wir können dann, wie es uns passen wird im Garten an der Moldau Kaffee trinken oder auch an die Schulter der Josci gelehnt. Beides wäre zu loben. (→ Abb. 263 und 264)

An Max Brod am 29. III. 1908.

378 | Beim Start auf der Pferderennbahn in Kuchelbad (Mai 1911).

Nichts, wenn man es überlegt, kann dazu verlocken, in einem Wettrennen der erste sein zu wollen.

Im Vorfrühling und Frühjahr 1910 nahm Kafka Reitstunden. Nach Brods Zeugnis besuchte er damals auch gern die in Kuchelbad abgehaltenen Pferderennen, die vermutlich sein Prosastück *Zum Nachdenken für Herrenreiter* angeregt haben, das im März 1910 in der *Oster-Beilage* der *Bohemia* erstgedruckt wurde.

Zum Nachdenken für Herrenreiter, S. 30, vgl. Br I 118, FK 49 und T 17.

379 | Der Aviatiker Louis Gaubert am 3. Januar 1910 in Kuchelbad.

Mit der Fertigstellung und Veröffentlichung ihrer Feuilletons über die Flugwoche in Brescia – Brods Beitrag erschien in der Halbmonatsschrift *März* – war das Thema Fliegen für die Freunde keineswegs erledigt. Nachdem Louis Blériot in Wien vor Hunderttausenden seine Kunst gezeigt hatte, kaufte ein Konsortium seine Maschine und zeigte sie in großen Städten der Habsburgermonarchie. Auf diese Weise kam sie auch nach Prag, wo sie vom 21. bis zum 28. November 1909 im Hotel *Palace* (→ Abb. 869) ausgestellt wurde. Ein Zeitungsartikel im *Prager Tagblatt* erläuterte aus diesem Anlaß in allgemeinverständlicher Form die physikalischen Grundlagen des Fliegens sowie die Besonderheiten des Flugapparats, der anhand einer Zeichnung beschrieben wurde. Am 28. Dezember des Jahres fand dann auf dem Gelände der Pferderennbahn in Kuchelbad die erste Flugveranstaltung in Böhmen statt, als der Aeronaut Gaubert auf seinem Wright-Flieger einen Kilometer zurücklegte. Für Sonntag, den 3. April 1910, war ein Schauflug durch den Aviatiker Hieronymus angekündigt – er hatte bereits zwei Tage zuvor einen offiziellen Probeflug über zwei Kilometer absolviert –, der jedoch wegen starken Windes ausfiel, obwohl Tausende gekommen waren, die Eintritt bezahlt hatten. Am 4. April unternahm er vor wenigen Freunden einen weiteren Versuch, bei dem er schwer verunglückte: Er prallte an die Zielscheibe gegenüber der Richtertribüne, wobei ein Flügel beschädigt wurde, so daß er abstürzte. Max Brod verarbeitete diese Vorgänge in seinem 1912 erschienenen Roman *Arnold Beer*. Hier veranstalten der Titelheld und ein reicher Freund einen Schauflug in Kuchelbad, der allerdings unter einem ungünstigen Stern steht.

Kafka war ebenfalls weiter mit dem Thema befaßt, zumindest spielerisch. Im Dezember 1910 schenkte er seiner Schwester Ottla einen flugtauglichen Papierschmetterling (→ Abb. 331 und 332), und im September 1913 ließ er sich während eines Besuchs im Wiener *Prater* zusammen mit Albert Ehrenstein, Otto Pick und Lise Weltsch in einer Flugzeugattrappe photographieren (→ Abb. 726). In den gleichen Zusammenhang gehört, daß er in einer im Februar 1918 entstandenen Betrachtung über den Wert der Erfindungen, die er

den Menschen ‹vorauseilen› sah, das Gemeinte am Beispiel des Dampfers und des Flugzeugs veranschaulicht und daß er in seinen Erzählungen von Lufthunden und einem durch die Luft fliegenden Kübelreiter berichtet.

Vgl. DZB 82, Nr. 355 (25. XII. 1909), S. 62, *Der erste Aeroplanflug in Böhmen*, in: DZB 82, Nr. 358 (29. XII. 1909), S. 7, *Schwerer Sturz des Aviatikers Hieronymus*, in: DZB 83, Nr. 93 (5. IV. 1910), S. 3 f., PT 35, Nr. 93 (5. IV. 1910), S. 3 f. und NS I 96.

380 | Czernoschitz (Černošice).

Am 11. Juni 1911, einem Sonntag, machten Kafka, die Brüder Brod, Felix Weltsch und Ludwig Hopf, ein Mitarbeiter Albert Einsteins, einen Ausflug nach Wschenor (Všenor) und Czernoschitz, in dessen Flußbadeanstalt Kafka in diesem besonders heißen Sommer 1911 öfter zu Gast war (→ Abb. 360). Auch später, mit Julie Wohryzek, pflegte er hier zu baden. Ganz rechts im Bild sind am jenseitigen Ufer der Beraun Badehäuschen und von dort ins Wasser führende Stege zu erkennen.

Vgl. C 67, T 37, Jürgen Born u. a.: *Kafka-Symposion*, Berlin (1965), S. 48, *Die Hitze*, in: PT 36, Nr. 205 (27. VII. 1911), S. 2 und Nr. 209 (31. VII. 1911), S. 5.

381 | Wschenor (Všenor), das wegen der schönen Berg- und Waldpartien in der Umgebung geschätzt wurde (um 1910).

382 | Bei Dobřichowitz.

An demselben Abend gingen wir langsam auf der Landstraße. Wir sahen den Wald und freuten uns, daß er so nah und unendlich groß war, den wir morgen früh besuchen wollten.

Max Brod: *Zirkus auf dem Lande,* in: *Die Schaubühne* 5, Nr. 26/27 (1. VII. 1909), S. 33.

383 | Der Turm der Hotel-Pension *Stejskal* in Dobřichowitz.
Im Hintergrund rechts das Berauntal.

Wie Brods Tagebücher dokumentieren und sich aus seinem autobiographisch fundierten Feuilleton *Zirkus auf
dem Lande* erschließen läßt, verbrachten dieser und seine
Freunde Weltsch und Kafka hier die Pfingstfeiertage des
Jahres 1909 (30. und 31. Mai): *Wir benützten die Feiertage,
zwei Freunde und ich, um einen Ausflug aufs Land zu unternehmen. Wir kamen nach Dobrschichovic an der Beraun.
Dort ist alles wohlriechend. Die Betten im Hotel dufteten,
die Polster in diesem weiten Zimmer, die Speisen, das Wasch-
wasser. Ans Fenster gelehnt, bewunderten wir die Stille, die
aus einer weitoffenen Gegend vom andern Ufer der Beraun
her zu uns drang, und wir sagten: «Die Stille einer weiten
Gegend ist stiller und eindringlicher, weil sie aus größerm
Raum gesammelt ist, als die in Gassen.»*

Am 15. Juni 1911, einem Donnerstag, fuhr Kafka wieder
nach Dobřichowitz, wo Brod ihn erwartete, der schon am
Vortag mit seiner Freundin Elsa Taussig angereist war und
im Turmzimmer der Pension Quartier genommen hatte.
Während dieses Aufenthalts – Elsa war am Abend des
14. nach Prag zurückgefahren – schrieb Brod die Novelle
Eine Tschechin, die erkennen läßt, daß er als Kind einmal
Sommerferien in Dobřichowitz verbracht hatte. Der Text
wurde am 27. Juni 1911 im *Berliner Tageblatt* erstgedruckt
und erschien im gleichen Jahr in der *Weihnachtsbeilage*
des *Prager Tagblatts* unter dem Titel *Eine Pragerin* ein
weiteres Mal, und zwar, um die deutschen Leser des Blatts
nicht zu verärgern, gekürzt um einige den tschechischen
Kulturkreis betreffende Aussagen. Während Brod, am
Tisch in seinem Zimmer sitzend, diese Erzählung nieder-
schrieb, lag Kafka, wie er später an Felice schrieb, mit geschlossenen Augen daneben auf einem Kanapee und *hörte
gelangweilt dem Regen zu, der auf dem Holzdach und der
Holzterrasse besondern Lärm machte und brannte darauf,
daß Max endlich mit der Geschichte fertig werde.* Am Nachmittag dieses Tages unternahm man auf *Kurwegen,* wie
Brod in seinem Tagebuch schreibt, einen Spaziergang ins
benachbarte Revnitz (Řevnice), in dessen Verlauf er seinem Freund *immerfort* zuredete, seine Depressionen auf-
zugeben. (→ Abb. 836)

Max Brod: *Zirkus auf dem Lande,* in: *Die Schaubühne* 5, Nr. 26/27 (1. VII. 1909),
S. 33 und Br II 69, vgl. Br I 491, Br II 405 und Br E 39.

384 | Blick auf Dobřichovice.

Eine große Brücke aus eisernen Gittern war über dem Fluß befestigt. Während wir hinübergingen, hörten wir ein eigentümliches Singen. Da es Fröschequaken nicht war, meinten wir, es könne wohl von Unken herrühren. Mein Freund hob ein Steinchen und warf es über das Brückengitter. Ich hörte nicht, wie es planschend ins Wasser fiel; aber mein Freund glaubte es zu hören und freute sich. Er suchte ein zweites Steinchen, fand es aber nicht.

Max Brod: *Zirkus auf dem Lande,* in: *Die Schaubühne* 5, Nr. 26/27 (1. VII. 1909), S. 33.

385 | Karlstein (Karlštejn), rechts im Hintergrund die gleichnamige Burg, die wie Rewnitz an der nach Westen führenden Bahnstrecke liegt und ebenfalls ein Ausflugsziel darstellte: Aus einem an Ottla gerichteten Schreiben Kafkas vom 28. Mai 1916 läßt sich erschließen, daß ihm die Umgebung des Ortes aufgrund von gemeinsamen Unternehmungen vertraut war. Karlstein war schon am 24. Mai 1897 Ziel eines Schulausflugs gewesen, auf dem man nach der Besichtigung der berühmten Burg das umliegende Waldgebiet aufgesucht hatte, wo man am Nachmittag Spiele durchführte. Da allerdings nicht alle Schüler der Klasse an dieser Unternehmung teilnahmen, ist ungewiß, ob Kafka sich daran beteiligt hatte.

Vgl. SL 23 und *25. Jahresbericht über das Staats-Gymnasium mit deutscher Unterrichtssprache in Prag-Altstadt für das Schuljahr 1896/97*, Prag 1897, S. 85.

Kapitel VII

Im Café Arco

Bildende Künstler entdeckten als erste das an der Ecke *Hibernergasse (Hybern-ská)/Pflastergasse (Dlaždená)* gelegene *Café Arco* (→ Abb. 209, 30), das im September 1907 eröffnet worden war: Tschechische Maler wurden von der Menge und Qualität der hier ausliegenden Zeitschriften angezogen, und mit ihnen kamen ihre deutschen Kollegen, mit denen sie an der utraquistisch geführten *Kunstakademie* studiert hatten oder noch studierten: Friedrich Feigl, Willy Nowak, Max Horb und Georg Kars, die sich im Frühjahr 1907 mit ihren tschechischen Kollegen Otokar Kubín (1883–1969), Bohumil Kubišta, Emil Filla und Antonín Procházka zu der Gruppe der *Acht* zusammengeschlossen hatten. Im Jahr 1908 machten Franz Werfel und seine literarisch ambitionierten Klassenkameraden in der Septima und Oktava des *Stephans-Gymnasiums* – vor allem also Willy Haas, Paul Kornfeld und Ernst Popper – das Lokal zu ihrer Stammkneipe. Bald schloß sich ihnen Ernst Deutsch an, der wie Werfel 1909 Abitur machte, jedoch am *Altstädter Gymnasium*, und danach mit diesem zusammen eine Reise unternahm (→ Abb. 100). Danach erweiterte sich die Clique um die aus Podiebrad stammenden Brüder Hans und Franz Janowitz sowie um den Bankbeamten Ernst Polak; später kamen Max Brod, Oskar Baum, Kafka, Otto Pick, Rudolf Fuchs und das literarische Wunderkind Johannes Gerke dazu.

Der Oberkellner des Lokals, Josef Pošta mit Namen, wußte die jungen Gäste mit Geschick an sein Haus zu binden, nicht zuletzt dadurch, daß er die seit 1910 erscheinenden expressionistischen Zeitschriften abonnierte, in denen seine Schützlinge zu ersten literarischen Ehren gelangten. Das Ansehen des Lokals wuchs noch, als Werfel, der hier seine Gedichte zu rezitieren pflegte, mit dem Erscheinen des *Weltfreunds* Ende 1911 auf einen Schlag berühmt wurde und auswärtige Schriftsteller und Künstler wie Karl Kraus, Else Lasker-Schüler, Alfred Kubin, Alfred Ehrenstein, Theodor Däubler, Ernst Weiß, Otto Groß, Berthold Viertel und Anton Kuh im *Arco* Station machten. Tschechische Autoren fanden sich ebenfalls ein: Kafka lernte hier spätestens im Jahr 1913 František Khol und František Langer kennen.

Durch den Weggang von Werfel (1912), Haas (1913), Kornfeld (1914) und anderen Weggenossen sowie durch den Ausbruch des Ersten Weltkriegs, der Haas, Franz Janowitz, Pick, Fuchs, Gerke und Werfel zu den Waffen rief, büßte das *Arco* an Bedeutung ein, zumal Brod, Baum und Kafka ihre gesellschaftlichen und literarischen Aktivitäten zunehmend in ihre eigenen Wohnungen verlegten oder während der zweiten Kriegshälfte im Salon Fanta tagten (→ Abb. 1013). Jetzt bildeten Literaturadepten, die für den Dienst mit der Waffe ungeeignet waren oder sich mit Erfolg vom Wehrdienst gedrückt hatten, den Stammtisch: Karl Brand, Ernst Feigl, Walter Fürth, Otto Rosenfeld und Johannes Urzidil, der zwar eingezogen wurde, aber zum Teil in Prag Dienst tat, sowie Ernst Polak, der bis zu seinem Abgang nach Wien im März 1918 den Mittelpunkt des Zirkels bildete. Dazu kamen tschechische Intellektuelle wie der Germanist Otokar Fischer oder die Schriftsteller Antonín Macek, Alfred Fuchs und höchstwahrscheinlich auch Fráňa Šrámek, der ein Freund Langers und Picks war und schon im Oktober 1909 mit Brod verkehrte. Am 9. Juni 1916 schrieb

Pick an Karel Čapek, Šrámek stehe ihm sehr nahe. Auch Willy Haas und Ernst Polak waren, wie aus den Briefen hervorgeht, die sie damals wechselten, spätestens im Jahr 1916 persönlich mit Šrámek bekannt. Unter solcher Voraussetzung erklärt sich am besten, warum sich unter Kafkas Büchern Šrámeks 1916 erschienener Lyrikband *Splav* (Wehr) befand.

Alfred Fuchs gibt in seinem autobiographischen Roman *Oltář a rotačka* (Altar und Rotationsmaschine) in folgender Weise Einblick in die Geisteshaltung der Literatengruppe, die sich während des Ersten Weltkriegs im *Arco* zu treffen pflegte: *man unterhielt sich über zwei Themen: Einerseits über abstrakte Probleme, andererseits über die Praktiken, die es erlaubten, sich vom Kriegsdienst zu drücken. Alle Teilnehmer des geselligen Zirkels erlebten eigentlich den gleichen Prozeß: Sie waren gestört in ihren rein papierenen Vorstellungen, in denen sie bisher gelebt hatten, waren konfrontiert mit dem wirklichen Leben, das während des Krieges in der blutigen Form des Soldatendaseins Gestalt gewann, und reagierten auf diesen Gegensatz mit Zynismus und Paradoxa.* Tatsächlich gab sich der *Arco*-Zirkel während der Kriegsjahre pazifistisch und betrieb nachdrücklich die Verständigung mit dem tschechischen Nachbarn, unter anderem durch die Übersetzung tschechischer Autoren ins Deutsche, an der sich, freilich in unterschiedlichem Maße, fast alle in der Stadt beheimateten deutschen Autoren beteiligten (→ Abb. 905). Als die aus dem Militärdienst entlassenen Kriegsteilnehmer Ende 1918 nach Prag zurückkehrten, blühte die Tafelrunde noch einmal für kurze Zeit am alten Ort auf, zerfiel dann aber schnell; schon im Jahr 1920 trat das Ecke *Graben/Am Brückel* gelegene *Café Edison* (→ Abb. 1130) die Nachfolge des *Arco* an.

In der Zeit des Sozialismus existierte das *Café Arco* zunächst als Etablissement der untersten Kategorie weiter. Dann wurde es geschlossen und erstand nach der Samtenen Revolution als Lokal mit rustikaler Ausstattung neu, dem freilich weder Erfolg noch langes Leben beschieden war. Augenblicklich dienen die ehemaligen Kaffeehausräumlichkeiten Geschäftszwecken, während auf der gegenüberliegenden Ecke *Hybernská (Hibernergasse)/Dlážděná (Pflastergasse)* unter der Hausnummer *Hybernská* Nr. 16 ein Lokal mit dem Namen *Café Arco* entstanden ist, das Unwissende bewußt darüber im unklaren läßt, daß sie sich, wenn sie hier einkehren, durchaus am historisch falschen Ort befinden.

Alfred Fuchs: *Oltář a rotačka*, Praha (1930), S. 121, vgl. *Ernst Deutsch*, in: *Das bin ich*, hrsg. von Hannes Reinhardt, München (1970), S. 18–23, Hartmut Binder: *Wo Kafka und seine Freunde zu Gast waren*, (Prag, Furth im Wald 2000), S. 228–232, ders.: *Ernst Polak – Literat ohne Werk. Zu den Kaffeehauszirkeln in Prag und Wien*, in: *Jahrbuch der Deutschen Schillergesellschaft* 23 (1979), S. 373–381, Brod: Tagebuch, 11. X. 1909, Niels Bokhove: *Kafka's boekenkast 1*, in: KK 12, Nr. 1 (2004), S. 16 und Jan Gerke an Johannes Urzidil am 2. IV. 1964.

386 | Blick ins *Café Arco* (1907).

Hierher kam auch öfter Max Brod, und mit
ihm einmal ein neuer, stiller, sehr schmaler und
dunkler Jüngling, eine Erscheinung wie ein spa-
nisch-arabischer dichtender Prinz des Mittelalters
aus Cordoba oder Toledo, olivenbraun, mit ganz
schwarzen Augen und einer merkwürdig mäd-
chenhaften, sanften Stimme, die am schönsten war,
wenn sie schwärmte: Franz Kafka.

Willy Haas: *Prag und die Prager. Dreimal die Stimme des Todes,*
in: *Prager Mittag* 1, Nr. 7 (7. VIII. 1933), S. 3.

387 | Das Lesezimmer im *Café Arco*.

Es war ein sozusagen hochgebildetes Kaffeehaus, es führte eine kleine Bibliothek von Subskriptionsdrucken, Kuriosa seltsamer und etwas anrüchiger Art, beispielsweise einen kompletten *Aretino*, illustriert, ferner Franz Bleis ‹*Amethyst*›, ‹*Opale*› und andere Edelsteine, nebst dem ‹*Lesebuch der Marquise*›, all das übrigens unter dem Deckmantel kulturhistorischer und sonstiger nützlicher Bestrebungen für die bildungshungrigen Herren Studenten; weshalb auch ein großes Konversationslexikon in diesem Unikum eines Erfrischungsbetriebes nicht fehlte. Die erwähnten Kuriosa waren aber die Hauptattraktionen. Der Ober zwinkerte und erhielt seine Sondertaxe: ‹*Da hätte ich wieder was Neues, gnä Herr – äckelhaft schön*›. Man verstand einander. Im ganzen war es eine skurrile, leichtsinnig-neugierige, jugendlich-lüsterne, dabei doch auch freie und weltoffene Atmosphäre, elend gefangen im rauchigen, stickigen, mokkadurchwehten Raum von vier, fünf Zimmern.

Das Lesezimmer des *Arco* zeigte sich den jungen Prager Intellektuellen in schicksalhafter Weise mit dem Künstler Max Horb verbunden (1882–1907), der im Herbst 1898 vom Prager *Graben-Gymnasium* in Brods Klasse am *Stephans-Gymnasium* übergewechselt und dessen Freund geworden war. Beide hatten im Herbst 1902 ein Jurastudium begonnen, doch war Horb ein Jahr später an die Prager *Kunstakademie* übergewechselt und beteiligte sich im Frühjahr 1907 an der

Ausstellung der *Acht*. Als er im Lauf des Jahres erkrankte und von den Ärzten unzureichende Aufklärung erhielt, versuchte er, sich selbst zu helfen. Max Brod erzählt, wie er nach einem Arztbesuch im *Arco* erschien: «*Diesmal habe ich den alten Jongleur übertölpelt*», begann er. «*Die Tür zum Ordinationszimmer war angelehnt. Ich wartete. Ich höre, wie er einem Kollegen telephoniert, dem Flausenmacher Nummer zwei. Ich war schon angemeldet. Tausend gegen eins, denke ich, daß er von meiner Krankheit spricht. Die Addisonsche Krankheit nennt er sie. – Wartet mal, ihr Knaben, ich will gleich nachsehen.*

Einige Minuten später kam er totenbleich aus dem Nebengelaß, dem Bibliothekzimmer des vertrackten alten Cafés. Er hielt sich überdies ausgezeichnet. Nichts sagte er als den einen Satz: «Es ist wirklich eine höchst seltene Krankheit, über die man wenig weiß.»

Dann sprach er nichts mehr. Wir gingen bald heim, kalt wie einen Frosch spürten wir's jeder im Magen. Noch am gleichen Tag mag dann mancher von uns – wir hatten alle Max Horb sehr gerne –, jeder extra in dem verfluchten Lexikon nachgeschaut haben. Die Addisonsche Krankheit, so eröffnete das Buch, sei noch kaum erforscht, komme nur sporadisch vor, es handle sich um eine Tuberkulose der Nebennieren. Unheilbar. Der Tod trete, da keine Arznei gegen diese Anomalie bekannt sei, unaufhaltsam und ausnahmslos in wenigen Wochen ein.

Bei Horbs Begräbnis am 12. Dezember 1907 sprach Max Brod in der *Trauerhalle* des *Neuen jüdischen Friedhofs* den Nachruf.

Max Brod: *Jugend im Nebel,* (Witten und Berlin) 1959, S. 77, vgl. PT 32, Nr. 342 (11. XII. 1907), S. 4.

388 | Franz Werfel am Vorlesetisch (Karikatur von Gustav Croy, 1914).

Über die Art seines Vortrags berichtet eine tschechische Rezensentin im April 1914 wie folgt: *[...] seine Stimme ist jung und wohlklingend, seine Sprechweise sehr schön. Und wenn er sein un[ge]zügeltes, draufgängerisches Temperament mit den Jahren, künstlerisch moderieren, dämpfen wird, kann er tatsächlich als Rezitator etwas bedeuten. Denn er spricht sorgfältig aus, er banalisiert nicht die Sprache, als Künstler und Dichter wird er sich auch hüten die Ausdrucksmittel seiner Muse zu profanieren. [...] Seine Stimme hat metallischen Klang, sie jauchzt und jubelt, schluchzt und weint, klagt und lacht, sie lispelt und donnert.*

Als Kafka Ende August 1912 Werfel im *Arco* Gedichte vortragen hörte, vermerkte er in seinem Tagebuch: *Ein Ungeheuer! Aber ich sah ihm in die Augen und hielt seinen Blick den ganzen Abend.* (→ Abb. 376)

Tea Červenková: *Franz Werfel am Vorlesetisch*, in: *Union. Hauptblatt* 53, Nr. 93 (5. IV. 1914), S. 7 und T 433.

389 | Eine *K. u. k. Tabak-Trafik* in Prag.

Nur versteckt wagen heute die meisten Tabaktrafiken die deutschen Zeitungen zu führen und zu verkaufen; es mehren sich die Fälle, in denen harmlose Passanten, nur weil sie laut deutsch gesprochen haben, belästigt werden.

Eines der auf der Abbildung sichtbaren Schilder links des Eingangs zeigt, daß in diesem Geschäft für Tabakwaren, Zeitungen, Magazine, Schreibwaren, Fahrscheine und Briefmarken, dessen Name sich von dem italienischen Wort ‹traffico› (‹Handel›) herleitet, das *Prager Tagblatt* zu haben war, und in der Halterung rechts ist neben tschechischen Blättern auch ein Exemplar dieser Zeitung sowie der ebenfalls auf deutsch erscheinenden *Bohemia* zu sehen.

Ganz links im Bild ein achteckiges, längliches, dunkles Blechschild, wie es am Ende der Habsburgermonarchie als Emblem solcher staatlicher Verkaufsstellen im Gebrauch war.

Otokar Weber: *Prag*, in: *Deutsche Arbeit* 8, Nr. 5 (Februar 1909), S. 326.

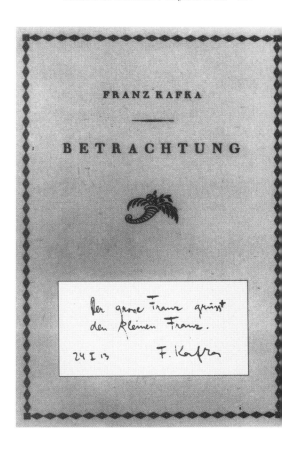

390 | Farbig bemaltes Blechschild zur Kennzeichnung von Tabak-Trafiken. Wie Werfels Roman *Barbara oder die Frömmigkeit* zu entnehmen ist, waren solche Geschäftsschilder in Prag auch noch nach dem Ende des Ersten Weltkriegs zu sehen. Max Brod schreibt in seiner Autobiographie, er habe sich als Kind vor der hier abgebildeten Darstellung gefürchtet, sie aber zugleich heimlich geliebt. Werfels Gedicht *Nächtliche Kahnfahrt*, das seiner 1911 gedruckten Sammlung *Der Weltfreund* entstammt, ist durch ein solches Blechschild angeregt worden und hat folgenden Wortlaut:

Tschibuktürke überm Ladenschild,
Was verbeugt sich dein verstorbnes Bild?
Mit dem Nacht- und Wassergang im Bund
Grüßt dein pfiffig zugespitzter Mund.
Während Boot und Welle steigt und taucht,
Zum gemalten Blaun dein Pfeiflein schmaucht.
Und es spricht, der längst zerspalten ward:
Nimm mich mit auf deine Ruderfahrt!
Ach, wie Wasser drängend sich nicht läßt,
Halt ich dich mit leichten Farben fest.
Kind, vernimm zu nächtlichem Geleit:
Ewig sind wir. – Wahn ist alle Zeit!
Dieser Turban, der dich einst gerührt,
Wird von dir unendlich fortgeführt.

Dich und ihn gibst du im Wechsel preis,
Bis ihr wieder euch berührt im Kreis.
Den zur Kinderstund dein Auge sah,
Trauter Bruder, schmauchend sitzt er da.
Tschibuktürke überm Ladenschild,
Was verbeugt sich dein verstorbnes Bild?

Das türkische Wort ‹tschibuk› meint eine Tabakspfeife mit langem Rohr. Werfel las das Gedicht am 29. Mai 1911 in Brods Wohnung vor, der, wie er in seinem Tagebuch schreibt, hier seine Arbeit als Lyriker *in einem ebenso begabten feurigen Geist fortblühn* sah.

Franz Werfel: *Das lyrische Werk,* hrsg. von Adolf D. Klarmann, (Frankfurt / M.) 1967, S. 44, vgl. ders.: *Barbara oder die Frömmigkeit,* Berlin, Wien, Leipzig 1929, S. 760 f. und SL 23 f.

391 | Franz Kafka: *Betrachtung,* mit eigenhändiger Dedikation des Autors für Franz Werfel.

Die Formulierung greift auf witzig-hintergründige Weise die Bewunderung des an Selbstzweifeln leidenden Werfel für den sieben Jahre älteren Kafka auf, der ihn beneidete, aber auch liebte, und verkehrt sie zugleich durch die Übertragung auf den körperlichen Bereich ins Gegenteil, denn Kafka war etwa zwanzig Zentimeter größer als sein so ungemein erfolgreicher Landsmann. Höchstwahrscheinlich hat Kafka das Widmungsexemplar nach Leipzig geschickt, wo Werfel damals lebte. Die beiden waren zwar um den Jahreswechsel 1912/13 in Prag zusammengetroffen, doch hatte Kafka zu diesem Zeitpunkt noch keine Widmungsexemplare zur Verfügung. (→ Abb. 376)

Vgl. T 299, Br II 48 und 372.

392 | Die *Hibernergasse (Hybernská)* in Prag, im Hintergrund der *Pulverturm*. In dem Haus ganz rechts, Nr. 7 (II-1033) wohnte die Familie Haas.

Einmal hatte sich Brod bei mir im Hause angesagt, um ein paar Fragmente seines Freundes vorzulesen, die in einer neuen, höchst luxuriösen und snobistischen Zeitschrift «Hyperion» erscheinen sollten.

Nur noch Werfel sollte, außer mir, zugegen sein. [...]

Max Brod las eine Skizze von Kafka, noch eine, und noch eine dritte. Werfel und ich schauten einander verwundert an. Dann sagte Werfel, ziemlich aufgebracht: «Das geht niemals über Bodenbach hinaus!» – Bodenbach war damals die Grenzstation zwischen Böhmen und Reichsdeutschland.

Willy Haas: *Die literarische Welt*, München (1957), S. 30.

393 | Werfels Klassenkamerad und Adlatus Willy Haas (1891–1973).

Wie ich heute vor Haas, weil er Maxens und meinen Reisebericht lobte, geziert gesprochen habe, um mich des Lobes, das auf den Bericht nicht zutrifft, wenigstens dadurch würdig zu machen oder um die erschwindelte oder erlogene Wirkung des Reiseberichtes im Schwindel fortzusetzen oder in der liebenswürdigen Lüge des Haas, die ich ihm zu erleichtern suchte.

Haas hatte sich voll Lob über die von

Brod und Kafka gemeinsam verfaßte *Erste lange Eisenbahnfahrt* (→ Abb. 483) gezeigt, die im dritten Heft der von ihm, Norbert Eisler und Otto Pick herausgegebenen *Herder-Blätter* erscheinen sollte und von Kafka Felice gegenüber später als ganz unerträgliche Arbeit bezeichnet wurde.

Nachdem Haas 1909 am *Stephans-Gymnasium* Abitur gemacht hatte, begann er an der Prager deutschen Universität ein Jurastudium und engagierte sich in der *Abteilung für Literatur und Kunst* in der *Lese- und Redehalle*. Haas war Bibliophile, der, gestützt auf die Bibliothek seines Vaters, im Frühjahr 1910 im *Klub deutscher Künstlerinnen* eine Buchkunstausstellung veranstaltete und durch einen Vortrag erläuterte. Auch Kafka wußte die Bibliothek des Hauses Haas zu schätzen und lieh sich dort gelegentlich Bücher aus. Im Januar 1912 veranstaltete Haas eine *Akademie* der von ihm geleiteten *Johann Gottfried Herder-Vereinigung*, an der auch Kafka teilnahm, am 4. Dezember dieses Jahres fand im Namen dieser Institution ein *Prager Dichterabend* statt, auf dem Kafka das *Urteil* zu Gehör brachte (→ Abb. 778 und 928). Im Jahr 1919 – während des Krieges hatte Haas als Offizier gedient – verliebte sich Haas in Jarmila Ambrožová, eine Freundin Milena Jesenskás, die mit dem Journalisten Josef Reiner verheiratet war. Als Reiner im Februar 1920 wegen seines

Rivalen Selbstmord beging, kam es zu einem gesellschaftlichen Skandal, der nicht ohne Folgen für die gleichzeitig bestehende Liebesbeziehung zwischen Kafka und Milena blieb (→ Abb. 1060). Haas mußte sein Studium abbrechen und übersiedelte nach Berlin, wo er Jarmila im darauffolgenden Jahr heiratete. Er arbeitete zunächst beim *Filmkurier* und gab zwischen 1925 und 1933 die Zeitschrift *Die literarische Welt* heraus, die hohes Ansehen genoß und ihn bekannt machte. Nach der Machtergreifung Hitlers fand er zunächst in seiner Heimatstadt Schutz, mußte aber 1939 nach Indien fliehen. Er kehrte im April 1948 nach Deutschland zurück, wo er in Hamburg bei der Tageszeitung *Die Welt* eine zweite journalistische Karriere begann. 1952 gab er Kafkas *Briefe an Milena* heraus, allerdings in verstümmelter Gestalt.

Tagebuch, 6. IV. 1912, vgl. Br III 37, PT 35, Nr. 94 (6. IV. 1910), S. 10, Nr. 121 (3. V. 1910), S. 4, T 379, Br I 162, 266 und 299.

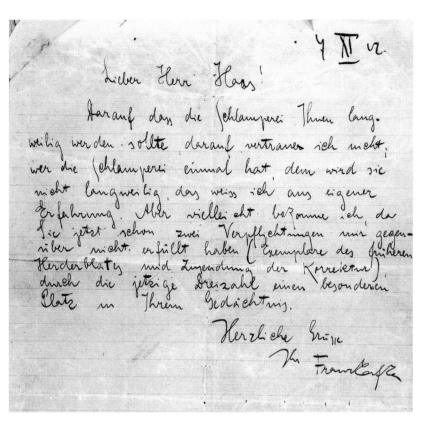

394 | An Willy Haas gerichtetes Schreiben Kafkas, datiert auf den 7. November 1912.

Im Juni 1912 war in den *Herder-Blättern* das erste Kapitel des von Brod und Kafka gemeinsam geschriebenen Romans *Richard und Samuel* erschienen (→ Abb. 483), im Oktober folgte Kafkas *Großer Lärm* (→ Abb. 251). Aber Haas hatte vergessen, Kafka ein Belegexemplar des verspätet ausgelieferten Mai-Heftes zu überlassen, auch unterlassen, ihm Fahnenkorrekturen zum *Großen Lärm* zu schikken, so daß dem derart Vernachlässigten eine nicht ohne Ironie formulierte briefliche Intervention angebracht schien.

Vgl. Hartmut Binder: *Unvergebene Schlamperei. Ein unbekannter Brief Franz Kafkas*, in: *Jahrbuch der Deutschen Schillergesellschaft* 25 (1981), S. 133–138.

395 | Karl Weißenstein.

Weißenstein wurde 1890 im südböhmischen Bystrau (Bystré) bei Politschka (Polička) als Sohn eines jüdischen Gastwirts geboren und arbeitete zunächst als Goldschmiedgeselle. Ende 1911 tauchte er zufällig im Literaturkreis des *Café Arco* auf. Er fand in Willy Haas einen Gönner, der ihn mit deutscher Literatur versorgte und dadurch die Voraussetzung für eine literarische Betätigung seines Schützlings schuf, der zunächst bei Otto Pick übernachtete – Pick hatte damals als einziger eine eigene Wohnung – und später bei den Eltern seiner Kaffeehausbekanntschaften auftauchte, die ihn verköstigten und beherbergten. Weißenstein blieb mit Unterbrechungen bis zum Sommer 1913 in Prag, danach übersiedelte nach Dresden, wo Haas ihm einen Arbeitsplatz verschafft hatte. Anfang 1914 trieb ihn das Heimweh zu seinen Gönnern nach Leipzig, wo er Haas und Werfel als eine Art Faktotum diente. Während des Krieges war Weißenstein Soldat, erkrankte aber im April 1918 an einem

Lungenspitzenkatarrh. Im Juli 1922 wurde er verhaltensauffällig, deswegen festgenommen und in die *Landesirrenanstalt* eingeliefert, wo sich seine Spur verliert.

Unter dem Einfluß des *Arco*-Stammtischs begann Weißenstein, Gedichte und Erzählungen zu schreiben, lebt aber vor allem in zwei Werken fort, die sich seiner Anwesenheit im Prager Literatenkreis verdanken: Im Juni 1942 veröffentlichte Franz Werfel, allerdings zunächst in englischer Übersetzung, seinen Essay *Weissenstein, der Weltverbesserer*, in dem er seinem ehemaligen Kaffeehaus-Kumpan ein freilich mit den Fakten recht frei verfahrendes Denkmal setzte. Johannes Urzidil hat den Goldschmiedgehilfen, den er möglicherweise allein von den verklärenden Erzählungen Prager Schriftsteller-Kollegen kannte, zur Hauptfigur seiner Erzählung *Weißenstein Karl* gemacht, die den Schrein seines 1960 veröffentlichten *Prager Triptychons* bildet. Weißenstein erscheint hier als Prototyp des in der böhmischen Metropole progressiv wirkenden Schriftstellers, dem Urzidil zuschrieb, was immer ihm an aussagekräftigen Details von der Prager Literaturszene in Erinnerung geblieben war.

Hartmut Binder: *Weißenstein, der Weltverbesserer. Vom literarischen Nachleben eines böhmischen Goldschmiedgehilfen*, in: *brücken* N. F. 3 (1995), S. 101–165.

396 | Der Dramatiker Paul Kornfeld (1889–1942).

Ein auf den 27. Oktober 1913 datiertes Protokoll, das sich unter Kornfelds Polizeiakten im *Národní Archiv* in Prag erhalten hat, erlaubt einen Einblick in die nächtliche Freizeitgestaltung Kornfelds und seiner Freunde:

Am 27. Oktober um ¼ 3ʰ nachts trieb der 23 J. alte, mosaisch, in Prag I. Kastulusgasse № 6 bei seinen Eltern wohnh. deutsche Philosophiehörer Paul Kornfeld am Graben verschiedene Ulke, indem er aus seinem Überzieher auszog und den Hut ablegte, die Effekten aufs Trottoir legte und darinn herumspring und tanzte.

Über das Benehmen des Kornfeld mußte der gerade vorübergehende 21 J. alte kath., nach Teschen in Schlesien zust., in Prag I. Annaplatz № 3 bei Svátek wohnh. Deutsche Rechtshörer Alfred Rzihák lachen, wobei er stehen blieb und dem weiteren Treiben des Kornfeld zusah.

Plötzlich ergriff ihn der 24 J. alte, mosaisch, led., nach Prag zust., in Prag II. Mariengasse Nº 41 bei seinen Eltern wohnh. Deutsche Schriftsteller Franz Werfel an der Brust, stieß mit Rzihák hin- und her, schlug ihm den Hut vom Kopfe, wobei er den angefallenen Rzihák fortgesetzt schüttelte, sodaß letzterer gezwungen war nach Wache zu rufen.

Kornfeld und Werfel wurden vom k. k. Sich. Wachmann Karl Novák auf die hiesige Wachstube vorgeführt und nach Sicherstellung entlassen.

Als Zeuge für Rzihák meldete sich der in Prag II. Gerbergasse Nº 2 wohnh. Deutsche Rechtshörer Rudolf Fritsch. Als Zeugen für Werfel meldeten sich: Der in Prag III. Rosengasse Nº 4 wohnh. deutsche Rechtshörer Willi Haas, der in Prag II. Vavragasse Nº 6 wohnh. Bankbeamte Ernst Pollak und der in Weinberge – Krkonoš-Gasse Nº 1 wohnh. Schriftsteller Ernst Popper.

Kornfeld, Sohn eines zum Katholizismus konvertierten jüdischen Fabrikanten, durchlief das Prager *Stephans-Gymnasium* ein Jahr über Werfel, der übrigens seine ersten vier Gymnasialjahre am *Graben-Gymnasium* verbracht hatte und dann, die vierte Klasse wiederholend, in die zweite Anstalt mit deutscher Unterrichtssprache in der Neustadt übergewechselt war, die in der *Stephansgasse (Štěpánská)* gelegen war. Da Kornfeld aus Angst, im Abitur durchzufallen, von der Prüfung zurückgetreten war, kam er im Herbst 1908 in Werfels Klasse, allerdings nur für fünf Monate, denn er konnte schon im Februar 1909 sein Abitur nachholen. Wegen seiner starken medialen Veranlagung stand er eine Zeitlang im Mittelpunkt von spiritistischen Sitzungen, die von Werfel und seinen Freunden im April und Mai 1910 veranstaltet wurden. Sie fanden teilweise in den Kellerräumen des *Café Arco* statt, nach Erinnerungen Brods, der wie Kafka und Felix Weltsch gelegentlich an solchen Séancen teilnahm, jedoch vorwiegend in den Wohnungen der Eltern von Paul Kornfeld und Ernst Popper. Willy Haas dagegen schreibt: *Ganze Nächte saßen wir in einem Keller des Kaffeehauses um einen Tisch herum. Unser Hauptmedium war der Maler Fritz Pollak, unser großes Geister-Erlebnis die «Semlinerin», die sich verschämt am Tisch meldete und erzählte, daß sie in einem nächtlichen Getreidefeld hinter der Bahnstation Belgrad von Geburtswehen überrascht worden sei und im Sterben liege, so daß man ein Telegramm an das Krankenhaus in Belgrad schickte.* Diese Vorgänge, die sich nach Brods Tagebuchaufzeichnungen am 7. April 1910 allerdings in Kornfelds Wohnung ereigneten, sind von Werfel in seinem 1928 erschienenen Roman *Der Abituriententag* verwendet worden. Wie Kafka auf diese Sitzungen reagierte, überliefert Willy Haas: *Kafka war völlig unbeeindruckt. «Daß die Sonne morgen früh aufgehen*

wird, ist ein Wunder», sagte er ironisch, *«aber daß ein Tisch sich bewegt, wenn Sie ihn so lange malträtieren, das ist kein Wunder.»*

Zwischen Herbst 1910 und Frühjahr 1911, als Werfel in Hamburg lebte, war Kornfeld, der die großbürgerlichen Lebensformen seiner Familie betonte, die beherrschende Figur des im *Café Arco* tagenden Zirkels, mit dem es aber bald zu Mißhelligkeiten kam. Kornfeld, der Dramatiker werden wollte, zeigte sich der erfolgverwöhnten Persönlichkeit Werfels nicht gewachsen und verhielt sich seinen literarisch ambitionierten Freunden gegenüber reserviert, denen er sich gleichwohl verbunden fühlte. Andererseits fehlte es auch an Anerkennung durch seine Kumpane, denen das dramatische Genre fremd war. So ist zwar belegt, daß sich Kornfeld, Kafka und Brod am 13. und 24. Juni 1910 in der Wohnung von Brods Eltern begegnet sind, aber die Zeugnisse belegen auch, daß Brod Kornfeld zwar zunächst persönlich sehr angenehm fand, aber dessen Arbeiten nicht schätzte – sein Tagebuch verrät, daß er am 17. Juni 1910 Kornfeld besucht hatte und ein Drama schlecht fand, das dieser ihm vorgelegt hatte – und ihn deswegen nicht zur Mitarbeit an seinem Jahrbuch *Arkadia* einlud, das 1913 im Kurt Wolff Verlag erschien. Verständlich also, daß Kornfeld die ihn bedrückenden Prager Verhältnisse, zu denen auch Schwierigkeiten mit seinem Vater gehörten, der ihn zum Geschäftsnachfolger bestimmt hatte, nicht mehr ertragen konnte und im Herbst 1914 ohne Studienabschluß überstürzt seine Heimatstadt verließ, um in Frankfurt literarisch Fuß zu fassen.

Als Kornfeld beauftragt wurde, den literarischen Teil der im Planungsstadium befindlichen Zeitschrift *Das junge Deutschland* zu redigieren, wandte er sich Ende 1917 mit der Bitte um Mitarbeit an Kafka, der ihm den *Kübelreiter* und *Ein altes Blatt* überlassen wollte, dann aber aus unbekannten Gründen anderen Sinnes wurde.

1918 heiratete Kornfeld die Schauspielerin Frieda (Fritta) Brod (1896–1988), die eine Zeitlang ebenfalls im *Café Arco* verkehrt hatte; 1925 ging er als Dramaturg zu Max Reinhardt nach Berlin, zwei Jahre später zu Gustav Hartung an das *Hessische Landestheater* in Darmstadt, kehrte aber noch im gleichen Jahr nach Berlin zurück. Im Dezember übersiedelte er nach Prag, um sich, unterstützt von Ernst Rowohlt, literarischen Projekten zu widmen. 1941 wurde Kornfeld verhaftet und nach Polen deportiert, wo er im Januar 1942 im Konzentrationslager Lodz umkam.

Willy Haas: *Prag und die Prager III. Dreimal die Stille des Todes*, in: *Prager Mittag* 1, Nr. 7 (7. VIII. 1933), S. 3 und ders.: *Die literarische Welt*, München (1957), S. 34, vgl. SL 19, Hartmut Binder: *Werfels jugendliche Umtriebe. Der «Abituriententag» als autobiographischer Roman*, in: *Franz Werfel. Neue Aspekte seines Werkes*, hrsg. von Karlheinz Auckenthaler, Szeged (1992), S. 138–148, C 59, SL 20 f., Br 216 und 229.

397 | Johannes Urzidil (1896–1970).

Urzidil, Sohn eines katholischen Eisenbahnbeamten und einer jüdischen Mutter, machte 1914 am Prager *Graben-Gymnasium* Abitur und studierte vom Herbst dieses Jahres bis zum Sommer 1920 mit kriegsbedingten Unterbrechungen an der Prager deutschen Universität Anglistik und Germanistik, ohne freilich einen akademischen Abschluß zu erreichen. Er verkehrte seit 1915 im *Arco*-Kreis und freundete sich besonders mit Karl Müller an, der im gleichen Jahr die *Deutsche Handelsakademie* absolviert hatte und im März 1917 an Tuberkulose starb. Müller war es mit Hilfe Werfels gelungen, im Frühsommer 1914 in der *Aktion* und im *Sturm* eigene Werke zu veröffentlichen, und trat in der Folgezeit mit Gedichten und Erzählungen im *Prager Tagblatt* hervor, unter denen die am 11. Juni 1916 publizierte *Rückverwandlung des Gregor Samsa* von besonderem Interesse ist. Der Text, der Kafkas ein halbes Jahr zuvor erschienene *Verwandlung* handlungsmäßig weiterführt, indem er der Hauptfigur ihre menschliche Gestalt zurückgibt, muß dazu beigetragen haben, daß Kafka dessen Urheber im *Café Arco* beobachtete, während dieser selbst Kafkas karge Gesprächsbeiträge mit Aufmerksamkeit verfolgte, betroffen davon, daß in der *Verwandlung* mit scheinbar minutiöser Genauigkeit Lebensstationen und Familienkonflikte dargestellt worden waren, unter denen er selbst zu leiden hatte. Urzidil, der mit Müller oft zusammensaß und an seinem Sterbelager wachte, hatte

seinem Freund versprochen, dessen dichterischen Nachlaß herauszugeben, und veröffentlichte deswegen Ende 1921 unter dem Titel *Das Vermächtnis eines Jünglings* eine von Werfel bevorwortete Auswahl von Werken Müllers, der unter dem Namen Brand publiziert hatte, darunter auch sieben unveröffentlichte Gedichte. Anfang 1922 schickte Urzidil ein Widmungsexemplar an Kafka, der sich dafür in einer Weise bedankte, die erkennen läßt, daß er Müllers Siechtum aus eigener Anschauung kannte.

Urzidil, der 1919 mit einem dem Expressionismus verpflichteten Gedichtband *Sturz der Verdammten* debütierte, setzte seine gleich nach dem Umsturz begonnene Übersetzertätigkeit für das *Deutsche Generalkonsulat* in Prag bis 1922 fort, wo er dessen Pressechef wurde, nachdem er die deutsche Staatsbürgerschaft angenommen hatte. Am 19. Juni 1924 würdigte er Kafka auf einer Gedenkfeier, die in der *Kleinen Bühne* abgehalten wurde. (→ Abb. 1213) 1934 mußte er seinen Posten aus politischen Gründen aufgeben und schlug sich bis zu seiner Flucht nach England im Jahr 1939 als Redakteur der Freimaurerzeitschrift *Die drei Ringe*, als Übersetzer für das tschechoslowakische Außenministerium und als Prag-Korrespondent Schweizer Zeitungen und des *Wolffschen Telegraphenbüros* in Berlin durch. 1941 übersiedelte er mit seiner Frau Gertrude nach New York, wo er als Korrespondent tschechoslowakischer Exilblätter arbeitete. Seit 1956 hatte er internationalen Erfolg mit Erzählungen, in denen er seine Prager Kindheit und Jugend aufarbeitete. Urzidil starb 1970 auf einer Vortragsreise in Rom. (→ Abb. 855)

Vgl. Johannes Urzidil: *Brand*, in: J. U.: *Da geht Kafka*, (München 1966), S. 45–52, Hartmut Binder: *Ein vergessenes Kapitel Prager Literaturgeschichte. Karl Brand und seine Beziehung zu Kafka und Werfel*, in: *Euphorion* 84 (1990), S. 269–316 und KB 61–63.

398 | Blick vom *Kleinseitner Ringplatz* auf die *Brückengasse (Mostecká)*. Im zweiten Gebäude von rechts (III-272, mit Eckürmchen) lebte seit November 1916 Karl Müller mit seinen Angehörigen in einer Hinterhauswohnung, wo ihn Johannes Urzidil und Franz Werfel besuchten, der die hier herrschende Atmosphäre und die Lebensumstände Müllers seiner 1927 erschienenen Erzählung *Kleine Verhältnisse* dienstbar machte. Zuvor hatte die Familie Müller zwei Jahre lang am *Malteserplatz (Maltézské náměsti)* gewohnt (III-480).

399 | Otto Rosenfeld (1892–1943).

Wechselndes Gefühl inmitten der jungen Leute im Café Arco.

Rosenfeld war der Sohn des Kaufmanns Emanuel Rosenfeld und seiner Frau Emma, die selbst schriftstellerisch tätig war und mit Gedichten und Kurzgeschichten im *Prager Tagblatt* hervortrat, aber auch zur Anthologie *25 Jahre deutsche Arbeit* beitrug, die 1908 in Prag erschien und einen repräsentativen Querschnitt durch das Schaffen gegenwärtig wirkender deutschböhmischer Schriftsteller und Künstler vermittelte.

Rosenfeld hatte die private Volksschule der Piaristen durchlaufen, scheiterte aber schon 1907 im Gymnasium – er ist im Schuljahr 1906/07 in der dritten Klasse des *Stephans-Gymnasiums* nachweisbar – und verdiente später als Betreiber eines kleinen, wenngleich exquisiten Kaffeegeschäftes seinen Lebensunterhalt. Als Schriftsteller trat er im *Prager Tagblatt* mit Kurzgeschichten und Betrachtungen über Lebensfragen, Prager Besonderheiten und die leichte Muse hervor, die er teilweise mit Otto Roeld zeichnete, weil er, wie man in Prag kolportierte, aus seinem Namen und dem, was er schrieb, den Senf eliminiert hatte. Rosenfeld, ein Freund Ernst Polaks, den er 1921 in Wien besuchte, war ein Witzbold, der Schüttelreime improvisieren oder Werfel parodieren konnte und über seinen ‹Doppelberuf› ein ironisches *Sonett des poetischen Kaufmanns* schrieb. Drei Jahre zuvor hatte er im Erich Reich Verlag in Berlin seinen einzigen Roman *Malenski auf der*

Tour veröffentlicht, in dem die Erlebnisse eines Geschäftsreisenden dargestellt werden. Rosenfeld wurde am 22. Dezember 1942 nach Theresienstadt deportiert und kam am 6. September 1943 in Auschwitz um. Seine Frau Hedwig war bereits am 25. März dieses Jahres ermordet worden.

Tagebuch, 25. II. 1912, vgl. Johannes Urzidil: *Denkmale*, in: J. U.: *Da geht Kafka*, (München 1966), S. 86, Otto Roeld: *Die Piaristenschule*, in: PT 54, Nr. 3 (3. I. 1929), S. 4, EFB 316 und Otto Roeld: *Ein Wiedersehen mit Lehár*, in: PT 50, Nr. 283 (5. XII. 1925), S. 7.

400 | Ernst Popper (1890–1950).

Werfel hinwieder führte mich in seinen Kreis ein. Da war außer Haas der gedankenreiche, aber merkwürdig unentschlossen wirkende Ernst Popper [...]. Immer saß ein höchst verbindliches Lächeln auf seinem runden, dicken bebrillten Gesicht. Das weiche Lächeln aber bedeutete «nein», nicht «ja» – ich habe nie einen Menschen kennengelernt, der zarter, höflicher, aber auch eigensinniger widersprochen hätte als er.

Der in dieser Weise von Max Brod charakterisierte Popper, Sohn des Landesadvokaten Dr. Arnold Popper, war in seinem letzten Gymnasialjahr Werfels Klassenkamerad, der ihn 1928 in seinem *Abituriententag* porträtierte, fiel aber durchs Abitur und verließ das Prager *Stephans-Gymnasium* ohne Abschluß, nachdem er auch die Nachprüfung im September 1909 nicht bestanden hatte. In einem Erinnerungsartikel schreibt er, wie er am ersten Kriegstag Kafka getroffen hatte, der mit den Händen

herumfuchtelte und seine glanzvollen Kinderaugen zum Himmel und in die Ferne richtete, weil er von der Größe des patriotischen Massenerlebnisses, das sich auf den Straßen Prags abspielte, überwältigt und verwandelt war. Während des Krieges war Popper Soldat und begegnete Kafka Ende April 1915 zufällig im ungarischen Sátoraljaújhely (→ Abb. 834). 1919 verfaßte er zusammen mit Willy Haas und anderen im Auftrag der neukonstituierten *Herder-Vereinigung* die Programmschrift *Die jüdische Aktion*, in der er den Antisemitismus dadurch bekämpfen wollte, daß er vorschlug, die Juden müßten sich weit mehr als bisher über alle Länder der Erde zerstreuen, um ihren Bevölkerungsanteil in ihren bisherigen Siedlungsgebieten zu senken.

1920 übersiedelte Popper nach Berlin, wo er mit großem Erfolg ein Korrespondenzbüro betrieb, einen verschwenderischen Lebensstil pflegte und mit den Theatergrößen der Stadt verkehrte. Von 1923 bis zur Machtergreifung Hitlers war er in der politischen Redaktion des Ullstein-Verlags tätig, danach übernahm er die Berliner Vertretung des *Prager Tagblatts*. Im März 1934 wurde er unter Spionageverdacht von der *Gestapo* verhaftet, nach einigen Tagen jedoch auf die Intervention der *Tschechoslowakischen Gesandtschaft* hin wieder freigelassen. Im Mai 1936 kehrte Popper nach Prag zurück. Im April 1939 gelang ihm die Flucht vor den deutschen Truppen.

SL 19, vgl. EFK 113 f., Hartmut Binder: *Werfels jugendliche Umtriebe. Der «Abituriententag» als autobiographischer Roman*, in: *Franz Werfel. Neue Aspekte seines Werkes*, hrsg. von Karlheinz Auckenthaler, Szeged (1992), S. 115, SL 58 f. und Kurt Krolop: *Zur Geschichte und Vorgeschichte der Prager deutschen Literatur des «expressionistischen Jahrzehnts»*, in: *Weltfreunde. Konferenz über die Prager deutsche Literatur*, hrsg. von Eduard Goldstücker, (Prag, Neuwied 1967), S. 71 und 95.

402 | Otto Pick (1887–1940).

401 | Ernst Polak (1886–1947) in Hellerau (1913).

Er schien mir in dem Kaffeehauskreis der verläßlichste, verständigste, ruhigste, fast übertrieben väterlich, allerdings auch undurchsichtig, aber nicht so, daß das Vorige dadurch aufgehoben worden wäre. Respekt hatte ich immer vor ihm, zur weiteren Kenntnis hatte ich weder Gelegenheit noch Fähigkeit, aber Freunde, besonders Max Brod hatten eine hohe Meinung von ihm, das war mir dann immer gegenwärtig, wenn ich an ihn dachte.

Polak, den Kafka in der eben angeführten Weise charakterisierte, wurde im böhmischen Jitschin (Jičín) geboren und hatte 1903 an der *Deutschen Handelsakademie* (→ Abb. 266) Abitur gemacht. Er war im Januar 1906 in die Prager Filiale der *Österreichischen Länderbank* (→ Abb. 258) eingetreten und hatte aufgrund seiner literarischen Interessen erfolgreich den Kontakt zu Werfel und seinen Freunden hergestellt. Wegen seiner ungewöhnlichen Ausstrahlung, besonders auf Frauen, seiner Belesenheit und seiner Redegewandtheit wurde er während der Kriegsjahre zum Mittelpunkt des literarischen Stammtischs im *Café Arco*, wo er vermutlich Kafka zur Lektüre der Tagebücher Kierkegaards und, in diesem Fall vermittelt durch Willy Haas, der *Pensées* von Pascal anregte, denn er propagierte unablässig diese beiden Philosophen, mit denen er aufgewachsen war.

Am 16. März 1918 heiratete Polak, der früh Kafkas Rang erkannte, die Tschechin Mile-

na Jesenská (→ Abb. 1066), die ihr Vater im Juni 1917 in die im Schloß von Weleslawin (Veleslavin) untergebrachte Nervenheilanstalt gesteckt hatte, um den unerwünschten Kontakt seiner Tochter mit dem deutschen Juden Polak zu unterbinden. Es handelte sich um eine Ziviltrauung – Milena war konfessionslos –, die vom Prager Bürgermeister Dr. Karl Groš und einem Standesbeamten vorgenommen wurde, und mit Otto Rosenfeld als einem der Trauzeugen. Danach übersiedelte das Paar nach Wien, wo Polak bis 1924 als Devisenhändler in der Zentrale der *Österreichischen Länderbank* arbeitete. In Wien wurde er schnell zur Attraktion eines literarischen Zirkels, der sich nach dem Ende des Krieges im *Café Herrenhof* zu treffen pflegte und Franz Blei, Werfel, Broch, Musil und andere vereinte. Ab 1927 begann er unter dem Pseudonym Ernst Schwenk literarisch zu arbeiten, auch beriet er Broch und Werfel und stellte ihnen Material für ihre Romanprojekte zur Verfügung. 1928 legte er in Mödling die humanistische Reifeprüfung ab und begann ein Philosophiestudium – er hatte sich inzwischen pensionieren lassen –, das er 1932 bei Moritz Schlick mit einer Dissertation abschloß. Im November 1938 emigrierte Polak nach England.

An Milena am 29. V. 1920, vgl. Hartmut Binder: *Ernst Polak – Literat ohne Werk. Zu den Kaffeehauszirkeln in Prag und Wien*, in: *Jahrbuch der Deutschen Schillergesellschaft* 23 (1979), S. 366–415, T 578 und Willy Haas: *Die literarische Welt*, München (1957), S. 34.

Pick trat im September 1904 in die an der Ecke *Graben/Zeltnergasse* gelegene *Böhmische Escompte-Bank und Credit-Anstalt* ein (I-969, Nachfolgebau → Abb. 667), die ihn im April 1907 nach Nordböhmen schickte, wo er in ihren Filialen in Warnsdorf, Tetschen-Bodenbach, Aussig und Böhmisch Leipa tätig war. Ab Oktober 1910 arbeitete er wieder in der Prager Zentrale. Nach seiner Rückkehr nahm er Kontakt zu dem im *Café Arco* tagenden Literatenzirkel auf – Brod kannte er allerdings seit Januar 1910 – und begann Gedichte und Erzählungen zu veröffentlichen. 1913 gab er zusammen mit František Khol (→ Abb. 404) den Briefwechsel zwischen J. F. Opitz und Giacomo Casanova heraus, über den er sich auch in Vorträgen äußerte. Als er im März 1913 mit Khol und Kafka nach Berlin und von dort über Leipzig wieder zurückfuhr, wo man mit dem Verleger Kurt Wolff Details der geplanten Publikation zu besprechen hatte, die im Oktober 1912 vertraglich vereinbart worden war, mag die Rede auf Casanova gekommen sein, der auch unabhängig von dieser Reise Gesprächsthema zwischen Kafka und Khol gewesen sein dürfte. Denn Khol hatte sich seit Jahren intensiv mit dem Venezianer befaßt und nicht nur dessen französisch geführte Korrespondenz mit J. F. Opitz in der Bibliothek des *Böhmischen Landesmuseums* aufgefunden, sondern auch eine Studie über Leben und Werk Casanovas verfaßt, die 1911 im Druck erschienen war. Dieser Kontext, die Begeisterung Max Brods für die Memoiren Casanovas und daß Kafka im September 1913 Venedig besucht hatte, könnten diesen dazu angeregt haben, die *Flucht aus den Bleikammern von Venedig* zu lesen – Brod bezeugt ausdrücklich, daß sein Freund mit diesem Teil der Lebenserinnerungen Casanovas bekannt war –, die ihn bei der

Niederschrift seines *Process*-Romans beeinflußte. Im September 1913 fuhren Pick und Kafka nach Wien, wo es aber zu Mißhelligkeiten zwischen den beiden kam, so daß sie nicht, wie eigentlich geplant, gemeinsam nach Oberitalien weiterreisten. (→ Abb. 755)

Schon vor dem Ersten Weltkrieg begann Pick, aus dem Tschechischen zu übersetzen und wurde schnell zum wichtigsten Vermittler zeitgenössischer tschechischer Autoren, zu denen er auch persönliche Beziehungen unterhielt. Im März 1915 wurde er eingezogen. Als er nach dem Ende des Krieges in seine Prager Heimat zurückkehrte, hatte er neurasthenische Symptome und Herzbeschwerden, so daß er seinen Dienstverpflichtungen im Jahr 1919 nur mit größeren Unterbrechungen und 1920 überhaupt nicht mehr nachkommen konnte. Als sein Bezüge deswegen mit Wirkung vom 1. Januar 1921 halbiert wurden, kündigte er seinen Posten bei der *Escomptebank* und wurde Feuilletonredakteur bei der *Prager Presse,* die ab April des Jahres zu erscheinen begann. In dieser Position, die er bis zu seiner Emigration nach London im Jahr 1939 ausübte, stellte er in zahlreichen Essays und Übersetzungen den slawischen Kulturkreis der deutschen Öffentlichkeit vor. Gleichzeitig öffnete er das Feuilleton des Blatts den angesehensten Repräsentanten der deutschen Literatur. Auch Kafka war hier vertreten: In der *Sonntagsbeilage* vom 11. September 1921 erschien die *Entlarvung eines Bauernfängers,* in der *Weihnachts-Nummer* dieses Jahres der *Kübelreiter* (→ Abb. 27, 935 und 1030), am 11. Oktober 1922 *Ein Hungerkünstler* und am 20. April 1924 *Josefine, die Sängerin.* Immer wieder wies er, auch durch den Abdruck von Nachlaßtexten, auf den verstorbenen Autor hin, den er schon zu dessen Lebzeiten in den Rang Stifters und Kleists (→ Abb. 750) erhoben hatte.

Vgl. Br II 143, Brod: Tagebuch, 15. I. 1910, FK 92, Michael Müller: *Kafka und Casanova,* in: *Freibeuter* 16 (1983), S. 67–76 und Hartmut Binder: *Kafkas Weg zu Stifter. Mit besonderer Berücksichtigung August Sauers,* in: *Adalbert Stifter. Studien zu seiner Rezeption und Wirkung I: 1868–1930. Kolloquium I,* hrsg. von Johann Lachinger, Linz 1995, S. 167–169.

403 | Die Abitursklasse des Prager *Graben-Gymnasiums* (1913/14). Ganz vorne links Johannes Urzidil (→ Abb. 397), neben ihm seine Freundin Alice Kanitz (→ Abb. 952), der er in seiner Erzählung *Repetent Bäumel* ein Denkmal setzte. Ganz hinten, in absichtlich etwas erhöhter Position, Johannes Gerke (1895–1968), der sich auf diese Weise besser zur Geltung bringen wollte.

Gerke, der schon im März 1913 in der expressionistischen Zeitschrift *Saturn* eine Erzählung veröffentlicht hatte, galt den Pragern als literarisches Wunderkind und fand schon in seinem letzten Gymnasialjahr Anschluß an den Literatenzirkel, der sich im *Café Arco* zu treffen pflegte. Zuvor hatte er bei Zusammenkünften in der Wohnung Oskar Baums die Bekanntschaft Kafkas gemacht, als dessen *sehr ergebenen Anhänger* er sich in einem Schreiben bezeichnete, das er dem Autor der *Betrachtung* am 6. März 1913 schickte. Am 15. Februar 1914, einem Sonntag, gingen Kafka und Gerke zusammen spazieren. Anschließend begaben sie sich in die *Chodengasse (Chodska)* Nr. 16 (XI-972) in Žižkow, wo Gerke seit September 1913 mit seiner verwitweten Mutter (*1876) wohnte. Bei dieser Gelegenheit las Gerke, der sich von seinem Gast Förderung erhoffte, aus eigenen Werken vor, offenbar nicht ganz ohne Erfolg, denn Kafka soll eines seiner Gedichte so schön gefunden haben, daß er darüber in Tränen ausbrach. Auch hat sich in Kafkas Nachlaß unter dem Titel *Das Kinderballett* ein dreiseitiges Manuskript Gerkes erhalten, das dieser dem verehrten Autor anläßlich der eben erwähnten Lesung oder bei anderer Gelegenheit zur Beurteilung überlassen und offensichtlich nicht zurückerhalten hatte.

Anfang 1915 mußte Gerke einrücken, lief jedoch 1916 zu den auf russischer Seite kämpfenden tschechischen und slowakischen Deserteuren über und wurde, obwohl deutscher Abkunft, Offizier in der *Tschechoslowakischen Legion,* weil František Langer, der in diesem Militärverband als Stabsarzt diente, für ihn gebürgt hatte. Nachdem er 1920 aus Sibirien zurückgekehrt war, trat Gerke

als Diplomat in den Dienst des neugegründeten tschechoslowakischen Staates, und seit Frühjahr 1931 arbeitete er in der *Tschechoslowakischen Gesandtschaft* in London. Als im März 1939 deutsche Truppen Prag besetzten, blieb er in England und fand im Londoner Kaufhaus *Marks & Spencer* eine Anstellung, die ihm bald eine Führungsposition einbrachte.

Br II 124, vgl. T 637, Z, Hartmut Binder: *Jan Gerke: Soziogramm eines Prager Musensohns. Aus Johannes Urzidils Schülertagen,* in: *Prager deutschsprachige Literatur zur Zeit Kafkas,* hrsg. von der Österreichischen Franz Kafka-Gesellschaft Wien-Klosterneuburg, Wien 1989, S. 1–36 und Alice Mašatova-Kanitz, Prag (mündlich, April 1985).

404 | František Langer (1888–1965) (vorne) und František Khol (1877–1930).

Khol, von Haus aus Chemiker und zunächst Assistent am Lehrstuhl für Geologie und Mineralogie an der *Tschechischen Technischen Hochschule* in Prag, folgte 1904 seinen literarischen Neigungen und wurde Bibliothekar am *Böhmischen Landesmuseum* (heute *Národní muzeum*) am Prager *Wenzelsplatz* und Redakteur der Zeitschrift *Pokroková Revue* (Fortschrittliche Revue), die den literarischen Nachwuchs förderte und Gedichte der jungen Prager Literaten brachte, denen er im *Café Arco* begegnete. Auch veröffentlichte er eigene Erzählungen und Gedichte, die 1911 unter dem Titel *Illusionisté* als Buch erschienen. Später war Khol Chefdramaturg am *Tschechischen Nationaltheater.* Durch seine mit Otto Pick zusammen realisierte Veröffentlichung des Briefwechsels zwischen Casanova und J. F. Opitz wurde Khol auch dem deutschen Lesepublikum bekannt. Als er Kafka im April 1914 nach einem geeigneten Feriendomizil im Süden fragte, riet dieser zu einem Sanatorium in Pegli in der Nähe von Genua und begründete dies mit den Worten: *man muß seine Leiden doch wenigstens auf schöne Weise loswerden.*

Der tschechische Schriftsteller František Langer besuchte ebenfalls schon in den Jahren vor dem Ersten Weltkrieg seine deutschen Kollegen im *Café Arco,* zu denen sich freundschaftliche Beziehungen entwickelten. So wies er im Juni 1913 in der Zeitschrift *Umělecký měsíčník* (Künstlerische Monatsschrift) auf Kafka hin, der ihm im April 1914 seine *Betrachtung* zur Rezension schicken ließ. Außerdem tauschte man Belegexemplare aus. Kafka, der, wie sich Langer erinnerte, erst auf dem gemeinsamen Heimweg vom Kaffeehaus aufzutauen und zu reden pflegte, dedizierte Langer seine *Verwandlung,* dieser schenkte seinem deutschen Kollegen seinen 1910 erschienenen Erstling *Zlata Venuše (Die goldene Venus).*

Br III 43, vgl. František Langer: *Byli a bylo,* Praha 1963, S. 157, Josef Čermák: *Die Kafka-Rezeption in Böhmen (1913–1949),* in: *Kafka und Prag. Colloquium im Goethe-Institut in Prag. 24.–27. November 1992,* Berlin, New York 1994, S. 217–237, Br III 40 f. und *Černá Hodinka. Vzpomínání národního umělce Františka Langra na jeho literární začátky a umělecké proudy té doby* [Schwarzes Stündchen. Erinnerungen des Nationalkünstlers František Langer an seine literarischen Anfänge und an künstlerische Strömungen der damaligen Zeit]. Sendung der *Československá Televice Praha* vom 12. VI. 1964 (Typoskript).

Kapitel VIII

In den Süden

Am 26. August 1911 startete Kafka zusammen mit Max Brod zu einer dreiwöchigen Urlaubsreise, die ihn nach München, Zürich, Luzern, Lugano, Mailand, Stresa und Paris führte. Man hatte zunächst beabsichtigt, an die Adria und danach an die italienische Riviera zu fahren, wobei merkwürdigerweise besonders Genua lockte, dann aber teilweise noch im Stadium der Planung beschlossen, zunächst den Lago Maggiore oder den Luganer See und anschließend Mailand aufzusuchen. Nachdem sich die Freunde endgültig für Lugano entschieden hatten, wollten sie von dort aus in die lombardische Metropole weiterreisen und sich danach weitere oberitalienische Städte ansehen. Sie übernachteten am 28. August in Luzern – die erste Nacht hatte man im Eisenbahnabteil verbracht –, besuchten am Tag darauf die Rigi und fuhren am 30. des Monats mit der *Brennerbahn* nach Lugano, wo sie bis zum 4. September blieben. Von dort aus unternahmen sie zwei Exkursionen an das Nordufer des Luganer Sees (31. August und 2. September), ohne freilich den idyllischen Badeplatz gefunden zu haben, den sie aufgrund der Erfahrungen erwarteten, die sie zwei Jahre zuvor in Riva am Gardasee gemacht hatten. Außerdem machten sie am 2. September einen Ausflug zur *Villa Carlotta*: Sie fuhren mit dem Liniendampfer über den Ostarm des Luganer Sees nach Porlezza, stiegen dort in die nach Menaggio am Comer See führende Lokalbahn um, von wo aus das bei Cadenabbia liegende Reiseziel in kurzer Zeit mit dem Schiff erreichbar war.

Nachdem sie ihre Absichten weiter modifiziert und beschlossen hatten, von Lugano aus direkt nach Paris weiterzureisen, verwarfen Brod und Kafka auch diesen Plan wieder kurzfristig und ersetzten ihn durch eine Route, die sie für mehrere Tage nach Mailand und anschließend an den Lago Maggiore geführt hätte, der damit wieder in seine alten Rechte eingesetzt worden wäre. Als sie jedoch hörten, daß in Mailand die Cholera ausgebrochen sei, setzte der von Angst gepeinigte Brod durch, daß man den Aufenthalt in der lombardischen Metropole, an dem seinem Freund besonders lag, auf eine Nacht verkürzte, so daß gerade Zeit für die Besichtigung des Doms blieb. Doch als man am 5. September auf dem Weg nach Paris am Lago Maggiore vorbeifuhr, zeigte sich dieser so einladend, daß sie in Stresa die Fahrt für zwei Tage unterbrachen. Dort beschlossen sie am 6. September während eines Abendspaziergangs, die auf dieser Ferienreise gewonnenen Erfahrungen in einem gemeinsamen Buch zu verarbeiten, das allerdings über das erste Kapitel nicht hinauskam (→ Abb. 483). So erreichten sie erst am Morgen des 8. September Paris, wo sie bis zum 13. blieben. Am Nachmittag dieses Tages fuhr Brod über Straßburg, Stuttgart und München nach Prag zurück, während Kafka den Nachtzug nach Zürich bestieg. Da er ein ärztliches Gutachten hatte vorweisen können, das ihm große Erholungsbedürftigkeit bescheinigte, hatte er über den ihm als Anstaltsconcipisten zustehenden dreiwöchigen Urlaub hinaus eine Woche zusätzlich erhalten, die er für einen sechstägigen Sanatoriumsaufenthalt in Erlenbach am Zürichsee und für Besuche in Zürich nutzte.

Hartmut Binder: *Mit Kafka in den Süden*, (Praha 2007), S. 107 f. und 334–336.

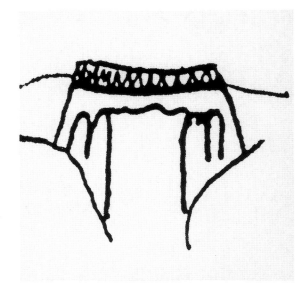

405 | Straßenbrücke in Goldach (Zeichnung Kafkas).

[…] beim Anblick einer derartigen Brücke wecke ich Max und verschaffe mir dadurch den ersten starken Eindruck von der Schweiz trotzdem ich sie schon lange aus innerer in äußerer Dämmerung anschaue.

Obwohl Kafka das Bauwerk nur kurz vor Augen hatte und seine Darstellung stark schematisiert ist, bewahrt die Zeichnung typische Details der Vorlage.

Vgl. Hartmut Binder: *Mit Kafka in den Süden*, (Prag 2007), S. 137 f.

406 | Die 1840 eröffnete Straßenbrücke über die Goldach in Goldach (Schweiz) (20er Jahre).

Morgens von Kafka geweckt, bei Anblick einer hohen Brücke. Zuerst verdrießlich, dann erfreut, denn es gibt viel zu sehn.

Die Freunde sahen das Bauwerk, als sie in der Nacht vom 26./27. August 1911 auf der Fahrt von München nach Zürich auf der parallel dazu geführten Eisenbahnbrücke die Goldach überquerten.

EFR 75 (Max Brod).

407 | *Kurhaus* und *Pension Monte Brè* in Lugano-Ruvigliana.

Am 31. August 1911 unternahmen Kafka und Brod von Lugano aus eine Fußwanderung nach Cassarate, Castagnola und Ruvigliana. Dabei kamen sie auch an dem auf halber Höhe des Monte Brè gelegenen Sanatorium vorbei, das Kafka, der gewissermaßen auf dem Weg in eine solche Anstalt war, gründlich beäugt haben dürfte.

Hartmut Binder: *Mit Kafka in den Süden,* (Prag 2007), S. 267–270.

408 | Blick von der Rigi-Kulm auf die Berner Hochalpen.

Jungfrau weit, Rotunde des Mönches, schwankende heiße Luft bewegt das Bild.

Am 28. August unterbrachen Max Brod und Kafka ihre Dampferfahrt von Luzern nach Flüelen, wo sie übernachteten, in Gersau und fuhren von dort mit der *Rigibahn* auf die Rigi-Kulm.

Tagebuch, 28. VIII. 1911, vgl. Hartmut Binder: *Mit Kafka in den Süden,* (Prag 2007), S. 207–222.

409 | Die Brunnenanlage in Santa Margherita am Luganer See, die Kafka im Reisetagebuch zu einer Zeichnung veranlaßte (2002).

S. Margherita mit Springbrunnen auf der Landungsstelle.

Tagebuch, 1. IX. 1911, vgl. Hartmut Binder: *Mit Kafka in den Süden,* (Praha 2007), S. 284–286, vgl. T 957.

410 | Die *Villa Urie già Bruscati* in Oria am Luganer See (1975).

Villa mit 12 Cypressen bei Oria.

Das Gebäude gehörte dem Marchese Ercole Brusati, einem Obersten Napoleons, der 1855 starb, lag zu Kafkas Zeit außerhalb des Ortes und war noch in den 70er Jahren des 20. Jahrhunderts zu beiden Seiten von je sechs Zypressen flankiert.

Tagebuch, 1. IX. 1911, vgl. Hartmut Binder: *Mit Kafka in den Süden,* (Prag 2007), S. 286 f.

411 | Die Kirche von Mamette am Luganer See.

Mamette: mittelalterl. Zauberhut auf einem Glockenturm.

Tagebuch, 1. IX. 1911.

412 | Antonio Canovas *Amor und Psyche* in der *Villa Carlotta* am Comer See.

Fallendes Haar der Psyche.

Tagebuch, 1. IX. 1911.

413 | Die *Rocca di Gandria* am Luganer See.

Als Brod und Kafka am 2. September 1911 von Lugano aus einen Ausflug machten, wählten sie diese Stelle als Badeplatz, an der Kafka seinem Freund in einem längeren Gespräch seine Lebensprobleme gestand. Brods Gedicht *Lugano-See*, das er Kafka widmete, handelt größerenteils von dieser Situation.

Vgl. FK 74 und Hartmut Binder: *Mit Kafka in den Süden,* (Praha 2007), S. 270–278.

414 | Das *Grand-Hotel Metropole* an der Mailänder *Piazza del Duomo*.

Freude über die Verbindung zwischen den 2 Zimmern, die durch eine Doppeltür hergestellt ist. Jeder kann eine Tür öffnen. Max hält dies auch für Ehepaare passend.

Die Freunde übernachteten vermutlich in der Nacht vom 4./5. in diesem Etablissement, und zwar wie üblich in Einzelzimmern. Als dies in der Nacht vom 28./29. Juni 1912 in Leipzig ausnahmsweise einmal nicht möglich war, ergaben sich für beide Mißhelligkeiten. Der Aufenthalt im Hotel *Metropole* vermittelte Kafka Anregungen für die Ausgestaltung des Hotels Occidental im *Verschollenen*.

T 966, vgl. EFR 223 und Hartmut Binder: *Mit Kafka in den Süden,* (Prag 2007), S. 323–329.

415 | Die *Galleria Vittorio Emanuele* in Mailand (um 1905).

[…] so klein wie in der Galerie habe ich Menschen niemals gesehen – Max behauptet, die Galerie sei nur so hoch, als man auch im Freien Häuser sieht, ich leugne es mit einem vergessenen Einwand, wie ich mich überhaupt immer für diese Gallerie einsetzen werde. – Sie hat fast keinen überflüssigen Schmuck, hält den Blick nicht auf, scheint infolgedessen sowie auch infolge ihrer Höhe kurz, erträgt aber auch das – sie bildet ein Kreuz, durch das die Luft frei weht.

Offenbar entsprach der Bau den vom *Kunstwart* vertretenen Stilidealen, an denen sich Kafkas Geschmack orientierte. (→ Abb. 93)

Tagebuch, 4. IX. 1911.

417 | Ein Wasserspeier am Mailänder Dom.

Ein Wasserspeier in Mannsgestalt, dem Wirbelsäule und Gehirn herausgenommen, damit das Regenwasser einen Weg hat.

Unter den 366 Wasserspeiern des Doms ist der abgebildete der einzige, der Kafkas Beschreibung entspricht.

Tagebuch, 5. IX. 1911, vgl. Hartmut Binder: *Kafka und die Skulpturen*, in: *Jahrbuch der Deutschen Schillergesellschaft* 16 (1972), S. 641 f.

416 | Im Mailänder Dom.

Staunender Eintritt in den Dom zwischen Portieren, braun wie in Cadenabbia. – Verlangen ein Architekturbild des Doms zu liefern, weil der Dom rund herum eine reine Darstellung der Architektur ist, im größten Teil keine Bänke, wenig Standbilder an den Säulen, wenige und immer dunkle Bilder an den fernen Wänden hat und die einzelnen Besucher auf den Bodenplatten als Maßstäbe seiner Größe aufgestellt sind oder als Maßstäbe seiner Ausdehnung sich bewegen.

Es gibt Hinweise darauf, daß Kafka auf dem Besuch Mailands bestand, weil er den dortigen Dom besichtigen wollte.

Tagebuch, 5. IX. 1911, vgl. Hartmut Binder: *Mit Kafka in den Süden,* (Praha 2007), S. 354–362.

418 | Der an der Straße nach Belgirate gelegene Badeplatz der Freunde in Stresa, der aufgrund einer Zeichnung Max Brods identifiziert werden konnte und noch heute als solcher benutzt wird. (2005)

Vormittag gebadet. Mit Steinen beworfen. Trick mit Kafkas ruiniertem Stiefel. Er ist bös auf mich und bittet Nachmittag ab. – Nachmittag gebadet.

EFR 100 (Max Brod), vgl. 102 f. und Hartmut Binder: *Mit Kafka in den Süden,* (Praha 2007), S. 372 f.

419 | Das als Gebäude erhaltene Hotel *Sainte-Marie* Ecke *Rue de Rivoli* Nr. 85/ *Rue de l'arbre sec* in Paris, in dem Brod und Kafka während ihres Paris-Aufenthalts im Jahr 1911 wohnten.

Mit den unsichern Entschlüssen bezüglich des Hotels im Innern unseres Wagens sitzend scheinen wir auch den Wagen unsicher zu kutschieren, einmal in eine Nebengasse zu führen, dann ihn wieder in die Hauptrichtung zurückzuziehn und das im Vormittagsverkehr der rue de Rivoli in der Nähe der Halles.

T 990, vgl. EFR 105.

420 | Die *Rue de Rivoli* auf der Höhe der *Tuilerien* vom *Pavillon de Marsan* aus.

Was aber in der Heimatstadt Karls wohl der höchste Aussichtspunkt gewesen wäre, gestattete hier nicht viel mehr als den Überblick über eine Straße, die zwischen zwei Reihen förmlich abgehackter Häuser gerade und darum wie fliehend in die Ferne sich verlief, wo aus vielem Dunst die Formen einer Kathedrale ungeheuer sich erhoben. Und morgen wie abend und in den Träumen der Nacht vollzog sich auf dieser Straße ein immer drängender Verkehr, der von oben gesehen sich als eine aus immer neuen Anfängen ineinandergestreute Mischung von verzerrten menschlichen Figuren und von Dächern der Fuhrwerke aller Art darstellte, von der aus sich noch eine neue vervielfältigte wildere Mischung von Lärm, Staub und Gerüchen erhob, und alles dieses wurde erfaßt und durchdrungen von einem mächtigen Licht, das immer wieder von der Menge der Gegenstände zerstreut, fortgetragen und wieder eifrig herbeigebracht wurde und das dem betörten Auge so körperlich erschien, als werde über diese Straße eine alles bedeckende Glasscheibe jeden Augenblick immer wieder mit aller Kraft zerschlagen.

Kafka läßt im *Verschollenen* seinen Romanhelden Karl Roßmann vom New Yorker Verkehrsgewühl träumen, weil er bei seinem Paris-Aufenthalt im Jahr 1910 von der Stärke des dortigen Verkehrs so beeindruckt worden war, daß er in der ersten Nacht, die er danach wieder in Prag verbrachte, unablässig davon heimgesucht wurde. Die oben angeführte Szene ist angeregt von einer Abbildung, die er in Arthur Holitschers Amerika-Buch sah (→ Abb. 427), aber auch von der Aussicht, die er vom Balkon seines im fünften Stock gelegenen Zimmers im Hotel *Sainte-Marie* hatte. Denn wenn er in westlicher Richtung schaute, hatte er – das Hotel lag an der Südseite der Straße – ziemlich genau den gleichen Blickpunkt wie der Betrachter der hier reproduzierten zeitgenössischen Photographie, die von einem der oberen Stockwerke des *Louvre* aufgenommen wurde.

Der Verschollene, S. 55, vgl. Hartmut Binder: *Kafka-Kommentar zu den Romanen, Rezensionen, Aphorismen und zum Brief an den Vater*, (München 1976), S. 99 und ders.: *Kafka in Paris*, (München 1999), S. 128–135.

421 | Geneviève Vix als Carmen in George Bizets gleichnamiger Oper.

Eine Ballerine tanzt für Carmen in der Schmugglerkneipe. Wie ihr stummer Körper beim Gesang Carmens arbeitet. Später aus Einzelheiten zusammengesetzter Tanz Carmens, der aber doch wegen ihrer Verdienste in der bisherigen Vorstellung eigentlich viel schöner ist. Es sieht aus als hätte sie vor der Vorstellung einige eilige Lektionen bei der Hauptballerine genommen.

Am 8. September 1911 sahen Kafka und Brod in der *Opéra-Comique* in Paris eine Aufführung von Bizets *Carmen* mit Geneviève Vix, eine Vorstellung, die möglicherweise die Begeisterung Kafkas für dieses Werk begründete. (→ Abb. 855)

T 998, vgl. EFR 120.

422 | Die *Grande Galerie* im *Louvre*.

Die Kraft einer großen jungen Engländerin, die mit ihrem Begleiter im längsten Saal von einem Ende aus zum andern geht.

Am 9. September besuchten die Freunde den *Louvre*, wobei sie sich auf die Bildersammlungen im ersten Obergeschoß konzentrierten.

T 1003, vgl. Hartmut Binder: *Kafka in Paris*, (München 1999), S. 162–172.

423 | Bühnenbild (erster Akt, dritte Szene) aus Racines *Phèdre* in einer Inszenierung der *Comédie-Française* aus dem Jahr 1910, die Brod und Kafka am Abend des 9. September 1911 in Paris sahen.

Oenone, leicht in dauernde Stellungen geratend, einmal aufgerichtet, die Beine eng vom Tuch umbunden, den Arm gehoben, mit ruhiger Faust, trägt sie einen Vers vor. Viele langsame Verhüllungen der Gesichter mit den Händen. Graue Farbe der Berater der Hauptpersonen.

Phädra (Madeleine Roch), Gemahlin des Theseus, eröffnet ihrer Amme Oenone (Louise Silvain), die allerdings in der Aufführung, die Kafka sah, von einer anderen Darstellerin gespielt wurde als auf dem hier reproduzierten Szenenphoto, daß ihr Haß auf ihren Stiefsohn Hippolyt nur vorgetäuscht sei, seine Verbannung also dazu gedient habe, ihre unglückliche Liebe zu ihm geheimzuhalten, die jetzt als Verhängnis über sie hereinbreche.

T 1004 f., vgl. Hartmut Binder: *Kafka in Paris*, (München 1999), S. 176–183.

424 | Blick von der *Rue du Quatre-Septembre* auf die *Rue de Hanovre* (Mitte), in der zwei ziemlich teure Bordelle lagen. Sie wurden in speziellen Führern, die man allerdings nur unterderhand erwerben konnte, wegen ihrer raffinierten Einrichtung und wegen ihrer ausgesuchten Damen besonders gelobt.

Rationell eingerichtete Bordelle. Die reinen Jalousien der großen Fenster des ganzen Hauses herabgelassen. In der Portierloge statt eines Mannes ehrbar angezogene Frau, die überall zu Hause sein könnte. Schon in Prag habe ich immer den amazonenhaften Charakter der Bordelle flüchtig bemerkt. Hier ist es noch deutlicher.

Brod kannte das in der *Rue de Hanovre* Nr. 4 gelegene Etablissement (das vorletzte, etwas hellere Haus in der Häuserfront links) von seinem Besuch im Vorjahr, doch diesmal wollte man das in Nr. 7 gelegene Bordell aufsuchen (das dritte Haus hinter der kleinen Querstraße, die rechter Hand hinter dem Bügeleisenhaus in die *Rue de Hanovre* einmündet), was am späten Abend des 9. September geschah. Brod und Kafka zählten Freudenhäuser zu den Attraktionen der von ihnen besuchten Städte, die man gesehen haben mußte. Brod, der gegenüber seiner Prager Freundin Schuldgefühle empfand, suchte sich aus Verlegenheit schnell ein Mädchen aus, obwohl ihm bewußt war, daß ebendiese Verlegenheit ihn daran hindern würde, optimal zu wählen, während eine der beiden Damen, die die Besucher hereingeführt hatte, seinen Freund handgreiflich dazu aufforderte, seinerseits aktiv zu werden. Aber Kafka war von der Situation überfordert und konnte sich nicht entscheiden. Er fühlte sich zum Ausgang hingezogen und verließ das Gebäude so schnell, daß er sich später nicht mehr daran erinnern konnte, wie er auf die Straße gekommen war.

T 1006, vgl. EFR 106 und 127–130.

425 | Der *Borghesische Fechter* im *Louvre*.

Der Borghesische Fechter, dessen Vorderblick nicht der Hauptanblick ist, denn er bringt den Beschauer zum Zurückweichen und ist zerstreuter. Von hinten aber gesehen, dort wo der Fuß zuerst auf dem Boden ansetzt, wird der überraschte Blick das fest gezogene Bein entlang gelockt und fliegt geschützt über den unaufhaltsamen Rücken zu dem nach vorn gehobenen Arm und Schwert.

Am 10. September besuchten die Freunde zum zweiten Mal den *Louvre*, diesmal war die Sammlung der griechisch-römischen Skulpturen ihr Ziel; immerhin waren die beiden Absolventen humanistischer Gymnasien, die zu Beginn ihrer Bekanntschaft zusammen griechische Autoren im Original gelesen hatten, um ihre Sprachkenntnisse nicht einrosten zu lassen (→ Abb. 98), auch hatte Kafka mit dem Gedanken gespielt, Griechisch zu studieren (→ Abb. 124).

T 1007.

426 | Die Berg-und-Tal-Bahn im *Lunapark* im Bois de Boulogne.

Am Nachmittag des 10. September fuhren Brod und Kafka in den Bois de Boulogne, wo sie eine Bootsfahrt unternahmen. Zum Abschluß des Tages schaute sich Kafka den 1909 eröffneten *Lunapark* an. Das Vergnügungsareal lag nördlich der *Porte Maillot*, und zwar in dem Winkel, den der dort einmündende *Boulevard Maillot* mit der *Avenue de Neuilly* (heute *Avenue Charles de Gaulle*) bildet. Die Attraktionen, meist amerikanischen Ursprungs, waren ein menschliches Torpedoboot, ein elektrisch betriebenes Teufelsrad, ein geheimnisvoller, 600 Meter langer Fluß, der die Besucher auf Booten durch farblich sich unablässig verändernde Grotten führte, eine Rütteltreppe sowie eine zwei Kilometer lange Achterbahn, die teilweise Steigungen und Gefälle über 45 Grad aufwies. Außerdem gab es einen 25 Meter hohen Wasserfall, eine künstliche Rampe, auf der man mit Booten hinuntersausen konnte, die eine Geschwindigkeit bis zu 120 Kilometern in der Stunde erreichten.

Max und Otto Brod hatten während ihres Paris-Aufenthalts im Jahr 1910 einige Tage nach Kafkas Abreise den *Lunapark* besucht und ihm nach ihrer Rückkehr natürlich von diesen ihnen bisher ganz ungewohnten Vergnügungen erzählt. Max Brod schrieb sogar einen ausführlichen Artikel über seine diesbezüglichen Erlebnisse, der erstmals am 4. August 1911 im *Prager Tagblatt* erschien. Er berichtet darin einleitend, wie er und sein Bruder von einer Französin, die im *Lunapark* arbeitete, zum Besuch verschiedener Sehenswürdigkeiten animiert wurde: *[...] die Kleine [ist] nicht abgeneigt, mit uns die Wasserrutschbahn zu probieren, und nachdem wir durch leuchtend mit Elektrizität bespannten Croquetreifen in das gar nicht helle Wasser herabgespritzt sind, schlägt sie uns das «russische Gebirge» vor ... Trotzdem muß man es reizend finden, wie sie ein gar nicht berufliches Lachen und Kichern verschwendet, wenn der Schlitten jetzt zu wandern beginnt, immer schneller, wie sie sich fürchtet, wenn er bergab sich wirft, wie sie fassungslosen Jubel spielt, wenn er eine steile Anhöhe hinaufgeschleudert wird und wankend kracht ... es war schön.*

Max Brod: *Lunapark in Paris,* in: PP 2, Nr. 103 (14. IV. 1922), S. 4, vgl. Hartmut Binder: *Kafka in Paris,* (München 1999), S. 200.

427 | Die *Avenue du Bois de Boulogne,* gesehen aus einer Perspektive, wie sie das Oberdeck eines Autobusses erlaubt.

Die straffe Fahrt der Automobile auf der großen glatten Straße.

Am Abend des 10. September stiegen Brod und Kafka an der *Porte de Neuilly* in einen Autobus und fuhren auf dessen Oberdeck durch die *Avenue Foch* und die *Champs-Élysées* in die Stadt zurück. Da die amerikanischen Verkehrsverhältnisse im *Verschollenen* alles übertreffen sollten, was in Europa zu sehen war, nahm sich Kafka in diesem Bereich die Pariser Prachtstraßen zum Ausgangspunkt, die das Monumentalste darstellten, was er jemals gesehen hatte, und vergrößerte sie um den Faktor, um den er das modernste Amerika, das er darstellen wollte, den europäischen Verhältnissen überlegen glaubte (→ Abb. 327): Die *Champs-Élysées* übertrafen mit 70 Metern Breite sogar den Prager *Wenzelsplatz* (→ Abb. 463), der knapp 700 Meter lang und 60 Meter breit ist und dieser Form wegen dem Unkundigen als Straße erscheint. Sie wurden allerdings noch von der *Avenue du Bois de Boulogne* (heute *Avenue Foch*) übertroffen, die eine Breite von 120 und eine Länge von 1300 Metern aufweist und die von Kafka erdachten amerikanischen Dimensionen bereits erreicht hatte. Sollte es in diesem Zusammenhang noch einer Initialzündung bedurft haben, um die Pariser Raumerfahrungen seiner produktiven Einbildungskraft nutzbar machen zu können, mußte sie ihm durch die ihm bekannte Amerika-Reportage Arthur Holitschers geliefert werden, der anläßlich der Beschreibung New Yorks äußert, die an sich häßliche Stadt habe einige schöne Teile, die jedoch Nachahmungen von Paris und London seien; und er veranschaulicht diese Auffassung unter anderem mit der Behauptung, der *Riverside Drive* am Hudson sei der *Avenue du Bois de Boulogne* nachgebildet. (→ Abb. 420)

T 1010, vgl. Br II 196, Arthur Holitscher: *Amerika heute und morgen,* Berlin 1913, S. 46 und KB Nr. 238.

428 | Das 1898 als Erholungsheim in Betrieb genommene, bis 1917 bestehende *Sanatorium Erlenbach* am Zürichsee. Von links: Der *Sonnenhof* (1905–1970), das Hauptgebäude der Anstalt, in dessen Erdgeschoß sich der Speisesaal befand; davor die *Villa Bergfried* (1900–1989), rechts dahinter die 1903 erbaute *Villa Fellenberg* mit Unterkünften für Gäste und Personal, dann die 1898 errichtete *Villa Colonia*, das im Jahr 1900 erbaute Kurhaus *Zum Morgenstern*, die beide bis in die 60er Jahre des 20. Jahrhunderts bestanden, sowie schließlich ganz rechts das *Badhaus* und die Lufthütten. Der Bildausschnitt rechts unten zeigt den Wasserfall des Tobelbaches in einem Waldgebiet südlich der *Berghalde*, das ohne räumliche Verbindung mit dem Sanatoriumsgelände war.

Der *Sonnenhof*, an dessen Stelle sich heute das *Alterswohnheim* erhebt, lag nördlich vom Scheitelpunkt der Kurve, mit der die vom Bahnhofsgelände in nördlicher Richtung aufwärts führende *Lerchenbergstraße* nach Südosten abbiegt. Rechts daneben die noch existierende *Villa Fellenberg*. *Bergfried*, *Colonia*, *Morgenstern* und *Badhaus* lagen südlich dieser Kurve, umschlossen von der *Lerchenbergstraße* und östlich der in diese einmündende *Riet-Straße*. Von den Gebäuden hatte man einen herrlichen Blick auf Zürich, die Albiskette und die Glarner Alpen. Den Gästen wurde vegetarische Kost geboten, die den Lehren Heinrich Lahmanns (→ Abb. 154) folgte und von der Frau des Besitzers, der die heilsamen Wirkungen dieser Diät an sich selbst erfahren hatte, zubereitet wurde. Seit Frühjahr 1910 existierten große Liegehallen mit Glaswänden, die auch bei schlechtem Wetter die Anwendung von Luft und Sonnenbädern ermöglichten. Im April 1911 wurde

429 | Der *Sonnenhof* mit dem Zürichsee im Hintergrund.

Mein Spaziergang im dunklen Gärtchen vor dem Sanatorium.

T 980.

das Herrenluftbad erweitert und mit einer großen offenen Wandelhalle versehen.

Kafka, der möglicherweise in dem von ihm abonnierten *Reformblatt für Gesundheitspflege* (→ Abb. 358) auf die Erlenbacher Anstalt aufmerksam geworden war – im April 1911 berichtete die Zeitschrift von Modernisierungsmaßnahmen, der Juninummer lag ein Prospekt mit Preisangaben bei –, kam laut Gästebuch am 14. September in Erlenbach an und verließ es wieder am 19. des Monats. Sein Zimmer lag vermutlich an der Rückfront des *Sonnenhofs*, und zwar im dritten Stockwerk.

Vgl. *Reformblatt für Gesundheitspflege* 15, Nr. 170 (April 1911), S. 1802 f. und Mitteilungen von Fritz Fellenberg jr.

430 | Friedrich Fellenberg (1867–1952), der Besitzer des Sanatoriums in Erlenbach, seine Frau und seine Kinder Fritz und Waltraute (*1908), die Kafka als dickes, kleines, gescheites, aber nicht besonders hübsches Mädel *ohne Zukunft* erlebte, das sich häufig in der Nase bohrte (1912).

Trotz meines äußersten Widerwillens gegen das Wort «Typus» halte ich es doch für wahr, daß durch die Naturheilkunde und was damit zusammenhängt ein neuer Typus entsteht, den z. B. Hr. Fellenberg, den ich allerdings nur oberflächlich kenne, repräsentiert. Leute mit dünner Haut, ziemlich kleinem Kopf, übertrieben reinlich aussehend, mit ein, zwei kleinen nicht zu ihnen gehörigen Einzelheiten (bei Hr. F. fehlende Zähne, Bauchansatz), größere Magerkeit, als sie zur Anlage ihres Körpers passend erscheint d. h. unterdrücktes Fett, Behandlung ihrer Gesundheit, als wenn es eine Krankheit wäre oder zumindest ein Verdienst (womit ich nicht tadle) mit allen sonstigen Folgen eines so forcierten Gesundheitsgefühls.

T 982 f., vgl. 981.

431 | Ein Gästezimmer im *Sonnenhof.*

Endlich sind aber auch die Beleuchtungsverhältnisse ziemlich schlechte, ich wüßte gar nicht, wo ich allein schreiben sollte […] Natürlich wenn ich den Zwang zum Schreiben in mir fühlen würde […] dann allerdings bestünde keines jener Hindernisse. Ich müßte mir einfach die Anwendungen nicht machen lassen, könnte mich gleich nach Tisch empfehlen, als ein ganz besonderer Sonderling dem man nachschaut in mein Zimmer hinaufgehen, den Sessel auf den Tisch stellen und im Licht der hoch an der Decke angebrachten schwachen Glühlampe schreiben.

Obwohl das Sanatorium 1910 an das Elektrizitätswerk von Erlenbach angeschlossen worden war, mußte man Strom sparen, weil es Anpassungsschwierigkeiten an das Gleichstromnetz der Anstalt gab. Für Extraverbrauch von elektrischem Licht während der Nacht hatte man einen Franken zu bezahlen.

An Max Brod am 17. IX. 1911.

432 | Liegepritschen und Zementbadewannen im Herrenluftbad.

[...] der Tag ist hier ausgefüllt von den Anwendungen, wie das Baden, Massiertwerden, Turnen usw. heißt und von der Vorbereitungsruhe vor diesen Anwendungen und von der Erholungsruhe nach ihnen.

Unter den in der Anstalt verwendeten Kurmitteln kam Wasser in Form von Waschungen, Bädern, Güssen, Dämpfen, Wickeln und Packungen jeglicher Art zur Anwendung, und zwar eher temperiert oder heiß als kalt, weil man die Erfahrung gemacht hatte, daß dies dem geschwächten, blutarmen und nervenkranken Zustand der meisten Krankheiten mehr entsprach als die Kaltwasserbehandlung früherer Zeiten. Auch medizinische Bäder standen in Verwendung.

Massagen des gesamten Körpers oder einzelner Teile sollten den Blutfluß befördern und Ablagerungen lockern, insbesondere bei Patienten, die von Berufs wegen zu einer sitzenden Lebensweise verurteilt waren. Adolf Keller-Hoerschelmanns *Leitfaden für Anwendungsformen der Naturheilmethode* (1908) zeigt allerdings, daß in Erlenbach der Begriff der Massage umfassender gefaßt wurde als im heute üblichen Sinn, denn man zählte dazu unter anderem auch das intermittierende Drücken, das Klatschen mit geballter Faust, das Hacken mit gespreizten Fingern, das Zupfen, Verschieben, Streichen und Reiben der Haut mit verschiedener Intensität und Schnelligkeit und die Erschütterung schmerzender Nervenzellen.

An Max Brod am 17. IX. 1911, vgl. [Friedrich Fellenberg]: *Sanatorium Erlenbach. Naturheilanstalt,* (Horgen-Zürich 1907), S. 13 f. und 18 (Werbebroschüre).

433 | Der große Speisesaal im *Sonnenhof*. Abbildung in einer Werbebroschüre des *Naturheilsanatoriums Erlenbach,* die sich Kafka vor Antritt seiner Reise hatte nach Prag schicken lassen.

Die Säulen im Speisesaal, über die ich im Prospekt nach der Abbildung (hoch, glänzend, Marmor durch und durch) erschrak, derentwegen ich mich während der Überfahrt auf dem kleinen Dampfer verwünschte und die schließlich sehr bürgerlich, aus Ziegeln gebaut waren, schlechte Marmorzeichnung tragen und auffallend niedrig sind.

Das Zitat verrät, daß Kafka nach seiner Ankunft im Züricher *Hauptbahnhof* nicht mit der Lokalbahn nach Erlenbach weitergefahren ist, sondern die Gelegenheit zu einem Stadtspaziergang nutzte und dann mit einem der auf dem See verkehrenden Linienboote sein Ziel erreichte.

Offensichtlich wurde Kafka während des Aufenthalts in Erlenbach angeregt, sich intensiver mit seiner Ernährung zu beschäftigen. So ließ er sich von einer Mitpatientin Alice Birchers vegetarisches Kochbuch *Speisezettel und Kochrezepte für diätetische Ernährung* empfehlen (3. verbesserte Auflage 1910). Die Verfasserin war Vorsteherin des 1904 von Dr. Maximilian Oskar Bircher-Benner gegründeten Sanatoriums *Lebendige Kraft* auf dem Zürcherberg. Den Namen dieser Anstalt und das *Kleine vegetarische Kochbuch für Junggesellen und andere einzelstehende Personen* von Carlotto Schulz – die von Kafka verwendete Titelformulierung läßt den Schluß zu, daß ihm die zweite, 1897 erschienene Auflage des zuerst 1887 gedruckten Werks empfohlen worden war – notierte er sich auf einem Notizblock.

T 981 und TA 61.

434 | Dr. Adolf Keller-Hoerschelmann (1879–1969) bei einer der von ihm entwickelten Atemübungen (1910).

Angenehmes Gefühl als der Arzt wieder und wieder mein Herz abhorchte, den Körper immer wieder anders gelegt haben wollte und nicht ins Reine kommen konnte. Besonders lange betastete er die Herzgegend, es dauerte so lang, daß es fast gedankenlos schien.

Da Keller-Hoerschelmann, der Kafka in Erlenbach behandelte, die Erfahrung gemacht hatte, daß Nervosität vielfach zu Unregelmäßigkeiten der Herztätigkeit führte, wollte er offenbar feststellen, ob in Kafkas Fall eine Herznervosität vorlag, die er dann durch Tiefatmung zu beheben versucht hätte. Als Ergänzung zu J. P. Müllers Gymnastikbuch (→ Abb. 194) hatte der Arzt eigene Muskel- und Atemübungen entwickelt, die er 1910 unter dem Titel *Mein Atmungssystem* veröffentlichte.

Keller-Hoerschelmann hatte in Lausanne, Berlin und Zürich studiert, wo er 1905 promovierte. Anschließend war er in der *Nervenheilanstalt Ahrweiler* tätig, danach auf Anregung Maximilian Oskar Bircher-Benners als Assistent bei Franz Schönenberger in Bremen, einem der ersten Ärzte, die Naturheilverfahren konsequent anwandten. Von 1907 bis 1912 unterhielt er, der inzwischen ein überzeugter Verfechter der naturgemäßen Lebens- und Heilweise geworden war, eine diesen

435 | Der Sekretär des Sanatoriums, der aus Sachsen stammende Richard Wagner, der von März 1910 bis zum Frühsommer 1913 in Erlenbach arbeitete. Wagner war Vegetarier und trug nur Sandalen oder Reformschuhe mit geflochtenem Oberleder.

Der Sekretär der jeden Winter Fußreisen macht nach Budapest, Südfrankreich, Italien. Bloßfüßig, nährt sich dann nur von Rohkost (Schrotbrot, Feigen, Datteln) wohnte mit 2 andern 14 Tage lang in der Gegend um Nizza meist nackt in einem verlassenen Hause.

T 980.

Grundsätzen verpflichtete Arztpraxis in Zürich, die nebenamtlich das Sanatorium Erlenbach einschloß. Im Jahr 1914 eröffnete er das heute noch bestehende *Kurhaus Cademario* im Tessin.

Es darf als wahrscheinlich gelten, daß Kafka, der besonders unter Verstopfung litt, von Keller-Hoerschelmann auf eine Broschüre hingewiesen wurde, die sich ursprünglich in seiner Bibliothek befand und als 5. Heft der *Bücher für Lebens- und Heilreform* kurz zuvor in Berlin erschienen war. Es handelt sich dabei um die Abhandlungen *Chronische Verstopfung* von G. Riedlin und *Hämorrhoidalleiden* von Franz Schönenberger.

T 891, vgl. W 263 und Adolf Keller-Hoerschelmann: *Die Lunge als Nervenberuhigungsapparat*, in: *Natürliche Heilmethoden* 26, Nr. 451 (Juni 1914), S. 31.

437 | Blick in die für eine Festversammlung der *Heilsarmee* vorbereitete Züricher *Stadthalle* am *Stauffacherplatz* (heute *Morgartenstraße*) Nr. 1.

436 | Der aus Berlin stammende Trompeter Engel, der zu Kafkas *großem Vergnügen* seine Kunst übte, mit zwei Mitarbeiterinnen des Sanatoriums.

Der Trompetenbläser, den ich für einen lustigen, glücklichen Menschen gehalten hätte (denn er ist beweglich, hat scharfe Einfälle, sein Gesicht ist von blondem Bart niedrig umwachsen und endet in einem Spitzbart, er hat gerötete Wangen, blaue Augen, ist praktisch angezogen), hat mich heute im Gespräch über seine Verdauungsbeschwerden mit einem Blick angesehn, der auffallend mit gleicher Stärke aus beiden Augen kam, die Augen förmlich spannte, mich traf und schief in die Erde gieng.

Zur Therapie gehörte die Frühgymnastik, die zwischen sieben und halb acht Uhr in den beiden Luftbädern stattfand, bei schlechtem Wetter auch in den Glashallen, und zwar nach den von Keller-Hoerschelmann entwickelten Grundsätzen. Die Übungen begannen, wie Kafka schreibt, unter dem *Absingen eines Wunderhorn Liedes,* das Engel auf der Trompete vorblies.

Engel war Musiklehrer an einem Berliner Gymnasium und arbeitete auch als Klavierlehrer. Er und seine Schwester waren als Volontäre tätig, meistens im Garten, oder sie führten Gäste durch die weitläufigen Räumlichkeiten der Anstalt. Engel war auch ein geschickter Bastler, der ein Puppentheater baute, auf dem öffentliche Vorstellungen gegeben wurden.

T 983 und 980, vgl. Br I 143, [Friedrich Fellenberg]: *Sanatorium Erlenbach. Naturheilanstalt,* (Horgen-Zürich 1907), S. 18, Adolf Keller-Hoerschelmann: *Mein Atmungssystem,* Olten (1914), S. 2 und Fritz Fellenberg jr. am 13. X. 1976.

Daß Kafka bei seiner Ankunft in Zürich vom *Hauptbahnhof* zum Ufer des Zürichsees ging und dort in ein Linienboot stieg, läßt den Schluß zu, daß er, anders als Brod, der Zürich nicht zu brauchen glaubte, die *Bahnhofstraße* wiedersehen wollte, und zwar nicht wie drei Wochen zuvor an einem stillen Sonntagmorgen, sondern an einem von Leben erfüllten Werktag. Aus ähnlichen Gründen dürfte er am 19. September Erlenbach so früh verlassen haben, daß ihm bis zur Abfahrt des Nachtzugs Zürich–München noch Zeit für einen Stadtbummel blieb. Wie ein in seinem Tagebuch überlieferter Traum nahelegt, muß er an diesem Samstagabend auf einen Umzug der *Heilsarmee* gestoßen und diesem in die (nicht mehr erhaltene) *Stadthalle* gefolgt sein, wo, von einem Musikcorps musikalisch untermalt, Erweckungsreden gehalten wurden.

Diese Veranstaltung ist unter die Ereignisse zu rechnen, die zur Ausgestaltung des *Verschollenen* beigetragen haben: Eine Musikkapelle, die Interessenten aufmerksam machen und anlocken soll, ein verheißungsvolles Plakat, die Botschaft, jeder sei willkommen und werde gebraucht, sowie vor großem Auditorium gehaltene Reden – das alles begegnet auch in dem Kapitel des Romans, das herkömmlicherweise *Das Naturtheater von Oklahoma* genannt wird.

Vgl. T 981, 206, EFR 79 und Hartmut Binder: *Mit Kafka in den Süden,* (Praha 2007), S. 182–186.

Kapitel IX

Lebenswende

Kafkas Lebenszeugnissen ist zu entnehmen, daß im Herbst 1911 und im darauffolgenden Winter eine grundsätzliche Neuorientierung erfolgte, die aus einem Assimilanten einen um seine Identität kämpfenden Nationaljuden machte, der seine Erziehung, seine Familiensituation und seine literarische Begabung für seine Schwierigkeiten verantwortlich machte und sich in bisher nicht gekannter Radikalität zur Verwirklichung als Schriftsteller berufen fühlte. Als Hauptgrund für diese Entwicklung läßt sich die Berührung mit jiddischen Theaterstücken und eine sich daraus ergebende Bekanntschaft mit einer Wandertruppe namhaft machen, die ihm Einblicke in die ostjüdische Geisteswelt verschaffte, das Verständnis seiner Situation förderte und Anregungen für sein Schaffen vermittelte. Kafka freundete sich besonders mit dem Schauspieler Jizchak Löwy an, der ihn als Künstler beeindruckte, aber noch mehr faszinierte, wenn er aus seinem Leben erzählte.

Weiterhin ist in diesem Zusammenhang der 1893 gegründete, seit 1910 stark von den Vorstellungen Martin Bubers beeinflußte *Verein jüdischer Hochschüler «Bar-Kochba»* zu nennen, der sich zum Zionismus bekannte, das Erlernen der hebräischen Sprache propagierte und durch seine Vereins- und Vortragsabende, die bedeutende Vertreter des Judentums am Rednerpult sahen, Einfluß auf das geistige Klima im Prag der Vorkriegszeit nahm, dem sich auch Kafka nicht entziehen konnte. Eine weitere Ursache für die damals sich ergebenden Veränderungen in Kafkas Weltbild ist in der Asbestfabrik zu sehen, die Kafka Ende 1911 zusammen mit seinem Schwager Karl Hermann gründete. Denn die Schwierigkeiten, die ihm in der Folgezeit daraus erwuchsen, trugen wesentlich dazu bei, daß sich der zwischen ihm und seinen Angehörigen bestehende Gegensatz zu offenem Haß auf seinen Vater entwickelte, der seine Lebensgestaltung in der Folgezeit maßgeblich mitbestimmte. (→ Abb. 478 und 480)

Schwer abzuschätzen, aber nicht zu leugnen ist der Einfluß, der von auswärtigen Künstlern und Intellektuellen ausging, mit denen er zusammentraf und die halfen, das eigene Profil zu schärfen. Schließlich muß auf seine Bürotätigkeit verwiesen werden: Kafka war im Lauf der Jahre zu der Einsicht gekommen, daß Brotberuf und literarische Arbeit miteinander unvereinbar seien. Die Konsequenz war, daß er seine Stellung in der *Arbeiter-Unfall-Versicherungs-Anstalt* aufgeben und als freier Schriftsteller in Berlin leben wollte, aber nicht den Mut hatte, diesen Schritt auch tatsächlich zu wagen.

Vgl. T 81 und Br II 205.

439 | Max Brod: *Kubin* (Zeichnung, 1911).

Kubin selbst: sehr stark, aber etwas einförmig bewegtes Gesicht, mit der gleichen Muskelanspannung beschreibt er die verschiedensten Sachen. Sieht verschieden alt, groß und stark aus, je nachdem er sitzt, aufsteht, bloßen Anzug oder Überzieher hat.

Als Alfred Kubin (1877–1959) Ende September 1911 nach Prag kam, suchte er Max Brod auf, der ihn bei dieser Gelegenheit porträtierte und mit Kafka bekannt machte. Man verbrachte in größerer Gesellschaft einen Abend zusammen, vermutlich im *Café Arco*, in dessen Verlauf sich Kubin, obwohl übermüdet, als Geschichtenerzähler hervortat, der wegen seiner Fröhlichkeit und seiner sprudelnden Einfälle faszinierte, aber *den ganzen Abend* auch *oft* und *ganz ernsthaft* von seiner und Kafkas Verstopfung sprach. Kubin sagte später zu Wolfgang Schneditz über diesen Abend, er sei von dem duchdringend-forschenden Blick Kafkas und weil er durch dessen dichtes Haar auf die Schädeldecke habe blicken können, so *geniert* gewesen, daß man nur über die beiderseitige Hypochondrie gesprochen habe.

Tagebuch, 26. und 30. IX. 1911 sowie Wolfgang Schneditz: *Begegnungen mit Zeitgenossen*, München (1959), S. 42, vgl. Max Brod: *Neue Romane. Nähere und weitere Umgebung*, in: PT 37, Nr. 27 (28. I. 1912), S. 20 und Fritz von Herzmanovsky-Orlando: *Der Briefwechsel mit Alfred Kubin 1903 bis 1952*, (Salzburg und Wien 1983), S. 66 (am 27. IX. 1911).

438 | Die Mitglieder des *Vereins jüdischer Hochschüler «Bar-Kochba»* im Studienjahr 1910/11. In der zweiten Reihe von vorn: ganz links Viktor Kellner, dritter von links Robert Weltsch; dritte Reihe: ganz links Hugo Herrmann, rechts außen Leo Herrmann.

Am Anfang des 20. Jahrhunderts wurde der Zionismus in Prag fast allein vom *«Bar Kochba»* getragen, in dem Max Brod 1909 als Gast und Opponent zu verkehren begann. Im Verlauf der beiden darauffolgenden Jahre wandelte er sich zum Zionisten, wodurch auch Kafka, der mehrfach Veranstaltungen des Vereins besuchte (→ Abb. 438, 528 und 540) und mit einzelnen Mitgliedern bekannt war, zur Auseinandersetzung mit der neuen jüdischen Bewegung veranlaßt wurde. Nachdem er eine antizionistische Phase durchlaufen hatte, die, Brods Tagebüchern zu glauben, in der zweiten Hälfte des Jahres 1913 kulminiert haben dürfte – *Kafka* nicht *zion.*, heißt es dort im Dezember (→ Abb. 717) –, wurde er in der Folgezeit Anhänger dieser Bewegung und war bis zu seinem Tod Abonnent der zionistischen Wochenschrift *Selbstwehr*. Wenngleich er später Felice gegenüber meinte, sich nicht als Zionisten bezeichnen zu dürfen, so fühlte er sich doch nicht mehr als Deutscher mosaischer Religionszugehörigkeit, sondern blieb stets ein Vertreter nationaljüdischer Gesinnung, der mit den kulturellen Zielen des Zionismus sympathisierte, ja sogar in Palästina Aufbauarbeit geleistet hätte, falls Entschlußkraft und Gesundheitszustand dies zugelassen hätten.

Kafka verkehrte besonders mit Robert Weltsch, den er im Februar 1912 dazu hatte überreden können, daß der *«Bar Kochba»* das Patronat über den von ihm geplanten Vortragsabend Jizchak Löwys übernahm, doch kontaktierte er in diesem Zusammenhang auch Hugo und Leo Herrmann (→ Abb. 248). Im September 1912 ließ er sich von Viktor Kellner (1887–1970), der zwei Jahre zuvor nach Palästina ausgewandert und in Prag zu Besuch war, von dessen Tätigkeit als Gymnasiallehrer in Jaffa berichten.

Hugo Herrmann (1887–1940), aufgewachsen in Mährisch Trübau (Moravská Třebová), machte 1906 Abitur und begann im Herbst dieses Jahres an der Prager *Karl-Ferdinands-Universität* ein Studium der Germanistik und Romanistik, das er im Juni 1911 mit einer

Dissertation über die *Entwicklung des Potiphar-Motives und sein Vorkommen in der italienischen und französischen Novelle bis zum Ausgange des 16. Jahrhunderts* sowie im November des Jahres mit der Lehramtsprüfung für Gymnasien abschloß. Das Studienjahr 1907/08 hatte er an der Wiener Universität verbracht. Herrmann war lange Jahre Leiter des *Keren Hajessod* für Mähren und Österreichisch Schlesien in Brünn, bevor er 1936 nach Palästina emigrierte. Seine *In jenen Tagen* betitelten Erinnerungen (Jerusalem 1938) gelten seiner in Mährisch Trübau verbrachten Kindheit und Jugend.

Vgl. Br III 223 f., T 377, 437, KH 370–376, 435–437, Hartmut Binder: *Franz Kafka und die Wochenschrift «Selbstwehr»*, in: Vierteljahrsschrift für Literaturwissenschaft und Geistesgeschichte 41, Heft 2 (1976), S. 283–304 und *A. H. Verband Bar Kochba – Theodor Herzl. Zirkular*, Januar 1965, Tel Aviv, S. 2 f.

440 | Kurt Tucholsky (1890–1935) und Kurt Szafranski (1890–1964). Karikatur Szafranskis zu Tucholskys Essay *Duo/Eine Selbstanzeige*, der Tucholskys *Rheinsberg. Ein Bilderbuch für Verliebte* gilt und 1912 im *Weihnachtsheft* der vom Verlag Axel Juncker in Berlin herausgegebenen Zeitschrift *Orplid* gedruckt wurde. Der Jahrgang 1912 war in Kafkas Besitz.

Tucholski und Safranski. Das gehauchte Berlinerisch, in dem die Stimme Ruhepausen braucht, die von «nich» gebildet werden. Der erste ein ganz einheitlicher Mensch von 21 Jahren. Vom gemäßigten und starken Schwingen des Spazierstocks, das die Schulter jugendlich hebt, angefangen bis zum überlegten Vergnügen und Mißachten seiner eigenen schriftstellerischen Arbeiten. Will Verteidiger werden, sieht nur wenige Hindernisse – gleichzeitig mit der Möglichkeit ihrer Beseitigung: seine helle Stimme die nach dem männlichen Klang der ersten durchredeten halben Stunde angeblich mädchenhaft wird – Zweifel an der eigenen Fähigkeit zur Pose, die er sich aber von größerer Welterfahrung erhofft – endlich Angst vor einer Verwandlung ins Weltschmerzlerische, wie er es an ältern Berliner Juden seiner Richtung bemerkt hat, allerdings spürt er vorläufig gar nichts davon. Er wird bald heiraten.

Als die beiden Berliner Intellektuellen Ende September 1911 nach Prag kamen, um Brod zu besuchen und ihm ihre Anerkennung für seinen 1909 erschienenen Roman *Ein tschechisches Dienstmädchen* auszusprechen, hatte dieser den Eindruck, das Freundespaar sehe aus, *wie man sich zwei reisende Handwerksburschen vorstellt.* Brod muß seine Gäste dann mit Kafka zusammengebracht haben, den er gewohnheitsgemäß als großen Schriftsteller vorstellte, der stärkste Bedenken habe, seine Werke zu veröffentlichen. So kam es zu der einzigen Begegnung zwischen Tucholsky und Kafka, der in seinem Gegenüber Lebensmöglichkeiten geplant sah, die er für sich selbst verworfen hatte, denn er hatte es abgelehnt, Advokat zu werden, und eine Beamtenlaufbahn vorgezogen. Tucholsky seinerseits war von Kafka sehr angetan, denn nachdem er von dessen Tod erfahren hatte, schrieb er am 20. Juni 1924 an seine Frau:

Ich kannte ihn – vor dem Kriege – als einen langen, magern, braunen Menschen, dunkel, sehr schweigsam, sehr schüchtern und zurückhaltend.

Im Gegensatz zu Brod, der mir nicht recht gefiel und mir in Prag und Berlin eine große Enttäuschung war, liebte ich Kafka – ohne eine Zeile von ihm zu kennen.

Er wollte nie etwas veröffentlichen – Brod mußte ihm alles einzeln aus der Schublade ziehen.

Tucholsky hat durch Rezensionen dazu beigetragen, Kafkas Ruf als Schriftsteller zu verbreiten. Am 27. Januar 1913 besprach er im

Prager Tagblatt die eben erschienene *Betrachtung*, wobei als Bezugsgrößen Robert Walser, Jules Laforgue und Kleist erscheinen, die auf Gespräche mit Brod und Kafka zurückgehen könnten. Und am 3. Juli 1920 erschien in der *Weltbühne* die erste große Besprechung der *Strafkolonie*, die einzig durchweg positive, die dieser Erzählung zuteil wurde.

Tagebuch, 30. IX. 1911, SL 75 f. und Kurt Tucholsky: *Ausgewählte Briefe 1913–1935*, hrsg. von Mary Gerold-Tucholsky und F. J. Raddatz, (Reinbek bei Hamburg 1962), S. 473, vgl. F 100.

441 | Die 1535 erbaute, an den *Alten jüdischen Friedhof* grenzende *Pinkas-Synagoge* in der *Široká*.

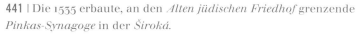

Altneusynagoge gestern. Kolnidre. Gedämpftes Börsengemurmel. Im Vorraum Büchse mit der Aufschrift: «Milde Gaben im Stillen, besänftigen den Unwillen.» Kirchenmäßiges Innere. Drei fromme offenbar östliche Juden. In Socken. Über das Gebetbuch gebeugt, den Gebetmantel über den Kopf gezogen, möglichst klein geworden. Zwei weinen, nur vom Feiertag gerührt? […] In der Pinkassynagoge war ich unvergleichlich stärker vom Judentum hergenommen.

Die *Pinkas-Synagoge* wurde im September 1941 von der deutschen Protektoratsregierung geschlossen. Nach dem Zweiten Weltkrieg wurde sie in eine Gedenkstätte für Holocaust-Opfer umgewandelt. An ihren Wänden wurden 77 297 Namen in Böhmen beheimateter Juden angebracht, die während der Nazi-Okkupation ermordet worden waren. Als 1968 die Tschechoslowakei durch Armeen des Warschauer Paktes besetzt wurde, verkam die Gedenkstätte allmählich. Nach der Samtenen Revolution von 1989 wurde sie renoviert, erlitt aber im Jahr 2003 Wasserschäden durch die Moldauflut.

Tagebuch, 1. X. 1911.

442 | Der *Alte jüdische Friedhof* in der Prager *Josefstadt*, in dem seit dem Jahr 1788 nicht mehr begraben wird.

Ich bin ja wie aus Stein, wie mein eigenes Grabdenkmal bin ich, da ist keine Lücke für Zweifel oder für Glauben, für Liebe oder Widerwillen, für Muth oder Angst im besonderen oder allgemeinen, nur eine vage Hoffnung lebt, aber nicht besser, als die Inschriften auf den Grabdenkmälern.

Die berühmte Sehenswürdigkeit mit dem Grabmal des Rabbi Löw, einem der gelehrtesten Rabbiner des 17. Jahrhunderts, die seit den 1897 einsetzenden Sanierungsmaßnahmen nur mehr in verkleinerter Gestalt fortbesteht, wird in Kafkas Lebenszeugnissen nicht erwähnt, doch war sie ihm natürlich wie jedem Prager Juden bekannt.

Tagebuch, 15. XII. 1910.

443 | Der Direktor der *Arbeiter-Unfall-Versicherungs-Anstalt* Dr. Robert Marschner und seine Tochter Berta.

Eine schreckliche Erscheinung war heute in der Nacht ein blindes Kind scheinbar die Tochter meiner Leitmeritzer Tante die übrigens keine Tochter hat sondern nur Söhne, von denen einer einmal den Fuß gebrochen hatte [→ Abb. 688 und 689]. Dagegen waren zwischen diesem Kind und der Tochter Dr. Marschners Beziehungen, die, wie ich letzthin gesehen habe, auf dem Wege ist, aus einem hübschen Kind ein dickes steif angezogenes kleines Mädchen zu werden. Dieses blinde oder schwachsinnige Kind hatte beide Augen von einer Brille bedeckt.

Tagebuch, 2. X. 1911.

444 | Kafkas Mutter.

Seit längerer Zeit klage ich schon, daß ich zwar immer krank bin, niemals aber eine besondere Krankheit habe, die mich zwingen würde, mich ins Bett zu legen. Dieser Wunsch geht sicher zum größten Teil darauf zurück, daß ich weiß, wie die Mutter trösten kann, wenn sie z. B. aus dem beleuchteten Wohnzimmer in die Dämmerung des Krankenzimmers kommt oder am Abend, wenn der Tag einförmig in die Nacht überzugehn anfängt aus dem Geschäft zurückkehrt und mit ihren Sorgen und raschen Anordnungen den schon so späten Tag noch einmal anfangen läßt und den Kranken aufmuntert, ihr dabei zu helfen. Das würde ich mir wieder wünschen.

Tagebuch, 24. X. 1911.

445 | Julie Kafka, darunter Kafkas Selbstporträt. (Bleistiftzeichnung)

Jetzt erinnere ich mich, daß die Brille im Traum von meiner Mutter stammt, die am Abend neben mir sitzt und unter ihrem Zwicker während des Kartenspiels nicht mehr angenehm zu mir herüberschaut. Ihr Zwicker hat sogar, was ich früher bemerkt zu haben mich nicht erinnere das rechte Glas näher dem Auge als das linke.

Kafkas Eltern pflegten regelmäßig am Abend im Wohnzimmer Karten zu spielen.

Tagebuch, 2. X. 1911.

446 | Der Saal des Restaurants auf der *Schützeninsel (Střelecký ostrov)*, in dem täglich Militärkonzerte stattfanden.

Gestern abend auf der Schützeninsel, mei-
ne Kollegen nicht gefunden und gleich weg-
gegangen. Ich machte einiges Aufsehen in
meinem Röckchen mit dem zerdrückten wei-
chen Hut in der Hand, denn draußen war
kalt, hier aber heiß von dem Athem der Bier-
trinker, Raucher und Bläser des Militäror-
chesters. Dieses Orchester war nicht sehr
erhöht, konnte es auch nicht sein, weil der
Saal ziemlich niedrig ist und füllte das eine
Ende des Saals bis an die Seitenwände aus.
Wie eingepaßt war diese Menge von Musi-
kern in dieses Saalende hineingeschoben.
Dieser Eindruck des Gedrängtseins verlor
sich dann ein wenig im Saal, da die Plätze
nahe beim Orchester ziemlich leer waren
und der Saal sich erst gegen die Mitte füllte.
(→ Abb. 244 und 842)

Tagebuch, 13. X. 1911.

447 | Spazierwege auf der *Schützeninsel.*

Als Josef K. im Schlußkapitel des *Process-*
Romans mit seinen beiden Begleitern über
eine Brücke zieht, die in der *Karlsbrücke*
ihr Vorbild hat, dreht er sich zum Geländer
und sieht eine kleine Insel, auf der *Laub-*
massen von Bäumen und Sträuchern zu sehen sind. Dabei erinnert er sich an die hier
vorhandenen, jetzt unsichtbaren *Kieswege*
mit ihren *bequemen Bänken,* auf denen er
in manchem Sommer sich gestreckt und
gedehnt hatte. (→ Abb. 308)

Vgl. P *Ende* 14 f.

448 | Am 15. Oktober 1911 im *Prager Tagblatt*
erschienene Annonce Hermann Kafkas.

Anstrengender Sonntag gestern. Dem Vater
hat das ganze Personal gekündigt. Durch
gute Reden, Herzlichkeit, Wirkung seiner
Krankheit, seiner Größe und frühern Stärke,
seiner Erfahrung, seiner Klugheit erkämpft
er sich in allgemeinen und privaten Unterre-
dungen fast alle zurück.

Der Vorgang zeigt, daß Kafka keineswegs
übertrieb, wenn er dem Adressaten seines
Briefs an den Vater vorhielt, er sei ein ty-
rannischer Dienstherr, der im Geschäft
besinnungslos schreie und wüte und seine
Angestellten als *bezahlte Feinde* bezeichne.
(→ Abb. 1038)

Bei der erwähnten Krankheit handelte es
sich nach Kafkas Aussage um eine *Herzner-*
vosität.

Tagebuch, 16. X. 1911, NS II 173 und 158.

Geſchäftsführer,
nur erſte Kraft, aus der Wirk- u. Kurzwaren-
branche, böhmiſch und deutſch, wird unter
günſtigen Bedingungen akzeptirt. Außerdem
wird ein tüchtiger
Kommis und eine Komptoiristin
aufgenommen. Nur ſchriftliche Offerten ohne
Retour-Marke an das Warenhaus
Hermann Kafka,
Prag, Zeltnergasse Nr. 12, I. Stock.

449 | Das Gasthaus der Familie Hamann in Rado-
tín (Radotín) (1943).

*Auf und ab im Hof des Herrn Haman, ein
Hund legt eine Pfote auf meine Fußspitze, die ich
schaukle. Kinder, Hühner, hie und da Erwachsene.
Ein zeitweise auf der Pawlatsche heruntergebeugtes
oder hinter einer Tür sich versteckendes Kindermädchen hat Lust auf mich. Ich weiß unter ihren
Blicken nicht, was ich gerade bin, ob gleichgültig,
verschämt, jung oder alt, frech oder anhänglich,
Hände hinten oder vorn haltend, frierend oder heiß,
Tierliebhaber oder Geschäftsmann, Freund des
Haman oder Bittsteller, den Versammlungsteilneh-
mern, die manchmal in einer ununterbrochenen
Schleife aus dem Lokal ins Pissoir und zurückgehn
überlegen oder infolge meines leichten Anzugs
lächerlich, ob Jude oder Christ u. s. w.*

Nachdem Hermann Kafkas Personal zum
15. Oktober 1911 gekündigt hatte, fuhr Kafka nach
Radotín, um Bohumil Hamann, einen Geschäftspartner des Vaters, der ihm seinen Kontoristen
verdankte, zu bitten, den Einfluß, den er auf diesen Angestellten hatte, geltend zu machen und
ihn zum Bleiben zu veranlassen.

Tagebuch, 16. X. 1911.

450 | Bohumil Hamann (1866–1948) aus Radotin.

*Schwarzbrauner Bart, Wangen und Kinn um-
wachsend, schwarze Augen, zwischen Augen und
Bart die dunklen Tönungen der Wangen. Er ist
Freund meines Vaters, ich kannte ihn schon als
Kind und die Vorstellung, daß er Kaffeeröster war,
hat mir ihn immer noch dunkler und männlicher
gemacht als er war.*

Tagebuch, 16. X. 1911.

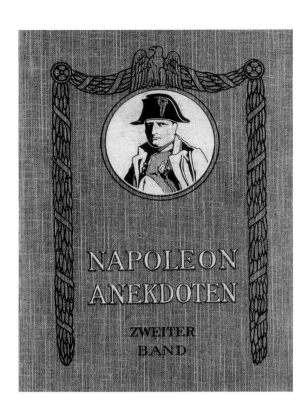

451 | *Napoleon-Anekdoten II,* gesammelt und bearbeitet von G. Kuntze, Stuttgart 1908, Einband. (Der erste Band war im Jahr zuvor erschienen.)

Wenn ich an diese Anekdote denke: Napoleon erzählt bei der Hoftafel in Erfurt: Als ich noch bloßer Lieutenant im 5. Regiment war ... (die königlichen Hoheiten sehn einander betreten an, Napoleon bemerkt es und korrigiert sich) als ich noch die Ehre hatte, bloßer Lieutenant ...; schwellen mir die Halsadern vor leicht nachgefühltem, künstlich in mich eindringenden Stolz.

Dieser Tagebucheintrag bildet den freilich ungenau wiedergegebenen Anfang einer Anekdote, die sich unter dem Titel *Gedächtnisstärke* im zweiten Band der von G. Kuntze herausgegebenen Napoleon-Anekdoten findet und Kafka wegen der Souveränität beeindruckt haben mag, mit der Napoleon zu seiner Herkunft stand.

Gleich nach seiner Rückkehr aus Paris hatte Kafka begonnen, sich mit Napoleon zu beschäftigen. Noch im Oktober 1911 studierte er das zweibändige Werk von Kuntze und die von Robert Rehlen herausgegebenen *Berühmten Aussprüche und Worte Napoleons von Corsika bis St. Helena.* Wie sehr ihn die Persönlichkeit des großen Korsen gefesselt haben muß, läßt sich auch daran erkennen, daß seine Aufmerksamkeit

Sektionsbefunden galt, die 1911 von Paul Frémeaux unter dem Titel *Der sterbende Napoleon* veröffentlicht wurden und ihm durch eine ausführliche Rezension August Fourniers vermittelt wurde, die Anfang 1912 in der *Neuen Rundschau* erschienen war. Frémeaux hatte festgestellt, daß Napoleons Geschlechtsteil und seine Hoden sehr klein waren, und damit die Abwesenheit sexueller Wünsche erklärt, die dem Korsen nachgesagt wurde. Kafka fand diese Begründung überzeugend und hielt sie vermutlich auch im Blick auf die eigene Unlust, sich sexuell zu betätigen, nicht ohne Grund für zutreffend. (→ Abb. 651)

Während des Ersten Weltkriegs, und gleichsam als Ersatz dafür, daß er nicht Soldat werden konnte (→ Abb. 843), beschäftigte sich Kafka besonders mit dem Rußlandfeldzug Napoleons, von dem er sich ein facettenreiches Bild verschaffte, indem er Darstellungen aus unterschiedlichen Blickpunkten (Generäle, Offiziere, Soldaten) zu Rate zog. Da er auch Brief- und Memoirenliteratur von Zeitgenossen Napoleons und Berichte über die Französische Revolution und deren Folgen las – so kannte er die von René Schickele herausgegebenen *Original-Briefe der Frau Du Barry* und Karl Immermanns *Knaben-Erinnerungen* –, erhielt er ein perspektivenreiches Bild des napoleonischen Zeitalters und seiner Vorgeschichte. Wie gewärtig ihm die Gestalt Napoleons stets war, zeigt der Umstand, daß dieser mehrfach und noch in seiner Spätzeit als Bild und Gegenfolie für eigene Lebenssituationen Verwendung findet.

Tagebuch, 17. X. 1911, vgl. T 88, Hartmut Binder: *Franz Kafka. Leben und Persönlichkeit,* Stuttgart (1983), S. 333 f., Br II 63 f., Br I 375, KB 91, 104 und Hartmut Binder: *Kafka und Napoleon,* in: *Festschrift für Friedrich Beißner,* hrsg. von Ulrich Gaier und Werner Volke, (Tübingen 1964), S. 38–66 und August Fournier: *Der sterbende Napoleon,* in: *Die neue Rundschau* 23, Nr. 1 (Januar 1912), S. 133–141.

452 | Der kaiserliche Rat und Direktor der *Arbeiter-Unfall-Versicherungs-Anstalt,* JUDr. Eugen Lederer (1861–1937).

Heute stand ich vor dem Rat Lederer, der sich unerwartet, ungebeten, kindisch, lügenhaft lächerlich und zum Ungeduldigwerden nach meiner Krankheit erkundigte. Wir hatten schon lange oder vielleicht noch überhaupt nicht so intim gesprochen, da fühlte ich, wie sich mein, von ihm noch nie so genau betrachtetes Gesicht für ihn in flache, schlecht aufgefaßte aber ihn jedenfalls überraschende Partien eröffnete. Für mich war ich nicht zu erkennen. Ihn kenne ich ganz genau.

Lederer, tschechisch-jüdischer Patrizier und Brauereibesitzer, war Direktor der Unfallabteilung, in der Kafka vom 17. April bis zum 17. September 1909 gearbeitet hatte, später auch Mitglied der *Staatlichen Landeszentrale zur Fürsorge für heimkehrende Krieger,* in der Kafka ebenfalls Aufgaben übernommen hatte (→ Abb. 870 f. und 932). Felice gegenüber bezeichnete Kafka diesen Kollegen, der übrigens unter dem Namen Evžen Leden literarische Texte veröffentlichte, als zwar lustigen, aber vor allem widerlichen Menschen, der sich auf seine Kosten Späße erlaube.

Tagebuch, 24. X. 1911, vgl. EFK 97 f., Br II 360 und III 15 f.

454 | Josef Hermann (*1868), der Wirt des *Café Savoy.*

Hermann, ein ehemaliger Kaufmann, der durch deutschfeindliche Ausfälle aufgefallen war, wurde mehrfach wegen seiner Aggressivität aktenkundig: So zog er beispielsweise am 4. Dezember 1911 einem Gast ein Billardqueue über den Kopf, am 13. Juli 1912 schlug er einem Besucher die Faust ins Gesicht. Als die ostjüdischen Schauspieler im Februar 1912 ihr Prager Gastspiel beendeten, wollte er in seinem Kaffeehaus Chantant-Vorführungen veranstalten, die aber mit der Begründung verweigert wurden, ihm fehle wegen seiner *Abstrafungen* die dafür nötige charakterliche Erfordernis. Hingegen wurde ihm erlaubt – er hatte sein Lokal inzwischen in *Café Picadilly* umgetauft –, vom 26. April bis zum 16. Mai 1913 Kabarett-Aufführungen abzuhalten, die von einer aus neun Personen bestehenden, aus Wien stammenden Schauspielertruppe durchgeführt wurden und unter dem Namen *Jüdische Bühne* auftrat. Kafka besuchte mit Brod, dessen Frau und Felix Weltsch am 29. April eine Vorstellung dieses Ensembles, möglicherweise *Die goldene Hochzeit* von Josef Lateiner, die ihm aber so wenig zusagte, daß er sie vorzeitig verließ. Da diese Veranstaltungen unprogrammgemäß schon am 5. Mai eingestellt wurden, darf angenommen werden, daß ihnen kein Erfolg beschieden war.

NA (Polizeiakten, Bescheid vom 27. II. 1912), vgl. Br II 177 und T 558.

453 | Das *Café Savoy* (heute *Hostinec sport*) an der Ecke *Stockhausgasse (Vězeňská)/Ziegengasse (Kozí)* (I-859). (→ Abb. 209, h)

In der ersten Maihälfte des Jahres 1910 gastierte in diesem Kaffeehaus eine deutsch-jüdische Theatergesellschaft, die auf einem engen Podium Volksstücke vorführte. Vor Beginn der eigentlichen Vorstellung unterhielten das Schauspielerehepaar Pepi und Moritz Weinberg sowie die Sängerin Salcia Weinberg durch kabarettartige Piecen das Publikum.

Aus Protest gegen den vom *Verein jüdischer Hochschüler «Bar Kochba»* vertretenen akademischen Zionismus besuchten Brod und Kafka die Aufführungen am 1. und 4. Mai. Wie seine Tagebuchaufzeichnungen belegen, fand Brod den ersten Besuch *epochal wichtig* für einen geplanten Roman – vermutlich die gerade begonnenen *Jüdinnen* –, den zweiten großartig, während Kafka weniger beeindruckt gewesen zu sein scheint. Dies änderte sich im Oktober des darauffolgenden Jahres, als hier eine Lemberger Schauspielergruppe auftrat, die in wechselnder Besetzung bis zum Februar 1912 jiddische Stücke von Abraham Goldfaden, Josef Lateiner, Jakob Gordin, Siegmund Feinmann und Abraham Scharkansky aufführte und Kafka tief beeindruckte.

Das erste Stück, das er sah und in seinem Tagebuch ungewöhnlich ausführlich beschrieb, war Abraham Scharkanskys (1869–1907) 1907 veröffentlichtes Stück *Khofni un Pinkhas, oder degel makhne Yehude* (Khofni und Pinkhas, oder das Banner der Legion Judäas), das im *Prager Tagblatt* unter den Titeln *Meschumed, Der Meschümett* (der Abtrünnige, der Getaufte) und *Ein Opfer der Taufe* sowie zunächst mit einem falschen Verfassernamen (Joseph Lateiner)

angekündigt wurde. Bei den Prager Aufführungen fehlte der letzte Akt des Melodrams, wodurch der Abtrünnige zur Hauptfigur wurde.

SW 4, Nr. 19 (13. V. 1910), S. 4, vgl. FK 100, T 67 und Guido Massino: *Franz Kafka, «Der meshumed» by Abraham Sharkanski and «Elisha Ben Avuyah» by Jacob Gordin*, in: *Journal of The Kafka Society of America* 20, Nr. 1–2 (Juni/Dezember 1996), S. 30–41.

455 | Der Schauspieler Jizchak Löwy (1912).

Im übrigen ist L.[öwy] ein, wenn man ihn gewähren läßt, nahezu ununterbrochen begeisterter Mensch, ein «heißer Jude», wie man im Osten sagt.

Jizchak-Meyr Löwy, später unter dem Namen Jacques Levi bekannt, kam vermutlich 1882 in einem Warschauer Vorort als Erstgeborener einer kinderreichen, wohlhabenden chassidischen Familie zur Welt. Er besuchte die jüdische Grundschule, lernte Hebräisch, wurde Zionist und ging 1904 nach Paris, wo er zum erstenmal mit Laienschauspielern auf einer Bühne stand. 1907 trat er einer Theatergruppe bei, die ihn zu Auftritten in Zürich, Basel, Wien, in der böhmischen Provinz und im Frühjahr 1910 auch in Berlin führte. Wenig später muß er sich der Lemberger Truppe angeschlossen haben, die ab Herbst 1911 in Prag gastierte. Im Frühjahr und Sommer 1912 hielt er sich in Weißrussland und Lettland auf, spielte aber im Jahr darauf mit einer eigenen Theatertruppe in Leipzig und Berlin, wo widrige Umstände und Löwys organisatorische Unfähigkeit zum Scheitern des Unternehmens führten. Während des Ersten Weltkriegs lebte Löwy in Budapest, wo er im Juli 1917 (→ Abb. 946) mit Kafka zusammentraf. In den darauffolgenden Jahren spielte Löwy an verschiedenen Budapester Theatern, wurde aber bekannter als Rezitator von literarischen Texten, Monologen und kurzen theatralischen Szenen. Auch schrieb er zahlreiche Artikel in jiddischen Zeitungen, die jetzt auch auf deutsch vorliegen. Nach der Besetzung Polens durch deutsche Truppen – Löwy hielt sich zu diesem Zeitpunkt in Warschau auf – konnte er zunächst weiter als Schauspieler und Vortragskünstler auftreten, wenngleich unter den eingeschränkten Bedingungen, die das Leben im Ghetto kennzeichneten, doch im Sommer 1942 wurde Löwy nach Treblinka deportiert, wo er umkam.

An Felice am 6. XI. 1912, vgl. T 195, W 178, Guido Massino: *Kafka, Löwy und das jiddische Theater,* (Frankfurt / M., Basel 2007), S. 46–74 und 95–145.

456 | Das *Jüdische Vereinshaus* in der *Langegasse* Nr. 41 (I-751).

Schon kurz nachdem sie mit der Lemberger Theatergruppe in Berührung gekommen waren, versuchten Kafka und Brod Jizchak Löwy finanziell zu unterstützen, den sie als den bedeutendsten der im *Café Savoy* auftretenden Schauspieler erkannt hatten. Sie veranstalteten am 17. Oktober 1911 einen literarischen Abend, auf dem Löwy Humoresken von Scholem Alechem, eine Geschichte von Jizchak Leib Perez, Morris Rosenfelds *Lichtverkäuferin* und ein aus 352 Zeilen bestehendes Gedicht von Chaim Nachman Bialik über das Kischinewer Pogrom vortrug, bei dem am 6. und 7. April 1903, während der russischen Osterfeiertage, rund 45 Juden erschlagen, mehrere hundert verletzt sowie 600 jüdische Geschäfte und 700 Häuser demoliert wurden. Löwy rezitierte die von Bialik aus dem hebräischen Original ins Jiddische übersetzte Version.

Di licht ferkojferin. A bild fun der oremer gas (Die Lichtverkäuferin. Ein Bild der armen Gasse) befaßt sich mit den Folgen der Emigration osteuropäischer Juden in die Vereinigten Staaten und handelt von einer der Witterung ausgesetzten, verarmten jüdischen Lichtverkäuferin und ihrem Säugling, die ohne Dach über dem Kopf in den Straßen New Yorks verhungern. Das Gedicht dürfte eine der Vorlagen sein, die Kafka zu der Erzählung Theresens im fünften Kapitel des *Verschollenen* inspirierten. Er notierte im Tagebuch: *Vollständige Wahrheit der ganzen Vorlesung* und fühlte danach auf dem Nachhauseweg alle seine Fähigkeiten in sich *gesammelt.* Wie aus einem auf den 16. Oktober 1911 datierten, unveröffentlichten Brief Max Brods an Willy Haas hervorgeht, fand diese Veranstaltung im *Jüdischen Vereinshaus* statt, und zwar in dem im ersten Stock des Gebäudes liegenden Vereinslokal des «*Bar-Kochba*».

Am 16. Mai 1912 sprach Davis Trietsch auf Einladung des *Zionistischen Distriktkomitees für Böhmen* im *Jüdischen Vereinshaus* über *Palästina als Kolonisationsland.* Kafka, der die Zeitschrift *Palästina* abonniert hatte (→ Abb. 663), die sich der Erschließung des Landes durch jüdische Siedler widmete, war unter den Zuhörern und fand Trietschs Ausführungen ausgezeichnet.

Tagebuch, 20. Oktober 1911, vgl. Kazuo Ueda: *Kafkas Amerika-Roman und zwei jüdische Gedichte,* in: *Forschungsberichte der Universität Kôchi* 37 (1988), S. 1–14, Chaim Nachman Bialik: *Ausgewählte Gedichte,* Wien, Jerusalem, Leipzig 1935, S. 157 und T 423.

457 | Mania Tschissik (Czyzyk).

Frau Tschissik hat Vorsprünge auf den Wangen in der Nähe des Mundes. Entstanden teils durch eingefallene Wangen infolge der Leiden des Hungers, des Kindbetts, der Fahrten und des Schauspielens teils durch ruhende ungewöhnliche Muskeln die sich für die Schauspielbewegungen ihres großen ursprünglich sicher schwerfälligen Mundes entwickeln mußten.

Schon nach wenigen Abenden bemerkte Kafka, daß er gegenüber der Schauspielerin eine unirdische Liebe hegte, die *nur durch Litteratur oder durch den Beischlaf* zu befriedigen war. Im Tagebuch finden sich immer wieder Bemerkungen über ihren Körper, ihr Aussehen, ihr Spiel und ihr Verhalten außerhalb der Vorstellungen. Besonders angetan war er von ihrer Stimme, denn wenn er sie sprechen oder singen hörte, fühlte er *den Anflug von Schauern oben auf den Wangenknochen.* Es ist wahrscheinlich, daß die Lemberger Schauspieler, auch bei den Kabarettnummern, ein für das westliche Publikum verständlicheres Jiddisch sprachen.

Mania (Amalie) Firstenfeld wurde 1881 in Tschestochau (Czestochowa) in Polen geboren. Ihr Vater war Besitzer einer Gaststätte, in der sie Emanuel Tschissik kennenlernte. Sie floh mit ihm und heiratete ihn ohne Wissen ihrer Eltern. Im Jahr 1900 wurde Sohn Sidney, 1903 Tochter Annie geboren, die sie auf ihren Reisen begleiteten und von Kafka im Tagebuch erwähnt werden. Die Tschissiks traten bis 1914 zusammen auf, dann trennten sich ihre Wege. Mania ging mit den beiden Kindern nach London, wo sie bis ins hohe Alter als Millie Chissick auf der Bühne stand. Sie starb 1976.

Tagebuch, 21. X. 1911, T 231 und 203, vgl. 234, Hartmut Binder: *Kafka-Kommentar zu den Romanen, Rezensionen, Aphorismen und zum Brief an den Vater,* München (1976), S. 396 und Guido Massino: *Kafka, Löwy und das jiddische Theater,* (Frankfurt / M. und Basel 2007), S. 74–81.

458 | Der Wanderschauspieler Emanuel Tschissik (Czyzyk) (1918).

Bei so kleinem Raum fürs Anziehn muß man wie Tschissik sagt in Streit kommen. Man kommt aufgeregt von der Scene, jeder hält sich für den größten Schauspieler, tritt da einer dem andern z. B. auf den Fuß, was nicht zu vermeiden ist, so ist nicht nur ein Streit fertig, sondern ein großer Kampf.

459 | Das *Café Central* auf dem Prager *Graben.*

Begegnung des Ehepaares Tschissik auf dem Graben. […] Sie war viel kleiner als sonst, hatte die linke Hüfte nicht augenblicksweise, sondern ständig vorstehn, ihr rechtes Bein war eingeknickt, die Bewegung des Halses und Kopfes, die sie ihrem Mann näherte, war sehr eilig, mit dem zur Seite gestreckten eingebogenen rechten Arm suchte sie sich in ihren Mann einzuhängen. Der trug sein Sommerhütchen mit der vorn niedergedrückten Krempe. Als ich mich umdrehte waren sie weg. Ich erriet, daß sie ins Kafe Central gegangen waren, wartete ein wenig auf der anderen Straßenseite und hatte das Glück nach einer langen Weile sie zum Fenster treten zu sehen. Als sie sich zum Tische setzte, sah man nur den Rand ihres mit blauem Sammt überzogenen Pappendeckelhutes.

Tagebuch, 8. XII. 1911.

Kafkas Tagebuch dokumentiert einen Streit zwischen Emanuel Tschissik, der David Edelstatt für den größten jiddischen Schriftsteller hielt, angeblich weil dieser sozialistische Gedichte schrieb, die Tschissik gefielen, und Jizchak Löwy, der Morris Rosenfeld favorisierte, den jedermann kenne. Dies führte dazu, daß sich die Schauspieler im Kaffeehaus an verschiedenen Tischen plazierten.

Emanuel Tschissik, der Deutsch und Russisch sprach, wurde 1867 in Warschau als Sohn eines *badchens* geboren, der als Spaßmacher und Zeremonienmeister bei jüdischen Hochzeiten auftrat. Er folgte zunächst dem Beruf seines Vaters, entschied sich dann für das Theater, fand jedoch mit seiner Frau in London kein angemessenes Auskommen. So gingen die beiden 1906 und dann wieder 1909 nach Paris und von dort weiter nach Belgien, Österreich und Deutschland, wo sie sich in Berlin den Kollegen anschlossen, die später mit ihnen in Prag gastierten. Während des Ersten Weltkriegs lebte Emanuel Tschissik in Prag, wo er auch eine Zeitlang mit einer Theatertruppe auftrat. Nach dessen Ende hielt er sich zwei Jahre lang in Wien auf, um 1930 ist er in Paris nachweisbar, hatte aber aufgehört, Theater zu spielen; danach verliert sich seine Spur.

Tagebuch, 23. X. 1911, vgl. Guido Massino: *Kafka, Löwy und das jiddische Theater,* (Frankfurt / M. und Basel 2007), S. 75–79.

460 | Flora Klug (*1886) als Herrenimitatorin in Prag.

Frau Klug «Herrenimitatorin». Im Kaftan kurzen schwarzen Hosen, weißen Strümpfen, einem aus der schwarzen Weste steigenden dünnwolligen weißen Hemd, das vorn am Hals von einem Zwirnknopf gehalten ist und dann in einen breiten, losen, langauslaufenden Kragen umschlägt. Auf dem Kopf, das Frauenhaar umfassend, aber auch sonst nötig und von ihrem Mann auch getragen, ein dunkles randloses Käppchen, darüber ein großer weicher schwarzer Hut mit hochaufgebogenem Rand.

Wie gegenüber Mania Tschissik entwickelte Kafka auch gegenüber Flora Klug Liebesgefühle, die bewirkten, daß er bei ihren Soloauftritten *zu jedem Teilchen ihres Anblicks in der stärksten Beziehung war, bis hin zu den fetten Füßchen, die in den dicken weißen Strümpfen bis hinter die Zehen durch die Schuhe sich niederhalten lassen.*

Flora und Süsskind Klug (*1874 in Brody, heute Ukraine) heirateten 1901 in London. Sie gehörten wahrscheinlich zu den ersten Schauspielertruppen, die Anfang des 20. Jahrhunderts nach Wien kamen.

Bei der Abbildung handelt es sich um eine in Prag lithographierte Ansichtskarte, die im *Café Savoy,* teilweise von der Schauspielerin selbst, vertrieben wurde.

Tagebuch, 5. X. 1911 und 6. I. 1912, vgl. Guido Massino: *Kafka, Löwy und das jiddische Theater,* (Frankfurt / M. und Basel 2007), S. 23.

461 | Bashia Liebgold.

Frau Liebgold spielte einen jungen Mann in einem Kleid, das ihren schwangern Leib fest umschloß. Da sie ihrem Vater (Löwy) nicht folgt, drückt er ihren Oberkörper auf einen Sessel nieder und schlägt sie auf den Hintern, über dem sich die Hose äußerst spannt. Löwy sagte dann, er habe sie mit dem gleichen Widerwillen wie eine Maus angerührt. Sie ist aber von vorn gesehen hübsch, nur im Profil fährt ihre Nase zu lang, zu spitz und grausam hinab.

Kafka bezeichnete die Liebgolds, die vorübergehend die Tschissiks im Ensemble vertraten, als *fürchterliche Menschen.*

Bashia wurde um 1890 in Przemyśl in Galizien (heute Polen) geboren und heiratete 1908 den sechzehn Jahre älteren, aus einer wohlhabenden Krakauer Kaufmannsfamilie stammenden Zalmen Liebgold, der durch einen älteren Bruder in Kontakt mit dem jiddischen Theater gekommen war. Die Liebgolds traten jahrelang in verschiedenen Theatergruppen in Österreich, Rumänien, Böhmen und der Slowakei auf und spielten auch in dem berühmten jiddischen Film *Yidl mitn Fidl* (1936). Im Jahr 1942 wurden sie nach Treblinka transportiert, wo sie umkamen.

Tagebuch, 19. und 13. XII. 1911, vgl. Guido Massino: *Kafka, Löwy und das jiddische Theater,* (Frankfurt / M. und Basel 2007), S. 23.

462 | Kafkas Bürokollege Václav Pokorný (1867–1933).

Über die Aufführung von Abraham Goldfadens Stück Bar-Kochba, das er am 4. November 1911 sah, schreibt Kafka im Tagebuch: *Mit mir war der Kontrollor Pokorny aus unserer Anstalt ein Christ. Er, den ich sonst gern habe, störte mich. Meine Sorge waren die Blumen [die Kafka für Frau Tschissik mitgebracht hatte und nun unbeachtet auf einem Tisch lagen], nicht seine Angelegenheiten. Dabei wußte ich, daß er das Stück schlecht auffasse, während ich keine Zeit, Lust und Fähigkeit hatte ihm eine Hilfe aufzudrängen, die er nicht zu brauchen glaubte. Endlich schämte ich mich vor ihm, daß ich selbst so schlecht achtgab. Auch störte er mich im Verkehr mit Max und sogar durch die Erinnerung daran, daß ich ihn vorher gern hatte, nachher wieder gern haben würde und daß er mein heutiges Benehmen übel nehmen könnte.*

Pokorný, evangelisch und bäuerlicher Abstammung, hatte das Gymnasium in Tepl besucht, an einer Maschinenbauschule Abitur gemacht und in der Zuckerindustrie gearbeitet, bevor er 1898 in die *Arbeiter-Unfall-Versicherungs-Anstalt* eintrat, wo es seine Aufgabe war zu kontrollieren, ob Industrieunternehmen in die richtigen Gefahrenklassen eingeteilt worden waren. Pokorný sprach besser Deutsch als Tschechisch und schrieb 1913 unter dem Titel *Eva* einen Essay, den er Kafka zur Beur-

teilung vorlegte. Aus einer Tagebucheintragung Max Brods vom
August 1913 läßt sich schließen, daß Kafka zusammen mit Pokorný
und Gustav Kubasa (→ Abb. 1095), der ebenfalls ein selbstverfaßtes Manuskript bei sich hatte, bei Brod zu Besuch war und seinem
Freund Pokornýs Aufsatz vorlegte. Brod muß sich dann für die Veröffentlichung des Beitrags eingesetzt haben, der im darauffolgenden Jahr unter dem Pseudonym W. P. Okerny in der Berliner *Aktion*
erschien. *Eva* gibt sich laut Vorrede als ein aus wirklichem Erleben
hervorgegangenes Programm, mit dessen Hilfe aus der Durchdrin-
gung jüdischen und slawischen Wesens beider Erlösung und das
Heraufkommen eines neuen religiös-schöpferischen Menschen bewirkt werden soll.

Demgegenüber blieb Kubasas vermutlich gar nicht zur Veröffentlichung bestimmtes handschriftliches Exposé, in dem ähnliche
Vorstellungen entwickelt wurden wie in Pokornýs Essay, in Kafkas
Händen und hat sich so in seinem Nachlaß erhalten. Kafka hatte
am 1. August 1913 mit Kubasa zusammen einen Spaziergang unternommen und offenbar bei dieser Gelegenheit von dessen Schrift erfahren, von der er nicht wußte, ob er sie als Narrheit oder Prophetie
verstehen sollte.

Pokorný scheint dazu beigetragen zu haben, daß Robert Marschner und Eugen Pfohl nach Kriegsende die *Arbeiter-Unfall-Versiche-*
rungs-Anstalt verlassen mußten, Kafka aber bleiben konnte.

In den Jahren 1921 und 1922 fanden in der *Ufergasse (Břehová)*
Nr. 1 (V-40), wo Pokorný seit 1914 wohnte, Diskussionsabende statt,
an denen vor allem tschechische Hochschullehrer und Künstler
teilnahmen, darunter die Professoren Emil Smetanka und Josef
Pekarek, Bildhauer und Lehrer an der tschechischen Kunstgewer-
beschule, Dr. Jan Herben, der Herausgeber des *Čas* (→ Abb. 305),
der Maler Antonín Hudeček, die Schriftsteller Zdeněk Matěj Kuděj
und Jaroslav Hašek, Jindřich Vaníček, ein führender Vertreter des
tschechischen Turnerbundes *Sokol*, sowie Max Brod und Franz
Kafka. Mit Rücksicht auf die beiden zuletzt Genannten wurde meist
Deutsch gesprochen. Ob Kafka in diesem Zirkel Hašek begegnete,
ist nicht ausgemacht, Brod jedenfalls hat den Verfasser des *Schwejk*-
Romans nur ein einziges Mal bei einer Wahlrede gesehen, setzte
sich freilich seit 1921 stark für dessen Werk ein.

Tagebuch, 5. XI. 1911, vgl. Br II 490 (mit teilweise irriger Identifizierung), W. P. Okerny: *Eva*, in:
Die Aktion 4 (17. I. 1914), Sp. 60–66, Br II 244, Mitschnitt eines Interviews mit Tomaš Pokorný
(1906–1994), der als Halbwüchsiger an den Diskussionsabenden in der Wohnung seines
Vaters teilnahm, im April 1987 in Prag 1, *Břehová* Nr. 1 und SL 265.

463 | Der *Wenzelsplatz*, Mittelpunkt der Prager Neustadt, dessen pul-
sierendes Leben Kafka immer wieder Anlaß zu Beobachtungen gab.

für das Drama: Englischlehrer Weiß, wie er mit geraden Schultern,
die Hände stark in den Taschen, mit dem in Falten gespannten gelbli-
chen Überrock einmal abend auf dem Wenzelsplatz über die Fahr-
bahn mit mächtigen Schritten knapp an der allerdings noch stehen-
den aber schon läutenden Elektrischen vorübereilt. Von uns weg.

Der Englischlehrer Emil Weis, Sohn eines Rabbiners und bewußter Jude, war Anhänger Schopenhauers und ein Verwandter und
Freund Max Brods, dessen geistige Entwicklung er maßgeblich beeinflußte. Brod setzte ihm in der Gestalt des Reb Hirschl in seinem
Roman *Rëubéni, Fürst der Juden* und als Onkel Rapp in seiner Erzählung *Die Rosenkralle* ein Denkmal. Weis trug, meist auswendig,
hinreißend Shakespeare vor und brachte seinen Schülern besonders *A Christmas Carol* von Charles Dickens nahe. Brod schreibt:
Und immer wieder schmolz er bei den poetischen Stellen in Rührung
dahin, ohne Rücksicht auf bloß praktische Zwecke wies er mit naiver
Begeisterung auf die Schönheiten der Gestaltung, des Stils, des Peri-
odenbaus. (→ Abb. 926)

Kafka und Weis waren persönlich miteinander bekannt. Den
Abend des 2. Oktober 1909, einen Samstag, verbrachten die beiden
zusammen mit Max Brod im *Café Edison*, am 12. Juni 1910 sahen
sie im *Königlichen Deutschen Landestheater* die Posse *Der fesche*
Rudi von Alexander Engel und Julius Horst mit Max Pallenberg in
der Titelrolle, am Sonntag, dem 14. August, machten die drei einen
Ausflug in den *Baumgarten*, den Brod und Weis an stillen Sonntag-
vormittagen aufzusuchen pflegten. Weis half Kafka auch, Karten für
den Vortragsabend Jizchak Löwys am 18. Februar 1912 zu verkaufen. Schließlich besteht eine gewisse Wahrscheinlichkeit dafür, daß
Weis Kafkas Englischlehrer war. Denn in der *Weihnachtsnummer*
des Jahres 1904 erschien im *Prager Tagblatt* eine große Anzeige, in
der Schüler von Weis ihm ein glückliches neues Jahr wünschten.
Unter denjenigen, die hier namentlich genannt sind, befinden sich
Max Brod und Kafkas Klassenkameraden Paul Kisch, Oskar Pollak
und Oskar Flammerschein.

Tagebuch, 20. XI. 1911 und Max Brod: *Englischlehrer Emil Weis gestorben*, in: SW 16,
Nr. 40 (6. X. 1922), S. 3, vgl. SL 138, PK 128, C 52, 58 f., EFB 471, T 377, TA 70, Br I 152,
123, 69 und PT 29, Nr. 356 (25. XII. 1904), S. 53.

464 | Das Eingangstor zum *Baumgarten* bei der *Statthaltervilla* (*Místodržitelův letohrádek*).

Spaziergang mit Löwy zum Statthalterschloß, das ich die Zions-burg nannte. Das Maßwerk der Eingangstore und die Himmelsfarbe giengen sehr klar zusammen.

Tagebuch, 8. XII. 1911, vgl. Hartmut Binder: *Über den Umgang mit Topographica in Kritischen Ausgaben am Beispiel der Tagebücher Kafkas*, in: *Edition von autobiographischen Schriften und Zeugnissen zur Biographie*, hrsg. von Jochen Golz, Tübingen 1995, S. 150–153.

465 | Die 1495 errichtete, 1805 umgestaltete Villa des böhmischen Statthalters im *Baumgarten*, in der heute die Zeitungsbestände des *Tschechischen Nationalmuseums* untergebracht sind.

466 | Die *Hetzinsel (ostrov štvanice)*. Ganz rechts im Hintergrund das über Moldau und Insel führende Viadukt der *Nordwestbahn* (1907).

Die Insel hat ihren Namen von einem Amphitheater, in dem im 18. Jahrhundert Wölfe, Bären, Stiere und Hirsche von Hunden ge-hetzt wurden, bis Kaiser Franz I. 1802 dieses Spektakel verbot. Vor dem Ersten Weltkrieg war nur der flußabwärts gelegene Teil besie-delt. Dort lagen bis zur Flußregulierung im Jahr 1910 ein Gebär-haus, eine Badeanstalt, eine Restauration, ein Tennisplatz und eine Gärtnerei.

Im Herbst 1911 gab Kafka seine Gewohnheit vorübergehend auf, am frühen Abend allein spazierenzugehen. Statt dessen traf er sich regelmäßig mit dem Schauspieler Jizchak Löwy, mit dem er sich angefreundet hatte, und zeigte ihm seine Heimatstadt. Einer dieser Erkundungsgänge führte Anfang Dezember 1911 zur *Hetzinsel*.

Vgl. Tagebuch, 8. XII. 1911.

467 | Blick von der *Elisabethbrücke* (heute *Svermův most*). Links der von Bäumen gesäumte Moldauquai *Am František (Na Františku)*, der etwa fünf Meter über dem Normalwasserstand liegt. Rechts daneben der eigentliche Uferweg, der sogenannte Unterkai, dessen Breite zwischen 16 und 20 Metern schwankte. Hier gingen Kafka und Jizchak Löwy am 14. Dezember 1911 spazieren. Der Unterkai war zu diesem Zeitpunkt noch im Bau und vielleicht deswegen ein Ziel der beiden.

W. K. [Wilhelm Klein]: *Die neuen Kaianlagen der Stadt Prag,* in: PT 37, Nr. 171 (23. VI. 1912), S. 2.

468 | Blick vom Uferweg des rechten Moldauufers auf die *Elisabethbrücke*.

Der eine Pfeiler des auf der Elisabethbrücke sich erhebenden innen von einer elektr. Lampe beleuchteten Bogens sah als dunkle Masse zwischen seitlich hervorströmendem Licht wie ein Fabrikskamin aus und der über ihm zum Himmel sich ausspannende dunkle Schattenkeil war wie steigender Rauch. Die scharf begrenzten grünen Lichtflächen zur Seite der Brücke.

Anläßlich der feierlichen Einweihung der *Kaiser Franz Josefs-Kettenbrücke*, die im Jahre 1868 durch den Monarchen selbst erfolgte, wurde die vom *Josefsplatz* (heute *náměstí Republiky*) auf diesen Moldauübergang zuführende Straße, die heutige *Revoluční*, auf den Namen der Kaiserin getauft. Dies führte dazu, daß die Prager Deutschen der Brücke inoffiziell den Namen *Elisabethbrücke* gaben. Obwohl die Kaiserin von den Tschechen stets Alžběta genannt wurde, bezeichneten diese die *Elisabethstraße* als *Eliščina třída*. Damit sollte auf die Fürstin Eliška aus dem Stamm der Přemysliden angespielt werden und die Gemahlin Franz Josefs I. in Vergessenheit geraten, empfand man doch die herrschenden Habsburger als Okkupatoren, die den böhmischen Kronländern die nationale Selbständigkeit verweigerten. (→ Abb. 785)

Als nach dem Zweiten Weltkrieg die Hängebrücke den Erfordernissen des Verkehrs nicht mehr genügte, erhielt sie ihre heutige Gestalt als Spannbetonbrücke. Die Abbildung stammt aus der Zeit vor der Einführung des elektrischen Lichtes.

Tagebuch, 14. XII. 1911, vgl. PT 29, Nr. 90 (30. III. 1904), S. 1 f. und Hartmut Binder: *Über den Umgang mit Topographica in Kritischen Ausgaben am Beispiel der Tagebücher Kafkas,* in: *Edition von autobiographischen Schriften und Zeugnissen zur Biographie,* hrsg. von Jochen Golz, Tübingen 1995, S. 165.

469 | Ausschnitt aus einem Gruppenphoto, das im Herbst 1915 anläßlich einer Hochzeit in der Familie Karl Hermanns entstand. Vorn Hermann Kafka mit seinem Enkel Felix Hermann, rechts daneben Julie Kafka, dahinter Karl und Elli Hermann.

Bei der Beschneidung des kleinen Sohnes seiner Schwester, während man beim Akt des Beschneidens sagte: «Zur Kenntnis der Thora, zum glücklichen Ehebund und zur Ausübung guter Werke», hat Franz Kafka zu mir gesagt: Was wird das Kind wissen vom Jüdischsein? Was für eine Ahnung wird er haben von der Thora und von dem Judentum? Wir sind schon so weit weg gegangen von unseren Vätern. Was für ein Jude wird denn aus dem Kind herauswachsen?

So hat Kafka zu mir gesprochen vor ungefähr achtundzwanzig Jahren.

Anläßlich der Beschneidung Felix Hermanns, die am Morgen des 24. Dezember 1911 stattgefunden hatte, kam Kafka im Tagebuch zu der Überzeugung, die dabei praktizierten überkommenen religiösen Formen hätten nur mehr historischen Charakter. Da er sich noch am Abend mit Löwy traf und sich am darauffolgenden Tag ausführliche Notizen über Beschneidungen in Rußland machte, von denen er nur durch Löwy erfahren haben konnte, und zwar offensichtlich am Tag zuvor, als Anlaß bestand, sich über dieses Thema Gedanken zu machen, dürften die hier angeführten, 1939 gedruckten Erinnerungen des Schauspielers in diesem Punkt authentisch sein, zumal dieser in den ihm möglicherweise zugänglichen Tagebüchern und Briefen Kafkas aus dem Jahr 1937 weder die Beschneidung Felix Hermanns noch die Begegnung mit Kafka am 25. Dezember erwähnt fand.

Jacques Levi: *Die Katastrophe von Prag*, Anhang zu Guido Massino: « ... *dieses nicht niederzudrückende Feuer des Löwy». Franz Kafkas Schauspielerfreund Jizchak Löwy*, in: NZZ 220, Nr. 268 (17./18. XI. 1999), S. 68 und ders.: *Franz Kafka, Jizchak Löwy und das jiddische Theater*, (Frankfurt/M. und Basel 2007), S. 131.

470 | Restauration im *Tiergarten Stern (Obora hvězda)*.

Ich muß noch sagen, wie schön der Weg war. Wir gingen bald aus und sahen die Sonne hinter Wäldern untergehen. Überall der schönste Schnee, und auf ihm die zarten Farben, die die Sonne auf ihn breitete. Es war ein glücklicher Tag.

Diese Worte, die Ottla am 28. November 1911 an Josef David schrieb, finden sich auf einer Ansichtskarte, die genauso das *Sternschloß* zeigt wie eine vergleichbare Mitteilung an den gleichen Adressaten vom 5. Dezember des Jahres, die erkennen läßt, daß die Schreiberin immer wieder in der dortigen Restauration zu Gast war, wo sie die vom Wirt feilgehaltenen Ansichtskarten erwarb. Wer sie auf diesen beiden Sonntagsausflügen begleitete, ist nicht zu erkennen, doch kommen ihr Bruder, der gerade in den ersten drei Kriegsjahren oft mit ihr unterwegs war, und ihre Freundin Irma Kafka gleichermaßen in Betracht.

Bis zum Jahr 1923 konnte man mit der Straßenbahn nur bis Střeschowitz (Střešovice) fahren und kam dann in einem anschließenden dreiviertelstündigen Fußmarsch, der über die Benediktiner-Abtei *St. Margarethen (kláster sv. Markéty)* in Břewnow (Břevnov) führte, zum *Sternschloß (Letohrádek Hvězda)*, das 1555 nach den Plänen Erzherzog Ferdinands von Tirol im Renaissancestil erbaut wurde. Wer heute zum *Sternschloß* möchte, fährt mit der Straßenbahn durch die zu Kafkas Lebzeiten noch gar nicht existierende *Na Petřinách* zur Endhaltestelle *Horní Liboc*, die sich in unmittelbarer Nähe der nach wie vor bestehenden Restauration befindet.

Hartmut Binder: *Über den Umgang mit Topographica in Kritischen Ausgaben am Beispiel der Tagebücher Kafkas*, in: *Edition von autobiographischen Schriften und Zeugnissen zur Biographie*, hrsg. von Jochen Golz, Tübingen 1995, S. 161 f.

471 | Der *Sterntiergarten (Obora hvězda)* mit dem *Sternschloß.*

Am Weihnachtsabend Spaziergang mit Löwy gegen Stern zu.

Der von einer ringförmigen Mauer umgebene Schloßpark mit seinen Spazierwegen diente zu Zeiten der Habsburgermonarchie – Prag hatte noch keinen Zoo – als Tiergarten, zu dem Kafka mit seiner Klasse am 9. Juni 1896 einen Schulausflug unternommen hatte.

Tagebuch, 26. XII. 1911, vgl. *24. Jahresbericht über das Staats-Gymnasium mit deutscher Unterrichtssprache in Prag-Altstadt für das Schuljahr 1895/96,* Prag 1896, S. 88.

472 | M. Pinès: *Histoire de la Littérature Judéo-Allemande,* (Jouve & Cⁱᵉ Éditeurs) Paris 1911, Einband.

[…] las Pinez «L'histoire de la litterature judeo-allemande» 500 S. undzwar gierig, wie ich es mit solcher Gründlichkeit, Eile und Freude bei ähnlichen Büchern noch niemals getan habe.

In Kafkas Tagebuch finden sich zu diesem Werk, das ihm vermutlich Löwy geliehen hatte, ausführliche Exzerpte, die ernsthafte Beschäftigung verraten. Auch benutzte er es für seinen Einführungsvortrag zum Rezitationsabend des Schauspielers im *Jüdischen Rathaus,* den er vier Wochen später zu halten hatte.

Tagebuch, 24. I. 1912, vgl. Kazuo Ueda: *Franz Kafka und die jiddische Literatur (II),* in: *Research Reports of the Kōchi University* 32. Humanities (1983), S. 1–6.

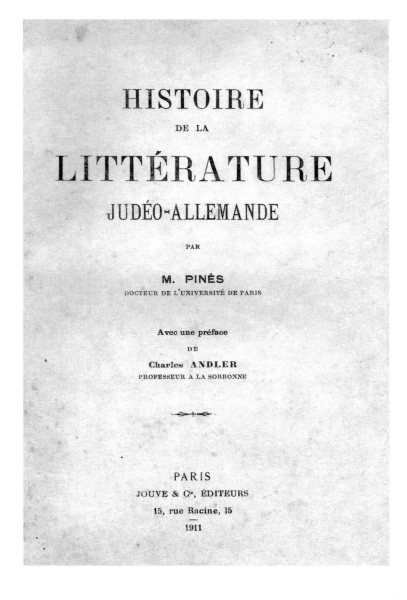

HISTOIRE
DE LA
LITTÉRATURE
JUDÉO-ALLEMANDE

PAR

M. PINÈS
DOCTEUR DE L'UNIVERSITÉ DE PARIS

Avec une préface
DE
Charles ANDLER
PROFESSEUR A LA SORBONNE

PARIS
JOUVE & Cⁱᵉ, ÉDITEURS
15, rue Racine, 15
1911

473 | Das *Jüdische Rathaus* in der Prager *Meiselgasse (Maiselová).*

[...] stolzes, überirdisches Bewußtsein während meines Vortrages (Kälte gegen das Publikum, nur der Mangel an Übung hindert mich an der Freiheit der begeisterten Bewegung) starke Stimme, müheloses Gedächtnis, Anerkennung.

Das 1763 errichtete Gebäude wurde im Zusammenhang mit der Sanierung des Prager Ghettos mit einem Erweiterungsbau versehen, der Anfang 1909 eingeweiht wurde. Dabei entstand rechts des Eingangs ein großer Festsaal mit einer Empore in Höhe des ersten Obergeschosses und vier großen Bogenfenstern, die rechts auf der Abbildung zu sehen sind. Heute befindet sich in diesem Raum ein koscheres Restaurant.

Am Sonntag, dem 18. Februar 1912, fand in diesem Festsaal ein von Kafka organisierter Rezitationsabend Jizchak Löwys statt, den er mit einer *Rede über die jiddische Sprache* einleitete, ein Auftritt, über den er sich, wie der zitierte Tagebucheintrag vom 25. Februar belegt, sehr zufrieden zeigte. Auf die Veranstaltung, auf der Dichtungen von Morris Rosenfeld, David Frischmann, Abraham Reisen, Chaim Nachman Bialik, Simon Samuel Frug, Hirsch David Nomberg, Alter Dranow, Scholem Alechem sowie chassidische Lieder zum Vortrag kommen sollten, wurde durch Vorankündigungen in den Zeitungen aufmerksam gemacht, die, von Kafka lanciert, jeweils am 17. und 18. Februar erschienen, doch wurde auf seine Veranlassung der Name des Conférenciers verschwiegen: Kafka hatte zunächst seinen Freund Oskar Baum zu einem Einleitungsvortrag überredet, der aber kurzfristig wieder absagte, so daß er die Sache selbst übernehmen mußte.

Tagebuch, 25. II. 1912, vgl. Hartmut Binder: *Motiv und Gestaltung bei Franz Kafka*, 2. Auflage, Bonn 1987, S. 8 f. und ders.: *Kafka-Kommentar zu den Romanen, Rezensionen, Aphorismen und zum Brief an den Vater*, München (1976), S. 392–397.

474 | Ida Freund (1868–1931).

Gleich zu Beginn des Krieges habe ich im Vereine mit gleichgesinnten Frauen den Hilfsdienst in den Prager Bahnhöfen organisiert und mich daran beteiligt; und als die ersten Kriegsflüchtlinge in das Land kamen, und mit ihnen der ganze Jammer und das ganze Elend

dieser Unglücklichen einzog, habe ich die Gründung des Landeshilfskomitées für Kriegsflüchtlinge nicht nur angeregt, sondern an dessen Schaffung in hervorragender Weise tätig mitgewirkt; durch meine Tätigkeit wurde in Prag ein Kinderheim für Flüchtlingskinder und ein Mädchenheim, ein Kinderhort und eine Kinderfürsorgestelle geschaffen, Institutionen, deren segensreiche Tätigkeit auch von den höchsten Behörden anerkannt wurde. Ich habe für Kriegsflüchtlinge aus dem Süden die Spitzenklöppelschule in Prödlitz bei Aussig ins Leben gerufen; die Kriegshilfsküche im Klub der deutschen Künstlerinnen geschaffen, den Verein «Soziale Hilfe» gegründet, durch den schon viel Not gelindert, viel Hunger gestillt und vielen der Verzweiflung nahe stehenden Mitmenschen Existenzmöglichkeiten geschaffen wurde; ich habe den Schrebergartenverein in Prag ins Leben gerufen; über meine Anregung und durch meine Tätigkeit wurde vom Ministerium des Innern die Zentralstelle der Flüchtlingsfürsorge in Prag geschaffen; über meine Anregung und durch meine Tätigkeit wurde der Volksbildungsverein «Urania» [→ Abb. 1141] gegründet, und gegenwärtig arbeite ich eifrig an der Begründung der ersten Gemeinschaftsküche in Prag, welche in kurzer Zeit ins Leben treten soll; und noch manches Andere.

Um Zuhörer für Löwys Rezitationsabend zu gewinnen, wandte sich Kafka im Vorfeld der Veranstaltung an verschiedene Persönlichkeiten, denen er ein Engagement in dieser Sache zutraute, darunter auch an die ihm vom Salon Fanta bekannte Ida Freund, die den *Klub deutscher Künstlerinnen* mitbegründet hatte, literarisch interessiert war, großen Einfluß in der deutschjüdischen Prager Gesellschaft hatte und für ihr soziales Engagement bekannt war. (→ Abb. 158)

Ida Freund am 17. Oktober 1917 an die Prager Polizeidirektion (NA), vgl. T 378.

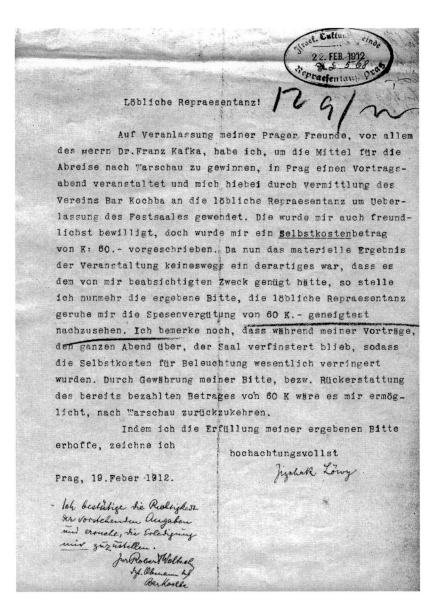

Löbliche Repraesentanz!

Auf Veranlassung meiner Prager Freunde, vor allem des Herrn Dr. Franz Kafka, habe ich, um die Mittel für die Abreise nach Warschau zu gewinnen, in Prag einen Vortragsabend veranstaltet und mich hiebei durch Vermittlung des Vereins Bar Kochba an die löbliche Repraesentanz um Ueberlassung des Festsaales gewendet. Die wurde mir auch freundlichst bewilligt, doch wurde mir ein Selbstkostenbetrag von K: 60.- vorgeschrieben. Da nun das materielle Ergebnis der Veranstaltung keineswegs ein derartiges war, dass es dem von mir beabsichtigten Zweck genügt hätte, so stelle ich nunmehr die ergebene Bitte, die löbliche Repraesentanz geruhe mir die Spesenvergütung von 60 K.- geneigtest nachzusehen. Ich bemerke noch, dass während meiner Vorträge, den ganzen Abend über, der Saal verfinstert blieb, sodass die Selbstkosten für Beleuchtung wesentlich verringert wurden. Durch Gewährung meiner Bitte, bezw. Rückerstattung des bereits bezahlten Betrages von 60 K wäre es mir ermöglicht, nach Warschau zurückzukehren.

Indem ich die Erfüllung meiner ergebenen Bitte erhoffe, zeichne ich

hochachtungsvollst

Jizchak Löwy

Prag, 19. Feber 1912.

475 | Auf den 19. Februar datiertes Schreiben Jizchak Löwys an die Prager *Kultusgemeinderepräsentanz,* das vermutlich von Kafka konzipiert wurde.

Da der Festsaal des *Jüdischen Rathauses* Privatpersonen nicht zur Verfügung gestellt wurde, bat Kafka den Obmann des *Vereins jüdischer Hochschüler «Bar Kochba»,* Robert Weltsch, das Patronat über Jizchak Löwys Rezitationsabend zu übernehmen. Weltsch sagte zu und beantragte am 8. Februar bei der *Kultusgemeinderepräsentanz* die Überlassung des Festsaals für den 18. Februar. Ein gegenwärtig in Prag weilender Schauspieler aus Warschau, Jizchak Löwy, beabsichtige an diesem Tag Gedichte jiddischer Autoren im Original vorzutragen, die von einem Beitrag des Prager Schriftstellers Oskar Baum über Jargonpoesie eingeleitet würden (→ Abb. 473). Da es sich um die Unterstützung eines armen Schauspielers handle, der Almosen nicht annehmen wolle und bedeutende jüdische Kreise sich für ihn interessierten, habe der Verein das notwendige Arrangement übernommen. Noch am gleichen Tag wurde dieser Antrag dem für die Vergabe des Saals zuständigen Siegfried Liebers vorgelegt, der unter der Bedingung zustimmte, daß die Heiz- und Beleuchtungskosten bezahlt, ein Verzeichnis der vorzutragenden Stücke vorgelegt und die Saalregularität streng eingehalten werde, die beigelegt wurde. Nachdem Weltsch am 14. des Monats in diesem Sinne benachrichtigt worden war, suchte er am Tag darauf bei der Prager Polizeidirektion um eine Lizenz an, die am 17. Februar mit der Auflage gewährt wurde, daß im Saal eine aus Kerzen bestehende Reservebeleuchtung vorhanden sei und ein Feuerwehrmann anwesend, was natürlich Kosten verursachte. Der erhaltenen Zusage des Polizeipräsidiums – sie erfolgte unter der Voraussetzung, daß ein Ecksitz für den Inspektionsbeamten bereitgestellt wurde, der den ordnungsgemäßen Ablauf der Veranstaltung zu überwachen hatte – ist zu entnehmen, daß Weltsch seinem Antrag das Programm des Abends beigelegt hatte, das Kafka zuvor mit Löwy zusammengestellt hatte. Die aus diesem Verfahren ersichtliche doppelte Überwachung des Programmablaufs ließ Kafka in einem Tagebucheintrag vom 25. Februar 1912 von *Censur der Polizei und der Kultusgemeinde* sprechen.

Am Tag nach der Veranstaltung überredete Kafka Robert Weltsch, den er in dieser Angelegenheit mehrfach in dessen Wohnung (→ Abb. 209, 6 und 247) aufgesucht hatte, zu einer Bittschrift, mit deren Hilfe die angefallenen Kosten reduziert werden sollten. Mit der Begründung, es sei ihm versichert worden, daß die erzielten Einnahmen nicht für Löwys Abreise ausreichten, reduzierte Liebers am 28. Februar im Gnadenwege die Saalmiete auf die Hälfte und veranlaßte, daß am 1. März an Robert Weltsch 30 Kronen rückerstattet wurden.

Vgl. T 377, Jiřina Hlaváčková: *Franz Kafkas Beziehungen zu Jicchak Löwy,* in: *Judaica Bohemiae* 1 (1965), S. 75–78 und Hartmut Binder: *Franz Kafka and the Weekly Paper «Selbstwehr»,* in: *Year Book XII of the Leo Baeck Institute* (1967), S. 141 f.

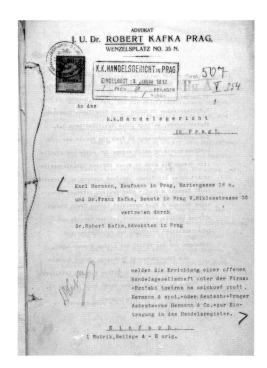

476 | Siegfried Liebers (1851–1917).

[...] zweimal in der Wohnung des Liebers am Heuwegplatz.

Liebers war Juwelier und Chef der 1884 gegründeten, am *Graben* liegenden Firma *H. S. Goldschmidt Sohn*, die Taschenuhren verkaufte. Er wohnte damals am *Havličekplatz* (*Havličkovo náměstí*, heute *Senovážné náměstí*) Nr. 8 (II-992), der von Kafka mit seinem bis 1896 gültigen Namen *Heuwegsplatz* genannt wird. Im Jahr 1904 wurde Liebers in den Vorstand der *Pinkas-Synagoge* (→ Abb. 441) gewählt und dadurch in Teilbereichen für Belange der Kultusgemeinde zuständig.

Tagebuch, 25. II. 1912.

477 | Karl Hermann (1883–1939).

Der aus Zürau stammende Geschäftsmann Karl Hermann, der am 27. November 1910 Kafkas älteste Schwester Elli in der *Spanischen Synagoge* in der *Geistgasse* (*Dušní*) geheiratet hatte (→ Abb. 695), war ein leichtsinniger Dandy, der über seine Verhältnisse lebte und Schulden machte, die seine Frau mit ihrem väterlichen Erbe begleichen mußte (→ Abb. 1052). Kafkas Vater liebte den selbstsicheren, gutaussehenden, stets elegant gekleideten Schwiegersohn, der wie der Ehemann seiner Tochter Valli mit Hilfe eines Heiratsvermittlers gefunden wurde, hielt ihn aber gleichwohl für *ein großes Schwein*. Was damit gemeint war, erläutert ein auf den 19. August 1916 datiertes Schreiben Irma Kafkas an ihre Cousine Ottla, in dem es heißt:

ich kann aber diese Unarten was der Karl macht, nicht leiden, regelmäßig gibt er Lilly seine schon benützten Teller zum Auslecken. Vor allem ist es doch eine fürchterliche Unart, dann aber ist er doch kein gesunder Mensch und es geradezu eine Sünde, so etwas zu machen. Ich hab schon deswegen mein Essen einmal stehen gelaßen und jetzt weil er weiß, daß es mich ärgert, macht er es immerwährend.

Brief an den Vater, S. 157, vgl. T 213.

478 | Erste und letzte Seite einer auf den 18. Dezember 1911 datierten Eingabe von Karl Hermann und Franz Kafka an das *K. k. Handelsgericht* in Prag, betreffend die Errichtung einer offenen Handelsgesellschaft unter der Bezeichnung *Prager Asbestwerke Hermann & Co.*, welche die beiden Gesellschafter zusammen gründeten.

Als der Doktor im Vorlesen des Vertrages zu einer Stelle kam, die von meiner möglichen künftigen Frau und den möglichen Kindern handelte bemerkte ich mir gegenüber einen Tisch mit zwei großen und einem kleineren Sessel um ihn herum. Bei dem Gedanken, daß ich niemals imstande sein werde, diese oder beliebige 3 Sessel mit mir, meiner Frau und meinem Kind zu besetzen, bekam ich ein von allem Anfang so verzweifeltes Verlangen nach diesem Glück, daß ich aus dieser gereizten Aktivität meine während des langen Vorlesens einzig bleibende Frage an den Doktor stellte, die sofort mein vollständiges Mißverstehn einer größeren gerade vorgelesenen Partie des Vertrages enthüllte.

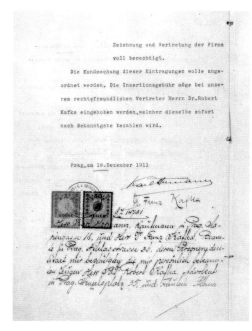

Die Unterzeichnung des Dokuments, von der hier die Rede ist, fand vermutlich im Büro des von Karl Hermann und Kafka beauftragten Advokaten Dr. Robert Kafka am *Wenzelsplatz* Nr. 35 (II-828) statt. Unternehmensgründungen wurden in der Habsburgermonarchie stets über Rechtsanwaltskanzleien abgewickelt.

Tagebuch, 8. XI. 1911, vgl. Anthony D. Northey: *The American Cousins and the «Prager Asbestwerke»*, in: *The Kafka Debate*, ed. by Angel Flores, New York 1977, S. 133–146 und Hartmut Binder / Jan Parik: *Kafka. Ein Leben in Prag*, (Essen, München 1993), S. 115–122.

479 | Dr. Robert Kafka.

Geschwätzigkeit des Dr. Kafka. Gieng zwei Stunden hinter dem Franz-Josefs-Bahnhof mit ihm herum, bat ihn von Zeit zu Zeit mich wegzulassen, hatte die Hände vor Ungeduld verflochten und hörte so wenig zu als möglich war. Es schien mir, daß ein Mensch, der in seinem Beruf Gutes leistet, wenn er sich in Berufsgeschichten hin-einerzählt hat, unzurechnungsfähig werden muß; seine Tüchtigkeit kommt ihm zu Bewußtsein, von jeder Geschichte ergeben sich Zu-sammenhänge undzwar mehrere, er überblickt alle, weil er sie erlebt hat, muß in der Eile und aus Rücksicht auf mich viele verschweigen, einige zerstöre ich ihm auch durch Fragen, bringe ihn aber dadurch auf andere.

Der aus Příbram stammende Rechtsanwalt Dr. Robert Kafka (*1878), der zum Katholizismus konvertierte und im Juni 1910 nach Prag-Königliche Weinberge (Praha-Vinohrady) übersiedelte, war ein Verwandter Franz Kafkas, denn sein Vater Friedrich war ein Bruder von Angelus Kafka (→ Abb. 1085). Er wurde im November 1942 nach Theresienstadt deportiert, wo er im Februar 1944 starb. Die Art seiner von Kafka dokumentierten *Geschwätzigkeit* erinnert an die weitschweifigen, ja unerschöpflichen Auslassungen des Ad-vokaten, die sich im Kapitel *Advokat Fabrikant Maler* des *Process*-Romans finden.

Da Robert Kafka zum fraglichen Zeitpunkt in der *Smetanka (Na Smetance)* wohnte, die *Španělská* und *Italská* miteinander verbindet, müssen die beiden Spaziergänger dieses Domizil des Advokaten durch mehrfaches Begehen der benachbarten Straßenzüge um-kreist haben.

Tagebuch, 13. X. 1911, vgl. Anthony Northey: *Kafkas Mischpoche*, Berlin (1988), S. 79 und Hartmut Binder: *Über den Umgang mit Topographica in Kritischen Ausgaben am Beispiel der Tagebücher Kafkas*, in: *Edition von autobiographischen Schriften und Zeugnissen zur Biographie*, hrsg. von Jochen Golz, Tübingen 1995, S. 153 f.

480 | Die ehemaligen *Prager Asbestwerke Hermann & Co.* (links) (um 1980).

Die Qual, die mir die Fabrik macht. Warum habe ich es hingehen lassen als man mich verpflichtete, daß ich nachmittags dort arbeiten werde. Nun zwingt mich niemand mit Gewalt, aber der Vater durch Vorwürfe, Karl durch Schweigen und mein Schuldbewußtsein. Ich weiß nichts von der Fabrik und stand bei der kommissionellen Be-sichtigung heute früh nutzlos und wie geprügelt herum.

Das Fabrikgebäude war ein zum Haus *Bořiwojgasse (Bořivojova)* Nr. 26 (XI-918) in Žižkow (Žižkov) gehöriges Hofgebäude von be-scheidenen Ausmaßen, das sich erhalten hat. Kafka hatte sich mit eigenen Ersparnissen und Geld, das er von seinem Vater und seinem Onkel Alfred Löwy geliehen hatte (→ Abb. 812), an der Fa-brikgründung beteiligt, weil er sich davon Gewinn versprach. Der schlechte Fortgang des Unternehmens, das bei Kriegsbeginn stillge-legt und Ende 1917 formell liquidiert wurde, war einer der Grün-de, daß Kafka, der persönlich mit seinem ganzen Vermögen haftete, den ungeliebten Posten bei der *Arbeiter-Unfall-Versicherungs-Anstalt* nicht aufgab, um in Berlin seine literarischen Fähigkeiten als frei-schaffender Schriftsteller zu verwirklichen.

Tagebuch, 28. XII. 1911, vgl. Anthony Northey: *Kafka's Relatives. Their lives and His Writing*, New Haven, London 1991, S. 94 f. und Hartmut Binder / Jan Parik: *Kafka. Ein Leben in Prag*, (Essen, München 1993), S. 115–122.

481 | Die *Gasanstalt* in Žižkow.

Gestern in der Fabrik. Mit der Elektrischen zurückgefahren, in einem Winkel mit ausgestreckten Beinen gesessen, Menschen draußen gesehn, angezündete Geschäftslampen, Mauern durchfahrener Viadukte, immer wieder Rücken und Gesichter, aus der Geschäftsstraße der Vorstadt hinausführend eine Landstraße mit nichts Menschlichem als nachhausegehenden Menschen, die schneidenden, in das Dunkel eingebrannten elektrischen Lichter des Bahnhofsgeländes, niedrige stark sich verjüngende Kamine eines Gaswerks, ein Plakat über das Gastspiel einer Sängerin de Treville, das sich an den Wänden hintastet bis in eine Gasse in der Nähe der Friedhöfe, von wo es dann wieder mit mir aus der Kälte der Felder in die wohnungsmäßige Wärme der Stadt zurückgekehrt ist.

Kafka ging nach dem Verlassen der Fabrik über den *Kollarplatz* (heute *Žižkova náměstí*) und stieg an der Kreuzung *Wratislawgasse* (heute *Baranova*) und *Taboruengasse (Taboritska)*, die ganz in der Nähe der *Wolschaner Friedhöfe (Olšanské hřbitovy)* liegt, in die Straßenbahnlinie Nr. 2 und fuhr von dort durch die *Karlsgasse* (heute *Seifertova*) in Žižkov, von ihm als Geschäftsstraße der Vorstadt bezeichnet, deren Südflanke im Mittelteil damals von der von ihm ausdrücklich genannten *Gasanstalt* eingenommen wurde. Anschließend unterquerte die Straßenbahn am Westende der *Karlsgasse* zwei vom *Franz-Josefs-Bahnhof* (heute *Hlavní nádraží*) ausgehende Eisenbahnlinien, führte dann in der *Hibernergasse (Hybernská)* am ebenfalls erwähnten Gelände des rechter Hand sich ausbreitenden *Staatsbahnhofs* (heute *Masarykova nádraží*) vorbei und endete am *Pulverturm*.

Tagebuch, 18. XI. 1911, vgl. O. Klauber: *Prag und Umgebung. Praktischer Reiseführer*, 16. Auflage, Berlin 1913, S. 20 f.

482 | Der Prager *Staatsbahnhof* in der *Hibernergasse* (→ Abb. 209, 31) (Blickrichtung Innenstadt) mit einem Straßenbahnwagen der Linie 2, die Kafka am 18. November 1911 von seiner in Žižkow gelegenen Fabrik *in die wohnungsmäßige Wärme der Stadt* zurückführte.

Wenn Kafka in Leitmeritz oder Aussig zu tun hatte oder über Tetschen-Bodenbach nach Dresden oder Berlin fuhr, bestieg er im *Staatsbahnhof* einen Zug der *Österreich-ungarischen Staatseisenbahn-Gesellschaft*. Falls Leitmeritz (Litoměřice) sein Ziel war, mußte er allerdings in Theresienstadt (Terezín) aussteigen und anschließend *eine halbe Stunde lang in einer Landkutsche* fahren, um sein Ziel zu erreichen. Wollte er rechtzeitig um neun Uhr beim dortigen Kreisgericht sein, um bei anstehenden Rechtsstreitigkeiten die Belange der *Arbeiter-Unfall-Versicherungs-Anstalt* vertreten zu können, mußte er schon um ½ 5 Uhr aus dem Haus, war dann aber so rechtzeitig in Leitmeritz, daß er vor Prozeßbeginn noch einen Besuch bei seinen dort lebenden Verwandten machen konnte (→ Abb. 688). Offensichtlich bildeten Unternehmungen dieser Art das Vorbild für die anstrengenden Geschäftsreisen Gregor Samsas in der *Verwandlung*.

An Felice am 9./10. XII. 1912.

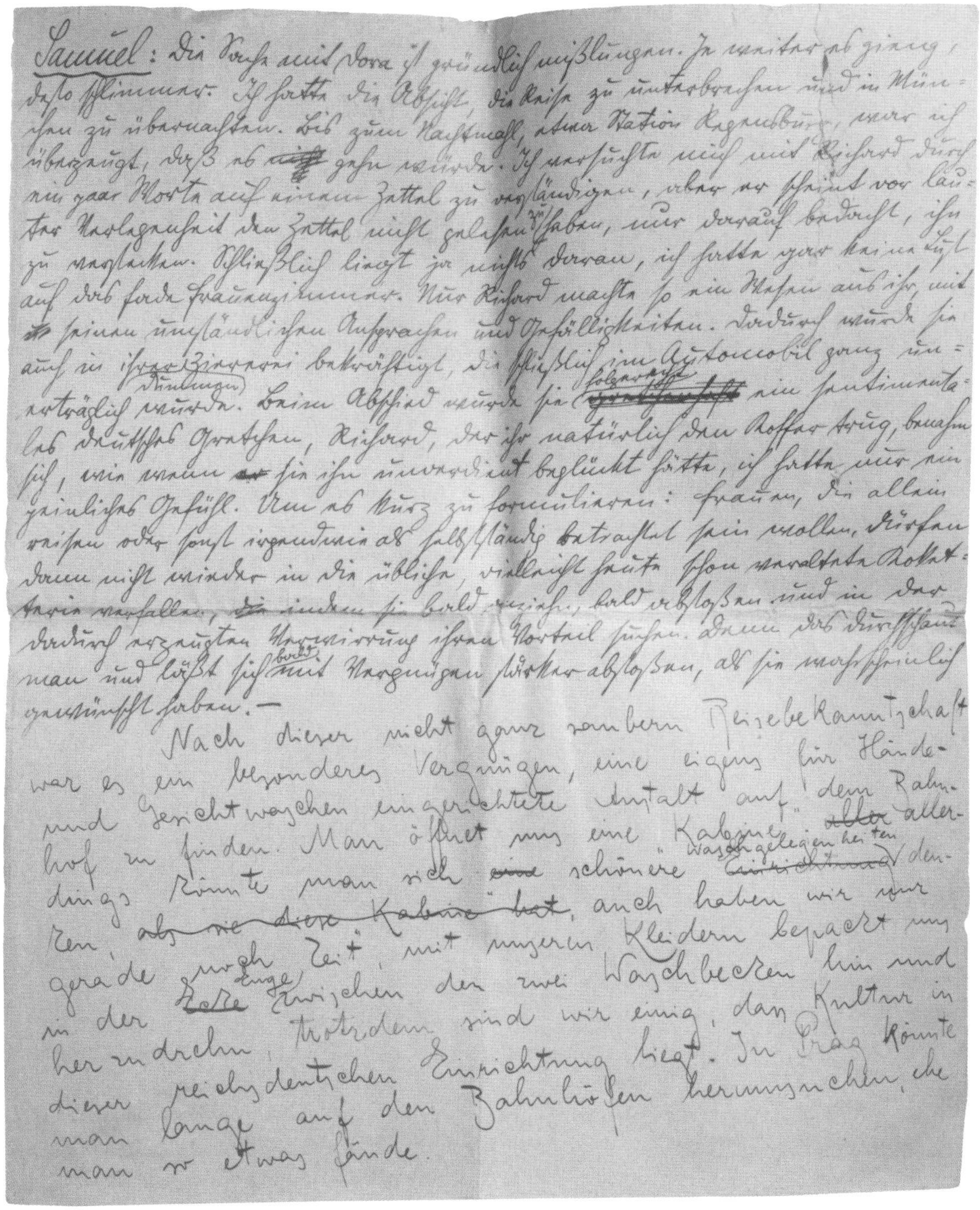

483 | *Die erste lange Eisenbahnfahrt,* Manuskriptseite mit den Handschriften Max Brods und Kafkas.

Der achtseitige Text, das erste Kapitel eines *Richard und Samuel* betitelten Reiseromans, in dem die Erfahrungen verarbeitet werden sollten, welche die beiden Freunde während ihres Sommerurlaubs im Jahr 1911 gemacht hatten, entstand in gemeinsamer Arbeit am 19. und 26. November 1911 sowie an einem der darauffolgenden Tage, an dem Kafka allein den Schluß des Kapitels fertigstellte, das 1912 im Maiheft der von Norbert Eisler und Willy Haas herausgegebenen *Herder-Blätter* veröffentlicht wurde (→ Abb. 394). Dabei wurde die Gestalt Richards vorzugsweise nach den Eigenheiten Kafkas und dessen Reisenotizen geschaffen, Samuel aber nach Brods Charakter und Aufzeichnungen. Doch begegnen auch umgekehrte Zuordnungen sowie Freiheiten gegenüber diesen Vorlagen und Vorbildern, insbesondere im Blick auf Samuel. So hat im vorliegenden Beispiel die von Brod niedergeschriebene Passage keine Entsprechung in den Lebenszeugnissen der Freunde, ergänzt diese vielmehr durch Erinnerungen, die nicht schriftlich niedergelegt worden waren, während die Formulierungen Kafkas von beiden, allerdings nur ansatzweise, notierte Sachverhalte aufgreifen, wobei der Schlußsatz als Feststellung Kafkas allein von Brod überliefert wird. Die Niederschrift selbst erfolgte keineswegs in der Weise, daß die Autoren die Teile übernahmen, die der ihnen entsprechenden Romanfigur zugeordnet waren. So zeigt die hier reproduzierte Seite, daß Kafka die von Brod begonnenen und Samuel betreffenden Formulierungen fortsetzte.

Vgl. EFR 74, Hartmut Binder: *Kafka-Kommentar zu sämtlichen Erzählungen,* München (1975), S. 90–96 und ders.: *Kafka in Paris,* (München 1999), S. 119–124

484 | Rudolf Frische: *Bildnis Anton Pachinger* (1912).

[...] sein Leben besteht aus Sammeln und Koitieren.

Den Abend des 26. November 1911 verbrachten Kafka und Brod in der Gesellschaft des Linzer Sammlers und Erotomanen Anton Max Pachinger (1864–1938), der mit einer Empfehlung Kubins nach Prag gekommen war. Man traf sich im Kaffeehaus des Hotels *Graf*, in dem Pachinger logierte, und ging dann später auf dessen Zimmer, wo sich dieser auf sein Bett setzte und seinen um ihn plazierten Gästen Exlibris und Photos nackter Frauen zeigte.

Pachinger hatte in Wien Jura, Archäologie und Kunstgeschichte studiert, ohne freilich abzuschließen. Er lebte vom väterlichen Vermögen in Linz und München, war mit Alfred Kubin und Fritz von Herzmanovsky-Orlando befreundet, in dessen literarischem Werk er in verschiedener Verkleidung in Erscheinung tritt, und widmete sich seinen kulturhistorischen Studien und seiner Sammelleidenschaft, die Medaillen, Münzen, Kostümstücke, religiöse Graphik, Spielzeug, Kochbücher, Stammbücher, Almanache, Devotionalien, Keuschheitsgürtel und Erotica betraf.

Tagebuch, 26. XI. 1911, vgl. T 535 und Fritz von Herzmanovsky-Orlando: *Sinfonietta Canzonetta Austriaca. Eine Dokumentation zu Leben und Werk,* hrsg. und kommentiert von Susanna Goldberg und Max Reinisch, (Salzburg und Wien 1994), S. 97.

485 | Das *Café Sport* im 1904 errichteten Hotel *Graf* an der Ecke *Komenskyplatz* (heute *náměstí I. P. Pavlova*) / *Taborgasse* (heute *Legerova*) (II-1827), in dem Max Brod und Kafka mit Pachinger zusammensaßen. Kafka notierte sich über diese Begegnung unter anderem: *Die Erzählungen über seine Potenz machen einem Gedanken darüber, wie er wohl sein großes Glied langsam in die Frauen stopft. Sein Kunststück in frühern Zeiten war, Frauen so zu ermüden, daß sie nicht mehr konnten. Dann waren sie ohne Seele, Tiere. Ja diese Ergebenheit kann ich mir vorstellen. Er liebt Rubensweiber wie er sagt, meint aber solche mit großen oben gebauchten unten flachen, sackartig hängenden Brüsten. Er erklärt diese Vorliebe damit, daß seine erste Liebe eine solche Frau, eine Freundin seiner Mutter und Mutter eines Schulkollegen war.*

Tagebuch, 26. XI. 1911, vgl. PT 29, Nr. 255 (15. IX. 1904), S. 19 und Hartmut Binder: *Wo Kafka und seine Freunde zu Gast waren,* (Furth im Wald, Prag 2000), S. 48 f.

486 | Das *Hofbräuhaus* in der *Stephansgasse* Nr. 40 (II-625, ganz rechts) in Prag. Zum Lokal gehörten ein Chantant und ein Biergarten. (→ Abb. 815)

Diskussionsabend im Beamtenverein. Ich habe ihn geleitet. Komische Quellen des Selbstgefühls. Mein Einleitungssatz. «Ich muß den heutigen Diskussionsabend mit dem Bedauern darüber einleiten, daß er stattfindet.» Ich war nämlich nicht rechtzeitig verständigt worden und daher nicht vorbereitet.

Nachdem ein vorbereitender Ausschuß unter der Leitung des auch in Kafkas Lebenszeugnissen erwähnten Josef Kraetzig Statuten erarbeitet hatte, die am 6. Dezember 1911 genehmigt wurden, gründeten am 9. Januar 1912 Kafka und einige seiner Bürokollegen um fünf Uhr nachmittags im Sitzungszimmer des *Vereins der Staatsbeamten deutscher Nationalität* im Prager *Hofbräuhaus* den *Verein der deutschen Beamten der Arbeiter-Unfall-Versicherungsanstalt für das Königreich Böhmen,* der gemäß § 1 seiner Satzung die Wahrung der Standesinteressen, die wissenschaftliche Fortbildung und die Förderung der wirtschaftlichen Verhältnisse seiner Mitglieder bezweckte und demgemäß in seinen Sitzungen Standesfragen erörtern, Gesuche überreichen, Abordnungen entsenden, Vorträge abhalten und finanzielle Verbesserungen erwirken wollte. Auf der konstituierenden Versammlung wurde einstimmig, also auch mit Kafkas Votum, beschlossen, der Verein möge sich als außerordentliche Sektion dem *Verein der Staatsbeamten deutscher Nationalität* in Prag anschließen.

Die Vereinsgründung war von Kafkas unmittelbarem Dienstvorgesetzten Eugen Pfohl angeregt worden, nachdem die tschechischen Beamten der Anstalt ihre sich als Deutsche bekennenden Kollegen nötigen wollten, in den schon bestehenden tschechischen Beamtenverein einzutreten. Zum Vorsitzenden wurde Dr. Emanuel Hanzal, zum Schriftführer August Kopal (→ Abb. 981) gewählt, Kafka übernahm den Posten einer der beiden Rechnungsprüfer. Am 6. Februar 1912 fand eine Vollversammlung am gleichen Ort und zu gleicher Stunde statt. In den Jahren 1917 und 1918 war Gustav Kubasa (→ Abb. 1095) der Vorsitzende, Alois Gütling (→ Abb. 844) einer der Revisoren. Am 26. September 1939 wurde der Verein aufgehoben und in den *Reichsbund der Deutschen Beamten* verfügt.

Tagebuch, 12. XII. 1913.

487 | Der Maler und Graphiker Willy Nowak (1886–1977).

Nowak erhielt um 1910 einmal in seinem südwestlich von Prag gelegenen Heimatort Mnischek (Mníšek pod Brdy) an der nach Dobříš führenden Bahnlinie Besuch von Max Brod und Kafka; er schreibt: *Ich erinnere mich nur, dass wir damals im Garten mit einem Bumerang warfen und die Gäste die mittag gekommen waren, am Abend wieder nach Prag fuhren. Es war das einzige mal dass ich mit Kafka sprach. Er blieb mir in Erinnerung als schwarzhaariger, schlanker sehr sympathischer junger Mann, der wenig sprach.*

Nowak studierte von 1903 bis 1906 an der Prager *Kunstakademie.* 1929 wurde er Professor an dieser Institution. Nach dem Zweiten Weltkrieg nahm er die tschechische Staatsbürgerschaft an und starb als gefeierter Staatskünstler.

Handschriftliche Niederschrift Nowaks aus den 60er Jahren *(Národní Galerie v Praze).*

489 | Willy Nowak: *Mädchen mit Äpfeln* (Farb-lithographie, 1911).

Zwei Lithographien «Apfelverkäuferin» und «Spaziergang» gekauft.

Die beiden Werke Nowaks bildeten mit den *Badenden Mädchen* und dem *Porträt Max Brods* eine Vierergruppe, die Nowak Ende 1911 fertig-gestellt hatte und zum Kauf anbot.

Tagebuch, 23. XII. 1911, vgl. PT 36, Nr. 355 (24. XII. 1911), S. 12.

488 | Willy Nowak: *Max Brod* (farbige Porträt-skizze, Öl auf Papier, 1911).

Abends bei Max, wo der Maler Novak gerade die Lithographien von Max ausbreitete. [...] Er behauptete, daß es die gefühlte und selbst bewußte Aufgabe des Künstlers wäre, den Porträtierten in seine eigene Kunstform aufzunehmen. Um dies zu erreichen hatte er zuerst eine Porträtskizze in Far-ben angefertigt, die auch vor uns lag [...]. Nach dieser Skizze arbeitete der Maler nun zuhause an seinen Litographien, indem er, Litographie um Litographie verändernd, darnach trachtete, immer mehr von der Naturerscheinung sich zu entfernen, dabei aber seine eigene Kunstform nicht nur nicht zu verletzen, sondern Strich für Strich ihr näherzu-rücken. So verlor z. B. die Ohrmuschel ihre mensch-lichen Windungen und den detaillierten Rand und wurde ein vertiefter Halbkreiswirbel um eine kleine dunkle Öffnung. Maxens knochig schon vom Ohr an sich bildendes Kinn verlor seine einfache Begren-

zung, so unentbehrlich sie scheint und so wenig für den Beschauer aus der Entfernung der alten Wahrheit eine neue wurde. Das Haar löste sich in sichern, verständlichen Umrissen auf und blieb menschliches Haar, wie es auch der Maler leugnete.

Das Ölbild war am 25. Januar 1911 entstanden und in der drei Tage später eröffneten Ausstellung des *Vereins deutscher bildender Künstler in Böh-men* im *Rudolfinum* zu sehen.

Im Mai 1912 stellte Nowak in der *Aktion* seine Sicht der Dinge der Öffentlichkeit vor. Ausgehend von einem japanischen Farbholzschnitt Hokusais, bekannte er sich zu einem von Zirkel und Lineal bestimmten Konstruktivismus der Darstellung, deren Schönheit durch die ihr innewohnende Harmonie der Proportionen gegeben sei.

Tagebuch, 23. XII. 1911, vgl. Brod: Tagebuch, 25. und 27. I. 1911, DZB 84, Nr. 28 (28. I. 1911), S. 1 f. sowie Hartmut Binder: *Ein Kommentar Kafkas. Willy Novaks Porträt von Max Brod*, in: NZZ 209, Nr. 295 (17./18. XII. 1988), S. 67.

491 | Familienphoto in Franzensbad.

Stehend von links: Siegfried Löwy, sein Halbbruder Richard Löwy mit seiner Frau Hedwig. Davor Julie und Hermann Kafka, ganz rechts dessen Schwester Julie Ehrmann.

Unangenehm ist es, zuzuhören, wenn der Vater mit unaufhörlichen Seitenhieben auf die glückliche Lage der Zeitgenossen und vor allem seiner Kinder von den Leiden erzählt, die er in seiner Jugend auszustehen hatte. [...] Heute wurde mit der Tante Julie die uns besuchte wieder ähnlich gesprochen. Sie hat auch das riesige Gesicht aller Verwandten von Vaters Seite. Die Augen sind um eine kleine störende Nuance falsch gebettet oder gefärbt. Sie wurde mit 10 Jahren als Köchin vermietet. Da mußte sie bei großer Kälte in einem nassen Röckchen um etwas laufen, die Haut an den Beinen sprang ihr, das Röckchen gefror und trocknete erst abends im Bett.

Als Julie Ehrmann (1855–1921) starb, die in Strakonitz (Strakonice) lebte (→ Abb. 185), wo sie ihrem Mann im Geschäft half, dem sie sieben Kinder gebar, schrieb Kafka, diese Tante sei nicht ohne Bedeutung für ihn gewesen, vielleicht weil sie, wie ihre Tochter Ida Bergmann (*1893) zu Protokoll gab, im Gegensatz zu ihrem Bruder Verständnis für junge Leute hatte. Ihre älteste Tochter Martha Weißkopf arbeitete einige Jahre im Geschäft Hermann Kafkas, die etwas jüngere Olga Kaufmann wohnte eine Zeitlang bei den Kafkas.

Die Art und Weise, wie Hermann Kafka über seine Jugend sprach, aber auch Aussagen, die er aus anderem Anlaß machte, hatten für seinen Sohn die Qualität einer Beziehungsfalle, die seine Entscheidungskraft blockierte und dazu führte, daß er in Werken wie im *Process*, in dem berühmten Stück *Vor dem Gesetz* sowie im *Schloss* entsprechende Situationen gestaltete und damit an seine Leser weitergab.

Tagebuch, 26. XII. 1911, vgl. Anthony Northey: *Kafka-Familienlexikon. Ein kleiner Überblick über erfolgreiche und weniger erfolgreiche Verwandte des Dichters*, in: *Freibeuter* Nr. 16 (1983), S. 49–59, O 104, W 190 und Hartmut Binder: *Vor dem Gesetz. Einführung in Kafkas Welt*, Stuttgart, Weimar (1993), S. 158–222.

490 | Rudolf Löwy (1861–1921).

Kommt beim Anblick meiner ganzen Lebensweise, die in eine allen Verwandten und Bekannten fremde falsche Richtung führt, die Befürchtung auf und wird sie von meinem Vater ausgesprochen, daß aus mir ein zweiter Onkel Rudolf, also der Narr der neuen nachwachsenden Familie, der für die Bedürfnisse einer andern Zeit etwas abgeänderte Narr werden wird, dann werde ich von jetzt ab fühlen können, wie in der Mutter, deren Widerspruch gegen solche Meinung im Laufe der Jahre immer kleiner wird, alles sich sammelt und stärkt, was für mich und was gegen Onkel Rudolf spricht und wie ein Keil zwischen die Vorstellungen von uns beiden fährt.

Rudolf Löwy, ein Halbbruder Julie Kafkas aus der zweiten Ehe ihres Vaters mit Julie Heller (1827–1908), war Junggeselle und hatte sich taufen lassen. Er arbeitete als Buchhalter in einem Brauhaus in Koschir (Košíře), das seinem Onkel Alexander Löwy gehörte, der zugleich Bürgermeister des Prager Vororts war. Alexander Löwy (1852–1903), der zum Katholizismus übergetreten war und den Nachnamen Lanner angenommen hatte, war ein Sohn von Ahron Löwy und dadurch ein Neffe von Kafkas Großvater Jakob Löwy, denn Jakob und Ahron waren Brüder.

Kafkas Eltern verglichen Rudolf *manchmal zum Spaß* mit ihrem Sohn, der den Onkel zwar als *eine Merkwürdigkeit* bezeichnete, aber zugeben mußte, daß er sich in gewisser Beziehung in ähnlicher Richtung zu entwickeln begann.

Tagebuch, 23. XII. 1911, Br III 102 und 37, vgl. Br 415 und Anthony Northey, Wolfville, Nova Scotia (mündlich, 2007).

492 | Der Maler Ernst Ascher (*1888).

Ich soll dem Maler Ascher nackt zu einem heiligen Sebastian Modell stehen.

Ascher studierte an der *Deutschen Technischen Hochschule* in Prag Architektur und besuchte seit Herbst 1909 gleichzeitig die *Kunstakademie*, aus der er jedoch Anfang 1911 ausgeschlossen wurde. Er porträtierte Willy Haas, Felix Weltsch und dessen Schwester Betty, die ihn auf diese Weise unterstützten. Max Brod tat es durch einen Zeitschriftenbeitrag, in dem er auf den Maler hinwies. Die Verbindung mit Kafka kam sicherlich durch Max Brod zustande, der in seinem Tagebuch Besuche in Aschers Atelier für Januar 1911 bezeugt.

Anfang 1912 war Ascher in einer verzweifelten finanziellen Lage. Er verkaufte keine Bilder, so daß er Ateliermiete und Material nicht mehr bezahlen konnte. Mitte des Jahres übersiedelte er nach München, im darauffolgenden Vorfrühling nach Paris, wo er mindestens bis zum Ausbruch des Ersten Weltkriegs lebte. 1914 war er auf der Ausstellung der *Berliner Secession* mit zwei Landschaftsbildern vertreten. Um 1930 war er Mitglied des *Vereins deutscher Künstler in Böhmen*, dann verliert sich seine Spur.

Tagebuch, 7. I. 1912, vgl. Max Brod: *Notiz über einen jungen Maler*, in: *Herder-Blätter* 1911/1912, Heft 3, S. 56, PT 39, Nr. 141 (25. V. 1914), S. 9, Nr. 175 (28. VI. 1914), S. 12 und *Archiv Akademie věd České republiky*, Praha (Akten betreffend die *Gesellschaft zur Förderung deutscher Wissenschaft, Kunst und Literatur in Böhmen*).

493 | Der 1857 eröffnete und 1884 von Jindřich Fialka und V. Oliva im Stil der Neorenaissance umgebaute Festsaal im Restaurant auf der Prager *Sofieninsel* (*Žofín*, heute *Slovanský ostrov*), die nach der bayerischen Prinzessin Sophie, der Mutter Kaiser Franz Josefs, benannt worden war.

Bie schiebt mit Beginn des Vortrags die Hand in die Hosentasche [...] Hoffmannstal liest mit falschem Klang in der Stimme. Gesammelte Gestalt, angefangen von den an den Kopf angepreßten Ohren.

In diesem Saal, in dem Berlioz, Liszt, Tschaikowsky und Wagner aufgetreten waren, Smetana und Dvořák aufgeführt wurden, veranstaltete die *Johann Gottfried Herder-Vereinigung* (→ Abb. 393) am 16. Februar 1912 eine *Akademie*, die von dem Berliner Literaturkritiker Oscar Bie mit einem historisch orientierten Lichtbildvortrag über den Tanz eröffnet wurde. Anschließend las Hugo von Hofmannsthal, den Kafka in seiner Frühzeit besonders bewundert hatte, eigene Gedichte, und Grete Wiesenthal tanzte. Kafkas Urteil über die Rezitationskunst Hofmannsthals wird durch Willy Haas bestätigt, der in seinen Erinnerungen schreibt: *Hofmannsthal las seine eigenen Gedichte wie ein k. k. österreichischer Gardeoffizier, der Gedichte von Hofmannsthal vorträgt, ohne ein Wort davon zu verstehen.*

Der Abend schloß mit einem Bankett, an dem über hundert Gäste teilnahmen. Max Brod sollte einen Toast auf Hofmannsthal ausbringen, der aber so müde war, daß er schon nach der Vorspeise mit der Wiesenthal zusammen die Veranstaltung verließ. Ob Kafka an diesem Diner teilgenommen hat, ist nicht überliefert, aber wegen seiner Menschenangst (→ Abb. 697) und des hohen Preises unwahrscheinlich, den er hätte dafür bezahlen müssen.

Tagebuch, 25. II. 1912 und Willy Haas: *Die literarische Welt. Erinnerungen*, München (1957), S. 45.

494 | Grete Wiesenthal tanzt zum *Donauwalzer* von Johann Strauß.

Wiesenthal. Die schönen Tanzstellen, wenn sich z. B. in einem auf den Boden Zurücksinken die natürliche Körperschwere zeigt.

Im *Prager Tagblatt* wurde ihr Auftritt wie folgt beurteilt: *Die Tänzerin, die man, im Verein mit ihren Schwestern, schon vor einigen Jahren hier bewundern konnte und die Alfred Kerr zu begeisterten Versen inspiriert hat, begann mit Straußens «Frühlingsstimmen», die sie in grünem, enganliegendem Gewande tanzte, als ein Natursymbol von elementarer Heiterkeit. Liszts «Rhapsodie Hongroise» gab sie mit Leidenschaftlichkeit in Lauf und Sprung. Zum Schluß, nach einer im Programm nicht verzeichneten Zugabe, den «Donauwalzer», das Meisterstück ihrer österreichischen Art und die höchste Steigerung einer sanften, in Wiegen und Schweben verhauchenden choreographischen Kunst.*

Tagebuch, 25. II. 1912 und *Akademie der Herdervereinigung*, in: PT 37, Nr. 48 (18. II. 1912), S. 5.

495 | Die 1894/95 von Friedrich Ohmann erbaute *Produktenbörse* am *Havlíčekplatz* (heute *Senovážné náměstí*), die 1929 renoviert und erweitert wurde (II-866). Es gab einen *Hauptbörsesaal* mit 425 und einen *Kleinen Saal* mit 125 Quadratmetern, in dem am 22. Februar 1912 Kurt Blumenfeld über *Die Juden im akademischen Leben* sprach, wobei Kafka unter den Zuhörern war.

Vgl. PT 37, Nr. 52 (22. II. 1912), S. 3.

496 | Kurt Blumenfeld (1884–1963).

Zionistische Versammlung. Blumenfeld. Sekretär der zionistischen Weltorganisation.

Blumenfeld war von 1910 bis 1914 Generalsekretär der *Zionistischen Weltorganisation*, von 1924 bis 1933 Vorsitzender der *Zionistischen Vereinigung für Deutschland*. Am 17. Januar 1955 schrieb er an Immo von Hattingberg, Kafka, den er persönlich gekannt habe, gehöre zu den *Persönlichkeiten von echter Schöpferkraft*, die nach gründlicher Selbsterkenntnis ihr Judentum als das ihnen Wesensmäßige empfunden hätten. Nach den Erinnerungen Blumenfelds muß ihm Kafka in den Jahren der Krankheit noch einmal auf der *Niklasstraße* in Prag begegnet sein.

Tagebuch, 25. II. 1912 und Kurt Blumenfeld: *Im Kampf um den Zionismus. Briefe aus fünf Jahrzehnten,* hrsg. von Miriam Sambursky und Jochanan Ginat, (Stuttgart 1976), S. 266 f., vgl. 203 und 293.

Kapitel X

Zum Wischehrad

Kafkas Liebe zu seiner Heimatstadt, die im April 1911 zu dem freilich nicht ausgeführten Entschluß führte, mit Max Brod zusammen über Prager Gassen zu schreiben, sowie die Überzeugung, sich körperlich betätigen zu müssen, um die nervlichen Belastungen aushalten zu können, die sein Doppelleben zwischen Büroarbeit und nächtlichem Schreiben nach sich zog, hatten zur Folge, daß er neben sportlichen Betätigungen im engeren Sinn fast täglich in den Straßen Prags Spaziergänge unternahm, die er oft zu stundenlangen Wanderungen ausdehnte. Daß er dabei allein schon aus Gründen der Abwechslung unterschiedliche Routen verfolgte, leuchtet ein, wenngleich natürlich die Lage der von ihm bis zum Jahr 1917 benutzten Wohnungen in der Prager Altstadt nahelegte, vorzugsweise nach Norden führende Routen oder das linke Moldauufer zu wählen. Gleichwohl lassen sich auch Wanderungen in den entfernteren Süden der böhmischen Metropole belegen, wo der geschichtsträchtige *Wischehrad (Vyšehrad)* lockte, dessen bis heute abgeschiedenes, von Spazierwegen durchzogenes Plateau malerische Ausblicke auf das Moldautal und Prag gewährt. So geht etwa aus einem an Milena Jesenská gerichteten Schreiben vom 6. Juli 1920 hervor, daß Kafka an diesem Tag auf der *Wischehrader Lehne* gewesen war, was angesichts der vor Ort herrschenden topographischen Verhältnisse und unter Berücksichtigung des Prager Sprachgebrauchs bedeuten muß, er sei auf dem Plateau des Felsens spazierengegangen, auf dem die mittelalterliche Burg errichtet worden war.

Der gleichsam naturgegebene Weg dorthin, jedenfalls wenn man zu Fuß und in angenehmer Umgebung unterwegs sein wollte, führte am rechten Moldauufer entlang. Ob der im *Haus zum Schiff* an der *Svatopluk-Čech-Brücke* wohnende Kafka nun dem *Dvořak-Quai (Dvořakova nábřeží)* oder der etwas weiter im Inneren der Altstadt verlaufenden *Salnitergasse (heute 17. listopadu)* folgte – er gelangte auf beiden Routen zu dem vor dem Künstlerhaus *Rudolfinum* sich erstreckenden Platz (heute *náměstí Jana Palacha*), der einen besonders schönen Blick auf Kleinseite und *Hradschin* erlaubte. Zwar verstellte beim anschließenden Gang durch die *Kreuzherrengasse (Křižovnická)* die Bebauung der Uferzone den Blick auf das Flußpanorama vorübergehend, das aber kurz darauf am *Kreuzherrenplatz (Křižovnické náměstí)* wieder erreicht wurde.

In der Zeit, als Kafkas Domizil in der *Zeltnergasse* oder am *Altstädter Ring* lag, stieß er weiter südlich, beim *Tschechischen Nationaltheater (Národní divadlo)* auf die Moldau, so am 21. November 1915, als er von der *Ferdinandstraße (Národní třída)* aus auf den *Riegerquai (heute Smetanovo nábřeží)* einbog, um zum südlich des *Wischehrad* liegenden Podol (Podolí) zu gelangen. Überliefert ist auch, daß er und seine halbwüchsigen Schwestern in den Jahren 1902 und 1903 Ausflüge zum *Wischehrader Felsen* machten. Anna Pouzarová, die damals als Erzieherin der Schwestern im Hause Kafka tätig war, berichtete 1964 in einem Erinnerungsartikel: *Andermals machten wir uns in Begleitung von Franz zur Überfahrt vom Vyšehrad auf. Mit der Fähre fuhr ein urwüchsiger ‹Felsenmensch›, ein typischer Moldauschiffer, Herr Souček. Er kannte alle Kinder Kafkas und liebte sie. Die Mädchen konnten sich auf dem Schiff allerhand erlauben, und Franz drängte immer darauf, daß sie alleine ruderten.*

Wegen des damals noch fehlenden Tunnels bestand eine Fährverbindung um den *Wischehrader Felsen* herum nach Podol, aber auch zu der am anderen Ufer sich erstreckenden *Kaiserwiese,* damals ein beliebtes Ausflugsziel und Ort alljährlicher Pferderennen, die erst später nach

Kuchelbad verlegt wurden. Neben dem *Wischehrad* selbst und dem im Bau befindlichen Tunnel, der zusätzlich Spaziergänger anlockte, mag es auch der im November 1902 im westlichen Teil der *Kaiserwiese* eröffnete Floßhafen gewesen sein, der Kafka und seine Schwestern nach Smichow führte, zumal der dortige Bahnhof, der im Norden an die *Kaiserwiese* grenzte, eine bequeme Rückkehrmöglichkeit in die Innenstadt erlaubte. Schließlich ist darauf hinzuweisen, daß zwischen 1909 und 1914 und dann wieder ab 1919 Verwandte der Familie Kafka in Podol wohnten: Im Jahr 1909 hatte der Geschäftsmann Hugo Kaufmann Olga Ehrmann geheiratet, eine Tochter von Hermann Kafkas Schwester Julie aus Strakonitz (→ Abb. 491), die zeitweilig in Prag lebte. Kaufmanns Kinder Adolf Ernst und Rosa erscheinen in Kafkas Tagebüchern als Gäste in der elterlichen Wohnung, so daß anzunehmen ist, daß es gelegentlich auch Gegenbesuche gegeben hat.

Über den eigenartigen Reiz einer Wanderung entlang der Moldau heißt es in einem Prag-Führer aus dem Jahr 1913: *Durch ausgedehnte Quaibauten sind in den letzten Jahrzehnten auf beiden Seiten des Flusses als ein Teil der Arbeiten für die Schiffbarmachung der Moldau, hohe Ufermauern angelegt worden, welche zugleich die angrenzenden Stadtteile vor den früher so häufigen Überflutungen schützen sollen. Es entstanden so neue, mit modernen Mietspalästen besetzte Straßenzüge, durch Alleen belebt, welche namentlich auf der Flußseite beliebte Promenaden geworden sind. Das Bild, welches sich dem hier Wandelnden entrollt, bietet auch immer wieder neue Reize: der breite Fluß mit seinen Krümmungen, die baumbepflanzten Inseln und die mächtigen Brücken, die sich über das Wasser schwingen, zu beiden Seiten das Häusermeer mit seinen vielen Türmen und den bepflanzten Anhöhen, auf denen links der Hradschin, rechts der Wischehrad thronen – dies alles stempelt Prag zu einer der schönsten Städte Europas.*

EFK 58 und O. Klauber: *Prag und Umgebung. Praktischer Reiseführer.* Sechzehnte Auflage, Berlin 1913, S. 103, vgl. PK 97, C 66, Egon Erwin Kisch: *Aus Prager Gassen und Nächten. Prager Kinder. Die Abenteuer in Prag,* (5. Auflage), (Berlin und Weimar 1968), S. 443, Br E 61 und Anthony Northey: *Franz Kafka. Tagebücher,* in: *Seminar* 28, Nr. 4 (November 1992), S. 372, T 69 und 435.

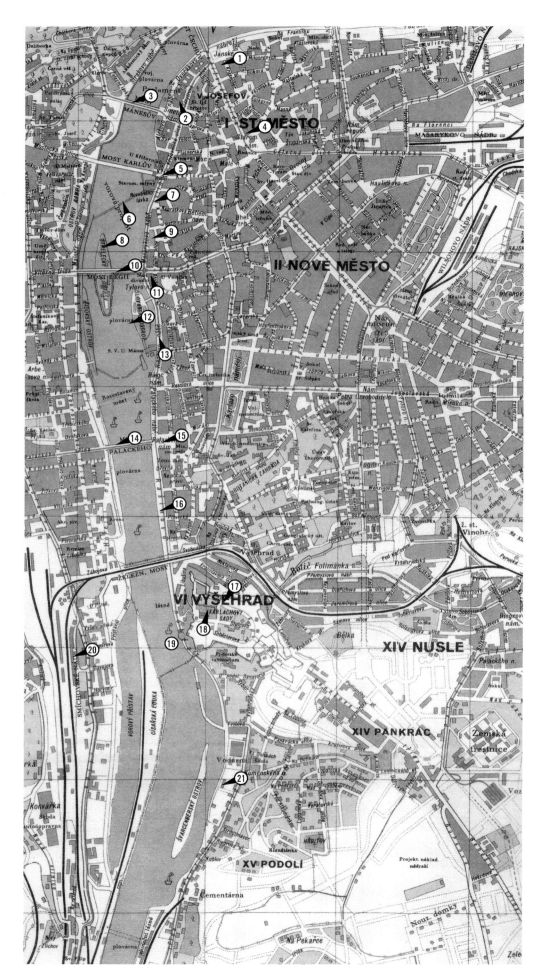

497 | Die Moldau zwischen Podolí und der Josefstadt. Am linken Ufer Teile von Smichow und der Kleinseite (um 1920).

1 *Niklasstraße* Nr. 36.

2 *Rudolfinum.*

3 *Manesbrücke.*

4 *Altstädter Ring* Nr. 6.

5 *Kreuzherrenplatz.*

6 *Altstädter Wehr.*

7 *Franzensquai.*

8 *Schützeninsel.*

9 *Franzensmonument.*

10 *Kaiser Franzens-Brücke.*

11 *Tschechisches Nationaltheater.*

12 *Sofienschwimmschule.*

13 *Riegerquai.*

14 *Palackýbrücke.*

15 *Palacký-Denkmal.*

16 *Palackýquai.*

17 Das *Franzosentor* auf dem *Wischehrad.*

18 Der *Wischehrader Friedhof.*

19 Die ‹Überfuhr› am *Wischehrader Felsen.*

20 Der Smichower Bahnhof.

21 Die Uferzone, an der sich Kafka ein Haus kaufen wollte.

498 | Blick vom *Rudolfinum* auf Kleinseite und *Hradschin*. Über den Bäumen ganz rechts ist ein Pfeiler des *Kettenstegs* zu sehen.

499 | Der 1870 eröffnete und 1914 abgebrochene *Kettensteg*. Links Fundamente der im Bau befind-lichen *Neuen Brücke* (heute *Mánesův most*) (April 1911).

[...] da ist keine Brücke, kein Wagengerassel, kein arrogantes Straßenpflaster, sondern bald glaubt man in einer ganz schmalen Gondel zu sitzen, und wenn man die Hände ausstreckt, kann man rechts und links im Wasser plantschen – bald wieder glaubt man sich in einem stillen Gärtchen, denn die Laternen sind als Krönung auf so etwas wie vergrößerten Croquetreifen angebracht, wie unter Lauben geht man durch, wie unter der lieblichen Dekoration eines Frühlingsfestes.

Max Brod: *Unmodernes Prag*, in: PT 37, Nr. 108 (20. IV. 1912), S. 2.

500 | Die fast fertiggestellte *Manes-Brücke (Mánesův most)*, die von den Prager Deutschen *Neue Brücke* genannt wurde (November 1913).

501 | Die *Kreuzherrengasse (Křižovnická)*, Blick nach Süden (1915). Im Hintergrund der zum *Franzensquai* führende Durchlaß, den die Nacht-schwärmer in der *Beschreibung eines Kampfes* durchschreiten müssen, um vom *Franzensquai* zum *Kreuzherrenplatz* zu gelangen.

Vgl. B I 48 f. und B II 36 f.

502 | Der *Kreuzherrenplatz (Křižovnické náměstí)* mit dem *Altstädter Brückenturm (Staroměstská věž)*, den teilweise sichtbaren Statuen auf der dahinter liegenden *Karlsbrücke* und dem 1848 errichteten *Denkmal Karls IV. (pomník císaře Karla IV.)* (1909).

Auf dieses Monument bezieht sich die folgende Strophe eines von dem Prager Schriftsteller Paul Leppin stammenden Bänkelliedes, das er selbst zur Laute vorzutragen pflegte:

Und im Mondschein, im verschmierten,
Wibbeln, wabbeln alle Kanten.
Bei dem Denkmal Karls des Vierten
Sammeln sich die Buseranten.

Max Brod, der den Text in seinem *Prager Kreis* überliefert, kommentiert: *Buseranten sind das, was die antiken Dichter auch nicht gerade vornehm «Kinäden» nannten. Und den Zusammen-hang versteht man erst, wenn man das beim Alt-städter Brückenturm stehende Monument Karls IV. aus einiger Entfernung und unter einem bestimm-ten Blickwinkel betrachtet. Die meisten Prager wissen, daß dann die in des Kaisers rechter Hand ziemlich tief unten gehaltene Bulle mit dem Siegel wie etwas ganz anderes ausschaut.*

PK 75.

503 | Blick vom *Franzensquai* (heute *Smetanovo nábřeží*) mit dem am rechten Bildrand liegenden *Smetana-Museum* auf Moldau, *Karlsbrücke*, die Kleinseite mit der links im Bild sichtbaren *St. Niklaskirche* und der darüber liegenden *Burg*, die ihrerseits vom *St. Veits-Dom* überragt wird. Nach allgemeiner Ansicht ist dies das schönste, auch literarisch vielfach gewürdigte Panorama, das Prag zu bieten hat; es begegnet auch in Kafkas *Beschreibung eines Kampfes*, wenngleich als Nachtbild: *die Moldau und die Stadtviertel am andern Ufer lagen in einem Dunkel. Nur einige Lichter brannten und spielten mit den schauenden Augen.*

Beschreibung eines Kampfes, S. 36 f., vgl. Hartmut Binder: *Literaturreisen Prag*, Stuttgart, Dresden (1992) S. 30 – 32.

504 | Das *Franzensmonument (pomník císaře Františka I.)* auf dem *Franzensquai* (heute *Smetanovo nábřeží*).

Nach dem Tod von Kaiser Franz I. beschlossen die böhmischen Stände, sein Andenken durch ein Denkmal zu ehren, und wählten dafür als Standort den zwischen 1841 und 1845 erbauten *Franzensquai*. Das von Josef Max geschaffene Monument, das 1850 aufgestellt wurde, zeigt den Kaiser im Krönungsmantel, auf dem Haupt die böhmische Krone und das Zepter in der Hand, umgeben von 25 Statuen, von denen die unteren die ehemaligen 16 Kreise Böhmens und die Stadt Prag symbolisieren, während die oberen am Baldachin Wissenschaft, Kunst, Ackerbau, Bergbau, Handel und Gewerbe verkörpern.

Am 15. Mai 1893 wurde auf den steinernen Kaiser ein Anschlag verübt. Daraufhin wurde die namengebende doppelsprachige Straßentafel des Kais mit der Inschrift *Františkovo nábřeží – Franzensquai* entfernt und ein neues Schild mit einem in den tschechischen Nationalfarben Blau-Weiß-Rot kolorierten Rand angebracht, auf dem nur das Wort *Nábřeží* zu lesen war. Als dann Kaiser Franz Josef I. im Jahr 1901 zur Weihe der neuen *Kaiser Franzens-Brücke* nach Prag kommen sollte, wurde der unterdrückte tschechische Teil der ursprünglichen Aufschrift wieder restituiert.

Vgl. PT 28, Nr. 90 (30. III. 1904), S. 2, O. Klauber: *Prag und Umgebung. Praktischer Reiseführer*, sechzehnte Auflage, Berlin 1913, S. 106 und Wilhelm Klein: *Tote Denkmäler. Ein Nekrolog*, in: PT 44, Nr. 111 (11. V. 1919), S. 3.

505 | Das mit Tüchern verhüllte *Franzens-monument.*

Er war früher Teil einer monumentalen Gruppe. Um irgendeine erhöhte Mitte standen in durchdachter Anordnung Sinnbilder des Soldatenstandes, der Künste, der Wissenschaften, der Handwerke. Einer von diesen vielen war er. Nun ist die Gruppe längst aufgelöst oder wenigstens er hat sie verlassen und bringt sich allein durchs Leben. Nicht einmal seinen alten Beruf hat er mehr, ja er hat sogar vergessen, was er damals darstellte.

Im März 1919 bestimmte das Prager Innenministerium, alle an öffentlichen Orten zugänglichen Embleme der Habsburgerherrschaft müßten innerhalb von vier Wochen entfernt oder unkenntlich gemacht werden, doch sollten Beschädigungen künstlerisch wertvoller, besonders mehr als 50 Jahre alter Monumente verhindert werden. So beschloß man im Fall des *Franzensmonuments,* zwar das Standbild des Kaisers zu entfernen, den Baldachin und die ihn umgebenden Figuren aber zu belassen. Um jedoch der tschechischen Bevölkerung Prags den ihr unerträglichen Anblick des Kaisers auch nicht einen Tag länger

506 | Die 1855 dem Verkehr übergebene *Kaiser Franzens-Kettenbrücke,* die von den Prager Deutschen meist *Kettenbrücke* genannt wurde; im Hintergrund Bäume der *Schützeninsel.* Sie wurde 1901 durch eine steinerne Bogenbrücke ersetzt, die den Namen *Kaiser Franzens-Brücke (most císaře Františka)* erhielt.

«Die Landschaft stört mich in meinem Denken» sagte er leise *«sie lässt meine Überlegungen schwanken, wie Kettenbrücken bei zorniger Strömung.»*

nötig zuzumuten, wurde dieser bis zu seiner Entfernung im Mai 1919 verhüllt. Das derart entleerte Monument mag Kafka in einem phantastischen Spiel mit dem eigenen Vornamen neun Monate später zu seiner hier angeführten Betrachtung veranlaßt haben.

Im Jahr 2003 wurde eine Kopie des kaiserlichen Reiterstandbilds, die nach dem im Lapidarium der Stadt Prag erhaltenen Original gefertigt wurde, an ihrem ursprünglichen Platz aufgestellt, so daß das *Franzensmonument* heute wieder sein ursprüngliches Aussehen hat.

Tagebuch, 25. II. 1920, vgl. PT 44, Nr. 67 (19. III. 1919), S. 8 und Zdeněk Hojda / Jiří Pokorný: *O habsburských pomnících v čechách, in: Habsburské století 1791–1914,* hrsg. von Jiří Rak und Vit Vlnas, Praha 2004, S. 36.

Die angeführte Stelle aus dem Kapitel *Ansprache an die Landschaft* in der ersten Fassung der *Beschreibung eines Kampfes* reflektiert Besonderheiten der Prager *Kettenbrücke,* aber auch des *Kettenstegs,* über den Egon Erwin Kisch einmal schrieb: *auch du schaukelst nicht mehr unter dem Schritt der Passanten.* Die *Kettenbrücke* war nämlich eine Hängebrücke, deren aus Holzplanken bestehende Fahrbahn auf Eisenstangen ruhte. Diese wurden von zwei Doppelketten getragen, deren Glieder aus Stahlplatten herausgeschnitten, durch Bolzen miteinander verbunden, über gemauerte Pylone geführt und an beiden Ufern verankert worden waren, eine Konstruktion, die naturgemäß windempfindlich war.

Um das Bauwerk finanzieren zu können, wurde eine Brückenmaut von einem Kreuzer erhoben, die auch in der Folgezeit bei neuerbauten Brücken eingeführt wurde und sich noch eine Zeitlang über das Ende der Habsburgermonarchie hinaus hielt. Dieses Wegegeld wurde von Mauteinnehmern eingezogen, die in Mauthäuschen an den Brückenköpfen arbeiteten.

Beschreibung eines Kampfes, S. 98 f. und Egon Erwin Kisch: *Schwimmschule,* in: DZB 90, Nr. 185 (8. VII. 1917), S. 6, vgl. Franz Machaczek: *Elf Brücken spannen den Weg …,* in: PN 4, Nr. 10 (Oktober 1953), S. 13.

507 | Die provisorische Holzbrücke querte die Moldau zwischen 1898 und 1901, als die neue *Kaiser Franzens-Brücke* aus Stein errichtet wurde; 1902 wurde sie wieder abgetragen.

508 | Die im Juni 1901 in Anwesenheit Kaiser Franz Josefs I. eröffnete neue *Kaiser Franzens-Brücke (heute most legii)* mit dem *Laurenziberg (Petřín)* im Hintergrund. Die Bäume gehören zur *Schützeninsel* und werden im Schlußkapitel des *Process*-Romans erwähnt. (→ Abb. 308)

509 | Der *Riegerquai* (heute *Masarykovo nábřeží*). Das 1904/05 von Jiří Stibral als Bankpalast errichtete Jugendstilgebäude in der linken Bildhälfte beherbergt jetzt das *Goethe-Institut.* Im Mezzanin des Gebäudes *Riegerquai* Nr. 32 (rechts daneben, links von der Straßenlaterne), (heute Nr. 30, II-236) befanden sich seit Juli 1912 die Räumlichkeiten des *Klubs deutscher Künstlerinnen* (→ Abb. 209, u). Hier rezitierte Else Lasker-Schüler am 5. April 1913 eigene Gedichte (→ Abb. 708). Rechts die zur *Sofieninsel* (→ Abb. 493) und *Sofienschwimmschule* (→ Abb. 1083) führende Fußgängerbrücke.

510 | Die Abbildung zeigt mit Pickeln versehene Arbeiter, die am Prager *Palackýquai* aus der gefrorenen Moldau Eisbrocken gewinnen. Sie wurden auf Pferdewagen verladen und in die Eiskeller der Bierlokale, Restaurants und Metzgereien transportiert, die sie mit Kältevorrat für die heißen Sommermonate versorgten. Beobachtungen dieser Art mögen Kafka zu der folgenden Aussage angeregt haben: *[...] ein Buch muß die Axt sein für das gefrorene Meer in uns.*
An Oskar Pollak am 27. I. 1904.

511 | Blick vom *Palackýquai* auf die 1876 bis 1878 errichtete gleichnamige Brücke. Die turmartigen Mauthäuschen an beiden Brückenenden sind mit Sandsteingruppen des tschechischen Bildhauers Josef Václav Myslbek geschmückt, die zwischen 1889 und 1897 entstanden und heute in einem kleinen Park auf dem *Wischehrad* aufgestellt sind. Daß Kafka, der ein besonderes Interesse an Skulpturen und monumentalen Steindenkmälern zeigt, in einem Tagebucheintrag vom 5. Juni 1922 das Begräbnis Myslbeks erwähnt, dem eine Trauerfeier im *Altstädter Rathaus* vorhergegangen war (→ Abb. 1150), läßt darauf schließen, daß ihm das Werk dieses Künstlers nicht gleichgültig war.

512 | Das 1905 bis 1907 von dem Bildhauer Stanislav Sucharda und dem Architekten Alois Dryák geschaffene, 1911 und 1912 errichtete *Palacký-Denkmal (pomník Palackého)* auf dem an der *Palackýbrücke (Palackého most)* gelegenen gleichnamigen Platz. Das František Palacký (1798–1876) gewidmete Monument wurde während der deutschen Okkupation abgetragen, 1947 jedoch in ursprünglicher Form wiederhergestellt. Um das gigantische Standbild des großen tschechischen Historikers, der mit seiner idealistischen Behandlung des böhmischen Mittelalters das Selbstverständnis des tschechischen Volkes mitprägte, gruppieren sich überlebensgroße allegorische Gestalten, welche die Länder Böhmen, Mähren und Schlesien sowie die Politik und die Geschichte darstellen. Die Inschriften lauten in deutscher Übersetzung: *Seinem Erwecker und Führer das auferstandene Volk.* Und: *Aus der Ohnmacht des Druckes hast du zu neuem Leben erweckt das Volk.* Kafka bezeichnete das Monument Max Brod gegenüber als miserable Arbeit. (→ Abb. 849)
O. Klauber: *Prag und Umgebung. Praktischer Reiseführer.* Sechzehnte Auflage, Berlin 1913, S. 104 f.

513 | Blick auf die *Podskaler Straße* und das sich zwischen dem *Emmauskloster* (im Hintergrund halbrechts die beiden Spitztürme) und dem *Wischehrad* erstreckende Fischerdorf Podskal (Podskali), das beim Bau der Uferstraße und anderen Sanierungsmaßnahmen zu Beginn des 20. Jahrhunderts verschwand (1900).

Die ärmlichen Behausungen der Flößer, deren Originalität sprichwörtlich war, und die Holzlagerstätten am Ufer galten den Pragern als sehenswerte Idylle.

515 | Das Grab des Schriftstellers Václav Beneš Třebízský auf dem *Wischehrader Friedhof*, der seit dem 19. Jahrhundert als nationale Begräbnisstätte dient, auf der rund zweihundert tschechische Gelehrte, Politiker, Schriftsteller, Musiker, Schauspieler und bildende Künstler ihre letzte Ruhestätte fanden, darunter die große Erzählerin Božena Němcová, deren Roman *Babička (Großmütterchen)* von Kafka geschätzt wurde.

Die *Leid* betitelte, 1909 aufgestellte Statue wurde von dem tschechischen Bildhauer František Bílek (1872–1941) geschaffen, den Kafka und Max Brod besonders bewunderten. Brod schrieb am 20. Juni 1916 an Rudolf Fuchs: *Ich liebe von Bilek vor allem den Grabstein «Trauer» auf dem Vyšehrader Friedhof. Etwas Wundervolles! Kennen Sie dieses Monument?* In einem auf den 31. Juli 1922 datierten Schreiben an Brod schlug Kafka vor, sein Freund möge sich in einem Artikel für Bílek einsetzen, denn er sah darin einen Kampf für *die plastische Kunst selbst und das Augenglück der Menschen.* Freilich wollte er sich bei dieser Einschätzung weniger auf das Grabmal auf dem *Wischehrad*, die Statue *Entsetzen*, die 1913 von der *Modernen Galerie* (→ Abb. 1044) erworben worden war, oder auf die ihm ebenfalls bekannte Menge nicht leicht zugänglicher Kleinarbeit in Holz und Graphik berufen, sondern vor allem auf die 1914 in Kolin aufgestellte *Hus-Statue* des Künstlers, die er Ende 1914 zusammen mit Brod besichtigt hatte. (→ Abb. 818 und 820)

Vgl. *Katalog der modernen Galerie in Prag,* Prag 1926, S. 16.

514 | Das *Franzosentor (Vyšehradská brána)* am *Wischehrad*, durch das man das Gelände der alten Přemyslidenburg betritt, wenn man von Podskal aus auf der *Wratislawgasse (Vratislavova)* hochsteigt. Es war aber auch möglich, die Zitadelle über einen am *Wischehrader Tunnel* beginnenden steilen, teilweise aus Treppen bestehenden Fußweg anzugehen.

516 | Blick vom *Wischehrad* moldauabwärts.

Prag läßt nicht los. Uns beide nicht. Dieses Mütterchen hat Krallen. Da muß man sich fügen oder –. An zwei Stellen müßten wir es anzünden, am Vyšehrad und am Hradschin, dann wäre es möglich, daß wir loskommen.

Im Mittelgrund links Smichow mit seinen Fabriken, dahinter der von Kafka mehrfach erwähnte *Laurenziberg* (→ Abb. 104) mit dem 1891 eröffneten *Aussichtsturm*. Im Mittelgrund die 1872 erbaute *Wyschehrader Eisenbahnbrücke* in der Gestalt, die sie nach einem vollständigen Umbau – sie besaß ursprünglich fünf Öffnungen – in den ersten Jahren des 20. Jahrhunderts erhalten hatte. Die Brücke diente der nach Pilsen führenden *Böhmischen Westbahn*, die Kafka benutzte, wenn er ins Berauntal, nach München und von dort weiter nach Zürich fuhr oder wenn er, wie im Sommer 1916, nach Marienbad wollte. Weiter im Hintergrund ist die *Palackýbrücke* zu sehen, darüber der *Hradschin*. Ganz rechts die Doppeltürme des *Emmausklosters*.

An Oskar Pollak am 20. XII. 1902.

517 | Der zwischen 1902 und 1905 erbaute *Wischehrader Tunnel*, der Prag mit Podolí und Braník verbindet. Die am Moldauufer entlangfahrende elektrische Straßenbahn wurde erst im Jahr 1910 eingerichtet. Von *Wrschowitz* und *Königliche Weinberge* kommend, erreichte die Linie 1 beim *Tschechischen Nationaltheater* die Moldau und folgte dann deren rechtem Ufer, um in Podolí zu enden.

518 | Das *Podoler Ufer (Podolské nábřeží)*, Blick nach Süden (1907).

Ich habe nachmittag ganz allein einen Spazier-gang gemacht, die Hände in den Taschen bin ich den Fluß entlang weit hinaufgewandert.

An Felice am 3. V. 1913.

519 | Blick von der *Podoler Zementfabrik* auf die Moldau mit der *Schwarzenberginsel* (*Švarcen-berský ostrov*, heute *Veslařský ostrov*). Im Hinter-grund rechts die *Kollegiatskirche zu St. Peter und Paul* auf dem *Wischehrad*.

Der Endpunkt meines Spazierganges, ich war in jener Gegend schon jahrelang nicht gewesen, war eine elende Hütte am Fluß. Das Dach so verfallen, daß es nur formlos gerade noch aufgelagert war, der kleine Garten war ein wenig besser gepflegt, schien auch guten feuchten Boden zu haben. Jetzt in der Erinnerung kommt er mir allerdings merk-würdig dunkel vor, er lag allerdings ein wenig ver-tieft und als ich in ihn hineinsah, war überhaupt schon dunkel, denn ein Gewitter fieng an. Das Ganze sah nicht verlockend aus, trotzdem machte ich Pläne. Das Haus dürfte nicht gar zu teuer sein, man könnte das Ganze kaufen, ein kleines ordent-liches Haus hinbauen, den Garten besser instand setzen, eine Treppe zum Fluß hinunterbauen, der Fluß ist dort genug breit und über das andere Ufer hat man eine große Fernsicht, unten könnte man ein Boot angebunden haben und alles in allem viel-leicht viel ruhiger und zufriedener leben als in der Stadt, mit der man durch die elektr. Bahn sehr gut verbunden ist. (Nur eine in der Nähe befindliche Cementfabrik mit viel Rauchentwicklung könnte Bedenken machen) Diese Überlegungen waren die einzige tröstliche Unterbrechung des langen Spa-zierganges.

Die 1870 gegründete, nicht mehr bestehende *Podoler Zementfabrik (Podolská cementárna)* lag westlich der an sie erinnernden Straße *Pod cementárnou*, also etwas südlich der *Schwarzen-berginsel*. Das von Kafka in Aussicht genommene Domizil kann demnach wegen der von ihm

behaupteten Straßenbahnverbindung mit der Prager Innenstadt durch die Linie 1, die 1913 bis zur *Fritschgasse (Fričova)* führte, später aber bis zur Zementfabrik verlängert wurde, nur nörd-lich dieses Unternehmens irgendwo an der der *Schwarzenberginsel* gegenüber sich erstrecken-den Uferzone gelegen haben, die im rechten Bild-drittel zu sehen ist, denn hier gab es einzelne, mehr oder weniger direkt am Ufer stehende Häuser. (→ Abb. 497, 21)

An Felice am 3. V. 1913, vgl. PT 38, Nr. 31 (1. II. 1913), S. 3.

Kapitel XI

Veranstaltungen

Während seiner Gymnasialzeit und noch bis in die Studienjahre hinein schrieb Kafka zu den Geburtstagen seiner Eltern und aus anderen Anlässen kleine Theaterstücke, die er mit seinen Schwestern in der elterlichen Wohnung aufführte. Später zeigte sich diese Neigung zu szenischer Darstellung, die ihn teilweise auch als Erzähler kennzeichnet, in Theaterbesuchen, die besonders Gastspielen von Berliner und Wiener Künstlern und Ensembles galten. Da er ein Freund der leichten Muse war, pflegte er neben den beiden deutschen Theatern, dem *Tschechischen National-theater* und kleineren tschechischen Vorstadtbühnen Chantants, Kabaretts, Varietés, Kinos und Zirkusveranstaltungen zu frequentieren. Besonders liebte er Tanzvorführungen, Schwänke und Operetten, obwohl er, wie er Max Brod gegenüber ironisch bekannte, so unmusikalisch war, daß er den *Tristan* nicht von der *Lustigen Witwe* unterscheiden konnte.

So hat er möglicherweise schon früh Leo Falls *Dollarprinzessin* gekannt, die ab Frühjahr 1908 Prag zu erobern begann, denn das Stück findet sich in der zweiten, im Frühherbst 1909 begonnenen Fassung der *Beschreibung eines Kampfes* erwähnt, und zwar eingefügt in eine Passage, die unverändert aus der ersten, zwei Jahre zuvor zusammengestellten Version dieser Erzählung übernommen wurde. Im April 1908 sah Kafka im *Švanda-Theater* Karl Millöckers *Vice-Admiral* (→ Abb. 524), am 12. Juni 1910 im *Königlichen deutschen Landestheater* zusammen mit Max Brod und Emil Weis den Schwank *Der fesche Rudi* von Alexander Engel und Julius Horst mit Max Pallenberg in der Hauptrolle, am 31. Januar 1912 *Orpheus in der Unterwelt* mit dem gleichen Schauspieler als Titelfigur (→ Abb. 539), am 3. März des Jahres Gustav Freytags Lustspiel *Die Journalisten* mit Leopold Kramer vom *Deutschen Volkstheater* in Wien als Gast in der Rolle des Redakteurs Konrad Bolz, am 18. März 1912 *Mam'zelle Nitouche* von Henri Meinhac und Albert Millaud mit der Musik von Florimond Hervé, am 14. August 1912 das Vaudeville *Polnische Wirtschaft* mit der Musik von Jean Gilbert und am 2. Februar 1913 *Fräulein Josette – meine Frau* von Paul Gavault und Robert Charvey. Schon am 26. Februar 1911 hatte er bei einem Besuch im Reichenberger Stadttheater (→ Abb. 347) die Operette *Miß Dudelsack* von Rudolph Nelson gesehen. Im Dezember 1910 besuchte er im Berliner *Metropol-Theater* die Ausstattungs-Revue *Hurra!!! Wir leben noch!*, allerdings mit einem *Gähnen* seines ganzen Menschen *größer als die Bühnenöffnung*, und am 22. März 1913 sah er am gleichen Ort eine Aufführung von Jean Gilberts Operette *Die Kino-Königin* (→ Abb. 702).

Kafkas Tagebücher und Briefe belegen außerdem, daß er ein häufiger Besucher von Vorträgen und Rezitationen war, die meist von professionellen Vortragskünstlern durchgeführt wurden. Allerdings stammen die meisten Zeugnisse dieser Art aus der Zeit vor dem Ersten Weltkrieg. Einerseits führte der Krieg naturgemäß zu einer Verarmung des kulturellen Lebens, andererseits machte Kafkas Lungenerkrankung im Sommer 1917 lange Erholungsaufenthalte nötig, die er an Orten absolvierte, die keine der Befriedigung solcher Bedürfnisse günstige Infrastruktur aufwiesen. Veranstaltungen dieser Art fanden im *Rudolfinum* (→ Abb. 551 f.), in der *Produktenbörse* (→ Abb. 495), im Restaurant auf der *Sofieninsel* (→ Abb. 493) oder im *Deutschen Casino* (→ Abb. 209, 23) statt, wo große Säle vorhanden waren (→ Abb. 674), seit 1913 auch im *Mozarteum* (→ Abb. 1129); außerdem in den Räumlichkeiten der deutschen Vereine. In den Fällen, wo man auf tschechisches Publikum Wert legte, wählte man die Prunksäle großer Hotels, die gewissermaßen internationales und damit neutrales Territorium darstellten, das zu betreten den beiden miteinander verfeindeten Prager Volksgruppen ohne Gesichtsverlust möglich war. Zionistische Veranstaltungen wurden dagegen vielfach im *Jüdischen Vereinshaus* (→ Abb. 456) oder im Hotel *Bristol* (→ Abb. 698) abgehalten.

Zu bedenken ist freilich, daß die Lückenhaftigkeit der erhaltenen Lebenszeugnisse nur bruchstückhafte Erkenntnisse über den Umfang dieser Vorlieben Kafkas erlaubt. Auch lassen die auf Details fixierten Tagebucheinträge und Briefmitteilungen, die vom Besuch solcher Veranstaltungen Kunde geben, nur bedingt Rückschlüsse darüber zu, welche Bedeutung das Gehörte und Gesehene für ihn und sein Schreiben hatten. Auf jeden Fall rezipierte er selbständig und ohne Rücksicht auf Konventionen und herkömmliche Klassifizierungen. Gelungene und wie durch ein Wunder zu organischer Gestalt gediehene Einzelheiten in einer Operette, einem Film oder die ihm aus einem Trivialroman entgegenschlagende Szenenfreude konnte ihn zu Tränen rühren.

Br I 187, vgl. 530, B II 10–13, B I 20–21, NS I A 46, 53, Br I 83, C 58 f., T 410 f., DZB 85, Nr. 62 (3. III. 1912), S. 12, Nr. 77 (18. III. 1912), S. 7, T 430, PT 37, Nr. 223 (14. VIII. 1912), S. 9, Br II 78, T 940, Dieter Sudhoff: *Franz Janowitz und Willy Haas. Fragmente einer Freundschaft,* in: *Von Franzos zu Canetti,* hrsg. von Mark H. Gelber u. a., Tübingen 1996, S. 75, FK 51 und 103.

Chantant

520 | Im *Théâtre Variété* (heute *Hudební divadlo v Karlíně*) in der *Palackýstraße* (heute *Křižíkova*) Nr. 10 in Karolinenthal (Karlín) (X-283).

Das 1881 gegründete, bis heute bestehende Unternehmen wurde sowohl von den Tschechen als auch von den Prager Deutschen besucht. Es war nicht nur Spielstätte für artistische Spezialitäten, Tanznummern und Kurzfilme, mit denen zuzeiten die Veranstaltungen schlossen, sondern diente auch als Ballsaal. Als das *Neustädter Theater* 1886 abgerissen wurde, nutzte man das *Théâtre Variété* vom April bis Juni dieses Jahres als *Deutsches Interims-Theater*, das mit einem Gastspiel des *Theaters an der Wien* eröffnete, und zwar mit dem *Zigeunerbaron*. 1897 bekam das Gebäude eine prunkvollere Ausstattung und eine effektvolle Beleuchtungseinrichtung.

Vgl. Hartmut Binder: *Wo Kafka und seine Freunde zu Gast waren,* (Prag, Furth im Wald 2000), S. 113 und PT 39, Nr. 242 (3. IX. 1914), S. 6.

522 | Der Schimpanse ‹Konsul Peter›.

Als ich in Hamburg dem ersten Dresseur übergeben wurde, erkannte ich bald die zwei Möglichkeiten, die mir offen standen: Zoologischer Garten oder Varieté. Ich zögerte nicht. Ich sagte mir: setze alle Kraft an, um ins Varieté zu kommen; das ist der Ausweg; Zoologischer Garten ist nur ein neuer Gitterkäfig; kommst du in ihn, bist zu verloren.

Und ich lernte, meine Herren. Ach, man lernt, wenn man muß.

Wegen seiner Fähigkeiten, menschliche Verhaltensweisen nachzuahmen, erregte ‹Konsul Peter› großes Aufsehen, auch in Prag, wo er im September 1908 und im April 1909 im *Théâtre Variété* gezeigt wurde. Die Öffentlichkeit war von den Vorführungen derart hingerissen, daß Zeitungen und Zeitschriften in Wort und Bild ausführlich darüber berichteten. Die *Bohemia* brachte sogar ein witziges Interview mit dem Affen, der sich darin über die Presse und die Prager Gesellschaft lustig macht und ein ebenfalls in Interviewform gehaltenes Fragment zum *Bericht für eine Akademie* angeregt haben könnte, das der Niederschrift der Erzählung zeitlich vorausging. Ende 1913 trat im *Théâtre Variété* ein ‹Schimpanse Peter› auf, der seinem inzwischen verstorbenen Vorgänger in nichts nachstand und, wie das *Prager Tagblatt* damals schrieb, es darauf angelegt zu haben scheint, die Darwinsche Theorie von der Affenabstammung des Menschen *ad oculos* zu demonstrieren.

Weil sich Kafka besonders für die Kräfte interessierte, die Tiere zu derartigen Leistungen befähigten, und weil er wenige Jahre später in seinem *Bericht für eine Akademie* die Entwicklung eines Schimpansen namens Rotpeter zum gefeierten Variétéstar beschrieb, kann davon ausgegangen werden, daß er die in den Prager Blättern veröffentlichten Berichte über ‹Konsul Peter› und den ‹Schimpansen Peter› kannte, ja daß er sich persönlich von deren Fähigkeiten überzeugte. (→ Abb. 941)

521 | Ruth St. Denis (1880–1968).

Die anmutige Künstlerin hat in Berlin ihre indischen Tänze ursprünglich ohne Trikot aufgeführt. Da kam plötzlich vom Polizei-Präsidium eine Verfügung, die Künstlerin müsse verhüllen, was an ihr nur braun geschminkt war. Die Tänzerin tobte. Alle Hebel wurden in Bewegung gesetzt, um der hohen Obrigkeit die rein künstlerische Tendenz des aparten Gliederspiels darzulegen. In einer besonders für die Polizeibehörde veranstalteten Matinee nahm der Polizeipräsident das Nackte in der Kunst der Miß Ruth St. Denis in Augenschein und er wie seine Räte erklärten dann, daß die Tänzerin fürderhin in Berlin trikotlos über die Bühne wandeln dürfe. Und so geschieht es noch heute. Miß Ruth St. Denis ist wirklich eine ganz eigenartige Tänzerin. Es ist einzig, wie sie die Stellungen ihres Körpers förmlich meißelt, wie die Entwicklungen ihres Gewandes sich abspielen, wie bei ihren Bewegungen die allerletzte Kunst der präzisen Gliederrhythmik erreicht wird. In ihren künstlerisch wirkungsvollen Bildern vermittelt sie nicht nur Künstlern, sondern allen kunstliebenden Menschen eine Fülle seltener Formen- und Farbenschönheit.

Am 16. Dezember 1906 schlug Kafka seinem Freund Max Brod brieflich vor, das Prager Gastspiel der *indischen Tänzerin* zu besuchen, das am darauffolgenden Tag im *Théâtre Variété* begann und bis zum Ende des Jahres dauerte. Die in Amerika lebende Ruth St. Denis, die von 1906 bis 1909 eine Europatournee unternahm und wegen des, wie sie sagte, in Prag herrschenden finsteren katholischen Geistes den Anblick der Stadt nicht ertragen konnte, setzte anschließend ihr Engagement in Wien fort, wo sie mehrfach mit Hugo von Hofmannsthal zusammentraf, der ihr am 25. November 1906 in der *Zeit* unter dem Titel *Die unvergleichliche Tänzerin* öffentlich huldigte. Nach ihrer Rückkehr in die Vereinigten Staaten gründete sie eine Tanzschule.

PT 31, Nr. 346 (16. XII. 1906), S. 4, vgl. Nr. 348 (18. XII. 1906), S. 7 und Hugo v. Hofmannsthal: *Sämtliche Werke XXXI. Erfundene Gespräche und Briefe*, hrsg. von Ellen Ritter, (Frankfurt / M. 1991), S. 460–462.

Ein Bericht für eine Akademie, S. 311 und PT 38, Nr. 318 (19. XI. 1913), S. 9, vgl. *Český svět* 4, Nr. 51 (25. IX. 1908), Teddy [Richard Rosenheim]: *Bei Konsul Peter. Ein Interview*, in: DZB 71, Nr. 260 (20. IX. 1908), S. 25, Nr. 92 (2. IV. 1909), S. 5 und Hartmut Binder: *Wo Kafka und seine Freunde zu Gast waren*, (Furth im Wald, Prag 2000), S. 112 f.

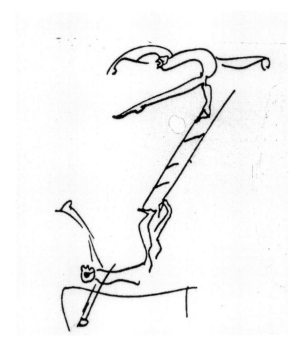

523 | Equilibristen (Zeichnung Kafkas, 1909).

Alle Dinge nämlich die mir einfallen, fallen mir nicht von der Wurzel aus ein, sondern erst irgendwo gegen ihre Mitte. Versuche sie dann jemand zu halten, versuche jemand ein Gras und sich an ihm zu halten das erst in der Mitte des Stengels zu wachsen anfängt. Das können wohl einzelne z. B. japanische Gaukler, die auf einer Leiter klettern, die nicht auf dem Boden aufliegt, sondern auf den emporgehaltenen Sohlen eines halb Liegenden und die nicht an der Wand lehnt sondern nur in die Luft hinaufgeht.

Die Zeichnung Kafkas, die im ersten Tagebuchheft überliefert ist, wurde vermutlich durch die japanische Gruppe *The Mitsutas* angeregt, die vom 16. bis zum 30. November 1909 im *Théâtre Variété* gastierte und auf einer über acht Meter hohen Leiter, die einer der Akrobaten während der ganzen Produktion auf den gestreckten Beinen balancierte, eine katzenartige Behendigkeit entwickelte.

Kafkas Interesse für Zirkus und Varieté sind schon früh nachweisbar. Einer seiner frühesten Schreibversuche trug den Titel *Der Gaukler,* und wenn das im August 1917 entstandene, von einem Taschenspieler handelnde Erzählfragment, in dem sich der Ich-Erzähler einer zwanzig Jahre zurückliegenden Vorstellung erinnert, einen autobiographischen Hintergrund hat, war Kafka schon als kleiner Junge an derartigen Vorführungen interessiert.

T 14, vgl. NS I 406 f., NS I A 93, PT 34, Nr. 317 (17. XI. 1909), S. 6 und FK 21.

524 | Das seit 1881 bestehende *Švanda-Theater* in der *Kinského třída* Nr. 11 (heute *Štefánikova* Nr. 57) in Prag-Smichow (Praha-Smíchov).

Ich war beim «Viceadmiral» und ich behaupte, daß man, wenn ein Stück geschrieben werden muß, nur bei Operetten lernen kann. Und selbst wenn es einmal oben gleichgültig und ohne Ausweg wird, fängt unten der Kapellmeister etwas an, hinter der Meerbucht schießen Kanonen aller Systeme ineinander, die Arme und Beine des Tenors sind Waffen und Fahnen und in den vier Winkeln lachen die Choristinnen, auch hübsche, die man als Seeleute angezogen hat.

Br I 83. Das an Max Brod gerichtete Schreiben entstand am 21. IV. 1908, vgl. Anthony Northey: *Ewald Přibram, die Jubiläumsausstellung von 1908 und eine unveröffentlichte Postkarte Kafkas an seinen Freund,* in: KK 15, Nr. 4 (2007), S. 66.

525 | Der nicht mehr existierende Festsaal in dem von Friedrich Ohmann und seinen Schülern Alois Dryák und Bedřich Bendelmeyer errichteten, im März 1902 eröffneten Hotel *Central* in der *Hibernergasse* Nr. 10 (II-1001). (→ Abb. 209, 29)

Die erste Prager Vorlesung von Karl Kraus fand am 12. Dezember 1910 im Saal der *Lese- und Redehalle* in der *Krakauergasse* statt (→ Abb. 168), dauerte fast 2 ½ Stunden und wurde von Paul Wiegler in der *Bohemia* wie folgt kommentiert: *So oft es österreichisch wurde, brach das Publikum in schallendes Lachen aus, das Herr Kraus erst wehmütig, dann mit Hochgefühl entgegennahm.*

Die Idee zu dieser Veranstaltung kam möglicherweise von Robert A. Jokl, der sie zusammen mit seinem Klassenkameraden und Freund Willy Haas verwirklichte. Als Haas beim *Halle*-Ausschuß einen weiteren Kraus-Abend beantragte und ihm dieser verweigert wurde, tat er sich mit Franz Janowitz zusammen und führte die Veran-

staltung am 15. März 1911 in eigener Regie durch, und zwar im Festsaal des Hotels *Central*. Diesmal war Kafka unter den Zuhörern. Er hatte am 12. Dezember nicht dabeisein können, weil er sich zu diesem Zeitpunkt in Berlin aufhielt. Wie Max Brod am 16. August 1911 in einem bisher unveröffentlichten Brief an Willy Haas schrieb, fand Kafka den Wiener Satiriker aber so *unausstehlich*, daß er die Veranstaltung vorzeitig verließ. Man kann deswegen voraussetzen, daß er den übrigen fünf Auftritten von Karl Kraus vor dem Ersten Weltkrieg in Prag – sie wurden unter anderem von Franz Janowitz, Paul Kornfeld, Ernst Popper und Ernst Polak organisiert – ebenfalls fernblieb: Die dritte (März 1912), sechste (November 1913) und siebente (April 1914) fand ebenfalls im Hotel *Central* statt, die vierte und fünfte (Januar und März 1913) im Hotel *Palace*.

Die Vorlesungen von Kraus säten Zwietracht und führten zu einer Art Spaltung unter den jungen Prager Intellektuellen: So

kam es zu Mißhelligkeiten zwischen Brod und dem ihm befreundeten Willy Haas sowie zwischen Brod und Hans und Franz Janowitz. Die Brüder waren zunächst große Bewunderer Max Brods gewesen, der ihre literarischen Arbeiten weiterempfahl und selbst zur Veröffentlichung brachte. Als sie aber unter den Einfluß von Kraus gerieten, der von Brod angegriffen wurde und selbst als Entdecker von Franz Janowitz auftrat, wandten sie sich von ihrem bisherigen Förderer ab. Als dieser dann in der *Fakkel* in wahrheitswidriger Weise in Sachen Janowitz angegriffen wurde, suchte er Rat bei Kafka, dessen Vermittlungsvorschlag jedoch brüsk zurückgewiesen wurde. Auch zwischen Werfel und Kraus, die sich zunächst gegenseitig bewundert hatten, gab es später Streit, der öffentlich ausgetragen wurde. Willy Haas traf den Nagel auf den Kopf, als er Kraus einen *geborenen Sadisten,* einen *Hysteriker* und *Giftmischer* nannte.

Ernst Polak sah Kraus später ebenfalls kritischer, schrieb er doch am 18. Dezem-

ber 1916 an Haas: *Wie kann nur einer nicht begrei-*
fen, wenn er sich selbst ins Gesicht schlägt, – wie
enthüllt sich einer, der am anderen hämisch Dinge
zeigt, die ihn selbst erst damit entstellen. Diese, so-
lange sie spricht, so schöne Stimme (immerhin, im-
merhin einiges) wird heiser, wenn sie zum Gesang
gepresst wird. Polak bezieht sich hier auf die am
16. November erschienene *Fackel*, die fast ausschließlich Lyrik von Karl Kraus brachte, deren
Konventionalität den jungen, expressionistischer
Formensprache verpflichteten Prager Autoren
nicht verborgen geblieben sein kann. Darunter
findet sich das berühmt gewordene Gedicht *Elysi-*
sches. Melancholie an Kurt Wolff, das die im *Café*
Arco verkehrenden Prager Autoren, die in der
vom Kurt Wolff Verlag herausgegebenen Reihe
Der jüngste Tag publizierten, in erster Linie also
Werfel, Brod, Kafka und Otto Pick, eines Epigo-
nentums anklagt, dessen sich sein Urheber selbst
in seinen Gedichten in bedeutend höherem Maße
schuldig machte als die von ihm Getadelten. Es
heißt da:

> *Solchem Wesenswandel wehrt kein Veto,*
> *hin zu Goethen geht es aus dem Ghetto*
> *in der Zeilen Lauf,*
> *aus dem Orkus in das Café Arco,*
> *dorten, Freunde, liegt der Nachruhm, stark o*
> *liegt er dort am jüngsten Tage auf.*

> *Wer in altem oder Neugetöne,*
> *jedenfalls in ausgeborgter Schöne*
> *sich darin ergeußt,*
> *pochend mit der Jugend Nervenmarke*
> *letzt sich noch mit seinem letzten Quarke*
> *an der Quelle, die da für ihn fleußt.*

W. [Paul Wiegler]: *Karl Kraus in der Lesehalle*, in: DZB 83, Nr. 343
(13. XII. 1910), S. 10, Willy Haas: *Die literarische Welt*, München
(1957), S. 22, 26 und *Die Fackel* Nr. 443–444 (16. XI. 1916), S. 26 f.,
vgl. T 159, *62. Bericht der Lese- und Redehalle der deutschen
Studenten in Prag 1910*, Prag 1911, S. 67, Josef Čermák: *Junge Jahre
in Prag. Ein Beitrag zum Freundeskreis Franz Werfels*, in: *Brücken
nach Prag. Deutschsprachige Literatur im kulturellen Kontext der
Donaumonarchie und der Tschechoslowakei*, hrsg. von Klaas-Hinrich
Ehlers u. a., Frankfurt / M. u. a. (2000), S. 132 f., 143–148 und
SL 77–80.

526 | Marc Henry und Marya Delvard auf Tournee
im Februar 1911, die sie auch nach Prag führte.

Viel Kleideraufwand, bretonische Kostüme, der
unterste Unterrock ist der längste, so daß man den
Reichtum von der Ferne zählen kann. […] – Del-
vard ist lächerlich, sie hat das Lächeln alter Jung-
fern, eine alte Jungfer des deutschen Kabarets […].

Das Paar gastierte am 13. Februar im Hotel *Cen-*
tral. Ludwig Steiner urteilte im *Prager Tagblatt*,
die Delvard habe sich als Diseuse bewährt, insbesondere an drei Gedichten Dauthendeys. Der
eigentliche Beherrscher der Veranstaltung sei
aber Marc Henry gewesen, dessen Talent als Conférencier sich ganz wesentlich von vielen seiner
Kollegen unterscheide. Als der Abend vier Tage
später wiederholt wurde, war Kafka unter den
Besuchern.

Tagebuch, 21. II. 1911, vgl. PT 36, Nr. 46 (15. II. 1911), S. 6.

527 | Emil Wetzler, Inhaber einer Prager Konzert-
agentur.

*Wetzler der Veranstalter scheint bei schlechtbe-
suchten Veranstaltungen seinen assyrischen Bart,
der sonst tiefschwarz ist, graumeliert zu tragen.
– Gut sich von so einem Temperament anblasen zu
lassen, das hält für 24 Stunden, nein nicht solange.*
Tagebuch, 21. II. 1911.

528 | Der Schauspieler Rudolf Schildkraut
(1862–1930).

*der Genuß der Mädchen bei dem Vortrag Salten
– Schildkraut.*

Am 21. Januar 1914 sprach Felix Salten
(1869–1947), nach Max Brods Auffassung *welt-
kundig und dabei nicht im geringsten blasiert
und immer zu Entdeckungen gelaunt,* auf einem
Festabend des *Vereins jüdischer Hochschüler «Bar-
Kochba»* im großen Saal des Hotels *Central* vor
tausend Zuhörern über die jüdische Moderne, die
er durch die Werke jüdischer Künstler, Schriftsteller und Musiker verwirklicht sah. Anschließend
rezitierte Rudolf Schildkraut Gedichte von Max
Brod und jiddischschreibenden Autoren, dazu
eine Novelle des hebräischen Dichters Jizchak
Leib Perez. Zum Abschluß gestaltete er den roten
Itzig aus Beer-Hofmanns Trauerspiel *Der Graf
von Charolais.*

Tagebuch, 23. I. 1914 und *Jahrbuch Paul Zsolnay Verlag 1930,* Berlin,
Wien, Leipzig (1929), S. 96, vgl. DZB 87, Nr. 22 (23. I. 1914), S. 7.

529 | Im *Cabaret Lucerna.*

*Kabaret Lucerna. Einige junge Leute singen jeder
ein Lied. Ist man frisch und hört zu, so wird man
durch einen derartigen Vortrag eher an die Folgerungen erinnert, welche der Text auf unser Leben
erlaubt, als dies durch den Vortrag geübter Sänger
geschehen kann.*

1907 war zwischen *Wassergasse (Vodičkova)* und
Stephansgasse (Štěpánská) mit der Errichtung eines Mehrzweckbaus begonnen worden, der durch
eine Passage zwischen den beiden Straßen erschlossen wurde und den Namen *Lucerna* erhielt.
In diesem Gebäudekomplex befand sich ein un-
terirdischer Saal, der sogenannte *Kleine Saal* oder
Orangensaal, in dem sich im September 1910 das
Cabaret Lucerna etabliert hatte, das von Kafka und
seinen Freunden frequentiert wurde. Die täglich
spielende Kleinkunstbühne wollte sich einerseits
vom bescheidenen Niveau unständiger, in Hotels
beheimateter Chantants abheben, die meist Wiener Gesangs- und Komikerpiecen boten, andererseits aber auch vom *Théâtre Variété,* das Tierdres-
suren, Tanznummern und Zirkusakrobatik auf
dem Programm hatte.

Tagebuch, 16. III. 1912, vgl. Hartmut Binder: *Wo Kafka und seine
Freunde zu Gast waren,* (Furth im Wald, Prag 2000), S. 101–110.

530 | Mella Mars (1882–1919) (1911).

Mella Mars in der «Lucerna». Eine witzige Tragödin, die gewisser-
maßen auf einer verkehrten Bühne so auftritt, wie sich Tragödinnen
manchmal hinter der Szene zeigen. Beim Auftreten hat sie ein müdes,
allerdings auch flaches leeres altes Gesicht, wie dies für alle bewußten
Schauspieler ein natürlicher Anlauf ist. Sie spricht sehr scharf auch
ihre Bewegungen sind so von dem durchgebogenen Daumen angefan-
gen, der statt der Knochen harte Sehnen zu haben scheint. Besondere
Wandlungsfähigkeit ihrer Nase durch die wechselnden Lichter und
Vertiefungen der ringsherum spielenden Muskeln. Trotz der ewigen
Blitze ihrer Bewegungen und Worte pointiert sie zart.

Am 7. Februar 1911 erschien im *Prager Tagblatt* ein *Mella Mars*
betitelter längerer Beitrag von Alfred Polgar, der sich inhaltlich mit
dem am gleichen Tag niedergeschriebenen, Mella Mars betreffenden Tagebucheintrag Kafkas berührt, der hier zitiert wurde. Polgar
rühmt hier die Plastik des Wortes, die Kunst der Deutlichkeit, den
noblen Humor und den obertonreichen Vortrag der Wiener Diseuse
und würdigt ihr Aussehen wie folgt: *Wenn sie die Bühne betritt, ist*
ihr Antlitz unbelichtet. So müde und gleichgültig, ohne Wunsch und
Willen. Aber wenn sie singt, erwacht es, wird voll Ausdruck, illumi-
niert sich; ganz transparent ist es dann, flackernd belebt von einer
eigenartigen, unruhigen Schönheit.

Mella Mars hatte im 1906 gegründeten Wiener Kabarett *Hölle* und
in der *Fledermaus* Triumphe gefeiert und war dann in das Konkur-
renzunternehmen *Kleine Bühne* übergewechselt, deren Ensemble
im Februar 1911 in Prag gastierte.

Tagebuch, 20. II. 1911 und PT 36, Nr. 38 (7. II. 1911), S. 7.

531 | Fritz Grünbaum (1880–1941). (Porträtpostkarte)

Grünbaum wirkt mit der angeblich nur scheinbaren Trostlosigkeit seiner Existenz.

Grünbaum, der auch als Librettist tätig war, im Eröffnungsprogramm der *Lucerna* in der Saison 1911/12 allabendlich zwei seiner Gedichte mit drolligem Humor vortrug und nicht weniger durch seine Einleitungen und Erklärungen in Prosa amüsierte, hatte seine Kabarettkarriere 1906 in der Wiener *Hölle* begonnen, wo er zum gefeierten Conférencier aufstieg.

Kafkas Aussage betrifft einen Besuch im *Cabaret Lucerna* am 29. September 1911, wo er auch die Tänzerin Odys sah. Auf diese Veranstaltung bezieht sich die folgende Aussage Max Brods: *Ich erinnere mich an einen Abendausgang mit ihm, unmittelbar nach Bekanntwerden der italienischen Kriegserklärung an die Türkei (Tripolis). Wir waren im Theater, Franz von einer seltsamen Unruhe. In der Pause sagte er plötzlich: «Jetzt halten die italienischen Panzerschiffe vor der wehrlosen Küste.» Und sein trauriges Lächeln dabei.* (→ Abb. 78)

Da die Prager Zeitungen in ihren am späten Nachmittag erscheinenden Abendausgaben vom 29. September 1911 berichteten, die Pforte habe das italienische Ultimatum abgelehnt, so daß eine Blockade der afrikanischen Küste erfolgen werde, muß Kafka sich am späten Abend dieses Tages in der von Brod erinnerten Weise geäußert haben. Als dann am 8. Oktober 1912 Montenegro und wenige Tage später auch Bulgarien, Serbien und Griechenland dem durch diese Auseinandersetzungen geschwächten Osmanischen Reich den Krieg erklärten, in dessen Verlauf ihm fast alle Balkanprovinzen verlorengingen, fühlte sich Kafka, wie ein Tagebucheintrag Max Brods vom 30. Oktober zu erkennen gibt, durch das Unglück der Türken an seine eigene Misere erinnert. Am 27. Oktober 1912 kam er in einem Schreiben an Felice aus aktuellem Anlaß noch

einmal auf den Balkankrieg zurück. In allen drei Fällen fand eine für Männer eher untypische Identifikation mit dem Schwächeren statt. (→ Abb. 764)

Tagebuch, 29. IX. 1911 und FK 49, vgl. PT 36, Nr. 249 (9. IX. 1911), S. 5.

532 | Gusti Odys.

Odys. Tänzerin. Steife Hüften. Richtige Fleischlosigkeit. Rote Knie passen mir [recte: nur] zum Tanz «Frühlingsstimmung».

Gusti Odys galt den Zeitgenossen als Nackttänzerin, deren Schleiertanz als große Attraktion herausgestellt wurde. Die Moralvorstellungen der Zeit akzeptierten diese Auftritte, weil die Künstlerin ihren grazilen Körper in den Dienst reformerischer Tanzbestrebungen gestellt hatte und auf diese Weise künstlerische Wirkungen erzielen konnte. Offensichtlich entsprach Gusti Odys aber nicht Kafkas Schönheitsideal. Wenn es am Schluß der *Verwandlung* heißt, Grete Samsa sei *zu einem schönen und üppigen Mädchen aufgeblüht*, dann verbindet sich für den Schreiber mit einem ästhetisch geformten Frauenkörper eine gewisse Fülligkeit und Fleischlichkeit, wie sie seine Mutter und seine Schwestern kennzeichneten.

Tagebuch, am 29. IX. 1911 und D 200, vgl. *Kabarett Lucerna*, in: PT 35, Nr. 348 (18. XII. 1910), S. 7.

533 | Thea Degen.

Dummer Tanz der Degen mit fliegenden Irrlich-tern, Zweigen, Schmetterlingen, Papierfeuern, To-tenkopf.

Die 1891 geborene Münchnerin entwickelte ihre künstlerischen Ambitionen in ihrer Geburtsstadt und arbeitete seit ihrem 16. Lebensjahr als Chan-sonnette, die aufgrund ihrer schauspielerischen Fähigkeiten mit kleinen Gesten große Wirkun-gen zu erzielen wußte. Wenn sie in Kostümen des 17. und 18. Jahrhunderts auf der Bühne erschien, wirkte sie wie eine Figur aus Meißner Porzellan. Sie gastierte ab 1. März 1912 in der *Lucerna*. Über ihren ersten Prager Auftritt schrieb die *Bohemia* im Oktober 1910: *Sie drückt ihre impertinenten Bemerkungen wie ein vernünftiges witziges Kind aus. Reizende Unanständigkeiten.*

Kafkas kritische Sichtweise steht in Kontrast zum Eindruck Franz Werfels, der ein Gedicht über Thea Degen schrieb, in dem sich seine Thea-terleidenschaft, sein expressionistisches Pathos und die Sehnsucht nach der verlorenen Kindheit in der Ästhetisierung flüchtiger Augenblicksein-drücke manifestieren.

Tagebuch, 16. III. 1912 und DZB 83, Nr. 287 (18. X. 1910), S. 4. vgl. J. Krecar: *Thea Degen. Medaillon*, in: *Divadlo* 10, Nr. 2 (1912), S. 251 f. und Hartmut Binder: *Im Prager «Kabarett Lucerna». Franz Werfels Gedicht «Einer Chansonette»*, in: *Modern Austrian Literature* 24, Nr. 2 (1991), S. 1–23.

534 | Das im April 1913 von dem Kabarettisten Rolf Wagner (→ Abb. 986) eröffnete *Chat noir* im Hotel *Goldener Engel* an der Ecke *Zeltnergasse (Celetná) / Königshofergasse (Králodvorská)* (I-588) (→ Abb. 232). Im Hintergrund die kleine Bühne, auf der die Vorführungen stattfanden.

Wir, Max, seine Frau, sein Schwager, Felix und ich waren in einem Chantant, in das meine Frau nicht hingehn dürfte. Ich habe im allgemeinen sehr viel Sinn für solche Sachen, glaube sie von Grund aus, von einem unabsehbaren Grund aus zu erfas-sen und genieße sie mit Herzklopfen, gestern aber versagte ich außer gegenüber einer tanzenden und singenden Negerin fast gänzlich.

Neben dem hier dokumentierten Besuch Kaf-kas im *Chat noir* am 5. Juli 1913 – zu den Freun-den hatte sich an diesem Abend noch Elsa Brods Schwager Rudolf Sternschuß gesellt – läßt sich für den 23. August 1913 ein weiterer belegen.

Dem Programm des eigentlichen Chantants pflegte ein sogenanntes Tabarin zu folgen, also ein Nachtkabarett, unter dem man sich vor allem Tanznummern spärlich bekleideter Damen vorzu-stellen hat. Beim Ausbruch des Ersten Weltkriegs wurde das Chantant geschlossen, weil man wäh-rend der Kampfhandlungen auf Vergnügungen dieser Art verzichten wollte.

An Felice am 6. VII. 1913, vgl. C 106, Hartmut Binder: *Wo Kafka und seine Freunde zu Gast waren,* (Furth im Wald, Prag 2000), S. 100 f. und Br II 484.

Theater

535 | Das 1888 eröffnete *Neue deutsche Theater*, nach dem Ende der Habsburgermonarchie *Neues Theater* (heute *Státní opera Praha*).

536 | Eugenie Eduardowa (1882–1960) und Alexander Schirajeff (1909).

Ich bat im Traum die Tänzerin Eduardowa, sie möchte doch den Czardas noch einmal tanzen.

Das kaiserlich-russische Ballett des *Mariinsky-Theaters* in St. Petersburg war zum erstenmal 1908 zu den Maifestspielen nach Prag gekommen und dann im Jahr darauf wieder mit den gleichen Stars im *Neuen deutschen Theater* aufgetreten, und zwar am 24. und 25. Mai 1909. Kafka dürfte zumindest die erste der beiden Aufführungen besucht haben, in der die Eduardowa besonders auffiel. Das *Prager Tagblatt* meinte, die Tänzerin habe mit einer noch nie dagewesenen wilden Grazie ihren Zigeunertanz dargeboten, während die *Bohemia* berichtet, sie habe diese Nummer wiederholen müssen. Am 17./18. Januar 1913 schrieb Kafka an Felice, er habe monatelang von diesem Gastspiel geträumt, besonders aber von einer ganz wilden Tänzerin Eduardowa. Sein Tagebuch überliefert im Anschluß an einen solchen Traum zwei kleine Erzählfragmente, die sie zum Gegenstand haben.

Eugenie Eduardowa, in Petersburg geboren, kam mit acht Jahren in die Ballettschule des *Mariinsky-Theaters*, wo sie 1901 die Abschlußprüfung bestand. Danach wurde sie sofort in die Truppe des Theaters aufgenommen, in der sie bis 1917 arbeitete. Nach der Oktoberrevolution floh sie nach Finnland. Von 1918 bis 1938 unterhielt sie eine Ballettschule in Berlin, danach emigrierte sie nach Frankreich. Ab 1942 lebte sie in Marokko, seit 1946 in New York.

T 10, vgl. Dr. v. B.: *Das Petersburger Ballett*, in: PT 34, Nr. 143 (25. V. 1909), S. 8, F. A.: *Das russische Ballett*, in: DZB 82, Nr. 143 (25. V. 1909), S. 6, Hartmut Binder: *Kafka in neuer Sicht*, Stuttgart (1976), S. 36–38, Abb. 1 nach S. 32 und Georg Davidoff am 20. I. 1974.

537 | Lydia Kyast.

Die Russen endlich gestern abend waren prachtvoll. Der Nyinsky und die Kyast sind zwei fehlerlose Menschen, im innersten ihrer Kunst, und es geht von ihnen die Beherrschung aus, wie von allen solchen Menschen.

Als das Petersburger kaiserlich-russische Ballett Anfang 1913 neuerlich in Prag gastierte, besuchte Kafka die erste Vorstellung am 18. Januar, über die in der *Bohemia* zu lesen war: *Dann aber.* «Scheherezade!» *Dies ist das Neue. Getanzter Orient, Farben der asiatischen Teppiche, entfesselt zu einer Orgie sinnlichen Rausches, erotische Leidenschaft, die sich in wirbelnden Gewändern, in wild bewegten, braunen Gliedern austobt. [Leo] Bakst hat diese Bewegung erfunden zugleich mit den kühnen Entschleierungen seiner Kostüme, mit den schweren Massen der Teppiche und wollüstigen Kissen, auf denen seine Zobeiden lagern, seine affengierigen Neger das Liebchen niederreißen. Nicht weniger wie dieser sinnliche Farbenakkord aus Rot, Blau und Grün, wie die leichten, über nackten Leibern geschlitzten Schleier der Sultansfrauen und die lustige Vertracktheit der Eu[n]uchen sind auf den wundervoll gezeichneten Figurinenblättern des russischen Malers die hinreißenden Massenszenen schon erdacht zu finden: dieser taumelnde Wirbel der in den Harem stürzenden muskelstrotzenden Negersklaven, das Bacchanal*

der Hingabe und zuletzt dieser blitzende Schrecken der Rache, wenn mit gezückten Schwertern die rückkehrenden Sultansmannen die Schuldigen niedermetzeln und kopfüber Treppen herab, an den Haaren hingeschleift, widerstandleistend oder wehrlos wie Vieh die Opfer fallen und liegen.

An Felice am 19. I. 1913 und st. [Ludwig Steiner]: *Russisches Ballett*, in: DZB 86, Nr. 19 (19. I. 1913), S. 11.

538 | Else Lehmann (1866–1940) als Mutter Wolffen in Gerhart Hauptmanns *Biberpelz.*

Zartes Spiel der Lehmann vom Lessingtheater. Einlegen des Rockes zwischen die Schenkel wenn sie sich bückt. [...] Schöne Stellen des Stückes, in denen sich die Wulffen gleichzeitig als Diebin und als ehrliche Freundin des klugen, fortschrittlichen, demokratischen Menschen zeigt. Ein Wehrhahn als Zuhörer müßte sich eigentlich bestätigt fühlen.

Am 12. Dezember 1911 gastierte das Berliner *Lessingtheater* im *Neuen deutschen Theater* in Prag mit Gerhart Hauptmanns *Biberpelz.* Else Lehmann, die mit der Uraufführung von Hauptmanns *Vor Sonnenaufgang* berühmt wurde, gab die Mutter Wolffen. Herbert Ihering schrieb über sie: *Schauspielerin und Rolle waren in einer Weise identisch, wie es das kaum wieder gegeben hat.*

Der kriminalistische Scharfblick des erzkonservativen Amtsvorstehers v. Wehrhahn, dem vor allem daran liegt, reichs- und königsfeindliche Elemente aufzuspüren, bescheinigt in Hauptmanns Komödie ausgerechnet der Diebin Wolffen, eine ehrliche Haut zu sein.

Kafka hatte das Ensemble bereits am 2. Mai des Jahres gesehen, als es mit Hauptmanns *Ratten* die Prager Maifestspiele eröffnete.

Tagebuch, 13. XII. 1911 und Herbert Ihering: *Von Josef Kainz bis Paula Wessely. Schauspieler von gestern und heute,* Heidelberg, Berlin, Leipzig (1942) S. 23, vgl. T 420.

der *Bohemia: Er macht den alten Molière lebendig, den Stilisten Sternheim erträglich –*, war Kafka vermutlich wieder unter den Zuschauern. Mit Sicherheit war dies am 30. des Monats der Fall, als Pallenberg als Alexander Badekow in Paul Schirmers Komödie *Der Herr Minister* sein Gastspiel beendete. Nicht zu entscheiden ist, ob Kafka seine Absicht wahr machte und Mitte April 1923 im *Neuen deutschen Theater* Hofmannsthals *Unbestechlichen* sah, der in einem Gastspiel des Wiener *Raimund-Theaters* mit Pallenberg in der Rolle des Dieners Theodor gezeigt wurde.

Tagebuch, 4. II. 1912 und DZB 94, Nr. 251 (26. X. 1921), S. 6, vgl. T 872, 871 und Br 433.

539 | Max Pallenberg als Jupiter in Jacques Offenbachs *Orpheus in der Unterwelt.*

Als ich damals ins Theater ging, war mir wohl. Wie Honig schmeckte ich mein Inneres. Trank es in ununterbrochenem Zug. Im Teater vergieng es gleich. Es war übrigens der vorige Teaterabend: «Orpheus in der Unterwelt» mit Pallenberg. Die Aufführung war so schlecht, Beifall und Lachen um mich im Stehparterre so groß, daß ich mir nur dadurch zu helfen wußte, daß ich nach dem 2. Akt weglief und dadurch alles zum Schweigen brachte.

Kafka beschreibt eine Aufführung, die am 31. Januar 1912 im *Neuen deutschen Theater* stattfand und Abschluß eines Gastspiels des Komikers und Sängers Max Pallenberg (1877–1934) war, der seit 1904 an verschiedenen Wiener Theatern auftrat, 1911 nach München ging und 1914 einem Ruf Max Reinhardts ans *Deutsche Theater* nach Berlin folgte. Kafka hatte Pallenberg schon am 12. Juni 1910 in dem Schwank *Der fesche Rudi* gesehen. Als der Künstler am 25. Oktober 1921 ein Prager Gastspiel mit der Rolle des Harpagnon in Carl Sternheims Bearbeitung von Molières *Geizigem* eröffnete – Ludwig Winder schrieb darüber in

540 | Gertrud Eysoldt als Jedermanns gute Werke in Hugo von Hofmannsthals *Jedermann* in der Inszenierung von Max Reinhardt (1912).

Hast Du sie schon gehört? Ich sah sie als Ophelia und als Glaube in «Jedermann». Ihr Wesen und ihre Stimme beherrschen mich geradezu.

Am 12. und 13. Mai 1912 gastierte das Berliner *Deutsche Theater* im Prager *Neuen deutschen Theater* mit Hugo von Hofmannsthals *Jedermann* in der Inszenierung von Max Reinhardt. Eine dieser beiden Aufführungen muß Kafka gesehen haben, auch wenn er in der Erinnerung die Eysoldt, die Jedermanns gute Werke verkörpert hatte, mit Mary Dietrich verwechselte, die in dieser Inszenierung als Glaube aufgetreten war. Kafka hatte die Eysoldt schon am 6. Dezember 1910 in Berlin in einer *Hamlet*-Aufführung gesehen, in der Albert Bassermann die Hauptrolle spielte. (→ Abb. 330)

Am 16. Januar 1913 besuchte Kafka einen Festabend des *Vereins jüdischer Hochschüler «Bar-Kochba»*, der im Festsaal des Hotels *Central* in der *Hibernergasse* stattfand. Martin Buber hielt einen Vortrag über den

Mythos der Juden, anschließend rezitierte Gertrud Eysoldt, derentwegen Kafka die Veranstaltung überhaupt besuchte, die *Geschichte von der Hexe von Endor* aus dem *1. Samuelisbuch*, Partien aus dem *Buch der Weisheit*, chassidische Geschichten aus Bubers 1908 veröffentlicher *Legende des Baalschem* (1908) sowie Texte aus dem ersten Band der von Micha Josef bin Gorion herausgegebenen Sammlung *Die Sagen der Juden*, der gerade im Druck war. Während Kafka von dem zuletzt genannten, noch im gleichen Jahr veröffentlichten Werk so angetan gewesen sein muß, daß er es kaufte, fand er Bubers Buch, wie er Felice gegenüber am 20./21. Januar 1913 bekannte, genauso *unerträglich* wie dessen *Geschichten des Rabbi Nachman* (1906).

Nach der Veranstaltung fand ein gemütliches Zusammensein statt, an dem Kafka teilnahm. Bei dieser Gelegenheit veranlaßte er Buber, die Eysoldt, Werfel, Max Brod und dessen Verlobte Elsa Taussig eine für den Zionismus werbende Ansichtskarte zu unterschreiben, die er seinem an Felice gerichteten Brief vom 16. Januar beilegte und dazu vermerkte: *Freuen Dich solche Karten wie die beiliegende?*

Vgl. Br I 129, KB 84 und Br II 393 f..

541 | Tilly und Frank Wedekind in der Prager Aufführung seiner Tragödie *Erdgeist* am 1. Februar 1912.

Wedekind und seine Frau Tilly spielen mit. Klare gestochene Stimme der Frau. Schmales mondsichelförmiges Gesicht. Der beim ruhigen Stehn sich seitlich abzweigende Unterschenkel. Klarheit des Stückes auch im Rückblick, so daß man ruhig und selbstbewußt nachhause geht. Widersprechender Eindruck des durchaus festgegründeten und doch fremdbleibenden.

Kafka besuchte die Prager Premiere des Stücks, die am 1. Februar 1912 im *Neuen deutschen Theater* stattfand. In der von Paul Wiegler verfaßten Rezension heißt es: *Gestern tat eine gewisse Verblüffung des unorientierten Publikums der Wirkung Eintrag, und eine nervöse Stimmung war im Hause zu merken. Bald aber riß dann der Dichter auch seine gestrigen Hörer mit sich fort.* Am Tag zuvor war in der *Bohemia* ein im Hotel *Zum blauen Stern* (→ Abb. 668) geführtes Interview mit Wedekind erschienen, der hauptsächlich darüber klagte, wie er sich in Deutschland, vor allem in München, von der Zensur verfolgt fühle. Am 2. Februar sprach Wedekind in der *Lese- und Redehalle*.

Tagebuch, 4. II. 1912 und W. [Paul Wiegler]: «*Erdgeist*», in: DZB 85, Nr. 32 (2. II. 1912), S. 10, vgl. Nr. 40 (31. I. 1912), S. 8 und Nr. 25 (26. I. 1912), S. 11.

542 | Das von Franz Anton Graf Nostiz-Rieneck erbaute, 1783 als Ständetheater eröffnete *Königliche deutsche Landestheater* (nach dem Ende des Ersten Weltkriegs *Deutsches Landestheater*, heute *Stavovské divadlo*) am *Obstmarkt* Nr. 1 (I-540), in dem am 29. Oktober 1787 Mozarts *Don Giovanni* uraufgeführt wurde (um 1890).

Wie in der Einleitung zu diesem Kapitel ausgeführt, huldigte Kafka in diesem Theater vor allem der leichten Muse, aber auch einer Vorliebe für den Stummfilm, denn während des Ersten Weltkriegs gab es hier ein Lichtspieltheater.

Am 30. September 1916 wurden im *Königlichen deutschen Landestheater* von den Nachwuchsregisseuren Fritz Bondy und Hans Demetz gegen den Willen des damaligen Theaterdirektors Heinrich Teweles nach Berliner Vorbild die Prager *Kammerspiele* eingerichtet, die für das große Publikum ungeeignete Stücke bisher unbekannter expressionistischer Autoren präsentieren wollten, eine Experimentierbühne also, die mit der Uraufführung von Hasenclevers Drama *Der Sohn* eröffnet wurde. Im darauffolgenden Jahr brachte man Strindbergs *Rausch* und *Totentanz*, im Juni 1918 Max Brods Einakter *Die Höhe des Gefühls*, im Oktober 1919 hatte *Tanja* von Ernst Weiß mit Rahel Sanzara (→ Abb. 772) in der Titelrolle Uraufführung, die von Felix Weltsch in der *Selbstwehr* besprochen wurde, und im März 1920 Oskar Baums Drama *Das Wunder*. Am 16. November 1920 wurde das *Deutsche Landestheater* widerrechtlich von tschechischen Schauspielern besetzt und für den tschechischen Theaterbetrieb beschlagnahmt.

Vgl. T 296, *Prager Profile*, hrsg. von Hartmut Binder, (Berlin 1991), S. 166 und SW Nr. 41 (17. X. 1919), S. 1 f.

543 | Theaterzettel für die volkstümliche Faschingsvorstellung, die am 2. Februar 1913 im *Königlichen deutschen Landestheater* stattfand. (Die Prager Erstaufführung des von Kafka besuchten Lustspiels war im Februar 1908.)

Nun zog mich aber an jenem Abend die Familie Weltsch unversehens und mit Gewalt ins Teater mit, wo in «Frl. Josette – meine Frau» eine gemeinsame Bekannte zum erstenmal spielte, natürlich in der nebensächlichsten Rolle, sie hat nur in der ersten Szene plötzlich aufzulachen, entzückt zu sein und die Arme zu verrenken, was sie, den Rücken meist dem Publikum zugewendet, knapp an der Zimmerwandkoulisse in etwas übertriebener Weise machte, trotzdem sie sonst ein stolzes, boshaftes, geriebenes, sehr gescheites Frauenzimmer ist, vor dem ich immer Angst habe. Es war ein wenig rücksichtslos, sie in einer solchen Rolle zum erstenmal auf die Bühne zu schicken.

Nach dem zweiten Akt des Stückes – es gibt natürlich auch in dem schlechtesten Stück Stellen, an denen man menschlich hängen bleibt und ich hätte es vielleicht an einem andern Tage bis zum Ende ausgehalten – half keine Überredung mehr und ich lief ohne Abschied zu nehmen nachhause.

Kafka bezieht sich hier auf die Rolle des Zimmermädchens Tetsche. Sie wurde von Paula Clemens gespielt, die in Wirklichkeit Paula Kohn (1888–1944) hieß. Sie war eine Klassenkameradin von Weltschs jüngerer Schwester Elisabeth auf dem Prager *Mädchen-Lyzeum* gewesen und mit dieser befreundet. Brod erwähnt die beiden zusammen in einem Tagebucheintrag vom 3. Dezember 1910, Paula Kohn auch am 16. April dieses Jahres, als er sie auf dem Tennisplatz auf dem *Belvedere* sah (→ Abb. 657). Ungefähr zur gleichen Zeit und unter vergleichbaren Umständen dürfte sie Kafka kennengelernt haben, dessen ungewöhnlich scharfes Urteil längeren Umgang voraussetzt und dem Umstand geschuldet sein dürfte, daß die Schauspielerin, die auch später über kleinere Rollen auf Provinzbühnen und in Wien nicht hinauskam, eine emanzipierte Frau war, die sich über bürgerliche Moralkodizes hinwegsetzte und sich beispielsweise von einem Geschäftsmann aushalten ließ. Sie heiratete 1916 den Schauspieler und Theaterkritiker Ernst Oesterreicher.

An Felice am 5./6. II. 1913, vgl. Anthony Northey: *Die Schauspielerin Paula Clemens*, in: *Sudetenland* 46, Nr. 4 (2004), S. 402–425.

544 | Bühnenbild aus der Uraufführung der *Dubrovnická trilogie* von Ivo Vojnović, die am 16. Oktober 1911 im *Tschechischen Nationaltheater* (→ Abb. 497, 11) stattfand.

Stück und Aufführung war trostlos. Im Gedächtnis bleibt nur aus dem ersten Akt der schöne Klang einer Kaminuhr; das Singen der Marseillaise einziehender Franzosen vor dem Fenster, immer wieder wird das verhallende Lied von den neu Herankommenden aufgenommen und steigt an; ein schwarzgekleidetes Mädchen zieht ihren Schatten durch den Lichtstreifen, den die untergehende Sonne auf das Parkett legt.

Schon für die Schulzeit Kafkas lassen sich Besuche im *Tschechischen Nationaltheater* belegen, keineswegs eine Selbstverständlichkeit, weil angesichts der in der Stadt herrschenden Feindseligkeiten zwischen den beiden rivalisierenden Volksgruppen unter den Prager Deutschen derartige Aktivitäten aufs äußerste verpönt waren. Junge progressive Künstler und Literaten, die Kontakte zu ihren tschechischen Kollegen unterhielten und sich als Übersetzer tschechischer Werke hervortaten, verstießen gegen diese gesellschaftlichen Gepflogenheiten, so auch Kafka, der zusammen mit dem Schauspieler Jizchak Löwy die Uraufführung der *Dubrovnická trilogie* besuchte, um seinem Freund eine Freude zu machen.

Tagebuch, 20. X. 1911, vgl. W 52.

545 | Die Schauspielerin Marie Laudová-Hořiková in der Titelrolle von Jaroslav Vrchlickýs Drama *Hippodamie* in der am 17. Dezember 1911 unter der Regie von Jaroslav Kvapil (Ausstattung Karel Štapfer) im *Tschechischen Nationaltheater* erfolgten Uraufführung. Kafka, der dieser Vorstellung beiwohnte, kommentierte wie folgt: *Elendes Stück. Ein Herumirren in der griechischen Mythologie ohne Sinn und Grund.*

Tagebuch, 18. XII. 1911.

546 | Der Tod der Hippodamie in Jaroslav Vrchlickýs gleichnamigem Stück (Szenenbild der Uraufführung).

Vorträge

547 | Blick vom heutigen *náměstí Jana Palacha* auf das Künstlerhaus *Rudolfinum* (I-79).

Die zwei alten Herren beim Rudolfinum, friedliche, langwierige, würdige Erzählung, die Frauen hinterher.

Das Gebäude wurde 1885 von der *Böhmischen Sparkasse* als deutsche Kunststätte errichtet, 1919 vom tschechoslowakischen Staat beschlagnahmt und diente in der Ersten Tschechoslowakischen Republik als Parlament. Heute hat hier die *Tschechische Philharmonie* ihren Sitz. (→ Abb. 209, 1 und 497, 2)

NS II 22.

548 | Emile Jaques-Dalcroze (1865–1950).

Schöneren Tanz als bei den Russen und schönern Tanz als in einzelnen Bewegungen einzelner Tänzerinnen hie und da habe ich dann nur bei Dalcroze gesehn.

Als Musiker in Genf und Paris ausgebildet, übersiedelte Dalcroze, beeindruckt von den Leitern der Gartenstadt, den Brüdern Wolf und Harald Dohrn, im Herbst 1910 nach Hellerau bei Dresden, wo im April 1911 der Grundstein zur *Rhythmischen Bildungsanstalt Hellerau* gelegt wurde, die den Zweck hatte, mit Hilfe des Tanzes musikalische Menschen zu erziehen. Am 7. März 1911 stellte Dalcroze, der vom *Klub deutscher Künstlerinnen* eingeladen worden war, im *Rudolfinum* seine musikpädagogischen Methoden vor, die von praktischen Demonstrationen begleitet waren. Aus Brods Tagebuch geht hervor, daß Kafka unter den Zuschauern war.

An Felice 17./18. I. 1913, vgl. C 64.

549 | Von Jaques-Dalcroze erdachte tänzerische Veranschaulichung von Notenwerten.

Fünf Backfischchen in praktischem Turnkostüme, bei dem der Begriff «Hosenrock» noch eine weitere Kürzung um die letzte Silbe erfuhr, alle bloßfüßig bis an die Kniekehlen, betraten das Podium. Sie legen sich auf einen Zungenschlag in malerischer Pose rund im Kreise auf dem Boden nieder, – lebendige Pausen in dem Notenblatte, das den bevorstehenden Vortrag vermitteln soll. Auf einen zweiten Zungenschlag erheben sich alle beim Klange einer schreitenden Musikweise. Sie gleichen lebendig gewordenen Noten – Ganzen, Halben, Vierteln und Sechzehnteln, – indem sie durch rhythmische Bewegungen der Arme, Hände, Beine und Finger die verschiedenen Notenwerte zum Ausdruck bringen.

Die Abbildung, die zumindest in einem Punkt verdeutlicht, was Dalcroze in Prag seinen Zuschauern vorführte, entstammt der Broschüre *Die Bildungsanstalt Hellerau*, die vermutlich in Kafkas Besitz kam, als er Ende Juni 1914 die *Bildungsanstalt Jaques-Dalcroze* in Hellerau besichtigte. (→ Abb. 755)

Dr. v. B.: *Jacques Dalcroze in Prag,* in: PT 36, Nr. 68 (9. III. 1911), S. 10, vgl. W 264.

550 | Jean Richepin mit Frau.

*Ein großer starker fünfziger mit Taille.
Die steif umherwirbelnde Frisur Daudets
z. B. ist ohne zerstört zu sein, ziemlich fest
an den Schädel gedrückt. Wie bei allen alten
Südländern, die eine dicke Nase und das
zu ihr gehörige breite faltige Gesicht haben,
aus deren Nasenlöchern ein starker Wind
wie durch Pferdeschnauzen gehn kann und
denen gegenüber man genau weiß, daß dies
der nicht mehr zu überholende, aber noch
lang andauernde Endzustand ihres Gesich-
tes ist, erinnerte mich auch sein Gesicht an
das Gesicht einer alten Italienerin hinter
einem allerdings sehr natürlich gewachse-
nem Bart.*

Am 11. November 1911 besuchte Kafka,
der zu diesem Zeitpunkt schon großes
Interesse an der Gestalt Napoleons I. zeigte,
einen Vortrag des französischen Schriftstellers Jean Richepin (1849–1926) über *La
légende de Napoléon.* Er widmete diesem
Ereignis einen ungewöhnlich ausführlichen Tagebucheintrag, dem die eben angeführte Passage und das bei der folgenden
Abbildung angeführte Zitat entstammen.
Paul Wiegler faßte die Darbietung, die im
Rudolfinum stattfand, am darauffolgenden
Tag in der *Bohemia* wie folgt zusammen:
*Er beginnt mit einer Schilderung des Napo-
leonkultus von 1850, erzählt von seinem Vater,
dem Militärarzt, von seinem Großonkel und
vom «letzten der Mamelucken», erzählt, wie*

er selbst im Invalidendom das einbalsamierte Antlitz des Kaisers durch eine Glasscheibe
gesehen habe und wie er ein halbes Jahrhundert später vor einem Napoleonporträt in
Chantilly, beim Herzog von Aumale, betroffen von der Lebensähnlichkeit, zurückgefahren sei. Dann trägt er mit den Gesten eines
Monnet-Sully und mit brüchigem Tenor Na-
poleongedichte vor, von Barbier, Hugo und
Heinrich Heine. Er huldigt der deutschen
Sprache, er nennt Goethe, Wagner und Schumann. Endlich läßt er aus der napoleonischen Kriegslegende die Legende des Mensch-
heitnapoleon entstehen, des Fackelträgers
der Zivilisation, des neuen Phoibos Apollon.
Der Enthusiasmus, der ihn bewegte, ging
auf die Zuschauer über, die ihm stürmischen
Beifall spendeten.*

Tagebuch, 12. XI. 1911 und DZB 84, Nr. 313
(12. XI. 1911), S. 11.

551 | Blick auf das Konzertpodium des *Ru-
dolfinums.*

*Die neu gestrichene hellgraue Farbe des
hinter ihm aufsteigenden Concertpodiums
beirrte anfangs. Das weiße Haar klebte sich
förmlich an dieser Farbe fest und ließ keine
Kontur zu. Wenn er [Richepin] den Kopf zu-
rückbeugte kam die Farbe in Bewegung, sein
Kopf versank fast in ihr. Erst gegen die Mitte
des Vortrags als sich die Aufmerksamkeit
ganz koncentrierte, hörte die Störung auf,
besonders als er beim Reciteren mit dem
großen schwarzgekleideten Körper aufstand
und mit geschwungenen Händen die Verse
führte und die graue Farbe verjagte.*

Tagebuch, 12. XI. 1911.

552 | Blick in den großen Saal des *Rudolfinums*.

Drei Geistliche in einer Loge. Der Mittlere mit rotem Käppchen hört mit Ruhe und Würde zu, unberührt und schwer, aber nicht steif; der rechts ist zusammengesunken mit spitzigem, starren faltigem Gesicht; der links dick hat sein Gesicht schief auf die halb geöffnete Faust gesetzt.

Kafka bezieht sich hier auf einen Brahms-Abend des *Deutschen Singvereins* und des *Deutschen Männergesangvereins,* der am 13. Dezember 1911 stattfand.

Tagebuch, 13. XII. 1911, vgl. DZB 84, Nr. 344 (13. XII. 1912), S. 10 und Nr. 345 (14. XII. 1912), S. 8.

553 | Alexander Moissi (1880–1935).

Gute Akustik des Saales. Kein Wort verliert sich oder kommt auch nur im Hauch zurück, sondern alles vergrößert sich allmählich als wirke unmittelbar die längst anders beschäftigte Stimme noch nach, es verstärkt sich nach der ihm mitgegebenen Anlage und schließt uns ein. – Die Möglichkeiten der eigenen Stimme die man hier sieht. Sowie der Saal für Moissis Stimme, arbeitet seine Stimme für unsere. Unverschämte Kunstgriffe und Überraschungen, bei denen man auf den Boden schauen muß und die man selbst niemals machen würde: Singen einzelner Verse gleich im Beginn z. B. Schlaf Mirjam mein

Kind, ein Herumirren der Stimme in der Melodie; rasches Ausstoßen des Mailiedes, scheinbar wird nur die Zungenspitze zwischen die Worte gesteckt; Teilung des Wortes November-Wind, um den «Wind» hinunterstoßen und aufwärts pfeifen lassen zu können, – Schaut man zur Saaldecke, wird man von den Versen hochgezogen. – Goethes Gedichte unerreichbar für den Recitator, deshalb kann man aber nicht gut einen Fehler bei diesem Recitieren aussetzen, weil jedes zum Ziele hinarbeitet. – Große Wirkung als er dann bei der Zugabe «Regenlied» von Shakespeare, aufrecht stand, frei vom Text war, das Taschentuch in den Händen spannte und zusammen drückte und mit den Augen glänzte. – Runde Wangen und doch kantiges Gesicht. Weiches Haar mit weichen Handbewegungen immer wieder gestrichen.

Kafkas Tagebucheintrag beschreibt einen Vortragsabend Moissis, der am 28. Februar 1912 im *Rudolfinum* stattfand. Er erwähnt Richard Beer-Hofmanns *Schlaflied für Mirjam,* Emile Verhaerens *Novemberwind,* Goethes *Mailied* und das *Lied des Narren* aus Shakespeares *Was ihr wollt.* Moissi rezitierte außerdem Hofmannsthals *Nachruf auf Josef Kainz,* Goethes *Prometheus,* Auszüge aus dem *Prediger Salomos* und Passagen aus dem zweiten Teil des *Faust.*

Aus der Besprechung des Abends in der *Bohemia* geht hervor, daß das *Lied des Narren,* das Moissi als Zugabe wählte, frenetisch beklatscht wurde, doch kann man zwischen den Zeilen herauslesen, daß die Darbietung der Goethe-Gedichte nicht vollkommen gelang. (→ Abb. 1186)

Tagebuch, 3. III. 1912, vgl. DZB 85, Nr. 58 (28. II. 1912), S. 8 und Nr. 59 (29. II. 1912), S. 5.

554 | Maximilian Harden, der Herausgeber der *Zukunft*, der am 7. März 1912 im *Rudolfinum* über das Theater sprach.

Fast angestrengt ernsthaftes Gesicht, einmal einer alten Dame, einmal Napoleon ähnlich. Erblassende Färbung der Stirne wie bei einer Perücke. Wahrscheinlich geschnürt.

Tagebuch, 8. III. 1912, vgl. DZB 85, Nr. 67 (8. III. 1912), S. 7.

555 | Das Portal des *Deutschen Casinos* am *Graben* Nr. 26, heute Nr. 22 (II-859) (um 1900).

[...] mit Kafka Bier getrunken, Casino.

Im Jahr 1862 wurde der *Verein Deutsches Casino* gegründet, der 1873 das am *Graben* gelegene Gebäude II-859 und das die Rückfront des zugehörigen Gartens begrenzende, zum *Havliček-Platz* (heute *Senovážné náměstí*) zeigende Haus II-867 (*Drei-Reiter-Haus*) erwarb, die in den darauffolgenden Jahren den Bedürfnissen der neuen Besitzer angepaßt wurden. Zunächst entstanden eine Gartenhalle, ein Musikpavillon, ein Restaurant, wo Pilsner und Bayerisches Bier gezapft wurden, und ein neuer Seitenflügel mit dem *Säulensaal* im Erdgeschoß und dem *Spiegelsaal* im ersten Obergeschoß, die 1875 eingeweiht wurden. Kafka kannte den *Säulensaal* seit seiner Gymnasialzeit, denn im Oktober und November 1896 fand hier

ein gemeinnütziger Vortragszyklus des naturwissenschaftlich-medizinischen Vereins *Lotos* statt, der von den Schülern des *Altstädter Gymnasiums* besucht wurde. Behandelt wurde unter anderem die Heilung von Wunden, die geologische Wirkung bewegter Luft, der Wechselstrom und die Kohlensäure.

Im *Deutschen Casino* residierten mehrere deutsche Vereine, unter denen der von Friedrich Adler und Hugo Salus dominierte Schriftstellerverein *Concordia* der bedeutendste war. Die *Concordia* bat regelmäßig während der Saison vorwiegend ausländische Künstler zum Vortrag, die sich bereits einen Namen gemacht hatten und das deutschjüdische Bürgertum nicht verschreckten. Auch Max Brod wurde eingeladen. Er las am 30. November 1913 eigene Gedichte, Strophen aus seinem *Tagebuch in Versen* sowie ein Kapitel aus seinem noch unveröffentlichten Roman *Tycho Brahes Weg zu Gott*. Das 1915 veröffentlichte Werk trägt die gedruckte Widmung: *Meinem Freunde Franz Kafka*.

Als 1899 deutsche Straßenbezeichnungen verboten wurden, brachte man über dem Eingang des *Deutschen Casinos* die Bronzetafel an, die auf der Abbildung zu sehen ist. Im Lauf der Jahre wurde für den Besitzstand des Vereins allmählich die Bezeichnung *Deutsches Haus* gebräuchlich (→ Abb. 228), die 1916 offiziell wurde,

als der Trägerverein nach einer Änderung seiner Statuten, in denen er sich nicht mehr nur als Gesellligkeitsverein definierte, sondern sich auch zur Pflege und Förderung deutschen Wesens bekannte, den Namen *Verein Deutsches Haus* annahm.

Am 14. Oktober 1916 fand im *Deutschen Haus* die Gründungsversammlung des *Vereins zur Errichtung einer Volksnervenheilanstalt in Deutschböhmen* statt, auf der Kafkas Chef Eugen Pfohl den Entwurf der Vereinssatzungen vortrug, die Kafka, der ebenfalls anwesend war, mit ihm zusammen redigiert hatte.

Brod: Tagebuch, 15. IV. 1910, vgl. C 57, Anton Kiemann: *Die ersten vierzig Jahre des Vereines Deutsches Kasino in Prag. 1862–1902*, Prag 1902, S. 11–25 und 48, O. Klauber: *Prag und Umgebung. Praktischer Reiseführer*, 16. Auflage, Berlin 1913, S. 9, *25. Jahresbericht über das Staats-Gymnasium mit deutscher Unterrichtssprache in Prag-Altstadt für das Schuljahr 1896/97*, Prag 1897, S. 80, DZB 69, Nr. 287 (18. X. 1896), S. 7, Nr. 295 (26. X. 1896), S. 4, Nr. 308 (8. XI. 1896), S. 7, Nr. 315 (15. XI. 1896), S. 7, PT 38, Nr. 324 (25. XI. 1913), S. 3, Nr. 330 (1. XII. 1913), *Mittags-Ausgabe*, S. 4 und *Eine Volksnervenheilanstalt in Deutschböhmen*, in: DZB 89, Nr. 289 (18. X. 1916). S. 5.

556 | Der Schriftsteller Bernhard Kellermann (1879–1951).

Scheinbar ein lieber Mensch, fast graues stehendes Haar, mit Mühe glatt rasiert, spitze Nase, über die Backenknochen geht das Wangenfleisch oft wie eine Welle auf und ab.

Am 27. November 1910 las Kellermann im *Spiegelsaal* des *Deutschen Casinos* seine damals noch ungedruckte Erzählung *Die Heiligen*, die wegen ihres Inhalts und wegen der eintönigen Art des sich über eine Stunde hinziehenden Vortrags das Publikum aus dem Saal trieb. Abschließend brachte er das Märchen *Die Geschichte von der verlorenen Wimper der Prinzessin* zu Gehör, das, wie Kafka noch am gleichen Tag in seinem Tagebuch vermerkte, *Stellen hatte, die jeden berechtigt hätten, von der äußersten Stelle des Saales mitten durch und über alle Zuhörer hinauszurennen.*

Tagebuch, 27. X. 1910, vgl. DZB 83, Nr. 328 (28. XI. 1910), *Mittags-Ausgabe*, S. 3 f.

557 | Herbert Eulenberg (1876–1949).

Ich kenne in der Gänze nur «Mozart». Eulenberg [...] hat es hier vorgelesen, aber das konnte ich kaum ertragen, eine Prosa voll Atemnot und Unreinlichkeit.

Eulenberg, der am 1. Dezember 1912 im *Spiegelsaal* des *Deutschen Casinos* sprach, leitete seine Vorlesung mit dem *Mozart* betitelten Teil aus seinen *Schattenbildern* ein, setzte mit einem Kapitel aus dem Roman *Katinka, die Fliege* und dem ungedruckten Einakter *Die Wunderkur* fort und schloß dann mit einigen Sonetten. Kafka fand die Qualität des Gebotenen so schlecht, daß er nach der Darbietung des *Mozart*-Essays die Veranstaltung vorzeitig verließ.

An Felice am 28./29. XII. 1912, vgl. DZB 85, Nr. 332 (1. XII. 1912), S. 36, PT 37, Nr. 333 (2. XII. 1912), S. 4 und Br I 289.

558 | Richard A. Bermann (Arnold Höllriegel) (1883–1939) (Karikatur).

Vortrag Beermann. Nichts, aber mit einer hie und da ansteckenden Selbstzufriedenheit vorgetragen. Mädchenhaftes Gesicht mit Kropf. Vor dem Aussprechen fast jedes Satzes die gleichen Muskelzusammenziehungen im Gesicht, wie beim Niesen.

Bermann sprach am 14. Dezember 1913 auf Einladung der *Lese- und Redehalle der deutschen Studenten in Prag* im *Spiegelsaal* des *Deutschen Hauses* über *Literarische Momentbilder*. Kafka war unter den Zuhörern und las außerdem den Essay Bermanns über den Berliner Weihnachtsmarkt, der am gleichen Tag im *Prager Tagblatt* erschienen war.

Tagebuch, 14. XII. 1913, vgl. PT 38, Nr. 338 (10. XII. 1913), S. 4 und Nr. 342 (14. XII. 1913), *Unterhaltungsbeilage.*

559 | Im *Café Continental* in Prag.

Im Kontinental bei den Kartenspielern.

Das am *Graben* Nr. 17 (I-1047) gelegene Kaffeehaus (→ Abb. 209, m), das 1883 eröffnet wurde und bis zum Ende des Zweiten Weltkriegs bestand, war der wichtigste Treffpunkt der Prager Deutschen und wegen seiner Spielzimmer und der Vielzahl der Zeitungen und Zeitschriften aus aller Welt geschätzt. Kafka, der einmal Felice gegenüber seine *Gier nach Zeitschriften* bekannte, hat das Lokal mindestens seit 1909 immer wieder besucht, und zwar besonders auch am späten Abend, denn es war üblich, daß man nach einem Ausflug oder nach dem Besuch einer Veranstaltung noch ein Weilchen in einem Kaffeehaus zusammensaß.

An Felice am 12./13. III. 1913, vgl. Br I 114, T 396 und Hartmut Binder: *Wo Kafka und seine Freunde zu Gast waren,* (Furth im Wald, Prag 2000), S. 235–247.

Kapitel XII

Sommer 1912

Leipzig

Am 28. Juni 1912 fuhren Max Brod und Kafka in Verlagsangelegenheiten nach Leipzig. Sie mußten in Dresden umsteigen, wo sie eine Stunde Zeit für eine kleine Besichtigung hatten, und erreichten ihr Ziel in dem neuen, aber noch unfertigen Zentralbahnhof. Gleich nach ihrer Ankunft unternahmen sie einen Gang durch die Stadt, dessen Verlauf sich wenigstens ungefähr rekonstruieren läßt. Sie müssen von dem in unmittelbarer Nähe des Bahnhofs gelegenen Hotel *Opel, Blücherstraße* (heute *Kurt-Schumacher-Straße*) Nr. 9, wo sie sich eingemietet hatten, zum *Brühl* gegangen und von dort in die *Katharinenstraße* eingebogen sein, die wegen ihrer prächtigen Bürgerhäuser ‹Hauptstraße des Barock› genannt und von bekannten Kaffeehäusern gesäumt wurde. Obwohl vom dort gelegenen *Café Oriental* verlockt, kehrten sie in der Bierstube *Zum Taubenschlag* an der Südseite des heute überbauten *Goldhahngäßchens* ein, das sie über das von der *Katharinenstraße* abzweigende *Böttchergäßchen* erreichten. Danach suchten sie das neben dem Lokal liegende Bordell *Walhalla* auf, flohen aber sofort wieder, weil sie die dort arbeitenden Damen schrecklich fanden, und kamen anschließend über die *Reichsstraße* und das *Salzgäßchen* auf den *Naschmarkt* mit dem *Goethe-Denkmal.* Am Südende des kleinen Platzes stießen sie auf den Anfang der *Grimmaischen Straße*, wo sie *Auerbachs Keller* sehen wollten, der aber gerade renoviert wurde. Bevor sie diese Straße weiter bis zum *Augustusplatz* verfolgten, müssen sie den *Markt* betreten haben. Denn wenn Brod in seinen Aufzeichnungen vom *Stadthaus* mit der längsten Inschrift der Welt spricht, dann ist damit das *Alte Rathaus* gemeint, das *Naschmarkt* und *Markt* voneinander trennt und eine unter dem Gesims entlangführende, 220 Meter lange, um das ganze Gebäude herumführende Inschrift aufweist, die 1672 anläßlich einer Renovierung angebracht worden war. Nachdem Kafka an der Ecke zur *Universitätsstraße* den Renaissanceerker am *Fürstenhaus* bewundert hatte, kehrten die beiden im *Café Felsche* am *Augustusplatz* ein.

Am darauffolgenden Morgen suchte Brod den Rowohlt Verlag in der *Königstraße* (heute *Goldschmidtstraße*) Nr. 10 auf, um Ernst Rowohlt und dessen Sozius Kurt Wolff seine literarischen Pläne vorzutragen und für Kafka zu werben: Er, in dem der heiße Wunsch brannte, ein Buch seines Freundes gedruckt zu sehen, stellte den beiden Verlegern Kafka als großen Schriftsteller dar, der sich aber nur schwer entschließen könne, etwas zum Druck zu geben. Es gelang ihm, das Interesse Rowohlts zu wecken, der die Veröffentlichungen Kafkas im *Hyperion* kannte und den jungen Autor kennenlernen wollte.

Inzwischen hatte Kafka einen Spaziergang durch das zwischen *Georgiring* und *Inselstraße* gelegene Verlagsviertel unternommen, wo damals Verlage wie B. G. Teubner, F. E. Wachsmuth, Reclam, Brockhaus und J. J. Weber residierten. Danach besuchte er das südlich dieses Gebietes gelegene *Buchgewerbehaus* in der *Dolzstraße* Nr. 1, das heute unter anderer Adresse Teil der *Deutschen Bücherei* ist.

Wenn in seinen Aufzeichnungen anschließend eine *Lesehalle* genannt wird, so kann es sich dabei nur um das *III. öffentliche Lesezimmer* des *Vereins für öffentliche Lesezimmer* gehandelt haben, das in der alten *Landfleischerhalle* untergebracht war, einem einstöckigen, am *Johannisplatz* Nr. 11 gelegenen Zweckbau, der im Zweiten Weltkrieg zerstört wurde. Kafka dürfte hier Zeitung gelesen haben, bevor er sich über den *Roßplatz* zum Restaurant *Manna* in der *Schulstraße* (heute *Ratsfreischulstraße*) Nr. 8 begab, wo er schlecht zu Mittag aß. Das vegetarische Speisehaus war für seine theosophischen Veranstaltungen und Vorträge von Karl Bernhard Seidenstikker (1876–1936) bekannt, der für den Buddhismus warb.

Als Kafka um zwei Uhr nachmittags am *Goethe-Denkmal* erschien, das als Treffpunkt vereinbart worden war, führte ihn Brod in *Wilhelms Weinstuben* in der nahegelegenen *Hainstraße*, wo man gemeinsam mit Ernst Rowohlt, dessen Beratern Kurt Pinthus und Walter Hasenclever sowie einem Autor des Verlags, Gerdt von Bassewitz, zu Mittag aß. Auf dieser Zusammenkunft wurde Kafka aufgefordert, ein Buchmanuskript vorzulegen. Eigentlich hatte man vorgehabt, den anschließenden Nachmittagskaffee in einem Bordell einzunehmen, aber die Damen schliefen noch und empfingen deswegen nicht, so daß man auf das *Café Felsche* zurückgreifen mußte, bevor man noch einmal kurz die Verlagsräume aufsuchte, wo Rowohlt den in Aussicht genommenen neuen Autor seinem Kompagnon Kurt Wolff vorstellte.

Vgl. T 1021, FK 110, EFR 226, *Das Alte Rathaus zu Leipzig*, Leipzig 2004, S. 57 f., EFR 224 f., 238, U 38–49, Hartmut Binder / Jan Parik: *Kafka. Ein Leben in Prag*, (Essen, München 1993), S. 147, 150 und *Rowohlt Almanach 1908–1962*, hrsg. von Mara Hintermeier und Fritz J. Raddatz, (Reinbek bei Hamburg 1962), S. 18.

560 | Auf den 11. Juni 1912 datiertes ärztliches Zeugnis von Dr. Siegmund Kohn.

Der Arzt bestätigte, *daß Herr JUD[r] Franz Kafka, Concipist der Arbeiter-Unfallversicherungsanstalt für Böhmen in Prag, wegen Verdauungsstörungen, minderem Körpergewichte und eine Reihe von nervösen Beschwerden es dringend nötig hat, zumindest eine vierwöchentliche rationelle Kur in einer gutgeleiteten Anstalt durchzumachen und zu diesem Zwecke einen einmonatlichen Urlaub zum Mindest nötig hat.*

Am 17. Juni beantragte Kafka eine Verlängerung seines regulären Jahresurlaubs um eine Woche, die ihm der Verwaltungsausschuß vier Tage später bewilligte.

Franz Kafka: *Amtliche Schriften. Mit einem Essay von Klaus Hermsdorf*, Berlin 1984, S. 429.

561 | Dr. Siegmund Kohn.

Seiner damaligen Stellung in der Anstalt entsprechend, standen Kafka im Jahr
1912 drei Wochen Jahresurlaub zur Verfügung. Da er aber 28 Tage wegbleiben wollte,
mußte er ein entsprechendes ärztliches
Gutachten vorweisen, um das er Dr. Kohn
erfolgreich anging. Dieser war praktischer
Arzt und Frauenarzt in der Prager *Galligas-
se (Havelská)* Nr. 23 (I-500), trat aber auch
mit Fachveröffentlichungen hervor.

Vgl. Siegmund Kohn: *Pyramidon und Morphium,* in: *Prager
medizinische Wochenschrift* 32, Nr. 18 (2. V. 1907), S. 222
bis 224 und ders.: *Die Luft – ein wichtiger Lebensfaktor,* in:
Der Gesundheitslehrer 13, Nr. 8 (1. XI. 1910), S. 157–160.

562 | Die *Prager Straße* in Dresden.

*Mengen der frischen Waren überall. Rein-
liche korrekte Bedienung. Ruhig gesetzte
Worte. Massives Aussehn der Bauten infolge
der Betontechnik, die doch z. B. in Amerika
nicht so wirkt.*

Aus Brods Paralleltagebuch geht hervor,
daß die sich in dieser Aussage zeigende
Bewunderung seines Freundes der *Prager
Straße* galt. Kafka schrieb damals an der
ersten, verlorenen Fassung seines *Verschollenen.*

Tagebuch, 28. VI. 1912, vgl. EFR 223.

563 | Leipzig, *Katharinenstraße.* Im Erdgeschoß
des Hauses Nr. 27 (rechts im Bild) befand sich das
kleine *Café Oriental.*

Lockendes Café Oriental.

Tagebuch, 28. VI. 1912.

Reich mir das Horn
Herauf, mein Knabe
Und höre was
Dein Vater spricht

Jeden Feind
Besiegt der Deutsche
Nur den Durst
Besiegt er nicht.

O Taubenschlag, o Taubenschlag,
Wie gut ist dein Getränke,
Du bleibst mir bis zum jüngsten Tag
Die allerliebste Schänke..

GRUSS vom TAUBENSCHLAG LEIPZIG.

Bruno Bürger & Ottillie, LithAnst.Leipzig.

564 | Die Bierstube *Zum Taubenschlag* im Erdgeschoß des Leipziger *Goldhahngäßchens* Nr. 6, das den Nordteil der *Reichs-* und *Nikolaistraße* miteinander verband und nicht mehr existiert.

Der schwer bewegliche langbärtige Biervater. Seine Frau schenkt ein. Zwei große starke Töchter bedienen. Fächer in den Tischen. Lichtenhainer in Holzkrügen. Schandgeruch wenn man den Deckel öffnet. Ein schwächlicher Stammgast, rötliche magere Wangen, faltige Nase sitzt mit großer Gesellschaft, bleibt dann allein zurück, das Mädchen setzt sich mit ihrem Bierglas zu ihm. Das Bild des vor zwölf Jahren verstorbenen Stammgastes, der 14 Jahre lang hergegangen ist. Er hebt das Glas, hinter ihm ein Gerippe.

Das Lokal befand sich in einem jahrhundertealten Mietshaus, in dem August Schötz und seine Frau im Jahr 1880 eine aus zwei engen Räumen bestehende Gastwirtschaft eröffnet hatten, die bald über Leipzig hinaus bekannt und wegen ihrer Originalität von Akademikern und Kaufleuten besucht wurde. Das Lokal bestand bis zu den Zerstörungen in den Jahren 1943 und 1944 durch Luftangriffe der Alliierten.

Lichtenhainer: ein leichtes, säuerliches und helles Bier, das durch die Verwendung von Rauchmalz ein besonderes Aroma bekam. Kafka mied Genußmittel, trank aber zeitlebens Bier. (→ Abb. 201, 555 und 1208)

Tagebuch, 28. VI. 1912, vgl. *Leipziger Neueste Nachrichten und Handels-Zeitung* (70), Nr. 163 (12. VI. 1930), S. 9.

565 | Das 1903 von Karl Seffner geschaffene *Goethe-Denkmal* am Leipziger *Naschmarkt*.

Wir sehn im Dunkel das Denkmal des jungen Goethe (Naschmarkt), mit 2 Medaillons seiner Leipziger Liebsten (Schönkopf, Oeser), sehr hübsch, fast pariserisch [...] Hinter Goethe ein schönes Haus, alte Börse.

An den Sockelseiten des Monuments finden sich Porträtreliefs von Friederike Oeser und Käthchen Schönkopf.

EFR 224 (Max Brod).

566 | Blick von der Terrasse des 1835 gegründeten *Café Felsche*, das auch *Café Français* genannt wurde, an der *Ecke Augustusplatz/Grimmaische Straße* auf das 1846 bis 1848 errichtete und 1943 zerstörte *Neue Theater*.

Café Francais, wo wir klägliche Limonade trinken, schlechten Thee.

EFR 224 (Max Brod).

567 | Das 1558 erbaute *Fürstenhaus* an der Ecke *Grimmaische Straße/Universitätsstraße*.

Maxens topographischer Instinkt, mein Verlorensein. Dagegen stelle ich, später vom Führer bestätigt, einen schönen Erker am Fürstenhaus fest.

Tagebuch, 28. VII. 1912.

568 | Blick vom *Augustusplatz* in die *Grimmaische Straße*. Im Erdgeschoß des Gebäudes links befindet sich das *Café Felsche.*

Durch heiße Gassen sehn wir den Augustusplatz, der trotz seiner Größe den Vergleich mit Place de la Concorde nicht aushält. – Grimmaische Straße – Alles haben wir in der Nacht schon gesehn.

EFR 224 (Max Brod).

569 | Das 1898/99 erbaute *Deutsche Buchgewerbehaus* in der *Dolzstraße* Nr. 1.

Kann mich vor den vielen Büchern nicht halten.

Im obersten Stockwerk des Gebäudekomplexes befand sich das *Buchgewerbemuseum mit königlich-sächsischer bibliographischer Sammlung*, das Kafka am späten Vormittag des 29. Juni besuchte.

Tagebuch, 29. VI. 1912, vgl. Horst Riedel: *Stadtlexikon Leipzig von A bis Z*, Leipzig 2005, S. 75 f.

570 | Blick in die *Hainstraße*, in der Richard Wagner geboren wurde (Nr. 3), Friedrich Schiller (Nr. 5) und Goethes Jugendliebe Käthchen Schönkopf (Nr. 21) wohnten. Im fünften Haus von links, das angeschnittene mitgezählt, lag das Restaurant *Wilhelms Weinstuben*, das durch das helle, schräg nach unten weisende Ausstellschild auf sich aufmerksam machte.

571 | *Wilhelms Weinstuben* in der Leipziger *Hainstraße* Nr. 23, heute (als *Café Schloß Wilhelmshöhe* mit Bar und Kabarett) Nr. 10.

Eigentümliches tägliches Mittagessen in der Weinstube. Große breite Weinbecher mit Citronenscheiben.

Kurt Pinthus hat den Inhalt der hier erwähnten Weingläser in gedruckten Erinnerungen als Schorle-Morle, also als Mischung aus Wein und Selters angegeben, ergänzte aber im Blick auf Kafkas Eintrag gesprächsweise, es habe sich dabei um das billigste Getränk gehandelt, das zu sich zu nehmen man aus finanziellen Gründen gezwungen gewesen sei. An anderer Stelle bezeichnete er das Hinterzimmer des Lokals, das auf einen um 1700 eröffneten Weinkeller zurückgeht und gegen Ende des 19. Jahrhunderts Treffpunkt der am nahegelegenen *Alten Theater* engagierten Schauspieler war, als Leipziger Hauptquartier des jungen Expressionismus.

Tagebuch, 29. VI. 1912, vgl. *Rowohlt-Almanach 1908–1962,* hrsg. von Mara Hintermeier und Fritz J. Raddatz. Mit einem Vorwort von Kurt Pinthus und der vollständigen Bibliographie von 1908–1961, (Reinbek bei Hamburg 1962), S. 19, *Das Kinobuch. Dokumentarische Neu-Ausgabe des ‹Kinobuchs› von 1913/14,* Zürich 1963, S. 9 und Ulla Heise / Andreas Reimann: *Leipziger Allerlei – Allerlei Leipzig,* Leipzig o. J. [1993], S. 138–140.

572 | Ernst Rowohlt (1887–1960).

Rohwolt. Jung, rotwangig, stillstehender Schweiß zwischen Nase und Wangen, erst von den Hüften an beweglich.

Die Beschreibung läßt nicht erkennen, welch positiven Eindruck der lebhafte, lebensbejahende Verleger auf Kafka gemacht hatte, wohl aber ein etwa zwei Wochen jüngeres, an Brod gerichtetes Schreiben, wo vom braven, klugen, tüchtigen Rowohlt die Rede ist, dem sich der Freund als Autor anvertrauen solle. Eine Analyse der Zeugnisse, die sich von Kafkas Begegnung mit den beiden Verlegern erhalten haben, führt zu dem Schluß, daß nicht etwa Kurt Wolff – er stand Kafka, wie die spätere Korrespondenz der beiden zeigt, mit einer gewissen Reserviertheit gegenüber – den angehenden Autor dazu aufgefordert hatte, ein Manuskript einzusenden, sondern Ernst Rowohlt, der Kafkas Beiträge aus dem *Hyperion* kannte, in seiner Entscheidung freilich auch davon beeinflußt gewesen sein könnte, daß er dessen Freund Max Brod an seinen Verlag zu binden trachtete.

Die falsche Schreibung des Verlegernamens begegnet auch in dem Brief, den Kafka am 14. August 1912 von Prag aus nach Leipzig richtete.

Tagebuch, 29. VI. 1912, vgl. Br I 158 und U 43–45.

573 | Walter Hasenclever (1890–1940).

Hasenclever, jüdisch, laut, viel Schatten und Helligkeit im kleinen Gesicht, auch bläuliche Farben. […] Vorschlag des Hasencl. den Nachmittagskaffee in einem B. zu trinken. Nicht eingelassen, weil die Damen bis 4 Uhr schlafen. Zusammenlauf der Wirtschafterinnen aus dem Dunkel.

In Hasenclevers nachgelassener Bibliothek fanden sich Kafkas *Verwandlung*, sein *Landarzt*, die Erstausgaben von *Process* und *Schloss* sowie der *Heizer*, der auf Hasenclevers *Sohn* eingewirkt haben dürfte, in dessen Schlußszene der Titelheld seinen Arm wie das Schwert der New Yorker Freiheitsstatue emporreckt, das bekanntlich lediglich im *Heizer* begegnet.

Tagebuch, 29. VI. 1912, vgl. Dieter Martin: *Das Schwert der Freiheitsstatue. Notizen zu einer Kafka-Reminiszenz bei Walter Hasenclever,* in: *Euphorion* 98 (2004), S. 473–480.

574 | Kurt Pinthus, Franz Werfel und Walter Hasenclever auf dem *Augustusplatz* in Leipzig (von rechts) (um 1911/12).

Kafka hatte Pinthus, der damals auch als Leipziger Korrespondent des *Berliner Tageblatts* arbeitete, in *Wilhelms Weinstuben* kennengelernt und im Tagebuch lapidar durch die Worte *dick, flacheres Gesicht* gekennzeichnet. Als er Anfang 1913 erfuhr, daß der Journalist Aufführungen einer in Leipzig und Berlin auftretenden ostjüdischen Theatertruppe, der sein Freund Jizchak Löwy angehörte, im *Berliner Tageblatt* besprechen wollte, äußerte er Felice gegenüber, Pinthus sei *ein schwerfälliger Mensch und es ist nicht viel von ihm zu erwarten*. Doch als ihm Werfel im April 1913 mitteilte, Pinthus werde einen Vortragsabend für Löwy veranstalten, schrieb er Pinthus einen Brief, in dem er ihm Hintergrundinformationen über den Schauspieler gab und Vorschläge machte, die dessen kindlich-unsinnigem Geschäftsgebaren Grenzen setzen sollten.

Tagebuch, 29. VI. 1912 und Br II 13, vgl. 161 f. und Hartmut Binder: *Ein unbekannter Brief Franz Kafkas*, in: *Frankfurter Allgemeine Zeitung* Nr. 150 (2. VII. 1983), Beilage *Bilder und Zeiten*.

575 | Der Verleger Kurt Wolff (1887–1963).

Als sich Brod und Kafka am späten Nachmittag des 29. Juni im Rowohlt Verlag von den Inhabern des Unternehmens verabschiedeten, sagte Kafka zu Kurt Wolff: *Ich werde Ihnen immer viel dankbarer sein für die Rücksendung meiner Manuskripte als für deren Veröffentlichung.* Aber die beiden Verlagsinhaber waren von der *Betrachtung* betitelten kleinen Prosa, die Kafka nach seiner Rückkehr vom *Jungborn* nach Leipzig schickte, angetan und veröffentlichten sie im November des Jahres in ihrem Verlag. Da aber Rowohlt Ende 1912 den Verlag verließ und Geschäftsführer bei S. Fischer in Berlin wurde, während Wolff das gemeinsam geführte Unternehmen mit allen bisher produzierten Titeln in seinen neuen Verlag übernahm, wurde Kafka aus einem Autor des Rowohlt Verlags, der er durch seinen literarischen Erstling geworden war, gleichsam über Nacht zu einem solchen des Kurt Wolff Verlags, in dem alle weiteren zu seinen Lebzeiten gedruckten Bücher erschienen.

EFK 103.

Weimar

Am späten Nachmittag des 29. Juni 1912 bestiegen Brod und Kafka in Leipzig den Zug nach Weimar, wo sie eine Woche Urlaub machen und die Gedenkstätten der deutschen Klassiker besuchen wollten, auf die sie durch jahrelanges Goethestudium vorbereitet waren. Sie nahmen im Hotel *Chemnitius* Quartier und gingen noch spätabends zum *Goethehaus*. Am darauffolgenden Vormittag, einem Sonntag, besichtigten sie das *Schillerhaus*, über das Brod lapidar urteilte: *Nicht so arm wie in unseren Begriffen*. Anschließend begaben sie sich ins *Goethehaus*, wo Kafka die 16jährige Margarethe Kirchner kennenlernte, eine Tochter des Hausmeisters, mit der er sich in den darauffolgenden Tagen mehrmals verabredete.

Nach der Besichtigung des *Goethehauses* speisten die Freunde im benachbarten Gasthaus *Zum weißen Schwan*. Anschließend ging Brod ins Hotel zurück, wo er die nächsten Stunden schlafend und lesend im Bett verbrachte, während Kafka mit der Familie Kirchner einen Ausflug zum nahegelegenen *Schloß Tiefurt* unternahm, wo man unter der Führung Gretes die Beletage des Gebäudes besichtigte, das von 1781 bis 1806 der Herzogin Anna Amalia als Sommerresidenz gedient hatte. Am Abend dieses Tages machten Brod und Kafka einen Spaziergang durch die Stadt, wobei ihnen Grete mehrfach begegnete. Kombiniert man einen Eintrag in Brods Reisetagebuch vom 30. Juni und entsprechende Ausführungen in seinem autobiographischen Roman *Zauberreich der Liebe* mit einer Notiz Kafkas vom 2. Juli, wo von einem Erdbeeressen vor *Werthers Garten* die Rede ist, läßt sich schließen, die beiden hätten in diesem am *Theaterplatz* gelegenen Lokal mehrfach Rast gemacht. – Kafka liebte Obst über alles und war besonders auf Reisen darauf angewiesen, um Verdauungsproblemen vorzubeugen.

Am 1. Juli besichtigten die Freunde vormittags *Goethes Gartenhaus* im Park an der Ilm, den Nachmittag verschliefen sie, und gegen Abend bummelten sie wieder durch die Stadt, wobei sie am *Haus der Frau von Stein* vorbeikamen; schließlich erfrischten sie sich in der Schwimm- und Badeanstalt in den *Schwansee-Anlagen*. Dies jedenfalls läßt sich aus Brods *Zauberreich der Liebe* erschließen, wo davon die Rede ist, man habe im Stadtteich gebadet. Am darauffolgenden Morgen besuchten sie die Mansardenzimmer im *Goethehaus*, die damals in die museale Präsentation einbezogen waren, am Nachmittag stand das *Liszthaus* auf dem Programm, während sie den Abend im *Kabarett Tivoli* verbrachten.

Am 3. Juli, es war Kafkas 29. Geburtstag, begaben sich die beiden in den Garten des *Goethehauses*, wo sich Kafka mit Grete auf einer Bank photographieren ließ. Den Rest des Vormittags verbrachten die Freunde wieder in der Badeanstalt. Am Nachmittag besuchten sie die *Großherzogliche Bibliothek* am Fürstenplatz, die heutige *Herzogin Anna Amalia Bibliothek*, und ergingen sich anschließend im Park an der Ilm, den der Herzog Karl August im Verein mit Goethe nach dem Vorbild des Wörlitzer Parks hatte anlegen lassen. Dabei sahen sie das *Borkenhäuschen*, das

Goethe 1778 zum Namenstag der Herzogin Luise errichten ließ, das 1904 enthüllte *Shakespeare-Denkmal*, den *Schlangenstein* und schließlich das 1797 von Karl August in Form eines Tempels errichtete *Römische Haus*, das der herzoglichen Familie als Sommerwohnung diente. Danach ruhten sich beide auf Steinbänken auf dem *Karlsplatz* (heute *Goetheplatz*) aus.

Am darauffolgenden Tag fuhr Brod in Verlagsangelegenheiten nach Jena, während Kafka zunächst die *Fürstengruft* auf dem Friedhof besuchte und anschließend wieder das *Schwanseebad* aufsuchte. Den Nachmittag verbrachte er, auf Grete wartend, die nicht zu einem versprochenen Rendezvous kam, und am Abend war man mit Kurt Hiller und seiner Mutter zusammen, die Brod bei der Rückfahrt zufällig auf dem Jenaer Bahnhof getroffen hatte. Hiller, Theoretiker des literarischen Expressionismus, der sich besuchsweise in Weimar aufhielt und sich über Brods Anwesenheit freute, dem er schon zwei Jahre zuvor mehrfach in Berlin begegnet war, hatte dessen Romane *Schloß Nornepygge* und *Arnold Beer* enthusiastisch begrüßt.

Am Morgen des 5. Juli waren Brod und Kafka im *Goethe-und-Schiller-Archiv* zu Gast, nachmittags unternahmen sie eine Kutschfahrt mit Hiller und seiner Mutter zum nahegelegenen *Schloß Belvedere*, das sie besichtigten. Den Abend verbrachten sie in der Wohnung des Schriftstellers Paul Ernst.

Der 6. Juli, ein Samstag, war der letzte der Weimarer Urlaubstage. Endlich kam es zu einem Rendezvous mit Grete, das Kafka am Tag zuvor neuerlich verabredet und durch eine Schachtel mit Schokolade bekräftigt hatte, um die eine Halskette mit einem Herzchen gewickelt war. Die beiden trafen sich um elf Uhr vor dem *Goethehaus*, gingen eine Stunde lang zusammen durch den Park. Kafka schrieb über diesen Spaziergang noch am gleichen Tag in sein Reisetagebuch: *Sie kommt scheinbar im Einverständnis mit ihrer Mutter, mit der sie noch von der Gasse aus durchs Fenster spricht. Rosa Kleid, mein Herzchen. Unruhe wegen des großen Balles am Abend. Ohne jede Beziehung zu ihr gewesen. Abgerissenes, immer wieder angefangenes Gespräch. Einmal besonders rasches, dann wieder besonders langsames Gehen. Anstrengung, um keinen Preis deutlich werden zu lassen, wie wir mit keinem Fädchen zusammenhängen. Was treibt uns gemeinsam durch den Park? Nur mein Trotz?*

Am Nachmittag dieses Tages unternahmen die Freunde zusammen mit dem Schriftsteller Paul Ernst einen Spaziergang im *Webicht*, einem Waldstück, das vom Nordende des Parks aus über eine schattige Kastanienallee erreicht werden konnte; abends waren sie bei dem Schriftsteller Johannes Schlaf zu Gast.

Hartmut Binder: *Über den Umgang mit Topographica in Kritischen Ausgaben am Beispiel der Tagebücher Kafkas,* in: *Edition von autobiographischen Schriften und Zeugnissen zur Biographie,* hrsg. von Jochen Golz, Tübingen 1995, S. 160.

576 | Das Hotel *Chemnitius* (links) in der *Geleitstraße* Nr. 8–12 (heute Hotel *Anna Amalia*) in Weimar.

Wir sind glücklich in Weimar angekommen, wohnen in einem stillen schönen Hotel mit der Aussicht in einen Garten (alles für 2 M) und leben und schauen zufrieden.

Zunächst hatte sich die Sache freilich weniger günstig angelassen, denn Kafka notierte sich nach der Ankunft: *Dreiteilige Appartements, die man uns anweist. Max soll in einem Loch mit einer Luke schlafen.*

An Hermann und Julie Kafka am 30. VI. 1912, vgl. T 1024.

577 | Das *Goethehaus* in Weimar. Das vierte, fünfte und sechste Fenster von rechts gehören zum *Junozimmer*.

Gang in der Nacht zum Goethehaus. Sofortiges Erkennen. Gelbbraune Farbe des Ganzen. Fühlbare Beteiligung unseres ganzen Vorlebens an dem augenblicklichen Eindruck. Das Dunkel der Fenster der unbewohnten Zimmer. Die helle Junobüste. Anrühren der Mauer. Ein wenig herabgelassene weiße Rouleaux in allen Zimmern. 14 Gassenfenster. Die vorgehängte Kette. Kein Bild gibt das Ganze wieder. Der unebene Platz, der Brunnen, die dem ansteigenden Platz folgende gebrochene Baulinie des Hauses. Die dunklen etwas länglichen Fenster in das Braungelbe eingelegt. Das auch an und für sich auffallendste bürgerliche Wohnhaus in Weimar.

Wie Kafka bewertete, was er hier sah und beschreibt, ist einem an Max Brod gerichteten Brief vom 31. Juli 1922 zu entnehmen. Die den Beschauer einschließende Einheit, die sich ihm bei der Betrachtung des auf dem *Marktplatz* von Kolin aufgestellten *Hus-Denkmals* ergab (→ Abb. 820), hatte sich in ähnlicher Weise angesichts des *durch den Segen des Zeitablaufs* zum *Augenglück* gewordenen *Goethehauses* eingestellt.

Zwischen den linker Hand sichtbaren Efeugestellen des Gasthauses *Zum weißen Schwan* wartete Kafka am Nachmittag des 30. Juni, einem Sonntag, bis Margarethe Kirchner aus der Tür des *Goethehauses* trat, die er mit Eltern und Schwester zu einem Ausflug nach *Schloß Tiefurt* begleitete. Die Wohnung der Hausmeisterfamilie lag im Erdgeschoß des Gebäudes.

Tagebuch, 29. VI. 1912.

578 | Johann Gottfried Schadow: *Schiller 1804* (Zeichnung). Aus Hans Mackowsky: *Gottfried Schadows Familienalbum*, in: *Die graphischen Künste* 32 (Wien 1909), S. 23.

Schiller von Schadow 1804 in Berlin, wo er sehr geehrt worden war, gezeichnet. Fester als bei dieser Nase kann man ein Gesicht nicht fassen. Die Nasenmittelwand ist ein wenig herabgezogen infolge der Gewohnheit bei der Arbeit an der Nase zu zupfen. Ein freundlicher etwas hohlwangiger Mensch, den das rasierte Gesicht wahrscheinlich greisenhaft gemacht hat.

Kafka sah diese Abbildung im Januar 1911, als er im Prager *Kunstgewerbemuseum* die Zeitschrift *Die graphischen Künste* studierte (→ Abb. 336). Der Jahrgang 1909 wurde mit einem *Gottfried Schadows Familienalbum* betitelten Beitrag von Hans Mackowsky eröffnet, dem eine Reproduktion dieser anläßlich einer Berlinreise Schillers gefertigten Zeichnung beigegeben war, über die der Verfasser des Aufsatzes bemerkt: *Schadow gab, was er sah, die hohe edle Stirn, um die das strähnige rote Haar hing, die Schnabelnase, deren Form durch die leidige Gewohnheit, sie mit der Hand beim Arbeiten zu zupfen, entstellt war.*

Das Studium des erwähnten Periodikums über einen längeren Zeitraum hinweg zeigt Kafkas vielfach dokumentierte Vorliebe für die Zeichenkunst, die Erwähnung des

Schiller-Bildnisses sein Interesse an diesem Autor, das in der Art und Weise sichtbar wird, wie er das Weimarer *Schillerhaus* besichtigte, aber auch sonst in seinen Lebenszeugnissen durchschimmert: So las er im Sanatorium *Just's Jungborn* Eugen Kühnemanns 1905 erschienenes Schillerbuch, kannte wahrscheinlich *Schillers Gedanken und Aussprachen*, 1911 herausgegeben von Robert Rehlen, und empfahl seiner Schwester Elli den Kauf der Tempelausgabe der Werke Schillers, die in den beiden letzten Gymnasialklassen Schwerpunkt im Deutschunterricht gewesen waren, sowie eines Briefbandes.

Tagebuch, 12. I. 1911 und Hans Mackowsky: *Gottfried Schadows Familienalbum*, in: *Die graphischen Künste* 32, Wien 1909, S. 26, vgl. TK 47, T 1047, T 241, TK 63, Br E 31, Friedrich Schiller: *Feuertrunken. Eine Dichterjugend. Schillers Briefe bis zu seiner Verlobung*, hrsg. von Hans Brandenburg, Ebenhausen bei München 1909 und KB 181 f.

579 | Das Haus in Weimar, in dem Schiller die letzten drei Jahre seines Lebens verbrachte.

Verwachsene Frau, die vortritt und mit ein paar Worten, hauptsächlich durch die Tonart das Vorhandensein dieser Andenken entschuldigt.

Die Ausstattung des *Schillerhauses* ist nur teilweise authentisch und hat sich zudem im Lauf der Zeit beträchtlich verändert. Zwischen 1906 und 1909 erfolgte eine durchgreifende Neuordnung, die 1930 wieder verändert wurde; die heutige Präsentation geht auf das Jahr 1988 zurück. Im ersten Stock befinden sich (von links nach rechts) das *Wohn-/Eßzimmer* der Familie Schiller, das *Gesellschaftszimmer* (Salon) und das Zimmer von Schillers Frau Charlotte. Das zweite Obergeschoß hatte der Hausherr für sich selbst reserviert: Folgt man den heutigen Bezeichnungen, so sind von links nach rechts die Fenster des *Empfangszimmers*, des *Gesellschaftszimmers* und des *Arbeitszimmers* zu sehen.

Tagebuch, 30. VI. 1912.

Eigenthum. u. Verlag v. Wilh. Menge in Weimar.

Nach Photogr. lith. u. gedruckt bei Fr. Walther, z. Weim.

SCHILLERS WOHNHAUS IN WEIMAR.

Zur Erinnerung an die hundertjährige Geburtstagsfeier am 10. Novbr. 1859.

So lang empor noch zu den ew'gen Räumen,
Zum höchsten Thron der Menschen Sehnsucht zieht,
So lange lebt in deutscher Jugend Träumen
In deutscher Männer freier That sein Lied.

580 | *Schillers Wohnhaus in Weimar. Zur Erinnerung an die hundert-*
jährige Geburtstagsfeier am 10. Novbr. 1859. Nach einer Photographie
lithographiert und gedruckt.

Bild der 100jähr. Geburtstagsfeier 10 Nov. 1859, das ausgeschmückte,
verbreiterte Haus.

Diese Abbildung, die im zweiten Stock des Treppenhauses zu sehen war, bevor man in die Zimmer des Hausherrn eintrat, ist heute
magaziniert.

Tagebuch, 30. VI. 1912.

581 | Ridé: *Clio, Muse qui Préside à l'Histoire.* Undatierter Kupferstich nach August Felix Fortin (1765–1852).

Auf der Treppe Klio als Tagebuchführerin.

Das Werk hängt heute, zusammen mit seinem Pendant, das die ebenfalls in einem Sessel sitzende Muse der epischen Dichtung Calliope zeigt, die jedoch außer der Trompete in ihrer Hand keinerlei Attribute aufweist, an der zur Hofseite zeigenden Wand des *Gesellschaftszimmers* in der ersten Etage.

Tagebuch, 30. VI. 1912.

582 | Das *Empfangszimmer* im zweiten Obergeschoß des *Schillerhauses* in Weimar.

Die verschiedensten Schillerköpfe.

Dieser Raum wurde zu Kafkas Zeiten *Vorzimmer* genannt – er selbst nennt es *Wartezimmer*, weil der Begriff ‹Vorzimmer› in Prag eine andere Bedeutung hatte –, denn dorthin wurden Besucher geführt, die Schiller aufsuchten, aber nicht zu seinem Freundeskreis gehörten. Dieses Zimmer war als Museum eingerichtet: *Nicht mehr menschliche Haarlocken, gelb und trocken wie Grannen,* kommentiert Kafka eine der hier ausgestellten Devotionalien, die heute im Zimmer Charlotte Schillers in einem Glasschrank zu sehen sind.

Die Bilder an den Wänden sind inzwischen durch andere ersetzt worden, die beiden Schillerbüsten rechts im Bild sind ebenfalls verschwunden. Bei der einen handelt es sich um ein Werk des Weimarer Hofbildhauers Carl Gottlieb Weisser (1780–1815), das sich heute in der *Herzogin Anna Amalia Bibliothek* befindet, bei der anderen um einen Gipsabguß der berühmten, von Goethe gerühmten Büste von Johann Heinrich Dannecker (1758–1841), die 1794 anläßlich einer Begegnung Schillers mit dem Künstler entstand und den Porträtierten in antiker Gewandung zeigt (ganz rechts). Sie ist heute im *Gesellschaftszimmer* im zweiten Stock aufgestellt.

Tagebuch, 30. VI. 1912.

583 | Schillers *Gesellschaftszimmer*, zu Kafkas Zeit *Empfangszimmer* genannt. In der Nische die von Ernst Julius Hähnel (1811–1891) aus Dresden geschaffene Marmorbüste Schillers, die sich jetzt im Depot befindet. Das Schillerporträt von Johann Joseph Friedrich Langenhöffel (1750–1807) über dem gepolsterten Sofa wurde 1860 vom Großherzog erworben, dem Haus gestiftet und hängt seitdem im *Gesellschaftszimmer*.

584 | Georg Melchior Kraus (1737–1806): *Aussicht auf den Comer See von Cadenabbia.*
    Italienische Ansichten, Bellagio, Geschenke Goethes.
    Die kolorierte Radierung und ihr Parallelstück *Bellagio am Comer See von der Anhöhe bei Cadenabbia* entstanden 1797 während einer Italienreise des Künstlers, gelangten in Schillers Besitz und 1909 als Ausstellungsstücke in sein Weimarer Domizil, wo sie wie zu Kafkas Zeiten an der Fensterwand des heute *Gesellschaftszimmer* genannten Raumes im zweiten Stock zu sehen sind. Kraus gehörte zu den Bekannten Schillers. Die beiden Werke fanden vermutlich Kafkas Beachtung, weil er im Sommer 1911 die dargestellten Motive aus eigener Anschauung und ähnlicher Perspektive gesehen hatte.

Tagebuch, 30. VI. 1912, vgl. Christina Tezky / Viola Geyersbach: *Schillers Wohnhaus in Weimar*, (München 1999), S. 108 f. und Hartmut Binder: *Mit Kafka in den Süden*, (Praha 2007), S. 292 und 295 f.

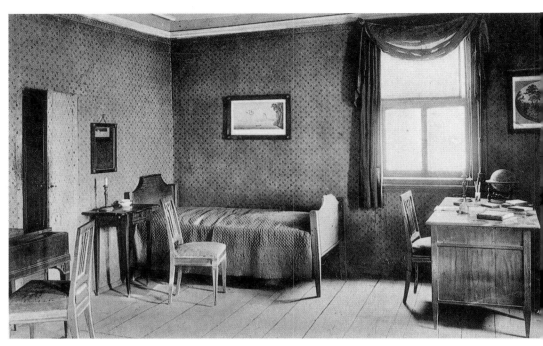

585 | Carl August Schwerdgeburt (1785–1878): *Marie Paulowne Grande Duchesse toutes les Russes Princesse Héréditaire de Saxe Weimar*: Kupferstich nach Johann Friedrich August Tischbein (1750–1812).

Maria Pawlowna, zarter Hals, Gesicht nicht breiter, große Augen.

Maria Pawlowna (1786–1859) war die Tochter von Zar Paul I. und seiner Frau Maria Feodorowna (Sophie-Dorothea von Württemberg-Mömpelgard) und wurde am 3. September 1804 mit dem Erbprinzen Carl Friedrich von Sachsen-Weimar vermählt. Zur Feier ihres Einzugs in Weimar schrieb Schiller das Festspiel *Die Huldigung der Künste*. Nach Schillers Tod unterstützte die Großfürstin seine Hinterbliebenen. Offenbar war Kafka an dieser Gestalt interessiert, denn als er fünf Tage später *Schloß Belvedere* besichtigte, erwähnte er Maria Pawlowna, die hier lebte und starb, erneut in seinem Tagebuch. Der Stich Schwerdgeburts hängt heute im Zimmer von Schillers Frau, und zwar an der fensterlosen Innenwand, war aber damals in dem von Kafka *Wartezimmer* genannten *Empfangszimmer* im zweiten Stock zu sehen. Dort hing auch ein von Kafka gleichfalls erwähntes Bildnis von Schillers ältester Tochter Caroline Junot, das nicht identifiziert werden konnte.

Tagebuch, 30. VI. 1912.

586 | Das *Arbeits- und Sterbezimmer* im Weimarer Schillerhaus.

Gute Anlage einer Schriftstellerwohnung. Wartezimmer, Empfangszimmer, Schreibzimmer, Schlafalkoven.

Schiller schlief eigentlich in einem kleinen, zur Hofseite des Hauses weisenden Alkoven, dessen Tür zum *Arbeitszimmer* ganz links auf der Abbildung zu sehen ist, ein Arrangement, das Kafkas Bemerkung über die Anlage dieser Schriftstellerwohnung voraussetzt. Doch wenige Tage vor dem Tod ihres Mannes am 9. Mai 1805 ließ Charlotte Schiller in dem nach Süden gelegenen und heizbaren *Arbeitszimmer* ein zweites, aus Fichtenholz gefertigtes Bett aufstellen, das sich bis heute an dieser Stelle befindet. Auch der Schreibtisch ist authentisch.

Tagebücher, 30. VI. 1912.

588 | Das *Juno-Zimmer* im *Goethehaus* am *Goethe-platz* (heute *Frauenplan*).

Die Repräsentationsräume sind schön.

Kafka hatte die überlebensgroße Büste der römischen Göttin schon am Abend zuvor von der Straße aus bemerkt.

EFR 226 (Max Brod).

587 | Treppenflur im *Goethehaus* mit schwarz patinierten Gipsabdrücken antiker Skulpturen (bock-tragender Faun, betender Knabe und davor ein Windspiel), die Goethe von Martin Gottlieb Klauer (1742–1801) gekauft hatte, der solche Objekte herstellte und vertrieb.

Schon als wir im Treppenhaus unten saßen, lief sie [Margarethe Kirchner] mit ihrer kleinen Schwester an uns vorüber. Der Gipsabdruck eines Windspiels, der unten im Treppenhaus steht, gehört in meiner Erinnerung mit zu diesem Laufen.

Tagebuch, 30. VI. 1912.

589 | Das *Schlaf-* und *Sterbezimmer* Goethes.

Flüchtiger Anblick des Schreib- und Schlafzim-mers. Trauriger an tote Großväter erinnernder Anblick. Dieser seit Goethes Tod fortwährend wach-sende Garten.

Offenbar fühlte sich Kafka bei der Betrachtung des Raumes an das Zimmer seines zwei Jahre zu-vor verstorbenen Großvaters Jakob Löwy erinnert, das er natürlich kannte (→ Abb. 781). Auch Brod war unangenehm berührt, denn er fand Goethes *Schlafzimmer kläglich, dumpf und eng* und ver-mißte einen Waschtisch.

Tagebuch, 30. VI. 1912 und EFR 226 (Max Brod).

590 | Goethes *Arbeitszimmer.*

Die sein Arbeitszimmer verdunkelnde Buche.

Es erstaunt, daß Kafka über den wichtigsten Raum des *Goethehauses* nicht mehr zu sagen wußte, hatte er doch bereits im August 1902 mit seinem Freund Oskar Pollak darüber polemisiert. Brod hingegen urteilte, offensichtlich erst bei sei-nem zweiten Besuch am 3. Juli: *Daß Goethe das Arbeitszimmer so hinten hatte, so klein, bei so herr-lichen lichten vielfenstrigen Repräsentationsräu-men, ist ganz im Charakter seiner Person, wie ich ihn sehe.* Das ist ein durchaus zutreffendes Urteil, das auch Kafkas Billigung gefunden hätte, der in Prag ein sehr spartanisch eingerichtetes Zimmer bewohnte (→ Abb. 1121). Goethe dachte ähnlich, sagte er doch am 25. März 1801 zu Eckermann: *Eine Umgebung von bequemen, geschmackvollen Möbeln hebt mein Denken auf und versetzt mich in einen behaglichen, passiven Zustand. Ausgenom-men, daß man von Jugend auf daran gewöhnt sei, sind prächtige Zimmer und elegantes Hausgerät etwas für Leute, die keine Gedanken haben und haben mögen.*

Tagebuch, 30. VI. 1912 und EFR 229, vgl. Br I 13.

591 | Margarethe Kirchner (1896–1954) (1912).

Sie liebt mich sicher nicht, einigen Respekt aber hat sie.

Gretes Vater, ein ehemaliger Unterleutnant, der wie seine Frau Mitglied einer christlichen Gemeinschaft war, die kirchliche Lehren radikalisierte, bekleidete nach seiner Pensionierung im *Goethehaus* den Posten des Hausmeisters. Grete half ihm an der Garderobe. Was den 29jährigen Kafka an ihr faszinierte, läßt sich nur vermuten. Neben ihrer offensichtlichen Attraktivität könnte es die Mischung aus spröder Zurückhaltung – sie genoß eine strenge christliche Erziehung – und verhaltener Lebensgier gewesen sein, die für das kokette Mädchen nach Erinnerungen von Familienangehörigen charakteristisch gewesen sein muß, denn gerade ein solches Verhalten konnte für den scheuen Kafka ein erotisches Angebot bedeuten, das sein Schamgefühl nicht verletzte.

Grete wurde im Juni 1915 Mutter einer unehelichen Tochter und heiratete im Dezember des darauffolgenden Jahres Walter Müller (1893–1957), der nach seiner Rückkehr aus dem Ersten Weltkrieg eine Gastwirtschaft betrieb, in der seine Frau, die ihre Gäste mit Gesang und Klavierspiel unterhielt, die Hauptattraktion war. Nach dem Zweiten Weltkrieg wurde Müller, jetzt Buchhalter im Weimarer Schlachthof, in einem Schauprozeß zu fünf Jahren Zuchthaus verurteilt; Grete starb nach langem Leiden an Bauchspeicheldrüsenkrebs.

Nach seiner Abreise aus Weimar schrieb Kafka Grete aus dem *Jungborn* Ansichtskarten, auf die er eine freundliche Antwort erhielt, deren sprachliche Gestalt er *mindestens* im *unteren Himmel der deutschen Literatur* angesiedelt wissen wollte. Offenbar antwortete er auf dieses Schreiben und bekam als Gegengabe ein Briefchen, dem drei leider nicht erhaltene Photos von Grete beilagen.

Tagebuch, 5. VII. 1912 und Br I 159, vgl. Wulf Kirsten am 12. und 14. VII. 1980, Wolfgang Müller am 31. I. 1980, Br I 157, 164 und Hartmut Binder / Jan Parik: *Kafka. Ein Leben in Prag*, (Essen, München 1993), S. 147–150.

592 | Das neben dem *Goethehaus* gelegene Lokal *Zum weißen Schwan*, Stammlokal des Dichterfürsten, in dem Brod und Kafka am 30. Juni 1912 ihr Mittagessen einnahmen.

Der weiße Schwan begrüßt Dich jederzeit mit offnen Flügeln.

Goethe an Carl Friedrich Zelter am 18. II. 1827.

593 | Margarethe Kirchner (mit Kind auf dem Arm) im Kreis ihrer Familie. Links von ihr ihre Schwester Martha (1904–1949), vor ihr die Eltern (1916).

Sie tritt aus der Haustür. Ich laufe hin, stelle mich allen vor, bekomme die Erlaubnis mitzugehn und laufe wieder zurück. Später kommt die Familie ohne den Vater. Ich will mich anschließen, nein, sie gehen erst zum Kaffee, ich soll mit dem Vater nachkommen. Sie sagt, ich soll um 4 ins Haus hineingehn. Ich hole den Vater nach Abschied von Max. Gespräch mit dem Kutscher vor dem Tor. Weg mit dem Vater. Gespräch über Schlesien, Großherzog, Goethe, Nationalmuseum, Photographieren und Zeichnen und das nervöse Zeitalter.

Goethes Wohnhaus hieß seit Juli 1886 *Goethe-Nationalmuseum*. (→ Abb. 603)

Tagebuch, 30. VI. 1912.

594 | Das sogenannte Zimmer des Fräuleins von Göchhausen im *Tiefurter Schloß*.

Zimmer des Fräuleins von Göchhausen. Die zugemauerte Tür. Der nachgemachte Pudel.

Die zu diesem Raum führende Tür, der Bibliothekszwecken diente und von Carl August benutzt wurde, wenn er in Tiefurt übernachtete, soll nach der Legende vom Herzog und Goethe einmal eilig vermauert worden sein, damit die im Dunkeln zum Schlafgemach tappende Göchhausen ihr Zimmer nicht finden sollte. Vor dem Kamin lag in einem Körbchen eine aus Papier gefertigte Hundemutter mit ihren Jungen, angeblich ein Geschenk Goethes, das der herzoglichen Familie über den Tod eines geliebten Schoßhündchens hinweghelfen sollte.

Tagebuch, 30. VI. 1912, vgl. Hans Wahl: *Tiefurt*, Leipzig (1929), S. 146.

595 | Das mit einem Kabinett verbundene, von Adam Friedrich Oeser (1717–1799) ausgemalte *Dichterzimmer* im *Tiefurter Schloß*. *Erklärungen vor den Wertherbildern.*

In dem auch *Billardzimmer* oder *Neues Zimmer* benannten Raum wirkte Carl Ludwig von Knebel als Erzieher Karl Augusts. Nach dem Tod der Herzogin war es Gastzimmer, in dem Goethe bei seinen Aufenthalten Quartier zu nehmen pflegte. Links über dem Schreibpult ist ein Bildnis der Sängerin und Schauspielerin Corona Schröter zu sehen. Zu Kafkas Zeit befanden sich hier insgesamt 25 Kupferstiche als Wandschmuck, darunter vier farbige nach William Henry Bunbury (1750–1811) und James Northcote (1746–1831), die Motive aus Goethes erstem Roman aufgreifen, nämlich: Charlotte unter ihren Geschwistern, die erste Begegnung mit Werther, Werthers letztes Zusammensein mit Lotte sowie schließlich Lotte an Werthers Grab.

Tagebuch, 30. VI. 1912, vgl. Kuno Walther: *Tiefurt der Herzogin Anna Amalie Musenheim. Ein Führer und Erinnerungsblatt,* Weimar 1903, S. 59.

596 | Im Tiefurter Park.

Aufbruch mit den Eltern. Zweimaliges Photographieren im Park. Eines auf einer Brücke, das nicht gelingen will. Endlich auf dem Rückweg endgiltiger Anschluß ohne rechte Beziehung.

Der Ausflug nach dem vier Kilometer entfernten *Schloß Tiefurt* wurde zu Fuß unternommen und führte am *Goethe-Schiller-Archiv* vorbei, wo Grete auf dem Rückweg von Karnevalsscherzen erzählte, und dann anschließend über die *Tiefurter Allee,* durch das *Webicht,* über eine Ilm-Brücke und zwischen den wenigen Häusern des Dorfes Tiefurt zum gleichnamigen Schloß hinauf.

Nach der Besichtigung der Wohnräume, deren Ausstattung sich nicht erhalten hat – ob man auch die ebenfalls zugänglichen Mansardenzimmer sah, ist aus den spärlichen Eintragungen Kafkas nicht ersichtlich –, begaben sich die Ausflügler durch den östlich des Schlosses gelegenen Teil der Anlagen zurück auf die Landstraße, auf der sie gekommen waren. Entweder sind sie dabei vom Schloß zur *Schafbrücke* gegangen und haben dann links oder rechts der Ilm auf halbkreisförmig deren Verlauf folgenden Spazierwegen den Park durchschritten, der sich gerade im Abendlicht, wo die Sonne den ihn begrenzenden Prallhang des Flusses anstrahlt, in vorteilhaftestem Licht zeigt. Dabei hätten sie das Kenotaph für den Prinzen Constantin (1795), die alte Bootsanlegestelle, an der Goethes Singspiel *Die Fischerin* (1782) uraufgeführt wurde, den kleinen Musentempel mit der Statue der Kalliope (1803), den Gedenkstein für Johann Gottfried Herder (1804), das Mozart-Denkmal (1799), Wielands Lieblingsplatz mit Büste, Steintisch und Bank sowie das Denkmal für den Prinzen Leopold von Braunschweig (1786) entweder direkt passiert oder auf dem Gelände jenseits der Ilm vor Augen gehabt. Oder sie sind über den 1805 errichteten *Teesalon* zum Ufer gelangt, das sie am Scheitelpunkt des Ilmbogens erreicht hätten, wo die *Lobholzbrücke* den Übergang erlaubt. In diesem Fall wären sie lediglich an den vier zuletzt genannten Steinmonumenten vorbeigekommen, die Anna Amalia hatte errichten lassen, doch stießen sie auf beiden Routen auf den hier abgebildeten Steinsitz, der gegenüber der *Lobholzbrücke* am Prallhang der Ilm lag und sich wie die anderen erwähnten Monumente erhalten hat.

Tagebuch, 30. VI. 1912.

597 | Der *Am Palais* genannte kleine Platz in Weimar. Rechts das alte *Kornhaus*, im Hintergrund ein Eingang zum *Wittumspalais*.

Warum rannten sie aber jetzt, offenbar ohne überhaupt zuhause gewesen zu sein, von dem jungen Mann verfolgt oder um ihm zu begegnen aus der Schillerstraße heraus, die kleine Treppe hinab, auf den abseits gelegenen Platz? Warum drehten sie sich dort, nachdem sie auf 10 Schritte Entfernung mit dem jungen Mann paar Worte gesprochen und scheinbar seine Begleitung abgelehnt hatten, wieder um und liefen allein zurück? Hatten wir sie gestört, die wir nur mit einfachem Gruß vorüber gegangen waren?

Die hier geschilderte Zufallsbegegnung zwischen den Reisenden und Margarethe Kirchner fand am Abend des 30. Juni statt.

Tagebuch, 30. VI. 1912.

598 | Das *Gartenhaus* im Park an der Ilm in Weimar, in dem Goethe von 1775 bis 1782 wohnte.

Wir gehen in den Park, Goethes Gartenhaus – hier denke ich mir seine Existenz viel beneidenswerter als in der Stadtwohnung.

Der Garten und das Häuschen waren Goethe seit seiner Ankunft in Weimar begehrenswert erschienen. Der Herzog erwarb deswegen beides von seinem Geheimsekretär Friedrich Justin Bertuch, der möglicherweise dem Sekretär Bertuch in Kafkas *Schloss*-Roman seinen Namen geliehen hat. (→ Abb. 249 und 598)

EFR 227 (Max Brod), vgl. Walter Dexel: *Das Goethehaus in Weimar*, Darmstadt (1956), S. 14.

599 | *Goethes Gartenhaus* in Weimar. (Zeichnung Kafkas vom 1. Juli 1912, nach Max Brods Erinnerung unvollendet.)

Gartenhaus am Stern. Im Gras davor gezeichnet.

Max Brod zeichnete das Gartenhaus ebenfalls, bettete es aber in die es umgebende Parklandschaft ein.

Tagebuch, 1. VII. 1912, vgl. FK 393 und EFR 227.

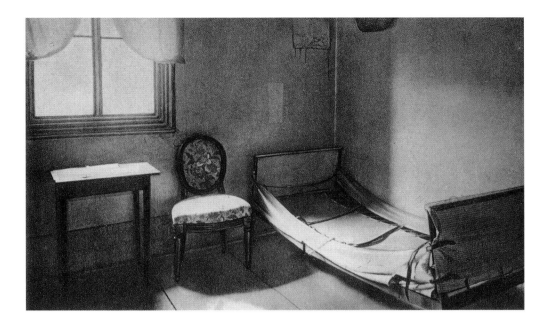

600 | Das Schlafzimmer in *Goethes Gartenhaus.*

Kofferbett.

Tatsächlich handelt es sich bei der von Kafka
bezeichneten Schlafgelegenheit um eine zu-
sammenlegbare Bettstatt, die Goethe auf seinen
Reisen begleitete. Kafka muß von der in diesem
Zimmer herrschenden Einfachheit, ja Kargheit
der Einrichtung derart beeindruckt gewesen sein
(→ Abb. 590), daß er eine Ansichtskarte erwarb,
die Goethes Reisebett aus einer ähnlichen Perspektive zeigte wie die hier reproduzierte Abbildung. Diese schickte er am 2. Januar 1918 an seine
Schwester Ottla. Sie hatte offenbar durch häufiges
In-die-Hand-Nehmen gelitten, weil Kafka sie zunächst für den Eigengebrauch bestimmt und deswegen zusammen mit Broschüren und Katalogen
in einem offenen Fach seines Schreibtischaufsat-
zes aufbewahrt hatte (→ Abb. 252).

Tagebuch, 1. VII. 1912, vgl. O 52.

601 | Ruhesitz hinter *Goethes Gartenhaus.*

Den Vers auf dem Ruhebett auswendig gelernt.

Wie ein an Charlotte von Stein gerichtetes Schreiben vom 3. August 1782 belegt, stattete Goethe einen hinter dem Haus liegenden
schattigen Platz, wo sich die Freundin gern aufhielt, mit zwei Steinbänken und einem dazwischen liegenden Gedenkstein aus, auf
dem er die folgenden, ihr gewidmeten Distichen anbringen ließ:
Hier gedachte still ein Liebender seiner Geliebten.

Heiter sprach er zu mir: Werde Zeuge Du Stein!
Doch erhebe Dich nicht, Du hast noch viele Gesellen.

Jedem Felsen der Flur, die mich, den Glücklichen nährt,
Jedem Baume des Wald's, um den ich wandernd mich schlinge,

Ruf' ich weihend und froh: bleibe mir Denkmal des Glücks!
Dir allein verleih' ich die Stimme, wie unter der Menge

Einen die Muse sich wählt, freundlich die Lippen ihm küßt.

Es handelt sich dabei um eine textlich etwas abweichende Fassung des Gedichts *Erwählter Fels*, das im Frühjahr 1782 entstand
und erstmals in den *Schriften* von 1789 gedruckt wurde.

Kafkas Formulierung ist in doppelter Weise irreführend. Die beiden Ruhebänke zeigen keine Inschriften, und auch von einem Vers
– Kafka und Brod gebrauchen das Wort, wie in Süddeutschland üblich, in der Bedeutung von ‹Strophe› – kann bei einem aus Hexame-
tern und Pentametern bestehenden Text schwerlich die Rede sein.
Der Gedenkstein war schon vor dem Besuch der Freunde durch
eine Replik ersetzt worden, die auch auf der hier reproduzierten
Abbildung zu sehen ist. Inzwischen trifft dies für die beiden Stein-
bänke ebenfalls zu.

Tagebuch, 1. VII. 1912.

602 | Das *Haus der Frau von Stein* mit dem ganz links sichtbaren Brunnen davor.

[Ich] schicke Dir das schöne Haus der Frau von Stein, vor dem wir gestern abend lange am Brunnenrand gesessen sind.

Am 3. Juli 1912 sandte Kafka seiner Schwester Ottla eine Ansichtskarte, die das Gebäude aus der gleichen Perspektive abbildet, den ganz links im Bild sichtbaren Brunnen aber nicht mehr zeigt.

Vgl. Br I 509.

603 | Das *Naturalienzimmer* im Dachgeschoß des Weimarer *Goethehauses*.

Goethehaus. Mansarden.

In den heute der Öffentlichkeit unzugänglichen Räumen des Mansardengeschosses, das eine Zeitlang Goethes Nachkommen als Wohnung diente, zeigte man bis 1934, als durch einen Museumsneubau Raum geschaffen wurde, in wechselnden Ausstellungen Goethes naturwissenschaftliche Sammlungen, seine Bildnisse und seinen persönlichen Nachlaß. Eine Notiz Max Brods beweist, daß die Freunde bei ihrem Besuch am 2. Juli zumindest das *Naturalienzimmer* sahen, in dem sie Goethes Studien zur Farbenlehre sahen.

Tagebuch, 2. VII. 1912, vgl. EFR 227.

604 | Das *Liszthaus* in Weimar.

Nachmittag Liszthaus. Virtuosenhaft. Die alte Pauline. Liszt von 5–8 gearbeitet, dann Kirche, dann zweiter Schlaf, von 11 an Besuche.

Die aus vier Zimmern bestehende Wohnung, darunter ein kleines Dienerzimmer, liegt im ersten Stock des Gebäudes. Bei dem von den Freunden besonders beachteten *Saal* handelt es sich um das Wohn- und Arbeitszimmer Liszts, das geräumiger wirkte, als es tatsächlich war. Sein Charakter wird durch eine zweiteilige Portiere in den Farben Rot-Weiß mitbestimmt, die Liszt von ungarischen Freunden geschenkt bekommen hatte und als Raumteiler wirkt, sowie durch Vorhänge gleicher Machart an den vier Fenstern. Diese Textilien bilden einen farblichen Kontrast zu dem schwarzen Konzertflügel und dem ebenfalls schwarzen Ibach-Klavier, die den Raum beherrschen. Statt der Perserteppiche, die Kafka nach Brods Parallelbericht zu der Bezeichnung *virtuosenhaft* veranlaßten, sieht man heute Teppichböden.

Pauline Apel (1838–1926), Dienerin der Fürstin Carolyne von Sayn-Wittgenstein, die von 1848 bis 1860 mit Liszt auf der Weimarer Altenburg gelebt hatte, begleitete den berühmten Virtuosen und Komponisten 1869 in sein Weimarer Domizil, das zuvor als Hofgärtnerhaus gedient hatte, und wurde seine Köchin und Haushälterin. Nachdem Liszt 1886 in Bayreuth gestorben war, bestimmte Großherzog Carl Alexander von Sachsen-Weimar-Eisenach (1818–1901), daß die Wohnung unverändert bleiben und Museum werden sollte, was bereits im Mai 1887 geschah. Kustodin wurde Paula Apel, die bis zu ihrem Tod die Besucher durch die Wohnung führte. Von ihr erfuhr Kafka die von Liszt befolgte Zeiteinteilung, die ihm notierenswert schien, weil er selbst in dieser Sache experimentierte, um Brotberuf und Schreiben besser miteinander vereinen zu können. (→ Abb. 686)

Tagebuch, 2. VII. 1912, vgl. EFR 228 sowie Alan Walkers: *Franz Liszt. The Final Years 1861–1886,* New York 1996, S. 195 f., 531, Ernst Burger: *Franz Liszt. Eine Lebenschronik in Bildern und Dokumenten,* München 1986. S. 277 (Photo von Pauline Apel) und Br I 204.

605 | Der *Theaterplatz* mit dem von Ernst Ritschel geschaffenen *Goethe-Schiller-Denkmal*. In der Bildmitte hinten *Werther's Garten*.

Vielfaches Treffen der Grete. Beim Erdbeeressen; vor Werthers Garten, wo ein Koncert ist.

Natürlich wußten die Freunde, daß die Oberklassen des Prager *Graben-Gymnasiums* im Mai des vorhergehenden Jahres einen mehrtägigen Ausflug nach Leipzig, Eisenach, Jena und Weimar unternommen und bei dieser Gelegenheit zu Füßen des *Goethe-Schiller-Denkmals* einen Kranz niedergelegt hatten, wobei der Abiturient Franz Janowitz, mit dem sie persönlich bekannt waren, ein selbstverfaßtes Huldigungsgedicht vortrug. Auch Johannes Urzidil nahm an dieser Exkursion teil, die Brod und Kafka mit veranlaßt haben könnte, nun endlich auch selbst einmal die Weimarer Klassikerstätten aufzusuchen.

Tagebuch, 2. VII. 1912, vgl. *Prager deutsche Gymnasiasten in Weimar,* in: PT 36, Nr. 136 (18. V. 1911), S. 3 und Hartmut Binder: *Erweisliches und Erzähltes. Johannes Urzidils «Repetent Bäumel»,* in: *Johannes Urzidil und der Prager Kreis,* hrsg. von Johann Lachinger u. a., (Linz 1986), S. 77 f.

606 | Der Haupteingang zum *Tivoli* in Weimar (rechts). Der 1890 erbaute Theatersaal *Am Brühl* Nr. 1, der für Kleinkunst, in den 20er Jahren auch als Kammerbühne für Werke moderner Autoren diente, wurde 1928 umgebaut und im Februar 1945 durch Bomben der Alliierten vollständig zerstört.

Die alte Schlangendame, ihr Mann, der als Zauberer dient. Die weiblichen Deutschmeister.

Brods Parallelbericht verrät etwas mehr, auch darüber, warum sein Freund das Artistenpaar erwähnenswert fand:

Ein Zauberer, Alte Dame als Schlangenmensch. Kafka betet für sie, applaudiert sehr. Er seufzt und ist traurig. – Contorsionistin. Ihr Mann, der Zauberer, verrichtet nachher untergeordnete Arbeit z. B. Teppichzusammenlegen.

Trauriger Gedanke, daß sie nie an einem größeren Varieté auftreten kann, schon wegen der schlechten Apparate.

Tagebuch, 2. VII. 1912 und EFR 229.

607 | Margarethe Kirchner und Kafka an dessen 29. Geburtstag auf einer Bank im Garten des Weimarer *Goethehauses*.

Es soll im Garten photographiert werden. Sie ist nicht zu sehn, ich darf sie dann holen. Sie ist immer ganz zittrig von Bewegung, bewegt sich aber erst, wenn man zu ihr spricht. Es wird photographiert. Wir zwei auf der Bank. Max zeigt dem Mann, wie es zu machen ist. Sie gibt mir ein Rendezvous für den nächsten Tag.

Tagebuch, 3. VII. 1912.

608 | Der 1761 entstandene *Bibliothekssaal* in der *Großherzoglichen Bibliothek* (heute *Herzogin Anna Amalia Bibliothek*), den die Freunde am Nachmittag des 3. Juli 1912 besuchten.

Der immer zu erkennende Großherzog. Massives Kinn und starke Lippen. Hand im zugeknüpften Rock.

Kafkas Aussage bezieht sich auf das berühmte Ölbild von Ferdinand Hagemann im Hintergrund, das den Großherzog Carl August darstellt.

Tagebuch, 3. VII. 1912.

609 | Die 1790 im Auftrag der Herzogin Anna Amalia entstandene, 82 cm hohe *Goethe-Büste* von Alexander Trippel (1744–1793) im *Bibliothekssaal* der *Herzogin Anna Amalia Bibliothek*, die eine zwei Jahre ältere Arbeit des Künstlers wiederholt.

Trippelbüste. Das Lob des Führers.

Brod konkretisiert in seinem Parallelbericht: *[…] ein Diener […] zeigt die Trippel-Büste Goethes: «Nicht idealisiert. Wer solch schöne Lippen hat, das nennt man Amorsbogen. Die Furchen am Hals sind die Venusfurchen. Hier die Marmorfalte ist durchsichtig.» Gibt den Finger dahinter, man muß «ja» sagen.*

Tagebuch, 3. VII. 1912 und EFR 230.

610 | Die 85 Zentimeter hohe, zwischen 1829 und 1831 entstandene *Goethe-Büste* von Pierre Jean David d'Angers, die am letzten Geburtstag Goethes in der *Großherzoglichen Bibliothek* enthüllt wurde.

Goethebüste von David, mit nach hinten gesträubtem Haar und großem gespanntem Gesicht.

Am 13. August 1831 schrieb Goethe an Carl Friedrich Zelter über dieses Porträt: *Indessen ist es trefflich gearbeitet, außerordentlich natürlich, wahr und übereinstimmend in seinen Theilen.*

Tagebuch, 3. VII. 1912.

611 | Das *Borkenhäuschen* im Park an der Ilm.

Das Häuschen wurde anläßlich des Namenstages der Herzogin Luise (1757–1830) im Juli 1778 errichtet, und zwar als Klosterkulisse für ein von Goethe verfaßtes, unterhaltsames *Mönchsspiel*. Später wurde es mit Borke umkleidet und mit Schindeln gedeckt. Bis zur Errichtung des *Römerhauses* diente es Carl August als Einsiedelei, in die er Goethe zu vertraulichen Gesprächen zu laden pflegte.

Vgl. T 1030 und EFR 230.

612 | Das 1904 von Otto Lessing geschaffene *Shakespeare-Denkmal*.

Die Abfolge, in der Brod und Kafka in ihren Aufzeichnungen die Objekte erwähnen, die ihnen bei ihrem Parkspaziergang auffielen, läßt vermuten, daß sie beim *Shakespeare-Denkmal* zur Ilm hinunterstiegen und dann in südlicher Richtung den Fluß entlang bis zum *Römerhaus* gegangen sind.

Vgl. T 1030.

613 | Der von Martin Klauer nach antiken Vorbildern geschaffene *Schlangenstein* im Weimarer Park, der die Inschrift *genio huius loci* (dem Schutzgeist dieses Ortes geweiht) trägt. Der Großherzog Karl August widmete ihn im Mai 1787 Goethe, als dieser aus Italien zurückkehrte. Das Original steht heute im Garten von *Goethes Gartenhaus*, während sich am ursprünglichen Standort eine Nachbildung befindet.

Während Brod und Kafka durch den Park spazierten, schloß sich ihnen der 11jährige Fritz Wensky (1900–1968) an, Sohn eines Zimmermanns, der sich als Fremdenführer betätigte, um sich etwas zu verdienen. Brod schreibt in seinem Reisetagebuch über diesen jugendlichen Begleiter: *Von dem antiken Opferaltar, den Goethe setzte, gibt es schon ein Volksmärchen. Er erzählt: «Hier waren früher Sümpfe und daher Schlangen. Eine kam immer zu einem Bäckerjungen und er mußte ihr aus Angst immer einige Brötchen lassen. Daher sagte er es dem Meister, er machte vier vergiftete Brötchen u. s. f. Der Stadtrat errichtete diese Säule Genio hujus loci, das heißt Dem Geiste dieses Ortes –».* Kafka war demgegenüber mehr an der Person Wenskys interessiert und notierte: *Seine ernsten Reden. Er schlägt dabei mit einem Zweig in die Büsche. Er wird auch Zimmermann werden und wandern. Jetzt wandert man nicht mehr so, wie zu seines Vaters Zeiten, die Eisenbahn verwöhnt. Um Fremdenführer zu lernen, müßte man Sprachen kennen, also entweder sie in der Schule lernen oder solche Bücher kaufen.*

Der junge Wensky war literarisch interessiert und betätigte sich schon 12jährig als Laufbursche, um sich Geld für Bücher zu beschaffen, die ihm teilweise durch einen älteren Freund vermittelt wurden. Später bezeichnete er diese Phase, in der er sich viel im Weimarer Park versteckte, um sich seinem Hobby hingeben zu können, als die glücklichste Zeit seines Lebens. Von 1914 bis 1917 erlernte er in Oberweimar den Beruf des Bäckers und Konditors, 1927 wurde er Krankenpfleger.

EFR 230 und T 1030, vgl. Manfred Kahler: *Goethes Gartenhaus in Weimar*, (Weimar 1991), S. 25 und Gerlinde Probandt am 1. VI. 1994.

614 | Tafel im Weimarer Park, auf der die folgenden, Goethe zugeschriebenen Verse eingemeißelt sind:

Die ihr Felsen und Bäume bewohnet, o heilsame Nymphen,
  Gebet Jeglichem gern, was er im stillen begehrt!
Schaffet dem Traurigen Trost, dem Zweifelhaften Belehrung,
  Und dem Liebenden gönnt, daß ihm begegne sein Glück!
Denn euch gaben die Götter, was sie den Menschen versagten:
  Jeglichem, der euch vertraut, tröstlich und hilfreich zu sein.

Abbildung und Text finden sich in dem Buch *Damals in Weimar* von Wilhelm Bode, das in Kafkas Besitz war und vermutlich zur Reisevorbereitung diente.

Wenn die drei vom Ilmufer kommenden Spaziergänger die auf der Abbildung sichtbare Treppe hochstiegen, kamen sie durch das als offene Halle gestaltete Untergeschoß des von Goethe geplanten *Römischen Hauses*, das Karl August als Sommersitz diente und wegen seines antikisierenden Stils Brod zu folgendem Urteil veranlaßte: *Römerhaus, doch ein wenig Komödie war diese Antike unter deutschen Bäumen.* Besser gefielen die Distichen: *Schöner Vers in Stein gehaun, lauter Großbuchstaben, so paßt es für Verse. – Verse sehr herzlich wirkend gegen das Haus.*

Wilhelm, Bode: *Damals in Weimar,* Weimar 1910, S. 60 und EFR 230, vgl. KB Nr. 234.

615 | Der *Karlsplatz* (heute *Goetheplatz*) in Weimar.

Kinder um mich auf dem Karlsplatz. Gespräche über die Marine. Der Ernst der Kinder. Besprechung von Schiffsuntergängen. Überlegenheit der Kinder. Versprechen eines Balles. Verteilung der Kakes. Gartenkoncert Carmen. Ganz durchdrungen davon.

Tagebuch, 3. VII. 1912.

616 | Das Hotel *Chemnitius*, das damit warb, in Weimar den schönsten und schattigsten Restaurationsgarten mit Glasveranda zu besitzen.

Gartenmusik im Hotel Chemnitius. – Zauberhaft wirkend, voll alle Tische. Die leichten Melodien, kreisförmig steigend, öffnen Boudoire, zeigen die Maison des danses in Berlin mit aneinandergepreßten Dirnen im Twostep, seitwärts lächelnd zu champagnertrinkenden Herren in der lichten großen Runde des Kuppelsaales. In den Kastagnetten rauschen geheime Tanzgottheiten auf, heilige, nie entweihte; alles erinnert mich an die großen wollustvollen Ansprüche, die der Gymnasiast an das Leben stellte. –

EFR 231 (Max Brod).

617 | Die Sarkophage von Goethe und Schiller in der *Fürstengruft* in Weimar.

Über Goethes Sarg goldner Lorbeerkranz gestiftet von den deutschen Frauen Prags 1882.

Tagebuch, 4. VII. 1912.

618 | Das Grabdenkmal der Familie Goethe auf dem alten Weimarer Friedhof.

Alle auf dem Friedhof wiedergefunden. Grab der goetheschen Familie. Walter von Goethe geb. Weimar 9 Apr. 1818, † Leipzig 15 Apr. 1885 «mit ihm erlosch Goethes Geschlecht, dessen Name alle Zeiten überdauert».

Tagebuch, 4. VII. 1912.

619 | Das *Erbbegräbniss* der Familie Falk an der Ostmauer des alten Weimarer Friedhofs, das lediglich durch ein Grab von der Grabstätte der Familie Goethe getrennt ist (2005).

Grabinschrift der Fr. Caroline Falk: «Während Gott ihr 7 der eigenen Kinder nahm, wurde sie fremden Kindern eine Mutter. Gott wird abwischen alle Tränen von ihren Augen.»

Tagebuch, 4. VII. 1912.

620 | Das Grab Charlotte v. Steins, das ebenfalls an der Außenmauer liegt, aber weiter unterhalb, dem heutigen, an der Südseite des Friedhofs liegenden Eingang zu.

Charlotte von Stein: 1742–1827.

Tagebuch, 4. VII. 1912.

621 | Das *Goethe- und Schiller-Archiv* in Weimar, das die Freunde am Morgen des 5. Juli besuchten.

622 | An Goethe gerichteter Brief Frankfurter Bürger vom 28. August 1850, Goethes 81. Geburtstag, der folgenden Wortlaut hat und von Kafka in seinen Reiseaufzeichnungen vom 5. Juli vollständig, wenngleich mit kleinen Abweichungen zitiert wird:

«Einige Bürger der alten Maynstadt, seit lang hier gewöhnt, den 28sten August mit dem Becher in der Faust zu begrüßen, würden die Gunst des Himmels preißen, könnten sie den seltenen Frankfurter, den dieser Tag gebracht, im Weichbilde der Freistadt selbst willkommen heißen.

Weil es aber von Jahr zu Jahr bey Hoffen und Harren und Wünschen bleibt, so reichen sie einstweilen über Wälder und Fluren, Marken und Mauten einen schäumenden Pokal nach der glücklichen Ilmstadt hinüber, und bitten den verehrten Landsmann um die Gunst, in Gedanken mit Ihm anstoßen und singen zu dürfen:

Willst Du Absolution
Deinen Treuen geben,
Wollen wir nach Deinem Wink
Unabläßlich streben
Uns vom Halben zu entwöhnen,
Und im Ganzen, Guten, Schönen
Resolut zu leben!»

623 | Die Herrenabteilung des von 1852 bis 1927 bestehenden alten *Schwanseebads* in Weimar. Es bestand aus zwei von hohen Bäumen umstandenen, sich an den Breitseiten fast berührenden eiförmigen Teichen, die durch die Aufstauung des Asbachs entstanden waren. Schon im 18. Jahrhundert war auf Goethes Anregung auf diesem Gelände an der Straße nach Gaberndorf ein künstlicher See geschaffen worden, auf dem sich die Hofgesellschaft mit Eislaufen ergötzte. 1928 wurde das heute noch bestehende neue *Schwanenseebad* (*Hermann-Brill-Platz* Nr. 2) eröffnet, das zu den größten in Europa gehörte.

Bad. Ernste ruhige Ringkämpfe der Kinder. Während sich Kafkas Beobachtung unter seinen Notizen vom 3. Juli findet, ist der Parallelbericht Brods, der gewöhnlich exakter datiert, unter dem 5. Juli verzeichnet. Brods Formulierung könnte erklären, warum sein Freund die beiden jugendlichen Kämpfer bemerkenswert fand: *Zwei Knaben, die sich 1 Stunde lang lachend um ihre Badetücher balgen, immer wieder «Gehscht weg», die einander stoßen, doch bei allem Temperament rücksichtsvoll einhalten, wenn einer dem Wasserrande zu nahe kommt, auch das Hineinwerfen der Badetücher ins Wasser nur markieren, anzeigen, nie roh werden.*

EFR 234, Hans Riemenschnitter/Manfred Neumann: *Die Bäder am Schwanensee,* in: *Weimarbrief* 2 (2002), S. 122–147.

624 | Die zum *Schloß Belvedere* führende Kastanienallee.

Schöne Fahrt im Wagen durch eine einzige Allee.

Der etwa vier Kilometer lange Weg führte vom Ortsende Weimars beim *Liszthaus* als gerade, breite, von alten Linden gesäumte, an der Ilm entlangführende Straße nach Ehringsdorf und von dort weiter aufwärts auf der von Goethe angelegten und mit Kastanien bepflanzten Allee, welche die einzige Zufahrt zum Schloßbereich darstellte.

Max Brod sowie Kurt Hiller und dessen Mutter waren mit von der Partie, die mit einer angemieteten Droschke unternommen wurde. Brod schrieb aus diesem Anlaß über Hiller in sein Reisetagebuch:

Zankt mit dem Omnibuskutscher, steigt aus, will wieder einsteigen, Streit mit dem Wagenkutscher, steigt aus, steigt ein. – Endlich einigen wir uns auf 6 Mark, der Kutscher hat aber nicht nachgegeben. Dr. Hiller ist sehr sparsam, doch dies ist wohl die einzige Art wohl begründeter Sparsamkeit, wenn man wie er eine kleine Rente zu verteidigen hat.

Tagebuch, 5. VII. 1912 und EFR 234.

625 | Das zwischen 1724 und 1732 unter Herzog Ernst August I. (1688–1748) von Sachsen-Weimar im italienischen Stil erbaute *Schloß Belvedere*.

Überraschende Anordnung des Schlosses, das aus einem Hauptteil und 4 seitlich angeordneten Häuschen besteht, alles niedrig und zart gefärbt. Ein niedriger Springbrunnen in der Mitte.

Das in lieblicher Lage am Rand des Ilmtals gelegene Schloß – die vier paarig links und rechts den Platz um den Brunnen begrenzenden Kavaliershäuschen sind auf der Abbildung nicht zu sehen – war ein Lieblingsort Anna Amalias und Carl Augusts. Es war bis 1904 ständiger Sommersitz der 1894 verwitweten Erbgroßherzogin Pauline. Sie war für die Anbringung der Photographien verantwortlich, die Kafka als einzige Modernisierung in den noch bewohnbaren Zimmern empfand.

Carl August pflegte sich mit Goethe in das über eine schmale Holztreppe erreichbare *Turmzimmer* zurückzuziehen. Hier spielten die beiden Schach oder tafelten, wenn sie allein sein wollten. Durch einen Fingerdruck erhob sich, eine Erfindung Goethes, in der Mitte des Raumes ein mit Speisen besetzter Tisch aus der Versenkung. Nach seiner italienischen Reise, im Sommer 1789, hielt sich Goethe eine ganze Woche im *Schloß Belvedere* auf. Er bewohnte damals mehrere Räume im Erdgeschoß, die mit römischen Veduten geschmückt waren, ein Sachverhalt, auf den Kafka von einem Bediensteten hingewiesen wurde, der die beiden Reisenden durch das Schloß führte. Das *dunkle Kammerfrauenzimmer*, das Kafka ebenfalls erwähnt, kann nur einen der beiden im Erdgeschoß liegenden kleinen Räume links und rechts des Mittelgangs meinen, die ihr Licht allein durch zu den Gängen weisende Oberfenster erhalten (jetzt Garderobe und Toilette).

Die Erwähnung Maria Pawlownas, der Schwiegertochter Carl Augusts, durch Kafka bezieht sich auf die Gemächer der Großfürstin im ersten Obergeschoß, vor allem auf ihr Schlafzimmer, in dem sie 1859 starb. Es lag in einem der beiden Eckpavillons mit ihren von Adam Friedrich Oeser ausgemalten *Himmelskuppel[n]*. Von den vom gleichen Künstler stammenden Deckengemälden im Erdgeschoß, die Kafka ebenfalls auffielen, ist nur der *Triumphzug der Diana* erhalten.

Tagebuch, 5. VII. 1912, vgl. *Weimar und Umgebung, Praktischer Reiseführer,* zweite, neubearbeitete Auflage, Berlin 1912, S. 47–49.

626 | Blick vom *Schloß Belvedere* in Richtung Weimar.

Blick vorwärts nach Weimar.

Das Schloß zeigt heute gegenüber der Zeit, als Kafka es besuchte, eine wesentlich reduzierte und veränderte Einrichtung, wobei zu erkennen ist, daß es sich bei den von den Freunden erwähnten, teilweise noch vorhandenen Ostasiatica vorzugsweise um Nachahmungen europäischer Manufakturen handelt.

Tagebuch, 5. VII. 1912.

627 | Das *Naturtheater* im Park von *Schloß Belvedere*. Blick von der Rasenbühne in den hufeisenförmigen, vierstufigen Zuschauerbereich, vor dem ein kleiner Orchestergraben liegt.

Das Naturtheater mit den zwei Zuschauerreihen [...] Naturtheater und Park von Goethe eingerichtet.

Zu den von Anna Amalia angelegten, von ihrem Sohn Carl August und Goethe weiter ausgebildeten und zwischen 1815 und 1850 nach englischem Vorbild umgewandelten Parkanlagen gehört ein westlich des Schlosses liegender, eingezäunter Komplex, der von jeher im Volksmund *Russischer Garten* genannt wurde. Dieser Bereich, der aus drei teilweise durch Laubengänge voneinander abgetrennten Teilen besteht, ist eine genaue, wenn auch sehr verkleinerte Variante des Privatgartens der Zarenfamilie im Park von Pawlowsk bei St. Petersburg, wo die von Heimweh geplagte Maria Pawlowna einen großen Teil ihrer Kindheit verbracht hatte. Unmittelbar dahinter liegt das 1823 von Goethe angelegte *Naturtheater*, dessen Bühne und Kulissen durch Rasenflächen, Laubengänge und Hecken gebildet werden. Für die den Freunden mitgeteilte Behauptung, im *Naturtheater* sei Goethes *Iphigenie* aufgeführt worden, gibt es keine Belege. 1843 wurde dem *Russischen Garten* ein Irrgarten hinzugefügt.

Reisetagebuch, 5. VII. 1912, vgl. EFB 235 und Viola Klein: *Russischer Garten. Heckentheater. Irrgarten,* (Weimar 2001).

628 | Linienwagen (um 1800) in der *Orangerie* von *Schloß Belvedere*.

Der aus mit den Lehnen aneinandergestellten Bänken bestehende Wagen, dos à dos, in dem die Damen saßen, während die begleitenden Kavaliere neben ihnen ritten.

Tagebuch, 5. VII. 1912.

629 | Hochzeitswagen des Erbherzogs Carl Friedrich von Sachsen-Weimar und seiner Gemahlin, der Großfürstin Maria Pawlowna, ein Geschenk ihres Bruders, des Zaren Alexanders I., an das junge Paar. An den Türen das russische Wappen.

Der schwere Wagen, in dem Maria Pawlovna mit ihrem Mann in 26 Tagen dreispännig von Petersburg nach Weimar auf der Hochzeitsreise fuhr.

Die Hochzeit fand am 3. August 1804 statt.

Tagebuch, 5. VII. 1912.

630 | Das Wohnhaus des Schriftstellers Paul Ernst in Weimar, *Am Horn* Nr. 47.

Wohnt am Horn. Eine Villa scheinbar ganz mit seiner Familie angefüllt. Eine Schüssel stark riechender Fische, welche die Treppe hinaufgetragen werden sollte, wird bei unserem Anblick wieder in die Küche zurückgebracht.

Ernst zog 1903 von Berlin nach Weimar und lebte hier mit seiner Frau Lilli, seinen beiden Kindern Walter und Emma und seinem Vater.

Tagebuch, 5. VII. 1912.

631 | Paul Ernst (1866–1933).

Paul Ernst. Über den Mund gehender Schnurrbart und Spitzbart. Hält sich am Sessel fest oder an den Knien, trotzdem er auch bei Erregung (wegen seiner Kritiker) nicht losgeht.

Ernst war in der von Maximilian Harden herausgegebenen *Zukunft* angegriffen worden, auch wurde ihm die Dresdener Uraufführung seines Stücks *Ninon de Lenclos* von der dortigen Kritik vermiest. Bei seinem Besuch verabredeten die Freunde mit Ernst für den Nachmittag des darauffolgenden Tages einen Spaziergang im *Webicht*, auf dem Ernst seine Verachtung der Zeit zum Ausdruck brachte: *Ohne Rücksicht auf unsere Meinung wird Hauptmann in*

einem kleinen Nebensatz, den man erst lange nachdem er ausgesprochen ist, auffaßt, ein Schmierer genannt. Sonst vage Äußerungen über Juden, Zionismus, Rassen u. s. w., in allem nur bemerkenswert, daß es ein Mann ist, der seine ganze Zeit mit allen Kräften gut angewendet hat.

Der Hintergrund dieser Notizen in Kafkas Tagebuch läßt sich erhellen. So heißt es in einem an Karl Scheffler gerichteten Brief Ernsts vom 11. November 1911, Hauptmann, der nur ein poetisches Talent der reproduktiven Art besitze, entlarve sich als elende Philisternatur, wenn er seine Helden zu Narren, seine Gegenfiguren aber zu vernünftigen Gestalten mache. An den gleichen Adressaten schrieb Ernst am 1. Januar 1912, er selbst folge seinem Trieb und könne dadurch ohne Angst, Schwermut und Selbstvorwürfe leben, so daß er nicht dafür verantwortlich sei, was er am Ende seines Lebens erreicht haben werde. Aus einem Schreiben vom 21. September 1913 geht außerdem hervor, daß er die Juden für eine minderwertige Rasse hielt.

Tagebuch, 5. und 6. VII. 1912, vgl. Nachlaß Karl Scheffler im *Deutschen Literaturarchiv*, Marbach / N.

632 | Weimar, *Lassenstraße* Nr. 31 (heute
Trierer Straße Nr. 73). Im Dachgeschoß
dieses Hauses wohnte seit dem Jahr 1910
der Schriftsteller Johannes Schlaf, den
Brod und Kafka am 6. Juli besuchten.

*Schlaf. Wohnt nicht gerade in einer Dach-
stube, wie es Ernst, der mit ihm zerfallen
ist, uns einreden wollte.*

Tagebuch, 6. VII. 1912.

633 | Der Schriftsteller Johannes Schlaf (1862–1941).

Kafka notierte: *Lebhafter Mann, den starken Oberkörper von
einem fest zugeknöpften Rock umspannt. Nur die Augen zucken
nervös und krank. Spricht hauptsächlich von Astronomie und
seinem geocentrischen System. Alles andere Literatur, Kritik, Malerei hängt nur noch so an ihm. Weihnachten wird sich übrigens alles
entscheiden. Er zweifelt an seinem Sieg nicht im Geringsten.*

Schlaf seinerseits hielt im Tagebuch über seine Besucher fest:
*Abends bekam ich Besuch von dem sehr begabten und eigenartigen
deutschböhmischen Dichter Dr. Max Brod aus Prag und einem
Herrn Dr. Franz Kafka. Brod 28 Jahre, Kafka wohl 25 Jahre alt.
[→ Abb. 723] Beide von echt czechischem Äußeren. Kafka ein langer
schlanker junger Mann. Brod klein, etwas schief gewachsen, aber
schöne, kluge, sympathisch verständige Augen. Von gutem, sicherem
und bescheidenem Benehmen. Intelligente und sich gut und leicht
orientierende Unterhaltung. Er arbeitet außer an dichterischen an
einer philosophischen, erkenntnistheoretischen Arbeit, die er mir
schenken will, wenn sie fertig in Buchform vorliegt.*

War mir ein angenehmer Besuch.

Bei dem von Schlaf erwähnten Projekt Brods handelt es sich
um das Anfang 1913 erschienene, *Anschauung und Begriff* betitelte
Werk, das er zusammen mit Felix Weltsch schrieb.

Tagebuch, 6. VII. 1912 und *Stadtarchiv Halle,* Sammlung Johannes Schlaf, Tagebuch
Heft II, S. 218.

Jungborn

Am Morgen des 7. Juli 1912 verließen die Freunde gemeinsam Weimar und fuhren über Apolda, Naumburg und Weißenfels nach Corbetha (heute Korbetha), wo sich die nach Halle und Leipzig führenden Eisenbahnlinien voneinander trennten. Da Brod nach Leipzig wollte, um weiter mit Ernst Rowohlt zu verhandeln, Kafka aber über Halle und Halberstadt, wo er eine Stadtbesichtigung unternahm und übernachtete, nach Stapelburg im Harz unterwegs war, weil er im nahegelegenen *Jungborn* Erholung zu finden hoffte, mußte man voneinander Abschied nehmen. Dies geschah auf dem Bahnhof von Großkorbetha. Kafka erreichte den *Jungborn* programmgemäß am 8. Juli und verließ ihn wieder am 27. in Richtung Dresden, wo er am darauffolgenden Tag den Zoo besuchte; am Abend dieses Tages fuhr er nach Prag zurück.

634 | Der Bahnhof von Großkorbetha.

In seinem autobiographischen Roman *Zauberreich der Liebe*, in dem er selbst als Christoph, Kafka als Richard in Erscheinung tritt, schreibt Brod: *Es tut ihnen einigermaßen weh, wie sie nach den Weimarer Tagen voneinander weg müssen. Christof nach Hause, Richard noch in ein Naturheilsanatorium im Harz. Sie fahren dann noch eine kleine Bahnstrecke miteinander. Auf der Abzweigstation umarmt in einer plötzlichen Aufwallung Christof den Freund und küßt ihn – nur dieses eine Mal – leicht auf die Wange.*

FK 110.

635 | Der *Markt* in Halle.

Halle, kleines Leipzig. Diese Kirchturmpaare hier [nämlich in Halberstadt] und in Halle, die durch kleine Holzbrücke oben am Himmel verbunden sind.

Tagebuch, 7. VII. 1912.

636 | Das *Eisenbahn-Hotel* in Halberstadt, *Bahn-hofstraße* Nr. 6. (Das Gebäude wurde in den 60er Jahren des 20. Jahrhunderts abgerissen.)

Eisenbahnhotel, Zimmer unten an der Straße mit einem Gärtchen davor. Wer will kann im Vorüber-gehn, mich im Zimmer alle meine Geschäfte nackt besorgen sehn.

Tagebuch, 7. VII. 1912.

637 | Der *Katzenplan* an der Westseite der *Lieb-frauenkirche* in Halberstadt, den Kafka in seinem Tagebucheintrag vom 7. Juli erwähnt.

Fachwerkbau scheint die für die größte Dauer berechnete Bauart zu sein. Die Balken verbiegen sich überall, die Füllung sinkt ein oder baucht sich aus, das Ganze bleibt und fällt höchstens mit der Zeit ein wenig zusammen und wird dadurch noch fester.

Tagebuch, 7. VII. 1912.

638 | Das *Gleimhaus* in Halberstadt, *Domplatz* Nr. 31.

Wie gut es diese deutschen Dichter hatten! 16 Fen-ster auf die Gasse! Und soll das ganze Haus auch voll Kinder gewesen sein, was meinem litterarhisto-rischen Gefühle nach bei Gleim wahrscheinlich ist.

Johann Wilhelm Ludwig Gleim (1719–1803) war Junggeselle.

An Max Brod am 7. VII. 1912.

639 | Blick auf den *Breiten Weg* in Halberstadt. In der Mitte rechts (Nr. 37) das *Café Kaiserhaus* (heute *H&M Kaufcenter*).

Ich sitze auf einem Balkon über dem Fischmarkt und verschlinge die Beine in einander, um die Müdigkeit aus ihnen herauszuwinden.

Die an Brod gerichtete Ansichtskarte, der das eben angeführte Zitat entnommen ist, zeigt auf ihrer Bildseite das Innere des *Café Kaiserhaus*, von dessen Balkon aus man auf den *Fischmarkt* sehen konnte.

An Max Brod am 7. VII. 1912, vgl. Br I 509.

640 | Halberstadt, Partie in der *Plantage*.

Im Park mit kleinen Mädchen auf einer Bank, die wir als Mädchenbank gegen Jungen verteidigen. Polnische Juden. Die Kinder rufen ihnen Itzig zu und wollen sich nach ihnen nicht gleich auf die Bank setzen.

Tagebuch, 7. VII. 1912.

641 | Blick auf *Rudolf Just's Kuranstalt Jungborn* aus der Vogelperspektive.

Vormittag Gottesdienst an den Eckerplätzen. Der ambrosianische Lobgesang.

Nachdem er den Eingang durchschritten hatte, kam der Besucher in den linker Hand liegenden *Friedrichspark*, in dem das Verwaltungsgebäude, der Speisesaal, der Vortragssaal, die Gesellschaftszimmer, zwei für Ehepaare und Familien bestimmte Gästehäuser sowie das nordische Blockhaus lagen, in dem der Arzt residierte. Rechter Hand auf der Abbildung sind zunächst die ellipsenförmig angeordneten Lufthütten im *Männerpark* zu sehen, in dem Kafka wohnte, anschließend der *Frauenpark*. Beide Bereiche waren von dichten, hohen Planken umgeben, so daß man unbekleidet luftbaden konnte. Einzelpersonen wohnten in diesen Parks in offenen Lufthütten.

Der *Jungborn* grenzte an der Westseite (in der Abbildung ganz links im Hintergrund zu sehen) an die Ecker. Zwischen Fluß und *Jungborn* lag ein Waldstreifen, in dem man Holzbänke aufgestellt hatte; man nannte dieses Gelände die *Eckerplätze*. Hier fanden an Sonntagen Gottesdienste statt, für die ein Geistlicher verantwortlich war. Offenbar besuchte Kafka jedoch eine der Andachten, die Adolf Just jeden Vormittag zu halten pflegte. Just hatte die Anstalt, die zwischen April und Oktober geöffnet war, 1896 gegründet, die Leitung 1908 jedoch seinem Bruder Rudolf (1877–1948) überlassen, der einen Arzt anstellte und die Anlage um 10 Morgen vergrößerte (auf der Abbildung vorne und ganz rechts).

Der Zweite Weltkrieg machte aus dem *Jungborn* ein Lazarett der Wehrmacht, nach dessen Auflösung wurde 1945 eine Lungenheilstätte eingerichtet. Nach der Gründung der DDR im Jahr 1949 wurde das Gebiet Staatsgrenze und mußte geräumt werden; 1961, beim Bau der *Mauer*, wurden die Gebäude abgerissen und die alten Parkbäume gefällt, damit die Grenzer freie Sicht hatten.

Tagebuch, 14. VII. 1912, vgl. *Jungborn-Blätter* 9, 3. Heft (Juli 1934), S. 73 und Ernst Saft: *Der Jungborn*, in: *Wernigeröder Zeitung* 4, Nr. 10 (3. VI. 1993), S. 9.

642 | Adolf Just (1859–1936).

Der alte blauäugige Adolf Just, der alles mit Lehm heilt und mich vor dem Arzt warnt, der mir Obst verboten hat.

Just hatte nach langem, schwerem Nervenleiden zur Naturheilkunde gefunden – er lebte vegetarisch und unterzog sich Kneippkuren –, die ihm zwar Linderung, aber keine Heilung brachten. Gesundheit erlangte er erst wieder, als er in eine in einem Buchenwald bei Braunschweig gelegene Lufthütte übersiedelte und im Einklang mit der Natur zu leben begann. Im Jahr 1895 erwarb er am Gasthaus *Eckerkrug* an der Straße von Bad Harzburg nach Ilsenburg ein 50 Morgen umfassendes Gelände, auf dem er seine Erkenntnisse der Allgemeinheit zugänglich machte. Der *Jungborn* wollte keine Heilanstalt sein, sondern eine Stätte der Gesundheit und des Lebensglücks, in der jeder sein eigener Arzt sein und gemäß dem Grundsatz *Zurück zur Natur*, den Just auch in einer umfangreichen Buchveröffentlichung propagierte, seine Tage gleichsam im Urzustand verbringen sollte: Die Besucher sollten barfuß und nackt gehen und in offenen Lufthütten oder zumindest bei offenem Fenster schlafen, und zwar entblößt auf der Erde und bedeckt mit einer wollenen Decke.

Die Verpflegung war auf lediglich zwei Mahlzeiten am Tag abgestellt, denn morgens sollte man fasten oder höchstens etwas Brot zu sich nehmen. Beim Mittagessen konnte man zwischen vier Varianten wählen. Kafka, der Obst über alles liebte, wählte vermutlich die sogenannte Frucht-Diät, bei der neben Obst, Beeren, Südfrüchten, Mandeln und Datteln auch Milchprodukte und natürlich Nüsse gereicht wurden, die Just für das wichtigste Nahrungsmittel überhaupt hielt: Die Früchte wurden mit Nußmühlen zerkleinert, die auf den Tischen standen, und konnten dann mit Marmelade veredelt werden. Am Abend wurde Rohkost gereicht, wobei man dem Grundsatz folgte, mit Leichtverdaulichem zu beginnen. Nach dem Obst folgte Sauerkraut oder Salat, dann Sauermilch und zum Schluß Vollkornbrot, das mit Tomaten, Gurken, Rettichen, Schnittlauch, Quark oder Käse belegt werden konnte. Aufgrund des Ge-

sagten existierte im *Jungborn* kein eigentlicher Kurbetrieb mit festen Verordnungen, auch nicht, nachdem ein Arzt das Treiben der Erholungssuchenden überwachte, sondern es gab lediglich Empfehlungen, zu denen das morgendliche Bad, das Luftbad, Spaziergänge, Erdwickel und die vegetarischen Diäten gehörten.

Der aus der angeführten Tagebuchstelle Kafkas eruierbare Gegensatz zwischen Adolf Just und dem Arzt ist weniger erstaunlich, als es auf den ersten Blick scheinen mag: Der Konzeption Justs widersprach die Anstellung eines Arztes, während dieser seinerseits, welcher medizinischen Richtung er auch immer verpflichtet sein mochte, Justs Auffassung von der Bestimmung der menschlichen Natur nicht billigen konnte. So finden sich in den Vorträgen, die der Arzt vor den Gästen zu halten pflegte, immer wieder versteckte Angriffe gegen den Gründer der Einrichtung, die diesem nicht verborgen geblieben sein können: Wenn etwa in dem Vortrag über die Kleidung nachdrücklich ausgeführt wird, der Mensch sei in keiner Klimazone der Erde in der Lage, ohne Körperbedeckung auszukommen, so richtet sich das natürlich gegen Just, der das Nacktgehen in den Luftparks zu einem Hauptpunkt seines Konzepts gemacht hatte.

Tagebuch 22. VII. 1912, vgl. Günther Stolzenberg: *Der Just-Jungborn. Eine vorbildliche Kuranstalt der Naturheilbewegung (1896–1945)*, Mannheim o. J. [1964], S. 10–14, 42 f. und Hans Eppe, Braunschweig (mündlich, 1977).

643 | Blick in den *Herrenluftpark* im *Jungborn*.

Unweit liegt ein nackter alter Herr im Gras, einen Regenschirm über dem Kopf ausgespannt, mir den Hintern zugekehrt und prallt einige Male laut in der Richtung gegen meine Hütte hin.

Vor den Hütten lagen gemauerte Wannen, die man abends eine Handbreit mit Wasser füllte. Am nächsten Morgen setzte man sich hinein, schöpfte in schneller Folge das abgestandene Wasser, benetzte damit seinen Leib und trocknete sich dann durch Reiben mit den bloßen Händen ab. Just hatte diese Art des Badens, der er als Naturphänomen große Bedeutung und eine Vorbildfunktion beimaß, Tieren abgeschaut, während er das Vollbad als naturwidrig ablehnte. Kafka unterzog sich dieser Prozedur, machte anschließend wie zu Hause seine gymnastischen Übungen nach dem System Müller (→ Abb. 194), und auch das morgendliche Luftbad mit nacktem Körper hat er, wie sich aus der Erwähnung unbekleideter Kurgäste in seinem Tagebuch erschließen läßt, vermutlich regelmäßig genommen, wenngleich aus Scham oder mit Rücksicht auf seine jüdische Herkunft mit einer Badehose bekleidet. Außerdem erwähnt er zweimal, daß er an Ballspielen teilnahm. Die für den Nachmittag oder Abend empfohlenen Spaziergänge, die seinem Prager Lebensrhythmus entsprachen, führte er ebenfalls durch, öfter in Begleitung anderer Kurgäste, die er während seines dreiwöchigen Aufenthalts kennengelernt hatte. Außerdem wendete er Heu, lud Grünfutter auf oder half beim Pflücken der Kirschen.

Tagebuch, 15. VII. 1912, vgl. Adolf Just: *Kehrt zur Natur zurück!*, 7. Auflage, Jungborn-Stapelburg 1910, S. 62.

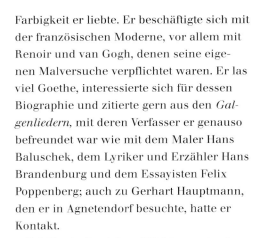

644 | Gesellschaftszimmer im *Jungborn.*

645 | Der Breslauer Magistratsbeamte Friedrich Schiller (1869–1923) (um 1912).

Mit Dr. Sch. (43 Jahre) abend auf der Wiese. Spazierengehn, sich strecken, reiben, schlagen und kratzen. Ganz nackt. Schamlos.

Kafka lernte Schiller am 11. Juli 1912 kennen, stellte ihn dem Gymnasiallehrer Adolf Lutz vor, mit dem er sich angefreundet hatte. Schiller war evangelisch, zeigte sich im *Jungborn* aber als Atheist. Er war ein humorvoller Mensch, der gern neckte und Sinn für Details hatte. Er hatte Jura studiert und war im November 1898 in den Dienst der Stadtgemeinde Breslau getreten, wo er im Dezernat für Jugendfürsorge arbeitete. Schiller hatte längere Zeit in Paris gelebt, um sich Einblicke in die dortigen städtischen Einrichtungen zu verschaffen. Er kannte auch Amsterdam und Italien, besonders Sizilien, Capri und die oberitalienischen Seen, deren landschaftliche Farbigkeit er liebte. Er beschäftigte sich mit der französischen Moderne, vor allem mit Renoir und van Gogh, denen seine eigenen Malversuche verpflichtet waren. Er las viel Goethe, interessierte sich für dessen Biographie und zitierte gern aus den *Galgenliedern*, mit deren Verfasser er genauso befreundet war wie mit dem Maler Hans Baluschek, dem Lyriker und Erzähler Hans Brandenburg und dem Essayisten Felix Poppenberg; auch zu Gerhart Hauptmann, den er in Agnetendorf besuchte, hatte er Kontakt.

Schiller hatte sich auf Hiddensee in ein über 20 Jahre jüngeres Berliner Mädchen verliebt, von dem er Kafka auf einem Spaziergang am 20. Juli erzählte. Sein schreckliches Jammern am Abend dieses Tages, wo er in Kleidern auf dem Bett in seiner Hütte lag, war wohl darin begründet, daß er glaubte, wegen seiner Nierenkrankheit, die ihn später für längere Zeit nach Ägypten führte, keine Ehe eingehen zu können. Tatsächlich heiratete der Kranke, der von seiner Mutter in Breslau gepflegt wurde, seine weiterhin in Berlin lebende Freundin erst wenige Wochen vor seinem Tod.

Kafka blieb mit Schiller, den er Felice gegenüber als *guten Bekannten* bezeichnete, noch einige Zeit in Briefkontakt.

Tagebuch, 12. und 20. VII. 1912 und Br I 272, vgl. Ilse Haverbeck am 16. XI. 1973 und mündlich (Marburg, Dezember 1974).

646 | Friedrich Schiller: Szene am Fluß.
Die Ölskizzen des Dr. Sch. aus Holland.
Tagebuch, 12. VII. 1912.

647 | Adolf Lutz.

*Nachmittag Spaziergang nach Ilsenburg
mit einem ganz jungen Gymnasialprofessor
Lutz aus Nauheim; [...] Koedukation, Naturheilkunde, Kohen, Freud. Geschichte von
dem von ihm geführten Ausflug der Mädchen und Knaben. Gewitter, alle durchnäßt,
müssen sich in der nächsten Herberge in
einem Zimmer vollständig ausziehn.*

Lutz, evangelisch, wurde 1885 in Arns-
heim geboren und zog im März 1910 mit
seiner seit 1908 verwitweten Mutter Elisabeth als Lehramtsreferendar nach Gießen.
Am 1. Oktober des Jahres übersiedelte er
nach Bad Nauheim, wo er eine Lehrtätigkeit am *Ernst-Ludwig-Realgymnasium*
aufnahm. Seit 1923 lebte er in Bad Franken-
hausen, wo er 1965 als Oberstudienrat starb.

Tagebuch, 10. VII. 1912, vgl. Standesamt der Stadt Bad
Nauheim am 14. III. 1972.

648 | Guido von Gillhaußen (1870–1918).

*Herr Guido von Gillhausen, Hauptm.
a. D., dichtet und komponiert «An mein
Schwert» u. ä. Schöner Mann. Wage aus Respekt vor seinem Adel nicht zu ihm aufzu-
schauen, habe Schweißausbruch (wir sind
nackt) und rede zu leise. Sein Sigelring.*

Mit diesen Worten erwähnt Kafka den
Hauptmann, einen Junggesellen, der sich
schon im August 1909 im *Jungborn* aufgehalten hatte, am 16. Juli 1912 in seinem
Reisetagebuch. Vier Tage später kommt er
erneut auf Gillhaußen zu sprechen: *Ein
Lied des H. v. Gillhausen heißt: «Weißt Du,
Mamalein, Du bist so lieb».* Dieser Text
findet sich nicht in den beiden veröffentlichten Gedichtsammlungen Gillhaußens
– *Harret aus* (Wiesbaden 1915) und *Schwert-
klang* (Berlin 1918) –, hat sich aber auf
einer Phonolawalze im Besitz der Familie
mit folgendem Wortlaut erhalten:

*In ihrem Heim die Mutter hold
Durchstrahlt der Arbeit Sonnengold
Für ihren Mann und für ihr Kind
Regt sie die Hände gern geschwind.
Zu ihren Füßen spielt voll Lust
Ihr Kindlein, und sie hebt's zur Brust.
Da lacht zum Kuß der kleine Dieb:
Weißt Mamalein, Du bist so lieb
Weißt Mamalein, Du bist so lieb.*

Gillhaußen war der Sohn eines Hauptmanns, der die Feldzüge von 1864 und 1866
mitgemacht hatte. Er besuchte das *Erne-
stinum* in Coburg, trat 1889 in das *Infan-

terie-Regiment Herwarth von Bittenfeld*
ein, in dem er Karriere machte, bis er 1900
zum Inspektionsoffizier an der Potsdamer
Kriegsschule befördert wurde. Anfang 1905
wurde er Lehrer des Prinzen August Wilhelm von Preußen, im Juni 1906 Hauptmann und Kompagniechef im *Kaiser Franz
Garde-Grenadier-Regiment Nr. 2* und zwei
Jahre später Platzmajor der Festung Cü-
strin. Außer Dienst war er nie, höchstens
beurlaubt. Gillhaußen war ein überzeugter
Soldat, erzkonservativ und kaisertreu, der
1907 eine Broschüre, in der er die echte
Treue, die jeder Deutsche schon durch
seine Geburt seinem Herrscher darbringe,
als heiligstes Gut bezeichnete, das zu ehren
und zu pflegen sei. In seiner Freizeit beschäftigte er sich mit Malerei, Musik und
Literatur. Er vertonte eigene Gedichte und
trat als Dirigent auf.

Zu Beginn des Ersten Weltkriegs wurde
er in Colonfay schwer verwundet. Am
3. August 1914 hatte er in der Nacht eine
Vision, in der er einen vieljährigen Krieg
voraussah, in dem Deutschland 1918 in die
schlimmste Lage käme, obwohl Rußland
besiegt werde: *Ich sah den Kaiser, angetan
mit Hermelinmantel und Krone auf dem
Haupte die Beine seines eigenen umgeleg-
ten Thronsessels absägen, während dieser
Arbeit wurde der Hermelinmantel immer
grauer und pulvriger, allmählich abfallend,
während die Krone immer mehr zusammen-
schrumpfte und der Kaiser selbst in Nichts
zerrann.*

Gillhaußen starb im Mai 1918 an den
schweren Verwundungen, die er bei Villers-
Bretonneux erhalten hatte.

Tagebuch, 16. und 20. VII. 1912, Guido von Gillhaußen:
*Eideshart und treufest. Ein Freund und Führer in aktiver
Dienstzeit wie im Beurlaubtenstande*, Berlin 1907, S. 58
und ders.: *Was ich am 3. August 1914 früh gegen 2 Uhr
sah* (Privatdruck), vgl. Hildburg von Motz an Dietrich von
Gillhaußen am 17. II. 1972.

649 | Der Landvermesser Friedrich Hitzer (1874–1942) (1907).

Ich liege im Gras, da geht der aus der «Christl. Gemeinschaft» (lang, schöner Körper, braungebrannt, spitzer Bart, glückliches Aussehn) von seinem Studierplatz in die Ankleidehütte, ich folge ihm nichtsahnend mit den Augen, er kommt aber, statt auf seinen Platz zurückzukehren, auf mich zu, ich schließe die Augen, er stellt sich aber schon vor: Hitzer, Landvermesser, und gibt mir 4 Schriftchen als Sonntagslektüre. Im Lauf der im *Jungborn* verbrachten Tage freundete sich Kafka mit Hitzer an, der versuchte, ihn *in ganzen langen Nachmittagen* zu Jesus zu bekehren.

Der aus Görlitz stammende Hitzer, der das humanistische Gymnasium in der Unterprima hatte abbrechen müssen, weil er sich bei einem Sturz von einem Turngerät eine Gehirnerschütterung zugezogen hatte, studierte an der landwirtschaftlichen Hochschule in Berlin Geodäsie und arbeitete in Glogau als Landvermesser. Im Jahr 1909 hatte er ein Bekehrungserlebnis pfingstlichen Einschlags – es gab Erweckungsversammlungen des Evangelisten Arthur S. Booth-Clibborn, dessen Frau die Tochter des Heilsarmeegründers William Booth war –, das dazu führte, daß er Gemeindeältester der *Christlichen Gemeinschaft* wurde, die innerkirchlichen Charakter trug.

Hitzer war 1912 in einer königlichen Spezialkommission tätig. Seine Aufgabe war die Vermessung und Umlegung landwirtschaftlicher Grundstücke, um die über die Dorfmarkung oft weit verstreuten Felder der Bauern zusammenzulegen und dadurch ihre Bewirtschaftung zu erleichtern. Um einen gerechten Tausch vornehmen zu können, mußten die Grundstücke zuvor auf ihre Bodengüte hin überprüft werden, eine Aufgabe, die Gehilfen erforderte und wochenlanges Wohnen in Dorfgasthäusern

nach sich zog. Diese Tätigkeit Hitzers mag Kafka dazu angeregt haben, die Hauptfigur in seinem *Schloss*-Roman zum Landvermesser zu machen und ihr Gehilfen beizugeben.

Hitzer war zeichnerisch begabt, gesellig, ein humorvoller Erzähler, der mit wenigen Sätzen einen ganzen Saal zum Lachen bringen, aber auch unvermittelt zum religiösen Eiferer werden konnte. So dauerte es nicht lange, bis er Kafka Geschichten aus seinem Leben erzählte: *Wie er, Hitzer, dem Vater das Wort verbot, als er in seinem Haus Gott lästerte. «Mögest Du Vater darüber entsetzt sein und vor Schrecken nicht weiter reden, mir ist es recht.» Wie der Vater Gottes Stimme auf dem Sterbebette hörte.* Nach den Erinnerungen Arnold Hitzers hatte es zwischen Friedrich Hitzer und seinem Vater, einem Görlitzer Realschullehrer, heftige theologische Auseinandersetzungen gegeben, als letzterer in Glogau zu Besuch war und die Wunder des *Alten Testaments* auf natürliche Weise zu erklären suchte. Und kurz vor seinem Tod am 31. Januar 1912 schaute der Großvater von seinem Krankenbett erschrocken zur Tür, sah schreckliche Gestalten und rief: *Fritz, sie kommen, sie kommen mich holen.* Allerdings war Friedrich nicht zugegen, als sein Vater starb.

Tagebuch, 14. VII. 1912, Br I 245 und T 1046, vgl. Arnold Hitzer am 8. IX. 1975.

650 | Arnold Hitzer (1902–1977), der Sohn Friedrich Hitzers, der sich mit seinem Vater im *Jungborn* aufhielt, später Theologie studierte und Pfarrer wurde. Die beiden wohnten nicht im Familienpark, sondern im Gasthof *Eckertal*.

Der aus der «Christl. Gem.» der mit seinem schönen kleinen Jungen aus einer kleinen Düte Kirschen und trockenes Brot mittagmahlt und sonst den ganzen Tag im Gras liegt, drei Bibeln vor sich aufgeschlagen hat und Notizen macht. Er ist erst seit 3 Jahren auf dem rechten Weg.

Nach Mitteilungen seines Sohnes Arnold benutzte Hitzer bei seinen Textvergleichen neben der Lutherübersetzung die sogenannte *Elberfelder Bibel*, eine Übertragung aus dem Urtext, die 1909 im Verlag von R. Brockhaus in Elberfeld erschienen war, sowie die *Miniatur-Bibel, die ganze heilige Schrift*, die nach dem Urtext und mit Berücksichtigung der besten Übersetzer erstmals um 1905 von Franz Eugen Schlachter herausgegeben worden war. Es ist anzunehmen, daß Kafka an diese auch *Schlachter-Bibel* genannte Ausgabe dachte, als er Karl Roßmann im *Verschollenen* eine Taschenbibel auf seine Reise in die Vereinigten Staaten mitgab.

Weil Hitzer Kafka bekehren wollte, schenkte er ihm eine *Heilige Schrift* in der Lutherübersetzung, denn die Bibelzitate, die sich in Kafkas Lebenszeugnissen der Jahre 1913, 1914 und 1916 finden, verweisen

auf eine Lutherbibel, die auf der Textbearbeitung von 1892 basiert. Merkwürdigerweise wählte Kafka als Geschenk für Felicens 29. Geburtstag das in Verbindung mit zahlreichen Fachgelehrten von D. E. Kautzsch herausgegebene *Neue Testament* in der Übersetzung von Carl Weizsäcker, das 1911 in dritter Auflage im Tübinger Verlag J. C. B. Mohr erschienen war.

Tagebuch, 12. VII. 1912, vgl. Arnold Hitzer am 8. IX. 1975, Katharina Wedekind am 25. III. 1973, V 131, Hartmut Binder: *Mit Kafka in den Süden,* (Prag 2007), S. 154 f., V 131, Bertram Rohde: *«und blätterte ein wenig in der Bibel».* *Studien zu Franz Kafkas Bibellektüre und ihren Auswirkungen auf sein Werk,* (Würzburg 2002), S. 20–31 und Leo A. Lensing: *Kafkas Verlobte war auch nicht so einfach,* in: *Frankfurter Allgemeine Zeitung* Nr. 195 (23. VIII. 1997), Beilage *Bilder und Zeiten.*

651 | Dr. Reinhold Haferland (1874–1937).
Der Arzt, früherer Officier, geziertes, irrsinnig, weinerlich, burschikos aussehendes Lachen. Geht schwunghaft. Anhänger von Mazdaznan. Ein für den Ernst geschaffenes Gesicht. Glatt rasiert, Lippen zum an einanderpressen. Er tritt aus seinem Ordinationszimmer, man geht an ihm vorüber hinein, «Bitte einzutreten» lacht er einem nach. Verbietet mir das Obstessen mit dem Vorbehalt, daß ich ihm nicht folgen muß. Ich bin ein gebildeter Mann, soll seine Vorträge anhören, die auch gedruckt sind.

Diese Vorträge, die zuerst 1909 erschienen, belegen, daß Kafka, als er am Tag nach seiner Ankunft die Ordination des *Jungborn*-Arztes aufsuchte, über Verdauungsprobleme geklagt hatte, heißt es doch an einer Stelle dieser Aufsatzsammlung: *Magere Leute, die zu Magenkrankheiten neigen und an Säurebildung leiden, müssen unbedingt viel grüne Gemüse und Salate essen und brauchen nur wenig Obst, können das letztere auch längere Zeit ohne Schaden entbehren, wenn ihre Ernährung im übrigen der Konstitution angepaßt ist.* Kafka war

über diesen Ratschlag so verunsichert, daß er sich drei Tage später mit Adolf Just darüber beriet.

Bei dem Arzt, dessen Name auch auf dem Titelblatt des Bandes fehlt, in dem er seine im *Jungborn* gehaltenen Vorträge der Öffentlichkeit präsentierte, handelt es sich um Dr. Reinhold Haferland. Geboren im sächsischen Wengelsdorf, studierte er von 1894 bis 1899 an der Universität Leipzig Medizin und war anschließend als Einjährig-Freiwilliger Marinearzt in Kiel. Im Herbst 1900 externer Hilfsarzt an der Universitätsklinik in Leipzig, promovierte er im darauffolgenden Jahr *Über die Dermoide des Beckenbindegewebes,* war anschließend in der Leipziger Universitätsfrauenklinik sowie in der Frauenabteilung der städtischen Heil- und Pflegeanstalt in Dresden tätig und unternahm als Schiffsarzt Reisen nach Rußland, Japan, Indien und Amerika, wo er Otto Hanisch (1866–1936) kennenlernte, der dem Schwerkranken nahelegte, auf naturgemäße Lebensweise umzustellen. Hanisch, der einen orientalischen Namen angenommen hatte und behauptete, in Teheran als Sohn eines russischen Generalkonsuls und einer persischen Prinzessin geboren zu sein, während er in Wirklichkeit im ostpreußischen Weißenburg (Wyszembork) als Lehrerskind das Licht der Welt erblickte, war das Haupt der Mazdaznan-Bewegung. Es war dies eine Art reformierter Zarathustrismus, der auf Ramakrishnas Buch *Die Wiedergeburt* basierte und eine neue Atem- und Ernährungslehre propagierte, die Hanisch 1908 auf deutsch veröffentlichte. Im Juli 1911 unternahm Hanisch eine Vortragsreise durch Deutschland, in deren Verlauf er Haferland besuchte, der sich inzwischen als Arzt in Abbenrode niedergelassen hatte und von 1908 bis 1920 in den Sommermonaten zusätzlich den benachbarten *Jungborn* betreute, der in den ersten zwölf Jah-

ren seines Bestehens ohne Arzt ausgekommen war. Daß der einem christlichen Hause entstammende Lutheraner Haferland, der mit Künstlern befreundet war, mit der Mazdaznan-Bewegung sympathisierte, bedeutet nicht, daß er deren Lehren in seinen *Volkstümlichen Vorträgen* propagiert hätte. Empfohlen wird hier unter anderem vegetarisches Essen aus christlichen Motiven, aber auch mit dem Argument, Zahnfäule finde sich nur bei Völkern, die Fleisch genössen, dessen Fasern sich zwischen den Zähnen absetze, in Fäulnis übergehe und die Zähne anstecke. Ganz ähnlich hat Kafka argumentiert, und wie dieser hielt Haferland Genußmittel für schädlich und empfahl als Getränk ungekochte, von gesunden Kühen stammende Milch.

Haferlands eigene Ernährungslehre erhellt aus einer dreiteiligen Aufsatzfolge, die er 1913 in der Zeitschrift *Die Lebenskunst* veröffentlichte, denn hier wird im Rückgriff auf die indischen *Veden* über die Abhängigkeit der Ernährung von den Jahreszeiten, über den qualitativen Wert der Nahrungsmittel im Blick auf ihre Geschmacksarten und über ihren Nutzen und Schaden bei geeigneter oder ungeeigneter Kombination gehandelt. In seinen *Vorträgen, gehalten in Altfeld, zur Erneuerung der altarischen Erfahrungswissenschaft bezüglich der Ernährung* hat Haferland diese Vorstellungen weiter ausgebaut und Regeln aufgestellt, die eher den Vorstellungen Dr. John Harvey

Kelloggs und heutigen Trennkostlehren
vergleichbar sind als den klassischen Vorstellungen der Mazdaznan-Bewegung.

Gleich am Tag seiner Ankunft im *Jungborn* besuchte Kafka einen Vortrag des Arztes über Kleidung, wobei er dessen Aussage notierenswert fand, die gegenwärtig
verwendeten Kleidungsstücke seien nicht
waschbar. Auffälliger sind zwei andere Aussagen Haferlands, die Kafka im Tagebuch
überliefert, denn sie belegen, daß dieser
sich bei seinen Ausführungen nicht auf die
Kleiderfrage beschränkt, sondern andere
Themengebiete einbezogen hatte: So
behauptete er, wer an einer verkrüppelten
Zehe ziehe und dabei tief atme, könne sie
mit der Zeit begradigen, und Bauchatmung
trage zur Reizung und zum Wachstum der
Geschlechtsorgane bei, weshalb die hauptsächlich auf Bauchatmung beschränkten
Opernsängerinnen so unanständig seien.
Es dürfte kein Zufall ein, daß Kafka gerade
diese beiden Aussagen bemerkenswert
fand, litt er doch wahrscheinlich an einer
nicht voll ausgebildeten Zehe und einem
kleinen Geschlechtsteil. In der gedruckten
Version der Vorträge fehlen diese Aussagen,
doch heißt es hier immerhin, es gäbe Atemübungen, die Organe in Tätigkeit versetzen
oder entwickeln könnten. (→ Abb. 451)

Tagebuch, 9. VII. 1912 und *Volkstümliche Vorträge gehalten
im Jungborn (i. Harz): Rudolf Just's Kuranstalt vom Jung-
born-Arzt.* Auf Wunsch der Kurgäste des Jungborn hrsg. vom
Jungborn-Verlag Rudolf Just, Bad Harzburg (1910), S. 96,
vgl. S. 24, 144, Berthold Haferland am 18. VIII. 1971,
Hilda Kramer am 31. I. 1972, Br III 61 f., *Die Lebenskunst* 8,
Nr. 7 (1913), S. 156–160, Nr. 8, S. 186–190 und Nr. 9,
S. 211–214, Dr. Brake: *Etwas vom «Meister» Hanisch,* in:
Naturärztliche Zeitschrift 23, Nr. 5 (1913), S. 71–73,
Gesundheitslehrer 15, Nr. 10 (Januar 1913), S. 173 f.,
*Jungborn-Blätter zur Hebung der Lebenskraft auf Grundlage
einfachster Denk- und Lebensweise* 9 (1934), S. 35, Br I 161
und Hartmut Binder: *Kafka und Napoleon,* in: *Festschrift für
Friedrich Beißner,* hrsg. von Ulrich Gaier und Werner Volke,
(Bebenhausen 1974), S. 45 f. und 47 f.

652 | Der Lehrer Wilhelm Eppe aus
Braunschweig (1880–1956).

*Hr. Eppe Privatschulleiter aus Braun-
schweig. Ein Mensch, dem ich unterliege.
Beherrschendes, wenn notwendig feuriges,
durchdachtes, musikalisches, auch zum
Schein schwankendes Sprechen. Zartes Gesicht, zarter aber das ganze Gesicht über-
wachsender Backen- und Spitzbart. Zimper-
licher Gang. Ich saß ihm schief gegenüber
als er gleichzeitig mit mir zum erstenmal
sich zum gemeinsamen Tische setzte. Eine
still kauende Gesellschaft. Er warf Worte
hin und her. Blieb es doch still, so blieb es
eben still. Sagte aber ein Entfernter ein Wort,
so hielt er ihn schon, aber nicht mit Über-
anstrengung sondern er sprach zu sich, als
sei er angeredet und werde angehört und
schaute dabei auf die Tomate, die er schälte.
Alle wurden aufmerksam, außer die welche
sich gedemüthigt fühlten und trotzten wie
ich. Niemanden lachte er aus, sondern ließ
jedes Meinung auf seinen Worten schaukeln.
Rührte sich nichts, so sang er leise beim Nüs-
seknacken oder den vielen Handreichungen,
die bei Rohkost nötig sind.*

Eppe war Philologe, der von 1909 bis
1940 das *Wilhelm Eppesche Pädagogikum*
leitete, eine Privatrealschule (Sexta-Sekun-
da) mit Internat, die meist von Einzel- und
Problemkindern besucht und 1942 von den
Nazis geschlossen wurde. Eppe war klein,
hatte aber, anders als Kafka meinte, einen

653 | Margarethe Charlotte Eppe, geb. Vogel
(1880–1962).

*Die Frau ist jung, dick, mit nur in der
Kleidung angedeuteten Taille, klugen blauen
Augen, hochfrisiertem blondem Haar, versteht das Kochen, die Marktverhältnisse
u. s. w. ganz genau.*

Frau Eppe hatte schöne, große, auffällig
blaue Augen und war tatsächlich so beleibt,
daß sie die Taille in ihrer Kleidung durch
Abnäher anzudeuten suchte.

Tagebuch, 22. VII. 1912.

Westfalenschädel und einen raumgreifen-
den, zielstrebigen Gang. Er war ein großer
Organisator und strahlte Autorität aus; sein
Wesen war vollkommen beherrscht, ob-
wohl er ein humorvoller, kontaktfreudiger
Rheinländer war. Er hatte eine singende
Stimme, die er bewußt modulierte und als
Unterrichtsmittel einsetzte. Er war Ästhet,
aber auch strenger Katholik, Mystiker,
Marienverehrer und Bewunderer Thomas
von Aquins.

Tagebuch, 22. VII. 1912, vgl. Hans Eppe, Braunschweig
(mündlich, am 22. I. 1976).

654 | Hans (1908–1977) (links) und Walter (1906–1968), die beiden
Söhne der Eppes, die mit ihren Eltern 1912 im *Jungborn* waren.

*Nachmittag Ankunft einer Maskerade aus Stapelburg. Der Riese
mit dem tanzenden als Bären verkleideten Mann. [...] Der kleine
Hans Eppe, wie er sie erblickt. Walter Eppe auf dem Briefkasten.*

Tagebuch, 19. VII. 1912.

655 | Susanna Elisabeth von Puttkamer (um 1912).

Die kleine Susanne v. Puttkammer. 9 Jahre, in rosa Höschen.

Susanna hatte mit ihren Eltern Oscar von Puttkamer und Frieda
Stahlborg, die im Gegensatz zu den Gepflogenheiten ihrer Gesell-
schaftsschicht von einer naturgemäßen Lebens- und Heilweise eingenommen waren, den *Jungborn* aufgesucht, und zwar schon zum
dritten Mal. Da Kafka den Vornamen des Mädchens, das als Kind
nur ‹Sui› gerufen wurde, und sein genaues Alter kannte – Susanna
wurde am 21. Oktober 1902 geboren –, muß er danach gefragt
haben, möglicherweise Guido von Gillhaußen, der mit den Putt-
kamers befreundet war. Susanna von Puttkamer starb 1992 in
Oakland, Kalifornien.

Susanna von Puttkamer am 27. III. 1973 und 1. IV. 1974.

656 | Das Affenhaus im Zoo von Dresden.

*Ich fahre nach Dresden, als wenn es sein müßte und werde mir
den zoologischen Garten ansehn, in den ich gehöre!*

Kafka hielt Dresden für *eine schöne, angenehme und vor allem
verhältnismäßig sehr gesunde Stadt*, die ihm *viel gesünder, garten-
stadtmäßiger* vorkam als München.

An Max Brod am 22. VII. 1912 und Br 355.

657 | Klanowitz (Klánovice).

Felix Weltsch lernte seine spätere Frau Irma Herz, eine Tochter des Fabrikanten Friedrich Herz, der mit seiner Familie in der *Bělského* Nr. 23 in Prag-Bubna wohnte, nach seiner eigenen Erinnerung im Jahr 1911 beim Tennisspiel auf dem *Belvedere*-Plateau (der *Letná*) (→ Abb. 209, a und 748) kennen, weil sie beide im gleichen Klub Mitglied waren. Diese Datierung stimmt zu einer Aussage Kafkas, der am 19. Februar 1914 an Felice schrieb: *Mein letzter näherer unverheirateter oder unverlobter Freund hat sich verlobt, daß es zu dieser Verlobung kommen wird wußte ich seit drei Jahren (es gehörte für den unbeteiligten kein großer Scharfsinn dazu) er und sie aber erst seit 14 Tagen.*

Max Brods Tagebücher verraten etwas von den äußeren Rahmenbedingungen, die zu dieser Bekanntschaft führten: Brod war am 16. April und 19. Juni 1910 auf dem Tennisplatz auf dem *Belvedere* und erwähnt am 27. Mai dieses Jahres, also an seinem 26. Geburtstag, erstmals Irma Herz. Auch findet sich in seinen damals entstandenen *Jüdinnen* ein *Tennisplatz* betiteltes Kapitel, das freilich nicht in Prag spielt. Weiterhin war er am 26. Februar 1911 bei der Familie Herz zu Gast, wo er musizierte, und als er sich am 17. Mai dieses Jahres mit Felix Weltsch wiederum auf dem erwähnten Tennisplatz vergnügte, ärgerte er sich

über *dumme Mädels*. Es scheint also, daß Weltsch mit seiner Frau über den gemeinsamen Freund Brod bekannt geworden ist. Wie Irmas Schwester Alice Sommer überliefert, war Kafka gelegentlich ebenfalls auf dem Tennisplatz zu sehen, der zuweilen im gemischten Doppel gegen sie spielte. So verkehrten Kafka und Weltsch bald ebenfalls im Hause Herz und besuchten Irma in Klánovice, einem heute nach Prag eingemeindeten Dorf an der Eisenbahnlinie Praha–Nymburk, wo die Familie regelmäßig ihre Sommerferien verbrachte. Bei einem dieser Besuche, vermutlich im Jahr 1912, spielte Kafka Kindermädchen und führte die damals achtjährigen Schwestern Irmas, die Zwillinge Alice und Mizzi, an der Hand in die Umgebung des Dorfes, wo er sich auf einen Wegstein setzte und ihnen absonderliche Tiergeschichten erzählte, die sie zum Lachen brachten.

Vgl. Melissa Müller / Reinhard Piechocki: *Alice Herz-Sommer. «Ein Garten Eden inmitten der Hölle»*, (München 2006), S. 46 (hier wird der Tennisclub aber irrtümlich in den *Kronprinz-Rudolfs-Anlagen* lokalisiert, was von der Beschaffenheit des Geländes her nicht möglich ist), 55 f. und Teilnachlaß Felix Weltsch im *Deutschen Literaturarchiv* Marbach / N. (autobiographische Notizen, 1926).

Kapitel XIII

Felice

Als Kafka am Abend des 13. August 1912 Max Brod aufsuchte, traf er dort überraschend ein Mädchen namens Felice Bauer aus Berlin, das auf Verwandtenbesuch in Prag war. Die Begegnung beschäftigte ihn wochenlang und führte schließlich zu dem Entschluß, Felice, die er nur ein einziges Mal gesehen hatte, für sich zur Frau zu gewinnen. So begann er am 20. September eine Korrespondenz mit ihr, die sich zu einem fünfjährigen Kampf um die Ehe ausweitete und damit endete, daß er in die Krankheit flüchtete, die ihn zum Verzicht zwang. Zwei Tage nachdem sein erster Brief nach Berlin abgegangen war, gelang ihm in der Nacht vom 22./23. September mit der Niederschrift der Erzählung *Das Urteil* der literarische Durchbruch zu einer ihn auch selbst befriedigenden, inspirierten literarischen Gestaltung, der eine längere Schaffensphase einleitete: Schon am 25. September begann er mit der Arbeit am *Verschollenen*, die er am 17. November für drei Wochen unterbrach, um die *Verwandlung* zu schreiben.

Als sich abzeichnete, daß sein Werben auf die Korrespondenzpartnerin Eindruck machte, fuhr Kafka an Ostern und dann noch einmal an Pfingsten 1913 nach Berlin, um die, wie er glaubte, durch seine Briefe Irregeleitete persönlich von seiner Minderwertigkeit zu überzeugen. Während der Ostertage lernte er Felicens Bruder Ferdinand kennen, den er am 11. Mai 1913 (Pfingstsonntag) in der Wohnung des Berliner Wäschefabrikanten Ludwig Heilborn wiedersah. Ferdinand feierte an diesem Tag Verlobung mit der Tochter des Hausherrn, der sein Arbeitgeber war. Anwesend war auch Felicens Schwester Erna (1886–1972), die wenige Tage zuvor, nämlich am 30. April, in Hannover heimlich eine uneheliche Tochter zur Welt gebracht hatte, die anschließend bei Pflegeeltern untergebracht wurde. Von diesem Fehltritt wußte allein Felice, die mitgeholfen hatte, die peinliche Angelegenheit so zu regeln, daß Eltern, Bruder und ihre jüngste Schwester Toni (1892–1919), die ebenfalls noch in der elterlichen Wohnung lebte, nichts davon erfuhren. Ferdinands Verlobung wurde im Herbst des Jahres wieder aufgelöst, weil man entdeckt hatte, daß er, seit Jahren in Geldnot, Wäsche der Firma Heilborn auf eigene Rechnung verkauft hatte. Eine Folge dieses Skandals war, daß er im März 1914 nach Amerika auswandern mußte, teilweise auf Kosten von Felice, die ihm die Überfahrt bezahlte und auch später mit Geldüberweisungen aushalf. Es leuchtet ein, daß die Probleme, die Felice mit Erna und Ferdinand hatte, sich ungünstig auf ihren Briefverkehr mit Kafka auswirken mußten, der nur mitbekam, daß die Geliebte Schwierigkeiten hatte, aber nicht deren Ursachen nannte.

Im Juni 1913 bat Kafka Felice in einem langen Schreiben, seine Frau zu werden, und bekam eine Zusage. Da aber seinem Entschluß, heiraten zu wollen, eine nicht zu bezwingende Angst vor der damit notwendigerweise verbundenen Intimität entgegenstand, sah er sich gezwungen, in der Folgezeit immer neue Gesichtspunkte gegen diese zugleich weiterhin erstrebte Ehe ins Feld zu führen, die Felice verunsicherten und ihn in eine Lage versetzten, die er mit folgenden Worten zum Ausdruck brachte: *Ich kann mit ihr nicht leben und ich kann ohne sie nicht leben.*

In dieser Lage fuhr er am 6. September 1913 zum *II. Internationalen Kongreß für Rettungswesen und Unfallverhütung,* der vom 9. bis zum 13. des Monats in Wien stattfand. Anschließend machte er Urlaub in Oberitalien. Er besichtigte Venedig und Verona und begab sich anschließend zur Erholung ins *Sanatorium Dr. von Hartungen* in Riva am Gardasee, wo er vom 22. September bis zum 11. Oktober blieb. Während dieser Zeit hatte sich die Verbindung zu Felice so gelockert, daß praktisch kein Kontakt mehr zu ihr bestand und seine Aussicht, durch eine Eheschließung seinen als unerträglich empfundenen Lebensumständen entkommen zu können, in weite Ferne gerückt war. Als dann Anfang November Felicens Freundin Grete Bloch nach Prag kam und die Verbindung mit Felice wiederherstellte, fuhr er am 8. und 9. des Monats nach Berlin zu einer Aussprache, die aber wenig erfolgreich verlief. Trotzdem machte er Felice Anfang 1914 einen weiteren Heiratsantrag, entschloß sich jedoch, für den Fall einer Ablehnung, seinen Posten zu kündigen und als freier Schriftsteller in Berlin zu leben. Am 28. Februar und 1. März 1914 sahen sich die beiden neuerlich in Berlin, ohne daß eine Entscheidung gefallen wäre, denn Felice glaubte Kafka nicht hinreichend zu lieben und hatte unüberwindliche Angst vor einer gemeinsamen Zukunft. Gleichwohl erklärte sie sich Ende des Monats bereit, Kafka zu heiraten, so daß man sich Ostern (12. und 13. April 1914) im Hause Bauer verloben konnte. Die offizielle, auch in den Zeitungen angekündigte Feier fand allerdings erst an Pfingsten statt (31. Mai und 1. Juni). Kafka empfand das Ganze als Folterung und notierte später in Prag: *War gebunden wie ein Verbrecher. Hätte man mich mit wirklichen Ketten in einen Winkel gesetzt und Gendarmen vor mich gestellt und mich nur auf diese Weise zuschauen lassen, es wäre nicht ärger gewesen.*

Es verwundert nicht, daß eine Verlobung, die unter so ungünstigen Voraussetzungen geschlossen worden war, nicht lange Bestand hatte. Am 12. Juli schon – Kafka hatte Felice zu einem gemeinsamen Ostseeurlaub abholen wollen – kam es im Berliner Hotel *Askanischer Hof,* in dem Kafka abzusteigen pflegte, zu einer Auseinandersetzung zwischen den Verlobten, an der auch Felicens Schwester Erna, der Schriftsteller Ernst Weiß (→ Abb. 718) und Grete Bloch (→ Abb. 737) teilnahmen. Grete Bloch hatte an sie gerichtete Briefe Kafkas vorgelegt, die ihn kompromittierten und, zumal er selbst zu den ihm gemachten Vorwürfen schwieg, Felice zu einer sofortigen Auflösung der Verlobung nötigten. So verließ er am 13. Juli Berlin allein. Er fuhr nach Lübeck, verbrachte den darauffolgenden Tag am Strand von Travemünde und begab sich dann vermutlich am 16. Juli mit Ernst Weiß und dessen Freundin Rahel Sanzara ins dänische Ostseebad Marielyst auf der Insel Falster, wo er bis zum 25. des Monats Urlaub machte.

Br II 286 und T 528 f., vgl. Hartmut Binder: *Mit Kafka in den Süden,* (Praha 2007), S. 85–87, 91 und Reiner Stach: *Kafka. Die Jahre der Entscheidungen,* (Frankfurt / M. 2002), S. 245–247, 295 und 432–434.

Die Begegnung

658 | Das Haus *Schalengasse (Skořepka)*
Nr. 1 an der Ecke zur *Aegidigasse (Jilská)*
(I-527). Im obersten Stockwerk wohnten
Max Brod und seine Familie.

   *Als ich Sonntag nachmittag drei Frauen
knapp überholend in Maxens Haus trat
dachte ich: Noch gibt es ein, zwei Häuser in
denen ich etwas zu tun habe, noch können
Frauen, die hinter mir gehen, mich an einem
Sonntag nachmittag zu einer Arbeit, einem
Gespräch zweckmäßig, eilig, nur ausnahmsweise es von dieser Seite schätzend, in ein
Haustor einbiegen sehn. Lange muß das
nicht mehr so sein.*

Tagebuch, 31. X. 1911.

659 | Felice Bauer (1887–1960) (1914).

Frl. Felice Bauer. Als ich am 13. VIII zu Brod kam, saß sie bei Tisch und kam mir doch wie ein Dienstmädchen vor. Ich war auch gar nicht neugierig darauf, wer sie war, sondern fand mich sofort mit ihr ab. Knochiges leeres Gesicht, das seine Leere offen trug. Freier Hals. Überworfene Bluse. [...] Fast zerbrochene Nase. Blondes, etwas steifes reizloses Haar, starkes Kinn.

Felice wurde 1887 im oberschlesischen Neustadt (heute Prudnik in Polen) als Tochter des jüdischen Versicherungsvertreters Carl Bauer (1856–1914) und seiner Frau Anna (1849–1931), Tochter eines Färbers, geboren, die 1899 nach Berlin übersiedelten. Dort verließ der Vater die Familie für einige Jahre, um mit einer anderen Frau zusammenzuleben, ließ sich aber nicht scheiden. Felice, der die Aufgabe zufiel, wöchentlich das für die Unterstützung der Familie nötige Geld bei ihm abzuholen, bewunderte zwar seinen Lebensstil, der für sie ein Gegenmodell bürgerlicher Respektabilität darstellte, propagierte aber selbst Wertvorstellungen des jüdischen Mittelstandes. Sie hatte kein Abitur, ließ sich zur Sekretärin ausbilden und arbeitete sich aufgrund ihrer Tüchtigkeit in der Berliner Firma *Carl Lindström AG,* die Diktiergeräte herstellte und vertrieb, in wenigen Jahren zur Prokuristin empor.

Felice war keine ungewöhnliche Frau, aber lebhaft und elegant, lebensbejahend, impulsiv und großzügig, auch mit ihrer Zeit. Sie war ein Augenmensch, eine Sammlerin mit einer Liebe zum Exotischen, besonders zur japanischen Kunst, aber auch zur modernen Literatur. Sie besaß beispielsweise eine 27bändige Strindberg-Ausgabe sowie zwei weitere auf diesen Autor bezügliche Titel, Gerhart Hauptmanns *Gesammelte Werke in sechs Bänden,* die sie gleich nach ihrem Erscheinen Ende 1909 gekauft hatte, sah am 16. Dezember 1912 im *Lessing-Theater* eine Aufführung von *Gabriel Schillings Flucht,* über die sie sich Kafka gegenüber Gedanken machte, und nannte ein zerlesenes Exemplar von Schnitzlers *Der Weg ins Freie* ihr eigen, dessen *Professor Bernhardi* sie ebenfalls im Theater gesehen hatte.

Anfang 1919 heiratete sie den vierzehn Jahre älteren Bankprokuristen Moritz Marasse, mit dem sie zwei Kinder hatte, die 1920 und 1921 geboren wurden. 1931 übersiedelte die Familie nach Genf und emigrierte 1936 nach Los Angeles, wo Felice zunächst mit wenig Erfolg als Masseuse und Kuchenbäckerin arbeitete, bevor sie 1939 einen Strickwarenladen eröffnete, den sie bis 1956 erfolgreich betrieb. Im gleichen Jahr verkaufte sie, um Schulden bezahlen zu können, die Briefe, die Kafka ihr geschrieben hatte, für 8000 Dollar an den Schocken Verlag in New York, der 1989 500000 Dollar dafür erlöste. Felice starb 1960 an einem Schlaganfall. Ihr Mann war bereits 1950 gestorben.

Tagebuch, 20. VIII. 1912, vgl. Guy Stern: *Felice Bauer before and after Kafka: Searching for Her Views of Their Relationship,* in: *Thurn-of-the-century and Its Legacy: Essays in Honor of Donald G. Daviau,* hrsg. von Jeffrey B. Berlin u. a., (Wien) 1993, S. 239–250 und Leo A. Lensing: *Kafkas Verlobte war auch nicht so einfach,* in: *Frankfurter Allgemeine Zeitung* Nr. 195 (23. VIII. 1997), Beilage *Bilder und Zeiten.*

660 | Adolf Brod (1854–1933), der Vater Max Brods.

Als er [Kafka] einmal nachmittags zu mir kam (ich wohnte damals noch bei den Eltern) und durch sein Eintreten meinen Vater weckte, der auf dem Sofa schlief, sagte er, statt einer Entschuldigung, auf unendlich zarte Weise, wie zur Beschwichtigung die Arme hebend und leise auf den Fußspitzen durchs Zimmer gehend: «Bitte, betrachten Sie mich als einen Traum».

FK 69 f. (Max Brod).

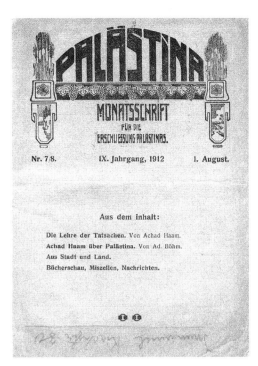

661 | Der Bankbeamte und Schriftsteller Otto Brod.

Außerdem war damals gerade eine Zeit, wo ich mir öfters den Spaß machte, den Otto Brod, der auf pünktliches Schlafengehen hält, bei meinen häufigen Besuchen durch besondere Lebhaftigkeit, die mit dem Vorrücken der Uhr sich vergrößerte, solange vom Schlafen abzuhalten, bis mich gewöhnlich die ganze Familie mit vereinten Kräften, in aller Liebe natürlich, aus der Wohnung drängte.

Kafka war an diesem 13. August erst nach 21 Uhr zu den Brods gekommen, so daß sein Erscheinen für Otto Brod eine gewisse Bedrohung seines Schlafs darstellte.

Otto Brod (*1888) besuchte von 1898 bis 1902 das Untergymnasium des Prager *Stephans-Gymnasiums* und maturierte 1905 an der *Deutschen Handelsakademie* in der *Fleischmarktgasse* (→ Abb. 266). Danach war er Angestellter der *Böhmischen Union-Bank* und anderer Unternehmen. Otto hatte seinen Bruder Max und Kafka im September 1909 nach Italien und 1910 nach Paris begleitet. Während des Krieges diente er als Offizier an der Isonzofront. (→ Abb. 309) Sein einziger Roman erschien 1934 unter dem Titel *Die Berauschten.* Otto Brod wurde 1941 nach Theresienstadt deportiert und im Oktober 1944 in Auschwitz umgebracht.

An Felice am 27. X. 1912, vgl. PK 167.

662 | Johann Heinrich Wilhelm Tischbein: *Goethe am Fenster seiner römischen Wohnung* (Aquarell, Rom 1787).

Zur Abwechslung brachte Hr. Direktor [Adolf Brod] den Bilderband jener Propyläenausgabe und kündigte an, er werde Ihnen Goethe in Unterhosen zeigen. Sie citierten: «Er bleibt ein König auch in Unterhosen» und dieses Citat war das einzige, was mir an dem Abend an Ihnen mißfallen hatte.

Gemeint ist der von Ernst Schulte-Strathaus herausgegebene Band *Die Bildnisse Goethes,* dem Max Brod noch im Jahr seines Erscheinens in der Zeitschrift *Die Gegenwart* eine anerkennende Rezension hatte zuteil werden lassen. Die Abendgesellschaft im Hause Brod kam auf Goethe zu sprechen, weil Max Brod Felice Photos von der Reise zeigte, die er wenige Wochen zuvor mit Kafka nach Weimar unternommen hatte.

An Felice am 27. X. 1912, vgl. Max Brod: *Die Bildnisse Goethes,* in: *Die Gegenwart* 78, Nr. 51 (1910), S. 1016.

663 | *Palästina. Monatsschrift für die Erschließung Palästinas.* Titelblatt der Doppelnummer Nr. 7/8 vom August 1912. Am unteren Rand, kopfstehend von Kafkas Hand, die Berliner Adresse Felice Bauers, aber mit falscher Hausnummer (richtig wäre Nr. 29).

Das Beste, was ich an jenem Abend ausgeführt habe, war, daß ich eine Nummer von «Palästina» zufällig mithatte, und um dessentwillen sei mir alles andere verziehen.

Kafka hatte die Zeitschrift abonniert und mit Felice bei ihrer ersten Begegnung eine gemeinsame Reise nach Palästina vereinbart, die freilich nicht zustande kam.

An Felice am 27. X. 1912, vgl. Br I 170.

664 | Die *Obstgasse* (heute *28. října*), im Hintergrund der *Pulverturm*.

In der Obstgasse und am Graben führte hauptsächlich Hr. Direktor Brod das Wort und Sie erzählten nur jene Geschichte, wie die Mutter Ihnen auf Ihr Händeklatschen hin das Haustor öffnen läßt.

Der Abend des 13. August 1912 endete damit, daß Adolf Brod und Kafka Felice über den *Kohlmarkt* (*Uhelný trh*), die *Perlgasse* (*Perlová*), die *Obstgasse* und den *Graben* zum Hotel *Zum blauen Stern* brachten, in dem sie Quartier genommen hatte.

In der linker Hand sichtbaren Häuserfront der *Obstgasse* lagen die Wohnung der Familie Jesenský (→ Abb. 1072), die Weinstube *Eldorado* (→ Abb. 263) sowie die Praxis Dr. Mühlsteins (→ Abb. 957), die sich im vierten, teilweise durch die Straßenlampe verdeckten Haus von links befand.

An Felice am 27. X. 1912, vgl. Br II 23 und Br III 202.

665 | Der *Graben* (*Na příkopě*); im Hintergrund links die *Finanzlandesdirektion*.

Jede Einzelnheit weiß ich. Ich kenne noch beiläufig jene Stelle auf den Graben, wo ich ohne Grund aber absichtlich aus Unruhe, Verlangen und Hilflosigkeit vom Trottoir mehrmals in die Fahrbahn stolperte.

Ganz rechts, in dem zur Kirche zeigenden Gebäudeteil, *Am Graben* Nr. 16 (II-854), lag das Schreibwarengeschäft *F. B. Batovec*, wo Kafka Hefte im Quartformat zu kaufen pflegte, die er als Tagebuch oder für seine literarischen Projekte verwendete (heute Neubau und Nr. 14). Weiter links in der Häuserfront, hinter der Kirche, das *Piaristenkloster* (→ Abb. 51), in dem das *Graben-Gymnasium* untergebracht war (II-856, heute Nr. 16).

An Felice am 15. VIII. 1916, vgl. *Adresář královského hlavního města Prahy*, V Praze 1907, Werbeteil, S. 49.

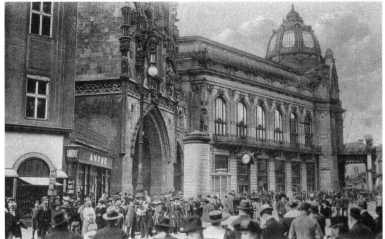

666 | Das Kafka wohlbekannte Delikatessengeschäft von *Josef Lippert* auf dem *Graben* (I-869).

[...] die Delikatessenhandlung Lippert, in deren Fenstern es große Sehenswürdigkeiten für uns Kinder gab, wie feuerrote Hummern und Langusten, Fäßchen mit feuchtglänzendem Kaviar, ganze Ananasfrüchte, neben der Eingangstüre stand ein flacher Korb, mit einem Netz bedeckt, in welchem lebende Krebse lustig durcheinanderkrochen. Auf Eisblöcken lagen große Schollen, Welse, Aale und andere Fische, die wir noch nie gesehen hatten, gerupfte gemästete Gänse und Enten und ungerupfte Rebhühner, Schnepfen und Fasane, deren lange bunte Schwanzfedern wir so gerne gehabt hätten und noch manch andere köstliche und unbekannte Dinge.

(→ Abb. 1178)

Fritz Schobloch: *Spaziergang in der Stadt in den neunziger Jahren*, in: PN 16, Nr. 3 (März 1965), S. 3, vgl. DZB 65, Nr. 91 (31. III. 1892), *Beilage*, S. 6.

667 | *Pulverturm (Prašná brána)* und *Repräsentationshaus (Obecní dům)* (rechts) vom *Graben* aus gesehen. Links die Buchhandlung *André*.

Erwähnt wurde auch, wenn ich mich nicht irre, daß Sie die Jause im Repräsentationshaus gegenüber Ihrem Hotel eingenommen hätten.

Der Gebäudekomplex, in dem sich die Buchhandlung *André*, die Firma *Lippert* und die *Böhmische Escomptebank* befanden, in der Otto Pick (→ Abb. 402) arbeitete, wurde 1931 durch einen monumentalen Neubau ersetzt. Im *Repräsentationshaus (Obecní dům)* (→ Abb. 209, 25), das kurz zuvor eröffnet worden war, gab es ein Restaurant und ein Kaffeehaus.

An Felice am 27. X. 1912, vgl. PT 56, Nr. 110 (10. V. 1931), *Der Sonntag*, (S. I).

668 | Das Hotel *Zum blauen Stern*, in dem Felice Bauer während ihres Prag-Besuchs wohnte (→ Abb. 209, 28). Im Erdgeschoß links vom Eingang das Frühstückszimmer.

[...] wie ich da eiligst fast noch in der Nacht von zuhause abmarschiere, in einer feinen Kälte durch die Gassen wandere – vorbei am zwar schon beleuchteten, aber verhängten Frühstückzimmer des «Blauen Stern», nun schaut zwar wieder jemand verlangend hinein, aber niemand mehr auf die Gasse heraus.

Wenn Kafka am frühen Morgen zu einer Dienstreise nach Nordböhmen startete und zum *Staatsbahnhof* in der *Hibernergasse* ging, kam er am Hotel *Zum blauen Stern* vorbei.

An Felice am 9./10. XII. 1912.

669 | Das Vestibül des Hotels *Zum blauen Stern.*

Beim Eintritt ins Hotel drängte ich mich in irgend einer Befangenheit in die gleiche Abteilung der Drehtüre, in der Sie gingen, und stieß fast an Ihre Füße.

An Felice am 27. X. 1912.

670 | Die *Immanuelkirchstraße* in Berlin, rechts Nr. 29 (das Gebäude hat sich erhalten), wo die Familie Bauer bis März 1913 wohnte.

An diese Adresse gingen die meisten Briefe, die Kafka an Felice richtete.

Der literarische Durchbruch

671 | Wilhelm Schäfer: *Die Mißgeschickten,* (Georg Müller) München und Leipzig 1909, Einband.

Die Novellen von Wilhelm Schäfer lese ich besonders beim lauten Vorlesen mit dem ebenso aufmerksamen Genuß, wie wenn ich mir einen Bindfaden über die Zunge führen würde. Valli konnte ich gestern nachmittag zuerst nicht sehr gut leiden, als ich ihr aber die «Mißgeschickten» geborgt hatte, sie schon ein Weilchen darin las und schon ordentlich unter dem Einfluß der Geschichte sein mußte, liebte ich sie wegen dieses Einflusses und streichelte sie.

Die im Herbst 1911 erfolgte Entdeckung Wilhelm Schäfers (1868–1952) durch Kafka und Max Brod bedeutete, daß die Freunde ihre seit etwa 1905 bestehende Fixierung auf die französische Literatur lockerten und sich anderen Stilvorstellungen öffneten, ein Vorgang, der wie die ungefähr gleichzeitige Entdeckung Kleists (→ Abb. 742 und 750) durch Kafka nicht ohne Bedeutung für den Stilgestus des wenig später begonnenen *Verschollenen* gewesen sein dürfte. Wichtigstes Zeugnis für diesen Paradigmawechsel ist eine am 31. März 1912 erschienene Besprechung Brods, in der unter an-

derem Schäfers Roman *Die Mißgeschickten,* seine im Verlag Georg Müller erschienenen *Anekdoten* und seine fingierte Selbstbiographie Karl Stauffer-Berns, die Kafka ebenfalls bekannt waren, in folgender Weise gewürdigt wird: *Als Gesammtheit genommen erweist sich der Stil Schäfers als eine Rücklenkung der deutschen Sprache in die ihr von der Natur gewiesenen Bahnen. Nachdem durch die sogenannte Moderne ein hastiges telegrammartiges Erzählen aufgekommen war, glaubten manche Autoren in der Zerfaserung ihrer Sätze gar nicht weit genug gehen zu können [...] Dazu kam der Einfluß, den Übersetzungen (und nicht immer die besten) aus dem Französischen und Russischen auf unsere Prosa gewannen, wodurch diese im Innern gewiß bereichert, in der Form aber, fremden Formen angepaßt, vernichtet wurde. Wie eine Erlösung tritt nun Schäfer auf und zeigt, die heilige Tradition Goethes und Kleists aufnehmend, wie die tiefsten Fähigkeiten der deutschen Sprache sich in kühner Periodenbildung und in einem unermüdlich gewechselten Tonfall aufschließen. Er gibt uns wieder den Mut, an eine Eigenart und unkosmopolitische Schönheit der deutschen Sprache zu glauben.*

Tagebuch, 31. XI. 1911 und Max Brod: *Neue Bücher,* in: PT 37, Nr. 89 (31. III. 1912), S. 11.

672 | Demonstrierende Arbeiter am 10. Oktober 1905 auf der *Kaiser Franzens-Brücke* (heute *most Legii*). (→ Abb. 497, 10)

Als ich mich zum Schreiben niedersetzte, wollte ich nach einem zum Schreien unglücklichen Sonntag [...] einen Krieg beschreiben, ein junger Mann sollte aus seinem Fenster eine Menschenmenge über die Brücke herankommen sehn, dann aber drehte sich mir alles unter den Händen.

Der Brief informiert darüber, daß Kafka, als er sich am 22. September 1912 um 10 Uhr abends niedersetzte, um das *Urteil* zu Papier zu bringen, das acht Stunden später vollendet vorlag, zunächst eine sich aggressiv gebende Menschenmasse imaginierte, die man sich naheliegenderweise auf der vor seinem Fenster liegenden *Svatopluk Čech-Brücke* lokalisiert denkt. Tatsächlich gab es in Prag immer wieder Großdemonstrationen, deren Teilnehmer über die Moldaubrücken in die Prager Innenstadt marschierten. Im Text der Erzählung ist dieses Motiv nur noch an der Stelle erkennbar, wo von der russischen Novemberrevolution von 1905 die Rede ist, deren Erwähnung durch die Erinnerung an Umzüge der hier dokumentierten Art oder Massenaufmärsche der tschechischen *Sokol*-Bewegung evoziert worden sein könnte, die in der böhmischen Metropole immer wieder zu beobachten waren und zuletzt im Juni 1912 Kafkas Aufmerksamkeit erregt hatten.

An Felice am 3. VI. 1913.

673 | Der *Altstädter Ringplatz* während des allslawischen Sokolkongresses, der vom 28. Juni bis zum 1. Juli 1912 in Prag stattfand.

Anlässlich der Prager Allslaventage hat die Staatspolizei am Sonntag während der Dauer des Festzuges angeordnet, die <u>Türen und Fensterläden an der Straßenfront der deutschen Häuser zu schließen</u>. Es war streng verboten die Fenster mit Zuschauern zu besetzen. Diese Vorkehrungen sind <u>angeblich zum Schutze der böhm. Arbeiter</u> erlassen worden.

Die Notiz, die offenbar auf eine polizeiliche Verordnung zurückgeht, betraf den Festzug am Sonntag, dem 30. Juni 1912, in dessen Verlauf es auf dem *Graben* mehrfach zu Ausschreitungen gegenüber farbentragenden deutschen Studenten kam.

TA 73 (Notizblock, undatiert).

674 | Der im ersten Obergeschoß gelegene *Spiegelsaal* des Hotels *Erzherzog Stephan* (heute Hotel *Europa*) (→ Abb. 209, r), *Wenzelsplatz (Václavské náměstí)* Nr. 25 (II-825).

Liebste ich lese nämlich höllisch gerne vor, in vorbereitete und aufmerksame Ohren der Zuhörer zu brüllen, tut dem armen Herzen so wohl. Ich habe sie aber auch tüchtig angebrüllt und die Musik die von den Nebensälen her mir die Mühe des Vorlesens abnehmen wollte, habe ich einfach fortgeblasen.

Am 4. Dezember 1912 fand in diesem Raum vor geladenen Gästen ein von der *Johann Gottfried Herder-Vereinigung zu Prag* veranstalteter *Prager Autorenabend* statt, der von Willy Haas mit Gedichten von Franz Werfel und Otto Pick eingeleitet wurde. Anschließend las Max Brod Verse aus seinem Buch *Die Höhe des Gefühls*, danach trug Oskar Baum seine Novelle *Der Antrag* vor. Den Beschluß machte Kafka mit dem *Urteil*.

An Felice am 4./5. XII. 1912, vgl. Hartmut Binder: *Prag, Hotel Europa. Eine bisher unbeachtet gebliebene Kafka-Stätte*, in: *Stuttgarter Zeitung* 42, Nr. 5 (8. I. 1986), S. 23.

675 | Kafkas Großeltern Franziska, geb. Platowski, und Jakob Kafka.

Dann nahm er die Photographie der Eltern in die Hand, auf der der kleine Vater hoch aufgerichtet stand, während die Mutter in dem Fauteuil vor ihm ein wenig eingesunken dasaß. Die eine Hand hielt der Vater auf der Rückenlehne des Fauteuils, die andere zur Faust geballt, auf einem illustrierten Buch, das aufgeschlagen auf einem schwachen Schmucktischchen ihm zu Seite lag.

Es ist anzunehmen, daß sich Kafka bei der Gestaltung dieser Stelle aus dem vierten Kapitel des *Verschollenen* – die ersten sechs Kapitel des Romans entstanden in rascher Folge zwischen dem 25. September und 12. November 1912 – von dem hier reproduzierten Photo hat anregen lassen.

Der Verschollene, S. 134, vgl. Franz Kafka: *Der Verschollene. Apparatband*, hrsg. von Jost Schillemeit, (Frankfurt / M. 1983), S. 53.

676 | Die Depeschenabteilung der Prager Post (1909).

Der Saal der Telegraphen war nicht kleiner, sondern größer als das Telegraphenamt der Vaterstadt, durch das Karl einmal an der Hand eines dort bekannten Mitschülers gegangen war.

Als 1909 die technischen Einrichtungen der Prager Post auf den neuesten Stand gebracht wurden, veröffentlichte die führende tschechische illustrierte Zeitschrift *Český svět* (Tschechische Welt) die hier reproduzierte Abbildung, doch konnte Kafka davon auch von seinem Intimus Max Brod erfahren, der seit Beginn dieses Jahres bei der Prager *Postdirektion* angestellt war, so daß ihm natürlich die neue Depeschenabteilung bekannt war. Wie auch in vergleichbaren Fällen zu beobachten, verwirklichte Kafka sein Ziel, im *Verschollenen* das modernste Amerika Gestalt werden zu lassen, durch die Vergrößerung der ihm bekannten europäischen Gegebenheiten ins Überdimensionale. (→ Abb. 427)

Der Verschollene, S. 66, vgl. Br II 196.

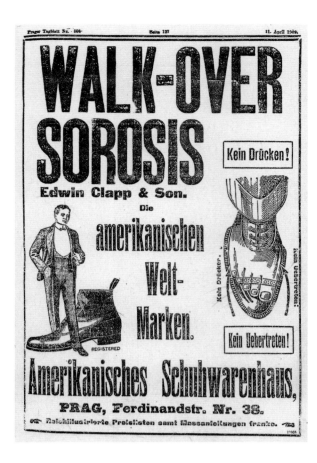

677 | Eine Annonce des in der Prager *Ferdinandstraße (Národní třída)* Nr. 38 (II-37) gelegenen *Amerikanischen Schuhwarenhauses* im *Prager Tagblatt.*

Der schöne große Knopf schön angebracht unten auf dem Ärmel eines Mädchenkleides. Das Kleid auch schön getragen über amerikanischen Stiefeln schwebend.

Da ab Herbst 1911 in Kafkas Lebenszeugnissen mehrfach Hinweise auf Amerika begegnen, darf man annehmen, er habe schon zu diesem Zeitpunkt damit gespielt, den *Verschollenen* zu schreiben, dessen erste, verlorene Fassung dann im darauffolgenden Winter in Angriff genommen wurde. Die von ihm beachteten amerikanischen Stiefel, die Cowboy-Stiefeln ähnelten und einen niederen, breiten Absatz hatten, sind in die erhaltene Version des *Verschollenen* eingegangen: Das Kapitel *Im Hotel occidental* berichtet, fast alle Liftjungen hätten trotz amerikanischer Stiefelform zu enge Stiefel getragen. Auch der im zweiten Kapitel erwähnte amerikanische Schreibtisch, dessen hundert Fächer sich durch einen Regulator nach Belieben verändern lassen, mag von Schaufensterbummeln angeregt sein, denn auf dem Prager *Graben* (Nr. 14, II-853), unmittelbar neben dem Geschäft, in dem Kafka seine Schreibhefte zu kaufen pflegte (→ Abb. 665), befand sich eine Firma, die sich auf amerikanische Büromöbel spezialisiert hatte und natürlich auch Schreibtische führte. Freilich läßt Kafka, entsprechend den Vorstellungen, die ihn bei der Konstituierung seiner amerikanischen Welt leiteten (→ Abb. 327), an der entsprechenden Stelle im zweiten Kapitel des Romans keinen Zweifel daran, daß die in Europa bekannten Schreibtische an Größe und Raffinesse nicht entfernt mit dem Geschenk konkurrieren können, das Karl von seinem Onkel erhält.

Tagebuch, 27. IX. 1911 und V 192, vgl. 57.

678 | Das von Matěj Blecha im Spätjugendstil umgebaute Hotel *Zur goldenen Gans (Zlatá husa)* am *Wenzelsplatz* Nr. 13 (II-839), das in dieser Gestalt am 21. Januar 1911 eröffnet wurde.

Bei seiner Ankunft im Hotel occidental kommt es zu dem folgenden Dialog zwischen Karl Roßmann, dem Helden des *Verschollenen,* und der im Hotel angestellten Oberköchin: *«Von wo sind Sie denn?» «Aus Prag in Böhmen», sagte Karl. «Sehn Sie einmal an», rief die Oberköchin in einem stark englisch betonten Deutsch und hob fast die Arme, «dann sind wir ja Landsleute, ich heiße Gretel Mitzelbach und bin aus Wien. Und Prag kenne ich ja ausgezeichnet, ich war ja ein halbes Jahr in der Goldenen Gans auf dem Wenzelsplatz angestellt. Aber denken Sie nur einmal!» «Wann ist das gewesen?» fragte Karl. «Das ist schon viele viele Jahre her.» «Die alte Goldene Gans», sagte Karl, «ist vor zwei Jahren niedergerissen worden.» «Ja, freilich», sagte die Oberköchin ganz in Gedanken an vergangene Zeiten.*

Der Verschollene, S. 171 f., vgl. DZB 84, Nr. 22 (22. I. 1911), S. 4.

679 | *Das Buch des Jahres 1912. Ein Weihnachtskatalog*, (Der Tempel Verlag) Leipzig (1911), S. 127.

Die Abbildung zeigt eine Seite aus dem jeweils im Herbst erschienenen, kostenlos abgegebenen Buchkatalog einer Verlegergemeinschaft, der unter anderem Bruno Cassirer, Eugen Diederichs, Samuel Fischer, Georg Müller, Reinhard Piper und Ernst Rowohlt angehörten.

In einem an Felice gerichteten Schreiben Kafkas vom 4./5. Dezember 1912 heißt es: *Kennst Du Stössl? Das ist ein prachtvoller Mensch, das Menschenschöpferische schaut ihm wahrhaftig aus dem Gesicht, das sonst mit seiner Blutfülle und seiner Hakennase auch einem jüdischen Schlächter gehören könnte. (Warte, ich habe ja da in einem Katalog sein Bild und lege es gleich bei).* Kafka schnitt aus der hier reproduzierten Seite den Stoessl betreffenden Teil heraus und schrieb dazu: *ach was, der Hungerpastor! Wie will der mit dem Morgenrot verglichen werden!*

Am 14. Oktober 1912 kam es im Gasthaus *Zu zwei Amseln* in der Prager *Herrengasse* Nr. 4 (II-855) zu einer Begegnung zwischen Stoessl, Max Brod und Kafka, der gerade mitten in der Arbeit am *Verschollenen* war. Im Verlauf des bei dieser Gelegenheit sich entwickelnden Gesprächs über literarische Fragen stellte Stoessl die Behauptung auf: *Der Epiker weiss alles.* Die Bemerkung, die sich Kafka in seinem Arbeitsheft notierte, machte so großen Eindruck auf ihn, daß er sie, wie er am 27. Januar 1913 an dessen Urheber schrieb, immer noch *mit großem Widerhall* in sich herumtrug.

Kafka, der gern in Verlagskatalogen blätterte und sie zum Ausgangspunkt von literarischen Phantasien machte, war von dem *Weihnachtskatalog*, der in dieser Gestalt zum erstenmal 1910 erschienen war, so angetan – nachweislich besaß er auch das *Buch des Jahres 1911* –, daß er im September 1913 in einem an seine Schwester Ottla gerichteten Brief darum bat, ihm den entsprechenden Band für das Jahr 1913 zu besorgen, da er befürchtete, dieser sei bei seiner Rückkehr schon vergriffen.

GEORG MÜLLER VERLAG MÜNCHEN

Neue Romane

Kurt Aram: Baronin Gorn

Mit Umschlag von M. Schwarzer. Geheftet M. 4.—, gebunden M. 5.50

In diesem Roman erzählt Kurt Aram die Geschichte der großen Leidenschaft einer hochstehenden Frau und ihre allmähliche notwendige Loslösung aus einem harmonisch umfriedeten Hausleben, die hier mit gedämpften Farben und doch in klarster Zeichnung gegeben ist. Die charakteristische Haltung wirklich vornehmer Menschen in allen schmerzlichen und leidenschaftlichen Momenten der Handlung wirkt eindrucksvoll, ohne die Kraft der seelischen Akzente zu beeinträchtigen. Kurt Aram hat hier ein äußerst fein kultiviertes und zugleich spannendes Buch aus dem Leben der großen Welt geschaffen und sich damit in die erste Reihe unsrer Erzählungskünstler gestellt.

W. Fischer, Graz: Aus der Tiefe

Geheftet M. 3.—, gebunden M. 4.—

Die Erzählung handelt von dem Aufstieg eines Mägdleins niedriger Herkunft zur Höhe einer von reinstem Adel durchstrahlten Weiblichkeit. Ihre Entwicklung geht unter der mütterlich sorgenden Hand der Natur vor sich, die den Keim zur Blüte in sie gelegt hat, die alle erfreut. So wird ein Sieg der edlen Natur gegen alle widerstrebenden Verhältnisse in ihr dargestellt. Die Erzählung ist mit der Geschichte des Franzosenkrieges in der Steiermark unter Napoleon verwoben und gewinnt dadurch an Mannigfaltigkeit und Spannung der Handlung. Es ist ein Werk, das zwei seltene Eigenschaften vereinigt: nämlich sowohl das allgemeine Publikum durch feinsinnige Poesie und Zeichnung zu fesseln, als auch der Jugend zu gefallen, die das Werk vollwertig empfangen kann.

Der Traum vom Golde. 2. Auflage. Geh. M. 4.—, geb. M. 5.50
Lebensmorgen. Erzählungen. 4. Auflage. Geh. M. 4.—, geb. M. 5.—

Adolf Paul: Dornröschen

Geheftet M. 4.—, gebunden M. 5.50

Adolf Paul erzählt in diesem feinem neuesten Roman die moderne Geschichte der aus ihrer höfischen Enge durch einen bürgerlichen Mann befreiten Prinzessin und der seltsamen Folgen solch romantischer Befreiung. Der grausam witzige Widersinn des Lebens, daß hinter dem romantischen Helden ein gut bürgerlicher bequemer Streber steckt, die groteske Überlegenheit der bürgerlichen Mittelwelt über adlige Empfindungen, die Heimatlosigkeit der Frau in diesem Getriebe — das alles schildert Paul oft stark parodistischem Humor und mit der ihm eigenen Verve.

Jung Hansens Liebesbriefe. 2. Auflage. Geh. M. 2.—, geb. M. 3.—

Otto Stössl: Morgenrot

Roman, geheftet M. 5.—, gebunden M. 6.50

»Dieses neue Werk des bekannten Wieners ist nicht nur eines der schönsten Bücher der letzten Jahre allgemein, sondern ist auch den vortrefflichsten Kindheitsgeschichten, die wir in deutscher Sprache haben, beizuzählen. Man wird an keinen Geringeren, als an Raabe und seinen »Hungerpastor« gemahnt.« *Württembergische Zeitung, Stuttgart.*

127

Stoessl (1975–1926), Arztsohn, studierte Jura in Wien und bezahlte bis zu seiner Pensionierung im Jahr 1925 dafür mit einer schwierigen, unersprießlichen Beamtenexistenz bei einer Eisenbahngesellschaft, so daß er, wie er selbst berichtete, erst in der knappen Abendmuße über das Österreich zu schreiben begann, an dem er litt und dessen inneren und äußeren Widerspruch er als einzigen notwendigen poetischen Inhalt auf komische und tragische Weise darzustellen hatte.

Br I 576 und Franz Kafka: *Der Verschollene. Apparatband*, hrsg. von Jost Schillemeit, (Frankfurt / M. 1983), S. 39, vgl. Br II 404, FK 113, W 264, O 19 und Otto Stoessl: *Curriculum vitae*, in: PP 5, Nr. 119 (1. V. 1925), S. 7.

680 | F. M. Dostojewski: *Arme Leute. Der Doppelgänger. Zwei Romane.* Übertragen von E. K. Rahsin, (R. Piper und Co.) München und Leipzig 1910, Einband.

Die beiden Romane erschienen als 14. Band der vom R. Piper Verlag betreuten *Sämtlichen Werke* Dostojewskis. Vermutlich hat Kafka den *Doppelgänger,* dem die *Verwandlung* entscheidende Anregungen verdankt, in dieser Ausgabe gelesen, die 1912 in einem wohlfeilen Druck neuerlich auf den Markt kam. Vorausgegangen war eine Beschäftigung mit einem Werk Dostojewskis, das Max Brod als *Ein Halbwüchsling* in Erinnerung hatte, der, wie er richtig wußte, im Albert Langen Verlag erschienen war. Freilich kann es sich dabei nur um den Roman handeln, der 1905 unter dem Titel *Ein Werdender* herausgekommen war und 1915 innerhalb der Gesamtedition des R. Piper Verlags als *Der Jüngling* in Erscheinung tritt. Tatsächlich belegen Brods Tagebücher, daß er im November 1910 *Ein Werdender* gelesen hat. Da Brod, wie seine Tagebücher zeigen, im darauffolgenden Dreivierteljahr mit mehreren Hauptwerken Dostojewskis bekannt wurde – darunter waren *Rodion Raskolnikoff,* 1908 innerhalb der *Sämtlichen Werke* erschienen, sowie *Die Brüder Karamasoff* –, geht man wohl nicht fehl in der Annahme, Kafkas Dostojewski-Rezeption habe sich ungefähr zeitlich parallel dazu vollzogen, auch wenn seine Lebenszeug-

nisse die Kenntnis des zuletzt genannten Werks frühestens für das Jahr 1913 belegen, das er überdies zwei Jahre später von Felice zu seinem 32. Geburtstag geschenkt bekam (→ Abb. 847). *Rodion Raskolnikoff,* der das *Process*-Fragment in wichtigen Einzelpunkten prägte, hat sich in der erwähnten Ausgabe von 1908 unter seinen Büchern erhalten. Die *Aufzeichnungen aus einem Totenhaus* besaß Kafka ebenfalls, doch ist unbekannt, wann dieses Werk in seinen Besitz gelangte.

Als im Frühjahr 1914 im R. Piper Verlag Dostojewskis *Briefe* erschienen, kaufte sich Kafka den Band, den er sofort studierte. Im Anhang finden sich *Erinnerungen an Dostojewski* von D. W. Grigorowitsch, aus denen er im Mai 1920 Milena Jesenská die Geschichte von Dostojewskis literarischem Erfolg mit seinem Roman *Arme Leute* erzählte. Zu welchem Zeitpunkt er dessen erstmals 1913 erschienene *Literarische Schriften* rezipiert hat, ist nicht überliefert, bekannt ist nur, daß er Ottla, der des Bruders Liebe zu Dostojewski auffiel, im September 1916 aus der von Nicolaj Nicolajewitsch Strachoff stammenden Einleitung zu diesem Band vorlas. Daß er darüber hinaus Nina Hoffmanns Dostojewski-Biographie von 1899 besaß und sich mit dem Dostojewski-Buch von Otto Kaus beschäftigte (→ Abb. 907), bekräftigt seine Felice gegenüber geäußerte Auffassung, der russische Autor gehöre

neben Flaubert, Grillparzer und Kleist zu seinen literarischen *Blutsverwandten.*

An Felice am 2. IX. 1913, vgl. FK 46, KB 31, 34, Hartmut Binder: *Kafka-Kommentar zu sämtlichen Erzählungen,* München (1975), S. 128–171, FK 46, Hartmut Binder: *Kafka-Kommentar zu den Romanen, Rezensionen, Aphorismen und zum Brief an den Vater,* München (1976), S. 189, 200–257, Niels Bokhove: *Kafka's boekenkast 2,* in: KK 12, Nr. 4 (2004), S. 105, T 614, TA 151, T 712, KB 90 f., M 12–14, Br III 228, Hartmut Binder: *Kafka und seine Schwester Ottla,* in: *Jahrbuch der Deutschen Schillergesellschaft* 12 (1968), S. 432 f., KB 104 und Br III 217.

681 | Ein Straßenbahnwagen der Linie Nr. 3, die zum *Baumgarten (Král. obora)* fuhr, an der Haltestelle am *Pulverturm.*

Auch mit der über den *Altstädter Ring* führenden Linie Nr. 4 gelangte man zum *Baumgarten,* der außerhalb des Stadtgebiets lag und Ziel von Spaziergängen Kafkas war. Ein solcher Ausflug wird am Schluß der *Verwandlung* vorausgesetzt, wo die Angehörigen Gregor Samsas Anfang März mit der Elektrischen *ins Freie vor der Stadt* fahren, denn zunächst hatte es in der Handschrift geheißen: *nach dem schönsten öffentlichen Park der Stadt.* Daß Kafka dabei an den im Norden Prags liegenden *Baumgarten* gedacht hat, wird auch durch eine Stelle in der *Beschreibung eines Kampfes* nahegelegt, wo es heißt: *im Frühjahr, da werden wir in den Baumgarten fahren.*

Oxforder Quartheft 17 (Die Verwandlung), (hrsg. von Roland Reuß), (Frankfurt/M., Basel 2003), S. 166 f. und B I 218 f.

Die Verlobung

682 | Eingang zur *K. k. Statthalterei* (heute Abgeordnetenhaus des Parlaments der Tschechischen Republik) in der *Fünfkirchengasse* (heute *Sněmovní*) Nr. 1 (III-1).

Eben hatte ich einen Weg zur Statthalterei, ging langsam hin und zurück, es ist eine hübsche Entfernung, man geht über den Fluß auf das andere Moldau-Ufer [...].

Die *Statthalterei* lag an der Ecke *Kleinseitner Ringplatz (Malostranské náměstí)/Fünfkirchengasse.* Der Haupteingang, der zu den Räumen des Statthalters führte, lag in der *Fünfkirchengasse* Nr. 1, der Zugang zu den nachgeordneten Dienststellen erfolgte über das obere der beiden zum *Kleinseitner Ringplatz* weisenden Portale des Gebäudekomplexes, *Malostranské náměstí* Nr. 18, heute Nr. 16 (III-1). Ein weiterer, nicht mehr genutzter Eingang befand sich in der *Thunergasse (Thunovska)* Nr. 7.

Kafka hatte immer wieder dienstlich mit dieser Behörde zu tun, der eine wichtige Rolle zukam, wenn Unternehmer gegen die von der *Arbeiter-Unfall-Versicherungs-Anstalt* vorgenommene Klassifizierung ihrer Betriebe in eine bestimmte Gefahrenklasse Widerspruch einlegten.

An Felice am 25. oder 26. X. 1912.

683 | Die *Belvederegasse* (heute *Letenská*) auf der Prager Kleinseite, die Kafka am 25. oder 26. Oktober 1912 auf seinem Weg zur *Statthalterei* durchschritt. In der Bildmitte im Hintergrund die Mauer, die den Garten des *Waldstein-Palais (Valdštejnský palác)* umgibt; darüber der *St. Veits-Dom.*

Noch am gleichen Tag schrieb er darüber an Felice: *Ich bin während der letzten zwei Tage aus verschiedenen Gründen ein wenig traurig und zerstreut und blieb auf dem Rückweg in der Belvederegasse stehn – auf der einen Straßenseite sind Wohngebäude, auf der andern die ungewöhnlich hohe Mauer des Gräflich Waldsteinischen Gartens – nahm, ohne viel zu denken, Ihre Briefe aus der Tasche [...] und las paar Zeilen Ihres ersten Briefes.*

684 | *Chinesische Lyrik vom 12. Jahrhundert v. Chr. bis zur Gegenwart*. In deutscher Übersetzung, mit Einleitung und Anmerkungen von Hans Heilmann, (R. Piper & Co.) München und Leipzig (1904). Die Anthologie erschien als erster Band der Sammlung *Die Fruchtschale*.

Heilmanns Prosaübersetzung gehörte zu den ersten Büchern, auf die Kafka seinen Freund Max Brod hinwies. Dies läßt den Schluß zu, daß Kafka gleich nach dem Erscheinen der Anthologie darauf aufmerksam geworden sein muß. Er hat das Buch, das sich nicht in seiner Bibliothek erhalten hat, weil er es verborgte und nicht mehr zurückerhielt, sehr geschätzt, *zeitweilig allen andern vorgezogen und oft mit Begeisterung daraus vorgelesen*. Ganz besonders liebte er Yan-Tsen-Tsais Gedicht *In tiefer Nacht*, dessen Schlußzeilen er *dramatisch, humoristisch, mit einem eigentümlich gurrenden Lachen* zu rezitieren pflegte. (→ Abb. 1127)

Am 24. November 1912 bat er Felice, ihm nicht mehr in der Nacht zu schreiben, denn er könne diese mit Schlaf erkauften Briefe nur mit einer Mischung aus Glück und Trauer lesen und nicht ruhig arbeiten, wenn er wisse, daß sie seinetwegen noch wach sei:

Also nicht mehr abends schreiben, mir das Schreiben in der Nacht überlassen, mir diese kleine Möglichkeit des Stolzes auf die Nachtarbeit überlassen, es ist der einzige, den ich Dir gegenüber habe, sonst würde ich doch gar zu untertänig und das würde gewiß auch Dir nicht gefallen. Aber warte einen Augenblick, zum Beweise dessen, daß die Nachtarbeit überall, auch in China den Männern gehört, werde ich aus dem Bücherkasten (er ist im Neben-

685 | Das *K. k. Bezirksgericht* in Kratzau. Hier hatte Kafka am 26. November 1912 seinen Arbeitgeber in einem Prozeß zu vertreten.

Ich darf nicht vergessen, wie mein eigentlicher Auftrag für diese Reise erledigt wurde, denn auch das ist bezeichnend für den feindseligen Charakter dieser Reise. Ich hatte nämlich Erfolg, vielmehr meine Anstalt hatte ihn. Denn während ich geglaubt hatte, nicht mehr als 300 K zu bringen, brachte ich an 4500 Kronen also um etwa 4000 K mehr.

In Kratzau existierten im Jahr 1911 18 Fabriken, darunter 12 aus der Textilbranche: Es gab eine Tuchappretur, eine Baumwollweberei, eine Baumwollspinnerei, eine Baumwollabfallspinnerei, eine solche mit angeschlossener Färberei, eine Gardinenfabrik, drei Tuchfabriken, eine Makrospinnerei, eine Streichgarnspinnerei und einen Textilveredelungsbetrieb.

An Felice am 26. XI. 1912, vgl. Christa Schmitt: *Kafka in Kratzau*, in: *Sudetenland* 46, Heft 1 (2004), S. 88.

zimmer) ein Buch holen und ein kleines chinesisches Gedicht für Dich abschreiben [...]:
«In tiefer Nacht.»
«In der kalten Nacht habe ich über meinem Buch
*   die Stunde des Zubettgehens vergessen.*
Die Parfüms meiner goldgestickten Bettdecke sind
*   schon verflogen, der Kamin brennt nicht mehr.*
Meine schöne Freundin, die mit Mühe bis dahin
*   ihren Zorn beherrschte, reißt mir die Lampe weg*
Und fragt mich: Weißt du, wie spät es ist?»

Vgl. Br 282, FK 344, 345 und 62.

686 | H. de Balzac: *Die alte Jungfer. Szenen aus der Provinz nach der Restauration*, (Buchverlag fürs deutsche Haus), Berlin 1910, Einband.

In der Einleitung steht übrigens daß Balzac eine besondere Zeiteinteilung jahrelang befolgte, die mir sehr vernünftig scheint. Er gieng um 6 Uhr abends schlafen, stand um 12 Uhr nachts auf und arbeitete dann die übrigen 18 Stunden.

Kafka, der selbst verschiedene Zeiteinteilungen ausprobierte (→ Abb. 604), um seinen Brotberuf mit den Erfordernissen und Besonderheiten seiner literarischen Produktion besser vereinbaren zu können – er konnte nur nachts schreiben und mußte deswegen versuchen, den fehlenden Schlaf am darauffolgenden Nachmittag oder Abend nachzuholen –, hatte die Novelle von Balzac, die ihm übrigens nicht gefiel, im November 1912 in einer Papierhandlung in Kratzau gekauft. Möglicherweise war das der Anlaß, sich näher mit dem französischen Romancier zu beschäftigen, denn unter seinen Büchern befand sich auch Hippolyte Taines *Balzac*, ein Bändchen der *Insel-Bücherei*, das im darauffolgenden Jahr erschien. Daß er den Essay genau gelesen hat, zeigt die Autobiographie von Willy Haas, der von Vorbehalten Kafkas gegen die Darstellungsweise Balzacs berichtet. Nach diesen Erinnerungen hielt Kafka das Werk des Franzosen kennzeichnenden Generalisierungen für tadelnswert, in

denen der Erzähler den jeweiligen Erlebnisrahmen verläßt und über seine Figuren räsoniert. Dieses Urteil Kafkas beruht nun vermutlich keineswegs auf eigener Lektüre Balzacscher Romane, sondern auf dem Studium Hippolyte Taines, der unter dem Titel *Balzacs Stil* zahlreiche sarkastisch kommentierte Beispiele für ebenjenes Verfahren auktorialer Übersichtsdarstellung liefert, die Kafka abstieß, weil sie der von ihm selbst verfolgten Perspektivgestaltung diametral entgegen stand.

In Kafkas Lebenszeugnissen erscheint der französische Romancier noch ein weiteres Mal. Im Spätjahr 1922 notierte er sich in einem seiner Arbeitshefte: *Auf Balzacs Spazierstock: Ich breche alle Hindernisse, auf meinem: mich brechen alle Hindernisse. Gemeinsam ist das «alle».* Kafka verdankte diese Information wiederum Taine, der gleich am Anfang seines Essays davon berichtet, wie Balzac, nachdem er auf den Gedanken gekommen war, seine Romane zur *Comédie humaine* zu verbinden, zu seiner Schwester rannte, dabei *mit seinem Rohr* gestikulierend, das in einem Karneolknopf endete, auf den er in türkischer Schrift die folgende Devise eines Sultans hatte eingravieren lassen: *Ich breche alle Hindernisse.* Die Erinnerung an diese Stelle mag reaktiviert worden sein, als Kafka Balzacs *La Peau de Chagrin* las – der Roman hat sich in einer 1922 erschienenen Ausgabe unter seinen Büchern erhalten –, in dem ein jugendlicher Held, der von einem Leben als Schriftsteller träumt, in eine Existenzkrise gerät, aus der er sich nur durch eine Selbsttötung befreien zu können glaubt.

An Felice am 26. XI. 1912, NS II 532 und Hippolyte Taine: *Balzac. Ein Essay*, Leipzig (1913), S. 14, vgl. 33–38, Z, Willy Haas: *Die literarische Welt. Erinnerungen*, (München 1957), S. 33, Hartmut Binder: *Kafkas «Verwandlung»*, (Frankfurt / M., Basel 2004), S. 206 f., NS II A 124–128 und KB 21.

687 | Friedrich Feigl: *Selbstporträt*. (1908, *Národní Galerie v Praze*)

Dieser Maler z. B. (sein Selbstporträt liegt bei) hat großes Verlangen sich in, innerlich gewiß wahrhaftigen, äußerlich aber ebenso gewiß matten und wie Kerzenlicht auszublasenden Kunsttheorien zu verbreiten.

Am 28. November 1912 hatte Kafka eine Unterredung mit dem zur Gruppe der *Acht* gehörenden Friedrich Feigl, einem Mitschüler aus der Gymnasialzeit, den er bewunderte, weil er, obwohl verheiratet, eine Lebensweise gefunden zu haben schien, die ihm eine optimale Verwirklichung seiner künstlerischen Ambitionen erlaubte. (→ Abb. 906)

Feigl (1884–1965) studierte 1904–1906 an der Prager *Kunstakademie* und hielt sich anschließend in Antwerpen und Paris auf, wo er Bilder von Cézanne sah. Er heiratete 1911 und zog als freischaffender Künstler nach Berlin, wo er vor allem als Illustrator arbeitete. Im Herbst 1916 kam er, weil er einrücken mußte, nach Prag zurück, wo er mehrfach mit Kafka zusammentraf (→ Abb. 935). Im April 1939 emigrierte Feigl nach England, kehrte jedoch 1945 nach Prag zurück, wo er als Redakteur und Dozent der *Karls-Universität* arbeitete. Er starb in London.

An Felice am 28. XI. 1912.

688 | Die *Langegasse (Dlouhá)* in Leitmeritz, Blick in Richtung *Marktplatz* (heute *Mírové náměstí*) (1913).

Dann bin ich endlich um 8 Uhr morgens vor dem Geschäft meiner Verwandten in der Langen Gasse in Leitmeritz und genieße in dem noch aus der Kindheit her bekannten Kontor meines Onkels (eigentlich eines Stiefonkels, wenn es etwas derartiges geben sollte) die Frische und unverdiente Überlegenheit, die von einem Reisenden ausgeht, der zu jemandem kommt, der eben erst aus dem Bett gekrochen ist und in Filzpantoffeln im kaum geöffneten kalten Laden vergebens sich zu erwärmen sucht.

Im vierten Haus von links (helle Fassade, Nr. 12, Konskriptionsnummer 210) lagen Wohnung und Büro der Familie Heinrich Kafkas (1851–1886), eines Bruders von Kafkas Vater. Heinrich Kafka erzeugte in Heimarbeit Arbeiterwäsche und Arbeiteranzüge und handelte *en gros* mit Kurz-, Galanterie- und Wirkwaren. Nach seinem frühen Tod führten seine Frau Karoline, geb. Fleischner (1856–1929), und ihr aus dieser Ehe stammender Sohn Rudolf (1883–1942) das Geschäft ihres verstorbenen Mannes weiter. Rudolfs Bruder Emil wanderte im Juli 1904 nach Chicago aus; sein älterer Bruder Viktor (1880–1915) folgte ihm zunächst, kehrte aber bald in seine Heimatstadt zurück. Karoline Kohn heiratete später ihren Geschäftsführer Sigmund Kohn, mit dem sie zwei Söhne hatte (Fritz und Robert).

An Felice am 9./10. XII. 1912, vgl. *Compass. Finanzielles Jahrbuch für Oesterreich-Ungarn* 43, III. Band, hrsg. von Rudolf Hanel, Wien 1910, S. 1708, *Adreßbuch des politischen Bezirkes Leitmeritz*, zusammengestellt vom Stadtsekretär Friedrich Brazda, Leitmeritz 1912, S. 55 und Anthony Northey: *Kafkas Mischpoche*, Berlin (1988), S. 62–64.

689 | Karoline und Sigmund Kohn mit ihren Söhnen Fritz und Robert.

Dann kam die Tante (um genau zu sein, die Frau meines schon vor vielen Jahren verstorbenen wahren Onkels, die nach dessen Tode den Geschäftsführer, eben diesen Stiefonkel geheiratet hat) eine jetzt kränkliche, aber noch immer sehr lebendige, kleine, runde, schreiende, händereibende, mir seit jeher angenehme Person.

An Felice am 9./10. XII. 1912.

690 | Emil Kafka (1881–1963) und Frau.

Mit Emil Kafka aus Chicago beisammen.
Er ist fast rührend. Beschreibung seines
ruhigen Lebens. Von 8–½26 im Warenhaus.
Durchsicht der Versendungen in der Wirkwa-
renabteilung. 15 Dollars wöchentlich. 14 Tage
Urlaub, davon 1 Woche mit Gehalt, nach
5 Jahren die ganzen 14 Tage Gehalt.

Emil Kafka war 1904 in die Vereinigten
Staaten ausgewandert, weil er für sich in
dem kleinen Leitmeritzer Familienunter-
nehmen keine Zukunft sah. 1914 kehrte
er in seine Heimatstadt zurück, wo er bis
1940 lebte. Da er seit 1911 amerikanischer
Staatsbürger war, wurde er nicht deportiert,
sondern mit seiner Frau in Deutschland
interniert und gegen deutsche Kriegsgefangene ausgetauscht. Er kehrte nach Chicago
zurück, wo er 1963 starb.

Tagebuch, 9. XII. 1914, vgl.Anthony Northey, Wolfville, Nova
Scotia (mündlich, 2007).

691 | Im Chicagoer Versandhaus *Sears,*
Roebuck & Co. Blick in den Saal, in dem
die eingehenden Bestellungen bearbeitet
wurden (Anfang 20. Jahrhundert).

«Du hast es wirklich weit gebracht», sagte
Karl einmal auf einem dieser Gänge durch
den Betrieb, auf dessen Durchsicht man
viele Tage verwenden mußte, selbst wenn
man jede Abteilung gerade nur gesehen
haben wollte.

«Und alles habe ich vor dreißig Jahren
selbst eingerichtet, mußt Du wissen. Ich
hatte damals im Hafenviertel ein kleines
Geschäft und wenn dort im Tag fünf Kisten
abgeladen waren, so war es viel und ich
gieng aufgeblasen nachhause. Heute habe
ich die drittgrößten Lagerhäuser im Hafen
und jener Laden ist das Eßzimmer und
die Gerätekammer der fünfundsechzigsten
Gruppe meiner Packträger.»

Die ins Riesenhafte gesteigerten amerikanischen Dimensionen, die Kafka im
Verschollenen beschreibt, sind in der Regel
durch Hypostasierung ihm bekannter europäischer Verhältnisse zustande gekommen (→ Abb. 427), doch hatte er auch die
Möglichkeit, durch Bücher (→ Abb. 420
und 427), Zeitungsbeiträge, Vorträge
(→ Abb. 242) und Berichte ausgewander-
ter Cousins vom Leben in den Vereinigten
Staaten zu erfahren. Es ist anzunehmen,
daß ihm Karoline Kohn bei seinen Besuchen in Leitmeritz erzählte, was ihr Sohn
Emil von seiner Tätigkeit im berühmten
Chicagoer Versandhaus *Sears, Roebuck &*
Co., in das er bald nach seiner Auswanderung im Jahr 1904 eingetreten war, schrieb

oder durch Photos veranschaulichte. So
entstammt die hier reproduzierte Abbildung einer kleinen Broschüre, die das Unternehmen Anfang des 20. Jahrhunderts zu
Werbezwecken versandte und eine Größe
erahnen läßt, die mit derjenigen des Zwi-
schenhandels vergleichbar ist, den Karl
Roßmanns Onkel Jakob im *Verschollenen*
betreibt.

Der Verschollene, S. 67 f., vgl. Anthony Northey: *Kafkas*
Mischpoche, Berlin (1988), S. 53–58.

692 | Das *Kreisgericht* in Leitmeritz (heute *Okresní soud v Litoměřicích*), *Wallstraße (Na valech)* Nr. 17, heute Nr. 12 (Konskriptionsnummer 525).

Ich war bis 2 Uhr ununterbrochen bei Gericht (es kam zu keiner Entscheidung, die Sache mußte wieder vertagt werden, aber ich lasse mich lieber prügeln, ehe ich wieder hinausfahre).

An Felice am 5./6. II. 1913.

693 | Kafkas Schwester Elli Hermann mit ihren Kindern Felix (*1911) und Gerti (*1912).

Und außerdem bin ich doch ein schlechter Prophet und Menschenkenner, wie sich an der Ehe meiner verheirateten Schwester zeigt, bei deren Verlobung ich die gleiche Trostlosigkeit fühlte [wie bei der jetzt bevorstehenden Heirat Vallis], während die Schwester, ein früher schwerfälliges, nie zu befriedigendes, verdrießlich sich forthaspelndes Wesen, jetzt in der Ehe über ihren zwei Kindern in lauter Glück ihre Existenz förmlich sich verbreitet hat.

Elli Hermann, ihre Tochter Hanne (*1919) und deren Mann Ernst Seidner (*1915) – die beiden heirateten Anfang Februar 1940 – wurden am 21. Oktober 1941 nach Lodz deportiert. Am 10. September 1942 wurden die beiden Frauen nach Chelmno gebracht und durch Auspuffgase eines Lastwagens erstickt, während Seidner im März 1945 in Lodz umkam. Hannes Bruder Felix war bei Kriegsbeginn nach Frankreich geflohen und starb 1940 an Basedow. Gerti heiratete den aus Karlsbad stammenden Walter Kaufmann (*1907), der im Oktober 1927 zum Studium nach Prag gekommen war, und arbeitete als Stenotypistin im Büro ihres Onkels Josef Pollak. Nachdem das Paar einige Zeit in der Schweiz gelebt hatte, emigrierte es über China und England nach Kanada, wo Gerti Kaufmann 1972 starb.

An Felice am 10./11. I. 1913, vgl. *Das Schicksal der Schwestern Franz Kafkas*, in: *Informationsbulletin* [Nr. 3], 7. Dezember 1965, hrsg. vom Rate der jüdischen Gemeinden in Böhmen und Mähren und vom Zentralverband der jüdischen Gemeinden in der Slowakei im Kirchenzentralverlag Prag, S. 42–53.

694 | Kafkas Schwager Josef Pollak (1882–1942).

[...] nebenan – ich hatte es nicht vorbedacht – wurden die 6–700 Einladungen für die, nächsten Sonntag stattfindende, Hochzeit meiner Schwester bereitgemacht und mein künftiger Schwager, der diese Arbeit befehligte, hat neben allen seinen sonstigen sehr liebenswürdigen Eigenschaften eine so schreiende und so gern benützte Stimme, daß einer, der im Nebenzimmer zu schlafen versucht beim Klang dieser Stimme das Gefühl bekommt, es werde ihm eine Säge an den Hals gesetzt.

Nach Auskunft seiner Tochter Marianne Steiner war Josef Pollak, der am 12. Januar 1913 Kafkas Schwester Valli heiratete, ein jähzorniger, geiziger, ängstlicher und um seine Zukunft besorgter Beamter, aber auch ein Freund des ironischen Wortes, der gut Witze erzählen konnte. Er war ein typischer Bourgeois, der um neun Uhr abends im Bett lag und die bohemeartige Lebensweise seiner Schwägerin Ottla nur schwer ertrug. Die Trauung, die der Rabbiner Dr. Emmanuel Schwartz vornahm, fand in der *Spanischen Synagoge* statt. Das Paar bezog zunächst eine Wohnung in der *Bilekgasse* Nr. 10 (I-868) (→ Abb. 828), übersiedelte aber im November 1915 in die *Stockhausgasse* (*Vězeňská*) Nr. 7 (I-860) (→ Abb. 1069).

Josef Pollak wurde im Ende Oktober 1941 zusammen mit seiner Frau nach Lodz deportiert, wo beide umkamen.

An Felice am 5./6. I. 1913, vgl. Gespräch mit Marianne Steiner (Februar 1966).

695 | Die *Spanische Synagoge* in der *Geistgasse* (links) (→ Abb. 21, 1), in der Elli, Valli und Kafkas Vetter Robert Kafka (→ Abb. 1085) getraut wurden.

Kafka kommentierte den Vorgang mit diesen Worten: *[...] die ganze Ceremonie nichts als Märchennachahmung; die fast gotteslästerliche Trauungsrede: «Wie schön sind deine Zelte Israel» und noch anderes derartige.*

Kafkas ablehnende Haltung gegenüber jüdischen Riten darf nicht darüber hinwegtäuschen, daß er sich nach religiöser Geborgenheit sehnte. Die folgende undatierte und unveröffentlichte Aussage aus einem Brief an seine Schwester Elli kennzeichnet seine Auffassung genauer: *Wird das Kind z. B. jüdisch gläubig erzogen und kommt das Kind dieser Erziehung entgegen, so wird es auf die natürlichste Weise ohne geheimnisvolle Belehrungen allmählich erkennen, dass der Versöhnungstag einer der höchsten Feiertage ist und im Tempel mit Fasten verbracht werden muss. Wird es aber nicht so erzogen, sondern wird ihm nur einmal mit Lärm bekannt gegeben, dass der Versöhnungstag ein schrecklich hoher Feiertag ist, so macht man aus ihm einen Sünder: während er sonst den Tag so gut oder schlecht wie einen andern verbracht hätte, wird er ihn jetzt mit besonderer Schlauheit durchzuschwindeln und den gemeinsten Vorteil aus ihm zu ziehn versuchen.*

An Max Brod am 5. VII. 1916, vgl. Br II 46.

696 | Theobald von Oer: *Jean Paul auf dem Wege nach der Rollwenzelei*, aus: *Die Gartenlaube. Illustrirtes Familienblatt* 1863, Nr. 1, S. 5.

Niemals würdest Du erraten was ich gelesen habe und was mir solche Freude gemacht hat. Es war ein alter Jahrgang der Gartenlaube aus dem Jahr 1863. Ich habe nichts Bestimmtes gelesen, sondern 200 Seiten langsam durchgeblättert, die (damals noch wegen der kostspieligen Reproduktion seltenen) Bilder angeschaut und nur hie und da etwas besonders Interessantes gelesen. [...] Und dann dieses alte, einem ans Herz gehende, wartende, Deutschland von der Mitte des vorigen Jahrhunderts! Die engen Zustände, die Nähe in der sich jeder dem andern fühlt, der Herausgeber dem Abonnenten, der Schriftsteller dem Leser, der Leser den großen Dichtern der Zeit (Uhland, Jean Paul, Seume, Rückert «Deutschlands Barde und Bramahne»).

Eine Überprüfung ergibt, daß Kafka die ersten vierzehn Nummern der Wochenschrift durchgesehen und bei den Namen der erwähnten Schriftsteller auf entsprechende Darstellungen Bezug genommen hat: In Nr. 4 findet sich eine Abbildung, die Seume auf seinem berühmten Spaziergang nach Syracus zeigt, und Nr. 6 bietet unter der Überschrift *Deutschlands Barde und Brahmane* ein Porträt von Friedrich Rückert. Uhland allerdings ist im ganzen Jahrgang weder im Wort noch als Bild präsent. Vielleicht liegt eine Verwechslung mit den Theodor Körner oder Nikolaus Lenau betreffenden Abbildungen in Nr. 8 und 11 vor. Kafka hat die *Gartenlaube* nicht in einer Bibliothek studiert, sondern offenbar antiquarisch erworben, denn der Titel findet sich auf einer Liste, die Zeitschriften aus seinem Besitz verzeichnet.

An Felice am 17./18. I. 1913, vgl. Niels Bokhove: *Kafka's boekencast 1*, in: KK 12, Nr. 1 (2004), S. 13.

697 | Einladungskarte zur Hochzeit Max Brods.

Maxens Hochzeit ist vorüber und er fährt schon nach dem Süden, aber eine besondere Hochzeitsfeierlichkeit gab es nicht, wie Du zu vermuten scheinst, es war nur die Trauungsceremonie im Hotel, sonst nichts, kein Polterabend, kein Hochzeitsessen, meine Menschenangst wurde also auf keine Proben gestellt.

Daß sich jüdische Paare wie im Fall Max Brods in einem Hotel von einem Rabbiner trauen ließen, war eine in Prag weithin geübte Sitte.

An Felice am 2. II. 1913.

698 | Das Hotel *Bristol* in der *Langegasse (Dlouhá třída)* Nr. 23 (I-741, als Gebäude erhalten) war ein bevorzugter Ort für Veranstaltungen mit jüdischer Thematik.

Hier hörte Kafka am 13. Februar 1912 einen Vortrag des Rabbiners Dr. Heinrich Ehrentreu über *Jeremias und seine Zeit* und am 17. Dezember 1913 seinen Klassenkameraden Hugo Bergmann mit Ausführungen über *Moses und die Gegenwart*. Auch fand im Festsaal des Hotels am 2. Juni 1913 der zweite Prager Rezitationsabend Jizchak Löwys statt. Außerdem war das Hotel im März 1915 Schauplatz eines vom *Jüdischen Volksverein* unter dem Titel *Ost und West* veranstalteten Zyklus, der das Ziel hatte, die Verständigung zwischen der westlich orientierten Prager Judenschaft und den in der Stadt lebenden ostjüdischen Flüchtlingen zu befördern, die anders sozialisiert waren. Kafka besuchte zumindest den zweiten dieser Abende, der am 9. des Monats stattfand und Max Brod unter den Diskussionsrednern sah.

Vgl. T 377, 616 f., Br II 199, 472, T 730 und PT 40, Nr. 68 (9. III. 1915), *Abend-Ausgabe*, S. 2.

699 | Aus einem Daumenkino der Berliner Firma *Carl Lindström A. G.*, das zeigt, wie Felice Bauer einen Parlographen bedient.

Über den Parlographen selbst kann ich nichts Empfehlendes sagen, wenn es aber auf eine Zeugenschaft dafür ankommt, daß Du das beste und liebste Mädchen bist und daß daher auch eine unpraktische Maschine, wenn Du sie verkauft hast, darin, daß Du, Du sie verkauft hast, ihren Wert hat – dann sollen sie mich nur fragen kommen.

Entgegen verbreiteter Auffassung stand Kafka technischen Neuerungen nicht nur positiv gegenüber: Zwar fuhr er in seiner Jugend Fahrrad (→ Abb. 141 und 185), versuchte er sich auf dem Motorrad (→ 201), schrieb über Flugzeuge (→ Abb. 293) und liebte die aufkommenden Stummfilme (→ Abb. 330 und 1046); andererseits aber diktierte er lieber seinem Schreibmaschinisten, als Aufzeichnungsgeräte zu verwenden, mit denen er sich überhaupt nicht anfreunden konnte, fand die Standbilder des Stereoskops lebendiger als die Bewegungsabläufe im Kino, wußte mit dem Telephon nichts anzufangen, belächelte photographierende Touristen, weil sie keine Reisetagebücher führten, und staunte in einem Gespräch mit Friedrich Thieberger (→ Abb. 1045) darüber, daß man so etwas Unheimliches wie eine photographische Aufnahme auch noch vergrößerte. Dora Diamant schrieb in ihren Erinnerungen über Kafka: *Ich glaube, Maschinen und alle mechanischen Dinge beunruhigten ihn.*

An Felice am 4./5. II. 1913 und EFK 202, vgl. Hartmut Binder: *Mit Kafka in den Süden,* (Praha 2007), S. 39 und EFK 131.

700 | Der 1880 vollendete, im Zweiten Weltkrieg fast vollständig zerstörte *Anhalter Bahnhof* in Berlin-Kreuzberg, wo Kafka ankam, wenn er von Prag nach Berlin fuhr, um Felice Bauer zu sehen. Das erstemal geschah dies Ostern 1913.

Vorträgen nach Prag ein (→ Abb. 708 und 709). Am Ostermontagmorgen fuhren die drei Reisenden nach Prag zurück, machten aber in Leipzig Station, wo sie mit Jizchak Löwy, Werfel und dem Verleger Kurt Wolff zusammentrafen.

Vgl. Br II 143, 180, O 19, Hanns Zischler: *Kafka geht ins Kino*, (Reinbek bei Hamburg 1996), S. 112–118 und Hartmut Binder: *Café «Josty». Ein Berliner Kafka-Ort*, in: KK 7 (1999), Heft 2, S. 31–34.

701 | Das im Zweiten Weltkrieg zerstörte Hotel *Askanischer Hof* in der *Königgrätz-straße* Nr. 21 (heute Teil des neu bebauten Grundstücks *Stresemannstraße* Nr. 111–119, Ecke *Dessauer Straße* Nr. 1–2).

Wäre nicht also wieder der Askanische Hof zu beziehn? Ich bin in Glück und Unglück so mit ihm verwachsen, ich habe dort förmlich Wurzeln zurückgelassen, an die ich mich förmlich, wenn ich wiederkomme, ansetze. Man liebt mich auch dort. Allerdings ist es ein wenig unbequem eingerichtet, auch genug teuer, aber – ich bleibe dabei – mir doch das liebste.

Kafka pflegte bei seinen Berlin-Aufenthalten in diesem in der Nähe des *Anhalter Bahnhofs* gelegenen Hotel abzusteigen. Hier fand am 12. Juli 1914 die von Kafka als *Gerichtshof* bezeichnete Aussprache mit Felice statt, die zur sofortigen Entlobung führte.

An Felice am 25. V. 1914 und T 658.

702 | Das im Zweiten Weltkrieg zerstörte *Café Josty* in der *Bellevuestraße* Nr. 21–22/ Ecke *Potsdamer Platz* in Berlin. Das Grundstück, auf dem das Kaffeehaus stand, ist in die heutige Neugestaltung des Platzes einbezogen worden.

Am Nachmittag des 22. März 1913, dem Ostersamstag, fuhr Kafka in Begleitung seiner Prager Schriftsteller-Kollegen Otto Pick (→ Abb. 402) und František Khol

(→ Abb. 404) nach Berlin, um Felice zu sehen. Den darauffolgenden Vormittag verbrachte er im Hotel, auf einen Anruf der Geliebten wartend, mit der er am Nachmittag im Grunewald spazierenging. Am Abend sah er vermutlich im *Metropol-Theater* eine Aufführung von Jean Gilberts Operette *Die Kino-Königin*. Danach besuchte er mit Pick und Khol zusammen das Künstlercafé *Josty*, wo er Albert und Carl Ehrenstein, Paul Zech und Else Lasker-Schüler kennenlernte. Bei dieser Gelegenheit lud Pick die Lasker-Schüler und Zech mit Erfolg zu

703 | Der Hundekehlensee im Berliner Grunewald.

Du weißt ja, daß ich Dich immer auf häßlichen Wegen führe, selbst wenn ein schöner See in der Nähe ist.

Im Vordergrund ist der zum *Bahnhof Grunewald* führende Weg zu sehen, den Kafka und Felice, begleitet von Clara Levin, einer Schwester von Felicens Mutter, gegangen sein dürften, als sie am 24. März 1913 bei ihrem ersten Wiedersehen einen Ausflug in den Grunewald unternahmen.

An Felice am 12./13. V. 1913.

704 | Das *Café Picadilly* im *Tauentzien-Palast* in der *Nürnberger Straße* Nr. 57–59 (Ecke *Tauentzien-straße* Nr. 19) in Berlin.

Natürlich erinnere ich mich an die Tante; wenn auch dort wo andere das Personengedächtnis haben, bei mir ein Loch ist. [...] An zwei Situationen in denen sie die zweifellose Oberhand hatte, erinnere ich mich sehr stark. Das einemal war es am Hundekehlensee, das anderemal in einem Kaffeehaus, ich glaube, im Tauentzienpalast. Wir drei saßen zusammengedrängt an einer Tischecke und sie gab Dir Ratschläge für die Zukunft. Nicht die wahren, nicht Dir, nicht mir.

Der *Tauentzien-Palast*, hauptsächlich ein Filmtheater, wurde in den 1950er Jahren abgerissen, das Gelände, auf dem er stand, mehrfach neubebaut. Von 1928 bis 1931 entstand in der *Nürnberger Straße* Nr. 50–55 eine weiteres Gebäude mit dem Namen *Tauentzien-Palast* (heute Hotel *Ellington*).

An Felice am 28. IV. 1916, vgl. Br III 511.

705 | Petr Dejmek: *Hry se Srdcem*, (Josef R. Vilímek) V Praze [1913], Einband.

Neben uns wohnt schon seit 1 oder 2 Monaten ein tschechischer Schriftsteller. Er ist Lehrer und schreibt erotische Romane, wenigstens hat sein letztes Buch diesen Untertitel und auf dem Titelblatt ist eine Dame abgebildet, die mit brennenden Herzen jongliert. «Brennende Herzen» heißt auch das Buch glaube ich. Ich weiß nicht eigentlich, aus welchen Gründen ich mir den Menschen, ohne mich irgendwie um ihn zu bekümmern, als einen kleinen schwarzen Schleicher vorstelle.

Hry se Srdcem ist der Haupttitel des Bandes, bei dem es sich nicht um einen Roman, sondern um eine aus zehn Erzählungen bestehende Sammlung handelt. Auch findet sich die mit Herzen jonglierende Dame nicht auf dem Titelblatt, sondern auf dem Bucheinband. Kafka kannte also das Buch nicht, sondern erinnerte schlecht, was er vermutlich im Schaufenster einer Buchhandlung gesehen hatte.

An Felice am 4. IV. 1913.

707 | Blick auf Prag-Nusle, ganz im Hintergrund links der *St. Veits-Dom* (→ Abb. 779, 13), noch ohne Schiff und Westwerk (1865).

[...] ich habe heute zum erstenmal beim Gärtner draußen in Nusle, einer Vorstadt, gearbeitet, im kühlen Regen, nur in Hemd und Hosen. [...] Mein Hauptzweck war mich für paar Stunden von der Selbstquälerei zu befreien.

Ganz rechts im Bild die Kirche der *Schmerzensreichen Mutter Gottes (Panna Maria Bolestná)* (mit Zwiebelturm), gegenüber, auf der anderen Seite der schräg nach unten zum Bildrand ziehenden *Na slupi (Slupergasse)*, liegt ein teilweise immer noch unbebautes (heute Tennisplatz), an seinen beiden anderen Seiten von der *Vyšehradská (Wischehraderstraße)* und *Botičská (Botitschgasse)* begrenztes, seit dem letzten Drittel des 19. Jahrhunderts dem Gemüseanbau dienendes Gelände, auf dem ein einstöckiges Gebäude mit einer großen Dachgaube zu sehen ist. Von Anfang April bis zum Mai 1913 arbeitete Kafka in seiner Freizeit in der dort ansässigen Gärtnerei *Dvorský, Na slupi* Nr. 17 (II-1445). Dort erfuhr er, daß sich Jan (*1885), der Sohn des Unternehmers, am 5. Februar des Jahres vergiftet hatte, weil er seine Kopfschmerzen und die sich daraus ergebenden Folgen nicht mehr ertrug, obwohl er, der einen Teil der Flächen selbständig bewirtschaftet hatte, ebenjene Tätigkeit ausübte, von der sich Kafka eine Linderung seiner psychischen Leiden erhoffte.

An Felice am 7. IV. 1913, vgl. T 557 f. und Anthony Northey: *Kafkas Selbstmörder*, in: *Sudetenland* 49, Heft 3 (2007), S. 274 f.

706 | Der tschechische Schriftsteller Petr Dejmek (1870–1945), der wie die Familie Kafka in der *Niklasstraße* Nr. 36 (→ Abb. 497, 1) wohnte.

Jetzt bin ich gerade zum erstenmale mit ihm im Lift zusammengekommen. Was für ein prachtvoller beneidenswerter Mensch! Weißt Du, die Tschechen streben ja sehr zum französischen Wesen hin [...] und da hat dieser Mensch einen so saftigen französischen Spitzbart und einen vom Montmartre geholten Schlapphut und einen fliegenden Überzieher über dem Arm und hübsche freundliche Bewegungen, frische Augen – es ist eine Lust ihn anzusehn.

An Felice am 4. IV. 1913.

709 | Else Lasker-Schüler (1906).

Ich kann ihre Gedichte nicht leiden, ich fühle bei ihnen nichts als Langweile über ihre Leere und Widerwillen wegen des künstlichen Aufwandes. Auch ihre Prosa ist mir lästig aus den gleichen Gründen, es arbeitet darin das wahllos zuckende Hirn einer sich überspannenden Großstädterin. (→ Abb. 1196)

An Felice am 12./13. II. 1913.

708 | Blick vom neugotischen Teil des *Altstädter Rathauses* auf *Mariensäule* und *Teinkirche*.

Am Abend des 4. April 1913 machte sich Else Lasker-Schüler, die zu einem Vortragsabend nach Prag gekommen war, der am Tag darauf im *Klub deutscher Künstlerinnen* stattfand (→ Abb. 509), mit einigen Literaten zu einer Stadtbesichtigung auf. Als die Gruppe gegen Mitternacht auf dem *Altstädter Ring* haltmachte, ereignete sich ein Zwischenfall, der die *Bohemia* zu folgendem Lokalbericht veranlaßte: *Heute um zwölf Uhr nachts erregte ein kurzer Vorfall die Beachtung der nächtlichen Passanten. Auf dem Altstädter Ring wurde eine abenteuerlich gekleidete Dame von einem Wachmann in brüsker Weise angefahren, weil sie mit verzückten Mienen und rhythmischen Schwingungen des Leibes unzusammenhängende Worte gegen das Firmament sang, in das die Silhouette der Theintürme schwarze Schatten schnitt. [...] Erschreckt fuhr diese zusammen und, erregt dem Wachmann das Wort «Prinz» ins Gesicht schleudernd, entfernte sie sich, den Blick unverwandt auf die mystische Silhouette am nächtlichen Himmel gerichtet.*

Auch wenn die Lasker-Schüler später an Karl Kraus schrieb, sie habe in Prag aus der tiefen Nische einer Kirche eine Rede in arabischer Sprache gehalten, läßt der Artikel nur den Schluß zu, daß sie ihren ‹Gesang› von einer der drei in den neugotischen Erweiterungsbau des *Altstädter Rathauses* eingelassenen, von ihr als

Sakralbauten mißverstandenen Nischen aus erhob (→ Abb. 22), denn von dieser Position aus sah sie die beiden Türme der *Teinkirche* sich plastisch vor dem dahinterliegenden Nachthimmel abheben.

Als die Lasker-Schüler dem sie zur Ordnung rufenden Wachmann stolz antwortete: *Ich bin der Prinz von Theben*, soll Kafka mit folgenden Worten widersprochen haben: *Sie ist nicht der Prinz von Theben, sondern eine Kuh vom Kurfürstendamm!* Angesichts der Tatsache, wie despektierlich er sich Felice gegenüber über die Berliner Lyrikerin geäußert hat – im Blick auf den Prager Auftritt zeigen seine Lebenszeugnisse allerdings ein beredtes Schweigen –, eine keinesfalls ganz unglaubwürdige Überlieferung.

Es gibt Indizien dafür, daß Kafka nicht nur an diesem nächtlichen Bummel und der Veranstaltung am darauffolgenden Tag teilgenommen, sondern die dabei empfangenen Eindrücke auch elf Jahre später der Konzeption seiner *Josefine*-Erzählung dienstbar gemacht hat.

DZB 85, Nr. 92 (5. IV. 1913), *Abend-Ausgabe*, S. 2 und EFK 57, vgl. Hartmut Binder: *Else Lasker-Schüler in Prag. Zur Vorgeschichte von Kafkas «Josefine»-Erzählung*, in: *Wirkendes Wort* 44, Heft 3 (1994), S. 405–438 und ders.: *Neues zu Else Lasker-Schülers Prager Vorlesung im April 1913*, in: *Else Lasker-Schüler-Jahrbuch zur Klassischen Moderne* 1, hrsg. von Lothar Bluhm und Andreas Meier, Trier (2000), S. 180–204.

710 | Die Ankunftshalle im Prager *Staats-bahnhof.*

Vorgestern gieng ich an der Ankunftshalle des Staatsbahnhofes vorüber. Ich dachte an nichts Böses und nichts Gutes und bemerkte kaum die paar dort stehenden Dienstmän-ner, armselig angezogene Familienväter, die, wie es zu diesem Beruf in Prag gehört, sich die Augen wischten, gähnten und her-umspukten. Ohne gleich die Beziehung zu verstehen, wurde ich neidisch auf sie (was an sich nichts besonderes gewesen wäre, denn ich beneide jeden und denke mich in jeden mit Lust hinein) und erst später fiel mir ein, daß bei diesem Neide der Gedanke an Dich beteiligt war, daß wahrscheinlich diese Dienstmänner auch hier gestanden wa-ren, als Du zum erstenmal den Fuß von der Bahnhofsschwelle auf das Trottoir senktest, daß sie zusahen, wie Du einen Wagen mie-tetest, den Träger entlohntest, einstiegst und verschwandest.

Kafka ging damals fast jeden Abend zum *Staatsbahnhof,* um dort die an Felice gerichteten Korrespondenzstücke, die am nächsten Morgen mit der Frühpost ihre Be-stimmung erreichen sollten, in den Nacht-briefkasten zu werfen.

An Felice am 5. IV. 1913, vgl. T 610.

711 | Prager Dienstmänner.

Sie waren in jeder Straße, an jeder Ecke zu finden, die Prager Dienstmänner mit ihren Roten Mützen, über deren Schild eine Nummer zu sehen war. [...] Sie waren Gepäckträger, bestellten Briefe, klopften Teppiche auf der Hetzinsel, betätigten sich als Komparsen im Theater, beteiligten sich bei Löscharbeiten als Feuerwehrhelfer, über-siedelten das Hauspersonal, betätigten sich als Cicerone, oder trugen die Pfänder ins Ver-satzamt, weil deren Besitzer sich schämten, in Not geraten zu sein.

Max Heller: *Sterbende Berufe,* in: PT 59, Nr. 94 (22. IV. 1934), *Der Sonntag,* (S. I).

712 | Gesamtansicht des Aussiger Fabrik-
viertels.

713 | Der *Marktplatz* (heute *Mírové náměstí*)
in Aussig. In der Häuserfront (mit Uhr-
türmchen) das *Bezirksgericht*, in dem Kafka
Ende März, Ende April und Mitte Mai 1913
dienstlich zu tun hatte. Links daneben das
Café Wien, in dem Kafka am 22. April 1913
mit seinem Kollegen Julius Schönfeld zusammensaß, um die anstehende Gerichts-
verhandlung zu besprechen.

Vgl. Br II 173 und 459.

714 | Julius Schönfeld.

Ein Ingenieur unserer Anstalt der bei der heutigen Verhandlung Zeuge ist, während ich eine Art Ankläger sein werde, sitzt mir gegenüber und will noch rasch eine Menge Sachen besprechen.

An Felice am 22. IV. 1913, vgl. Hartmut Binder: *Wollweberei oder Baumwollweberei. Neues vom Büroalltag des Versicherungsangestellten Franz Kafka*, in: *Sudetenland* 39, Heft 2 (1997), S. 133.

715 | Julie Kafka.

Mein dummes Lachen, als ich heute der Mutter sagte, daß ich Pfingsten nach Berlin fahre. «Warum lachst Du?» sagte die Mutter (unter einigen anderen Bemerkungen, darunter «Drum prüfe, wer sich ewig bindet» die ich aber alle abwehrte mit Bemerkungen wie «Es ist nichts u. s. w.») «Aus Verlegenheit» sagte ich und war froh einmal etwas Wahres in dieser Sache gesagt zu haben.

Tagebuch, 2. V. 1913.

716 | Der Bahnhof von Nikolassee.

Mein Schreiben wird Dir unerträglich, so wie mein Reden und Nichtreden in Nikolassee.

Am 10. Mai 1913, dem Pfingstsamstag, fuhr Kafka zum zweiten Mal nach Berlin, um Felice zu sehen. Am darauffolgenden Tag – ihr Bruder Ferdinand feierte Verlobung – lernte er ihre Angehörigen kennen. Wahrscheinlich am Pfingstmontag unternahmen Kafka und Felice mit der Stadtbahn einen Ausflug an den im Bezirk Steglitz-Zehlendorf liegenden Nikolassee. Nach seiner Rückkehr schrieb er ihr, er habe gesehen, wie sehr sie am Schicksal anderer Anteil nehme, ihm gegenüber aber erschlaffe. Sie habe auf dem Spaziergang weg- oder ins Gras gesehen, seine dummen Worte und sein viel begründeteres Schweigen über sich ergehen lassen, weil sie ernstlich nichts von ihm habe erfahren wollen.

An Felice am 28. VI. 1913, vgl. Br II 187 und 465.

Fig. 58. Hand des Langarmaffen.
(Nach Hartmann.)

717 | Die Prager *Civilschwimmschule*
(*Občanská plovárna*) am Kleinseitner Ufer
der *Svatopluk Čech-Brücke*. Im Hintergrund
die *Militärschwimmschule* und der *Kettensteg* (1913).

*Nachmittag mit Kafka. Baden, Rudern.
Gespräch über Gemeinschaftsgefühle. Kafka
sagt, er habe keines, weil die Kraft nur eben
für ihn hinreiche. Debatte im Boot. Meine
Wandlung in diesem Punkt. Er zeigt mir
Kierkegaard, Beethovens Briefe.*

Im Mai 1913 suchten Kafka, Brod und
seine Freundin Elsa Taussig *oft*, wie es in
Brods Tagebuch am 26. des Monats heißt,
Prager Flußbadeanstalten auf, und im Sommer des Jahres versuchte Brod, den Freund
auf gemeinsamen Moldau-Kahnfahrten von
der Notwendigkeit zionistischer Politik zu
überzeugen, so am 23. August, als er sich
die eben zitierte Passage notierte. Die darin
zum Ausdruck kommende Hinwendung
Brods zum Zionismus führte im Spätjahr
zu einer vorübergehenden Entfremdung
von Kafka. (→ Abb. 458)

In den beiden darauffolgenden Jahren
war das *Altstädter Wehr* (→ Abb. 308), das
öfter Ziel dieser Bootsfahrten war, wegen
anstehender Bauarbeiten blockiert.

FK 100, vgl. 101 und M. B. [Max Brod]: *Prager Grausam-
keiten*, in: PT 49, Nr. 143 (19. VI. 1924), S. 3.

718 | Der Schriftsteller Ernst Weiß
(1882–1940).

*Vorvorgestern mit Weiß, Verfasser der
Galeere. Jüdischer Arzt, Jude von der
Art, die dem Typus des westeuropäischen
Juden am nächsten ist und dem man sich
deshalb gleich nahe fühlt.*

Kafka hatte den aus Brünn stammenden
Arzt, der seit 1913 als freier Schriftsteller
in Berlin lebte, Ende Juni dieses Jahres in
Prag kennengelernt und im September in
Wien wiedergesehen. Als Weiß während
der Weihnachtstage in Prag war, um seine
dort lebende Mutter zu besuchen, trafen
sich die beiden neuerlich, verbrachten viel
Zeit miteinander und freundeten sich an.
Als Kafka im Februar 1914 in Berlin war,
um Felice zur Ehe zu bewegen, riet Weiß
ab, der sich schöpferische Arbeit nur in
völliger Freiheit vorstellen konnte. Auch
sekundierte er Kafka bei der Auseinandersetzung im *Askanischen Hof* (→ Abb. 701)
am 12. Juli dieses Jahres und schlug ihm
danach vor, mit ihm in Urlaub zu fahren. 1916 – Weiß diente als Regimentsarzt
in Prag – kam es zu einer Entfremdung
zwischen ihm und Kafka, die in späteren
Jahren einem respektvollen gegenseitigen
Umgang Platz machte.

Tagebuch, 1. VII. 1913, vgl. KH 442–445 und Hartmut
Binder: *«Jugend ist natürlich immer schön …»*, in: *Prager
Profile*, hrsg. von H. B., (Berlin 1991), S. 83–87.

719 | *Hand des Langarmaffen. Aus *Grabers
Leitfaden der Zoologie*. Für die oberen
Classen der Mittelschulen, bearbeitet von
J. Mik, dritte verbesserte Auflage, Prag,
Wien, Leipzig 1898, Figur 58.

*Denkst Du noch an meine lange knochi-
ge Hand mit den Fingern eines Kindes und
eines Affen? Und in die legst Du nun Deine.*
Das Zitat entstammt einem an Kafkas 30.
Geburtstag entstandenen Schreiben an Felice, die zugesagt hatte, seine Frau werden
zu wollen.

Die angegebene Version von *Grabers
Leitfaden der Zoologie* wurde im Naturkun-
deunterricht des *Altstädter Gymnasiums* in
Kafkas sechstem Schuljahr benutzt.

An Felice am 3. VII. 1913, vgl. *27. Jahresbericht über das
Staats-Gymnasium mit deutscher Unterrichtssprache in Prag-
Altstadt für das Schuljahr 1898–99*, Prag 1899, S. 64.

720 | Radesowitz (Radešovice).

Auf der Terasse der Sommerwohnung. Schöner weiter Ausblick in die Gegend.

Die rund 20 Kilometer vom Zentrum Prags an der Eisenbahnlinie nach Wien gelegene Sommerfrische, heute nach Říčany (→ Abb. 856) eingemeindet, war vom Prager *Franz-Josefs-Bahnhof* aus mit den *Österreichischen Staatsbahnen* leicht zu erreichen. Die Familie Kafka hatte hier Ende Juni 1913 eine Sommerwohnung bezogen. Am 29. des Monats war Kafka dort anwesend und erhielt den Besuch Max Brods, und auch an den beiden nächstfolgenden Sonntagen, am 6. und 13. Juli, fand er sich in der Ferienwohnung der Eltern ein, wenngleich widerwillig.

An Felice am 13. VII. 1913, vgl. Br II 482 und Brod: Tagebuch, 29. VI. 1913.

721 | Blick auf die Landstraße in Radesowitz.

Wir waren gestern alle die Eltern, die Schwester und ich, durch einen Zufall gezwungen auf einer kotigen Landstraße schon im Dunkel etwa eine Stunde lang zu gehn. Die Mutter war natürlich trotz aller Mühe, die sie sich gab, sehr ungeschickt gegangen und hatte die Stiefel und gewiß auch die Strümpfe und Röcke ganz beschmutzt. Nun bildete sie sich aber ein, nicht so eingeschmutzt zu sein, wie es zu erwarten gewesen wäre, und verlangte dafür zuhause, im Scherz natürlich, Anerkennung, indem sie verlangte, daß ich ihre Stiefel anschaue, sie seien ja gar nicht so schmutzig. Ich aber war, glaube mir, ganz außerstande hinunterzuschauen, und nur aus Widerwillen und nicht etwa aus Widerwillen vor dem Schmutz. Dagegen hatte ich schon den ganzen gestrigen Nachmittag fast eine kleine Zuneigung zum Vater oder besser Bewunderung für ihn, der imstande war, das alles zu ertragen, die Mutter und mich und die Familien der Schwestern auf dem Lande und die Unordnung dort in der Sommerwohnung, wo Watte neben dem Teller liegt, wo auf den Betten eine widerliche Mischung aller möglichen Dinge zu sehen ist, wo in einem Bett die mittlere Schwester liegt, denn sie hat eine leichte Halsentzündung und ihr Mann

[→ Abb. 694] sitzt bei ihr und nennt sie im Scherz und Ernst «mein Gold» und «mein Alles», wo der kleine Junge [→ Abb. 693] in der Mitte des Zimmers, wie er nicht anders kann, während man mit ihm spielt, auf dem Fußboden seine Notdurft verrichtet, wo zwei Dienstmädchen sich mit allen möglichen Dienstleistungen durchdrängen, wo die Mutter durchaus alle bedient, wo Gansleberfett auf das Brot geschmiert wird und günstigsten Falles auf die Hände tropft.

An Felice am 7. VII. 1913.

722 | Das Gasthaus *Maxmilianka*, das Kafka und sein Freund Felix Weltsch bei ihrem Besuch in Rostock (Roztoky) am 23. Juli 1913 aufsuchten.

Mit Felix in Rostock. Die geplatzte Sexualität der Frauen. Ihre natürliche Unreinheit. Das für mich sinnlose Spiel mit dem kleinen Lenchen. Der Anblick der einen dicken Frau, die zusammenge-krümmt in einen Korbstuhl, den einen Fuß auffäl-lig zurückgeschoben, irgendetwas nähte und mit einer alten Frau, wahrscheinlich einer alten Jung-fer, deren Gebiß auf einer Seite des Mundes immer in besonderer Größe erschien, sich unterhielt. Die Vollblütigkeit und Klugheit der schwangern Frau. Ihr Hintere mit geraden abgeteilten Flächen, förm-lich facettiert. Das Leben auf der kleinen Terasse. Wie ich ganz kalt die Kleine auf den Schoß nahm, gar nicht unglücklich über die Kälte. Der Aufstieg im «stillen Tal».

Vom Bahnhof Rostock aus gelangte man in fünfzehn Gehminuten zu dem in der Straße *Stilles Tal (Tiché údolí)* gelegenen Ausflugslokal *Max-milianka*, das die Freunde als Ausgangspunkt für eine Wanderung benutzten, die sie vom Tal-grund aufwärts in die umliegenden Wälder führte. (→ Abb. 82)

Tagebuch, 23. VII. 1913, vgl. PT 39, Nr. 117 (30. IV. 1914). S. 11, FK 128 und PT 27, Nr. 209 (31. VII. 1902), S. 4.

723 | Kafka (links) mit einem Unbekannten auf einem Ausflug.

Lodenmantel und Strohhut, den Kafka auch während seines Wien-Aufenthalts im September 1913 trug (→ Abb. 726), waren typische Bestand-teile seiner Reisekleidung. Auffällig sind seine übergroßen Schuhe.

724 | Das *Hotel Matschakerhof* in der *Seilergasse* Nr. 6
und *Spiegelgasse* Nr. 5 in Wien (1901). Das 1844/45 erbaute, heute anderen Zwecken dienende Gebäude erstreckt sich zwischen den beiden Straßen im I. Wiener
Bezirk.

Wohne Hotel Matschakerhof, wo Grillparzer zu Mit-
tag aß, wie sein Biograph Laube sagt «einfach aber gut»
Trotzdem werde ich morgen übersiedeln, daher Adresse
Hauptpost restante. Erbarmungslose Schlaflosigkeit.

Vom 6. bis 14. September 1913 hielt sich Kafka aus
dienstlichen Gründen in Wien auf, das er schon einmal
besucht hatte, vermutlich während der Studienjahre
von Triesch aus und zusammen mit seinem Lieblingsonkel Dr. Siegfried Löwy, der die Stadt ganz besonders
liebte.

Kafka, der Grillparzer zu seinen vier literarischen
Blutsverwandten rechnete (→ Abb. 750), schätzte besonders dessen Reisetagebücher, die *Selbstbiographie* und
die Erzählung *Der alte Spielmann.* Heinrich Laubes
Buch *Franz Grillparzers Lebensgeschichte* (1884) hat er
vermutlich in einem Wiener Antiquariat erworben.

An Felice am 7. IX. 1913, vgl. Br E 62, FK 52, 99, Br 521, M 85 und 108.

725 | Die Delegierten des *II. Internationalen Kongresses*
für Rettungswesen und Unfallverhütung, der im Wiener
Parlament, Dr.-Karl-Renner-Ring Nr. 3, tagte.

[…] etwas Nutzloseres als ein solcher Kongreß läßt
sich schwer ausdenken.

Schon am 16. Februar 1913 war Kafka dienstlich mit
dieser Großveranstaltung befaßt gewesen, denn an diesem Tag wurde in Prag ein deutschböhmisches Lan-
deskomitee gegründet, das eine zahlreiche Beteiligung
von Delegierten aus den deutschen Gebieten des Landes sicherstellen sollte. Kafkas Chef Eugen Pfohl, der in
der Unfallverhütung die Hauptaufgabe des Kongresses
sah, regte auf der konstituierenden Sitzung die Gründung eines Subkomitees für Unfallverhütung an und
erstattete ein grundsätzliches Referat über schutztech-
nische Maßnahmen und die Bedeutung dieser Bestrebungen, das wie alle seine Schriftsätze von Kafka redigiert, wenn nicht verfaßt wurde.

An Max Brod am 16. IX. 1913, vgl. DZB 86, Nr. 47 (17. II. 1913), S. 5.

726 | Kafka mit Albert Ehrenstein, Otto Pick und Lise Weltsch am 7. September 1913 in einer Flugzeugattrappe auf dem Wiener *Prater*.

Sie kommt nach Berlin ins zionistische Bureau. Klagt über die Sentimentalität ihrer Familie, windet sich doch nur wie eine festgenagelte Schlange. Ihr ist nicht zu helfen. Mitgefühl mit solchen Mädchen (auf irgendeinem Umweg über mich) ist vielleicht mein stärkstes sociales Gefühl.

Liese Weltsch (*1889), die Kafka in seinen Wiener Reisenotizen in der angeführten Weise charakterisierte, war eine Tochter des Advokaten Dr. Theodor Weltsch (→ Abb. 247), die im Frühjahr 1914 gegen den Willen ihrer Eltern nach Berlin ging, um im *Zionistischen Zentralbüro* mitzuarbeiten, aber beim Ausbruch des Ersten Weltkriegs nach Prag zurückkehren mußte. Sie war Mitglied des 1912 gegründeten *Vereins jüdischer Frauen und Mädchen* und half in dieser Funktion Kafka beim

Verkauf von Eintrittskarten für Jizchak Löwys Vortragsabend im Hotel *Bristol* am 2. Juni 1913. Unter den ihm bekannten Pragerinnen war ihm Lise Weltsch von jeher die sympathischste. Sie heiratete 1920 Siegmund Kaznelson (→ Abb. 817) und zog mit ihm nach Berlin. Als Kafka 1923 ebenfalls in die deutsche Reichshauptstadt übersiedelte, kam es zu mehreren persönlichen Begegnungen mit den Kaznelsons (→ Abb. 248 und 1200). Das Paar emigrierte 1937 nach Jerusalem, wo Lise 1974 starb.

Br II 280 und 84, vgl. 202 und Hartmut Binder: *Frauen in Kafkas Lebenskreis. Irrtümer und Unterlassungen in der Kritischen Edition seiner Tagebücher II.*, in: *Sudetenland* 40, Heft 1 (1998), S. 19.

727 | Der *Molo S. Carlo* in Triest. Von hier aus
starteten die Dampfer nach Venedig.

*Er war wie seekrank. Er glaubte auf einem
Schiff zu sein, das sich in schwerem Seegang befand. Es war ihm als stürze das Wasser gegen die
Holzwände, als komme aus der Tiefe des Ganges
ein Brausen her, wie von überschlagendem Wasser, als schaukle der Gang in der Quere und als
würden die wartenden Parteien zu beiden Seiten
gesenkt und gehoben.*

Am 14. September 1913 fuhr Kafka von Wien
nach Triest, wo er so spät am Abend ankam, daß
er übernachten mußte. Am nächsten Tag setzte
er *im Sturmwind* mit dem Dampfer nach Venedig
über. Die Seekrankheit, die ihn auf dieser Überfahrt heimsuchte, lieferte ihm im darauffolgenden
Jahr bei der Niederschrift des *Process*-Romans das
Material, um den Schwindel zu veranschaulichen,
der Josef K. bei seinem ersten Besuch in den Ge-
richtskanzleien befällt.

P *Im leeren Sitzungssaal Der Student Die Kanzleien*, S. 74 – 77
und Br II 281.

728 | Das in einem alten Palais untergebrachte,
heute noch bestehende Hotel *Gabrielli Sandwirth*
(ganz links) auf der *Riva degli Schiavoni* Nr. 4110
in Venedig, in dem Kafka sich am 15. September
1913 einmietete und spätestens bis zum 20. des
Monats blieb.

*Wäre ich nicht so schwer beweglich und trau-
rig, selbstständige Kräfte, um mich vor Venedig zu
erhalten, hätte ich nicht. Wie es schön ist und wie
man es bei uns unterschätzt! Ich werde hier länger
bleiben als ich dachte.*

Die aus Triest kommenden Seedampfer gingen
im *Canale di S. Marco* vor Anker, so daß Kafka
mit einer Gondel zum *Molo* (der *Piazzetta*) übersetzen mußte, in dessen unmittelbarer Nähe sein
Hotel lag, das eine herrliche Aussicht auf die *Iso-
la di San Giorgio Maggiore* erlaubte. Was Kafka

während seines mehrtägigen Venedig-Aufenthalts
unternahm, liegt im Dunkeln. Doch unter der in
fast sämtlichen Vergleichsfällen verifizierbaren
Voraussetzung, er habe, wenn er Ansichtskarten
schrieb, Monumente versandt, die er selbst in Augenschein genommen hatte, läßt sich vermuten,
daß er den *Palazzo Ducale* besichtigt hat, zeigt
doch eine an Ottla gerichtete Ansichtskarte vom
2. Oktober 1913 die in diesem Gebäude befindliche
Sala del Maggior Consiglio.

An Max Brod am 16. IX. 1913, vgl. Niels Bokhove: *Kafka in Venetië*,
in: KK 14, Nr. 1 (2006), S. 3 – 6.

729 | Die *Piazza delle Erbe* in Verona.

Das Genießen menschlicher Beziehungen ist mir gegeben, ihr Erleben nicht. Das kann ich immer wieder nachprüfen, gestern bei einem Volksfest in Verona, früher vor den Hochzeitsreisenden in Venedig.

In Erinnerung an den 20. September 1870, als königstreue italienische Truppen in Rom eindrangen und der weltlichen Macht des Papsttums ein Ende bereiteten, feierte man in Verona ein Fest. Traditionsgemäß gab es an diesem Tag in der Stadt einen patriotischen Umzug, der in der *Römischen Arena* begann, durch die *Via Leoncino* zum *Ponte Navi* führte, dann ein Stück am linken Ufer der Etsch (Adige) entlang und über den *Ponte Umberto* und die *Via Mazzini* zurück zu der neben der *Arena* gelegenen *Piazza Vittorio Emanuele*, auf der sich die Menschenmassen so sehr drängten, daß der Verkehr zusammenbrach. Hier fand ein abschließendes Konzert statt, auf dem mehrmals der *Königsmarsch (Marcia Reale)* gespielt wurde, der seit 1946 offizielle Nationalhymne Italiens ist.

Der Umzug kam ganz in der Nähe der *Piazza delle Erbe* vorbei, auf der Kafka an diesem Tag eine Kinovorstellung sah. Danach schaute er sich vermutlich, die *Via Santa Maria Antica* nach Osten verfolgend, die *Skaliger-Denkmäler* und die *Kirche S. Anastasia* an, in der er, müde vom Rundgang, Felice eine Ansichtskarte schrieb.

Anfang 1924 wurde Verona Schauplatz eines kleinen Erzählfragments mit Traumcharakter.

Tagebuch, 21. IX. 1913 (Br II 295), vgl. Hanns Zischler: *Kafka geht ins Kino*, (Reinbek bei Hamburg 1996), S. 133 f., *La festa nationale*, in: *L'Arena*, 22./23. IX. 1913, und NS II 557.

730 | Von einem Zwerg getragenes Weihwasserbecken in *S. Anastasia* in Verona.

In der Kirche S. Anastasia in Verona, wo ich müde in einer Kirchenbank sitze, gegenüber einem lebensgroßen Marmorzwerg, der mit glücklichem Gesichtsausdruck ein Weihwasserbecken trägt.

Wer das Kirchenschiff von *S. Anastasia* betritt – Kafka kannte ihr Interieur höchstwahrscheinlich vom *Kaiserpanorama* in Friedland (→ Abb. 337), das er zwei Jahre zuvor besucht hatte –, wird von einer am ersten Pfeiler rechts sitzenden schnauzbärtigen Figur

mit überkreuzten Beinen gefangengenommen, über der, vermittelt durch ein gleichsam aus ihrem Rücken herauswachsendes Säulenende, ein Weihwasserbecken angebracht ist. Da ihre Größe, Kleidung und Haartracht nicht dem herkömmlichen Bild eines Zwerges entspricht und ihre Gesichtszüge eher als angespannt denn als glücklich zu bezeichnen sind, hat entgegen bisheriger Auffassung nicht sie, sondern ihr hier abgebildetes Gegenstück am gegenüberliegenden, also linker Hand aufragenden Kirchenpfeiler als die Figur zu gelten, die die Aufmerksamkeit des ermatteten Reisenden erweckte. Denn diese Skulptur, die wegen ihres Lächelns tatsächlich einen glücklichen Gesichtsausdruck zu haben scheint, trägt wirklich das Gewicht des direkt über ihr schwebenden Beckens und gab damit ein überzeugendes Bild für die Lebenslast ab, die sich Kafka auferlegt und in dem vor ihm sitzenden Zwerg veranschaulicht glaubte. Dazu kommt das sich von menschlicher Norm entfernende Aussehen dieser Gestalt, die sich nicht nur an ihrem Gewand, ihren übergroßen Händen und bloßen Beinen zeigt, sondern auch an ihrer Körpergröße, die das Maß ihres menschlichen Pendants am gegenüberliegenden Pfeiler beträchtlich unterschreitet.

An Felice am 20. IX. 1913, vgl. T 937, Hanns Zischler: *Kafka geht ins Kino*, (Reinbek bei Hamburg 1996), S. 46 und Hartmut Binder: *Kafka und die Skulpturen*, in: *Jahrbuch der Deutschen Schillergesellschaft* 16 (1972), S. 639–641.

731 | Die *Villa Belriguardo* im *Sanatorium Dr. von Hartungen* in Riva am Gardasee, in der Kafka von 22. September bis zum 11. Oktober 1913 wohnte. Die beiden hohen Fenster ganz rechts im Erdgeschoß gehören zum Konversationssaal, die beiden links daneben zum Speisesaal. Das Gebäude hat sich in etwas veränderter Gestalt (mit einem zusätzlichen Obergeschoß) erhalten und dient heute als Waisenhaus *(Colonia infantile Provinciale).*

Was meine ich übrigens dazu, daß ich heute abend eine ganze Wegstrecke lang darüber nachdachte was ich durch die Bekanntschaft mit der W. an Freuden mit der Russin eingebüßt habe, die mich vielleicht, was durchaus nicht ausgeschlossen ist, nachts in ihr Zimmer eingelassen hätte, das schief gegenüber dem meinigen lag. Während mein abendlicher Verkehr mit der W. darin bestand, daß ich in einer Klopfsprache, zu deren endgiltiger Besprechung wir niemals kamen, an die Decke meines unter ihrem Zimmer liegenden Zimmers klopfte, ihre Antwort empfing, mich aus dem Fenster beugte, sie grüßte, einmal mich von ihr segnen ließ, einmal nach einem herabgelassenen Band haschte, stundenlang auf der Fensterbrüstung saß, jeden ihrer Schritte oben hörte, jedes zufällige Klopfen als ein Verständigungszeichen irriger Weise auffaßte, ihren Husten hörte, ihr Singen vor dem Einschlafen.

In Riva verliebte sich Kafka in ein Mädchen – *ein Kind, etwa 18 Jahre alt, eine Schweizerin, die aber in Italien bei Genua lebt, im Blut mir also möglichst fremd, ganz unfertig, aber merkwürdig, trotz Krankhaftigkeit sehr wertvoll und geradezu tief –,* deren Identität bisher nicht geklärt werden konnte, weil sie in seinen Lebenszeugnissen lediglich unter ihren Initialen G. W. in Erscheinung tritt. Die andere Mitpatientin war eine junge, sehr reiche, sehr elegante Russin, die sich aus Langeweile und Verzweiflung an einem Abend Kafka und anderen Gästen gegenüber als Kartenlegerin betätigte.

Das 20 000 Quadratmeter große, zum Sanatorium gehörige Gelände mit seinen Oliven- und Lorbeerbäumen, Zypressen und Palmen besaß einen 200 Meter langen Sandstrand, einen ausgedehnten Luftpark zur Durchführung atmosphärischer Kuren, zwei geräumige Sonnenbäder und eine Wasserheilanstalt. Es gab hydriatische Kuren in Form von Bädern, temperierten Halbbädern, Abreibungen, Güssen, Packungen, Dampf- und trockenheißen Luftbädern, elektrischen Bogenlichtbädern, Vierzellenbädern sowie Mineral-, Kräuter-, Schlamm- und Darmbädern, die bei chronischer Verstopfung angewandt wurden. Außerdem verabreichte man Diätkuren, auch vegetarische, und bezog durch die Verordnung mehrstündiger Aufenthalte im Freien bewußt die malerische Umgebung mit ihren Schluchten, Wasserfällen, Bergspitzen, Höhenseen, Kastellen, Inseln und farbenfrohen Uferstrecken in die Therapie ein.

Tagebuch, 20. X. 1913, Br II 311 und 288, vgl. Hartmut Binder: *Mit Kafka in den Süden,* (Praha 2007), S. 85–104 und [Dr. Erhard v. Hartungen]: *Prospekt des Sanatoriums Dr. v. Hartungen Riva am Gardasee,* Riva (Januar 1913).

732 | Blick in eine Lufthütte auf dem Gelände des *Sanatoriums Dr. von Hartungen.*

Jetzt wohne ich, wenigstens solange Sonne ist, in einer elenden Bretterbude am See mit einem langen Sprungbrett in den See hinaus, das ich aber bisher nur zum Liegen benützt habe.

An Oskar Baum am 24. IX. 1913.

733 | Die *Villa Miralago* im ehemaligen *Sanatorium Dr. von Hartungen* (um 1970).

Zu nichts rate ich lieber als zu Sanatorien. Im Süden kenne ich nur eines. Dr. Hartungen in Riva. Es hat fast alle Vorzüge eines Sanatoriums, in dem man nicht gerade von einem schweren Leiden geheilt werden will.

Die Freitreppe links führte zum ärztlichen Ordinationszimmer. Im rechten Gebäudeteil lagen Wartezimmer und Behandlungsraum.

An František Khol zwischen dem 14. und 24. IV. 1914.

734 | Der Arzt Dr. Erhard von Hartungen (1880–1962) in seinem Arbeitszimmer.

Von Hartungen, der Kafka in Riva behandelte, hatte in Wien und Florenz Medizin studiert und das Sanatorium Anfang 1913 von seinem Vater Dr. med. Christoph Hartung von Hartungen (1849–1917) übernommen, dem Gründer der Anstalt, der ebenfalls in Wien ausgebildet worden war, sich aber längere Zeit in Wörishofen bei Sebastian Kneipp aufgehalten hatte und sich über seinen Großvater, einen Schüler Hahnemanns, mit der Homöopathie bekannt gemacht hatte. Erhard von Hartungen bevorzugte deswegen natürliche Behandlungsmethoden und betrachtete Medikamente als *ultima ratio*.

Zu den berühmtesten Besuchern des Sanatoriums gehörten Christian Morgenstern (1907) sowie Heinrich (seit 1893) und Thomas Mann. Da Thomas Mann im November und Dezember 1901 Gast im *Sanatorium Dr. von Hartungen* war, ist zu vermuten, daß er im Mai dieses Jahres, als er sich zum erstenmal in Riva aufhielt, und zwar in Begleitung seines Bruders, die Anstalt auf ihre Tauglichkeit als Ort der Erholung geprüft hatte, so daß eigene Eindrücke und Berichte Heinrichs in die Beschreibung des Sanatoriums Einfried in seine Erzählung *Tristan* einfließen konnten, die damals im Entstehen begriffen war. Heinrich Mann schrieb im *Sanatorium Dr. von Hartungen* große Teile seiner *Göttinnen* und setzte dem Gründer der Anstalt in der Gestalt des Dr. von Männigen im dritten Band dieses Romans ein Denkmal.

Erhard von Hartungen diente während des Ersten Weltkriegs freiwillig in den Zügen des Malteserordens. Nach dem Zusammenbruch der Habsburgermonarchie wurde das Sanatorium geplündert und aufgegeben.

M. J. Halhuber: *In memoriam Dr. med. Erhard von Hartungen*, in: *Mitteilungen der Ärztekammer für Tirol* 3 (September 1962), S. 8, Peter de Mendelssohn: *Der Zauberer. Das Leben des deutschen Schriftstellers Thomas Mann. Erster Teil. 1875–1918*, (Frankfurt/M. 1975), S. 444 f., Hartmut Binder: *Mit Kafka in den Süden*, (Praha 2007), S. 93–96 sowie Albino Tonelli: *Ai confini della Mitteleuropa. Il Sanatorium von Hartungen di Riva del Garda*, Riva (1995), S. 135–207 und 355.

735 | Der Speisesaal im *Sanatorium Dr. v. Hartungen.*

Im Sanatorium rede ich allerdings nichts, bei Tisch sitze ich zwischen einem alten General (der auch nichts spricht, wenn er sich aber einmal zum Reden entschließt, sehr klug spricht, zumindest allen andern überlegen) und einer kleinen, italienisch aussehenden Schweizerin mit dumpfer Stimme, die über ihre Nachbarschaft unglücklich ist.

Bei dem General handelte es sich um den Generalmajor Ludwig von Koch (*1847), der im österreichischen Heer gedient hatte und wenige Monate vor seiner Ankunft in Riva pensioniert worden war. Koch erschoß sich am 3. Oktober in seinem Zimmer, wurde in der Totenkapelle *St. Anna* aufgebahrt und am 8. des Monats in Riva bestattet.

An Max Brod am 28. IX. 1913, vgl. Anthony Northey: *Kafka in Riva, 1913,* in: *Neue Zürcher Zeitung* 207, Nr. 95 (25./26. IV. 1987), S. 66.

736 | Das nicht mehr existierende Hotel *Zum schwarzen Roß (U Černého koně)* am Prager *Graben* (II-860/61) (→ Abb. 209, l). Das *Schwarze Roß* ist zusammen mit dem *Blauen Stern* (→ Abb. 668) und zwei zwischen diesen Hotels liegenden Gebäuden in einem Monumentalbau aufgegangen, der heute die *Tschechische Staatsbank (Česká národní banka)* beherbergt.

Ich danke Ihnen für Ihre Einladung, ich werde natürlich kommen, bestimmen Sie die Stunde nach Ihrem Belieben und lassen Sie für mich eine Nachricht beim Portier, *die ich mir morgen im Laufe des Tages holen werde.*

Eines darf ich aber schon jetzt nicht verschweigen: Zu Zeiten wäre ich glücklich gewesen, mit Ihnen zusammenzukommen, heute aber muß ich mir sagen, daß mir noch niemals ein Gespräch zu einer Klarstellung verholfen, sondern mich höchstens verwirrt hat.

Eine Freundin Felice Bauers, Grete Bloch, war Ende Oktober 1913 nach Prag gekommen, um zwischen Kafka und Felice zu vermitteln. Die Begegnung fand am 1. November im Hotel *Zum schwarzen Roß* statt, wo sie Quartier genommen hatte.

An Grete Bloch am 23. X. 1913, vgl. Hartmut Binder: *Wo Kafka und seine Freunde zu Gast waren,* (Furth im Wald, Prag 2000), S. 48.

737 | Grete Bloch (1892–1944).

Nach der Begegnung mit Kafka entwickelte sich in den darauffolgenden Monaten zwischen den beiden eine Korrespondenz, die an Intensität und Herzlichkeit den Briefverkehr mit Felice Bauer weit übertraf. Aus dieser freilich befremdlichen Tatsache wurden, insbesondere von Elias Canetti in seinem 1969 erschienenen Buch *Der andere Prozeß,* weitreichende Folgerungen abgeleitet, die in der Behauptung gipfelten, die beiden hätten ein Verhältnis miteinander gehabt, aus dem ein Kind hervorgegangen sei. Diese Auffassung hält einer Überprüfung nicht stand. Sicher ist lediglich, daß Grete Bloch entscheidend dazu beitrug, daß die erste Verlobung Kafkas am 12. Juli 1914 in die Brüche ging. (→ Abb. 701)

Grete Bloch war von 1908 bis 1915 in Berlin, Frankfurt am Main und Wien als Stenotypistin tätig, danach arbeitete sie als Sekretärin, später Prokuristin bei einer Berliner Firma, die Büromaschinen herstellte. Mitte der 30er Jahre emigrierte sie nach Palästina, lebte später in Florenz, wo sie nach der deutschen Besetzung Italiens als Jüdin deportiert und in einem Konzentrationslager ermordet wurde.

Vgl. F 469 f.

738 | Die *Maschinenhalle* der *Firma Ringhoffer* in Prag-Smichow, in der seit 1852 Eisenbahn-waggons hergestellt wurden.

Besuch der Ringhofferschen Fabrik.

Das 1771 gegründete, bis 1945 bestehende Unternehmen von Weltruf lag in der *Schwar-zenbergstraße* (heute *Nádražní*) Nr. 29 (XVI-34) zwischen den Straßen *Ostrovského* und *Za Ženskými domovy*.

Tagebuch, 21. X. 1913.

739 | Der *Ahornsteig* im Berliner *Tiergarten*.

Zu der Zeit, als Sie Ihre letzten Bemerkungen über F. und mich niederschrieben, am Sonntag Vormittag, giengen wir, F. und ich, im Tiergarten spazieren. Vielleicht sagte F. gerade: «Hör doch auf, zu bitten. Immerfort willst Du das Unmög-liche.» Oder vielleicht sagte sie: «Es ist so. Du mußt es glauben. Halte Dich doch nicht an jedes Wort» oder: «Ich kann Dich ganz gut leiden, aber das langt nicht zur Ehe. Halbes aber tue ich nicht.» Worauf ich antwortete: «Das andere ist aber doch auch nur ein halbes», worauf F. antwortete: «Ja, aber es ist die größere Hälfte.»

Am 8. November 1913 fuhr Kafka am Nachmittag nach Berlin, um sich mit Felice auszusprechen. Am darauffolgenden Vormittag gingen die beiden zwei Stunden im *Tiergarten* spazieren, wobei sich die zwischen ihnen eingetretene Entfremdung eher noch verstärkte, dann mußte Felice zu einer Beerdigung, und Kafka nutzte den frühen Nach-mittag zu einem Besuch bei seinem Freund Ernst Weiß (→ Abb. 718). Um 16.30 Uhr fuhr er zurück, ohne daß sich Felice, wie versprochen, um drei Uhr noch einmal telephonisch gemeldet hätte.

An Grete Bloch am 3. III. 1914, vgl. Br II 298–300.

740 | Blick vom *Oppeltschen Haus*, in dessen drittem Obergeschoß (→ Abb. 246) die Familie Kafka seit November 1913 wohnte, auf den *Altstädter Ringplatz*. Im Vordergrund links, schon außerhalb des Bildrandes, liegt das *Kinsky-Palais*, in dem das *Altstädter Gymnasium* (→ Abb. 218) untergebracht war. Im Hintergrund die Einmündung der *Eisengasse (Železná)* mit dem links davon gelegenen *Smetana-Haus*, in dem Julie Kafka vor ihrer Heirat gelebt hatte (→ Abb. 5 und 147), dahinter, am anderen Ende dieser Straße, von den davorstehenden Häusern verdeckt, das *Karolinum* (→ Abb. 105); rechts daneben der Doppelturm der *St. Gallikirche (kostel sv. Havla)*. Vorne rechts der *Rathausturm* mit dem neugotischen Erweiterungsbau des *Altstädter Rathauses*. Wenige Schritte schräg dahinter befand sich Kafkas Geburtshaus. Bei einem der Besuche Friedrich Thiebergers (→ Abb. 1043) in der elterlichen Wohnung im *Oppeltschen Haus* sagte Kafka zu ihm, auf die Gebäude zeigend, die sie, am Fenster stehend, bei ihrem Blick auf den *Altstädter Ringplatz* vor Augen hatten: «*Hier war mein Gymnasium, dort in dem Gebäude, das herübersieht, die Universität und ein Stückchen weiter links hin, mein Büro. In diesem kleinen Kreis*» – und mit seinem Finger zog er ein paar kleine Kreise – «*ist mein ganzes Leben eingeschlossen.*» (→ Abb. 209)

EFK 133.

741 | Blick vom *Oppeltschen Haus* auf die Fundamente des im Entstehen begriffenen *Hus-Denkmals* auf dem *Altstädter Ringplatz*, die man von den Fenstern der Kafka-Wohnung aus sehen konnte.

Was für Mühen sich zu erhalten! Kein Denkmal braucht solchen Aufwand von Kräften, um aufgerichtet zu werden.

Deutlich ist die *Plankeneinzäunung* zu erkennen, die Kafka in seinem Traum vom 7. November 1911 erwähnt (→ Abb. 216). Ende 1912 war lediglich der Unterbau des Monuments ausgeführt.

Tagebuch, 9. III. 1914, vgl. DZB 85, Nr. 356 (25. XII. 1912), S. 34.

742 | Der Festsaal des *Jüdischen Rathauses* in der Prager Altstadt.

In der Toynbeehalle den Anfang von Michael Kohlhaas vorgelesen. Ganz und gar mißlungen. Schlecht ausgewählt, schließlich sinnlos im Text herumgeschwommen. Musterhafte Zuhörerschaft. Ganz kleine Jungen in der ersten Reihe.

Die Prager *Kultusgemeinderepräsentanz* stellte den Festsaal im *Jüdischen Rathaus* unter anderem der Anfang 1902 gegründeten, vom *Verein jüdischer Hochschüler «Bar Kochba»* unterstützten *Jüdischen Toynbeehalle* zur Verfügung, die sich die Aufgabe gestellt hatte, Aufklärung in die breiteren Schichten der Bevölkerung zu tragen. Zu diesem Zweck veranstaltete man Vorträge, die unbemittelten Juden und Nichtjuden geistige Belehrung, künstlerische Erbauung und körperliche Erfrischung verschaffen sollten. Am 11. Dezember 1913 übernahm Kafka eine solche Veranstaltung, die er im Tagebuch mit den eben zitierten Worten kommentierte, später aber um die Bemerkung eines kleinen Jungen ergänzte, der auf dem Heimweg zu einem Altersgenossen auf tschechisch gesagt hatte: *Heute war es ganz hübsch.* Kleists *Michael Kohlhaas* gehörte zu den von Kafka besonders bewunderten Werken, wie besonders ein Brief an Felice zeigt, in dem es heißt: *Das ist eine Geschichte, die ich mit wirklicher Gottesfurcht lese.* Ähnliches gilt von der *Marquise von O.,* die er einmal Dora Diamant fünf- oder sechsmal hintereinander vortrug. (→ Abb. 671 und 750)

Tagebuch 13. XII. 1913, T 611 und Br II 84, vgl. PT 27, Nr. 16 (17. I. 1902), S. 4, SW 3, Nr. 14 (2. IV. 1909), S. 3 und EFK 203.

743 | Klara Thein (1884–1974) und ihre 1907 geborene Tochter Nora.

Gestern bei Frau Thein. Ruhig und energisch, eine fehlerlos sich durchsetzende, sich einbohrende, mit Blicken Händen und Füßen sich einarbeitende Energie. Offenheit, offener Blick. Ich habe immer in Erinnerung ihre häßlichen ungeheuren feierlichen Renaissancestraußenfederhüte aus früherer Zeit, sie ist mir solange ich sie nicht persönlich kannte widerlich gewesen. Wie der Muff, wenn sie zu einem Ziel der Erzählung eilt, an den Leib gedrückt wird und doch zuckt. Ihre Kinder Nora und Mirjam.

Verheiratet mit dem Geschirrwarenfabrikanten Emil Thein, der eine Funktionsstelle im *Zionistischen Bezirkskomitee für Böhmen*

innehatte, interessierte sich Klara Thein, die den Zeitgenossen als Schönheit galt, vor allem für jüdische Belange. Eine Zeitlang war sie Mitglied im *Klub jüdischer Frauen und Mädchen,* dem auch Else Bergmann, Elsa Brod, Ottla Kafka, Nelly Thieberger und Martha Löwy angehörten. Am 10. Februar 1914 lud sie Kafka zu Besuch, der an einem der darauffolgenden Tage stattfand. Aus diesem Anlaß begleitete er seine Gastgeberin vom Stadtzentrum aus in ihre an der Ecke *Königstraße/Riegergasse* (heute Ecke *Sokolovská/Urxova*) (X-454) gelegene Wohnung, die, da die gegenüberliegende, der Moldau zugewandte Seite der *Sokolovská* bis heute unbebaut geblieben ist, einen freien Ausblick auf die Uferregion des Flusses gestattet, der Kafka notierenswert schien. Während des Spaziergangs trug er *Die Indianer am Schingu* in der Hand, eine volkstümliche Publikation aus der Reihe *Schafstein's Grüne Bändchen,* die zu seinen Lieblingsbüchern gehörten (→ Abb. 911), und erklärte auf eine entsprechende Nachfrage seiner Begleiterin, daß er sich für die Indianer interessiere, eine Vorliebe, die auch in seinem Prosastück *Wunsch Indianer zu werden* zum Ausdruck kommt. Als Klara Thein ihm daraufhin bekannte, daß sie als Neunjährige *Oçeola oder die aufgehende Sonne* (Leipzig 1858) verschlungen habe, einen im Wilden Westen spielenden Roman des Büffeljägers, Journalisten und Jugendbuchautors Wyne Reid (1818–1883), schenkte er ihr das Büchlein.

Tagebuch, 13. II. 1914, vgl. Hartmut Binder: *Frauen in Kafkas Lebenskreis. Irrtümer und Unterlassungen in der Kritischen Edition seiner Tagebücher. II,* in: *Sudetenland* 40, Heft 1 (1998), S. 21–28 und G 303.

744 | Martin Buber in seinem Arbeitszimmer in Berlin-Zehlendorf, *Annastraße* (heute *Vopeliuspfad*) Nr. 12 (1912).

Lassen Sie mich aber verehrter Herr Doktor, diese Gelegenheit benützen, um meinen Dank für jenen Nachmittag abzustatten, den ich vor bald zwei Jahren bei Ihnen verbracht habe. Ein später Dank, aber für mich nicht zu spät, denn jenes Beisammensein wird mir immer gleich gegenwärtig bleiben. Es bedeutet für mich die in jeder Hinsicht reinste Erinnerung, die ich von Berlin habe, und sie war schon oft eine Art Zuflucht für mich, umso sicherer, da ich nicht gedankt hatte und deshalb niemand von diesem Besitz wußte.

Am 27. Februar 1914 war Kafka nach Berlin gefahren, um sich mit Felice auszusprechen, die ihn seit längerem darüber im unklaren gelassen hatte, wie sie zu ihm stand, und seine Briefe nicht beantwortete. Aber die Gespräche am darauffolgenden Samstag und Sonntag vormittag brachten keine Annäherung der Standpunkte, denn Felice glaubte ihn nicht genug zu lieben, um eine Ehe mit ihm eingehen zu können, und hatte unüberwindliche Angst vor einer gemeinsamen Zukunft. So nutzte Kafka die Zeit bis zu seiner Abreise am späten Nachmittag zu einem Besuch bei Martin Buber, den er im Januar des Vorjahres in Prag kennengelernt hatte (→ Abb. 540). Bei diesem Gespräch wurden offenbar auch theologische Fragen verhandelt. Buber schreibt nämlich in seinem Aufsatz *Schuld und Schuldgefühle*, Kafka habe ihn bei dieser Zusammenkunft nach dem orientalischen Mythos von den Gestirnsgeistern gefragt, *die verhängnishaft das Schicksal der Welt bestimmen, von deren Macht sich aber der Mensch zu befreien vermag, der sich dem verborgenen höchsten Licht weiht und in die Wiedergeburt eintritt.*

Als Buber dann, von Max Brod angeregt, Kafka im November 1915 zur Mitarbeit an der Zeitschrift *Der Jude* einlud, deren Herausgeber er war, verweigerte sich dieser mit dem Bemerken, er sei viel zu bedrückt, als daß er in dieser Gemeinschaft auch nur mit der geringsten Stimme reden dürfe. Buber, der den *Juden* zunächst von Belletristik freihalten wollte, lehnte dann seinerseits den Druck des Prosastücks *Ein Traum* ab (→ Abb. 817 und 831), das Kafka ihm am 21. Juni 1916 hatte zukommen lassen, obwohl ihn dessen Qualität überzeugt hatte. Als er dann im April 1917 neuerlich um Kafkas Mitarbeit bat, schickte ihm dieser zur Auswahl zwölf Texte, die zumeist in den Monaten zuvor entstanden waren. Buber entschied sich für *Schakale und Araber* und für den *Bericht für eine Akademie*, die im Oktober- und Novemberheft des *Juden* erschienen.

Bubers frühen chassidischen Schriften stand Kafka mit großem Vorbehalt gegenüber, doch als er im Mai 1922 dessen Legendensammlung *Der große Maggid und seine Nachfolge* las, faszinierte ihn sowohl die unmenschlich-großartige Geschichte *Die Ader*, die ihm die Leiden in der Grenzsituation des Sterbens wenigstens annäherungsweise auszudrücken schien, als auch *Flickarbeit*, ein Text, in dem er die Unvollkommenheit seines eigenen Handelns und Schreibens gespiegelt sah.

An Martin Buber am 29. XI. 1915 und Martin Buber: *Werke. Erster Band: Schriften zur Philosophie*, (München und Heidelberg 1962), S. 499 f., vgl. Br II 338, Martin Buber: *Briefwechsel aus sieben Jahrzehnten*, Band 1: 1897–1918, hrsg. von Grete Schaeder, Heidelberg (1972), S. 409, Paul Raabe: *Franz Kafka und der Expressionismus*, in: *Zeitschrift für deutsche Philologie* 86 (1967), S. 164, U 273 f., Br III 232, Br 443, T 919, 922 und KH 472.

745 | Pirna an der Elbe.

Als Kafka am 1. März 1914 auf der Rückreise von Berlin, wo er vergeblich versucht hatte, die Probleme zu lösen, die sich aus seiner Beziehung zu Felice Bauer ergeben hatten, in Dresden in den Zug stieg, der ihn über das 20 Kilometer flußaufwärts gelegene Pirna und weiter an der Elbe entlang durch die Sächsische Schweiz zur Grenzstation Tetschen-Bodenbach, nach Aussig und schließlich nach Prag führte, schrieb er Grete Bloch ein Ansichtskarte mit der hier abgebildeten Bildseite. Da er im September 1909 Ottla Ansichtskarten geschickt hatte, die Tetschen-Bodenbach und Tetschen in vergleichbaren Panoramadarstellungen zeigen, dazu im April 1913 an Felice eine Karte, auf der das Elbtal bei Schönpriesen (Krásné Březno) zu sehen war – im Monat zuvor hatte er ihr Ansichten von Dresden und Aussig gesandt, auf denen ebenfalls die Elbe abgebildet war –, darf vermutet werden, er sei von der von Hügeln und Bergen gesäumten Elblandschaft besonders angezogen worden, die ihm mehr entsprach als Meeresstrände oder Gebirgsformationen. (→ Abb. 102 und 850)

Vgl. Br I 457, 458, Br II 548, 444, 447 und 460.

746 | Franz Kafka (um 1916).

Im Spiegel sah ich mich vorhin genau an und kam mir im Gesicht [...] auch bei genauerer Untersuchung besser vor, als ich nach eigener Kenntnis bin. Ein klares übersichtlich gebildetes, fast schön begrenztes Gesicht. Das Schwarz der Haare, der Brauen und der Augenhöhlen dringt wie Leben aus der übrigen abwartenden Masse. Der Blick ist gar nicht verwüstet, davon ist keine Spur, er ist aber auch nicht kindlich, eher unglaublicherweise energisch, aber vielleicht war er nur beobachtend, da ich mich eben beobachtete und mir Angst machen wollte.

Nach den Erinnerungen Dora Diamants nahm sich Kafka zum Ankleiden viel Zeit. Er betrachtete sich prüfend und kritisch im Spiegel, weil er wegen seines Aussehens keinen Anstoß erregen wollte. (→ Abb. 185)

Tagebuch, 12. XII. 1913, vgl. EFK 200.

747 | Schleifenfahrt im *Zirkus Schumann* (1900).

Am 12. April 1914 war Kafka nach Berlin gefahren und hatte sich noch am Abend im Hotel *Askanischer Hof* mit Felice ausgesprochen. Am darauffolgenden Ostermontag hielt er bei Carl Bauer erfolgreich um ihre Hand an, so daß man sich noch am gleichen Tag verloben konnte und den Hochzeitstermin für September festlegte. Als er dann am 21. April seine Verlobungsanzeige im *Berliner Tageblatt* sah, deren Schlußzeile lautete: *Empfangstag Pfingstmontag. 1. Juni*, schrieb er an die Braut: *Die Anzeige im Tag[e]blatt ist sogar ein wenig unheimlich, die Anzeige des Empfangstages klingt mir so, als stünde dort, daß F. K. am Pfingstsonntag eine Schleifenfahrt im Variete ausführen wird.*

Kafka hielt die ihm abverlangte Leistung, sich im Hause Bauer als Bräutigam zu präsentieren, für so schwierig, daß er sie mit der Fähigkeit verglich, eine senkrecht aufgestellte Kreisbahn zu durchfahren. Dieses aufsehenerregende Kunststück, das zunächst im *Cirkus Schumann*, dann aber auch im Frühjahr 1904 im Garten des Berliner *Belle-Alliance-Theaters*, jetzt mit einem Automobil und von einer Dame (Miß Alex), durchgeführt wurde, war Kafka, der sich von der Welt der Akrobaten angezogen fühlte, zumindest durch Zeitungs- und Zeitschriftenberichte bekannt, vielleicht auch durch entsprechende Vorführungen im Prager *Théâtre Variété.*

An Felice am 21. IV. 1914, vgl. Br III 27, DZB 86, Nr. 244 (3. IX. 1913), *Abend-Ausgabe,* S. 3.

748 | Die Sportanlagen auf dem Prager *Belvedere*, zu denen auch ein Tennisplatz gehörte (→ Abb. 209, a). Im Hintergrund der *St. Veits-Dom* und der *Aussichtsturm* auf dem *Laurenziberg* (links) (1911).

[…] jetzt abend komme ich nachhause, habe mich nutzlos herumgetrieben, auf Tennisplätzen, auf den Gassen, im Bureau.

Da Kafka seit den Studienjahren Tennis spielte (→ Abb. 185), kann das hier angeführte Zitat vom April 1914 als Beleg für entsprechende Betätigung während der Verlobungszeit seines damaligen engsten Freundes Felix Weltsch gelten, der seine Frau auf dem auf der *Letná* gelegenen Tennisplatz kennengelernt hatte (→ Abb. 657).

Ein Tagebucheintrag Brods vom Juni 1912 belegt, daß Kafka sich in Gesellschaft anderer einen Boxkampf anschaute. Es handelte sich dabei um eine Veranstaltung, die am Samstag, dem 22. Juni, ab sechs Uhr abends auf dem Spielplatz des Fußballvereins *Slavia Prag* stattfand, der sich ebenfalls auf dem hier abgebildeten Sportgelände befand. Bei diesen Titelkämpfen um die Meisterschaft von Mitteleuropa gab es mehrere Paarungen mit farbigen Boxern aus Übersee, die in einem Fall mit einem K.-o.-Sieg endeten.

An Felice am 20. IV. 1914, vgl. Br II 333, DZB 85, Nr. 169 (21. VI. 1912), S. 12 und Nr. 171 (23. VI. 1912), S. 12.

749 | Emil Milan (1859–1917).

Wie die arabischen Vortragsmeister erzählt er nur mit dem Gesicht, nimmt kaum hier und da einmal eine Hand oder beide Hände zu Hilfe. Wie ein Scheich anzuschauen sitzt er oben auf dem Podium, sieht uns an und erzählt uns Geschichten in die Ohren. Niemals liegt ein Buch zwischen ihm und uns.

Kafka hörte den Vortragskünstler am 23. April 1914 im *Spiegelsaal* des *Deutschen Casinos* mit Texten von Tolstoi, Jens Peter Jacobsen und Daudet. Als er im Oktober 1915 erfuhr, daß Milan in Berlin auftreten würde, empfahl er Felice dringend, diese Veranstaltung zu besuchen. In einer Zeit, in der im Vortragssaal noch ein pathetisch-dramatischer Deklamationsstil herrschte, befleißigte sich Milan einer einfachen, schlichten Sprechart, die zwar Pausen als Vortragsmittel nutzte, aber überraschende Effekte mied.

Concordia-Vortrag Dr. Emil Milan, in: PT 39, Nr. 108 (21. IV. 1914), S. 4, vgl. Br III 259, 606 und Cäser Fleischlen: *Emil Milan als Künstler. Worte bei seiner Gedächtnisfeier in der alten Aula der königl. Universität Berlin, am 8. Mai 1917*, Berlin (1917), S. 13–18.

750 | Die *Kleist-Gedenkstätte* am Kleinen Wannsee (bei der *Bismarck-straße* Nr. 2 und 4) in Berlin.

Sieh, von den vier Menschen, die ich (ohne an Kraft und Umfassung mich ihnen nahe zu stellen) als meine eigentlichen Blutsverwandten fühle, von Grillparzer, Dostojewski, Kleist und Flaubert, hat nur Dostojewski geheiratet und vielleicht nur Kleist, als er sich im Gedränge äußerer und innerer Not am Wannsee erschoß, den richtigen Ausweg gefunden. (→ Abb. 126, 159 und 187)

Nachdem Eduard von Bülow, Kleists erster Biograph, einen Gedenkstein aus Granit auf der Grabstätte hatte anbringen lassen, fügte Wilhelm Grimms Sohn Hermann 1862 einen aus Marmor bestehenden hinzu und versah ihn mit den folgenden Versen des Schriftstellers Max Ring: *Er lebte, sang und litt/in trüber schwerer Zeit,/er suchte hier den Tod,/und fand Unsterblichkeit – Matth. 6 V. 12.* Außerdem pflanzte Hermann Grimm eine Eiche und umgab die Anlage mit einem zwischen Steinpfeilern verlaufenden Eisengitter. Im Jahr 1941 wurde die Inschrift durch den Vers *Nun, O Unsterblichkeit, Bist Du Ganz Mein* aus Kleists Schauspiel *Prinz Friedrich von Homburg* ersetzt; nach dem Zweiten Weltkrieg wurde zweimal das Geburtsdatum korrigiert, der Stein gedreht und das Gitter zum Weg entfernt.

Nach einer mündlichen Überlieferung besuchte Kafka zusammen mit Felicens Schwester Erna Kleists Grab und verweilte dort lange *tief in Gedanken* versunken. Kafka hatte am 6. Mai 1913 einen Bericht über Kleists Ende gelesen, auf dessen 100. Todestag er zwei Jahre zuvor im *Prager Tagblatt* hingewiesen worden war. Sein Interesse an diesem Monument ist deswegen verständlich. Doch offenbar war Felice, die den Wannsee nicht schätzte, wenig geneigt,

ihn dorthin zu begleiten. Stellt man die gesellschaftlichen und zeitlichen Rahmenbedingungen in Rechnung, unter denen sich Kafkas Berlin-Reisen in den Jahren 1913 und 1914 vollzogen, fällt es schwer, einen Termin zu benennen, an dem dieser Besuch stattgefunden haben könnte. Der wahrscheinlichste und zugleich fast einzig mögliche Zeitpunkt ist der 2. Juni 1914, der Tag nach der Verlobungsfeier, den Kafka teilweise noch in Berlin verbrachte, ohne daß in seinen Lebenszeugnissen ein Hinweis darauf zu finden wäre, was er in diesen Stunden unternommen hatte.

Kleist war Kafka bis zu seinem Tod gegenwärtig. Willy Haas erzählt von einem an Robert Klopstock gerichteten Brief Kafkas, angeblich den letzten an diesen Freund gerichteten, in dem er auf Kleists Anekdote *Französisches Exerzitium* zu sprechen kam. Sie handelt davon, wie ein Artilleriekapitän vor der Schlacht seine Leute aufstellt und, während er mit seinem Degen jeweils auf bestimmte Körperzonen deutet, jedesmal dazu sagt: *«Hier wirst Du sterben!»* Der dem Tod geweihte Kafka habe geschrieben, jetzt könne er die Geschichte von Kleist nicht mehr vorlesen, denn: *«Meine Stimme ist zu heiser und rauh geworden. Oder ich müßte einen neuen Schluß dazuerfinden. Ich wüßte ihn auch schon. Der letzte der Soldaten, die der französische General aufstellt, müßte ihm antworten: ‹Und hier wirst du sterben!›, müßte zum Karabiner greifen und den General niederschießen. Mit dieser Pointe könnte es meine heisere Stimme zur Not noch riskieren!»*

An Felice am 2. IX. 1913, F 460, Anm. 1, Br II 275 und Willy Haas: *Prag und die Prager III. Dreimal die Stille des Todes*, in: *Prager Mittag* 1, Nr. 7 (7. VIII. 1933), S. 3, vgl. *Der Kunstwart* 17, Heft 13 (Erstes Aprilheft 1904), S. 27 f., C 102, T 264, TK 68 und Br II 165.

751 | Die Flechterei in der 1852 gegründeten *Klarschen Blindenanstalt* in Prag (um 1910).

Sie fragten letzthin nach Ottla. Es geht ihr gut, trotzdem sie den ganzen Tag im Geschäft ist. Denn ihre Gedanken sind nicht im Geschäft, sondern ausschließlich in der Blindenanstalt, wo sie seit paar Wochen insbesondere seit den letzten 14 Tagen einige gute Freunde und einen allerbesten hat. Ein junger Korbflechter, dessen eines Auge geschlossen und dessen anderes Auge riesenhaft aufgequollen ist. Das ist ihr bester Freund, er ist zart, verständig und treu. Sie besucht ihn an Sonn- und Feiertagen und liest ihm vor, möglichst lustige Sachen. Ein allerdings etwas gefährliches und schmerzliches Vergnügen. Was man sonst mit Blicken ausdrückt, zeigen die Blinden mit den Fingerspitzen. Sie befühlen das Kleid, fassen den Ärmel an, streicheln die Hände und dieses große starke, von mir leider, wenn auch ohne Schuld, vom richtigen Weg ein wenig abgelenkte Mädchen nennt das ihr höchstes Glück.

Wenn Ottla zu Fuß zum *Chotek-Park* (→ Abb. 209, c und 1114) ging, passierte sie zwangsläufig die an der *Klargasse (Klárov)* liegende *Klarsche Blindenanstalt (Klárův ústav slepců)* (III-131, Gebäude erhalten).

An Grete Bloch am 11. VI. 1914.

752 | Das von 1893 bis 1932 bestehende *Pištek-Theater (Pištěkovo lidové divadlo)* an der Westecke *Slezská/Kladská* in *Königliche Weinberge (Vinohrady)*. Hier spielte man Volksstücke, die von den Schauspielern verfaßt worden waren. Später versuchte man, Intellektuelle anzusprechen, und nahm Opern, Operetten und Schauspiele ins Repertoire, darunter Shakespeare, Ostrowski und Ibsen.

Am 17. Juni 1914 kam Ernst Weiß (→ Abb. 718) nach Prag, um Kafka zu besuchen. Da er schon zwei Tage später nach Berlin zurückkehrte, kann der gemeinsame Besuch des Vorstadttheaters, den Kafkas Tagebuch überliefert, nur am 17. oder 18. Juni stattgefunden haben. Zum ersten Termin wurde als Volksaufführung zu niedrigen Preisen *Pražské švadlenky* (Prager Näherinnen) gegeben, eine fünfaktige Gesangs- und Tanzposse von Otto Faster, am Tag darauf die dreiaktige Komödie *Neznámá rozkoš* (Die unbekannte Wonne) von dem renommierten tschechischen Autor Karel Piskoř, und zwar zum erstenmal und als Ehrenabend für den Chefregisseur des Theaters, Vilem Táborský (1860–1935), ein Programm, das Kafka und seinen Gast am ehesten zu einem Besuch verlockt haben dürfte.

753 | Die 1829 erbaute Villa des Grafen Rudolf Kinsky im *Kinskygarten (Kinského zahrada)* in Prag-Smichow, in der seit 1902 und nach 17jähriger Schließung wieder seit 2005 das *Čechoslavische* (beziehungsweise *Tschechoslowakische*) *Ethnographische Museum (Národopisné museum v Kinského zahradě)* untergebracht ist, das Kafka wegen seiner völkerkundlichen Interessen (→ Abb. 271 und 1004) sicherlich gelegentlich besucht haben dürfte.

Die weißgekleidete Frau mitten im Hof des Kinskyschlosses. Deutliche Schattierung der hohen Busenwölbung trotz der Entfernung. Starrer Sitz.

Das Gelände, auf dem sich der *Kinskygarten* erstreckt, war 1825 von Graf Rudolf Kinsky gekauft und mit großen Kosten zu einem Adelspark umgewandelt worden, der lediglich an gewissen Tagen und ausschließlich mit Bewilligung der gräflichen Verwaltung betreten werden konnte. Im Jahr 1901 wurden Park und Schlößchen von den Stadtgemeinden in Prag und Smichow erworben und der Öffentlichkeit zugänglich gemacht. Die bis heute bestehenden Anlagen sind von den benachbarten öffentlichen Gärten des *Laurenziberges* (heute *Petřínské sady*) durch die von Kaiser Karl IV. errichtete gezackte *Hungermauer* getrennt, die den ganzen Berg umzieht und immer wieder mit der Erzählung *Beim Bau der Chinesischen Mauer* in Verbindung gebracht wird. Mit besserer Begründung könnte man behaupten, Kafka sei zu diesem Sujet durch einen Zeitungsbeitrag Edgar Steigers angeregt worden, der unter dem Titel *Die chinesische Mauer – das Vorbild des Schützengrabens* am 16. September 1916 im *Prager Tagblatt* erschien, also nur fünf Monate vor der Niederschrift des in Frage stehenden Erzählfragments. Steiger gibt

754 | Eugen Loewenstein (1877–1961), der Chef der Wäschefabrik *Joss & Loewenstein*, die ihren Sitz in der *Belcredistraße (Belcrediho třída)* Nr. 20 (VII-481) in Prag-Bubna (Praha-Bubny) hatte.

Kafka stattete dem Unternehmen Mitte Juni 1914 einen dienstlichen Besuch ab. Loewenstein, der sich auch als Mäzen betätigte, war literarisch tätig und verfaßte eine *Nervöse Leute* betitelte Monographie, die 1914 bei Kurt Wolff in Leipzig erschien. Am 9. April 1916 rezensierte er Kafkas *Verwandlung* im *Prager Tagblatt*.

Vgl. T 538 und Br III 90.

nämlich eine vergleichsweise detaillierte Beschreibung der Entstehung des riesigen chinesischen Bauwerks, die ihn an den allmählichen Übergang der offenen Feldschlachten in den Stellungskrieg erinnerte, wie er im Herbst 1914 für die Front in Belgien und Frankreich typisch war.

Tagebuch, 21. VI. 1914, vgl. PT 41, Nr. 257 (16. IX. 1916), S. 2 und Hartmut Binder: *Über den Umgang mit Topographica in Kritischen Ausgaben am Beispiel der Tagebücher Kafkas*, in: *Edition von autobiographischen Schriften und Zeugnissen zur Biographie*, hrsg. von Jochen Golz, Tübingen 1995, S. 150 f.

755 | Die Gartenstadt Hellerau.

Kafkas Lebenszeugnisse geben keinen Aufschluß darüber, was er mit seiner Reise bezweckte, die ihn am 27. Juni 1914 zusammen mit Otto Pick zu einem verlängerten Wochenende nach Hellerau und Leipzig führte. (*Peter und Paul*, der 29. Juni, fiel in diesem Jahr auf einen Montag und war in Böhmen Feiertag.) Es ist aber anzunehmen, daß er die berühmte Gartenstadt sehen wollte, geschaffen von Wolf Dohrn (1878–1914), von 1908 bis 1910 Geschäftsführer des *Deutschen Werkbundes*, Carl Schmidt (1873–1948), Leiter der *Deutschen Werkstätten für Handwerkskunst G. m. b. H. Dresden und München* und dem Architekten Richard Riemerschmid (1868–1957), die 1908 die gemeinnützige *Gartenstadt-Gesellschaft Hellerau* mit dem Hauptziel gegründet hatten, eine Mustersiedlung aus Einfamilienhäusern zu verwirklichen. Die Gartenstadt sollte es Leuten mit niedrigem Einkommen erlauben, in Erbmiete unter hygienisch angemessenen Bedingungen im Grünen zu wohnen. So errichteten sie in Hellerau in der Nähe Dresdens in den darauffolgenden Jahren Wohlfahrtseinrichtungen, Fabrikanlagen und das Kleinhausviertel *Am grünen Zipfel*. Im Gefolge dieser Aktivitäten etablierte sich in der Siedlung eine Künstlerkolonie, deren führende Vertreter der Kunstschmied Georg von Mendelssohn und der Verleger Jakob Hegner waren, der Anfang 1912 hier seßhaft wurde. Ein an Kafka gerichtetes Schreiben Hegners vom 25. Juli 1914 läßt den Schluß zu, daß die beiden vier Wochen zuvor längere Zeit

miteinander gesprochen haben müssen, Kafka von dem Verleger Bücher erhalten und Aufträge übernommen hatte.

Mittelpunkt der Siedlung war das 1911 von Heinrich Tessenow erbaute *Festspielhaus Hellerau*, das nach fast 55jähriger, 1992 endender militärischer Besetzung seit 1994 allmählich wieder künstlerischer Nutzung zugeführt wurde. Es diente der im April 1911 gegründeten *Bildungsanstalt Jaques-Dalcroze* als Domizil, die den Zweck verfolgte, mit Hilfe der Gehörsbildung, der Improvisation sowie der von ihrem Gründer entwickelten rhythmischen Gymnastik junge Menschen zur Musik zu führen (→ Abb. 548 und 549). Im *Festspielhaus* wurde am 5. Oktober 1913 Paul Claudels *Verkündigung* uraufgeführt, ein Ereignis von europäischem Rang, auf das Kafka von Willy Haas aufmerksam gemacht wurde, der ihm seinen darauf bezüglichen Aufsatz in der Zeitschrift *Der Brenner* dedizierte und der Aufführung genauso beiwohnte wie Franz Werfel und Ernst Polak.

Vgl. KB 160 f., Br III 733, KB 161 und Hans-Jürgen Sarfert: *Hellerau – Die Gartenstadt und Künstlerkolonie*, (4. überarbeitete und erweiterte Auflage), Dresden 1999, S. 16–147.

756 | Die *Am grünen Zipfel* Nr. 2 gelegene *Waldschänke* in Hellerau (als baufälliges Gebäude erhalten).

Kafka hatte beabsichtigt, in der am Rande Helleraus gelegenen *Waldschänke* zu übernachten, in der er den Abend des 27. Juni verbrachte. Da aber alle Zimmer belegt waren, vermittelte man ihm und dem mit ihm reisenden Otto Pick ein in der Nähe gelegenes Privatquartier im Haus des Oberlehrers Kurt Thomas, *Breiter Weg* (heute *Karl-Liebknecht-Straße*) Nr. 10.

757 | Der Schriftsteller Paul Adler
(1878–1946) mit seiner Frau Anna und
Tochter Elisabeth, genannt Niese, die
Kafka, der diesen Namen irrigerweise
als Kurzform von Anneliese deutete, in
Hellerau kennenlernte.

[…] er ist ein ausgezeichneter Mensch.

Paul Adler durchlief das Prager *Graben-
Gymnasium*, wo er 1896 Abitur machte, und
schloß 1901 ein Jurastudium an der Prager
deutschen Universität ab. Von 1903 bis 1912
lebte er in Florenz, danach in Paris und
Berlin, von 1912 bis 1920 in Hellerau. Adler
verweigerte als Pazifist bei Kriegsbeginn
Steuerzahlungen, so daß er 1917 für nervenkrank und militärdienstuntauglich erklärt
wurde. Von Mai bis Dezember 1921 war er
als Kunst- und Theaterreferent der *Prager
Presse* tätig (→ Abb. 1092), wo er Kafka erneut begegnete. Seit Ende 1923 lebte er wieder in Hellerau. Im März 1933 übersiedelte
er neuerlich nach Prag, wo er bis Ende 1938
Mitarbeiter der *Prager Presse* war. Er starb
in Königsaal (Zbraslav) (→ Abb. 371).

An Robert Klopstock, September/Oktober 1921, vgl. T 541
und TK 134.

758 | Das von dem Architekten Heinrich
Tessenow erbaute Haus am *Tännichtweg*
Nr. 6 in Hellerau, in dem Paul Adler und
seine Familie von 1912 bis 1920 wohnten. Im
Garten dieses Domizils fand (wahrscheinlich am 28. Juni 1914) eine Lesung statt, bei
der Kafka unter den Zuhörern war.

Vgl. T 541.

759 | Das Haus Georg von Mendelssohns,
Pillnitzer Straße (heute *Moritzburger Weg*)
Nr. 3 in Hellerau.

Alpinum, Engerlinge, Fichtennadelbad.

Der Kunsthandwerker Georg von Mendelssohn (1886–1955) war 1910 von München in die im Entstehen begriffene Gartenstadt gezogen, wo er bis 1922 in einer
von Richard Riemerschmid erbauten Villa
wohnte. Das Gebäude, in dem unter anderem Shaw, Rilke, Werfel, Kokoschka und
Hasenclever zu Gast waren, lag zwischen
der *Waldschänke*, die den südlichsten Punkt
der Gartenstadt bildet, und den an der gleichen Straße liegenden *Deutschen Werkstätten für Handwerkskunst*, deren Möbel Kafka
*für die besten, […] für die anständigsten,
einfachsten* hielt und gerne in der Prager
Wohnung gesehen hätte, die er mit Felice
zusammen im Herbst 1914 beziehen wollte.

Im Vordergrund der Abbildung die Reste
des von Kafka erwähnten *Alpinums*, bei
dem es sich um ein Felsgärtchen vor dem
Eingang des Mendelssohnschen Hauses
handelte, das die Gestalt zweier von Zier-
steinen begrenzter Ovale hatte.

Tagebuch, 30. VI. 1914 und Br III 76.

760 | Georg von Mendelssohn mit Familie im Garten seines Hauses in der *Pillnitzer Straße* Nr. 5 (1913).

Mendelssohn muß Eindruck auf Kafka gemacht haben, der sich sieben Jahre später Robert Klopstock gegenüber in folgender Weise über ihn äußerte: *[...] er erinnert sich meiner gewiß nicht, ihn aber kann man nicht vergessen, ein riesiger langer nordländisch aussehender Mensch mit einem kleinen, entsetzlich energischen Vogelgesicht, man erschrickt vor seinem Wesen, seiner kurz abgehackten Rede, seiner scheinbar für jeden möglichen Fall ablehnenden Haltung, aber man muß nicht erschrecken, er meint es nicht böse, zumindest nicht im Durchschnitt seines Verhaltens und ist unbedingt zuverlässig. Er steht im Mittelpunkt des deutschen Kunstgewerbes, hat in Hellerau eine Kunstschmiede und gehört wohl in jeder Hinsicht zu den «Wissenden» des Kunstgewerbes.*

Mendelssohn hatte mit seiner Frau Gerta Maria Meta, geb. Clason, drei Kinder, nämlich Peter (1908–1982, ganz rechts) sowie die Zwillinge Tommy und Margot (*1910). Nach dem frühen Tod seines Bruders, des Erzählers Erich von Mendelssohn, nahm er für einige Jahre auch dessen 1911 in Kopenhagen geborenen Sohn Harald von Mendelssohn auf, der auf der Abbildung ganz links zu sehen ist und Kafka aufgefallen

sein muß, denn er erwähnt ihn im Tagebuch ohne weitere Erklärung als *Kind des Bruders.* Harald von Mendelssohn trat mit einer Kierkegaard-Biographie und einer Abhandlung über die Frühgeschichte des Christentums hervor. Er arbeitete zunächst in der außenpolitischen Redaktion der *Frankfurter Zeitung* und emigrierte 1934 nach Dänemark und Schweden. Von 1939 bis 1974 war er bei mehreren Presseagenturen in Kopenhagen tätig. Peter de Mendelssohn wurde Journalist und Schriftsteller, emigrierte 1933 über Paris und Wien nach London, wo er seit 1936 lebte. Bekannt wurde er vor allem durch seine Thomas-Mann-Biographie, deren erster Teil 1975 unter dem Titel *Der Zauberer* erschien.

Auf seinen Reisen haben immer wieder Kinder die Aufmerksamkeit Kafkas auf sich gezogen, so in Weimar, auf der Fahrt von Halberstadt nach Wernigerode, im *Jungborn* oder in Zürau.

An Robert Klopstock, September/Oktober 1921 und T 541, vgl. Peter de Mendelssohn: *Hellerau. Mein unverlierbares Europa,* Dresden 1993, S. 49, Hans-Jürgen Sarfert: *Hellerau – Die Gartenstadt und Künstlerkolonie,* Dresden 1999, S. 78 und 80, T 1030, TA 77 und EFR 251.

761 | Grete Fantl bei der Morgentoilette in ihrem Haus *Am Schänkenberg* Nr. 24 in Hellerau, in dem sie einen literarischen Salon unterhielt.

Fantl und Frau.

Grete Fantl war eine geistreiche, in erster Ehe mit Dr. Leo Fantl verheiratete Prager Jüdin, die mit Paul Adler und Willy Haas befreundet und damit Teil der literarischen Clique war, der Kafka in Hellerau begegnete. Leo Fantl (1885–1944) hatte 1904 am *Deutschen Staats-Gymnasium in Prag-Weinberge* Abitur gemacht, anschließend an der Prager deutschen Universität Literatur und Philosophie studiert und 1912 über Grillparzers *Melusine* promoviert. Später war er Musikkritiker bei den *Dresdner Neuesten Nachrichten*. Kafka kannte ihn von Prag her, denn Anfang Januar hörte er ihn aus Paul Claudels noch im Druck befindlichen Trauerspiel *Goldhaupt* vorlesen. Während seiner Frau die Flucht in die amerikanische Emigration gelang, wurde Fantl deportiert und kam 1944 in Auschwitz um. Grete Fantl praktizierte ab 1941 als Psychoanalytikerin in New York und übersiedelte 1958 nach Milwaukee, wo sie 1965 starb.

Tagebuch, 30. VI. 1914, vgl. T 622, Hans-Jürgen Sarfert: *Hellerau – Die Gartenstadt und Künstlerkolonie,* (4. überarbeitete und erweiterte Auflage), Dresden 1999, S. 112 und 146.

762 | Die sogenannte Kapelle des Verlages Eugen Diederichs auf der *Weltausstellung für das gesamte Buchgewerbe und die graphischen Künste* (BUGRA), die 1914 in Leipzig stattfand.

[...] sinnloser Besuch der Ausstellung.

Kafkas Bewertung ist schwer nachvollziehbar, gab es doch auf der Leipziger Schau eine von Hugo Steiner-Prag geleitete *Abteilung für neuzeitliche Buchkunst und angewandte Graphik,* die ihn, der schöne Bücher liebte und zeitlebens der Zeichenkunst zugeneigt war, hätte interessieren können.

Österreich, Rußland, England, Frankreich, Japan und Schweden waren mit eigenen Pavillons vertreten. Dazu kamen thematisch orientierte Hallen und ein ausgedehntes Vergnügungsterrain mit einem riesigen Tanzpavillon und einer Nachbildung des Heidelberger Schlosses. Im Mittelpunkt stand die von dem Historiker Karl Lamprecht geleitete *Halle der Kultur,* in der die Entwicklung der Menschheit vom Zeitalter des Höhlenmenschen bis zur Gegenwart in Schrift und Zeichen dargestellt wurde. Die Kapelle des Jenaer Diederichs Verlags bildete den Schlußpunkt und sollte die gegenwärtige Kulturstufe und deren mögliche Entwicklung verkörpern.

Unter den Büchern, die Kafka besaß, waren auch solche des Diederichs Verlags, darunter der Band *Zur Neuorientierung der deutschen Kultur nach dem Kriege. Richtlinien in Gestalt eines Bücher-Verzeichnisses des Verlages Eugen Diederichs aus dem Jahr 1916,* in dem die hier wiedergegebene Abbildung als Frontispiz erscheint. Im Vorwort zu dieser Veröffentlichung weist der Verleger Eugen Diederichs Deutschland die Aufgabe zu, alle Völker zur Weltkultur zu führen. In welchem Sinn derartige Veröffentlichungen aufgenommen wurden, vermag Felix Weltsch zu veranschaulichen, der in einer Besprechung der 1916 bei Diederichs erschienenen *Kosmogonie* von Christian von Ehrenfels (→ Abb. 115), die auf wissenschaftlicher Basis eine neue religiöse Weltanschauung propagiert, zu der Auffassung gelangt, das Buch gehöre zu denjenigen Veröffentlichungen, die nach dem Kriege beim Neuaufbau der geistigen Kultur Deutschlands eine wichtige Rolle spielen würden.

Tagebuch, 30. VI. 1914, vgl. *Katalog der Abteilung Neuzeitliche Buchkunst und angewandte Graphik,* Leipzig 1914, PT 39, Nr. 124 (7. V. 1914), S. 2, W 263 und Felix Weltsch: *Ein neues metaphysisches System,* in: PT 41, Nr. 22 (22. I. 1916), S. 2.

763 | Grete Bloch.

Sie saßen zwar im Askanischen Hof als Richterin über mir – es war abscheulich für Sie, für mich, für alle – aber es sah nur so aus, in Wirklichkeit saß ich auf Ihrem Platz und habe ihn bis heute nicht verlassen.

Am 3. Juli 1914 schrieb Grete Bloch (→ Abb. 737), die aufgrund ihrer erfolgreich verlaufenen Intervention in Prag am Zustandekommen der an Pfingsten dieses Jahres gefeierten Verlobung zwischen Kafka und Felice beteiligt war, an den Bräutigam nach Prag: *Doktor mir versagen fast die Worte. Wenn Sie sich nicht in sich selbst täuschen [...] steht es schlimm. Ich sehe auf einmal so klar und bin ganz verzweifelt. Daß ich mit Gewalt in einer Verlobung ein Glück für Sie beide sehen wollte und Sie so bestimmt habe, schafft – das ist sicher – eine grenzenlose Verantwortung, der ich mich kaum mehr gewachsen fühle.*

In ihrer Verzweiflung übergab Grete Bloch deswegen an sie gerichtete Briefe und Briefteile Kafkas, die nach dessen eigenem Bekunden den ausschließlichen Zweck gehabt hatten, die Adressatin davon zu überzeugen, daß er als Ehemann Felicens nicht tauge, aber auch kritische Bemerkungen über seine Braut enthielten, ihrer Freundin Felice, die natürlich eine Erklärung verlangte, als Kafka am 12. Juli auf der Fahrt zu einem geplanten Ostseeurlaub in Berlin Station machte. So traf er sich noch am gleichen Tag, zusammen mit seinem in der Stadt lebenden Freund Ernst Weiß (→ Abb. 718), im *Askanischen Hof,* wo er abgestiegen war (→ Abb. 701), mit Felice, ihrer Schwester Erna und der natürlich ebenfalls anwesenden Grete Bloch. Da er jedoch zu den ihm gemachten Vorwürfen schwieg, löste Felice die Verlobung empört auf.

An Grete Bloch am 15. X. 1914, vgl. Br III 732 und Br II 526.

764 | Berlin, *Unter den Linden.*

Abend allein auf einem Sessel unter den Linden.
Leibschmerzen. Trauriger Kontrolleur. Stellt sich
vor die Leute, dreht die Zettel in der Hand und
läßt sich nur durch Bezahlung fortschaffen. Ver-
waltet sein Amt trotz aller scheinbaren Schwerfäl-
ligkeit sehr richtig, man kann bei solcher Dauerar-
beit nicht hin- und herfliegen, auch muß er sich die
Leute zu merken versuchen. Beim Anblick solcher
Leute immer diese Überlegungen: Wie kam er zu
dem Amt, wie wird er gezahlt, wo wird er morgen
sein, was erwartet ihn im Alter, wo wohnt er, in
welchem Winkel streckt er vor dem Schlaf die Arme,
könnte ich es auch leisten, wie wäre mir zumute.
Alles unter Leibschmerzen.

Zuvor hatte Kafka die Familie Bauer aufgesucht
– sie war im April 1913 von der *Immanuelkirchstra-*
ße Nr. 29 in die *Wilmersdorferstraße* Nr. 73 übersiedelt –, um *die Lektion* aufzusagen und sich von
ihr zu verabschieden: *Der Vater erfaßt es richtig*
von allen Seiten. […] Sie geben mir recht, es läßt
sich nichts oder nicht viel gegen mich sagen. Teuf-
lisch in aller Unschuld.

Tagebuch, 23. VII. 1914.

765 | Das am Spreeufer gelegene Restaurant
Belvedere, An der Jannowitz-Brücke Nr. 2 (heute
Alexanderstraße, im Bereich der Bögen 68–71
des Stadtbahnviadukts).

Im Restaurant Belvedere an der Srahlauer
Brücke mit Erna. Sie hofft noch auf einen guten
Ausgang oder tut so. Wein getrunken. Tränen in
ihren Augen. Schiffe gehn nach Grünau, nach
Schwertau ab. Viele Menschen. Musik. Erna tröstet
mich, ohne daß ich traurig bin, d. h. ich bin bloß
über mich traurig und darin trostlos.

Am Tag nach der Entlobung suchte Kafka zweimal das 1847 errichtete Flußbad auf, das an der
am Nordufer der Spree entlangführenden Straße
An der Stralauer Brücke (seit 1950 *Rolandufer*) lag,
dort wo sich heute der Hafen der *Weißen Flotte*
befindet. (Die Stralauer Brücke selbst wurde
schon um 1880 beim Bau der Berliner Stadtbahn

abgerissen.) Das Mittagessen nahm Kafka im
nahegelegenen Restaurant *Belvedere* ein, zusammen mit Erna Bauer, die ihm Strindbergs *Goti-*
sche Zimmer als verspätetes Geburtstagsgeschenk
überreichte (→ Abb. 872). Noch am gleichen Tag
schickten die beiden, die hier, wie Erna formulierte, *unter eigenartigen Umständen* zusammen-
saßen, an Ottla eine Ansichtskarte, deren Bildseite hier reproduziert ist. Kafka trank sonst nur
Fruchtsäfte oder Bier (→ Abb. 45 und 1208). Der
Kontakt zu Erna, die *helfend eingreifen* wollte,
um Kafkas Beziehung zu Felice zu retten, blieb
auch in der Folgezeit erhalten. Die beiden besuchten zwei Wochen später zusammen Potsdam
(→ Abb. 777) und korrespondierten weiterhin miteinander.

Tagebuch, 23. VII. 1914, Br III 99 und Br II 735.

766 | Das in der *Fackenburger Allee Nr. 2b* in Lübeck gelegene Hotel *Schützenhof*, heute eine Eros-Bar.

Lübeck. Schreckliches Hotel Schützenhaus. Überfüllte Wände, schmutzige Wäsche unter dem Leintuch, verlassenes Haus, ein Pikkolo ist die einzige Bedienung.

Am Abend des 13. Juli 1914 fuhr Kafka vom *Lehrter Bahnhof* in Berlin nach Lübeck, wo er im *Schützenhof* übernachtete. Das Hotel lag in unmittelbarer Nähe des Bahnhofs, und das große Fenster des Zimmers, in dem Kafka übernachtete, zeigte auf den Bahnkörper, so daß er, zumal er stets bei offenem Fenster schlief, unaufhörlich durch den Lärm der vorbeifahrenden Züge gestört wurde.

Tagebuch, 27. VII. 1914.

767 | Das nicht mehr existierende Hotel *Kaiserhof* in Lübeck, *An der Untertrave* Nr. 104 (um 1910).

Erlösung und Glück nach der Übersiedlung ins Hotel Kaiserhof an der Trave.

Das Hotel lag *An der Untertrave*, einer vom *Holstentor* nordwärts führenden, das rechte Traveufer säumenden Straße. Jenseits des Flusses waren die Lagerhäuser und dahinter der *Stadtgraben* – der äußere Arm der an der Westseite der Stadt sich verdoppelnden Trave –, an dem sich die sogenannten Holzlagerplätze befanden, die Kafka sehen konnte, als er am nächsten Morgen aus seinem Hotelfenster schaute.

Tagebuch, 27. VII. 1914.

768 | Der Strand von Travemünde, den Kafka am 14. Juli 1914 besuchte.

Was die Ostseebäder anlangt, gewiß, sie sind schön, ich kenne flüchtig nur eines im äußersten Westen: Travemünde, dort bin ich einen heißen Tag lang traurig und unentschlossen herumgewandert in dem Gedränge der Badenden.

An Minze Eisner, Ende März 1921.

769 | Das 1912/13 anstelle eines älteren und kleineren Baus errichtete *Kurhaus* von Travemünde (heute Hotel). Links der 1539 errichtete Leuchtturm, der bis 1972 seinen Dienst tat.

Statt zu mittag zu essen, an allen Pensionen und Restaurationen vorübergegangen. In der Allee vor dem Kurhaus gesessen und der Tafelmusik zugehört.

Tagebuch, 27. VII. 1914, vgl. Volker Hage: *Eine Liebe fürs Leben. Thomas Mann und Travemünde,* (Hamburg 1993), S. 11–30.

770 | Kafka mit einem Unbekannten am Strand von Travemünde.

Wenn er im Badeanzug dasaß, konnte ich meine Augen nicht von seiner Gestalt lassen. Besonders schön fand ich die unendlich langen zarten Fußzehen, die eigentlich so charaktervoll aussahen wie Hände. Als ob diese Zehen zumindest Klavierspielen könnten.

Während die 16jährige Tile Rößler (→ Abb. 1185 und 1214) in Müritz Kafkas Körper bewunderte, der infolge seiner Lungenkrankheit inzwischen noch beträchtlich an Gewicht verloren hatte, hielt sich dieser selbst schon als Student für *vogelscheuchenmager* und für den magersten Menschen, den er kenne (→ Abb. 257).

Die undatierte Abbildung mit dem breiten Sandstrand, der eine Lokalisierung am Meer nahelegt, ist vermutlich in Travemünde entstanden: Kafkas Lebenszeugnisse zeigen, daß er den Nachmittag des 14. Juli 1914 im *Gedränge der Badenden,* also in einer Badeanstalt verbrachte, die auf der Abbildung im Hintergrund zu sehen ist. Außerdem scheiden italienische Badeplätze, aber auch Müritz und Marielyst als Schauplatz aus, denn an diesen Orten existierte kein derartiges Gebäude. Und wenn Kafka schließlich im Tagebuch von einem unbekannten Mann *neben* sich spricht, dann setzt das voraus, daß die beiden *im Sand* saßen, kurz, es herrschte an diesem Nachmittag eine Situation, wie sie auf der Abbildung dokumentiert ist.

EFK 182 (Tile Rößler), Br I 21, Br 311 und T 662, vgl. Br I 202.

772 | Die Schauspielerin Rahel Sanzara
(1894–1936).

771 | Lübeck. Blick von der *Wallstraße* auf
die *Marienkirche*.

In Lübeck Spaziergang auf dem Wall.
Trauriger verlassener Mann auf einer Bank.

Nachdem er aus Travemünde zurückgekehrt war, unternahm Kafka am Abend des
14. Juli einen größeren Spaziergang durch
die Stadt, dessen Verlauf sich im Groben
rekonstruieren läßt. Er ist vermutlich auf
der Straße *An der Untertrave* in südlicher
Richtung bis zum *Holstentor* gegangen, hat
die vor diesem Tor liegende *Holstenbrücke*
überschritten und dann die am linken Ufer
des inneren Travearms entlangführende
Wallstraße bis zu ihrem Südende verfolgt.
Denn wenn er unter den Beobachtungen,
die er auf seiner Stadtwanderung gemacht
hatte, auch einen Sportplatz erwähnt, so
dürfte es sich dabei um den sogenannten
Turn-Platz gehandelt haben, der sich ungefähr südlich der Stelle ausbreitete, an der
sich die beiden erwähnten Travearme und
der sich ebenfalls aus dem Fluß speisende
Kanal, der die Stadt im Osten umfließt, wieder vereinigen. Der Rückweg könnte über

die am Westufer des inneren Travearmes
verlaufende Straße *An der Obertrave* erfolgt
sein.

Es ist denkbar, aber nicht besonders
wahrscheinlich, daß Kafka seine Route allein wegen der reizvollen Ausblicke wählte,
die der Weg über den Wall bot, denn er, der
Tonio Kröger liebte, das Werk selber besaß,
aus ihm zitierte und in der *Neuen Rundschau* jede Zeile dieses Autors andächtig
aufsuchte, dürfte kaum vergessen haben,
daß diese Erzählung in Lübeck spielt und
daß deren jugendlicher Held seinen Freund
Hans Hansen zu Erzählbeginn über den
Mühlen- und Holstenwall, bei denen es
sich um nichts anderes handelt als um
die *Wallstraße*, zu seinem in der Nähe des
Bahnhofs, am *Lindenplatz*, gelegenen
Domizil begleitet; ja vielleicht wußte er
sogar noch, daß die Hansens Besitzer der
weitläufigen Holzlagerplätze waren, die
er vom Fenster des Hotels *Kaiserhof* aus
sehen konnte.

Vgl. FK 46, Br I 288 Z. 14 (Zitat aus *Tonio Kröger*),
Br I 41 f. und Br III 346.

Nachdem Kafka am 15. Juli den Lübek-
ker Morgen von seinem Hotelfenster aus
genossen hatte, nahm er sein Mittagessen
in der am äußersten Nordwestrand der
Stadt, *Fackenburger Allee* Nr. 59, gelegenen
Hansa-Meierei ein, das er mit einer ‹Errö-
tenden Jungfrau› beendete, nämlich einem
mit Blutorangensaft und Sodawasser über-
gossenen Vanilleeis. Danach holte er Ernst
Weiß, mit dem er sich in Berlin verabredet
hatte, und Rahel Sanzara vom Bahnhof ab.
Weiß, der auf dem Weg zu einem Sommer-
urlaub ins dänische Marielyst war, überredete ihn, nicht wie beabsichtigt nach
Gleschendorf (heute Teil von Scharbeutz,
Schleswig-Holstein) zu fahren, sondern
sich ihm und seiner Freundin anzuschlie-
ßen. So fuhr man vermutlich am Tag darauf
nach Travemünde, von dort mit der Eisen-
bahnfähre nach Gedser und dann weiter
mit dem Zug nach Vaggerløse, von wo die
drei Feriengäste mit einem Wagen in das
1906 eröffnete Ostseebad Marielyst gebracht
wurden.

Vgl. T 662 und Br III 100.

773 | Gedser am Südende der Insel Falster in Dänemark.

774 | Das *Hotel Østersøbad* in Marielyst, *Bøtøvej* Nr. 2, in dem Kafka, Ernst Weiß und Rahel Sanzara – eigentlich Johanna (Hansi) Bleschke – wohnten, war ein strohgedeckter ehemaliger Bauernhof, der heute als Fortbildungsstätte für Rentner *(Pensionisthøjskolen Marielyst)* dient.

Vgl. Peter Engel: *«Erholen werde ich mich hier gar nicht.» Kafkas Reise ins dänische Ostseebad Marielyst,* in: *Freibeuter* Nr. 16 (1983), S. 62–66.

775 | Der Speisesaal des *Hotels Østersøbad* in Marielyst (um 1915).

   Verzweifelter erster Eindruck der Einöde, des elenden Hauses, des schlechten Essens ohne Obst und Gemüse, der Streitigkeiten zwischen W. und H.[ansi] Entschluß nächsten Tag wegzufahren, Kündigung. Bleibe doch.

Tagebuch, 28. VII. 1914.

776 | Am Strand von Marielyst.
Jeden Tag das gleiche schöne Wetter und das gleiche Bad am gleichen schönen Strand.
An Ottla am 21. VII. 1914.

777 | Das *Voltairezimmer* im *Schloß Sanssouci* in Potsdam, dessen Name auf der irrigen Annahme beruht, der französische Philosoph habe während seines Aufenthalts in der Sommerresidenz Friedrichs des Großen hier gewohnt. Im Gegensatz zu den drei einfacher gestalteten Räumen gleicher Zweckbestimmung ist die Decke des auch *Blumenkammer* genannten Zimmers mit einem bunten Blütenkranz aus getriebenem Eisenblech verziert, während seine Wände naturalistisch gestaltete bunte Blumen- und Tierschnitzereien von Johann Christian Hoppenhaupt d. J. (1719–1785) zieren. Da Schreibtischgarnitur, Standuhr und anderes Mobiliar heute nicht mehr gezeigt werden und der Vorhang am Alkoven durch eine cremefarbene moderne Imitation ersetzt wurde, die auch die Bespannung der drei Stühle bildet, hat der Raum von seinem einstigen Glanz eingebüßt.

Da Kafka zunächst an Max Brod und Felix Weltsch geschrieben hatte, er werde am Samstag, dem 25. Juli, wieder in Prag sein, kurz darauf aber Ottla mitteilte, er komme erst am Tag darauf, läßt sich vermuten, er habe zwar Marielyst schon am 25. wieder verlassen, die darauffolgende Nacht aber in Berlin verbracht, weil er dort einen zunächst nicht geplanten Zwischenhalt einlegen wollte. Denn eine am 26. des Monats in Berlin abgestempelte, an Ottla gerichtete Ansichtskarte, deren Bildseite das *Voltairezimmer* im *Schloß Sanssouci* aus obiger Perspektive zeigt, bestätigt diese Vermutung und liefert in Verbindung mit einer an Kafka gerichteten Ansichtskarte Erna Bauers vom 30. August 1914 den Beweis, daß sich die beiden an diesem 26. Juli getroffen und einen Ausflug nach Potsdam unternommen haben, in dessen Verlauf sie *Schloß Sanssouci* besichtigten und einen Spaziergang auf den Brauhausberg unternahmen, von dem sie das Panorama der Stadt vor sich liegen hatten.

Auf einer Bücherliste aus dem Jahr 1912, auf der Kafka Titel verzeichnet hat, die er sich vorgenommen hatte zu lesen, finden sich auch Adolph von Menzels *Bilder zur Geschichte Friedrichs des Großen*, die zuerst 1905 erschienen waren und sein Interesse an der Welt des Preußenkönigs zeigen.

Vgl. Br III 103, 465, 734, Petra Wesch: *Schloss Sanssouci*, München, Berlin, London, New York (2003), S. 44–46 und KB 175.

Kapitel XIV

Spaziergänge auf der Kleinseite

Die in der Altstadt gelegenen Domizile Kafkas begünstigten Spaziergänge am gegenüberliegenden linken Moldauufer und in den dortigen Stadtteilen Kleinseite und Burgstadt, die wegen ihrer Atmosphäre, ihrer Kunstdenkmäler und aufgrund der Aussicht auf die pittoreske Flußlandschaft zu den beliebten Zielen der in der Altstadt und Neustadt lebenden Prager Bevölkerung zählten. Freilich haben die fast täglich unternommenen Stadtwanderungen Kafkas eben wegen ihrer Alltäglichkeit nur gelegentlich ihren Niederschlag in seinen Lebenszeugnissen gefunden, so daß die von ihm bevorzugten Routen nur ansatzweise rekonstruierbar sind.

Auf der Kleinseite (Malá strana) siedelte sich zur Zeit, als die böhmischen Könige ihre Residenz auf dem *Hradschin* aufschlugen, der Hochadel an, während das Bürgertum, der Handel und die Gewerbe ihren Sitz in der Altstadt hatten. Aus jener Zeit stammen die zahlreichen Paläste, die bis zum Ende der Habsburgermonarchie ihrer ursprünglichen Bestimmung dienten oder Sitz hoher Landesbehörden waren, während sie danach vielfach Domizil ausländischer Gesandtschaften wurden.

Die Kleinseite galt den Zeitgenossen als der schönste Teil Prags, der seinen Reiz teilweise über Kafkas Lebzeiten hinaus bewahrt hat. So schrieb ein zeitgenössischer Kenner der Verhältnisse im Jahr 1910: *Fast keine Stadt in Nord- und Mitteleuropa weist solche Gärten auf, die durch ihre Lage, natürliche Schönheit und die Fernsicht den Zauber der Prager Gärten auf der Kleinseite erreichen würden. Wie wenige Prager kennen aber diese herrlichen Anlagen mit ihrer künstlerischen Ausschmückung, ihren luftigen Loggien, langen Terrassen, Salla terrena, ihren mit Säulen und Vasen geschmückten Aufgängen!*

Daß der *Laurenziberg (Petřín)* mit seinem *Aussichtsturm* aus dem Jahr 1891 ein Ausflugsziel war, zeigt eine Tagebuchstelle (→ Abb. 104), aber auch die *Beschreibung eines Kampfes*, in der dargestellt wird, wie zwei junge Leute in einer Winternacht über die *Karlsbrücke*, die *Marktgasse (Tržiště)* und die *Wälsche Gasse (Vlašská)* auf den *Laurenziberg* steigen. Und wenn im Schlußkapitel des *Process*-Fragments davon die Rede ist, Josef K. und seine Begleiter hätten nach dem Überschreiten einer Brücke, die sich als *Karlsbrücke* identifizieren läßt (→ Abb. 308 und 447), über einige ansteigende Gassen die Stadt verlassen, die in dieser Richtung fast ohne Übergang in Felder übergehe, und rasch einen kleinen Steinbruch erreicht, dann stellte sich Kafka offensichtlich vor, die drei Romanfiguren seien über die *Nerudagasse (Nerudova)* und den *Hohlen Weg (Úvoz)* zum *Kloster Strahow* und von dort weiter durch das ehemalige, 1899 abgebrochene *Strahower Tor* zu den vor der alten Stadtbefestigung liegenden Steinbrüchen gegangen (→ Abb. 806). Daß die Prager hierher Ausflüge machten, belegt das Tagebuch von Berta Fanta, die 1903 über das *Strahower Tor* zu den beschneiten Steinbrüchen wanderte. Auch für die ebenfalls im Westteil der Burgstadt gelegene *Loretokirche (Loreta)*, die unter anderem wegen ihres Glockenspiels aus dem Jahr 1694 berühmt war, gibt es einen Beleg. Denn unter dem Datum des 17. Januar 1910 berichtet Brods Tagebuch, daß er am Nachmittag dieses Tages mit Kafka zusammen einen Spaziergang unternahm, der im Hof dieser Kirche endete, in dessen Mitte sich eine 1626 geschaffene Nachbildung der *Santa Casa* von Loreto erhebt.

Der Hauptanziehungspunkt in den am linken Moldauufer gelegenen Stadtteilen war für Kafka freilich der Burgbereich im engeren Sinn. So ist beispielsweise belegt, daß er mit Gertrude und Nelly Thieberger einen Spaziergang auf den *Hradschin* unternahm, und am 8. Dezember 1911 notierte er im Tagebuch, er habe einen schönen, einsamen Spaziergang über den *Hradschin* und das *Belvedere* gemacht. Da in diesem Tagebucheintrag außerdem von der *Nerudova* und dem ersten Schloßhof die Rede ist – wie viele Prager seiner Zeit bezeichnete Kafka den *Hradschin (Hradčany)* als Schloß –, darf vermutet werden, er habe seine Ziele über den *Kleinseitner Ringplatz* angegangen, sei dann die *Nerudagasse* zur *Burg* hochgestiegen und habe diese über die sogenannte *Staubbrücke (Prašný most)* wieder verlassen. Von dort gelangte er auf eine baumbestandene Allee, die *Marienschanze (Mariansky hradby)*. Sie führte südlich an den ehemaligen Bastionen Nr. XIV–XVI vorbei, die um die Jahrhundertwende noch als Exerzierplätze dienten, aber bereits ab 1907 ihres Festungscharakters entkleidet und teilweise verbaut worden waren, nicht zuletzt, weil man die *Kadettenschule* vom *Josefsplatz* hierher verlegt hatte (→ Abb. 1088). Für einen Spaziergang, den Kafka am 1. November 1914 unternahm, ist dieser Weg ausdrücklich belegt. Sein Ziel war an diesem Tag allerdings der kleine *Chotek-Park*, der sich rechter Hand am östlichen Ende der *Marienschanze* erstreckt. Auch am 16. April 1922 – Brods Tagebuch belegt für diesen Tag einen langen Spaziergang mit Kafka auf den *Hradschin* und in den *Chotek-Park* – dürfte man diesen Weg gegangen sein. Kafka hatte die auch *Volksgarten* genannten Anlagen schon in seiner Jugend besucht, aber erst die Domizile am *Altstädter Ring*, in der *Bilek-* und der *Langegasse* dürften sie zu dem beliebten Ausflugsziel gemacht haben, als das sie in den Lebenszeugnissen erscheinen, waren sie doch über die *Neue Brücke* (heute *Mánesův most* → Abb. 802) beim *Rudolfinum*, die *Klarowgasse (Klárov)*, die *Bruskagasse (Pod Bruskou)* und die *Chotekstraße (Chotkova)* schnell und auf direktem Wege erreichbar.

Die beiden östlich der *Marienschanze* sich anschließenden Basteien Nr. XVII und XVIII wurden 1908 dem Erdboden gleichgemacht. Dieser Vorgang hatte jahrelang sich hinziehende Baumaßnahmen im Gefolge, über die natürlich in den Tageszeitungen berichtet wurde. Sie machten aus einer verwunschenen Parklandschaft mit Hunderten von alten Bäumen eine häßliche Großbaustelle, über die sich der Pragliebhaber Kafka möglicherweise informieren wollte. Ein zeitgenössischer Beobachter schrieb im April 1912 in der *Bohemia*: *Stein-, Erd-, Sand- und Aschenhaufen, niedergetretener Rasen, Erdabgrabungen und Aufschüttungen, überall zerstreute Papierfetzen und andere Abfälle, die Reste der Schanzmauern, die man neuerdings wieder zusammengeflickt hat, die Böschungen der Straße, an welchen die graugelbe Lehmerde nackt zutage tritt, vor und an der Straße stehende ordinäre Verkaufsbu-*

den – alles wirkt zusammen, um in dem Beschauer ein Gefühl ästhetischen Ekels und der Erbitterung hervorzurufen.

Mit der erwähnten Straße ist die zwischen den Basteien Nr. XVII und XVIII durchgeführte *Badenigasse (Badeniho)* gemeint, an deren Seiten Neubauten aufgeführt wurden. Das für Kafka interessanteste Gebäude war zweifellos die 1911 errichtete, ganz am Beginn dieser Straße liegende Villa des von Kafka bewunderten tschechischen Bildhauers František Bílek (*Bílkova vila*, heute Museum), die er einmal in einem Brief erwähnt. Im gleichen Jahr entstanden die *Gogolgasse (Gogolova)*, die eine direkte Verbindung zwischen dem Schanzenterrain und dem *Belvedere* herstellte, sowie die Straßen *Na baště sv. Jiří*, *Na baště sv. Ludmily* und *Na baště sv. Tomáše*, die dem Außenverlauf der namengebenden Bastionen folgen.

Wollte Kafka in den ersten Jahren des 20. Jahrhunderts von der *Marienschanze* zum *Belvedere* gehen, mit dem das damals weitgehend unbebaute *Letná-Plateau* gemeint ist, das teilweise noch als militärisches Übungsgelände diente, aber seit 1862 in seinem südlichen Teil auch als Parkanlage gestaltet war, mußte er das in der *K Brusce* Nr. 5 liegende *Sandtor* (heute *Písecká brána*) benutzen, das 1721 unter Karl VI. errichtet wurde und die einzige Möglichkeit darstellte, den Burgbereich im Norden zu verlassen. Der auf Abbildung 779 hinter dem *Sandtor* nach rechts abzweigende Weg, die heutige Straße *Na Valech*, war damals eine von Kastanien gesäumte Allee für Fußgänger, die bis zur *Belcredistraße* (heute *Milady Horakové*) führte und Anfang 1912 den erwähnten Umgestaltungsmaßnahmen zum Opfer fiel.

Daß Kafka diesem Gelände Interesse entgegenbrachte, zeigt ein an Felice gerichtetes Schreiben vom 5. Juli 1913, in dem es heißt: *Gestern abend zog ich in der Gegend herum, wo wir meinen Träumen nach zusammen wohnen sollten. Es wird schon gebaut, aber auf einem Teil des Geländes wohnen noch Zigeuner. Ich gieng dort lange herum und begutachtete alles. Es wird dort schön werden es ist ziemlich hoch, weit vor der Stadt.* Kafka war, wie er acht Tage später auf Rückfrage seiner Korrespondenzpartnerin ergänzte, Mitglied einer Baugenossenschaft geworden, indem er Anteilscheine im Wert von 500 Kronen erworben hatte, und hatte sich eine ihrer im Entstehen begriffenen Wohnungen ausgesucht, die im Frühjahr des darauffolgenden Jahres bezugsfertig sein sollten. Da seine Verlassenschaftsakten den Namen dieser Wohnungsbaugesellschaft überliefern – es handelte sich um die *Družstva pro stavbu úřednických domů v Praze* (Genossenschaft für den Ausbau der Beamtenhäuser) –, läßt sich auch feststellen, wo die von ihm in Augenschein genommenen Gebäude entstanden. Es handelt sich um die Häuser Nr. 18–28 in der *Na valech* sowie um vier Grundstücke in Quergassen, nämlich um die Nr. 18 in der *Tychonova*, die Nr. 3 und 4 in der *Pod baštami* und die Nr. 9 in der *K Brusce*, also um die Konskriptionsnummern IV-272 bis 281. Die gescheiterte Heirat und der Weltkrieg verhinderten die Verwirklichung dieses Wohnungstraums, doch ist Kafka gleichwohl auch später noch in diese Gegend gekommen: Milena Jesenskás Freundin Jarmila (→ Abb. 1087 und 1090), die er im Sommer 1920 aufsuchte, wohnte *Na valech* Nr. 273, also in einem der neuerbauten Häuser, in denen er sich Jahre zuvor mit Felice hatte niederlassen wollen.

Wer bis zur Niederlegung der Schanzen, vom *Sandtor* kommend, das *Belvedere-Plateau* betrat und auf dem außen an den Befestigungsanlagen vorbeiführenden Fußweg zu den *Kronprinz-Rudolfs-Anlagen* ging, die sich an dem zum Moldauufer hinunterführenden Hang erstreckten, passierte als letztes die Bastei Nr. XIX (heute *Přírodní památka Letensky profil*), die sich der besonderen Aufmerksamkeit der Prager erfreute. Von hier aus ertönte nämlich auf ein Fahnensignal der im *Klementinum* gelegenen Sternwarte jeden Tag (letztmalig am 9. Februar 1911) um 12 Uhr mittags ein Kanonenschuß, nach dem die Bevölkerung ihre Uhren stellte. Für Kafka lag es nahe, von dort aus zum heute als Restaurant dienenden *Hanauer Pavillon (Hanavský pavilon)* zu gehen – er war ursprünglich Teil der *Jubiläums-Ausstellung* von 1891 gewesen und später an seinen jetzigen Standort auf dem *Belvedere* verbracht worden (→ Abb. 799) –, der eine herrliche Aussicht auf die Flußlandschaft und die Prager Altstadt und besonders auch auf das Haus erlaubte, in dem die Familie Kafka seit Juni 1907 lebte. Von dort aus konnte Kafka über die *Kronprinz-Rudolfs-Anlagen* zum Ufer hinuntersteigen, die 1909 eröffnete *Svatopluk Čech-Brücke* ansteuern und über diese zu seinem Domizil in der *Niklasstraße* Nr. 36 zurückkehren. Vor der Fertigstellung der Brücke mußte er die westlich der *Civilschwimmschule* bestehende Überfuhr benutzen, von Ruderern bediente Kähne, die an dieser Stelle den Verkehr zwischen den Ufern besorgten.

Nach seiner Übersiedlung an den *Altstädter Ring* pflegte Kafka den *Hradschin* über die *Karlsgasse* und die *Karlsbrücke* anzugehen, anschließend zur *Burg* hochzusteigen und dann über den *Kettensteg*, nach dessen Demolierung über die *Manesbrücke* und die *Karpfengasse*, zum Ausgangspunkt zurückzukehren. Die Etappen eines derartigen, durch den gesamten Schloßbereich führenden Spaziergangs – es gibt Belege dafür, daß Kafka mehrfach das *Alchimistengäßchen* aufgesucht hat, bevor er sich dort häuslich niederließ (→ Abb. 797) – sollen im Folgenden dokumentiert werden.

Wilhelm Klein: *Frühling in Prag. Die Gärten der Kleinseite*, in: PT 35, Nr. 112 (24. IV. 1910), S. 7 und *Die Niederlegung der Marienschanze*, in: DZB 85, Nr. 98 (10. IV. 1912), S. 3, vgl. EFK 119, Br I 13, W. Klein: *Altprager Fortifikationen*, in: PT 33, Nr. 18 (19. I. 1908), S. 12, Br 405, *Státní oblastní archiv*, Prag (Firmenregister, Sign. Dr VIII 360), G 172, T 395, 633 und 788.

778 | Das Haus *Zum Schiff (U lodi)* in der *Niklasstraße* Nr. 36 (I-883) von der *Svatopluk Čech-Brücke* aus gesehen (1909). Davor liegt der sogenannte *Universitätsbauplatz*, den Kafka von seinem Zimmer aus sehen konnte und in einer auf den 20. August 1912 datierten Tagebuchaufzeichnung erwähnt.

Die Fensterfront im obersten voll ausgebauten Stockwerk gehörte zu der Vier-Zimmer-Wohnung, welche die Familie Kafka von Juli 1907 bis zum Oktober 1913 gemietet hatte. Da sich Baupläne erhalten haben und Kafka einmal erwähnt, über das Wohnzimmer habe man den Balkon betreten können, den es an dieser zur Moldau weisenden Hauswand nur einmal gab, läßt sich die Lage der Räume auf der Abbildung bestimmen: Ganz links ist das Fenster des Elternschlafzimmers und daneben dasjenige von Kafkas Zimmer zu sehen, in dem *Urteil*, *Verwandlung* und fast der ganze *Verschollene* entstanden sind. Hinter dem Balkon und dem rechts davon befindlichen Fenster lag das Wohnzimmer. Das sich rechter Hand anschlie-

ßende Fenster, dessen Form demjenigen des Elternschlafzimmers entspricht, gehörte zum Mädchenzimmer, ebenso die drei Fenster des Rundtürmchens, von denen allerdings nur zwei zu sehen sind. Hier schliefen bis zur Heirat Ellis im Dezember 1910 die drei Schwestern Kafkas. Das Gebäude wurde bei Kämpfen am Ende des Zweiten Weltkriegs zerstört. An seiner Stelle erhebt sich heute das Hotel *Intercontinental.* (→ Abb. 209, 1)

Vgl. Hartmut Binder: *Kafkas «Verwandlung»*, (Frankfurt/M., Basel 2004), S. 98–113.

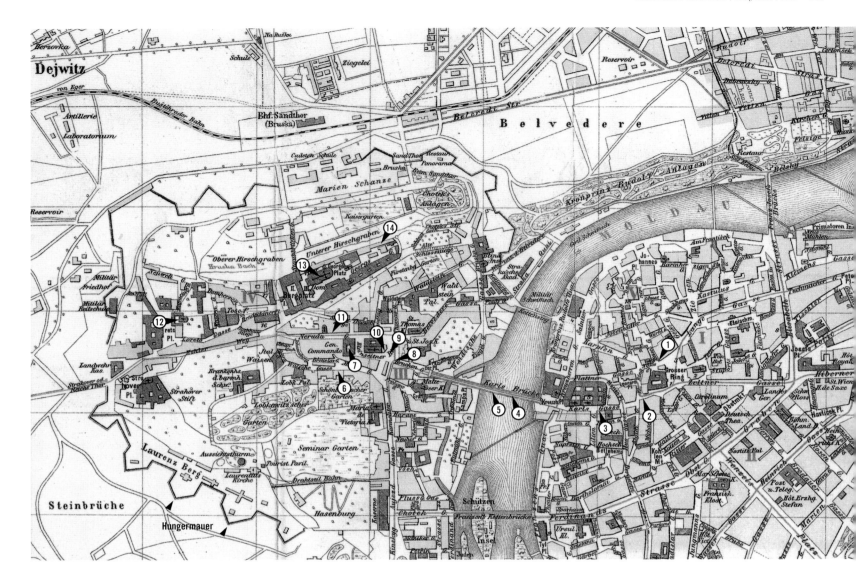

779 | Die Prager Altstadt (I), Josefstadt (V), Teile der Neustadt (II), Kleinseite (III) und Burgstadt (IV) um 1900.

Ganz rechts im Bild die heute nicht mehr existierende *Primatoreninsel* (→ Abb. 185), während die *Niklasstraße* noch gar nicht gebaut ist. Auch die *Svatopluk Čech-Brücke* und die *Neue Brücke* am *Rudolfinum* fehlen, dafür ist die Überfuhr an der *Civilschwimmschule* eingezeichnet. An den Basteien im Norden des *Hradschin* haben die Baumaßnahmen gerade begonnen: Die Bastionen Nr. XIV und XV sind schon niedergelegt, die *Cadettenanstalt* auf ihrem Gelände errichtet, aber das *Sandtor* noch die einzige Möglichkeit, von der *Marienschanze* auf das *Belvedere* zu gelangen. Ganz links in der Abbildung das 1899 geschleifte *Strahower Tor*, das Zugang zu den *Strahover Steinbrüchen* gewährt, die Kafka zur Konzeption der Schlußszene in seinem *Process*-Roman anregten. Weiter oben, unterhalb von Dejwitz, das *Artillerie Laboratorium*, das Kafka und seine Schwester Ottla auf ihren Spaziergängen im Norden Prags gelegentlich passierten (→ Abb. 918). Um den *Laurenziberg*, dessen Spitze der 1888 errichtete *Aussichtsturm* krönt, zieht sich die von Karl IV. errichtete *Hungermauer* (→ Abb. 753).

1 Die Wohnung der Familie Kafka am *Altstädter Ringplatz* (ab November 1913).

2 Die *K. k. Hof- und Universitätsbuchhandlung J. G. Calve* im Haus *Zur goldenen Lilie* (I-458).

3 *Karlsgasse* Nr. 22 (I-178), wo Kafkas Großvater Jakob Löwy starb.

4 Die *Statue der hl. Ludmilla (socha svaté Ludmily).*

5 Die *Statuengruppe des hl. Vincenz Ferrer und Prokop (sousoší svatého Vincence Ferrarského a Prokopa).*

6 Das *Schönborn-Palais (palác Schönbornský)* in der *Marktgasse (Tržiště)* (III-365).

7 Die Prager *Haupt-Polizeiwache* im *Ledebourschen Palais* auf dem *Radetzky-Platz* (heute *Malostranské náměstí*) (III-258).

8 Das *Café Victoria* an der Ecke *Kleinseitner Ringplatz / Brückengasse (Mostecká)* (III-39).

9 Das *Radetzky-Denkmal* auf dem *Radetzky-Platz.*

10 Das *Café Radetzky.*

11 *Palais Thun-Hohenstein (palác Thun-Hohenstějnsky)* in der *Nerudagasse* Nr. 20 (III-214).

12 *Loretokirche (Pražská Loreta).*

13 Der *St. Veits-Dom* auf dem *Hradschin.*

14 Das Haus *Alchimistengäßchen* Nr. 22 (IV-20), seit Ende November 1916 Kafkas Schreibklause.

780 | Der *Kleine Ring*, der sich dort, wo die beiden Häuserfronten aufeinander zulaufen, zur *Karlsgasse* öffnet. Im zweiten Haus von links (I-458), im Erdgeschoß, lag die von Kafka frequentierte Buchhandlung *Calve* (→ Abb. 146).

Der heute noch existierende, in unmittelbarer Nähe des Hauses *Zur Minute* liegende *Renaissancebrunnen* wird in der *Beschreibung eines Kampfes* mit folgenden Worten erwähnt: *Als ich bei dem Haus der Feuerwehr [→ Abb. 246] vorüberkam, hörte ich vom kleinen Ring her Lärm und als ich dort einbog, sah ich einen Betrunkenen am Gitterwerk des Brunnens stehn, die Arme wagrecht haltend und mit den Füßen, die in Holzpantoffeln staken auf die Erde stampfend.*

Beschreibung eines Kampfes, S. 168–171.

781 | *Karlsgasse* Nr. 22 (I–178) (1986).

mein Großvater ist heute schwer ohnmächtig geworden.

Ende November 1908 gab Kafkas Großvater Jakob Löwy seine bisherige Wohnung in der *Gerstengasse (Ječná)* auf und übersiedelte mit seinem Sohn Rudolf in dieses Haus, wo er am 2. April 1910 starb.

An Hedwig Weiler, vermutlich 10. IV. 1909.

782 | Auf der *Karlsbrücke*. Im Hintergrund rechts die Silhouette des *St. Veits-Doms*.

Aufregende Heiligenstatuen auf der Karlsbrücke. Das merkwürdige Abendlicht der Sommerzeit bei nächtlicher Leere der Brücke.

Die Sommerzeit war aus wirtschaftlichen Gründen am 1. Mai 1916 eingeführt worden.

Tagebuch, 19. VI. 1916.

783 | Die *Statue der hl. Ludmilla* auf der *Karlsbrücke*, über die es in der *Beschreibung eines Kampfes* heißt: *«Immer liebte ich die Hände dieses Engels, links. Ihre Zartheit ist ohne Grenzen und die Finger, die sich aufspannen, zittern.»*

Auf dem nach 1720 entstandenen, aus der Werkstatt von Matthias Braun stammenden Monument, das 1784 auf der Prager *Karlsbrücke* aufgestellt wurde, ist dargestellt, wie Ludmilla, die Gemahlin des Fürsten Boriwoj, ihren Enkel Wenzel, den 1729 heiliggesprochenen böhmischen Herzog und Landespatron, dessen Vater Wratislaw früh verstorben war, in der christlichen Lehre unterrichtet. Ludmilla wurde 927 von Wratislaws Frau Drahomíra ermordet.

Die Abbildung zeigt, daß Kafka den rechts von der Heiligen sitzenden Putto vor Augen hatte, dessen Daumen und Zeigefinger auffällig gespreizt sind. Offen bleiben muß, ob er diesen Engel aufgrund einer Gedächtnistäuschung links von der heiligen Ludmilla plaziert oder bei dieser Positionsbeschreibung deren Blickpunkt eingenommen hat.

Beschreibung eines Kampfes, S. 62 f.

(um 1004–1053), der auf dem Rücken eines zu Boden geschmetterten Teufels steht. Ein dem *Hradschin* zugekehrtes Relief in der Sockelzone stellt den Sieg des Heiligen über den Teufel dar: Prokop war 1030 Einsiedler im Tal der Sázava (Sasau) geworden und hatte dort wenig später einem Kloster vorgestanden, das oben links abgebildet ist. Als ihn der Teufel versucht, spannt er ihn vor seinen Pflug und läßt ihn als Zugpferd für sich arbeiten.

An Minze Eisner, März 1920.

784 | *Statuengruppe des hl. Vincenz Ferrer und Prokop (sousoší svatého Vincence Ferrarského a Prokopa)* (Detail).

Auf der Karlsbrücke in Prag ist unter einer Heiligenstatue ein Relief, das Ihre Geschichte zeigt. Der Heilige pflügt dort ein Feld und hat in den Pflug einen Teufel eingespannt. Der ist zwar noch wütend (also Übergangsstadium; solange nicht auch der Teufel zufrieden ist, ist es kein ganzer Sieg), fletscht die Zähne, schaut mit schiefem bösem Blick nach seinem Herrn zurück und zieht krampfhaft den Schwanz ein, aber unter das Joch ist er doch gebracht. Nun sind Sie ja, Minze, keine Heilige und sollen es auch nicht sein und es ist gar nicht nötig und wäre schade und traurig, wenn alle Ihre Teufel den Pflug ziehen sollten, aber für einen großen Teil von ihnen wäre es gut und es wäre eine große gute Tat, die Sie damit getan hätten. Ich sage das nicht, weil es nur mir so scheint, – Sie selbst streben im Innersten danach.

Auf dem zehnten Brückenpfeiler links, wenn man in Richtung Kleinseite geht, erhebt sich auf der Steinbalustrade die 1712 von Ferdinand Maximilian Brokoff geschaffene Gruppe, die den hl. Vinzenz und Prokop darstellt. Hermen-Karyatiden tragen den im Bischofsornat dargestellten Prokop

785 | Das *Radetzky-Denkmal* auf dem *Radetzkyplatz,* im Hintergrund links das *Café Radetzky.*

Das Monument wurde zur Erinnerung an den großen Sieg errichtet, den der österreichische Feldmarschall 1848 in der ersten Schlacht von Custozza errungen hatte. Nachdem der *Altstädter Ring* als ursprünglich in Aussicht genommener Standort verworfen und durch den *Kleinseitner Ringplatz* ersetzt wurde, mußte der bisher hier stehende *Delphinbrunnen* versetzt werden (→ Abb. 216). Für den in Nürnberg durchgeführten Guß des von dem Bildhauer Emanuel Ritter von Max nach dem Leben modellierten Heerführers und der von Josef Max entworfenen Soldatengruppe wurden 100 Zentner Bronze von erbeuteten piemontesischen Kanonen verwendet: Marinesoldat, Artillerist, Jäger, Infanterist, Ulan, steirischer Schütze, Husar und Seressaner halten den Feldherrn nach römischer Sitte auf eichenbekränzten Schilden in die Höhe, auf denen die Worte Mortara, Novarra, Somacampagna und Custozza (→ Abb. 53) zu lesen sind. Radetzky steht entblößten Hauptes da, den Marschallstab in der Rechten, die Fahne in der Linken. Die Figurengruppe ruht auf einem Granitsockel, der folgende Inschrift trägt: *Dem Feldmar*

schall Johann Joseph Grafen Radetzky, dem Führer der tapferen Armee in den Jahren 1848–49. Der Kunstverein in Böhmen i. J. 1858.

Als das Denkmal im November 1858 in Gegenwart des Kaiserpaars und des gesamten Kabinetts unter Kanonenschüssen und den Klängen des *Radetzky-Marsches* enthüllt wurde, befand sich die deutsche Version der Inschrift auf der Vorderseite, die tschechische auf der Rückseite, doch im Jahr 1884 wurden die Inschriften miteinander vertauscht. (→ Abb. 468)

Das Monument war den tschechischen Nationalisten ein Dorn im Auge. Deshalb benannten sie den *Radetzky-Platz* in *Kleinseitner Ringplatz (Malostranské náměsti)* um und bezogen in diese Operation zugleich den benachbarten *Stephansplatz* ein, der seinen Namen der langjährigen Anwesenheit des österreichischen Erzherzogs Stephan in Prag verdankte. Nach dem Ende des Ersten Weltkriegs wurde das verhaßte Standbild österreichischer Fremdherrschaft verhüllt (→ Abb. 504) und wenig später abgetragen.

r. b.: *Radetzkys Denkmal*, in: DZB 85, Nr. 335 (4. XII. 1912), S. 7, *Maxens Radetzky-Denkmal*, in: PT 33, Nr. 5 (6. I. 1908), S. 16 und Wilhelm Klein: *Tote Denkmäler. Ein Nekrolog*, in: PT 44, Nr. 111 (11. V. 1919), S. 3.

786 | Das *Radetzky-Denkmal* während seiner Demontage am 26. November 1918.

787 | Das ehemalige *Café Radetzky* (später *Malostranská kavarna*) nach dem Zweiten Weltkrieg, das erst vor wenigen Jahren seine Pforten schloß, um, gänzlich verändert, einem Touristenlokal ohne Flair Platz zu machen.

Wenn du dann auf der Kleinseite bist, geh ins Café Radetzky. Es ist gemütlich. Der Kaffee wird zwar aus Loger gemacht, wie bei den Tschechen der Bodensatz der ausgekochten Zicorie heißt, aber vom Café Radetzky gilt ebenso wie vom Feldmarschall gleichen Namens: In deinem Loger ist Österreich.

In dieser Passage aus der Erzählung *Weißenstein Karl* von Johannes Urzidil, der im *Café Radetzky* lesen lernte, wird ein geläufiges Prager Bonmot zitiert. Unter Ausnutzung des Umstandes, daß wieder aufgekochter Kaffeesatz Loger genannt wurde, spielt es auf Grillparzers berühmtes Gedicht *An Radetzky* an, das in den Worten gipfelt: *In deinem Lager ist Österreich.*

Am 3. März 1912 war Kafka in Begleitung von Freunden über die *Elisabethbrücke* auf die *Kleinseite* gegangen und dann auf der Uferstraße unterhalb der *Kronprinz-Rudolfs-Anlagen* und über die *Belvederegasse (Letenská)* (→ Abb. 683) zum *Kleinseitner Ringplatz* gelangt, wo man im *Café Radetzky* einkehrte, bevor man über *Karlsbrücke* und *Karlsgasse* wieder in die Prager Altstadt zurückkehrte.

Johannes Urzidil: *Weißenstein Karl*, in: J. U.: *Prager Triptychon*, München (1960), S. 77, vgl. T 395.

789 | Das am oberen Teil des *Kleinseitner Ringplatzes* gelegene *K. u. k. Korpskommando* im *Ledebourschen Palais*, in dem auch die Prager *Haupt-Polizeiwache* untergebracht war (III-258).

Die Wache im Schloß und beim Corpskommando.

Mit dem *Schloß* ist die *Burg* gemeint, die, überragt von den Türmen des *St. Veits-Doms*, im Hintergrund der Abbildung ansatzweise zu sehen ist. (→ Abb. 793)

Wenn Josef K. und seine Henker im Schlußkapitel des *Process*-Romans nach der Überquerung einer Brücke durch ansteigende Gassen kommen, in denen Polizisten stehen und gehen, dann scheint dieser Handlungszug durch Uniformierte angeregt, die in der Umgebung des *Ledebourschen Palais* in vermehrtem Maße zu sehen waren. Denn offenbar orientierte sich Kafka bei der Gestaltung der Schlußszene an einer Route, die über die *Karlsbrücke*, am oberen Teil des *Kleinseitner Ringplatzes* vorbei und weiter durch die *Nerudagasse* und den *Hohlen Weg (Úvoz)* zum *Strahower Tor* führte, hinter dem sich die *Strahower Steinbrüche* erstreckten, die er sich als Schauplatz der Exekution vorstellte. (→ Abb. 806)

Tagebuch, 1. XI. 1914, vgl. Hartmut Binder: *Literaturreisen Prag*, Stuttgart, Dresden (1992), S. 67–70.

788 | Das im ersten Stock gelegene *Café Victoria* an der Ecke *Kleinseitner Ringplatz/Brückengasse (Mostecká)* (III-39).

Das Café bestand aus fünf Zimmern, die den beiden Straßenfronten gemäß einen Winkel bildeten. [...] Das rechte Randzimmer, in dem die beiden Platz gefunden hatten, war das kleinste, es war auch ganz leer. In jeder der vier Ecken stand ein runder Tisch, die Ecken hatten mit rotem Plüsch ausgepolsterte Rückenschoner, alt, dünn und schäbig, die ebenso rotplüschenen Bänkchen wackelten ein wenig. Den neueren Komfort breiter Fauteuils kannte dieses bejahrte Institut nicht, von dessen mehr familiärem Charakter auch die Uhr an der Zimmerwand zeugte – sie war alt und geschmackvoll, ein kreisrundes Zifferblatt, von einer vergoldeten wenig gegliederten Fassung umschlossen, die fast halb so breit wie das Zifferblatt war; offenbar ein Erbstück aus dem Biedermeier, kein besonders reiches, aber treulich bewahrt.

Am 11. Dezember 1910 berichtete Kafka im *Café Victoria* seinem Freund Max Brod über seine erste Berlinreise (→ Abb. 330); und am 1. und 7. April 1911 diskutierten die beiden hier mit Felix Weltsch und Brods Freundin Elsa Taussig über Aristoteles und die Scholastik. Das *Victoria* gehörte damals zu den von Brod bevorzugten Kaffeehäusern. In seinem Roman *Stefan Rott* gibt er eine Beschreibung eines seiner Salons, die hier angeführt wurde.

Max Brod: *Stefan Rott oder Das Jahr der Entscheidung*, Berlin, Wien, Leipzig 1931, S. 126 f., vgl. C 62 und 65.

790 | Geschäftsgewölbe im Haus *Nerudagasse (Nerudova)* Nr. 4 (III-206).

In der Nerudagasse eine Tafel: Anna Křižová Schneiderin, ausgelernt in Frankreich durch die Herzogin-Witwe Ahrenberg geb. Princess Ahrenberg.

Die Modistin Anna Křižová (*1881) hatte von 1907 bis 1913 in der *Nerudagasse* Nr. 7 (III-255) ihr Ladengewölbe, das sich durch ein ähnliches Geschäftsschild ausgewiesen haben dürfte wie das abgebildete von Marie Šoltysová, die ihren Laden schräg gegenüber hatte und annoncierte: *Verkauf von Pfandgütern und verschiedenen Waren aus Versteigerungen, Konkursen und Pfandleihanstalten.*

Tagebuch, 8. XII. 1911.

791 | Das *Palais Morzin* in der *Nerudagasse* Nr. 5 (III-256), heute *Rumänische Botschaft.*

Die vor den Toren der Prager Adelspaläste stehenden Lakaien hatten die Aufgabe, ankommende Gäste durch Salutieren und einen Bückling zu begrüßen, ihnen eventuell aus dem Wagen zu helfen und ihr Kommen durch ein Glockenzeichen zu melden. Herren wurden mit einem Glockenschlag, Damen oder Ehepaare mit zweien angekündigt. Einem Kardinal, der überdies von zwei Dienern mit brennenden Kandelabern die Treppe hinaufgeleitet wurde, gebührten drei Glockenzeichen, den Mitgliedern des Kaiserhauses vier, während der Kaiser selbst mit fünf Glockenschlägen empfangen wurde.

Erwein Lobkowicz: *Erinnerungen an die Monarchie,* (Wien, München 1989), S. 54.

792 | Das zwischen 1710 und 1720 erbaute Palais *Thun-Hohenstein* *(palac Thun-Hohenstějnsky)* in der *Nerudagasse* Nr. 20 (III-214), das heute die *Italienische Botschaft* beherbergt. (1914)

Der Brunnen im Palais Thun.

Brunnenanlagen gab es sowohl im *Palais Thun-Hohenstein* als auch im *Palais Thun* (III-180) in der benachbarten *Thunovska*, über die man ebenfalls zur *Nerudagasse* gelangen konnte. Da das *Palais Thun-Hohenstein* im damaligen Sprachgebrauch der Prager Deutschen aber stets bloß *Palais Thun* genannt wurde und der im Hof befindliche Brunnen von der *Nerudagasse* aus zu sehen war, wenn das Tor, wie auf der Abbildung, offen stand, bezieht sich Kafkas Tagebuchnotiz vermutlich auf das *Palais Thun-Hohenstein*.

Dieses Palais und sein Portier haben Rilke Anregungen zu seiner Erzählung *König Bohusch* geliefert, Werfel hat in seinem Gedicht *Der göttliche Portier* den Türhüter der *Finanzlandesdirektion* (→ Abb. 239) porträtiert, während die Wächtergestalt in Kafkas *Vor dem Gesetz* gerade derjenigen Attribute ermangelt, die sie als einen nahen Verwandten Prager Türhüter kenntlich machen würde.

Tagebuch, 1. XI. 1914, vgl. Hartmut Binder: *Literaturreisen Prag,* Stuttgart, Dresden (1992), S. 101–103, 214 f. und ders.: *«Vor dem Gesetz». Einführung in Kafkas Welt,* Stuttgart, Weimar (1993), S. 77–86.

793 | Der Haupteingang zur *Burg* mit dem hinter dem Gitterzaun liegenden ersten Schloßhof. Links das *Erzbischöfliche Palais.*

In der Mitte des ersten Schloßhofes stand ich und sah einer Alarmierung der Schloßwache zu.

Tagebuch, 8. XII. 1911.

794 | Der zweite Hof der *Burg* mit dem Tor zum dritten Schloßhof.
Im Hintergrund die Türme des *St. Veits-Doms.*

795 | Das *Grabmal des hl. Nepomuk* im *St. Veits-Dom.*

Im Zentrum des 1736 nach einem Entwurf von Joseph Emanuel
Fischer von Erlach gefertigten Monuments, das 1771 um einen aus
rotem Damast bestehenden, von vier silbernen Engeln getragenen
Baldachin ergänzt wurde, befindet sich ein silberner Sarkophag,
dessen Deckel eine Statue des Heiligen krönt, auf die Kafka im
Dom-Kapitel seines *Process*-Romans mit folgenden Worten anspielt:
*K. hielt sich eng neben dem G.[eistlichen] ohne in der Finsternis zu
wissen, wo er sich befand. Die Lampe in seiner Hand war längst er-
loschen. Einmal blinkte gerade vor ihm das silberne Standbild eines
Heiligen nur mit dem Schein des Silbers und spielte gleich wieder ins
Dunkel über.*

P *Im Dom* 60 f.

796 | Blick vom *St. Georgsplatz (náměstí sv. Jiří)* auf die romanische *St. Georgskirche* (links angeschnitten) und die *Georgsgasse (Jiřská)*, die durchschreiten muß, wer vom *St. Veits-Dom* über die *Alte Schloßstiege* zur Kleinseite möchte. Über die *Georgsgasse* gelangt man auch ins *Alchimistengäßchen*.

797 | Blick ins *Alchimistengäßchen (ulička U Daliborky)*. Ganz links hinter dem Mädchen das Häuschen Nr. 22 (IV-20), in dem Kafka später gewohnt hat (→ Abb. 929). Die Abbildung wurde zuerst 1910 in den Handel gebracht, im Mai 1912 aber neuerlich aufgelegt. Am 21. Dezember dieses Jahres schickte Kafka eine Ansichtskarte mit diesem Motiv an Felice und schrieb dazu: *Eben mache ich mich zu einem so ungeheueren Spaziergang bereit, wie ich mich nicht erinnern kann, ihn seit Wochen gemacht zu haben. Vielleicht wird er sogar eine Stunde dauern. Dann werde ich mir auch Mühe geben, dieses Alchymistengäßchen so wie es hier abgebildet ist, einmal auf und abzugehn.*

Kafka betrachtete das *Alchimistengäßchen* als Sehenswürdigkeit, denn er zeigte es Albert Ehrenstein, als dieser 1913 in Prag zu Gast war, und erwarb selbst Ansichtskarten davon (→ Abb. 1126).

Vgl. Br III 593 f. und Albert Ehrenstein: *Franz Kafka*, in: *Aufbau 9*, Nr. 27 (2. VII. 1943), S. 76.

798 | Blick vom Tordurchlaß des *Schwarzen Turmes (Černá věž)* auf die *Alte Schloßstiege* (Januar 1914).

799 | Blick vom Aussichtspunkt vor dem *Schwarzen Turm* auf Prag (1906).

War man oben am Hradschin angelangt und wendete den Blick zurück zur Stadt Prag, die tief zu unseren Füssen zu beiden Seiten der Moldau ausgebreitet dalag, so war dies ein märchenhaftes Bild: Im Frühling, wenn die Bäume blühten, war der weite Abhang hinunter zur Stadt ein Blütenmeer, im Sommer konnte man in der sinkenden Sonne die vielen, vielen Kuppeln der Kirchen mit ihren alten Kupferdächern aufblitzen sehen, im Herbst war es eine berauschende Symphonie bunter Farben. Aber wohl am schönsten war der Blick im Winter, wenn die Dächer der Paläste und Kirchen mit Schnee bedeckt waren. Dies im Verein mit den in Schnee gehüllten spitzen Türmen der zum Himmel ragenden alten Kaiserburg gab ein bezauberndes, unvergeßliches Bild.

Im Hintergrund der Abbildung ganz rechts ist die *Karlsbrücke* zu sehen, darüber, von Bäumen umsäumt, das *Rudolfinum* und der *Kettensteg.* Dahinter die bewaldeten *Kronprinz-Rudolfs-Anlagen,* die links vom Türmchen das *Hanauer Pavillons* und der Bastion Nr. XIX begrenzt werden.

Ernst Wodak: *Prag von Gestern und Vorgestern,* Tel Aviv (1948), S. 88 f.

800 | Blick von der *Alten Schloßstiege (Staré zamecké schody)* auf Prag (1915).

Aber schön das Wohnen dort [gemeint ist: im Alchimistengäßchen], schön das Nach-hausewandern gegen Mitternacht über die alte Schloßstiege zur Stadt hinunter.

An Felice am 14. XII. 1916.

801 | *Der Kettensteg.* Im Hintergrund links das *Rudolfinum.*

802 | Die im März 1914 eröffnete *Franz-Ferdinand-Brücke*, von den Prager Deutschen auch *Neue Brücke* genannt (→ Abb. 497, 3), die Ende April 1920 vom Prager Stadtverordnetenkollegium in *Manesbrücke (Mánesův most)* umbenannt wurde (1914).

Vgl. T 788.

803 | Die *Karpfengasse (Kaprová)* nach der Sanierung der Prager Altstadt in Richtung *Altstädter Ring*.

Karpfengasse.

Der häßliche junge Mann am Abend, allein, eine grobe, kräftige, Widerstand leistende Natur.

Die drei niederen, im Hintergrund sichtbaren Häuser liegen am *náměstí Franze Kafky*, dahinter ist der *Altstädter Rathausturm* zu sehen. Im Hintergrund links, angeschnitten, der Turm der *St. Nikolauskirche (kostel sv. Mikulaše)*.

NS II 22.

KAPITEL XV

Krieg

Nach seiner Entlobung machte Kafka Zukunftspläne, die er seinen Eltern am 21. Juli 1914 noch von Marielyst aus mit folgenden Worten mitteilte oder mitteilen wollte: *Ich habe 5000 K. [→ Abb. 862] Sie ermöglichen mir irgendwo in Deutschland in Berlin oder München 2 Jahre, wenn es sein muß, ohne Geldverdienst zu leben. Diese 2 Jahre ermöglichen mir litterarisch zu arbeiten und das aus mir herauszubringen, was ich in Prag zwischen innerer Schlaffheit und äußerer Störung in dieser Deutlichkeit, Fülle und Einheitlichkeit nicht erreichen könnte. Diese litterarische Arbeit wird es mir ermöglichen nach diesen 2 Jahren von eigenem Verdienst zu leben und sei es auch noch so bescheiden.*

Die mit dem Einsetzen der Kriegshandlungen erfolgenden wirtschaftlichen und politischen Veränderungen machten es Kafka unmöglich, seine Absichten in die Tat umzusetzen. Er behielt vielmehr seinen ungeliebten Prager Büroposten bei und versuchte, seine literarischen Ambitionen unter den gegebenen Voraussetzungen zu verwirklichen: Noch im Lauf des August (→ Abb. 140) begann er mit der Niederschrift des *Process*-Romans, der ihn bis Anfang 1915 beschäftigte. Auch den ihm noch zustehenden zweiwöchigen Urlaub, den er im Oktober nahm, widmete er seiner literarischen Arbeit; in dieser Zeit entstand unter anderem die Erzählung *In der Strafkolonie* (→ Abb. 810).

Die Weihnachtstage 1914 verbrachte Kafka zusammen mit dem Ehepaar Brod in Kuttenberg (Kutná Hora), und zwischen dem 22. und 27. April 1915 begleitete er seine Schwester Elli nach Ungarn, die ihren Mann besuchen wollte, der bei einer dort stationierten Versorgungseinheit diente. Die beiden fuhren am 22. des Monats über Wien nach Budapest, wo sie übernachteten, und dann weiter über Hatvan und Miskolc nach Sátoraljaújhely, wo sie eine weitere Nacht verbrachten, bevor sie am 24. ihr Reiseziel Nagymihály erreichten.

Die Entlobung im Juli 1914 hatte die Beziehung zu Felice keineswegs beendet, denn als Kafka im Oktober einen Brief von ihr erhielt, antwortete er, der der Auffassung war, es habe sich in den zurückliegenden drei Monaten zwischen ihm und ihr *nicht das geringste geändert, nicht in gutem und nicht in schlechtem Sinn,* sofort mit einem Riesenbrief, in dem er die zwischen ihnen herrschenden Probleme ausführlich analysierte. So kam es, daß man sich am 23. und 24. Januar 1915 in Bodenbach traf, um auszuloten, ob trotz allem eine gemeinsame Zukunft vorstellbar sei. Die Zusammenkunft gab freilich zu solchen Hoffnungen keinen Anlaß, denn beide verharrten auf Positionen, die miteinander unvereinbar schienen. Gleichwohl verbrachte Kafka die Pfingsttage dieses Jahres mit Felice in der Böhmischen Schweiz, eine Begegnung, nach der er sich so sehr an sie verloren glaubte, daß er mit ihr möglichst bald einen gemeinsamen Urlaub an der Ostsee verbringen und damit offensichtlich nachholen wollte, was im zurückliegenden Sommer gescheitert war.

Kafka hegte zunächst die Hoffnung, aufgrund der Anfang Juni 1915 anstehenden Musterung zum Militärdienst eingezogen zu werden und so den ihn krankmachenden Prager Lebensverhältnissen entkommen zu können. Als sich diese Erwartungen nicht erfüllten, weil er zwar für tauglich befunden, aber von seiner Dienststelle für unabkömmlich erklärt wurde, schrieb er nach Berlin: *Das Schlimmste ist, daß die Zeit vergeht, daß ich durch dieses Leid elender und unfähiger werde, die Aussichten für die Zukunft ununterbrochen trüber werden.* Das Problem war, daß er die Prager Büroarbeit nicht mehr ertrug, seine Heimatstadt aber nicht verlassen konnte, geschweige denn, daß er an ein Leben als freischaffender Autor in Berlin oder gar an Heirat hätte denken können: Wenn er sich als Kriegsfreiwilliger gemeldet hätte, was er immer wieder erwog, wäre er zwar trotz seiner Enthebung der ungeliebten Bürotätigkeit entkommen, aber die Angst, dadurch in ein finanzielles Desaster zu geraten – er haftete mit seinem ganzen Vermögen für die in seinem Besitz befindliche Asbestfabrik –, ließ ihn in seiner Beamtenposition verharren. Er war der einzige in der Familie, der ein gesichertes Einkommen hatte – man fürchtete, der kränkelnde Vater werde eines Tages sein Geschäft nicht mehr weiterführen können –, auf das man jetzt mehr denn je angewiesen war, denn die Fabrik (→ Abb. 480) war stillgelegt worden, so daß hohe Verluste entstanden waren, die er teilweise selbst zu tragen hatte. Seine Verlassenschaftsakten weisen eine (von Hermann Kafka anerkannte) Steuerschuld von knapp 17 000 Kronen aus, die sich eigentlich nur aus seiner Teilhaberschaft an diesem Unternehmen erklären lassen.

Die beschriebene Situation führte zu Angstzuständen, Kopfschmerzen und Schlaflosigkeit, so daß Kafka sich genötigt sah, *nach alter, aber immer schwächer werdenden Gewohnheit* eine Heilanstalt aufzusuchen und Ende Juli 1915 einige Tage im *Sanatorium Frankenstein* in Rumburg zu verbringen. Allerdings wollte er die Entschlüsse, die er in Marielyst gefaßt hatte, keineswegs aufgeben, sondern nach Beendigung der Kampfhandlungen in die Tat umsetzen und nach Berlin ziehen: *Meine Aufgabe wird zunächst sein,* schrieb er am 18. Januar 1916 an Felice, *mich irgendwo in ein Loch zu verkriechen und mich abzuhören.*

Infolge der Kriegsereignisse nahm seine berufliche Beanspruchung zu: Da es in der Habsburgermonarchie vor dem Ersten Weltkrieg nur Ansätze zu einer Invalidenversicherung gegeben hatte, erwuchs die Notwendigkeit, die Zukunft der in großer Zahl von der Front zurückkehrenden Kriegsversehrten rasch und energisch zu organisieren. Zu diesem Zweck wurde eine *Staatliche Landeszentrale für das Königreich Böhmen zur Fürsorge für heimkehrende Krieger* gegründet, die sich am 26. Mai 1915 im Sitzungssaal der *Statthalterei* konstituierte und von Dr. Robert Marschner, dem geschäftsführenden Direktor der Anstalt, geleitet wurde. In ihren Wirkungskreis fiel die Wahrnehmung aller Angelegenheiten, die sich auf die Heilbehandlung der krank oder verwundet heimgekehrten Krieger, deren Schulung und Unterbringung bezog. Die Aufgabe der neugegründeten Institution war also Heilfürsorge für Invaliden, die Spezialbehandlung der an inneren Krankheiten leidenden Kriegsteilnehmer, die Förderung der Prothesenerzeugung, die Arbeitsvermittlung und die Fürsorge für Kriegsblinde. Die Anstalt erklärte sich bereit, die Büro-, Buchhaltungs- und Kassageschäfte der *Landeszentrale* zu übernehmen. Das bedeutete, daß Bedienstete dieser Behörde zusätzlich zu ihrer bisherigen Tätigkeit Aufgaben in der *Landeszentrale* übertragen bekamen, die natürlich vielfach eine Ausweitung der Arbeitszeit auf die Nachmittage, teilweise auch auf die Abende notwendig machten, wo Kommissionssitzungen stattzufinden pflegten. Zu diesen Beamten gehörte Kafka, der in dem von seinem Bürochef Eugen Pfohl geleiteten *Ausschuß für Heilbehandlungen* tätig war. Dieser Ausschuß sollte für die Erweiterung und Errichtung von Therapieeinrichtungen sorgen, aber auch Öffentlichkeitsarbeit leisten. Kafka hatte die Sitzungen vorzubereiten, gefaßte Beschlüsse umzusetzen, öffentliche Verlautbarungen seiner Dienstvorgesetzten zu redigieren und Aufrufe zu verfassen.

Infolge der militärischen Niederlagen österreichischer Truppen zu Anfang des Krieges wurde Prag seit dem Oktober 1914 von Flüchtlingen aus den verlorenen Gebieten Galiziens und der Bukowina überschwemmt; darunter waren 15000 Ostjuden, die wegen ihrer Andersartigkeit, besonders in Kleidung und Glaubenspraxis, zur Auseinandersetzung herausforderten. Die im November 1914 anlaufenden Hilfsaktionen wurden von einem *Versorgungskomitee für galizische Flüchtlinge* koordiniert, das die Ankömmlinge registrierte, Auskünfte erteilte und Anweisungen für Hilfsleistungen ausgab. Es war zunächst in der *Langegasse* Nr. 41 (→ Abb. 456), später in der *Königshofergasse* Nr. 15/17 (I-661/662, nicht erhalten) untergebracht und wurde von dem aus Kolomea stammenden Chaim Nagler, damals Kassier des *Ostjüdischen Clubs*, und je einem Vertreter der Vereine *Paole Zion*, des seit 1913 in Prag existierenden Wanderbundes *Blau-Weiß*, der in Prag Kleidersammlungen durchführte (→ Abb. 814), und des *Klubs jüdischer Frauen und Mädchen* geleitet. Später stand dieses *Hilfskomitee* unter der Leitung der *Kultusgemeinderepräsentanz* und setzte sich aus Vertretern aller jüdischen Organisationen zusammen. Auch übernahm eine Anzahl Prager Damen unter der Leitung der Eltern Max Brods einen ständigen Hilfsdienst. Dadurch kam Kafka in persönlichen Kontakt zu einzelnen Flüchtlingen. In dieser Zeit bildete sich seine Idealisierung des Ostjudentums endgültig aus, die er später anläßlich der Beobachtung von russisch-jüdischen Auswanderern, die vorübergehend im Festsaal des *Jüdischen Rathauses* (→ Abb. 742) untergebracht waren, in folgender Weise zum Ausdruck brachte: *wenn man mir freigestellt hätte, ich könnte sein was ich will, dann hätte ich ein kleiner ostjüdischer Junge sein wollen, im Winkel des Saales, ohne eine Spur von Sorgen.*

Br III 105, 136, 140, 138 und M 258, vgl. AS 79 f., 494–514, 898–901, EFK 95, Martin Svatoš: *Pozůstalostní spis Franze Kafky*, in: *Archiv hlavního města Prahy. Dokumenta Pragensia 15*, hrsg. von Václav Ledvinka, Praha 1997, S. 315, Robert Marschner: *Bericht über die Tätigkeit der Staatlichen Landeszentrale für das Königreich Böhmen zur Fürsorge für heimkehrende Krieger im Jahre 1916*, Prag 1917, S. 30, ders.: *Wie führen wir die Kriegsbeschädigten wieder in ihr Berufsleben zurück?*, Prag 1916 und Artur Engländer: *Die Wäsche- und Kleiderversorgung der jüdischen Flüchtlinge*, in: SW 9, Nr. 2 (15. I. 1915), S. 3 f.

804 | *Bilekgasse (Bílkova)* Nr. 10 (I-868).

Allein in der Wohnung meiner Schwester. Sie liegt tiefer als mein Zimmer, es ist auch eine abseits gelegene Gasse, daher lautes Gerede der Nachbarn unten vor den Türen. Auch Pfeifen. Sonst vollendete Einsamkeit. Keine ersehnte Ehefrau öffnet die Tür.

Als zu Beginn des Ersten Weltkriegs Karl Hermann eingezogen wurde, verließ Kafkas Schwester Elli ihr bisheriges Domizil in Königliche Weinberge und zog mit ihren beiden Kindern Felix und Gerti vorübergehend wieder zu ihren Eltern, so daß für Kafka dort kein Platz mehr war. Er mußte ausziehen und kam zunächst in der leerstehenden Wohnung seiner Schwester Valli in der *Bilekgasse* Nr. 10 unter (→ Abb. 209, f), die im August mit ihrer Tochter Marianne Ferientage bei ihren Schwiegereltern in Böhmisch Brod (Český Brod) verbrachte.

Tagebuch, 3. VIII. 1914.

805 | Blick von Kafkas Domizil in der *Bilekgasse* Nr. 10 in Richtung *Ziegengasse (Kozí)*. Ganz links das Haus I-865, in dessen Erdgeschoß eine Kneipe untergebracht war, durch die sich Kafka belästigt fühlte.

Chorgesang aus dem gegenüberliegenden Wirtshaus. – Gerade bin ich zum Fenster gegangen. Schlaf scheint unmöglich. Durch die offene Gasthaustüre kommt der volle Gesang. Eine Mädchenstimme intoniert. Es sind unschuldige Liebeslieder. Ich ersehne einen Schutzmann.

In Vallis Wohnung, in der er bis zum Ende des Monats lebte, begann Kafka um den 10. August herum (→ Abb. 140) den *Process*-Roman zu schreiben. Hier entstanden die Kapitel *Verhaftung, Ende* und *Der Onkel/Leni*. Außerdem das Erzählfragment *Erinnerungen an die Kaldabahn.*

Tagebuch, 7. VIII. 547, vgl. Franz Kafka: *Der Proceß. Apparatband,* hrsg. von Malcolm Pasley, (Frankfurt am Main 1990), S. 75 und 111 f.

806 | Die *Strahower Steinbrüche* (heute ein großes Sportgelände). Im Hintergrund links der *Aussichtsturm* auf dem *Laurenziberg.*

So kamen sie rasch aus der Stadt hinaus, die sich in dieser Richtung fast ohne Übergang an die Felder anschloss. Ein kleiner Steinbruch, verlassen und öde, lag in der Nähe eines noch ganz städtischen Hauses. Hier machten die Herren Halt [...].

Das Gelände regte Kafka dazu an, die Schlußszene seines *Process*-Romans in einem Steinbruch anzusiedeln. (→ Abb. 789)

P *Ende* 16 – 19.

807 | Bewohner Prags warten am 25. August 1914 vor dem *Franz-Josefs-Bahnhof* (→ Abb. 209, s) auf die Ankunft der ersten Verwundeten.

Pepa zurück. Schreiend, aufgeregt, außer Rand und Band. Geschichte vom Maulwurf, der im Schützengraben unter ihm bohrte und den er für ein göttliches Zeichen ansah, von dort wegzurücken. Kaum war er fort, traf ein Schuß einen Soldaten, der ihm nachgekrochen war und sich jetzt über dem Maulwurf befand.

Kafkas Tagebucheintrag gilt seinem Schwager Josef Pollak, der wie Ellis Mann Karl Hermann unmittelbar nach Kriegsbeginn eingezogen worden war und Anfang November 1914 verwundet zurückkam.

Tagebuch, 4. XI. 1914, vgl. F 623.

808 | Das Haus Ecke *Nerudagasse* (heute *Polská*) Nr. 48/*Kanalsche Gasse (U kanálky)* in Königliche Weinberge (XII-1552), in dem Karl und Elli Hermann seit ihrer Eheschließung im Jahr 1910 lebten. (Der Aufbau über dem 3. Stock kam erst 1939 hinzu.)

Im September 1914 übersiedelte Kafka in die Wohnung der Hermanns, in der er bis Anfang Februar 1915 verblieb. Hier entstanden der Rest des *Process*-Romans, *In der Strafkolonie* und *Der Dorfschullehrer* sowie zumindest die Anfangsteile des Fragments *Blumfeld, ein älterer Junggeselle*. Über seine damalige Lebensweise schrieb er am 1. und 2. November 1914 an Felice: *Bis ½ 3 im Bureau, dann Mittagessen zuhause, dann 1 oder 2 Stunden Zeitunglesen, Briefeschreiben oder Bureauarbeiten, dann hinauf in meine Wohnung (Du kennst sie) und schlafen oder bloß schlaflos liegen, dann um 9 hinunter zu den Eltern zum Abendessen (guter Spaziergang) um 10 mit der Elektrischen wieder zurück und dann so lange wachbleiben, als es die Kräfte oder die Angst vor den Kopfschmerzen im Bureau erlaubt.*

Vgl. Br III 108 und DZB 88, Nr. 315 (11. XI. 1915), S. 9.

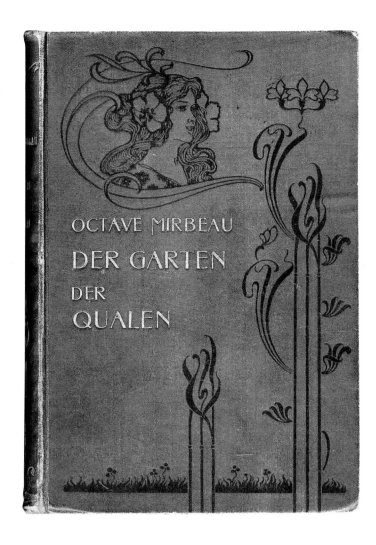

809 | Die *Ufergasse (Břehová)* in der Prager Altstadt. In dem Haus Nr. 8 (V-208, ganz links) (→ 209, e) wohnten Kafkas Intimus Max Brod und seine Frau vom September 1914 bis zum August 1938. Danach, bis zu ihrer Emigration am 14. März 1939, lebten die Brods *Bischofshof (Biskupský dvůr)* Nr. 8 (II-1147).

Im August 1911, noch als Junggeselle, hatte Brod, der Nachschnüffelungen seines Vaters und der Nörgeleien seiner Mutter überdrüssig, aber vor allem, um ungestört mit seiner Freundin Elsa Taussig zusammensein zu können, ganz in der Nähe der elterlichen Wohnung ein Zimmer genommen – *Schalengasse (Skořepka)* Nr. 4 (I-1056) –, war dann nach der Rückkehr von seiner Hochzeitsreise im März 1913 in die *Bischofsgasse (Biskupská)* Nr. 1 gezogen (II-1065) und von dort Anfang Februar des darauffolgenden Jahres in die *Elisabeth Krasnohorskygasse (Elišky Krasnohorské)* Nr. 3 (I-897) übersiedelt.

810 | Octave Mirbeau: *Der Garten der Qualen,* 2. Auflage, Budapest 1902, Einband.

Die erste Auflage dieser Übersetzung – das französische Original kam 1899 unter dem Titel *Le jardin des supplices* heraus – wurde am 26. Juli 1901 in Wien verboten, so daß davon vermutlich nur wenige Exemplare in den Handel gelangt sind. Nach der Aufhebung der Konfiskation veranstaltete der Verlag im darauffolgenden Jahr eine zweite Auflage, die Kafka vermutlich gekannt und möglicherweise besessen hat. Einerseits zeigt sich seine im Oktober 1914 entstandene Erzählung *In der Strafkolonie* motivlich und sprachlich an vielen Stellen von diesem Roman abhängig, andererseits haben sich in seiner Bibliothek zwei Werke Mirbeaus erhalten, nämlich die *Enthüllungen einer Kammerzofe,* die 1901 in Budapest erschienen sind, und zwar im gleichen Verlag wie der *Garten der Qualen,* sowie *Laster und andere Geschichten,* die 1903 veröffentlicht wurden. Diesen Band, der 1904 von einem Vorbesitzer erworben worden war, hat Kafka, wie ein eingeklebtes Kärtchen erweist, in einem Wiener Antiquariat gefunden. Als Zeitpunkt für diesen Kauf kommt ein nicht näher bestimmbarer, vermutlich während der Studienjahre anzusetzender Wienbesuch in Frage, wahrscheinlicher aber Kafkas zweiwöchiger Aufenthalt in der Stadt im September 1913, als er möglicherweise auch die beiden anderen Titel erworben hat. Denn die Art der Übereinstimmungen zwischen dem *Garten der Qualen* und der *Strafkolonie* läßt es schwerlich zu, zwischen der Lektüre Mirbeaus und der Niederschrift der Erzählung einen Zeitraum von mehreren Jahren anzusetzen.

Vgl. Hartmut Binder: *Kafka-Kommentar zu sämtlichen Erzählungen, München (1975),* S. 174–181 und KB 42.

811 | Karl Krall mit seinem Pferd Zarif beim Buchstabieren (1909).

Die um den Jahreswechsel 1914/15 erfolgte Niederschrift eines Erzählfragments, das die Pferde von Elberfeld zum Gegenstand hat, ist vermutlich durch einen *Die denkenden Pferde von Elberfeld* betitelten Aufsatz von Maurice Maeterlinck ausgelöst worden, der im Sommer 1914 in der *Neuen Rundschau* erschienen war, von Kafka möglicherweise jedoch verspätet zur Kenntnis genommen wurde. Allerdings ist Kafka schon zuvor mit dem hier ausgebreiteten Sachverhalt bekannt geworden, denn Felix Weltsch berichtet in einem Artikel, der am 21. November 1913 im *Prager Tagblatt* erschien, über das im Jahr zuvor erschienene Buch *Denkende Tiere* von Karl Krall, in dem dieser sowohl von den Experimenten seines Vorgängers Wilhelm von Osten mit einem Pferd berichtet, das seit 1904 unter dem Namen ‹Der kluge Hans› Aufsehen erregt hatte, als auch von seinen eigenen Versuchen mit den Pferden Muhamed und Zarif, die als ‹denkende Pferde von Elberfeld› berühmt wurden, weil ihr Besitzer ihnen unterstellte, lesen und rechnen zu können. Weltsch gibt ein nüchternes Referat des Buches, ohne sich für oder gegen die von Krall behaupteten Fähigkeiten der Pferde auszusprechen, und pocht auf nüchterne wissenschaftliche Untersuchung. Da Weltsch im fraglichen Zeitraum Kafkas bester Freund und in Fragen der Erkenntnistheorie stets dessen Hauptgesprächspartner war sowie unter Berücksichtigung der Tatsache, daß sich Kafka von jeher für Tiere interessierte (→ Abb. 656 und 1184), ist nicht vorstellbar, daß er, zumal regelmäßiger Leser des *Prager Tagblatts*, von diesem Buch nichts gewußt haben sollte, das Weltsch in seiner Funktion als Angestellter der Prager Universitätsbibliothek (jetzt *Národní knihovna České republiky*) deren Beständen einordnete, unter denen es heute zu finden ist.

Kafkas Erzählung *Der Dorfschullehrer*, die Ende 1914 entstand und ebenfalls einen Sachverhalt aus dem Tierreich zum Gegenstand hat, der sich herkömmlicher wissenschaftlicher Betrachtung verschließt, läßt den Schluß zu, daß er Kralls Untersuchung gelesen hatte oder doch zumindest von Weltsch umfassend darüber informiert wurde. Hier nämlich, und nicht bei Maeterlinck, erfuhr

er, daß von Osten Elementarschullehrer war und daß der erste Zeitungsbericht über den ‹Klugen Hans› vom *Berliner Lokal-Anzeiger* ausgelacht und zurückgewiesen wurde, einige Monate später aber in der *Illustrierten Landwirtschaftlichen Zeitung* erschien – Details, die er aufgreift, wenn er seine Hauptgestalt zum Dorfschullehrer macht und die Redaktion einer führenden landwirtschaftlichen Zeitschrift herzlich über dessen angebliche Entdeckung eines Riesenmaulwurfs lachen läßt. Weitere Erzählumstände entnahm er der von Krall gebotenen umfangreichen Dokumentation über den ‹Klugen Hans›, in der alle Zeitungs- und Zeitschriftenartikel über das Pferd aufgelistet werden, ein Umstand, der selber wieder in den *Dorfschullehrer* eingegangen ist, dessen Erzähler beschließt, alles zu sammeln und zusammenzustellen, was er über den Riesenmaulwurf in Erfahrung bringen kann.

Vgl. F.[elix] W.[eltsch]: *Denkende Tiere*, in: PT 38, Nr. 320 (21. XI. 1913), S. 1 f., Hartmut Binder: *Motiv und Gestaltung bei Franz Kafka*, Bonn 1966, S. 136–146, Paul Heller: *Franz Kafka. Wissenschaft und Wissenschaftskritik*, (Tübingen 1989), S. 124–133, T 954 und NS I A 74.

812 | Paul Hermann.

Nachdem Karl Hermann eingezogen worden war, übernahm dessen Bruder Paul (*1890), der im April 1914 als dritter Gesellschafter in die Firma eingetreten war, die Verantwortung für die Arbeitsabläufe in der familieneigenen Asbestfabrik, während Kafka für die Finanzen zuständig war. Kafka entledigte sich dieser Aufgabe, indem er einmal im Monat zwei Stunden lang das Unternehmen inspizierte. Als er bei einer solchen Gelegenheit auch das Kassabuch durchsah und erstaunt bemerkte, daß Paul 1500 Kronen entnommen hatte, kam es zum Streit, weil Paul vermutete, seine Schwägerin Elli habe ihm aufgelauert und dann ihren Bruder in die Fabrik geschickt, um ihn zu kontrollieren. Kafka schrieb deswegen am 25. November 1914 einen Brief an Paul, der sich als Konzept in seinem Tagebuch erhalten hat und wie folgt beginnt: *Ich habe fast kein unmittelbares Interesse an der Fabrik, desto mehr aber mittelbares. Ich will nicht daß des Vaters Geld, das er auf meinen Rat und meine Bitte K.[arl] zur Verfügung gestellt hat, verloren geht das ist meine*

erste Sorge, ich will nicht daß des Onkels *[Alfred Löwys] Geld verloren geht, das er nicht so sehr K. als uns geborgt hat, das ist meine zweite Sorge und ich will auch nicht, daß E.[llis] und der K.[inder] Geld verloren geht, das ist meine dritte Sorge. Von meinem Geld und meiner Haftpflicht spreche ich gar nicht.*

Als Paul Hermann Anfang Januar 1915 eingezogen wurde, mußte sich Kafka um die Fabrik kümmern, die regelmäßiger Inspektion bedurfte. Dadurch veränderte sich seine Tageseinteilung so sehr, daß er am 6. Januar die Arbeit am *Dorfschullehrer* und am *Unterstaatsanwalt* aufgeben mußte, auch den *Process* kaum fortsetzen konnte. Als Paul vier Wochen später nach Prag versetzt wurde und die Fabrik wieder beaufsichtigen konnte, setzte Kafka seine literarische Tätigkeit fort und schrieb am 8. und 9. Februar 1915 den Anfang seiner Erzählung *Blumfeld, ein älterer Junggeselle.* Ein am darauffolgenden Tag erfolgter Wohnungswechsel unterbrach auch diese Arbeit (→ Abb. 828). Später kam Paul Hermann an die Front und geriet in russische Kriegsgefangenschaft.

An Paul Hermann, vermutlich 25. XI. 1914, vgl. T 715, Br III 25, 119, 127, 293–295 und NS I 76.

813 | Das Haus *Manesgasse (Mánesova)* Nr. 30 (XII-911) in Königliche Weinberge, in dem Oskar Baum seit Mai 1914 wohnte (2007).

Nachmittag bei Baum. Er war ein wenig verletzend und roh. Ödes Gespräch infolge meiner Schwäche, Gedankenlosigkeit, Schwerfälligkeit und fast Dummheit; war ihm in jeder Hinsicht unterlegen, habe schon lange nicht ganz allein mit ihm gesprochen, war glücklich wieder allein zu sein.

Tagebuch, 15. XII. 1914.

814 | Sammlung von Wolle und Kautschuk für die Armee auf dem *Altstädter Ringplatz.*

In ihren Erinnerungen an Kafka berichtet Nelly Engel (→ Abb. 901): *Während des Krieges war ich freiwillige Lehrerin in einer Schule für Flüchtlingskinder aus Polen. […] Eines Tages wurde ich beauftragt, Strümpfe für die Mädchen zu beschaffen. Sie durften natürlich, ebenso wie alle Lehrer der Schule, nichts kosten. Mein erster Weg war in das Galanteriewarengeschäft Kafka, das sich in demselben Hause befand wie das Gymnasium, das Franz einmal besucht hatte. Der alte Herr Kafka stand im Laden. Ich brachte meine Bitte vor, er sah mich an und sagte: «Ich kenne Sie, Sie sind eine Freundin von Franz, er hat von Ihnen gesprochen.» Und Herr Kafka schenkte 100 Paar Strümpfe für die Flüchtlingskinder.*

EFK 120.

815 | *Galizien in Prag.*

Von Richard Katz (1888–1968), dem Lokalreporter des *Prager Tagblatts*, für die *Weihnachtsausgabe* 1914 zusammengestellte Informationsseite über die jüdischen Kriegsflüchtlinge in Prag. Zwei der Abbildungen links zeigen Interieurs aus der *Jüdischen Volksküche* in der *Petersgasse* Nr. 3 (→ Abb. 838), die mittlere rechts den Festsaal im Prager *Hofbräuhaus* (→ Abb. 486).

816 | Die zionistische Wochenschrift *Selbstwehr*. Titelblatt der *Neujahrs-Festnummer* vom 24. September 1919, in der Kafkas Prosastück *Eine kaiserliche Botschaft* erstgedruckt wurde. In der *Chanukka-Nummer*, die am 19. Dezember erschien, folgte *Die Sorge des Hausvaters*, in der *Neujahrsnummer* von 1921, am 30. September, *Ein altes Blatt*. Das berühmte Prosastück *Vor dem Gesetz* war schon am 7. September 1915 veröffentlicht worden, und zwar ebenfalls in der *Neujahrsnummer*.

Es darf vielleicht an dieser Stelle bemerkt werden, wie lieb ihm die «Selbstwehr» war; wie oft er uns geraten und mit uns gesorgt hat. Als ich ihn vor sechs Wochen in Kierling besuchte, da legte er mir mehreremale ans Herz, seine neue Adresse nicht zu vergessen, daß er die Zeitung richtig zugestellt erhalte. Wann Kafka Leser und Abonnent der in Prag hergestellten und nur wenig verbreiteten Wochenschrift geworden ist, läßt sich nicht feststellen, doch dürfte er spätestens im Dezember 1912 mit ihr bekannt geworden sein, als Hans Kohn hier seine *Betrachtung* besprach (→ Abb. 248). In den Jahren der Krankheit hat sie ihn jedenfalls im Abonnement auf seinen Erholungsaufenthalten begleitet, und zwar, wie aus Felix Weltschs Nachruf auf den Freund hervorgeht, aus dem hier zitiert wurde, bis in die letzten Wochen seines Lebens.

Neujahrs-Festnummer.

Redaktion, Administration u. Expedition Prag II., Celetná 22. — Postsparkassenkonto 90.129. — Telephon Nr. 4449. — Sprechstunde der Redaktion 5–6 Uhr nachmittags. — Redaktionsschluß Mittwoch 9 Uhr vorm. — Erscheint jeden Freitag.

Selbstwehr

Unabhängige jüdische Wochenschrift.

Abonnement m. Postzusendung Ganzjährig K 20.—, halbj. K 10.—, vierteljähr. K 5.— Für Deutschland Mk. 15.— Für das übrige Ausland 15 Frcs. oder 15 sh. — Einzelne Nummer 40 Heller — Insertionspreis: Die sechsmal gespalt. Petitzeile oder deren Raum 80 Heller. Inseratenannahme durch alle Annoncen-Bureaus und die Administration.

XIII. Jahrgang. Prag, den 24. September 1919. Nr. 38-39.

Aus dem Inhalt: Politische Artikel von **Max Brod**, **Dr. Sal. Lieben**, **Felix Weltsch**. — Literarische Beiträge von **N. Brus**, **Rud. Fuchs**, **Franz Kafka**, **Osk. Kohn**. — **Judendebatte** im Gemeindekollegium. — Brief eines **jüdischen Legionärs aus Palästina** u. a.

Max Brod:

Das neue Jahr des Zionismus.

Die politischen Kämpfe um die Anerkennung der jüdischen Nation im tschechoslowakischen Staate sind noch nicht abgeschlossen. Wir haben im vergangenen Jahre unsere Nervenkraft, unsere Energie, unsere Muße an diese Kräfte gegeben. Und wir dürfen damit noch nicht aufhören, — denn das Ziel ist noch nicht erreicht und der entscheidende Moment würde nicht wiederkehren.

Dennoch erbebt unser Herz in Sehnsucht und unsere Seele möchte manchen Tag sterben vor ungestümem Drängen in jenes heilige, lichte Sphärenland, in dem, weit entfernt vom Lärm des Tages, der Tagespolitik, . . . im großen Schweigen der Ewigkeit . . . sein leidenschaftliches Fluten entfesselt und walten läßt der tiefe, unendliche, geistige Sinn des Judentums, den wir im beglückenden Ahnen mancher Augenblicke eins fühlen mit dem Sinne des Menschengeschlechtes. — Wie sind uns die Wege in dieses Reich unserer Seele verschüttet, wie haben wir uns abgewendet vom Quell des Lebens, aus dem unsere Väter tranken! . . . Auf langen Regalen stehen die schweren Bände, jede Seite geschmückt mit dem schmiedeeisernen Ornament unserer Lettern. Wer liest sie? Wer dringt in die zarten Legendenfelder, aus denen wie üppige Saaten die Phantasien jüdischer Dichter, jüdischen Volkstums aufsprießen? Ein geheimnisvoller Windhauch schlägt hier und dort die Aehren zurück, — da glänzen Szenen auf von solcher Gewalt des Glaubens, des Liebens oder der Verworfenheit oder des jähen Aufstiegs zu Gott, daß der Atem davor erschrickt und stockt. Wer versteht, was unserer Vorfahren Vision und Glück war? — Wir haben keine Zeit. Wir raufen uns mit den Assimilanten. Wir stilisieren einen Protest, eine Interpellation. Oder wir (viele von uns) haben große Angst, nur ja nicht als rückständig zu gelten und den Anschluß an die alleinseligmachende Internationale nicht zu verfehlen. Wir müssen von Stockholm aus eiligst die „jüdischen Kommunisten" in Rußland unserer Sympathie versichern, dieselben, die eben der hebräischen Sprache und der zionistischen Organisation Krieg und Terror bis zur Vernichtung zugeschworen haben. Oder wir müssen (was ebenso schlimm ist) unsere Jugend mahnen, ihren Sozialismus organisch aus ihrem Judentum aufzubauen und sich nicht ebenso hemmungslos wie unsere Großväter jenem Weltengang Europas hinzugeben, der damals Liberalismus hieß und die „Menschen erlöste", heute Marxismus heißt und auf dieselbe mechanisch-geistleere Art dasselbe verspricht. Das alles wird wieder Reden kosten, Debatten, Konferenzen. Und man wird wieder keine Zeit haben, die Atemzüge der eigenen Seele zu hören.

Einmal aber, am Jahresanfang, soll man vielleicht innehalten und, das Ganze überschauend, sich eingestehen: Es ist nicht gut, was wir da treiben. Unser Vater und unser König, wir haben gesündigt vor Dir . . . Wir haben Politik getrieben und haben dabei unsere Herzen wie Unkraut wuchern lassen.

Ich höre eine Stimme: — Aha, Max Brod hat es satt. Er hat genug vom politischen Zionismus. Er will wieder Kulturzionismus . . .

Nein, und abermals nein! Wer so redet, mißversteht mich. Habe ich etwa gesagt, es gäbe auch nur die leiseste Möglichkeit für uns, die politische Arbeit einzustellen? Tausendmal nein, denn jetzt gerade ist sie dringender als je. Jetzt gerade stehen wir vor der Entscheidung und am Anfang. — Aber eines sollen wir dabei wissen: Was wir tun und tun müssen, ist selbst dann, wenn wir es mit Aufgebot unserer besten Kräfte tun, noch lange nicht das Beste. Es ist notwendig; und doch ist es, vom höchsten Standpunkt aus gesehen, nur etwas Minderes, Notbehelf, eine Aushilfe, ein Leben von der Hand in den Mund. — Wenn wir das einsehen, wenn wir diesen tiefen Konflikt nicht verschleiern: dann wird die wahre Demut über uns kommen. Wir werden fühlen, wie groß die Gefahr ist, in die wir uns begeben haben. Die Gefahr, daß wir um das Judentum kämpfen, im Kampfe aber unversehens den Inhalt dieses geliebten Judentums aus der Hand verlieren. Die Gefahr, daß unser heiliges Mühen um die Erhaltung jüdischen Geistes auf das Niveau jener Parteikämpfe hinabsinke, von denen man so in der Zeitung liest. — Nur wenn wir um diese Gefahr wissen, kann es uns gelingen, ihrer vielleicht, vielleicht Herr zu werden.

Der also mißversteht mich, der glaubt, ich predige Rückzug aus dem politischen Leben, einsiedlerische Vergrabenheit in eine Talmudbibliothek. Wer diesen Rückzug antritt, umgeht den Konflikt. Und wer im politischen Kampf vergißt, daß die Seele des Judentums es ist, für die er kämpft, wer diese Seele nicht seinem Ich einzuvermählen sucht, — der umgeht den Konflikt ganz ebenso; nur nach der andern Seite hin. — Wer aber den Brand dieses Konflikts sieht und nicht nur sieht, — die Glut auf seiner Netzhaut vibrieren fühlt, ohne sich feige die Hand vor die Augen zu schlagen, der darf hoffen, daß aus diesem schmerzhaften Licht eine neue Kraft in ihn eindringe, ein neuer Geist in ihm Leben gewinne — Wer den Tatsachen ehrlich ins Gesicht sieht, dem ereignet sich vielleicht das Ueber-Tatsächliche, . . . das Wunder.

Ist es vermessen, hier an Ueberirdisches, Wunderbares zu rühren? Ist dies nicht vielmehr die wahre Stimme unserer Festtage und ihrer Gebete? Die Stimme dieser „furchtbaren Tage", ihres Schofars, ihrer Zerknirschungen? Und wann dürfte diese Stimme gehört werden, wenn nicht an der Schwelle gerade dieses neuen Jahres, in dem wir die Erfüllung zweitausendjährigen Hoffens erwarten, — die Neubesiedlung von Erez Israel!

Dr. Salomon Lieben:

Schofartöne.

Wenn wir am Roschhaschonoh die schrillen Töne des Widderhorns hören, dann wird die Erinnerung an unsere früheste Jugend wachgerufen; wir sehen uns vom Vater, vom Großvater geführt, in die dichtgefüllte Synagoge treten, hören die uralten und ewig neuen Melodien und warten dann mit atemloser Spannung auf den Moment, wo mitten durch die lautlose Stille der erste Schofarton erklingt. „Tekioh!" Dann in gebrochenen klagenden und in trillernden jauchzenden Tönen bis zur „Tekioh gedouloh" zum großen Schofartone, der die ganze musikalische Vorführung abschließt.

Klagend und wieder jauchzend, so tönt es in uns und um uns, so haben wir unser Leben verbracht; so ist die Gegenwart, so ist unsere Vergangenheit, die Vergangenheit unseres Volkes.

Roschhaschonoh ist der Tag der Erinnerung. Und diese Erinnerung führt uns zurück bis ins früheste Altertum zu den Uranfängen unseres Volkstums. Bei Schofartönen ist uns und durch uns der ganzen Kulturwelt das Sinaiwort gegeben worden; mit Schofartönen wurden wir in der langen Wüstenwanderung geleitet; jauchzend oder klagend, langgezogen oder kurz vorgestoßen, so galten uns damals die Zeichen zur Versammlung, zum Lagern, zur Weiterwanderung. Mit Schofarklängen zogen wir nach Palästina, mit Schofarklängen brachten wir Jericho zu Falle, mit Schofarklängen wurde das Nationalheiligtum in Jerusalem eingeweiht, Schofarklänge verkündeten täglich die feierlichen Handlungen. Wenn es galt, zur Festeszeit die versammelte Volksmenge zur Andacht zu stimmen, auf die Bedeutung der Freudentage zu lenken, erklang der Schofar; und wenn es galt, zur Zeit der Bedrängnis gegen anstürmende Feinde.

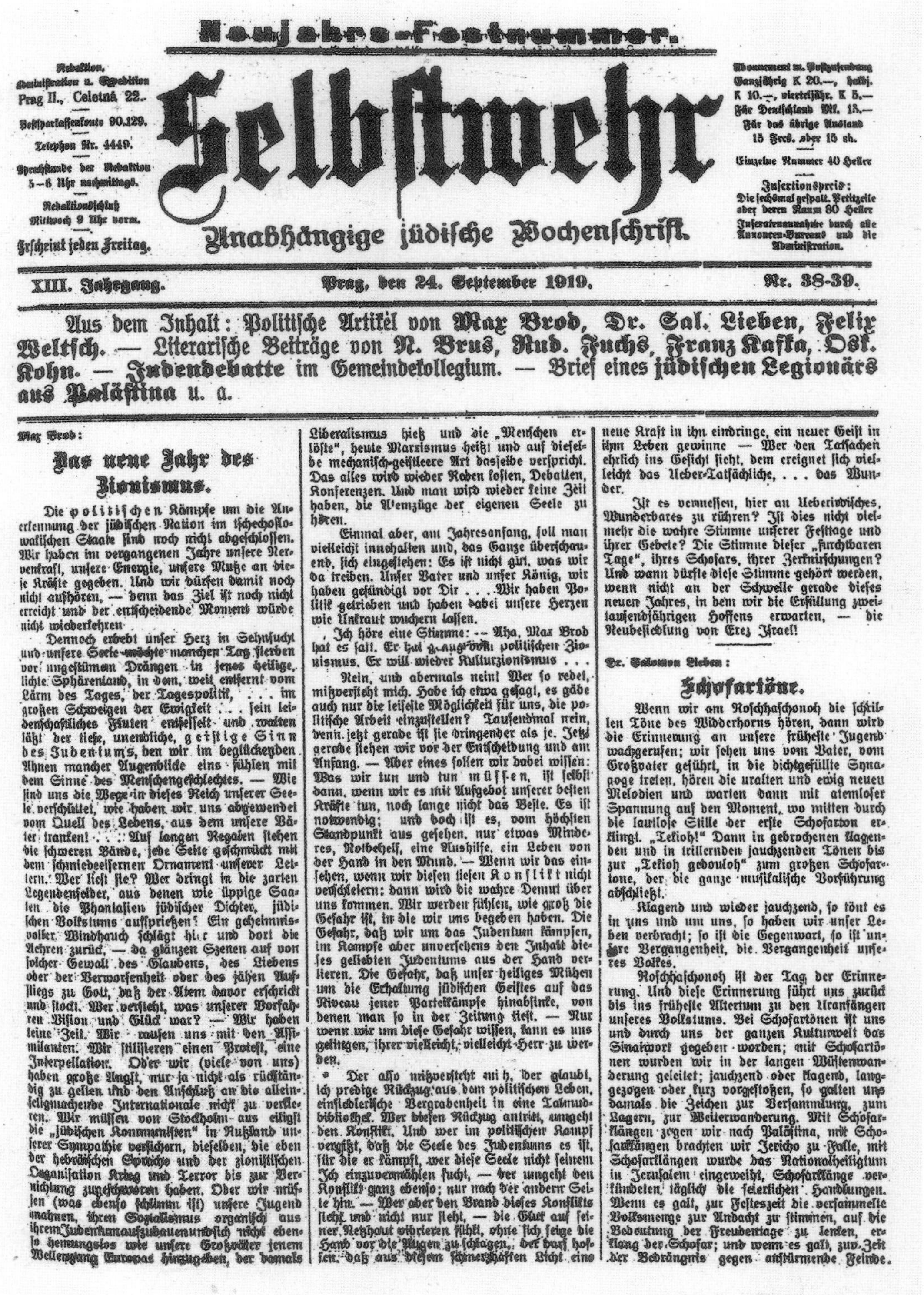

1910 übernahm Leo Herrmann die Leitung des 1907 gegründeten Blattes, doch teilte er sich in den darauffolgenden drei Jahren die redaktionellen Aufgaben mit Hugo Herrmann, Hans Kohn und Robert Weltsch (→ Abb. 248 und 438). Von Juni 1913 bis zum Juni 1917 war Siegmund Kaznelson für die *Selbstwehr* verantwortlich, seit dem Spätherbst 1914 ehrenamtlich und allein, so daß er nicht nur redigierte, sondern auch schrieb und administrierte, zuweilen auch setzte, druckte und Annoncen einwarb. Während dieser schwierigen Kriegsjahre – die Redaktion befand sich damals in der *Königshofergasse* Nr. 15/17 (nicht erhalten) – unternahm er mehrmals in der Woche Spaziergänge mit Max Brod, öfter auch im Beisein Kafkas, wobei nicht nur redaktionelle Fragen, sondern auch Probleme allgemeiner, hauptsächlich philosophischer Natur besprochen wurden. Vom Sommer 1917 bis zum Herbst 1919 leitete Nelly Thieberger (→ Abb. 901) die Wochenschrift, danach Felix Weltsch (→ Abb. 277).

Felix Weltsch: *Franz Kafka gestorben,* in: SW 18, Nr. 23 (6. VI. 1924), S. 5, vgl. Hartmut Binder: *Franz Kafka and the Weekly Paper «Selbstwehr»,* in: *Year Book XII of the Leo Baeck Institute* (1967), S. 135–148, Albrecht Hellmann: *Erinnerungen an gemeinsame Kampfjahre,* in: SW 28, Nr. 21 (25. V. 1934), S. 3 und SW 11, Nr. 27 (6. VII. 1917), S. 5.

817 | Siegmund Kaznelson (1893–1959).

Kaznelson stammte aus Weißrußland, machte 1911 in Gablonz Abitur und begann im Herbst dieses Jahres unter dem Einfluß von Robert Weltsch ein Jurastudium in Prag. Außerdem schrieb er Artikel für die *Selbstwehr*. Kaznelson hatte auch die Idee, eine zionistische Sammelschrift zu veröffentlichen, die er mit Hilfe eines ihm gewährten Darlehens unter dem Titel *Das jüdische Prag* verwirklichte. Kafka stellte dafür sein Prosastück *Ein Traum* zur Verfügung. Der Band, für den sich auch Max Brod eingesetzt hatte, erschien Mitte Dezember 1916. Ende Juni 1917 trat Kaznelson von der Leitung der *Selbstwehr* zurück, schloß im Oktober des darauffolgenden Jahres sein Studium mit einem Doktorat ab und übersiedelte 1920 nach Berlin, wo er den Jüdischen Verlag leitete. 1937 emigrierte er mit seiner Frau Lise, geb. Weltsch (→ Abb. 1200) nach Palästina.

Anatol Schenker: *Der jüdische Verlag 1902–1938*, Tübingen 2003, S. 264–276.

818 | Das Gasthaus *Zum schwarzen Roß* (*U černého koně*) in der *Kollárova* in Kuttenberg (Kutna Hora) (Konskriptionsnummer 314). Das Hotel, damals im Besitz von Ernst Morawetz (Arnošt Moravec), wurde 1905 erweitert und nach einem Brand im Jahr 1910 grundlegend erneuert. Die heutige Fassade im Spätjugendstil stammt von 1919.

Hotel in Kuttenberg. Morawetz, betrunkener Hausknecht, kleiner überdeckter Hof mit Oberlicht. Der Soldat der dunkel umschrieben am Geländer im ersten Stock des Hofgebäudes lehnt. Das Zimmer das man mir anbietet, das Fenster geht auf einen dunklen fensterlosen Korridor. Rotes Kanapee, Kerzenlicht.

In den Weihnachtstagen des Jahres 1914 unternahmen Kafka, Max Brod und dessen Frau Elsa eine viertägige Reise nach Kuttenberg, wo sie im *Schwarzen Roß* wohnten. Hier las Kafka seinen Begleitern das Kapitel aus dem *Verschollenen* vor, das unter der von Brod stammenden Bezeichnung *Das Naturtheater von Oklahoma* bekannt geworden ist. Man besichtigte die dortigen Baudenkmäler, vor allem natürlich die berühmte *St. Barbarakirche (chrám sv. Panny Barbory)*, über die sich Kafkas Lebenszeugnisse freilich ausschweigen, und fuhr auf

819 | Die *Jakobskirche (kostel sv. Jakuba)* in Kuttenberg.

Jakobskirche, die frommen Soldaten, die Mädchenstimme im Chor.

Tagebuch, 26. XII. 1914.

dessen Wunsch ins nahe Kolin, wo man sich das vor kurzem auf dem dortigen *Marktplatz* errichtete *Hus-Denkmal* von František Bílek ansah. Sieben Jahre später schrieb Kafka an Brod über dieses Monument: *Hat es auf Dich auch einen so ausschließenden großen Eindruck gemacht?*

Tagebuch, 26. XII. 1914 und Br 398, vgl. FK 134.

820 | Das *Hus-Denkmal* auf dem *Marktplatz* (heute *Karlovo náměstí*) in Kolin (Kolín).

[…] wie man aus der Seitengasse hervorkommt und den großen Platz mit den kleinen Randhäuschen vor sich liegen sieht und in der Mitte den Hus, alles, immer, im Schnee und im Sommer, von einer atemraubenden, unbegreiflichen, daher willkürlich scheinenden und in jedem Augenblick wieder von dieser mächtigen Hand neu erzwungenen, den Beschauer selbst einschließenden Einheit.

In der Zeit des Protektorats wurde das Denkmal abgetragen und nach dem Ende des Zweiten Weltkriegs an anderer Stelle, auf dem *Husovo náměstí*, wieder aufgestellt.

An Max Brod am 31. VII. 1922.

821 | Das Ladengeschäft Filip Kafkas (links mit vorspringendem Schaufenster) in der *Prager Straße (Pražská)* in Kolin (heutige Adresse *Karlovo náměstí* Nr. 7).

Im Jahr 1887 erhielt Hermann Kafkas ältester Bruder Filip (1846–1914) die Genehmigung, Strohhüte zu verkaufen, im Jahr darauf war er als Krämer und Galanteriewarenhändler eingetragen, und 1890 erhielt er die Bewilligung zum Verkauf von Schmuckwaren und Wäsche. 1907 wurde das Geschäft seinem Sohn Erich übertragen, nach dem Ersten Weltkrieg aber aufgelöst. Erich Kafka fand in der von seinem Onkel Friedrich Kafka gegründeten Likörfabrik in Příbram Arbeit. Seine Brüder Otto und Franz wanderten früh nach Amerika aus (→ Abb. 68 und 195), Robert übersiedelte als Rechtsanwalt nach Prag, wo er mit seinem Vetter Franz in nähere Berührung kam (→ Abb. 1085), und Oskar (*1884) trat 1899 in eine Infanterie-Kadettenschule ein. Als er in die *Kavallerie-Kadettenschule* in Mährisch Weißkirchen (Hranice na Moravě) überwechseln wollte, aber in der Aufnahmeprüfung durchfiel, erschoß er sich am 18. September 1901.

Vgl. Anthony Northey: *Kafkas Mischpoche*, Berlin (1988), S. 64 f.

822 | *Kirchengasse (Kostelní)* Nr. 4, heute Nr. 6 (VII-875) in Prag-Bubna (Praha-Bubny).

Lieber Felix – gestern wollte ich euch zum neuen Jahr glückwünschen, aber es ging nicht. Ich sah Dich so friedlich, tief in Ruhe, lesen, dann sogar die Mappe öffnen, Papier herausnehmen und schreiben, daß es für mich gar keine Frage war, daß ich Dich nicht stören dürfe.

Am 30. August 1914 heiratete Felix Weltsch Irma Herz (1892–1969), die öffentlich als Pianistin auftrat, so etwa im Februar 1911 auf einem von der *Lese- und Redehalle der deutschen Studenten* organisierten Maskenball. Die Trauung fand in der Wohnung der Brauteltern in der *Bělskystraße* (heute *Dukelských hrdinů*) Nr. 23 (VII-559) in Prag-Bubna (Praha-Bubny) statt und wurde vom Rabbiner Dr. Emmanuel Schwartz vorgenommen.

Im September dieses Jahres entschuldigte sich Kafka Weltsch gegenüber dafür, daß er ihn und seine Frau noch nicht besucht hatte, unter anderem mit dem Hinweis, er wohne *weit hinter dem Riegerpark (Riegrovy sady)* am anderen Ende der Stadt (→ Abb. 808). Dies bedeutet, daß Weltsch zu diesem Zeitpunkt nicht mehr in der in der Innenstadt gelegenen elterlichen Wohnung gelebt haben kann. Da er sich aber erst an Weihnachten 1914 polizeilich in der *Kirchengasse (Kostelní)* Nr. 4 anmeldete – sein Schwiegervater Friedrich Herz hatte das Haus als Kapitalanlage gekauft – und schwer vorstellbar ist, er habe die Prager Behörden über Monate hinsichtlich seiner Wohnungsanschrift im unklaren lassen können, darf vermutet werden, er habe nach seiner Eheschließung zunächst bei den Schwiegereltern gelebt, die in der *Bělskystraße (Bělského třída)* Nr. 23 wohnten, also in unmittelbarer Nähe der *Kirchengasse.* So auch die Erinnerung von Alice Sommer, geborene Herz, einer jüngeren Schwester Irmas.

Mitte September 1917 zog das Paar in die *Bildhauergasse (Sochařská)* Nr. 2 (XIX-333, erhalten), die in der benachbarten Vorstadt Bubentsch (Bubeneč) lag und auf die am Südrand des *Baumgartens* gelegene *Kunstakademie* zuführte. Im Monat zuvor, während sie in Radesowitz Ferien gemacht hatten (→ Abb. 955), war in ihre Wohnung eingebrochen worden. Deswegen ist zu vermuten, daß sie nicht länger in der belasteten, auch schwer zu schützenden Erdgeschoßwohnung in der *Kirchengasse* hatten bleiben wollen.

Kafka, der zu spartanischer Lebensführung neigte und Felice vorwarf, sie beharre auf bürgerlichem Mobiliar, das ihm angst mache, fühlte sich durch die *bis zur Brutwärme* üppige Ausstattung der Wohnung Weltschs unangenehm berührt, denn er meinte, das ‹räumliche Zuviel› ziehe das ‹zeitliche Zuwenig› nach sich, so daß der Freund in Gefahr sei, seine mit Vortragstätigkeit gefüllte Freizeit für die Steigerung bloß äußerlichen Wohlstandes und die Erhaltung des Hausfriedens verwenden zu müssen.

An Felix Weltsch am 2. I. 1917, Br III 104, Br III 361 und 367, vgl. Melissa Müller / Reinhard Piechocki: *Alice Herz-Sommer. «Ein Garten Eden inmitten der Hölle»,* (München 2006), S. 61.

823 | Die *Handelsschule Wertheimer* in der *Pořítscher Straße* Nr. 6 (II-1058), die Kafka auf seinem täglichen Weg zur *Arbeiter-Un-fall-Versicherungs-Anstalt* passierte.

Nachdem die galizischen Flüchtlingskinder, die höhere Schulen besucht hatten, zunächst auf zwei Prager Lehranstalten verteilt worden waren, gründete der Gymnasialprofessor Dr. Alfred Engel im Januar 1915 eine *Notschule für Kriegsflüchtlinge*, in der 1300 Schüler im Alter zwischen 6 und 32 Jahren in 22 Klassen unterrichtet wurden. Unter den 51 Lehrkräften, die meist aus Prager Gymnasien und Realschulen stammten und ehrenamtlich arbeiteten,

war auch Max Brod. Diese *Notschule mit deutscher Unterrichtssprache* war in der *Talmud-Thora-Schule*, der Religionsschule der Prager Kultusgemeinde in der *Joachimsgasse* Nr. 5 (→ Abb. 1122), in der *Handelsschule W. Wertheimer* und in einem Anbau des Hauses *Am Bergstein* Nr. 6 (I-359) untergebracht. Im Juli 1915 kam eine Haushaltungsschule für Mädchen hinzu.

W. Klein: *Die Notschulen für Kriegsflüchtlinge in Prag*, in: PT 40, Nr. 167 (18. VI. 1915), S. 4.

824 | Eine Klasse der *Notschule für Flüchtlingskinder* in Prag (1915). Erste Reihe zweiter von rechts: Max Brod, links daneben Elsa Brod und Alfred Engel.

Die Homerstunde der galizischen Mädchen. Die in der grünen Bluse, scharfes strenges Gesicht; wenn sie sich meldet, hebt sie den Arm rechtwinklig; hastige Bewegungen beim Anziehn; wenn sie sich meldet und nicht aufgerufen wird, schämt sie sich und wendet das Gesicht zur Seite.

Kafka interessierte sich für Brods Tätigkeit an der *Notschule* und hörte gelegentlich zu, wenn dieser unterrichtete. Am 24. Mai 1916 begleitete er seinen Freund und dessen Schülerinnen auf einem Ausflug, der nach Podbaba (→ Abb. 879) führte.

Tagebuch, 14. IV. 1915, vgl. FK 137, SW 12, Nr. 19 (16. V. 1918), S. 6 und C 131.

825 | Fanny Reiß (1917).

Gedanken an die Lembergerin. Versprechungen irgendeines Glückes, ähnlich den Hoffnungen auf ein ewiges Leben. Von einer gewissen Entfernung aus gesehn, halten sie stand und man wagt sich nicht näher.

Kafka, der öfters an dem Unterricht teilnahm, den Max Brod in einer Klasse der *Notschule für jüdische Flüchtlingskinder* erteilte, freundete sich mit einer der Schülerinnen an. Wie Brod in seiner Kafka-Biographie schreibt, hatte sich zwischen den beiden auf zarteste Weise Sympathie ‹angesponnen›; die in der angeführten Tagebuchstelle erkennbare Distanz zwischen den beiden scheint jedoch später aufgegeben worden zu sein: Am 14. Mai 1915 gehörte die aus Lemberg stammende Fanny Reiß (*1884) und eine ihrer Schwestern zu einer kleinen Gesellschaft, die Kafka nach Dobřichovice und Častalice begleitete, am 7. Oktober unterhielt sich Kafka mit Fanny lange im Vestibül des Hotels *Bristol* (→ Abb. 698), in dem sie wohnte. Im weiteren Verlauf des Monats ging er mehrmals mit ihr spazieren, am 31. war er mit ihr im Theater (→ Abb. 860), an einem der darauffolgenden Tage ging er mit ihr in die *Städtische Lesehalle* (→ Abb. 859) und besuchte ihre Eltern und Schwestern im Hotel. Am 19. November war er wieder mit ihr und ihrer Schwester Esther unterwegs, eine Tatsache, die ihm wichtig genug war, als solche fixiert zu werden.

Tagebuch, 6. I. 1915 und FK 137, vgl. T 745, 768, 769, 774 und Guido Massino, Torino (mündlich, 2007).

826 | Albert Schumann bei einer Dressurnummer.

Unfähig zu längerer koncentrierter Arbeit. Auch zu wenig im Freien gewesen. Trotzdem eine neue Geschichte angefangen, die alten fürchtete ich mich zu verderben. Nun stehen vor mir 4 oder 5 Geschichten aufgerichtet wie die Pferde vor dem Cirkusdirektor Schumann bei Beginn der Produktion. (→ Abb. 116)

Bei den erwähnten Geschichten handelt es sich um den *Process*, den *Dorfschullehrer*, das als *Unterstaatsanwalt* bekannte Bruchstück und einen unter dem Datum des 19. Januar 1915 im Tagebuch überlieferten Erzählansatz, vielleicht auch um die allerdings erst am 8. Februar begonnene *Blumfeld*-Erzählung.

Wo Kafka das hier reproduzierte Photo gesehen hat, das ihn offenbar zu seinem Vergleich angeregt hat, konnte bisher nicht festgestellt werden.

Tagebuch, 18. I. 1915, vgl. T 715, 733 und NS I A 69–71.

827 | Die *Goethestraße* in Bodenbach an der Elbe.

Mit F. in Bodenbach. Ich glaube es ist unmöglich daß wir uns jemals vereinigen, wage es aber weder ihr noch im entscheidenden Augenblick mir zu sagen. So habe ich sie wieder vertröstet, unsinniger Weise, denn jeder Tag macht mich älter und verknöcherter. Es kommen die alten Kopfschmerzen zurück wenn ich es zu fassen versuche, daß sie gleichzeitig leidet und gleichzeitig ruhig und fröhlich ist. Durch viel Schreiben dürfen wir einander nicht wieder quälen, am besten diese Zusammenkunft als etwas Vereinzeltes übergehn; oder glaube ich vielleicht daran, daß ich mich hier frei machen, vom Schreiben leben, ins Ausland oder sonstwohin fahren und dort mit F. heimlich leben werde. Wir haben uns ja auch sonst ganz unverändert gefunden. Jeder sagt es sich im Stillen, daß der andere unerschütterlich und erbarmungslos ist. Ich lasse nichts nach von meiner Forderung nach einem phantastischen nur für meine Arbeit berechnetem

Leben, sie will stumpf gegen alle stummen Bitten das Mittelmaß.

Nachdem der Kontakt zwischen den beiden im Oktober 1914 überraschend wiederhergestellt worden war, verabredete man eine Begegnung in Berlin. Da aber Felice schneller einen österreichischen Paß bekam als Kafka die Bewilligung, nach Deutschland reisen zu dürfen, beschloß man, sich in der Grenzstation Bodenbach zu treffen, was dann am 23. und 24. Januar 1915 geschah. Da die Zusammenkunft keinerlei Annäherung der Standpunkte brachte, scheint Kafka damals jede Hoffnung auf eine Ehe mit Felice aufgegeben und sich mit einem Leben als Junggeselle abgefunden zu haben. Ergebnis dieser Situation ist das etwa zwei Wochen später begonnene Erzählfragment *Blumfeld, ein älterer Junggeselle.*

Tagebuch, 24. I. 1915, vgl. Br III 736.

828 | Im Treppenhaus in der *Bilekgasse* Nr. 10 (I-868) (1986).

*Die Wohnung verdirbt mir alles. Heute wieder die Französisch-
stunde der Haustochter angehört.*

Am 10. Februar 1915 verließ Kafka die Wohnung seiner ältesten
Schwester in Königliche Weinberge und übersiedelte in ein möbliertes Zimmer in der *Bilekgasse* Nr. 10, also in das gleiche Haus,
in dem seine Schwester Valli und ihre Familie lebten, deren Wohnung er im August des Vorjahrs hatte benutzen können. Da er am
11. Februar 1915 an Felice schrieb, er habe ausziehen müssen, ist
anzunehmen, daß Elli und ihre Kinder das beengte Provisorium
in einem Zimmer leid waren und wenigstens vorübergehend ihr
Weinberger Domizil mitnutzen wollten, so daß er jetzt auf Wohnungssuche gehen mußte. Diese neue Behausung, seine erste eigene, gefiel ihm jedoch so wenig, daß er sie schon am 15. März wieder
aufgab. Dies und daß Karl Hermann anläßlich eines Fronturlaubs
im April 1917 die *Nerudagasse* Nr. 48 als Wohnadresse angab, darf
aber nicht zu der Annahme verleiten, seine Familie habe hier für
den Rest der Kriegszeit gewohnt, denn aus einem Brief Kafkas geht
hervor, daß Elli und ihre Kinder im Februar 1917 immer noch bei
Hermann und Julie Kafka lebten. Die Wohnung in Königliche Weinberge blieb also ein Ausweichquartier, das man allein schon wegen
des dort vorhandenen Mobiliars nicht so ohne weiteres aufgeben
konnte, auch angesichts der Tatsache nicht aufgeben wollte, daß
man sich keine rechte Vorstellung von der Dauer des Krieges machen konnte und, besonders in der ersten Zeit, dauernd mit seinem
baldigen Ende rechnete.

Tagebuch, 15. II. 1915, vgl. Br III 293 und 290.

829 | Justine Nalos, Kafkas Vermieterin in der *Bilekgasse.*

*Das Zimmer habe ich schon gekündigt, es hat viel Entschlußkraft
gekostet. Fast jeden Morgen ist die alte Frau zu meinem Bett gekommen und hat mir neue Verbesserungsvorschläge zugeflüstert, mit denen sie die Ruhe in der Wohnung noch vermehren wollte. Die fertige
Kündigung im Kopf, mußte ich noch danken.*

Justine Nalos (*1859), eine Witwe jüdischer Herkunft, hatte im
November 1914 mit ihrer Tochter Ida (*1885) eine Wohnung in
der *Bilekgasse* Nr. 10 bezogen und nahm aus finanziellen Gründen
Untermieter auf. Sie wurde im April 1942 nach Theresienstadt
deportiert.

An Felice am 3. III. 1915, vgl. Hartmut Binder: *Frauen in Kafkas Lebenskreis. Irrtümer und
Unterlassungen in der Kritischen Edition seiner Tagebücher,* in: *Sudetenland* 39, Heft 4 (1997),
S. 354–356.

830 | Im *Chotek-Park.*

In den Chotekanlagen gesessen. Schönster Ort in Prag. Vögel sangen, das Schloß mit der Galerie, die alten Bäume mit vorjährigem Laub behängt, das Halbdunkel. Später kam O.[ttla] mit D.[avid].

Der Park diente den Geschwistern auch als Treffpunkt, wo sie sich, von den Angehörigen ungestört, ihre Erlebnisse erzählen und über ihre Probleme reden konnten. (→ Abb. 1133)

Tagebuch, 14. III. 1915, vgl. Br III 171 und O 30.

831 | Das Haus *Zum goldenen Hecht* in der *Langegasse* Nr. 18 (heute Nr. 16) (I-705).

Von Lärm verfolgt. Ein schönes viel freundlicheres Zimmer als das in der Bilekgasse. Ich bin von der Aussicht so abhängig, die ist hier schön, die Teinkirche. Aber großer Lärm der Wagen unten, an den ich mich aber schon gewöhne. Unmöglich aber mich an den Lärm am Nachmittag zu gewöhnen. Von Zeit zu Zeit ein Krach in der Küche oder am Gang. Über mir auf dem Boden gestern ewiges Rollen einer Kugel wie beim Kegeln unverständlicher Zweck, dann unten auch Klavier.

Am 15. März 1915 bezog Kafka als Untermieter der Familie Stein im vierten Obergeschoß des Hauses ein am Ende eines sehr langen Flurs liegendes, knapp 50 Quadratmeter großes, *bequemes* Eckzimmer mit Balkon, das *äußerlich* genügend *abgesondert* von den Wirtsleuten war und ihm nach zwei Seiten Aussicht auf die Dächer und Türme der Prager Altstadt gewährte. Tür und Fenster im rechten Teil des Balkons, der das Hauszeichen und einen darauf bezüglichen Sinnspruch trägt, gehörten genauso zu diesem Domizil wie ein zweites, nach Süden gehendes Fenster an der rechts im Bild ansatzweise sichtbaren Längswand des Gebäudes. Darüber lag ein Atelier, das sich, obwohl leerstehend, als besonders unangenehme Lärmquelle erwies, weil Bedienstete dort Wäsche zum Trocknen aufhängten.

In dieser Wohnung setzte Kafka in den ersten Apriltagen 1915 seine *Blumfeld*-Erzählung fort, am 10. des Monats las er hier Max Brod das fünfte und sechste Kapitel des *Process*-Fragments vor. Vermutlich entstand hier auch das thematisch von diesem Werk angeregte, wenngleich kaum zum eigentlichen Romankorpus zählende Prosastück *Ein Traum*, das zunächst für eine Veröffentlichung im *Juden* vorgesehen war (→ Abb. 744), dann aber Mitte Dezember 1916 in der Sammelschrift *Das jüdische Prag* erstgedruckt wurde (→ Abb. 816).

Tagebuch, 17. III. 1915 und Br III 287, vgl. NS I A 76, C 125, FK 137 und Malcolm Pasley: *Zur Datierung von Kafkas «Ein Traum»*, in: *Euphorion* 90 (1996), S. 336–343.

832 | Blick aus Kafkas Zimmer in die *Langegasse.*

[…] wenn ich auf meinem Balkon stehe, sehe ich in jener Wohnung fast in die Fenster, deren Pläne Du und ich einmal studiert haben. Auch diese Wohnung hatte heute Morgensonne in allen 3 Gassenfenstern. Ich wußte nicht was ich zu den Fenstern sagen sollte. Was hättest Du gesagt?

Kafka hatte im Mai 1914 im obersten voll ausgebauten Stockwerk (→ Abb. 246) des Hauses *Langegasse* Nr. 9 (1-923, heute Nr. 5, zweites Gebäude von rechts) für sich und Felice eine Dreizimmerwohnung gemietet, die seine Eltern zu Anfang des Monats für ihn gefunden hatten (allerdings meinte seine Mutter, sie liege zu hoch). Als Felice Pläne sehen wollte, schickte ihr Kafka einen Grundriß, der sich erhalten hat. Nachdem sie zugestimmt hatte, mietete man die Wohnung ab September. Als die Verlobung in die Brüche ging, befürchtete Kafka zunächst einen hohen finanziellen Verlust, weil er einen längerfristigen Mietvertrag unterschrieben hatte. Offenbar einigte man sich dann aber darauf, daß man für ein halbes Jahr Ausfallmiete bezahlte. Dabei handelte es sich um einen Betrag von 650 Kronen, der etwa einem Monatsverdienst Kafkas entsprach (→ Abb. 862). Kafka kennzeichnete diese Woh-

nung Grete Bloch gegenüber am 16. Mai 1914 mit folgenden Worten: *Wohnung habe ich schon. 3 Zimmer, Morgensonne, mitten in der Stadt, Gas, elektr. Licht, Dienstmädchenzimmer, Badezimmer, 1300 K. [Jahresmiete] Das sind die Vorteile. Die Nachteile sind: 4 Stock, kein Aufzug, Aussicht in eine öde, ziemlich lärmende Gasse.*

An Felice am 21. III. 1915, vgl. T 514, Julie Kafka an Felice Bauer am 10. V. 1914 (*Max-Brod-Archiv*, Tel Aviv), Br III 64, 441, F 610, T 544 und F 614.

833 | Irma Stein.

Der aus Weitentrebetisch (Široké Treb-čice) stammende jüdische Handelsvertreter Salomon Stein (1844–1922) war 1868 nach Prag gekommen und hatte 1874 Mathilde Rein (1852–1926) aus Podersam geheiratet. Seit Mitte September 1913 wohnte das Paar mit seiner Tochter Irma (*1890) im Haus *Zum goldenen Hecht.* Kafka hat sich offenbar schnell mit Irma angefreundet, denn schon zwei Monate nach seinem Einzug unternahm er mit ihr einen Spaziergang zum *Schloß Troja* (→ Abb. 839), und zwei Tage später begleitete sie ihn und seine Schwester Ottla auf einem Sonntagsausflug nach Auwal (Ouvaly, heute Úvaly), einem 20 Kilometer östlich von Prag liegenden Städtchen, das eine kleine Judengemeinde hatte (→ Abb. 840).

Es berührt merkwürdig, wenn Kafka im Februar 1917 in einem an Felice gerichteten Schreiben, in dem er erläutert, warum er das Zimmer, in dem er seit zwei Jahren lebte, für *unbewohnbar* hielt, seine Vermieter als *erträgliche Leute* bezeichnet, die er *bei einiger Übung* überhaupt nicht sehen müsse, denn offensichtlich mied er keineswegs den Kontakt zu ihnen. So wußte er, daß Salomon Stein (1844–1922) Weihnachten 1915 zu Besuch bei seiner Tochter Olga in Berlin war, die den Justizrat Dr. Siegmund Friedlaender geheiratet hatte, und schlug Felice deswegen vor, sie möge Pho-

tos, deren Übersendung sie in Aussicht gestellt hatte, an die Charlottenburger Adresse Friedlaenders schicken, die er vermutlich, wie überhaupt das Reiseziel Steins, von Irma erfahren haben dürfte. Offenbar hoffte er angesichts der herrschenden Militärzensur, schneller in den Besitz der ersehnten Abbildungen zu gelangen, wenn diese ihm durch einen Kurier überbracht wurden.

Für die Vermutung, er habe in der Zeit, als er in der *Langegasse* lebte, mit Irma freundschaftlich verkehrt, spricht aber vor allem, daß er ihr, als er Ende Februar 1917 sein Zimmer im Haus *Zum goldenen Hecht* aufgab, Goethes *Hermann und Dorothea* schenkte, und zwar mit folgender, auf den 23. Februar 1917 datierter handschriftlicher Widmung: *Fräulein Irma Stein zum kleinen Dank für viele Freundlichkeit.* Wohl angeregt durch Max Brod, der das Versepos in einer Mädchenklasse der *Notschule für Kriegsflüchtlinge* behandelt hatte, kaufte Kafka kurz zuvor eine vermutlich 1913 erschienene, in rotes Chagrinleder gebundene Pantheon-Ausgabe des Werks, das er am 19. Februar zu lesen begann, und zwar offenbar mit großer Zustimmung, denn er hat es später *oft* Dora Diamant vorgelesen, unter anderem angezogen von der *Liebe zum alltäglichen Leben.* Aber Kafkas Geschenk vervollständigte gewissermaßen auch Irmas literarische Bildung, die von 1901 bis 1906 fünf Klassen des sechsklassigen *Deutschen Mädchen-Lyzeums* durchlaufen hatte, wo sie nicht nur Französisch- und Englischunterricht erhalten, sondern auch *Minna von Barnhelm, Maria Stuart,* die *Jungfrau von Orleans* und *Wilhelm Tell* kennengelernt hatte. Denn in der von ihr nicht mehr besuchten Abschlußklasse stand neben Schillers *Wallenstein* und Grillparzers *König Ottokars Glück und Ende* auch *Hermann und Dorothea* auf dem

834 | Das *Kossuth-Denkmal* in Sátoraljaú-jhely. Links, angeschnitten, ein Kaffeehaus.

Ringplatz verwahrlost (Kossutdenkmal, Kaffeehäuser mit Zigeunermusik, Konditorei, ein elegantes Schuhgeschäft […] Popper [→ Abb. 400] getroffen) eine reinere Vorstadt. Abend im Kaffeehaus.

Tagebuch, 27. IV. 1915, vgl. T 734.

Lehrplan. Der Wortlaut der Widmung legt den Schluß nahe, daß Irma Stein für Kafka Botengänge und Besorgungen übernommen hatte, etwa wenn er bettlägrig war (→ Abb. 901), oder daß sie ihm im Zusammenhang mit dem Mietverhältnis stehende Gefälligkeiten erwiesen hatte, deren ein Logierherr, zumal wenn er dieser Lebensform noch unkundig war, gewiß in besonderem Maße bedurfte.

Irma Stein wurde 1942 nach Theresienstadt deportiert, ihr unehelicher Sohn Karl (*1925) folgte ihr wenige Wochen später. Beide wurden im Januar 1943 nach Auschwitz gebracht, wo sie umkamen.

An Felice, vermutlich Februar 1917 und EFK 203, vgl. T 745, Br III 135, NS I 332 und *26.–31. Jahres-Bericht des Deutschen Mädchenlyzeums in Prag,* Prag 1902–1907.

835 | Der Bahnhof von Nagymihály.

Nachdem er am 25. April Elli bei ihrem Mann *abgeliefert* hatte, fuhr Kafka am darauffolgenden Tag nach Budapest zurück, wo er zwei Stunden Aufenthalt hatte, bevor er mit dem Nachtzug nach Wien weiterreiste. Im Lauf des 27. April kehrte er nach Prag zurück.

An Felice am 26. IV. 1915, vgl. Br III 134.

836 | Brotverkauf in einer Filiale der Prager Großbäckerei *Odkolek* während des Ersten Weltkriegs.

Am 11. April 1915 war die Brotkarte eingeführt worden, die aus Mehl hergestellte Produkte rationierte und von einem Zeitgenossen wie folgt kommentiert wurde: *[…] wer dachte jemals daran, daß eines schönen Tages eine Ministerialverordnung kommen könnte und den Verbrauch von mehr als 200 Gramm Mahlprodukten einer Person im Tage mit Gefängnisstrafen belegen würde! Geht man früh morgens um 6 Uhr auf die Straße, so sieht man vor jedem Brot- und Mehlladen massenhaft Leute, die mit mehr oder weniger Geduld auf ihr «tägliches Brot» warten.*

Anläßlich einer Begegnung mit Alice Rehberger, einer jungen Dame, die er 1911 auf der Fahrt nach München kennengelernt hatte, notierte sich Kafka am 5. Mai 1915: *Im übrigen sind wir durch Erdteile getrennt, ich verstehe sie gewiß nicht, aber ohne sie, sie dagegen begnügt sich mit dem ersten oberflächlichen Eindruck, den sie von mir erhalten hat. In aller Unschuld bittet sie um eine Brotkarte.*

Fritz Weil: *Prag im Kriege*, in: PT 40, Nr. 94 (4. IV. 1915), *Oster-Beilage*, S. V.

837 | Die Hotel-Pension *Stejskal* in Dobřichowitz (Dobřichovice), in der Kafka immer wieder zu Gast war (heute ein Altersheim) mit ihrer zum Berauntal zeigenden Steinterrasse.

Bin recht unruhig. Sitze in äußerlichem Gegensatz hiezu auf einer hohen Gartenerasse mit einem weiten Tal vor mir Felder Wiesen ein Fluß und Hügel mit Wäldern. (→ Abb. 583)

Offenbar schätzte Kafka den hier beschriebenen Blick besonders, denn als er am 9. Mai 1915 Felice in dieser Weise von seinem Tagesausflug nach Dobřichowitz berichtete, wo er schon am Sonntag zuvor gewesen war, verwendete er eine Ansichtskarte, auf der die beschriebene Aussicht ins Berauntal wenigstens andeutungsweise zu sehen war. Vier Tage später hielt er sich schon wieder in Dobřichowitz auf, diesmal in Gesellschaft seiner Schwester Ottla, Felix Weltschs und dessen Frau sowie zweier ostjüdischer Flüchtlingsmädchen, mit denen er sich angefreundet hatte (→ Abb. 825 und 861). Der letzte belegte Aufenthalt in der Pension fällt in die zweite Maiwoche des Jahres 1923: Er verbringe, schrieb er damals an Milena, ein paar Tage in Dobřichowitz, wo es zwar *sehr teuer,* aber sonst *über alle Maßen schön* sei.

Vgl. Br III 491, 132, 489, T 745 und M 318.

838 | Das mittelalterliche Haus *Na Špalku* in der *Petersgasse (Petrská)* Nr. 3 (II-1180). Das Gebäude, einst ein Hospitz für Kranke und Schwache, war im Besitz der Prager Kultusgemeinde und diente seit Herbst 1914 als *Volksküche.* Hier wurden nicht nur dreimal täglich etwa 250 Personen mit rituell zubereiteten Speisen versorgt, sondern auch die Militär- und Rote-Kreuz-Spitäler Prags beliefert. Heute erhebt sich an dieser Stelle ein Nachfolgebau aus dem Jahr 1927.

Für den 14. Mai 1915 ist ein Besuch Kafkas in der *Volksküche* belegt. Zuvor hatte er das Haus *Tuchmachergasse (Soukenická)* Nr. 7 aufgesucht, in dem Wäsche und Kleidung an die galizischen Flüchtlinge verteilt wurden (II-1197).

Vgl. T 745, vgl. PT 40, Nr. 94 (4. IV. 1915), S. 8.

839 | Im Park des im Norden Prags gelegenen Schlosses *Troja* am Anfang des 20. Jahrhunderts.

Viel im Freien. Spaziergang mit Frl. Stein nach Troja.

Der Bau des Schlosses wurde 1679 begonnen und zehn Jahre später vollendet. Aus dieser Zeitspanne, die bei Homer der Dauer der Belagerung der Stadt Troja durch die Griechen entspricht, leitet sich der Name des Bauwerks ab. Die gesamte Anlage war allerdings erst 1703 bezugsfertig. Da das Schloß zu Kafkas Zeiten nicht besichtigt werden konnte, galt das Interesse der Ausflügler dem Park und der unter Kastanien liegenden Schloßrestauration, möglicherweise auch der figurenreichen barocken Freitreppe, deren Standbilder den griechischen Mythos vom Kampf der Giganten darstellen. Das berühmte Monument wurde von dem aus Dresden stammenden Bildhauer George Heermann und seinem Neffen Paul Heermann geschaffen, der später den Leipziger *Zwinger* mitgestaltete.

Wenn Kafka nicht mit der Straßenbahn in den *Baumgarten* fuhr, erreichte er diesen Park über die *Svatopluk Čech-Brücke* und das *Belvedere*. Er verließ ihn an seiner Nordseite über eine Bahnunterführung, um zur *Kaiserinsel* in der Moldau zu gelangen; von dort aus konnte er mit einer Fähre nach Troja übersetzen.

Das rechte Moldauufer bei der *Kaiserinsel* und die Gegend um Troja waren beliebte Ausflugsziele Kafkas. (→ Abb. 916)

Tagebuch, am 14. V. 1915, vgl. Wilhelm Klein: *Das Schloß Troja*, in: PT 36, Nr. 175 (25. VI. 1911), S. 14, Br III 218 f. und SL 79.

840 | Úvaly.

Am 16. Mai 1915 unternahmen Kafka, seine Schwester Ottla und Irma Stein einen Ausflug nach Úvaly, einem östlich von Prag gelegenen Dorf an der nach Nimburg (Nymburk) führenden Eisenbahnlinie. Von dort schickten sie eine Ansichtskarte an Josef David, die Kafka mit einer Zeichnung verzierte, mit der er sich über Ottlas Appetit lustig machte.

Vgl. Br III 135.

841 | Die sogenannte Festung in der Edmundsklamm *(Edmundova soutěska)* in Herrenkretschen (Hřensko).

Und dabei erinnere ich mich jetzt an die letzte Nacht in Bodenbach, als ich um vier Uhr die Decke über mich zog. Ich dachte: jetzt ist F. hier – ich habe sie – 2 ganze Tage – dieses Glück!

Eine auf den 24. Mai 1915 datierte, in Bodenbach geschriebene und von Kafka, Felice Bauer sowie deren Freundinnen Grete Bloch und Erna Steinitz unterzeichnete, an Ottla gerichtete Ansichtskarte, deren Bildseite das hier abgebildete Motiv zeigt, belegt in Verbindung mit obigem Zitat, das einem an Felice gerichteten Schreiben vom 9. August 1915 entstammt, daß Kafka und seine Exbraut die Pfingstfeiertage des Jahres 1915 (22.–24. Mai) im Grenzort Bodenbach verbrachten, der, wie schon beim Zusammentreffen im Januar dieses Jahres, aus paßtechnischen Gründen gewählt worden war, und von dort aus einen Ausflug, vermutlich mit dem Dampfer, in die bei Herrenkretschen gelegene, von der Kamnitz (Kamenice) gebildete, knapp einen Kilometer lange *Edmundsklamm* unternahmen. Die Schlucht ist nach dem Grafen Edmund Clary-Aldringen benannt, der sie 1890 der Öffentlichkeit durch den Bau von Pfaden, Tunneln und Hängebrücken, die aber gleichwohl das Boot nicht ganz überflüssig machten, der Öffentlichkeit erschloß. Wie eine Stelle in Brods Reisetagebüchern belegt, wußte Kafka die landschaftlichen Reize der Gegend besonders zu schätzen.

Da Felice plötzlich Zahnschmerzen bekam, mußte Kafka in der Nacht zum Pfingstmontag eine Apotheke aufsuchen, um dort für sie Aspirin zu holen. Trotzdem trug gerade dieser Vorgang, auf den er später in Briefen dreimal zu sprechen kam, zum Glück dieses Zusammentreffens bei, denn bei der Übergabe des Medikaments auf dem Gang des Hotels kam es zu einer offenbar bisher nicht gekannten körperlichen Annäherung, die darin bestand, daß Kafka Felice von *Gesicht zu Gesicht liebhaben* konnte.

Vgl. Br III 154, EFR 223, Br III 137 und 140.

842 | Das Restaurant auf der Prager *Schützeninsel.*

Seit dem Krieg ist das Restaurant auf der Schützeninsel [→ Abb. 244 und 446] das populärste Prager Lokal. Alle Prager zwischen achtzehn und fünfzig kennen die drei großen Verandensäle von den Assentierungen, Nachassentierungen und Musterungen her. Ein jeder hat in dem großen Saal auf den Namensaufruf gewartet, sich im mittleren restlos ausgezogen und hat dann im letzten, kleinsten und wichtigsten Lokal das «geeignet» oder «ungeeignet» des Militärarztes vernommen.

K-z [Richard Katz]: *Die Ältesten und Jüngsten,* in: PT 40, Nr. 211 (1. VIII. 1915), S. 5.

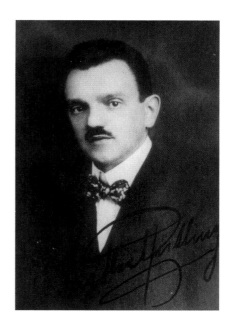

Charge und Name: LDST INF

Franz Kafka

1915 Assentjahr
Jahr der Musterung und Blatt-Nr. 15301

geb. Geburtsjahr: 1883 Heimatsberechtigt (zuständig):
Prag, Prag, Böhmen
Profession: Vizesekretär

Veränderungen:

1915 3/6 gemustert als 2 Losstandste m d Waffe
geeignet auf Kriegsdauer

1915 16/8 eingeteilt zum k u k I.-R. Dr. 28. III. Ers.-Komp.

191_ / präsentiert zur ... Dienstleist...

Stdsbef.-Nr 123 ex 1916

16/8 Enthoben auf unbest. Zeit für Arb.
Unfall Vers: Anst., Prag, M. L. Prag, Nr. 33070/15
2757
1917 23/10 Enthoben bis 1/18 für d. Arb-Unf Versicherst.
f. d. Kön Böhmen in Prag ad Erl. 56680/16.
Erl. 6/918.

Konduite:

Gestraft: { disziplinar:
{ gerichtlich:

Besondere Ausbildung:

Geimpft gegen { Cholera am:
{ Typhus am:
{ Blattern am:

Lag.-Nr. 34. E-17 ad Beil. 1. — Aufgel. inf Erl. v. 5. Juni 1916, Abt. 9, Nr. 4916. — Carl Ueberreuter (M. Salzer) Wien. 2-16

843 | Kafkas Einberufungskarte (erste Seite).

Die nächste Aufgabe ist unbedingt: Soldat werden.

Das Blatt zeigt, daß Kafka am 3. Juni 1915 gemustert und als tauglich zum Dienst mit der Waffe auf Kriegsdauer beim *K. k. Land-
sturm* befunden wurde. Doch schon sechs Tage später suchte die
Arbeiter-Unfall-Versicherungs-Anstalt um die Enthebung Kafkas und
seines Kollegen Alois Gütling vom Militärdienst an, die mit deren Unentbehrlichkeit und Unersetzlichkeit begründet wurde. Die
Statthalterei entsprach dieser Bitte am 23. Juni, wobei die Zurückstellung Kafkas auf unbestimmte Zeit erfolgte. Gleichwohl wurde er
am 16. August 1915 zur III. Ersatzkompanie des *K. u. k. Infanterieregiments Nr. 28* eingeteilt, am 21. Juni 1916 neuerlich gemustert und
wiederum für militärtauglich befunden. Als er im August 1917 an
einem Lungenspitzenkatarrh erkrankte, wurde er am 23. Oktober
des Jahres zunächst bis zum 1. Januar vom Militärdienst befreit,
danach auf seine Initiative hin noch einmal bis zum 30. Juni 1918.

Tagebuch, 27. VIII. 1916, vgl. Johann Bauer [d. i. Josef Čermák] / Isidor Pollak / Jaroslav
Schneider: *Kafka und Prag*, (Stuttgart 1971), S. 116 (Militärkommando an Statthalterei-
präsidium am 21. VI. 1915), Anthony Northey: *Julie Wohryzek, Franz Kafkas zweite Verlobte*,
in: *Freibeuter* 59 (April 1994), S. 4 f., Br III 127 und 141.

844 | Kafkas Bürokollege Alois Gütling (1886–1970).

*[…] ein kleiner, zierlicher, immer elegant gekleideter Beamter mit
wohlgepflegtem, schwarzem Scheitel.*

So das Urteil Gustav Janouchs (→ Abb. 1075). Kafkas Bürokollege
war katholisch, studierte an der *Deutschen Technischen Hochschule*
in Prag Maschinenbau und an der *Karl-Ferdinands-Universität*
Mathematik, besuchte aber unter anderem im Sommersemester
1908 bei Adolf Hauffen eine Vorlesung über deutsche Klassik und
bei Anton Marty eine über Psychologie. Seit Januar 1910 war er bei
der *Arbeiter-Unfall-Versicherungs-Anstalt* als Versicherungsmathe-
matiker tätig, und zwar in der gleichen Abteilung wie Kafka. Daß
Gütling mit Kafka zusammen die für das Jahr 1914 vorgeschriebene
Neuklassifizierung der Betriebe durchführte und im Jahr darauf in
der *Landeszentrale* in der Kommission für die Arbeitsvermittlung
von Kriegsinvaliden arbeitete und daß er gleichzeitig wie Kafka
vom Wehrdienst zurückgestellt wurde, führte während der Kriegsjahre ebenso zu einer Annäherung zwischen den beiden wie das
Interesse, das letzterer den Gedichten seines Kollegen entgegenbrachte: Als Gütling nämlich 1915 durch Zufall entdeckte, daß Kafka
literarisch tätig war, legte er ihm ungedruckte Gedichte zur Beurteilung vor. Kafka ermutigte ihn zur Publikation, vermittelte ihm
den Prager Verlag Grafia, in dem sie 1916 unter dem Titel *Liebes-
kranz* erschienen, und forderte ihn erfolgreich zu weiterer lyrischer
Produktion auf.

Neben Johannes Gerke, Ernst Feigl, Rudolf Fuchs, Gottfried Kölwel, Gustav Janouch, Hans Klaus, Melchior Vischer, Ernst Weiß
und Robert Klopstock gehört Gütling demnach zu den Autoren,
denen Kafka als literarischer Mentor zur Seite stand.

Gütling, der später mit mehreren Büchern zur Unfallversicherung hervortrat, blieb bis 1939 Beamter in der Versicherungsanstalt.
Nach dem Zweiten Weltkrieg wurde er aus seiner Heimat vertrieben und lebte anschließend in Berchtesgaden, wo er seine publizi-
stische Arbeit fortsetzte.

Gustav Janouch: *Gespräche mit Kafka. Aufzeichnungen und Erinnerungen*, erweiterte Auflage,
(Frankfurt/M. 1968), S. 92, vgl. EFK 94 f. und Hartmut Binder: *«Jugend ist natürlich immer
schön …»*, in: *Prager Profile*, hrsg. von H. B., (Bonn 1991), S. 17–93.

845 | Die Villa *Tannhäuser* (ganz links) in der oberen *Parkstraße (Sadová)* Nr. 46 in Karlsbad (Konskriptionsnummer 964), in der Kafka und Felice das auf den 3. und 4. Juli 1915 fallende Wochenende verbrachten (1910).

Offenbar hatten sich die beiden an Pfingsten in Bodenbach so gut verstanden, daß sie beschlossen, sich bald wieder zu sehen. Sie verwirklichten ihren Entschluß in Karlsbad, wo sie vermutlich ohne Begleitpersonen zusammentrafen. Zu Kafkas 32. Geburtstag schenkte ihm Felice Strindbergs Werk *Inferno / Legenden*, das 1910 innerhalb der vom Georg Müller Verlag in München betreuten *Deutschen Gesamtausgabe* erschienen war, und versah es mit folgender handschriftlicher Widmung: *In Karlsbad zum / 3. Juli 1915 / Felice* (→ Abb. 872). Kafka reihte im Rückblick diese Zusammenkunft in die Begegnungen im *Askanischen Hof* und im Berliner *Tiergarten* ein, wo er Felice als Narr oder böses Kind erschienen sei, zu dem sie *unverdienter Weise lieb* gewesen sei.

KB 49 und Br III 150, vgl. 155.

846 | Gießhübl-Sauerbrunn *(Kyselka)* bei Karlsbad.

Und die wunderbaren Erinnerungen an Giesshübl, z. B. einem wunderschönen kleinen Waldort bei Karlsbad.

Der wahrscheinlichste Termin für Kafkas Besuch in Gießhübl-Sauerbrunn, der lediglich durch die zitierte und eine weitere Aussage auf einem Gesprächszettel aus den letzten Lebenswochen dokumentiert ist, in der Kafka den Kurort durch die Worte *Quelle* und *Wälder* kennzeichnet, ist der 3. Juli 1915, weil er sich an diesem Tag, für den keine anderen Aktivitäten überliefert sind, mit Felice im nahen Karlsbad aufhielt. Kafka mag zu diesem Ausflug durch Max Brods Erzählung *Gießhübl-Sauerbrunn. Ein Idyll* angeregt worden sein, die 1909 in der Zeitschrift *Der neue Weg* erschien.

Br 488 und 487.

847 | Der Eingang zur Burg in Elbogen (Loket) (1913).

Eine Briefstelle läßt den Schluß zu, daß man am Sonntag, dem 4. Juli 1915, mit der Bahn einen Ausflug nach Elbogen unternahm, dessen malerische Lage mit der alten Burg hoch auf Granitfelsen über einer Egerschleife von Goethe gerühmt wurde, der zwischen 1807 und 1823 (beim letzten Aufenthalt mit Ulrike von Levetzow) siebenmal hier zu Gast war. An diesem Tag erhielt Kafka mit Dostojewskis Roman *Die Brüder Karamasoff* ein Geschenk von Felice, das sie wie folgt bewidmete: *Vielleicht lesen wir es / recht bald gemeinsam. / Felice / Karlsbad, am 4. Juli 1915.* Zu dem hier erhofften weiteren Zusammentreffen ist es aber erst im darauffolgenden Jahr in Marienbad gekommen. (→ Abb. 880 und 881)

KB 30 f., vgl. Br III 137.

848 | Der Bahnhofsvorplatz in Aussig an der Elbe (Ústí nad labem) (1909).

Und dann kam Karlsbad und die – ich sage auch das – wahrhaft abscheuliche Fahrt nach Aussig.

Vermutlich brachte Kafka am Abend des 4. Juli 1915 Felice zum Bahnhof nach Aussig, von wo aus sie nach Berlin zurückfuhr.

An Felice am 9. VIII. 1915.

849 | Das von Ladislav Šaloun geschaffene *Hus-Denkmal*, das am 6. Juli 1915, dem 500. Todestag von Johannes Hus, eingeweiht wurde. Im Hintergrund das *Oppeltsche Haus* (→ Abb. 209, 9), in dessen drittem Obergeschoß die Familie Kafka damals wohnte.

In einem auf Ende Juli 1922 zu datierenden Schreiben an Max Brod bezeichnet Kafka es als *Schande und mutwillig-sinnlose Verarmung Prags und Böhmens,* daß mittelmäßige Arbeiten wie das *Hus-Denkmal* von Šaloun oder miserable wie das *Palacký-Monument* von Sucharda (→ Abb. 511) ehrenvoll aufgestellt würden, während zweifellos unvergleichliche Entwürfe František Bíleks (→ Abb. 515) unausgeführt blieben.

Br 400.

850 | Das *Sanatorium Frankenstein* in Rumburg (Rumburk) in Nordböhmen, das seit 1905 im Besitz des Großindustriellen Karl Dittrich aus Schönlinde (Krásná Lípa) war.

Große schöne Wälder. Ein einfaches hügeliges aber noch nicht bergiges Land, so ist es für meinen augenblicklichen Zustand gerade recht. (→ Abb. 102 und 745)

Die außerhalb des Ortes liegende Anstalt, in der sich Kafka urlaubshalber vom 20. Juli bis zum 1. August 1915 aufhielt, also gerade noch rechtzeitig vor der am 1. August in Kraft tretenden Urlaubssperre für vom Militärdienst Zurückgestellte, konnte von Prag aus in fünf Eisenbahnstunden erreicht werden. Vorne ganz rechts ist das sogenannte Doktorhaus mit dem Ordinationszimmer des leitenden Arztes zu sehen. In den Gebäuden dahinter lagen die Wandelhalle und der Speisesaal mit seiner Veranda. Das damit rechtwinklig zusammengebaute Kurhaus beherbergte die medizinischen Einrichtungen: Es wurden Inhalationen, Dampfbäder und Packungen verabreicht, auch verwendete man die Hydrotherapie und Kohlesäurebäder, die bei Schwächezuständen und Erkrankungen des Nervensystems angewandt wurden, sowie elektrische Vibrationsmassagen und das Vierzellenbad, bei dem die Extremitäten in gesonderte, mit Wasser gefüllte Zellen eingeführt und unter Strom gesetzt wurden. Die beiden zuletzt genannten Kurmittel wurden bei Neurasthenie, Schlaflosigkeit und Darmträgheit verordnet, also bei jenen Leiden, derentwegen Kafka das Sanatorium aufgesucht haben dürfte.

An Felice am 26. VII. 1915.

851 | Der Speisesaal im *Sanatorium Frankenstein* (um 1915).

Die Speisen wurden nach den Grundsätzen Dr. Heinrich Lahmanns (→ Abb. 154) zubereitet, der unzweckmäßige Ernährung und ungenügendes Kauen für die Ursache zahlreicher Erkrankungen hielt, selbst wenn diese nervöser Art waren. Für Kafka war wichtig, daß auch vegetarische Kost gereicht wurde.

852 | Die 1907 erbaute *Parkvilla* im *Sanatorium Frankenstein*, in der die Patienten seit Frühjahr 1908 untergebracht waren (1909).

Hinter dieser Villa lagen am Rande eines Waldgebiets als abgegrenzte Rayons Sonnen- und Luftbäder für Damen und Herren. Lichtluftbäder, die Kafka vom *Sanatorium Weißer Hirsch* in Dresden und von Erlenbach her kannte, wurden bei Nervenleiden empfohlen. Außerdem gab es hinter dem Kurhaus einen Tennisplatz, der möglicherweise von Kafka benutzt wurde (→ Abb. 657). Der Park ging in ein städtisches Wäldchen über, nach dessen Durchquerung man nach halbstündiger Wanderung auf den 511 Meter hohen Rauchberg gelangte. Rumburg lag am Rand stundenweit sich ausdehnender Nadelholzwaldungen, die den Wanderer Kafka zu entsprechenden Ausflügen einluden.

853 | Das Schreib- und Spielzimmer im *Sanatorium Frankenstein*.

Ein Gewinn des Sommers, Felix: ich werde niemals mehr in ein Sanatorium gehn. Jetzt, wo ich wirklich krank zu werden anfange, werde ich nicht mehr in Sanatorien gehn. Alles verkehrt.

An Felix Weltsch, vermutlich 26. VII. 1915.

854 | Regine Mirsky-Tauber (1865–1952).

Bei Frau Mirsky-Tauber. Wehrlosigkeit gegenüber allem. Boshafte Besprechung bei Max. Ekel darüber am nächsten Morgen.

Die aus Ungarn stammende Regine Mirsky-Tauber war die Frau des jüdischen Kantors Leo Mirsky, trat seit 1898 mit humoristischen Texten von bescheidenstem Niveau hervor und animierte ihren Sohn Eugen zu literarischer Betätigung. Sie gründete 1905 den *Deutschen literarisch-künstlerischen Verein* in Prag und gehörte dem seit 1905 bestehenden *Klub deutscher Schriftstellerinnen* an. Warum Kafka in der *Elisabeth Krasnohorskygasse (Elišky Krasno-horské)* Nr. 11 (V-133) vorsprach, in der die Mirskys seit März 1915 wohnten, ist nicht bekannt, doch ging es möglicherweise um ein Engagement einer der beiden genannten Klubs in Sachen Kriegsbeschädigten-fürsorge, an der sich alle deutschen Vereine Prags aktiv beteiligten.

Tagebuch, 19. XI. 1915. vgl. Hartmut Binder: *Ein Prager Mystiker. Der Schriftsteller und Scherenschneider Eugen Mirsky,* in: *Sudetenland* 48, Heft 4 (2006), S. 446.

855 | Gertrude Thieberger (1898–1977) am *Kronprinz Rudolfs-Quai* (heute *Dvořákovo nábřeží*) in Prag (1918).

Am 29. Februar 1916 schrieb Kafka der 17jährigen Abiturientin Gertrude Thieberger, einer Tochter des Prager Rabbiners Dr. Karl Thieberger, er könne am Abend nun doch nicht, wie verabredet, mit ihr zu *Carmen* gehen, und gab gleichzeitig zu bedenken, ob es ökonomisch sei, die Erinnerung an eine gute Aufführung durch jüngere Eindrücke einer wahrscheinlich mangelhaften zu verwischen (→ Abb. 552 und 934). Der Brief gibt zu erkennen, daß die beiden diese Oper schon einmal zusammen gesehen hatten, ein Ereignis, das Gertrude selbst auf das Jahr 1915 verlegt: Kafka habe sie auf dem gemeinsamen Heimweg von einer Vortragsreihe Max Brods über die Gegenwartsliteratur gefragt, die zwischen dem 28. November 1915 und 10. Februar 1916 im *Klub deutscher Künstlerinnen, Am Bergstein* Nr. 6 (→ Abb. 1126), stattgefunden hatte, ob sie mit ihm *Carmen* besuchen wolle, und eine Zusage erhalten. Wahrscheinlich sahen die beiden eine Vorstellung der Neuinszenierung, die am 19. November 1915 zum ersten Mal im *Neuen deutschen Theater* gegeben wurde. Aus diesem Anlaß lobte die Kritik, daß Bizets Meisterwerk nach vielen Jahren der Entstellung nunmehr unter der Leitung Alexander von Zemlinskys in seiner ganzen Mannigfaltigkeit und musikalischen Reichhaltigkeit zur Darstellung gekommen sei. Vermutlich im Zusammenhang mit diesem Theaterabend, dem gegenüber die kurzfristig angesetzte Aufführung des tschechi-

schen *Stadttheaters in Königliche Weinberge (Městské divadlo Král. Vinohradů)* natürlich unterlegen war, schenkte Kafka, der möglicherweise durch Nietzsche, dem er in jungen Jahren angehangen hatte, auf Bizets Oper aufmerksam geworden war und während seines Paris-Aufenthalts im Sommer 1911 einer Aufführung in der Originalsprache beigewohnt hatte, seiner jugendlichen Bekannten – Johannes Urzidil sprach 1954 in einem Brief von Spaziergangsbeziehungen von schwebender Innigkeit – ein Exemplar seiner *Betrachtung* und schrieb unter Anspielung auf den Schlußsatz von Merimées Erzählung hinein: *Für Frl. Trude Thieberger mit herzlichen Grüßen und einem Rat: In diesem Buch ist noch nicht das Sprichwort befolgt worden, in einen geschlossenen Mund kommt keine Fliege. Deshalb ist es voll Fliegen. Am besten es immer zugeklappt halten. F. Kafka.*

Gehörte Kafkas Beziehung zu Gertrude Thieberger und ihrer Schwester Nelly (→ Abb. 901) wie seine Unternehmungen mit Irma Stein (→ Abb. 833), Julie Kaiser (→ Abb. 981) und Fanny Reiß (→ Abb. 825) zu den *Verirrungen mit Mädchen*, von denen in einem Tagebucheintrag vom 2. Juni 1916 die Rede ist? Kafka spricht an dieser Stelle, in der er sein Verhalten gegenüber dem anderen Geschlecht seit dem Sommer 1915 reflektiert, von mindestens sechs Fällen, in denen dies der Fall gewesen sei: *Ich kann nicht widerstehn, es reißt mir förmlich die Zunge aus dem Mund, wenn ich nicht nachgebe eine Bewundungswürdige bis zur Erschöpfung der Bewunderung (die ja geflogen kommt) zu lieben.*

POZDRAV Z HOTELU A PENSIONÁTU
V. VOCELA V ŘÍČANECH.

856 | Hotel und Pension *Vocel* in Říčany (Ritschan).

Eine Nacht Sommerfrische.

Eine auch von Max Brod unterschriebene, undatierte Ansichtskarte mit obigem Motiv sandte Kafka vermutlich im Sommer 1915 an Felice nach Berlin, so daß angenommen werden kann, die Freunde hätten damals in diesem Hotel ein gemeinsames Wochenende verbracht.

An Felice, vermutlich Sommer 1915, vgl. Br III 497.

Gertrude besuchte damals die seit dem Schuljahr 1898/99 am *Deutschen Mädchen-Lyzeum* in Prag bestehende Gymnasialabteilung, an der sie im Sommer 1916 ein humanistisches Abitur erwarb. Dies erlaubte es ihr, im Herbst dieses Jahres an der Prager *Karl-Ferdinands-Universität* ein Studium der deutschen Literatur und der Philosophie zu beginnen, das sie aber nur bis zum Sommer des darauffolgenden Jahres fortführte. Im Jahr 1922 heiratete sie den Schriftsteller Johannes Urzidil (→ Abb. 397) und wurde wegen dieser Mesalliance – der Bräutigam hatte zwar eine jüdische Mutter, war aber katholisch – von ihrer Familie verstoßen. Gertrude, die mit ihrem Mann 1939 nach England emigrierte, starb in New York.

Br III 397, vgl. F. A.: *Carmen*, in: DZB 88, Nr. 321 (20. XI. 1915), S. 10, Gertrude Urzidil: *Notes on Kafka*, in: *Franz Kafka: His Place in World Literature*, hrsg. von Wolodymyr Zyla u. a., Lubbock 1971, S. 11, PT 29, Nr. 251 (11. IX. 1904), S. 6 und Hartmut Binder: *Frauen in Kafkas Lebenskreis. Irrtümer und Unterlassungen in der Kritischen Edition seiner Tagebücher. II*, in: *Sudetenland* 40, Nr. 1 (1998), S. 48 f.

857 | Die *Harantgasse* (heute *Roháčova*) in Žižkow (Žižkov).

Damals verkehrte ich, gemeinsam mit meinem kabbalistischen Freund Georg Langer, viel bei einem Wunderrabbi, der, aus Galizien geflüchtet, in der Prager Vorstadt Žižkow dunkle, unfreundliche, von vielen Menschen erfüllte Zimmer bewohnte. Besondere Lebensumstände hatten mich einer Art religiöser Schwärmerei nahegebracht. Es ist bemerkenswert, daß Franz, den ich zu einer der «Dritten Mahlzeiten» am Sabbatausgang mit ihrem Flüstern und chassidischem Gesang mitnahm, eigentlich recht kühl blieb. Bewegt von den Urlauten eines alten Volkstums war er wohl, sagte aber doch beim Heimgehen: «Genau genommen war es etwa so wie bei einem wilden afrikanischen Volksstamm. Krasser Aberglauben.»

Im Jahr 1915 lernte Kafka Georg Langer kennen, der ihm chassidische Legenden erzählte, die in seinem Tagebuch Spuren hinterlassen haben. Gemeinsam mit Max Brod besuchte man den aus dem polnischen Grodek Jagiellonski stammenden Rabbi von Grodeck, der, wie ein Tagebucheintrag Kafkas vom 14. September 1915 belegt, in einem Gasthaus in der *Harantgasse* in Žižkow lebte, das nicht mehr zu identifizieren ist, weil es zum fraglichen Zeitpunkt in dieser Straße mehrere Lokale gab.

FK 137 (Max Brod).

858 | Georg Langer (1894–1943).

Mit Langer: Er kann Maxens Buch erst in 13 Tagen lesen. Weihnachten hätte er es lesen können, da man nach einem alten Brauch Weihnachten nicht Tora lesen darf (ein Rabbi zerschnitt an diesem Abend immer das Closetpapier für das ganze Jahr) diesmal aber fiel Weihnachten auf Samstag. In 13 Tagen aber ist russische Weihnacht, da wird er lesen.

Der jüngere Bruder des tschechischen Schriftstellers František Langer (→ Abb. 404) geriet durch seinen Freund, den Schriftsteller Alfred Fuchs, unter den Einfluß des religiösen Mystizismus und wandte sich der jüdischen Religion zu. Er begab sich 1913 nach Galizien zum Rabbi von Belz (→ Abb. 892), bei dem er sich zum Chassidim wandelte. 1914 unternahm er eine zweite Reise zu diesem Rabbi, mit dem er beim Ausbruch der Kriegshandlungen nach Ungarn floh. Langer wurde eingezogen und ins Gefängnis gesteckt, weil er am Sabbat keine Waffe in die Hand nehmen wollte. Seinem Bruder František, der Arzt war, gelang es 1915, ihn für unzurechnungsfähig erklären zu lassen, so daß er nach Hause geschickt wurde, ein Sachverhalt, den Georg als Wunder des Rabbis betrachtete, mit dem er den Rest des Krieges verbrachte. 1923 veröffentlichte Langer unter dem Einfluß Freuds *Die Erotik der Kabbala*, 1937 erschienen die ebenfalls mystischem Gedankengut verpflichteten *Neun Tore*; zwei Jahre später gelang Langer die Flucht nach Palästina, wo er auch starb.

Tagebuch, 25. XII. 1915, vgl. František Langer: *My Brother Jiří*, in: *Jiří Langer: Nine Gates to the Chassidic Mysteries*. Translated by Stephen Jolly, New York (1976), S. VII–XXXI.

859 | In der *Städtischen Lesehalle* (V-98) in der *Valentinsgasse (Valentinská)* Nr. 4. Unter den aushängenden tschechischen Zeitungen sind drei Exemplare des *Čas* zu sehen, der gelegentlich auch von Kafka gelesen wurde. (→ Abb. 505)

Im Jahr 1891 wurde in Prag mit einem zunächst sehr kleinen Fonds von 1800 Bänden eine öffentliche Volksbücherei für Leute errichtet, die aus sozialen Gründen keinem Klub angehörten und deswegen keine Möglichkeit hatten, Bücher aus einer Vereinsbibliothek zu leihen. Anfang November 1915 suchte Kafka diese *Lesehalle* zusammen mit der Ostjüdin Fanny Reiß (→ Abb. 825) auf, vermutlich, um ihr Lesestoff zu besorgen.

In den Jahren 1926 bis 1930 wurde anstelle dieses Gebäudes und unter Einbeziehung benachbarter Grundstücke die von František Roeth geplante heutige *Stadtbibliothek (Městská knihovna)* am *Marienplatz (Marianské náměstí)* errichtet.

Vgl. T 769, TK 188 und Jan Thon: *Počátky Městské knihovny*, in: *Pražský Sborník Historický 1969–1970*, Praha (1970), S. 156–177.

860 | Der Schauspieler Alexander Girardi (1850–1918).

Spaziergänge mit Frl. Reiß. Mit ihr bei «Er und seine Schwester»,
von Girardi gespielt. (Haben Sie denn Talent? – Gestatten Sie daß ich
dazwischen trete und für sie antworte: Ó ja, ó ja.)

Kafka sah den großen Humoristen am 31. Oktober 1915 in Bernhard Buchbinders Posse *Er und seine Schwester* in einer Nachmittagsvorstellung des *Neuen deutschen Theaters,* und zwar zusammen
mit Fanny Reiß. (→ Abb. 825)

In Buchbinders Stück weigert sich eine gekränkte Schauspielerin
bei Theaterproben, ihrer Rolle zu genügen, so daß der Briefträger
Gustav, der von Girardi gegeben wurde, dem Dramatiker Walden
seine Schwester Lottchen, ein Kammermädchen, als Alternative an-
trägt. Als Dr. Walden fragt: *Ja, haben Sie denn wirklich so viel Talent,*
antwortet Gustav: *Doktorchen nehmen Sie's mir nicht übel, ob meine*
Schwester Talent hat? Für sechse hat sie Talent!

Tagebuch, 3. XI. 1915 und Bernhard Buchbinder: *Er und seine Schwester,* Berlin 1902, S. 40,
vgl. FK 137.

861 | Tilka Reiß (1917).

*Die 2 wunderbaren Schwestern Esther [*1893] und Tilka [*1889]*
wie Gegensätze des Leuchtens und Verlöschens. Besonders Tilka
schön: olivenbraun, gewölbte gesenkte Augenlider, tiefes Asien. Beide
Shawls um die Schultern gezogen. Sie sind mittelgroß, eher klein und
erscheinen aufrecht und hoch wie Göttinnen, die eine auf dem Rund-
polster des Kanapees, Tilka in einem Winkel auf irgendeiner unkennt-
lichen Sitzgelegenheit, vielleicht auf Schachteln.

Anfang November 1915 besuchte Kafka die Eltern und Schwestern
von Fanny Reiß (→ Abb. 825) im Prager Hotel *Bristol,* wo sie nach
ihrer Flucht aus Lemberg wohnten.

Tagebuch, 3. XI. 1915 und Guido Massino, Torino (2007).

862 | *Dritte fünfeinhalbprozentige österreichische Kriegsanleihe,*
Schuldverschreibung über 2000 Kronen.

Aufregungszustand nachmittag. Begann mit der Überlegung ob
und wieviel Kriegsanleihe ich mir kaufen sollte. Gieng zweimal zum
Geschäft hin, um den nötigen Auftrag zu geben und zweimal zurück,
ohne eingetreten zu sein. Berechnete fieberhaft die Zinsen. Bat dann
die Mutter 1000 K-Anleihe zu kaufen, erhöhte aber den Betrag auf
2000 K. Es zeigte sich dabei, daß ich von einer etwa 3000 K betragen-
den Einlage, die mir gehörte gar nicht gewußt hatte und daß es mich
fast gar nicht berührte als ich davon erfuhr.

Anmeldungen für die *Dritte österreichische Kriegsanleihe,* die
am 1. Oktober 1930 zurückzuzahlen war, wurden vom 7. Oktober
bis zum 6. November 1915 entgegengenommen. Der Ausgabekurs
betrug 93.60, ermäßigte sich aber infolge Provisionsverzichts der
Banken auf 93.10. Unter Berücksichtigung des Kursgewinns, der
aus der Kapitalrückzahlung zum vollen Nennwert gegenüber dem

Kaufkurs resultieren sollte, wurde eine jährliche Verzinsung von
über 6 ¼ % versprochen.

Die Aktion wurde durch Plakate, ganzseitige Anzeigen der Prager
Banken in den Tageszeitungen sowie durch einen am 5. November
im *Prager Tagblatt* veröffentlichten Artikel unterstützt, in dem noch
einmal auf die finanziellen Vorzüge hingewiesen wurde, die mit
der Zeichnung dieser Anleihe verbunden seien. Außerdem erfolgte
die Emission in zeitlichem Zusammenhang mit den großen Siegen
österreichischer Truppen in Russisch Polen und mit der Tatsache,
daß ein neuer Bundesgenosse an die Seite der Mittelmächte getreten war. Erleichtert wurde Kafka die Zeichnung gewiß durch den
Umstand, daß er vom Sieg der deutschen Truppen überzeugt war.

Kafkas Verlassenschaftsakten belegen, daß er die Kriegsanleihe in
der genannten Höhe tatsächlich gezeichnet hatte und daß die von
ihm erwähnten 3000 Kronen sich auf die erste, im November 1914
ausgegebene Staatsanleihe bezogen, die offensichtlich von seinen
Eltern für ihn erworben worden war. Vermutlich kaufte Hermann
Kafka auch im Mai 1915, als die zweite Kriegsanleihe ausgegeben
wurde, und im November 1917 (siebte Kriegsanleihe) Anteilscheine
von je 10000 Kronen für Irma Kafka, denn als diese im Mai 1919
starb, besaß sie, obwohl sonst vollkommen ohne Besitz, 20000 Kronen, auf die ihre Mutter und ihre Schwester, die erbberechtigt waren, zugunsten Ottlas verzichten.

Die Dokumente lassen aber auch erkennen, daß Kafka außer den
genannten Einlagen Anteilscheine der vierten, Mitte April 1916 aus-
gegebenen Kriegsanleihe in Höhe von 3000 Kronen sowie der achten und letzten vom Juni 1918 im Betrag von 10 000 Kronen im Besitz hatte, so daß er insgesamt Schuldverschreibungen über 18000
Kronen besaß, die bei der *Österreichischen Länderbank* (→ Abb. 238)
gezeichnet worden waren. Wie die erhaltene Visitenkarte eines ihrer Angestellten zu erkennen gibt, der Kafka zu seiner Verlobung
gratulierte, handelte es sich bei diesem Institut offenbar um seine
Hausbank und die seiner Dienststelle, die hier beispielsweise 20
Millionen Anteilscheine der vierten Kriegsanleihe erworben hatte.
Um sich eine Vorstellung von der Wertigkeit dieser Beträge machen
zu können, muß man wissen, daß Kafka gegen Ende des Krieges
monatlich 650 Kronen verdiente. Die eingezahlten Beträge sind also
zumindest teilweise als Kapitalanlage seines Vaters zu betrachten,
wenngleich zu berücksichtigen ist, daß Kafka bis zum Beginn des
Krieges 5000 Kronen gespart hatte.

Nach dem Untergang der Habsburgermonarchie wurden die
Kriegsanleihen von der am *Graben* liegenden *Zemská banka* (heute
Živnostenská banka) verwaltet, doch lehnte die neugegründete
Tschechoslowakische Republik zunächst die Übernahme der meist

von deutschen Patrioten stammenden An-
leihen ab, die in ihren Augen zur Finanzierung der gegen tschechische Interessen
gerichteten Kampfhandlungen gedient hatten. In dieser Situation wurde Kafka im Mai
1920 in Meran Zeuge eines zwischen früheren Heereslieferanten geführten Gesprächs,
die über die Menge ihrer nun wertlosen
Kriegsanleihen klagten. Dabei fand er bemerkenswert, daß der größte dieser Kriegs-
gewinnler erklärt hatte, er habe nichts gezeichnet, weil er sich gedacht habe, bei den
Preisen, die er nehme, könne kein Staat auf
Dauer bestehen. Kurz darauf, in einem am
24. Juni 1920 erlassenen Gesetz, wurden
die österreichischen Kriegsanleihen unter
starker Reduzierung ihrer Nominalwerte
in die *IV. Staatsanleihe der Tschechoslowakischen Republik* konvertiert, was in Kafkas
Fall bedeutete, daß seine Schuldverschreibungen jetzt mit 3600 tschechischen Kronen angesetzt wurden.

Bei den Verhandlungen über Kafkas
Nachlaß behauptete sein Cousin Heinrich
Ehrmann (1895–1975), ein Sohn von Hermann Kafkas jüngerer Schwester Julie
(→ Abb. 491), Kafka sei ihm gegenüber
mit 20 000 Kronen verschuldet und habe
ihm deswegen diese Wertpapiere als Pfand
überlassen. Es handelte sich dabei wohl
um eine Schutzbehauptung der Hinterbliebenen, die auf diese Weise ihre Chancen
erhöht sahen, in den Genuß der ab 1935
geplanten Rückzahlungen zu kommen. Jedenfalls wurden die Wertpapiere auf Antrag
Hermann Kafkas in den Besitz Heinrich
Ehrmanns überführt.

Tagebuch, 5. XI. 1915, vgl. DZB 88, Nr. 288 (17. X. 1915),
S. 8, SL 93, T 843 f., Martin Svatoš: *Pozůstalostní spis
Franze Kafky, in: Archiv hlavního města Prahy. Dokumenta
Pragensia 15*, hrsg. von Václav Ledvinka, Praha 1997,
S. 306 f., 314, 338 f., PT 41, Nr. 133 (14. V. 1916), S. 8,
Verlassenschaftsakten Irma Kafka *(Archiv hlavního města
Prahy)*, Br III 730, 760, O 91 und Archiv der *Investiční a
Poštovní banka*, Prag (Sign. Nr. 8519, Db 206328).

863 | Die von Ottomar Starke stammende
Titelillustration zu Kafkas *Verwandlung*.

*Das Insekt kann nicht gezeichnet werden.
Es kann aber nicht einmal von der Ferne
aus gezeigt werden. [...] Wenn ich für eine
Illustration selbst Vorschläge machen dürfte,
würde ich Szenen wählen, wie: die Eltern
und der Prokurist vor der geschlossenen
Tür oder noch besser die Eltern und die
Schwester im beleuchteten Zimmer, während
die Tür zum ganz finstern Nebenzimmer
offensteht.*

Als im Herbst 1915 die *Verwandlung* in der
Reihe *Der jüngste Tag* veröffentlicht werden sollte, wandte sich Kafka mit der eben
angeführten Bitte an den Kurt Wolff Verlag,
der sie offensichtlich an den in Aussicht
genommenen Illustrator Ottomar Starke
weiterleitete. Dieser entschied sich freilich
dafür, keine bestimmte Figur abzubilden:

Der jugendliche Mann im Schlafrock, der
altersmäßig an Gregor erinnert, verdankt
Habitus und Kleidung einer Situation im
ersten Kapitel der Erzählung, in welcher
der Vater des Verwandelten entsetzt die
Hände vor das Gesicht preßt und sich voller
Grausen von der zum Nebenzimmer führenden Tür abwendet, hinter der sich eben
das Rieseninsekt gezeigt hat. Außerdem
hat der Zeichner die am frühen Morgen
spielende Situation des Eingangskapitels
mit Kafkas Vorschlag kombiniert, die ins
Dunkle von Gregors Behausung führende
Tür aus dem Blickwinkel der am Abend
im Wohnzimmer versammelten Familie
zu zeigen.

An Georg Heinrich Meyer am 25. Oktober 1915, vgl. Hartmut
Binder: *Kafkas «Verwandlung»*, (Frankfurt/M., Basel 2004),
S. 184–186.

Eines Abends, als ich mit meinem Vater gerade vor dem geschlossenen Haustor stand, kam Kafka mit meinen beiden Schwestern, die er nach Hause begleitete. Mein Vater hatte einige Tage vorher die «Verwandlung» gelesen, und wiewohl sich Kafka in ein abweisendes Lächeln hüllte, wenn man von seinen Arbeiten sprach, ließ er sich von meinem Vater einige Worte über diese Verwandlung eines Menschen in einen Käfer gefallen. Dann wich Kafka einen Schritt zurück und sagte mit einem erschreckenden Ernst und einem Kopfschütteln, als ob es sich um eine wirkliche Begebenheit gehandelt hätte: – und jetzt setzt man besser mit den Erinnerungen Gertrudes fort, die wie ihr Bruder Ohrenzeuge der Situation gewesen war und die bessere Lesart überliefert – «Das freut mich, Herr Professor, aber was sagen Sie bloß zu den Vorgängen in unserem Hause!»

EFK 130 und Gertrude Urzidil: *Lecture on Personal Encounters with the Prague circle of Authors*, in: *Als hätten wir dazugehört. Österreichisch-jüdische Lebensgeschichten aus der Habsburgermonarchie*, (Wien, Köln, Weimar 1999), S. 426, vgl. Hartmut Binder: *Kafkas «Verwandlung»*, (Frankfurt/M., Basel 2004), S. 110 f.

864 | Blick vom heutigen *náměstí Franze Kafky* in die *Karpfengasse (Kaprová)* und *Meiselgasse (Maislova)* (rechts). In dem zwischen den beiden Straßen liegenden Eckhaus (V-14, ältere Bezeichnung I-32), und zwar auf der zur *Karpfengasse* zeigenden Seite (*Kaprová* Nr. 13), wohnte seit Juni 1915 die Familie des Rabbiners Dr. Karl Thieberger (→ Abb. 209, k), der auch Religionsunterricht an Prager Gymnasien versah. Friedrich Thieberger erzählt:

865 | Ansichtspostkarte vom Prager Schützengraben (1915).

Anblick der Ameisenbewegung des Publikums vor dem Schützengraben und in ihm.

Der aus patriotischen Gründen errichtete Schützengraben, der zu einem beliebten Ausflugsziel der Prager wurde, wurde am 24. September 1915 eröffnet. Er hatte den Zweck, der Zivilbevölkerung einen Begriff vom Frontleben zu vermitteln, und konnte gegen Entrichtung einer der Kriegsfürsorge zugute kommenden Gebühr von 20 Heller besichtigt werden. Er lag auf der *Kaiserinsel* (*Císařský ostrov*, heute *ostrov Štvanice*) etwa an der Stelle, an der sich heute das Stadion *Jezdecké závodiště* befindet. Es handelte sich dabei um militärisches Gelände, auf dem schon seit Mai 1915 zu Übungszwecken Schützengräben errichtet worden waren, die freilich der Öffentlichkeit unzugänglich waren. Man erreichte die Schaugräben am einfachsten, wenn man mit der

Straßenbahn zum *Baumgarten* fuhr, an der
kleinen Seenplatte beim *Hauptrestaurant*
in nördlicher Richtung zur Bahnunterführung ging und von dort aus den südlichen
Moldauarm überquerte. Bestieg man den
über Treppen erreichbaren, hoch in einem
Baum liegenden Artilleriebeobachtungs-
stand, sah man das Zickzackgewirr der sich
in alle Richtungen verästelnden Verschan-
zungen, die für unterschiedliche Kampf-
arten vorbereitet worden waren. Vor den
Schützengräben waren Hindernisse aus
spitzen Pfählen sowie Stacheldraht- und
Astverhaue mit Minen angelegt. Auch ein
Bataillonskommando-Unterstand mit Feld-
bett, Tisch, Stühlen und ein Raum für ein
Pferd waren aufgebaut worden. Ab November wurde der Schützengraben nach Eintritt der Dämmerung durch große Azetyl-
reflektoren beleuchtet und so ein längeres
Verweilen der Besucher ermöglicht.

Tagebuch, 6. XI. 1915, vgl. *Schützengräben in Prag*, in: DZB
88, Nr. 142 (23. V. 1915), S. 9 f., *Der Prager Schützengraben*,
in: PT 40, Nr. 265 (24. IX. 1915), S. 5 und *Prager Schützen-*
graben, in: DZB 88, Nr. 350 (19. XII. 1915), S. 10.

866 | Gerda Wilma (Muzzi) Braun, eine
Tochter von Felicens Schwester Elisabeth
(1915).

Eine etwas phantastische Aufnahme.
Muzzi mit einer Palette vor einem Bild
(Storch mit Kind). Was für ein kluges, hüb-
sches, gut gebautes Kind ist das. Ich habe
viel zu wenig und viel zu schlechte Sachen
geschickt – fiel mir vor dem Bild ein.

Um die während der Kriegsjahre besonders strengen Zollformalitäten zu vermeiden, hatte Kafka im Auftrag Felicens ein
Weihnachtspaket an ihre in Ungarn lebende Schwester (→ Abb. 948) und ein Ge-
burtstagspaket, das vorwiegend Bilderbü-
cher enthielt, an deren vierjährige Tochter
geschickt, die sich mit der hier reproduzierten Abbildung bei Kafka bedankten.

An Felice am 18. I. 1916, vgl. Br III 146, 148, 502 und 504.

867 | Felice Bauer in Garmisch (1915). Sie
trägt ein Medaillon, in dem Photos von
Muzzi Braun und Kafka eingelegt waren.
(→ Abb. 946)

Dein Bild im Schnee war anders gewesen.
Als Kafka erfuhr, daß Felice im Dezember 1915 in Garmisch Urlaub machte, bat
er sie um alle Fotos, die dort gemacht
würden. Felice schickte ihm daraufhin
die hier reproduzierte Abbildung, die ihm
möglicherweise über Salomon Stein zuging (→ Abb. 833) und positive Assoziationen in ihm auslöste, während er sich
von einem Tage später eingehenden Brief
so sehr in Frage gestellt sah, daß er nicht
gleich antworten konnte.

An Felice am 18. I. 1916, vgl. Br III 148, 150 und 505.

868 | Egon Erwin Kisch (1913).

Am 28. Dezember 1915 richtete Max Brod, wie sein Bruder Otto
ein früher Verehrer Heinrich Manns, an Egon Erwin Kisch, der
im Feld stand, eine Postkarte, die auch Grußworte von Elsa Brod,
Franz Werfel, Kafka, Heinrich Mann und dessen Frau Mimi enthielt.
Es ist der einzige direkt belegte Kontakt zwischen Kafka und dem
Journalisten und Bruder seines Jugendfreundes Paul Kisch, den
er natürlich seit den Gymnasialjahren kannte. Egon Erwin Kisch
seinerseits schrieb an seine Mutter, nachdem er von Kafkas Tod
erfahren hatte: *Er war weitaus der echteste von den Prager Dichtern.
Ein großer und feiner Mensch.*

Egon Erwin Kisch: *Briefe an den Bruder Paul und an die Mutter 1905–1936*, (Berlin und
Weimar 1978), S. 207, vgl. Br III 149.

869 | Das heute noch bestehende Hotel *Palace* an der Ecke *Herren-
gasse (Panská) / Heinrichsgasse (Jindřišská)* (1916).

Heinrich Mann nutzte die Anwesenheit in der Heimat seiner
Frau am 11. Januar 1916 zu einer Vorlesung in diesem Hotel, auf der
er seinen *Zola-Essay* und seine Novelle *Die Unschuldige* zu Gehör
brachte. Da Kafka den 28. Dezember des Vorjahres zusammen mit
Heinrich Mann und Prager Freunden verbracht hatte, ist es überaus
wahrscheinlich, daß er am 11. Januar unter dessen Zuhörern war.

Am 13. Februar 1918 besuchte Kafka, der seinen Erholungsurlaub
in Zürau für einige Tage unterbrochen hatte, im Hotel *Palace* einen
vom *Klub jüdischer Frauen und Mädchen* veranstalteten Dichterabend, auf dem Oskar Baum und Oskar Kohn (*1888) eigene Werke
vortrugen. Kohn, Absolvent des deutschen Gymnasiums in Königliche Weinberge, begann 1907 ein Philologiestudium an der Prager
deutschen Universität, das er Anfang 1912 mit einer Arbeit über den
Einfluß Clemens Brentanos auf Heinrich von Kleist abschloß. Er
trat im *Prager Tagblatt* und in der *Selbstwehr* mit Lyrik und kleinen
Erzählungen hervor, so in der *Neujahrsnummer* vom 24. September
1919, wo direkt nach Kafkas *Kaiserlicher Botschaft* eines seiner Gedichte zu finden ist. (→ Abb. 816)

Vgl. Br III 149 und C 153.

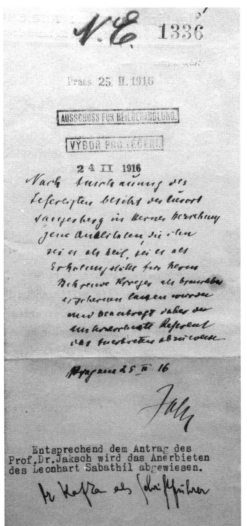

870 | Das *Kurhaus Sangerberg* in der Nähe von Marienbad.

Anfang 1916 machte der Besitzer der Kuranstalt Bad Sangerberg den Behörden den Vorschlag, sein Anwesen verkaufen zu wollen, damit es als Invalidenheim, Heil- und Erholungsstätte für Kriegsversehrte genutzt werden könne. Er legte seinem Schreiben mehrere Abbildungen von seinem als Erholungsheim und Wintersporthotel dienenden Anwesen bei, darunter auch ein Foto mit dem hier wiedergegebenen Motiv. Die Angelegenheit wurde von Robert Marschner an den dafür zuständigen *Ausschuß für Heilbehandlung* in der *Staatlichen Landeszentrale für das Königreich Böhmen zur Fürsorge für heimkehrende Krieger in Prag* zur Entscheidung überwiesen, der am 25. Februar beschloß, dem Anerbieten nicht nähertreten zu wollen.

871 | Ausschnitt aus dem Ergebnisprotokoll der Sitzung des *Ausschusses für Heilhandlung* vom 25. Februar 1916. Wie der handschriftliche Schlußvermerk zeigt, nahm Kafka daran als Schriftführer teil.
Vgl. AS 773.

872 | August Strindberg in Berlin (1893).

In einem an Felice gerichteten Brief vom 26. Mai 1916 kommentiert Kafka ein Foto der Adressatin, das diese ihm zugeschickt hatte, mit folgenden Worten: *Ein schönes Bild, nur hast Du auf andern Bildern ein fröhlicheres Gesicht. Auch der Kragen trübt das Bild. Mephisto trägt, wenn ich nicht irre, einen solchen Kragen, auch Strindberg habe ich so gesehn, aber Du Felice?* Kafka spielt auf das hier reproduzierte Foto Strindbergs an, das er irgendwo gesehen haben muß.

Als Kafka mit Felice in Verbindung trat, kannte er von diesem Autor lediglich die autobiographische Schrift *Einsam*, die ihn, wie er am 9. Dezember 1912 schrieb, vor Zeiten überwältigt hatte. Vermutlich las er dieses Werk, das 1905 innerhalb der von Strindberg selbst veranstalteten *Deutschen Gesamtausgabe* seiner Werke erschienen war, am Ende seines Studiums. Es handelt davon, wie Strindberg sich von allen Freunden zurückzieht, um glücklich und frei von Zwängen in ländlicher Umgebung schöpferischer Arbeit nachgehen zu können. Außerdem kannte Kafka Auszüge aus den *Gotischen Zimmern*, einem Pamphlet, in dem die Zustände der Zeit gegeißelt und gegen die Emanzipation der Frau Stellung bezogen wird.

Eine intensivere Auseinandersetzung mit dem schwedischen Autor wurde von Felice und ihrer Schwester Erna angestoßen. Felice besaß die ab 1908 ausgelieferte

27bändige *Deutsche Gesamtausgabe* der Werke Strindbergs sowie ein Exemplar der dritten, 1909 erschienenen Auflage der dieser Edition beigegebenen, *August Strindberg im Lichte seines Lebens und seiner Werke* betitelten Biographie von Hermann Eßwein, die in dem Kapitel *Strindberg und die Frauen* Anstreichungen von ihrer Hand enthält. Dies und daß sie im Oktober 1916 Vorträge über Strindberg besuchen wollte, zeigt hinlänglich, daß hier ein Schwerpunkt ihrer literarischen Interessen lag. Ganz unter dem Eindruck des *Totentanzes* und der *Gotischen Zimmer*, schickte sie Kafka im November 1912 eine Sammlung von Strindberg-Zitaten, auf die dieser zunächst nicht reagierte, auf eine entsprechende Nachfrage aber am 21. des Monats antwortete, er habe diese Zusammenstellung zwar gelesen, verstehe aber gar nicht, daß er nichts darüber gesagt habe. Es seien schreckliche Wahrheiten und bewunderungswert, sie so frei ausgesprochen zu sehen. Kafka hatte gerade Ola Hannsons *Erinnerungen an Strindberg* gelesen, die er in der zu Anfang des Monats ausgelieferten November-Nummer der *Neuen Rundschau* gefunden hatte. Sie hatten ihn jedoch derart erregt, daß er unruhig in seinem Zimmer umherlief und offensichtlich nicht mehr wußte, wie er sich gegenüber diesem brisanten Stoff verhalten sollte. Jedenfalls schickte er seiner Briefpartnerin gleichsam als Entschädigung für die verweigerte Auseinandersetzung am 9. Dezember des Jahres eine Kunstkarte mit einem Porträt Strindbergs, das Max Oppenheimer für die Berliner Zeitschrift *Die Aktion* gezeichnet hatte.

Als Kafkas Verlobung mit Felice am 12. Juli 1914 in die Brüche ging, traf er sich am darauffolgenden Tag mit ihrer Schwester Erna, die nach ihrem eigenen Bekunden ein sehr gutes Verhältnis zu Felice hatte und ihn tröstete. Bei dieser Gelegenheit überreichte sie ihm nachträglich *Die gotischen Zimmer*, die sie als Geschenk zu seinem 31. Geburtstag auserkoren und mit einer entsprechenden Widmung versehen hatte (→ Abb. 765). Möglicherweise hat Kafka dieses Buch, das so sehr mit seiner unglücklichen Beziehung zu Felice verknüpft war, erst nach seiner Rückkehr in seine Heimatstadt gelesen, bezieht sich doch die folgende Tagebuchstelle vom 7. August 1914 auf diese Lektüre: *Der ungeheuere Strindberg. Diese Wut, diese im Faustkampf erworbenen Seiten.* Im März 1915 schickte Erna Strindbergs Roman *Am offenen Meer* nach Prag, der von der gescheiterten Verlobung eines Ausnahmemenschen handelt, die dessen Selbstvernichtung im Gefolge hat. Sie versah dieses Geschenk mit einer handschriftlichen, auf den 10. des Monats datierten Widmung, in der sie Kafka aufforderte, seine Vernunft nicht gerade dann auszulöschen, wenn er vorhabe, die wichtigsten Schritte im Leben zu tun, vielleicht eine Anspielung auf die mißlungene Begegnung zwischen Felice und Kafka im Januar des Jahres, die keiner-

lei Wiederannäherung der unterschiedlichen Standpunkte gebracht hatte (→ Abb. 827). Kafka las das Buch, das er am 4. April Felice gegenüber eine *Herrlichkeit* nannte, mit Begeisterung und Wohlbehagen. Derart für den schwedischen Autor eingenommen, verwundert es nicht, daß er am 21. des Monats, unmittelbar vor seiner Abreise nach Ungarn (→ Abb. 833 und 834), eine Aufführung von Strindbergs Trauerspiel *Der Vater* sah, in dem eine machtbesessene, intrigierende Ehefrau ihren Mann vernichtet. Gleich nach seiner Rückkehr, am 3., 4. und 5. Mai, las er, zunächst angewidert, dann aber getröstet, getragen und genährt von der Darstellung, Strindbergs autobiographische Betrachtungen *Entzweit*, die er sich, falls die Bleistift-Datierung auf der Buchdeckelinnenseite auf ihn zurückgeht, möglicherweise schon im Dezember des Vorjahres gekauft hatte. Vielleicht sprach er mit Felice darüber während der gemeinsam in Bodenbach verbrachten Pfingsttage, denn als man sich kurz darauf in Karlsbad traf, erhielt er von ihr zu seinem 32. Geburtstag Strindbergs *Inferno/Legenden*, die von der Haßliebe des Autors zu seiner zweiten Frau handeln, von der er gerade geschieden worden war (→ Abb. 845). Nimmt man hinzu, daß Kafka auch im Besitz der zwanzig Ehegeschichten Strindbergs war, die 1912 unter dem Titel *Heiraten* gedruckt worden waren, erhellt sich noch einmal, unter welchen Bedingungen sich die Rezeption dieses Autors vollzogen hatte. Kafka faßt ihr Ergebnis am 26. Oktober 1916 Felice gegenüber so zusammen: *Wir sind seine Zeitgenossen und Nachkommen. Nur die Augen schließen und das eigene Blut hält Vorträge über Strindberg.*

Vgl. Leo A. Lensing: *Kafkas Verlobte war nicht so einfach,* in: *Frankfurter Allgemeine Zeitung* Nr. 195 (23. VIII. 1997), Beilage *Bilder und Zeiten,* Br I 552 und II 31, T 659 f., 733, 742 f. sowie KB 46 – 49.

Kapitel XVI

Der Vertrag

In Marienbad

Als Felice im August 1915 vorschlug, Kafka möge sie in Berlin besuchen, lehnte er mit dem Bemerken ab, er habe keinen Paß und werde als vom Militärdienst Zurückgestellter keinen Urlaub bekommen. Daß dies nur Vorwände waren, zeigte sich einerseits gegen Ende des Jahres, als Felice einen neuen Vorstoß unternahm und die Grenzstation Bodenbach als möglichen Treffpunkt ins Spiel brachte, für die Kafka keinen Paß benötigte, denn jetzt bat er sie mit einer ganz anderen Begründung, von diesem Plan Abstand zu nehmen: *Es wäre wieder nur etwas Provisorisches und an Provisorischem haben wir schon genug gelitten. Ich könnte Dir nur wieder, sogar jetzt noch, Enttäuschung bringen, Wechselbalg aus Schlaflosigkeit und Kopfschmerz, der ich bin.* Andererseits lehnte er im darauffolgenden Frühjahr ein Zusammentreffen im schlesischen Waldenburg (heute Wałbrzych, Polen) mit dem Argument ab, er wolle eine im Mai anstehende Dienstreise nach Marienbad mit einem dreiwöchigen Urlaub verbinden. Hatte er also zunächst behauptet, Felice nicht treffen zu können, weil er keinen Urlaub bekomme, so sind es jetzt gerade in Aussicht genommene Ferientage, die als Hinderungsgrund für eine Begegnung angeführt werden. Daß es sich hier um eine Schutzbehauptung handelt, ist nicht nur daran zu erkennen, daß er diesen Urlaub, der ihm als Reklamiertem nicht zustand, sondern höchstens gnadenweise gewährt werden konnte, noch gar nicht beantragt hatte, ja daß er überhaupt nicht daran dachte, ihn zu beantragen. Am 8. Mai nämlich bat er brieflich den Direktor der Versicherungsanstalt für den Fall, daß der Krieg im Herbst ende, um eine längere Beurlaubung ohne Bezüge, andernfalls aber um Aufhebung seiner Zurückstellung. Aber Marschner ging in einem auf den 11. Mai fallenden Gespräch auf diese Forderungen nicht ein, sondern bot Kafka statt dessen einen dreiwöchigen Jahresurlaub an, den dieser annahm, weil er glaubte, nicht mehr bis zum Herbst im Büro ausharren zu können. Als er zwei Tage später zu einer Dienstreise aufbrach, die ihn nach Karlsbad führte, wo er in gleicher Mission schon im April gewesen war, und dann anschließend nach Marienbad, fand er die Stadt, die er bisher gar nicht gekannt hatte, *unbegreiflich schön.*

Als Felice schließlich Ende des Monats schrieb, daß sie gern mit Kafka in Böhmen Urlaub machen würde, willigte er überraschend ein, wehrte sich aber gegen ihren Vorschlag, ein Sanatorium aufzusuchen. So einigte man sich darauf, nach Marienbad zu fahren, wo man vom 2. bis zum 13. Juli gemeinsame Tage verbrachte. (Kafka blieb dann anschließend noch allein bis zum 24.) Im Verlauf dieses Aufenthalts stellte sich, wie er am 12. und 14. Juli an Brod schrieb, eine körperliche Vertrautheit mit seiner Exbraut ein, die ihm deren Wirklichkeit in bisher nicht gekannter Weise nahebrachte und zu einer die Zukunft betreffenden Übereinkunft führte: *Unser Vertrag ist in Kürze: Kurz nach Kriegsende heiraten, in einem Berliner Vorort 2, 3 Zimmer nehmen, jedem nur die wirtschaftliche Sorge für sich lassen.*

Br III 147 und 161, vgl. 139, 141, 150 und 157.

873 | Der *Markt (Tržiště)* in Karlsbad.

[...] *für 2 Tage in Karlsbad, geschäftlich: Ottla ist mit. Unser erster Weg gestern abend war – ähnlich wie wir in Weimar in der ersten Mitternacht zum Goethehaus giengen – zur Villa Tannhäuser.* (→ Abb. 845)

An Felice am 9. IV. 1916.

874 | Dr. Robert Marschner (1865–1934), der geschäftsführende Direktor der *Arbeiter-Unfall-Versicherungs-Anstalt für das Königreich Böhmen in Prag* (1915).

Also Brief dem Direktor übergeben. Vorvorgestern. Bat entweder falls Krieg im Herbst zuende ist um langen Urlaub für später undzwar ohne Gehalt oder falls der Krieg weitergeht um Aufhebung der Reklamation. Das war eine ganze Lüge. Halbe Lüge wäre gewesen, wenn ich um sofortigen langen Urlaub gebeten hätte und für den Fall der Verweigerung um Entlassung. Wahrheit wäre gewesen, wenn ich gekündigt hätte. Beides wagte ich nicht daher ganze Lüge.

Marschner war 1889 an der *Karl-Ferdinands-Universität* zum Dr. jur. promoviert worden, machte 1898 die Advokatenprüfung und habilitierte sich 1903 als Dozent für Versicherungsrecht und Versicherungswesen an der *Deutschen Technischen Hochschule* in Prag. Er trat 1894 als Konzipist in die *Arbeiter-Unfall-Versicherungs-Anstalt* ein und wurde 1909 leitender Direktor. Bei Kriegsende wurde er zwangsweise in den Ruhestand versetzt, jedoch 1921 von T. G. Masaryk zum Rat des *Obersten Verwaltungsgerichtes* ernannt, an dem er bis 1928 tätig war.

Tagebuch, 11. V. 1916, vgl. *Rat Dr. Robert Marschner gestorben*, in: *Rumburger Zeitung* 70, Nr. 199 (11. IX. 1934), S. 4.

875 | Das neben der *Hauptpost* gelegene Hotel *Trautwein* in der *Kaiser-Franz-Josef-Straße* (heute *Masarykova*) Nr. 3 in Karlsbad (Konskriptionsnummer 541), jetzt eine Schule (Nachfolgebau).

Vom 13. bis 15. Mai 1916 unternahm Kafka eine Dienstreise, die ihn am ersten Tag, einem Samstag, nach Karlsbad führte, wo er im Hotel *Trautwein* übernachtete. Am 13. schickte er Ottla eine Ansichtskarte, deren Bildseite die hier reproduzierte Abbildung zeigt.

Vgl. Br III 159 und 512.

876 | Das Hotel *Neptun,* das heute wieder seinen ursprünglichen Namen trägt, in der *Kaiserstraße* (heute *Hlavní třída*) Nr. 43 in Marienbad (Mariánské Lázně), in dem Kafka am 13./14. Mai übernachtete (1926).

Empfehlenswertes bei Neptun: Gemüseomelette, Emmenthaler, Kaiserfleisch, Portion Rühreier mit Portion grüne Erbsen.

Kafka hatte seine Termine so gelegt, daß er sich an einem dienstfreien Sonntag in Marienbad aufhalten konnte (→ Abb. 356), das er – Auslandsaufenthalte waren wegen des Krieges unmöglich geworden – auf seine Tauglichkeit als Erholungsort überprüfen wollte. Als er dann tatsächlich im Juli mit Felice hier Urlaub machte, verbrachte er die erste Nacht wieder in diesem Etablissement, diesmal aber in einem häßlichen Hofzimmer, da der Kurort in der jetzt herrschenden Ferienzeit überfüllt war. Vom Speiseplan des Hotels war er aber so angetan, daß er dort zu Mittag zu speisen pflegte und den Brods, die erwogen, ebenfalls nach Marienbad zu kommen, dasselbe empfahl.

An Elsa und Max Brod vor dem 22. VIII. 1916, vgl. Br III 168.

877 | Das *Café Alm* (heute *Beskyd*, im Verfall begriffen) in der Umgebung von Marienbad.

Da Kafka am 15. Mai 1916 an Felice schrieb, man könne sich nur in Marienbad in solchen Wäldern herumtreiben, deren Schönheit durch ihre Stille und Leere noch gesteigert werde, und zugleich an seine Schwester Ottla eine Ansichtskarte schickte, die den Restaurationsgarten des *Café Alm* zeigt, darf vermutet werden, er habe den vorhergehenden Sonntag zu einem Ausflug in die Umgebung Marienbads genutzt und dabei das weit außerhalb des Kurorts in einer Waldlichtung liegende Kaffeehaus aufgesucht, das er übrigens an einer späteren Briefstelle ausdrücklich unter die Restaurationen rechnet, die er während eines Ferientags im Juli besucht hatte.

Vermutlich lehnt sich das folgende, am 13. Juli entstandene Erzählfragment an einen solchen Besuch im *Café Alm* an, das von Marienbad aus über einen ziemlich steilen Waldweg zu erreichen war, zumal während der mit Felice verbrachten Tage teilweise sehr unwirtliches Wetter herrschte: *Es war eine Kaffeewirtschaft in einem Heilbad. Der Nachmittag war regnerisch gewesen, kein Gast war erschienen. Erst gegen Abend lichtete sich der Himmel, der Regen hörte langsam auf und die Kellnerinnen begannen die Tische abzutrocknen. Der Wirt stand unter dem Torbogen und blickte nach Gästen aus. Tatsächlich kam auch schon einer den Waldweg herauf. Er trug ein langgefranztes Plaid über der Schulter, hielt den Kopf zur Brust geneigt und setzte mit gestreckter Hand den Stock bei dem Schritt weit von sich auf den Boden.*

Tagebuch 13. VII. 1916, vgl. Br III 159, 169, 178, 179, 210 und 514.

878 | Die *Kaiserstraße* in Marienbad.
Marienbad ist unbegreiflich schön.
An Felice am 15. V. 1916.

879 | Podbaba (1913).

Kafka kannte Podbaba von Wanderungen zum Haus der Familie Fanta, das auch Hugo Bergmann und seine Frau als Sommerfrische benutzten (→ Abb. 944). So besuchte er seinen Klassenkameraden zusammen mit Brod und Weltsch am 14. Mai 1911. Auch begleitete er am 24. Mai 1916 Max Brod und fünfzig seiner ostjüdischen Schülerinnen auf einem Ausflug, der sie in das an der Moldau liegende Dorf im Norden Prags führte.

Vgl. Br II 154, C 66 und 131.

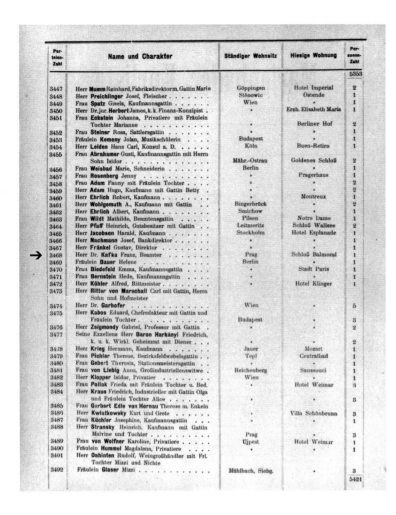

Parteien-Zahl	Name und Charakter	Ständiger Wohnsitz	Hiesige Wohnung	Personen-Zahl
				5353
3447	Herr **Mumm** Reinhard, Fabriksdirektor m. Gattin Marie	Göppingen	Hotel Imperial	2
3448	Herr **Preichlinger** Josef, Fleischer	Stěnowic	Ostende	1
3449	Frau **Spatz** Gisela, Kaufmannsgattin	Wien		1
3450	Herr Dr. jur. **Herbert** James, k. k. Finanz-Konzipist		Erzh. Elisabeth Maria	1
3451	Frau **Eckstein** Johanna, Privatiere mit Fräulein Tochter Marianne		Berliner Hof	2
3452	Frau **Steiner** Rosa, Sattlersgattin			1
3453	Fräulein **Kemeny** Jolan, Musikschülerin	Budapest		1
3454	Herr **Leiden** Hans Carl, Konsul a. D.	Köln	Buen-Retiro	1
3455	Frau **Abrahamer** Gusti, Kaufmannsgattin mit Herrn Sohn Isidor	Mähr.-Ostrau	Goldenes Schloß	2
3456	Frau **Weisbad** Marie, Schneiderin	Berlin		1
3457	Frau **Rosenberg** Jenny		Pragerhaus	1
3458	Frau **Adam** Fanny mit Fräulein Tochter			2
3459	Herr **Adam** Hugo, Kaufmann mit Gattin Betty			2
3460	Herr **Ehrlich** Robert, Kaufmann		Montreux	1
3461	Herr **Wohlgemuth** A., Kaufmann mit Gattin	Bingerbrück		2
3462	Herr **Ehrlich** Albert, Kaufmann	Smichow		1
3463	Frau **Wildt** Mathilde, Beamtensgattin	Pilsen	Notre Dame	1
3464	Herr **Pfaff** Heinrich, Gutsbesitzer mit Gattin	Leitmeritz	Schloß Wallsee	2
3465	Herr **Jacobson** Harald, Kaufmann	Stockholm	Hotel Esplanade	1
3466	Herr **Nachmann** Josef, Bankdirektor			1
3467	Herr **Fränkel** Gustav, Direktor			1
→ 3468	Herr Dr. **Kafka** Franz, Beamter	Prag	Schloß Balmoral	1
3469	Fräulein **Bauer** Helene	Berlin		1
3470	Frau **Biedefeld** Emma, Kaufmannsgattin		Stadt Paris	1
3471	Frau **Bernstein** Hede, Kaufmannsgattin			1
3472	Herr **Köhler** Alfred, Rittmeister		Hotel Klinger	1
3473	Herr **Ritter von Marschall** Carl mit Gattin, Herrn Sohn und Hofmeister			
3474	Herr Dr. **Garhofer**	Wien		5
3475	Herr **Kabos** Eduard, Chefredakteur mit Gattin und Fräulein Tochter	Budapest		3
3476	Herr **Zsigmondy** Gabriel, Professor mit Gattin			2
3477	Seine Exzellenz Herr **Baron Harkányi** Friedrich, k. u. k. Wirkl. Geheimrat mit Diener			2
3478	Herr **Krieg** Hermann, Kaufmann	Jauer	Mozart	1
3479	Frau **Pichler** Therese, Bezirksfeldwebelsgattin	Tepl	Centralbad	1
3480	Frau **Gebert** Theresia, Stationsmeistersgattin			1
3481	Frau **von Liebig** Anna, Großindustriellenswitwe	Reichenberg	Sanssouci	1
3482	Herr **Klopper** Isidor, Privatier	Wien		1
3483	Frau **Pollak** Frieda mit Fräulein Tochter u. Bed.		Hotel Weimar	3
3484	Herr **Kraus** Friedrich, Industrieller mit Gattin Olga und Fräulein Tochter Alice			3
3485	Frau **Gerbert Edle von Hornau** Therese m. Enkeln			3
3486	Herr **Kwiatkowsky** Kurt und Grete		Villa Schönbrunn	3
3487	Herr **Küchler** Josephine, Kaufmannsgattin			1
3488	Herr **Stransky** Heinrich, Kaufmann mit Gattin Malvine und Tochter			
3489	Frau **von Wolfner** Karoline, Privatiere	Prag	Hotel Weimar	1
3490	Fräulein **Hummel** Magdalena, Privatiere	Ujpest		1
3491	Herr **Dahinten** Rudolf, Weingroßhändler mit Frl. Tochter Mizzi und Nichte			
3492	Fräulein **Glaser** Mizzi	Mühlbach, Siebg.		3
				5421

880 | Marienbader Kurliste 1916, Nr. 54, ausgegeben am 6. Juli, mit den Namen von Kafka und seiner Begleiterin, die hier als Helene Bauer erscheint. Da wenig wahrscheinlich ist, das Hotelpersonal, das die Namen der Gäste an die Kurverwaltung weitergab, habe sich verlesen – wenn die Registrierung, wie zu vermuten, aufgrund des Passes erfolgte, in dem die Namen stets in lateinischer Schrift erscheinen, ist ein solcher Irrtum nahezu ausgeschlossen –, ist anzunehmen, Felice habe absichtlich einen falschen Vornamen angegeben, um Klatschereien vorzubeugen. – Damals war es ein beliebtes Lesevergnügen vieler Gebildeter, die überall in Kaffeehäusern ausliegenden Kurlisten bekannter Bäder und Sommerfrischen nach Namen ihnen bekannter Personen zu durchsuchen.

881 | Die Hotels *Schloß Balmoral* und *Osborne* (heute Wohnheim für ausländische Studenten) in der *Kaiserstraße* (heute *Hlavní třída*) Nr. 390 und 389 in Marienbad.

Erster Tag in Marienbad mit Felice. Tür an Tür, von beiden Seiten Schlüssel.

Kafka und Felice wohnten im *Balmoral* (rechts), das mit dem *Osborne* eine zwischen beiden Gebäuden liegende Halle teilte, die von Kafka zur Erledigung seiner Korrespondenz benutzt wurde (→ Abb. 884). Aus seinen Briefen ist erschließbar, daß er ein *außerordentlich schönes* Doppelzimmer mit Balkon gemietet hatte, während Felice ein daneben liegendes Einzelzimmer innehatte, dessen Balkontür die einzige natürliche Lichtquelle darstellte und das auf

der von Kafkas Zimmer abgewandten Seite ebenfalls an ein Doppelzimmer anschloß. Als Felice abreiste, vertauschte das Hotel, wie Kafka glaubte absichtlich, die Räume, um sein bisheriges Domizil als Doppelzimmer vermieten zu können, während er sich selbst auf Felicens Einzelzimmer verwiesen sah, das nicht nur kleiner, sondern auch viel lauter war als das bisherige. Denn jetzt belästigten ihn auf beiden Seiten Doppelmieter sowie der von Flur und Aufzug ausgehende Lärm, der durch eine einfache Tür zu ihm drang.

Welche Zimmer Kafka bewohnte, ist nicht mehr festzustellen, doch zeigen die aus dem Jahr 1904 stammenden Baupläne – das *Schloß Balmoral* wurde 1927 modernisiert und 1985 im Innern umgestaltet –, daß nur an der Rückfront des Hotels im dritten und vierten Obergeschoß die Verhältnisse herrschten, die er in seinen Briefen voraussetzt. Er muß zunächst eines der beiden Eckzimmer eingenommen haben, deren Balkone auf der Abbildung ganz hinten rechts zu sehen sind. Sie passen nicht nur wegen ihres Erkers, ihrer Größe und ihrer nach verschiedenen Richtungen gehenden Fenster zu seinem eben angeführten günstigen Urteil, sondern hatten auch einen kleinen, durch eine Tür gesicherten Vorplatz, der vom Gang kommende Geräusche abfing. Vor allem aber befand sich zwischen diesen Eckzimmern und denen daneben, also in der Mitte der Hotel-Rückfront liegenden Einzelzimmern, eine Tragwand, die Doppeltüren ermöglichte, die vorauszusetzen sind, weil Kafka schreibt, auf jeder Seite der durch Türen miteinander verbundenen Zimmer hätten Schlüssel gesteckt. Der Bauplan zeigt außerdem, daß sich die Türen dieser Mittelzimmer genauso wie die auf der linken Seite daran anschließenden Eckzimmer direkt auf den Gang öffneten. Zu der angenommenen Lokalisierung stimmt schließlich, daß Kafka auf dem Balkon dieses im dritten oder vierten Obergeschoß liegenden Einzelzimmers ein leises, von der *Kaiserstraße* kommendes *Gemurmel* hören konnte, während das von ihm zunächst bewohnte Eckzimmer aufgrund seiner Lage wesentlich ruhiger war.

Tagebuch, 3. VII. 1916, Br III 168 und 186, vgl. Br 171, 174, 175 und *Městský úřad Mariánské Lazně, odbor výstavby a územního plánu* (Baupläne).

Logik im Wunderbaren.

Von [Nachdruck verboten.]

Geh. Hofrat Prof. Dr. Walzel (Dresden).

Feinfühlige, denen ich Franz Kaflas „Heizer" vorlas, bestätigten mir, was mir beim Vorlesen noch stärker auffiel als beim stillen Lesen: die kleine Erzählung hat etwas Kleistisches.

Eigentlich ist es nur ein Bruchstück. Es heißt, daß Kafka an der Ausgestaltung arbeite. Aber das Bruchstück ist so streng in sich abgeschlossen und gerundet, daß es auch ohne Fortsetzung für sich bestehen kann. Wie es einst als Eingangskapitel einer größeren Erzählung sich ausnehmen wird, mag man mit Spannung abwarten.

Der bloße Vorgang ist von auffälliger Richtigkeit. Ein halbwüchsiger Bursche wird von seinen Eltern nach Amerika verbannt, weil er ihnen durch einen Fehltritt, an dem er herzlich unschuldig ist, Schande gemacht hat. Mit ganz wenig Mitteln ausgestattet, langt er in New-York an. Es liegt nahe, daß er bald in einem Hafengäßchen der Stadt verkomme. Aber durch eine beinahe zufällige Verkettung von Umständen trifft er noch auf dem Schiffe zusammen mit einem Onkel, der in Amerika zu Geld, Amt und Würden gekommen ist und von dem er so wenig weiß, daß er aus eigenem Antrieb ihn kaum aufgesucht hätte. Ein neues Leben und ein ungeahntes Glück tut sich ihm auf.

In dieser Kürze wiedererzählt, dürfte der „Heizer" nur schlimmste Erwartungen wecken. Es ist schon ein Beweis für Kaflas Kunst, daß er aus diesem Nichts überhaupt etwas zu machen wußte, das Anteil wachruft, ja Spannung. Auf einigen vierzig Seiten drängt sich eine Fülle menschlichen Erlebens zusammen. Und vom ersten Augenblick ab tönt dieses Menschliche in uns nach.

Jüngste, besonders jüngste österreichische Dichtung ist beseelt von Mitgefühl und Mitleid. Täubler, Ehrenstein, Werfel und andere künden von der Güte und Liebe, die sich des Unbeachteten, des Verachteten, des Verfemten annimmt. Auch der „Heizer" erzählt von dem seelischen Aufschwung, der sich aus dem Bewußtsein ergibt, für andere wirken zu dürfen. Erzählt aber auch von der Welt, die das alles nicht begreifen will, die es belächelt.

In ihrer Gedrängtheit konnte die kleine Erzählung nur durch Gegensätze, die zu voller Schärfe ausgearbeitet sind, die angedeuteten Gedanken und Wünsche verdeutlichen. Der verstoßene Sohn entwickelt bei der Ankunft alles Ungeschick eines Unerfahrenen, der eines Tages unversehens für sich selbst zu sorgen hat. Hilfe sucht er bei einem Heizer, der ihm völlig unbekannt ist, ihm aber wie verkörperte Kenntnis und Beherrschung des Lebens erscheint. Dieser Heizer, der zuerst sich ganz überlegen gibt, hat selber über seinen nächsten Vorgesetzten zu klagen und benötigt guten Rat. Wenn er, geleitet von seinem Schützling, vor den Kapitän tritt, wird aus dem Schützling unversehens ein Anwalt, der es weit besser versteht als der

882 | Die erste Spalte von Oskar Walzels Aufsatz *Logik im Wunderbaren* im *Berliner Tageblatt*.

Den Aufsatz im Tag[e]blatt – denke: Geh. Hofrat! – schicke ich in der Beilage, heb mir ihn bitte auf. Sehr freundlich ist er und steigerte diese Freundlichkeit noch dadurch, daß er uns in einem Augenblick zufällig auf den Kaffeehaustisch im «Egerländer» gelegt wurde, als man dachte, nun halten die Schläfen wirklich nicht mehr stand. Es war wahrhaft himmlisches Öl. Dafür hätte ich dem Herrn Hofrat gerne gedankt, werde es vielleicht noch tun.

In der Besprechung des bekannten Literaturwissenschaftlers Oskar Walzel (1864–1944), die am 6. Juli 1916 im *Berliner Tageblatt* erschien, wurden *Heizer* und *Verwandlung* ausführlich gewürdigt und als poetologisches Ereignis ersten Ranges in die Nachfolge Heinrich von Kleists gestellt (→ Abb. 750). Kafka, der den Beitrag noch am gleichen Tag in Marienbad las, empfand die gemeinsam mit Felice verbrachten Tage zunächst als unerträglich und litt deswegen unter Schlaflosigkeit und Kopfschmerzen. Die Wende kam erst am Achten des Monats, als er seine Angst vor körperlicher Intimität überwand und nach einer *schmerzensvollen Grenzdurchbrechung* eine bisher nur im Briefverkehr gekannte Vertrautheit mit Felice erreichte.

Unter dem Eindruck der ungemein lobenden Kritik Walzels ergriff der Kurt Wolff Verlag nach monatelangem Schweigen gegenüber Kafka die Initiative, die im Oktober des Jahres zu dem von ihm ersehnten Separatdruck des *Urteils* in der Reihe *Der jüngste Tag* führte. (→ Abb. 926)

An Max Brod am 12. und 14. VII. 1916 und T 897, vgl. T 791 f., 795 und Br III 174.

883 | Stift Tepl (Klášter) bei Marienbad.

Es ist merkwürdig, heute in Tepl z. B. elendes Wetter zum äußersten Verzweifeln.

Kafka hatte dienstlich in Tepl zu tun und wollte sich dieser Aufgabe eigentlich auf der Fahrt nach Marienbad widmen, jedoch konnte er die Angelegenheit erst am Vormittag des 8. Juli erledigen. Anschließend ging er in den umliegenden Feldern spazieren.

An Max Brod am 8. VII. 1916.

884 | Der Eingang der zwischen *Osborne* und *Schloß Balmoral* liegenden Hotelhalle.

[...] ich schreibe in der Halle, einer wunderbaren Einrichtung sich gegenseitig mit leichten Reizungen zu stören und nervös zu machen.

An Max Brod am 12. und 14. VII. 1916, vgl. Br III 177 und 530.

885 | Der *Stadtpark* (heute *Sady Václava Skalnika*) von Marienbad. Im Hintergrund links das Hotel *Neptun*.

Verzweifelt, in Angst vor dem häuslichen Lärm schlug ich mich gestern abend verzweifelt durch den Stadtpark – den Stadtpark! – durch den Korso! – und kam doch als Behorcher alles Lärms viel zu früh zurück.

An Felice am 15. VII. 1916.

886 | *Café und Försterei Dianahof* (heute Restaurant *Diana*) in der *Sangerbergstraße* (heute *Chopinova*) Nr. 85, ein ursprünglich zum *Stift Tepl* gehöriges Jägerhaus.

Ich sitze im Dianahof, es regnet, ich kann nicht fort. Ich bin ein wenig, aber nur ein wenig, trübsinnig und erkenne daß ich das Bedürfnis habe einer Handarbeit zuzusehn, aber nicht jener, die das kleine Mädchen am Nebentisch verfertigt. Und dabei bin ich noch immer durchaus gegen alle Handarbeiten.

Die angeführte Briefstelle spielt darauf an, daß Felice mit einer Handarbeit beschäftigt gewesen war, als Kafka ihr im *Schloß Balmoral* seine Erzählung *Blumfeld, ein älterer Junggeselle* vortrug.

Im *Dianahof* begann Kafka mit der Lektüre von Wilhelm Janaschs Biographie der Gräfin von Zinzendorf (→ Abb. 904). Brod gegenüber rühmte er das Lokal, weil man hier das *Berliner Tageblatt* gleich nach Erscheinen bekam, vor allem aber wegen seines guten Frühstücks – süße Milch, Eier, Honig, Butter – und weil dort nachmittags Milch im Teller gereicht wurde, keineswegs selbstverständlich in Kriegszeiten.

An Felice am 20. VII. 1916, vgl. Br III 209.

887 | Das Team des *Dianahofs*.

Von rechts: die drei Küchenhilfen, dann, mit weißer Bluse und dunklem Rock, die Besitzerin, links von ihr die fünf Kellnerinnen und ganz außen die Klofrau.

888 | Der Bahnhof von Franzensbad.

Am Morgen des 13. Juli fuhren Kafka und Felice Bauer von Marienbad nach Franzensbad, um seine Mutter und seine Schwester Valli zu besuchen, die dort zur Kur weilten. Da sie in Eger keinen Anschluß hatten, mußten sie für das letzte Stück der Reise einen Wagen nehmen. Am Nachmittag dieses Tages kehrte Felice nach Berlin zurück. Auch wenn es nicht ausdrücklich überliefert ist, darf man annehmen, daß Kafka sich von ihr auf dem Bahnhof in Franzensbad verabschiedet hat.

Vgl. Br III 174, 176 und 188.

889 | Julie Kafka und ihre Tochter Valli in Franzensbad.

Es waren seit dem Tepler Vormittag so schöne und leichte Tage, wie ich nicht mehr geglaubt hätte, sie erleben zu können. Es gab natürlich Verdunkelungen dazwischen, aber das Schöne und Leichte hatte die Oberhand, selbst in Gegenwart meiner Mutter und das ist erst recht außerordentlich, ist so außerordentlich, daß es mich gleichzeitig stark erschreckt.

An Max Brod am 12. und 14. VII. 1916.

890 | Das heute noch existierende *Café und Restaurant Nimrod*, das zu den Marienbader Gartenlokalen gehörte, die Kafka während seines Aufenthalts im Juli 1916 zu frequentieren pflegte. Das Lokal liegt mitten im Wald, und zwar an der nach Sangerberg (Pramenny) führenden Fahrstraße. Ganz in der Nähe entspringt der Steinhau-Bach (Kamenny potok). Dieser mündet nördlich von Marienbad in den Schneid-Bach (Třebízského potok), der den Kurort in Nordsüdrichtung durchfließt. Das folgende, in Marienbad entstandene Erzählbruchstück mag von dieser Situation inspiriert worden sein.

Er suchte Hilfe in den Wäldern, er sprang fast durch die Vorberge, er eilte zu den Quellen der ihm begegnenden Bäche, er schlug die Luft mit den Händen, er schnaufte durch Nase und Mund.

Tagebuch, 15. VII. 1916, vgl. Br III 210.

891 | Blick auf die von Kafka mit ihrem volkstümlichen Namen *Judengasse* bezeichnete *Rudolfstraße*, nach dem Ende des Ersten Weltkriegs *Poststraße (Poštovní)*, mit den Hotels (von rechts) *Florida, Goldener Schild, Goldener Schlüssel* (beide einstöckig) und (fünfstöckig) *National*, in dem der Belzer Rabbi wohnte. *National* und *Goldener Schlüssel* hatten koschere Restaurants. Der *Goldene Schlüssel* und der *Goldene Schild*, die Kafka irrtümlich als *Goldenes Schloß* bezeichnet – dieses letztere Etablissement lag *Untere Ferdinandsbrunnstraße* (heute *Anglická*) Nr. 423 –, sowie das Gebäude ganz links in der Häuserfront existieren nicht mehr.

Zunächst war Langer unauffindbar. Es sind dort einige Häuser und Häuserchen zusammengedrängt, auf einer Anhöhe, die eine Verbindung der Häuser, die einem Besitzer gehören, nur durch halb unterirdische Treppen und Gänge zuläßt. Die Namen der Häuser sind zum Verwechseln eingerichtet: Goldenes Schloß, Goldene Schüssel, Goldener Schlüssel manche haben zwei Namen, vorn einen und hinten einen andern, dann wieder heißt die Restauration anders als das zugehörige Haus auf den ersten Anlauf kommt man also nicht durch. Später zeigt sich allerdings eine Ordnung, es ist eine kleine nach Ständen geordnete Gemeinde, eingefaßt von 2 großen eleganten Gebäuden Hotel National und Florida. Der goldene Schlüssel ist das ärmlichste. Aber auch dort kannte man Langer nicht. Erst später erinnerte sich ein Mädchen an einige junge Leute die auf dem Dachboden wohnen; suche ich den Sohn des Prager Branntweinhändlers, dann dürfte ich ihn dort finden. Jetzt sei er aber wahrscheinlich bei Herrn Klein in Florida. Als ich dorthin gieng, kam er gerade aus dem Tor.

Brod hatte Kafka mitgeteilt, daß sich der Belzer Rabbi, ein Haupt der Chassidim, in Marienbad aufhalte und Georg Langer in seinem Gefolge sei, den Kafka im Vorjahr kennengelernt hatte und jetzt aufsuchte, weil er den berühmtne Chassid sehen wollte.

An Max Brod am 17. und 18. VII. 1916, vgl. Br 505.

892 | Rabbi Issahar Dov Rokeach (1854–1927) und Chassidim bei einem Spaziergang im März 1924 in Marienbad.

Er sieht aus, wie der Sultan, den ich als Kind in einem Dorée-Münchhausen oft gesehn habe. […] Er ist mittelgroß und recht umfangreich, aber nicht schlecht beweglich. Langer weißer Bart, außergewöhnlich lange Schläfenlocken […]. Er trägt einen seidenen Kaftan, der vorn offen ist; einen starken Gurt um den Leib; eine hohe Pelzmütze, die ihn äußerlich am meisten hervorhebt.

Am 17. Juli begleitete Kafka den Rabbi und dessen aus etwa zehn Personen bestehendes Gefolge auf einem Abendspaziergang, von dem er Max Brod ausführlich berichtete.

Issahar Dov Rokeach war der zweite Sohn des Rabbi Joshua Rokeach aus dem galizischen Belz (heute Ukraine), der die chassidische Tradition seiner Dynastie streng verwaltete und militant für ein orthodoxes Judentum kämpfte. Nach dem Ausbruch des Ersten Weltkriegs floh er aus seiner Heimat, in die er erst 1925 zurückkehrte.

An Max Brod am 17. und 18. VII. 1916, vgl. Harry M. Rabinowicz: *The World of Chassidim*, London (1970), S. 168 f. und Br III 183.

893 | Fensterfront an der Schmalseite des Marien-
bader *Neubads (Nové lázně).*

Das Gebäude ist in einem gleichgültigen un-
kenntlichen Mischstil aufgebaut. Die unterste
Fensterreihe ist in laubenartige aber vermauerte
Bogen eingebaut, welche im Scheitel einen Tier-
kopf tragen. Alle Bogen und alle Tierköpfe sind
gleich; trotzdem bleibt der Rabbi fast vor jedem
der etwa 6 Bogen der Breitseite besonders stehn,
besichtigt sie, vergleicht sie, beurteilt sie undzwar
von der Ferne und Nähe.

An Max Brod am 17. und 18. VII. 1916.

894 | Das ehemalige, in unmittelbarer Nachbar-
schaft des *Neubads* gelegene *Zander-Institut* in
Marienbad, heute Kindergarten.

Das nächste Haus ist ein Zanderinstitut. Es
liegt hoch über der Straße auf einem Steindamm
und hat einen durch ein Gitter eingefaßten Vor-
garten. Der Rabbi bemerkt einiges zum Bau, dann
interessiert ihn der Garten, er fragt was das für
ein Garten ist.

An Max Brod am 17. und 18. VII. 1916.

895 | Das *Neubad.*

Wir biegen um die Ecke und stehn jetzt an der
Frontseite. Das Gebäude macht großen Eindruck
auf ihn. Über dem Tor steht in goldenen Lettern
«Neubad» Er läßt sich die Inschrift vorlesen, fragt
warum es so heißt, ob es das einzige Bad ist, wie
alt es ist u. s. w. Öfters sagt er, mit dem besondern
ostjüdischen Staunen: «Ein schönes Gebäude».

An Max Brod am 17. und 18. VII. 1916.

896 | Die *Rudolfs-Quelle (Rudolfův pramen)*.

Wir sitzen unter einem Baum und sehen einen Juden mit einer leeren Sodawasserflasche aus dem Haus laufen. Der holt Wasser für den Rabbi sagt Langer. Wir schließen uns ihm an. Er soll Wasser aus der Rudolfsquelle holen, die dem Rabbi verordnet ist. Leider weiß er nicht, wo diese Quelle ist. Wir laufen im Regen ein wenig irre. Ein Herr, dem wir begegnen, zeigt uns den Weg, sagt aber gleichzeitig, daß alle Quellen um 7 geschlossen werden. «Wie können denn die Quellen geschlossen werden» meint der zum Wasserholen bestimmte und wir laufen hin. Tatsächlich ist die Rudolfsquelle geschlossen, wie man schon von weitem sieht. Es ändert sich nicht, als man trotzdem näher geht.

An Max Brod am 17. und 18. VII. 1916.

897 | Der *Ambrosiusbrunnen (Ambrožův pramen)*, im Hintergrund die katholische Kirche.

«Dann nimm Wasser aus der Ambrosiusquelle» sagt Langer «die ist immer offen» Der Wasserholer ist sehr einverstanden und wir laufen hin. Tatsächlich waschen dort noch Frauen die Trinkgläser. Der Wasserholer nähert sich verlegen den Stufen und dreht die schon ein wenig mit Regenwasser gefüllte Flasche in den Händen. Die Frauen weisen ihn ärgerlich ab, natürlich ist auch diese Quelle seit 7 Uhr geschlossen.

An Max Brod am 17. und 18. VII. 1916.

898 | Die zur *Waldquelle* führende *Waldbrunnstraße* (heute *Třebízského*) in Marienbad.

Als Kafka am 19. Juli von einem Spaziergang von der am Nordende des Kurorts liegenden *Waldquelle* zurückkam, traf er auf der *Waldbrunnstraße* Robert Marschner mit Frau und Tochter (→ Abb. 445), eine Begegnung, die er noch am gleichen Tag Felice gegenüber mit folgenden Worten schilderte: *Es bedurfte nicht der Klage über Kopfschmerzen, die ich auch wirklich hatte, es bedurfte nicht des Hinweises, daß ich immerfort allein in den Wäldern sein muß – mein Anblick genügte, dreifaches Mitleid stand um mich herum.*

An Felice am 19. VII. 1916.

899 | Das *Café Maxtal* (heute *Lunapark*), *Maxtal* (heute *Třebízského*) Nr. 94, das von Kafka wegen der dort erhältlichen Sauermilch gelobt wurde, die er als Gabelfrühstück und am Nachmittag zu sich zu nehmen pflegte. (→ Abb. 903)

Vgl. Br III 209 f.

900 | Das *Stadthaus (městský úřad)* (links) in der *Jägerstraße* (heute *Ruská*), dessen Lesesaal Kafka aufzusuchen pflegte, um Zeitung zu lesen.

Hast Du einmal irgendeine Beschwerde oder sonstwas, dann geh ins Stadthaus zu dem «unermüdlichen Presseleiter Fritz Schwappacher» der einen Verein der zeitweise in Marienbad anwesenden Journalisten gegründet hat.

An Max und Elsa Brod, vor dem 22. VIII. 1916.

901 | Nelly Thieberger (1894–1977).

Im Jahr 1916 traf ich Kafka zufällig in Marienbad. Ich war von Karlsbad aus, wo unsere Familie auf Sommerfrische war, zu einem eintägigen Besuch hinübergekommen, um den Verlobten meiner Freundin Mizzi Schreiber kennenzulernen. Ich hatte daher keine Zeit für einen Spaziergang, zu dem mich Kafka aufforderte. Meine Freundin, die bei dieser Begegnung zugegen war, erinnerte sich, daß sich Kafka ohne die Konversation zu unterbrechen, plötzlich zu mir niederbeugte und den Gürtel meines Sommerkostüms, der lose zu beiden Seiten herunterhing, behutsam anfaßte und zusammenschnallte. Scheinbar hat ihn die Unordnung in der Kleidung irritiert.

Nelly Thieberger war eine Tochter des Rabbiners Dr. Karl Thieberger, hatte 1911 das *Deutsche Mädchen-Lyzeum* in Prag absolviert, was ihr aufgrund einer Verordnung, die im Sommersemester 1903 in Kraft getreten war, erlaubte, sich als außerordentliche Hörerin an der Prager deutschen Universität einschreiben zu lassen. So belegte sie im Studienjahr 1912/13 deutsche Literatur und Anglistik sowie bei Anton Marty eine Vorlesung über metaphysische Fragen. Im Wintersemester 1913/14 setzte sie ihr Germanistikstudium fort und nahm an dem ästhetischen Fragen gewidmeten Seminar von Christian von Ehrenfels teil, das auch Kafka und Max Brod besuchten

(→ Abb. 115); spätestens damals muß sie mit Kafka persönlich bekannt geworden sein. Im Wintersemester 1916/17 belegte sie Italienisch, Völkerkunde und bei dem Philosophen Oskar Kraus *Ethik des Individuums und die Staaten*. Danach brach sie ihr Studium ab, übernahm aber im Sommer 1917 die redaktionelle Leitung der *Selbstwehr*, die sie bis zum Herbst 1919 innehatte.

Nelly Thieberger verabredete sich mit Kafka zu längeren Stadtspaziergängen, an denen auch ihre vier Jahre jüngere Schwester teilnahm, schickte ihm, vermutlich als er Anfang Februar 1916 krank war und sein Zimmer nicht verlassen konnte, Topfpflanzen in die *Langegasse* (→ Abb. 831), um seine Aussicht zu verschönern, begegnete ihm im Sommerhaus Berta Fantas in Podbaba (→ Abb. 944) und lud ihn nach ihrer Heirat im Jahr 1919 in ihre neue Wohnung zu Besuch. Sie emigrierte im Oktober 1938 nach London, wo sie auch starb.

EFK 123, vgl. 118, 120, 124 f., C 130, PT 29, Nr. 38 (7. II. 1904), S. 7 und Hartmut Binder: *Franz Kafka and the Weekly Paper «Selbstwehr»*, in: *Year Book XII of the Leo Baeck Institute*, London 1967, S. 137.

902 | Das *Café-Restaurant Egerländer* (heute Hotel *Monty*) auf der *König-Otto-Höhe* (heute *Příkrá*).

Wieder und noch im Egerländer. Gäste auf Gäste, Du siehst man tröstet mich.

Dieses Kaffeehaus, das eine schöne Aussicht auf Marienbad gestattete, gehörte zu den von Kafka und Felice bevorzugten Lokalen. Als Felix Weltsch und seine Frau Irma, die nach Ausweis eines polizeilichen Meldezettels zunächst geplant hatten, von 15. Juli bis zum 7. August in Marienbad Urlaub zu machen, sich kurzfristig für Karlsbad entschieden und Kafka am 22. Juli in Marienbad besuchten, zusammen mit Paul Weltsch, einem Bruder von Felix, und Heinrich Weltsch (→ Abb. 279), schrieb er, während man im *Egerländer* saß, an Felice. Und als am Tag darauf Kafkas Mutter und Valli aus Franzensbad zu Besuch kamen, ging wieder eine Ansichtskarte nach Berlin, auf der die oben zitierten Worte standen.

An Felice am 23. VII. 1916.

903 | Eine Prager Milchhalle.

Es gibt mehrere Belege dafür, daß sich Kafka, der Genußmittel mied und deswegen weder Kaffee noch Tee trank, auf seinen sommerlichen Stadtspaziergängen mit einem Glas Sauermilch erfrischte (so auch am 30. Juli 1916), das in Gartenlokalen und Trinkhallen zu bekommen war, die neben Milchgetränken auch Mineralwasser, Limonade, Kaffee, Zuckerwaren, Zwieback und Gefrorenes feilboten.

Vgl. Br III 88, 193, 198 und PT 27, Nr. 148 (31. V. 1902), S. 18.

904 | *Zeitschrift für Brüdergeschichte* 8 (1914), Heft 1–2, Einband.

Kafka hatte das 1915 erschienene Doppelheft, das allein den 507 Seiten umfassenden Beitrag *Erdmuthe Dorothea Gräfin von Zinzendorf geborene Gräfin Reuss zu Plauen. Ihr Leben als Beitrag zur Geschichte des Pietismus und der Brüdergemeine dargestellt* enthält, aus der Prager Universitätsbibliothek entliehen, an der sein Freund Felix Weltsch angestellt war, las die umfängliche Untersuchung, abgesehen vom Anmerkungsteil, vollständig während der in Marienbad verbrachten Tage und fand darin Beispielgebendes für seine geplante Ehe mit Felice. So zitiert er in einem auf den 7. August 1916 datierten Brief an die Geliebte eine Stelle, an der davon die Rede ist, wie die 22 Jahre alte Gräfin nach ihrer Heirat eine neue Wohnung bezieht und angesichts der von der Großmutter Zinzendorf ausgesuchten luxuriösen Einrichtung schreibt, sie fühle sich in dem Wissen getröstet, daß sie an diesen *Tändeleien* nicht die geringste Schuld trage, und hoffe, sich in anderen Stücken der Gnade Gottes als würdig erweisen zu dürfen. Kafka, der darunter gelitten hatte, daß Felice im Zusammenhang mit ihrer ersten Verlobung auf einer standesgemäßen Ausstattung mit schweren, soliden Möbeln bestanden hatte, die ihn bedrückten, kommentierte Erdmuthes Äußerung im gleichen Schreiben mit den Worten: *In eine Tafel einzugraben und über dem Möbelmagazin einzulassen.*

Vgl. Br III 249, 110 f., 153 und 257.

905 | An den Schriftsteller Rudolf Fuchs adressierte Postkarte Kafkas vom 18. August 1916.

Offenbar hatte Fuchs (→ Abb. 1079), der seit etwa 1912 im *Café Arco* verkehrte, Kafka Übersetzungen moderner tschechischer Autoren zur Durchsicht überlassen, die für die Anthologie *Jüngste tschechische Lyrik* bestimmt waren. Da dieser von Franz Pfemfert betreute zweite Band der *Aktions-Lyrik* im Oktober 1916 gedruckt wurde, war es Mitte August höchste Zeit, die Übersetzungen der verschiedenen an dem Unternehmen beteiligten Prager Autoren zusammenzuführen und miteinander abzustimmen. Diese Aufgabe war Otto Pick zugefallen, der zusammen mit Rudolf Fuchs und anderen dem Herausgeber durch Materialsuche Hilfe geleistet hatte. Da der aus dem ostböhmischen Podiebrad stammende Fuchs erst im Alter von zehn Jahren Deutsch gelernt und deswegen gewisse Schwierigkeiten hatte, sich in dieser Sprache vollkommen auszudrücken, sandte er seine Beiträge nicht direkt an den Koordinator Pick, sondern wählte den Umweg über Kafka, der sie auf Stil und Sprachrichtigkeit hin überprüfen sollte und sich in diesem Schreiben Fuchs gegenüber entschuldigt, weil im Zusammenhang mit dieser Arbeit eine kleine Verzögerung entstanden war.

Vgl. Br. III 205 und Hartmut Binder: «*Jugend ist natürlich immer schön …*», in: *Prager Profile*, hrsg. von H. B., Berlin (1991), S. 20–22.

906 | Friedrich Feigl (1884–1965) und seine Frau (1875–1966).

Sie sind schon 3, 4 Jahre verheiratet. Sie schien mir ein wenig sehr kalt aber ich merkte wohl, daß sie nach 1 Stunde Kaffeehaus und ½ Stunde Spaziergang nicht beurteilt werden könne. Etwas sonderbar zusammengespannt sahen sie wohl aus, da sie aber mit ihrer Einheit offenbar sehr zufrieden waren, erkannte auch ich sie sehr gern an.

Weil sich Kafkas Vetter Robert Kafka (→ Abb. 1085), der Anfang Juli 1916 geheiratet hatte, von Julie und Hermann Kafka ein Bild als Hochzeitsgeschenk wünschte, wandte sich Kafka schriftlich an den damals in Berlin lebenden Friedrich Feigl, den er als Maler *sehr hoch* stellte, und bat ihn um eine seiner Prag-Ansichten, die er schon gesehen und *vor Staunen an gestarrt* hatte. Da er die erinnerten Bilder nicht voneinander sondern konnte, beauftragte er Felice, Feigl aufzusuchen und ein ihr passend erscheinendes Gemälde auszusuchen, eine Gelegenheit, bei der sie, wie er ihr gegenüber am 18. August schrieb, *viel Sehenswertes* bemerken würde. Kafka hatte den Maler und seine Frau nämlich im November 1912 in Prag getroffen und dabei erfahren, daß Feigl, der 1911 die neun Jahre ältere Hamburgerin Margarete Handel (1975–1966) geheiratet hatte – es ist wohl dieser Altersunterschied, der Kafka dazu brachte, das Paar als sonderbar zusammengespannt zu bezeichnen –, zwei Zimmer in einem Wilmersdorfer Hinterhaus bewohnte und dort glücklich seiner Kunst lebte. Dieser *auf viel Wahrem und wenig Faßbaren* beruhende *Aufbau einer Wirtschaft* hatte für Kafka den Charakter eines beneideten Vorbilds, dem er nachzueifern suchte, sollte doch die gemeinsame Zukunft, die er im Juli 1916 mit Felice ausgehandelt hatte, in vergleichbarer Weise auf seine künstlerischen Bedürfnisse zugeschnitten sein (→ Abb. 872).

An Felice am 31. August 1916, Br III 204 und 212, vgl. Br I 281.

908 | Ernst Feigl (1887–1957).

Kafka hatte den Schriftsteller Ernst Feigl, einen Bruder Friedrich Feigls, im Salon Fanta kennengelernt, wo während der Kriegsjahre Prager Autoren eigene Texte zu Gehör brachten (→ Abb. 945). Feigl kam am 1. September 1916 zu ihm ins Büro und brachte, durch diese Zusammenkünfte ermuntert, acht Tage später Ungedrucktes zur Beurteilung und vor allem in der Hoffnung, Kafka werde sich für die Veröffentlichung dieser Texte einsetzen. Dieser schrieb ihm am 18. des Monats, er sei den Gedichten nahegekommen, und bat um einen weiteren Besuch, der dazu führte, daß er am 30. des Monats eine Auswahl mit einem Empfehlungsschreiben an den Kurt Wolff Verlag schickte und am 11. Oktober noch einmal brieflich beim Verleger selbst vorstellig wurde. Da diese Initiativen ohne Erfolg blieben, unternahm er Anfang August 1917 einen weiteren, freilich ebenfalls ergebnislosen Versuch, diesmal bei Martin Buber, dem Herausgeber des *Juden*.

Ernst Feigl, Sohn eines Armenadvokaten, war wie sein Bruder Friedrich Absolvent des *Altstädter Gymnasiums* und arbeitete als Redakteur in der Prager Tageszeitung *Union*, nach dem Ersten Weltkrieg im *Prager Tagblatt*. Max Brod hat ihn in dieser Funktion in seinem zuerst 1957 erschienenen autobiographischen Roman *Prager Tagblatt* in der Gestalt des Gerichtspoeten Fliegibus porträtiert. Feigl, dessen Kurzsichtigkeit an Blindheit grenzte, schrieb Glossen für das Feuilleton und bildete mit seinen von sozialkritischem Impetus getragenen Prozeßberichten, die regelmäßig in der Rubrik *Gerichtszeitung* erschienen, ein unentbehrliches, gern gelesenes Ingredienz des Blattes. Mit einer Nichtjüdin verheiratet, überlebte Feigl den Zweiten Weltkrieg, ohne deportiert worden zu sein, und starb verarmt in Prag.

Vgl. Br III 215, 218, 229, 243, 254 und 305 f., Dieter Sudhoff: *Der Fliegenprinz von Arkadien. Notizen zum Leben und Schreiben des Prager Dichters Ernst Feigl*, in: *Prager Profile*, hrsg. von Hartmut Binder, Berlin (1991), S. 325–356 und Bedřich Rohan: *Kafka wohnte um die Ecke: ein neuer Blick aufs alte Prag*, (Freiburg im Breisgau, Basel, Wien 1986), S. 24–31.

907 | Franz Blei (rechts) und Otto Kaus (Ansichtskarte).

Nachmittag gestern hatte ich eine fast glückselige Stunde mit einem Buch «Dostojewski» von Otto Kaus. Ich habe Dir in Marienbad ein Bild Blei's gezeigt. Neben ihm steht ein junger Mann in Uniform, das ist Kaus.

Vermutlich hatte Kafka die Ansichtskarte mit den beiden Autoren, die ihn auf das eben erschienene Dostojewski-Buch von Kaus aufmerksam machen wollte, von Blei erhalten, den er seit 1907 persönlich kannte und schätzte (→ Abb. 284). Er muß sich dann die Studie gleich nach seiner Rückkehr aus Marienbad besorgt haben.

An Felice am 8. IX. 1916.

909 | *Das jüdische Volksheim Berlin. Erster Bericht. Mai/Dezember 1916*, Berlin 1917, Titelseite.

Der von Siegfried Lehmann verfaßte Bericht beginnt mit folgenden Worten:

Am 18. Mai 1916 wurde das Jüdische Volksheim eröffnet.

Mit dieser Gründung ist von Studenten, jungen Kaufleuten und Frauen der Versuch gemacht worden, ein in England und Amerika erprobtes System der Volkserziehung auf das jüdische Proletariat, womit wir die unter wirtschaftlich schlechten Bedingungen lebenden Schichten der Judenschaft meinen, zu übertragen. Es galt den Aufbau und Charakter dieses Siedlungsheimes dem Wesen des jüdischen Menschen anzupassen.

Als Kafka in Marienbad mit Felice über das *Jüdische Volksheim* in Berlin sprach, zeigte sich diese an einer Mitarbeit interessiert, so daß er ihr über seinen Freund Brod, der zu den Förderern der neuen Einrichtung gehörte, eine Einladung zuschicken ließ. Daraufhin trat Felice Mitte August mit dem *Volksheim* in Verbindung und nahm dort im September an einem Kurs teil, der ehrenamtliche Helfer auf der Grundlage von Friedrich Wilhelm Foersters *Jugendlehre* auf ihre Aufgabe als Helferin vorbereiten sollte. Ende September übernahm sie eine Gruppe 11- bis 14jähriger Mädchen, die am Samstagabend unter ihrer Anleitung spielte, las und sie am Sonntag auf Ausflügen begleitete. Kafka half ihr, geeignete Texte für diese Erziehungsarbeit zu finden,

und empfahl als Lektüre *Peter Schlemihls wundersame Geschichte* von Adelbert von Chamisso, die *Volkstümlichen Erzählungen* von Isaak Leib Perez, die *Volkserzählungen* Tolstois, Hebels *Rheinischen Hausfreund,* Andersens *Galoschen des Glücks* und *Klein Dorrit* von Dickens.

Das Engagement Felicens für das *Jüdische Volksheim*, das seinem Gründer Siegfried Lehmann nicht verborgen blieb, zeigte sich auch darin, daß sie, die gern Manuskripte abschrieb, auf Wunsch der Leiterin Gertrude Welkonez den handgeschriebenen ersten Bericht Lehmanns über die Tätigkeit des *Volksheims* für den Druck abtippte. Nach Fertigstellung dieser Arbeit übersandte sie Kafka einen Durchschlag, der am 14. Oktober wie folgt kommentierte: *Vorläufig habe ich es nur flüchtig gelesen, finde es aber sehr verständig und reichhaltig. Nur in der Besprechung der jüngeren Knabengruppen wird ein wenig gefabelt.*

An Felice am 14. X. 1916, vgl. Br III 175, 183, 222, 228, 235, 237, 244, 250, 252, 270 f., 276, 279 und Br I 194 f.

910 | Blick in die Werkstatt des *Jüdischen Volksheims* in der *Dragonerstraße* Nr. 22 (heute *Max-Baer-Straße* Nr. 5) in Berlin.

Aufgefallen ist mir in dem Bericht die Güte des Teils der von den ältern Knabengruppen handelt, offenbar stammt er von Lehmann. Hier stehen ein wenig Tatsachen und Ergebnisse, während das Übrige doch zum großen Teil Dinge enthält, die man von vornherein

annehmen konnte, die aber allerdings im ersten Bericht am Platze sind.

Aus der Sicht von Gertrude Welkonez, die von Lehmann, der an die Front mußte, die Leitung des *Volksheims* übernommen hatte, stellte sich die Gruppenarbeit wie folgt dar:

Vormittags kamen die Kleinsten; mehrere Kindergartengruppen bestanden nebeneinander. (All unsere Gruppen zählten 10 bis 20 Mitglieder, nicht mehr, um der Intensität und Beziehung willen.) Nachmittags öffnete sich das Haus der Schuljugend, die in fünf Knaben- und fünf Mädchengruppen unter Leitung von Helfern Kameradschaften geschlossen hatten und über Aufnahme und sehr selten vorgekommene Ausschließung von Mitgliedern selbst entschieden. Abends kam die werktätige schulentlassene Jugend.

Inhalt der Zusammenkünfte unserer Jugend war: freies Spiel, handwerkliche Arbeiten, wie Tischlern, Zeichnen und Ziselieren bei Josef Budko, Buchbinden; Palästinakunde, neuere jüdische Geschichte, Hebräisch, Bibellesen und schließlich selbsterzieherische Diskussionen, da die Jugend bald ihre Mitglieder selber wählte, eigene Gerichtsbarkeit und Verwaltung übte. Ihr hoher sittlicher Ernst hat uns tief beeindruckt, denn hinter ihrer oft geduckten kleinhändlerischen Erscheinung blühte eine Demut und reine Kraft, deren wir westjüdischen Helfer uns nicht in gleichem Maße teilhaftig wußten.

An Felice am 15. Oktober 1916 und Gertrude Weil[-Welkonez]: *Vom jüdischen Volksheim in Berlin*, in: *Jüdische Wohlfahrtspflege und Sozialpolitik* N. F. 1, Heft 7–9 (1930), S. 283.

911 | Mädchengruppe im *Jüdischen Volks-heim* in Berlin.

Bist Du auch in der Gruppe des Frl. Wel-kanoz. Wenn ich nicht irre, hat sie ein zartes, kleinzusammengesetztes, aber durch stren-gen Umriß bedeutendes Gesicht.

Da Kafka Felice am 2. Oktober gebeten hatte, ihm *irgendein Bildchen von einer Wanderung oder Zusammenkunft oder sonstwas* zu überlassen, schickte Felice in der Folgezeit mehrfach Photos, die ihre Arbeit im *Volksheim* betrafen, darunter die hier reproduzierte Abbildung, auf der Ger-trude Welkonez (halb links, mit großem weißem Kragen) und einige der von ihr be-treuten Mädchen zu sehen sind.

Die Eltern von Gertrude Welkonez (1888–1965) waren aus Warschau nach Berlin gekommen, der Vater war Schneider-meister und starb 1903, so daß Gertrude, die vollkommen assimiliert war und erst im *Volksheim* Zionistin wurde, eine Han-delsschule absolvierte und die Mutter und ihre fünf jüngeren Geschwister ernähren mußte. Gertrude fühlte sich von einem Aufruf Siegfried Lehmanns (1892–1958) aus dem Jahr 1915 angesprochen, der die Iso-liertheit der Westjuden darlegte und junge Menschen um sich sammelte, die im Bür-gertum keine Erfüllung fanden, weil ihr Judentum brachlag. Sie kamen im *Volks-heim* zusammen, das sie so liebten, daß sie aus ihren Elternhäusern mitbrachten, was ihnen teuer war – Bilder, Bücher, schö-nes Gerät, Blumen –, und es damit aus-

schmückten. Gertrude heiratete später den Antiquar Ernst Weil, zog 1920 nach Mün-chen und emigrierte nach London.

Gershom Scholem bezeichnete Gertrude Welkonez in seinen Erinnerungen als ein Mädchen von einer völlig natürlichen Wür-de und Autorität, die einzigartig gewesen sei: *Sie schien mir die einzige ausgebildete Sozialarbeiterin, das war aber nichts, gemes-sen an dem ungeheuren Einfluß, ja Zauber, den sie menschlich auf alle diese Mädchen ausübte.* Scholem war zum erstenmal am 7. September 1916 ins *Volksheim* gekommen, um einen Vortrag Lehmanns über Werfel zu hören. Er entsetzte sich über den hier herrschenden Ästhetizismus und fand es schamlos, wie ohne Textkenntnis über den Chassidismus geredet wurde. Er äußerte diese Kritik auf einem Diskussionsabend über Lehmanns Ausführungen, der am 16. September stattfand, und schlug vor, sich nicht so sehr mit literarischem Ge-schwätz als mit den Quellen zu befassen und Hebräisch zu lernen. Als Felice Kafka von diesen Auseinandersetzungen berich-tete, antwortete dieser: *ich neige im Geiste immer zu Vorschlägen wie denen des Hr. Scholem, die das Äußerste verlangen und damit gleichzeitig das Nichts.*

An Felice am 8. Oktober 1916, Gershom Scholem: *Von Berlin nach Jerusalem. Jugenderinnerungen,* Frankfurt/M. (1982), S. 101 und Br III 231, vgl. Rachel Harash (Regina Abisch) am 1. V. 1977 und Gertrude Weil[-Welkonez]: Vom jüdischen *Volksheim in Berlin,* in: *Jüdische Wohlfahrtspflege und Sozialpolitik* N. F. 1, Heft 7–9 (1930), S. 281–283.

912 | Oskar Weber: *Der Zuckerbaron. Schick-sale eines ehemaligen deutschen Offiziers in Südamerika.* Mit Zeichnungen von Max Bürger. Hrsg. von Nicolaus Henningsen, Cöln o. J. [1914], Einband. (Vierundfünfzig-stes der *Grünen Bändchen*)

Für Knaben sind allerdings die grünen Bü-cher von Schaafstein, meine Lieblingsbücher, das Beste [...] Unter ihnen ist z. B. ein Buch, das mir so nahegeht, als handelte es von mir oder als wäre es die Vorschrift meines Lebens, der ich entweiche oder entwichen bin (dieses Gefühl habe ich allerdings oft) das Buch heißt der Zuckerbaron, sein letztes Kapitel ist die Hauptsache.

Oskar Weber erzählt in seinem *Zuckerba-ron,* wie ein ehemaliger deutscher Offizier in Südamerika, der zunächst als Landver-messer gearbeitet hatte, von seinen Erspar-nissen ein Stück Land kauft, mit nicht lan-desüblicher Bepflanzung schwere Rück-schläge erleidet und durch Naturkatastro-phen mehrfach vor dem Ruin steht, aber schließlich mit der Herstellung weißen Zuckers erfolgreich ist, so daß er seinen Besitz immer mehr vergrößern kann und Zuckerbaron wird. Das letzte Kapitel, *Die zweite Heimat* überschrieben, handelt vom Verhältnis des Zuckerbarons zu seiner Emi-gration. Weil er seinen Verwandten und den Großstädten seiner Heimat entfremdet ist, beschließt er, sein Leben unter der stets lachenden Sonne der Tropen zu beschlie-ßen. Wenn er sich einen Feiertag machen will, steigt er auf einen Bergvorsprung an

der Küste, den er noch für Jahrzehnte vor dem Getriebe des Tages geschützt glaubt: *Ganz vorn auf dem Kamme steht eine der größten Cypressen. Hier setze ich mich auf eine der dicken Wurzeln, an den Stamm der Riesin gelehnt. Hier will ich einst begraben sein [...]. Hier im Schutze des Baumes will ich schlafen. Kein Mensch wird mich stören.*

Weber schrieb mit seinem *Bananenkönig* (1918) und seinen *Briefen eines Kaffee-Pflanzers* (1913) zwei weitere *Grüne Bändchen*, die Schicksale deutscher Auswanderer in Amerika zum Thema haben und ebenso in Kafkas Besitz waren wie die in der gleichen Reihe veröffentlichten Berichte über die Eroberung von Mexiko durch Fernando Cortez, über die Zerstörung Magdeburgs im Jahr 1631, Darstellungen von Feldzügen Napoleons (→ Abb. 451), Erinnerungen an den Deutsch-Französischen Krieg im Jahr 1870/71 und verschiedene Expeditionsberichte und Reisebeschreibungen (→ Abb. 1004).

Er hatte die beiden Reihen wahrscheinlich Ende Juni 1912 in Leipzig entdeckt und sich in der Folgezeit intensiv damit beschäftigt. Als er erfuhr, daß sich Felice um die Kinderbibliothek des *Jüdischen Volksheims* kümmern wollte, schickte er ihr am 31. Oktober als kleinen Grundstock einige in seinem Besitz befindliche Titel aus der Reihe *Schaffsteins Blaue Bändchen*, die Gedichte, Märchen, Sagen, Erzählungen und Lebensbilder brachten und deswegen für die Mädchen, die Felice betreute, besser geeignet schienen als *Schaffsteins Grüne Bändchen*, die in faßlicher Form Quellen zur Geschichte und Geographie sowie Berichte berühmter Entdecker boten.

An Felice am 31. X. 1916 und Oskar Weber: *Der Zuckerbaron*, Cöln o. J. [1914], S. 88, vgl. KB 145–148 und Hartmut Binder: *«Desiderio di diventare un indiano» e altri sogni di fanciullo. I libri preferiti di Kafka*, in: *Kafka oggi*. A cura di Giuseppe Farese, Bari (1986), S. 165–188, TA 71, TK 261 und KB 147.

913 | Grete Obernik.

[...] das Mädchen selbst ist allerdings außerordentlich.

Im Sommer 1915 wurde in Prag-Karolinenthal (Praha-Karlín) vom zionistischen *Klub jüdischer Frauen und Mädchen* ein ostjüdischer Kindergarten eingerichtet. Er wurde von Grete Obernik geleitet, die in einem Essay anhand eines Einzelfalls berichtete, welche Bedeutung diese Einrichtung für die ostjüdischen Flüchtlingskinder hatte. Grete Obernik veranstaltete noch im gleichen Jahr eine Feier zu Kaisers Geburtstag und führte im Dezember mit ganz kleinen Kindern ein Chanukka-Spiel auf, das Kafka mit seinem Neffen Felix Hermann besuchte und Anlaß dafür war, daß er sie ein Jahr später um entsprechendes Aufführungsmaterial für größere Kinder bat, um das ihn Felice gebeten hatte, weil am *Berliner Volksheim* zum Lichterfest des Jahres 1916 ebenfalls ein Stück mit dieser Thematik aufgeführt werden sollte.

Grete Obernik wurde 1893 in Beraun geboren und lebte bei ihrer Schwester in Prag-Smichow. Sie war eine problematische Persönlichkeit, die sich am 31. Oktober 1910 in selbstmörderischer Absicht vom Balkon ihrer im ersten Stock liegenden Wohnung stürzte, ohne sich allerdings ernsthaft zu verletzen. Sie war Mitglied und eine der Hauptinitiatorinnen des *Klubs jüdischer Frauen und Mädchen*. Da jedoch *dieses*

heikle, brüchige, aber gewiß nicht wertlose Wesen sich dem Grundsatz verschrieben hatte, alles *persönlich* zu nehmen – so Kafka am 15. Oktober 1916 an Felice über den *Mädchenklub*, dem auch seine Schwester Ottla angehörte –, machte sich Grete Obernik unbeliebt, als sie dafür sorgte, daß die Klubabende nicht in Plattheit und Klatsch versanken: Besonders Else Bergmann (→ Abb. 162 f.) empörte sich über ihre Klubgenossin und dachte sogar an Austritt. Als Grete im Oktober 1917 nach Wien übersiedelte, wo sie Freud-Schülerin wurde, folgte ihr Ida Freund (→ Abb. 474) als Leiterin des Kinderhorts nach. Im Mai 1920 wanderte Grete Obernik zusammen mit Irma Singer (→ Abb. 1017), die mit ihr Hebräisch gelernt hatte, und der Familie Bergmann nach Palästina aus, wo sie sich wieder als Kindergärtnerin betätigte. Sie starb 1948 in Tel Aviv (Freitod).

An Felice am 6. XI. 1916, vgl. Grete Obernik: *Mojsche*, in: *Jung Juda* 20, Nr. 11 (5. VI. 1919), S. 145 f., Max Brod: *Die Ostjuden in Prag*, in: PT 40, Nr. 249 (8. VIII. 1915), S. 6, SW 9, Nr. 35 (17. IX. 1915), S. 7, G 303, Schmuel Hugo Bergman: *Tagebücher & Briefe, Band 1: 1901–1948*, hrsg. vom Miriam Sambursky, (Königstein/Ts. 1985), S. 136, 138 f., 201 und Irma Berkowitz-Singer am 29. X. 1980.

Mit Ottla

Während der Kriegsjahre intensivierte sich Kafkas Beziehung zu seiner jüngsten Schwester, von der er sich mehr als von jedem anderen verstanden fühlte, so daß er oft mit ihr zusammen war: Er holte sie von Veranstaltungen ab, tauschte sich mit ihr im unbelauschten Badezimmer der Familie aus und verbrachte mit ihr ihre arbeitsfreien Donnerstagnachmittage und die Sonntage: Die beiden gingen zusammen schwimmen, saßen im *Chotek-Park,* unternahmen größere Ausflüge in die Umgebung Prags oder in böhmische Provinzstädte, ja Ottla begleitete ihn sogar auf Dienstreisen. Er unterstützte sie in ihrem Drang nach Selbständigkeit und Unabhängigkeit von der Familie, ergriff in den Auseinandersetzungen mit dem Vater ihre Partei, riet zu Vorträgen und Theaterbesuchen, las ihr vor, erklärte ihr schwierige Texte oder schenkte ihr Bücher, die sie geistig weiterbringen sollten. Ottla ihrerseits erleichterte sein Leben durch praktische Hilfe: Sie besorgte ihm Bücher und Zeitschriften, kaufte Blumen und andere Geschenke, beschaffte Briefmarken, Zeitungen und Eintrittskarten; außerdem holte sie Auskünfte für ihn ein, übernahm lästige Behördengänge, organisierte Arzttermine und entschuldigte ihn im Büro, wenn er krank war.

Vgl. Hartmut Binder: *Kafka und seine Schwester Ottla,* in: *Jahrbuch der Deutschen Schillergesellschaft* 12 (1968), S. 423–430 und 432.

914 | Kafka und seine Schwester Ottla (um 1914).

Ottla scheint mir zuzeiten so, wie ich eine Mutter in der Ferne wollte: rein, wahrhaftig, ehrlich, folgerichtig, Demütigkeit und Stolz, Empfänglichkeit und Abgrenzung, Hingabe und Selbstständigkeit, Scheu und Mut in untrüglichem Gleichgewicht.

An Felice am 19. X. 1916.

915 | Das Gasthaus *Zur Mühle (Na Mlýnku)* in der *Scharka* (XIX-85).

Am 31. Mai 1916 unternahm Ottla mit ihrem Bruder und einem im elterlichen Geschäft angestellten Mädchen, mit dem sie sich angefreundet hatte, einen Ausflug, auf dem sie im Gasthaus *Zur Mühle* Rast machten.

Vgl. Ottla an Josef David am 31. V. und 1. VI. 1916.

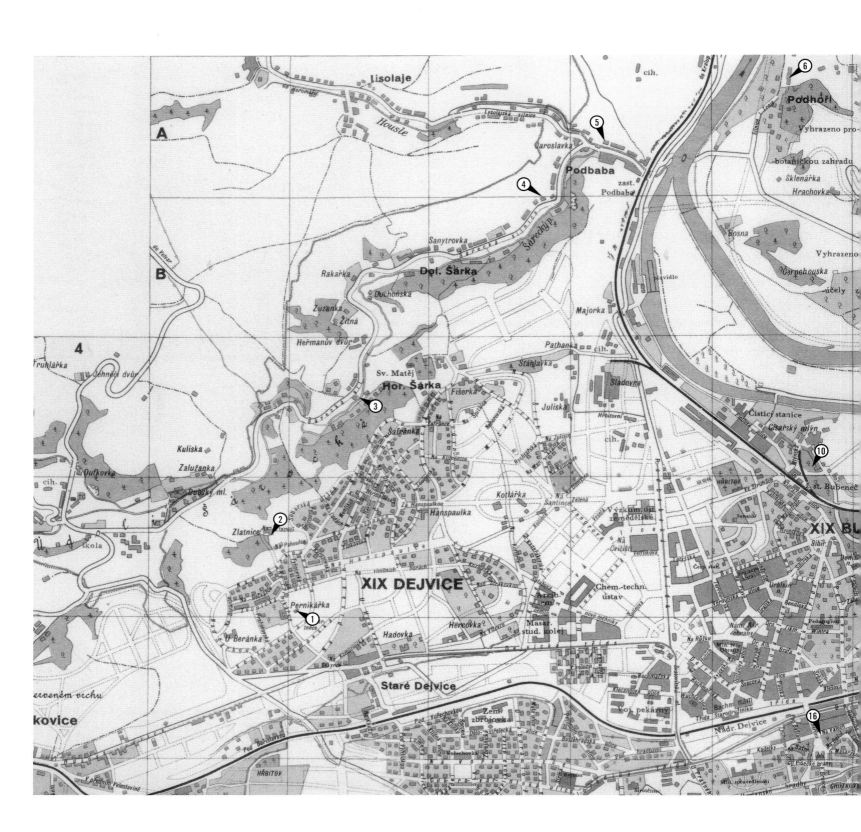

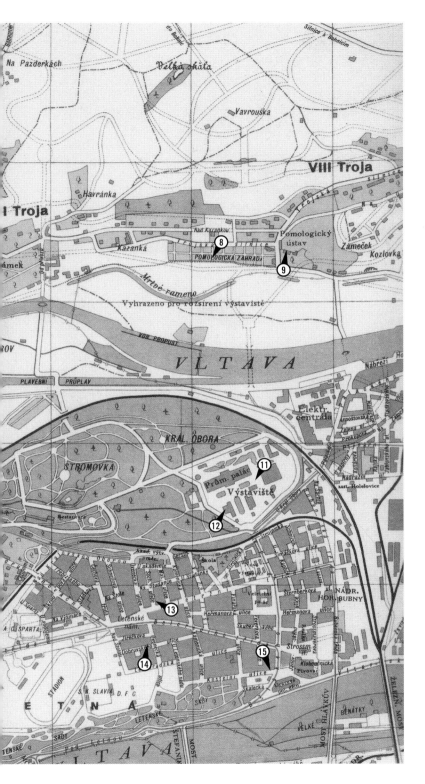

916 | Der Norden Prags, der von Kafka und Ottla bei ihren Wanderungen bevorzugt wurde.

Zu den beliebtesten Ausflugsorten der Prager gehörte das im Nordwesten der Stadt gelegene *Scharkatal (Údolí Šárka)* mit seinen Gartenwirtschaften, das sich in weitem Bogen von Libotz (Liboc) bis Podbaba erstreckt, wo der namengebende Fluß in die Moldau mündet. Der beim Gasthaus *Jenerálka* beginnende obere Teil, die durch schroffe Felsformationen gekennzeichnete *Wilde Scharka (Divoká Šárka)*, endet in einer tiefen Schlucht, an deren Rand ein Fußweg zum *Tiergarten Stern* (→ Abb. 470 und 471) führt, der zu Kafkas und Ottlas Ausflugszielen gehörte. Noch mehr trifft dies für Podbaba zu, zumal hier Berta Fanta eine Villa besaß, in der während der Sommermonate gelegentlich der Intellektuellenzirkel zu Gast war, der in ihrem Salon am *Altstädter Ring* verkehrte.

Man wanderte durch den *Baumgarten (Stromovka)* und durch Bubentsch (Bubeneč) und dann weiter am rechten Moldauufer entlang nach Podbaba und fuhr mit dem Zug zurück. Wer mit der Bahn anreiste, ging auf der durch die *Stille Scharka* führende *Šárecká silnice* zurück, bog an der *Jenerálka* nach Süden ab und bestieg im Bahnhof Dejwitz (Dejvice) den Zug, der zum *Staatsbahnhof* in der *Hibernergasse* zurückführte.

Vom *Baumgarten* mit seinem Ausstellungsgelände (→ Abb. 267) gelangte man zum *Schloß Troja* (→ Abb. 859) und dem östlich davon gelegenen *Pomologischen Institut (Pomologický ústav)*, in dem sich Kafka 1918 landwirtschaftlich betätigte (→ Abb. 1011 f.).

1 *Sophienhof (Perníkářka)*.
2 Studentenkneipe *Schipkapaß*.
3 Gasthaus *Zur Mühle (Na Mlýnku)*.
4 Wohnung Hugo Bergmanns und seiner Frau.
5 Sommervilla Berta Fantas und ihrer Schwester Ida Freund.
6 Weinkeller von Angelus Kafka in Podhoř (Podhoří).
7 *Schloß Troja (zámek Troja)*.
8 Gartenanlage des *Pomologischen Instituts*.
9 *Pomologisches Institut (Pomologický ústav)*.
10 Kafkas Lieblingsort am Rande des *Baumgartens (Stromovka)*.
11 Das Ausstellungsgelände *(Výstaviště)* im *Baumgarten*.
12 Die *Moderne Galerie (Moderní Galerie)*.
13 Felix Weltschs Wohnung in der *Bildhauergasse (Sochařská)* Nr. 2.
14 Von Kafka besichtigte Wohnung an der Ecke *Dobrovského/Ovenecká*.
15 Felix Weltschs Wohnung in der *Kirchengasse (Kostelní)* Nr. 4.
16 Die Straße *Na valech*, in der Kafka eine Wohnung erwerben wollte.
17 Der *Chotek-Park (Chotkovy sady)*.

917 | Blick vom Nordwestzipfel des *Baumgartens* auf die im Namen Rudolf II. verpflichtete *Kaisermühle (Císařský mlýn)*, der an dieser Stelle eine Edelsteinschleiferei hatte einrichten lassen. Seit 1829 war in den Gebäuden eine Papierfabrik untergebracht, die 1896 durch eine Feuersbrunst zerstört, aber wiederaufgebaut wurde (2003).

Es gibt hier in der Nähe hinterm Baumgarten auf einer hohen Straßenböschung einen kleinen Wald, an dessen Rand ich gern liege. Links sieht man den Fluß und jenseits schwach bewaldete Höhen, mir gegenüber ein vereinzelter Hügel mit einem mir schon seit der Kindheit rätselhaften, weich in die Gegend eingefügtem altem Haus und rings herum friedliches welliges Land. Die Abendsonne leuchtet mir dann gerade ins Gesicht und auf die Brust.

Der kleine, bewaldete, in unmittelbarer Nähe der Bahnstation Bubentsch (Bubeneč) gelegene, heute schwer zugängliche Hügel, von dem aus die hier wiedergegebene Aufnahme gemacht wurde, ist vom *Baumgarten* durch die Eisenbahnlinie Prag–Kralupni getrennt. Zu Kafkas Zeit erlaubte der niedrigere Baumwuchs einen freien Blick auf die hinter der *Kaisermühle* liegende Moldau mit der damals noch weitgehend unbebauten *Kaiserinsel*, deren Klärwerk am äußersten linken Bildrand zu sehen ist, sowie auf die jenseits des Flusses liegende Uferlandschaft westlich von *Schloß Troja*, die andeutungsweise ganz rechts im Bild zwischen den Baumwipfeln zu erkennen ist. Auf dem Höhenrücken, auf dem sich heute der Prager Zoo erstreckt, stand früher lediglich ein einzelnes Haus, die *Černohouska*. Da dieses Gebäude auch von der anderen Seite des Hügels aus sichtbar war, Kafka also auffallen mußte, wenn er als Kind von Schloß *Troja* aus zum Weinkeller seines Paten Angelus Kafka nach Podhoř (Podhoří) ging (→ Abb. 141), dürfte es mit dem rätselhaften alten Haus identisch sein, das in der hier angeführten Briefstelle erwähnt wird.

An Felice am 9. VIII. 1916.

918 | Der *Sophienhof (Pernikářka)* im *Zeltnergarten (Na Pernikářce)* Nr. 15 (XIX-59).

Gestern war ich lange draußen, abends bin ich mit dem Franz den schmalen Weg entlang der Schienen, bei den Magazinen, vorbeigegangen. Du hättest ihn singen hören können. Wir waren beim Sophienhof, nicht in dem Wäldchen, sondern zwischen den Feldern, ein sehr schöner Platz für diese Jahreszeit. So ein weiter Ausblick und ein wunderbarer Sonnenuntergang.

Die einsam in einem ehemaligen Weinbaugebiet in Dejwitz (Dejvice) gelegene Villa und die ihr benachbarte *Michaelskapelle* wurden auch später von Ottla aufgesucht. Bei den Magazinen handelt es sich wahrscheinlich um die Lagerhallen des ehemaligen *Artillerie-Laboratoriums (Dělostřelecká laboratoř)* (XVIII-121), deren Nachfolgebauten in dem Geviert zwischen den Straßen *Pod Ořechovkou*, *Dělostřelecká*, *Spojená* und *U laboratoře* zu finden sind. Diese Identifizierung wird auch durch ein auf den 26. Juni 1916 datiertes, an Josef David gerichtetes Schreiben Ottlas nahegelegt, in dem Ottla in folgender Weise von einem Spaziergang zu den Magazinen berichtet, den sie gemeinsam mit Kafka und einem Mädchen unternommen hatte: *Ein Soldat […] war auch dort, und ich habe ihm soviel von den Magazinen erzählt, daß er staunen mußte, denn ich wußte alles genauer wie er.*

Ottla an Josef David am 11. IX. 1916 und Hartmut Binder: *Kafka und seine Schwester Ottla*, in: *Jahrbuch der Deutschen Schillergesellschaft* 12 (1968), S. 438, vgl. Ottla an Josef David am 19. und 27. XII. 1918 und *Stehlíkův Historický a Orientační průvodce ulicem Hlavního Města Prahy*, [Historischer und Orientierungsführer durch die Straßen der Hauptstadt Prag], hrsg. von Franta Žáček und František Stehlík, Praha o. J., S. 469.

919 | Elbeteinitz (Týnec nad Labem).

Ich habe den Franz auf den Weg zum Wald geführt und bin zurückgegangen, damit ich Dir noch schreiben kann. Wir fahren in einer Stunde und der Weg zur Bahn ist ziemlich weit. [...] Elbeteinitz liegt hoch und die Aussicht auf die Elbe und die Täler ist sehr schön. Der Franz sagt, daß man mit zunehmenden Leiden Verständnis für diese Dinge bekäme.

Am Sonntag, dem 5. November 1916, unternahmen Kafka und seine Schwester Ottla einen Ausflug nach Elbeteinitz, wo die Mutter von Marie Werner wohnte, mit der Ottla befreundet war.

Ottla an Josef David am 5. XI. 1916, vgl. Ottla an Josef David am 29. V. 1916.

920 | Marie Wernerová.

Gerti Kaufmann (→ Abb. 693) berichtet über das Verhältnis Kafkas zur Haushälterin der Familie, sie könne sich erinnern, wie er dieser einmal einen Regenschirm zum Geburtstag geschenkt habe: *An der Spitze jedes Drahtes hingen, sorgfältig ange-bunden, Bonbons. Und plötzlich war das ein ganz besonderer Regenschirm.*

Die aus Elbeteinitz stammende Tsche-chin jüdischer Herkunft (*1884) war eine einfache, gutherzige Frau ohne Ausbil-dung, die irgendwann in den Jahren vor dem Ersten Weltkrieg angestellt wurde und seit April 1921 auch bei der Familie Kafka wohnte, deren Haushälterin sie bis zum Tod Julie Kafkas war. Kafka, der sie stets *das Fräulein* nannte und sich am Morgen von ihr wecken ließ, grüßte sie in seiner Korrespondenz mit Ottla regelmäßig, be-sorgte ihr Theaterkarten, beschenkte sie zu Weihnachten und war am 19. April 1919 Trauzeuge bei der Hochzeit ihrer Schwester Anna im *Altstädter Rathaus*. Wie Ottla soli-darisierte sich Kafka mit dem Personal sei-ner Eltern, weil er glaubte, die ungerechte Behandlung ausgleichen zu müssen, die der Vater seinen Angestellten zuteil werden ließ. (→ Abb. 448)

Marie Werner wurde im Dezember 1941 nach Theresienstadt deportiert und im Ja-nuar des darauffolgenden Jahres nach Riga verschleppt, wo sie umgebracht wurde.

EFK 223, vgl. Jiří Brabenec am 7. X. 1980, Br II 153, Br 426 und O 152.

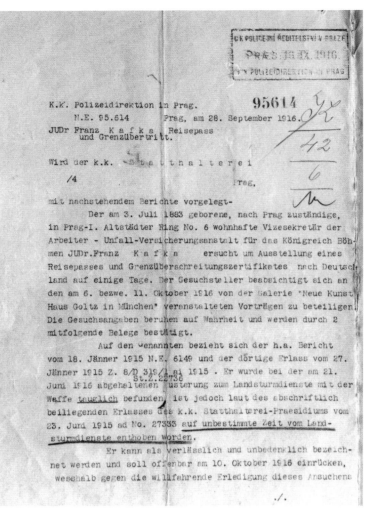

In München

921 | Erste Seite eines an die Prager Polizeidirektion gerichteten, auf den 16. September 1916 datierten Gesuchs Kafkas, in dem er um Bewilligung bittet, zu einem Vortrag nach München reisen zu dürfen.

Kafka hatte eine Einladung der *Galerie Neue Kunst Hans Goltz* in München angenommen und sollte am 6. oder 11. Oktober auf einem der von dieser Kunsthandlung veranstalteten *Abende für neue Literatur* zusammen mit Max Brod auftreten. Als der Termin aber auf einen zunächst noch nicht genauer fixierten Termin im November verlegt wurde, bat Kafka am 25. September darum, sein Gesuch vorläufig unerledigt zu lassen. Gleichwohl beschied die Prager *Polizeidirektion* den Antrag in einem an die *Statthalterei* gerichteten Schreiben positiv: Gegen die willfahrende Erledigung dieses Ansuchens würden keine Einwände erhoben, weil der Petent als verläßlich und unbedenklich bezeichnet werden könne und auf unbestimmte Zeit vom Landsturmdienst enthoben worden sei, so daß keine Fluchtgefahr bestehe.

Vgl. Br III 225 und 236.

922 | Das von dem Architekten Friedrich von Gärtner erbaute, 1841 eröffnete Hotel *Bayerischer Hof* in München, *Promenadeplatz* Nr. 6. Im Jahr 1897 erfolgte ein Umbau im Stil der Gründerjahre, 1959 eine Neueröffnung in völlig veränderter Gestalt.

Natürlich wohne auch ich (aus Aberglauben mache ich hier wieder den obigen Vorbehalt) auch im Bayerischen Hof.

Am 10. November fuhr Kafka nach München, wo er am Abend in der *Galerie Goltz* seine Erzählung *In der Strafkolonie* vorlas, die aus Zensurgründen unter dem Titel *Tropische Münchhausiade* angekündigt worden war. Schon am frühen Nachmittag hatte er im Zug Felice getroffen, die von Berlin angereist war, um an der Veranstaltung teilzunehmen, und wie Kafka im Hotel *Bayerischer Hof* Quartier nahm.

An Felice am 3. November 1916, vgl. *Zu Gast im alten München. Erinnerungen an Hotels, Wirtschaften und Cafés,* eingeleitet und hrsg. von Richard Bauer, München 1982, S. 140, Johann Bauer [d. i. Josef Čermák] / Isidor Pollak / Jaroslav Schneider: *Kafka und Prag,* (Stuttgart 1971), S. 116 und Annette Schütterle: *Franz Kafkas «Tropische Münchhausiade».* *Eine Lesung in München,* in: *Freibeuter* 75 (Januar 1998), S. 153–156.

923 | In der *Galerie Neue Kunst Hans Goltz* in München, *Brienner-straße* Nr. 8. Der schlecht erhellte, ungeheizte Saal lag im ersten Obergeschoß:

Kafka saß auf einer Rampe am Vortragspult, schattenhaft, dunkel-haarig, bleich, eine Gestalt, die ihre Verlegenheit über die eigene Er-scheinung nicht wirklich zu bannen wußte.

Daß während der Vorlesung Kafkas Zuhörerinnen ohnmächtig geworden seien, wie Max Pulver überliefert, mochte Gottfried Kölwel 1956 nicht bestätigen, ohne es jedoch gänzlich für unmög-lich zu halten. Auch besteht große Wahrscheinlichkeit, daß Rilke an der Veranstaltung teilnahm und an diesem Abend zum ersten und einzigen Mal mit Kafka gesprochen hat.

Hans Golz (1873–1927) war ein Wegbereiter moderner Kunst und von 1910 bis zu seinem Tod Mitinhaber der *Buchhandlung und Galerie Neue Kunst Hans Goltz*. Sein Sohn Hans Joachim Goltz (1907–1966) führte die Firma als *Bücherstube am Dom* weiter, die 1937 in die *Kaufingerstraße* Nr. 23 umzog, 1944 durch Bomben zer-stört, aber nach dem Zweiten Weltkrieg an gleicher Stelle wieder eröffnet wurde.

EFK 142 (Max Pulver), vgl. Hartmut Binder: *«Jugend ist natürlich immer schön …»*, in: *Prager Profile*, hrsg. von H. B., (Berlin 1991), S. 36–38.

924 | Gottfried Kölwel (1889–1958) (rechts) und Eugen Mondt (1888–1985) (1925).

Wir fanden uns später noch mit Kafka und seiner Freundin, einer schlichten, einfachen, großen Person, sofort in ihrer Über-sichtlichkeit erkennbar, im Restaurant. […]

Ich war ungewollt neben Kafka zu sitzen gekommen, und er sagte mir, «ich hätte meine kleine schmutzige Geschichte nicht lesen sollen».

Ich suchte ihm das Gegenteil zu beweisen, und wir sprachen von Rilke, wobei er mehr aufmerksamer Zuhörer blieb. Nichts unterbrach auch bei ihm die ruhige Natürlichkeit, das Wohltem-perierte seines Gesprächs ließ einen sofort teilhaben. Nichts Stechendes, Verkrampftes, nur Gewolltes war in allen seinen so selbstverständlichen Äußerungen.

Nach der Veranstaltung saßen Kafka und Felice mit den Autoren Eugen Mondt, Gottfried Kölwel, Alfred Wolfenstein (→ Abb. 1163) und seiner Frau, dem Schweizer Graphologen Max Pulver, dem Literaturprofessor Dr. Martin Sommerfeld und anderen in einem Münchner Restaurant zusammen. Am nächsten Morgen traf sich Kafka in einem Kaffeehaus mit Kölwel, der ihm unveröffentlichte Gedichte vorlas, die er später zur Beurteilung nach Prag schickte. Am Nachmittag machte Kafka mit dem Graphologen Max Pulver einen Spaziergang, am darauffolgenden Tag, dem 12. November, kehrte er in seine Heimatstadt zurück.

EFK 139 (Eugen Mondt), vgl. Hartmut Binder: *«Jugend ist natürlich immer schön …»*, in: *Prager Profile, hrsg.* von H. B., (Berlin 1991), S. 38–44.

Im Alchimistengäßchen

Im November 1916 mietete Ottla eines der kleinen, auf der Nordmauer der Prager *Burg* stehenden Häuschen im *Alchimistengäßchen (ulička U daliborky)*, das sie mit Rohrmöbeln ausstattete und unter der Woche ihrem Bruder als Schreibklause zur Verfügung stellte. Hier entstanden bis Ende April 1917 Erzählungen, von denen die meisten später in dem Band *Ein Landarzt* veröffentlicht wurden. Durch diese Zweitwohnung ergab sich ein regelmäßiger Pendelverkehr zwischen Kafkas Zimmer in der *Langegasse*, in dem er nachmittags schlief und übernachtete (→ Abb. 831), und dem *Hradschin*, wo er die Abendstunden mit literarischer Arbeit zu verbringen pflegte. Wenn er zu Fuß ging, also den Weg zum *Alchimistengäßchen* als Spaziergang betrachtete, den er aus Gesundheitsrücksichten zu unternehmen pflegte – ausdrücklich lobt er den schönen Weg hinauf zur *Burg* –, bot es sich an, über die *Karlsbrücke*, den *Kleinseitner Ringplatz* und die *Nerudagasse* (→ Abb. 790–792) zum Schloßbereich hochzusteigen. Die Rückkehr, in den ersten Tagen zwischen acht und neun Uhr abends, später erst gegen Mitternacht, erfolgte über die *Alte Schloßstiege (Staré zámecké schody)* (→ Abb. 800), die *Bruskagasse (Pod Bruskou)*, die *Klarowgasse (Klárov)*, die *Neue Brücke* (heute *Mánesův most*) (→ Abb. 500), die *Ufergasse (Břehová)* und die *Josefstädter Gasse* (heute *Široká*): Es ist belegt, daß Kafka, wenn er nach Schreibschluß in die *Langegasse* zurückkehrte, *in Seligkeit federnd*, wie sich Oskar Baum erinnerte, die Stufen der *Alten Schloßstiege (Staré zámecké schody) hinabschwebte*, also die schnellste Verbindung zwischen *Alchimistengäßchen* und Altstadt wählte, um in sein Bett in der *Dlouhá* zu kommen. Es ist aber anzunehmen, daß er öfter auch die Straßenbahn benutzte. In diesem Fall konnte er auf dem *Altstädter Ringplatz* in die Linie Nr. 12 einsteigen und über die *Niklasstraße*, die *Čechbrücke* und die *Belvederegasse* zur *Klarowgasse* fahren, wo er in die Linie Nr. 5 umstieg, die über die *Chotekstraße* und *Marienschanze* zur *Staubbrücke* fuhr, über die er in den Schloßbereich gelangte (→ Abb. 779).

Das *Alchimistengäßchen* verband sich im Bewußtsein der Öffentlichkeit schon früh mit dem Namen Kafka. In einem Artikel des *Prager Tagblatts* aus dem Jahr 1929 heißt es, gelegentlich komme es vor, daß eine der Frauen, die den Touristen ihr Häuschen zeige, hinzusetze, hier habe auch eine Zeitlang der Prager Dichter Franz Kafka gewohnt. Der Verfasser des Beitrags fügt hinzu, diese Behauptung sei richtig, und der Grund sei gewesen, daß die in der Gasse herrschende große Ruhe Kafkas Nerven gutgetan habe. 1940 kam eine namentlich nicht bekannte Verehrerin Kafkas aus Wien, die Material für eine Monographie sammelte und sogar das Häuschen identifizieren konnte, das er bewohnt hatte und inzwischen der Wohnsitz des tschechischen Schriftstellers Otakar Storch-Marien geworden war.

Im März 1917 zog Kafka von der *Langegasse* ins *Schönborn-Palais* (→ Abb. 779, 6) auf der Kleinseite, ein Umstand, der zu einer veränderten Tageseinteilung und anderen Wegen führte: Nachdem er um 14 Uhr die *Arbeiter-Unfall-Versicherungs-*

Anstalt verlassen sowie in der Wohnung seiner Eltern sein Mittagessen eingenommen und Zeitung gelesen hatte, begab er sich im Lauf des Nachmittags in sein neues Domizil, um dort einige Stunden zu schlafen. Der direkte Weg dorthin führte über die *Karlsbrücke* zum *Kleinseitner Ringplatz*, wo er sich links halten und über die *Karmelitergasse (Karmelitská)* in die bergaufwärts führende *Marktgasse (Tržiště)* (→ Abb. 937) einbiegen mußte, an deren Ende das *Schönborn-Palais* lag (→ Abb. 956). Vor dort aus konnte er über die *Johannesgasse (Jánský vršek)* und *Nerudagasse* in wenigen Minuten das *Alchimistengäßchen* erreichen.

EFK 73, vgl. Br III 278, 279, 289, Mi. Ma.: *Goldbringendes Alchimistengäßchen*, in: PT 44, Nr. 301 (25. XII. 1919), S. 5, O. Storch-Marien: *Alchimistengäßchen Nr. 22. Unbekanntes über Franz Kafka*, in: *Im Herzen Europas* Nr. 10 (Oktober 1963), S. 7.

925 | Franz Kafka (1916).

Keine Photographie von ihm kann den bescheidenen Charme dieses Mannes wiedergeben. Er war groß, gut gewachsen, sehr dunkelhaarig, äußerst gut gekleidet; er machte einen sportlichen Eindruck. Ich erinnere mich an zwei dunkle Augen, die aus einem blassen Antlitz derartig leuchteten, daß ich darin goldene Flitter tanzen zu sehen glaubte.

EFK 168 (Fred Bérence).

Meister Leonhard

Unbeweglich sitzt Meister Leonhard in seinem gotischen Lehnstuhl und starrt mit weit offenen Augen gerade aus.

Der Flammenschein des lodernden Reisigfeuers in dem kleinen Herd flackert über sein härenes Gewand, aber der Glanz kann nicht haften bleiben an der Regungslosigkeit, die Meister Leonhard umgibt, gleitet ab von dem langen weißen Bart, dem gefurchten Gesicht und den Greisenhänden, die in ihrer Totenstille mit dem Braun und Gold der geschnitzten Armlehnen wie verwachsen sind.

Meister Leonhard hält seinen Blick zum Fenster gekehrt, vor dem mannshohe Schneehügel die ruinenhafte halbversunkene Schloßkapelle umgeben, in der er sitzt, aber im Geiste sieht er hinter sich die kahlen, engen, schmucklosen Wände, die ärmliche Lagerstätte und das Kruzifix über der wurmstichigen Tür, — sieht den Wasserkrug,

7

926 | Textprobe aus Gustav Meyrinks 1916 im Kurt Wolff Verlag erschienenen *Fledermäusen.*

Als der Kurt Wolff Verlag sich im Sommer 1916 mit dem Argument gegen eine Einzelveröffentlichung des *Urteils* in der Reihe *Der jüngste Tag* (→ Abb. 928) sperrte, der Text sei dafür zu kurz, verwies Kafka auf den Satzspiegel von Meyrinks eben erschienener Erzählsammlung, der, beim Druck des *Urteils* verwendet, eine hinreichende Seitenzahl gewährleiste. Der Vorgang zeigt indirekt sein Interesse am Autor des im Jahr zuvor veröffentlichten *Golem*-Romans, den er während seines Studiums vermutlich persönlich kennengelernt hatte (→ Abb. 119). Außerdem ist anzunehmen, daß er *David Copperfield*, eine Hauptquelle des *Verschollenen*, in der Übersetzung von Meyrink gelesen hatte. Brod nannte sie im März 1912 vorzüglich, da man hier Meyrinks *Sprachbeherrschung und energische Komik namentlich in der Wiedergabe der verschiedensten englischen Dialekte von neuem bewundern* könne. Gelesen hatte er das Buch des von ihm seit den Studienjahren bewunderten Autors schon Anfang April 1911 und neue Kraft daraus geschöpft, so daß damals auch sein Freund Kafka damit bekannt geworden sein dürfte und auf die in den ersten Monaten des Jahres 1912 entstandene und verlorene erste Fassung des *Verschollenen* hätte Einfluß nehmen können.

Am 17. Februar 1917 schenkte Kafka die von Gustav Meyrink ins Deutsche übersetzten *Weihnachtsgeschichten* seiner Schwester Ottla.

Max Brod: *Neue Literatur*, in: PT 37, Nr. 89 (31. III. 1912), S. 11, vgl. Brod: Tagebuch, 6. IV. 1911, KB 201 und Br III 400.

927 | Blick vom Garten des *Schönborn-Palais* auf den *Hradschin.*

Zu jener Zeit etwa kam ich aus München mit neuem Mut zurück, ging in ein Wohnungsbüro, wo mir als erstes fast eine Wohnung in einem der schönsten Palais genannt wurde. Zwei Zimmer, ein Vorzimmer, dessen eine Hälfte als Badezimmer eingerichtet war. 600 K jährlich. Es war wie die Erfüllung eines Traumes. Ich ging hin. Zimmer hoch und schön, rot und gold, wie etwa in Versailles. Vier Fenster in einen ganz versunken stillen Hof, ein Fenster in den Garten.

Da eine spätere Briefstelle beweist, daß hier vom *Schönborn-Palais* die Rede ist, läßt sich die Lage dieser Wohnung in dem ausgedehnten Gebäudekomplex lokalisieren: Die Abbildung zeigt in der Bildmitte den fraglichen Hof, der nicht durch den Torgang des Palais erschlossen wird, so daß die in Aussicht genommene Wohnung in dem rechter Hand an den Hof anschließenden Gebäudeflügel gelegen haben muß, und zwar im Erdgeschoß, denn dieses weist, was die Abbildung nicht vermitteln kann, ungewöhnlich hohe, schloßartige Fenster auf. Von den am unteren Bildrand rechts ansatzweise sichtbaren drei Rundbogenfenstern ist das links zum Hof zeigende dasjenige der von Kafka ausgewählten Wohnung, das einen direkten Blick in den Park erlaubte.

Auf dieses, von Kafka niemals bewohnte Domizil bezieht sich Oskar Baum in seinen Erinnerungen, wenn er schreibt, sein Freund habe in einem alten Adelspalais *einen der überhohen luftigen saalartigen Räume mit riesigen Fenstern* als Schlafplatz gemietet.

An Felice, vermutlich Februar 1917, vgl. EFK 74.

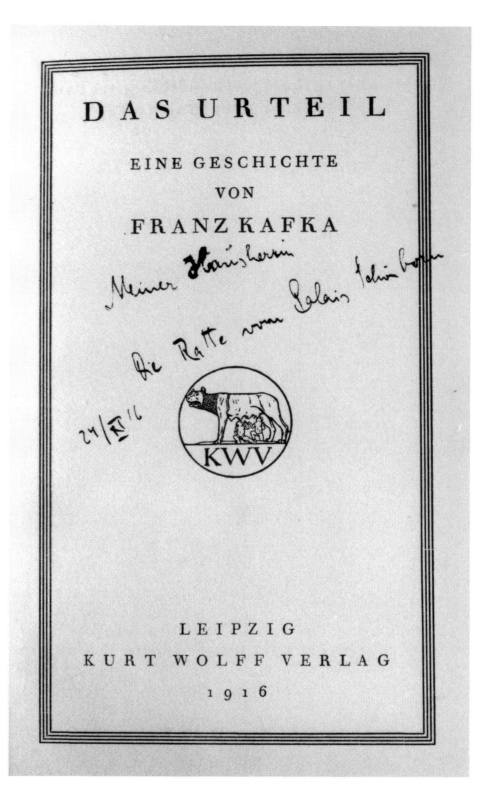

928 | Franz Kafka: *Das Urteil. Eine Geschichte,*
Leipzig 1916. Titelblatt mit handschriftlicher
Widmung an seine Schwester Ottla.

Wie man aus einem an Josef David gerichteten Brief Ottlas erfährt, legte Kafka dieses Exemplar seines *Urteils* am 24. November 1916 seiner
Schwester auf den Tisch des Häuschens im *Alchimistengäßchen.* Freilich zitiert Ottla in diesem
Schreiben lediglich die beiden ersten Worte der
ihr zugedachten Widmung. Die von ihr unter-
schlagene zweite Zeile bezieht sich auf die Tatsache, daß Kafka zu diesem Zeitpunkt einen Wohnungswechsel ins Auge gefaßt und im *Schönborn-
Palais* eine Wohnung in Aussicht genommen hatte,
die seinen ausschweifendsten Wunschträumen
zu entsprechen schien: Wenn er sich damals in
einem Kleinseitner Palais *irgendwo in einem Bo-
denwinkel ein stilles Loch* ersehnte, um sich dort
in *Frieden auszustrecken,* dann stellte die Vorstellung, er werde Räumlichkeiten bewohnen, die ihn
an Versailles erinnerten, eine derartige Diskre-
panz dazu dar, daß er sich als Ratte vorkam – in
Zürau, allein in einer gut ausgestatteten Dreizimmerwohnung lebend, fühlte er sich als *Rattenhöh-
lenbesitzer –,* die unrechtmäßig, weil unverdient
in fremder Pracht wildert. Noch Jahre später bezeichnet er sich und Robert Klopstock als *verzweifelte Ratten,* die, wenn sie *den Schritt des Herrn
hören,* nach verschiedenen Richtungen auseinan-
derlaufen.

An Felice, vermutlich Februar 1917, Br III 367 und Br 431,
vgl. Br III 276.

929 | Das *Alchimistengäßchen* in Prag. Ganz links das Häuschen Nr. 22 (IV-20) (→ Abb. 779, 14), das Ottla gemietet hatte, rechts daneben Nr. 21 (IV-18).

Sonderbar wenn man in dieser engen Gasse unter Sternenlicht sein Haus versperrt. Letzthin stand um diese Zeit mein Nachbar (Dr. Knoll) mit einer Düte Nikolozuckerzeug mitten in der Gasse wo er auf die Kinder der Gasse wartete.

Offenbar meint Kafka den hier namentlich erwähnten Dr. Knoll, wenn er einmal davon spricht, er sei von dem einen Nachbarn nur durch eine dünne Wand getrennt, denn ein Studium der Grundrisse ergibt, daß seine Behausung im Erdgeschoß von dem linker Hand liegenden Nachbargebäude Nr. 23 (IV-22) durch eine rund einen Meter dicke Wand getrennt war, während es auf der gegenüberliegenden Seite (zu IV-18) nur 40 Zentimeter waren.

Der aus Petschau an der Tepl (Bečov nad Teplou) stammende Felix Knoll (*1867) hatte 1896 nach Karlsbad geheiratet, seine Familie aber verlassen und war nach Prag übersiedelt. Im April 1916 bezog er das Haus Nr. 21 (IV-18). Er hat in einem humoristisch gefärbten Artikel, der am 16. Mai 1917 in der *Bohemia* erschien, über sein Domizil Auskunft gegeben. Es handelt sich dabei um ein fingiertes Gespräch mit einem Journalisten, in dem sich der folgende Dialog findet:

«Aber eng – eng – erdrückend eng und niedrig!»

«Dafür kennt man in diesen heiligen Hallen die Kohlennot nicht. Bei der strengsten Kälte genügen 3 bis 4 Schaufeln Kohlen. Im Zeitalter des Petroleums besorgte häufig meine Tischlampe auch die ganze Beheizung. Umgekehrt steht es mir hier zu jeder Minute frei sämtliche Räume meines Hauses auf einmal vom Winde ganz und gar durch und durch fegen zu lassen. Nennen Sie mir in der weiten Welt noch einen Hausbesitzer, der sich so etwas erlauben dürfte.»

«Ich will mein absprechendes Urteil etwas mildern. An Ihrer königlichen Puppenstube imponiert mir – alles, was nicht darin ist. Sie haben hier eine geradezu himmlische Aussicht!»

«Beachten Sie vor Allem das alte Belvedere [gemeint ist das Lustschlößchen der Königin Anna am Chotek-Park] in seiner höchstmalerischen Kontrastwirkung: im Junggrün der Bäume, das Altgrün des Kupferdaches. Überhaupt schwelge ich hier im Feudalsten, was man an Naturgenuß haben kann. Da unten im Hirschgraben darf durchaus gar niemand promenieren – da drüben im Kaisergarten [die zwischen Staubbrücke und Chotek-Park gelegenen Anlagen] nur der Statthalter und der Erzbischof. – Dieselbe paradiesische Ruhe auch hier im Hause. Niemand über – niemand unter mir. – Und noch etwas, weshalb ich sogar den Neid der ewigen Götter fürchten muß: Ich bin hier mein eigener Hausmeister!»

Die Gebäude Nr. 21 und 22 gehörten Františka Michlová, geborene Sofrová, die 1870 in Kounice (Kaunitz) bei Böhmisch Brod geboren wurde, 1895 den Handschuhmacher Otakar Boubal heiratete und vermutlich auf der Abbildung zu sehen ist. Sie wohnte zunächst in Nr. 21, arbeitete als Wäscherin und Küchenhilfe und verdiente sich zusätzlich Geld durch Strickarbeiten. Als der in Nr. 22 wohnende Bohumil Michl, Lithograph beim *Landesgericht*, Witwer wurde, heiratete sie, inzwischen selbst verwitwet, diesen Nachbarn, so daß sie später auch Besitzerin seines Hauses wurde.

Der gegenwärtige Zustand des Gäßchens beruht auf Renovierungen des Jahres 1955. In Nr. 22 befindet sich heute eine Buchhandlung des Prager Vitalis Verlags.

An Felice am 8. XII. 1916 und Felix Knoll: *Alchimie. Von einem richtigen Bewohner der Alchimistengasse*, in: DZB 90, Nr. 133 (16. V. 1917), S. 2, vgl. Br II 289.

930 | Das zum *Hirschgraben* weisende Fenster im *Alchimistengäßchen* Nr. 22.

Bei Kafka in der Alchymistengasse. Er liest schön vor. Klosterzelle eines wirklichen Dichters.

Man betrat das Häuschen über einen winzigen, durch ein Fensterchen erhellten Vorraum, in dem Ottla Kleiderhaken angebracht hatte. Über eine Tür gelangte man ins Zimmer, das sie mit schwarzen Rohrmöbeln ausgestattet hatte. Es hatte ein Fenster, das in Richtung *Hirschgraben* zeigte, und eines, das sich zum *Alchimistengäßchen* öffnete. Vom Vorraum führte eine Treppe zum niedrigen Dachgewölbe und hinunter in einen winzigen Keller mit den Resten einer alten Feuerstelle; beide Räume hatten je ein Fenster zum *Hirschgraben*. Der Keller diente den Geschwistern als Kohlenlager, doch hatte Kafka vor, hier im Sommer ein Eisenbett mit einem Strohsack aufzustellen und zu übernachten.

Neben Max Brod fand sich auch der blinde Oskar Baum in diesem Domizil ein. Ihm blieben der qualmende Ofen und die hier herrschende vollkommene Stille in Erinnerung.

FK 139 f. (Max Brod), vgl. Ottla an Josef David am 11. XI. 1916, 27. XI. 1916, 10. III. 1917 und EFK 74.

931 | Die Treppe zum Keller im *Alchimistengäßchen* Nr. 22.

Bis ½ 7 war ich allein in dem Häuschen. Nachher kam der Franz, ich brachte Kohle aus dem Keller, er leuchtete mir mit der Lampe hinunter. Ich blieb ein Weilchen mit ihm und hatte ihn so gerne, daß mit dem Gefühl ein unbeschreibliches Glück über mich kam. Er mußte dann beim schließen der Tür, den Kopf heraus stecken und den Himmel ansehen, der mit den Sternen über diesem Gäßchen, das beste ist, das ein Mensch sehen kann. Das verlange ich immer von ihm, wenn ich weggehe, es sieht so hübsch aus, daß ich an das Bild die ganze Zeit nachher mit Freude denke.

Ottla an Josef David am 26. XII. 1916.

932 | Ein Metallarbeiter mit amputiertem Unterarm beim Feilen mit Hilfe einer Prothese in der *Jedlička-Schule* auf dem Prager *Wischehrad*, die seit März 1915 der Wiedereingliederung von Kriegsversehrten in das Berufsleben diente.

In einem Aufruf, der gleichzeitig in der *Bohemia* und im *Prager Tagblatt* veröffentlicht wurde, schrieb Kafka: *Denn dies ist vor allem das Ziel der staatlichen Landeszentrale: dort, wo es nur halbwegs geht, die Kriegsinvaliden zum bürgerlichen Erwerb zurückzuführen, sie wieder selbständig zu machen und sie nicht der bitteren Notwendigkeit auszusetzen, von Geschenken leben zu müssen. Wie erfolgreich ihre Bestrebungen darin sind, zeigt ein Besuch der Invalidenschulen, von denen Prag zwei besitzt. In einer von ihnen – in der des Oberstabsarztes Dr. Jedlička – wurden bis zum ersten März dieses Jahres 721 Invalide geschult und 745 Invalide in verschiedenen Fortbildungskursen von Fachleuten gründlich zu neuen Berufen vorbereitet; 190 Zöglingen dieser Kurse wurden dann auch dauernde Arbeitsstellen verschafft.*

Helfet den Kriegsinvaliden! Ein dringender Aufruf an die Bevölkerung, in: PT 41, Nr. 348 (16. XII. 1916), *Abend-Ausgabe*, S. 16 (AS 509), vgl. AS 898–901.

933 | Ludwig Wüllner (1858–1938).

Da steht er hochaufgeschossen, mit grüblerisch vorgeneigtem Kopf, die starr niederfließenden Arme an den Leib gezogen, die Hände um ein unsichtbares Notenblatt verschränkt, bewegt und ruhig wie die Statue eines in Gewölk entrückten Streiters – während der feine, spitzbärtige Herr am Klavier die ersten Leichenbestattungstöne anschlägt ... Dann lösen sich die Hände, gleiten langsam auseinander, das Antlitz hebt sich von der Brust, blickt feucht umflort und geblendet aufwärts, die Lippen wölben sich in schmerzlichem Trotz, das zusammengeballte Wort hat keinen Raum mehr ... Wüllner beginnt.

Mit diesen Worten eröffnet Anton Kuh seine Besprechung des Vortragsabends von Ludwig Wüllner, der am Sonntag, dem 7. Januar 1917, um 16 Uhr im *Neuen deutschen Theater* gastierte. Auf dem Programm standen unter anderem Schillers *Lied von der Glocke* und der 24. Gesang der *Ilias* (Hektors Bestattung), der durch Karl Lafite vom Wiener Konservatorium musikalisch untermalt wurde. Kafka war unter den Zuhörern. (→ Abb. 69)

Wüllner hatte in München und Berlin Literaturgeschichte studiert, mit einer Abhandlung über die ältesten bayerischen Sprachdenkmäler promoviert und als Privatdozent gelehrt, bevor er sich am Kölner Konservatorium als Konzertsänger ausbilden ließ und als Schauspieler am Meininger Theater arbeitete. Damals begann er, erfolgreich als Rezitator mit Werken der deutschen Klassiker aufzutreten, eine Tätigkeit, die seinen Ruhm begründete. Im Jahr 1916 machte er als Lear bei Max Reinhardt in Berlin und am Wiener *Burgtheater* von sich reden, wo er den Faust, Shylock, Nathan und Othello gab. Zu seinen Paradestücken gehörten Goethetexte sowie der Schlußgesang der *Ilias*. Am 4. Dezember 1922 war Wüllner wieder zu Gast in Prag, und zwar innerhalb einer von der *Urania* veranstalteten Vortragsreihe *Das deutsche Lied*, aber da Kafka am Vortag eine Veranstaltung Ludwig Hardts besucht hatte und sich wegen seiner Lungenerkrankung scheute, abends auszugehen, dürfte er diesen Termin schwerlich wahrgenommen haben.

Wüllner zeichnete sich durch eine wohllautende, bis ins kleinste Detail hinein künstlerisch abgetönte Stimme aus, die er in allen Registern souverän beherrschte.

Anton Kuh: *Wüllner spricht Homer*, in: PT 42, Nr. 8 (10. I. 1917), S. 2, vgl. Br III 282, DZB 95, Nr. 283 (2. XII. 1922), S. 6 und PT 63, Nr. 69 (23. III. 1938), S. 5.

934 | *Beethoven. Briefe, Gespräche, Erinnerungen.* Ausgewählt und eingeleitet von Paul Wiegler, (Ullstein & Co.) Berlin und Wien (1916), Einband.

V.[erehrter] W.[iegler]

Meinen innigsten Dank für das Beethovenbuch. Den Schopenhauer beginne ich heute. Möchten Sie doch mit Ihrer allerzartesten Hand, mit Ihrem allerstärksten Blick für die wahrhafte Realität, mit dem gezügelten und mächtigen Grundfeuer Ihres dichterischen Wesens noch weiter solche Denkmäler aufrichten – zu meiner unaussprechlichen Freude.

Kafka, der sich schon 1913 auf Beethovens Briefe berufen hatte, um seine mangelnde Verankerung im Gemeinschaftsleben zu rechtfertigen, borgte die kleine lebensgeschichtliche Dokumentation, die er zusammen mit einem in gleicher Aufmachung erschienenen Bändchen über Schopenhauer von Wiegler (→ Abb. 295) geschenkt bekommen hatte, seiner Schwester Ottla, die am 17. März 1917 ihrer Freundin Irma Kafka daraus vorlas.

An Paul Wiegler, vermutlich Januar 1917 (Briefentwurf), in: *Oxforder Oktavhefte 2,* (hrsg. von Roland Reuß), (Frankfurt am Main, Basel 2006), S. 64 f., vgl. FK 100 und Ottla an Josef David am 18. III. 1917.

935 | Friedrich Feigl: *Franz Kafka liest den Kübelreiter* (1917).

Feigl selbst schreibt in einem unveröffentlichten Brief aus dem Jahr 1956, daß Kafkas Rezitation des *Kübelreiters,* der er beiwohnte, in der Wohnung Oskar Baums (→ Abb. 813) stattgefunden habe, und zwar vor einer Gruppe von Schriftstellern, die sich regelmäßig getroffen hätten, um sich gegenseitig vorzulesen. Sein Porträt sei aber aus der Erinnerung geschaffen worden.

Feigl, der in Berlin lebte (→ Abb. 906), war am 15. Juli 1916 gemustert, am 29. August als tauglich zum Landsturmdienst mit der Waffe befunden und der III. Ersatzkompagnie des *K. und k. Infanterieregiments Nr. 28* zugewiesen worden, der auch Kafka angehörte. Spätestens am 15. Oktober traf er in Prag ein, wo er Kafka aufsuchte, bevor er sich den Militärbehörden am 20. des Monats präsentierte: Er hatte Ende September eines seiner Bilder an Kafka geschickt, der jetzt zu bezahlen hatte.

Am 9. Februar 1917 schrieb Feigl in einem an die *Gesellschaft zur Förderung deutscher Literatur, Kunst und Wissenschaft* gerichteten Bittgesuch, er müsse demnächst nach Bruck an der Mur (Steiermark) einrücken. Ein polizeilicher Meldezettel belegt, daß er am 1. März tatsächlich dorthin abgereist ist, sich aber zwischen dem 24. März und 14. April noch einmal in seiner Heimatstadt aufgehalten hat. Allerdings wurde er bald darauf wegen eines Herzfehlers superarbitriert und zum Kanzleidienst bestimmt, den er ab November 1917 in Prag versah.

Die Entstehung des *Kübelreiters,* zu dessen Voraussetzungen die Kohlennot gehört, von der im Dezember 1916 auch Kafkas Domizil im *Alchimistengäßchen* betroffen war, läßt sich zeitlich nicht genau bestimmen, doch dürfte die Niederschrift in der ersten Februarhälfte 1917 oder früher erfolgt sein, denn die handschriftlich im zweiten Ok-

tavheft überlieferte Erstniederschrift der Erzählung endet 35 Manuskriptseiten vor einem auf den 17. des Monats datierten Eintrag, in dem Kafka erwähnt, *Hermann und Dorothea* gelesen zu haben. Auch wenn diese Datierung nachträglich erfolgte und deswegen fehlerhaft sein könnte, muß diese Notiz spätestens am 23. Februar formuliert worden sein, denn an diesem Tag hat Kafka Goethes Versepos verschenkt (→ Abb. 833). Da Kafka seinen Freunden Gelungenes bald nach dessen Entstehung vorzulesen pflegte – der *Kübelreiter* ist der erste der im *Alchimistengäßchen* entstandenen Texte, den er für veröffentlichungsreif hielt, auch wenn er ihn nicht, wie ursprünglich vorgesehen, in seinen *Landarzt*-Band aufnahm –, dürfte er die Erzählung im Februar vorgetragen und dadurch Feigls Zeichnung veranlaßt haben, die also entweder noch in diesem Monat oder zwischen Ende März und Mitte April 1917 entstanden sein dürfte. Daß Kafka damals tatsächlich seinen Freunden zu Gehör brachte, was er in den Wochen zuvor geschaffen hatte, überliefert Max Brod, dem er am 11. Februar im *Alchimistengäßchen* vorlas.

Vgl. EFK 147, J. P. Hodin: *Friedrich Feigl,* in: PN 35, Nr. 2 (März/April 1984), S. 3, *Österreichisches Staatsarchiv, Kriegsarchiv,* Wien (Militärakte Friedrich Feigl), Br III 264, NA (polizeiliche Meldekarten) und Ottla an Josef David am 10. XII. 1916, FK 139 f.

936 | Annonce des in der *Lucerna* (→ Abb. 529) gelegenen Schuhgeschäfts *Krása*.

In den schweren Stiefeln, die ich heute zum erstenmal angezogen habe (sie waren ursprünglich für den Militärdienst bestimmt), steckt ein anderer Mensch.

In Zeitungsmitteilungen hatten die Militärs wissen lassen, es liege im Interesse jedes einrückenden Landsturmpflichtigen, in festen Schuhen zur Präsentation zu erscheinen.

Franz Kafka: Oxforder Oktavheft 2, (hrsg. von Roland Reuß), (Frankfurt am Main, Basel 2006), S. 134–137 (von Kafka nachträglich datiert auf den 19. II. 1917).

937 | Der Eingang zum *Wrtba-Garten* an der Ecke *Karmelitergasse (Karmelitska)/Marktgasse (Tržiště)* auf der Prager Kleinseite.

Atlas konnte die Meinung haben, er dürfe, wenn er wolle, die Erde fallen lassen und sich wegschleichen; mehr als diese Meinung aber war ihm nicht erlaubt.

Zu dem an der Ecke *Karmelitska/Marktgasse* sich erhebenden *Wrtba-Palais* (III-373) aus dem 17. Jahrhundert gehört der hinter dem Gebäude liegende figurenreiche Barockgarten aus dem Jahr 1720, der wegen seiner Aussichtsterrasse mit einem einmaligen Rundblick auf *Hradschin* und Kleinseite zu den Prager Sehenswürdigkeiten zählt. Man erreicht ihn noch heute über drei Höfe, deren letzter sich hinter einem Portal öffnet, auf dem sich Sandsteinfiguren von Matthias Braun erheben: Ein lebensgroßer Atlas, die Weltkugel tragend, wird von halb sitzenden, halb liegenden Frauenfiguren flankiert, die Obst und Früchte halten. Aphorismen wie der oben angeführte, Ende Januar 1918 in Zürau entstandene, mögen durch Statuen dieser Thematik angeregt worden sein.

Kafka mußte das Palais passieren, wenn er das in der *Marktgasse* liegende *Schönborn-Palais* aufsuchte oder zum *Laurenziberg* hochging.

NS II 80.

938 | Blick von der *Karmelitergasse* auf den Eiermarkt in der *Marktgasse*, den Kafka passieren mußte, wenn er, von der Altstadt kommend, sein Domizil im *Schönborn-Palais* aufsuchte.

Im Sommer 1916 hatte Kafka begonnen, sich eine eigene Wohnung zu suchen, weil ihm die Lärmbelästigung in seinem Zimmer in der *Langegasse* so unerträglich geworden war, daß er sie als *Brutstätte allen Wahnes* bezeichnete, die es ihm unmöglich machte, *zum Frieden zu kommen*, und dadurch *immer größere Schwäche und Aussichtslosigkeit* hervorrief. Außerdem war ihm bewußt, daß seine Arbeitswohnung im *Alchimistengäßchen* auf Kosten Ottlas ging, die sie eigentlich für sich gemietet hatte. Als dann eine preiswerte Zweizimmerwohnung im *Schönborn-Palais* angeboten wurde – auf die zur Parkseite liegende mit den hohen Zimmern (→ Abb. 927) hatte er inzwischen verzichtet –, mietete er sie, weil er glaubte, in diesem neuen Domizil seine literarische Arbeit, die neuerdings wieder akzeptable Ergebnisse gezeigt hatte, mit größerem Erfolg fortsetzen zu können. Er gab jedoch seine Schreibklause im *Alchimistengäßchen* keineswegs auf und benutzte das *Schönborn-Palais* lediglich als Schlafstelle.

Als er im Juli 1920 sein Zimmer in der elterlichen Wohnung vorübergehend seinem Onkel Alfred Löwy überlassen mußte, der zu Besuch in Prag war, und in dieser Zeit in der zufällig leerstehenden Wohnung seiner Schwester Valli schlief, kommentierte er diesen Doppelwohnsitz am 27. Juli

939 | Blick vom Haupttor des *Schönborn-Palais* in den Park mit der Gloriette im Hintergrund. Die den Durchgang an der Gartenseite flankierenden Karyatiden stammen von Mathias Braun.

Der Garten! Wenn man in den Torweg des Schlosses kommt, glaubt man kaum, was man sieht. Durch das hohe Halbrund des von Karyatiden flankierten zweiten Tores sieht man von schön verteilten, gebrochen verzweigten steinernen Treppen an den großen Garten eine weite Lehne langsam und breit hinaufsteigen bis zu einer Gloriette.

An Felice, vermutlich Februar 1917.

940 | Blick von einem Fenster der ehemaligen Kafka-Wohnung im *Schönborn-Palais* auf die *Burg*.

Nun fand sich aber in dem gleichen Schloß, direkt von der Verwaltung zu mieten, eine andere Wohnung, im zweiten Stock, etwas niedrigere Zimmer, Gartenaussicht, vor den Fenstern ganz nahegerückt der Hradschin.

In dem ausgedehnten Gebäudekomplex gibt es nur eine einzige, tatsächlich aus zwei Zimmern bestehende Wohnung, die einen unverstellten Blick auf den *Hradschin* erlaubt. Das ist natürlich nur möglich, wenn sich deren Fenster zur *Marktgasse (Tržíště)* öffnen. Der Ausdruck *Gartenaussicht* kann also keinesfalls den Blick in den auf der anderen Seite des Gebäudekomplexes liegenden Park meinen, sondern bezieht sich wohl auf die der *Burg* vorgelagerten Grünanlagen (→ Abb. 799), die Kafka vor Augen hatte, wenn er aus dem Fenster schaute (→ Abb. 927).

An Felice, vermutlich Februar 1917.

Milena gegenüber wie folgt: *Es ist vielleicht gar nicht die Leere der Wohnung, die mir so gut tut, oder nicht hauptsächlich sie, sondern der Besitz zweier Wohnungen überhaupt, eine Wohnung für den Tag und eine andere entfernte für Abend und Nacht. Verstehst Du das? Ich nicht, aber es ist so.*

Die beiden Zimmer im *Schönborn-Palais* waren unmöbliert, so daß sich Kafka, um sie einigermaßen wohnlich machen zu können, Möbel aus der Wohnung Ellis in Königliche Weinberge hätte ausleihen müssen. Vielleicht war ihm dies zu umständlich, vielleicht unterließ er es auch, weil er erwartete, einrücken zu müssen, so daß es zunächst bei einer Schlafstelle blieb, aus der dann ein Dauerzustand wurde, bis er die Wohnung Ende August krankheitshalber aufgeben mußte.

An Felice, vermutlich Februar 1917, vgl. NS II 195.

Onkel Franz
Illustrierte Jugend-Zeitung

Nr. 12 | Wochenbeilage zum „Prager Tagblatt" | 1917

Consul, der viel Bewunderte.
Aus dem Tagebuche eines Künstlers.

Vor einiger Zeit habe ich in einem Zirkus einen dressierten Affen kennen gelernt, der durch seine außerordentliche Geschicklichkeit und Menschenähnlichkeit das größte Staunen hervorruft. Er ißt, trinkt und schläft wie ein Mensch, raucht Zigaretten, spielt Karten, fährt Rad und läuft sehr geschickt Rollschuh. Er scheint auf seine Künste sehr stolz zu sein und achtet namentlich darauf, daß sein Aeußeres tadellos ist, wenigstens scheint es so zu sein, denn jeden Augenblick wirft er einen Blick in den Handspiegel, den er stets bei sich trägt. Viele Besucher seiner Vorstellungen sind im Besitze einer Ansichtskarte, auf die Consul selbst seinen Namen geschrieben hat; auch das hat er sogar gelernt.

Inzwischen bin ich mit ihm etwas näher vertraut geworden, und daher hat er mir einen Einblick in sein Tagebuch gestattet, das in der

941 | Die erste Seite der am 1. April 1917 erschienenen *Illustrierten Jugend-Zeitung Onkel Franz*, einer Wochenbeilage des *Prager Tagblatts*. Der in dieser Nummer abgedruckte Artikel, der den Titel *Consul, der viel Bewunderte* trägt, war der Auslöser für die wenige Tage später erfolgte Niederschrift der Erzählung *Ein Bericht für eine Akademie*, mit der er charakteristische Details gemeinsam hat.

Kafkas Text hat freilich eine längere Vorgeschichte: In den Jahren 1908 und 1909 trat im Prager *Théâtre Variété* ein Schimpanse namens ‹Konsul Peter› auf, der wegen seiner menschlichen Tischsitten und seiner Geschicklichkeit größte Berühmtheit erlangte und natürlich auch ein Vorbild für den Konsul des *Prager Tagblatts* war (→ Abb. 522). Die Zeitungen berichteten ausführlich über Peters Kunststücke, so auch die *Bohemia*, die beispielsweise am 20. September 1908 unter der Überschrift *Bei Konsul Peter* ein Interview des Schimpansen mit Richard Rosenheim brachte, einem Freund Max Brods, in dem der Interviewte in bemerkenswerter Übereinstimmung mit einer der Vorfassungen des *Berichts für eine Akademie*, bequem in einen Lehnstuhl zurückgelehnt, sich über die Berichterstattung der Journalisten und die Prager Verhältnisse entrüstet. Durch Photos in Zeitschriften und durch Ansichtskarten, die Peter beim Essen, Lesen, Radfahren oder Rauchen zeigen, war diese durch die europäischen Varietés wandernde Attraktion auch in Abbildungen gegenwärtig. Dazu kamen vermutlich Berichte über außergewöhnliche Leistungen anderer Tiere, deren Verhalten menschliche Züge anzunehmen schien. So berichtete etwa die *Bohemia* am 18. November 1910 von einem ein halbes Jahr alten Vorstehhund, der einzelne Worte, ja sogar kurze Sätze sagen und sich auf diese Weise mit seinem Besitzer über Art und Umfang der gewünschten Nahrungsaufnahme unterhalten konnte. Phänomene dieser Art schienen die Sicht der Evolution zu bestätigen, die Ernst Haeckel auf der Grundlage Darwins in seinen *Welträtseln* (→ Abb. 79) entwickelt und damit den Gymnasiasten Kafka beeindruckt hatte. Schließlich darf auch nicht das Vorbild E. T. A. Hoffmanns außer Acht gelassen werden, der in seinem *Schreiben Milos, eines gebildeten Affen, an seine Freundin Pipi in Nordamerika* nicht nur ‹Konsul Peter› vorwegnahm, sondern auch eine Darstellungsform schuf, deren sich Kafka bedienen konnte und, wie Einzelübereinstimmungen zeigen, ganz ohne Zweifel bedient hat. Gleichwohl habe er, Erinnerungen Otto Brods zu glauben, diese weitgehenden Parallelen nie selbst erwähnt, obwohl er sonst Abhängigkeiten seiner Werke von anderen mit Nachdruck betont habe.

Vgl. DZB 81, Nr. 260 (20. IX. 1908), S. 25, DZB 83, Nr. 318 (18. XI. 1910), S. 6, NS I 384 – 390, Walter Bauer-Wabnegg: *Zirkus und Artisten in Franz Kafkas Werk*, Erlangen 1986, S. 133 – 140 und Otto Brod: *Affen in der Literatur*, in: PT 61, Nr. 58 (8. III. 1936), *Der Sonntag*, S. III.

943 | In der *Stillen Scharka (Tichy Šárka)* bei Podbaba.

942 | Der Literaturwissenschaftler Dr. Josef Körner (1888–1950).

Körner, der aus Mähren stammte, hatte in Wien Germanistik studiert und arbeitete seit 1912 als Deutschlehrer an der *Zweiten deutschen Staatsrealschule* in der *Nikolandergasse (Mikulandská)* in der Prager Neustadt. Er wurde im Sommer 1915 eingezogen, war aber krankheitshalber seit Anfang 1916 im Wiener *Kriegspressequartier* tätig, in dessen Auftrag er den literarischen Teil der im März 1917 gegründeten, patriotisch-militärisch ausgerichteten Zeitschrift *Donauland* redaktionell betreute, in der staatstragende Autoren zu Wort kommen und dadurch zur kulturellen Einigung des Vielvölkerstaats unter österreichischer Führung beitragen sollten. Körner suchte deswegen Kafka in seinem Büro auf und bat ihn um seine Mitarbeit am *Donauland*. Als der versprochene Beitrag jedoch ausblieb, lud er, der im September 1917 unter dem Titel *Dichter und Dichtung aus dem deutschen Prag* im *Donauland* einen Aufsatz veröffentlicht hatte, in dem die *Verwandlung* zu den großartigsten Schöpfungen neuerer deutscher Erzählkunst gerechnet wurde, Kafka in einem Brief förmlich zur Mitarbeit ein, erhielt diesmal aber eine Ablehnung.

Als Erklärung für diesen Sinneswandel bietet sich an, daß Körner im Frühjahr vorgesprochen hatte, als die Tendenz der neuen Zeitschrift noch nicht deutlich zu erkennen war. Jetzt jedenfalls, im Dezember des Jahres, unterstellte ihr Kafka eine *ausgesucht frevelhafte Mischung*, die aus unreiner Quelle hervorsprudle und eine *unheilbare Lüge* darstelle.

Verdeutlichung und Bestätigung dieser Auffassung bietet ein Schreiben vom März dieses Jahres, in dem er es abgelehnt hatte, einer Wiener Vereinigung beizutreten, die an die *Lebenskraft des alten österreichischen Volksingeniums* glaubte und es sich zur Aufgabe gemacht hatte, die jungen künstlerischen Kräfte der Monarchie zu bündeln und nach dem Kriege der Regeneration zuzuführen. Es heißt da: *Ich bin nämlich nicht imstande mir ein im Geiste einheitliches Österreichertum klar zu machen und noch weniger allerdings mich einem solchen Geistigen ganz eingefügt zu denken.*

Gleichwohl müssen Körner und Kafka weiter in Kontakt geblieben sein. Denn wenn sich letzterer am 3. Juni 1919 für die Besprechung des Briefwechsels zwischen Achim von Arnim und Bettina Brentano bedankt, die Körner 1915 im *Euphorion* ver-

öffentlicht hatte, und zwar ohne über die Zusendung dieses Beitrags erstaunt zu sein, dann muß ein mündlicher Kontakt vorausgegangen sein – Körner wohnte inzwischen wieder in Prag –, bei dem man über von Arnim gesprochen hatte, der schon bei der Begegnung zwei Jahre zuvor Gegenstand der Unterhaltung gewesen war. Damals nämlich hatte Körner versprochen, Kafka seinen *Achim von Arnim und der Krieg* betitelten Aufsatz zuzusenden, der im *Beiblatt* zum *Berliner Tagblatt* vom 18. Januar 1915 erschienen war, dieses Versprechen aber erst wahr gemacht, nachdem Kafka ihn daran erinnert hatte.

Von 1930 bis 1938 war Körner Privatdozent für neuere deutsche Literaturgeschichte an der Prager deutschen Universität. Im Februar 1945 wurde er nach Theresienstadt deportiert, überlebte aber und starb im Mai 1950 in Rostok bei Prag.

An Josef Körner zwischen dem 8. und 10. XII. 1917, Br III 636 und Br III 291, vgl. Heinz Härtel: *Zu Kafkas Briefen an Josef Körner über Arnim*, in: *Brücken nach Prag. Festschrift für Karl [sic!] Krolop zum 70. Geburtstag*, Frankfurt/M. u. a. 2000, S. 321–346 und Josef Körner: *Philologische Schriften und Briefe*, hrsg. von Ralf Klausnitzer, Göttingen 2001, S. 399 f.

944 | Die *Villa Mily* in Podbaba, *V Podbabě* Nr. 8 (XIX-2517), in der Berta Fanta und ihre Familie die Sommermonate, zuweilen aber auch das Frühjahr verbrachten.

Der Garten und das Stiegenhaus waren mit Kopien nach griechischen Statuen geschmückt.

Hugo Bergmann überliefert, daß Oskar Pollak in der Gartenlaube dieses Sommersitzes Boccaccio vorlas, und Nelly Thieberger erinnerte sich, daß sie mit Max und Elsa Brod, Felix und Irma Weltsch, Oskar und Grete Baum und Kafka an einem Sonntagnachmittag während des Ersten Weltkriegs vor dem Haus Kaffee trank und anschließend mit den Genannten zurückwanderte.

Die nirgends in Erscheinung tretende Adresse der *Villa Mily,* die mehrfach ihre Konskriptionsnummer geändert hat, ließ sich indirekt aus Berta Fantas Verlassenschaftsakten erheben, die sich im *Archiv hlavního města Prahy* erhalten haben und erlaubten, die Katasternummer des Grundstücks festzustellen, die niemals verändert wurde.

G 249 (Else Bergmann: *Familiengeschichte*), vgl. 179 (das in der Bildbeilage zu diesem Band abgedruckte Photo verdankt sich Informationen Hartmut Binders) und EFK 121 f.

945 | Berta Fanta (1865–1918).

Ich habe diese Frau wirklich sehr gern gehabt. Sie war ein ganz reiner Mensch und gegen ihre kleinen Fehler führte sie einen leidenschaftlichen Krieg. Immer hat sie so am Leben gehangen, den Tod gefürchtet, über die Unsterblichkeit philosophiert.

Berta Sohr hatte in Prag eine Lehranstalt für höhere Töchter besucht und heiratete 1884 Max Fanta, der von seiner Schwiegermutter zum Apotheker bestimmt worden war. Philosophisch interessiert, hatte sie sich zunächst für Nietzsche begeistert, sich dann aber der Philosophie Franz Brentanos zugewandt, die in ihrem Salon eine Heimstätte fand (→ Abb. 134, 162 und 170). Seit etwa 1908 wandte sie sich der Theosophie zu, eine Entwicklung, die 1912 in der Gründung der ersten theosophischen Loge in Prag gipfelte, der sie vorstand. Als der Krieg ausbrach, hörte für eine Zeitlang auch der seit Anfang 1903 bestehende Salon Fanta auf zu existieren (→ Abb. 137). Oskar Pollak und Hugo Bergmann rückten ein, Otto Fanta wurde Sanitäter und lebte zeitweilig in Wien, und Berta Fanta selbst absolvierte einen Kurs für Krankenpflegerinnen, der es ihr erlaubte, ihren Schwiegersohn

an der Front zu besuchen. Anfang Februar 1915 übersiedelte sie für längere Zeit nach Wien – endgültig hat sie sich erst im Juni 1918 abgemeldet –, wo es ihr gelang, daß Hugo Bergmann dem Frontdienst entzogen wurde und einen Posten als Armeedolmetscher erhielt. So ist anzunehmen, daß die für die Kriegszeit bezeugten Zusammenkünfte in der Wohnung am *Altstädter Ring* (Abb. 908 und 1013) und in Podbaba (→ Abb. 944) erst im Herbst 1915, als sie nach Prag zurückgekehrt war, wieder einsetzten, also höchstens drei Jahre gedauert haben dürften, bevor sie endgültig endeten, denn Mitte Dezember 1918 erlag Berta Fanta beim Teigkneten überraschend einem Herzschlag.

Max Brod an Kafka am 20. XII. 1918 (EFB 254), vgl. G 234 f., 285, 260 und PT 40, Nr. 274 (3. X. 1915), S. 12.

Der Blutsturz

Da Kafka Milena gegenüber davon spricht, zweimal mit dem gleichen Mädchen verlobt gewesen zu sein und die in den *Briefen an Felice* veröffentlichte Abbildung, die Kafka und Felice zusammen zeigt, fälschlicherweise auf *Anfang Juli 1917* datiert wurde, glaubte man, ein Foto vor sich zu haben, das anläßlich der zweiten Verlobung Kafkas entstanden sei, die man auf diesen Zeitpunkt datierte.

Felice hatte Anfang Juli 1917 auf einer Reise, die sie zu ihrer Schwester nach Ungarn führte, in Prag Zwischenhalt gemacht, um sich die Wohnung anzuschauen, die Kafka im *Schönborn-Palais* gemietet hatte, und dafür Einrichtungsgegenstände zu kaufen. Vielleicht fand sich also am Sonntag, dem 8. Juli, im Hause Kafka am *Altstädter Ringplatz* eine freilich nicht belegbare mehr oder weniger förmliche *Tischgesellschaft* zusammen, auf der die neuerliche Verlobung von Kafka und Felice gefeiert wurde, denn immerhin ist für den darauffolgenden Tag ein offizieller Antrittsbesuch des Paares bei Max Brod und seiner Frau belegt – Kafka trug dem feierlichen Anlaß entsprechend ausnahmsweise einen *hohen Stehkragen* –, für den 10. ein ebensolcher bei Felix und Irma Weltsch in Bubentsch und bei seiner Schwester Valli in der *Stockhausgasse* (→ Abb. 1069). Es kann aber auch sein, daß Kafka bei dem Milena gegenüber erwähnten Ereignis an den *Vertrag* denkt, den er im Juli 1916 mit Felice in Marienbad geschlossen und sowohl durch einen Besuch bei Kafkas Mutter in Franzensbad als auch durch einen Brief an Anna Bauer – Felicens Vater war im November 1914 überraschend gestorben – in Berlin besiegelt und verbindlich gemacht hatte.

Während ihrer Besuchstour in Prag hatte Felice ein Täschchen verloren, das schließlich in Vallis Wohnung wiederentdeckt wurde. Als Kafka wegen der anstehenden Reise – er sollte seine Braut nach Ungarn begleiten – Weltsch nicht sofort davon unterrichtete, machte dessen Frau, wie unveröffentlichte Tagebuchaufzeichnungen Weltschs zeigen, die sich im *Deutschen Literaturarchiv* erhalten haben, einen furchtbaren *Krawall*, wobei sie nicht nur den tatsächlichen Ablauf der Ereignisse verdrehte und *die entsetzlichsten Schimpfworte* auf ihren Mann und dessen Freunde herabprasseln ließ, sondern auch hinter dessen Rücken einen *groben* Brief an Kafka schickte, der sich dadurch verpflichtet sah, die Dinge mit einem umfangreichen, diplomatisch gehaltenen Antwortschreiben wieder ins Lot zu bringen.

Am Mittwoch, dem 11. Juli 1917, fuhren Kafka und Felice über Wien nach Budapest. Dort entstand, und zwar vermutlich am 13. des Monats, die in Frage stehende Abbildung, auf deren Rückseite vermerkt ist: *Enyveskép, Budapest VIII, Rákóczy-Ut 76 sz.* Bei dem Photographen, der in einer der wichtigsten, in der Nähe des *Ostbahnhofs* gelegenen Geschäftsstraßen Budapests sein Atelier hatte, handelt es sich vermutlich um einen Amateur, der ein neuartiges, besonders preisgünstiges Verfahren anwandte. Ob Kafka tatsächlich, wie Max Brod überliefert, mit Felice nach Arad weiterfuhr, wo damals ihre Schwester Elisabeth und deren Familie lebte, darf

946 | Franz Kafka und Felice Bauer (13. Juli 1917). Felice trägt ein aufklappbares Medaillon, das sie im November 1912 geschenkt bekommen hatte. Darin waren Photos von ihrer Nichte Muzzi Braun und Kafka eingelegt.

bezweifelt werden, obwohl diese Absicht ursprünglich sicherlich bestand, möglicherweise aber der Differenzen wegen wieder aufgegeben wurde, die sich erwiesenermaßen zwischen den Verlobten im Lauf der Reise auftaten. Es fällt nämlich auf, daß Kafka seiner Schwester Ottla lediglich einen Kartengruß aus Budapest sandte, daß er Martin Buber gegenüber von einer kleinen Reise nach Wien und Budapest spricht und, bedeutsamer noch, daß er später Milena gegenüber äußerte, er habe seine Braut nach Budapest begleitet, Arad also in keinem dieser Korrespondenzstücke erwähnt.

Rein zeitlich gesehen wäre der Abstecher nach Arad möglich gewesen: Die Sonderausgabe des *Österreichischen Kursbuchs* vom Juli 1917 weist für die Strekke Budapest–Arad eine Reisezeit von etwa 5 ½ Stunden aus. Wäre Kafka in Arad gewesen, hätte das Paar Budapest schon am Vormittag oder frühen Nachmittag des 13. Juli verlassen und Kafka am nächsten Morgen sofort wieder zurückfahren müssen, denn ein an Rudolf Fuchs gerichteter Brief beweist, daß er sich am 14. in Budapest aufhielt. An diesem Tag oder an einem der beiden darauffolgenden, die Kafka ebenfalls noch in Budapest verbrachte, traf er *zufällig*, also wohl im Zusammenhang mit einem Theaterbesuch, mit dem Schauspieler Jizchak Löwy zusammen (→ Abb. 455). Er veranlaßte ihn zur Niederschrift seiner Erinnerungen, die aber nicht weit genug gediehen, so daß die beabsichtigte Veröffentlichung im *Juden* unterblieb.

Drei Wochen nach seiner Rückkehr aus Budapest erlitt Kafka in der Nacht einen Blutsturz, der natürlich Arztbesuche im Gefolge hatte. Nachdem sich definitiv herausgestellt hatte, daß er an Lungentuberkulose litt, schrieb er am 7. September an Felice: *Daß eine Krankheit ausbrach, hat mich nicht erstaunt, daß Blut kam, auch nicht, ich locke ja durch Schlaflosigkeit und Kopfschmerzen die große Krankheit schon seit Jahren an und das mißhandelte Blut sprang eben heraus, aber daß es gerade Tuberkulose ist, überrascht mich natürlich, jetzt im 34. Jahre kommt sie, ohne weit und breit in meiner Familie die geringste Vorgängerin zu haben, über Nacht. Nun, ich muß sie hinnehmen, auch scheint sie mit jenem Blut die Kopfschmerzen mir weggeschwemmt zu haben. Im Verlauf läßt sich heute nicht absehn, ihre künftige Gangart bleibt ihr Geheimnis, mein Alter mag eine gewisse Hemmung für sie sein, vielleicht.* Aber schon am 30. des Monats, in einem weiteren Schreiben an die gleiche Adressatin, war jede Hoffnung auf Gesundung verschwunden: Er deutete die Krankheit als Ergebnis seines fünfjährigen Kampfes um die Ehe, der nach seiner Einsicht in einem *allgemeinen Bankrott* geendet hatte, und folgerte daraus, sie werde ihn begleiten, solange er lebe: *Und beide können nicht am Leben bleiben.*

F nach S. 592, T 805, FK 140, Br III 173, Hartmut Binder: *Im Reich der Gegen-Texte,* in: NZZ 226, Nr. 146 (25. VI. 2005), S. 67 und Br 303, vgl. Br II 23, 34, 61, 63, 338, M 10, Br III 302, Niels Bokhove: *Chaperon in oorlogstijd. Kafka tweemal op reis in Hongarie,* in: KK 14, Nr. 4 (2006), S. 86, Br III 304, EFK 110, 303, M 78, Br III 170, 273, 306 und 336.

947 | Die *Rákóczi-Straße (Rákóczi-út)* in Budapest.

948 | Felice Bauer, ihr Schwager Bernát Braun und ihre Schwester Elisabeth (von links) in Budapest.

Else Bauer, die 1911 den Geschäftsmann Bernát Braun geheiratet hatte, lebte zunächst in Budapest und übersiedelte dann nach Arad (heute Rumänien). Möglicherweise trafen sich Kafka, Felice und die Brauns in Budapest, so daß Felice mit ihrer Schwester und ihrem Schwager nach Arad weiterreisen konnte und Kafkas Begleitschutz überflüssig wurde.

949 | Der *Arkadenhof* im 1876 eröffneten *Café Central* an der Ecke *Herrengasse/ Strauchgasse* in Wien.

Während seines Wien-Aufenthalts am 17. und 18. Juli 1917 besuchte Kafka zusammen mit Rudolf Fuchs das heute noch existierende *Café Central*, das bis zum Ende des Ersten Weltkriegs der Stammsitz von Literaten wie Franz Werfel, Otto Pick, Franz Blei, Anton Kuh, Alfred Polgar, Egon Friedell, Otfried Krzyzanowsky und Karl Kraus war, der das hier herrschende Milieu in seiner magischen Operette *Literatur oder Man wird doch da sehn* kritisch kommentiert hat. (→ Abb. 1118)

Die gedruckt vorliegenden Erinnerungen von Milena Jesenskás Freundin Jaroslava Vondráčková über Kafkas Wien-Aufenthalt im Jahr 1917 sind frei erfunden.

Vgl. EFK 110, Hartmut Binder: *Ernst Polak – Literat ohne Werk. Zu den Kaffeehauszirkeln in Prag und Wien*, in: *Jahrbuch der Deutschen Schillergesellschaft* 23 (1979), S. 383–386 und Rotraut Hackermüller: *Das Leben, das mich stört. Eine Dokumentation zu Kafkas letzten Jahren 1917–1924*, Wien, Berlin 1984, S. 25 und 47.

950 | Otto Gross (1877–1920).

Groß aber erzählte mir etwas fast die ganze Nacht (bis auf kleine Unterbrechungen, während welcher er sich wahrscheinlich Einspritzungen machte) wenigstens schien es mir so, denn ich verstand eigentlich nicht das Geringste. Er erläuterte seine Lehre an einer Bibelstelle, die ich nicht kannte, aber aus Feigheit und Müdigkeit sagte ich es nicht. Unaufhörlich zerlegte er diese Stelle, unaufhörlich brachte er neues Material, unaufhörlich verlangte er meine Zustimmung.

Wie aus einem Schreiben an Max Brod vom 20. Oktober 1917 erschlossen werden kann, hatte Kafka Anton Kuh im *Café Central* getroffen und war mit ihm, seiner Schwester Marianne und Otto Gross in der Nacht vom 18./19. Juli von Wien nach Prag gefahren. Vier Tage später traf er Gross und Marianne Kuh, die im *Café Arco* ihrer Kokainsucht frönten, noch einmal in Gesellschaft Franz Werfels und des Musikers Adolf Schreiber (→ Abb. 1115) in der Wohnung Max Brods in der *Břehová* (→ Abb. 809). Bei dieser Gelegenheit entwickelte Gross einen Zeitschriftenplan, von dem sich Kafka emotional stark angesprochen fühlte.

Gross war der Sohn des Professors für österreichisches Strafrecht und Strafprozeßrecht Hans Gross (1847–1915), der einer der Lehrer Kafkas an der *Karl-Ferdinands-Universität* in Prag gewesen war

(→ Abb. 174), hatte Medizin studiert und arbeitete an der Universität Graz als Privatdozent im Fach Psychopathologie. Seine Drogenabhängigkeit, seine Wendung zur Psychoanalyse, der er neue Impulse gab, sowie seine Propagierung sexueller Freiheit, die er, obwohl seit 1903 verheiratet, persönlich mit teilweise prominenten Partnerinnen auslebte, führten 1913 dazu, daß er auf Veranlassung seines Vaters unter dessen Kuratel gestellt und in der Privat-Irrenanstalt Tulln bei Wien interniert, jedoch aufgrund öffentlicher Proteste bald wieder entlassen wurde. Ab 1915 arbeitete er als Arzt, wurde aber im Mai 1917 in die *Landes-, Heil- und Pflegeanstalt Steinhof* in Wien eingewiesen, jedoch schon nach einer Woche als geheilt entlassen. Im Oktober 1919 übersiedelte Gross nach Berlin, wo er in einem Privatsanatorium an Lungenentzündung starb. Werfel hat ihn in seinem 1929 erschienenen autobiographischen Roman *Barbara oder die Frömmigkeit* in der Gestalt des Gerhardt porträtiert, Mizzi Kuh in der Figur der Lisa.

An Milena am 25. VI. 1920, vgl. Johannes Urzidil: *Café Arco*, in: PT 50, Nr. 284 (6. XII. 1925), *Beilage I*, S. 4, FK 140 und Br III 364.

951 | Marianne («Mizzi») Kuh.

[…] die Frau lehnte in einer Ecke im Schmutz – wir hatten nur Plätze auf dem Korridor – und schlief (äußerst, aber ohne sichtbaren Erfolg von Groß behütet).

Gross lebte seit 1910 von seiner Frau getrennt und dürfte Kafka und Brod gegenüber Marianne als Ehefrau ausgegeben haben. Zu der Reisegesellschaft im Nachtzug Wien–Prag gehörte auch die Tochter von Mizzi Kuh und Otto Gross, die am 23. November 1916 in Wien geboren wurde und Kafka als rätselhaft schweigender Säugling in Erinnerung blieb, der zwischen Reisetaschen schlief. Bei diesem Kind handelt es sich um Sophie Templer-Kuh, die in Berlin lebende Ehrenpräsidentin der *Internationalen Otto Gross Gesellschaft*.

Marianne Kuh, der Kafka im September 1920 noch einmal begegnete, war die Tochter des aus Prag stammenden Journalisten und Chefredakteurs des *Neuen Wiener Tagblatts*, Emil Kuh (1856–1912), und wurde 1894 in Wien geboren. Gross lernte sie im Sommer 1914 in Bad Ischl kennen und lieben. Sie emigrierte im April 1939 nach England und starb im Januar 1948 in Wellwyn Garden City bei London.

An Milena am 25. VI. 1920, vgl. Gottfried Heuer: «*Die Lichtgestalt, die ich mein Leben lang gesucht habe*». Neues über eine Unbekannte: Marianne «Mizzi» Kuh. Fragmente einer Biographie, in: «*… da liegt der Schatten Freud's jetzt nicht mehr auf meinem Weg*», hrsg. von Raimund Dehmlow u. a., Marburg an der Lahn (2008), S. 404–437.

952 | Gertrud Kanitz (1895–1946).

Frl. Kanitz. Verlockungen mit denen das Wesen nicht mitgeht. Das Auf und Zu, das Dehnen, Spitzen, Aufblühn der Lippen, als modellierten dort unsichtbar die Finger. Die plötzlich, wohl nervöse, aber discipliniert angewandte, immer überraschende Bewegung z. B. Ordnen des Rockes auf den Knien, Änderung des Sitzes. Die Konversation mit wenig Worten, wenig Gedanken, ohne jede Unterstützung durch die andern, in der Hauptsache durch Kopfwendungen, Händespiel, verschiedenartige Pausen, Lebendigkeit des Blicks, im Notfall durch Ballen der kleinen Fäuste erzeugt.

Die aus Wien stammende Gertrud Kanitz trat 1906 in die erste Klasse der Gymnasialabteilung des *Deutschen Mädchen-Lyzeums* in Prag ein, wo sie 1914 Abitur machte. Bis zum Sommer 1912 war ihre Schwester Alice in der gleichen Klasse, wechselte aber für die restlichen beiden Schuljahre an das *Graben-Gymnasium,* wo sie Klassenkameradin von Johannes Urzidil wurde, mit dem sie sich anfreundete (→ Abb. 397). Nachdem Gertrud im Wintersemester 1914/15 ein Semester lang an der *Karl-Ferdinands-Unversität* Philosophie und Geschichte gehört hatte, ging sie nach Berlin an die Schauspielschule Max Reinhardts und bekam ab Herbst 1915 erste Engagements an verschiedenen, meist Berliner Theatern. Im Sommer 1917 kam sie, nach dem Urteil

ihrer Schwester eine Schönheit mit Sexappeal und bemerkenswert wohlgeformten kleinen Händen, auf Familienbesuch nach Prag, wo sie mit Kafka zusammengetroffen sein muß, vermutlich durch Vermittlung Max Brods, der sie gut kannte. Brod sah sie Ende 1920 in Berlin in Shakespeares *Perikles* in der weiblichen Hauptrolle wieder und war von ihrer süßen (Sing)stimme hingerissen. Bei dieser Gelegenheit sprach er mit ihr und schrieb Kafka, es gehe ihr gut, sie trage in Zivil eine Jacke aus Leopardenfell und lebe mit dem Schauspieler Fritz Kortner zusammen. Das macht deutlich, daß sich Kafkas Interesse an dieser Schauspielerin nicht in einer einmaligen Beobachtung ihres Äußeren erschöpft haben kann. 1932 übersiedelte Gertrud Kanitz, die auch in Spielfilmen mitwirkte, nach Wien. Nach der Annexion Österreichs durch die Nazis floh sie über Prag und Nordafrika nach Mexiko, wo sie 1946 starb.

Tagebuch, 30. VII. 1917, vgl. Alice Mašata-Kanitz am 4. VII. 1972, Hartmut Binder: *Kafka in neuer Sicht.* Stuttgart (1976), S. 128 f., vor 81 und EFB 286.

953 | Dr. Adolf Oppenheimer (1857–1929).

Altprager Geschichten des Dr. Oppenheimer auf der Schwimmschule. Die wilden Reden gegen die Reichen, die Friedrich Adler [→ Abb. 304] in seiner Studentenzeit führte und über die alle so gelacht haben. Später heiratete er reich und wurde still. – Als kleiner Junge, aus Amschelberg nach Prag ans Gymnasium gekommen, wohnte Dr. O. bei einem jüdischen Privatgelehrten, dessen Frau Verkäuferin in einem Trödlerladen war. Das Essen wurde von einem Traiteur geholt. Um ½ 6 wurde O. jeden Tag zum Gebet geweckt.

Oppenheimer, jüdischer Herkunft, wurde in Amschelberg (Kosova Hora) geboren, lebte Ende der 1880er Jahre vorübergehend in Prag, wo er sich 1893 endgültig niederließ. Von 1906 bis zu seinem Tod wohnte er in der *Niklasstraße* Nr. 9 (V-68), also ganz in der Nähe der Familie Kafka und der *Civilschwimmschule,* auf der Kafka dem Juristen höchstwahrscheinlich begegnete.

Tagebuch, 1. VIII. 1917.

954 | Die *Civilschwimmschule* in Prag.

[...] *plötzlich im August etwa – also heiß war es, schön, alles außer meinem Kopf war in Ordnung – spuckte ich auf der Civilschwimmschule etwas Rotes aus. Das war merkwürdig und interessant, nicht? Ich sah es ein Weilchen an und vergaß es gleich. Und dann geschah es öfters und überhaupt wann ich ausspucken wollte brachte ich das Rot zustande, es lag ganz in meinem Belieben. Da war es nicht mehr interessant sondern langweilig und ich vergaß es wieder.*

Kafka beschreibt hier Milena gegenüber die ersten Anzeichen seiner Lungenerkrankung, die sich vermutlich erstmalig im Juli 1917 bemerkbar machten. Da schon der Juni sehr heiß war, ging er in diesem Frühsommer oft zusammen mit Max Brod zum Baden, der dies in seinem Tagebuch vermerkt.

An Milena am 28. VII. 1920.

955 | Die *Badeanstalt* in Radesowitz (Radošovice).

In den ersten beiden Augustwochen hatten Kafkas Freund Felix Weltsch und seine Frau in Radesowitz eine Sommerwohnung genommen. Am 5. August besuchten ihn dort Oskar Baum und Kafka, der, als sich Ende des Monats die Frage stellte, wo er seinen Erholungsurlaub verbringen sollte, auch Radesowitz in Erwägung zog, wo ihm *schöner Wald* und *erträgliches Essen* zusagten. Es blieb aber bei Tagesausflügen: Der letzte, zusammen mit Brod unternommene, datiert vom Pfingstsonntag des Jahres 1919.

An Ottla am 29. VIII. 1917, vgl. NA (Polizeiakten Felix Weltsch), T 819 und C 161.

956 | Das *Schönborn-Palais* auf der Prager Kleinseite (III-365), das seit dem Beginn der Ersten Tschechoslowakischen Republik Sitz der *Amerikanischen Botschaft* ist.

[...] hat sich die Krankheit überdies nach des Vaters äußerlich ganz richtiger Ansicht geholt, als er zum erstenmal für einige Zeit aus der Kinderstube entlassen, sich, zu jeder Selbständigkeit unfähig, das ungesunde Schönbornzimmer ausgesucht hatte.

Aus der Perspektive eines vor dem Gebäude stehenden Beobachters befand sich Kafkas Zweizimmerwohnung im zweiten Obergeschoß hinter den vier inneren, rechts liegenden Fenstern des sich straßenabwärts erstreckenden Gebäudeflügels, also auf der hier reproduzierten Photographie in unmittelbarer Fortsetzung der obersten Fensterfront nach links, die nicht mehr abgebildet ist.

Vermutlich in der Nacht vom 10./11. August 1917 erlitt Kafka zwischen vier und fünf Uhr morgens im *Schönborn-Palais* einen Blutsturz. Er erwachte mit einem Batzen Blut im Mund, dem ein etwa zehn Minuten dauerndes Quellen aus der Kehle folgte, während er erschreckt zum Fenster ging und sich hinauslehnte, am Waschtisch ausspuckte, unruhig im Zimmer herumging und sich schließlich aufs Bett setzte; nach einiger Zeit schlief er wieder ein.

An Max Brod Ende Juli 1922, vgl. Br III 308, 316, 1099 und M 6.

957 | Dr. Gustav Mühlstein (1870–1934).

Ein ruhiger etwas komischer aber durch Alter, Körpermasse [...] durch nicht allzu große, aber auch gar nicht gespielte Teilnahme, durch medizinische Bescheidenheit und noch durch anderes vertrauenerweckender Mann.

Kafka hatte Mühlstein, der damals in der *Obstgasse* (heute *28. října*) Nr. 7, heute Nr. 5 (I-372) praktizierte, zum erstenmal am 18. August 1916 wegen Schlafstörungen und Angstträumen konsultiert – Dr. Kral, der Hausarzt, hatte einrücken müssen –, aber von ihm die Auskunft erhalten, er könne nichts anderes vorfinden als *eine allerdings außerordentliche Nervosität*. Als Kafka ihn am Morgen nach dem Blutsturz erneut aufsuchte, diagnostizierte er einen Bronchialkatarrh, doch als Kafka in der Nacht darauf wieder Blut spuckte, veranlaßte der Arzt eine Röntgenuntersuchung und kam am 3. September zu Schlußfolgerungen, die Kafka Felice gegenüber wie folgt zitiert: *beide Spitzen angegriffen, aber auch hier nicht die Lunge die angeblich frei ist, sondern die Luftröhrchen. Vorsicht notwendig, geradezu Gefahr besteht (wegen des Alters) nicht, wird aller Voraussicht auch nicht kommen. Rat: viel essen, viel Luft, von Medicin wird abgesehn wegen meiner Magenempfindlichkeit; zwei Umschläge nachts über die Achseln, monatliche Vorstellung.*

Mühlstein, den Kafka für so gut hielt, wie Ärzte nur sein könnten, war jüdischer Herkunft und unterhielt eine Ordination als gesuchter Hausarzt deutscher und tschechischer Familien. Nach dem Ersten Weltkrieg wurde er Lektor für tschechische medizinische Terminologie an der Prager deutschen Universität. Seit 1922 war er Vorstandsmitglied der ehemaligen deutschen Sektion der Ärztekammer und Chefarzt der Beamtenkrankenkasse in Prag.

An Felice am 11. IX. 1916 und Br III 312 f., vgl. NS II 24, Br III 215, Bandler: *MUDr. Mühlstein, Prag*, in: *Ärztliche Nachrichten* 19, Nr. 18 (1934), S. 406 f. und Br III 340.

958 | Der Eingang des an der Westecke *Dobrovského/Ovenecká* gelegenen Hauses (VII-872).

Das Haus oben auf dem Belvedere habe ich mir vorläufig von außen angesehn, recht gut, nur eben erster Stock und gegenüber die Miederfabrik Federer und Piesen, auch soll wie mir heute einer sagt, der Fuhrwerksverkehr zum Marktplatz zum Teil dort durchgehn. Da wäre ich dann von einem Marktplatz zum andern übersiedelt.

Nach dem Ausbruch der Lungentuberkulose hatte Kafka verständlicherweise seine, wie er Ottla gegenüber zugab, *kalte, dumpfe, schlecht riechende* Nordwohnung im *Schönborn-Palais* aufgegeben und war vorübergehend zu den Eltern rückübersiedelt, denn er konnte Ottlas Zimmer benutzen, die seit April des Jahres in Zürau lebte. Gleichwohl suchte er zunächst eine neue Wohnung, verzichtete aber auf das von ihm in Aussicht genommene Domizil auf dem *Belvedere*, das ihm zu groß, *zu sehr in die Straße und in Werkstätten eingebaut*, zu laut, zu sehr unter dem Einfluß von Industrieabgasen und, kaum glaublich, *zu melancholisch* erschien.

Die Berücksichtigung der damals vorherrschenden Verkehrsrichtung in den beiden in Frage stehenden Gassen sowie der Umstand, daß sich der Haupteingang der Firma *Federer & Piersen*, die nach Kafkas Aussage der ihm angebotenen Wohnung gegenüberlag, in der *Dobrovského* befand (VII-1278), führen zu dem Schluß, daß Kafka sich das Haus VII-872 angeschaut haben muß.

An Ottla 3. IX. 1917, Br III 308 und Br III 321, vgl. O 39.

Kapitel XVII

Zürau

Auf Drängen Max Brods entschloß sich Kafka, den Laryngologen Professor Friedel Pick (→ Abb. 993) zu konsultieren, den die beiden zusammen am Nachmittag des 4. September aufsuchten. Pick konstatierte wie Dr. Mühlstein einen Lungenspitzenkatarrh und hielt einen dreimonatigen Erholungsurlaub für notwendig. Gegen Abend dieses Tages begaben sich die beiden Freunde in die *Sofienschwimmschule* (→ Abb. 497, 12 und 1085), um zu baden und sich auszusprechen. Brod notierte sich über diese Unterredung in seinem Tagebuch: *Über Ehe. Er fühlt sich befreit und besiegt zugleich. Widerstrebender Teil in ihm hält die Ehe für Ablenkung von der einen Blickrichtung aufs Absolute. Ein anderer Teil strebt Ehe an als Naturgemäßes. Dieser Kampf hat ihn zermürbt. Die Krankheit betrachtet er als Strafe, weil er sich oft eine gewaltsame Lösung gewünscht hat. Doch diese ist ihm zu grob. Er zitiert, gegen Gott (aus den Meistersingern): «Ich hätt' ihn für feiner gehalten.»* Auch Ottla gegenüber führte Kafka diesen Vers an, meinte aber, neben dem ihm auf diese Weise zugefügten Schicksalsschlag müsse es noch einen anderen Ausweg geben. Nachdem die Diagnose endgültig war, erhielt Kafka von seiner Dienststelle einen Erholungsurlaub von drei Monaten zugesprochen, den er bei seiner Schwester Ottla verbrachte, die seit April 1917 in Zürau (Siřem) in Nordwestböhmen ein landwirtschaftliches Anwesen bewirtschaftete. Ottla, die im elterlichen Geschäft arbeitete, sich dort aber unglücklich fühlte, hatte Anfang 1917 beschlossen, im Herbst des Jahres die *Landwirtschaftliche Frauenschule* in Otterbach-Schärnding zu besuchen, sich wenig später aber für die Zürauer Lösung entschieden, weil Karl Hermann in diesem Dorf eine kleine Landwirtschaft gepachtet hatte, die bewirtschaftet werden mußte.

Kafkas Zürauer Aufenthalt wurde Ende Oktober von einer Reise nach Komotau (Chomutov) unterbrochen, an die sich eine mehrtägige Pragreise anschloß. Während dieses Aufenthalts in seiner Heimatstadt erfuhr er, daß die Schauspielerin Leontine Sagan, die literarisch ungewöhnlich interessiert war und am Frankfurter *Neuen Theater* in der Titelrolle von Heinrich Manns Drama *Madame Legros* große Erfolge feierte, einen Abend österreichischer Dichtung geplant und Brod Mitte Oktober gebeten hatte, ein entsprechendes Programm zusammenzustellen. Brod entschied sich für Texte von Rudolf Fuchs, Werfel, Anton Kuh und eigene Werke, konnte aber auch Kafka für das Projekt gewinnen, der zwei *Skizzen* in Aussicht stellte, ohne freilich Details der Übergabe oder Versendung zu klären. Brod bat deswegen den Freund am 2. November brieflich, die Texte direkt an Leontine Sagan zu senden, da er die Sache nicht länger verzögern könne. Am 6. des Monats antwortete Kafka, nach Frankfurt wolle er nichts schicken, denn er fühle es nicht als eine Sache, die ihn zu kümmern habe. Die Stücke, die dafür in Frage kämen, bedeuteten ihm nichts, er respektiere nur den Augenblick, in dem sie entstanden seien. Diese Bewertung und daß sich das fragliche Material offenbar in Zürau befand, führen zu dem Schluß, daß es sich dabei keinesfalls um Erzählungen gehandelt haben kann, die im *Landarzt*-Band veröffentlicht wurden, der inzwischen im Druck war, sondern um in Zürau entstandene Arbeiten, vermutlich also um *Die Wahrheit über*

Sancho Pansa und *Das Schweigen der Sirenen*, die Kafka wenige Tage vor dem erwähnten Aufenthalt in Prag geschrieben hatte.

Am 23. Dezember 1917 kehrte Kafka – *glückliche und zum Teil matte Fahrt* vermerkt das Tagebuch unter diesem Datum – nach Prag zurück. Zwei Tage später löste er seine Verlobung mit Felice Bauer auf, die gekommen war, um mit ihm die Lage zu besprechen, obwohl man sich vorher über das Sinnlose einer solchen Zusammenkunft geeinigt zu haben schien. Am Tag nach der Lösung des Verlöbnisses, am 26. Dezember, unternahm Kafka mit ihr und den Ehepaaren Baum, Brod und Weltsch einen Ausflug zu dem am Rand der Stadt gelegenen Studentengasthaus *Schipkapaß*, und am Morgen des 27. brachte er Felice zur Bahn, mit der sie nach Berlin zurückkehrte. In den darauffolgenden Tagen gelang es Kafka in schwierigen Verhandlungen mit seinem Arbeitgeber, seinen Erholungsurlaub um weitere vier Monate zu verlängern. So kehrte er am 6. Januar nach Zürau zurück, und zwar in Begleitung seines blinden Freundes Oskar Baum (→ Abb. 1000), den er eingeladen hatte, eine Woche bei ihm zu verbringen.

Zwischen dem 13. und 19. Februar hielt sich Kafka neuerlich in Prag auf, wo er unter anderem seine Freistellung vom Militärdienst um ein halbes Jahr verlängern konnte. Am Abend des 13. erschien er überraschend auf einem von Max Brod angeregten, vom *Klub jüdischer Frauen und Mädchen* veranstalteten Literaturabend im Hotel *Palace*, wo Oskar Baum und Oskar Kohn eigene Werke vortrugen. Baum, der den Verlauf des Abends als peinlich empfand, machte Brod später Vorhaltungen, weil man ihn mit einem Kollegen zusammengespannt hatte, der seiner Auffassung nach bei weitem nicht das erforderliche literarische Niveau erreichte. Kafka hatte Verständnis für Baums Empfindlichkeit, während Brod sich verteidigte, indem er behauptete, Baum messe nichtigen Dingen zu viel Bedeutung bei, und darauf hinwies, daß die Qualität der Veranstaltung gewahrt gewesen wäre, wenn seine Frau, die als Rezitatorin von Werken Wolfensteins vorgesehen war, nicht wegen Heiserkeit ausgefallen wäre.

Der Ausbruch der Lungentuberkulose und die sich daran anschließenden Zürauer Monate bedeuteten eine Lebenswende, die der im Herbst 1911 erfolgten vergleichbar war und ebenfalls zu einer völligen Neuorientierung führte. Obwohl er nun unbegrenzt Zeit und Ruhe für die Verwirklichung literarischer Projekte zur Verfügung gehabt hätte, verweigerte sich Kafka jetzt fast vollkommen dem Schreiben, sieht man einmal von der eben erwähnten kleinen Prosa und der Produktion aphoristisch zugespitzter kleiner Betrachtungen ab, in denen er sich mit dem Scheitern seiner bisherigen Lebensentwürfe auseinandersetzte. Ende Februar 1918 nahm er aus diesen Texten eine Auswahl vor und stellte sie zu einer offensichtlich für den Druck bestimmten Reinschrift zusammen, deren Veröffentlichung aber zu seinen Lebzeiten unterblieb.

Zu den existentiell wichtigen Büchern, die er bis zum Jahresende las, gehörten Stendhals *Vie de Henry Brulard*, René Dumesnils Flaubert-Buch, Alexander Herzens

959 | Hopfenpflücke in Zürau.

In der Mitte, sich anlehnend, Elli Hermann, ganz rechts, stehend, Felix Hermann, links (mit Kopftuch) Ottla.

Liebe Ottla, bis Du mit der Hopfenpflücke zuende bist, schreib es mir bitte. Ich schreibe Dir dann ausführlicher über meinen Urlaub. Jetzt will ich Dir nicht mit andern Dingen quer in die Pflücke kommen.

Offenbar spielte Kafka, der Zürau von einem Besuch kannte, bereits wenige Tage nach seinen beiden Blutstürzen mit dem Gedanken, sich bei seiner Schwester zu erholen, die stolz darauf war, durch ihre Arbeit die heruntergekommene kleine Landwirtschaft soweit organisiert zu haben, daß sie ihren Bruder als Gast aufnehmen konnte.

An Ottla am 23. VIII. 1917.

Erinnerungen, Max Schelers *Ursachen des Deutschenhasses,* das Brod ihm durch Felice nach Zürau geschickt hatte, sowie Hans Blühers *Typus inversus,* das Brod ihm gab, als er nach Prag kam. In den beiden letzten Monaten dieses Landaufenthalts beschäftigte sich Kafka eindringlich mit Kierkegaard (→ Abb. 1005), dessen Verhältnis zu Regine Olsen er im Horizont seiner eigenen gescheiterten Heiratsversuche deutete.

Die Eintönigkeit seines den dörflichen Verhältnissen angepaßten Lebens, das er immer mehr zu schätzen begann und nur schwer wieder aufgab, wurde nur gelegentlich von Besuchen unterbrochen: So kamen Felice Bauer, die Mutter, Marie Werner, sein Bürofräulein Julie Kaiser und sein Kollege August Kopal, sein Chef Eugen Pfohl und Irma Kafka. Die Kenntnisse des Züraer Dorflebens, die er in dieser Zeit gewann, dürften nicht ohne Bedeutung für die Konzeption des vier Jahre später entstandenen, in einem Bauerndorf spielenden *Schloss*-Romans gewesen sein, auch wenn sich in Zürau kein Schloß findet und Einzelentsprechungen zwischen der Lebenswirklichkeit dieses Ortes und den im Roman geschilderten Verhältnissen selten sind. (→ Abb. 962)

Am 30. April 1918 kehrte Kafka endgültig nach Prag zurück, am 2. Mai nahm er seinen Dienst wieder auf, obwohl sich sein Gesundheitszustand zwischenzeitlich nicht gebessert hatte.

Vgl. FK 144, O 43, Irma Kafka an Ottla am 26. V. 1917, Landwirtschaftliche Frauenschule in Otterbach-Schärnding an Ottla Kafka am 26. II. 1917, Br III 754, Max Brod an Rudolf Fuchs am 17. X. 1917, Br III 767, 358 f., 384, TA 76 f., 78, C 153, Br 236 und EFB 238.

960 | Die *Bahnhofstraße* in Michelob (Měcholupy u Zatec).

[...] die Reise hierher ist erstaunlich einfach, man fährt nach Michelob undzwar vor 7 Uhr früh vom Staatsbahnhof mit dem Schnellzug und ist nach 9 Uhr hier oder um 2 Uhr mit dem Personenzug und kommt um ½ 6 abends an. Auf telegraphische Verständigung hin, wird man von uns mit unsern Pferden abgeholt und ist in etwa ½ Stunde in Zürau. Die Reise kann sowohl als Tagesausflug gemacht werden (Ankunft in Prag vor 10 Uhr abends) oder für länger, denn in meinem Zimmer sind 2 ausgezeichnete Nachtlager.

Aus einem an Josef David gerichteten Schreiben Ottlas vom 12. September geht hervor, daß Kafka entgegen seiner ursprünglichen Absicht am Abend dieses Tages in Zürau eintraf. Ab Januar 1918 waren Tagesausflüge unmöglich geworden, weil der Morgenschnellzug nicht mehr in Michelob hielt.

An Oskar Baum, Anfang Oktober 1917, vgl. Br 229.

961 | Blick von der aus Zarch (Čárka) kommenden Straße auf den Ortseingang von Zürau mit der 1892 errichteten Brücke über den Goldbach (1977).

[...] nach Zarch mit Nathan Stein gegangen, wie er der Bäuerin erzählt, daß die Welt ein Teater ist.

Nathan Stein war ein Hausierer, der alle paar Monate nach Zürau kam, Kurzwaren feilbot und die jüdischen Frauen beim Vornamen nannte. Wenn die Kinder ihn sahen, riefen sie: *Da kommt der Nathan mit dem blauen Bändchen.* Kafka hatte Stein schon acht Tage zuvor getroffen und sich aus diesem Anlaß notiert: *Heute der Jude Stein: Die Bibel ist ein Heiligtum, die Welt ein Scheißtum.*

Tagebuch, 19. XII. 1917, vgl. Maria Bullin, Aichwald (mündlich, 1980).

962 | Das neben der Brücke gelegene ehemalige Gasthaus *Zum blauen Stern*, das Gustav Endlinger und seine Frau Anna gepachtet hatten (Nr. 30); im Hintergrund der zwischen Hopfengärten verlaufende Goldbach.

Es handelte sich um ein bescheidenes Etablissement mit einem einzigen Schankraum links des Eingangs, einer dahinterliegenden Küche und einer vom Pächter betriebenen Metzgerei, die im hinteren Teil des rechts liegenden Gebäudeteils eingerichtet war. Der heute nicht mehr existierende Giebel des inzwischen völlig heruntergekommenen Hauses diente als Fremdenzimmer. Nach einer Zürauer Ortsüberlieferung wohnte Kafka unmittelbar nach seiner Ankunft im September 1917 ein paar Tage in diesem Giebelzimmer. Ottla sei damals oft mit ihm, der einem Toten geähnelt habe, auf dem nahen Hahnberg, an dessen Fuß das hier wiedergegebene Photo entstand, spazierengegangen. Vermutlich handelt es sich bei diesen Erinnerungen, die sich freilich mit den Lebenszeugnissen Kafkas nicht wirklich eindeutig widerlegen lassen, um eine Verwechslung, zumal Ottlas landwirtschaftliche Tätigkeit Spaziergänge der genannten Art schwerlich zuließ. Auf der gleichen Seite der durch den Ort und weiter nach Oberklee führenden Hauptstraße, an der oberen Ecke eines rechter Hand abbiegenden Weges gelegen, gab es mit dem Gasthaus *Zur Weintraube* (Nr. 40) ein Lokal, das einen Saal hatte. Hier fand der Kirchweihtanz statt, den Kafka am 9. Dezember im Tagebuch erwähnt.

Möglicherweise hat sich Kafka bei der Gestaltung seines letzten Romans von den Zürauer Gasthäusern anregen lassen. Denn auch im *Schloss* gibt es eine ins Dorf führende Brücke, hinter der ein Zur Brücke genanntes Gasthaus liegt, in dem der zu Erzählbeginn spätabends ankommende Land-

vermesser K. ein Nachtlager sucht und findet, und zwar, auffällig in einem Dorf mit einstöckigen Bauernhäusern, die in Zürau ebenfalls dominierten, in einem kleinen Dachzimmer, wie es im *Blauen Stern* vorhanden war. Auch daß im Roman hinter der Gaststube die Küche liegt, an die sich wiederum das Schlafzimmer der Wirtsleute anschließt, spiegelt Zürauer Verhältnisse: Denn in dem am Dorfplatz liegenden Gasthaus, das seit 1911 im Besitz von Josef (1883–1929) und Maria (1886–1935) Eis war (Nr. 3), findet sich das gleiche räumliche Arrangement, und zwar ebenfalls im links des Haupteingangs liegenden Gebäudeteil. Rechter Hand gab es dort einen Lagerraum und daneben einen Bierausschank, der von einem darunter liegenden Eiskeller gespeist wurde, sowie, im hinteren Teil, eine Kegelbahn. Auch wenn dafür keine Belege vorhanden sind, kann angenommen werden, daß sich der Biertrinker Kafka (→ Abb. 45 und 1208), wie damals üblich, gelegentlich einen Krug Bier aus dem in unmittelbarer Nachbarschaft gelegenen Gasthaus *Eis* holte oder holen ließ. Denkbar auch, daß er sich, von dem, was er hier sah oder hörte, zur Ausgestaltung der zweiten im *Schloss* begegnenden Gastwirtschaft anregen ließ, dem Herrenhof, in dem er einen nach abgestandenem Bier riechenden Ausschank ansiedelte, in dem Fässer als Sitzgelegenheiten dienten. Hinter dem

Kredenztisch bedient Pepi, ein sehr junges, kindlich wirkendes Mädchen, das sich von der Halbwaise Franziska herleiten könnte, die das Zürauer Lokal zusammen mit Maria Eis führte, nachdem deren Mann zu Beginn des Ersten Weltkriegs eingezogen worden war.

Die im *Schloss* erscheinenden Wirtsleute könnten teilweise ebenfalls nach Zürauer Vorbildern gezeichnet worden sein: Die Herrenhofwirtin, durch übermäßige Arbeit vorzeitig gealtert, trägt zwar unmoderne und überladene, aber doch feine, städtische Kleider und erinnert so an die schöne, modebewußte Anna Endlinger, die sich nach der neuesten Mode zu kleiden pflegte. Und der Brückenhofwirt des Romans, ein ehemaliger Knecht, der nach dem Tod seines Dienstherrn zusammen mit seiner Frau das Gasthaus übernommen hat, sich aber verantwortungslos darin erschöpft, Pfeife zu rauchen und seinen Gästen zuzuhören, scheint nach dem Zürauer Bauern Franz Lüftner gestaltet, einem leidenschaftlichen Jäger und Raucher, der die Landwirtschaft vernachlässigte. Denn Lüftner war ebenfalls Knecht gewesen und hatte nach dem Tod seines Dienstherrn dessen viel jüngere Nichte geheiratet, die den Hof als Erbin übernommen hatte.

Vgl. TA 77, S 122, 59, 157, 57, 130 und Josef Slama am 15. I. 1977.

963 | Zürau (Siřem, heute eingemeindet nach Blšany) am Fuß des Hahnbergs in einer von Hugo Hermann, einem Bruder von Kafkas Schwager Karl Hermann, verlegten Ansichtskarte.

Mein Sopha über dem Land.

Bei dem großen, heute nicht mehr existierenden Gebäude links von der Kirche mit den beiden zum Betrachter zeigenden Anbauten (Stall und Scheune) (Nr. 35) handelt es sich um das um 1850 erbaute Anwesen, das zeitweilig im Besitz der Familie Hermann war und 1956 abgerissen wurde. Leopold und Sofie Hermann, die Eltern von Karl Hermann, hatten das Gebäude 1875 gekauft und fünf Jahre später zu einem zweistöckigen Haus ausgebaut. Im Erdgeschoß befanden sich ein Gemischtwarenladen, die Küche und zwei große Lagerräume, im ersten Obergeschoß lag die Dreizimmerwohnung der Hermanns. Im Mai 1914 verkaufte Leopold Hermann, der Vater Karl Hermanns, das Gebäude an den Landwirt Karl Makusch (→ Abb. 985) und zog mit seiner Frau nach Prag, wo er im März 1917 starb. Seine Zürauer Wohnung, die für die damals auf dem Land herrschenden Verhältnisse als vornehm zu gelten hatte – in einem an Max Brod gerichteten Schreiben vom 23. September bezeichnet Kafka sie als gut eingerichtet –, den Laden und die

kleine Landwirtschaft übernahmen sein Sohn Hugo und dessen Frau Camilla. Doch als Hugo 1916 eingezogen wurde, übersiedelte Camilla mit ihren Kindern Martha (*1914) und Leo (*1916) vorübergehend nach Prag, so daß Kafka in der leerstehenden Wohnung ein Zimmer beziehen konnte, in dem er, abgesehen von der Nacht, in der Felice zu Besuch war, während seines gesamten Aufenthalts schlief. Als ihn sein Freund Oskar Baum Anfang 1918 besuchte, übernachteten beide in diesem Raum, der zwei geeignete Schlafmöglichkeiten hatte und hinter den beiden Fenstern im oberen Stockwerk lag, die auf der Abbildung in der Hauptfront des Hauses ganz rechts zu sehen sind.

Für diese Lokalisierung gibt es mehrere Indizien: Erstens kennzeichnete Kafka selbst auf der Bildseite einer an Max Brod gerichteten Ansichtskarte, die Zürau aus einer ähnlichen Perspektive zeigt wie das hier reproduzierte Photo, die beiden erwähnten Fenster als seinem Zimmer zugehörig. Allerdings hatte er sich bei dem Versuch, auch das Domizil seiner Schwester zu markieren, derart vertan, daß Ottla sarkastisch dazuschrieb, wenn man sich nach diesem Hinweis richte, lande man bei der in der Nachbarschaft wohnenden Familie Feigl. Zweitens spricht er in Zürau-

er Briefen davon, sein Zimmer liege nicht im Erdgeschoß, und drittens schließlich konnte er von seinem Zimmer aus Konrad Kunz (1859–1936) und seine Frau bei der Feldarbeit auf einem gegenüberliegenden Abhang beobachten. Tatsächlich lagen die Felder dieser Bauersleute am Hahnberg, den Kafka von seinen Zimmerfenstern aus vor Augen hatte.

Die beschriebenen Verhältnisse helfen erklären, warum Kafka einmal davon spricht, er werde, wenn Karl Hermann im Januar nach Zürau komme, mit Oskar Baum am Arm verlegen vor ihm stehen, auch wenn er für sich und seinen Freund bezahle. Denn Kafka hatte seinen Freund nicht nur in der Wohnung der Familie Hermann eingemietet, sondern dieser verzehrte auch von den dringend benötigten Lebensmitteln, die Ottla für die Familie erzeugen sollte, hatte man doch die von ihr bewirtschaftete Landwirtschaft gepachtet, um die während des Krieges herrschende schlechte Ernährungslage der Familie zu verbessern. Als Kafka nämlich an Brod schrieb, er werde versuchen, Lebensmittel für die Prager Freunde zu beschaffen, fügte er vorsorglich hinzu: *es ist nicht leicht, da nicht viel hier ist und die vielen Familienesser das erste Anrecht haben.*

An das Haus der Familie Hermann lehnt sich ein Gebäude, das um die Mitte des 19. Jahrhunderts erbaut wurde und bis 1912 im Besitz der jüdischen Familie Löwy war, der zunächst auch das von Ottla bewohnte Haus Nr. 15 in Zürau gehört hatte. Es ist rechts neben Stall und Scheune des Hermann-Hauses zu sehen und verdeckt auf der Abbildung einen Teil des Chors der dahinter liegenden Kirche. In diesem Gebäude waren eine kleine Wohnung und eine Bäckerei untergebracht, die von 1908 bis 1922 von der Familie Kühn bewirtschaftet wurde. Der *gute, dumpfe Geruch und*

Geschmack des Hausbrotes, den Kafka am 15. November 1917 Felix Weltsch gegenüber erwähnt, dürfte in diesem Unternehmen seinen Ursprung gehabt haben.

In dem zweistöckigen Gebäude, das ziemlich unten am linken Bildrand zu sehen ist, wohnte Johanna Wanka, die ein Kaufmannsgeschäft unterhielt. Der darüber sichtbare Dachgiebel gehört zum Anwesen der Familie Riedl (Nr. 1), während der direkt oberhalb sichtbare, angeschnittene Hausteil mit dem ebenfalls im Besitz dieser Familie befindlichen *Anton-Haus* (Nr. 2) zu identifizieren ist. Rechts davon und hinter dem Haus der Familie Hermann erstreckt sich der Zürauer Dorfplatz mit einem der beiden Feuerwehrteiche des Ortes und einer *St. Rochus-Statue*, dahinter, links und rechts dieses Monuments, der Hof der Familie Feigl, doch haben die in der Mitte liegende Einfahrt und das Haus links durch Umbaumaßnahmen auf der Abbildung ein anderes Aussehen als zu dem Zeitpunkt, als Kafka in Zürau lebte (→ Abb. 972). Links daneben, ebenfalls durch eine Toreinfahrt verbunden, die beiden Häuser des Anwesens Nr. 6, das der Familie Ade gehörte. An der Fassade des mit dem Giebel zum Dorfplatz zeigenden kleinen Gebäudes (es handelt sich um ein Arbeiterhaus) ist heute eine Gedenktafel zu sehen, die Kafka mit einer Katze zeigt. Oben am linken Bildrand ein großer *Schüttboden* aus dem 16. Jahrhundert (→ Abb. 980). Ganz rechts im Bild, von Bäumen umgeben, das 1875 erbaute Schulhaus von Zürau – das Dorf besaß seit 1870 eine einklassige Schule –, das vom Ringplatz aus über eine zwischen Ottlas Haus und der Kirche steil hinunterführende Gasse erreicht werden konnte. Das Gebäude mit dem deutlich zu erkennenden angebauten Holzschuppen, dem Turnplatz und dem Schulgarten, in dem Blumen gepflanzt und Gemüse gezogen wurden, war

von einem Holzzaun umgeben. Es gab ein Klassenzimmer, das auch als Turnsaal diente, dazu, durch einen Gang davon getrennt, eine aus Küche, Schlafzimmer und zwei Abstellräumen bestehende Wohnung, in welcher der Lehrer Franz Jugel mit seiner Frau und zwei Kindern wohnte. Schulgebäude, Gemüsegarten, Einzäunung und Holzschuppen, der hier sogar eine wichtige Rolle spielt, begegnen auch im *Schloss*. Die Schule liegt in diesem Roman wie in Zürau neben der Kirche, nämlich am Kirchplatz, auf dem der Landvermesser K. dem Lehrer und den Schulkindern des Orts begegnet, die danach in einer jäh abfallenden Gasse verschwinden. Die Bogenfenster des unterhalb der Schule sichtbaren Gebäudes gehören zum Saal des Gasthauses *Zur Weintraube*.

Zürau zählte damals zwischen 400 und 500 Einwohner, die vom Getreideanbau, von Obst, Hopfen und der Töpferei lebten. Die deutsche Bevölkerung des Ortes wurde 1946 vertrieben.

Tagebuch, 15. IX. 1917 und Br III 324, vgl. *Státní okresní archiv Louny (Grundbuch des Dorfes Zürau* III, 29–52, S. 195 f.), TA 77 (mit falscher Lesung *Mekusch*), Br 223, Br III 663, 319, 366, T 842 sowie S 146, 142 und 19 f.

964 | Blick auf den Zürauer Dorfplatz.

[...] die Aussicht aus Ottlas Fenster in der Dämmerung, drüben ein Haus und hinter ihm schon freies Feld.

Wenn Kafka aus dem Fenster des von Ottla bewohnten Zimmers sah, hatte er ungefähr diese Ansicht vor Augen. In der Bildmitte ist die 1750 erbaute, dem Andenken Mariä Empfängnis geweihte Kirche zu sehen, heute eine Ruine, rechts vorne der Teich, der vor allem als Tummelplatz für die Gänse und als Löschwasserreservoir diente. Hinter dem großen Baum ist das Obergeschoß des Hermann-Hauses zu sehen, daneben, ganz rechts am Bildrand, die Hofanlage der Familie Riedl mit dem Anton-Haus. Links von der Kirche das Spritzenhäuschen für die Feuerwehr, das 1927 durch einen Neubau ersetzt wurde. Das Photo und die Abbildungen 966 bis 975 dokumentieren, im Uhrzeigersinn fortschreitend, die den Zürauer Dorfplatz begrenzenden Gebäude.

Tagebuch, am 15. X. 1917, vgl. Br III 353.

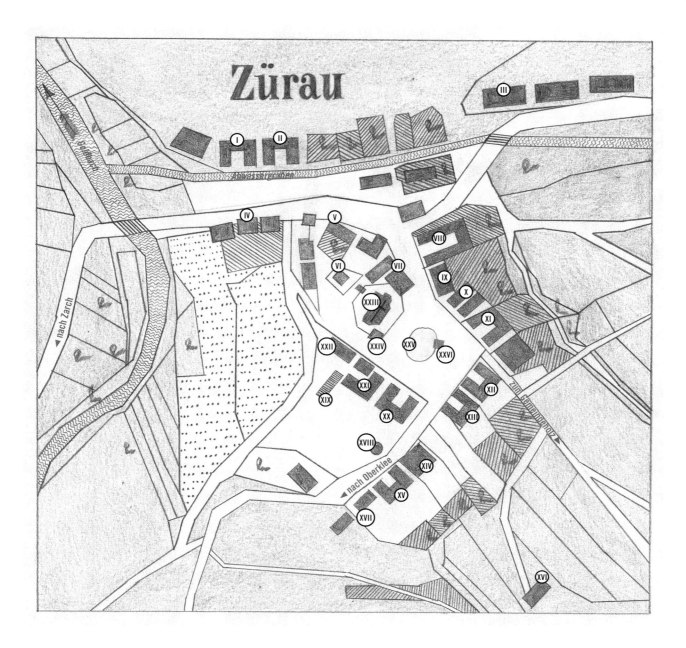

965 | Ortsplan von Zürau, erstellt auf der Grundlage eines Katasterplans aus der Mitte des 19. Jahrhunderts.

I Hof der Familie Lüftner (Nr. 62, nicht erhalten).

II Hof der Familie Slama (Nr. 38, nicht erhalten).

III Haus der Familie Kunz (Nr. 47).

IV Gasthaus *Zum blauen Stern* (Nr. 30).

V Gasthaus *Zur Weintraube* (Nr. 40).

VI Schule (Nr. 50).

VII Elternhaus Karl Hermanns (Nr. 35, nicht erhalten).

VIII Hof der Familie Riedl (Nr. 1).

IX Das Anton-Haus, im Besitz der Familie Riedl (Nr. 2).

X Schmiede.

XI Gasthaus *Eis*. Josef (1883–1929) und Maria Eis (1886–1935), geb. Schneider, hatten das Anwesen 1911 von Rudolf Ade erworben, das später von der Familie Schneider weitergeführt wurde (Nr. 3).

XIII Das Maihaus, das Rudolf Ade von Leopold Hermann, dem Vater Karl Hermanns, gekauft hatte, der es seinerseits von der Familie Mai erworben hatte (Nr. 6).

XIII Hof der Familie Feigl (Nr. 7).

XIV Hof des Ortsvorstehers Hippmann (Nr. 10).

XV Hof der Familie Löser (Nr. 11).

XVI Der aus dem 16. Jahrhundert stammende Schüttboden.

XVII Familie Makusch (Nr. 12 und 13).

XVIII Brunnen (nicht erhalten).

XIX Von Ottla und ihrem Bruder bewirtschafteter Gemüsegarten.

XX Hof Samuel, größtenteils verfallen (Nr. 14).

XXI Der von Ottla bewirtschaftete Hof (Nr. 15).

XXII Haus Tippmann (Nr. 69).

XXIII Kirche (im Verfall begriffen).

XXIV Spritzenhaus (1929 neu erbaut).

XXV Dorfteich.

XXVI *St. Rochus-Statue*.

966 | Blick vom Zürauer Ringplatz auf die Kirche und das Elternhaus Karl Hermanns (ganz rechts). Ausschnitt aus einer von Hugo Hermann verlegten und vertriebenen Ansichtspostkarte (um 1914).

Nachmittag vor dem Begräbnis einer im Brunnen ertrunkenen Epileptischen.

Bei der Ertrunkenen handelt es sich um Ernestine Löser, eine etwa 18jährige Bauerntochter, die mit ihrer Familie in einem Hof an der Straße nach Oberklee wohnte (→ Abb. 965, XV). Auf der ihrem elterlichen Anwesen gegenüberliegenden Straßenseite befand sich, anschließend an Wirtschaftsgebäude des Hofs Nr. 14, ein leicht erhöhter Garten, der von einer Mauer umgeben war. Auf diesem Grundstück lag nahe der Straße ein offener Brunnen, der als Viehtränke diente, und dahinter ein kleiner Teich für Gänse und Enten, die beide zugeschüttet wurden, als in den 20er Jahren die Wasserleitung gebaut wurde. Wie üblich stand Ernestine an der Mauer und beobachtete von dort aus ihren Vater, der auf einem Feld Rüben erntete, als sie einen epileptischen Anfall bekam und in den Brunnen hinter ihr fiel.

Tagebuch, 23. Oktober 1917, vgl. Maria Bullin am 5. X. 1980.

967 | Im Hof des Riedlschen Anwesens, das Kafka vor sich hatte, wenn er aus dem Fenster seines Zimmers schaute.

[…] aus dem Hof gegenüber kommt zeitweilig das gesammelte Geschrei der Arche Noah.

Das Anwesen war 48 Hektar groß und für damalige Verhältnisse mit modernen Maschinen ausgestattet. Zwei Paar Pferde und zwei bis drei Ochsengespanne verrichteten die Feldarbeit. Angebaut wurden hauptsächlich Hopfen, Getreide, Kartoffeln und sehr viel Zuckerrüben.

An Max Brod, 14. IX. 1917, vgl. Helga Riedl am 29. II. 1976.

968 | Das Haus der Familie Riedl (Nr. 1) (um 1912).

Ein Geier, Ruhe suchend, fliege ich oben und lasse mich schnurgerade in dieses Zimmer hinunter, demgegenüber ein Klavier, wild die Pedale schlagend, jetzt spielt, gewiß das einzige Klavier, weit im Land. Aber ich werfe es, leider nur bildlich, zur Mischung in das viele Gute, das mir hier gegeben wird.

Vor dem Vierkanthof stehen Ferdinand Riedl (1857–1944), seine Frau Johanna, geb. Stengl (1867–1949), und ihre Tochter Berta (→ Abb. 985), deren Klavierspiel den lärmempfindlichen Kafka genauso störte wie der Lärm, der aus dessen Stallungen und Hof zu ihm drang, in dem ein großes, auf der Abbildung sichtbares

Taubenhaus lag. Da sich Ottla mit Johanna Riedl angefreundet hatte und die Riedls zu den Bauern gehörten, die ihr Lebensmittel überließen, verwundert es nicht, daß Oskar Baum, als er Anfang Januar 1918 in Zürau zu Besuch war, in dieser Familie ein kleines Klavierkonzert gab, um sich für Nahrungsmittel zu bedanken, die man ihm verkauft hatte.

An Max Brod am 18. IX. 1917, vgl. Br 221.

969 | Das im Besitz von Ferdinand und Johanna Riedl befindliche Anton-Haus (Nr. 2), das straßenaufwärts neben ihrem Hof lag und ihnen später als Alterssitz diente. Davor die Besitzer mit ihrem Enkelkind Hertha (1927–1994) (um 1930).

das Schlimmste sind 2 Klopfer irgendwo, einer klopft auf Holz, einer auf Metall, unermüdlich besonders der erste, er arbeitet über seine Kräfte, er übernimmt sich, aber ich kann kein Mitleid mit ihm haben, wenn ich ihm von 6 Uhr früh an zuhören muß. Hört er aber für ein Weilchen wirklich auf, ist es nur, um auch den Metall- klopfer vorzulassen.

Die Kafka Kummer bereitende Schmiede, die er zunächst in den Wirtschaftsgebäuden des Riedlschen Hofes vermutete, befand sich in einem Nebengebäude des Anton-Hauses, das dem Gasthaus *Eis* zu lag.

An Oskar Baum, vermutlich am 23. IX. 1917, vgl. Br III 319.

970 | Das Gasthaus *Eis* (Nr. 3), davor die Wirtin Franziska Schneider (um 1930).

Manchmal gehe ich hinüber ins Wirtshaus, wo ein saueres Bier ausgeschenkt wird, manchmal habe ich schon vor Widerwillen ein Glas davon ausgeschüttet, dann aber trinke ich es wieder. Ich sitze gern dort, weil ich hinter dem geschlossenen kleinen Fenster ohne von irgendjemandem entdeckt werden zu können, zu den Fenstern unseres Hauses hinübersehn kann.

NS II 327 f. (Herbst 1920, vgl. NS II A 91).

971 | Blick von der Dorfstraße auf den Zürauer Ringplatz. Im Hin- tergrund der einstöckige Hof der Familie Mai (Nr. 6). Ganz rechts angeschnitten eines der zum Hof der Feigls gehörigen Gebäude.

972 | Das Anwesen der Familie Feigl am Zürauer Dorfplatz (Nr. 7), das sich ebenso erhalten hat wie der links davon liegende Hof Nr. 6, der auf Abb. 971 zu sehen ist. Bei dem Haus mit den Hirschen handelt es sich um eine alte Försterei. Im Vordergrund drei Kinder der Feigls: Emil und zwei seiner Schwestern (rechts, mit Hund, Anna).

Die meisten Hunde bellen sinnlos, schon wenn in der Ferne jemand herankommt, manche aber, vielleicht nicht die besten Wachhunde, aber vernünftige Wesen, nähern sich ruhig dem Fremden, beschnuppern ihn und bellen erst bei verdächtigem Geruch.

Nachdem Kafka die Familie Feigl besucht hatte, notierte er am 8. Oktober 1917 im Tagebuch: *im Zimmer Bild Kaiser F. J. in der Kapuzinergruft.* Die Notiz bedarf einer Erklärung, schon um naheliegende, aber verkehrte Assoziationen auszuschalten: Ursprünglich hatte, Zürauer Brauch zufolge, dem gemäß stets der jüngste Sohn erbte, Josef Feigl den Bauernhof erhalten, der jedoch bei einem Dragonerregiment, der Lieblingsgarde des Kaisers, gedient hatte und zu Beginn des Ersten Weltkriegs gefallen war. Also hatte man auf der Abbildung den Kopf des im Vorjahr verstorbenen und in der Wiener *Kapuzinergruft* beigesetzten Kaisers Franz Josef durch denjenigen Josef Feigls ersetzt. Nach dessen Tod ging das Anwesen auf seinen älteren Bruder Franz über.

Tagebuch, am 21. Oktober 1917, vgl. Br III 344 und Emil Feigl (mündlich, am 19. III. 1976).

973 | Der Zürauer Dorfplatz mit dem *St. Rochus-Denkmal* und dem von Gänsen bevölkerten Dorfteich, die noch in den ersten Jahrzehnten nach dem Zweiten Weltkrieg zum typischen Erscheinungsbild des Ortes gehörten (um 1900). Ganz links (angeschnitten) das Feiglsche Hirschen-Haus, rechts daneben der ältere Teil des Anwesens der Familie Häckl (Nr. 8). Das zweistöckige Hauptgebäude, auf der Abbildung nicht zu sehen, hat sich erhalten. Hinter dem Standbild und weiter rechts der Hof des Bauern Samuel (Nr. 14).

[…] es ist schon finster und man sieht nur noch die Gänse, die (davon könnte ich viel erzählen) sehr widerlich wären wenn man nicht noch widerlicher mit ihnen umgehen würde.

Kafka hatte in Zürau den Eindruck, in einer Art *Tiergarten* zu wohnen, in welchem den Tieren *volle Freiheit* gegeben war, während er sich selbst ihnen gegenüber *beengt* fühlte. Schon drei Tage nach seiner Ankunft zeigte er sich im Tagebuch verwundert darüber, wie die Kühe *mit äußerster Selbstverständlichkeit* über den Dorfplatz zogen, drei Wochen später wurde ihm der merkwürdige Anblick einer über die Felder verstreuten Rinderherde zuteil, der sich damit erklärt, daß man, weil es kaum Wiesen gab, im Herbst das Vieh auf den abgeernteten Hopfenfeldern weiden ließ.

Auf Ottlas Hof gab es keine Kühe, aber zwei Pferde, Ziegen, in deren Physiognomie Kafka menschliche Antlitze zu erkennen glaubte, sowie ein Schwein, das er ungemein genau beobachtete (→ Abb. 986). Es wurde wie üblich Anfang Dezember geschlachtet und hing danach aufgeschlitzt an der Scheune, so daß jeder, der vorbeiging, es sehen konnte. Kafka bekam deswegen Schweinsfuß und Schweineschwanz vorgesetzt, für ihn als Vegetarier natürlich ein *ekelhaftes Essen.* Außerdem hielt man Gänse, deren Verhalten er genau beobachtete – ein Eintrag im Tagebuch lautet: *Es liefen die Gänse den Teich entlang, dann sprangen sie –*, auch wenn dieses ihm so wenig zugesagt zu haben scheint wie das sinnlose Bellen der Hunde und das respektlose Lärmen der Mäuse, von dem er berichtet. Angewidert betrachtete er die von der Magd Mařenka gemästete und schließlich geschlachtete Stopfgans, die in einer Schüssel lag, offenbar für die Prager Angehörigen bestimmt war und ihn an eine tote Tante erinnerte.

An Max Brod am 23. und 24. November 1917, Br III 345, T 833, 832, TA 77 und NS II 110, vgl. Maria Bullin am 5. X. 1980, T 840, Br III 340, 344 und Irma Kafka an Ottla am 13. IX. 1917.

974 | Auf dem Zürauer Ringplatz. Ganz links der Hof der Familie Feigl, daneben, schon auf der nach Oberklee führenden Straße, das Haus des Ortsvorstehers Hippmann (das dazwischen liegende Haus ist nur als dunkle Fläche wahrnehmbar und weitgehend verdeckt), im Zentrum des Bildes der Vierkanthof Nr. 14 (Samuel), der bis zur *St. Rochus-Statue* reicht. Von diesem Hof hat sich lediglich das linker Hand liegende hohe, stattliche Gebäude mit den drei Rundbogenfenstern erhalten, freilich in recht verwahrlostem Zustand. Weiter rechts, nicht mehr abgebildet, der von Ottla bewirtschaftete Hof.

Möglicherweise wurde Kafka durch die *St. Rochus-Statue*, vielleicht in Verbindung mit den ausgestopften Tieren, die er im Haus der Familie Feigl gesehen hatte (→ Abb. 972), am 18. September dazu angeregt, sich über Felice, die ihren Besuch angekündigt hatte, in folgender Weise zu äußern: *Ich fasse sie nicht, sie ist außerordentlich, oder besser: ich fasse sie, aber kann sie nicht halten. Ich umlaufe und umbelle sie, wie ein nervöser Hund eine Statue oder um das ebenso wahre Ebenbild zu zeigen: ich sehe sie an wie ein ausgestopftes Tier den ruhig in seinem Zimmer lebenden Menschen ansieht.*

975 | Das von Ottla Kafka von April 1917 bis zum September 1918 bewohnte Haus Nr. 15 am Zürauer Dorfplatz mit der nur teilweise sichtbaren Scheune ganz links. Rechts das Haus Nr. 69 (Tippmann), dessen Längsseite gegenüber Kirche und Spritzenhaus liegt. Im Vordergrund die nicht mehr erhaltene Viehtränke (1966).

[...] das Zimmer der Schwester, ein sehr angenehmes Zimmer, der Schrecken mit dem man es vielleicht zum erstenmal von der Schwelle überschaut (ebenerdig, vergitterte Fenster, abbröckelnde Mauer) ist ganz unberechtigt.

Das Gebäude wurde 1849 von Juda Löwy erworben, der es 1892 an seine Söhne Sigmund und Karl weitergab. Diese veräußerten es im Jahr 1911 an Julius und Maria Häckl, die es an Karl Hermann verpachteten. 1921 ging es auf Franz Häckl über, den Bruder von Julius Häckl. 1933 kaufte die Familie Löwy das Haus zurück, verlor es aber 1939 im Zuge der damaligen Arisierungsmaßnahmen an die *Deutsche Ansiedlungs-Gesellschaft*, die es an Josef Kühn verpachtete. Nach dessen Vertreibung übernahm 1946 ein Angehöriger der Familie Löwy, der die Gaskammern überlebt hatte, weil seine Frau Christin war, das Anwesen, das heute Zürauer Neubürgern gehört, die nach dem Krieg von den tschechischen Behörden in die Häuser der vertriebenen Deutschen eingewiesen worden waren.

Daß es sich bei dem abgebildeten Gebäude, zu dem eine kleine Landwirtschaft gehörte, tatsächlich um das von Ottla bewohnte und bewirtschaftete Anwesen handelt, wird durch den Umstand bewiesen, daß Karl Hermann es zum fraglichen Zeitpunkt gepachtet hatte. Dazu kommen die Erinnerungen von Maria Bullin und Josef Kühn, die dort aus und ein gingen und es dem Verfasser gegenüber als Wohnsitz Ottlas identifizierten, die an Weihnachten 1917 an die in der Nachbarschaft wohnenden Kinder Plätzchen und Honig verteilte.

Ottlas Domizil bestand aus einem dem Dorfplatz zugewandten, etwa 20 Quadratmeter großen Zimmer, das zu den beiden in der Abbildung ganz rechts liegenden Fenstern gehörte, einer Küche (drittes Fenster von rechts), die vom Zimmer durch eine Glastür abgetrennt war, sowie aus einer lediglich über einen Abstellraum zugänglichen Kammer, in der wahrscheinlich Ottlas Mitarbeiterin Mařenka schlief. Die beiden zuletzt genannten Räume lagen im rückwärtigen, dem Hof zugekehrten Gebäudeteil und demnach Zimmer und Küche gegenüber. Nach Ottlas Weggang wohnte hier

ihr Vorarbeiter, der aus Zarch stammende Josef Hermann, und seine Familie (→ Abb. 978). Der Gebäudeteil links im Bild – das mittlere der sieben Fenster war zu Ottlas Zeit eine den Mittelgang des Gebäudes erschließende Haustür (→ Abb. 987) – wurde vom Dorfpolizisten und einer jüdischen Familie bewohnt, die infolge der Kriegsereignisse aus Polen hatte fliehen müssen.

Schon bald nach seiner Ankunft verbrachte Kafka die Tage, sofern er nicht Liegekuren im Freien absolvierte, in einem Sessel in Ottlas Zimmer, die ihn während seines Aufenthalts betreute und vor allem dafür sorgte, daß er vegetarisches Essen erhielt. Die Gründe, warum er sein eigenes Zimmer mied, liegen auf der Hand, auch wenn sie in seinen Lebenszeugnissen nirgends direkt ausgesprochen werden: Zum einen litt er unter der Lärmbelästigung, der er im Haus der Hermanns ausgesetzt war. Zwar war das Zimmer selbst fast vollkommen ruhig, weil er die Wohnung seiner Verwandten ganz für sich hatte, gleichwohl war es dort laut, weil sich auf der am Haus vorbeiführenden Straße fast der gesamte Fuhrwerksverkehr abwickelte, auch die Gänse dort zum Teich liefen, nicht zu reden von den Tieren im Hof des Riedl-Hauses, dem Klavierspiel, das von dort zu hören war, und den beiden Klempnern, die in der Nachbarschaft arbeiteten. Demgegenüber lag Ottlas Domizil doch etwas von diesen Lärmquellen ab, mit Ausnahme freilich der Kinder, die auf dem Dorfplatz spielten und im Winter ihre Aktivitäten auf den Teich konzentrierten, den sie als Schlittschuhlaufplatz benutzten, aber doch nie wesentlich störten. Im Spätjahr gesellte sich zu den genannten Nachteilen noch eine Mäuseplage, die Kafka als Grauen der Welt erschien und dazu führte, daß er in den Nächten eine Katze in sein Zimmer holen mußte, die ihn vor dem Schlimmsten bewahrte.

Als Felice Bauer, die dreißig Stunden gebraucht hatte, um von Berlin nach Zürau zu kommen, wo sie sich mit Kafka über die Lage aussprechen wollte, die sich durch seine Krankheit ergeben hatte, am 21. September mit dem Fuhrwerk zum Bahnhof nach Michelob gebracht wurde, verabschiedete man sich vor Ottlas Haus, das damals noch vom Ringplatz her betreten werden konnte. Während der Wagen in einem weiten Bogen um den Teich fuhr – wegen eines den halben Platz durchziehenden Grabens, der überschüssiges Wasser abführte, konnte man das Gelände zwischen Teich und Kirche nicht befahren –, um die abwärts führende Dorfstraße

zu gewinnen, schnitt ihm Kafka den Weg ab, indem er zwischen Teich und Bäumen zur Straße ging, so daß er ihr auf diese Weise noch einmal nahe kam, *gänzlich gefühllos, ebenso hilflos,* etwas Komödie spielend und in Gedanken mit der Störung einiger seiner Bequemlichkeiten befaßt. Im Rückblick rekapitulierte er die Situation wie folgt: *Du tratest abend in Zürau vor das Haus, es war kurz vor der Abreise. Ich saß noch lange im Zimmer, dann gieng ich in den Garten Dich zu suchen, kam zurück, erfuhr von Ottla, daß Du vor dem Haus bist und gieng zu Dir. Ich sagte zu Dir: «Hier bist Du? Ich habe Dich überall gesucht» Du sagtest: «Ich habe Dich doch noch vor einem Augenblick im Zimmer reden hören.» Bis auf paar ganz belanglose Worte sprachen wir wohl kaum mehr etwas mit einander, trotzdem wir noch genug lange auf der Treppenstufe standen und auf den Ringplatz sahen.*

Im November schickte Kafka den ersten, die Jahre 1895 bis 1899 betreffenden Band von Leo Tolstois Tagebuch, das gerade bei Georg Müller in München erschienen war, als Geburtstagsgeschenk nach Berlin und bewidmete es, sich freilich im Datum täuschend – Felice wurde erst am Tag darauf 30 Jahre alt –, mit den Worten: *Zum 17 XI 1917/Franz.* Felice scheint die Botschaft verstanden zu haben, denn sie strich sich unter anderem die folgende Passage an, die sich auf Seite 58 dieser Ausgabe findet: *Wenn der Mensch ein menschliches, geistiges Leben lebt, so ist die Geschlechtsliebe und die Ehe für einen solchen Menschen ein Hinabsinken auf eine tiefere Stufe.* Nach Oskar Baums Erinnerungen gehörten Tolstois Tagebücher zu Kafkas Lieblingslektüre während seiner Zürauer Zeit.

An Max Brod am 23. und 24. XI. 1917, T 835 sowie Br III 401, vgl. *Státní oblastní archiv Louny* (Grundbuch des Dorfes Zürau II/12–28, S. 171 f.), Maria Bullin am 7. VII. 1976, Josef Kühn am 28. IX. 1976, Br III 323, 329, 382, 383, 365, Br 231, Leo A. Lensing: *Kafkas Verlobte war auch nicht so einfach,* in: *Frankfurter Allgemeine Zeitung* Nr. 195 (23. VIII. 1997), Beilage *Bilder und Zeiten,* Henry F. Marasse am 30. XII. 1990 und Franz Kafka: *Tagebücher und Briefe,* hrsg. von Max Brod, Prag 1937, S. 347.

976 | Blick von der nach Oberklee führenden Dorfstraße in Zürau auf die Rückseite der Scheune (hinteres Gebäude) des von Ottla bewirtschafteten Anwesens. Links von diesem Gebäude, am Abhang, lag der zum Haus gehörende Gemüsegarten, in dem Kafka gelegentlich arbeitete. Im Vordergrund sind die Reste des Brunnens zu erahnen, in dem das epileptische Mädchen ertrank. (→ Abb. 966)

977 | Josef Slama mit seiner Mutter vor seinem Haus in Zürau (1926).

[Kafka] liebte wegen seiner Krankheit, da er öfters Hustenanfälle hatte, stets die Einsamkeit und ging immer an wenig betretenen Feldwegen spazieren, so z. B. in den Weg in der Flur Gemeindeholz in den Akazienhein. Traf man ihn dort, hatte er meistens ein Buch in der Hand und las derinnen ganz vertieft, bis man ihn grüßte. Er antwortete dann fast erschrocken zwei, dreimal «Grüß Gott!» oder «Guten Tag!». Er sprach: «Wo gehen Sie hin?» und «Was arbeiten Sie dort?» Er wollte einem seine Hand reichen, und in demselben Augenblick zog er sie wieder zurück, weil es doch TBC war. Er schaute [einen] mit seinen sehr schönen Augen dann so mitleidig an.

Gemeindeholz: Zwischen den am Dorfplatz gelegenen Häusern Nr. 4 und 6 begann ein in nördlicher Richtung führender Weg, der die von Feldern bestimmte Gemarkung *In der Tschuschna* erschloß und für den Spaziergänger Kafka offenbar eine Alternative zu der nach Oberklee führenden Landstraße darstellte, die er abends bevorzugt zu haben scheint (→ Abb. 990). Hatte man den Ort auf dieser Route hinter sich gelassen und bog rechter Hand ab, kam man, wie Kafka mit seinen Gästen am 4. November 1917, zum *Schüttboden* (→ Abb. 980). Ging man jedoch noch ein Stück geradeaus weiter, um dann halb links abzuzweigen, erreichte man auf ansteigendem Gelände ein für landwirtschaftliche Zwecke ungeeignetes, teilweise felsiges und mit Bäumen bewachsenes Gebiet, das *Gemeindeholz* genannt wurde.

Ottla hatte mit ihren beiden Pferden große Sorgen, weil die von ihr bearbeitete landwirtschaftliche Nutzfläche zum größten Teil aus Hopfenfeldern bestand, so daß sie nicht genügend Heu und Getreide produzieren konnte. Sie sprach deswegen persönlich bei der *Bezirkshauptmannschaft* in Podersam vor, übrigens erfolgreich, und richtete auch ein Gesuch an die *Staatliche Futterzentrale* in Prag, das Kafka mit einer Empfehlung seines Direktors persönlich überreichte. Gleichwohl mußte sie von Slamas Eltern mehrfach Futter zukaufen.

Josef Slama am 18. X. 1976, vgl. ders. am 15. I. 1977, Ottla an Josef David am 10. X. 1917, 11. XI. und 14. XI. 1917.

978 | Josef Hermann aus Zarch mit seiner Familie (um 1908).

Verschiedenartige aber ähnlich strenge Unzugänglichkeit des Schaffers Hermann (der heute ohne Nachtmahl und Gruß weggegangen ist; die Frage ist, ob er morgen kommt) des Fräuleins, der Mařenka. Im Grunde ihnen gegenüber beengt, wie vor den Tieren im Stall, wenn man sie zu etwas auffordert und sie erstaunlicher Weise folgen.

Josef Hermann, der aus dem benachbarten Weiler Zarch stammte und dort wohnte, diente Ottla als Kutscher und verrichtete alle Arbeiten, die mit Zugtieren auf den Feldern gemacht werden mußten. Er war außerdem ein geschickter Korbflechter. Die anhaltenden atmosphärischen Trübungen, die von Ottla in der Folgezeit aber besser bewältigt wurden, waren vielleicht dadurch mitbedingt, daß Hermann sehr ehrgeizig war, so daß er starrsinnig wurde, wenn ihm etwas gegen den Strich ging.

Tagebuch, am 19. IX. 1917, vgl. O 180, Josef Hyna am 3. I. 1977 und Brunhilde Hermann am 29. V. 1977.

979 | Das Haus der Familie Kunz in Zürau (Nr. 47) (1971).

Bauer Kunz (mächtig, überlegene Erzählung der Weltgeschichte seiner Wirtschaft, aber freundlich und gut) Allgemeiner Eindruck der Bauern: Edelmänner, die sich in die Landwirtschaft gerettet haben, wo sie ihre Arbeit so weise und demütig eingerichtet haben, daß sie sich lückenlos ins Ganze fügt und sie vor jeder Schwankung und Seekrankheit bewahrt werden bis zu ihrem seeligen Sterben. Wirkliche Erdenbürger.

Konrad Kunz, der in seiner Jugend als Empfangschef in einem großen Hotel in Karlsbad gearbeitet hatte, war ein Ich-Mensch, der immer recht haben wollte und nur gelten ließ, was er selbst sagte. Er und seine Frau waren sparsame, kinderlose Leute, die recht groß gewachsen waren.

T, 8. Oktober 1917, vgl. Marianne Trunk am 5. VIII. 1976 und Emil Feigl, Hundstadt (mündlich, am 19. III. 1976).

980 | Blick vom *Schüttboden* (→ Abb. 963) auf Zürau. Von links nach rechts: Ottlas tschechische Magd Mařenka, Toni Greschl, die ebenfalls in der Landwirtschaft mithalf, Ottla, Julie Kaiser und Kafka. Das Photo, offensichtlich aufgenommen von August Kopal, entstand am 4. November 1917.

[…] heute hatten wir Besuch, sehr gegen meinen Willen, das Bureaufräulein (nun, Ottla hatte sie eingeladen) außerdem aber als ein Mitgebrachtes noch einen Bureauherrn […] einen an sich ausgezeichneten und mir auch sehr angenehmen und interessanten Menschen, (katholisch geschieden) aber eine Überraschung, wo doch schon ein angemeldeter Besuch Überraschung genug ist. Solchen Dingen bin ich nicht gewachsen und ich durchlief von flüchtiger Eifersucht, großer Unbehaglichkeit, Hilflosigkeit gegenüber dem Mädchen (ich riet ihr, unüberzeugt, den Mann zu heiraten) bis zu vollständiger Öde den ganzen langen Tag.

An Max Brod am 6. XI. 1917. (Der Poststempel des Schreibens, das zumindest in großen Teilen noch am Besuchstag entstand, stammt zwar vom 6. XI., einem Dienstag, doch ist es fast ausgeschlossen, daß die beiden Kollegen an einem Arbeitstag hätten nach Zürau fahren können, während leicht vorstellbar ist, daß Kafkas Schreiben erst am Montag nach Flöhau, der Poststation, gebracht und dann am Tag darauf befördert wurde.)

981 | Am 4. November 1917 im Hof des von Ottla bewirtschafteten Zürauer Anwesens. Im Hintergrund die Scheune und Teile des Stalls. Von links: Mařenka, daneben Toni Greschl und Ottla sowie Kafkas Bürokollege August Kopal und Julie Kaiser. Diesmal hat Kafka auf den Auslöser gedrückt.

Julie Kaiser (1887–1941), eine Tochter des Bezirkssekretärs Josef Kaiser, der 1908 nach Prag übersiedelt war, hatte Anfang 1910 als Aushilfsbeamtin in der *Arbeiter-Unfall-Versicherungs-Anstalt* begonnen und ist am 15. Mai 1920 wieder ausgeschieden. Sie war zunächst nur sporadisch, wohl vertretungsweise für Kafka tätig, doch scheint es, daß sie ihm etwa ab Herbst 1914 als Schreibkraft zugeteilt war, weil der Arbeitsanfall kriegsbedingt immer größer wurde. Laut Erinnerungen von Familienangehörigen ging das Verhältnis zwischen Julie und Kafka über eine Bürokollegenschaft hinaus und nahm im Lauf der Jahre einen freundschaftlichen Charakter an. Die Zeugen überliefern sogar, daß Kafka Julie den Hof gemacht habe, daß er im Hause Kaiser aus und ein gegangen sei, ihr Briefe geschrieben und Bücher geschenkt habe, darunter Widmungsexemplare eigener Werke, und daß sie ihn, der ihre erste große Liebe war, gern geheiratet hätte. Gefühlsbeziehungen dieser Art, für die auch Kafkas Eifersucht auf August Kopal spricht, der im November 1918 Julies Ehemann wurde, wären dann wohl auf die Zeit zwischen August 1914 und Juni 1916 zu datieren, als Kafkas Verlobung mit Felice aufgelöst war und er sich von verschiedenen Frauen angezogen fühlte (→ Abb. 855), während Julie in ihm einen ungebundenen, attraktiven Mann gesehen haben dürfte, den zu gewinnen keinesfalls aussichtslos schien, zumal sie Kunst und Literatur liebte, auch dem Tennisspiel zugetan war, das gerade in dieser Zeit zu den von Kafka geübten sportlichen Betätigungen zählte (→ Abb. 657 und 748).

Vgl. Anthony Northey: *Kafkas Liebchen und kein Ende … Über Julie Kaiser, eine unbekannte Freundin des Dichters*, in: KK 4, Nr. 4 (Dezember 1996), S. 65–68, Hartmut Binder: *Frauen in Kafkas Lebenskreis. Irrtümer und Unterlassungen in der Kritischen Edition seiner Tagebücher. II*, in: *Sudetenland* 40, Heft 1 (1998), S. 28–43 und Paula Herkommer an Anthony Northey am 22. III. 1994.

982 | Blick vom Hof in den hinter der Scheune liegenden Garten des von Ottla bewirtschafteten Anwesens. Im Hintergrund das Goldbachtal.

Es ist dort schön, ich arbeitete dort heute mit dem Bruder von ein Uhr bis acht Uhr abends. Es war schon fast dunkel. Wir haben Gemüsesetzlinge gesetzt, und ich habe zwei Beete umgegraben.

Kafka, der schon im Frühjahr 1915 in einer Prager Gärtnerei gearbeitet hatte, um seiner Neurasthenie Herr zu werden (→ Abb. 707), half seiner Schwester in Zürau von Anfang an im Gemüsegarten. Der Stolz, der ihn über das auf diese Weise Geleistete erfüllte, wurde freilich gedämpft, als er kurz nach seiner Rückkehr nach Prag ausgezeichnet bearbeitete Schrebergärten sah, die am Moldauufer nördlich des *Baumgartens* angelegt worden waren.

Nachdem Ida Freund (→ Abb. 474) sich im Herbst 1915 in einem Artikel in der *Bohemia* für diese Art der Bewirtschaftung ausgesprochen hatte, kam es zur Gründung eines entsprechenden Prager Vereins, dessen Arbeit Kafka begutachten konnte, wenn er zu Fuß zum *Pomologischen Institut* nach Troja ging, wo er sich gärtnerisch betätigte (→ Abb. 916 und 1011).

Ottla an Josef David am 27. IV. 1918 (O 181 f.), vgl. Br III 369, Br 233, 237 und 240, O 53 f., DZB 88, Nr. 319 (18. XI. 1915), S. 10 sowie Nr. 323 (22. XI. 1915), S. 3.

983 | Ottla (links) und ihre Mitarbeiterin Toni Greschl in Zürau.

Das Spiel der Katze mit den Ziegen. Die Ziegen sind ähnlich: polnischen Juden, Onkel Siegfried, Ernst Weiß, Irma.

Tagebuch, am 19. IX. 1917.

984 | Ferdinand Riedl (um 1920).

War mit dem Fräulein [der Magd Maŕen-
ka] eine Weile bei Riedls. – Du weißt, wer
Herr Riedl ist, aber ich werde Dir noch von
ihm erzählen; er ist der beste Bauer aus un-
serem Dorf, und wenn ich mit ihm spreche,
so lerne ich immer etwas dazu und ich freue
mich, wenn ich ihm begegne. Sein Sohn ist
auf Urlaub und arbeitet mit dem Vater, die
Frau ist eine sehr gute Hausfrau und alle
arbeiten gern und darum ist ihre Landwirt-
schaft so schön.

Josef Riedl (1895–1973), damals Soldat
und gerade auf Heimaturlaub, hatte die
landwirtschaftliche Mittelschule in Kaa-
den (Kadaň) besucht und übernahm später
das Anwesen seines Vaters, der ein fleißiger,
frommer, ordnungsliebender und sparsa-
mer Mann war und durch sein Geschick
als Züchter besonders gute Hopfenerträge
erwirtschaftete. Am Abend bevor Kafka
Zürau endgültig verließ – seine Schwester
brachte ihn am 30. April um sieben Uhr
morgens nach Michelob –, verabschiedete
er sich von den Riedls und benutzte dabei
die Gelegenheit, sich deren Garten anzuschauen. Das Ergebnis war, daß er und
Ottla ihren eigenen Garten an die erste
Stelle setzen zu können glaubten.

Ottla an Josef David am 15. III. 1918 (O 186), vgl. Helga
Riedl am 23. VI. 1967, 29. II. 1976, Gabriele Lehmann,
Gotha (mündlich am 3. IX. 2007) sowie Ottla an Josef
David am 29. und 30. IV. 1918.

985 | Berta Riedl (1900–1983).

Eine Bitte: Die Tochter eines reichen hiesi-
gen Bauern oder vielleicht des reichsten, ein
recht angenehmes etwa 18jähriges Mädchen
will für ein Vierteljahr nach Prag fahren.
Zweck: Tschechisch lernen, Klavierspiel-
fortsetzen, Haushaltungsschule und – was
vielleicht der Hauptzweck ist – irgend etwas
nicht genau zu umschreibendes Höheres er-
reichen, denn ihre Stellung hier hat insofern
etwas Verzweifeltes, als sie z. B. zwar infol-
ge ihres Vermögens, ihrer Klostererziehung
keine ebenbürtige Freundin hier hat und
doch auch wieder nicht weiß, wo ihr eigener
Platz ist. Auf solche Weise kann auch ein
glänzend christliches Mädchen einer Jüdin
nicht unähnlich werden. – Das alles sage
ich übrigens nur auf Grund eines oberfläch-
lichen Eindrucks, ich selbst habe kaum 50
Worte mit ihr gesprochen.

Berta Riedl, die zu dem Zeitpunkt, als
sie mit Kafka in Berührung kam, in ihrem
18. Lebensjahr stand, hatte in den Jahren
1911 bis 1914 in einem Mädchenpensionat
eine Klostererziehung genossen und dabei
sehr gut Klavier spielen gelernt. Sie sprach
Tschechisch und hatte im Winter – denn
im Sommer mußte sie in der elterlichen
Landwirtschaft helfen – zwei Jahre lang
die Haushaltungsschule in Schlackenwerth
(Ostrov nad Ohří) bei Komotau besucht.
Obwohl die Anwesenheit dieses Mädchens
in einem Prager Haushalt nach Kafkas
Auffassung Hungersnot ausschloß, gelang
es Felix Weltsch, an den Kafka seine Bitte
richtete, offenbar nicht, für sie in der
Stadt ein geeignetes Domizil zu finden.
Berta Riedl heiratete 1926 Franz Makusch
(1898–1952) (→ Abb. 1002), Sohn Josef
Makuschs (1868–1901), der das Zürauer
Anwesen Nr. 12 und Nr. 13 bewirtschaftet
hatte. Nach dem Tod ihres Mannes ging

Josef Makuschs Witwe mit Karl Makusch
(1870–1938), dem Bruder ihres verstorbenen Mannes, die Ehe ein. Kafka erwähnt
einmal Karl Makusch im Tagebuch, den er
beobachtet hatte, als er abends, wohl auf
dem Heimweg, auf der Straße vor ihm her-
ging (→ Abb. 990).

An Felix Weltsch, um den 30. November 1917, vgl. Helga
Riedl am 23. VI. 1967, Berta Makusch, Gotha (mündlich,
Januar 1977) und Gabriele Lehmann, Gotha (mündlich,
Juni und Juli 2007).

986 | Der Komiker Rolf Wagner.

Auf dem Bild ist er entwaffnend, selbst das vor sich Ausspeien übernimmt er noch, wie seine Lippenstellung in Bild und Wirklichkeit zeigt; Sie deuten das scheinbare Lächeln falsch. Übrigens ist er nicht ganz und gar einzig, wie Sie zu glauben scheinen. Ich will ihn durch den Vergleich mit einem Schwein gar nicht beschimpfen, aber an Merkwürdigkeit, Entschiedenheit, Selbstvergessenheit, Süßigkeit und was noch zu seinem Amt gehört, steht er in der Weltordnung vielleicht doch mit dem Schwein in einer Reihe. Haben Sie schon ein Schwein in der Nähe so genau angesehn, wie Wagner? Es ist erstaunlich. Das Gesicht, ein Menschengesicht, bei dem die Unterlippe über das Kinn hinunter, die Oberlippe, unbeschadet der Augen- und Nasenlöcher, bis zur Stirn hinaufgestülpt ist. Und mit diesem Maul-Gesicht wühlt das Schwein tatsächlich in der Erde. Das ist ja an sich selbstverständlich und das Schwein wäre merkwürdig, welches das nicht täte, aber Sie müssen das mir, der es jetzt öfters neben sich gesehn hat, glauben: noch merkwürdiger ist es, daß es das tut. Man sollte doch meinen, um irgendeine Feststellung vorzunehmen, genüge es, wenn man das Fragliche mit dem Fuß betastet oder dazu riecht oder im Notfall es in der Nähe beschnuppert – nein, das alles genügt ihm nicht, vielmehr, das Schwein hält sich damit gar nicht auf, sondern fährt gleich und kräftig mit dem Maul hinein und ist es in etwas Ekelhaftes hineingefahren – rings um mich liegen die Ablagerungen meiner Freunde, der Ziegen und Gänse – schnaufts vor Glück. Und – das vor allem erinnert mich irgendwie an Wagner – das Schwein ist am Körper nicht schmutzig, es ist sogar nett (ohne daß allerdings diese Nettigkeit appetitlich wäre) es hat elegan-

te, zart auftretende Füße und beherrscht seinen Körper irgendwie aus einem einzigen Schwung heraus, – nur eben sein edelster Teil, das Maul, ist unrettbar schweinisch.

Die Brods hatten am 28. September eine Aufführung im *Cabaret Lucerna* besucht (→ Abb. 529), das seit Herbst 1914 von Rolf Wagner geleitet wurde, der die beiden aber nicht in die richtige Stimmung zu versetzen wußte. Elsa Brod hatte am Tag darauf Kafka in einem ironisch gehaltenen Schreiben ausführlich von dieser Veranstaltung berichtet und ihrem Brief offenbar ein Exemplar des hier reproduzierten Fotos beigelegt, das im Kabarett feilgeboten wurde. Kafkas ausführliche und von Sarkasmus getränkte Antwort vom 2. oder 3. Oktober 1917 belegt, wie genau er das Schwein, das von seiner Schwester gemästet wurde, zu beobachten pflegte.

Vgl. Br III 751 und Hartmut Binder: *Wo Kafka und seine Freunde zu Gast waren*, (Furth im Wald, Prag 2000), S. 102–110.

987 | Kafka und seine Schwester Ottla in Zürau.

Es ist möglich, daß ich anderswo mehr im Freien liegen würde, stärkendere Luft hätte udgl., aber – und das ist für meinen Nervenzustand und dieser für meine Lungen sehr wesentlich – ich würde mich sonst nirgends so wohl befinden, nirgends so wenig Ablenkungen haben […] nirgends mit weniger Trotz, Galle, Ungeduld die Haus- oder Hotelwirtschaft ertragen als hier bei meiner Schwester. In meiner Schwester ist irgendein fremdes Element, dem ich mich in dieser Form am ehesten fügen kann.

Die Photographie beweist auf ihre Weise, welches Gebäude Ottla in Zürau bewohnte. Die Geschwister stehen nämlich am Hintereingang des Hauses Nr. 15, denn nur von hier aus konnte man, bei gleichzeitig geöffneter, später zu einem Fenster umgebauter Vordertür, im Hintergrund die alte Linde auf dem Dorfplatz und das Anton-Haus sehen. Die Kleidung der beiden deutet darauf hin, daß die Aufnahme am 4. November 1917 von August Kopal gemacht wurde.

An Max Brod am 6. XI. [recte 4. XI.] 1917, vgl. O 226.

988 | Franz (1872–1924) und Anna (1845–1926) Lüftner, inzwischen abgegangenes Medaillon auf ihrem Grabstein auf dem Zürauer Friedhof.

Baum Bauer Lüftner. Die große Diele. Teatralisch das Ganze: er nervös mit Hihi und Haha und auf-den-Tisch-schlagen und Armheben und Achselzucken und Bierglasheben wie ein Wallensteiner. Daneben die Frau, eine Greisin, die er als ihr Knecht vor zehn Jahren geheiratet hat. Ist leidenschaftlicher Jäger, vernachlässigt die Wirtschaft. Riesige zwei Pferde im Stall, homerische Gestalten, in einem flüchtigen Sonnenschein, der durch das Stallfenster kam.

Anna Lüftner war die Alleinerbin von Ferdinand Klaus, der als Töpfer aus der Umgebung Prags gekommen war, in Zürau sein Glück machte, wo es Tongruben gab, die sein Handwerk begünstigten. Als er kinderlos starb, zog Anna in sein Haus, das, eine Seltenheit in Zürau, zweigeschossig und im Eingangsbereich aufwendig mit lasierten Tonerzeugnissen verziert war. Sie heiratete ihren Knecht, der ein leidenschaftlicher Jäger war, jahrelang die wildreiche Jagd in Zürau gepachtet hatte und die große Diele des Hauses mit Geweihen und ausgestopften Wildtieren ausschmückte. Deswegen konnte Kafka von Lüftner Hasen und Rebhühner für seine Prager Freunde und seinen Chef in der *Arbeiter-Unfall-Versicherungs-Anstalt* kaufen, die allerdings nicht nur mit Geld, sondern zusätzlich mit den in Kriegszeiten stets begehrten Tabakwaren zu bezahlen waren.

T 841 f. und O 57, vgl. Wenzl Filipp am 25. III. 1976 und Emil Feigl am 13. VI. 1976.

989 | Franz Feigl (1869–1956) und seine Frau Marie, geb. Weidet (1867–1934), die Besitzer des Anwesens Nr. 7 am Zürauer Ringplatz.

Bauer Feigl (7 Mädchen, eine klein, süßer Blick, weißes Kaninchen über der Achsel).

Feigl, der sich auch als Tierheilkundiger in den umliegenden Dörfern betätigte, und seine Frau, eine Frohnatur, die, wenn ein Stück Vieh zugrunde gegangen war, ihren Mann singend von dem Unglück verständigte, hatten sechs Kinder: fünf Mädchen, nämlich Marie Hacker (1888–1960), die zu Ottlas Bekanntenkreis gehörte, Poldie Feigl (*1896), Hilda Zärkler (1900–1967), Erna Neubauer (*1903) und die rachitische Anna Feigl (1896–1972), die kleinste der Schwestern, sowie einen Jungen, Emil, den Ottla immer wieder mit Bonbons beschenkte.

Tagebuch, 8. X. 1917, vgl. Emil Feigl, Hundstadt (mündlich am 19. III. 1976) und O 48.

Euer Hochwohlgeboren!

Der unterzeichnete Verlag erlaubt sich hiemit, Euer Hochwohlgeboren zum Abonnement der Zeitschrift **„Der Mensch"** ergebenst einzuladen, zumal diese Monatschrift für Kultur jene Ziele wahren Weltbürgertums erstrebt, die unserer Zeit gemäß wohl auch Ihrerseits gebührende Einschätzung finden werden.

Die Liste der Mitarbeiter in den künftigen Heften enthält Namen bedeutendster deutscher und anderer europäischer Autoren.

Verlag der Zeitschrift „Der Mensch"
Monatschrift für Kultur
Brünn, Dr.-Karl-Reissig-Gasse 1.

990 | Oberklee (Soběchlepy).

Auf der Landstraße gegen Oberklee, am Abend.

Außer diesem, auf den 15. Oktober datierten Tagebucheintrag sind für den 3. und 9. November 1917 sowie für den 15. und 17. Januar 1918 Spaziergänge Kafkas in Richtung Oberklee belegt, offenbar seine abendliche Lieblingsroute. Auch eine Notiz vom 4. Dezember 1917 – *Abend hinter M[a]kusch* – dürfte sich auf einen solchen Ausgang beziehen, denn gemeint ist hier Karl Makusch (→ Abb. 963 und 985), dessen Hof am äußersten Ende des Ortes an der nach Oberklee führenden Straße lag (→ Abb. 965). Wenn in Kafkas Aufzeichnungen vom Wald die Rede ist, dürfte er ebenfalls auf der Landstraße nach Oberklee gegangen sein, denn etwa 300 Meter hinter dem Züraer Ortsende begann links von der Landstraße ein Waldstück.

Vgl. TA 76 und 79.

991 | Einladung zum Abonnement der in Brünn (Brno) erscheinenden Monatsschrift *Der Mensch.*

Und «der Mensch»? Zwar etwas lang- und widerhaarig angezeigt, aber doch vielleicht eine gute Sache. Du erwähnst es gar nicht.

Am 17. Oktober 1917 hatte das *Prager Tagblatt* das unmittelbar bevorstehende Erscheinen einer neuen Zeitschrift gemeldet – tatsächlich kam das erste Heft erst im Januar 1918 heraus –, deren Ziel es sei, die sittlichen und künstlerischen Forderungen sowie die religiöse Grundstimmung der Zeit darzustellen. Als Herausgeber waren Dr. Leo Reiß, Dr. Friedrich Bill und Johannes Urzidil angegeben, während als Prager Mitarbeiter neben Urzidil Dr. Felix Weltsch, Walther Fürth und der Tscheche Dr. Alfred Fuchs genannt waren. Tschechische Autoren sollten ebenfalls mitarbeiten, denn in einer Vorankündigung der Zeitung *Union* waren Otokar Březina, Antonín Macek, Karel Čapek und wiederum Alfred Fuchs als Beiträger erwähnt worden. Auch Kafka hatte die Notiz im *Prager Tagblatt* gelesen und kam mit den angeführten Worten in seinem nächsten Brief an Felix Weltsch auf das Projekt zu sprechen, der wenig später wie folgt antwortete: *Daß ich die Sache nicht erwähnt habe, zeigt daß ich noch immer eitler bin, als ich glaube. Aber es gibt kein Vertuschen! Natürlich ist es nur ein Misbrauch meines Namens, den sich – Fürth – geleistet hat. Wahr ist an der Sache nur, daß Fürth u Urzidil wegen irgend einer nebelhaften Zeit-*

schriftengründung bei mir waren, um einen Artikel von mir zu verlangen. Ich wies sie mit den Worten ab: ich habe jetzt nichts, – u. brummte höflich verhallend dazu: vielleicht später einmal. Diese Höflichkeit hat sich – wenn es überhaupt auf solche Dinge ankommt, bitter gerächt. Daß ich aber auch nur den Schatten einer Einwilligung erteilt hätte, als «Ethiker» in solchem Reigen den das Tagblatt durchfliegenden Augen vorzutänzeln, hast Du ja hoffentlich nicht angenommen. Also genug von dieser läppischen, und wenn ich noch um eine Nuance eitler wäre, blamablen Angelegenheit.

Als Urzidil dann Kafka tatsächlich einlud, antwortete dieser, er bitte, wenigstens vorläufig von seiner Mitarbeit abzusehen, da er nichts habe, was zur Veröffentlichung tauge. Urzidil selbst meinte in auf den 10. Februar 1955 und 20. März 1956 datierten Schreiben an den S. Fischer Verlag, Kafka habe, von ihm zur Mitarbeit aufgefordert, seiner Art gemäß zunächst geglaubt, keine Beiträge liefern zu können, sich später jedoch dazu bereit erklärt. Aber diese Zusage habe nicht realisiert werden können, weil die Zeitschrift inzwischen eingegangen sei.

An Felix Weltsch zwischen dem 19. und 21. Oktober 1917 und Br III 765 f., vgl. *Union* Nr. 326 (27. XI. 1917), *Hauptblatt*, S. 6 und Br 241.

992 | Walter Fürth (1896–1946).

Fürth war das *enfant terrible* unter den Prager Kaffeehausintellektuellen, das indiskret, zudringlich, aber mit untrüglich scharfem Auge die schwachen Stellen eines Gesprächspartners aufspürte und erbarmungslos bloßstellte. Der in Königliche Weinberge geborene Sohn eines jüdischen Handschuhfabrikanten, der jahrelang an einem Roman arbeitete, der nie über den ersten Satz hinauskam – er begann mit den Worten: *Walter F. hatte von seinem Vater nichts geerbt, als den Fluch, zu leben* –, maturierte 1915 am Prager *Graben-Gymnasium* und versuchte sich, da zum Wehrdienst nicht geeignet, im Wintersemester 1915/16 an der *Karl-Ferdinands-Universität* als Student der Philosophie und Kunstgeschichte. Fürth, der sich vor allem mit Strindberg beschäftigte und sich als Dramatiker versuchte, gehörte zu einer Gruppe junger, zum Dienst mit der Waffe untauglicher oder pazifistisch gesinnter Literaten, die sich während der Kriegsjahre im *Café Arco* zu treffen pflegten, aber auch mit älteren Kollegen wie Friedrich Thieberger, Oskar Baum und Felix Weltsch freundschaftlichen Umgang pflegten. Urzidil, der ihm besonders nahestand und ihn in seiner Erzählung *Weißenstein Karl* unter der Maske der Titelgestalt auftreten läßt, schrieb über ihn in seinem Essay *Denkmale*: Seiner Haartracht entsprechend hegte Fürth in sich das

unkoordinierteste Durcheinander. Er war gleichzeitig Anhänger Hegels wie Schopenhauers, Spinozist und Neochrist, plädierte für Weininger und propagierte Selbstmord, um beizeiten der Ekelhaftigkeit, Flachheit, Schalheit und Unersprießlichkeit dieses völlig sinnlosen Lebens zu entkommen. Es blieb jedoch bei der Propaganda. Er lebte vom Tod, den er in allen Arten pries und feierte. Fragte man ihn: «Wie geht es?», antwortete er ausnahmslos mit: «Ich leide.»*

Im Herbst 1919 und im darauffolgenden Sommersemester setzte Fürth sein Studium fort, versuchte sich dann aber, teilweise in Berlin lebend, als Journalist. 1939 floh er vor den Nazis nach Palästina, kehrte aber 1946 nach Prag zurück, wo er noch im gleichen Jahr starb.

Johannes Urzidil: *Denkmale*, in: *Da geht Kafka*, (erweiterte Ausgabe), (München 1966), S. 90, vgl. ders.: *Prager Triptychon*, (München 1960), S. 100.

993 | Der Bahnhof in Komotau (Chomutov).

Am frühen Nachmittag des 27. Oktober 1917, einem Samstag, bestieg Kafka in Michelob einen Schnellzug, in dem ihn Max Brod und seine Frau Elsa erwarteten. Ziel der gemeinsamen Reise war das nahe Komotau, wo Brod am Abend im *Verein Theodor Herzl* über jüdische Kunst und am darauffolgenden Vormittag auf Einladung des zionistischen Wanderbundes *Blau-Weiß* über die Situation des jüdischen Volkes sprach. Kafka übernachtete in Komotau, fuhr aber entgegen seiner ursprünglichen Absicht, Brod und seiner Frau am Sonntagnachmittag Zürau zu zeigen und am Abend mit ihnen weiterzureisen, offenbar aus Zeitnot an diesem 28. mit seinen Begleitern nach Prag zurück, ohne daß man in Zürau ausgestiegen wäre. Denn wäre dies der Fall gewesen, hätte Brod nicht später behaupten können, er habe Zürau nie gesehen.

In den darauffolgenden drei in Prag verbrachten Tagen suchte Kafka Dr. Mühlstein und Professor Friedel Pick auf, der sich von seinem Gesundheitszustand sehr befriedigt zeigte, sprach bei seinem Arbeitgeber vor, hörte Brod aus dessen Roman *Das große Wagnis* vorlesen, schaute sich die neue Wohnung Felix Weltschs an (→ Abb. 822) und ließ sich einen Zahn ziehen.

Vgl. Br III 681, 349, 355, 758, 365, 361, 378 und FK 146.

994 | Prof. Dr. Gottfried (Friedel) Pick (1867–1926).

Nach dem vormonatlichen Ausspruch des Professors müßte ich eigentlich schon im Bureau sein, trotzdem ich bürgerlich gewiß nicht gesund bin.

Pick war der Sohn des berühmten Prager Dermatologen Philipp Josef Pick, hatte in Prag und Heidelberg studiert und war 1910 Vorstand des *Laryngologischen Instituts* der Prager deutschen Universität geworden. Er war ein glänzender Diagnostiker, der mit vielen, auch medizinhistorischen Publikationen hervortrat und in Prag die Endoskopie einführte. Er war umfassend gebildet, witzig und ein vorzüglicher Redner.

An Oskar Baum am oder bald nach dem 24. XI. 1917, vgl. Br III 365, 373 und Ernst Wodak: *Prag von gestern und vorgestern*, Tel Aviv (1948), S. 126 f.

995 | Das sich an beiden Seiten des Goldbachs erstreckende Liboritz (Libořice) in der Nähe von Zürau.

Weg nach Michelob durch den Park.

Liboritz besaß einen großen Meierhof, der ein Drittel der Fläche des Ortsgebiets umfaßte, eine Kirche aus dem 18. Jahrhundert mit Gräbern von Adeligen und ein Schloß aus dem Jahr 1737, durch dessen Park Kafka ging, als er am 14. Dezember nach Michelob unterwegs war. Auch am 22. Januar 1918 ist ein Ausflug auf dieser Route belegt, die entweder direkt am Goldbach entlang oder über Zarch (Čárka) nach Lischwitz (Liběšovice), Liboritz und weiter nach Michelob führte.

Tagebuch, 14. XII. 1917, vgl. TA 79 und Wenzel Rott: *Der politische Bezirk Podersam*, Prag 1902, S. 350–353.

996 | Das heute noch existierende Kaffeehaus im Hotel *Paris* in der *Gemeindehofgasse (U ubecního dvora)* Nr. 4 (I-1080) in Prag, in dem Kafka und Max Brod am Morgen des 26. Dezember 1917 zu Gast waren.

Am Abend des 25. Dezember sind Franz und F. bei meiner Frau und mir zu Gast. «Beide unglücklich, reden nichts.» Am 26. Dezember notiere ich: «Kafka kam früh um halb acht, ich soll ihm den Vormittag schenken. Café Paris. Doch will er mich nicht als Berater, sein Entschluß ist bewundernswert fest. Nur die Zeit verbringen. Er hat F. gestern alles ganz klar gesagt.

FK 147 (Max Brod).

997 | Vor dem *Schipkapaß* in Prag-Dejwitz (Praha-Dejvice), *Zlatnice* Nr. 6 (VI-56). In der linken Bildhälfte (sitzend) Moritz Milde (*1842), den Zeitgenossen unter dem Namen Osman Pascha geläufig, und, durch einen Gast getrennt, seine Frau Anna, geborene Gärtner (*1852), genannt Suleika. Die beiden hatten 1872 geheiratet und betrieben seit Mai 1874 die am Rande Prags gelegene berühmte Studentenkneipe *Schipkapaß*, die allerdings am Ende des Ersten Weltkriegs ihre große Zeit längst hinter sich hatte, unter anderem, weil Milde im September 1910 gestorben war. (› Abb. 916)

Karl Hans Strobl (1877–1946), der selbst Student in Prag gewesen war, hat im fünften Kapitel seines 1908 erschienenen Romans *Schipkapaß* – er wurde ab 13. April 1907 in der *Bohemia* vorabgedruckt – dem Lokal, seinen Wirtsleuten und dem Treiben der deutschen Studenten Prags ein Denkmal gesetzt, die es als Ausflugsort, Bierdorf, Lazarett nach Mensurblessuren und in geldlosen Zeiten als Zuflucht benutzten, wo sie auf Pump ihren Durst stillen konnten.

Vgl. Hartmut Binder: *Wo Kafka und seine Freunde zu Gast waren,* (Furth im Wald, Prag 2000), S. 139–143 und E. E. K. [Egon Erwin Kisch]: *Der «Osman» ist gestorben,* in: DZB 83, Nr. 244 (5. IX. 1910), S. 3.

998 | Der *Adlersaal* im *Schipkapaß.*

Am 26. Dezember 1917 notierte Max Brod in seinem Tagebuch:
*Am Nachmittag Ausflug mit Baum, Weltsch. Also drei Ehepaare
nebst Kafka und F. Schipkapaß. Kafka unglücklich. Er sagt mir:
«Was ich zu tun habe, kann ich nur allein tun. Über die letzten Dinge
klar werden. Der Westjude ist darüber nicht klar und hat daher kein
Recht zu heiraten. Es gibt hier keine Ehen. Es sei denn, daß ihn diese
Dinge nicht interessieren, zum Beispiel Geschäftsleute.»*
FK 147.

999 | Der *Staatsbahnhof* in der Prager *Hibernergasse,* von dem Felice
nach Berlin zurückfuhr.

Nachdem Kafka am Morgen des 27. Dezember Felice zur Bahn
gebracht hatte, erschien er im Büro Brods, der damals in der Pen-
sionsabteilung der *Postdirektion* arbeitete, die in einem Privathaus
in der *Rosengasse (Růžová)* untergebracht war, begann zu weinen –
das erste und einzige Mal, daß Brod den Freund weinen sah – und
fragte schluchzend: *Ist es nicht schrecklich, daß so etwas geschehen
muß?* Im Tagebuch notierte er: *Abreise F. Weinen. Alles schwer,
unrecht und doch richtig.*
FK 148 und TA 78.

1000 | Oskar Baum an seinem Schreibtisch in der *Manesgasse*
(Manesova) Nr. 30 in der Prager Neustadt.

Baum konzipierte seine Texte in Blindenschrift und diktierte sie
dann seiner Frau in die Schreibmaschine. Wenn er vorlas, führte
er seine Fingerspitzen über das mit Blindenschrift bedeckte Papier
und ertastete auf diese Weise den Text. Wollte er eigenhändig
schreiben, etwa um eines seiner Bücher zu bewidmen, bediente
er sich einer Buchstaben-Schablone, die er auf der Abbildung vor
sich liegen hat.

*Ich trage noch immer an dem Zusammensein mit diesem mir doch
lieben Menschen und zwar nicht in dem Sinne, daß ich unter seinem
Leiden leide oder daß irgendein konkretes eigenes Leid mitaufgerührt
worden ist, sondern daß, fast ganz abstrakt, seine Denkrichtung, das
prinzipiell Verzweifelte seines Zustandes, die bis nahe an die durchgeführte Nachweisung gehende Unauflösbarkeit seines Konfliktes, das
Durcheinander seiner an sich sinnlosen, beleidigenden, vielfach sich
spiegelnden, gegenseitig aufeinander kletternden […] Hilfskonstruk-
tionen, daß das alles in mich ausmündet wie ein toter Wasserarm,
den eine Woche zu einem lebendigen gemacht hat.*

Während ihrer nächtlichen Unterhaltungen zwischen dem 6.
und 13. Januar 1918 im gemeinsamen Zürauer Schlafzimmer hatte
Baum seinem Freund vor allem davon gesprochen, daß er seit fünf
Jahren seine Ehe unerträglich, ja die Ehe überhaupt unerträglich
finde, daß es ihm aber unmöglich sei, seine Frau zu verlassen.
Baum selbst bestätigt in seinen Erinnerungen diese Nachtgesprä-
che, weiß aber von Entwürfen und Plänen, die Kafka ihm damals
mitgeteilt habe, ohne auf deren Verwirklichung hoffen zu können.
An Max Brod Mitte / Ende Januar 1918, vgl. PK 119, EFK 74 f. und KB 20.

1001 | Das am linken Ufer des Goldbachs gelegene Dorf Lischwitz, das mit Zarch eine Gemeinde bildete.

Weg nach Lischwitz (Libĕšovice).

Kafka unternahm diesen Spaziergang unmittelbar nachdem Ottla sich mit seinem Freund Oskar Baum auf den Weg gemacht hatte, um ihn zum Bahnhof Michelob zu bringen.

TA 79, vgl. Hartmut Binder: *Unhandlich und unvollkommen. Die Kritische Ausgabe der Tagebücher Kafkas*, in: NZZ 202, Nr. 10 (14. I. 1991), S. 19.

1002 | Die Feuerwehr von Zürau, zweiter von links, mit Hut: Ferdinand Riedl. Ganz rechts Franz Makusch, der Ehemann Berta Riedls (→ Abb. 895). Links hinter der Kirche sind Teile des Elternhauses von Karl Hermann zu sehen, im Hintergrund rechts das Anton-Haus.

Anfang Februar 1918 berichtete Kafka seinem Freund Felix Weltsch von einem Begräbnis, das er von Ottlas Zimmer aus im Liegestuhl beobachten konnte: *Die Trauergäste, eben das ganze Nachbardorf, standen schon längst an der Kirchentür und noch immer fuhr der Wagen seinen Kreis langsam weiter, eine kleine zusammengefrorene, förmlich von einem Blasinstrument umschlungene Musikkapelle vor sich und hinter sich die Feuerwehr (auch unser Schaffer darunter) im ruhigen Ackerpferdeschritt.*

Da Kafka das Zürauer Spritzenhaus vor Augen hatte, wann immer er in dem Zimmer seiner Schwester aus dem Fenster schaute, ist er schwerlich nur bei dieser Gelegenheit mit der Feuerwehr des Ortes konfrontiert worden, obwohl er das jährliche Feuerwehrfest, das im Frühsommer stattfand, lediglich aus den Erzählungen seiner Schwester gekannt haben dürfte. So ist es vielleicht kein Zufall, daß in seinem letzten Roman von einem am 3. Juli, also an seinem eigenen Geburtstag, abgehaltenen Feuerwehrfest berichtet wird, auf dem eine neue Spritze gezeigt wird.

Vgl. *Das Schloß*, S. 295–301.

1003 | Flöhau (Blšany).

In Flöhau gewesen.

Flöhau war Poststation für Zürau, doch hatte die Zustellung der Sendungen nach Kafkas Auffassung die Gestalt eines launischen, unzuverlässigen Burschen. Die Folge war, daß der Postweg von Prag nach Zürau und zurück etwa eine Woche betrug. Um ihn zu verkürzen, brachte Ottlas Magd Mařenka manchmal Sendungen nach Flöhau oder holte sie von dort ab.

Tagebuch, 6. II. 1918, vgl. Br III 337 und 384.

1004 | Max Maria von Weber: *Die Gazellenjagd der Araber*, München (1912), Umschlag. (*Der Schatzgräber*, hrsg. vom Dürerbund, Nr. 78)

Es ist mir zu eng in allem, was Ich bedeutet, selbst die Ewigkeit, die ich bin ist mir zu eng. Lese ich aber zum Beispiel ein gutes Buch, etwa eine Reisebeschreibung, erweckt es mich, befriedigt es mich, genügt es mir. Beweis dafür, daß ich vorher dieses Buch in meine Ewigkeit nicht mit einschloß oder nicht zur Ahnung jener Ewigkeit vorgedrungen war, die auch dieses Buch notwendigerweise umschließt.

Die Nachrichten, die über Kafkas Bücherbestand existieren, verraten, daß er ein ausgesprochen starkes Interesse an Reiseliteratur und Länderkunde gehabt haben muß, das zeit seines Lebens anhielt und in dem hier angeführten Tagebucheintrag vom Februar 1918 reflektiert wird. Dabei bevorzugte er volkstümliche, in Sonderheit für Jugendliche bestimmte, illustrierte, auch kleinformatige Darstellungen von geringem Umfang. So besaß er in der Reihe *Schaffsteins Grüne Bändchen* Berichte über Polarexpeditionen von Einar Mikkelsen, Roald Amundsen und Carsten Borchgravink sowie Oskar Iden-Zellers *Auf einsamen Wegen in Nordost-Sibirien*, kannte Berichte von einer deutschen Tiefsee-Expedition und Auszüge aus Charles Darwins *Reise um die Welt*, die in den von Fritz Gansberg herausgegebenen *Wissenschaftlichen Volksbüchern für Schule und Haus* erschienen waren. Außerdem waren in seiner Bibliothek: *Marco Polos Berichte über seine Reise nach China u. seinen Aufenthalt am Hofe des Großkhans d. Mongolen*, die unter dem Obertitel *Vor sechshundert Jahren im Reiche der Mitte* 1912 in K. Voigtländers Verlag in Leipzig erschienen waren (1912), sowie Otokar Nejedlýs *Malířovy dojmy a vzpomínky z Ceylonu a Indie* (Eindrücke eines Malers und Erinnerungen an Ceylon und Indien), ein Reisebericht, der 1916 im Prager Verlag František Borový erschienen war.

In einem an Josef David gerichteten Brief vom 20. September 1916 schreibt Ottla, sie habe drei neue Bücher, nämlich *Rosa* von Hamsun, Foersters *Jugendlehre* und einen Bericht des Malers Nejedlý, der von seiner Reise nach Ceylon handle, offensichtlich Lektürevorschläge des Bruders, unter dessen Büchern sowohl Hamsuns Roman als auch Foersters Erziehungswerk waren, das er erst zwei Tage zuvor zu lesen begonnen hatte.

Gazellenjagd der Araber gehört in den gleichen Zusammenhang, darf aber zugleich als Beispiel für den Einfluß gelten, den die Welt des *Kunstwarts* über die Studienzeit hinaus auf Kafkas Leseverhalten ausübte, denn das 28seitige Heftchen ist nicht die einzige *Schatzgräber*-Nummer, die in seinem Besitz war. In seiner kleinen Bibliothek sind nämlich außerdem Ludwig Richters *Kinderjahre* (Nr. 44), Karl Immermanns *Knaben-Erinnerungen* (Nr. 58) und das *Märlein von Schneeweißchen und Rosenrot* von Franz Pocci nachweisbar (Nr. 25), alle 1910 erschienen, und für den März 1912 belegt das Tagebuch die Lektüre von Albrecht Adams Erinnerungen *Aus dem Leben eines Schlachtenmalers*, die im Jahr zuvor gedruckt worden waren (Nr. 55). Die von Leo Freiherr von Egloffstein herausgegebene Reihe mit dem Untertitel *Lose Blätter der schönen Literatur* hatte es sich zur Aufgabe gesetzt, qualitätsvolle Schriften, die vergessen und schwer zugänglich waren, für Pfennigbeträge unter die Leute zu bringen.

Tagebuch, 7. II. 1918, vgl. KB 146, Z, TK 155, Br 428, 516, KB 40, Br III 228, O 87, W 263, KB 169, KB 104, T 409, *Kunstwart Arbeit*, München 1908, S. 70 und Hartmut Binder: «Desiderio di diventare un indiano» e altri sogni di fanciullo. *I libri preferiti di Kafka*, in: *Kafka oggi*. A cura di Giuseppe Farese, Bari (1986), S. 165–188.

1006 | Schaab (Pšov).

Inzwischen war ich mit der Stute in einem Dorf Schaab beim Hengst.

An Max Brod, Anfang April 1918.

1005 | *Sören Kierkegaard und sein Verhältnis zu «ihr». Aus nachgelassenen Papieren*, hrsg. im Auftrage der Frau Regine Schlegel und verdeutscht von Raphael Meyer, Stuttgart 1905, Umschlag.

Am 5. März 1918 schrieb Max Brod nach Zürau, Kierkegaards Lebensproblem sei von seinem eigenen grundverschieden, die Ähnlichkeit mit dem Schicksal Kafkas wohl auffallend, wenngleich eher äußerlich, habe doch der Däne aufgrund seiner Schwermut mit seiner Braut gebrochen. Kafka antwortete wenige Tage später: *Es ist tatsächlich so wie Du sagst: Das Problem seiner Ehe-Verwirkli-chung ist die Hauptsache, seine bis ins Bewußtsein immerfort hinaufgetragene Hauptsache, ich sah das in «Entweder – Oder», in «Furcht und Zittern», in «Wiederholung» (die letztere habe ich in diesen vierzehn Tagen gelesen, «Stadien» bestellt), ich aber habe es – trotzdem mir Kierkegaard jetzt immer irgendwie gegenwärtig ist – wahrhaftig vergessen, so sehr treibe ich mich anderswo herum, ohne allerdings jemals völlig außer Verbindung damit zu kommen. Die «körperli-che» Ähnlichkeit mit ihm, wie sie mir eben etwas nach jenem kleinen Buch «Kierkegaards Verhältnis zu ‹ihr›» [...] erschien, ist jetzt ganz verschwunden, aus dem Zimmernachbar ist irgendein Stern geworden, sowohl was meine Bewunderung, als eine gewisse Kälte meines Mitgefühls betrifft.*

Kafka hatte Raphael Meyers Publikation in Zürau mit dabei, kannte aber auch Olaf Peder Monrads Buch über den dänischen Philosophen aus dem Jahr 1909. Er hatte im August 1913 eine Tagebuch-Auswahl Kierkegaards kennengelernt, sich mit dessen Leben und Werk aber ernsthaft erst in Zürau auseinandergesetzt. Damals las er die Werke *Der Augenblick, Entweder – Oder, Furcht und Zittern, Stadien auf dem Lebenswege* und *Wiederholung*, doch haben sich unter seinen Büchern auch *Der Begriff der Angst, Die*

Krankheit zum Tode und *Der Pfahl im Fleisch* erhalten. Außerdem besaß er die *Abschließende unwissenschaftliche Nachschrift zu den Philosophischen Brocken, Das Buch Adler oder der Begriff des Auserwählten* und *Okamžik* (Der Augenblick), eine von Milanda Krausová-Lesná übersetzte, von Arnošt Kraus bevorwortete, 1911 in Prag veröffentlichte tschechische Version der religiösen Fragen gewidmeten Essays, die Kierkegaard am Ende seines Lebens in der christlichen Zielen verpflichteten Zeitschrift *Der Augenblick* veröffentlicht hatte. Die beiden zuletzt genannten Titel zeigen Kafkas Interesse an der dem Christentum verhafteten Seite des dänischen Philosophen, das auf eine Lektüre in den letzten Lebensjahren hindeutet. (→ Abb. 1127)

Br 235, vgl. KB 106, KH 523–528, Z und Niels Bokhove: *Kafka's boekenkast 1*, in: KK 12, Nr. 1 (2004), S. 14.

1007 | Der Gemeindevorsteher von Zürau, Karl Hippmann (1882–1953), mit Frau und Tochter während des Ersten Weltkriegs.

In Zürau gab es kein Rathaus, die Funktion des Gemeindevorstehers war ehrenamtlich. Da Kafka, der aufgrund seiner Tätigkeit im Bereich der Kriegsbeschädigtenfürsorge die Gesetzeslage genau kannte, und Ottla, die er einmal als *kleine Fürsorgestelle* bezeichnete, von ihrem Wesen her zu Hilfeleistungen neigte, erkannte er schnell, daß im Dorf in sozialer Hinsicht Handlungsbedarf bestand. So sorgte er dafür, daß der Kirchendiener des Ortes, Adolf Sopper (1857–1920), von den zuständigen Behörden Geldzuweisungen für Kleiderkäufe erhielt, indem er Hippmann veranlaßte, für ihn eine Bedürftigkeitsbescheinigung auszustellen. Der aus Milloschitz (Milošice) stammende Sopper, der durch Heirat nach Zürau gekommen war und im Hause Lüftner zur Miete wohnte, war ein Spaßvogel, der gern ein Schwätzchen machte und mit Kafka und seiner Schwester in Kontakt gekommen sein mag, wenn diese bei Lüftner einkauften. Sopper war Asthmatiker, lange Jahre krank, hatte sechs Kinder und war deswegen verarmt.

O 35, vgl. 36 f.

1008 | Josef Tetsch als Soldat, links sitzend.

Meine erste Begegnung mit Tetsch in Prag war so: ich gehe Sonntag abend mit Max und seiner Frau den Belvedereabhang hinauf und sehe von der Ferne auf einer dieser künstlichen Steinböschungen einen Soldaten sitzen, ohne Strümpfe, die Hosen hoch hinaufgezogen, den einen Ärmel leer, hinter dem Ohr eine große Beule. «Auch ein Soldat» sag ich und schau lieber gar nicht hin. Erst als ich vorüber bin, dreh ich mich um: es ist der Tetsch. Ich habe wirklich Freude gehabt.

Der in Zürau lebende Vater von Josef Tetsch, ein Töpfer, hatte eine wohlhabende Frau geheiratet, deren Vermögen er mit Trinken und Spielen durchbrachte. Auch hatte er in den 6oer Jahren des 19. Jahrhunderts einen Schlaganfall erlitten und war linksseitig gelähmt. Eines seiner Kinder, Josef, wurde zusammen mit seinem gleichaltrigen Neffen Franz Fischer in Oberklee aufgezogen, lernte wie dieser das Fleischerhandwerk und arbeitete im Saazer Schlachthof. Er trank und spielte wie sein Vater und war geistig etwas behindert, so daß die Zürauer Bauern mit dem Wehrlosen ihren Mutwillen trieben, indem sie ihn zu entwürdigenden Handlungen verleiteten (so mußte er etwa Bier aus der Mütze trinken) und ihn anstelle eines Bauern, der hätte einrücken sollen, in den Krieg schickten. Da Tetsch naturgemäß den Anforderungen des soldatischen Lebens nur unzureichend gewachsen war und sich manchmal etwas verwirrt zeigte, glaubten die Militärs, er simuliere, und schickten ihn in ein Strafbataillon, wo er bei Kampfhandlungen seinen linken Arm verlor. Daraufhin wurde er entlassen und kehrte nach Zürau zurück. Nach den Erinnerungen von Familienangehörigen muß ihn Kafka mehrfach besucht und dabei notiert haben, was er wissen mußte, um ihm eine spezielle Rente zu verschaffen, auf die er wegen seiner Be-

dürftigkeit Anspruch hatte. Kafka schickte deswegen nach seiner Rückkehr aus Zürau seiner Schwester ein Zuwendungsansuchen, das vom Ortsvorsteher Hippmann an die *Bezirkshauptmannschaft* Podersam weitergeleitet werden mußte. Nach dem Ende des Krieges begann Tetsch einen Handel mit Töpfen, die er in einem Buckelkorb in den umliegenden Ortschaften verhausierte. Er starb in Podersam.

O 35, vgl. Maria Bullin am 7. VII. 1976, Ilse Christian am 29. VII., 24. IX. und 10. XI. 1976 sowie Josef Slama am 17. XII. 1976.

Kapitel XVIII

Schelesen und die Folgen

Am 2. Mai 1918 nahm Kafka seine Tätigkeit in der Versicherungsanstalt wieder auf. Da Ottla noch in Zürau weilte, erst im Herbst endgültig nach Prag zurückkehrte und dann gleich anschließend eine Ausbildung an der *Landwirtschaftlichen Winterschule* in Friedland begann, brauchte Kafka nicht auf Wohnungssuche zu gehen, sondern konnte zunächst wieder im Zimmer seiner Schwester wohnen. Seine *Hoffnung*, auf der Kleinseite oder in der Burgstadt eine Wohnung zu finden, die *still, sonnig und luftig* war, hatte sich nicht erfüllt.

Nach dem Ende des Krieges kehrte seine Schwester Elli mit ihrem Mann und den Kindern in ihre Wohnung in Königliche Weinberge zurück, übersiedelte allerdings im März 1919 in das Haus *Bilekgasse* Nr. 4, das Hermann Kafka inzwischen gekauft hatte (→ Abb. 1032). So konnte Kafka schon im Spätjahr 1918 Ottlas Zimmer freimachen und in sein altes Zimmer zurückkehren, das er zu Beginn des Krieges hatte verlassen müssen. Nachdem Ottla Ende März 1919 ihre Ausbildung in Friedland beendet hatte, bezog auch sie wieder ihr altes Zimmer in der elterlichen Wohnung, in dem sie bis zu ihrer Heirat im Juli 1920 lebte.

Wie Brods Tagebuch belegt, suchte Kafka im Frühsommer 1918 oft die Flußbadeanstalt an der *Sofieninsel* auf, oder er arbeitete im *Institut für Pomologie, Wein- und Gartenbau*, offenbar mit großer Befriedigung, wie ein auf den 1. Juli datierter Tagebucheintrag Max Brods zeigt, der die damalige Position seines Freundes zum Ausdruck bringt: *Land gegen Stadt. Doch fühlt er sich in Prag besser, denn in Zürau faulenzte er. Hier betrachtet er Hebräisch und Gartenbau als Positiva seines Lebens. Will sich diese ganz rein erhalten, sie sind das ‹Ländliche›.* Es erstaunt deswegen nicht, daß Kafka, als er im September drei Wochen Erholungsurlaub zugesprochen bekam, diese Zeit in einer Handelsgärtnerei in Turnau verbrachte. (→ Abb. 1015)

Am 14. Oktober 1918 erkrankte Kafka schwer an der *Spanischen Grippe*, die Millionen Todesopfer forderte. Während er in der elterlichen Wohnung mit hohem Fieber daniederlag, Schweißausbrüche und Kurzatmigkeit ihn quälten, ging der Krieg und damit die Herrschaft der Habsburger zu Ende, und die Tschechoslowakische Republik wurde ausgerufen. Kafka überwand den todbringenden Virus, so daß er am 19. November seinen Dienst wieder antreten konnte, wurde aber vier Tage später erneut bettlägerig. Einen Vorschlag des Hausarztes Dr. Heinrich Kral aufgreifend, der einen Sanatoriumsaufenthalt empfohlen hatte, trat Kafka einen ihm zusätzlich gewährten Erholungsurlaub von drei Wochen in der *Villa Stüdl* im nahegelegenen Schelesen (Želízy) an, der vom 30. November bis zum 22. Dezember dauerte.

Schelesen, das eine deutsche Bevölkerung und ein besonders mildes Klima hatte, dem es die Bezeichnung ‹böhmisches Meran› verdankte, hatte sich längst als Kurort etabliert, der mehrere Beherbergungsbetriebe aufwies, die meist von Deutschpragern frequentiert wurden, so auch von Oskar Baum und Felix Weltsch. Um es zu erreichen, fuhr man in zwei Stunden mit dem Personenzug nach Liboch (Liběchov) und von dort weiter mit dem Autobus, der Dauba (Dubá) zum Ziel hatte.

Die Bushaltestelle befand sich unweit der *Villa Stüdl*, vor dem Haus des Kaufmanns Schöbel (→ Abb. 1179). Die Besitzerin der Pension war die Pragerin Olga Stüdl (1873–1946), eine Tochter des Kaufmanns Johann Stüdl (1859–1925), der 1869 den *Deutschen Alpenverein* gegründet und später mit dem *Österreichischen Alpenverein* vereinigt hatte. Er unterhielt am *Kleinseitner Ringplatz* in Prag eine Delikatessenhandlung und Weinstube (III-271), die besonders vom Adel und hohen Offizieren geschätzt wurde. Johann Stüdl übersiedelte 1918 nach Salzburg, wo er das Hotel *Zur goldenen Birne* leitete, das er gekauft hatte.

Im Dezember 1911 erwarb Olga Stüdl am Ortsrand von Schelesen ein Grundstück, auf dem sie zwei Jahre später mit Hilfe ihres Erbes und der Pflegerin Schwester Therese, die ihr die Wirtschaft führte, eine inmitten von Feldern und Wiesen liegende Pension errichtete. 1919 wurde das Anwesen um eine Scheune erweitert und ein Garten angelegt. Schon bald fanden sich in den Prager Zeitungen Anzeigen dieser Art: *Villa Stüdl. Schelesen bei Liboch a. E. Erholungsaufenthalt. Diätetische Küche für Magenleidende, Rekonvaleszente, Nervöse, Diabetiker, Vegetarier etc. – Arzt zur Verfügung.*

Aber das Unternehmen florierte schlecht, so daß sie auf den Rat des mit ihr befreundeten Arztes Dr. Otto Klaus beschloß, ihm den Charakter eines Sanatoriums zu geben, das sich allmählich zu einer Art Zentrum für Sozialfürsorge entwickelte. Da Klaus während des Ersten Weltkriegs an der Ostfront diente und ab Mai 1920 im Kreis Böhmisch Leipa als Bezirksarzt tätig war, kann diese Änderung frühestens 1919 oder in den ersten Monaten des Jahres 1920 in Angriff genommen worden sein, als Klaus sich in Prag aufhielt.

Der Ruf des eigenartigen Unternehmens sprach sich herum. Wenn sich eine Situation komplizierte oder etwas schiefging, brachte man es vor das Forum des Hauses: War eine Magd schwanger, wandte sie sich an Frau Stüdl, die sie aufnahm und das Kind adoptierte. Tollwütige Hunde wurden erschlagen, kranke durch Kauf gerettet, wie ein Anfang 1919 entstandener Brief Kafkas an Oskar Baum beweist: *An Dich lebt hier noch eine Erinnerung im Haus oder eigentlich an Deinen Jungen. Ein kleiner Spitz des Briefträgers, bei dem ihr gewohnt habt, konnte es unter den Martern des Leo nicht aushalten und ist von Fräulein Stüdl gekauft, d. h. gerettet worden. Der Spitz lebt nun schon lange nicht mehr, Du wirst aber als Vater Deines Sohnes nicht vergessen werden. Eben bellen unten großartig die Hunde, sie rächen den Spitz an mir jede Nacht, aber das macht nicht viel, die innern Hunde sind dem Schlaf gefährlicher.* Auch Hans Klaus (→ Abb. 1076) weiß von Tiergeschichten zu berichten:

Eine Verwandte von mir, namens Martha, weilte zu Besuch und wurde von ihrer laut rufenden Mutter abgeholt: «Martha, Martha, komm doch her.» Leider reagierte die Zuchtsau *Martha auf den Anruf, warf meine Tante um und provozierte eine kleine Revolution bei den Kurdamen, die hier ihre erhöhten Blutdrücke behandelten. Überhaupt: Martha war ein enfant terrible; kurz darauf verschwand sie und wurde – vergeblich polizeilich gesucht.*

Vier Monate später, als man ein Zimmer für einen Gast bereiten wollte, fand man sie fast verhungert in dem Zimmer, dessen Riegel zugeschnappt war. Zwei ihrer neugeborenen Jungen lebten noch, aber die Stroh- und Seegrasfüllung aller Möbel war aufgezehrt. – Dann war da eine andere Geschichte, in der ein Schwan eine Rolle spielte: Schwester Therese brachte einst von ihren Exkursionen einen jungen, halbto-ten Schwan mit gebrochenem Flügel mit, den sie gesund pflegte. Nach seiner Gene-sung avancierte der Schwan – Adonis genannt – zum Führer der Gänse-Herde und von da ab wuchs eine eigenartige Generation von Gänsemischlingen heran, größer und stärker als üblich (mit schwarzen Schnäbeln und Füßen und besonders gutem Fleisch). Leider krepierte Adonis schon nach einem Jahr (er wurde vergiftet).

Nun hatte mein Bruder ein eigenartiges Steckenpferd: Im Laufe seiner langwie-rigen Krankheit vertrieb er sich ernsthaft die Zeit, indem er aus Papieren Silhouet-ten und Scherenschnitte produzierte. So verewigte er «Das Begräbnis des Schwanes Adonis» in einer ganzen Serie von Silhouetten: Das Opfer auf der Bahre, dahinter die Gänseherde, die Hühner, Hunde, Trompeten blasend, dann die ganze übrige Ge-folgschaft, und zuletzt die Kurgäste. Alle, inklusive Kafka hatten einen Spaß daran und letzterer hatte sogar die Absicht, den «Zyklus» zu rahmen und auszuhängen. (Ob was daraus wurde, weiß ich nicht; als dann mein Bruder zu einer Operation nach Prag reiste, gingen alle seine Scherenschnitte leider verloren und er selbst starb etwa 10 Tage nach der Operation.)

Die Rede ist hier von Viktor Klaus (*1891), der im März 1918 schwer lungen-krank von der Front zurückgekommen war, bei Stüdl Aufnahme gefunden hatte und nach der Aussage seines Bruders Hans Wand an Wand mit Kafka wohnte. Die-se Erinnerung wird durch ein an Max Brod gerichtetes Schreiben Kafkas von Mitte April 1921 bestätigt, in dem er schreibt, er wisse, was Darmtuberkulose sei, denn er habe *zugesehn,* wie ein Vetter von Felix Weltsch, bei dem es sich um niemand an-ders als um Viktor Klaus handelt, daran gestorben sei. Viktors Mutter Johanna und Felix Weltschs Vater Heinrich waren Halbgeschwister, die den gleichen Vater hat-ten. Da eine polizeiliche Meldekarte für den 12. Dezember 1918 eine Rückkehr von Viktor Klaus in die elterliche Wohnung bezeugt und andere Quellen dokumentieren, daß Kafka bei seinem zweiten, im Januar 1919 beginnenden Aufenthalt in Schelesen für längere Zeit der einzige männliche Gast war, läßt sich als wahrscheinlichster Zeitpunkt, an dem er mit Viktor Klaus zusammentraf, der März dieses Jahres be-stimmen.

Die beiden, die sich von Prag her kannten, machten sich über die Bibliothek her, die in einer Dachkammer der *Villa Stüdl* aufbewahrt wurde. Dort gab es Jahr-gänge der *Gartenlaube* (→ Abb. 696), Bände der *Bibliothek der Unterhaltung und des Wissens,* die 1917 erschienenen *Gesammelten Werke* von Gustav Meyrink mit einer langen, eigenhändigen Widmung des Verfassers an Olga Stüdl, der mit ihr und ih-rem Vater während seiner Prager Zeit (→ Abb. 119) befreundet gewesen war, sowie Werke von Charles Dickens, vermutlich in der deutschen Übersetzung von Mey-

rink, die Klaus und Kafka zusammen lasen. Als Olga Stüdl in diesem Zusammenhang behauptete, Dickens sei langweilig, las Kafka ihr aus *David Copperfield* vor
und überzeugte sie so von den humoristischen Qualitäten des Engländers. Kafka
selbst erwähnt Brod gegenüber rühmend Alfred von Meißners 1884 veröffentlichte
Geschichte meines Lebens, die er hier entdeckt hatte, und bewunderte im November 1919 die ungezwungene Lebendigkeit einer Dialogszene aus einem Roman von
Georges Ohnet.

Über Viktor Klaus, der am 12. Oktober 1919 in Prag starb, lernte Kafka Hans
Klaus (1901–1985) kennen, der in Schelesen seit den Kinderjahren Ferientage verbracht hatte und jetzt an den Wochenenden herauskam, um seinen kranken Bruder
zu besuchen. Hans Klaus suchte Kafka später immer wieder in dessen Büro auf,
weil er sich von ihm Rat und Förderung *in literaricis* erhoffte. (→ Abb. 1076)

Da Kafkas Urlaub noch zweimal verlängert wurde, konnte er am 22. Januar
wieder nach Schelesen fahren, wo er bis Ende März blieb. Im Verlauf dieses zweiten Aufenthalts in der *Villa Stüdl* muß er Hermine Pomeranz kennengelernt haben,
eine damals 19jährige Jüdin bürgerlicher Herkunft, die mit ihren Eltern seit ihrem
neunten Lebensjahr in Prag lebte und wegen eines Lungenspitzenkatarrhs nach
Schelesen geschickt worden war. Zwar datiert sie selbst ihren Aufenthalt auf das
Frühjahr 1919, aber da sie davon spricht, nach ungefähr zwei Wochen sei als weiterer Logiergast eine Pragerin erschienen, bei der es sich nur um Julie Wohryzek
gehandelt haben kann, die Anfang Februar in die *Villa Stüdl* kam, muß sie ihren
Erholungsurlaub Mitte Januar angetreten und Ende Februar beendet haben, als es
so warm gewesen zu sein scheint, daß sie diesen Aufenthalt in ihrer Erinnerung
auf das Frühjahr datierte. Kafka schrieb nämlich am 24. Februar 1919 an Ottla: *Hier
ist jetzt auch sehr warm und schön, noch jetzt gegen Abend sitze ich ohne Decken auf
der Veranda.*

Im Februar 1919 lernte Kafka in der *Villa Stüdl* Julie Wohryzek (1891–1944)
kennen. Sie war eine Tochter Eduard Wohryzeks, der im ostböhmischen Zájezdec
bei Pardubice (Pardubitz) ein Lebensmittelgeschäft geführt hatte, aber 1888 nach
Prag gezogen war, wo er im gleichen Jahr die aus Pest stammende Mina Reach
heiratete. 1897 übersiedelte das Paar mit seinen vier Kindern Käthe, Julie, Růžena
und Wilhelm in die *Sazauergasse (Sázavská)* Nr. 5 unmittelbar neben der *Weinberger Synagoge,* in der der Vater als Kustos arbeitete. Auf Julie bezügliche Polizeiakten, die, ein Argument für ihre nationale Zugehörigkeit, in deutsch abgefaßt sind,
belegen, daß sie mindestens seit 1910 berufstätig war und bis zum Jahr 1913 in fünf
verschiedenen Anwaltskanzleien als Schreibkraft arbeitete, was nicht darauf hindeutet, daß sie mit dieser Tätigkeit zufrieden war. Irgendwann ist sie dann in eine
Firma anderer Zweckbestimmung eingetreten, wo sie bis zum Mai 1918 blieb. In
späteren Jahren bekleidete sie eine Prokuristenstellung. Kafka schrieb im Februar
1919 an Max Brod: *Will man ihre Volkszugehörigkeit genau umschreiben, muß man
sagen, daß sie zum Volk der Komptoiristinnen gehört.*

Im August 1918 beantragte Julie einen Paß für die Schweiz, weil sie, lungenkrank, sich in Davos einer Heilkur unterziehen wollte. Da der Antrag abgelehnt wurde, mußte sie sich eine andere Erholungsmöglichkeit suchen, die sie in der *Villa Stüdl* fand, wo sie Kafka begegnete. Die beiden verliebten sich ineinander, hielten aber zunächst Distanz. Damals bezeichnete Kafka die neue Bekanntschaft als *nicht Deutsche, nicht Nicht-Deutsche*, eine Kennzeichnung, die freilich so wenig eine Zuordnung Julies zu einer der beiden in Prag lebenden Volksgruppen erlaubt wie seine im gleichen Zusammenhang erscheinende Behauptung, sie sei *nicht Jüdin und nicht Nicht-Jüdin*. Der Umstand freilich, daß sie eine unerschöpfliche Menge *der frechsten Jargonausdrücke* kannte, führte dazu, daß die beiden ihre Zeit *lustig* verbrachten: Er habe, so schrieb Kafka im März an Brod, in den zurückliegenden Wochen so viel gelacht wie in den letzten fünf Jahren nicht. Das alles deutet auf eine Verwurzelung Julies im deutschen Kulturkreis, in dem sich das Jiddische eher erhielt als im Tschechischen, zugleich aber auf ihre Zugehörigkeit zur Prager Unterschicht, denn im Prager Bürgertum war der Jargon bereits um 1900 verfemt und wurde bei der Erziehung der nachfolgenden Generation von Eltern, Lehrern und Gouvernanten vehement bekämpft. In die gleiche Richtung weist, daß Julie *in das Kino, in Operetten und Lustspiele, in Puder und Schleier* vernarrt war.

Nachdem die beiden nach Prag zurückgekehrt waren, *flogen* sie, wie Kafka rückblickend schrieb, *zueinander wie gejagt* und verlebten während des Frühjahrs und des Sommers 1919 glückliche Tage miteinander; da Julie seit Juni 1918 arbeitslos war, konnten sich die beiden auch an Werktagen schon am Nachmittag zu gemeinsamen Unternehmungen zusammenfinden.

Unerachtet der Erfahrungen, die er mit Felice Bauer gemacht hatte, auch entgegen seiner Brod gegenüber geäußerten Überzeugung, kein Recht auf eine Familiengründung zu haben, drängte Kafka seit Juni zur Heirat, so daß es vermutlich im September zu einer Verlobung mit Julie kam, die ihren ersten Bräutigam im Krieg verloren hatte. Kafka gewann die Überzeugung, daß die Voraussetzungen diesmal günstiger waren als bei seinen früheren Heiratsversuchen. Zum ersten war Julie wegen eines beidseitigen chronischen Lungenspitzenkatarrhs, der mit einer hochgradigen Abmagerung einherging, nach Schelesen geführt worden. Angesichts seiner panischen Angst, andere mit seiner Lungenkrankheit anzustecken, mußte dieser Umstand als Wink des Schicksals erscheinen, der ihm die Geliebte überhaupt erst erreichbar machte. Weiterhin ist zu bedenken, daß beide trotz aller bestehenden Bildungsunterschiede in einem ähnlichen beruflichen Milieu arbeiteten. Während ihrer Tätigkeit in Prager Advokaturen hatte Julie Juristen wie Kafka zu Vorgesetzten, während er seinerseits in seinem Büro jahrelang mit der Schreibmaschinistin Julie Kaiser (→ Abb. 981) ein ihm durchaus nicht gleichgültiges Mädchen beschäftigte, das ähnliche Arbeiten zu erledigen hatte wie die Schreibkraft Julie Wohryzek. In seiner Heiratsabsicht bestärkt wurde Kafka durch den freilich nicht allzu lange anhaltenden Widerstand seines Vaters, der die Schande über diese unstandesgemäße Verbindung seines Sohnes – allein daß die Familie Wohryzek sehr arm war, hätte ihm unter den damals herrschenden gesellschaftlichen Verhältnissen das Recht gegeben, sich gegen die in Aussicht genommene Braut zu stellen – nicht ertragen zu können glaubte, diesem sexuelle Beweggründe für sein Handeln unterstellte und mit Auswanderung drohte.

Da das Paar trotz der nach Kriegsende herrschenden Wohnungsnot im November im Vorort Wrschowitz (Vršovice) ein kleines Domizil gefunden hatte, beschloß man zu heiraten, doch zeigte sich zwei Tage vor der geplanten Trauung, daß die Wohnung doch nicht zur Verfügung stand. Dieser Vorgang brachte das Projekt zum Kippen: Die inneren Widerstände gegen die Ehe, die sich natürlich auch diesmal gemeldet hatten, gewannen die Oberhand, Angst, Sorgen und Selbstzweifel zernagten Kafkas Entschlußkraft, machten Verzweiflung und Schlaflosigkeit zum Dauerzustand und führten so zum Scheitern auch dieses dritten Heiratsversuchs, ohne daß sich dadurch zunächst an dem zwischen den beiden bestehenden Verhältnis irgend etwas geändert hätte.

Während dieser Lebensphase setzte Kafka seine Hebräischstudien fort, und zwar, mit krankheitsbedingten Unterbrechungen, zusammen mit Max Brod, Felix Weltsch und Irma Singer. Dieser Gruppenunterricht, der auf der Grundlage des Lehrbuchs von Moses Rath (→ Abb. 1018) erfolgte und auf jeden Fall vor 1920 liegen muß, weil Irma Singer im Mai dieses Jahres nach Palästina auswanderte, dürfte im Frühherbst 1918 begonnen worden sein und im Sommer 1919 geendet haben, denn einerseits belegen ungedruckte Erinnerungen des Prager Schriftstellers Hans Klaus, daß dessen Bruder Viktor und Kafka im Jahr 1918 in Prag zusammen Hebräisch lernten, andererseits berichtet Robert Eisner, der Augenzeuge dieser Ereignisse war, Kafka sei Anfang 1919 von Georg Langer, der damals an der Prager *Talmud-Thora-Schule* unterrichtete, in dieser Sprache unterwiesen worden. Irma Singer selbst datierte ihren Unterricht ungefähr auf das Jahr 1918. Für diesen zeitlichen Ansatz spricht auch, daß sich Kafka während seines zweiten Aufenthalts in Schelesen anhand des Lehrbuchs von Rath weiterzubilden suchte.

Am 4. November 1919 fuhr Kafka erneut nach Schelesen in die *Villa Stüdl*, wo er bis zum 20. des Monats blieb. Während dieses Aufenthalts lernte er die aus Teplitz stammende Minze Eisner (1901–1972) kennen, die sich ebenfalls in der Pension zur Erholung aufhielt. Das aus einer wohlhabenden jüdischen Familie stammende Mädchen, dem, wie Kafka an Ottla schrieb, alle Hysterie einer unglücklichen Jugend eigen war, hatte eben nach dem Tod seines Vaters – die Mutter hatte sich scheiden lassen – ein unstetes Wanderleben begonnen und, wie Olga Stüdl in ihren Erinnerungen schrieb, Kafkas mitfühlendes Interesse erregt. Kafka ermahnte Minze, den Kampf mit der eigenen problematischen Natur aufzunehmen und sich der Arbeit zu ergeben. Während dieses dritten Aufenthalts in der *Villa Stüdl* entstand der *Brief an den Vater* (→ Abb. 1037), der als Versuch Kafkas anzusehen ist, sich über seine mangelnde Verankerung im Gemeinschaftsleben Rechenschaft zu geben, sich dadurch von den Schuldgefühlen zu entlasten, die er Julie Wohryzek gegenüber hegte, und sich eine Deutung der Geschehnisse zurechtzulegen, die geistig ein Weiterleben gestattete.

Friedrich Thieberger überliefert in seinen Erinnerungen, er habe Kafka viele Wochen hindurch Privatstunden im Hebräischen erteilt, die freilich wegen der dieser Quelle eigenen chronologischen Unstimmigkeiten und sachlichen Ungenauigkeiten zeitlich schwer einzuordnen sind. Gleichwohl dürfte dieser Unterricht kaum vor dem Herbst 1919 begonnen haben, denn man wird nicht annehmen wollen, Kafka sei von Langer und Thieberger zugleich unterrichtet worden, sondern von einem Nacheinander ausgehen müssen. Da diese Hebräischstunden, die wiederum auf dem Lehrbuch von Rath basierten, im Zimmer Kafkas stattfanden, der Thieberger bei einem seiner Besuche sagte, er habe eben einen hundert Seiten umfassenden Brief an seinen Vater fertiggeschrieben, dürften sie im Herbst 1919, spätestens jedoch im Dezember begonnen worden sein. Da nach Thiebergers Erinnerung der Unterricht fortgesetzt wurde, bis Kafka krankheitshalber Prag verließ, ist anzunehmen, daß der bevorstehende Aufenthalt in der Hohen Tatra im Spätjahr 1920 den Abbruch erzwang. Als Kafka nämlich das Thieberger zugedachte Exemplar seines im Mai dieses Jahres erschienenen *Landarzt*-Bandes ausführlich bewidmen wollte, was frühestens im Juli, nach seiner Rückkehr aus Meran, geschehen sein kann, bat dieser, davon abzusehen, weil alles, worin er ihm menschlich helfen könne, unzulänglich sei, eine Auseinandersetzung, die in der elterlichen Wohnung Kafkas stattfand und deswegen nur auf dem Hintergrund eines zur gleichen Zeit erteilten Hebräischunterrichts möglich war und allein auf diesem Hintergrund Sinn machte.

In der Folgezeit beschäftigte sich Kafka weiterhin vergleichsweise intensiv mit der hebräischen Sprache. So waren *Hebräische Lese- und Unterrichtsbücher* in seinem Besitz, die titelmäßig leider nicht aufgeschlüsselt sind, so daß nicht festgestellt werden kann, ob er wirklich alle sechs *Sch'willim* erworben hat, die 1920 im Jüdischen Verlag in Berlin erschienen sind und Texte der folgenden hebräischschreibenden Schriftsteller bereitstellen: Simhah Alter Ben-Zion (1870–1932), I. D. Berkowitz (1885–1967), Chaim Nachman Bialik (1873–1934), Mordechai Zeev Feuerberg (1874–1899), David Frischman (1859–1922) und Mendele Moicher Sfurim (1837–1917). Abgesehen von der den letztgenannten Autor betreffenden Veröffentlichung, die 32 Seiten umfaßt, handelt es sich um 16seitige Hefte mit hebräischen Texten ohne jede Erklärung und ohne Glossar, die nur von Fortgeschrittenen, die das Lehrbuch von Rath durchgearbeitet hatten, mit Gewinn benutzt werden konnten.

Br III 675, FK 149, O 96, PT 40, Nr. 10 (10. I. 1915), S. 19, Hans Klaus undatiert (Dezember 1980), Br 252, 253, Klaus Wagenbach: *Julie Wohryzek, die zweite Verlobte Kafkas*, in: *Kafka-Symposion*, hrsg. von Jürgen Born u. a., Berlin (1965), S. 48, O 75, EFK 133 und 134, vgl. Julie Kafka an Ottla am 20. XI. 1918, W. K. [Wilhelm Klein]: *Schelesen*, in: DZB 93, Nr. 210 (5. IX. 1920), *1. Beiblatt*, PN 41, Nr. 3 (Mai/Juni 1980), S. 48, *Státní okresní archiv Mělník* (Grundbuchseinlage 225), Hans Klaus am 20. XI. 1980, Br 314, Hartmut Binder: *Die verlorene Generation*, in: *Prager Profile*, hrsg. von H. B., (Berlin 1991), S. 101–105, EFK 155, Br 247, FK 51, Anthony Northey: *Julie Wohryzek, Franz Kafkas zweite Verlobte*, in: *Freibeuter* 59 (April 1994), S. 6–16, Hartmut Binder: *Puder und Schleier, Glanz und Genuß. Eine Entdeckung: Kafkas späte Verlobte Julie Wohryzek*, in: NZZ 222, Nr. 98 (28./29. IV. 2001), S. 81, C 161, Robert Eisner am 19. IX. 1978, Irma Singer am 18. XII. 1976, EFK 158, Br 246 f. und W 263.

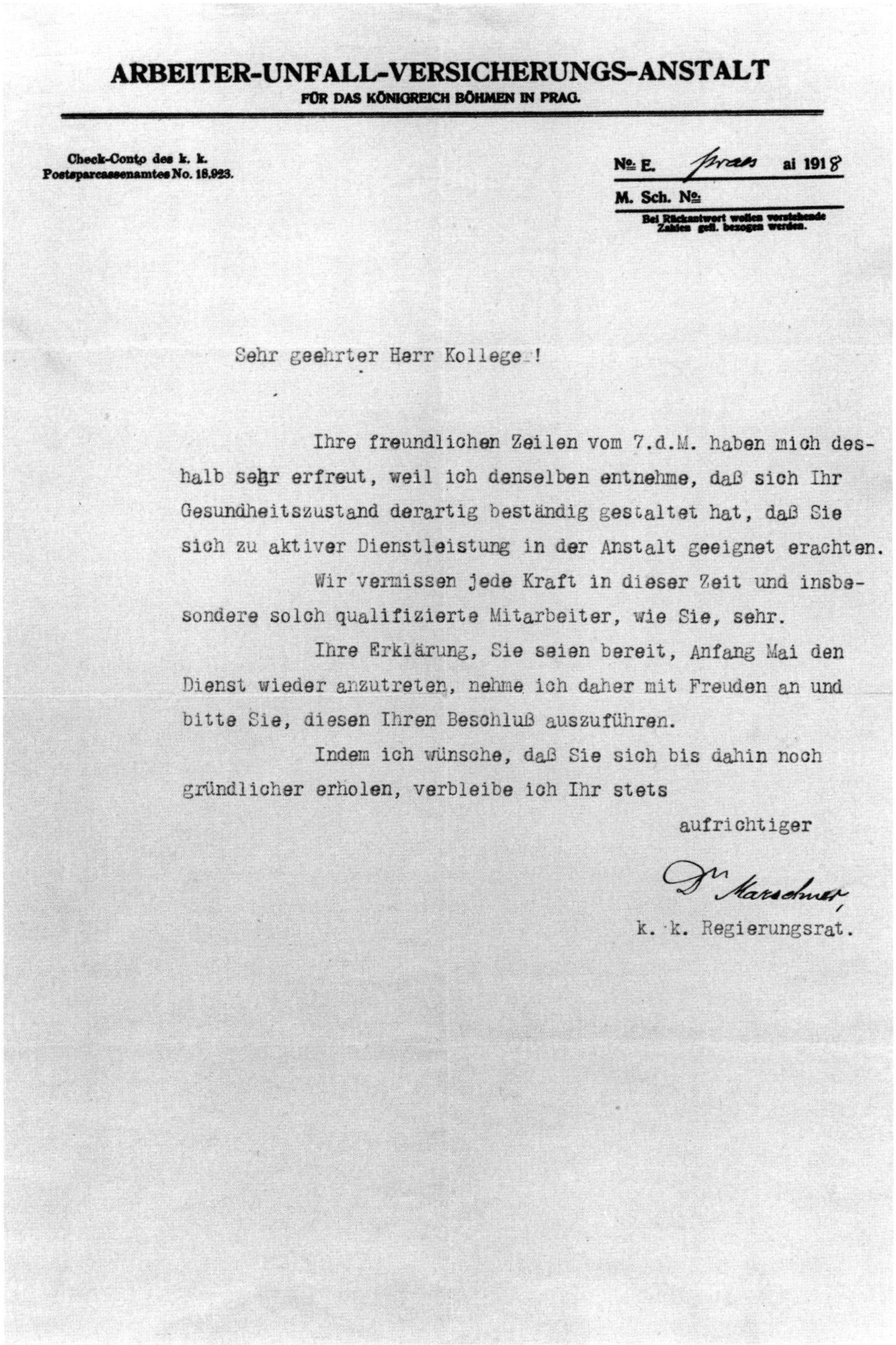

ARBEITER-UNFALL-VERSICHERUNGS-ANSTALT

FÜR DAS KÖNIGREICH BÖHMEN IN PRAG.

Check-Conto des k. k.
Postsparcassenamtes No. 18.923.

№ E.   *Prag*   ai 1918

M. Sch. №

Bei Rückantwort wollen vorstehende
Zahlen gefl. bezogen werden.

Sehr geehrter Herr Kollege !

    Ihre freundlichen Zeilen vom 7.d.M. haben mich deshalb sehr erfreut, weil ich denselben entnehme, daß sich Ihr Gesundheitszustand derartig beständig gestaltet hat, daß Sie sich zu aktiver Dienstleistung in der Anstalt geeignet erachten.

    Wir vermissen jede Kraft in dieser Zeit und insbesondere solch qualifizierte Mitarbeiter, wie Sie, sehr.

    Ihre Erklärung, Sie seien bereit, Anfang Mai den Dienst wieder anzutreten, nehme ich daher mit Freuden an und bitte Sie, diesen Ihren Beschluß auszuführen.

    Indem ich wünsche, daß Sie sich bis dahin noch gründlicher erholen, verbleibe ich Ihr stets

                                    aufrichtiger

                                    Dr. Marschner

                    k. k. Regierungsrat.

1009 | Schreiben Dr. Robert Marschners an Franz Kafka vom April 1918.

in Prag macht man die beste Politik, die man (vorausgesetzt, daß man mich behalten will) machen kann: man schweigt, duldet, zahlt, wartet.

Als der Kafka gewährte Zürauer Erholungsurlaub sich seinem Ende zuneigte, schrieb er am 7. April 1918 dem geschäftsführenden Direktor Robert Marschner, seinen Dienst am 2. Mai wieder antreten zu wollen, und erhielt daraufhin die hier reproduzierte Antwort, die sich in seinem Nachlaß erhalten hat.

An Max Brod, Anfang April 1918.

1010 | Auf den 22. Mai 1918 datierte Rechnung des 1873 gegründeten, in der *Eisengasse (Železná)* Nr. 8 (I-487) ansässigen Antiquariats *Taussig & Taussig.* Moritz Friedländers Buch *Die religiösen Bewegungen innerhalb des Judentums im Zeitalter Jesu* (Berlin 1905) hat sich in Kafkas Bibliothek erhalten, doch scheint ihm die Darstellung wenig behagt zu haben, denn ab Seite 42 finden sich zahlreiche nicht aufgeschnittene Seiten.

Die damaligen Firmeninhaber Isaak Taussig und sein Juniorpartner Edgar Taussig waren besonders versiert in der Beschaffung seltener Bücher und alter Drucke. Kafka suchte die kleine, in unmittelbarer Nähe des *Altstädter Rings* gelegene Buchhandlung schon vor dem Ersten Weltkrieg auf. Hier erhielt er spätestens 1912 und 1913 die zum Jahresende erscheinenden Gemeinschaftskataloge deutscher Verlage, die kostenlos abgegeben wurden (→ Abb. 679). Auch begegnete ihm dort Ende 1912 zum erstenmal sein späterer Hebräischlehrer Friedrich Thieberger. Im Jahr 1920 orderte er bei *Taussig & Taussig* zweimal Bücher, und auch die Titel, die er sich im Jahr darauf in die Hohe Tatra schicken ließ, hat er hier gekauft.

Vgl. KB 113, Br I 299, 575, Br II 284, EFK 129, O 83, 93 und 121.

1011 | Das *Pomologische Institut (Pomologický ústav)* in Prag-Troja.

Ja mit den Gartenmessern umzugehn ist nicht leicht, ich habe immer lieber die Bäume verletzt als mich. Wenn ich mich aber doch geschnitten hatte, tröstete man mich: «Das ungeschickte Fleisch muß weg».

Da Kafka wenige Wochen zuvor, und zwar ebenfalls Minze Eisner gegenüber, davon gesprochen hatte, er sei im *Pomologischen Institut* in Prag mit vielen Gärtnern zusammengewesen, die ihm von ihren Erfahrungen erzählt hätten, darf man davon ausgehen, daß sich die angeführte Bemerkung ebenfalls auf seine Tätigkeit an dieser Institution bezieht und nicht etwa auf seinen Aufenthalt in Turnau (→ Abb. 1114), der ungefähr in die gleiche Zeitspanne fällt.

Das *Pomologische Institut* war 1870 nach Troja übersiedelt, wo der Boden für Obstbäume besser geeignet war als am früheren Standort. Im darauffolgenden Februar wurde eine pomologische Schule eröffnet, 1883 Äcker und Weinberge angelegt, 1886 ein neues Gebäude errichtet. Es gab eine Versuchsanstalt, die Obstkonservierung, die Technologie der Obstweinherstellung und Obstmarmelade untersuchte und einjährige, später zweijährige Kurse für die Pflege der Weinberge und Obstbäume anbot, wobei man auch Gastschüler zuließ.

An Minze Eisner, Ende März 1921, vgl. Br 301.

1012 | Blick von der sogenannten Überfuhr am rechten Moldauufer nördlich des *Baumgartens* auf den Vorort Troja.

In seiner Autobiographie erwähnt Max Brod, er habe Kafka, wenn dieser seine gartenbauliche Arbeit beendet hatte, öfter in Troja *zu langen peripatetischen Besprechungen* abgeholt, die auf Spaziergängen in den Moldau-Auen, der weiträumigen Ebene hinter dem *Baumgarten*, stattgefunden hätten. Man habe dabei vor allem über den Krieg und das Hebräischlernen gesprochen. Dies und die Minze gegenüber erwähnten Kontakte zu Gärtnern lassen eine Passage in Brods autobiographisch getöntem Roman *Zauberreich der Liebe* als Reflex tatsächlicher Verhältnisse erscheinen. Brod berichtet an dieser Stelle, wie die Kafka repräsentierende Figur Garta im *Pomologischen Institut* Kameradschaft mit einem Gärtnerjungen schließt und sich beunruhigt zeigt, nachdem er diesen nach Hause begleitet und Einblick in dessen kümmerliche proletarische Wohnverhältnisse genommen hat.

Ein gemeinsamer Spaziergang der Freunde nach Troja ist schon für den 6. Februar 1910 belegt.

SL 79, vgl. Max Brod: *Zauberreich der Liebe. Roman,* Berlin, Wien, Leipzig 1928, S. 93 f., FK 148 f. und C 56.

1013 | Hania Gerson (1912). Zu seinem 35. Geburtstag erhielt Kafka ein Leporello geschenkt, das Ansichten der polnischen Stadt Zamość bei Lublin zeigte und auf der für die Beschriftung bestimmten Seite einer Ansichtskarte die Worte trug: *Dem lieben Herrn Kafka zum Geburtstag/Hania/3 Juli 1918.*

Die Gratulantin war die 1894 geborene und aus Zamość stammende Hania Gerson, Tochter eines wohlhabenden jüdischen Advokaten, die nach eigenen Angaben in ihrem Paßantrag Polnisch, Deutsch und Französisch sprach, am 4. Oktober 1917 nach Prag kam, um dort und in Wien zu studieren. Sie fand am *Altstädter Ring* Nr. 21 eine vorübergehende Bleibe, vermutlich also in der Wohnung der Familie Fanta, die in diesem Haus lebte (→ Abb. 162). Möglicherweise hat Kafka Hania während einer der Prag-Reisen kennengelernt, die er Ende Oktober/Anfang November 1917, um den Jahreswechsel 1917/18 und im Februar 1918 von Zürau aus

unternahm, denn bei dem *Brief von H,* den er am 22. Februar 1918 erhielt – also unmittelbar nachdem er aus Prag nach Zürau zurückgekehrt war – und offenbar nicht zu beantworten vermochte, könnte es sich um ein Schreiben Hanias gehandelt haben. Daß Kafka ihr (leider nicht erhaltene) Briefe geschrieben hat, die sie selbst später einem Freund gegenüber als *love letters* bezeichnete, unterliegt keinem Zweifel. Jedenfalls sah man sich mit Sicherheit mehrmals nach Kafkas Rückkehr aus Zürau, und zwar nach Hanias eigener Erinnerung in einem literarischen Kreis, bei dem es sich nur um die Gruppierung gehandelt haben kann, die im Salon Fanta zusammenzukommen pflegte. Denn daß sich während des Krieges Max Brod und ihm befreundete Prager Autoren in der am *Altstädter Ringplatz* gelegenen Wohnung der Apothekersgattin und in deren Sommerhaus in Podbaba gegenseitig eigene Werke vorgelesen haben, überliefern unabhängig voneinander Nelly Thieberger (→ Abb. 944) und, in einem unveröffentlichten Schreiben aus dem Jahr 1955, Ernst Feigl (→ Abb. 908), der Kafka bei einer derartigen Veranstaltung kennengelernt hatte.

Hania Gerson liebte Gesellschaft, hatte Sinn für unkonventionelle, ins Surreale gehende Späße und eine optimistische Lebensart, wozu auch gehörte, daß sie spontan auf fremde Leute zuging, die ihr gefielen, und sie zu sich einlud. Im Herbst 1918 begann sie an der Wiener Universität als außerordentliche Hörerin Kunstgeschichte und Philosophie zu studieren, kam aber im Oktober 1919 nach Prag zurück, wo sie am *Wenzelsplatz* Wohnung nahm (II-1306). Sie heiratete am 16. November 1920 den aus Wien stammenden Physiker Philipp Frank (1884–1966), der 1912 Nachfolger Einsteins an der *Karl-Ferdinands-Universität* in Prag geworden war und ebenfalls im Salon Fanta verkehrte. Das Paar emigrierte 1939 in die USA. Im September 1965 kam Hania mit ihrem Mann zusammen in ein Altersheim in Cambridge, Massachusetts. Nach dessen Tod im Juli 1966 übersiedelte sie in das nahegelegene Freeport, wo sie am 27. Dezember 1967 starb.

KB 166, TA 81 und Gerald Holton an Anthony Northey am 26. I. 1995, vgl. NA (Paßantrag), Hartmut Binder: *Frauen in Kafkas Lebenskreis. Irrtümer und Unterlassungen in der Kritischen Edition seiner Tagebücher. I,* in: *Sudetenland* 39, Heft 4 (1997), S. 357–363 sowie EFK 121 f.

1014 | Gruppenbild aus Franzensbad (Ausschnitt); in der Mitte Hermann Kafka (mit Spazierstock) und seine Frau.

Tatsächlich standest Du z. B. auf den Gruppenbildern aus Franzensbad immer so groß und fröhlich zwischen den kleinen mürrischen Leuten, wie ein König auf Reisen.

Kafka, der lebenslang unter dem Unverständnis und der Brutalität seines Vaters litt, hatte beobachtet, daß dieser um so *freundlicher, nachgiebiger, höflicher, rücksichtsvoller, teilnehmender* wurde, je weiter er sich von seinem Geschäft und seiner Familie entfernte, und deutete Photos wie das hier reproduzierte – die Eltern bevorzugten während der Kriegsjahre Franzensbad als Sommerfrische – als Beleg für diese Auffassung.

Brief an den Vater, S. 183 und 182.

1015 | Die Handelsgärtnerei *Mašek* in Turnau, deren Areal fast unversehrt erhalten ist, lag an der Straße nach Jičín (Jitschin) und wurde 1872 von Vojtěch Mašek gegründet, der zuvor die Parkanlagen des im Besitz der Familie Rohan befindlichen Schlosses in Sichrow (Sychrov) betreut hatte.

Kafka betätigte sich in diesem Betrieb, weil er sich von körperlicher Arbeit günstige Wirkungen auf seine psychische Verfassung versprach. Da die Gärtnerei, die größte in Böhmen, vor allem Baumschulen unterhielt, bestand seine Arbeit vorwiegend darin, Bäumchen auszugraben, die für die Versendung vorbereitet werden mußten: *In Turnau allerdings war die Hauptaufgabe, zuerst alle Nebenwurzeln zu finden und zu beseitigen, hatte man dann nur den Hauptstrunk, war die eigentliche Arbeit fertig, denn nun hieb man mit dem Spaten diese Wurzel nur an und riß das Ganze heraus. Ich habe noch den Klang im Ohr wie es knackte. Allerdings konnte man dort gut reißen, denn es war ein Baum von dem man wußte, daß er auch in anderer Erde gut weiterwachsen wird und außerdem war es ja noch kein Baum sondern ein Kind.*

An Milena am 18. VII. 1920, vgl. Br 301.

1016 | Das Hotel *U králíčka* in Vrchy Kacanovy bei Turnau.

Als Felix Weltsch sich im September 1918 bei Kafka nach einer Unterkunftsmöglichkeit erkundigte, schrieb ihm dieser: *In Kacanow bei Turnau gibt es ein Hotel-Pensionat, welches erstaunlicherweise hier plakatiert, um Gunst des Publikums bittet u. s. f. Ich bin heute nachmittag hingegangen, es ist eine Wegstunde von Turnau entfernt, ein hübsches geräumiges Haus, rings von Anhöhen mit Wäldern und Wiesen umgeben, selbst nicht allzu tief, mit Fenstern gegen Süden.*

1017 | Irma Singer (1898–1987).

Eines Tages hörte Max Brod zufällig, wie die 18jährige Irma Singer ostjüdischen Kindern Geschichten von Palästina erzählte, und ermunterte sie, diese niederzuschreiben. Die Erzählungen erschienen 1918 unter dem Titel *Das verschlossene Buch.* Nachdem Irma zunächst im *Klub jüdischer Frauen und Mädchen* Hebräisch gelernt hatte, nahm sie zusammen mit Kafka und Felix Weltsch an einem Hebräischkurs teil, der höchstwahrscheinlich im September 1918 begann (→ Abb. 1018). Im Mai 1920 wanderte sie zusammen mit Hugo Bergmann, seiner Frau und Grete Obernik (→ Abb. 913) nach Palästina aus und wurde Kindergärtnerin im Kibbuz *Degania A.* Als sie 1922 besuchsweise nach Prag zurückkehrte, traf sie in der Wohnung Brods mit Kafka zusammen, der sie über Palästina ausfragte und ihr einen mit einer persönlichen Widmung versehenen *Landarzt*-Band schenkte.

Vgl. EFK 154 und *Mrs. Einstein's flying raisins. Helga Dudman meets Miriam Singer*, in: *The Jerusalem Post Magazine*, 19. XI. 1982, S. 7.

1018 | Moses Rath: *«Sfat 'amenu» [Sprache unseres Volkes]. Lehrbuch der hebräischen Sprache für Schul- und Selbstunterricht. Mit Schlüssel und Wörterverzeichnis. Erste praktische Methode zur Erlernung der hebräischen Sprache in Wort und Schrift. Einführung in die Literatur.* Zweite, vielfach verbesserte und vermehrte Auflage, (Selbstverlag des Verfassers) Wien 1917 [recte 1916], S. 24.

Kafka hatte ein kleines Heft, in welches er jedes Wort, das hebräisch fiel, eintrug. Um sich das Lernen leichter zu machen, pflegte

er immer irgendeine – oft humoristische – Assoziation zu finden. So erinnere ich mich, als wir Wagen – agalah – lernten, griff er mit seinem schlanken Finger an seine Stirne und sagte: «Das ist doch klar: a [d. i. ein] Gala-Wagen.»

Am 10. September 1917 notierte Brod in seinem Tagebuch über Kafka: *Seine Eröffnung, daß er Hebräisch gelernt hat, fünfundvierzig Lektionen im Lehrbuch von Rath, mir nichts gesagt. Er hat mich also geprüft, als er mich neulich scheinbar unwissend fragte, wie man hebräisch zähle.* Wann genau Kafka mit diesen Studien begonnen hat, ist unbekannt, doch darf man angesichts der schwierigen Materie für die Durcharbeitung der 45 Lektionen im Selbststudium auf jeden Fall Monate ansetzen.

Vermutlich ist Kafka durch zionistische Kreise auf das Unterrichtswerk Raths hingewiesen worden – beispielsweise benutzte es der *Jüdische Schulverein* in Prag seit 1914 als Grundlage für seine Hebräischkurse –, vielleicht aber auch durch die von ihm regelmäßig gelesene zionistische Wochenschrift *Selbstwehr* (→ Abb. 816), in der sowohl die im Frühjahr 1914 in Krakau und Drohobycz erschienene Erstauflage als auch die zweite Auflage besprochen wurde. Jedenfalls hat Kafka diese zweite Auflage benutzt, denn unter seinen Büchern hat sich der separat gedruckte Schlüssel zu dieser Auflage erhalten, die er, wie ein Stempel auf dem hinteren Deckblatt des Heftes verrät, bei *Jakob B. Brandeis/Verlagsbuchhandlung/Prag, Zeltnergasse 33/nahe Pulverturm* erworben hat (→ Abb. 232). Das von ihm benutzte Exemplar des Lehrbuchs hat sich nicht erhalten, denn er hat es im November 1921 an Klopstock verliehen und nicht mehr zurückerhalten; dies läßt den Schluß zu, daß er zu diesem Zeitpunkt im Hebräischen so weit fortgeschritten war, daß er davon nicht mehr profitieren zu können glaubte.

Die einleitend wiedergegebene Erinnerung Irma Singers zeigt, daß ihm beim Erlernen schwieriger Vokabeln Eselsbrücken halfen, verdeutlicht aber auch, daß das Selbststudium, das dem mit anderen unternommenen Lernen vorauslag, so wenig erfolgreich gewesen war, daß auf ihn selbst zugetroffen haben muß, was er damals über Mitstreiter in dieser Sache äußerte: *Die Prager Zionisten beginnen im September bei der ersten Moses-Rath-Lektion und lernen fleißig bis zum Juni. Während der Ferien gelingt es ihnen, alles Gelernte wieder zu vergessen und dann fangen sie im September wieder mit der ersten Moses-Rath-Lektion an.* Denn die hier reproduzierte Seite aus Raths Unterrichtswerk beweist, daß sich die von Irma Singer überlieferte Eselsbrücke – 'agālāh/a Gala-Wagen – auf eine Vokabel des elften Kapitels bezieht, das er doch im Sommer 1917 längst hinter sich gelassen hatte.

EFK 151 f. (Irma Singer, Rechtschreibung korrigiert), FK 144, KB 155 und FK 149, vgl. SW 8, Nr. 19 (15. V. 1914), S. 5 f., Nr. 25 (26. VI. 1914), S. 5, Nr. 8 (25. II. 1916), S. 7, Br 364, 365 und Hartmut Binder: *Kafkas Hebräischstudien*, in: *Jahrbuch der Deutschen Schillergesellschaft* 11 (1967), S. 542.

24

10. Lektion.

so wie...	כְּמוֹ...	er hat gekauft	קָנָה
Apfel	תַּפּוּחַ (תַּפּוּחִים)	neu	חָדָשׁ, חֲדָשָׁה
Birne	אַגָּס (אַגָּסִים)	Hof	חָצֵר (חֲצֵרוֹת–רִים)
Pflaume	שְׁזִיף (שְׁזִיפִים)	Brunnen	בְּאֵר נ
ringsum	מִסָּבִיב	schöpft	שׁוֹאֵב, שׁוֹאֶבֶת
Zaun	גָּדֵר (גְּדֵרוֹת) נ	Magd	שִׁפְחָה (שְׁפָחוֹת)
Bett	מִטָּה (מִטּוֹת)	Wasser (nur in	מַיִם (רַבִּים)
welche?	אֵיזוֹ, אֵיזוּ	der Mehrzahl)	
in mir	בִּי	alt (für Sachen)	יָשָׁן, יְשָׁנָה
in dir	בְּךָ, בָּךְ	verkauft	מוֹכֵר

1. Manche Hauptwörter haben in der Mehrzahl sowohl die Endung ◌ִים als auch ◌וֹת, z. B.: נֵרֵי, יְגֵרִים, חָצֵר, חֲצֵרוֹת, יְצֵרוֹת und andere.

2. Das Bindewort וְ (und) lautet vor den Buchstaben: בּ, וּ, מ, פּ wie auch vor jedem Buchstaben, welcher mit שְׁוָא (ְ) punktiert ist, — וּ.

וּ ist ein Lippenlaut und kann daher vor anderen Lippenlauten: בּ, וּ, מ, פּ nicht stehen, deshalb wird der Konsonant וְ in einen Vokal וּ verwandelt. Z. B.: וּבָכָה statt וְבָכָה; וּפָרָה statt וְפָרָה.

Am Anfange des Wortes können zwei Buchstaben nacheinander nicht שְׁוָא (ְ) haben. (Siehe Einleitung § 14.) Deshalb wird das וְ auch vor einem שְׁוָא in וּ verwandelt, z. B.: וּקְטַנִּים וּגְדוֹלִים, אֲנָשִׁים וּשְׁפָחוֹת. Vor einer betonten Silbe bei einem Absatze steht וָ statt וְ, z. B. וָאָם, יֵשׁ אָב.

3. **Aufgabe:** Wiederhole die Vokabeln und Grammatik von 5—10.

11. Lektion.

fährt	נוֹסֵעַ, נוֹסַעַת	Pferd	סוּס (סוּסִים)
Stall (für Pferde)	אֻרְוָה (אֻרְווֹת)	Wagen	עֲגָלָה (עֲגָלוֹת)
Woche	שָׁבוּעַ (שָׁבוּעוֹת)	zieht	מוֹשֵׁךְ, מוֹשֶׁכֶת

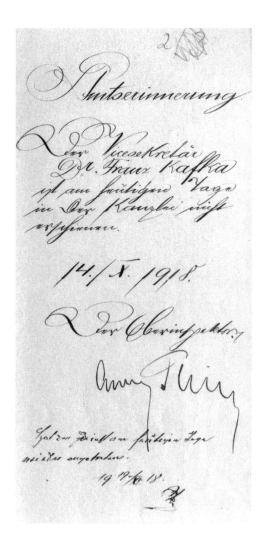

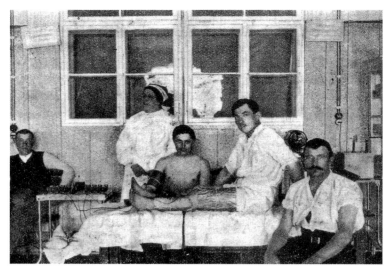

1019 | *Amtserinnerung.*

Als Kafka am 14. Oktober an der *Spanischen Grippe* erkrankte, entschuldigte ihn Ottla schriftlich bei seinem Chef. Pfohl legte daraufhin die hier wiedergegebene Aktennotiz an, auf der auch vermerkt wurde, daß Kafka am 19. November seinen Dienst wieder angetreten hatte.

1020 | *Nervenheilprovisorium Prag-Belvedere:* Muskelreizungsapparat.

In einem von Kafkas unmittelbarem Dienstvorgesetzten Eugen Pfohl gezeichneten, aber zumindest teilweise von Kafka stammenden Zeitungsartikel, der am 8. Oktober 1916 in der *Rumburger Zeitung* erschien, heißt es: *Bald nach Kriegsausbruch zeigte sich in den Straßen unserer Städte eine sonderbare Schrecken und Mitleid erregende Erscheinung. Es war ein von der Front gekommener Soldat. Er konnte sich nur an Krücken vorwärts bewegen oder wurde geführt. Sein Körper wurde nämlich ununterbrochen geschüttelt wie von maßlosen Frostanfällen oder als stehe er mitten in der friedlichen Straße unter dem unmittelbaren Eindruck seiner Erlebnisse in der Front. Man sah dann auch andere, welche sich nur springend vorwärts bewegen konnten; arme, bleiche, ausgemergelte Menschen führten Sprünge aus, als halte sie eine unbarmherzige Hand im Genick, die sie in diesen qualvollen Bewegungen hin- und herreiße.*

Diese Kriegstraumata, zu denen Erscheinungen wie Neurasthenie, Hysterie und Epilepsie gehörten, waren nur stationärer Behandlung zugänglich, in Böhmen also allein in der provisorischen, in Baracken untergebrachten Nervenheilanstalt auf dem *Belvedere* in Prag. Die *Landeszentrale* plante deswegen die Errichtung einer geeigneten Nervenheilanstalt für Deutschböhmen und gründete, da eine utraquistische Einrichtung aus politischen Gründen nicht durchsetzbar war, unter dem Vorsitz von Otto Přibram, dem Präsidenten der *Arbeiter-Unfall-Versicherungs-Anstalt,* am 14. Oktober 1916 im *Deutschen Haus* (→ Abb. 555) in Prag einen *Deutschen Verein zur Errichtung und Erhaltung einer Volksnervenheilanstalt in Deutschböhmen.* Dieser trat bald darauf mit einem *Volksgenossen!* betitelten Aufruf an die deutschböhmische Öffentlichkeit, an deren selbstverständliche menschliche, vaterländische und volkliche Pflicht appelliert wurde, mit allen Kräften an der Verwirklichung der Vereinsziele mitzuhelfen. Geworben wurde für großgesinnte Patrioten, deren Spenden der finanzielle Grundstein des Unternehmens sein könne, das, geschaffen von der Gesamtheit der deutschen Volksgenossen, der Erhaltung der deutschböhmischen Volkskraft dienen solle. Verfasser dieses Aufrufs war Kafka, der sich hier, obwohl nationaljüdischem Gedankengut verpflichtet, offensichtlich mit der Denkweise deutschböhmischer Mitbürger identifizierte und namentlich unter den Mitgliedern der Gründungsversammlung aufgeführt ist, die den Aufruf unterzeichnet hatten.

Der Erfolg dieses Aufrufs zeigte sich bald, denn der bisherige Besitzer des Frankensteiner Sanatoriums, der Großindustrielle Karl Dittrich aus Schönlinde, stellte seine Anstalt für den genannten Zweck zur Verfügung und stiftete 500 000 Kronen als Rücklage, aus deren Verzinsung der geplante Betrieb mitbestritten werden sollte. So wurde im Mai 1917 die Heilanstalt Frankenstein vom Verein erworben und am 15. Oktober 1917 als Kriegernervenheilanstalt eröffnet, die auftretende Neurosen durch systematische Behandlung heilen sollte.

Daß Kafka in der zweiten Hälfte des Jahres 1918, nach seiner Rückkehr aus Zürau, für das Rumburger Projekt tätig war, zeigt der Umstand, daß er im Oktober dieses Jahres wegen seiner Verdienste in dieser Angelegenheit für eine Auszeichnung vorgeschlagen wurde, die aber wegen des inzwischen eingetretenen Kriegsendes nicht mehr vergeben wurde.

Rumburger Zeitung 53, Nr. 231 (29. XII. 1917), S. 2, vgl. AS 494–501, Br III 270, PT 42, Nr. 140 (23. V. 1917), S. 4, Nr. 307 (8. XI. 1917), S. 4, und Johann Bauer [d. i. Josef Čermák]/Isidor Pollak/Jaroslav Schneider: *Kafka und Prag,* (Stuttgart 1971), S. 119 f.

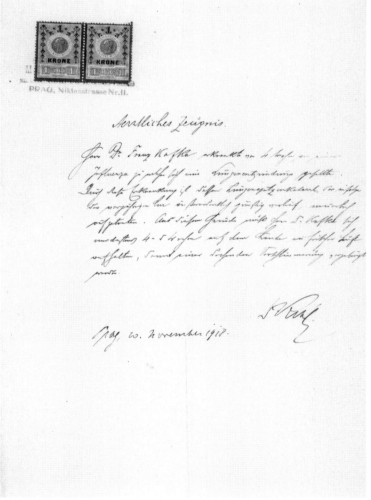

1021 | Am 28. Oktober 1918 auf dem Prager *Wenzelsplatz*, als Krieg und Habsburgermonarchie endeten und die Tschechoslowakische Republik ausgerufen wurde.

1022 | Ärztliches Zeugnis Dr. Heinrich Krals vom 20. November 1918.

Herr Dr. Franz Kafka erkrankte vor 4 Tagen an einer Influenza zu welcher sich eine Lungenentzündung gesellte. Durch diese Erkrankung ist dessen Lungenspitzenkatarrh, der infolge der vorjährigen Cur außerordentlich günstig verlief, neuerlich aufgetreten. Aus diesem Grunde muß Herr D. Kafka sich mindestens 4–5 Wochen auf dem Lande in frischer Luft aufhalten, damit einer drohenden Verschlimmerung vorgebeugt werde.

D\u02b3 Kral

Prag, 20. November 1918.

1023 | *Ansichten aus meinem Leben.* (Zeichnung Kafkas vom Dezember 1918)

Auf seinem Liegesessel lag er in viele Decken eingehüllt den ganzen Tag in frischer Winterluft, eine Kappe tief ins Genick gezogen. «Oh, was für eine schöne Fliegerkappe Sie heute anhaben», rief ihm jemand zu. «Mehr Lieger- als Fliegerkappe», lächelte er leise, resigniert mit seinen stahlblauen Augen von einer Seite zur anderen herumblickend.

Kafka zeichnete die sechs, seinen ersten Schelesener Aufenthalt betreffenden Motive auf die für die Beschriftung bestimmte Seite einer Postkarte, die er Anfang Dezember 1918 an seine Schwester Ottla ins nordböhmische Friedland schickte. Links oben hat er sich im Bett liegend abgebildet, darunter während seiner Liegekur auf der Veranda der Pension, wobei deutlich zu sehen ist, daß er eine Kopfbedeckung trägt, die Gegenstand der oben angeführten, von Olga Stüdl überlieferten Anekdote ist. Rechts daneben ist der obligatorische Blick auf die für Lungenkranke lebenswichtige Waage dargestellt, während die Zeichnung darüber den sich faul in einem Sessel Rekelnden repräsentiert. Am interessantesten sind die beiden ganz rechts gezeigten Situationen: Die obere verdeutlicht, daß Kafka allein in seinem Zimmer gegessen hat – so erinnert es auch Hermine Pomeranz für den gemeinsamen Aufenthalt Anfang 1919 –, die darunter befindliche, wie er am Abend verlegen Olga Stüdl gegenübersitzt, deren Erinnerungen zeigen, daß er sich mit ihr am Ausklang des Tages zu unterhalten pflegte.

EFK 156, vgl. 157.

1024 | Die *Villa Stüdl* (halb links im Vordergrund) in Schelesen. Ansichtskarte, verlegt von Alois Schöbel, bei dem Ottla und ihr Bruder im August und September 1923 Urlaub machten (20er Jahre). (→ Abb. 1179)

So gut wie in Zürau ist es hier nicht, wenn auch gar nicht schlecht natürlich, und lehrreich wie überall [...] der Tag ist kurz, Petroleum ist wenig und viele Stunden liege ich im Freien.

Auf der Abbildung ist deutlich die verkleidete Veranda zu erkennen, in der Kafka nach den Erinnerungen von Hermine Pomeranz seine Liegekur absolvierte. Die Schelesen durchquerende Straße führt an der dem Betrachter abgewandten Seite des Hauses vorbei. Dort lag ein Balkonzimmer, in dem Kafka bei seinen drei Aufenthalten wohnte (→ Abb. 1026). Der Speisesaal befand sich im Erdgeschoß. Das Gebäude hat sich in etwas veränderter Gestalt erhalten.

An Max Brod Anfang Dezember 1918, vgl. EFK 157 und Br 276.

1025 | Olga Stüdl (rechts) und ihre Schwester Ismene Reinitzer, die in Graz lebte.

Frl. Stüdl ist lieb und gut.

Olga Stüdl (1873–1946) hatte am gesellschaftlichen Leben der deutschen Prager Oberschicht teilgenommen, beispielsweise durch die Beteiligung an der Vorbereitung von Bällen, bis Schicksalsschläge ihr Leben in andere Bahnen lenkten: Ihre große Jugendliebe hatte sich in die Schweiz abgesetzt, geheiratet, ließ sich aber wieder scheiden und kehrte nach Jahren zu ihr zurück, um sie dann doch nach kurzer Zeit endgültig zu verlassen. Außerdem war sie durch eine schwere Unterleibsoperation gehandicapt, so daß sie sich auf Anraten ihres Arztes entschloß, sich aufs Land zurückzuziehen. Wenn Dora Gerrit in ihren auf Schelesen bezüglichen *Kleinen Erinnerungen an Franz Kafka* von einem lebhaften Mädchen undefinierbaren Alters spricht, dem ebensolches Liebesleid widerfahren sei, dann ist deutlich, daß hier von Olga Stüdl die Rede ist. Sie muß mit der Schreiberin identisch sein und veröffentlichte ihren Beitrag unter einem Pseudonym, das sie auch für ihre literarischen Beiträge benutzte, die gelegentlich in Prager Zeitungen erschienen. Olga Stüdl muß auch deswegen die Autorin dieser Erinnerungen sein, da nur sie allein von Minzes Briefwechsel mit

Kafka gewußt haben konnte, der ebenfalls darin Erwähnung findet.

Während des Zweiten Weltkriegs geriet Olga Stüdl in große finanzielle Schwierigkeiten und lebte von Zuwendungen anderer. Sie starb als Heimatvertriebene auf der Flucht in Warin, Kreis Mecklenburg.

An Ottla, ca. 10. XI. 1919 und EFK 155, vgl. DZB 78, Nr. 34 (3. II. 1905), S. 4 f., Dora Gerrit [d. i. Olga Stüdl]: *Das Requiem*, in: PT 44, Nr. 89 (13. IV. 1919), [S. I], Hartmut Binder: *Kafka in neuer Sicht,* Stuttgart (1976), S. 423, Edith Reinitzer am 1. X. 1976 und Hans Robert Stibitz am 16. XI. 1976.

1026 | Schelesen, von Alois Schöbel verlegte Ansichtskarte. Vorne links (etwas verdeckt durch das einstöckige, direkt an der Straße stehende Gebäude, das nichts mit der Pension zu tun hat) die *Villa Stüdl.*

Eben habe ich vor meinem Balkon ein landwirtschaftliches Gespräch gehört, das auch den Vater interessiert hätte. Ein Bauer gräbt aus einer Grube Rübenschnitte aus. Ein Bekannter, der offenbar nicht sehr gesprächig ist, geht nebenan auf der Landstraße vorüber. Der Bauer grüßt, der Bekannte in der Meinung, ungestört vorbeigehn zu können, antwortet freundlich: «Awua». Aber der Bauer ruft ihm nach, daß er hier feines Sauerkraut habe, der Bekannte versteht nicht genau, dreht sich um und fragt verdrießlich: «Awua?» Der Bauer wiederholt seine Bemerkung. Jetzt verstehts der Bekannte, «Awua» sagt er und lächelt verdrießlich. Weiter hat er aber nichts zu sagen, grüßt noch mit «Awua!» und geht.

Da der im ersten Obergeschoß des Hauses sichtbare (nicht erhaltene) Balkon der

einzig vorhandene war und Kafka genau zwischen Veranda und Balkon unterscheidet, muß er während seines zweiten Aufenthalts in Schelesen das hinter diesem Balkon liegende Zimmer bewohnt haben, denn sonst hätte er den angeführten Dialog der beiden Bauern nicht in der beschriebenen Weise belauschen können. Im November 1919 logierte er ebenfalls in diesem Zimmer, erinnert er doch Minze Eisner in einem Brief daran, daß er von seinem Balkon in Schelesen zwei kleine Villen habe sehen können; wie Abbildung 1024 zeigt, hatte man die beiden Gebäude vor Augen, wenn man von diesem Balkon in Richtung Straße schaute. Wenn sich Kafka später an das *feste und warme* Zimmer in Schelesen erinnert, scheint das anzudeuten, daß er dort sein Quartier nicht gewechselt hat, also auch bei seinem ersten Aufenthalt im Balkonzimmer lebte, eine naheliegende Vermutung auch angesichts des Umstandes, daß er im Dezember 1918 der einzige Gast war, dem die beste Wohngelegenheit gebührte. Seine Mutter, die ihn selbst nach Schelesen gebracht hatte, schrieb am 23. des Monats an Ottla: *Er hat ein gemütliches Zimmer mit weißen Möbeln und Aussicht auf Wald und Felder.*

Kafkas Ohr, geschult, die konsonantenreiche tschechische Sprache aufzunehmen, aber ungewohnt im Umgang mit den von Vokalen dominierten süddeutschen Dialekten, empfand die mundfaulen Äußerungen der beiden Männer offensichtlich als undifferenzierten Vokalbrei.

An Ottla am 20. II. 1919 und O 96, vgl. Br 276 und Br III 327.

1028 | Hermine Pomeranz.

Einmal war er ärgerlich mit mir. Eine Fliege flog laut um mich herum, und ich hab' nach ihr ausgeschlagen. Da war er sehr ärgerlich und sagte verweisend: «Warum lassen Sie die arme Fliege nicht in Ruh', was hat sie Ihnen getan?», was mich sehr verblüffte.

EFK 158 (Hermine Pomeranz).

1027 | Franz Kafka (1919/20).

Mein Leben habe ich damit verbracht mich gegen die Lust zu wehren es zu beenden.

NS II 339 (Herbst 1920, vgl. NS II A 91).

1029 | Julie Wohryzek.

Und dabei ist sie im Herzen tapfer, ehrlich selbstvergessend, – so große Eigenschaften in einem Geschöpf, das körperlich gewiß nicht ohne Schönheit, aber so nichtig ist, wie etwa die Mücke, die gegen mein Lampenlicht fliegt.

An Max Brod am 6. II. 1919.

1030 | Der Beginn der im Januar 1917 entstandenen Erzählung *Der Kübelreiter* auf dem dritten Korrekturbogen der Sammlung *Ein Landarzt*, den Kafka Ende März 1919 in Schelesen zu Gesicht bekam und Olga Stüdl unter Verleugnung der eigenen Verfasserschaft zur Begutachtung vorlegte. In den *Kleinen Erinnerungen an Franz Kafka* heißt es nämlich: *Dann gab er ihr ein Bündelchen Korrekturbogen, bat, sie zu lesen und eine Meinung zu sagen, ein Freund hätte ihm dies geschickt.*

Warum Kafka zunächst eine Passage einschwärzte und dann den ganzen Eingangsteil tilgte, bevor er den korrigierten Bogen Anfang April an den Kurt Wolff Verlag zurückschickte – zu einem späteren Zeitpunkt nahm er sogar den gesamten Text aus der Erzählsammlung heraus –, ist nicht bekannt und auch deswegen schwer verständlich, weil er die Erzählung am 25. Dezember 1921 in der *Weihnachts-Beilage* der *Prager Presse* schließlich doch veröffentlichte, und zwar in ihrer ursprünglichen, also ungekürzten Gestalt. (→ Abb. 27 und 935)

EFK 155, vgl. DA 297 f. und 543 f.

1031 | Der *Riegerpark (Riegrovy sady)* in Königliche Weinberge hinter dem Prager *Hauptbahnhof.*

Im Riegerpark gewesen. An den Jasminbüschen mit J.[ulie Wohryzek] auf- und abgegangen. Lügenhaft und wahr, lügenhaft im Seufzen, wahr in der Gebundenheit, im Vertrauen, im Geborgensein. Unruhiges Herz.

Tagebuch, 30. VI. 1919.

Der Kübelreiter.

Verbraucht alle Kohle; leer der Kübel; sinnlos die Schaufel; Kälte atmend der Ofen; das Zimmer vollgeblasen von Frost; vor dem Fenster Bäume starr im Reif; der Himmel, ein silberner Schild gegen den, der von ihm Hilfe will. Ich muß Kohle haben;

[34]

ich darf doch nicht erfrieren; hinter mir der erbarmungslose Ofen, vor mir der Himmel ebenso; infolgedessen muß ich scharf zwischendurch reiten und in der Mitte beim Kohlenhändler Hilfe suchen. Gegen meine gewöhnlichen Bitten aber ist er schon abgestumpft;

Ich muß kommen, wie der Bettler, der röchelnd vor Hunger

[35]

1032 | Blick von der *Ferdinandstraße* (heute *Národní třída*) in die *Bilekgasse (Bílkova)*. Links die *Hollandská kavárna*, später *Café City* (→ Abb. 249), ganz rechts, angeschnitten, das Haus *Bilekgasse* Nr. 4 (V-152), das Hermann und Julie Kafka am 11. Januar 1918 zu gleichen Teilen erwarben.

Die Kaufsumme in Höhe von 500 000 Kronen wurde von dem Geld bezahlt, das der im Juni durchgeführte Verkauf des Geschäfts eingebracht hatte. Am 20. November 1923 vererbten die Besitzer das Haus, das auf dem Gelände der ehemaligen *Zigeuner-Synagoge* (→ Abb. 55–57) errichtet worden war, zu gleichen Teilen ihren Töchtern. Der schwerkranke Kafka, der finanzielle Unterstützung besonders nötig gehabt hätte und schon zehn Jahre zuvor gemutmaßt hatte, er habe von seinen Eltern *nicht viel zu erwarten*, ging leer aus. Überschlagsrechnungen ergeben, daß die Ausbildung der Schwestern (Gouvernanten, Haushaltsschulen, Klavier- und Französischunterricht) und die Mitgift, die sie bekamen, beträchtlich mehr kosteten als Gymnasium und Studium des Bruders, so daß die von Julie und Hermann Kafka vorgenommene Aufteilung ihres Besitzes einer Teilenterbung ihres einzigen Sohnes gleichkam, der seinerseits finanziell möglichst unabhängig von ihnen sein wollte und bis zu seinem letzten Atemzug bemüht war, ihnen möglichst wenig Kosten zu verursachen (→ Abb. 1208). Am 15. Juni 1939 verkaufte Elli ihr Drittel an Valli und Ottla und bezahlte vom Erlös

die Schulden, die Karl Hermann ohne Wissen der Familie gemacht hatte. Nach dem Ende des Zweiten Weltkriegs ging das Gebäude, das unter der deutschen Herrschaft enteignet worden war, auf die Nachkommen Ottlas und Vallis über, deren Tochter Marianne sich aber ihren Anteil ausbezahlen ließ, als sie 1948 nach England zurückging. Unter der kommunistischen Herrschaft wurde das Haus verstaatlicht und erst im Zuge der nach 1989 erfolgten Restitutierungsmaßnahmen seinen rechtmäßigen Besitzern zurückgegeben. Es gehört heute den Nachkommen Ottlas.

Das Haus wurde im Lauf der Jahre zum Lebensmittelpunkt der Familie Kafka. Ab März 1919 wohnte hier Karl Hermann (1885–1939) mit seiner Familie: Gerti bis zu ihrer Heirat mit Walter Kaufmann, der vom Oktober 1931 bis 1934 hier lebte, Felix bis zu seiner Emigration, Elli und ihre Tochter Hanne bis zu ihrer Deportation. Im Januar 1925 kamen Ottla und Josef David mit ihren beiden Kindern dazu, im Oktober 1932 Julie Kafka – Hermann Kafka war am 6. Juni 1931 gestorben –, die bis zu ihrem Tod im Jahr 1934 hier wohnte. Mit ihr war Marie Wernerová (→ Abb. 920), die Haushälterin der Familie, gekommen, die aber Ende Oktober 1936 wieder auszog und eigene Wege ging, sowie Siegfried Löwy (→ Abb. 202), der Landarzt, der sich am 20. Oktober 1942, einen Tag vor seiner Deportation, in diesem Haus erschoß und in der Urnenabteilung des *Neuen jüdischen Friedhofs* in Prag beigesetzt wurde. Außerdem zogen im September 1938 die Eltern Walter Kaufmanns (→ Abb. 693) in der *Bilekgasse* ein, doch als Julius Kaufmann (*1874) im Mai 1941 starb, suchte sich seine Frau Josefina eine andere Wohnung. Karl Pollak (*1887), Ingenieur und jüngerer Bruder von Josef Pollak (→ Abb. 694), den Kafka für verrückt hielt, lebte von Oktober 1930 bis zu seiner Deportation im Juni 1942 ebenfalls hier, und zwar bei seinem Bruder Bohumil, der Verkäufer in einem Textilgeschäft war und ebenfalls im Konzentrationslager umkam. Beide waren Junggesellen und boten wegen ihres eigenartigen Verhaltens ihren Verwandten reichlich Gesprächsstoff.

An sich war Ottla durch ihre Heirat mit einem Nichtjuden genauso vor der Deportation durch deutsche Behörden geschützt wie ihre Kinder Věra und Helena. Aber Josef David (→ Abb. 1157) war in antisemitisches Fahrwasser geraten, als Aufsteiger aus kleinen Verhältnissen auch besorgt um seine Karriere, und hatte Angst vor den materiellen Einbußen, die er zu gewärtigen hatte, wenn er seine Ehe mit einer Jüdin aufrechterhielt, so daß er seine Frau Anfang Mai 1940 verließ. In dieser Situation legte ihm Ottla die Scheidung nahe und überzeugte ihn mit dem Argument, ihren Kindern, getauften Halbjuden, würde in diesem Fall das Erbe der Kafka-Familie erhalten bleiben. Das gab dem Juristen einen ‹vernünftigen›

Vorwand, in die Scheidung einzuwilligen, die Ottlas Deportation bedeutete.

Ottla war bis zum 5. Oktober 1943 in Theresienstadt interniert. An diesem Tag schloß sie sich mit 53 Ärzten und Krankenpflegerinnen einem Transport von 1500 Kindern aus dem Ghetto von Bialystok an, die kurz zuvor in das Lager gekommen waren, aber gesondert verpflegt wurden, weil sie im Rahmen einer Austauschaktion gegen kriegsgefangene Briten nach Palästina gebracht werden sollten. Doch der Jerusalemer Großmufti intervenierte bei Heinrich Himmler, weil er verhindern wollte, daß in Palästina eine neue Generation jüdischer Siedler heranwuchs, und der Transport wurde nach Auschwitz umgeleitet. Während Věra (*1921), die ältere der beiden Töchter Ottlas, schon während des Krieges die elterliche Wohnung verließ und nach ihrer Eheschließung im Jahr 1946 auch offiziell eine andere Wohnung bezog, blieb Helena (*1923), die ein Jahr später heiratete, vermutlich bis zu ihrer Übersiedlung in den Böhmerwald im Jahr 1949 in der *Bilekgasse* Nr. 4. Josef David lebte bis zu seinem Tod im Jahr 1962 ebenfalls in diesem Haus.

Während es als sicher gelten darf, daß das Manuskript der *Verwandlung* sowie die Korrespondenz, die in den *Briefen an Ottla und die Familie* veröffentlicht wurde, bei Josef David in der *Bilekgasse* Nr. 4 verblieb, wo sie den Zweiten Weltkrieg überdauerten, scheint dies für das Briefkorpus, das 1986 in einem Prager Antiquariat auftauchte, vom *Zentralen Literaturarchiv* in Prag gekauft und 1990 als *Briefe an die Eltern* gedruckt wurde, sowie für den Teil der Bibliothek Kafkas, der 1982 von dem Münchener Antiquar Theodor Ackermann angeboten und von der Universität Wuppertal erworben wurde, keineswegs zu gelten. Denn nach der Deportation der jüdischen Bewohner des Hauses *Bilekgasse* Nr. 4 wurden die Räume von der Gestapo versiegelt, das Besitztum beschlagnahmt. Dabei wurden die Bücher offenbar zu einer Sammelstelle in der *Langegasse* Nr. 33 (I-735) gebracht, wo der Schriftsteller H. G. Adler, der dort bis zu seiner eigenen Verschleppung als Verwalter tätig war, dafür sorgte, daß sie beisammenblieben. Nach der Deportation ihrer rechtmäßigen Eigentümer muß dieser Buchbestand und das in den *Briefen an die Eltern* gedruckte Textkorpus rechtswidrig in den Besitz Dritter gelangt sein, die um deren Wert wußten und beides später zu Geld machten.

An Felice, vermutlich am 8. und 16. VI. 1913, vgl. Anna Maria Jokl: *Den Weg zu Ende gegangen. Leben und Tod von Kafkas Schwester Ottla*, in: *Mitteilungsblatt des Irgun Olej Europas* Nr. 48 (28. XI. 1969), S. 4, EFK 62, Br III 357 f., 690, Alena Wagnerová: «*Im Hauptquartier des Lärms». Die Familie Kafka aus Prag*, (Köln 1997), S. 140, NA (Meldezettel) und Jeremy Adler: *A note on Kafkas library*, in: *German Life & Letters* 46 (1993), S. 176–178.

1033 | Julie Wohryzek (um 1920).

Du sagtest zu mir etwa: «Sie hat wahrscheinlich irgendeine ausgesuchte Bluse angezogen, wie das die Prager Jüdinnen verstehn und daraufhin hast Du Dich natürlich entschlossen sie zu heiraten. Undzwar möglichst rasch, in einer Woche, morgen, heute. Ich begreife Dich nicht, Du bist doch ein erwachsener Mensch, bist in der Stadt, und weißt Dir keinen andern Rat, als gleich eine Beliebige zu heiraten. Gibt es da keine anderen Möglichkeiten? Wenn Du Dich davor fürchtest, werde ich selbst mit Dir hingehn.» Du sprachst ausführlicher und deutlicher, aber ich kann mich an die Einzelheiten nicht mehr erinnern, vielleicht wurde mir auch ein wenig nebelhaft vor den Augen, fast interessierte mich mehr die Mutter, wie sie, zwar vollständig mit Dir einverstanden, immerhin etwas vom Tisch nahm und damit aus dem Zimmer gieng.

Es ist denkbar, daß Kafkas Vater von Julies Vorliebe für Mode und Schminke wußte oder gar erfahren hatte, daß sie und ihre Schwestern einen schlechten Ruf genossen – wie Brod in seinem Tagebuch notierte, hielt man sie für Dirnen –, denn es ist anzunehmen, daß er Erkundigungen über die Familie Wohryzek einzog – auch über Felice Bauer hatte er Auskünfte einholen lassen, als Kafka sie seiner Familie als Braut präsentierte. Kafka jedenfalls faßte die hier angeführte Aussage seines Vaters über die in Aussicht genommene Ehefrau als unüberbietbare Demütigung und Wiederholung eines bereits zwanzig Jahre zuvor erteilten Ratschlags auf (→ Abb. 238), die alte Traumatisierungen wiederbelebte und zweieinhalb Jahre später die sogenannte Amalia-Episode im *Schloss* hervorbrachte.

Nach der endgültigen Trennung von Kafka im Sommer 1920 fand Julie einen neuen Partner, den sie im November 1921 heiratete. Julie Werner wurde am 19. November 1943 in Haft genommen und am 19. April 1944 nach Auschwitz deportiert und ermordet.

Brief an den Vater, S. 205, vgl. Br II 228 f., C 161, Hartmut Binder: *Kafka in neuer Sicht*, Stuttgart (1976), S. 420–437 und Anthony Northey: *Julie Wohryzek, Franz Kafkas zweite Verlobte*, in: *Freibeuter* 59 (April 1994), S. 14 f.

1034 | Das Vestibül des Hauses *Smečka-
gasse (Ve Smečkách)* Nr. 6 (II-1258)
(→ Abb. 209, w), in dem Růžena Wohryzek
(1895–1939) seit Mitte Februar 1920 einen
Modesalon unterhielt, in dem ihre Schwester Julie mithalf.

Es ist anzunehmen, daß Kafka die Geliebte hier abholte, wenn er sich mit ihr verabredet hatte, um sich den weiten Weg in die
Vorstadt Königliche Weinberge zu ersparen,
und vielleicht auch, um nicht mit ihren
Eltern zusammentreffen zu müssen, die
wegen seiner Lungenkrankheit über die
geplante Verbindung ihrer Tochter sicherlich nicht glücklich gewesen sein dürften.
Außerdem hat Kafka, wohl aus ähnlichen
Gründen, diese Adresse Milena gegenüber
als Postanschrift Julies angegeben.

Vgl. M 95 und NA *(domovní list).*

1035 | Die Vorstadt Wrschowitz, in der Kaf-
ka und Julie Wohryzek im Herbst 1919 eine
Wohnung gefunden hatten.

*Ich erinnere mich: wir saßen neben einan-
der auf dem Kanapee einer einzimmrigen
Wohnung in Wrschowitz (es war wohl November, die Wohnung sollte in einer Woche
unsere Wohnung sein), sie war glücklich
nach vieler Mühe wenigstens diese Wohnung
erobert zu haben, neben ihr saß ihr künftiger Mann [...]. Wenn ich an diese Szene
denke mit ihren Einzelheiten, zahlreicher*

*als Fieber-Herzschläge, dann glaube ich jede
menschliche Verblendung [...] bis auf den
Grund verstehen zu können und ich fürchte
mich das Milchglas zum Mund zu heben,
weil es doch, nicht aus Zufall, aus Absicht
recht gut vor meinem Gesicht zerspringen
und mir die Splitter ins Gesicht jagen könnte.*

An Milena am 10. VI. 1920.

1036 | Ellis Tochter Gerti (1912–1972).

Unter den Büchern aus Kafkas Bibliothek,
die heute in Wuppertal aufbewahrt werden,
ist auch die erste Sammlung von Ludwig
Bechsteins *Ausgewählten Märchen*, die 1919
mit Bildern nach Originalholzschnitten
Ludwig Richters erschienen waren. Auf
dem zweiten Vorsatzblatt findet sich der folgende handschriftliche Text Kafkas:

Selbstgespräch des Onkel Franz
*Ist es nicht zu schade ein gar so schönes
Buch der Gerti zum Geburtstag zu schenken?*
*Nein, denn erstens ist sie ein ausgezeichne-
tes Mädchen und zweitens wird sie das Buch
einmal hier vergessen und dann kann man
es sich wieder zurücknehmen.*

Es ist anzunehmen, daß Kafka das Buch
seiner Nichte am 8. November 1919 zum
siebenten Geburtstag geschenkt und in der
angeführten Weise bewidmet hat. Da er
sich zum angegebenen Zeitpunkt in Schelesen aufhielt, wurde das Geburtstagsgeschenk wohl von Elli übergeben.

KB 81.

1037 | Kafkas *Brief an den Vater*, Erstnieder-schrift von eigener Hand, Beginn.

Wenn Du einmal wissen willst wie es früher mit mir war, schicke ich Dir von Prag den Riesenbrief, den ich vor etwa ½ Jahr meinem Vater geschrieben aber noch nicht gegeben habe.

Daß Kafka dieses Schreiben seinem Vater überreichen wollte (auch wenn dies tatsächlich niemals geschah), daß eine Ortsangabe – <u>Schelesen</u> – vorhanden ist und daß er der Auffassung war, Milena Jesenská könne bei der Lektüre erkennen, wie es um ihn in der Vergangenheit bestellt war, sind Indizien, die belegen, daß es sich bei diesem berühmten Text um einen wirklichen Brief handelt und nicht, wie vielfach zu lesen ist, um ein im Grunde literarisches Dokument. Außerdem wird gelegentlich im Blick auf die von Kafka selbst behaupteten Advokatenkniffe, deren er sich bei der Abfassung des Textes bedient haben will, die Behauptung aufgestellt, das negative Bild, das hier und in anderen Lebenszeugnissen von Hermann Kafka gezeichnet werde, entspreche nicht den Tatsachen, sei lediglich Kafkas überängstlicher, überempfindlicher, zur Übertreibung neigender Natur zuzuschreiben, die sich in seinen Briefen und Tagebüchern tatsächlich belegen läßt.

Dieser Auffassung widerspricht jedoch einmal, daß sich fast alle Details, von denen in diesem Brief die Rede ist, durch andere, teilweise von der Optik des Schreibers unabhängige Quellen verifizieren lassen. Zum andern kommt hier das Zeugnis Gerti Kaufmanns in Betracht, die am 27. August 1947 an Max Brod über Kafka und seinen Vater schrieb: *Der einzige in seiner Umgebung, der vollkommen negativ auf ihn reagierte, war sein Vater, dem wäre ein Sohn wie mein Vater viel lieber gewesen. Sein Sohn war ihm vollkommen fremd und eine große Enttäu-* schung. *Er war ein Geschäftsmann, der sich von klein auf durch harte Arbeit, großen Fleiß und praktischen Sinn emporgearbeitet hatte. Er hätte sich gewünscht, daß sein einziger Sohn sein Geschäft übernehmen würde und in seinen Fußstapfen durch das Leben gehen würde. Mit einem Träumer, der unsichtbare Kämpfe führte und unverständliche Bücher schrieb, die damals kein Geld einbrachten, wußte er überhaupt nichts anzufangen.*

Als Kafka von der handschriftlichen Version, die er als Belegstück zurückbehalten wollte, eine maschinenschriftliche Abschrift fertigte, die offenbar für den Adressaten bestimmt war, änderte er die Anrede in *Lieber Vater.*

An Milena am 21. VI. 1920 und EFK 223 f., vgl. Hartmut Binder: *Kafka-Kommentar zu den Romanen, Rezensionen, Aphorismen und zum Brief an den Vater*, München (1976), S. 422–451 und NS II A 61.

1038 | Hermann Kafka in späteren Jahren.

*Dich aber hörte und sah ich im Geschäft schreien,
schimpfen und wüten, wie es meiner damaligen Meinung nach in
der ganzen Welt nicht wieder vorkam. Und nicht nur schimpfen,
auch sonstige Tyrannei.*

Ein Brief Irma Kafkas, die in Hermann Kafkas Galanteriewarengeschäft arbeitete, vermittelt interessante Einblicke in die Persönlichkeit ihres Dienstherrn, zu dessen hervorstechendsten Zügen
leichte Erregbarkeit und Streitsucht gehörten, die mehrfach aktenkundig geworden sind: So wurde Irmas Dienstherr 1917 von einem
Mitarbeiter wegen Ehrbeleidigung verklagt, weil er diesem gedroht
hatte, ihn hinauszuwerfen. In einem anderen Fall hatte er bei der
Begleichung einer Rechnung ohne Rücksprache eine größere
Summe in Abzug gebracht, die sein Geschäftspartner natürlich bei
der nächsten Gegenrechnung wieder ausglich. Die Folge war, daß
er sich zu einer gänzlich unberechtigten Klage gegen diesen Lieferanten hinreißen ließ. Julie Kafka, so Irma in ihrem Bericht weiter,
habe immer wieder versucht, ihn mit den Worten: *Herrmann reg'
dich nicht auf* zu beruhigen, und dafür Sorge getragen, daß er nicht
Kunden aus dem Geschäft hinauswarf. Schon Mitte Oktober 1911
hatten alle Angestellten Hermann Kafkas gleichzeitig gekündigt,
weil sie offensichtlich nicht mehr ertrugen, von ihm als *bezahlte
Feinde* behandelt zu werden. (→ Abb. 448)

Brief an den Vater, S. 172, Irma Kafka an Ottla am 22. XI. 1917 und NS II 173.

1039 | Kafkas Schwester Elli.

*Es gab natürlich auch Fälle, wo man mit der ärgsten Ironie sehr
einverstanden war, nämlich wenn sie einen andern betraf, z. B. die
Elli, mit der ich jahrelang böse war. Es war für mich ein Fest der
Bosheit und Schadenfreude, wenn es von ihr fast bei jedem Essen
etwa hieß: «Zehn Meter weit vom Tisch muß sie sitzen, die breite
Mad» und wenn Du dann böse auf Deinem Sessel ohne die leiseste
Spur von Freundlichkeit oder Laune, sondern als erbitterter Feind
übertrieben ihr nachzumachen suchtest, wie äußerst widerlich für
Deinen Geschmack sie dasaß.*

Nach dem Urteil Hélène Zylberbergs, die Elli 1937 kennenlernte,
war Kafkas älteste Schwester von einer pathologischen Schüchternheit, litt an einem Minderwertigkeitskomplex, der sie nur zögernd
und unbeholfen sprechen und, obwohl Mutter zweier erwachsener
Kinder, wie ein junges Mädchen erröten ließ. Wie ihr Bruder war
sie außerordentlich streng gegen sich selbst, fand unablässig bei
sich selbst Fehler und war gelähmt, wenn sie die kleinste Entscheidung treffen sollte (→ Abb. 1161), so daß sie sich schließlich mit
wachsender Überzeugung in sich selbst verkroch. Diese Analyse
als richtig unterstellt, verwundert die Abneigung des halbwüchsigen Bruders nicht, der in ihrem Verhalten gespiegelt sah, was ihm
an sich selbst verhaßt sein mußte.

Brief an den Vater, S. 163, vgl. Hélène Zylberberg: *Some tragic aspects of Kafka,* in: *Art and
Action. 10th anniversary issue TWICE A YEAR – 1938–1948,* New York (1948), S. 158.

1040 | Kafkas Schwester Valli.

Am glücklichsten in ihrer Stellung zu Dir war Valli. Am nächsten der Mutter stehend, fügte sie sich Dir auch ähnlich, ohne viel Mühe und Schaden.

Brief an den Vater, S. 177.

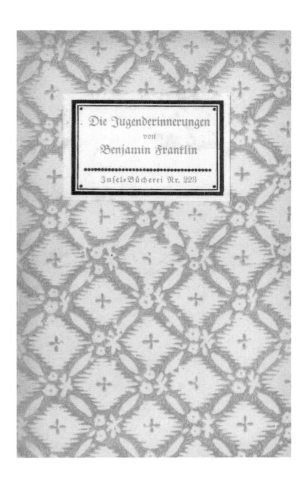

1041 | Benjamin Franklin: *Die Jugenderinnerungen,* (11.–15. Tausend), (Insel-Verlag) Leipzig (1919), übertragen von Hedwig Lachmann-Landauer, mit einem Nachwort von F. B. (Fritz Bergemann), Umschlag. Die erste Ausgabe (1.–10. Tausend) erschien 1917.

Du hast letzthin Franklins Jugenderinne-rungen gelesen. Ich habe sie Dir wirklich absichtlich gegeben, aber nicht, wie Du iro-nisch bemerktest, wegen einer kleinen Stelle über Vegetarianismus, sondern wegen des Verhältnisses zwischen dem Verfasser und seinem Vater, wie es dort beschrieben ist und des Verhältnisses zwischen dem Verfasser und seinem Sohn, wie es sich von selbst in diesen für den Sohn geschriebenen Erinne-rungen ausdrückt. Ich will hier nicht Ein-zelnheiten hervorheben.

Da Kafka hier von *Jugenderinnerungen* spricht und eine von Hélène Zylberberg angelegte Liste, die Bücher aus seinem Besitz verzeichnet, *Jugenderinnerungen von Benjam. Franklin* erwähnt, kann kein Zweifel daran bestehen, daß sein Vater das im Herbst 1919 seit kurzem wieder greifba-re Insel-Bändchen las, das nur etwa acht-zig Seiten umfaßte. Diese Aufzeichnungen Franklins (1706–1790) in Gestalt eines Brie-fes an seinen Sohn William – sie beginnen mit den Worten *Lieber Sohn!* – entstanden 1771 in England und reichen bis 1731. Im Jahr 1784 setzte der Verfasser seinen Le-bensbericht bis zum Jahr 1757 fort, doch wurde dieser unvollendete zweite Teil erst nach seinem Tod veröffentlicht.

Obwohl Franklin in jugendlichem Alter heimlich Familie und Vaterstadt verließ, weil er mit den Entscheidungen nicht ein-verstanden war, die sein Vater hinsicht-lich seiner Zukunft getroffen hatte, blieben beide gleichwohl lebenslang in gegensei-tiger Wertschätzung und Liebe verbunden, ein Sachverhalt, der Kafka als Ideal erschei-

nen mußte. Die im *Brief an den Vater* er-wähnte Stelle über Vegetarianismus lautet wie folgt: *Als ich etwa sechzehn Jahre alt war, kam mir ein Buch von einem gewis-sen Tryon in die Hand, der eine vegetarische Lebensweise empfahl. Ich beschloß sofort, sie anzunehmen. [...] Meine Weigerung, Fleisch zu essen, war den Leuten unbequem, und ich wurde oft wegen meiner Eigenheit geschol-ten.* Gleichwohl erwies sich diese Umstel-lung auf fleischlose Kost für Franklin als vorteilhaft, weil er dadurch Geld sparte, mehr Bücher kaufen konnte und weil ihm die einfach zubereiteten Mahlzeiten mehr Zeit für das Studium ließen. Wie aus einer Passage von Friedrich Thiebergers Erinne-rungen an Kafka hervorgeht, muß dieser auch von folgender Aussage beeindruckt gewesen sein, in der Franklin über die Familie seines Vaters bemerkt: *Dreizehn [Kinder] auf einmal habe ich an seinem Tische sitzen sehen.*

Brief an den Vater, S. 190, Z und Benjamin Franklin: *Die Jugenderinnerungen,* Leipzig (1919) S. 3, 7 und 17, vgl. EFK 132.

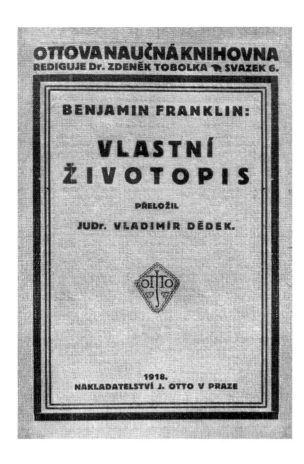

vorhanden war, in Ermanglung einer deutschen Ausgabe und weil er seit 1917 biographische Werke am liebsten auf französisch oder tschechisch las, für sich selbst erworben haben.

Zu den literarischen Texten, die Kafka auf tschechisch besaß, gehörten einmal ein Band mit religiösen Schriften Leo Tolstois, in dem die Evangelien gedeutet werden und die Forderung erhoben wird, Gottes Reich auf Erden zu verwirklichen. Dann Essays von Vissarion Grigorevič Belinskij, darunter die *Literarische Phantasie*, Belinskijs erste, Kunst und Literatur betreffende Arbeit von 1834, die nach Meinung des Übersetzers zeigt, was Pathos der Kunstkritik bedeutet, sowie den besonders Gogol gewidmeten Beitrag *Über die russische Erzählung*, der auch vom Genie Goethes, von der Theorie der literarischen Kritik und von Turgenjew handelt. Schließlich Aphorismen von Emanuel Tilsch, philosophische Noethik und Gedanken über wissenschaftliche Erkenntnisse sowie dramatische Studien von Tschechow, den Kafka *manchmal ganz unsinnig* liebte. Als ihn Milena Anfang 1923 auf dieses Werk ansprach, das zwei Jahre zuvor in einem Verlag erschienen war, in dem Milenas Freundin Staša und ihr Mann Rudolf Jílovský arbeiteten, kannte er es nicht, so daß anzunehmen ist, er habe es sich auf diese Anregung hin gekauft oder von Milena erhalten. (→ Abb. 1163)

An Milena, Januar/Februar 1923, vgl. KB 169 (mit fehlerhaft erschlossenem Erscheinungsjahr 1916), KH 117, Br III 328, Lev N. Tolstoj: *O smysle života* [Über den Sinn des Lebens], (übersetzt von Gabriela Foustková, redigiert von Jaroslav Kvapil), Praha (1909), V. G. Bělinskij: *Kritické Články* [Kritische Artikel], übersetzt von Karel Kolman, V Praze 1906, Emanuel Tilsch: *Aforismy a myšlenky* [Aphorismen und Gedanken], V Praze 1916, A. P. Čechov: *Na velke cestě* [Auf großer Reise], übersetzt von Arnošt Dvořák, V Praze 1921, Z und Niels Bokhove: *Kafka's boekenkast 1*, in: KK 12, Nr. 1 (2004), S. 15 f.

1042 | Benjamin Franklin: *Vlastní životopis* [Autobiographie], přeložil. JUDr. Vladimir Dědek, (Nakladaltelství J. Otto) V Praze 1918, Einband. (*Ottova naučna knihovna*, VI)

Der Band enthält in tschechischer Übersetzung die Gesamtheit der *Memoirs of the Life and Writings of Benjamin Franklin*, dazu eine rund 20seitige, auf Oktober 1916 datierte Einleitung des Übersetzers, ein Porträt Franklins sowie eine fünfseitige Skizze mit der ersten Niederschrift dieser Lebensgeschichte, umfaßt also insgesamt 232 Seiten und erscheint auf einer Liste, die Kafkas Bücherbestand zu erfassen sucht. Da im *Brief an den Vater* jedoch von *Jugenderinnerungen* Franklins die Rede ist und der ungebildete Hermann Kafka, der kaum las, sich gerade im Jahr 1919 bei seiner Tochter Ottla darüber beklagte, daß er anläßlich eines Besuchs von Josef David (→ Abb. 1157) andauernd Tschechisch sprechen mußte, ist es nahezu ausgeschlossen, daß Kafka dieses Buch seinem Vater zum Lesen gab. Er, der seit Jahren Selbstbiographien und Briefwechsel bevorzugte und offenbar bei der Lektüre des Insel-Bändchens Lust auf die Fortsetzung dieser Erinnerungen bekommen hatte, auf die im Nachwort hingewiesen wurde, muß den Band, der nicht in der Prager Universitätsbibliothek

1043 | Friedrich Thieberger (1888–1958).

Thieberger war der Sohn des Prager Rabbiners Dr. Karl Thieberger und der Bruder von Gertrude (→ Abb. 855) und Nelly Thieberger (→ Abb. 901), die mit Kafka befreundet waren. Er maturierte 1907 am Prager *Stephans-Gymnasium*, promovierte 1911 bei August Sauer über *Darstellung und Genesis der inneren Form in Hebbels «Judith»* und wurde Gymnasiallehrer. Er trat auch als Lyriker hervor und gab Kafka in den Jahren 1919 und 1920 Privatunterricht in Hebräisch.

1044 | Die *Moderne Galerie (Moderní Galerie)* im *Baumgarten* (XIX-188, heute *Akademie výtvarných umění*), die Kafka am 8. Dezember 1919 im Verlauf eines Spaziergangs aufsuchte. Schon am 9. April 1911 hatten Kafka, Max Brod und Elsa Taussig diesem Kunstmuseum einen Besuch abgestattet.

Die utraquistisch geführte Galerie wurde Anfang 1903 gegründet und eröffnete im Mai 1905 in einem Pavillon der *Jubiläumsausstellung* von 1891 (→ Abb. 267), dessen Eingangsbereich allerdings von den Architekten Jan Kotěra und Josef Zasche neu gestaltet worden war. Es handelte sich um eine auf Anregung heimischer Künstler erfolgte kaiserliche Stiftung, die es erlaubte, regelmäßig Werke in Böhmen beheimateter deutscher und tschechischer Zeichner und Maler anzukaufen.

Vgl. T 845, C 66 und Hartmut Binder: *Über den Umgang mit Topographica in Kritischen Ausgaben am Beispiel der Tagebücher Kafkas*, in: *Edition von autobiographischen Schriften und Zeugnissen zur Biographie*, hrsg. von Jochen Golz, Tübingen 1995, S. 140.

1045 | Die Prager Geschäftsstraße *Am Graben (Na příkopě)* in Prag, *Corso* der Deutschen.

Ganz rechts die Buchhandlung *André*, der ein Antiquariat angeschlossen war (→ Abb. 241), daneben die *Böhmische Escomptebank (Česká Eskomptní banka)*, in der Otto Pick arbeitete (→ Abb. 402).

Schweigend mit J.[ulie Wohryzek] im Riegerpark. Verführung auf dem Graben. Das ist alles zu schwer. Ich bin nicht genug vorbereitet.

Tagebuch, 11. XII. 1919.

1046 | Szenen aus dem Stummfilm *Daddy-Long-Legs* mit Mary Pickford (1892–1979) in der Hauptrolle (1919).

[Kafka] liebte die ersten Filme, die damals auftauchten. Besonders entzückte ihn ein Film, der tschechisch «Táta Dlouhán» hieß, was wohl etwa mit «Vater Langbein» zu übersetzen wäre. Er schleppte seine Schwestern zu diesem Film, später mich, immer mit großer Begeisterung, und war stundenlang nicht dazu zu bringen, von etwas anderem zu reden als gerade nur von diesem herrlichen Film.

Der Film kam im Mai 1919 heraus und muß im darauffolgenden Winter in einer Version mit tschechischem Titel und tschechischen Zwischentiteln in Prag gespielt worden sein.

Judy, ein Findelkind, wächst in einem nach menschenverachtenden Grundsätzen geführten Waisenhaus auf, dessen System sie sich durch Unbotmäßigkeit widersetzt: Das oberste Bild zeigt beispielsweise, wie Judy sich weigert, weiterhin immer nur Backpflaumen zu essen. Darunter sieht man, wie sie die Tochter eines Ausschußmitglieds in Position bringt, um sie aus dem links sichtbaren Syphon mit Wasser bespritzen zu können. Aber ihre Streiche und Vergehen, die mit wilden Verfolgungsjagden durch das Treppenhaus des Asyls einhergehen und die Lachmuskeln des Zuschauers reizen, werden mit Essensentzug, Schlägen oder dadurch bestraft, daß man ihre Hand auf den heißen Herd legt. So äußert sie einmal gegenüber den Verantwortlichen: *«Durch Ihre Nächstenliebe ohne Güte haben Sie uns die Freuden der Kindheit geraubt.»* Ein neuer Vorstand, John Smith, den sie nur als Silhouette gesehen hat und wegen seiner langen Beine Daddy-Long-Legs nennt, veranlaßt, daß sie an ein College kommt, wo sie als Schaupielerin (drittes Bild von oben) die Aufmerksamkeit eines Mannes von Familie erregt, in den sie sich verliebt. Obwohl sie inzwischen eine erfolgreiche Schriftstellerin geworden ist (unterstes Bild), die mit der Thematisierung ihrer Leiden im Waisenhaus auch gesellschaftliche Anerkennung gefunden hat, verweigert sie sich ihm, weil sie glaubt, ihm ohne Vorfahren keine vollwertige Partnerin sein zu können. Als sie auf einen ihrer monatlichen Briefe an John Smith, die von ihr erwartet werden, keine Antwort erhält, sucht sie diesen auf und sieht den Mann vor sich, dessen Antrag sie zurückgewiesen hat. Die Schlußszene des Films zeigt, wie Dady-Long-Legs die von einander widersprechenden Gefühlen Hinundhergerissene in seinen Lehnstuhl zieht und küßt.

SL 185, vgl. Niels Bokhove: *Kafka gaat uit. Vater Langbein*, in: K K 14, Nr. 2/3 (2006), S. 66.

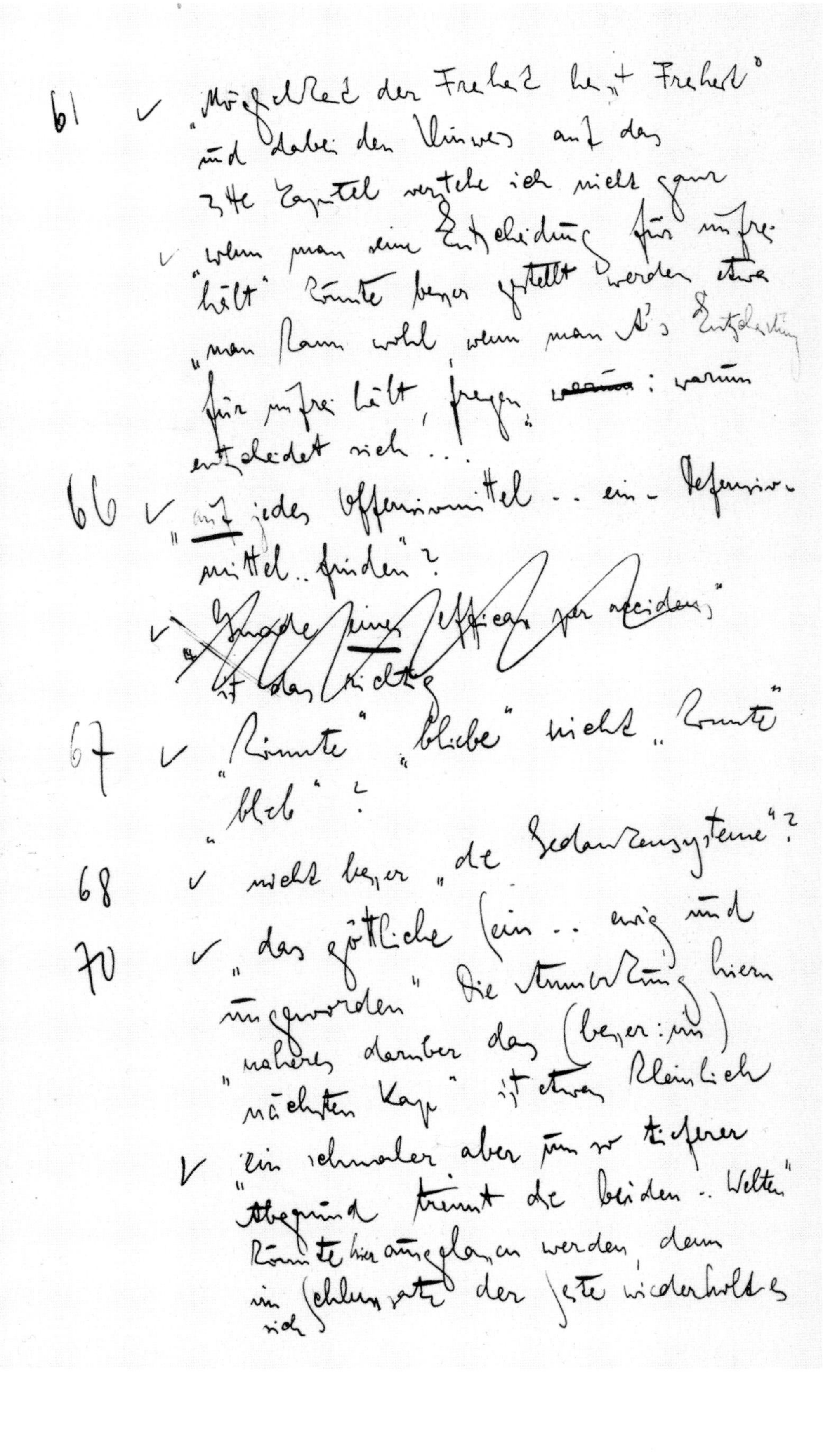

1047 | Handschriftliche Korrekturvorschläge Kafkas zu den Fahnen von Felix Weltschs 1920 erschienenem Buch *Gnade und Freiheit*.

Lieber Felix, Dank für Deine Geduld. Aber vorige Woche war ich ganz besonders zerstreut, auch wollte ich es genau machen, also zweimal lesen, so verging die viele Zeit.

Die mir zweifellosen Kleinigkeiten habe ich gleich in den Fahnen richtiggestellt, diese Richtigstellungen mußt Du aber natürlich noch revidieren, dagegen glaube ich kaum, einen Druckfehler übersehen zu haben. Andere kleine Fragen und Vorschläge habe ich in den beiliegenden Papieren notiert. Du findest die zugehörigen Stellen in den Fahnen am Rande angestrichen.

Weltschs Buch basiert auf einer Vortragsreihe, die er in den ersten Monaten des Jahres 1918 im *Klub deutscher Künstlerinnen*, der jetzt am *Bergstein* residierte (→ Abb. 1126), und Anfang 1919 im Volksbildungswerk *Urania* in der *Krakauergasse* (→ Abb. 1141) gehalten hatte. Da Kafka wegen seiner Erholungsaufenthalte in Zürau, Turnau und Schelesen nur unvollkommene Kenntnis von der damaligen philosophischen Arbeit seines Freundes erhalten hatte, von der er sich persönlich viel erwartete, bat er um Einsicht in das Manuskript, und als im Winter 1919 Fahnen vorlagen, verabredete man, daß er Korrektur lesen würde. Das Ergebnis dieser Revision war eine Liste von etwa 40 Verbesserungen und Fragen zum Eingangskapitel, die bisher unpubliziert geblieben ist – der zugehörige Begleitbrief wurde 1958 in dem Band *Briefe 1902–1924* gedruckt –, sowie ein zehnseitiges, 1976 veröffentlichtes Konvolut mit 97 penibel gehaltenen Korrekturvorschlägen, die, wie auch der hier wiedergegebene Auszug belegt, alle Aspekte des Textes betreffen.

Br 264, vgl. Hartmut Binder: *Ein ungedrucktes Schreiben Franz Kafkas an Felix Weltsch. Edition und Kommentar*, in: *Jahrbuch der Deutschen Schiller-Gesellschaft* 20 (1976), S. 105, vgl. PK 135.

1048 | Der Eingang zur Leihbibliothek *Cassinelli* (ganz links) in der *Husgasse (Husova)* Nr. 4 (I-352).

Vor der Auslage von Casinelli drückten sich 2 Kinder herum, ein etwa 6 Jahre alter Junge, ein 7 Jahre altes Mädchen, reich angezogen, sprachen von Gott und von Sünden. Ich blieb hinter ihnen stehn. Das Mädchen vielleicht katholisch hielt nur das Belügen Gottes für eine eigentliche Sünde. Kindlich hartnäckig fragte der Junge, vielleicht ein Protestant, was das Belügen des Menschen oder das Stehlen sei. «Auch eine sehr große Sünde», sagte das Mädchen, «aber nicht die größte, nur die Sünden an Gott sind die größten, für die Sünden an Menschen haben wir die Beichte. Wenn ich beichte steht gleich wieder der Engel hinter mir; wenn ich nämlich eine Sünde begehe, kommt der Teufel hinter mich, nur sieht man ihn nicht.» Und des halben Ernstes müde, drehte sie sich zum Spaße auf den Haken um und sagte: «Siehst Du niemand ist hinter mir.» «Siehst Du» sagte er ohne Rücksicht darauf, daß ich es hören mußte, aber auch ohne daran zu denken «hinter mir steht der Teufel.» «Den sehe ich auch» sagte das Mädchen «aber den meine ich nicht».

Cassinelli war ein seit 1843 bestehendes gewerbliches Unternehmen, in dem man gegen eine Einlage von einigen Kronen, die man nach Aufgabe des Abonnements zurückerhielt, gegen ein bescheidenes Entgelt Bücher ausleihen konnte. Am Ende des Jahres pflegte die Firma, deren Bücherbestand am Anfang des 20. Jahrhunderts rund 50 000 Bände umfaßte, eine Schau zu veranstalten, in der vorgestellt wurde, welche Neuerscheinungen man angeschafft hatte. Natürlich handelte es sich dabei um eher populäre Titel, doch befanden sich beispielsweise unter den Erwerbungen des Jahres 1904 Werke von Björnson, Ebner-Eschenbach, Liliencron, Prévost, Salus, Stendhal, Strindberg, Wassermann und Wedekind.

Tagebuch, 18. II. 1920, vgl. DZB 77, Nr. 356 (25. XII. 1904), S. 31.

1049 | Anna Lichtenstern (*1895), geb. Feigl, war eine Mitbewohnerin Kafkas im Haus *Niklasstraße* Nr. 36, die er als Halbwüchsige gelegentlich im Aufzug traf.

Sie besuchte die Gymnasialabteilung des *Deutschen Mädchen-Lyzeums,* wo sie 1914 Abitur machte. Am Ende des Ersten Weltkriegs begegnete Kafka ihr in einer Leihbibliothek wieder. Dabei kam es zu einem Gespräch, in dessen Verlauf sich Kafka gegen die damals populäre Kriegsliteratur wandte, die gegen die eigentliche Überzeugung der Autoren, aber nach einem inneren Gebot entstehe, falsches Pathos zu verwenden. Dieses Gespräch fand vermutlich in der Firma *Cassinelli* statt. Denn Anna Lichtenstern spricht in ihren zuerst 1929 veröffentlichten Erinnerungen an Kafka davon, man sei bei dieser Zusammenkunft in der Leihbibliothek eine *gewundene echt Altprager Treppe* hinuntergestiegen – die Firma, für die sich Kafka erwiesenermaßen in seinen späteren Jahren interessierte, lag im ersten Obergeschoß des Hauses *Husgasse* Nr. 4.

Anna Lichtenstern arbeitete später als Journalistin in Berlin, kehrte aber 1935 in ihre Heimatstadt zurück.

EFK 81, vgl. Kurt Krolop: *Zu den Erinnerungen Anna Lichtensterns an Franz Kafka,* in: *Germanistica Pragensia* 5 (1968), S. 21–24 und EFK 79–81.

1050 | Aaron David Gordon (1856–1922).

Von 25. März bis zum 5. April 1920 fand in Prag unter dem Vorsitz von Hugo Bergmann ein Weltkongreß zur Vereinigung der verschiedenen Gruppierungen der Arbeiter-Partei *Hapoel Hazair* und der zionistischen Fraktion *Zeire Zion* statt, an dem auch Aaron David Gordon teilnahm. Gordon, der aus Rußland stammte, vom Chassidismus und Tolstoi beeinflußt war und in seinen Artikeln großen Einfluß auf die Entwicklung des Zionismus nahm, war 1904 nach Palästina emigriert und hatte sich 1919 im Kibbuz *Degania* niedergelassen, wo er auch starb. Er führte das Leiden der europäischen Juden auf deren parasitären Status in der Diaspora zurück und empfahl als Heilmittel körperliche Arbeit und landwirtschaftliche Betätigung, die ihm zugleich den Königsweg zur Verwirklichung zionistischer Ziele in Palästina darstellten.

Aus einem Zeitungsbeitrag von Eric Gottgetreu, der unter dem Titel *They knew Kafka* am 14. Juni 1974 in der *Jerusalem Post* erschien, geht hervor, daß Kafka als Zaungast an dieser Konferenz teilnahm, auf der in hebräischer Sprache verhandelt wurde. In diesem Zusammenhang kam es zu einer persönlichen Begegnung mit Gordon. Moshe Spitzer (1900–1982) war die Aufgabe zugefallen, den berühmten Gast durch Prag zu führen, was er gemeinsam mit Irma Singer (→ Abb. 1017) tat. Sie trafen Kafka auf der *Alten Schloßstiege* (→ Abb. 800), wo Spitzer ihn mit Gordon bekannt machte. Aber weil dieser nichts von dem Prager Autor wußte und wegen dessen Menschenscheu kam kein Gespräch zustande, obwohl Kafka die Überzeugungen Gordons teilte und propagierte. So schrieb er Ende März 1921 an Minze Eisner, statt eine Liegekur zu machen, würde er lieber *irgendwo in einem Garten arbeiten «im Schweiße des Angesichtes»*, denn dazu sei der Mensch bestimmt, das fühle im Grunde jeder, der es nicht tue. Dieser Auffassung entsprechend riet er der Korrespondenzpartnerin, aber auch Jizchak Löwy und Robert Klopstock, nach Palästina auszuwandern und dort körperliche Arbeit zu verrichten.

Vgl. SW 14, Nr. 13 (26. III. 1920), S. 4 und Moshe Spitzer am 7. VIII. 1977.

1051 | Minze Eisner (1901–1972).

Und auch ein Schweinchen können Sie schon halten, würgen es zwar noch ein wenig, aber halten es doch gut und haben dazu auch braune, glänzende, kräftige Arme. Nein, wie viel lieber ist mir Minze auf dem Düngekarren, als Kleopatra auf ihrem goldenen Thron.

Minze Eisner, mit der Kafka im November 1919 in Schelesen bekannt geworden war, hatte ihm geschrieben, sie arbeite jetzt in der *Israelitischen Gartenbauschule Ahlem* bei Hannover (1893–1933), und ihm gleichsam zum Beweis die hier reproduzierte Abbildung überlassen. Ein Photo, das Minze zuvor an Kafka geschickt hatte, zeigte sie in einer theatralischen Pose, die ihn an Darstellungen antiker Herrschergestalten erinnerte.

Die Schule wurde von Alexander Moritz Simon gegründet, nach den religionsgesetzlichen Vorschriften des Judentums geleitet, diente der Pflege und Erziehung jüdischer Kinder zur Bodenkultur und Fertigkeit im Handwerk und erlaubte eine systematische dreijährige Ausbildung zum Gärtner. 1902 wurde die Mädchenausbildung eingeführt.

An Minze Eisner, Sommer 1920.

Kapitel XIX

Milena

Nach seiner Rückkehr aus Schelesen am 20. November 1919 nahm Kafka seine Arbeit in der Versicherungsanstalt wieder auf, beabsichtigte aber, sich mit Hilfe von Kurt Wolff, der ihm offenbar seine Hilfe angeboten hatte, in München zu erholen. Aber sein körperlicher Zustand erwies sich als so unzuverlässig – Ende Dezember *verkühlte* er sich und mußte einige Tage das Bett hüten –, daß er diesen möglicherweise literarischen Projekten gewidmeten *Gesundheitsurlaub* gar nicht *mit der Freiheit und Sicherheit hätte verbringen können*, die allein seinen Erfolg garantiert hätten, und als dann eine am 25. Februar 1920 vorgenommene Untersuchung durch den Anstaltsarzt Dr. Odolen Kodym ergab, daß ein weiterer dreimonatiger Sanatoriumsaufenthalt unumgänglich wurde, beschloß Kafka, diesen *Krankheitsurlaub* im *Sanatorium Kainzenbad* in Partenkirchen zu verbringen. Kainzenbad war vor dem Ersten Weltkrieg eine Naturheilanstalt mit Moorbäderbetrieb gewesen, 1916 Offiziersgenesungsheim und Kinderkurheim für Knochentuberkulosekranke geworden und seit 1919 ein Kurhotel, das vom Sohn des Arztes geleitet wurde, der bisher für die medizinische Betreuung des Unternehmens verantwortlich gewesen war. Aber bürokratische Schwierigkeiten – die notwendige Einreisebewilligung, die Kainzenbad verlangte, war schwer zu bekommen – entnervten Kafka, so daß er am 2. April auf Anraten des Anstaltsarztes nach Meran fuhr, und zwar nicht in ein Sanatorium, sondern in eine Pension, glaubte er doch, *weder Sanatorium noch ärztliche Behandlung* zu benötigen, die eher schadeten, *sondern nur Sonne, Luft, Land, vegetarisches Essen*. Während der drei Monate, die er sich dort aufhielt, führte er einen Briefwechsel mit Milena Jesenská (→ Abb. 1066), in dessen Verlauf sich eine ihn allerdings sehr beunruhigende und seine Nerven schädigende Liebesbeziehung zwischen den beiden entwickelte – rückblickend spricht er von *Meraner Wirbel[n]* –, die zur Folge hatte, daß er, als er am 29. Juni Meran wieder verließ, nicht wie vorgesehen nach Karlsbad fuhr, um wie verabredet Julie Wohryzek zu treffen, sondern nach Wien, wo er mit Milena vier glückliche Tage verlebte.

Noch am Tag seiner Rückkehr nach Prag traf sich Kafka mit Julie Wohryzek, um ihr seine Liebe zu Milena zu gestehen. An den beiden darauffolgenden Tagen kam es zu zwei weiteren Begegnungen, welche die endgültige Trennung bedeuteten. Aber auch die Beziehung zu Milena endete nach einiger Zeit unglücklich. Kafka hatte gehofft, die Geliebte werde ihren Mann verlassen und mit ihm in Prag leben. Aber Milena, weiterhin im Bann Ernst Polaks und irritiert von Kafkas ambivalentem Verhältnis zur Sexualität, konnte sich ein Leben an seiner Seite nicht vorstellen und blieb in Wien. Allerdings trafen sich die beiden am 14. und 15. August noch einmal in Gmünd, eine Begegnung, die unglücklich verlief. (→ Abb. 1094)

Wenige Tage danach, vermutlich ab 26. August, begann für Kafka nach mehrjähriger Pause eine literarische Schaffensphase, die sich bis zum Ende des Jahres hinzog und sowohl der Aufarbeitung der Trennung von Julie Wohryzek galt, die freilich schon im *Brief an den Vater* versucht worden war, als auch als erster Versuch angesehen werden kann, die sich andeutende Entfremdung von Milena psychisch zu bewältigen. Parallelen zu den beiden Entlobungen von Felice Bauer drängen sich auf: Hatte Kafka die erste Trennung mit der Niederschrift des *Process*-Romans beantwortet, so verarbeitete er die zweite in den Zürauer Aphorismen.

Als im September verstärkt Atemnot und Fieber auftraten, sah sich Kafka vor die Notwendigkeit gestellt, für die bevorstehende kalte Jahreszeit ein geeignetes Sanatorium zu suchen, obwohl er sich lieber handwerklich in Prag betätigt hätte oder aufs Land gefahren wäre, weil er nach wie vor größte Vorbehalte gegenüber Krankenanstalten hatte, die er auf folgende Weise artikulierte: *Was soll ich dort? Vom Chefarzt zwischen die Knie genommen werden und an den Fleischklumpen würgen, die er mir mit den Karbolfingern in den Mund stopft und dann entlang der Gurgel hinunterdrückt.* Nach einigem Hin und Her entschied er sich im November für das niederösterreichische *Sanatorium Grimmenstein*, was eine Anreise über Wien bedeutete und damit, für ihn zwangsläufig, ein Wiedersehen mit Milena. Als jedoch der Reisetermin näher rückte, schrieb er ihr:

Bis Dienstag war ich aufrichtig entschlossen nach Grimmenstein zu fahren. Ich fühlte zwar manchmal wenn ich daran dachte eine innerliche Drohung, merkte auch, daß das Hinauszögern der Reise zum Teil seinen Grund darin hatte, glaubte aber das Ganze leicht überwinden zu können. Dienstag mittag hörte ich von jemandem, daß es nicht nötig ist, die Aufenthaltsbewilligung in Prag abzuwarten, sondern daß man sie in Wien sehr wahrscheinlich bekommt. Damit war also der Weg frei. Ich quälte mich nun einen Nachmittag lang auf dem Kanapee, abend schrieb ich Dir einen Brief, schickte ihn aber nicht weg, noch glaubte ich es überwinden zu können, aber die ganze schlaflose Nacht wand ich mich geradezu unter Qualen. Die zwei in mir; der welcher fahren will und der welcher sich zu fahren fürchtet, beide nur Teile von mir, beide wahrscheinlich Lumpen, kämpften in mir. Ich stand früh auf wie zu meinen ärgsten Zeiten.

Ich habe nicht die Kraft zu fahren; die Vorstellung, daß ich vor Dir stünde, kann ich im voraus nicht ertragen, den Druck im Gehirn ertrage ich nicht.

In dieser Situation war es nur folgerichtig, daß Kafka im nächsten an Milena gerichteten Brief nun auch vorschlug, den Briefwechsel zu beenden: *Sollte es nicht gut sein, daß wir einander zu schreiben aufhören, müßte ich mich entsetzlich irren. Ich irre mich aber nicht, Milena.* Wenig später – Kafka war inzwischen zur Erholung in die Hohe Tatra gefahren – machte er ernst, wenn er Milena bat: *Nicht schreiben und verhindern, daß wir zusammenkommen, nur diese Bitte erfülle mir im stillen, sie allein kann mir irgendein Weiterleben ermöglichen, alles andere zerstört weiter.* Dies war das Ende und auch wieder nicht, denn nach seiner Rückkehr aus Matlarenau sahen sich die beiden noch mehrfach in Prag, ja es scheint sogar, daß Milena in Kierling einen Krankenbesuch machte.

Br 260, 261, M 99, 280, 298, 299 und 367 f., vgl. Franz Kafka: *Amtliche Schriften. Mit einem Essay von Klaus Hermsdorf,* Berlin 1984, S. 435, Anton Behrendt am 28. II. 1972, M 91, NS II 68—91, Alena Wagnerová: *Milena Jesenská. Biographie,* (Mannheim 1994), S. 99 und T 863.

1052 | Milena Jesenská beim Tennisspiel (1911).

Du bist für mich keine Frau, bist ein Mädchen,
wie ich kein Mädchenhafteres gesehen habe, ich
werde Dir ja die Hand nicht zu reichen wagen,
Mädchen, die schmutzige, zuckende, krallige
[→ Abb. 719], fahrige, unsichere, heiß-kalte Hand.

An Milena am 12. VI. 1920.

1053 | Das Hotel *Frau Emma* in Meran, in dem
Kafka vom 3. bis 6. April 1920 wohnte.

Bisher habe ich in einem der ersten Hotels ge-
wohnt oder vielleicht überhaupt in dem ersten,
denn die andern gleichrangigen sind geschlossen.
Die Gäste waren einige vornehme Italiener, dann
noch ein paar andere Eindringlinge, der große
Rest Juden, zum Teil getauft.

An Max Brod und Felix Weltsch am 10. IV. 1920.

1054 | Meran-Untermais.

[...] nur in Meran wußte ich, daß es höchste Zeit
war wegzufahren aus jenem Bergkessel, der Kessel
in jeder Hinsicht war.

An Ottla am 9. III. 1921.

1055 | Die Pension *Ottoburg* (als Gebäude erhalten) in Meran-Untermais, *Maiastraße (via Maia)* Nr. 12, Gartenseite, wo Kafka vom 6. April bis zum 28. Juni wohnte (1971).

[…] wenn ich jetzt vom Tisch aus durch die ganz offene Balkontür in den Garten hinausschaue, lauter voll blühende mächtige baumartige Sträucher knapp am Geländer und weiterhin das Rauschen großer Gärten – übertrieben es ist nur die Eisenbahn – so kann ich mich nicht erinnern einen ähnlichen Prospekt im Teater (durch das elektrische Licht hat es jetzt teaterähnliche Beleuchtung) gesehen zu haben, außer wenn die Wohnung eines Prinzen oder wenigstens einer sehr hohen Persönlichkeit glaubhaft gemacht werden sollte.

Betrachtet man den Grundriß des Gebäudes und berücksichtigt, daß Kafka ein Balkonzimmer im Erdgeschoß bewohnte, das ans Speisezimmer grenzte, kommt man zu dem Schluß, daß die hintere Hälfte des aus drei Bogen bestehenden Balkons zu seinem Domizil gehört haben muß. Kafka lag den größten Teil des Tages im Liegestuhl auf diesem Balkon, der bis in die Abendstunden hinein besonnt ist.

An Ottla am 17. IV. 1920, vgl. Br 269, 271, O 88 und M 39.

1056 | Die Wiener Bäckerei *Holzgethan* (1889–1951) in der *Habsburgerstraße* (heute *Rennweg/Via delle corse*) Nr. 6 in Meran, die unter anderem Namen bis heute besteht. Bei der mittleren der drei Frauen handelt es sich um die Gattin des Bäckermeisters, Barbara Holzgethan, geb. Schmid (1881–1951), deren Schwiegervater 1896 von Wien nach Meran übersiedelt war, weil er sich von dem prosperierenden Kurort bessere Geschäfte erhoffte. Um die Jahrhundertwende machte sich Anton Holzgethan selbständig und eröffnete in unmittelbarer Nachbarschaft der Kurpromenade eine Bäckerei und eine Konditorei, die sich zum führenden Unternehmen am Ort entwikkelte und Hotels und Pensionen mit Broterzeugnissen aller Art belieferte (um 1910).

Letzthin sah ich bei einem hiesigen Bäcker Holzgethan einige Hefte der Selbstwehr auf dem Ladentisch, ein junger Mann borgte sie sich von der Besitzerin aus, es wurde überhaupt über Zeitungen gesprochen, mich einzumischen hatte ich keine Gelegenheit. Jedenfalls war ich hocherstaunt und wollte Dir gleich die interessante Beobachtung über die Verbreitung der Selbstwehr schreiben. Leider habe ich es versäumt und heute ist es zu spät, denn ich habe erfahren, daß das meine Hefte gewesen sind, die ich meinem Arzt, einem Prager Zionisten […], geborgt hatte, der sie beim Bäcker liegen ließ und nicht mehr wiederbekam.

Bei dem Arzt handelt es sich um den aus Prag stammenden Zionisten Dr. Josef Kohn, der sich in Meran niedergelassen hatte.

An Felix Weltsch, April/Mai 1920, vgl. Anton Holzgethan am 1. und 19. III. 1985 und SW 9, Nr. 37 (8. XI. 1915), S. 6.

1057 | Promenade an der Passer.

[…] an der Passer, die aus dem Hochgebirge kommt und kalte Luft mitgerissen bringt, gibt es eine quergestellte Bank, wo es einen in der größten Mittagshitze fast kalt durchweht.

An Ottla, Ende Mai 1920.

1058 | Der Industrielle Dr. Ludwig A. Ott.

Er ist kaum älter als ich, Bayer, Fabrikant, sehr wissenschaftlich, aber auch lustig und einsichtig, hatte 5 Kinder, nur 2 leben (er wird allerdings wegen seiner Frau keine Kinder mehr bekommen), der Junge ist schon 13, das Mädchen 11 Jahre alt. Was für eine Welt. Und er trägt sie im Gleichgewicht.

Ludwig Ott (1883–1946), katholischer Schwabe, war mittelgroß, leicht untersetzt, von zarter Konstitution und litt an einer Wirbelsäulenverkrümmung, die eine leichte Schieflage seines Kopfes bewirkte. Er sprach Hochdeutsch mit schwäbischem Einschlag, hatte einen ausgesprochenen Sinn für Humor und eine sprachschöpferische Ader, die ihn ein sprachvergleichendes Lexikon planen ließ, für das er Material zusammentrug. In seinem Wesen leidenschaftlich, zuweilen jähzornig und eigentlich ungesellig, fühlte er sich gleichwohl zu dem scheuen, aber im Umgang mit Fabrikanten erfahrenen Kafka hingezogen, der seinerseits zu schätzen wußte, daß Ott frei von antisemitischen Anwandlungen war und sich in jüdischen Belangen auskannte.

Ott hatte die Gewerbeschule in Kempten und die Industrieschule in Augsburg absolviert, was ihn zum Studium an der *Technischen Hochschule* in München berechtigte, dem er sich von 1901–1906 unterzog. Nach dem Tod seines Vaters im Jahr 1906 mußte er seinen Plan aufgeben, sich zu habilitieren, und zusammen mit seinem Bruder das Unternehmen seines Vaters übernehmen, das feinmechanische Präzisionswerkzeuge herstellte, seit 1919 als kaufmännischer

1059 | Auf der Kurpromenade in Meran.

Nach seiner Rückkehr aus Meran erzählte Ludwig Ott seiner Tochter Isabella (1909–1999) von Unternehmungen mit einem Franz Kafka aus Prag – bis zum 4. Juni ging Kafka stets *mit andern Leuten* spazieren –, einem wahren Dichter, der ihm *sehr zart, unendlich bescheiden und schüchtern* vorkam und unter seiner Krankheit, seinem Judentum und seinem im Lauf der Geschichte so oft ghettoisierten Volk zu leiden schien. Isabella Gschwend erinnerte sich besonders an die folgende Episode: *Einmal, so erzählte er mir, kamen ihnen auf einem Promenadeweg einige Ostjuden entgegen, noch im Kaftan und mit Löckchen und gestenreichem Palaver. Da wollte mein Vater ihn necken und fragte ihn: «Was empfinden Sie denn, wenn Sie solche Typen sehen?» Kafka hätte darauf nur sehr zart gelächelt und das Wort «Heimat» gesagt.*

An Milena am 4. VI. 1920 und Isabella Gschwend am 8. IV. 1972.

Leiter. Ott litt seit seiner Jugend an Bronchialerkrankungen, hatte im März 1916 einen Blutsturz erlitten und danach einen längeren Erholungsurlaub angetreten. Zwar war er 1918 wiederhergestellt. Da er nach Anstrengungen erhöhte Temperatur hatte und gelegentlich depressiv war – später zeigte sich, daß beide Lungenspitzen tuberkulös waren –, entschloß er sich Ende April 1920 zu einer Kur in Meran.

An Milena, am 3. VI. 1920, vgl. Isabella Gschwend (Tochter von Ludwig Ott), Kempten (mündlich, am 26. V. 1972).

1060 | Josef Reiner (1897–1920).

Am 12. Juni 1920 erhielt Kafka von Max Brod ein Schreiben, in dem der Freund mit folgenden Worten von einer Tragödie in der Prager Gesellschaft berichtete, die sich bereits am 19. Februar des Jahres zugetragen hatte: *Der junge Redakteur Reiner der Tribuna (wie man sagt, ein sehr feiner und wirklich übertrieben junger Mensch – vielleicht 20 Jahre) hat sich vergiftet. [...] Jetzt erfährt man den Grund: Willy Haas hatte mit seiner Frau (einer geb. Ambrožová, Freundin der Milena Jesenská) ein Verhältnis, das aber in geistigen Grenzen sich bewegt haben soll. Es kam zu keinem Ertappen oder so etwas, sondern die Frau hat den Mann, den sie vor der Ehe Jahre lang kannte, so gequält mit Worten hauptsächlich und ihrem Benehmen daß er sich in der Redaktion tötete. Früh kam sie mit Herrn Haas in die Redaktion zu fragen warum er aus dem Nachtdienst nicht zurückgekommen ist. Er lag schon im Krankenhaus und starb ehe sie hinkamen.*

Die Mitteilungen Brods erregten Kafka so sehr, daß er sie noch am gleichen Tag wörtlich an Milena weitergab, die er beschwor, Wien sofort zu verlassen. Zwar hatte er Brods Brief angeblich nicht als Warnung aufgefaßt, aber doch *etwas wie eine Musik zum Text*, die ihm bedrohlich erschien, weil die zwischen Reiner, Jarmila und Haas sich abspielenden Vorgänge seiner Beziehung zu der verheirateten Milena ähnelten. Als Milena über seine Reaktion erschrak, leugnete er, wie er selbst zugab, zunächst *in bewußter Lüge*, später aus Überzeugung, jede Parallele. (→ Abb. 1070)

In der Darstellung, die Willy Haas in seinen Lebenserinnerungen von diesen Ereignissen gibt, heißt es unter anderem und in Gegensatz zu Brods Bericht, er habe die Nacht, in der Reiner starb, dem er zwei Tage zuvor seine Liebe zu Jarmila gestanden habe (→ Abb. 1081), mit dieser verbracht. Am Morgen hätten beide Abschiedsbriefe von Reiner erhalten, der Arsen genommen, dann aber sein Verhalten bereut, Alkohol getrunken und zu einem Arzt geschickt habe, der ihm jedoch nicht mehr habe helfen können. (→ Abb. 1086)

Der Medizinstudent Josef Reiner diente während des Krieges in einem Lazarett, arbeitete danach in einem militärischen Zahnlabor in den Kasernen, schrieb nebenbei Betrachtungen und Rezensionen für die neugegründete tschechische Tageszeitung *Tribuna* und heiratete im Dezember 1919 seine Freundin Jarmila Ambrožová, die ebenfalls Medizin studierte. Als Jarmila im Sommer 1919 in der Buchhandlung *André* (→ Abb. 241 und 667) Lenins Schrift *Staat und Revolution* entdeckte, die im Jahr zuvor in Franz Pfemferts Verlag der Wochenschrift *Die Aktion* in Berlin herausgekommen war, übersetzten die beiden – Reiner, ursprünglich Anhänger fernöstlicher Weisheitslehren, war inzwischen Kommunist geworden – die Abhandlung ins Tschechische, die im Mai 1920 unter Reiners Namen veröffentlicht wurde.

EFB 279, M 90 und 91, vgl. M 58 und Willy Haas: *Die literarische Welt*, München (1957), S. 76 und *Jak byl poprvé přeložen Mikuláš Lenin* [Interview mit Jarmila Haasová-Nečasová], in: *Tribuna* Nr. 29 (1970), S. 10.

1061 | Die nach Klobenstein führende *Rittnerbahn*; im Hintergrund Meran.

Dann fuhr ich früh nach Bozen, mit der elektrischen Bahn nach Klobenstein, 1200 m hoch, atmete, allerdings nicht ganz bei Verstande, reine fast kalte Luft nahe gegenüber den ersten Dolomitenketten.

Am Tag nachdem er durch Brods Brief von Reiners Selbstmord erfahren hatte, unternahm Kafka von Meran aus einen kleinen Ausflug mit Ludwig Ott, den er in einem an Milena gerichteten Brief seinen *Lieblings-Ingenieur* nannte; und am 22. Juni machten sich die beiden zusammen nach Bozen auf, wo sein Begleiter zurückblieb, während er selbst nach Klobenstein fuhr.

Die Bahn, die am *Waltherplatz* begann, vom *Rittnerbahnhof* bis Maria-Himmelfahrt als Zahnradbahn ausgelegt war und von dort über Oberbozen und Wolfsgruben als Adhäsionsbahn verkehrte, war 1907 eröffnet worden. 1966 wurde die Strecke bis Oberbozen durch eine Seilschwebebahn ersetzt, während der von dort nach Klobenstein führende Streckenabschnitt bis heute in seiner ursprünglichen Gestalt erhalten blieb.

An Milena am 23. VII. 1920 und M 62, vgl. Karl Bædeker: *Österreich*, 29. Auflage, Leipzig 1913, S. 209.

1062 | Klobenstein am Ritten.

Daß mir dieser Ausflug kaum eigentlich bewußt geworden ist und er in meiner Erinnerung nur als ein nicht sehr deutlicher Traum zurückbleiben wird, macht nicht viel.

Kafka hatte am Abend des 21. Juni Milenas Antwort auf den Brief erhalten, in dem er sie aufgefordert hatte, Wien zu verlassen. Dieser Brief ließ ihm den *Angstschweiß ausbrechen* und machte ihn in der darauffolgenden Nacht schlaflos.

An Milena am 23. VI. 1920.

1063 | Der Oberst Benjamin Bonmassar (1855–1936), der am 19. Februar 1920 in der *Ottoburg* abgestiegen war.

Nun nötigte mich aber heute der Oberst, als ich ins Speisezimmer kam (der General war noch nicht da), so herzlich zum gemeinsamen Tisch, daß ich nachgeben mußte. Nun ging die Sache ihren Gang. Nach den ersten Worten kam hervor, daß ich aus Prag bin; beide, der General (dem ich gegenüber saß) und der Oberst kannten Prag. Ein Tscheche? Nein. Erkläre nun diesen treuen deutschen militärischen Augen, was du eigentlich bist. Irgendwer sagt: «Deutschböhme», ein anderer «Kleinseite». Dann legt sich das Ganze und man ißt weiter, aber der General mit seinem scharfen, im österreichischen Heer philologisch geschulten Ohr, ist nicht zufrieden, nach den Essen fängt er wieder den Klang meines Deutsch zu bezweifeln an, vielleicht zweifelt übrigens mehr das Auge als das Ohr.

An Max Brod und Felix Weltsch am 10. IV. 1920.

1064 | Blick aus dem *Kaisersaal* von *Schloß Tirol (Castello Tirolo)* auf die Laaserspitze (Orglspitze) und die Tschengelser Hochwand in der nördlichen Ortlergruppe.

Heute war ich auf diesem Schloß oben, [erinnern] die Loggien nicht an den Schelesner Balkon, nur sind sie ein wenig großartiger und in der Ferne sieht man nicht die zwei kleinen Villen, sondern nichts weniger als die Ortlergruppe.

Von Kafkas Pension in Untermais aus war der Ausflug nach *Schloß Tirol*, der über die Ruine *Zenoburg* und über den Rücken des Küchelbergs führte, zu Fuß als Halbtagstour zu bewältigen, die vielleicht nicht seine einzige Wanderung in die Umgebung Merans war, denn am 11. Juni schrieb er an Milena, es gebe *hier überall so schöne Ruinen auf den Bergen*, die ihn, der täglich größere Spaziergänge zu unternehmen pflegte, zu Besuchen verlocken mußten.

An Minze Eisner, Frühjahr 1920, vgl. Br 512 und Abb. 1023.

1065 | Das 1904 eröffnete Hotel *Riva* (heute Hotel *Kongress*) in Wien, *Wiedener Gürtel* Nr. 34 (links), zu dem auch ein Restaurant gehörte.

[…] ich erwarte Dich Mittwoch von 10 Uhr Vormittag ab vor dem Hotel. Bitte Milena überrasche mich nicht durch Von-der-Seite oder Von-Rückwärts-Herankommen, ich will es auch nicht tun.

Kafka war am Morgen des 29. Juni, einem Dienstag, auf dem Wiener *Südbahnhof* angekommen, hatte in dem in unmittelbarer Nähe des Bahnhofs gelegenen Hotel *Riva* Quartier genommen und Milena postlagernd einen Kartenbrief geschickt, in dem er sich für den Vormittag des darauffolgenden Tages mit ihr verabredete.

An Milena am 29. VI. 1920.

1066 | Milena Jesenská.

Da ich Dich liebe [...] liebe ich die ganze Welt und dazu gehört auch Deine linke Schulter, nein es war zuerst die rechte und darum küsse ich sie, wenn es mir gefällt (und Du so lieb bist die Bluse dort wegzuziehn) und dazu gehört auch die linke Schulter und Dein Gesicht über mir im Wald und das Ruhn an Deiner fast entblößten Brust. Und darum hast Du recht, wenn Du sagst daß wir schon eins waren und ich habe gar keine Angst davor, sondern es ist mein einziges Glück und mein einziger Stolz und ich schränke es gar nicht auf den Wald ein.

Am Donnerstag, dem 1. Juli 1920, am zweiten Tag dieses Wien-Aufenthalts, unternahm Kafka mit Milena einen Ausflug in den Wienerwald, auf den er später in den an sie gerichteten Briefen mehrfach zurückkam: Mit Milena *im Wald beisammen zu liegen,* bewirkte eine wenngleich *kurze körperliche Nähe* zu ihr, die er als *Aufgelöstsein* in ihr empfand, obwohl es zu einer körperlichen Vereinigung nicht gekommen war: Kafka hatte solche *Angst vor der Verbindung, dem Hinüberfließen,* daß er schon deren Vorstufen als Infragestellung seiner ichschwachen Persönlichkeit erlebte.

Milena Jesenská, einzige Tochter des Prager Zahnarztes Jan Jesenský, hatte von 1907 bis 1915 das tschechische *Minerva-Gymnasium* in Prag durchlaufen und im Herbst 1915 ein Medizinstudium begonnen, das sie aber nach zwei Semestern mit der Musikwissenschaft vertauscht hatte und im Sommer 1917 abbrach. Zusammen mit ihren Freundinnen Jarmila Ambrožová und Staša Procházková fand Milena, die während ihrer humanistischen Ausbildung auf dem Gymnasium kein Deutsch gelernt hatte, im Jahr 1915 Kontakt zu dem deutschjüdischen Literatenzirkel im *Café Arco,* der zu diesem Zeitpunkt von Ernst Polak (→ Abb. 401) dominiert wurde. Milena und Ernst Polak verliebten sich ineinander und wurden im Sommer 1916 ein Paar, als Milena und Jarmila im Hotel *Prokop* in Spitzberg (Špičák) (→ Abb. 273), in dem Kafka im Juli 1908 Urlaub gemacht hatte (→ Abb. 273), Freunden bei der Auswahl und Übersetzung moderner tschechischer Lyrik halfen, die Otto Pick für Franz Pfemfert in Berlin vorbereitete. Polak, der zum Kreis der Prager Autoren gehörte, die bei der geplanten Gedichtsammlung mitarbeiteten (→ Abb. 905), hatte sich, weil er die Nähe Milenas suchte,

ein Zimmer im benachbarten Hotel *Rixi* genommen, in dessen Speisesaal *voll laforgueischer Operettendämonie* er und seine tschechische Freundin eine *erfrischende kleine Sensation* bildeten.

Zunächst entwickelte sich die Angelegenheit durchaus hoffnungsvoll. Es fand eine Aussprache mit Jan Jesenský statt, die befriedigend verlief, so daß man eine Wohnung mietete und bekannt gab, daß man verlobt sei. Da kam es im November zu einer Krise zwischen den beiden – man geht wohl nicht fehl in der Annahme, sexuelle Untreue Ernst Polaks sei deren Ursache gewesen –, die zu einer Auflösung der Verbindung führte. Daß diese nur vorübergehender Natur war, zeigt der Umstand, daß sich Milena im Frühjahr 1917 zu einer riskanten Abtreibung genötigt sah, die sie fast das Leben kostete. Da ihr Vater, *ein verbohrter Chauvinist und Antisemit,* nunmehr mit allen Mitteln versuchte, seine Tochter von ihrem deutschjüdischen Freund abzubringen, forderte ihn Polak im Juni zum Duell auf Pistolen – Paul Kisch (→ Abb. 134) und Graf Max Thun wären seine Sekundanten gewesen –, wurde aber zurückgewiesen. Da Milena nicht von Polak lassen wollte, wurde sie am 20. Juni 1917 auf Veranlassung ihres Vaters – die Mutter war 1913 gestorben – und gegen ihren Willen ins Sanatorium *Schloß Weleslawin* (*zamek Veleslavin,* heute nach Prag eingemeindet) gebracht – das erhaltene Einweisungsprotokoll verzeichnet unter der Rubrik *Diagnose* die Worte: *Moral insanity* – und dort bis zum 7. März 1918 festgehalten. Milena, inzwischen volljährig geworden, heiratete am 14. März Ernst Polak, der sich deswegen in die Wiener Zentrale der *Österreichischen Länderbank* hatte versetzen lassen, und zog mit ihm vier Tage später nach Wien. Anläßlich eines Anfang 1920 stattfindenden Besuchs in ihrer Heimatstadt – sie hatte inzwischen begonnen, aus dem Deutschen zu übersetzen und am 30. Dezember 1919 ihren ersten Essay in der *Tribuna* veröffentlicht – traf sie mit Kafka im *Café Arco* zusammen, auf dessen Bedeutung als Schriftsteller sie Ernst Polak hingewiesen hatte, und bat ihn vermutlich, ihr die tschechischen Übersetzungsrechte für den *Heizer* einzuräumen. An diese Begegnung knüpfte Kafka an, als er mit ihr von Meran aus zu korrespondieren begann.

Im November 1939 wurde Milena Jesenská von der *Gestapo* verhaftet, wegen subversiver Tätigkeit vor Gericht gestellt, aber aus Mangel an Beweisen freigesprochen. Gleichwohl wurde sie im Juni 1940 festgenommen und im Oktober in das *Konzentrationslager Ravensbrück* überführt, wo sie am 17. Mai 1944 an den Folgen einer Nierenoperation starb.

An Milena am 9. VIII. 1920, M 116, 97, 84, T 569, Jana Černá: *Milena Jesenská,* (Frankfurt/M. 1985), S. 30, Ernst Polak an Willy Haas am 20. VI., 17. VII. und 19. XI. 1916, vgl. M 117, 119, 99 und Alena Wagnerová: *Milena Jesenská,* (Mannheim 1994), S. 30–67.

1067 | Der Bahnhof in Gmünd.

Nach dem Ende des Ersten Weltkriegs wurde der Stadtteil, in dem sich der Bahnhof befand, der Tschechoslowakischen Republik zugesprochen, während die Stadt selbst österreichisches Staatsgebiet blieb. Als Kafka am 4. Juli von Wien nach Prag zurückfuhr, wurde er bei der Paßkontrolle aufgehalten, weil sein österreichisches Visum abgelaufen war. Der zuständige tschechische Grenzbeamte verlangte, daß Kafka nach Wien zurückkehre und sich auf der dortigen Polizeidirektion den nötigen Sichtvermerk hole. Während er noch die schrecklichen Konsequenzen dieser Entscheidung durchdachte – es drohte eine 16stündige Bahnreise mit einem Bummelzug, auch wäre er verspätet nach Prag zurückgekehrt, so daß ein Telegramm mit der Bitte um Urlaubsverlängerung notwendig gewesen wäre –, eröffnete sich durch die Freundlichkeit eines Eisenbahners die Möglichkeit, wenigstens am nächsten Morgen weiterreisen zu können, so daß er sich zusammen mit einer Leidensgenossin zu einem der beiden nahegelegenen Hotels aufmachte, um dort zu übernachten, als sich die Dinge wendeten: *Ein Geleise führt nahe an den Hotels vorbei, das müssen wir noch überqueren, aber es kommt gerade ein Lastzug, ich will zwar noch rasch vorher hinübergehn, aber die Frau hält mich zurück, nun bleibt aber der Lastzug gerade vor uns stehn und wir müssen warten. Eine kleine Beigabe zum Unglück, denken wir. Aber gerade dieses Warten, ohne das ich Sonntag nicht mehr nach Prag gekommen wäre, ist die Wendung. Es ist, als hättest Du, so wie Du die Hotels am Westbahnhof abgelaufen hast, jetzt alle Tore des Himmels abgelaufen, um für mich zu bitten, denn jetzt kommt Dein Polizist den genug langen Weg vom Bahnhof atemlos uns nachgelaufen und schreit: «Schnell zurück, der Inspektor läßt Sie durch!» Ist es möglich? So ein Augenblick würgt an der Kehle.* (→ Abb. 1094)

An Milena am 5. VII. 1920, vgl. M 175.

1068 | Der *Karlsplatz (Karlovo náměstí)* in Prag.

Als Kafka am Sonntag, dem 4. Juli, in Prag angekommen war, erhielt er durch einen Dienstmann einen Brief von Julie Wohryzek, in dem sie um ein Gespräch noch am gleichen Tag bat, so daß man sich für neun Uhr abends verabredete. Bei dieser Zusammenkunft sagte ihr Kafka, daß sich durch seine Beziehung zu Milena nichts zwischen ihnen geändert habe und kaum jemals etwas ändern werde. Am Nachmittag des darauffolgenden Tages kam es zu einer weiteren Begegnung, deren Ergebnis er noch am gleichen Tag Milena gegenüber wie folgt zusammenfaßte: *Aber als wieder die Hauptsache zur Sprache kam, – lange Minuten zitterte das Mädchen neben mir auf dem Karlsplatz am ganzen Körper – konnte ich doch nur sagen, daß neben Dir alles andere, mag es auch an sich unverändert bleiben, verschwindet und nichts wird.*

Vgl. M 83 und 84.

1069 | Das Haus *Stockhausgasse (Vězeňská)* Nr. 7 (I-860) (→ Abb. 209, g), in dem Kafkas Schwester Valli Pollak und ihre Familie seit November 1915 wohnten. Rechts daneben das Gebäude, in dem das *Café Savoy* (→ Abb. 455) untergebracht war.

Wenn ich nicht etwa Dir schreibe, liege ich in meinem Lehnstuhl und schaue aus dem Fenster. Man sieht viel genug, denn das gegenüberliegende Haus ist einstöckig. Ich will nicht sagen daß mir beim Hinausschauen besonders trübselig wäre, nein gar nicht, nur losreißen kann ich mich nicht davon.

Am 7. Juli 1920 übersiedelte Kafka für einige Wochen in die Wohnung seiner Schwester Valli, die mit ihrer Familie in Marienbad zu Kur war, weil sein Zimmer in der elterlichen Wohnung für seinen in Paris lebenden Onkel Alfred Löwy gebraucht wurde, der an diesem Tag besuchsweise nach Prag gekommen war und dort bis zum 24. blieb. Kafkas Aussagen über die Umgebung dieses Domizils schließen aus, daß es sich dabei um die Wohnung Ellis in der *Bilekgasse* Nr. 4 gehandelt haben könnte; Ottla hatte zwar am 15. Juli geheiratet, lebte zu diesem Zeitpunkt aber noch in der elterlichen Wohnung.

An Milena am 19. VII. 1920, vgl. M 141 und 97.

1070 | Das Hotel *Imperial* in der *Pořitscher Straße (Na Poříčí)* Nr. 15 (II-1072) (als Gebäude erhalten).

Es ist ein Fall, wie ich in den gegenseitigen Verhältnissen von uns drei keinen ähnlichen kenne, deshalb muß man auch nicht ihn mit Erfahrungen aus andern Fällen (Leichen – Qual zu dritt, zu zwei – auf irgendeine Art verschwinden) trüben. Ich bin nicht sein Freund, ich habe keinen Freund verraten, aber ich bin auch nicht bloß sein Bekannter,

sondern sehr mit ihm verbunden, vielleicht mehr als Freund. Du wieder hast ihn nicht verraten, denn Du liebst ihn, was Du auch sagen magst und wenn wir uns vereinigen (ich danke Euch, Ihr Schultern!) ist es auf einer anderen Ebene, nicht in seinem Bereich.

Am frühen Morgen des 8. Juli 1920 erhielt Kafka von Milena einen Brief, in dem sie ihm mitteilte, ihr Mann wisse von ihrer Liebesbeziehung. Kafka, dadurch aufgeschreckt, suchte sich und die Geliebte zu beruhigen, indem er ihr sofort in der hier angeführten Weise schrieb. Wie aufgeregt er aber tatsächlich war, zeigt sich darin, daß er danach in der Dienststelle Max Brods in der *Postdirektion* erschien, der ihn dann in sein Büro in der *Arbeiter-Unfall-Versicherungs-Anstalt* begleitete und nach Dienstschluß mit ihm ins nahegelegene *Café Imperial* ging, wo man – Kafkas Zustand war *Zähneklappern* – weitere Schritte beriet.

Das Ergebnis dieser Besprechung schlug sich in einem Brief an Milena nieder, in dem es heißt, es gebe nur zwei Lösungsmöglichkeiten des Problems: Entweder komme Milena nach Prag, um mit ihm zu leben, oder sie gehe zu ihrer Freundin Staša Jilovská (→ Abb. 1074). Aber Milena konnte sich von Polak nicht trennen, und so blieb ein Schwebezustand bestehen, der Kafka schwer zu schaffen machte.

An Milena am 8. VII. 1920 und Br 317, vgl. 100 EFB 504 f. und FK 197.

1071 | Arne Laurin (1889–1945).

Allerdings ist es weder leicht noch angenehm mit ihm zu reden. Er ist doch wie ein Kind, wie ein nicht sehr aufgewecktes Kind, ebenso rühmt er sich, lügt, spielt Komödie und man kommt sich übertrieben schlau und widerlich komödiantisch vor, wenn man so ruhig dasitzt und zuhört. Besonders da er nicht nur Kind ist, sondern was Güte Teilnahme Hilfsbereitschaft anlangt ein großer und sehr ernsthafter Erwachsener ist.

Weil Kafka, bedingt durch Postversehen, am 10. und 11. Juli ohne Nachricht von Milena geblieben war, suchte er am Abend des 11. Arne Laurin in der Redaktion der *Tribuna* auf, die sich damals in der *Jungmannstraße (Jungmannova)* Nr. 21 (II-26) in der Prager Neustadt befand. Kafka hoffte, Laurin habe Nachrichten von Milena, die für das Blatt Feuilletons und Modeartikel schrieb, und wisse, falls in Wien etwas Ungewöhnliches geschehen sei. Laurin war damals stellvertretender Chefredakteur der *Tribuna* und wurde 1921 Chefredakteur der *Prager Presse,* die vom tschechoslowakischen Staatspräsidenten Masaryk mit dem Ziel gegründet worden war, die damals etwa zweiundzwanzig Prozent umfassende deutsche Minderheit besser in den neuen Staat zu integrieren.

An Milena am 12. VII. 1920, vgl. M 124 und 212.

1072 | Die Fassade der *Pražské Úverní banky* in der *Obstgasse* Nr. 17, heute Nr. 13 (I-377).

Was jetzt? In der Obstgasse das Haus ansehn. Es ist still, niemand geht ein und aus, man wartet ein wenig, auf der Haus-Seite, dann auf der Seite gegenüber, nichts, solche Häuser sind so viel weiser als die Menschen, die sie anstarren.

Nachdem Kafka am Sonntag, dem 11. Juli, den ganzen Tag vergeblich auf eine Nachricht Milenas gewartet und auch von Laurin nichts Neues erfahren hatte, ging er in seiner Verzweiflung um sechs Uhr abends zu dem 1902 errichteten Haus, in dem Milena und ihre Familie – die Mutter war am 8. Januar 1913 verstorben – vom Jahr 1906 bis zu ihrer Einweisung in die Heilanstalt *Schloß Weleslawin* und dann wieder bis zu ihrer Heirat im März 1918 gewohnt hatte. Die Praxis ihres Vaters befand sich im obersten Stockwerk.

An Milena am 12. VII. 1920, vgl. DZB 75, Nr. 212 (3. VIII. 1902), S. 7 und M 260.

1073 | Olga Laurin.

Er zeigte mir auch ihr Bild. Ein wahrscheinlich schönes melancholisches Judengesicht, gepreßte Nase, schwere Augen, harte lange Hände, teueres Kleid.

Am 17. Juli, bei Kafkas zweitem Besuch in der Redaktion der *Tribuna*, zeigte ihm Laurin ein Foto seiner Frau Olga (*1892), die er zwei Tage zuvor geheiratet hatte. Wie schon am 11. Juli erzählte Laurin seinem Besucher, was er mit Jarmila erlebt hatte. Angeblich war diese zu einer Zeit, als sie schon mit Reiner verlobt war, zu ihm in die Redaktion gekommen, hatte ihm erklärt, ihn unbedingt haben zu müssen, und werde, wenn er sich weigere, aus dem Fenster springen. Als Laurin ablehnte und das Fenster freigab, bekam Jarmila einen *Schreikrampf.* Obwohl Kafka den Wirklichkeitsgehalt der Erzählung Laurins nicht leugnete, verstand er nicht, warum dieser Bericht ihn so langweilte – ein Abwehrmechanismus, wie man vermuten darf.

An Milena am 18. VII. 1920 und M 125, vgl. 337.

1074 | Milena Jesenská und ihre Freundin Staša Jílovská.

Sie ist wie Du sagtest, herzlich, freundlich, schön, weich, schlank, aber schrecklich. Sie war Deine Freundin und es muß einmal etwas wie ein Himmelslicht in ihr gewesen sein, aber es ist ausgelöscht in fürchterlicher Vollständigkeit. Man steht vor ihr mit dem

Grausen als wäre man vor einem gefallenen Engel. Ich weiß nicht, was mit ihr geschehen ist, wahrscheinlich ist sie von ihrem Mann ausgelöscht. Sie ist müde und tot und weiß es nicht.

Milenas Schulkameradin und Freundin Staša Procházková (1898–1955) war seit November 1918 mit dem Theaterregisseur und Verlagsredakteur Rudolf Jílovský (1890–1954) verheiratet und lebte als Journalistin, Übersetzerin und Herausgeberin in Prag und dem nördlich davon gelegenen Dorf Libschitz (Libešice).

Milena hatte Staša von ihrer Beziehung zu Kafka geschrieben und sich mit ihr beraten. Kafka traf sich erstmals am 12. Juli mit ihr, um Milenas Situation zu erörtern, die sie für eine *Kapitulation* hielt. Später meinte Kafka Brod gegenüber, Staša habe ihm gegenüber einen scharfen Blick gehabt, denn sie habe gleich bei der ersten Begegnung erkannt, daß er nicht *verläßlich* sei.

Am 19. Juli suchte Kafka Staša ein zweites Mal auf, und zehn Tage später, nachdem Milena ihm eine an sie gerichtete Briefmitteilung geschickt hatte, urteilte er, ohne darin einen Widerspruch zu seiner oben angeführten Aussage zu sehen: *es ist eine unglaubliche Vereinigung zwischen ihr und Dir, fast etwas Geistliches.*

An Milena am 13. VII. 1920, M 113, Br 330 und M 155.

1075 | Gustav Janouch (1903–1968).

[…] heute bringt mir ein junger Dichter 75 Gedichte, manche davon viele Seiten lang, ich werde mir ihn wieder verfeinden wie schon einmal übrigens.

Janouch, der die *K. k. deutsche Staatsrealschule in Prag-Karolinenthal* besucht hatte, diese aber wegen schlechter Zeugnisse im Februar 1918 vorzeitig verließ, ist vermutlich im Lauf des Jahres 1919 durch seinen Vater Gustav Kubasa (→ Abb. 1095) mit Kafka in Berührung gekommen, den er bis zu dessen Pensionierung im Juli 1922 im Büro der *Arbeiter-Unfall-Versicherungs-Anstalt* aufzusuchen pflegte, um ihm seine literarischen Arbeiten zur Begutachtung vorzulegen und seine zerrütteten Familienverhältnisse zu besprechen. Sein Vater war der Liebhaber Therese Janouchs (geb. Krenn) gewesen, die er nach der Annullierung ihrer Ehe im Jahr 1915 geheiratet hatte. Auf Kubasas Betreiben hin hatten sich die beiden jedoch wieder scheiden lassen, ohne ihren gemeinsamen Haushalt aufgeben zu können.

Nach dem Zweiten Weltkrieg schrieb Gustav Janouch seine *Gespräche mit Kafka,* die zuerst 1951 veröffentlicht wurden und weitgehend erfunden sind. Gleichwohl enthalten sie vereinzelt zutreffende Erinnerungen an seinen Verkehr mit Kafka (→ Abb. 1089), der, indem er Janouchs Besprechung von Oskar Baums Drama *Die*

Tür ins Unmögliche im März 1920 an die *Selbstwehr* vermittelte, dessen Debüt als Autor bewerkstelligte.

Janouch schlug sich als Kaffeehausmusiker und Übersetzer durch, später auch als Angestellter in einem Kohlegroßhandel. Während des Krieges kollaborierte er mit den Nazis; nach dem Ende der Kampfhandlungen schloß er sich einer kommunistischen Kampftruppe an, die in Karlsbad Deutsche beraubte. Er saß deswegen ein Jahr in Untersuchungshaft, kam aber im März 1948 unter dem im Vormonat installierten kommunistischen Regime frei. Danach hielt er sich mit Veröffentlichungen, insbesondere mit den *Gesprächen mit Kafka,* dem Bildband *Kafka und seine Welt* sowie mit fiktionalen Aufarbeitungen einzelner Lebensphasen Kafkas finanziell über Wasser.

An Milena am 19. VII. 1920, vgl. Hartmut Binder: *«Jugend ist natürlich immer schön …»,* in: *Prager Profile,* (Berlin 1991), S. 44–58, M 189 und Josef Čermák: *Franz Kafka. Výmysly a mystifikace* [Franz Kafka. Fiktion und Mystifikation], (Praha 2005), S. 144–162.

1076 | Hans Klaus.

Noch irgendetwas wollte ich sagen, aber wieder war ein junger Dichter hier – ich weiß nicht, sofort wenn jemand kommt, erinnere ich mich an meine Akten und kann während des ganzen Besuches an nichts anderes denken – ich bin müde, weiß nichts, und wollte nichts als mein Gesicht in Deinen Schooß legen, Deine Hand auf meinem Kopf fühlen und so bleiben durch alle Ewigkeiten.

Bei dem von Kafka erwähnten Besucher handelte es sich um Hans Klaus (*1901), der über seine Mutter mit der Familie Weltsch verwandt war, 1918 an der *K. k. deutschen Staatsrealschule in Karolinenthal* Abitur gemacht hatte und anschließend an der *Deutschen Technischen Hochschule* in Prag Chemie studierte. Klaus war Kafka zuerst

in Schelesen begegnet, und als man sich später zufällig im Theater wiedersah, gab ihm Kafka seine Büroadresse und forderte ihn auf, ihn dort gelegentlich zu besuchen, was auch mehrfach geschah. Bei diesen Begegnungen übergab er Kafka Dramenfragmente und Erzählungen zur Beurteilung, der seiner Rolle als literarischer Mentor durchaus gerecht zu werden und seinen Besucher auch durch die Überlassung geeigneter Bücher weiterzubringen suchte. 1921 gründete Klaus zusammen mit Rudolf Altschul und Konstantin Ahne die *Gruppe Protest,* die durch Veranstaltungen und die Zeitschrift *Avalun* auf sich aufmerksam machte. In den zwanziger Jahren trat er mit Theaterstücken hervor, 1930 erschien seine von Kafkas *Verwandlung* beeinflußte Erzählung *Die Verklärung des Dr. Schourek,* die zu den eindruckvollsten Prosawerken der Prager deutschen Literatur zählt. Im April 1939 gelang Klaus die Flucht aus dem von der Wehrmacht besetzten Prag. Über Polen und Schweden erreichte er England, wo er als Lebensmittelchemiker arbeitete. Klaus starb im Oktober 1985 in London.

An Milena am 21. VII. 1920, vgl. Hartmut Binder: *«Jugend ist natürlich immer schön …»,* in: *Prager Profile,* hrsg. von H. B., (Berlin 1991), S. 59–63 und ders.: *Hans Klaus und sein Kreis,* in: *Ebenda,* S. 97–233.

1077 | Dr. Bedřich Odstrčil (1878–1925).

Ich fahre auf. Das Telephon! Zum Direktor! Das erstemal seitdem ich in Prag bin, in Dienstsachen hinuntergerufen! Jetzt kommt endlich der ganze Schwindel heraus. Seit 18 Tagen nichts gemacht, als Briefe geschrieben, Briefe gelesen, vor allem aus dem Fenster geschaut, Briefe in der Hand gehalten, hingelegt, wieder aufgenommen, dann auch Besuche gehabt und sonst nichts. Aber als ich hinunterkomme, ist er freundlich, lächelt, erzählt etwas Amtliches das ich nicht verstehe, nimmt Abschied, weil er auf Urlaub geht, ein unbegreiflich guter Mensch.

Nach dem Ende des Ersten Weltkriegs wurde Robert Marschner, der deutsche Direktor der *Arbeiter-Unfall-Versicherungs-Anstalt*, seines Amtes enthoben, obwohl gegen seine Amtsführung nichts einzuwenden war, und durch den Tschechen Bedřich Odstrčil ersetzt. Außerdem wurde die Anstalt ihrer bisherigen Doppelsprachigkeit entkleidet, die im Gebäude befindlichen deutschen Orientierungstafeln wurden beseitigt und die tschechische Amtssprache eingeführt. Schließlich wurden keine deutschen Beamten mehr aufgenommen, obwohl die deutsche Industrie des Landes 60 Prozent der Versicherungsbeiträge aufbrachte.

Nach Kafkas Auffassung beruhte das Wohlwollen, das Odstrčil ihm entgegenbrachte, teilweise auf politischen Gründen,

1078 | Die Ferdinandstraße *(Národní třída)*, Blickrichtung Moldau.

Als Beispiel für das auserlesene Vergnügen, fremde Menschen über Milena reden zu hören, berichtete Kafka der Geliebten am 23. Juli 1920 über eine Zufallsbegegnung mit Rudolf Fuchs: *Das Gespräch gieng sofort auf Wien über und auf die Gesellschaft in der er dort verkehrt hatte. Es interessierte mich sehr Namen zu hören, er begann aufzuzählen, nein, so meinte ich es nicht, die Frauen wollte ich nennen hören. «Ja, da war also Milena Pollak, die Sie doch kennen.» «Ja, Milena» wiederholte ich und sah die Ferdinandstraße hinunter, was sie dazu sagen würde.*

denn er konnte den Deutschen gegenüber sagen, er habe einen der Ihrigen außerordentlich gut behandelt, während es sich aber im Grunde doch nur um einen Juden gehandelt habe.

Kafka bewunderte Odstrčil wegen seiner geradezu schöpferischen Sprachkraft, die ihn lehrte, das gesprochene Tschechisch zu bewundern, und ließ deswegen Briefe, die er an ihn richtete, von seinem Schwager Josef David, einem Sprachpuristen, in schönes Tschechisch übersetzen. (→ Abb. 1109)

An Milena am 21. VII. 1920, Br 308 und O 100, vgl. PT 44, Nr. 247 (19. X. 1919), S. 11 und DZB 92, Nr. 199 (21. XI. 1919), S. 4.

1079 | Rudolf Fuchs (1890–1942) und Loni Lapper-Strich, die er 1923 heiratete (1922).

Fuchs, Sohn eines in Podiebrad ansässigen jüdischen Unternehmers, hatte 1908 an der Prager *Nikolander-Realschule* maturiert, anschließend den sogenannten Abiturientenkurs an der *Deutschen Handelsakademie* in der *Fleischmarktgasse* (→ Abb. 266) absolviert und war von 1910 bis 1916 An-

gestellter der *Maschinenbau-Aktien-Gesellschaft der Vereinigten Maschinenfabriken in
Prag (Ruston und Ringhoffer)* gewesen und
somit neben Kafka der einzige der in Prag
wirkenden deutschen Schriftsteller, der
tieferen Einblick in die im Land herrschenden industriellen Verhältnisse hatte. Er war
um 1912 zur Literatenrunde des *Café Arco*
gestoßen und noch im gleichen Jahr mit
Kafka bekannt geworden (→ Abb. 241), der
ihn nach eigenem Bekenntnis gern hatte.
Den Erinnerungen von Fuchs zu glauben,
war die Lärmbelästigung, unter der beide
litten, ein Hauptthema ihrer Gespräche.

1913 brachte Fuchs seinen ersten Gedichtband heraus, und 1916 legte er unter
denkwürdigen Umständen die *Schlesischen
Lieder* von Petr Bezruč (1867–1958) in deutscher Übersetzung vor: Die österreichische
Militärzensur hatte die tschechische Originalausgabe verboten und gegen ihren Verfasser ein Hochverratsverfahren eingeleitet,
auch entdeckte und beschlagnahmte sie die
an Franz Pfemfert adressierte Postsendung
mit den von Kafka revidierten Fuchsschen
Bezruč-Übersetzungen (→ Abb. 905), die
für die Anthologie *Jüngste tschechische
Lyrik* bestimmt waren. Die Folge war, daß
Fuchs verhört und im November 1916 zum
Kriegsdienst eingezogen wurde. Gleichwohl gelang es ihm, seine *Schlesischen Lieder* an den Kurt Wolff Verlag zu schicken,
der sie im Dezember mit einem Vorwort
Werfels veröffentlichte, nachdem er Pfemfert die für die *Jüngste tschechische Lyrik*
bestimmten Teile überlassen hatte.

Da Fuchs in den Jahren 1917 bis 1919 in
einer Wiener Pulverfabrik arbeitete, arrangierte Kafka ein Zusammentreffen, als er
im Juli 1917 auf der Rückreise von Budapest
in Wien Station machte. Bei dieser Gelegenheit könnte Fuchs ihm die zweite Auflage
der *Schlesischen Lieder* überreicht haben,
die sich genauso unter Kafkas Büchern

erhalten hat wie der Lyrikband, den Fuchs
1919 unter dem Titel *Karawane* veröffentlichte. Auf jeden Fall muß Fuchs bei der
Wiener Begegnung auf die Schwierigkeiten
hingewiesen haben, die er mit der Herausgabe seiner Gedichte hatte, denn Kafka verwendete sich gleich nach seiner Rückkehr
nach Prag bei Martin Buber (→ Abb. 744),
der damals den *Juden* herausgab, für
Werke von Fuchs, der seinerseits Kafka
zur Mitarbeit an der neugegründeten Zeitschrift *Der Anbruch* einladen ließ.

Daß Kafka die Lyrik von Fuchs mochte,
zeigt nicht nur das Schreiben, mit dem er
die Zusendung des Gedichts *Kündigung*
kommentierte, das im Dezember 1917 im
Juden auf seine Initiative hin erschienen
war, sondern auch eine Zufallsbegegnung
im November 1921, bei der er ein eben im
Prager Tagblatt erschienenes Gedicht von
Fuchs auswendig herzusagen wußte. Fuchs
war 1919 nach Prag zurückgekehrt und
lebte hier bis zu seiner Flucht nach England im Jahr 1939. Er starb 1942 bei einem
Verkehrsunfall in London.

Vgl. Rudolf Fuchs: *Die Prager Aposteluhr,* (Halle, Leipzig
1985), S. 421–437, EFK 108, M 139, Jürgen Serke:
*Böhmische Dörfer. Wanderungen durch eine verlassene
böhmische Landschaft,* Wien, Hamburg (1987), S. 252,
KB Nr. 66 und Nr. 71, Hartmut Binder: *«Jugend ist natürlich immer schön ...»,* in: *Prager Profile,* hrsg. von H. B.,
(Berlin 1991), S. 26 f., Br 215, Br III 382 und 717.

1080 | Blick vom *Kronprinz Rudolfs-Quai*
(heute *Dvořakovo nábřeží*) auf die *Svatopluk Čech-Brücke (Čechův most).*

*Es gibt eine besondere menschliche Güte,
von der die Menschen nicht wissen. Z. B.
man geht der Čechbrücke zu, zieht das Telegramm heraus und liest es […]. Dann sieht
man sich um und sollte doch denken, man
werde böse Mienen sehn, nicht gerade Neid,
aber doch Blicke, in denen steht: «Wie? Gerade Du hast dieses Telegramm bekommen?
Das werden wir nun aber gleich oben anzeigen. Zumindest werden sofort Blumen (ein
Arm voll) nach Wien geschickt. Jedenfalls
sind wir entschlossen das Telegramm nicht
einfach hinzunehmen.» Aber statt dessen,
alles ruhig, soweit Du sehen kannst, die Angler angeln weiter, die Zuschauer sehen weiter zu, die Kinder spielen Fußball, der Mann
bei der Brücke sammelt die Kreuzer ein.*

An Milena am 30. VII. 1920.

1081 | Dr. Paul Stein (1890–1943).

Gestern traf ich einen gewissen Stein, vielleicht kennst Du ihn aus den Kaffeehäusern, man hat ihn immer mit König Alphons verglichen. Er ist jetzt Koncipient bei einem Advokaten, war sehr froh mich zu treffen, er habe mit mir zu sprechen, dienstlich, er hätte mich sonst nächsten Tag telephonisch anrufen müssen. «Nun, was denn?» «Eine Ehescheidungsangelegenheit, bei der ich auch ein wenig beteiligt sei, d. h. er bitte mich um mein Eingreifen.» «Wie denn?» Ich mußte mir wirklich die Hand ans Herz halten. Aber dann ergab sich, daß es nur die Ehescheidung der Eltern des einen Dichters war und daß die Mutter die ich gar nicht kenne, ihn, den Dr Stein, gebeten habe, ich möge ein wenig auf den Dichter einwirken, daß er sie, die Mutter, etwas besser behandelt und nicht gar so beschimpft.

Bei dem hier erwähnten Dichter handelt es sich um Gustav Janouch, dessen unglückliche Familienverhältnisse Kafka bekannt waren (→ Abb. 1075). Was Paul Stein betrifft, so gab es neben der am 5. August erfolgten Begegnung fünf Tage später eine weitere. Dabei erfuhr Kafka, daß Haas und Reiner sich zwei Tage vor dem Selbstmord getroffen hatten. Bei dieser Gelegenheit sei Reiner sehr freundlich zu Haas gewesen und habe sich Geld von ihm ausgeborgt. (→ Abb. 1060)

Kafka charakterisiert Stein Milena gegenüber als einen Menschen, dem allgemein Unrecht geschehe. Stein kenne jeden, wisse alles Persönliche und fälle allerdings ein wenig zu unschuldig-deutliche und eitle, wenngleich kluge, vorsichtige und respektvolle Urteile, so daß er nicht wisse, warum man über ihn lache.

Stein, Sohn eines Prager Geschäftsmannes, hatte am *Stephans-Gymnasium* Abitur gemacht und war in seinem letzten Schuljahr Klassenkamerad Werfels gewesen, zu dessen Clique er gehörte. Er hatte bis 1913 an der Prager deutschen Universität Rechtswissenschaft studiert und arbeitete anschließend als Advokaturskonzipist. Bei Ausbruch des Ersten Weltkriegs meldete er sich als Kriegsfreiwilliger und wurde bei der Militäranwaltschaft in Pilsen und Budapest eingesetzt. Paul Stein wurde im Juli 1943 nach Theresienstadt deportiert und zwei Monate später in Auschwitz umgebracht.

An Milena am 6. VIII. 1920, vgl. M 210 f.

1082 | Ernst Polak.

Wenn Du sagst, daß Du (wie es ja auch wahr ist) Deinen Mann so liebst, daß Du ihn nicht verlassen kannst (schon mir zuliebe nicht, ich meine: das wäre ja für mich entsetzlich, wenn Du es trotzdem tätest) so glaube ich es und gebe Dir recht. Wenn Du sagst, daß Du ihn zwar verlassen könntest, er aber Dich innerlich braucht und ohne Dich nicht leben kann, daß Du ihn also deshalb nicht verlassen kannst, so glaube ich es auch und gebe Dir auch recht. Wenn Du aber sagst, daß er äußerlich mit dem Leben ohne Dich nicht fertig werden kann und daß Du ihn deshalb (dies zu einem Hauptgrund gemacht) deshalb nicht verlassen kannst, dann ist das entweder zum Verdecken der früher genannten Gründe gesagt (nicht zur

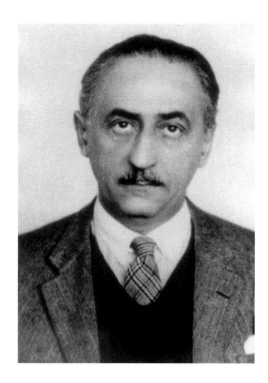

Verstärkung, denn Verstärkung brauchen jene Gründe nicht) oder aber, es ist nur einer jener Späße des Gehirns (von denen Du im letzten Briefe schreibst) […] unter denen sich der Körper und nicht nur der Körper windet.

An Milena am 8.–9. VIII. 1920.

1083 | Die bis zum Juni 1986 bestehende *Sofienschwimmschule* an der Westseite der Prager *Sofieninsel* (→ Abb. 209, v). Sie gehörte in Kafkas späteren Jahren zu den von ihm bevorzugten Flußbadeanstalten, die er auch zusammen mit Max Brod besuchte.

Ich mache in meiner ganzen Ohnmacht den endlosen Bassin-Rundspaziergang auf der Schwimmschule […] da kommt der zweite Schwimmeister, der mich nicht kennt, mir entgegen, sieht sich um als ob er jemanden sucht, bemerkt dann mich, wählt mich offenbar und fragt: Chtěl byste si zajezdit? [Möchten Sie fahren?] Es war da nämlich ein Herr, der von der Sophieninsel heruntergekommen war und sich auf die Judeninsel hinüberfahren lassen wollte, irgendein großer Bauunternehmer glaube ich; auf der Judeninsel werden große Bauten gemacht. Nun muß man ja die ganze Sache nicht übertreiben, der Schwimmeister sah mich armen Jungen und wollte mir die Freude einer geschenkten Bootfahrt machen, aber immerhin mußte er doch mit Rücksicht auf den großen

Bauunternehmer einen Jungen aussuchen, der genügend zuverlässig war sowohl hinsichtlich seiner *Kraft*, als auch seiner *Geschicklichkeit*, als auch hinsichtlich dessen, daß er nach Erledigung des Auftrages das Boot nicht zu unerlaubten Spazierfahrten benützt, sondern gleich zurückkommt. Das alles also glaubte er in mir zu finden. [...]

An Milena am 10. VIII. 1920, vgl. M 227, Br 280 und C 146.

1084 | Der *Ferdinandsquai* (heute *Janáčkova nábřeží*) in Smichow (*Smíchov*) mit der *Judeninsel* (heute *Dětský ostrov*). (→ Abb. 209, t)

Nun kam der Passagier und wir fuhren ab. Als artiger Junge sprach ich kaum. Er sagte, daß es ein schöner Abend sei, ich antwortete: ano [Ja], dann sagte er, daß es aber schon kühl sei, ich sagte: ano, schließlich sagte er, daß ich sehr rasch fahre, da konnte ich vor Dankbarkeit nichts mehr sagen. Natürlich fuhr ich im besten Stil bei der Judeninsel vor, er stieg aus, dankte schön, aber zu meiner Enttäuschung hatte er das Trinkgeld vergessen.

An Milena am 10. VIII. 1920.

1085 | Der Rechtsanwalt Dr. Robert Kafka (1881–1922).

Mein Cousin, dieser herrliche Mensch. Wenn dieser Robert, er war schon gegen vierzig Jahre, gegen Abend, früher konnte er nicht, er war Advokat, hatte viel zu tun, sowohl mit Arbeit als mit Vergnügen, wenn er also nach fünf Uhr nachmittag auf die Sophienschwimmschule kam, die Kleider mit ein paar Griffen abwarf, ins Wasser sprang und sich dort herumwälzte mit der Kraft eines schönen wilden Tieres, glänzend vom Wasser, mit strahlenden Augen und gleich weit fort war gegen das Wehr zu [→ Abb. 308] – das war herrlich. Und ein halbes Jahr später war er tot, totgequält von Ärzten. Eine geheimnisvolle Milzkrankheit,

gegen die man hauptsächlich mit Milchinjektionen gearbeitet hat, im Bewußtsein, daß es nichts hilft.

Robert Kafka war der Sohn von Filip Kafka (1846–1914) aus Kolin, dem ältesten Bruder von Hermann Kafka, und ist nicht zu verwechseln mit dem aus Příbram stammenden gleichnamigen Rechtsanwalt (→ Abb. 479), dessen Vater Friedrich ein Bruder von Angelus Kafka war. Robert Kafka wurde als 14jähriger von der Familienköchin zum Vater gemacht, ein Vorgang, der im Eingangskapitel des *Verschollenen* nachzuklingen scheint, wo erzählt wird, wie der 16jährige Held des Romans von einem Dienstmädchen verführt und wegen der sich daraus ergebenden unliebsamen Folgen nach Amerika verbannt wird. (→ Abb. 68)

Robert Kafka übersiedelte im Februar 1915 nach Prag und heiratete am 2. Juli 1916 in der *Spanischen Synagoge* (→ Abb. 695). Kafka nahm an der Hochzeitsfeier teil und fuhr unmittelbar danach nach Marienbad in Urlaub. Robert Kafka und seine Frau lebten in der *Geistgasse (Dušní)* Nr. 3 (I-927), also in fast unmittelbarer Nachbarschaft der Familie seines Onkels Hermann Kafka. Robert war es auch, der seinem Cousin Franz Details von der Aufstellung des *Hus-Denkmals* auf dem *Marktplatz* von Kolin (Kolín) berichtete (→ Abb. 818 und 820).

FK 180, vgl. Anthony Northey: *Kafkas Mischpoche*, Berlin (1988), S. 47, 64–67, Br III 168 und 403.

fertig gewesen sei, habe ihm Reiner gestanden, Morphium genommen zu haben, dies aber als Scherz bezeichnet, als er sich angeschickt habe, einen Arzt zu rufen. Dann sei Reiner ernst geworden, habe behauptet, dies sei der glücklichste Moment seines Lebens, und zu röcheln angefangen. Er, Mareš, habe daraufhin die Ambulanz alarmiert, veranlaßt, daß sich sein Kollege erbrach, und ihn gegen Mitternacht ins *Allgemeine Krankenhaus* am *Karlsplatz* überführen lassen, eine Zeitangabe, die Jarmila am nächsten Morgen gegenüber der Polizei bestätigte. Um viertel sieben Uhr am Morgen seien Jarmila und Haas, die vom Portier informiert worden waren, daß Reiner am Abend zuvor mit ihm zusammengewesen war, vor seiner Tür erschienen und, nachdem sie erfahren hatten, was geschehen war, mit ihm zum Krankenhaus gegangen. Als sie dort erfahren hätten, daß Reiner inzwischen gestorben war, habe Jarmila mit keiner Miene gezuckt, während Haas verlegen gelächelt und gesagt habe: *Kommts Kinder! Wir wollen uns ihn ansehen* (→ Abb. 1060).

Ob Mareš, wie er in von ihm selbst publizierten Erinnerungsartikeln behauptet, Kafka in den anarchistischen *Klub mladých* (Klub der Jugend) eingeführt hat, der im Oktober 1910 wegen staatsgefährdender Umtriebe polizeilich aufgelöst worden war, ist in der Forschung umstritten.

Nachdem er einige Jahre in Deutschland verbracht hatte, kehrte Mareš 1933 in seine Heimatstadt zurück und wurde Redakteur beim *Prager Mittag*. Im Krieg half er Juden, beförderte Geheimpost nach Theresienstadt und versteckte einen Kollegen, der von den Deutschen gesucht wurde. Im Mai 1945 wurde er verhaftet und mit der Begründung deportiert, während des Krieges einem Nazi-Spion geholfen zu haben. Von Juni 1946 bis Februar 1947 berichtete er in der von Ferdinand Peroutká herausgegebenen Zeitung *Dnešek* über die Greueltaten, die von der tschechischen Verwaltung an den Bewohnern der deutschen Vertreibungsgebiete begangen worden waren, und wurde deswegen aus der kommunistischen Partei ausgeschlossen, der er seit 1921 angehört hatte; die Beiträge waren von der Parteizeitung *Rudé právo* abgelehnt worden. Im März 1948, nach dem erfolgreich verlaufenen Putsch der Kommunisten, wurde Mareš verhaftet und aufgrund seines Verhaltens im Zweiten Weltkrieg zu sieben Jahren Haft verurteilt. Nach seiner Entlassung schlug er sich als Bauarbeiter durch, wurde aber aufgrund eines Betriebsunfalls arbeitsunfähig und mittellos. 1991 wurde er rehabilitiert.

M 137 und 306, vgl. Gustav Janouch: *Franz Kafka und seine Welt*, Wien, Stuttgart, Zürich (1965), S. 105, Michal Mareš: *Ze vzpomínek anarchisty, reportéra a válečného zločince*, (Praha 1999), S. 136–142, Klaus Wagenbach: *Franz Kafka. Eine Biographie seiner Jugend. 1883–1912*, Bern (1958), S. 270–276, EFK 86–91, M 111, 171, KH 361–365 und Josef Čermák: *Franz Kafka – Výmysly a mystifikace*, Praha 2005, S. 51–55.

1086 | Michal (Josef) Mareš (1893–1971).

Kafka lernte den jungen Tschechen, der die *Deutsche Handelsakademie* in der *Fleischmarktgasse (Masná)* besucht, aber nicht abgeschlossen hatte, als Handlungsgehilfe in der *Niklasstraße* (heute *Pařížská*) arbeitete und seit 1908 Lokalberichte für das *Prager Tagblatt* schrieb, vermutlich Ende 1909 oder Anfang 1910 beim morgendlichen Weg zur Arbeit kennen. Nach dem Ersten Weltkrieg war Mareš, der allgemein *pitomec Mareš* (Dummkopf Mareš) genannt wurde, Redakteur der *Tribuna*. Am 12. Juli 1920 traf er Kafka, der in ihm nur eine *Gassenbekanntschaft* sah, zufällig in der Redaktion dieser Zeitung, wo er ihm *manches* über den Tod Reiners mitteilte.

Mareš dürfte Kafka bei dieser Begegnung erzählt haben – man saß auf dem Sofa, auf dem der sterbende Reiner gelegen hatte –, was er auch in seiner 1966 entstandenen, auf deutsch geschriebenen Autobiographie berichtet, die 1999 in einer tschechischen Version veröffentlicht wurde, und zwar in dem Kapitel *Případ Josefa Reinera* (Der Fall Josef Reiner), in dem er übrigens auch seine Begegnung mit Kafka in der Redaktion der *Tribuna* erwähnt, nur daß er diese, um größere Vertrautheit mit Kafka vorzutäuschen, auf den 3. Februar 1920 und in das *Café Edison* verlegt. Gemäß dieser Darstellung sagte Reiner während gemeinsamer Arbeit in der Nacht, die den tragischen Ereignissen vorausging, zu Arne Laurin, der zusammen mit Mareš sein Trauzeuge gewesen war, er habe seine Frau mit Willy Haas überrascht. Am darauffolgenden Nachmittag habe Reiner dann ab fünf Uhr die Gesellschaft von Mareš gesucht. Die beiden hätten sich zunächst ins *Café Union* an der Ecke *Ferdinandstraße/Bergstein (Na Perštýně)* (I-342, Nachfolgebau) begeben – ein Detail, das Kafka erwiesenermaßen bekannt war –, wo Reiner einen Arzt nach der Wirkung von Morphium befragt habe und auf ein in der Kaffeehausbibliothek vorhandenes Nachschlagewerk verwiesen worden sei. Danach habe er, Mareš, in der *Goldenen Gans (Zlatá husa)* (→ Abb. 678) zu tun gehabt, von wo er kurz nach 22 Uhr in die Redaktion zurückgekehrt sei. Während er mit seiner Reportage beschäftigt gewesen sei, habe Reiner, der die Nacht eigentlich in einem Hotel habe verbringen wollen, auf dem in seiner Kabine stehenden Redaktionssofa gelegen. Als er mit seiner Arbeit

1088 | Die zur Straße *Na valech* weisende Rückseite der ehemaligen Prager *Kadettenanstalt* (2007).

Hier gingen Kafka und Jarmila am 14. August 1920 spazieren. Er hatte Jarmila in ihrer Wohnung Ecke *Na valech / Tychonova* (IV-273) abgeholt, in der sie mit Josef Reiner gewohnt hatte. (→ Abb. 916)

An Milena am 17.–18. VIII. 1920.

1087 | Jarmila Reinerová, geb. Ambrožová (1896–1990).

[...] sie ist vielleicht überhaupt nur dem Tod ähnlich. Das bleiche (nicht gerade magere) Gesicht, das zur Hälfte goldene zur Hälfte brüchige verdorbene Gebiß, die wie bei einer augenlosen Statue ausdruckslosen und in der Unmöglichkeit einer solchen Ausdruckslosigkeit wieder sehr ausdrucksvollen Augen, ein wenig entzündete Lider (sie weint gewiss), die starken Backenknochen (einmal ist es russisch, einmal dirnenhaft, einmal verbrecherisch, man kommt dem Sinn nicht bei).

Die hier gegebene, bisher unveröffentlichte Kennzeichnung Jarmilas findet sich in einem auf den 17. und 18. August 1920 zu datierenden Brief an Milena, in dem Kafka von seiner ersten Begegnung mit dieser Klassenkameradin und Freundin Milenas berichtet, die am 16. des Monats stattgefunden hatte. An sich hatte Kafka kein Inter

esse daran, mit Jarmila zu sprechen, aber Milena hatte ihn gebeten, ihre Freundin zur Regelung einer bestimmten Angelegenheit aufzusuchen: In Prag hatten Briefe in Milenas Handschrift kursiert, die von Jarmila stammten. Kafka bekam den Auftrag, diese inzwischen an die Absenderin zurückgegangenen oder von ihr gesammelten Schriftstücke zu vernichten. Als ihm Jarmila versicherte, dies sei bereits geschehen, sah er seinen Ehrgeiz unbefriedigt, hatte er doch die inkriminierenden Briefe verbrennen und ihre Asche *über das Belvedere streuen* wollen.

Kafkas Urteil ist einerseits durch den Widerwillen bedingt, den er schlechten Zähnen entgegenbrachte, andererseits aber durch die Informationen, die er am 13. Juli bei einem Besuch in der Redaktion der *Tribuna* von Mareš über die Selbstmordtragödie vom Februar erhalten hatte und Jarmila nicht im besten Licht zeigen. So schreibt

er an einer späteren Stelle des schon angeführten Briefes: *Wie kann sie jemanden getötet haben, die selbst so tot ist. Und wann hat sich ein Mann wegen einer Frau getötet und nicht vielmehr um seiner selbst willen. Hat sie das Kommando: «Jetzt vergifte Dich!» in ihre Augen geschrieben oder ist es, fast ohne dass sie es wußte, hingeschrieben worden? Dass es dort stand ist gewiss, so erschöpft, so leer sind die Augen davon.*

Als Jarmila im Jahr darauf Willy Haas heiratete, der gleich nach dem Skandal sein Studium aufgeben mußte und nach Berlin gezogen war, schrieb Kafka an Max Brod: *mich überrascht es nicht, ich traute Haas immer Großes zu, aber die Welt wird es überraschen.*

M 218 (nach *Dir aber gar nicht ähnlich ist,* unveröffentlicht), M 220, M 221 (nach *schonungsbedürftig,* teilweise unveröffentlicht) und Br 315, vgl. M 124, Hartmut Binder: *Kafka in neuer Sicht,* Stuttgart (1976), S. 602, Anm. 150, S. 330 und M 111.

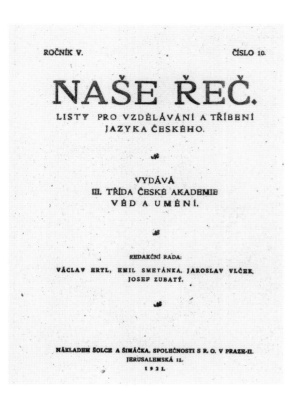

sondern auch eine Erinnerung von Milena Jesenskás Freundin Jarmila, die sich einmal mit Kafka auf der Straße verabredet und von dieser Begegnung das Folgende im Gedächtnis behalten hatte: *Dabei fiel mir auf, daß aus Kafkas Rocktasche eine tschechische Grammatik in Zeitschriftenform hervorschaute. Da Kafka ein absolut einwandfreies Tschechisch sprach, fragte ich ihn: Warum haben Sie eine tschechische Grammatik bei sich?» Er antwortete: «Ich lerne Tschechisch!»*

Bei der von Jarmila erinnerten Verabredung kann es sich nur um die erste der drei belegten Begegnungen mit ihr handeln, die am 16. August 1920 stattfand.

An Milena am 24. VI. 1920 und Jarmila Haasová-Nečasová, Prag (mündlich, am 27. X. 1976), vgl. W 263 und Gustav Janouch: *Gespräche mit Kafka. Aufzeichnungen und Erinnerungen,* erweiterte Auflage, (Frankfurt/M. 1968), S. 188.

1090 | Jarmila Reinerová, geb. Ambrožová.

Heute war Jarmila bei mir im Bureau, ich habe sie also zum zweitenmal gesehn. Ich weiß nicht genau, warum sie kam. Sie saß da bei meinem Schreibtisch, wir sprachen ein wenig von dem und jenem, dann standen wir beim Fenster, dann bei Tisch, dann setzte sie sich wieder und dann gieng sie. Sie war mir recht angenehm, still, friedlich, einfach weniger tot als letzthin, ein wenig gerötet, eigentlich sehr wenig hübsch, besonders wenn sie saß, dann sogar häßlich, den Hut ungeschickt tief ins Gesicht gedrückt. Warum sie aber kam, weiß ich nicht, vielleicht ist sie gar zu sehr allein und da sie nichts macht, grundsätzlich und notwendig, wird auch dieser Weg zu mir ein Teil des Nichtstuns gewesen sein. Das ganze Beisammensein hatte auch den Charakter des Nichts, auch die Annehmlichkeit des Nichtigen. Zum Schluß wurde es allerdings schwieriger, denn ein Schluß ist immerhin schon etwas Wirklich-

keit und vom Nichts abgegrenztes, aber es hielt sich doch möglichst noch vom Wirklichen weg, es hieß nur, daß ich unbestimmt einmal, unbestimmt wann, wenn ich beim Spaziergehen in ihre Gegend komme, nachschauen werde ob sie zu Haus ist, wegen eines kleinen Spaziergangs vielleicht. Aber selbst dieses Unbestimmte ist noch viel zu viel und ich würde gern darum herumkommen.*

Kafka fühlte sich durch diesen überraschenden Besuch erschreckt. Bei seinen Begegnungen mit Jarmila sah Kafka die Ausläufer eines Gemütszustandes, den Willy Haas in seinen Erinnerungen mit diesen Worten beschrieb: *Sie wagte sich weder in die Wohnung, in der sie mit ihm, dem toten Geliebten, gelebt hatte, noch auf die Straße. Die Tage und Nächte durch saß sie auf einer Bank im Vorzimmer der Wohnung, mit versteinertem Gesicht, und nahm kaum von der kalten Kost, die ich aus einem nahen Wirtshaus brachte. Sie schien völlig verstummt. Schließlich schrieb sie mir etwas auf einen Zettel, und ich antwortete ebenso. Und so verständigten wir uns lange wie zwei Stumme.*

An Milena am 1. IX. 1920, M 245 und Willy Haas: *Die literarische Welt,* München (1957), S. 76.

1089 | *Naše řeč* [Unsere Sprache] 4, Nr. 10 (1921), Umschlag.

Am besten verstehen tschechisch (abgesehen von den tschechischen Juden natürlich) die Herren von Naše řeč, am zweitbesten die Leser der Zeitschrift, am drittbesten die Abonnenten und Abonnent bin ich.

Kafka hatte die Zeitschrift, die sich zum Ziel gesetzt hatte, für die Reinigung der tschechischen Sprache von fremden Einflüssen zu wirken und sie vor allen Schädigungen der Nachlässigkeit und Verfälschung zu bewahren, von 1919 bis 1922 abonniert. Gustav Janouch berichtet in seinen weitgehend erfundenen *Gesprächen mit Kafka,* die jedoch in diesem Fall Authentizität beanspruchen dürfen, über einen ins Jahr 1920 fallenden Besuch in Kafkas Büro, in dessen Verlauf ihm dieser zwei vollständige Jahrgänge der genannten Zeitschrift gezeigt habe. Kafka habe bei dieser Gelegenheit geäußert, er studiere *Naše řeč,* um sein Tschechisch zu verbessern, zugleich aber bedauert, nicht alle bisher erschienenen Hefte zu besitzen.

Daß Kafka sich nach dem Ende des Ersten Weltkriegs ernsthaft um die Vervollkommnung seiner tschechischen Sprachkenntnisse bemühte, zeigt nicht nur der Umstand, daß er tschechische Literatur las und besaß (→ Abb. 305, 1004 und 1042),

1091 | Vlasta Knappová, geb. Moučková.

Sie ist recht angenehm, aufrichtig, klar, vielleicht ein wenig zerstreut, nicht ganz bei der Sache. Aber erstens sind in dieser Hinsicht meine Ansprüche sehr groß und zweitens ist ja auch diese Zerstreutheit ein gewisser Vorzug, ich hatte nämlich im Geheimen gefürchtet, daß die Sache ihr in jeder Hinsicht sehr nahegienge, auch von Deines Vaters Seite aus, das ist nicht der Fall.

Am 3. September 1920 traf sich Kafka im Auftrag Milenas mit der Assistentin Jan Jesenskýs – sie erscheint in Kafkas Briefen allein unter ihrem Vornamen Vlasta –, um zu erkunden, wie sich ihr Vater zu ihr stelle und ob er sich eventuell bereitfinde, die Situation seiner Tochter zu verbessern, die trotz der monatlichen Zuwendungen, die sie von ihm erhielt, in finanzielle Schwierigkeiten geraten war, weil sie mit Geld nicht umgehen konnte und Ernst Polak sein ganzes Gehalt für sich selbst beanspruchte. Noch am Abend dieses Tages referierte Kafka, der stolz darauf war, wie er die Angelegenheit durchgeführt hatte, sein Gespräch mit Vlasta, in dessen Verlauf er, gefragt, was er denn rate, den Vorschlag gemacht hatte, den monatlichen Zuschuß des Vaters zu erhöhen oder, falls man kein Geld geben wolle, weil man nicht sicher sei, ob es richtig verwendet werde, ein Abonnement für ein gutes Mittag- und Abendessen zu bezahlen. Als Milena dies erfuhr, empörte sie sich über Kafkas Vorgehen, weil sie sich dadurch in ihrem Stolz verletzt und in ihrer mühsam erworbenen Selbständigkeit bedroht fühlte. Er bekam deutliche Worte zu hören, die er in folgender Formulierung zusammenfaßte: *Das deutlichste war, daß Du mich schlugst.* Auch sah er seinen Fehler ein, den er so kommentierte: *wenn Du – es ist unmöglich – mir etwas gleichwertiges an Rücksichtslosigkeit, Scheuklappen-Verbohrtheit, Kinder-Dummheit,*

Selbstzufriedenheit und sogar Gleichgültigkeit getan hättest, wie ich Dir durch das Gespräch mit Vlasta, ich wäre besinnungslos geworden.

Bei der Assistentin Jan Jesenskýs handelt es sich um Vlasta Moučková (1890–1960). Nachdem sie an der tschechischen Universität in Prag ein Medizinstudium absolviert hatte, ging sie im Juli 1914 die Ehe mit dem Arzt Dr. Guido Knapp ein, von dem sie aber im 5. Februar 1921 wieder geschieden wurde, so daß sie im Oktober 1921 Dr. Jaroslav Říha heiraten konnte, der in Kafkas Bericht als Verlobter in Erscheinung tritt.

An Milena, am 3. bis 4. September 1920 und M 259, vgl. 249.

1092 | Paul Adler.

Jetzt war Paul Adler hier, kennst Du ihn? Wenn nur die Besuche aufhören wollten, alle Menschen sind so ewig lebendig, wirklich unsterblich, nicht in der Richtung der wirklichen Unsterblichkeit vielleicht, aber in die Tiefe ihres augenblicklichen Lebens hinab. Ich habe solche Angst vor ihnen. Jeden Wunsch möchte ich ihm von den Augen ablesen vor Angst und aus Dankbarkeit ihm die Füße küssen wenn er ohne Aufforderung zu einem Gegenbesuch fortgehen wollte. Allein lebe ich noch, kommt aber ein Besuch, tötet er mich förmlich, um mich dann durch seine Kraft wieder lebendig machen zu können, aber soviel Kraft hat er nicht. (→ Abb. 756 und 1131)

An Milena, September 1920.

1094 | Gmünd in Niederösterreich. Blick von der *Schremserstraße* in Richtung Stadtzentrum mit *Stephanskirche*. Kafka schickte diese Ansichtskarte am 15. August 1920 an seine Schwester Ottla.

Auch von Gmünd werde ich nicht mehr schreiben, wenigstens mit Absicht nicht. Es wäre viel darüber zu sagen aber am Ende liefe es doch darauf hinaus, daß der erste Wiener Tag, wenn ich mich am Abend verabschiedet hätte auch nicht besser gewesen wäre, wobei noch Wien den Vorteil vor Gmünd hatte, daß ich dorthin halb bewußtlos vor Angst und Erschöpfung kam, nach Gmünd dagegen ohne es zu wissen, so dumm war ich, großartig sicher, als könne mir niemals mehr etwas geschehn, wie ein Hausbesitzer kam ich hin; merkwürdig daß bei aller Unruhe die mich immerfort durchfährt, diese Ermattung des Besitzens bei mir möglich, ja mein eigentlicher Fehler vielleicht ist, in diesen und in andern Dingen.

Das Wiedersehen mit Milena am 14. und 15. August in Gmünd (→ Abb. 1067) signalisierte Kafka, daß die Geliebte nicht mehr voll hinter ihm stand. Möglicherweise erfolgte damals eine Wiederannäherung an Ernst Polak, der sich aufgrund des Interesses, das Kafka seiner Frau entgegenbrachte, wieder stärker von ihr angezogen fühlte: Milena fuhr in der letzten Augustwoche zur Erholung nach St. Gilgen am Wolfgangsee, wo sich zu diesem Zeitpunkt Ernst Polak aufhielt, ein Umstand, den Kafka nur zufällig von dritter Seite erfuhr. Andererseits offenbarte die Zusammenkunft sein eigenes Versagen als Mann, das im Bild des unrechtmäßig auftretenden, ermatteten Hausbesitzers eingefangen ist. Denn einer zuverlässigen mündlichen Überlieferung zufolge – eine diesbezügliche Aussage Milenas Evžen Klinger gegenüber wurde über lediglich einen weiteren Überlieferungsträger, dessen Zuverlässigkeit außer Frage steht, dem Verfasser dieses Bandes übermittelt – war Kafka, dessen Geschlechtstrieb nach eigener Aussage starken Schwankungen unterlag, in Gmünd impotent. Unter solcher Perspektive erhält schärfere Kontur, was Milena später Max Brod über ihr Verhältnis zu Kafka schrieb: *vielleicht war ich zu sehr Weib, um die Kraft zu haben, mich diesem Leben zu unterwerfen, von dem ich wußte, daß es strengste Askese bedeuten würde, auf Lebenszeit.*

An Milena am 28. VIII. 1920 und FK 203, vgl. Hartmut Binder/Jan Parik: *Kafka. Ein Leben in Prag.* (Essen/München 1993), S. 202–205.

1093 | Annonce in der Wiener Tageszeitung *Neue Freie Presse*.

Hier ist das Inserat, es hätte wohl ein wenig scharfsinniger und verständlicher gemacht werden können, besonders die «Wiener Handels- und Sprachschulen» stehn dort verlassen und sinnlos; den Beistrich nach Lehrerin habe allerdings nicht ich gemacht. Sag übrigens was Du verbessert haben willst und ich lasse es nächstens abändern. Vorläufig ist es also am 26 erschienen und erscheint zunächst am 1, 5 und 12.

Da der sehr gut verdienende Ernst Polak sein ganzes Gehalt für sich selbst verbrauchte, sah sich Milena gezwungen, ihren Lebensunterhalt selbst zu verdienen, und beabsichtigte deswegen unter anderem, Tschechischunterricht zu geben. Kafka setzte daher einen Inserattext auf und übergab ihn dem Prager Büro der *Neuen Freien Presse*, wo er am 26. August, am 1., 5. und 12. September sowie am 7., 10. und 14. November erschien, freilich ohne seinen Zweck wirklich zu erfüllen.

An Milena am 26. und 27. VIII. 1920.

1095 | Gustav Kubasa.

*Den Mann kenne ich, ein guter, vernünftiger, sehr tüchtiger, um-
gänglicher Mensch.*

Am 1. August 1913 unternahm Kafka einen Spaziergang mit Gustav
Kubasa, von dem er nicht wußte, ob er *ein großer Narr oder ein kleiner Prophet* war. Offensichtlich hatte ihm sein Bürokollege ein Typoskript überlassen (oder referierte jetzt dessen Gedankengang), in
dem er unter dem Titel *Nos exules filii Evae in hoc lacrimarum vale*
die Forderung erhoben hatte, *auserwählte Völker Gottes, die sich in
religiöser Richtung zur höchsten Blüte emporgeschwungen* hätten,
nämlich Tschechen und Juden, müßten sich verbinden, wobei Prag
den Anfang machen solle. Kafka nahm die Angelegenheit so ernst,
daß er Kubasa wenige Tage später mit zu Max Brod nahm und ihm
den Essay zeigte. (→ Abb. 462)

Wegen Kafkas Neigung zur Tischlerei ergaben sich weitere An-
lässe, mit Kubasa zu verkehren, denn dieser hatte eine Leidenschaft
für Holzarbeiten und hatte sich auf dem Dachboden eine kleine
Tischlerwerkstatt mit Hobelbank und Kreissäge eingerichtet.

An Milena am 6. VIII. 1920, Br II 244 und 490, vgl. Gustav Janouch: *Franz Kafka und seine Welt*,
Wien, Stuttgart, Zürich (1965), S. 119 und ders.: *Gespräche mit Kafka. Aufzeichnungen und
Erinnerungen*, Erweiterte Ausgabe, (Frankfurt/M. 1968), S. 109.

1096 | Die ehemalige Schreinerei *Kornhäuser* in der *Podiebradgasse*
(heute *Šaldova*) Nr. 10 (X-388) in Karolinenthal (Karlín).

*Nur das Sinnlose bekam Zutritt, das Jusstudium, das Bureau,
später dann sinnlose Nachträge, wie ein wenig Gartenarbeit, Tischlerei udgl.*

Kafkas Versuche, sich durch Tischlern zu verwirklichen, dürften in die Jahre zwischen 1918 und 1921 fallen, sind sie doch nicht
nur an dieser auf den 25. Oktober 1921 datierten Tagebuchstelle
für die Zeit der Krankheit dokumentiert, sondern auch in einem
Eintrag vom 23. Januar 1922, wo sie als letztes Element einer ebenfalls chronologisch gemeinten Reihe erscheinen, dem die Begriffe
*Klavier, Violine, Sprachen, Germanistik, Antizionismus, Zionismus,
Hebräisch, Gärtnerei* vorhergehen. Kafkas Wunsch, ein Handwerk
zu lernen, und die Einsicht, was das bedeuten würde, lassen sich
für diese Zeitspanne ebenfalls belegen. Nach Janouchs Erinnerungen hat Kafka öfter an dienstfreien Nachmittagen mit Gustav Kubasa, der damals in Karolinenthal, *Rokytzanagasse (Rokycanova)*
Nr. 22 (X-492) wohnte, in der Werkstatt des Tischlermeisters Korn-
häuser gearbeitet.

Vgl. T 900, M 280 und Gustav Janouch: *Franz Kafka und seine Welt*, Wien, Stuttgart, Zürich
(1965), S. 118.

Kapitel XX

Matlarenau

Nachdem Kafka im Sommer 1920 zunächst beabsichtigt hatte, die bevorstehende kalte Jahreszeit in einem österreichischen Sanatorium zu verbringen – im Gespräch waren die Lungenheilstätten *Grimmenstein* und *Wienerwald* (→ Abb. 1201) –, entschied er sich schließlich für einen Kuraufenthalt in dem klimatischen Höhenkurort Matlarenau in der Hohen Tatra, der am 18. Dezember begann und am 27. August 1921 endete. Von der dortigen Kurdirektion hatte er auf seine Anfrage hin eine besonders freundliche Antwort erhalten, in der auch stand, er könne dort im Frühjahr ganz seinen Wünschen entsprechend im Garten arbeiten (→ Abb. 358). Die rund 30 Kilometer lange Hohe Tatra ist der nördlichste und höchste Gebirgsstock des Karpatenbogens, der mit seinen Südhängen und seinem Zentralmassiv, das von Süden her ohne Vorberge bis zu über 2600 Metern steil ansteigt, auf dem Gebiet der Slowakei liegt, die nach dem Ende des Ersten Weltkriegs von Ungarn abgetrennt und Teil der neugegründeten Tschechoslowakischen Republik wurde.

Kafkas Entscheidung bewirkte einen heftigen Widerspruch Max Brods, der anfragte, ob sich der Freund in dem seltsam unbekannten Ort *wirklich wohl* fühle, auch den Verdacht hegte, daß er aus Geiz, also der Billigkeit wegen, hingefahren sei, und genauere Auskünfte verlangte. Kafka schrieb zurück: *[…] ich habe hier einen guten Ort gefunden, gut nämlich, soweit man etwas haben will, was noch einen Anschein von Sanatorium hat und doch keines ist. Es ist keines, da es auch Turisten, Jäger und überhaupt jeden aufnimmt, keinen überflüssigen Luxus hat, sich nur bezahlen läßt, was wirklich gegessen wird, und ist doch ein Sanatorium, da es einen Arzt hat, Liegekurmöglichkeit, Küche nach Belieben, gute Milch und Sahne.* Die Antwort war nicht geeignet, Brod zu beruhigen. Er gab zu bedenken, man könne zwar in Deutschland sehr gut in einem drittklassigen Hotel wohnen, aber in Ländern niederer Zivilisation, sogar in Böhmen, seien nur die erstklassigen Etablissements sauber, und gar in der Slowakei, die er selbst kenne. (→ Abb. 1105)

Aber Brod hatte nicht bedacht, daß Kafka in die Zips (Szepes/Spiš) gefahren war, das Hauptsiedlungsgebiet der Karpatendeutschen, in dem andere Bedingungen herrschten als in der übrigen Slowakei. Die meisten Zipser Städte waren von deutschen Siedlern gegründet worden, die besonders nach dem Mongoleneinfall von 1242 von den ungarischen Königen ins Land gerufen und mit Privilegien ausgestattet worden waren, die weitgehend verhinderten, daß sich in ihnen Ungarn, Slawen und Juden ansiedeln konnten. Sowohl Matlarenau als auch Neu Schmecks und Weßterheim, deren Sanatorien Kafka für eine Fortsetzung seines Kuraufenthalts in Erwägung zog, wurden von deutschen Bauern gegründet und unterlagen deswegen nicht notwendigerweise den Gesetzmäßigkeiten, die Brod, üblichem Prager Urteil folgend, als kennzeichnend für das Gebiet der Slowakei ansah, das nicht ohne Berechtigung als arm und rückständig angesehen wurde. Natürlich waren die Zipser Deutschen, die sich der Reformation angeschlossen hatten und evangelisch geworden waren, im Lauf der Jahrhunderte durch Heirat und Verbeamtung im ungarischen Gebiet magyarisiert und damit zweisprachig geworden, während sie das Slowakische kaum beherrschten, behielten aber doch ihre kulturelle Eigenständigkeit. Evakuierung und Vertreibung beendeten zwischen 1944 und 1947 das deutsche Leben in der Zips, das über 700 Jahre gewährt hatte.

Um Matlarenau zu erreichen, fuhr Kafka mit dem Schnellzug nach Preßburg (Pozsony/Bratislava) und von dort weiter nach Deutschendorf (Poprád/Poprad), wo er in eine Flügellinie umsteigen mußte, die ihn über Georgenberg (Spišska Sobota), Matzdorf (Matejovce) und Kohlbach (Studený potok) nach Tatralomnitz (Tátralomnic/Tatranská Lomnica) brachte. Was er auf diesem Teilstück sah, ist in einem Zeitungsartikel aus dem Jahr 1920 eingefangen, auch wenn dessen Verfasser, der bekannte Prager Reisejournalist Richard Katz, nicht wie Kafka die Flügellinie der *Poprádtaler Lokalbahn* benutzte, sondern eine fast parallel dazu verlaufende, über Groß Schlagendorf (Velký Slavkov) verlaufende und schon in Alt Schmecks (Starý Smokovec) endende Straßenbahn: *Die Elektrische, die von Poprad aus den Südhang der Hohen Tatra emporklimmt, ist die schönste (und teuerste) Elektrische der Tschechoslowakischen Republik. Über eine Tundra, auf der melancholische Dünngrasbüschel durch den Schnee dringen, strebt sie dem Gebirgswald zu, durchschneidet ihn und macht erst am Rande des Felsabsturzes Halt, indem sie während der ganzen Fahrt das isolierte, jähe und nackte Massiv der Hohen Tatra vor Augen stellt. Rötlich-gelbbraun zacken die Felsspitzen gegen den Himmel, der hier von wunderbarer Reinheit blaut, jeden Grat, jedes Schneefeld mit vollkommener Schärfe abhebend; denn die Luft ist hier, im wasser- und regenärmsten Gebiete Europas, fast völlig frei von Dunst. Rechts wellen sich die sanften Belaer Kalkalpen [...] – links klüften sich die polnischen Tatraspitzen und gegenüber, quer übers breite Tal hinweg, wo Poprad, Kesmark, Schlagendorf und viele andere deutsche Zipser Städte im Schnee liegen, steigen die Karpathen hoch.*

In Tatralomnitz wurde Kafka mit einem Schlitten abgeholt und in das knapp zwei Kilometer entfernte Matlarenau gebracht, das 1863 gegründet worden war. In diesem Jahr hatte der lungenkranke Matthias Loisch, ein Mann bäuerlicher Herkunft und ein begeisterter Jäger und Bergsteiger, auf einer an den Ufern des Steinbaches gelegenen und von Fichtenwäldern umgebenen Wiese ein kleines, einstöckiges, als Sommerfrische dienendes Blockhaus errichtet, das er nach dem ungarischen Namen des Geländes, auf dem es sich erhob – ‹Matlaren›, das heißt ‹Weideplätze› – Matlarenau nannte (ungarisch Matlárháza, wörtlich also ‹Weideplatzhaus›). Von diesem Namen wurde die Kurzform Matlar abgeleitet, die Kafka in seinen Briefen an Robert Klopstock verwendete, während er in seiner sonstigen Korrespondenz meist die Abkürzung M. gebrauchte. Die slowakische Form – (Tatranské) Matliary – mußte im Postverkehr benutzt werden, nachdem sich die Slowakei und die böhmischen Kronländer zur Tschechoslowakischen Republik zusammengeschlossen hatten.

EFB 285, an Max Brod am 31. XII. 1920 und Richard Katz: *Tatra-Bäder und Taferl-Politik,* in: PT 45, Nr. 58 (9. III. 1920), S. 3, vgl. EFB 164, O 132 und EFB 293.

1097 | Dr. Odolen *Kodym.*

Nun war ich jetzt auch beim Direktor, er hat mich rufen lassen, Ottla war nämlich gegen meinen Willen vorige Woche bei ihm, gegen meinen Willen bin ich vom Anstaltsarzt untersucht worden, gegen meinen Willen werde ich Urlaub bekommen.

Am 14. Oktober 1920 schrieb der Anstaltsarzt Dr. Kodym ein Gutachten, in dem er für Kafka einen mindestens drei Monate währenden Kuraufenthalt forderte, der vom Verwaltungsausschuß am 13. Dezember genehmigt wurde. Fünf Tage später fuhr Kafka nach Matlarenau.

Da der ihm gewährte dreimonatige Urlaub am 20. März endete, hatte Kafka zunächst beabsichtigt, nach Prag zurückzukehren; er ließ deswegen den Termin verstreichen, an dem ein mit Anstand eingereichter Verlängerungsantrag noch möglich gewesen wäre, denn er konnte es nicht ertragen, beim Direktor schon wieder um eine Urlaubsverlängerung ansuchen zu müssen: *Es ist so schwer um Urlaub zu bitten aus vielen Gründen von denen Du ja die meisten kennst. Wenn man vor ihm steht und er nun wieder die so und so viele Urlaubsbewilligung aussprechen soll, verwandelt er sich fast in einen Engel, man senkt unwillkürlich die Augen, es ist ebenso wunderbar wie widerlich, man könnte vielleicht mit äußerster Zusammenfassung einen Engel auf freiem Feld ertragen, aber in der Direktionskanzlei?*

Diese Nachricht vor Augen, wußte Ottla, was sie zu tun hatte. Sie ging in die *Arbeiter-Unfall-Versicherungs-Anstalt* und verabre-

dete mit dem Direktor eine Urlaubsverlängerung, die ihr Bruder nur noch formell absichern mußte. So formulierte er am 16. März ein kurzes Schreiben an den Verwaltungsausschuß, in dem er um eine zweimonatige Urlaubsverlängerung bat, legte ein ärztliches Gutachten des Arztes bei, der ihn in Matlarenau betreute, und schickte beides an Ottla, die es in die Versicherungsanstalt brachte. Der Verwaltungsausschuß billigte den Antrag, ohne daß der Anstaltsarzt eingeschaltet worden wäre. Da sich Kafkas Befinden aber nicht besserte, sah er sich genötigt, am 6. Mai neuerlich um Verlängerung anzusuchen, wieder unter Vorlage eines ärztlichen Gutachtens, in dem ausgeführt wurde, er sei nicht in der Lage, seinen Dienst wiederaufzunehmen.

Daraufhin empfahl Dr. Kodym am 12. Mai, Kafka möge die Behandlung in der Hohen Tatra so lange fortsetzen, bis eine spürbare Besserung eintrete. Am darauffolgenden Tag genehmigte der Verwaltungsausschuß eine weitere Urlaubsverlängerung bis zum 20. August, die Kafka wegen einer akuten Erkrankung nochmals um einige Tage überschritt, so daß er erst am 29. August seinen Dienst wieder antreten konnte.

Odolen Kodym, Sohn eines Arztes, wurde 1863 im Dorf Scharka (Šárka) bei Prag geboren. Er begann 1882 ein Medizinstudium an der Prager deutschen Universität, das er nach einem Jahr an der tschechischen Parallelinstitution fortsetzte und im Februar 1888 abschloß. Bis zum Herbst 1894 war er hier Assistent, danach unterhielt er eine Privatordination in Prag. Nach dem Ende des Ersten Weltkriegs war er einige Zeit Arzt der *Arbeiter-Unfall-Versicherungs-Anstalt.* Kodym starb Ende 1934.

An Milena, September 1920 und O 115, vgl. 116, Franz Kafka: *Amtliche Schriften. Mit einem Essay von Klaus Hermsdorf*, Berlin 1984, S. 307–310, 435–437, 452, O 123 und Dr. Odolen Kodym jr. am 2. XI. 1994.

1098 | Jolan Forberger.

Nun kam sie selbst, um mich zu begrüßen, eine große Frau (keine Jüdin) in langem schwarzen Samtmantel, unangenehmes ungarisch-Deutsch, süßlich aber hart. Ich war sehr grob, ohne es genau zu wissen, natürlich; aber das Zimmer schien mir zu arg. Sie immer überfreundlich, aber ohne jede Lust oder Fähigkeit zu helfen. Hier ist Dein Zimmer, hier wohne.

Jolan Forberger, deren Mutter eine Schwester von Matthias Loisch war, dem Gründer Matlarenaus, war die Seele des Ganzen: Sie war eine tüchtige, ewig arbeitende Geschäftsfrau, deren ständiger Begleiter ein Schreibblock war: Sie leitete die Zimmervermietung und die Verpflegung der Gäste, kümmerte sich um deren Wünsche, organisierte die Einkäufe und überwachte die Zimmermädchen. Mit einem Gärtner zusammen plante sie die Bepflanzung des Areals. Sie starb 1963 in Zipser-Neudorf (Igló/Spišská Nová Ves). Ihr jähzorniger Mann war für die Instandhaltung der Gebäude, die Heizung, die Wäscherei, die Forellenteiche, die Schweinemast, die Pferde und den Wagenpark zuständig.

An Ottla, ca. 21. XII. 1920, vgl. Lenke Koromzay am 30. IX. 1974.

1099 | Matlarenau um 1908.

Links im Hintergrund, zwischen den beiden Bäumen, ist die auf hohen Steinfundamenten ruhende, 1884 eingeweihte *Villa Loisch* mit 15 Gästezimmern zu erkennen, in der später das Post- und Telegraphenamt sowie die Kanzlei der Badedirektion untergebracht waren; letztere wurde allerdings 1921 in eine neu errichtete Direktionsvilla verlegt, die 1929 erweitert wurde. Davor und damit verbunden der 1885 in Fachwerkbauweise aufgeführte Saal, der zur Bewirtung der Pensionsgäste, nach der Eröffnung des neuen Speisesaals Ende Dezember 1920 als Restauration für die Wanderer diente. Der Gebäudekomplex bestand in dieser Gestalt bis zum Jahre 1924 fort, als umfangreiche Modernisierungs- und Erweiterungsmaßnahmen begannen, die erst zwei Jahre später beendet waren. Rechts von der *Villa Loisch* das fast gänzlich von Bäumen verdeckte *Badehaus*, das im gleichen Jahr wie der alte Speisesaal errichtet wurde. 1888 wurde mit dem Bau eines weiteren Gästehauses begonnen, der rechts vom Badehaus sichtbaren, im Mai 1889 eröffneten *Villa Steinbach* mit 25 Zimmern, die 1924 mit Zentralheizung und 1931 mit fließendem Wasser ausgestattet wurde.

1895 wurde die *Villa Tatra* (im Vordergrund rechts) mit 42 Gästezimmern erbaut, in der Kafkas Domizil lag. Über seine Ankunft in Matlarenau berichtete er seiner Schwester Ottla, die ursprünglich hatte mitfahren wollen, dann aber wegen ihrer Schwangerschaft darauf verzichtete, wie folgt: *[…] dann kamen wir zu einem großen, hotelartigen, hellerleuchteten Gebäude, hielten aber nicht dort, sondern fuhren ein kleines Stückchen weiter zu einem recht dunklen, verdächtig aussehenden Haus. Ich stieg aus, im kalten Flur (wo ist die Centralheizung?) niemand, lange muß der Kutscher suchen und rufen, endlich kommt ein Mädchen und führt mich in den ersten Stock. Es sind zwei Zimmer vorbereitet, ein Balkonzimmer für mich, das Zimmer nebenan für Dich. Ich trete in das Balkonzimmer und erschrecke.*

Wie aus einer Lageskizze hervorgeht, die sich in einem an Max Brod gerichteten Schreiben Kafkas vom Januar 1921 findet, benutzte Kafka den rechts in der Längsfront des Gebäudes sichtbaren Balkon im ersten Obergeschoß für seine Liegekuren, während er in dem links daneben liegenden Zimmer die Nächte verbrachte. Das

zunächst unbewohnte Dachgeschoßzimmer mit Balkon über ihm wurde von dem Zahntechniker Adalbert Glauber und dem diesem befreundeten, aus Kaschau (Kassa / Košice) stammende Arthur Szinay, mit denen sich Kafka im Lauf seines Aufenthalts anfreundete, für Liegekuren benutzt, für den lärmempfindlichen Kafka eine problematische Konstellation. Als sich beispielsweise Glauber auf dem Balkon über ihm mit Szinay unterhielt oder unter seinem Balkon zu singen begann, schrieb Kafka an Max Brod: *also diese Kleinigkeit geschieht und ich winde mich auf meinem Liegestuhl fast in Krämpfen, das Herz kann es nicht ertragen, in die Schläfen bohrt sich jedes Wort ein, die Folge dieser Nervenzerrüttung ist, daß ich auch in der Nacht nicht schlafe.* Um dieses Problem zu lösen, wurde auf seinen Wunsch hin veranlaßt, daß das Zimmer über ihm eine *stille nur manchmal gähnende Apothekerswitwe* erhielt, während die beiden Freunde, der erwähnten Zeichnung zufolge, gemeinsam das im Dachgeschoß liegende Balkonzimmer bezogen, das auf der Abbildung links zu sehen ist. Trotzdem fühlte sich Kafka gestört, wenn Glauber, obwohl *durch 4 Fenster und 1 Stockwerk* von ihm getrennt, auf dem Balkon halblaut studierte.

Anfang Mai, als die Touristensaison anlief, sich das Haus zu füllen begann und Kafkas Schlafzimmer gebraucht wurde, mußte er von dem ursprünglich für Ottla bestimmten Zimmer, in dem er sich wegen des dort vorhandenen besseren Mobiliars niedergelassen hatte, in das Balkonzimmer übersiedeln, das er bei seiner Ankunft wegen seiner Zugigkeit und ungenügenden Ausstattung abgelehnt hatte. Jetzt in der warmen Jahreszeit war es luftiger, wegen der großen Balkontür zudem sonniger als das Nebenzimmer, aber auch schöner, weil fast alle seine bisherigen Einrichtungsgegenstände mitwanderten.

In dem unter Kafkas Balkon liegenden Zimmer wohnte nunmehr ein Schwerkranker mit Lungen- und Kehlkopftuberkulose, dem er auf dessen Wunsch hin einen Besuch abstattete. Was er dort sah, war so schrecklich, daß er das Bewußtsein zu verlieren drohte, auf den Balkon des Kranken *hinausschwankte* und schließlich ohne Gruß aus dem Zimmer ging. Natürlich fühlte er sich an der durch dieses Verhalten entstandenen Verzweiflung des Mannes schuldig, der ihm übrigens Vorwürfe machen ließ, und bat Glauber oder Klopstock, den Schwerkranken zu besuchen. Er selbst verfolgte jede kleine Veränderung im Gesundheitszustand dieses Mitpatienten, fast in Vorahnung eigenen Leidens. Als er nämlich in der Endphase seiner Krankheit Halsbeschwerden bekam – Klopstocks diesbezügliche Erinnerung lokalisiert den Vorgang in Berlin, der sich aber eher im März 1924 in Prag ereignet haben dürfte –, empfing er den Freund ungewöhnlich erregt mit diesen Worten: *Nie habe ich*

auf Sie so gewartet, es ist abscheulich von mir, mich so auszudrük-
ken, weil ich eigentlich nicht auf Sie gewartet habe, sondern nur darauf, daß Sie mir den Namen des «Tschechen», der sich umgebracht
hat, sagen. Ich quäle mich den ganzen Tag, mich an seinen Namen
zu erinnern. Ich beginne ihn zu verstehen. Der Kehlkopfkranke, der
aus Wteln (Vtelno) stammende, in Königliche Weinberge lebende
Geschäftsmann Václav Prucha (*1880), hatte nämlich im April 1921
ohne Uhr, Gepäck und Brieftasche Matlarenau verlassen, war zu
Fuß nach Deutschendorf (Poprád/Poprad) gegangen, wo er den
Schnellzug in Richtung Prag bestiegen hatte und halb absichtlich,
halb zufällig zwischen zwei Waggons auf die Geleise gefallen war.

Es fällt nicht leicht, die Briefmitteilungen Kafkas mit den in Matlarenau herrschenden Verhältnissen in Einklang zu bringen. Denn
das unter seinem Balkon liegende Zimmer war, wie die Abbildung
zeigt, ohne Balkon, und auch in der Skizze in seinem an Brod gerichteten Schreiben vom 19. Januar findet sich unterhalb seines
Balkons lediglich eine Fensteröffnung angedeutet. Da die an der
Schmalseite des Gebäudes angebrachten Veranden nicht Zimmern
zugeordnet waren, sondern sich in den durch das Gebäude führenden Mittelgang öffnen, bleibt nur die Möglichkeit, daß man damals
schon mit dem Umbau der *Villa Tatra* begonnen und den unter
Kafkas Balkonzimmer liegenden Raum um einen Balkon erweitert
hatte, der auf jüngeren Abbildungen der *Villa Tatra* auch tatsächlich zu sehen ist. Kafka hätte dann diesen Balkon, weil unerheblich
für den Sachverhalt, den er Brod demonstrieren wollte, in seiner
Zeichnung nicht berücksichtigt. Auch Klopstock selbst setzt in
seinen Erinnerungen voraus, daß der tschechische Kranke ein
Zimmer mit Balkon innehatte, den er benötigte, um die Krebsge-
schwüre in seinem Kehlkopf mit reflektiertem Sonnenlicht bestrah-
len zu können.

Die Angelegenheit wird zusätzlich dadurch kompliziert, daß sich
in dem 2003 erschienenen Band *Kafkas letzter Freund* eine Reproduktion der hier wiedergegebenen Ansicht von Matlarenau findet,
auf der Robert Klopstock handschriftlich vermerkt hat, Kafkas Zimmer habe im ersten Obergeschoß der *Villa Tatra* hinter dem linker
Hand sichtbaren Balkon gelegen, während er den rechts im Dachgeschoß liegenden Balkon als *Dr Klopstock's Balkony* bezeichnete.
Beides muß ein Irrtum sein, denn es widerspricht den von Kafka
überlieferten Daten, die der Situation selbst entstammen und deswegen den Vorzug verdienen.

An Ottla, ca. 21. XII. 1920, Br 288, 294, 314, *Kafkas letzter Freund,* hrsg. von Hugo Wetscherek,
(Wien 2003), S. 134 f. und EFK 167 (Klopstock), vgl. Gyula v. Komarnicki: *Die Hohe Tatra.*
Hochgebirgsführer, Budapest 1918, S. LIII, Anthony Northey: *Kafkas Selbstmörder,* in:
Sudetenland 49, Nr. 3 (2007), S. 288–290, EFK 165, EFB 306, O 123, 126, EFK 164 und O 98.

1100 | Die 1912 eröffnete *Villa Ratzenberg* (Morgás/Vila Morgač) in
Matlarenau, die von Kafka *Hauptvilla* genannt wurde.

*Ich ging dann in die Hauptvilla zum Essen, auch dort gefiel es
mir ganz gut, einfach (ein neuer großer Speisesaal wird erst morgen
eröffnet) aber rein, gutes Essen, die Gesellschaft ausschließlich ungarisch (wenig Juden), sodaß man schön im Dunkel bleibt.*

Als Mathias Loisch 1907 starb, wollten seine drei Kinder den
Kurort verkaufen. Als sich dies als unmöglich erwies, beschlossen
sie, seine Leitung in die Hände von Julius Putsch zu legen, einem
der Schwiegersöhne von Mathias Loisch. Durch den Verkauf von
Waldungen konnte Putsch Verbindlichkeiten abbauen und Mittel
für den Bau der *Villa Ratzenberg* gewinnen, in der 42, teilweise als
Mansarden gestaltete Zimmer und ein Speisesaal lagen. In diesem
Haus führte Putsch die Wintersaison ein, und als er 1915 einrücken
mußte, leiteten Árpád Forberger und dessen Frau Jolan, geb. Putsch,
das Unternehmen, das sie ab 1919 auch offiziell übernahmen. Nach
dem Ende des Ersten Weltkriegs erhielt die *Villa Ratzenberg* Zentralheizung und einen neuen Speisesaal – seine quadratisch unter-
teilten Fenster sind auf der Abbildung deutlich zu erkennen –, der
zu Weihnachten 1920 eröffnet wurde und gesellschaftlicher Mittelpunkt Matlarenaus war, auch für Kafka, obwohl sich dieser zeitweise Mittag- und Abendessen auf sein Zimmer bringen ließ.

Im Jahr 1928 konnte man ein neuerbautes Sanatorium eröffnen.
Aber im April des darauffolgenden Jahres verfügte das Bezirksamt
in Käsmark (Késmárk/Kežmarok) dessen Schließung. Daraufhin
schufen die Eigentümer durch Umbau der *Villa Ratzenberg* ein
allen Ansprüchen gerecht werdendes dreistöckiges, luxuriös eingerichtetes Gebäude mit 60 Zimmern, das Hotel *Esplanade.*

An Ottla, ca. 21. XII. 1920.

1101 | Robert Klopstock (1899–1972).

Gestern abend wurde ich gestört, aber freundlich, es ist ein 21jähriger Medizinstudent da, Budapester Jude, sehr strebend, klug, auch sehr literarisch, äußerlich übrigens trotz gröberen Gesamtbildes Werfel ähnlich, menschenbedürftig in der Art eines geborenen Arztes, antizionistisch, Jesus und Dostojewski sind seine Führer.

Nach Klopstocks Erinnerung lernte er Kafka auf der Landstraße kennen, auf der sie beide gewöhnlich spazierengingen. Weil er eine deutsche Ausgabe von Kierkegaards *Frucht und Zittern* in der Hand gehabt habe, sei er von Kafka mit dem Bemerken angesprochen worden, er lese ebendasselbe Buch. Aber diese Darstellung widerspricht den Tatsachen, denn Kafka ließ sich das genannte Werk neben anderen Büchern von Ottla aus Prag schicken, um es Klopstock zu schenken. (→ Abb. 1147)

Jedenfalls freundete sich Klopstock, der vermutlich von Arthur Szinay auf Kafka aufmerksam gemacht wurde (→ Abb. 1117), schon bald nach dem ersten Zusammentreffen Anfang Februar 1921 mit dem neuen Mitpatienten an und wurde schnell zu dessen wichtigster Bezugsperson während der in Matlarenau verbrachten Monate. So heißt es beispielsweise in einem an Max Brod gerichteten Brief von Anfang Mai: *Ich verkehre eigentlich nur mit dem Mediziner, alles andere ist nur nebenbei, will jemand etwas von mir, sagt er es dem Mediziner,*

will ich etwas von jemandem, sage ich es ihm auch. Klopstock hatte zunächst keine Ahnung, daß der Prager Versicherungsangestellte auch literarisch tätig war. Aber als am 3. April in der *Sonntagsbeilage* der *Prager Presse* Kafkas Prosastück *Auf der Galerie* erschien, wurde er gefragt, ob er mit dem Verfasser des Stücks identisch sei. Kafka wurde daraufhin sehr verlegen und bejahte leise in einer Weise, daß es fast wie eine Entschuldigung klang (→ Abb. 1030).

Nach seiner Rückkehr nach Prag sondierte Kafka für Klopstock, der in der Nähe seines neuen Freundes bleiben und sein Medizinstudium in Prag fortsetzen wollte, das Terrain. Er kümmerte sich um Klopstocks Aufenthaltserlaubnis, suchte nach einer passenden Unterkunft und veranlaßte, daß der mittellose Freund, der im Mai 1922 tatsächlich nach Prag übersiedelte, einen Freitisch und eine Erwerbsmöglichkeit im Labor seines damaligen Arztes Dr. Hermann (→ Abb. 1159) bekam. Auch beriet er Klopstock in lebenspraktischen Fragen und revidierte eine Kurzgeschichte Karinthys, die Klopstock aus dem Ungarischen übersetzt hatte, für den Druck in der *Bohemia*.

Klopstock, 1899 in der ungarischen Kleinstadt Dombóvár im Komitat Tola als Sohn eines jüdischen Staatsbahnoberingenieurs geboren, hatte 1917 am humanistischen Staatsgymnasium in Budapest maturiert, dann als Kadett bei der Feldartillerie in Rußland und Italien gedient, wo er mehrere Monate der deutschen Armee als Verbindungsoffizier zugeteilt war und sich eine tuberkulöse Lungenaffektion holte. Im Wintersemester 1918/19 begann er ein Medizinstudium, mußte sich aber schon im darauffolgenden Herbst zur Kur in die Hohe Tatra begeben, so daß er seine Ausbildung erst im Mai 1922 in Prag fortsetzen konnte. Anfang Mai 1924 begab sich Klopstock, von Dora Diamant zu Hilfe gerufen, nach Kier-

ling, wo er den todkranken Kafka medizinisch betreuen half. Als dieser am 3. Juni starb, war er an seinem Totenbett.

Im Herbst dieses Jahres führte Klopstock sein Studium in Kiel und Berlin weiter und schloß es 1928 ab. Anschließend arbeitete er an der *Charité* in Berlin und am *Waldhaus Charlottenburg*, dem städtischen Tuberkulosekrankenhaus. Er promovierte 1933, verließ aber Berlin noch im gleichen Jahr und war bis 1937 Forschungsassistent in einem Budapester Krankenhaus. Im September 1938 emigrierte er nach New York und erhielt im Herbst 1939 durch Vermittlung Thomas Manns und Albert Einsteins die Position eines Research Fellow an einem der *Harvard University* angeschlossenen Krankenhaus, in dem er auf dem Gebiet der Lungentuberkulose tätig war. 1942 übersiedelte er nach New York, wo er 1972 starb.

An Max Brod, Anfang Februar 1921 und Br 323, vgl. EFK 166, O 108, Br 333 f., Eugen Holzmann am 16. II. 1976, Rotraud Hackermüller: *Das Leben, das mich stört. Eine Dokumentation zu Kafkas letzten Jahren. 1917–1924*, Wien, Berlin 1984, S. 83, Hartmut Binder: «*Jugend ist natürlich immer schön …*», in: *Prager Profile*, hrsg. von H. B., (Berlin 1991), S. 23–26 und *Kafkas letzter Freund*, hrsg. von Hugo Wetscherek, (Wien 2003), S. 249–263.

1102 | Dr. Leopold Strelinger mit seiner ungarischen Frau und seiner Tochter Klari (*1918).

Guter Arzt? Ja, ein Spezialist. Wäre ich doch ein Spezialist geworden. Wie sich ihm die Welt vereinfacht! Die Schwäche meines Magens, die Schlaflosigkeit, die Unruhe, kurz alles, was ich bin und habe, geht ihm auf die Lungenerkrankung zurück. Solange sie nicht manifestiert war, hat sie sich eben in Schwäche des Magens, der Nerven maskiert. Manche Lungenerkrankungen – das glaube ich auch – kommen über solche Maskierungen gar nicht hinaus. Und da ihm das Leid der Welt so klar ist, hat er entsprechend in einem kleinen Ledertäschchen, nicht größer als eine Nationalfond-Büchse, immer auch das Heil der Welt bei sich und spritzt es ihr, wenn sie will, für zwölf Kronen ins Blut. Und wirklich ist er auch, damit alles zusammenpaßt, ein hübscher rotbakkiger starker Mann mit einer jungen (offenbar jüdischen) Frau, die er liebt, und einem kleinen schönen Mädchen, das so merkwürdig klug ist, daß er davon gar nicht sprechen kann, eben weil es sein eigenes Kind ist und er sich nicht überheben will. Er kommt täglich zu mir, es ist sinnlos, aber nicht unangenehm.

Leopold Strelinger, 1877 im slowakischen Ludrová, Kreis Rosenberg (Ružomberok) geboren, studierte in Budapest Medizin, wurde danach lungenkrank und hielt sich

deswegen längere Zeit in Nervi und Davos auf. Er kam 1912 als Arzt nach Matlarenau. Nach offizieller Darstellung nahm er Lungenkranke gar nicht auf, aber tatsächlich litten nach zeitgenössischen Schätzungen etwa drei Viertel der Gäste, die Heilstätten oder Beherbergungsbetriebe in der Hohen Tatra aufsuchten, an dieser Krankheit. Hätte man sie ausgeschlossen, wäre die Zahl der Besucher so zurückgegangen, daß die Kurhäuser nicht hätten überleben können.

Strelinger achtete streng auf die Einhaltung der Freiluftliegekuren, ließ Liegehallen errichten und verabreichte Arsen- und Kalziuminjektionen. Wer zehn Kilogramm zugenommen hatte, bekam eine Torte geschenkt. Er war ein freundlicher und gutmütiger Mensch, der unter der Kuratel seiner resoluten Frau stand. Im Jahr 1933 gab er seine Tätigkeit in Matlarenau auf, die er seit 1923 zusammen mit Dr. Julius Holzmann (1895–1976) ausgeübt hatte, weil er nervenkrank geworden war, und übersiedelte nach Neusohl (Besztercebánya / Banská Štiavnica). Er ist 1942 mit Frau und Tochter in Auschwitz umgekommen.

Julius Holzmann, der nach dem Zweiten Weltkrieg unter dem Namen Horný in Budapest lebte, hatte einen Bruder namens Eugen, der mit Robert Klopstock befreundet war und sich zeitweilig in Matlarenau aufhielt, wo er auch Kafka kennenlernte, der ihn in seinen Briefen erwähnt. Im Herbst 1921 begann Eugen Holzmann ein Studium der Philologie und Philosophie in Heidelberg, wo er sich Kafkas *Verwandlung* kaufte. Bei seiner Rückkehr nach Budapest im Frühjahr 1922 machte er in Prag Station und verbrachte einen Tag mit Kafka.

An Max Brod am 31. XII. 1920, vgl. August Otto: *Die Hohe Tatra*, 9., neu bearbeitete Auflage, Berlin 1914, S. 212, Dr. Stefan Kaul am 21. III. 1973, Alice Strelingerová am 18. VI. 1973, Julius Horný 1972 und Eugen Holzmann am 16. II. 1976.

1103 | Antonín Holub (1888–1961).

Es ist hier ein Generalstabshauptmann, er ist dem Barakenspital zugeteilt, wohnt aber wie manche Offiziere hier unten, weil es oben in den Baraken zu schmutzig ist, das Essen läßt er sich von oben holen. Solange viel Schnee war, hat er ungeheure Skitouren gemacht, bis nahe an die Spitzen, oft allein, was fast tollkühn ist, jetzt hat er nur 2 Beschäftigungen, Zeichnen und Aquarellmalen ist die eine, Flötenspiel die andere.

Der im ostböhmischen Skutsch (Skuteč) geborene Holub diente zunächst als Soldat und studierte ab 1909 an der *Militärakademie* in Wiener Neustadt. Er machte den Ersten Weltkrieg in Divisionsstäben an der russischen und italienischen Front mit, trat 1919 in die tschechoslowakische Armee ein und nahm am Krieg gegen Ungarn teil. Ab 1922 war er Professor für Kriegsgeschichte an der Prager Kriegsschule und publizierte über den Preußisch-Österreichischen Krieg von 1866 und Napoleon I. (→ Abb. 91)

An Ottla, April 1921, vgl. Br 327.

1104 | *Aus Matlárháza* betitelter, von Kafka stammender Bericht über die von Antonín Holub in der *Villa Ratzenberg* organisierte Kunstausstellung mit eigenen Werken.

Kurz, er veranstaltete also eine Ausstellung, der Mediciner schrieb eine Besprechung in eine ungarische Zeitung, ich in eine deutsche, alles im Geheimen. Er kam mit der ungarischen Zeitung zum Ober-kellner, damit er es ihm übersetze; diesem war es zu kompliziert, er führte daher in aller Unschuld den Hauptmann zu dem Mediciner, er werde es am besten übersetzen. Der Mediziner lag gerade mit ein wenig Fieber im Bett, ich war bei ihm zu Besuch, so fing es an, aber genug davon; wozu erzähle ich es, wenn ich es nicht erzähle.

Er habe am vorhergehenden Tag, so leitete Kafka seine gerade zitierten, für Ottla bestimmten Ausführungen über die mit Klopstock zusammen unternommene Parallelaktion ein, gewiß den halben Nachmittag mit Lachen verbracht, doch sei die Sache *unmöglich in ihrer ganzen Großartigkeit zu vermitteln.*

An Ottla, April 1921.

1105 | Das Bahnhofsgebäude in Tatralomnitz (Tátralomnic/Tatranská Lomnica), vor dem die 1911 eröffnete, an der Südflanke der Hohen Tatra entlangführende elektrische Schmalspurbahn ihren Anfang nahm, die am Tschirmer See (Csorbaitó/Štrbské Pleso) endete. Der Bahnhof für die Schnellzüge aus Poprad, auf dem der von Prag anreisende Kafka ausstieg, befand sich direkt gegenüber. Um das *Kämmchen (Tarajka/Hrebeniok)* zu erreichen, das Kafka im Juni besuchte, mußte er zunächst mit dem Wagen nach Tatralomnitz gebracht werden (falls er es nicht vorzog, zu Fuß zu gehen). Von dort aus fuhr er mit der Schmalspurbahn nach Alt Schmecks (Ótátrafüred/Starý Smokovec), wo er in die auf das *Kämmchen* führende Standseilbahn umstieg.

1106 | Die zum *Kämmchen* führende Drahtseilbahn bei Alt Schmecks.

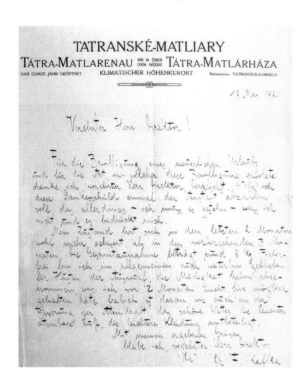

1107 | Blick vom *Kämmchen* (1267 m).

Gestern war ich z. B. in Taraika, einem Wirtshaus in den Bergen, über 1300 m hoch, wild und schön, ich hatte große Protektion, man wollte alles mögliche für mich tun, trotzdem eine Überfülle von Gästen kommen wird, man wollte mir vegetarisch kochen, viel besser als hier, wollte mir das Essen aus dem hochgelegenen

Das sind schon alte Geschichten, es war dort mehr Lärm von Touristen und Zigeunermusik als hier, so bin ich also wieder hiergeblieben.

An Max Brod, Juni 1921.

1108 | Ottla mit ihrer Tochter Věra in Taus (Domažlice).

Nachdem Ottla ihrem Bruder dieses Photo, das während der Sommerferien der Familie David entstanden war, nach Matlarenau geschickt hatte, schrieb er ihr am 8. August zurück: *Věra habe ich gleich erkannt, Dich mit Mühe, nur Deinen Stolz habe ich gleich erkannt, meiner wäre noch größer, er gienge gar nicht auf die Karte. Ein offenes, ehrliches Gesicht scheint sie zu haben und es gibt glaube ich nichts besseres auf der Welt als Offenheit, Ehrlichkeit und Verläßlichkeit.*

1109 | An Dr. Bedřich Odstrčil, den Direktor der *Arbeiter-Unfall-Versicherungs-Anstalt*, gerichtetes Schreiben Kafkas vom 18. Mai 1921.

Als Kafka Ende Januar 1921 den Direktor über den bisherigen Verlauf der Kur in Matlarenau informieren wollte, schickte er zunächst Ottla ein Konzept des Briefes, der von ihr und Josef David in ein klassisches

Tschechisch gebracht werden sollte. Als er das Ergebnis in Händen hatte, setzte er, um kein Mißtrauen zu erregen, ein paar kleine Fehler hinein und sandte es am 27. Januar nach Prag. Als aufgrund der im März gewährten Urlaubsverlängerung ein Dankesschreiben fällig war, konnte er nur mit Verspätung darauf reagieren. Er hatte nämlich einige Tage mit hohem Fieber im Bett gelegen und deswegen keine Zeit gehabt, die Prozedur zu wiederholen, die er im Januar mit Ottla und deren Mann durchgeführt hatte, so daß er, zumal er in Matlarenau keinen Tschechen finden zu können glaubte, der seine Muttersprache gut genug kannte, auf deutsch danken mußte, was am 3. April geschah.

Als dann der Verwaltungsausschuß am 13. Mai seinen Urlaub noch einmal um drei Monate verlängert hatte, wurde natürlich neuerlich ein Dankesbrief nötig, den Kafka diesmal rechtzeitig abschicken wollte, was bedeutete, daß er wieder deutsch schreiben mußte.

Vgl. O 100 f., 117 und Franz Kafka: *Amtliche Schriften. Mit einem Essay von Klaus Hermsdorf*, Berlin 1984, S. 308, 309 und 437.

1110 | Das *Szontaghsche Sanatorium* in Neu Schmecks (Újtátrafüred / Nový Smokovec).

Die Klimatherapie in der Hohen Tatra begann mit Nicolaus von Szontágh (1843–1899). Von Szontágh, ein Jäger und Naturfreund, hatte in Wien Medizin studiert, 1868 promoviert, in Budapest als Arzt praktiziert und in den Seebädern von Nizza und Abbazia Erfahrungen in der Behandlung von Lungenkranken gesammelt, erforschte aber auch die aufkommende Höhenlufttherapie, die er durch seine wissenschaftlichen Publikationen bekannt machte. Es ist sein Verdienst, daß sich die Auffassung durchgesetzt hat, das Klima der Hohen Tatra sei bei der Behandlung von Atemwegserkrankungen dem der alpinen Kurorte Österreichs und der Schweiz nicht nur ebenbürtig, sondern sogar überlegen.

So gründete er 1875 auf einem von Wald bedeckten Platz, den er von der Gemeinde Groß Schlagendorf (Nagyszalók / Velký Slavkov) gepachtet hatte, die 1000 Meter hoch gelegene Villenkolonie Neu Schmecks. Der Höhenkurort, der bald zum Sanatorium erweitert wurde, zu dem eine Kaltwasseranstalt gehörte, zog schnell die vornehme Gesellschaft an und umfaßte in den 20er Jahren etwa 40 Häuser. Neu Schmecks zeichnete sich nicht allein durch ein besonders mildes Klima aus, weil die Schlagendorfer Spitze (Slavkovský štít) kalte Nordwinde abhielt, so daß sich die Wälder in der Umgebung bis in eine Höhe von 1500 Metern erstreckten, sondern lag auch in einem weiten Tal, in dem es keine Nebel gab.

Blasius Bugyi: *Ein Beitrag zur Geschichte der Medizin in der Zips*, in: *Beiträge zur Geschichte der Naturwissenschaften, Technik und Medizin*, hrsg. zum 60. Geburtstag Gerhard Harigs von Irene Srube und Hans Wussing, Leipzig 1964, S. 267 f.

1111 | Nikolaus v. Szontagh d. J. (1882–1963).

Die Injektionen – nun, Dr. Kral ist dafür, mein Onkel [→ Abb. 202] dagegen, der hiesige Doktor dafür, Dr. Szontagh in Smokovec dagegen und ich allerdings dirimiere in diesem Konsilium dagegen.

Nach dem Tod des Sanatoriumsgründers übernahm dessen Sohn Nikolaus v. Szontagh d. J. die Anstalt Neu Schmecks. Er begann 1917 mit dem Bau eines neuen Sanatoriums, doch wurden 1919 Stücke vom Dach mit solcher Gewalt heruntergerissen, daß sie die Glasdecke der Veranda zerschlugen und ein Millionenschaden entstand. Die Bauarbeiten konnten erst 1924 wiederaufgenommen werden; das *Palast-Sanatorium* mit 100 Metern Länge, dessen Südseite eine ununterbrochene Balkonreihe säumte, wurde Ende Juni 1925 eröffnet.

Kafka, der schon in Prag erwogen hatte, das renommierte *Szontaghsche Sanatorium* aufzusuchen, falls Matlarenau seinen Erwartungen nicht entspräche – im Herbst 1920 waren in den Prager Zeitungen Annoncen erschienen, in denen v. Szontagh Mast- und Liegekuren, volle Verpflegung, Wohnung, Heizung, Beleuchtung und ärztliche Behandlung zu günstigen Preisen anbot –, hatte zunächst erwogen, sich ab April 1921 dorthin zu begeben, neigte dann aber dem *Sanatorium Dr. Guhr* in Weßterheim (Tátraszéplak / Tatranská Polianka) zu, von dem er in Matlarenau viel Gutes gehört hatte. Um sich endgültig entscheiden zu können, wollte er sich Mitte März die beiden Sanatorien anschauen, die an der zum Tschirmer See führenden Schmalspurbahn lagen. Das Ergebnis dieser Unternehmung – sicher belegen läßt sich allerdings nur ein Besuch bei Dr. v. Szontagh in Neu Schmecks – war allerdings, daß Kafka den Rest seiner Kur in Matlarenau absolvierte.

Dr. v. Szontagh, evangelisch und magyarisiert, war ein bekannter Lungenfacharzt, gab sich als Mediziner unorthodox und gestattete seinen Patienten ungewöhnliche Freiheiten. Auch war er ausgeglichen und selbstlos, unterstützte Bedürftige. Nach dem Zweiten Weltkrieg wurde er aus seiner Heimat vertrieben.

An Max Brod, April 1921, vgl. DZB 93, Nr. 242 (13. X. 1920), S. 7, Br 283, 291, 305, O 113, 116, 320 und 312.

1112 | Das 1010 Meter hoch gelegene *Sanatorium Dr. Guhr* in Weßterheim (Tátraszéplak / Tatranská Polianká).

Im Jahr 1885 kaufte Paul Weszter (1843–1921) aus Groß Schlagendorf ein Waldstück oberhalb von Gerlsdorf (Gerlachfalva/Gerlachov) und errichtete dort zusammen mit Michael Guhr ab 1888 mehrere Gästehäuser, eine Wasserheilanstalt, in der nach Kneipp und Prießnitz therapiert wurde, sowie Gebäude, die einen ganzjährigen Sanatoriumsbetrieb erlaubten, der Ende 1907 eröffnet wurde. Die Leitung der als Familienbetrieb geführten Anstalt übernahm Dr. Michael Guhr, ein Neffe Paul Weszters.

Bugy Blasius: *Ein Beitrag zur Geschichte der Medizin in der Zips*, in: *Beiträge zur Geschichte der Naturwissenschaften, Technik und Medizin*, hrsg. zum 60. Geburtstag Gerhard Harigs von Irene Strube und Hans Wussing, Leipzig 1964, S. 267 f. und Andor Nitsch: *Paul Weszter, der Gründer von Weszterheim*, Großlomnitz 1943.

1113 | Dr. Michael Guhr (1873–1933) vor seinem Sanatorium in Weßterheim.

Nächste Woche werde ich nach Polianka fahren – der leitende Arzt des dortigen ausgezeichneten Sanatoriums – es ist freilich fast so teuer wie Smokovec – ist jetzt verreist und kommt erst nächste Woche zurück – werde mich dort untersuchen lassen, hören, was er hinsichtlich einer Kur und besonders ihrer Dauer sagt und dann vielleicht wenn ich aufgenommen werde – es wir nicht jeder aufgenommen auch ist das Sanatorium voll besetzt – hin übersiedeln (vorausgesetzt daß ich die Kraft habe mich hier loszureißen).

Guhr, der 1895 sein Medizinstudium in Budapest beendet, aber schon zwei Jahre zuvor die

Leitung Weßterheims übernommen hatte, bildete sich danach systematisch für den Höhenkurbetrieb aus, den Dr. Szontagh entwickelt hatte. Auf Reisen nach Norwegen lernte er den Skisport kennen, den er in der Hohen Tatra einführte, so daß dort 1910 – in diesem Jahr übernahm er die Leitung des *Karpathenvereins* – erstmals internationale Skiwettkämpfe stattfinden konnten. Schlitten- und Rodelbahnen wurden ebenfalls gebaut. 1921 fanden die Tatrameisterschaften der deutschen Wintersportvereine – Langläufe und Sprungwettbewerbe – am 26. und 27. Februar in Weßterheim und Alt Schmecks statt.

Nach dem Ende des Ersten Weltkriegs ging die Führung des Sanatoriums ganz in die Hände Guhrs über. In dieser Zeit entwickelte er eine internationale Vortragstätigkeit.

An Julie und Hermann Kafka, ca. 13. III. 1921.

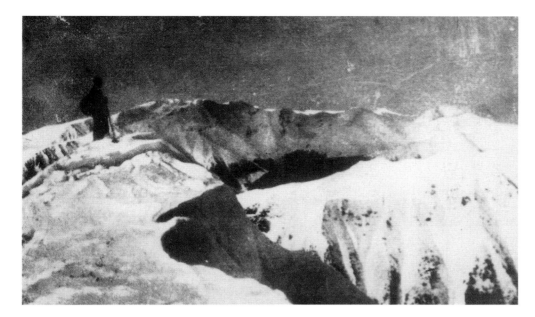

1114 | Am Krummhorn (Kriváň/Kriváň). Im Hintergrund die Liptauer Alpen.

Kafka schickte diese Ansichtskarte am 3. März 1921 mit folgenden Worten an Josef David (→ Abb. 1157) nach Prag, der seine Schwester Ottla am 15. Juli 1920 geheiratet hatte: *Lieber Pepa, mit Recht warnst Du mich, aber zu spät, denn ich habe mich nämlich an den großen Skirennen in Poli-anka beteiligt – sicher hast Du davon in der Tribuna gelesen – und habe mir dabei den Nagel des rechten kleinen Fingers eingerissen. Macht nichts. Darauf bin ich auf den Skiern nach Matliary zurückgegangen. Auf dem Krivan habe ich mich photographieren lassen, wie Du auf der Rückseite siehst. Ich überlege dort, …*

Ottla hatte den katholischen Tschechen im *Chotek-Park* kennengelernt, den sie in der Mittagspause – sie arbeitete im elterlichen Geschäft, das sich damals am *Altstädter Ring* befand – und überhaupt in ihrer Freizeit gerne aufsuchte. David war ein sportbegeisterter tschechischer Sprachpurist und Nationalist, dessen Lebensart sich so stark von derjenigen Kafkas unterschied, daß dieser ihn im Tagebuch einmal als Narren bezeichnete. Wie die erhaltenen Briefe an David zeigen, gelang es Kafka, der nach dem Ausbruch seiner Lungenerkrankung auf Ottla angewiesen war, mit Hilfe einer spielfreudigen Scherzhaftigkeit und der Fähigkeit, auf die Eigenarten seines Schwagers einzugehen, wozu auch gehörte, daß er ihm tschechisch schrieb, einen we-

nigstens äußerlichen Kontakt herzustellen. Im vorliegenden Fall nahm Kafka die Ende Februar in Weßterheim und Alt Schmecks stattfindenden Skiwettkämpfe zum Anlaß, sich einer übermenschlichen sportlichen Betätigung zu rühmen: Das 2496 Meter hohe Krummhorn, einer der berühmtesten Aussichtsberge der Hohen Tatra, markiert den äußersten Westen dieses Gebirgsstocks, während Matlarenau ganz im Osten liegt.

Vgl. T 863 f. und Hartmut Binder: *Kafkas Briefscherze. Sein Verhältnis zu Josef David*, in: *Jahrbuch der Deutschen Schillergesellschaft* 13 (1969), S. 536–559.

1115 | Der Musiker Adolf Schreiber.

[…] ich staune immer darüber, daß z. B. Schreiber, dessen Selbstverurteilung doch auch beides war, Wahrheit und unvermeidlich auch Methode, nicht mit der Wahrheit (Wahrheit bringt keine Erfolge, Wahrheit zerstört nur das Zerstörte), mit der Methode keine Erfolge gehabt hat. Vielleicht deshalb, weil ihm wirkliche Notlage in die Quere kam, welche derartige Spinnweberfolge nicht entstehen läßt.

Schreiber (*1881), ein Jugendfreund Max Brods, dem Kafka ein paarmal begegnet war, hatte von 1899 bis 1902 am Prager Konservatorium studiert und lebte seit 1903 als Kapellmeister und Komponist in Deutschland, vor allem in Berlin, wo ihn Brod besuchte, als er sich im November 1910 einige Tage in der Reichshauptstadt aufhielt. Ab Juli 1914 wohnte Schreiber etwa für ein Jahr in Prag und traf in dieser Zeit wohl

erstmals mit Kafka zusammen. Nachdem er im September 1920 in Berlin Selbstmord begangen hatte, schrieb Brod unter dem Titel *Adolf Schreiber. Ein Musikerschicksal* eine Art Nachruf auf den Freund, der im darauffolgenden Jahr in Buchform erschien. Kafka zeigte sich daran interessiert, weil er Parallelen im Lebensgang zwischen sich und dem, wie er an Felice schrieb, verlorenen und sich immer wieder selbst aus dem Elend herausziehenden Musiker sah. Als Brod ihm das Buch Mitte April nach Matlarenau schickte, schrieb ihm Kafka: *wenn man einige Zeit im dunklen Schatten gestanden ist und solches Leben sieht, drängt man sich hinein. Es ist kein eigentlicher Nachruf, es ist eine Hochzeit zwischen euch beiden, lebendig und traurig und zum Verzweifeln wie eben eine Hochzeit ist für die, welche heiraten, und glücklich und zum Augenaufreißen für die, welche zusehn.*

An Max Brod am 26. VI. 1922 und Br 315, vgl. Br III 240.

1116 | Gruppenbild aus Matlarenau, das Kafka im Juni 1921 seinen Eltern als Ansichtskarte nach Prag schickte. Nach den Erinnerungen von Robert Klopstock entstand die Aufnahme vor der *Villa Tatra*, und zwar vor dem auf Abbildung 1099 rechts sichtbaren Baum.

Vorn sitzend von links: Margarethe Bugsch, Adalbert Glauber, Irénke Schwartz, Kafka, Ilonka Roth; dahinter, von links: Mizzi Roth, Irene Bugsch, Robert Klopstock, Susanne Galgon und Anni Nittmann.

Irene war die zweitälteste Tochter des Gutsbesitzers Alexander Bugsch (→ Abb. 1198) aus Hunsdorf (Huncovce/Hunvalva) bei Poprad, dem ein Sechstel des Sanatoriums gehörte. Sie arbeitete als Kassiererin in der Direktion Matlarenaus. Ihre Schwester Ida heiratete Mathias Loisch den Jüngeren, während ihre Schwester Margarethe (1897–1950) und Mizzi Roth Mitarbeiterinnen der Badedirektion Forberger waren. Die Jüdin Irénke Schwartz (verheiratete Bodenlos), deren Vater seit 1919 als Maschinist in Matlarenau arbeitete, galt als *eine seelengute Frau, tüchtig ohne besondere Schulbildung, aber ehrlich und in jeder Hinsicht ein tadelloser Charakter. Sie war dort als Haushälterin eingetragen und meistenteils saß sie am Pult und notierte die Speisen und Getränke, welche die Kellner und Serviererinnen in den Saal trugen.* Glauber war, wie Kafka am 27. August 1923 an Klopstock schrieb, *einer der zwei fröhlichsten Menschen*, die er in Matlarenau kennengelernt hatte. Ottla gegen-

über beschreibt er ihn so: *er selbst aber singt und pfeift eine Menge, er ist wie ein Vogel, kaum berührt ihm die Sonne den Schnabel fängt er an, aber auch bei Mondschein, aber auch bei finsterem Himmel, und immer erschreckend, plötzlich, kurz abbrechend.* Adalbert (Bela/Vojtech) Glauber (*1896) starb am 26. Juli 1923 an Lungentuberkulose in Matlarenau.

Der französische Schriftsteller Frédéric Bérence, der Prag von einem früheren Aufenthalt kannte, im April 1922 wieder in die alte Kaiserstadt an der Moldau zurückgekehrt war und Kafka noch im gleichen Jahr kennenlernte, erwähnt in einem Erinnerungsartikel dessen knotige und überlange Finger, die auf der Abbildung, die übrigens auch im Besitz von Bérence war, deutlich zu sehen sind (→ Abb. 770). Gustav Janouch weiß von Kafkas schlanken, feinen Fingern mit flachen spatenförmigen Fingernägeln und hervortretenden, dabei aber sehr zarten Gliedern und Knöcheln.

Amalie Zelenka am 9. IX. 1976, O 105 und Gustav Janouch: *Gespräche mit Kafka*, (Frankfurt/M. und Hamburg 1961), S. 22, vgl. *Kafkas letzter Freund*, hrsg. von Hugo Wetscherek, (Wien 2003), S. 134, 135 und Fred Bérence: *Prague de Kafka*, in: *Evidences* 5, Nr. 36 (Dezember 1953), S. 44.

1117 | Gruppenbild aus Matlarenau.

Von rechts: Adalbert Glauber, Margarethe Bugsch, Arthur Szinay, Ilonka Roth, Mizzi Roth, Susanne Galgon und eine Unbekannte.

[…] hier ist eine junge Bauersfrau, mittelkrank, übrigens lustig und lieb und hübsch in ihrer dunklen Tracht mit dem hin und herwehenden Ballerinenrock, die ist von ihrer Schwiegermutter immer zu sehr zur Arbeit angehalten worden trotzdem der Arzt dort immer gewarnt und gesagt hat:

Junge Frauen muß man schonen
so wie goldene Zitronen.

Susanna Renner wurde 1893 in dem zwölf Kilometer von Matlarenau entfernten, 700 Meter hoch gelegenen Bierbrunn (Sörkút/Vyborna) geboren, einer der ältesten Gemeinden der Zipser Sprachinsel, auf der Deutsch gesprochen wurde, und heiratete 1909 Michael Galgon. Ihr Gatte war sehr eifersüchtig und holte sie während des Ersten Weltkriegs von einem Erholungsaufenthalt in Weßterheim zurück, weil sie ein Schwager Dr. Guhrs in ihrer Bäuerinnentracht porträtieren wollte. Sie trug stets enganliegende, schwarze Blusen, einen reichlich gefalteten Rock aus geblümtem Tibet, viele Unterröcke, schwarze Strümpfe und Schuhe und dazu ein Kopftuch. Ende 1918 erkrankte sie wie Kafka an der Spanischen Grippe und wurde zur Erholung nach Matlarenau geschickt. Sie war von zarter Konstitution und sehr hübsch. Sie hatte rosige Wangen, eine Pfirsichhaut, eine angenehme hohe, helle Stimme und wurde deswegen als Kind der ‹Pitscherling› (Dialektausdruck für einen zwitschernden Hänfling) genannt. Die von Kafka angeführten Verse stammen vermutlich von Dr. Friedrich Gabriel aus Bela (Szepes Belá/Spišská Bela), denn unter den damaligen Zipser Ärzten verwendete nur er Sprüche dieser Art.

Im Gegensatz zu Kafkas Behauptung wurde Susanna sowohl von ihrer Mutter, die selbst lungenkrank war, als auch von ihren Schwiegereltern geschont, wollte aber stets selbst in der Wirtschaft mithelfen und tat es auch. Dagegen scheint sein Bericht über den Oberkellner von Matlarenau zutreffend, der seiner Frau nach Budapest schrieb, die liebe Frau Galgon könne der Teufel holen, weil sie zu wenig Trinkgelder gebe. Sie konnte aber nicht anders, da ihr Mann ihr nie Geld ließ.

Obwohl Frau Galgon, die 1920 Mutter geworden war, sehr krank war, blieb sie heiter und klagte nicht über ihr Schicksal. Sie benutzte eifrig die in Matlarenau vorhandene kleine Bibliothek und unterhielt sich gern, offenbar auch mit Kafka, dessen Hut sie einmal reparierte. Nach den Erinnerungen von Irene Bugsch schrieb Kafka ihr einen Brief, den sie auswendig lernte und rezitierte, wenn man nach ihrem Befinden fragte. Nach dem Tod ihres Vaters kehrte

sie nach Bierbrunn zurück, und weil sie ihre Mutter nicht alleinlassen wollte, beschloß sie, obwohl sie sehr wohlhabend war, fortan mit ihrem Mann im väterlichen landwirtschaftlichen Anwesen zu leben, um es zusammen mit ihren Angehörigen zu bewirtschaften. Die Folge war, daß sie wieder nach Matlarenau zur Erholung mußte. Als sie 1927 ihr einziges Kind verlor, erlahmte ihr Lebenswille, so daß sie zwei Jahre später starb.

Ein besonderes Verhältnis hatte Kafka auch zu Arthur Szinay, der ihn mit Klopstock bekannt gemacht hatte. Nach den Erinnerungen des letzteren wurde Kafka nach seiner Ankunft im Speisesaal Szinay gegenübergesetzt, der nach dem Abendessen in größter Aufregung zu Klopstock eilte:

«Sie müssen ihn treffen, Sie müssen ihn treffen.»

«Wen, wer und Warum?»

«Dort sitzt er, jetzt erhebt er sich, kommen Sie.»

Aber Klopstock zögerte, weil er weder die Situation noch Szinay verstand und sah, daß der Mann (Kafka) sichtlich beabsichtigte, in Eile den Saal zu verlassen.

«Oh, jetzt ist es zu spät … ein ganz wunderbarer Mensch, ich weiß nicht warum, ich verstehe nicht die Hälfte von dem, was er sagt, aber ich weiß, daß es wunderschön ist … er lächelt wie ich noch nie einen Menschen habe lächeln gesehen.»

«Über was hat er denn gesprochen … so Ungewöhnliches?» fragte Klopstock, dem Szinay mindestens sehr übertrieben und verwirrt erschien.

«Er hat zugehört. Ich erzählte ihm von meiner Krankheit, von meinem Magen. Niemand hat mir je so zugehört im Leben, niemand hat mein Leiden so verstanden, was das für ein Leben ist, mit einem kranken Magen.»

Die Passage wirft Licht auf Kafkas Persönlichkeit, dessen Einfühlungskraft in diesem Fall noch gesteigert war, weil er selbst Magenprobleme hatte, erklärt aber auch, warum er sich, wie er später Klopstock schrieb, *gegenüber der anstürmenden Kraft Szinays* besonders elend fühlte, der die ganze Zeit *sehr gut* zu ihm war, ihn verehrte und als Freund betrachtete.

An Ottla, April 1921, EFK 165, *Kafkas letzter Freund*, hrsg. von Hugo Wetscherek, (Wien 2003), S. 37 und O 105, vgl. 108, 110, Br 323, Kurt Zeillinger am 8. V. 1977, Stefan Kaul am 25. II. 1973 und Paul Wodilla (undatiert).

LITERATUR
ODER
MAN WIRD DOCH DA SEHN

MAGISCHE OPERETTE IN ZWEI TEILEN
VON
KARL KRAUS

1921
VERLAG »DIE FACKEL«, WIEN—LEIPZIG

1118 | Karl Kraus: *Literatur oder Man wird doch da sehn. Magische Operette in zwei Teilen,* Wien, Leipzig 1921, Einband.

Kraus persifliert in diesem Stück die im Jahr zuvor erschienene *Magische Trilogie Spiegelmensch* von Franz Werfel, der Kafka und seinen Freunden als Führergestalt der expressionistischen Literatur galt. Kafka las das Pamphlet in Matlarenau und schrieb darüber im Juni 1921 an Max Brod: *Vor längerer Zeit habe ich «Literatur» von Kraus gelesen, Du kennst es wohl? Nach dem damaligen Eindruck, der sich seither natürlich schon sehr abgeschwächt hat, schien es mir außerordentlich treffend zu sein. In dieser kleinen Welt der deutsch-jüdischen Literatur herrscht er wirklich oder vielmehr das von ihm vertretene Prinzip, dem er sich so bewunderungswürdig untergeordnet hat, daß er sich sogar mit dem Prinzip verwechselt und andere diese Verwechslung mitmachen läßt.*

Die Kritik, die Kraus an Werfel übt, bezieht Kafka auf deren Urheber und jede westjüdische Schriftstellerei (→ Abb. 525), der die deutsche Literatur fremder Besitz bleiben müsse, so daß selbst im Falle Werfels eine Zigeunerliteratur entstehe, die das deutsche Kind aus der Wiege gestohlen

und in großer Eile irgendwie zugerichtet habe. Brod antwortete, er habe sich bisher nicht um das Stück gekümmert, in dem auch etwas über ihn enthalten sein solle: Es werde ihm immer so *eng in der Brust,* wenn er *diesen Haß gegen alles Mitlebende, diese Lüge der Selbstüberhebung* bei Kraus lese.

Es liegt auf der Hand, daß die Beschäftigung mit Karl Kraus in Kafkas letzten Lebensjahren im Zusammenhang mit seiner Freundschaft zu Robert Klopstock steht. Denn nicht nur daß es Klopstock war, der in der Korrespondenz mit Kafka als erster den Wiener Satiriker erwähnt, sondern es gibt auch Briefstellen, aus denen hervorgeht, daß Klopstock dem Prager Freund *Fackel*-Hefte schickte, die offensichtlich noch nach dem Ende des Zweiten Weltkriegs unter dessen Bücherbestand vorhanden waren: Am 30. Juni 1922 bittet Kafka Klopstock, er möge ihm eine neue *Fackel* schicken, falls sie erscheinen sollte, denn er wolle sich diese *süße Speise aller guten und bösen Triebe* nicht versagen, und am 29. Februar 1924 dankt er ihm für ein neues *Fackel*-Heft, mit dem er die Klopstock *schon bekannten entnervenden Orgien abendelang getrieben habe.*

In den sieben Heften, die zwischen den genannten Eckdaten erschienen sind, fand Kafka satirische Bloßstellungen seines Gliedcousins Dr. Bruno Kafka (1881–1931), der als Parlamentsabgeordneter und Führergestalt der *Deutsch-Demokratischen Frei-heitspartei,* die vor allem das liberal gesinnte Prager deutschjüdische Bürgertum repräsentierte, im Rampenlicht der Öffentlichkeit stand. Bruno Kafka war schon während seines Studiums im Führungsgremium der *Lese- und Redehalle der deutschen Studenten* tätig und Gegenspieler Kafkas, Brods und deren Gesinnungsgenossen in der *Literarisch-künstle-*

rischen Sektion gewesen (→ Abb. 167). Des weiteren konnte Kafka in diesen *Fackel*-Nummern Angriffe auf Ludwig Winder lesen, den Theaterkritiker der *Bohemia,* der die Vortragskunst von Kraus abqualifiziert hatte und mit Brod befreundet war. Schließlich fand er dort Ausfälle gegen den von ihm bewunderten Ludwig Hardt (→ Abb. 1128). Ob freilich die in diesen Heften gleichfalls abgehandelte Problematik eines mit seinem Publikum hadernden Vortragskünstlers Kraus, wie gelegentlich vermutet wurde, geeignet war, Kafka zu seiner letzten Erzählung *Josefine, die Sängerin oder Das Volk der Mäuse* anzuregen, dürfte nicht nur angesichts des Umstandes fraglich sein, daß Kafka von der einzigen Kraus-Lesung, die er jemals besucht hatte, vorzeitig weglief, weil er sie abscheulich fand (→ Abb. 525). Eine derartige Beeinflussung ist vielmehr auch deswegen wenig wahrscheinlich, weil mit Else Lasker-Schüler (→ Abb. 708 und 709) und Puah Bentovim (→ Abb. 1166) näherliegende und im Blick auf ihr Geschlecht zutreffendere Anregungen für die auf Volksversammlungen pfeifende Maus zur Verfügung stehen als der sich freilich als Diva aufspielende Wiener Satiriker.

EFB 365, vgl. Hartmut Binder: *Motiv und Gestaltung bei Franz Kafka,* 2. Auflage, Bonn 1987, S. 17–25, Niels Bokhove: *Kafka's boekenkast* 1, in: KK 12, Nr. 4 (2004), S. 13, Leo A. Lensing: *«Fackel»-Leser und Werfel-Verehrer,* in: *Kafkas letzter Freund.* hrsg. von Hugo Wetscherek, (Wien 2003), S. 277–278, SL 156–158 und Hartmut Binder: *Else Lasker-Schüler in Prag. Zur Vorgeschichte von Kafkas «Josefine»-Erzählung,* in: *Wirkendes Wort* 44, Heft 3 (1994), S. 405–438.

1119 | Annie Nittmann.

1120 | Der 1520 Meter hoch gelegene Tschirmer See (Csorbaitó / Štrbské pleso). Bildseite einer Ansichtskarte, die Kafka am 8. August 1921 an seine Schwester Ottla nach Taus (Domažlice) schickte. Auf dem für die Beschriftung vorgesehenen Feld auf der Rückseite hat Kafka gleichsam als Überschrift vermerkt: *Mein erster Ausflug.* Hier findet sich auch der Namenszug *Ilena Roth*, der zusammen mit Annie Nittmanns Unterschritt auf der Bildseite beweist, daß Kafka zusammen mit diesen beiden Mädchen an den im Westen der Hohen Tatra gelegenen See gefahren ist, dessen Lage und Umgebung von zeitgenössischen Reiseführern als *einzig schön* bezeichnet wurden.

Ausgangspunkt der Unternehmung war der etwa zwei Kilometer von Matlarenau entfernt liegende Bahnhof von Tatra Lomnitz. Von dort aus gelangte man mit der am Südrand des Gebirgsstocks entlangführenden Schmalspurbahn über Alt und Neu Schmecks, Weßterheim und Hochhagi (Felsöhági / Vyšné Hágy) in einer guten Stunde zu dem direkt am Südufer des Sees gelegenen, damals nur aus wenigen Häusern bestehenden Höhenkurort Szentiványi-Csorbató, der im Hintergrund auf der Abbildung zu sehen ist. Hier gab es ein Hotel mit einem Restaurant und einem Kaffeehaus, das die Reisenden aufgesucht haben dürften, vor allem, falls sie einen Spaziergang entlang dem Ufer unternommen hatten, das durch einen rund um den See führenden Promenadenweg erschlossen war. Auf diesem Rundgang hätte Kafka die im Norden liegende wilde Gipfelreihe der Krummhorn-Gruppe und des Mengsdorfer Tals vor Augen gehabt.

Während seines achtmonatigen Kuraufenthalts in Matlarenau hatte sich Kafka, der noch unter dem starken Eindruck des Scheiterns seiner Beziehung zu Milena Jesenská stand, bewußt von Frauen zurückgehalten, aber Ende Mai hatte sich die Situation doch etwas verändert, denn er schrieb an Max Brod: *Dabei habe ich auch hier ein, zwei kleine Spaziergänge mit einem Mädchen am*

Morgen im Wald gemacht, von denen immerhin gilt, was man von den Tafeln der Könige sagt: sie bogen sich unter der Fülle. Und es geschah gar nichts, kaum ein Blick, das Mädchen merkte vielleicht gar nichts, und es ist auch nichts und schon lange vorüber und wird auch, ganz abgesehn davon, daß die Konstellation sehr günstig ist, nichts im Gefolge haben.

Über die Identität dieser Frau, der Kafka, dem von ihm gewählten Bild zu glauben, eine sehr starke Zuneigung entgegenbrachte, lassen sich natürlich lediglich Vermutungen anstellen. Allein die beiden erhaltenen Gruppenaufnahmen, die ihn im Kreis von Mitpatienten und Mitarbeiterinnen des Kurorts zeigen, bieten nicht weniger als sechs Frauen zur Auswahl an, doch spricht die Ansichtskarte vom Tschirmer See dafür, daß es sich um eine der beiden Mädchen gehandelt haben dürfte, die ihn dorthin begleiteten. Man könnte denken, daß Ilena Roth gemeint sei, Kafkas Tischnachbarin, nach der er sich später in Briefen an Klopstock mehrfach erkundigte, aber die Art und Weise, wie dies geschieht, spricht genauso dagegen wie die von ihr bekannten Lebensumstände: Ihr einziger körperlicher Vorzug sei eine zarte, durchscheinende Haut, schreibt Kafka, und auch, daß sie in ihrem Leben noch kein gutes Buch gelesen habe. Ilena Roth hatte ein Problem: Offenbar schwankte sie, ob sie den von ihrem Vater vorgeschlagenen Bräutigam heiraten sollte oder nicht, und entschied sich dann Ende 1921 für töchterlichen Gehorsam. Kafka kommentierte Klopstock gegenüber: *Übrigens halte ich es nicht durchaus für ein Unglück, daß sie dem Vater gefolgt hat.* Die Ehe sei doch meistens ein verhältnismäßiges Glück, man müsse nur den Brautstand überstehen. In dieser Überzeugung habe er Ilonka brieflich zu überzeugen gesucht. Allerdings vergeblich, denn wenige Monate später zeigte sich, daß sie keinesfalls, wie er vermutet hatte, die guten Nerven besaß, *um sich nach fremdem Urteil zu verhalten*, sondern daß sie sich gegen die ihr zuteil gewordene Bevormundung aufbäumte und ihrem Bräutigam den Laufpaß gab, ein Verhalten, das Kafka merkwürdigerweise zu den *negativen Heldentaten* rechnete, die wenig bewirkten und viel versperrten.

Das alles klingt nicht so, als verhandle der Schreiber das Schicksal eines Liebchens, und so verdient die Annahme den Vorzug, Anna Nittmann sei diejenige gewesen, die sich vorübergehend Kafkas Herz erobert hatte. Dafür sprechen vor allem ihre Lebensumstände: Anna Nittmann, 1890 in Olmütz (Olomouc) geboren, übersiedelte als Einjährige nach Preßburg (Pozsony / Bratislava), wo sie aufwuchs. Sie besuchte eine höhere Töchterschule, danach eine Haushaltungsschule und war anschließend ein Jahr lang im Wiener Hotel *Hess* tätig, wo sie das Kochen erlernte. Sie war ein bildhübsches Mädchen, immer elegant gekleidet, besonders auf Bällen, die sie gern besuchte, intelligent, sanftmütig und sportlich – Anna spielte Tennis, hatte Spaß am Schwimmen und Eislaufen. Sie sprach Ungarisch und Französisch, spielte vorzüglich Klavier und wußte sich in die Herzen der Männer einzuschmeicheln, so daß sie stets zahlreiche Verehrer hatte.

Aber Anna hatte ein Problem. Sie hatte ihr Herz an einen österreichischen Hotelier verloren, eine Beziehung, die den Eltern so mißfiel, daß sie sogar Briefe unterschlugen, die ihr Freund an sie gerichtet hatte. Im Jahr 1917 erlitt sie beim Schwimmen einen Blutsturz, dessen Ursache man in den Schwierigkeiten suchen darf, die sich aus dieser Liebesbeziehung ergeben hatten: Probleme in Partnerbeziehungen werden von der psychosomatischen Medizin als Hauptursache für das Zustandekommen tuberkulöser Erkrankungen angesehen. Ein längerer Kuraufenthalt in Neu Schmecks im Sanatorium Dr. v. Szontaghs, wo sie wegen der Schwere ihrer Erkrankung zunächst abgewiesen wurde, brachte vorübergehend Besserung, aber im Februar 1919 – sie hatte sich inzwischen mit einem Offizier verlobt – fuhr sie gegen ärztlichen Rat nach Preßburg zurück. Denn wegen der Abtrennung der Slowakei von Ungarn, wodurch die Preßburger unvermittelt zu Tschechoslowaken wurden, flohen viele, die sich jetzt von ihrem natürlichen Lebensraum teilweise abgeschnitten fühlten, aus der Tatra nach Hause. Da die Züge überfüllt, die Fensterscheiben eingeschlagen waren, wurde Anna auf der Rückreise wieder rezidiv. Es erfolgte ein neuer Schub, der sie zunächst nach Bösing (Bazin/Pezinok) bei Preßburg und dann erneut in die Hohe Tatra führte, diesmal nach Matlarenau. Anna starb 1924 in Mauer bei Wien, bei der Überführung in ein Wiener Krankenhaus. Sie ist in Bratislava (Preßburg) begraben.

Die Übereinstimmungen mit Kafkas Lebensgang sind bezeichnend bis hin zu den Todesumständen und wohl ein Hauptgrund für das Interesse gewesen, das die beiden einander entgegenbrachten. Zum einen hat Kafka seine Lungenkrankheit stets mit den Schwierigkeiten begründet, die das Verhältnis zu seiner Verlobten Felice Bauer mit sich gebracht hatten. Und auch in seinem Fall folgte einem langen Erholungsurlaub eine Phase verhältnismäßiger Ruhe, die ihn 1919 eine neuerliche Verlobung mit einem anderen Mädchen eingehen ließ, das von seinem Vater noch viel stärker abgelehnt wurde als Felice. Als dieser Heiratsversuch ebenfalls mißlungen war, ohne daß ein Bruch mit Julie Wohryzek erfolgt wäre, machte die Lungenerkrankung schnell Fortschritte, so daß er für Monate nach Meran und in die Hohe Tatra mußte.

Zwei sozusagen symmetrische Schicksale, die auch erklären, warum Kafka die zwischen ihm und Anna bestehende *Konstellation* für *günstig* hielt: Einerseits waren beide in gewisser Beziehung gebunden, aber infolge der fortgeschrittenen Krankheit doch auch wieder frei von ihren bisherigen Partnern, andererseits aber hätten sie nicht befürchten müssen, einander mit Tuberkulose anzustecken, eine Angst, die aus Kafkas Briefen in dieser Zeit mehrfach stark hervortritt.

An Max Brod, Ende Mai, Anfang Juni 1921, Br 366 und 374, vgl. Gyula v. Komarnicki: *Die Hohe Tatra. Hochgebirgsführer,* Budapest 1918, S. 36, O 105, Br 321 und Aurelia Holesch am 5. XII. 1975.

Kapitel XXI

Begegnungen

Nach seiner Rückkehr aus Matlarenau nahm Kafka Ende August 1921 seine Dienstgeschäfte wieder auf, doch schon am 22. Oktober des Jahres 1921 empfahl Dr. Kodym, dem Kranken einen weiteren Genesungsurlaub zu bewilligen und ihn in den Ruhestand zu versetzen: *mit vollständiger Heilung ist kaum zu rechnen, und so drängt sich der Gedanke auf, ob nicht eine Pensionierung sowohl für den Kranken als auch für die Anstalt von Vorteil wäre.*

Der Vorstand der Versicherungsanstalt gewährte zunächst einen auf drei Monate befristeten Genesungsurlaub, der im Januar 1922 um weitere drei Monate und an deren Ende um den regulären Jahresurlaub von fünf Wochen verlängert wurde, der ihm als Obersekretär der Anstalt zustand, zu dem er im Februar des Jahres befördert worden war. Aufgrund dieser Freistellung von seinen Dienstpflichten war es ihm möglich, am 27. des Monats seinen damaligen Arzt Dr. Otto Hermann und dessen Familie für drei Wochen nach Spindlermühle zu begleiten, wo er vermutlich mit der Arbeit am *Schloss*-Roman begann, die er nach seiner Rückkehr kontinuierlich bis zum August des Jahres fortsetzte. Bald nach seiner Rückkehr muß auch die Erzählung *Erstes Leid* (→ Abb. 1147) entstanden sein, im Mai folgte *Ein Hungerkünstler*. Als der Anstaltsarzt am 26. April zu dem Schluß kam, Kafkas Gesundheitszustand werde es in absehbarer Zeit nicht erlauben, wieder zu arbeiten, und Anfang Juni erneut dessen Dienstunfähigkeit bestätigte, beantragte Kafka seine Versetzung in den vorübergehenden Ruhestand, die ihm gewährt und zum 1. Juli 1922 wirksam wurde. Da er die trockene, staubige Stadtluft jetzt auch in den warmen Sommermonaten schlecht ertrug, inzwischen jede Hoffnung auf Besserung oder gar Heilung aufgegeben und größte Vorbehalte gegen den klassischen Sanatoriumsbetrieb und die damit verbundene Schulmedizin hatte, die er sich auf längere Sicht finanziell auch gar nicht hätte leisten können, suchte er eine Sommerfrische in ländlicher Umgebung, die ihm von jeher die liebste Art der Erholung gewesen war. Nachdem er seine Angst überwunden hatte, er könne die im April des Vorjahres geborene Tochter Ottlas anstecken, entschloß er sich, am 23. Juni nach Planá nad Lušince (Planá an der Laisnitz) in der Nähe von Tabor zu fahren, wo seine Schwester eine Ferienwohnung gemietet hatte, die aus zwei Zimmern und einer Küche bestand.

Der Aufenthalt, der Mitte Juli und in der zweiten Augustwoche von Prag-Reisen unterbrochen wurde, dauerte bis zum 18. September. Kafka fand das kleine südböhmische Dorf *mit Wald und Fluß und Gärten außerordentlich schön,* und da seine Lunge sich immerhin *leidlich* zeigte, konnte er beispielsweise eine Stunde und mehr Holz hacken, ohne müde zu werden, und dabei glücklich sein. Gleichwohl waren die äußeren Bedingungen alles andere als günstig. Zum einen verhielt sich die Vermieterin die meiste Zeit *formell freundlich, aber kalt, böse, hinterlistig* gegen ihre Logiergäste. Zum andern besaß das Haus, in dem man Quartier bezogen hatte, weder Balkon noch Veranda, und da der vorhandene Garten den Kindern der umliegenden Häuser als Spielplatz diente – im Juli und August waren Schulferien –, waren auch Liegekuren im Freien nicht möglich, denen sich Kafka seit dem

Ausbruch seiner Lungenkrankheit regelmäßig unterzogen hatte. Außerdem gab es ein Lärmproblem, das Ottla zu mindern suchte, indem sie ihrem Bruder *mit unglaublichen Bequemlichkeitsopfern* das größere der beiden Zimmer zur Verfügung stellte, das aber zwangsläufig auch das gemeinsame Wohnzimmer der vier Feriengäste war: In diesem Raum stand der einzige Tisch der Wohnung, an dem Kafka an seinem *Schloss*-Roman arbeitete, nachdem Ottla, Věra und das Dienstmädchen zur Ruhe gegangen waren. Außerdem war an den Wochenenden und im August sein Schwager David anwesend, der seinen Jahresurlaub in Planá verbrachte.

Angesichts dieser Verhältnisse ist schwer vorstellbar, wie Kafka während des Vierteljahrs, das er in Planá verbrachte, seine Tage verbracht hat. Denn abgesehen vom *Prager Abendblatt*, das ihm täglich zugeschickt wurde, von der *Selbstwehr*, die er abonniert hatte, und von *Fackel*-Heften, die er von Klopstock erhielt, scheint er kaum gelesen zu haben. Die Zeugnisse wissen lediglich von regelmäßigen abendlichen Spaziergängen, wie er sie auch in Prag zu unternehmen pflegte. Auffällig ist, daß er mit der rein tschechischen Bevölkerung des Ortes kaum in Kontakt gekommen zu sein scheint, denn es läßt sich nur eine flüchtige Bekanntschaft mit einem Buchhalter nachweisen (→ Abb. 1158). Schon nach wenigen Tagen fand er das Problem, daß ihm, dem Juden, *die Eingeborenen, entgegen der Wirklichkeit, zu fremd seien, auf dem Land verschärft.* Die negativen Folgen dieser im wesentlichen auf seine Schwester ausgerichteten Lebensweise ließen nicht lange auf sich warten: Während des Aufenthalts in Planá kam es viermal zu Nervenzusammenbrüchen, die von Kleinigkeiten ausgelöst wurden. Auch der *Schloss*-Roman wurde im August abgebrochen.

Der letzte und größte dieser Zusammenbrüche erfolgte, nachdem sich für Kafka die Möglichkeit abgezeichnet hatte, noch einige Wochen ohne Ottla in Planá zu verbringen, die im Lauf des Septembers nach Prag zurückkehren mußte, denn er glaubte, die sich dann ergebende Einsamkeit nicht ertragen zu können. Am 11. September schrieb er darüber an Max Brod: *Bliebe ich hier allein, wäre ich völlig einsam. Ich kann nicht mit den Leuten hier sprechen, und täte ich es, wäre es Erhöhung der Einsamkeit. Und ich kenne andeutungsweise die Schrecken der Einsamkeit, nicht so sehr der einsamen Einsamkeit, als der Einsamkeit unter Menschen, etwa in der ersten Zeit in Matliary oder an ein paar Tagen in Spindlermühle, doch davon will ich nicht reden. Wie ist es aber mit der Einsamkeit? Im Grunde ist doch die Einsamkeit mein einziges Ziel, meine größte Lockung, meine Möglichkeit und, vorausgesetzt, daß man überhaupt davon reden kann, daß ich mein Leben «eingerichtet» habe, so doch immer im Hinblick darauf, daß sich die Einsamkeit darin wohlfühle. Und trotzdem die Angst vor dem, das ich so liebe. Viel verständlicher ist die Angst um Erhaltung der Einsamkeit, die gleichwertig an Stärke ist und auf Anruf sofort bei der Hand […] und verständlicher sogar noch die Angst vor dem gewundenen Mittelweg und diese Angst ist noch die schwächste der drei. Zwischen diesen zwei Ängsten werde ich zerrieben – die dritte hilft nur nach, wenn man merkt, daß ich flüchten will – und schließlich wird noch irgendein großer Müller hinter mir herzanken, daß sich bei der vielen Arbeit nichts Nahrhaftes ergeben hat.*

Nach seiner Rückkehr – daß es zu der geplanten Verlängerung des Aufenthalts kam, hatte Ottla verhindert – setzte Kafka in Prag seine literarische Arbeit bis zum Ende des Jahres fort – im Herbst entstanden die möglicherweise noch in Planá begonnenen *Forschungen eines Hundes* –, wo er jedoch von schmerzhaften Magen- und Darmkrämpfen heimgesucht wurde, die ihn wegen des damit verbundenen Fiebers viele Wochen lang ans Bett fesselten und gegen das Frühjahr von einer langanhaltenden, vollständigen Schlaflosigkeit abgelöst wurden. Aber auch sonst bewirkte sein sich laufend verschlechternder Gesundheitszustand, daß er nur selten Veranstaltungen besuchen konnte und weitgehend auf seine häusliche Umgebung beschränkt war, die freilich gelegentlich um Besuche bereichert wurde, die ihn aber auch belasteten. (→ Abb. 1092)

In diesen Herbst- und Wintermonaten muß Kafka viel gelesen haben: Die Teile seiner kleinen Bibliothek, die sich erhalten haben, erst unlängst zutage gekommene Hinweise auf Bücher, Broschüren und Zeitschriften, die sich am Ende seines Lebens in seinem Besitz befunden hatten, sowie Listen aus seiner Spätzeit, auf denen er zusammenstellte, was er lesen wollte, dokumentieren zahlreiche Titel, die erst während seiner letzten Jahre erschienen sind. Sie betreffen das Gebiet der Literatur, der Kunst, der Religionsgeschichte, der Autobiographie, der Memoirenliteratur und der Länderkunde.

Schließlich widmete sich Kafka nach seiner Rückkehr aus Matlarenau weiter intensiv der Vervollkommnung seiner Hebräischkenntnisse – ein regelmäßiges, verzweifeltes Lernen, wie er im Rückblick auf diese Lebensphase an Klopstock schrieb. Im Frühjahr und Frühsommer 1923 erhielt diese Beschäftigung eine zusätzliche Dimension: Die aus Palästina stammende Puah Bentovim, die auf Empfehlung Hugo Bergmanns nach Prag zum Studium gekommen war und von den dortigen Zionisten mit der Bitte um Vorträge und Sprachkurse überhäuft wurde, unterrichtete ihn in dieser Zeit mehr oder weniger regelmäßig in seiner Wohnung in ihrer Muttersprache Neuhebräisch.

Während dieser ganzen Zeit hatte Kafka Prag nur einmal verlassen, und zwar im Mai, als er in der ihm wohlbekannten Pension *Stejskal* in Dobřichowitz (→ Abb. 383) für einige Tage Erholung suchte. Erst am 5. Juli, zwei Tage nach seinem vierzigsten Geburtstag, verließ er zusammen mit seiner Schwester Elli und deren Kindern Felix und Gerti seine Heimatstadt, um mit ihnen in Müritz an der Ostsee gemeinsame Ferienwochen zu verbringen.

Br 376, M 305, Br 413, 375, M 275 und Br 378 f., vgl. Franz Kafka: *Amtliche Schriften. Mit einem Essay von Klaus Hermsdorf*, Berlin 1984, S. 452, 315–317, 439 f., Br 378, 380, DA 408, T 922, NS II A 110–115, O 122 und Br 456.

1121 | Blick auf das 1915 vollendete *Hus-Denkmal* und das durch Kampfhandlungen am Ende des Zweiten Weltkriegs stark beschädigte *Oppeltsche Haus,* in dem Kafkas Vater bis zu seinem Tod am 6. Juni 1931 und seine Mutter bis zum September 1932 wohnten (1945).

Kafkas Zimmer in der Wohnung der Eltern war eine Scheußlichkeit und nie habe ich begreifen können, wie Kafka nur eine Stunde es darin ausgehalten hat.

Als Kafka von seinem Aufenthalt in Matlarenau zurückkehrte, konnte er wieder das von ihm ursprünglich eingenommene Zimmer beziehen, in dem er bis zu seiner Abreise nach Berlin im September 1923 wohnen blieb. Hier entstanden zwischen Februar 1922 und seiner Abreise nach Planá am 23. Juni die ersten sechzehn Kapitel des *Schloss*-Fragments, das in tastenden Vorformen vermutlich schon während des Aufenthalts in Spindlermühle begonnen worden war, der wichtige Gesichtspunkte zur Konzeption des Romans beisteuerte.

Leider wurde bei der Wiederherstellung des *Oppeltschen Hauses* der links auf der Abbildung sichtbare Mauerrest des den Dachbereich bekrönenden Türmchens abgebrochen und das darunter liegende vierte Stockwerk als Dachstock gestaltet, so daß das Gebäude jetzt gegenüber Kafkas Lebzeiten um ein Stockwerk niedriger ist.

Emma Stahl [Minze Eisner] an Marthe Robert am 10. I. 1952, vgl. PT 56, Nr. 134 (9. VI. 1931), S. 12 und Hartmut Binder: *Kafka in neuer Sicht,* Stuttgart (1976), S. 366–373.

1122 | Blick von der *Niklasstraße* (heute *Pařížská*) in die *Joachimsgasse (Jachymova).* Bei dem Eckhaus rechts handelt es sich um das *Palais des kaufmännischen Vereins Merkur* (→ Abb. 209, 7). Die Rundbogenfenster im ersten Obergeschoß gehören zu dem Saal, in dem Kafka im März 1911 Rudolf Steiners *Okkulte Physiologie* betitelten Vortragszyklus gehört hatte (→ Abb. 353). In diesem Saal fand am 25. März 1911 ein auch von Kafka besuchter und in seinem Tagebuch ausführlich beschriebener theosophischer Geselligkeitsabend statt, auf dem er erstmals persönlich mit Rudolf Steiner zusammentraf (→ Abb. 353).

In dem dahinter liegenden Gebäude *Joachimsgasse (Jachymova)* Nr. 3 (V-63), in dem nach dem Zweiten Weltkrieg lange Jahre das *Jüdische Museum* untergebracht war, lag die von der *Israelitischen Kultusgemeinde* unterhaltene *Talmud-Thora-Schule,* in der traditionsbewußte Prager Familien ihren Kindern zusätzlich zu den beiden wöchentlichen Pflichtstunden an den öffentlichen Schulen Religionsunterricht erteilen ließen. Anfang September 1920 wurde hier die erste Klasse einer *Jüdischen Volksschule* mit tschechischer Unterrichtssprache eröffnet, die jüdischen Wissensstoff in den staatlichen Lehrplan integrierte und freiwilligen Hebräischunterricht anbot. Die Eröffnungsworte, die Max Brod bei dieser Gelegenheit

sprach, wurden von Kafka mitformuliert. Vorhergegangen waren Elternabende, veranstaltet von der zionistischen Kulturkommission und einem besonderen Ausschuß – die erste dieser Informationsveranstaltungen, auf denen über die Möglichkeiten gesprochen wurde, die Jugend im Sinn des Judentums zu erziehen, fand am 14. Februar 1914 statt und sah Kafka unter den Zuhörern. Auf sein Betreiben hin wurde Lotte Pollak, die jüngere Tochter seiner Schwester Valli, im Herbst 1921 dort Schülerin der zweiten Klasse. Auch in den darauffolgenden Jahren nahm er am Schicksal dieser Einrichtung und den Fortschritten Lottes im Hebräischen Anteil.

Auf der gegenüberliegenden Seite der Straße, *Joachimsgasse* Nr. 2 (V-26), an der Ecke zur im Hintergrund querenden *Meiselgasse (Maiselova),* wohnte Kafkas Onkel Ludwig Kafka.

Vgl. Brod: Tagebuch, 25. III. 1911, FK 271 f., T 637, Br 393 und 463.

1123 | Valli Pollak mit ihren Töchtern Marianne (links) und Lotte auf dem *Altstädter Ringplatz*.

Marianne und Lotte danke ich vielmals für ihre Briefe. Merkwürdig wie ihre Schriften, nebeneinandergestellt, vielleicht nicht ihre Wesensunterschiede, aber fast ihre Körperunterschiede darstellen, wenigstens scheint es mir so in diesen letzten Briefen.

Marianne (*1913) heiratete Georg Steiner, den Juniorchef des Prager Herrenausstatters *Barta & Co.* in der *Ferdinandstraße*, und floh 1939 mit ihm und ihrem Sohn Michael (*1938) nach London. Nach dem Ende des Zweiten Weltkriegs kehrten die Steiners zurück und nahmen ihr Geschäft wieder in Besitz, emigrierten aber nach der Machtübernahme durch die Kommunisten im Februar 1948 neuerlich nach England. Marianne Steiner starb im Jahr 2000 in London. Ihre Schwester Lotte (*1914) bekam 1931 während eines Skiausflugs im Riesengebirge *Angina sepsis*, der sie erlag.

An Valli, November 1923, vgl. Marianne Steiner, London (mündlich, Februar 1966).

1124 | Erwin Arnstein (1899–1959) (1923).

Erwin Arnstein, geboren 1899 in Dobříš (Dobrisch) bei Prag, entstammte einer zionistisch geprägten Familie und trat nach dem Abitur der Studentenverbindung *Theodor Herzl* bei, bei der es sich um das tschechische Gegenstück zum *Verein jüdischer Hochschüler «Bar Kochba»* handelte. Er studierte Mathematik, Statistik und Psychologie an der Tschechischen Universität in Prag, an der er 1927 promovierte. Außerdem erwarb er eine Lehrberechtigung, so daß er im Herbst 1921 die zweite Klasse der *Jüdischen Schule* in Prag übernehmen konnte, wo er unkonventionell, zum Teil nach allermodernsten Methoden unterrichtete. Im Februar 1923, als Arnstein nach Palästina auswanderte, wo er bis 1943 Lehrer an der *Hebrew Reali School* in Haifa war, schickte Kafka ihm ein Exemplar seiner *Strafkolonie* und schrieb als Widmung hinein: *Für Erwin Arnstein in Dankbarkeit für das Glück, das von ihm ausging.* Von Arnstein erfuhr Kafka auch durch Briefe, die dieser an Max Brod und Felix Weltsch schrieb, sowie durch seine Korrespondentenberichte aus Palästina, die in der *Selbstwehr* erschienen. Nach Kafkas Tod schickte Valli, die mit Arnstein befreundet war, diesem eine Photographie Kafkas und schrieb dazu: *Dem Freund unserer Familie schickt meine Mutter das Bild.* Nach dem Ende des Zweiten Weltkriegs richtete Arnstein das *Hadassah Vocational Centre* in Jerusalem ein, eine Berufsberatungsstelle, deren Direktor er bis zu seinem Tod im Jahr 1959 war.

Hartmut Binder: *Franz Kafka und die Wochenschrift «Selbstwehr»*, in: *Deutsche Vierteljahrsschrift für Literaturwissenschaft und Geistesgeschichte* 41 (1967), S. 295 f. und Amos Arnan (Arnstein) am 18. I. 1977.

1125 | Anton Kuh (1891–1941).

Kuh befangen-unbefangen wie immer sang und lärmte die halbe Nacht.

Das Zitat, das sich auf eine gemeinsame nächtliche Bahnfahrt von Wien nach Prag bezieht (→ Abb. 950), belegt, daß Kafka dem Wiener Literaten mehrfach begegnet sein muß, der den Pragern durch Feuilletons und Vorträge gewärtig war, deren improvisierte Lebendigkeit ihn berühmt gemacht hatte. So sprach Kuh Anfang Mai 1918 zum Thema *Der alte Goethe und der junge Schopenhauer*, am 13. Oktober 1921 über *Die Erotik des Bürgers*, am 21. über *Vergeistigte Liebe*, am 3. Februar 1922 über Wedekind und am 12. Oktober dieses Jahres über die jüdischen Reichen, ein Vortrag, den Felix Weltsch wie folgt rezensierte: *Die Psychologie der durch die Assimilation hindurchgegangenen Juden bietet dem bösartigen Entdeckerauge Kuhs die reizvollsten Angriffsflächen. In diesem Sinne kann man den Vorträgen Kuhs eine geradezu historische Bedeutung zuerkennen.* Erinnerungen von Hans Klaus belegen, daß Kafka zumindest einen der genannten Vorträge besucht haben muß.

In seinem Buch *Juden und Deutsche* (1921) handelt Kuh von der denaturierten Erotik der Juden, welche die Selbstverständlichkeit der Instinkte einer unbarmherzigen Kontrolle der Vernunft aufge-

opfert und so Ängstlichkeit, Berechnung, Nervosität und Lebensgier hervorgebracht hätten. Max Brod, der nach Ausweis seines Tagebuchs schon 1917 mit Kuh über das menschliche Geschlechtsleben debattiert hatte, widmete dem Werk eine ausführliche Rezension, die am 1. und 8. April 1921 in der *Selbstwehr* erschien. Kafka, der das Blatt abonniert hatte, aber nicht ganz regelmäßig nachgeschickt bekam, wenn er zur Kur seine Heimatstadt verließ, las in Matlarenau den zweiten Teil dieses Beitrags mit großer Freude. Außerdem zitiert Brod in einem ausführlichen Artikel über Georg Langers *Erotik der Kabbala* zustimmend Kuhs Grundthese. Man kann also davon ausgehen, *Juden und Deutsche* sei von Kafka und seinen Freunden auch mündlich diskutiert worden. Kafka dürfte das Buch nach seiner Rückkehr aus Matlarenau gelesen haben, denn es läßt sich belegen, daß er Sexualität in Anlehnung an die von Kuh vertretene Auffassung verstand und sich in seinem *Schloss*-Roman von dieser Darstellung stark beeinflußt zeigt.

Wie sein Nachruf *Kierling in der Literaturgeschichte* beweist, der am 11. Juni in der Wiener Zeitung *Die Stunde* erschien, schätzte Kuh seinen Schriftsteller-Kollegen Kafka, den er als Insassen der einsamen Dreidimensionalität der Kunst bezeichnete, in dessen Werk die Sprache endlich wieder ein Gesicht trage. Kuh, der nach dem Ersten Weltkrieg eine Zentralgestalt der im Wiener *Café Herrenhof* tagenden Literatenzirkel war, lebte seit 1928 in Berlin und emigrierte zehn Jahre später nach New York, wo er auch starb.

An Milena am 25. VI. 1920 und F. Weltsch: *Anton Kuh über die jüdischen Reichen*, in: SW 16, Nr. 42 (20. X. 1922), S. 5, vgl. PT 43, Nr. 108 (11. X. 1918), S. 4, DZB 94, Nr. 242 (15. X. 1921), S. 6, DZB 95, Nr. 30 (4. II. 1922), S. 4, Hans Klaus, undatiert (Januar 1981), Br 339, Max Brod: *Die Erotik der Kabbala*, in: SW 17, Nr. 17 (27. IV. 1923), S. 1 f. und Hartmut Binder: *Kafka in neuer Sicht*, Stuttgart (1976), S. 381–395.

1126 | Albert Ehrenstein (1886–1950).

In sich ist ja Ehrenstein gewiß sehr stark; was er abend vorlas war ungemein schön (allerdings wieder mit Ausnahme gewisser Stellen im Krausbuch). Und wie gesagt auch einen guten Blick hat er. Übrigens ist Ehrenstein fast dick, jedenfalls massiv geworden […] und weiß von den Magern nicht viel mehr als daß sie mager sind. Bei den meisten genügt diese Kenntnis allerdings, z. B. für mich.

Die Stelle bezieht sich auf eine kurze persönliche Begegnung zwischen Kafka und Ehrenstein anläßlich eines Vortrags, den letzterer am 8. November 1920 im Prager *Mozarteum* (→ Abb. 1129) gehalten hatte. Kafka hatte Ehrenstein im März 1913 in Berlin kennengelernt und im September in Wien wiedergesehen (→ Abb. 726). Als Ehrenstein dann Anfang November 1913 in Prag vorlas, zeigte ihm Kafka *mit glänzenden Augen* die Sehenswürdigkeiten seiner Heimatstadt (→ Abb. 797). Ehrenstein revanchierte sich mit einer sehr positiven Besprechung von Kafkas Erstling *Betrachtung*, die am 16. April 1914 im *Berliner Tageblatt* erschien. Ende Oktober 1921 kam Ehrenstein wieder nach Prag. Am 22. las er in der *Urania* (→ Abb. 1141) aus eigenen Werken, und am 28. sprach er im *Klub deutscher Künstlerinnen*, der inzwischen sein Ver-

einslokal vom *Riegerquai* an den *Bergstein* (*Na Perštýně*) Nr. 6 (I-359) verlegt hatte. Ob Kafka unter den Besuchern war, ist nicht überliefert, wohl aber ein Zusammentreffen mit Ehrenstein am 24. des Monats, der Kafka jetzt als *Isolationist und Weltfremdling* erlebte, also mit sicherem Blick dessen «*Exterritorialität*» erkannte, über die man während dieser Zusammenkunft gesprochen hatte.

An Milena, Mitte November 1920 (das Wort Ehrenstein kursiv), Albert Ehrenstein: *Franz Kafka*, in: *Aufbau* 9, Nr. 28 (9. VII. 1943), S. 17 und Br 322, vgl. L. W. [Ludwig Winder]: *Vorlesung Albert Ehrenstein*, in: DZB 93, Nr. 264 (10. XI. 1920), *2. Beiblatt*, Br II 143, 280, T 591, w. [Ludwig Winder]: DZB 94, Nr. 250 (25. X. 1921), S. 8 und T 870.

1127 | Richard Pischel: *Leben und Lehre des Buddha*, (B. G. Teubner) Leipzig und Berlin 1910, Frontispiz (Buddhastatue aus Schortschuq).

Im Jahr 1937 besuchte Hélène Zylberberg Ottla David und ihre Schwestern in Prag, weil sie ein Dissertation über Kafka schreiben wollte und dafür einschlägiges Material suchte. Bei dieser Gelegenheit stellte sie eine Liste mit Titeln zusammen, bei denen es sich, wie signifikante Einzelübereinstimmungen mit den Büchern zeigen, die sich aus Kafkas Bibliothek erhalten haben, um Publikationen gehandelt haben muß, die in dessen Besitz waren. Denn diese Liste kann nur unter Mithilfe seiner Schwestern zustande gekommen sein, die die junge Germanistin berieten und ihr sogar auf Kafka bezügliche Dokumente anvertrauten. Dieses Material hat sich im Nachlaß Hélène Zylberbergs erhalten und inzwischen den Weg ins *Deutsche Literaturarchiv* in Marbach am Neckar gefunden.

Außer der oben angeführten enthält diese Liste noch vier weitere den Buddhismus betreffende Veröffentlichungen, darunter *Die letzten Tage Gotamo Buddhos*, übersetzt von Karl Eugen Neumann (München 1911), übrigens der einzige Titel dieser Thematik, der sich in Kafkas Bibliothek erhalten hat. Bei den drei übrigen handelt es sich um *Zwei Reden* von Gotamo Buddho, die, übertragen von Karl Eugen Neumann, 1920 als Nr. 310 der Insel-Bücherei erschienen sind, um die von Karl Eugen Neumann getroffene und übersetzte Auswahl *Aus den Reden Gotamo Buddhos*, die im gleichen Jahr 1920 in der Sammlung *Die Gefährten* herauskam, sowie um Hermann Oldenburgs *Lehre der Upanishaden und die Anfänge des Buddhismus* (Göttingen 1915), dies übrigens der einzige Fall, wo Zylberberg das Erscheinungsjahr angegeben hat.

Ein derart massiertes Interesse für einen Sachkomplex begegnet bei Kafka nur in wenigen Fällen und bei Persönlichkeiten, mit denen er sich intensiv auseinandersetzte (Goethe, Flaubert, Kierkegaard, Napoleon, Strindberg), so daß man annehmen muß, daß es eine Lebensphase gegeben hat, in der er sich stark mit dem Buddhismus befaßt hat, auch wenn sich in seinen Tagebüchern und Briefen keinerlei Spuren dieser Beschäftigung nachweisen lassen. Unter der naheliegenden Voraussetzung, daß er die fünf Titel mehr oder weniger gleichzeitig erworben hat, bieten sich als Zeitpunkt für die Lektüre dieser buddhisti-

schen Schriften die beiden Jahre zwischen seiner Rückkehr aus Matlarenau und seiner Reise nach Müritz an. Dafür sprechen die Erscheinungsjahre der in Frage stehenden Veröffentlichungen. Auch läßt sich dafür anführen, daß Albert Ehrenstein für die als Jahresbände publizierten *Gefährten* verantwortlich war und Kafka darauf hingewiesen haben könnte, als sich die beiden im Oktober 1921 in Prag sahen (→ Abb. 1126). Außerdem gibt es ein starkes Interesse Kafkas an den Kulturen des Fernen Ostens, das sich gerade im Jahr 1923 zeigte, als er aus einem Prospekt des Kurt Wolff Verlags Ludwig Bachhofers *Kunst der japanischen Holzschnittmeister* (→ Abb. 1196), Otto Fischers *Chinesische Landschaftsmalerei* und Friedrich Perzyńskis *Von Chinas Göttern* auswählte. Schließlich läßt sich für die allerletzten Lebensjahre eine zuvor nicht feststellbare intensive Hinwendung zu religiösen Themen aus dem christlichen Bereich beobachten, der sich diese Beschäftigung mit dem Buddhismus zuordnen läßt (→ Abb. 1144).

Vgl. KB 118, 187 und 183.

1128 | Eugen Spiro: *Ludwig Hardt liest Heine.*

[...] über Hardt z. B. der mich doch verhältnismäßig sehr beschäf-
tigt hat, wäre ich nur mit größter Mühe etwas zu notieren fähig. Es
ist so, als hätte ich schon alles längst über ihn geschrieben oder was
das gleiche ist, als wäre ich nicht mehr am Leben.

Hardt (1886–1947), der seit 1907 als Rezitator auftrat und nach
dem Ersten Weltkrieg als Lektor für Vortragskunst am *Deutschen*
Theater in Berlin tätig war, gastierte Ende Januar und Anfang Februar 1921, als Kafka in der Hohen Tatra weilte, mit drei Vortrags-
abenden in Prag. Ludwig Winder schrieb damals: *Er ist ein ironi-*
scher Pathetiker und pathetischer Ironiker, der Gedankenkomplexe
in ein einziges Wort zusammenballt, das mit ungeheurer Wucht wie
ein Eisenhammer niederfällt. Vermutlich wurde Hardt bei diesem
Aufenthalt auf Kafkas Werk aufmerksam, denn im März dieses
Jahres brachte er in Berlin zum erstenmal drei Prosastücke dieses
Autors zu Gehör, darunter *Elf Söhne*, ein Vorgang, von dem Kafka
durch Max Brod erfuhr.

Im Oktober kam Hardt zu einer zunächst gar nicht in diesem
Umfang geplanten vierteiligen Vortragsfolge nach Prag. Am 1. Oktober las er im *Mozarteum* unter anderem Börne, Eichendorff, Heine,
Goethe, Robert Walser und von Kafka *Elf Söhne* sowie zwei andere
Texte aus dem *Landarzt*-Band, unter denen vermutlich *Die Sorge*
des Hausvaters war. Aus Erinnerungen Hardts läßt sich erschließen,
daß er Kafka im Anschluß an diese Veranstaltung kennengelernt
hat. Dafür spricht auch ein an Hardt gerichtetes undatiertes Schreiben Kafkas, das vermutlich am 3. Oktober entstanden ist, persönliche Bekanntschaft voraussetzt, eine Begegnung für den darauffolgenden Tag im Prager Hotel *Zum blauen Stern* (→ Abb. 668) vor-
schlägt und die Bitte enthält, Hardt möge bei seinem zweiten, auf
den 5. des Monats festgesetzten Rezitationsabend, der Texten von
Morgenstern, Mynona, Daudet und Grimms Märchen *Hans und*
Swinigel galt, die Kleistsche *Anekdote aus dem letzten preußischen*
Kriege ins Programm nehmen, die er selbst gern vortrug, so daß

man davon ausgehen kann, daß er auch bei dieser zweiten Lesung
unter den Zuhörern war. Da er am 4. Oktober Robert Klopstock
schrieb, er sei von Hardt stark in Anspruch genommen, bestärkt in
der Annahme, daß er den Vortragskünstler an diesem Tag tatsächlich im Hotel getroffen hat.

Eine weitere Zusammenkunft zwischen den beiden fand am 7.
des Monats statt, denn einerseits trägt Kafkas Widmung in Hebels *Schatzkästlein des Rheinischen Hausfreundes* dieses Datum
(→ Abb. 1131), andererseits schrieb er am darauffolgenden Tag an
Robert Klopstock, Hardt sei bewunderungswürdig in vielem, sehr
liebenswert in manchem. Die Bewunderung galt wohl dem Umstand, daß der Rezitator die Texte, die er vortrug, nach ihrer Bau-
weise gliederte und mit den Bewegungen seiner Hände Zäsuren
andeutete und Schwellungen nachzeichnete, so daß sie in einem
klanglich und sinnlich logischen Vorgang neu erstanden. Wie einem Brief an Minze Eisner zu entnehmen ist, erschöpften und erregten Kafka die Zusammenkünfte mit Hardt.

Die dritte, besonders erfolgreiche Rezitation fand am 10. Oktober
in der *Produktenbörse* statt (→ Abb. 495). Hardt bot auf Zuruf des
Publikums Texte aus den bisherigen Programmen sowie Schauspie-
lerporträts – er ließ Else Lehmann, Pallenberg, Bassermann, Wege-
ner, Schildkraut, Moissi die erste Strophe des *Lieds von der Glocke*
sprechen –, die von Thomas Mann wie folgt kommentiert wurden:
Die Treffsicherheit der Nachahmung ist in jedem Fall täuschend bis
zur Abenteuerlichkeit. Sollte Gustav Janouchs Erinnerung in diesem
Fall zutreffend sein – er behauptet, mit Kafka zusammen eine Veranstaltung Hardts in der *Produktenbörse* besucht zu haben –, hätte
Kafka den Vortragskünstler auch an diesem dritten Termin gehört.

Die Veranstaltungsreihe wurde von einem intimen Abend am
14. Oktober im *Mozarteum* mit Jean Paul, Hebel, Perez, Schalom
Asch und Versen von Li-Tai-Pe, Goethe und Nietzsche beschlossen.

Als Hardt am 9. und am 14. Februar 1922 neuerlich in Prag auftrat,
wobei beidemal Texte Kafkas auf dem Programm standen, konnte
dieser nicht dabei sein, weil er sich zu diesem Zeitpunkt in Spindlermühle aufhielt. Doch als er am 11. März 1922 wieder in Prag war
und erstmals Texte aus Hebels *Schatzkästlein* vortrug, geschah dies
wohl auf Kafkas Anregung hin, der ihn zwei Tage vorher im Tagebuch erwähnt, sich also sicherlich wieder mit ihm getroffen hat. Als
der Rezitator am 3. Dezember 1922 am Prager Vortragspult erschien,
hatte er drei Kafka-Texte im Programm, darunter *Das nächste Dorf*
und wahrscheinlich auch *Elf Söhne.* Vermutlich bei dieser Gelegenheit schenkte ihm Kafka einen Bericht über Sibirien und schrieb
als Widmung hinein: *Als Vorbereitung zu einer gemeinsamen Italien-*
fahrt. Die letzte Begegnung zwischen den beiden fand Anfang
Februar 1924 statt, als Hardt Kafka in Berlin-Zehlendorf einen

1129 | Das von dem Architekten Jan Kotěra erbaute *Mozarteum* in der *Jungmannstraße (Jungmannova)* Nr. 34 (heute Nr. 30) (II-748), das dem Musikverleger Mojmír Urbánek gehörte.

Der 400 Sitzplätze umfassende, für Kammermusik, Solistenkonzerte und Vorträge bestimmte Saal wurde Anfang Oktober 1913 eröffnet und hat sich erhalten.

Vgl. PT 38, Nr. 148 (1. VI. 1913), S. 9 und 14 sowie Nr. 271 (5. X. 1913), S. 5 f.

1130 | Das 1902 eröffnete und bis 1929 bestehende *Café Edison* an der Ecke *Am Graben (Na příkopě)/Am Brückel (Na můstku)* (I-388, heute Nachfolgebau mit Zugang zur *Metro*), in dem sich die Prager Schriftsteller nach dem Ersten Weltkrieg zu treffen pflegten. Hier ist Kafka, der das Lokal freilich schon aus früheren Jahren kannte, mit Ludwig Hardt zusammengetroffen.

Vgl. Johannes Urzidil: *Da geht Kafka*, (München 1966), S. 14, 63 f., C 52 und Hartmut Binder: *Wo Kafka und seine Freunde zu Gast waren*, (Furth im Wald, Prag 2000), S. 232–235.

1131 | *Johann Peter Hebel: Das Schatzkästlein des Rheinischen Hausfreundes*, (J. G. Cotta'scher Verlag) Stuttgart und Augsburg 1859, Illustration (Holzschnitt) zu *Unverhofftes Wiedersehen*.

Kafka liebte diese Erzählung ganz besonders, äußerte er doch Ludwig Hardt gegenüber: *Das ist die wunderbarste Geschichte, die es gibt!*

Ein Exemplar der Ausgabe von 1859 dedizierte Kafka dem Rezitator mit folgender handschriftlicher Widmung: *Für Ludwig Hardt,/um Hebel eine Freude zu machen/Kafka/7 X 21/Prag.*

Elias Canetti: *Das Augenspiel. Lebensgeschichte 1931–1937*, München, Wien (1985), S. 312, ders.: *Hebel und Kafka. Rede bei der Verleihung des Johann-Peter-Hebel-Preises am 10. Mai 1980 in Hausen im Wiesenthal*, in: Bogen 1. Autoren/Texte/Bücher, (München o. J.), unpaginiert, und Hartung & Hartung: *Wertvolle Bücher. Manuskripte. Autographen. Graphik. Auktion 110. 2.–4. November 2004*, München, S. 447 (Faksimile).

Besuch abstattete und ihm am Krankenbett Gedichte von Matthias Claudius vorlas, von denen ihm besonders *An Frau Rebekka/bei der silbernen Hochzeit, den 15. März 1797* gefiel.

Tagebuch, 15. X. 1921, L. W.: *Ludwig Hardt-Abend*, in: DZB 94, Nr. 23 (28. I. 1921), *Beiblatt*, Br 360, DZB 95, Nr. 270 (17. XI. 1922), S. 7 und EFK 213, vgl. *Franz Kafka. Kritik und Rezeption zu seinen Lebzeiten 1912–1924*, hrsg. von Jürgen Born, (Frankfurt/M. 1979), S. 129–137, EFB 323, EFK 215 f., Br 358, 360, Gustav Janouch: *Gespräche mit Kafka*, (Frankfurt/M. und Hamburg 1961), S. 63, PT 47, Nr. 35 (10. II. 1922), S. 6, Nr. 37 (12. II. 1922), S. 8, DZB 95, Nr. 285 (5. XII. 1922), S. 5, PT 47, Nr. 57 (8. III. 1922), S. 7, Nr. 58 (9. III. 1922), S. 7, Rudolf Leonhard: *Der Weg und das Ziel. Prosaschriften*. Mit einem Vorwort von Maximilian Scheer, Berlin 1970, S. 86, Br 476, EFK 171, Ludwig Hardt: *Erinnerungen an Franz Kafka*, in: *Die Neue Rundschau* 58 (1947), S. 239–242 und KB 28.

1132 | Irene Safar, geb. Bugsch.

Zu den in der Badedirektion Forberger Beschäftigten, mit denen Robert Klopstock in Matlarenau verkehrte, gehörte auch Irene Bugsch. Irene, unzufrieden mit der Enge der in der Hohen Tatra herrschenden Verhältnisse, wollte ihre Heimat verlassen und ihre künstlerischen Neigungen verwirklichen. Klopstock machte ihr Mut, sich zu verändern, schleppte sie auf Kafkas Zimmer und veranlaßte, daß sie ein Porträt von ihm anfertigte. Aber die Zeichnung mißlang, so daß Kafka wenig von ihren diesbezüglichen Fähigkeiten hielt, zumal die einzige Kunstarbeit, die er von ihr gesehen hatte, die schlechte Kopie einer schlechten Ansichtskarte gewesen war. Gleichwohl beteiligte er sich nach seiner Rückkehr nach Prag an der Suche nach einem geeigneten Ausbildungsplatz für sie, den er in München oder Dresden zu finden hoffte. Als er deswegen die *Prager Presse* aufsuchte, um sich in dieser Angelegenheit mit Otto Pick zu beraten, traf er dort Paul Adler, der damals als Redakteur des Blattes arbeitete (→ Abb. 757). Adler zeigte sich gefällig und schrieb für Irene Empfehlungsbriefe an Freunde in Dresden, das Kafka deswegen favorisierte, aber auch, weil er die Stadt schön, gesund und *am nächsten zur Heimat* Irenes gelegen fand. So schickte er ein Gesuch Irenes, das er aus Matlarenau mitgebracht hatte, an die *Kunstakademie* in Dresden, während er die Empfehlungsschreiben Irene zukommen

ließ, die sie nach ihrer Ankunft in der Stadt vorzeigen sollte.

Derart mit den Lebensumständen Irenes verflochten, fühlte er sich auch für sie verantwortlich, und es kamen ihm nachträglich Bedenken – jetzt hätte er die Empfehlungsbriefe am liebsten zerrissen –, die er Klopstock gegenüber wie folgt zu Protokoll gab: *Irenes zarte Ungeschicklichkeit, Scheu, menschliche, künstlerische, allseitige Unerfahrenheit* habe zwar *einen gewissen Materialwert*, auch werde die radikale Änderung ihrer bisherigen Lebensweise starke Wirkungen entfalten, selbst wenn sie kein Talent habe (und das scheine nach seiner Menschenkenntnis tatsächlich der Fall zu sein), auch könne *die Zucht der Schule, der Einfluß des Lehrers, die Verzweiflung des eigenen Herzens* etwas Brauchbares hervorbringen, aber *nur in früher Jugend, im Alter Frl. Irenes nicht mehr.* Man trage also eine große Verantwortung, wenn man sie hinaustreibe: *Gerade jetzt in den Jahren, in denen sie sich noch durch eine Heirat retten könnte, wird sie im Ausland sein, erkennen, daß diese Hoffnung auch vergeblich war, beschämt zurückkommen und erst jetzt sehn, daß wirklich alles verloren ist.*

Als Irene Bugsch Anfang Oktober nach Dresden fuhr, um sich dort vorzustellen, besuchte sie Kafka in Prag, der ihr Kunstdrucke vorlegte, um ihre Ansichten zu prüfen, vielleicht auch, um ihr, die, wie er an Klopstock schrieb, keine andere Ausstellung gesehen hatte als die von Hauptmann Holub (→ Abb. 1103), kunstgeschichtliches Material für die Aufnahmegespräche in Dresden zu liefern. Während dieses Prag-Aufenthalts traf sie auch mit Ludwig Hardt zusammen, der ihr die in Dresden lebende Rezitatorin Midia Pines empfahl.

Der Verlauf, den dieses seiner Ansicht nach hoffnungslose Projekt zu nehmen schien, beschäftigte Kafka sehr. Unmittelbar

nachdem Irene Prag in Richtung Dresden verlassen hatte, schrieb er an Klopstock: *mein Verdacht gegen die Angelegenheit ist nicht beseitigt, es ist ein wahnwitziges Unternehmen, so wahnwitzig, daß es nicht einmal schön ist zuzuschauen. Ich werde entzückt sein, wenn es halbwegs gut ausgeht, ich werde nicht nur im Einzelfall widerlegt sein, mein ganzes Weltbild wird beeinflußt sein. [...] Ich denke ja bei dem Ganzen sehr an mich, es ist so, wie wenn ich etwa heute meinem Traum nachgeben und mich bei einer Skautstruppe zehnjähriger Jungen anmelden wollte* (→ Abb. 1154). Anfang Dezember erhielt Kafka einen Brief von Irene, in dem sie ihm schrieb, ihre Probezeit an der *Kunstakademie* sei erfolgreich verlaufen, sie sei angenommen und habe sich mit Midia Pines befreundet. Kafka gratulierte ihr schriftlich und schrieb an Klopstock: *Ich übertreibe vor Glück, daß ein solcher Kindertraum irgendwo in meiner Nähe wenigstens der Form nach gelebt wird, daß es soviel Naivität, infolgedessen soviel Mut, infolgedessen soviel Möglichkeiten auf der Welt gibt.*

Im April 1922, nach dem Ende ihres ersten Semesters auf der Rückfahrt in die Hohe Tatra, besuchte Irene, *deutlich verjüngt, verschönt,* Kafka noch einmal. Als im Januar 1924 die Rezitatorin Midia Pines in Begleitung von Irene Bugsch zu einem Vortragsabend nach Berlin kam, der Dora Diamant unter den Zuhörern sah, wollten die beiden Kafka in Steglitz besuchen, doch scheint es, daß nur Irene ihren Vorsatz wahr gemacht hat. Irene Safar wurde nach dem Zweiten Weltkrieg aus ihrer Heimat vertrieben und starb 1976 in Furth im Wald.

Br 355, 356, 359, 366 und 374 (falsch datiert, erkennbar in Franz Kafka: *Amtliche Schriften,* Berlin 1984, S. 438), vgl. Irene Safar-Bugsch, Furth im Wald (mündlich, Frühjahr 1975), Br 357, NS II 177 f., T 776, Br 359, Br 364, Hanns Zischler: *Kafka geht ins Kino,* (Reinbek bei Hamburg 1996), S. 155, Br 472 und 474.

1133 | Im *Chotek-Park*. In der Bildmitte das Denkmal für den tschechischen Schriftsteller Julius Zeyer aus dem Jahr 1913.

Zwischen den jungen Frauen oben im Park. Kein Neid. Genug Phantasie, um ihr Glück zu teilen, genug Urteilsfähigkeit, um zu wissen, daß ich zu schwach bin für dieses Glück, genug Narrheit, um zu glauben, daß ich meine und ihre Verhältnisse durchschaue. Nicht genug Narrheit, eine winzige Lücke ist da, der Wind pfeift durch sie und verhindert die volle Resonanz.

Tagebuch, 16. X. 1921.

1134 | Illustration aus Ladislav Tuma-Zevloun: *Náš skautík* [Unser kleiner Scout], V Praze 1922, S. 17.

Es ist so, wie wenn ich etwa heute meinem Traum nachgeben und mich bei einer Skautstruppe zehnjähriger Jungen anmelden wollte.

Obwohl Kafka sich um geeignete Lesestoffe für seinen Neffen und seine Nichten (→ Abb. 1036) sorgte und deswegen unter diesem Gesichtspunkt nach Jugendliteratur Ausschau gehalten haben dürfte, hatte er auch selbst eine Vorliebe für solche Bücher. So las er im Dezember 1921 Tuma-Zevlouns Erzählung, *Náš skautík*, in der die Verwandlung eines 12jährigen Jungen vom verwöhnten Stadtkind zum selbständigen, gestählten Pfadfinder beschrieben wird: Vladimir ist ein immer wieder kranker, schwacher und verwöhnter Junge. Als sich seine Eltern deswegen keinen Rat mehr wissen und einen Arzt aufsuchen, stellt dieser fest, daß Vladimir nur Bewegung an der frischen Luft und die Gesellschaft gleichaltriger Kinder fehlen. Vladimir wird deswegen beim *Sokol* angemeldet, einem landesweit verbreiteten tschechischen Turnverein, und verändert sich durch die hier ausgeübte sportliche Betätigung. Als er in der Schule von der Organisation *Skaut* hört, wird er auch hier Mitglied. In den Sommerferien fährt Vladimir mit seinem Scout-Trupp in ein Zeltlager.

Nachdem sie ihren Zielbahnhof erreicht hat, begibt sich die Gruppe zu Fuß in den Wald, wo sie einen Förster und sein kleines Töchterchen kennenlernt und ihr Lager aufbaut. Obwohl sich das Lagerleben, besonders am Anfang, als schwierig erweist und Vladimir zur Nachtwache eingeteilt wird, ist er glücklich über die Waldspaziergänge, die Bademöglichkeiten und das Lagerfeuer, wo Bruder Horák von seinen Kriegserlebnissen und seiner Arbeit im Soldatenlazarett erzählt. Als Vladimirs Vater zu Besuch kommt, freut er sich über seinen Sohn, der inzwischen zu einem richtigen Scout geworden ist. Als die Ferien zu Ende sind, nimmt die Gruppe Abschied von dem netten Förster, der sie für nächstes Jahr wieder einlädt, und kehrt nach Prag zurück.

An Robert Klopstock, Anfang Oktober 1921, vgl. T 876.

1135 | Ludwig van Beethoven: *Fidelio*, Bühnenbild des zweiten Aktes, der zu Beginn den unrechtmäßig gefangengehaltenen Florestan in seinem Kerker zeigt, in einer Inszenierung, die am 21. Januar 1922 im *Tschechischen Nationaltheater* gezeigt wurde.

Plötzlich im Teater angesichts des Gefängnisses Florestans öffnet sich der Abgrund. Alles, Sänger, Musik, Publikum, Nachbarn, alles ferner als der Abgrund.

Kafka, der wegen seiner Lungenerkrankung in der kalten Jahreszeit ungern abends ausging, besuchte am 21. Januar 1921 eine Nachmittagsvorstellung im *Tschechischen Nationaltheater*, ein seltener Beleg für sein ursprünglich vorhandenes Interesse an der Musik. (→ Abb. 524 und 552)

Tagebuch, 21. I. 1922.

1136 | Kafka, ganz rechts stehend, am 27. Januar 1922 auf der Fahrt von Hohenelbe nach Spindlermühle (Špindlerův Mlýn).

Die abbröckelnden Kräfte während der Schlittenfahrt. Man kann ein Leben nicht so einrichten wie ein Turner den Handstand.

Die Gäste des Hotels *Krone* in Spindlermühle, in dem Kafka und der ihn begleitende Arzt Dr. Hermann und seine Familie wohnten, wurden entweder von der Bahnstation Hohenelbe abgeholt, oder sie fuhren mit einem der dort bereitstehenden Schlitten und handelten den Fahrpreis selbst aus.

Tagebuch, 27. I. 1922, vgl. Else Teichmann am 23. V. 1977 und DZB 98, Nr. 19 (22. I. 1925), S. 3.

1137 | Das Hotel *Krone* (später *Savoy*) in Spindlermühle-Friedrichsthal (Bedřichov).

Trotzdem ich dem Hotel deutlich meinen Namen geschrieben habe, trotzdem auch sie mir schon zweimal richtig geschrieben haben, steht doch unten auf der Tafel Josef K. Soll ich sie aufklären oder mich von ihnen aufklären lassen?

Tagebuch, 27. I. 1922

1138 | Die Veranda im Hotel *Krone* (um 1925).

Wenn M.[ilena] z. B. hierher plötzlich käme, es wäre schrecklich. Zwar äußerlich wäre meine Stellung vergleichsweise sofort glänzend. Ich wäre geehrt als ein Mensch unter Menschen, ich bekäme mehr als nur förmliche Worte. Ich säße [...] am Tisch der Schauspielergesellschaft, ich wäre Dr. H.[ermann] social äußerlich fast ebenbürtig – aber ich wäre abgestürzt in eine Welt, in der ich nicht leben kann.

Tagebuch, 29. I. 1922.

1139 | Dr. Otto Hermann.

[...] den Arzt kann ich nicht als menschlich persönlichen Helfer rechnen, ich habe mir ihn nicht verdient, habe im Grunde nur die Honorarbeziehung zu ihm.

Otto Hermann (*1883) diente seit August 1914 als Regimentsarzt in Rußland, wo er sich auszeichnete, als er gegen die Warnungen höherer Chargen an vorderster Front ausharrte, um die bei Bajonettkämpfen Verwundeten vor Ort versorgen zu können. Er wurde dafür von der militärischen Führung ausgezeichnet. Im Jahr 1915 kam Hermann nach Prag, wo er in einem Garnisonsspital diente. 1917 eröffnete er in der *Niklasstraße* Nr. 17a (V-41) eine Praxis. Er wurde im November 1942 nach Theresienstadt deportiert und kam im Februar des darauffolgenden Jahres in Auschwitz um.

Tagebuch, 29. I. 1922, vgl. *Was unsere Reserveoffiziere und unsere Reserveärzte leisten,* in: PT 40, Nr. 15 (15. I. 1915), S. 2 f.

1140 | Melchior Vischer (1895–1975) in Prag (1922).

Vischer dedizierte am 17. März 1922 seinen eben erschienenen *Teemeister* mit den Worten *Für Franz Kafka* seinem Prager Kollegen, der sich dafür schriftlich bedankte. Einige Anstreichungen im Text des Exemplars, das erhalten ist, belegen, daß Kafka die Erzählung mindestens bis Seite 19 gelesen hat.

Der aus Teplitz stammende Schriftsteller, der eigentlich Emil Walter Kurt Fischer hieß, hatte ein Gymnasium absolviert und als Soldat den Ersten Weltkrieg mitgemacht, hatte aber wegen einer Verwundung dessen Endphase in Prag verbringen können. Anschließend studierte er an der Prager deutschen Universität Philosophie, Germanistik und Mathematik und debütierte im Mai 1920 als Autor mit *Sekunde durch Hirn,* dem ersten in dadaistischer Manier geschriebenen Roman. Im Frühjahr 1921 trat er in die Feuilleton-Redaktion der *Prager Presse* ein, begann aber zwei Jahre später ein Wanderleben als Theaterautor, das ihn nach Würzburg, Bamberg und Baden-Baden führte. Seit 1927 lebte Vischer in Berlin, wo er Unterhaltungsromane unter seinem wirklichen Namen schrieb.

Vgl. Peter Engel: *Vom Prager Avantgardisten zum Berliner Unterhaltungsschriftsteller. Die Wandlungen des Melchior Vischer,* in: *Prager Profile,* hrsg. von Hartmut Binder, (Bonn 1991), S. 418–437, KB 54 und 55 (Faksimile) und Hartmut Binder: *Kafka als literarischer Ratgeber,* in: *Prager Profile,* S. 66–72.

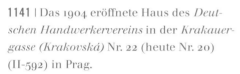

1141 | Das 1904 eröffnete Haus des *Deutschen Handwerkervereins* in der *Krakauergasse (Krakovská)* Nr. 22 (heute Nr. 20) (II-592) in Prag.

Der Verein, dem Mitglieder aller Gesellschaftsschichten angehörten, verstand sich als Sammelpunkt für die weitesten deutschen Kreise Prags. In dem Gebäude lagen ein kleiner und ein großer, ganz in Weiß und Gold gehaltener Festsaal, dessen einziger Schmuck Büsten des Kaisers und der Kaiserin waren. Im *Deutschen Handwerkerverein* pflegten die Klavierschüler Oskar Baums der Prager Öffentlichkeit vorzuführen, was sie im zurückliegenden Jahr gelernt hatten. Seit 1917 hielt hier der von Dr. Oskar Frankl geleitete *Volksbildungsverein Urania* seine Veranstaltungen ab, der am 5. Mai 1917 im *Königlichen Deutschen Landestheater* gegründet worden war. Im Gefolge allgemein akzeptierter Demokratisierungstendenzen sah es der Verein als seine Aufgabe an, allen Volksgenossen, auch dem verarmten deutschen Mittelstand, den notwendigen Anteil an Bildung zu vermitteln. Im Sinn dieser sozialpolitischen Fürsorge organisierte man Veranstaltungen auf dem Gebiet der Musik, der bildenden Kunst, der Literatur und der Wissenschaft zu Preisen, welche unter Verzicht auf jeglichen Gewinn den wirtschaftlichen Verhältnissen breiter Volksschichten angepaßt waren.

In der *Urania* fand am 20. März 1922, veranstaltet vom Exkursionsfonds der

1142 | August Brömse: *Die Pilger* (Plakat).

Die Pilger, eine Gruppierung deutschböhmischer Künstler, wurden 1919 auf Initiative von Maxim Knopf gegründet, der vor dem Ersten Weltkrieg bei August Brömse studiert und seine Ausbildung 1923 in Dresden beendet hatte. Ihre Mitglieder waren Schüler Brömses an der Prager *Kunstakademie*: Julius Pfeiffer, Emil Helzel, Josef Hegenbarth, Norbert Hochsieder und Leo Sternhell. Später kamen die Bildhauerin

Deutschen Handelsakademie, ein *Prager Dichterabend* statt, auf dem Werke von Max Brod, Oskar Baum, Paul Leppin, Ludwig Winder, Rudolf Fuchs, Ernst Feigl, Georg Mannheimer, Otto Pick und Kafka vorgetragen wurden. Letzterer hatte sein Prosastück *Ein Traum* zur Verfügung gestellt, das sein Freund Oskar Baum (→ Abb. 274) zu Gehör brachte. Baum war es auch, der am 7. März 1923 im großen Uraniasaal über Hans Blühers im Vorjahr erschienene antisemitische Kampfschrift *Secessio judaica* referierte. Kafka, der schon 1917 mit Blühers Buch *Die Rolle der Erotik in der männlichen Gesellschaft* bekannt geworden war, hatte sie im März 1922 gelesen, im Juni selbst vergeblich eine Besprechung versucht und noch im gleichen Monat Klopstock vorgeschlagen, eine *Antwort* auf diesen *Anruf* zu schreiben.

Br 380, vgl. PT 34, Nr. 111 (22. IV. 1909), S. 9, PT 47, Nr. 64 (16. III. 1922), S. 6 und Nr. 69 (22. III. 1922), S. 4, T 912, 923 und SW 17, Nr. 11 (16. III. 1923), S. 6.

Mary Duras, Walter Klemm, Emil Orlik und Moritz Melzer hinzu. Die Gruppe, die in Brömses symbolisch-expressionistischem Schaffen eine Versinnbildlichung ihrer künstlerischen Auffassung sah, löste sich mit dem Tod Brömses im Jahr 1925 wieder auf. Im April 1922 veranstaltete sie im *Rudolfinum* in den Räumen des utraquistisch geführten *Kunstvereins für Böhmen* eine Ausstellung, die von Kafka besucht wurde.

Vojtech Lahoda: *Deutsche und die bildende Kunst in Böhmen*, in: *Tschechen und Deutsche. Geschichte. Kultur. Politik*, hrsg. von Walter Koschmal, Marek Nekula, Joachim Rogall mit Geleitwort von Václav Havel, (München 2003), S. 249 f.

1143 | Alfred Kubin: *Märchenprinzessin* (*Národní Galerie v Praze*).

Märchenprinzessin (Kubin) nackt auf dem Divan, blickt durch das offene Fenster, stark hereindringende Landschaft, in ihrer Art freie Luft wie auf dem Bild von Schwind (→ Abb. 439). Die Zeichnung war auf der Ausstellung der *Pilger* zu sehen.

Tagebuch, 7. IV. 1922.

1144 | Auferstehungsfeier auf dem *Altstädter Ring.*

Gottesdienste dieser Art fanden regelmäßig am Ostersamstag nachmittag in allen Kirchen Prags und der Vororte statt. In der *Teinkirche,* in der besonders aufwendig gefeiert wurde, beteiligten sich daran auch Behördenvertreter sowie das bürgerliche Schützenkorps mit seinen riesigen Bärenmützen, seinen langen Bajonetten und seiner Musikkapelle. Egon Erwin Kisch (→ Abb. 868) schreibt über diese Veranstaltungen: *In dem Augenblick, da das Messeglöcklein in der Teinkirche zu läuten begann, erscholl der Befehl «General-Decharge», und die Bürgersoldaten gaben aus ihren altfränkischen Flinten eine Salve ab, die sich von der der Militärsoldaten durchaus unterschied: es war kein einfacher Knall, sondern ein verknatterndes Feuer, und wenn endlich der letzte Schuß gefallen schien, der Kommandoruf zum Schultern schon hallte, ließ sich ein oder der andere verspätete Hinterlader noch ein Schüßchen entfahren.*

Kafka verfolgte vermutlich, vielleicht von seinem Zimmer aus, eine solche Auferstehungsfeier am 13. April 1922, doch hatte er schon zehn Jahre zuvor, an Mariä Himmelfahrt, beobachtet, was aus diesem Anlaß an der *Mariensäule* geschah (→ Abb. 38). Außerdem sah er am 14. Mai 1915 einem Gottesdienst in der *Teingasse* zu, unter dem man wohl eine vor dem gotischen Nordportal der Kirche (→ Abb. 24) stattfindende religiöse Zeremonie zu verstehen hat.

Egon Erwin Kisch: *Marktplatz der Sensationen. Entdeckungen in Mexiko,* Berlin und Weimar 1967, S. 20 f.

1145 | Die Hauptallee im Prager *Baumgarten (Stromovka).*

5jähriges Mädchen, Baumgarten, kleiner Weg zur Hauptallee, Haar, Nase, helles Gesicht fragt: «Jak se jmenuje ten který to dělá slinama?»

«Ty myslíš vlaštovku». [«Wer ist es, der es mit dem Speichel macht?» – «Du meinst die Schwalbe.»]

Der im Norden Prags gelegene *Baumgarten,* der schon in der ersten Fassung der *Beschreibung eines Kampfes* als Ausflugsziel erscheint, gehörte bis in die Spätzeit Kafkas hinein zu den Anlagen sei-

ner Heimatstadt, die er, allein oder in Begleitung, aufzusuchen pflegte. Hier gab es auch zwei Gasthäuser, von denen besonders das im Zentrum des Parks gelegene *Hauptrestaurant* mit dem davorliegenden Genußplatz (→ Abb. 86), das 1855 im Stil der Neugotik ausgestaltet wurde und 1979 ausbrannte, das Prager Publikum anzog. Auch Kafka nutzte diese Etablissements zur Rast.

Tagebuch, 16. IV. 1922, vgl. T 845 und Hartmut Binder: *Über den Umgang mit Topographica in Kritischen Ausgaben am Beispiel der Tagebücher Kafkas,* in: *Edition von autobiographischen Schriften und Zeugnissen zur Biographie,* hrsg. von Jochen Golz, Tübingen 1995, S. 139 f.

1146 | Hans Mardersteig (1892–1977) (um 1920).

Mardersteig hatte Kafka Ende 1919 brieflich um einen Beitrag für den *Genius* gebeten, wurde aber auf einen späteren Zeitpunkt vertröstet, so daß er am 14. Juni 1920 neuerlich anfragte, ob er für das für den Spätherbst geplante Heft mit einem Beitrag rechnen dürfe. Diesen Brief ließ Kafka vermutlich unbeantwortet.

Gleichwohl schrieb Mardersteig am 18. November 1921 ein drittes Mal, wieder mit dem Hinweis auf die nächste *Genius*-Nummer, die im darauffolgenden Frühjahr erscheine und infolge der Ungunst der Verhältnisse vermutlich die letzte sein werde: *wir wären sehr unglücklich, wenn diese Zeitschrift abgeschlossen werden müßte, ohne dass wir auch nur einen noch so kleinen Beitrag von Ihnen publizieren könnten. Es ist kein leeres Gerede, wenn ich Ihnen sage, dass kein Autor mir so wichtig gewesen wäre wie Sie, und ich bitte Sie meine früheren Briefe und Versicherungen nicht als eine übliche Formel anzusehen.* Kafka antwortete Anfang Mai 1922 wie folgt: *was ich in allerletzter Zeit bei zarter Gesundheitsbesserung zu schreiben versucht habe, ist mangels der vollständigen Vorbedingungen und vielleicht auch aus sonstigen unkontrollierbaren Gründen jämmerliches Zeug, öde Strickstrumpfarbeit, mechanisch gestückelte, kleinliche Bastelei.*

Der Typograph Mardersteig gab von 1919 bis 1921 zusammen mit Carl Georg Heise und Kurt Pinthus die bibliophile Zeitschrift *Genius* heraus. Ein Lungenleiden erzwang 1922 die Übersiedelung nach Montagnola, wo er eine Handpresse gründete. Später lebte er in Verona.

Z, U 286, Anm. 11 und Leonhard M. Fiedler: *Kafkas Wahrheit*, in: *Die Zeit* 38, Nr. 31 (29. VII. 1983), S. 33, vgl. Franz Kafka: *Das Schloß. Apparatband*, hrsg. von Malcolm Pasley, (Frankfurt/M. 1982), S. 61–70.

1147 | Der Beginn der Erzählung *Erstes Leid*. Erste Seite einer von Kafka selbst hergestellten Handschrift, die für den Druck im *Genius* bestimmt war. Dabei verbesserte er die Wendung *in eigens konstruierten Gefäßen hinauf oder hinabzogen* der ebenfalls erhaltenen Erstniederschrift in die orthographisch korrektere und inhaltlich zutreffendere Wendung *in eigens konstruierten Gefässen hinauf- und hinabzogen.* Überlegungen, die dafür in den beiden Erstdrucken erscheinende Version *in eigens konstruierten Gefäßen hinauf- und hinabgezogen* könne von Kafka gewollt sein, erübrigen sich deswegen, zumal deutlich zu sehen ist, daß Kafka bei der Niederschrift des Wortes *hinabzogen* nach der zweiten Silbe dabei war, sich zu verschreiben, so daß er zögerte und den auf das ‹b› folgenden Buchstaben besserte. Denn dieser Befund zeigt doch, daß er dieses Wort nicht mechanisch von der Vorlage abgeschrieben haben kann.

Trotz des Verdikts, mit dem er Mardersteig gegenüber belegte, was er seit Februar geschrieben hatte, überließ er diesem im Mai 1922 mit folgenden Worten die Erzählung *Erstes Leid: Fühlen Sie sich bitte nicht gezwungen, die Kleinigkeit anzunehmen; wenn es Sie nur eine kleine Überwindung kosten würde, es zu drucken, zerreissen Sie ruhig das Manuskript, ich brauche es nicht. Gut ist ja an dem Ganzen nur der Titel, nur weil er für sich nicht genug Schwerkraft hat, habe ich die Geschichte an ihn gehängt.*

Leonhard M. Fiedler: *Kafkas Wahrheit*, in: *Die Zeit* Nr. 31 (29. VII. 1983), S. 33, vgl. Roland Reuß: *Franz Kafka: «Erstes Leid»*, in: *Text. Kritische Beiträge* 1 (1995), S. 11–20.

1148 | Die Schauspielerin Eva Vischer.

Am 19. Mai 1922 besuchte Kafka eine
Rezitation von Eva Vischer im kleinen
Saal des *Volksbildungswerks Urania*
(→ Abb. 1141). In seiner Rezension der Veranstaltung schrieb Max Brod im *Prager
Abendblatt*, der Vortragenden sei es gelungen, das Publikum mit Hebbel *(Judith)*
und Flaubert (Entsühnung Julians aus
der Erzählung *La Légende de Saint Julien
l'Hospitalier)* völlig in Bann zu schlagen,
während die nachfolgende Erzählung
Else Lasker-Schülers in ihrer Bizarrerie
zu sehr den Hauptlinien der vorhergehenden Programmpunkte widerstrebt habe,
als daß man der Tragikomikerin aus dem
Café des Wild-Westens hätte folgen können.
Abschließend las Eva Fischer das zweite
Kapitel *(Der Hase, der einen Mord erlebt)*
aus dem eben erschienenen Roman *Der
Hase*, den der Verfasser, ihr Mann Melchior
Vischer, mit einer handschriftlichen, auf
den 13. Juli 1922 versehenen Widmung Kafka *mit herzlichstem Gruß* dedizierte. Kafka
bedankte sich mit einem Schreiben, das in
seiner gesamten Korrespondenz einzigartig dasteht. Denn niemals sonst hat er so
ausführlich, an Einzelheiten reich und allein auf das Ästhetische bezogen zu einem
fremden Text Stellung bezogen.

Max Brod: *Vorlesung Eva Vischer*, in: PA 56, Nr. 114
(22. V. 1922), S. 5 und KB 53, vgl. Peter Engel: «... *als
führte ich ein Gespräch mit dem Buch».* Unbekannter Brief
Franz Kafkas an den Schriftsteller Melchior Vischer, in:
Rhein-Neckar-Zeitung 43, Nr. 293 (19./20. XII. 1987), S. 33.

1149 | Franz Kafka auf dem *Altstädter Ring-
platz* (um 1922).

*Dann sah ich ihn in der letzten Zeit seines
Lebens. Er war mager geworden, sprach heiser und atmete schwer. Er trug auch bei kalter Witterung einen leichten Mantel. Auf der
Gasse zeigte er mir, wie ihm der Mantel weit
sei und wie er sich angenehm trage, ohne seine Brust beim Atmen zu beengen. Er turnte
förmlich darin.*

EFK 111 (Rudolf Fuchs).

Die Leichenfeier für Myslbek.

Der Katafalk bei der Totenfeier im Altstädter Rathause.

Am 5. Juni fand das feierliche Begräbnis des großen tschechischen Bildhauers Professor Dr. J. V. Myslbek am Vyšehrader Friedhof statt.

Der Sarg wird aus dem Rathaus getragen.

Der Zug der Trauergäste. Darunter: Präsident des Abgeordnetenhauses Tomášek (1), Professor Štursa (2), Professor Švabinský (3), Professor Nechleba (4), Architekt Gočár (5).

Der Trauerzug vor der Palacký-Brücke. (Die Standbilder der Brücke, sind Werke Myslbeks.) (Arch. d. Prosvadb. d. M. R.)

Die Verwandten nehmen Abschied vom Sarge.

1150 | Das Begräbnis des Bildhauers Josef Václav Myslbek (1848–1922) am 5. Juni 1922. *Bilderbeilage* der *Prager Presse* vom 11. Juni.

Oben links der im *Altstädter Rathaus* aufgebahrte Katafalk. Daneben: Der Sarg wird herausgetragen und in eine Kutsche geschoben; in der Abbildung darunter die Abschied nehmenden Verwandten. Um drei Uhr am Nachmittag wurden die sterblichen Überreste des Künstlers, der als Begründer der tschechischen Plastik gilt, in einem Trauerzug, an dem Kollegen wie der Bildhauer Jan Štursa und der Zeichner Max Švabinský teilnahmen – mittleres Bild links – zum *Wischehrader Friedhof* (→ Abb. 497, 18 und 515) geleitet, wo er in einem Ehrengrab beigesetzt wurde. Der Kondukt nahm seinen Weg über die *Palacký-brücke* (unten links) (→ Abb. 497, 14), deren Standbilder Myslbek geschaffen hatte (→ Abb. 511).

Als Anwohner des *Altstädter Ringplatzes* beobachtete Kafka die Feierlichkeiten auf dem *Altstädter Ringplatz* und las Würdigungen Myslbeks, die aus Anlaß seines Ablebens erschienen, so daß er möglicherweise auch die hier reproduzierte Bildseite der *Prager Presse* zur Kenntnis nahm.

Vgl. T 922 und Br 384.

1151 | Planá nad Lužnicí (Plan an der Lainsitz).

Auf dem nahen Bahnhof, der aber nicht sehr störend ist, werden fortwährend Stämme verladen, dabei wird immer gehämmert, aber milde und pausenweise, diesen Morgen aber, ich weiß nicht, ob das nicht jetzt immer so sein wird, wurde schon so frühzeitig angefangen und durch den stillen Morgen und das schlafdurstige Hirn klang das ganz anders als bei Tag. Es war sehr schlimm.

Im Mittelgrund der Abbildung ist rechts von der Mitte ein eingezäunter Holzlagerplatz zu sehen. Direkt dahinter, mit der Längsseite zum Betrachter, das Haus des Schlossers František Hnilička und seiner Frau in der *Husova* (heute *Příčná*) Nr. 145, in dem Kafka wohnte. Im Vordergrund die Verladerampe für Baumstämme am Bahnhof.

An Max Brod am 12. VII. 1922.

1152 | Luftbild von Planá mit dem Sägewerk der Firma *Löwy & Winterberg.*

Der Lärm hat auch etwas Fascinierend-Betäubendes; wenn ich – ich habe glücklicherweise manchmal zwei Zimmer zur Auswahl – in dem einen Zimmer sitze und, so wie Du es auch beklagst, einer Säge gegenüber sitze, die zeitweise erträglich ist, dann aber, wenn sie die Kreissäge arbeiten läßt, in der letzten Zeit geschieht dies fortwährend, einen das Leben zu verfluchen zwingt, wenn ich dann in diesem Unglückszimmer sitze, kann ich nicht fort, ich kann zwar ins Nebenzimmer gehen und muß es auch, denn es ist nicht auszuhalten, aber übersiedeln kann ich nicht, nur hin und her gehen und etwa in dem zweiten Zimmer feststellen, daß auch dort Unruhe ist und vor dem Fenster Kinder spielen. So ist die Lage.

Das Luftbild zeigt links oben in der Ecke das Haus Hnilička, ein links daneben liegendes Gartengelände und dahinter noch einen kleinen Teil der zum benachbarten Bauernhof der Familie Sedlec gehörigen Wiese, auf der Heuschober zu sehen sind. Wenn Kafka am 26. Juni an Robert Klopstock schreibt, er leide *unter dem Glück einer vielköpfigen Familie, die mit unschuldigem Lärm* fast unter seinem Fenster Heu wende, so meint er dieses Grundstück und seine Besitzer. Rechts des Hauses liegt das einstöckige Gebäude, in dem die Veselýs wohnten. Beiden Häusern gegenüber, auf der anderen Straßenseite, erstreckt sich ein Holzlager, das auch auf Abbildung 1151 zu sehen ist. In ihrem unteren Teil, und zwar unterhalb der diagonal verlaufenden, nach Chejnow (Chýnov) führenden Straße, ist das Sägewerk der Firma *Löwy & Winterberg* zu sehen.

Das topographische Arrangement hilft Kafkas Lärmprobleme besser verstehen. Ende Juni mußte Kafka für ein paar Tage in das kleinere, zum Nebenhaus zeigende Zimmer umziehen, weil Ottla Besuch hatte. Die Folge war, daß er sich gleich am ersten Tag durch einen Holzhacker belästigt fühlte, der im Hof des Hauses Holz zerkleinerte. Vor allem aber störten ihn die Sägen des nahen Holzverarbeitungsbetriebs, der dem Fenster des kleineren Zimmers, freilich in einiger Entfernung, schräg gegenüberlag. Dadurch war er zur Flucht in das größere Zimmer genötigt, das auf der dem Sägewerk abgewandten Seite des Hauses lag und deswegen ruhiger war, wohin er aber wegen Ottlas Gästen vorläufig nicht übersiedeln konnte. Außerdem gab es auch dort Beeinträchtigungen, denn die Baumwiese unmittelbar vor den beiden Fenstern sowie das links daneben liegende, mit Gras bewachsene Ende der *Husova* waren fast die einzigen Orte, wo die vielen Kinder aus den umliegenden Häusern ungestört vom Straßenverkehr spielen konnten.

An Felix Weltsch, Anfang Juli 1922, vgl. Br 381 und 406.

1153 | Das Haus Hnilička in Planá (1985).

Die Besitzer hatten das Dachgeschoß zu einer aus zwei Zimmern und einer Küche bestehenden Wohnung ausgebaut, in der Kafka mit seiner Schwester, deren Töchterchen Věra und einem Dienstmädchen wohnte. Während die Innengestaltung des Erdgeschosses und das Treppenhaus unverändert blieben, wurde das Dachgeschoß später noch einmal umgebaut, wobei auch die Fenster etwas verändert wurden. Hinter dem auf der Abbildung sichtbaren, ursprünglich einflügeligen Fenster im Obergeschoß, von dem man, wie Kafka am 16. August 1922 an Max Brod schrieb, in den Hof des Nachbarhauses sehen konnte und, etwas weiter entfernt, den Kamin eines Sägewerkes vor Augen hatte, das der in Prag ansässigen, Kafka wohlbekannten Firma *Löwy & Winterberg* gehörte, lag der kleinere der beiden Wohnräume. Das größere, schönere, weil hellere, besser besonnte und deswegen wärmere Zimmer, von dem aus man eine weite Aussicht auf Wiesen und in der Ferne sich erstreckende Waldgebiete hatte, befand sich auf der dem Beschauer entgegengesetzten Giebelseite (→ Abb. 1156). In diesem nach Kafkas Auffassung ärmlich und vollkommen unhotelmäßig ausgestatteten Raum – als er ihn Brod gegenüber am 30. Juni charakterisierte, fühlte er sich an die heilige Nüchternheit erinnert, die Hölderlin in seinem Gedicht *Hälfte des Lebens* thematisiert –, entstanden große Teile des *Schloss*-Romans.

Vgl. Br 376 und 390.

1154 | Die Familie Veselý. Alois Veselý (1882–1953), Sohn eines Müllers, arbeitete in einer Mühle am Fluß, seine Frau Marie, geb. Kubartová (1889–1974), war mit Ottla befreundet, die mit ihr Pilze suchen ging.

[…] die Frauen aber sind trocken, eine Trockenheit, in die man sich wahrscheinlich nur von der Ferne verlieben kann, Frauen, die gar nicht gefährlich scheinen [→ Abb. 722 und 1066], und doch prachtvoll sind. […] Neben uns wohnt eine Familie, sie müßte gar nicht Veselý heißen [das Wort bedeutet ‹fröhlich›]; die Frau ist 32 Jahre alt und hat sieben Kinder, darunter fünf Jungen, der Vater ist Mühlenarbeiter, hat meistens Nachtarbeit. Dieses Ehepaar verehre ich. Er sieht, wie Ottla sagt, wie ein palästinensischer Bauer aus, nun, es ist möglich: mittelgroß, etwas bleich, die Bleichheit ist aber beeinflußt von dem schwarzen Schnauzbart (einer von den Bärten, von denen Du einmal geschrieben hast, daß sie Energie aufsaugen), still, zögernde Bewegungen, wäre nicht seine Ruhe, könnte man sagen, daß er schüchtern ist. Die Frau, eine jener Trockenen, immer jung, immer alt, blauäugig, fröhlich, faltenreiches Lachen, trägt auf unbegreifliche Weise diesen Haufen Kinder durchs Leben.

Die Kinder der Veselýs – Marie (*1909), Alois (*1910), Jan (*1912), František (*1913), Josef (*1915), Václav (*1917) und Emilie (*1920) – wurden natürlich von dem in unmittelbarer Nachbarschaft befindlichen Bretterlager angelockt. Nach den Erinne-

rungen von Josef Veselý blieb man jedoch während der Sommerferien durchaus nicht immer am Haus, sondern zog es vor, im Fluß zu baden. Kafka spielt auf diesen Sachverhalt an, wenn er am 12. Juli an Brod schreibt: *es wird ein harter Vormittag werden, es ist nämlich kühl, sonst schützt mich die Sonne vor den Kindern.* Allerdings mußten die Kinder um fünf Uhr am Nachmittag zu Hause sein. Dann vergnügte man sich beispielsweise mit sogenannten Ritterspielen: Ein Junge saß auf den Schultern eines anderen, hatte einen Stock in der Hand und focht mit einem in gleicher Weise gerüsteten Gegner, was natürlich nicht ohne Geschrei abging. Beliebt war auch das *Titschkerlspiel*, in dem ein beiderseits zugespitztes, 15 Zentimeter langes Rundholz, der in einem markierten Kreis liegende Titschkerl, mit einem langen Schlagholz, dem Prascher, nach bestimmten Gesetzmäßigkeiten traktiert werden mußte. Wie Marie Veselý zu berichten wußte, nahm in den Spielen der Mädchen der von Kafka einmal erwähnte *Kinderleiterwagen* eine Schlüsselrolle ein. Ottla mußte die Kinder immer wieder von ihrem Spielplatz unter seinen Fenstern *weglocken, wegbitten, wegschimpfen.* Marie konnte sich auch erinnern, daß Kafka ihr auf tschechisch «*Mařenko, nepůjdeš na houby?*» [«Mařenka, gehst du nicht Pilze suchen?»] zuzurufen pflegte – am Akzent seines sonst untadeligen Tschechisch sei zu erkennen gewesen, daß er kein Tscheche gewesen sein könne –, wenn er am Abend mit dem schwarzweiß gefleckten Hund (→ Abb. 265) der Hniličkas am Haus der Familie Veselý vorbeigegangen sei, um im Wald spazierenzugehen.

An Max Brod, Anfang August 1922, Br 399 und Br E 29, vgl. Josef Veselý, Planá (mündlich, 1985) und Josef Čermák: *Pobyt Franze Kafky v Plané nad Lužnicí [Der Aufenthalt Franz Kafkas in Plan an der Lainsitz]*, in: *světová literatura* 34, Nr. 1 (1989), S. 224.

1155 | Luftbild von Planá (1927).

In der Bildmitte, an der am Feld enden-
den kleinen Straße liegend, ist das Haus der
Hniličkas und rechts daneben das niedrigere der Veselýs zu sehen. Direkt vor den
beiden Fenstern des hauptsächlich von
Kafka bewohnten Zimmers und von ihm
sogar einsehbar, wenn er an seinem Tisch
saß, liegt der weit nach rechts ausgreifende Garten, den die Kinder der umliegenden
Häuser als Spielplatz benutzten. Die mit
Obstbäumen bestandene, von einem Zaun
umgebene Wiese, die Alois Veselý wegen
seiner Ziegen gekauft hatte, ist auf der der
Schmalseite des Gartens direkt gegenüberliegenden Straßenseite als umgrenztes
Rechteck auszumachen, dessen Längssei-
ten an das zweigeteilte Holzlager und an
ein weiter links liegendes riesiges Grundstück angrenzen. Dieses wiederum reicht
auf der einen Seite bis zum Bahnhof, der
auf der Abbildung links unten zu sehen ist
und wegen seiner Verladerampe, die auch
auf Abb. 1151 begegnet, Kafka Kummer bereitete. An der anderen Schmalseite, also in
Richtung Fluß, endete dieses Feld am Bauernhof der Familie Kadlec, die als Antrieb
zum Dreschen einen Göpel verwendete
(→ Abb. 1156), der natürlich Lärm machte
und Kafka ebenfalls störte. Die Spur, die
durch die den Göpel drehenden Tiere entstanden war, ist am oberen Ende der Wiese
in deren Mitte als heller Kreis deutlich zu
erkennen.

Der übliche abendliche Spazierweg
Kafkas führte zunächst über die Brücke,
die in ihrer damaligen Gestalt nicht mehr
existiert. Dann ging er entweder auf der
sich in der Abbildung hell abzeichnenden
Straße in den Wald, oder er wandte sich
nach rechts in Richtung *Soukeník-Mühle*
(nicht erhalten) und zur einstigen Festung
Sedlec, die schon damals nur mehr ein
Name und ein Rastplatz war. Hier zelteten
möglicherweise jene 200 Prager Schul-
kinder, von denen Kafka in einem an Max
Brod gerichteten Schreiben berichtet. Von
dort gelangte er zum Anwesen Veselý von
Pracovs, das er zweimal als verfallenes Ge-
höft erwähnt.

Vgl. 393, 406, 414 und Josef Čermák: *Pobyt Franze Kafky v
Plané nad Lužnicí*, in: *světová literatura* 34, Nr. 1 (1989),
S. 219–237.

1156 | Blick vom Bauernhof der Familie
Kadlec (im Vordergrund die Reste des
Göpels) auf das Wohnhaus der Familie
Hnilička. Das dreiteilige Fenster, hinter
dem das hauptsächlich von Kafka bewohnte Zimmer lag, ersetzt die beiden
ehemals an dieser Stelle vorhandenen
schmalen Fensteröffnungen (1985).

*Um die Pause auszufüllen, wurde eben
jetzt etwa hundert Schritte von mir ein Göpel in Gang gebracht, meist liegt er still oder
wird von vernünftigen Pferden bedient, die
keine Zusprache brauchen, heute aber wurden Ochsen eingespannt und denen muß
man jeden Schritt mit Hott und Hüöh und
sakramenská pakáz [verdammtes Gesindel]
erklären. Was soll das Leben noch?*

An Max Brod am 12. VII. 1922, vgl. Br 379 und Josef Čermák:
Pobyt Franze Kafky v Plané nad Lužnicí, in: *světová literatura*
34, Nr. 1 (1989), S. 221.

1157 | Kafkas Schwager Josef David (1891–1962). (→ Abb. 1114)

*[…] daß das schöne Zimmer mir über-
lassen ist und die dreigliedrige Familie in
einem kleinen Zimmerchen – abgesehn von
der großen Küche allerdings – beisammen-
schläft, ist eine unbegreifliche Wohltat, besonders wenn ich daran denke, wie an den
ersten Tagen, als die Einteilung noch anders
war, mein Schwager am Morgen fröhlich
sich in seinem Bette streckte und als das
Schönste an der Sommerwohnung es bezeichnete, daß man gleich beim Aufwachen
vom Bett aus eine so schöne Aussicht hat,
die Wälder in der Ferne u. s. w.*

An Max Brod am 16. VIII. 1922.

1158 | Der Buchhalter der Firma *Löwy &
Winterberg* in Planá, Rudolf Brabenec
(Mitte).

*[…] ich kenne flüchtig den dortigen Buch-
halter, sogar das gibt mir einige Hoffnung,
er weiß zwar nicht, daß mich seine Kreissäge stört und kümmert sich auch sonst
nicht um mich und ist überhaupt ein ver-
schlossener Mensch und wenn er auch der
offenste Mensch wäre, er könnte die Kreissäge nicht einstellen, wenn Arbeit für sie
ist, aber ich schaue verzweifelt aus dem
Fenster und denke doch an ihn.*

Br 389.

1159 | Theodor Storm: *Erinnerungen und
Familiengeschichten*, hrsg. von Dr. Walther
Herrmann, (Philipp Reclam jun.) Leipzig
o. J. (1922), Umschlag.

Storm, für den die Pforten der deutschen
Literatur durch Goethes *Faust* und Hei-
nes *Buch der Lieder* aufgesprungen waren,
berichtet im Schlußkapitel dieser Erinnerungen von einem Besuch bei Mörike in
Stuttgart, in dessen Verlauf das Gespräch
auf Heine kam, über das Kafka Max Brod
gegenüber wie folgt berichtet: *[…] auch für
Mörike hat Heine große Bedeutung, denn
unter den wenigen, ihm sehr teueren Au-
togrammen, die Mörike besitzt und Storm
zeigt, ist auch «ein sehr durchkorrigiertes
Gedicht von Heine». Trotzdem sagt Mörike
über Heine – und es ist, obwohl es hier wohl
nur Wiedergabe einer landläufigen Ansicht
ist, zumindest von einer Seite her eine blen-
dende und noch immer geheimnisvolle Zusammenfassung dessen, was ich vom Schriftsteller denke und auch was ich denke, ist in
einem andern Sinn landläufige Ansicht: «Er
ist ein Dichter ganz und gar» sagte Mörike
«aber nit eine Viertelstund' könnt' ich mit
ihm leben, wegen der Lüge seines ganzen
Wesens.» Den Talmudkommentar dazu her!*

Als Kafka am 14. Juli durch ein Telegramm erfuhr, daß sein Vater schwer er-
krankt war und operiert werden mußte,
fuhr er noch am gleichen Tag nach Prag.

Als er am 19. des Monats zurückkehrte, las
er auf der Fahrt nach Planá die kurz zuvor
erschienenen Erinnerungen Storms. Die
von ihm wörtlich angeführten Stellen stehen auf den Seiten 87 und 93.

An Brod am 20. VII. 1922.

Reclams Universal
Bibliothek

Nr. 6225

Theodor Storm

Erinnerungen und
Familiengeschichten

1160 | Der ‹kluge Rolf› (1914).

Der schottische Terrier namens Rolf, der
1911 in das Haus des Mannheimer Rechtsanwalts Dr. F. Moekel kam, entwickelte
bald außergewöhnliche Fähigkeiten. Er
beherrschte die Grundrechenarten, erkannte den Wert der Münzen, zählte Menschen
auf der Straße und unterschied Jungen und
Mädchen. Später konnte er, ohne es gelernt
zu haben, Quadrat- und Kubikwurzeln ziehen. Außerdem gelang es, mit ihm ins Gespräch zu kommen. Mit Hilfe einer von Rolf
erstellten Tafel mit Buchstaben – Paula Moekel, die Frau des Rechtsanwalts, hatte ihm
Buchstaben vorgesprochen, denen er durch
Klopfen mit seiner Pfote Zahlen zuordnete –
wurden die durch Pfotenschläge erzeugten
Zahlenfolgen in die ihnen entsprechenden
Buchstaben rückübertragen, deren Abfolge als sinnvolle Gesprächsbeiträge erachtet
wurden. Auf diese Weise teilte Rolf beispielsweise einmal seiner Herrin mit, daß
er am darauffolgenden Tag nicht arbeiten
wolle, weil Sonntag sei. Befragt, woher er
wisse, daß Sonntag sei, ergab sich schließlich, daß er die roten Zahlen auf einem
großen Kalender gesehen hatte, der in der
Kanzlei des Hausherrn hing. Im März 1914
brachte die Zeitschrift *Über Land und Meer*,
die Kafka kannte, einen groß aufgemachten
Artikel über den ‹klugen Rolf›, in dem sich
mehrere Abbildungen von ihm finden.

1919 präsentierte Paula Moekel den Wer-
degang Rolfs in einem Buch. Das von Kafka
regelmäßig gelesene *Prager Tagblatt* berichtete aus diesem Anlaß im Oktober dieses Jahres ausführlich über die Kenntnisse
des Hundes, die, so der Bericht, anschei-
nend auch sein Gefühlsleben verfeinert
hätten, beginne er doch, Scham zu zeigen.
Recht besehen, so der Artikel weiter, äußere sich Rolf in der Anschaulichkeit eines
Naturkindes, so daß er sich nur graduell
von der menschlichen Psyche unterscheide
(→ Abb. 79). Allen Ernstes sei deswegen
die Veröffentlichung einer Selbstbiographie
des Hundes in Aussicht gestellt worden, die,
von der gleichen Autorin herausgegeben,
im darauffolgenden Jahr tatsächlich unter dem Titel *Erinnerungen und Briefe des
Hundes Rolf* erschienen ist und Protokolle
der mit ihm geführten Dialoge sowie seine
an Frau Moekel gerichteten Briefe enthält.
Selbst wenn Kafka von dieser Veröffentlichung nichts erfahren haben sollte – allein
der erwähnte Zeitungsbericht des *Prager
Tagblatts* konnte ihn zu seinen 1922 entstandenen *Forschungen eines Hundes* anregen:
Der Held seines Erzählfragments ist mit
einer menschlichen Psyche ausgestattet,
gibt sich als von seinen Mithunden abgeho-
bene Forscherpersönlichkeit, zeigt Scham-
gefühle und kleidet seine Untersuchungen
in die Form eines autobiographischen
Rückblicks.

Neben dem ‹klugen Rolf› (→ Abb. 314)
und Erinnerungen an den gymnasialen
Biologieunterricht (→ Abb. 52) kommen als
Anregung die Erzählungen *Gedanken eines
Hundes* von Anatol France und *Aus dem
Tagebuch meines Hundes* von Max Graf in
Betracht, die im November und Dezember
1921 im *Prager Tagblatt* erschienen. Denn
in diesen beiden Texten beobachten die
Titelfiguren in der Ich-Form und teilweise
in humoristischer Weise die Menschenwelt

und präfigurieren so die Innensichtper-
spektive, deren sich Kafka in seiner Erzählung bedient.

Außerdem gibt es Indizien dafür, daß die
Begegnung des Erzählers mit den sieben
tanzenden Musikhunden im Anfangsteil
der *Forschungen eines Hundes,* die kurz
nach der Rückkehr Kafkas aus Planá entstanden sein muß, von den Eindrücken
angeregt worden ist, die er durch das jiddische Theater empfing. Dabei könnten die
Erinnerungen an die Jahre 1911 und 1912
durch ein Gastspiel der in Wien beheimateten, aus sieben Akteuren bestehenden *Jüdischen Bühne* reaktiviert und ergänzt worden sein, die vom 3. bis zum 7. Juni 1922
in der *Kleinen Bühne* in Prag (→ Abb. 1213)
mit Abraham Goldfadens *Sulamith* – ein
Lieblingsstück Kafkas –, Scharkanskys
Kol Nidre und Abraham Schomers *Schoj-
lik, der Eintagskönig* gastierte. Denn nach
den Erinnerungen Samuel-Jakob Dorfsons
besuchte Kafka zumindest eine dieser Vorstellungen, wobei er die Gelegenheit nutzte,
sich nach Jizchak Löwy zu erkundigen.

Vgl. Alfred Gradenwitz: *Der kluge Rolf. Ein Beitrag zur Erfor-
schung der Tierseele,* in: *Über Land und Meer* 56, Band III
(Oktober 1913–1914), Nr. 23, S. 596 f., T 954, e. d.: *Ein
Hundegenie,* in: PT 44, Nr. 253 (26. X. 1919), S. 3, Paula
Moekel: *Mein Hund Rolf. Ein rechnender und buchstabieren-
der Airedale-Terrier,* Stuttgart (1919), dies.: *Erinnerungen
und Briefe des Hundes Rolf,* Stuttgart 1920, Hartmut Binder:
Kafka. Der Schaffensprozeß, (Frankfurt/ M. 1983), S. 283,
NS II A 114, T 79–81, Br I 145, Anatol France: *Gedanken
eines Hundes,* in: PT 46, Nr. 272 (20. XI. 1921), *Unterhal-
tungs-Beilage,* [S. II], Max Graf: *Aus dem Tagebuch meines
Hundes,* in: PT 46, Nr. 304 (29. XII. 1921), S. 2 f. und
Guido Massino: *Kafka, Löwy und das jiddische Theater,*
(Frankfurt/M. und Basel 2007), S. 26 f.

1161 | Die von Heinrich Tessenow errichtete *Bildungsanstalt Jaques-Dalcroze* im *Festspielhaus* (rechts) in Dresden-Hellerau. Frontispiz der Broschüre *Bildungsanstalt Jaques-Dalcroze. Hauptanstalt Hellerau bei Dresden*, die vermutlich im Zusammenhang mit der am 28. Juni 1914 erfolgten Besichtigung des Festspielhauses in Kafkas Besitz gelangte. (→ Abb. 755)

Die *Bildungsanstalt Jaques-Dalcroze* wandelte sich 1919 zur *Neuen Schule Hellerau für Rhythmus, Musik und Körperbildung*, der die Tanzpädagogin Christine Baer-Frissell vorstand, eine Schülerin Jaques-Dalcrozes. Außerdem wurde im Jahr 1921 in einem Nebenflügel des *Festspielhauses* die bis 1925 bestehende *Neue deutsche Schule* gegründet, die Gedanken der Reformpädagogik und der Wandervogelbewegung verpflichtet war und zunächst von Dr. Carl Theil geleitet wurde. Alexander Neill, der später *Summerhill* gründete, unterrichtete bis zum Dezember 1921 an dieser Anstalt.

Im Jahr 1921 versuchte Kafka vergeblich, seine Schwester Elli dazu zu bewegen, ihren 10jährigen Sohn Felix in dieser Schule unterzubringen. Seine Schwester erinnerte sich noch ein halbes Jahrhundert später, daß ihr Onkel damals auszurufen pflegte: *weg von zuhause mit den Kindern.* Als im Sommer 1922 der Übergang Gertis in eine weiterführende Schule anstand, wiederholte sich das Spiel: Kafka setzte Mitte Juni

durch, daß die Hermanns nach Hellerau fuhren und sich die dortigen Verhältnisse anschauten, die sich gegenüber dem Vorjahr verändert hatten. Denn inzwischen hatte Neill in dem anderen Nebenflügel des *Festspielhauses* eine *Internationale Schule* nach seinen Vorstellungen gegründet. Sie war Teil der *Neuen deutschen Schule GmbH*, die von Dr. Otto Neustätter geleitet wurde und auch die Tanzabteilung umfaßte. Seine Frau Lilian übernahm die Organisation des zugehörigen Internats, in dem Lehrer und Schüler der drei eng miteinander verflochtenen Abteilungen untergebracht waren: So besuchten die Rhythmik-Schülerinnen Christine Baers auch Neills *Internationale Schule*, der hinwiederum Englisch an der *Neuen deutschen Schule* unterrichtete. Zum Lehrerkollegium gehörte Willa Muir, deren Mann Edwin später als Kafka-Übersetzer bekannt wurde. Wahrscheinlich hatte Kafka die Absicht, seine Nichte in der *Abteilung für Rhythmus, Musik und Körperbildung* unterzubringen, denn Gerti war in Erinnerung geblieben, daß sie eine Hellerauer *Tanzschule* hätte besuchen sollen. Aber auch dieser Plan scheiterte.

EFK 225, vgl. W 264, T 541 f., Br 339–347, T 923
(G. nach H. = Gerti nach Hellerau).

1162 | Michal Mareš: *Policejní šťára.* Illustriert von Václav Špála, Prag 1922, Einband.

Eben bekam ich von Ihrem Freund Mareš den beiliegenden reizenden Brief. Vor paar Monaten fragte er mich auf der Gasse, wie wir ja überhaupt nur eine Gassenbekanntschaft haben, in einer plötzlichen Aufwallung, ob er mir seine Bücher schicken dürfe; ich, in Rührung, bat darum. Nächsten Tag kam sein Gedichtbuch mit schöner Widmung: «dlouholetému příteli» [seinem langjährigen Freund] aber paar Tage später ein zweites Buch mit einem Posterlegschein. Ich tat das Leichteste, dankte weder, noch

zahlte ich (das zweite Buch Policejní šťára ist übrigens sehr gut, wollen Sie es?) und jetzt kommt diese allerdings unwiderstehliche Einladung. Ich schicke ihm das Geld mit einer kleinen Zuschrift auf dem Erlegschein, von der ich hoffe, daß Sie [recte: sie] ihn bewegen wird, mir den doppelten Betrag zurückzuschicken.

Bei dem ersten der hier erwähnten Bücher handelt es sich um die 1916 veröffentlichte Sammlung *Disharmonie. Básně prosou a veršem* (Disharmonie. Gedichte in Prosa und Vers). Außerdem belegt Kafkas Tagebuch, daß ihm die gerade erschienene *Policejní šťára* (Polizeistreife) – Berliner Impressionen – am 26. Mai 1922 zugeschickt worden war und wegen der beigelegten Zahlkarte zu den *winzigen Unannehmlichkeiten* gehörte, denen er an diesem Tag ausgesetzt war. Wie Titellisten bezeugen, die viele Jahre nach seinem Tod zusammengestellt wurden, war unter seinen Büchern mit *Přicházím z Periferie* (Ich komme von der Peripherie her) (1920) noch ein weiteres Werk von Mareš, das er möglicherweise genötigt war, aufgrund des ihm zugegangenen reizenden Briefes zu erwerben.

An Milena, im September 1922, vgl. Niels Bokhove: *Kafka's boekenkast I,* in: KK 12, Nr. 1 (2004), S. 13, 15 und Z.

1163 | Alfred Wolfenstein (um 1923).

Im Januar 1923 stattete der im gleichen
Jahr wie Kafka geborene Schriftsteller Alfred Wolfenstein, der wohl von Brod auf
den kranken Freund hingewiesen worden
war, Kafka in seiner Prager Wohnung einen
Besuch ab, über den er 1936 berichtete: *Das
Zimmer, in das ich trat, war kühl und mit
vielen Schatten erfüllt. Aus der Ecke, in der
er in fast völliger Finsternis geschrieben oder
gelesen hatte, erhob sich die lange schmale
Gestalt des Dichters, und an seiner Begrü-
ßung merkte ich, daß er meinen Namen nicht
verstanden hatte. So sprach er während der ersten halben Stunde mit einem
unbekannten Besucher.* Aus einem noch zu
Lebzeiten Kafkas veröffentlichten Essay
Wolfensteins geht hervor, daß ihm die Gestalt des Prager Kollegen *mit funkelnden
Augen, mit Ohren gleich Fledermausflügeln,
mit einem Lächeln spannend den Mund
zum Bogen, über der langen Knabengestalt*
unvergeßlich geblieben war.

Kafka schenkte Wolfenstein ein Exemplar seines *Landarzt*-Bandes, der sich mit
Shelleys *Dichtungen* revanchierte, die er
übersetzt und im Jahr zuvor im Berliner
Verlag Paul Cassirer veröffentlicht hatte.
Vielleicht wurde Kafka dadurch angeregt,
sich näher mit dem ebenfalls tuberkulose-
kranken Shelley zu beschäftigen, denn unter seinen Büchern befand sich mit *Výbor z
prosy* (Auswahl aus der Prosa) eine 1920 erschienene Sammlung von Essays des eng-

lischen Romantikers, die von dem in Prag
und London lehrenden Anglisten František
Chudoba ins Tschechische übertragen und
mit einer ausführlichen Einleitung versehen worden waren, in der Shelleys Leben
und Werk gewürdigt werden.

Wolfenstein, der Kindheit und Jugend in
Berlin verbracht hatte und vor allem als
expressionistischer Lyriker von sich reden
machte, floh 1933 nach Prag und 1939 weiter nach Paris, wo er in deutsche Gefan-
genschaft geriet, nach drei Monaten aber
wieder entlassen wurde. Er lebte in der Folgezeit unter falschem Namen als Clochard
getarnt und vergiftete sich im Januar 1945,
kurz bevor die Amerikaner in der Stadt ein-
zogen.

EFK 173 und *Franz Kafka. Kritik und Rezeption zu seinen
Lebzeiten 1912–1924*, hrsg. von Jürgen Born, (Frankfurt/M.
1979), S. 161, vgl. KB 71.

1164 | Georg Kaiser (1878–1945).

*Merkwürdig und nicht ganz angenehm
ihn so vor sich zu sehn, halb ein Berliner
Kaufmann, fahrig-fröhlich, halb ein Ver-
rückter. Er scheint nicht ganz durchschüt-
tert, aber zum Teil allzu stark, ihn haben ja
auch nur die Tropen angeblich [...] zerstört,
nichts anderes. Es drückt sich auch in seinem Gesicht diese Halbheit aus: ein flaches
Gesicht mit erstaunlich leeren hellblauen Augen, die aber wie manches andere in diesem
Gesicht eiligst hin- und herzucken, während
andere Gesichtsteile unbeweglich wie gelähmt sind.*

Der expressionistische Dramatiker hatte 1919 und 1920 in der Wohnung eines
Freundes gewohnt und dessen Teppiche,
Silberzeug, Bilder, Statuen, Schmuck und
ein Konversationslexikon versetzt oder
verkauft, im Februar 1921 vor Gericht dann
aber Selbstmitleid gezeigt, den Anspruch
erhoben, außerhalb der bürgerlichen Ge-
setze stehen zu dürfen, sich mit Luther ver-

glichen und, wie Kafka, der sich zu diesem
Zeitpunkt in der Hohen Tatra aufhielt, aus
den Zeitungen erfuhr, für den Fall seiner
Verurteilung verlangt, daß die Fahnen in
Deutschland auf halbmast gehißt würden.

Als Milena hörte, daß Kaiser zur Uraufführung seines Dramas *Die Flucht nach
Venedig* nach Prag gekommen war, die
am 10. Februar 1923 in der *Kleinen Bühne*
(→ 1215) stattfand, oder von Kafka erfuhr,
dieser habe ihn aufgesucht, muß sie nach
den Umständen gefragt haben, unter denen
sich dieser Besuch vollzog. Nach Kafkas
Bericht erzählte Kaiser an seinem Krankenbett vor allem von seinem zehnjähri-
gen Sohn, der sich den ganzen Tag in der
Natur herumtreiben durfte, weil er weder
zur Schule gehen noch lesen und schreiben
lernen mußte, und erklärte gegenüber diesem ihm allein wichtigen Erziehungsprojekt
seine literarische Arbeit als *ziemlich
schmarrenhaft*.

Kafkas Vermutung, Max Brod habe *in seiner Freundlichkeit* den Dramatiker gezwungen, zu dem bettlägerigen Kafka *heraufzu-
kommen*, dürfte zutreffen, denn die beiden
kannten sich, wie ein Zeitungsartikel Brods
erkennen läßt, in dem berichtet wird, Kaiser habe ihn bei einem Prag-Aufenthalt Anfang 1922 in seiner Wohnung aufgesucht.

M 309, vgl. DZB 94, Nr. 40 (17. II. 1921), *1. Beiblatt*, PT 46,
Nr. 39 (16. II. 1921), S. 4, A. X. Nessey [Milena Jesenská]:
Der Fall Georg Kaiser, in: M. J.: «*Alles ist Leben*», hrsg. und
mit einer biographischen Skizze versehen von Dorothea Rein,
(Frankfurt/M. 1984), S. 38–41, Ludwig Steiner: «*Die Flucht
nach Venedig*», in: PT 48, Nr. 34 (11. II. 1923), S. 2 und
Max Brod: *Gespräch mit Georg Kaiser*, in: PA 56, Nr. 20
(25. I. 1922), S. 5.

1165 | Der Eisenkönig Siegmund Breitbart (1893–1925).

Es ist sehr schwer auf dem Gebiet der Varietéproduktionen auch nur für eine kurze Zeit annähernd richtige Bewertungen vorzunehmen. Die besten Fachleute mit den Erfahrungen eines langen Lebens haben dabei versagt. Ein gutes Beispiel dafür ist die Laufbahn des Eisenkönigs.

Er war zuerst Lehrling in einer Baumaterialienhandlung und die andern Lehrlinge standen um ihn herum, wenn er

Das kleine, vermutlich Ende April / Anfang Mai 1923 entstandene Erzählfragment ist durch den Varietékünstler Siegmund Breitbart angeregt worden, der als Eisenkönig Schlagzeilen machte. Der riesenhaft gebaute Mann formte *coram publico* metallene Werkzeuge mit der Hand und den Zähnen, trug ein fünfzehn Zentner schweres, mit sechs Personen belastetes, laufendes Karussell auf seiner mächtigen Brust und schlug mit der bloßen Hand stumpfe Nägel in Holzpflöcke.

Breitbart, über dessen Laufbahn und Kunstübung das *Prager Tagblatt* ausführlich berichtete, trat im Dezember 1921 im *Théâtre Varieté* auf und dürfte Kafkas Aufmerksamkeit erregt haben, weil er selbst, Astheniker, der keine 20-Kilo-Hanteln heben konnte und deswegen seinen Körper von Jugend an durch gymnastische

Übungen zu kräftigen suchte (→ Abb. 194), am liebsten in eine Möbelpackerschule eingetreten wäre, falls es dergleichen gegeben hätte, um die Kraft von Möbelpackern zu erlangen, die er nach Erinnerungen Dora Diamants wegen ihrer Körperkraft besonders bewunderte.

Breitbart hatte zunächst vergeblich versucht, beim Zirkus unterzukommen, und dann über den Umweg Amerika, wo er sich als Ringer betätigte, zum Varieté gefunden. Entgegen dem Urteil der ihn ablehnenden Zirkusdirektoren verlief seine Karriere besonders steil und rechtfertigt damit Kafkas Einschätzung, es sei schwer, im Varietéfach angemessene Bewertungen vorzunehmen.

NS II 21 f., vgl. Walter Bauer-Wabnigg: *Zirkus und Artisten in Franz Kafkas Werk*, Erlangen 1986, S. 71–73, vgl. SUF II A 37 f., *Breitbart:* in PT 46, Nr. 283 (3. XII. 1921), S. 7, M 168, O 141 und Dora Diamant: *Chronologische Initialen* (unveröffentlicht).

1166 | Puah Bentovim (1903–1991) während ihrer Prager Zeit.

Die Mutter öffnete ganz vorsichtig die Türe seines Zimmers – es war sehr einfach, er eigentlich recht krank, hatte öfters die Hand beim Atmen auf der Brust. Ich hatte bestimmt meinen jugendbewegten Frohsinn, – erzählte und lauschte.

Ich erzählte von Jerusalem, von Bergmann, von der Schule, vom Hebräischen – von meinen Eltern, von meinem Gymnasialleiter Schlomo Schiller – so allmählich fragte er mich zaghaft, ob ich mit ihm auch Hebräisch lernen wolle, ob ich Geduld hätte mit so einem Anfänger.

Ich kannte sein Buch Rath. [→ Abb. 1018]

Er hatte immer ein Heft – er schrieb immer was hinein. –

Jedesmal, wenn ich von Kafka wegging, drückte er mir schwer die Hand, und ich konnte seiner Bitte nicht widerstehen und kam immer wieder, einige Male die Woche. […]

Von Mal zu Mal schaute seine Mutter, wie es ihm gehe. Manchmal machte sie mir Zeichen – daß es für heute genug sei.

Seine anfangs unsichere, etwas düstere Erscheinung – nach seiner schweren Krankheit – wurde in meinen Augen sicherer, froher – einige Male habe ich auch ganz leise vorgesungen – immer von der Stadt Jerusalem erzählt, immer wieder fragte er nach dem Leben dort. […] Jerusalem war sein Hauptthema, obwohl wir auch von Brenner den Roman «Schechól uchischalón» [→ Abb. 1187] lesen wollten, ich hatte es sogar nebst wenigen hebräischen Büchern in Prag bei mir. Er hatte ohne Zweifel Grundlagen der Sprache – aber ich war ja doch absolut die erste Personifikation der Sprache. […] Immer als wir beisammen waren – noch eine Vokabel – noch ein Satz – ein Leuchten in seinen Augen – Kommst du morgen? Ich war sehr nachgiebig – Ich spürte, daß es ihm eine Lebensfrage war. Auf seine innere Welt kamen wir gar nicht zu sprechen – er saugte aus meiner Existenz, Personifizierung, was er nur konnte.

Puah Bentovim entstammte einer jüdischen Familie, die 1888 aus Rußland nach Palästina ausgewandert war, wo sie unter der Obhut des großen hebräischen Sprachgestalters Eliezer Ben-Jehuda aufwuchs. Nach Beendigung der hebräischen Volksschule besuchte sie zunächst das deutsche

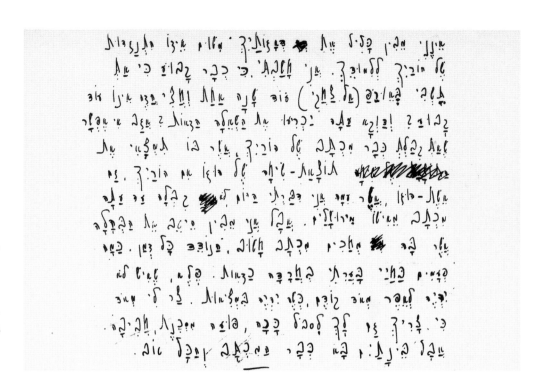

evangelische Gymnasium in Jerusalem: Ihre Mutter hatte die Liebe zu den deutschen Klassikern aus Rußland mitgebracht, ihr Lehrer Schlomo Schiller, ein Philosoph, den sie bewunderte, hatte aus Verehrung für die deutsche Kultur den Nachnamen des großen deutschen Klassikers angenommen. Nach dem Ende des Ersten Weltkriegs wechselte sie an das hebräische Gymnasium, an dem sie 1921 Abitur machte. Im September des Jahres kam sie, ein frommes Mädchen, mit einer Empfehlung Hugo Bergmanns, dem sie beim Katalogisieren deutscher Bücher in der Universitätsbibliothek in Jerusalem geholfen hatte, nach Prag, um Mathematik zu studieren. Sie wohnte zunächst bei Bergmanns Mutter, die mit der Familie Kafka bekannt war und ihr von der Krankheit des Schriftstellers erzählte, von dem sie schon durch Hugo Bergmann erfahren hatte. Um ihren Lebensunterhalt zu verdienen, unterrichtete sie an der *Talmud-Thora-Schule*. Außerdem hielt sie Vorträge und Sprachkurse beim zionistischen Wanderbund *Blau-Weiß*, gab in einem Kreis christlicher und jüdischer Wissenschaftler, der sich um den Orientalisten Isidor Pollak scharte, Konversationsübungen; mehrere Privatpersonen, darunter Friedrich Thieberger, der sich auch als Mann um sie bemühte, wenngleich vergeblich, nahmen bei ihr Stunden.

Wann Puah begann, Kafka Hebräischunterricht zu erteilen, ist nicht genau bekannt, doch dürfte der Zeitpunkt schwerlich vor März 1923 liegen. Dieser Unterricht, der in Kafkas Zimmer in der elterlichen Wohnung am *Altstädter Ring* stattfand, dauerte bis Ende Juni, als Puah nach Dresden zu Frieda Reich fuhr, der späteren Frau von Erich Fromm, die ihr eine Verdienstmöglichkeit in Berlin vermittelt hatte.

Puah Bentovim am 18. VII. 1967 und 17. X. 1976 (minimal redigiert), vgl. Puah Bentovim am 12. X. 76.

1167 | Hebräischer, an Puah Bentovim gerichteter Briefentwurf Kafkas vom Juli 1923.

Das Schreiben beginnt mit folgenden Worten: *Ich verstehe nicht alle Deine Sorgen wegen der Widerstände Deiner Eltern gegen Dein Studium. Ich hielt es schon für sicher, daß Du noch anderthalb Jahre in Europa (lache nicht) bleibst, ist das noch nicht sicher? Und gerade jetzt haben sie diese Frage entschieden?* (Die Bemerkung in Klammern bezieht sich darauf, daß Kafka in seinem Wörterbuch die Namen der Kontinente nicht verzeichnet fand und das Wort «Europa» nach Gehör schreiben mußte, übrigens fehlerhaft.)

Da Puah mit einer abgeschlossenen Ausbildung nach Palästina zurückkehren wollte, ihr Studium in Prag aber nicht die gewünschten Ergebnisse zeitigte, auch weil sie von den erwähnten gesellschaftlichen Aktivitäten zu sehr in Anspruch genommen wurde, beschloß sie, sich in Berlin zur Volksschullehrerin ausbilden zu lassen. Kafka unterstützte sie in diesen Absichten, so daß Berlin bald ein wichtiges Thema in ihren Zusammenkünften wurde, zumal er sich an ihren Entschluß klammerte und den Wunsch äußerte, es ihr gleichtun zu wollen. Sie mußte versprechen, sich bald zu melden, und tat dies mit einem hebräisch geschriebenen Brief, in dem sie berichtete, wie ungehalten sich ihre Eltern über die

Änderung ihrer Pläne zeigten, war sie doch besonders von ihrer ehrgeizigen Mutter dazu ermuntert worden, ein Universitätsstudium zu absolvieren. Kafka, der in der hier zitierten Weise auf Puahs Schreiben antwortete, hatte ihr schon im Mai einen hebräischen Brief geschrieben, dessen Konzept sich ebenfalls in seinem Nachlaß erhalten hat: Als sich abzeichnete, daß er zu einem Zeitpunkt, an dem er sich mit ihr verabredet hatte, einen Arzttermin würde wahrnehmen müssen, bat er sie, ihm nicht zu zürnen, sondern auf ihn zu warten, denn er werde wieder zu Hause sein, bevor sie alle seine Fehler verbessert haben werde – nur deshalb habe er so viele Fehler gemacht.

Hartmut Binder: *Kafkas Hebräischstudien*, in: *Jahrbuch der Deutschen Schillergesellschaft* 11 (1967), S. 548 und NS II A 37.

Kapitel XXII

Leben mit Dora

Müritz

Am 5. Juli 1923 fuhr Kafka mit seiner Schwester Elli und ihren beiden Kindern Felix und Gerti ins Ostseebad Müritz (heute Graal-Müritz) in Urlaub, unterbrach jedoch die Reise in Berlin für einen Tag, um im Verlag Die Schmiede, den Brod ihm vermittelt hatte, eine Buchveröffentlichung zu verabreden, die *Erstes Leid* und *Ein Hungerkünstler* umfassen sollte, die beiden Erzählungen also, die im Vorjahr entstanden waren und bisher nur als Zeitschriftenbeiträge vorlagen.

Als Kafka am Müritzer Strand Sandburgen sah, die mit Davidsternen aus Muscheln verziert waren, fragte er ihre Erbauer, wo sie herkämen, und erfuhr, daß es Kinder und Jugendliche des *Jüdischen Volksheims* in Berlin waren, die in diesem Jahr einen Teil ihrer Sommerferien im Haus *Kinderglück* verbrachten, das Fanny Ollendorf, die Leiterin des Heims, zusammen mit Dr. Georg Lubinski (Lotan) entdeckt hatte. Die jungen Leute hatten ihre von Berlin gewohnte Gliederung nach Alters- und Interessengruppen beibehalten und wurden unter der Oberaufsicht von Fanny Ollendorf von älteren Helfern betreut, die Spiele und Wanderungen organisierten sowie gemeinsame Lesestunden veranstalteten. Insofern bedeutete der Aufenthalt eine Fortsetzung und Steigerung der in Berlin geleisteten Erziehungsarbeit, die das Gemeinschaftsgefühl stärken wollte und den Aufenthalt bei allen Beteiligten zu einem großen Erlebnis machte, zumal viele von ihnen das erstemal ihr Zuhause und Berlin verlassen hatten, das erstemal mit einer Fernbahn gefahren waren und zum erstenmal das Meer sahen.

Als die Volksheimer vor ihrem Domizil eine Theateraufführung veranstalteten, die Kafka vom Balkon seines Zimmers in der nahegelegenen Pension *Glückauf* aus beobachtete, bat er um den Namen der Hauptdarstellerin, die er an seinen Strandkorb bitten ließ. So wurde er mit Tile Rößler bekannt, die sich mit ihm anfreundete und ihn für den 13. Juli zu einem der Freitagabende einlud, die den Sabbat mit einem gemeinschaftlichen Essen einleiteten und deswegen besonders festlich begangen wurden. Kafka kam und verfolgte *alle Segenssprüche und das Tischgebet mit tiefem Ernst.* Es folgten weitere Besuche, über die Fanny Ollendorf wie folgt berichtete: *Freitag abends pflegten wir nach dem Essen mit allen Jungen und Mädchen zusammen zu sein (nur die Kleinen wurden vorher zu Bett gebracht). Wir sprachen über alles Mögliche, das uns beschäftigte, und ich las auch meistens etwas vor. Franz Kafka beteiligte sich an der Unterhaltung und hörte dem Vorlesen zu.* Fanny Ollendorf erinnerte sich auch, daß Kafka *sehr interessiert war an dem jüdischen Geist und Inhalt* des Volksheimlebens. Außerdem sang man an diesen Abenden hebräische Lieder oder las aus hebräischen Büchern vor.

Bei seinem ersten Besuch im Haus *Kinderglück* lernte Kafka Dora Diamant kennen, die als Köchin angestellt war, aber am gesellschaftlichen Leben der Volksheimer teilzunehmen pflegte. Dora, die schon zuvor auf den schönen Mann aufmerksam geworden war, an dem sie so großen Gefallen gefunden hatte, daß sie am

Strand hinter ihm hergegangen war, begleitete in den darauffolgenden Tagen ihre Zimmergenossin Tile, die in Kafka einen Ansprechpartner für ihre familiären Probleme und religiösen Zweifel gefunden hatte, zu dessen Strandkorb. Wahrscheinlich zwei Tage nachdem Tile und ihre Gruppe nach Berlin zurückgekehrt waren, gestanden sich Kafka und Dora ihre Liebe – Dora pflegte ihre Gefühle stets offen zu zeigen –, denn schon am darauffolgenden Tag, dem 24. Juli, schrieb Kafka an Robert Klopstock, die zurückliegende Nacht sei *böse* gewesen – ein weiterer Brief beweist, daß tatsächlich *die Kolonie,* und nicht etwa gesundheitliche Probleme, die Ursache seiner Schlaflosigkeit war –, ein sicheres Zeichen dafür, daß der innere Kampf um die neue Beziehung eingesetzt hatte. In den darauffolgenden Tagen ging Kafka jeden Tag ins Kinderheim, um Dora zu sehen, mit der er natürlich die meiste Zeit verbrachte: Belegt sind Waldspaziergänge und nächtliche Aufenthalte auf der Landungsbrücke (→ Abb. 1175).

Als Kafka am 6. August Müritz verließ, waren seine Zweifel hinsichtlich Doras wenigstens vorläufig besiegt, und er beschloß, nach Berlin zu ziehen. Wie ein an Milena gerichteter Brief Kafkas vom Oktober 1923 zeigt, hatte er die Absicht, mit Dora in einem gemeinsamen Hausstand zu leben, auch wenn er diesen Sachverhalt vor seinen Angehörigen geheimhielt, denen die Geliebte erst allmählich und nach Monaten als Lebensgefährtin präsentiert wurde: *Allein in Berlin zu leben war mir freilich unmöglich, in jeder Hinsicht, und nicht nur in Berlin auch anderswo allein zu leben. Auch dafür fand sich in Müritz eine in ihrer Art unwahrscheinliche Hilfe.* Zunächst freilich, seiner Entscheidung unsicher, wollte er *nur für ein paar Tage* fahren, so daß er weder Winterkleidung mitnahm noch sich die von ihm abonnierte *Selbstwehr* nachschicken ließ. Dies alles bedeutete, daß er nicht direkt nach Prag zurückfahren konnte, sondern seine Rückreise in Berlin unterbrechen mußte, um eine Wohnung zu mieten. Wäre diese Arbeit nämlich Dora zugefallen, was sich aus mancherlei Gründen nicht empfahl, hätte er nicht später mit dem Gedanken spielen können, der Vermieterin ein Absagetelegramm zu schicken. Auch suchte er während dieses Aufenthalts Tile in der Buchhandlung *S. Jurovics* in der *Kleinen Präsidentenstraße* Nr. 3 auf, wo sie arbeitete. Da sie diese Tätigkeit nicht befriedigte, bat er im Januar 1924 Siegmund Kaznelson (→ Abb. 817), etwas für seine *kleine Buchhändlerin* zu unternehmen, die vermutlich daraufhin eine Stelle bei der Berliner Logenbibliothek erhielt.

Am Abend des 7. August besuchte Kafka mit Tile und zwei ihrer namentlich nicht genannten Freundinnen im *Deutschen Theater* eine Aufführung von Schillers *Räubern.* Bei den beiden Freundinnen handelte es sich vermutlich um Bine Landesmann (→ Abb. 1173 und 1176), die Kafka in seinem Brief an Tile vom 3. August (→ Abb. 1171) besonders grüßt, und Sophie Großvater (→ Abb. 1177), die in Tiles Erinnerungen unter dem Kosenamen ‹Krümel› als intime Freundin der Müritzer Wochen in Erscheinung tritt. Die Freundschaft zwischen Tile Rößler und Kafka wurde 1942 von der Altphilologin Martha Hofmann (1895–1975), die als Oberstudienrätin in Wien arbeitete, bevor sie nach Palästina emigrierte, unter dem Titel *Dina und der Dichter* mit poetischer Lizenz nacherzählt und im Jahr darauf in Tel Aviv veröffentlicht.

Mitte August fuhr Kafka nach Schelesen, wo Ottla eine Sommerwohnung gemietet hatte, und blieb dort bis zum 21. September. Zwei Tage später brach er nach Berlin auf, *vom Fräulein [Marie Werner] getröstet, von Pepa [Josef Pollak] geängstigt, vom Vater liebend gezankt, von der Mutter traurig angeschaut.* Aus Berlin schrieb er an Elli: *Ich fuhr weg, als ich an Gewicht abzunehmen anfing und eine weitere Verschiebung der Reise unerträglich geworden war, ja die Reise unmöglich gemacht hätte.*

FK 173, EFK 185, Fanny Ollendorff an Fanny Bone am 25. IV. 1977, Fanny Ollendorf am 11. VII. 1977, Br 441, 447, 475, O 133 und an Elli, Oktober 1923 (unveröffentlicht), vgl. Gina Priell am 10. IX. 1977, Franz Lichtenstein: *Vom jüdischen Volksheim Berlin II,* in: *Zeitschrift der Zentralwohlfahrtsstelle der deutschen Juden* 1930, S. 287 f., DA 399 f., Br 437, 439, 441, Br E 35, Gespräch mit Marianne Lask (Doras Tochter), London (mündlich, April 1974), Br 450, 451 und Lise Kaznelson am 9. III. 1966.

1168 | Das Haus *Kinderglück* in Müritz, das 1923 Kindern des *Jüdischen Volksheims* in Berlin als Feriendomizil diente und unlängst abgerissen wurde.

50 Schritte von meinem Balkon ist ein Ferienheim des Jüdischen Volksheims in Berlin. Durch die Bäume kann ich die Kinder spielen sehn. Fröhliche, gesunde, leidenschaftliche Kinder. Ostjuden, durch Westjuden vor der Berliner Gefahr gerettet. Die halben Tage und Nächte ist das Haus, der Wald und der Strand voll Gesang.

Linker Hand, also parallel zur Längsseite des Gebäudes, lag ein Spielplatz, auf dem die schon erwähnte Theateraufführung stattfand, die Kafka vom Balkon seines Zimmers aus verfolgen konnte, der nicht gegen die See, sondern gegen den hinter seiner Pension und dem Kinderheim beginnenden Wald zeigte.

An Hugo Bergmann im Juli 1923.

1169 | Blick auf den Ostteil des Müritzer Strandes, der von Kafka und den Volksheimern frequentiert wurde, weil er in der Nähe ihrer Domizile lag.

Auf einem meiner Spaziergänge am Strand entdeckte ich eine Sandbucht mit aus Tannenzapfen ausgelegten Buchstaben: F. K.

Die Buchstaben waren so schlank und rank gelegt, und neugierig, wie nur ein junges Mädchen sein kann, blickte ich ganz schnell in den Strandkorb und sah dort einen langen, schlanken, dunklen, zarten Mann sitzen.

EFK 180 f. (Tile Rößler).

1170 | Die Kinder des Berliner *Jüdischen Volksheims* mit ihren Helfern am Strand von Müritz (1923).

Zweite Reihe von vorn, dritte von rechts: Tile Rößler. Hinterste Reihe: ganz links mit weißem Hemd: Hans Löwy (→ Abb. 1192), in der Mitte Fanny Ollendorff.

Fanny Ollendorff, 1893 in Halberstadt geboren, entstammte einer jüdisch-orthodoxen Familie und hatte zunächst als Kindergärtnerin und im Ersten Weltkrieg als Hilfsschwester beim *Roten Kreuz* gearbeitet, bevor sie 1920 als Helferin im *Jüdischen Volksheim* angestellt wurde, dessen Leitung sie von einer Vorgängerin übernommen hatte, die diese Funktion kurze Zeit nach dem Weggang von Gertrude Welkonez (→ Abb. 910) innehatte.

1171 | Das 1909 erbaute Haus *Glückauf* (heute Nachfolgebau) in Müritz (seit 1939 Graal-Müritz) in der *Ost-Straße* Nr. 29, heute *Karl-Liebknecht-Straße* Nr. 6. Der Besitzer der Pension, Karl Schütt, inserierte nach dem Ersten Weltkrieg erfolgreich in Prager Zeitungen.

Über ihren Abschied von Kafka im Haus *Glückauf* berichtet Tile Rößler in ihren Erinnerungen: *Ich zog meinen Regenmantel an und ging in das große Hotel am Meer. Es war an einem Sonntag, ein Musiker saß versunken am Klavier und spielte ausgezeichnet Griegs «Ases Tod». Meine Stimmung, der Regen und diese Musik lösten viele Tränen in mir, da aber meine Regenkappe tropfte, merkte es der Hoteldiener, der mich nach meinem Wunsche fragte, nicht.*

So saß ich da und sagte mir: «Tile, das ist das letzte Mal, daß du ihn siehst, was, um Gottes willen, sollst du ihm noch sagen, wie das alles überleben? Oder sollst du einfach streiken und erklären, daß du nicht nach Hause fährst?»

All dieses und die Tränen und der Grieg wurden plötzlich von einem großen Jungen unterbrochen, der die Treppe mit einem leuchtend wissenden Gesicht herunterkam. Kaum, daß er mich begrüßt hatte, schlug er sich an die Stirne und bat um Verzeihung, er hätte etwas vergessen. Nach ganz wenigen Minuten erschien wieder seine Gestalt, einen riesengroßen Karton in beiden Händen tragend. Mein Herz pochte stark, denn ich ahnte! Und er, das große Kind, übergab mir den Karton und ließ mich nachsehen, was in ihm sei.

Die Verpackung wurde immer kleiner, sie war wie eine Zwiebel, Schicht um Schicht von Papier hatte ich zu entfernen, was ihm einen Riesenspaß machte. Inzwischen konnten meine Tränen trocknen, und jede neue Art der Verpackung holte ein Lachen von uns beiden hervor. Und jetzt kam der Schluß, das Paket war schon ganz klein, mein Herz klopfte lauter und stärker, weil ich es wußte und nicht nur fühlte, daß die Rubinschale dort eingepackt war. Nun hielt ich sie in der Hand.

Eines Tages hatten Tile und ihre Freundin Sophie Großvater (→ Abb. 1177) in einem Geschäft in Müritz eine rubinrote Konfektschale entdeckt, die ihnen Ausrufe der Bewunderung entlockte. Sie waren dabei von Kafka überrascht worden, der in der Folgezeit zwar kein Wort über diese Begegnung verlor, die Schale aber heimlich für Tile kaufte. In seinem auf den 3. August datierten Brief an Tile kommt er auch auf die Abschiedssituation zu sprechen, wenn er schreibt: *Hast Du schon Grieg gehört? Das ist eigentlich die letzte ganz deutliche Erinnerung, die ich an Dich habe; wie Klavier gespielt wird, und Du ein wenig gebeugt, ein wenig verregnet dastehst und Dich vor der Musik demütigst.*

EFK 186 f., vgl. 183 f., Werner Timm: *Müritz. Franz Kafkas Begegnung mit Dora Dymant*, in: *Freibeuter* Nr. 38 (1988), S. 17–22.

1172 | Christl Schütt, die Tochter Karl
Schütts.

*Um die Vase, die ich von Dir habe, muß
ich manchmal mit Christl kämpfen, der dreijährigen Tochter unseres Wirts, einer jenen
kleinen, blonden, weißhäutigen, rotwangi-
gen Blumen, wie sie hier in allen Häusern
wachsen. Wann sie zu mir kommt, immer
will sie sie haben.*

Tile hatte Kafka zum Abschied *ein winzig
kleines rundes graublaues Väschen* gekauft,
in das sie Margeriten gesteckt hatte.

An Tile Rößler am 3. VIII. 1923 und EFK 186.

1173 | Gemeinsames Essen der Volksheimer
in Müritz (1923).

*Abends aßen wir alle auf Bänken an lan-
gen Tischen. Ein kleiner Junge stand auf
und wurde, als er hinausging, so verlegen,
daß er hinfiel. Kafka sagte zu ihm mit vor
Bewunderung leuchtenden Augen: «Wie geschickt bist du gefallen und wie geschickt
wieder aufgestanden.»*

Linke Reihe, fünfte von links: Mirjam,
eine der beiden Schwestern Tile Rößlers,
die als Ruth in *Dina und der Dichter* porträtiert wird, weiter hinten, links von den drei
Jungen mit ihren Schiebermützen: Fanny
Ollendorff. Rechte Reihe: Das achte Mädchen von rechts, dessen Kinn vom Haar
der Davorsitzenden verdeckt wird, ist Bine
Landesmann.

EFK 194 (Dora Diamant).

1174 | Dora Diamant (1898–1952) (um 1925).

*[…] besonders Dora, mit der ich am mei-
sten beisammen bin, ist ein wunderbares
Wesen.*

Dora war mittelgroß, kräftig, aber mit
schlanken Beinen und Knöcheln, und hatte volles, reiches, fast schwarzes Haar, das
von Natur gekräuselt war. Sie hatte grau-
blaue Augen, einen hellen, rosigen Teint
und benutzte keine Schminke. Sie war vital,
lebensfroh, energisch, mit ungeheurem
Lebensmut, strahlte viel Wärme aus und
war so impulsiv, daß sie nicht schweigen
konnte, wenn sie Unrecht sah. Wie Kafkas
Schwester Ottla hatte sie großes Einfüh-
lungsvermögen, das sie immer zuerst fragen ließ, was ihr Gegenüber brauchte, während sie selbst anspruchslos war und keine
äußere Sicherheit benötigte, diese sogar
ausdrücklich ablehnte. Sie war praktisch
veranlagt, konnte kochen, nähen, stricken
und hatte großes Interesse an menschlichen Alltagssituationen, die sie überzeugend zu erklären vermochte. Da sie gut vortragen konnte, wollte Kafka sie zur Schauspielerin ausbilden lassen.

Dora, deren Muttersprache Jiddisch war,
wurde im polnischen Pabianitz (Pabia-
nice) als Tochter eines kleinen jüdischen
Fabrikanten (sie selbst schrieb sich immer
Dymant) geboren, der nach dem frühen
Tod seiner Frau nach Bendzin (Będzin)

übersiedelte. Sie besuchte polnische, nach den Erinnerungen ihrer Tochter russische Schulen, die ihr unter anderem die Kenntnis Goethes und Dostojewskis vermittelten. Zu Beginn des Ersten Weltkriegs wurde sie Zionistin und lernte, gegen den Willen ihres orthodoxen Vaters, der ein Anhänger der Chassidim war, aber mit Unterstützung ihrer Stiefmutter, in einer Privatschule Hebräisch. 1917 wurde sie in ein Seminar nach Krakau (Kraków) geschickt, wo sie zur Lehrerin an einer orthodox orientierten Schule *(Beis Ya'acov)* ausgebildet werden sollte. Doch Dora sah darin keine Zukunft und zog ins deutsche Breslau (Wrocław, heute Polen). Als sie deswegen von ihrem Vater nach Krakau zurückgeholt wurde, floh sie erneut nach Breslau, wo sie ein Jahr in einem Kinderheim arbeitete und Deutsch lernte, bevor sie 1920 nach Berlin übersiedelte.

Von Ende 1926 bis Anfang 1928 studierte Dora bei Else Dumont an der *Akademie für dramatische Kunst* in Düsseldorf, 1929 übersiedelte sie wieder nach Berlin. 1932 heiratete sie Ludwig Lask, einen überzeugten Kommunisten, der im März des darauffolgenden Jahres von der Gestapo verhaftet wurde, weil er sich am Druck und Vertrieb der verbotenen *Roten Fahne* beteiligt hatte. Bei einer der in diesem Zusammenhang erfolgten Wohnungsdurchsuchungen wurden auch Notizbücher Kafkas und seine an Dora gerichteten Briefe beschlagnahmt; sie sind bis heute verschollen. Im Jahr 1936 emigrierte Dora mit ihrer Tochter Marianne (1934–1982) über Rußland und Holland nach England. Seit 1942 lebte sie in London, wo sie im August 1952 starb.

An Tile Rößler am 3. VIII. 1923, vgl. Marianne Lask, London (mündlich, April 1974) sowie Kathi Diamant: *Kafka's Last Love,* (New York 2003), S. 5–25, 143–316 und 340.

1175 | Die Ostmole in Müritz, von der Dampfer nach Warnemünde abgingen.

Die Nacht auf der Landungsbrücke.

Kafkas Pension lag an einer Straße, die in nördlicher Richtung direkt auf die östliche der beiden Müritzer Dampfer-Molen zuführte. Dieser Landungssteg, der mit einer Länge von 380 Metern sein am Westende des Müritzer Strandes gelegenes Gegenstück beträchtlich übertraf, gehörte zu den von Kafka und Dora bevorzugten Müritzer Plätzen. Er war nach den Erinnerungen Naftali Ungers, eines Augenzeugen der Müritzer Geschehnisse, ein Hauptanziehungspunkt der Volksheimer. Unger erinnerte sich auch, daß Kafka und Tile oft auf dieser Mole spazierengingen. Dies ist sicherlich zutreffend, denn als Tile nach Kafkas Tod noch einmal nach Müritz fuhr, um endgültig von ihm Abschied zu nehmen, suchte sie diesen Ort auf: *Den langen Landungssteg ging ich entlang, am Abend, wenn die Sterne leuchteten, setzte ich mich auf die niedrigste Stufe draußen ans Meer und plauderte mit Franz.*

Dora Diamant: *Chronologische Initialen* (unveröffentlicht) und ungedruckte Erinnerungen Tile Rößlers, vgl. Naftali Unger am 27. VI. 1977.

1176 | Bine Landesmann mit Tochter.

[...] gestern abend z. B. war ich mit drei ostjüdischen Freundinnen bei den «Räubern», einer Aufführung, welcher ich freilich nicht viel mehr anmerkte als meine große Müdigkeit.

Tile Rößlers Freundin Bine Landesmann (*1904) war in Müritz Leiterin einer Gruppe von Mädchen, die drei oder vier Jahre jünger waren als sie selbst. Ihre Eltern besaßen im Berliner Nordosten ein Kolonialwarengeschäft.

An Max Brod am 8. VIII. 1923.

1177 | Sophie Großvater, genannt ‹Krümel›
(Mitte).

Aller Wahrscheinlichkeit nach ging Kafka
am 7. August in Berlin mit Tile Rößler, Bine
Landesmann und Sophie Großvater ins
Theater.

1178 | Die Badeanstalt in Schelesen.

*Liebe Ottla, sehr schade, daß ich diesmal
am 28ten nicht in Prag bin, ich hatte große
Pläne, nicht kleinliche Seidenpapierpackun-
gen u. dgl. wie sonst, sondern etwas ganz
großes, offenbar schon unter dem Einfluß
des Berliner Geschmackes, so etwa wie die
jetzige große Revue heißt: «Europa spricht
davon». Es hätte eine Nachbildung des
Schelesner Bades werden sollen, das Dich
so gefreut hat. Ich hätte einfach mein Zimmer ausgeräumt, ein großes Reservoir dort
aufstellen und mit saurer Milch füllen lassen, das wäre das Bassin gewesen, über die
Milch hingestreut hätte ich Gurkenschnit-
ten. Nach der Zahl Deiner Jahre (die ich mir
hätte sagen lassen müssen, ich kann sie mir
nicht merken, für mich wirst Du nicht älter)
hätte ich ringsherum die Kabinen aufgestellt,
aufgebaut aus Chokoladeplatten [...] Die
Kabinen wären mit den besten Sachen von
Lippert [→ Abb. 666] gefüllt gewesen, jede
mit etwas anderem. Oben an der Zimmer-
decke, schief in der Ecke, hätte ich eine
riesige Strahlensonne aufgehängt, zusammengesetzt aus Olmützer Quargeln. Es wäre
bezaubernd gewesen, man wäre gar nicht
imstande gewesen, den Anblick lange auszuhalten. Und wieviel Einfälle hätte ich sonst
noch beim Aufbau mit dem Fräulein gehabt!*

An Ottla, 4. Oktoberwoche 1923 (aus Anlaß ihres
31. Geburtstags am 29. X. 1923).

1179 | Kolonialwarengeschäft und Pension
von Alois Schöbel (1874–1965) in Schelesen,
Haus Nr. 47, davor der Besitzer (ganz links)
mit seiner Familie (um 1927).

*[...] eine kleine Gewichtszunahme ist da,
äußerlich kaum zu merken, dafür aber jeden
Tag irgendein größerer Mangel, es rieselt im
Gemäuer, wie Kraus sagt. Erst gestern blieb
ein alter Mann vor mir stehn und sagte: «Sie
sind wohl nicht recht im Zeug?»* (→ Abb. 525
und 1118)

Im Sommer wurde die im ersten Obergeschoß liegende Wohnung über dem Laden
vermietet, in der sonst die Tochter Schö-
bels lebte. Sie bestand aus einer Küche, einem Eckzimmer und dem Balkonzimmer
mit Blick auf die Dorfstraße, an der auch
die *Villa Stüdl* lag. Im Jahr 1923 waren Ottla
und ihre Familie die Feriengäste. Kafka
kam Mitte August hinzu und blieb bis zum
21. September.

An Max Brod am 14. IX. 1923, vgl. PT 38, Nr. 195
(18. VII. 1913), S. 7 und Valy Schöbel am 16. II. 1977.

Berlin

Eigentlich hatte man verabredet, daß Dora Kafkas Rückkehr nach Berlin in Müritz abwarten sollte, aber da ihre Aufenthaltsgenehmigung nicht verlängert wurde, mußte sie das Ostseebad verlassen und übersiedelte nach Döberitz (heute Dallgow-Döberitz) im Havelland südlich von Falkensee, wo sie vermutlich vorübergehend Arbeit fand. Nachdem Kafka in Berlin angekommen war, fuhr sie ebenfalls dorthin, wurde von ihm am Bahnhof abgeholt und nach Steglitz in die *Miquelstraße* (heute *Muthesiusstraße*) Nr. 8 gebracht, wo sie der Vermieterin wohl zunächst als Haushälterin vorgestellt wurde. Über die Einzelumstände dieser Liebesbeziehung, die sich, für Kafka unglaublich schnell, innerhalb weniger Tage entwickelt hatte, ist so gut wie nichts bekannt, gibt es doch nur einen einzigen Hinweis darauf, wie die beiden als Paar miteinander umgegangen sind. In einem vermutlich 1926 entstandenen, unveröffentlichten, an Ottla gerichteten Brief schreibt Dora nämlich: *Ich sitze in Franzens Schlafrock eingewickelt. Es ist kalt. Wenn ich die Augen schließe, glaube ich auf seinem Schoß zu sitzen, und er den Rock um mich und sich wickelt.*

Wegen der damals in Deutschland grassierenden Inflation wurde das Domizil in der *Miquelstraße* schon nach sieben Wochen unbezahlbar. Über die Gründe schrieb Kafka Anfang November an seine Eltern: *[...] außerdem bin ich zwar mit der Hausfrau in einem sehr guten Verhältnisse, aber Spannungen gibt es doch immerfort, hervorgerufen dadurch dass sie mir mit ihrer berlinerischen Energie und ihrem berlinerischen Verstand (sie ist keine Jüdin) unendlich überlegen ist. Das führt auch dazu, dass ich ausziehe. Ich glaube, in der ersten halben Stunde unseres ersten Beisammenseins hatte sie heraus, dass ich 1 000 K Pension (damals ein großes, heute ein viel kleineres Vermögen) habe und danach fing sie an, die Miete und was sonst dazu gehört zu steigern und es nimmt kein Ende.* So zogen Kafka und Dora am 15. November in die nahegelegene *Grunewaldstraße* Nr. 13, wo sie bis zum 31. Januar 1924 wohnen konnten. Ab Anfang Februar, als diese aus zwei Zimmern bestehende Wohnung ebenfalls zu teuer wurde, fanden sie in der *Heidestraße* (heute *Busseallee*) Nr. 25–26 in Berlin-Zehlendorf ein neues Zuhause, das ihr letztes werden sollte.

Solange es das Wetter zuließ, und dies war 1923 sehr lange der Fall, unternahm Kafka, gegen frühere Gewohnheit vielfach am Vormittag, Spaziergänge durch die stillen Alleen der Berliner Vorstadt, die ihn auch in den Steglitzer *Stadtpark*, den *Botanischen Garten* und in den am *Kurfürstendamm* gelegenen *Zoologischen Garten* führten, den er freilich nur mit der Bahn erreichen konnte; sonst hielt er sich von der Berliner Innenstadt möglichst fern. Bis Mitte Dezember war er auf diese Weise fast jeden Tag im Freien. Auch ließ er sich in den ersten Monaten in der *Präparandie* der *Hochschule für die Wissenschaft des Judentums* unterrichten, studierte mit Unterstützung Puahs einen hebräischen Roman von Joseph Chajim Brenner, mit Doras Hilfe die hebräische Bibel und las die *Selbstwehr*, die *Fackel* und den *Untergang der Welt durch schwarze Magie* von Karl Kraus (→ Abb. 1118).

Überdies hatte man viel Besuch: Von den Volksheimern zeigten sich Tile Röß-ler und ihre Freundinnen, während es mit Hans Löwy zu einer Zufallsbegegnung kam (→ Abb. 1189). Aus Prag reisten Ottla und Max Brod an, Irene Bugsch und Lud-wig Hardt fanden ebenfalls den Weg in die *Grunewaldstraße*. Von den in Berlin Lebenden kamen Brods Geliebte Emmy Salveter, Puah Bentovim, Leo Herrmann, Robert Weltsch, Lise und Siegmund Kaznelson, Ernst Weiß, Ernst Blass und Ru-dolf Kayser, Redakteur der *Neuen Rundschau*, mit dem Kafka vergeblich wegen der Veröffentlichung einer Erzählung von Oskar Baum verhandelte. Vermutet wer-den darf außerdem ein Zusammentreffen mit dem Schriftsteller Rudolf Leonhard (1888–1953), der seit 1919 Lektor des Verlags Die Schmiede war und am 7. März 1924 mit Kafka einen Vertrag über die Herausgabe des *Hungerkünstler*-Bandes abschloß, der zu diesem Zeitpunkt aber noch nicht die *Josefine*-Erzählung einschloß, die erst im weiteren Verlauf des Monats geschrieben wurde. Auf einem der der Kierlinger Zeit entstammenden Gesprächszettel, mit deren Hilfe sich Kafka mit Dora zu ver-ständigen pflegte, heißt es nämlich: *Hast Du nicht das Gefühl dass Leonhard wäh-rend des Diktierens ein Glas Pschorr vor sich hat.* Damit wird nicht, wie gelegent-lich vermutet wurde, ein weiteres, mit dem Novellenband nicht in Zusammenhang stehendes literarisches Vorhaben belegt; vielmehr stellte sich Kafka, wegen seiner Schluckbeschwerden voller Sehnsucht nach einem Glas Bier, anläßlich einer Kor-rektursendung oder eines Briefes, den er vom Verlag Die Schmiede erhalten hatte, imaginativ vor Augen, wie Leonhard in seinem Berliner Büro, ein Glas Bier neben sich, seine Korrespondenz erledigte.

Als sich Kafkas Gesundheitszustand Anfang 1924 dramatisch verschlechterte – er hatte dauernd Fieber und konnte das Bett nicht verlassen –, informierte Max Brod Siegfried Löwy, der am 21. Februar nach Berlin reiste, um sich selbst ein Bild von der Situation zu machen. Er überzeugte seinen Neffen davon, daß er allein schon wegen des ungewöhnlich strengen Winters Berlin verlassen müsse. Dieser sträubte sich zunächst und schrieb am 1. März an seine Eltern nach Prag: *Die stille, freie, sonnige, luftige Wohnung, die angenehme Hausfrau, die schöne Gegend, die Nähe Berlins, das beginnende Frühjahr – das alles soll ich verlassen, blos weil ich infolge dieses ungewöhnlichen Winters etwas erhöhte Temperatur habe und weil der Onkel bei ungünstigem Wetter hier war und mich nur einmal in der Sonne gesehen hat, sonst aber einigemal im Bett, wie es eben auch voriges Jahr in Prag so war. Sehr ungern werde ich wegfahren und zu kündigen wird mir ein schwerer Entschluß sein.*

Kafka kehrte am 17. März in Begleitung Max Brods nach Prag zurück, der drei Tage zuvor zur Premiere von Leoš Janáčeks Oper *Jenufa* nach Berlin gefahren war. Kafka war von Dora und Robert Klopstock, der gegen den Willen seines Freundes nach Berlin gekommen war, um dessen Abreise mit zu betreuen, zur Bahn ge-bracht worden.

U 291, vgl. Emmy Hermann am 23. X. 1976, Robert Weltsch (mündlich, Februar 1966), Br 473, EFK 202 (Dora Diamant),
Br 468 f., 459, FK 176 f., Br 472, 474, 476 f., DA 391, 394, Brod: Tagebuch, 17. III. 1924, Br 477 und Br E 65.

1181 | Kafkas Haarbürste, ein Produkt der englischen Firma *G. B. Kent & Sons*.

Gerade werde ich nach meinem Zustand gefragt und kann vom Kopf nichts sagen, als daß er «löwenmäßig frisiert» ist.

Als die Gestapo in Doras Berliner Wohnung Manuskripte Kafkas beschlagnahmte, blieb dessen Haarbürste unbeachtet, die auf ihrem Toilettentisch lag. Dora führte dieses Stück, das ihr fast als einziges aus seinem Besitz verblieben war, in der Folgezeit stets mit sich und hatte es auch in *En Charod* (Israel) bei sich, wo sie es Anfang 1950 mit anderen Utensilien in der Familie ihres ersten Hebräischlehrers David Maletz zurückließ – als Talisman, der ihre Wiederkehr sichern sollte, denn sie mußte zwar zunächst nach England zurückfahren, hatte aber beschlossen, den Rest ihres Lebens in diesem Kibbuz zu verbringen. Der schlechte Gesundheitszustand ihrer Tochter verhinderte jedoch die Verwirklichung dieses Plans, und die Haarbürste verblieb bis heute in der Obhut der Familie Maletz.

Zur Haarpflege benutzte Kafka *Dralles Birkenhaarwasser mit Fettgehalt*, ein Produkt, das 1889 auf den Markt gekommen war und bis in die 50er Jahre des 20. Jahrhunderts verkauft wurde. Den Mund spülte er mit dem heute noch lieferbaren *Odol*, und zum Waschen verwendete er *Ray-Seife*, die aus Hühnerei hergestellt wurde und auch bei der Verwendung von kaltem Wasser viel Schaum gab. Eine Prager Großhandlung warb schon am Anfang des 20. Jahrhunderts im *Prager Tagblatt* intensiv für dieses Produkt.

Br 470, vgl. Kathi Diamant: *Kafka's Last Love*, (New York 2003), S. 279–281, Abb. nach S. 178 und an Elli im Juli 1922 (unveröffentlicht).

1180 | Franz Kafka im Oktober 1923. Die Abbildung entstand im Fotoatelier des Berliner Kaufhauses *Wertheim* am *Leipziger Platz* (im Zweiten Weltkrieg durch Bomben der Alliierten zerstört).

Ich will hier nochmals die Gestalt meines Freundes heraufbeschwören: Schlank, groß, etwas vorgebeugt – die Augen kühn, blitzend-grau, die Gesichtsfarbe bräunlich, der Haarbusch hoch und pechschwarz, – schöne Zähne, ein freundliches höfliches Lächeln, wenn nicht zuweilen ein geistesabwesend trüber Ausdruck das schöne scharfgeschnittene Gesicht verdüsterte.

Die von Brod erinnerte Haartracht (→ Abb. 1181) bezieht sich genauso auf die Jahre der Krankheit (frühere Photos zeigen andere Frisuren) wie die scharfgeschnittenen Gesichtszüge, die sich erst als Folge der Abmagerung Kafkas (→ Abb. 1204) ausbildeten. Gemäß Kafkas Reisepaß hatten seine Augen die Farbe *dunkelblaugrau*.

FK 338, vgl. Br 453 und Johann Bauer [d. i. Josef Čermák]/Isidor Pollak/Jaroslav Schneider: *Kafka und Prag*, (Stuttgart 1971), S. 112.

1182 | Die *Miquelstraße* (heute *Muthesiusstraße*) in Berlin-Steglitz. Kafka und Dora wohnten bis zum 15. November 1923 in Nr. 8, auf der Abbildung das fünfte Haus von links, das im Zweiten Weltkrieg durch Bomben zerstört wurde. (Der moderne Nachfolgebau trägt die Nr. 20.) Bei der Wohnung handelte es sich um ein Erkerzimmer, in dem außer einem Bett auch ein Kanapee vorhanden war, auf dem Dora schlafen konnte.

In einem Interview, das Felix Weltsch mit Dora geführt hatte, berichtete diese die folgende Episode aus ihrem Leben mit Kafka: *Und wie er es liebte zu spielen, und mit welchem Ernst und mit welcher Sorgfalt: ziemlich oft,* erzählt Dora, «*spielte er für mich ‹Kellner› bevor wir uns zu Tisch setzten (als eine Art Anspielung auf das Palästina-Projekt). Er hatte einen ganzen Saal zu bedienen und dieses Spiel dauerte manchmal eine Viertelstunde, das Essen erkaltete!*» Der Hintergrund des Spiels war Kafkas Sehnsucht nach dem Heiligen Land. Schon im Frühsommer 1923 hatte er mit dem Gedanken gespielt, nach Palästina zu fahren, zumal ihm Else Bergmann (→ Abb. 163) Hoffnung gemacht hatte, bei ihr in Jerusalem wohnen zu können. Nachdem er Dora kennengelernt hatte, veränderte sich diese Wunschvorstellung zu dem Plan, in Palästina ein Restaurant aufzumachen, in dem Dora die Küche führen und er selbst servieren würde.

Felix Weltsch: *Entretiens avec Dora Diamant* (Typoskript um 1950), vgl. Br E 34 f., Br 436 f., FK 177 und EFK 200 (Dora Diamant).

1183 | Der in Lichterfelde und Dahlem gelegene, 1910 eröffnete *Botanische Garten* in der *Königin-Luise-Straße* Nr. 6–8, den Kafka von seinen Steglitzer Domizilen aus in höchstens fünfzehn Gehminuten erreichen konnte.

Letzthin hatte ich ein Liebesabenteuer. Ich saß in der Sonne im Botanischen Garten (wegen der Unwillkommenheit «langer Beschreibungen» sage ich nichts weiter) als eine Mädchenschule vorüberkam. Unter den Mädchen war eine hübsche lange blonde, jungenhafte, die mich kokett anlächelte, das Mäulchen aufstülpte und mir irgendetwas zurief. Ich lächelte natürlich überfreundlich zurück, auch als sie sich später mit ihren Freundinnen noch öfters nach mir umdrehte, bis mir allmählich aufging, was sie mir eigentlich gesagt hatte. «Jud» hatte sie mir gesagt.

An Elli, Oktober 1923 (unveröffentlicht), vgl. Br 451.

1184 | Die Süßwasser-Abteilung des *Aquariums* im Berliner *Zoologischen Garten* am *Hardenbergplatz* Nr. 8 im Bezirk Charlottenburg-Wilmersdorf.

Mit meiner Freundin besuchte er einmal das Berliner Aquarium. Da sprach er zu den Fischen in den leuchtenden Kästen (sie erzählte es mir später mit Erschütterung): «Jetzt kann ich euch schon ruhig anschaun, ich esse euch nicht mehr.»

Zu dem 1913 eröffneten *Zoologischen Garten* gehörten ein Terrarium, ein drei Meter langes und anderthalb Meter hohes Schaubecken für Süßwasserfische sowie mehrere kleinere, teilweise den Meeresbewohnern gewidmete Aquarien. Am 30. September 1923 hatte Kafka, dessen Interesse an Tieren sich auch auf die Meeresfauna erstreckte (→ Abb. 79), in Begleitung von Emmy Salveter das *Aquarium* besucht, die ihrem Geliebten Max Brod davon erzählte, als dieser im November 1923 nach Berlin kam. Kafka, genötigt, tierisches Eiweiß zu sich zu nehmen, hatte sich eine Fischvergiftung zugezogen und war inzwischen wieder zur vegetarischen Lebensweise zurückgekehrt.

FK 70, vgl. O. Heinroth: *Führer durch das Aquarium nebst Terrarium und Insektarium im Zoologischen Garten zu Berlin*, Berlin 1925, S. 3, Br 448 C 198 und EFK 214.

1185 | Tile Rößler (um 1923) mit den beiden Kindern ihrer älteren Schwester.

Am Sonntag, dem 21. Oktober, erhielten Kafka und Dora Besuch von Tile Rößler und einem Berliner Maler, die er Brod gegenüber als *schöne junge Menschen von gefangennehmenden Liebreiz* bezeichnete.

Auch andere Müritzer suchten Kafka in Steglitz auf. Tiles Schwester Fanny berichtet: *Ich sah F. Kafka, ganz unabhängig von Tile, ein einziges Mal und zwar: Als wir, so ungefähr 10 Mädels durch den Grunewald wanderten, kamen wir auf die Idee: Wir sind ganz nahe der Villa, wo F. Kafka mit Dorchen Diamant wohnte. Wir schickten eine Abgeordnete zu Dorchen, zu fragen, ob wir kommen dürften, sie kam mit dem Bescheid: «Wir dürfen kommen». Bald saßen wir um den großen runden Tisch herum, und er spazierte im Morgenrock und dann schlug er vor, mit uns einen Spaziergang zu machen,*

1186 | Für Tile Rößler bestimmte Konfektschachtel der Marke *Fürstenberg* mit eigenhändiger Beschriftung Kafkas.

Im Lauf der Gespräche, die Tile Rößler in Müritz mit Kafka geführt hatte, kam sie auch auf den Schauspieler Alexander Moissi (→ Abb. 553) zu sprechen, dessen Vortragskunst sie faszinierte. Einige Tage später – Einzelumstände sprechen allerdings dafür, daß dies erst in Berlin geschah – erhielt sie von Kafka eine Tafel *Hildebrandt-Schokolade*, auf die er geschrieben hatte: *Nicht so süß, nicht so bezaubernd, nicht so verführerisch wie M., aber anspruchsloser, fester und nahrhafter.*

EFK 184 f. vgl. Br 517.

er entschuldigte sich, um sich anzuziehen. Dann spazierten wir im Grunewald, jeder gab sein Bestes …

Tile Rößler, die nur 1,41 Meter groß war, wurde 1907 im galizischen Tarnau (Tarnów) (heute Polen) als jüngstes von sechs Kindern geboren. Die Familie flüchtete beim Ausbruch des Ersten Weltkriegs nach Berlin. Später studierte sie bei Mary Wigman und Gret Palucca in Dresden, wurde Leiterin der *Palucca-Schule* und emigrierte 1933 nach Palästina. Sie errichtete in Tel Aviv ein Tanzstudio und trat als Solotänzerin und Choreographin hervor, die mit Hilfe abendländischer Technik biblische Stoffe und orientalisches Tanzgut auszudeuten suchte. Tile Rößler starb 1959 in Tel Aviv.

An Max Brod am 25. X. 1923 und Fanny Bone-Rößler am 4. IV. 1976, vgl. vs.: *Tanzabend von Tehillah Rößler*, in: *Die Tat* 13, Nr. 255 (15. IX. 1948), S. 6.

1187 | J.[oseph] Ch.[ajim] Brenner: *Schechol uchischalon* [Unfruchtbarkeit und Scheitern], New York, (The Stybel Publishing House), 1920, Einbandzeichnung.

Ein wenig lese ich hebräisch, in der Hauptsache einen Roman von Brenner, aber es wird mir sehr schwer, doch ist trotz aller Schwierigkeit das Lesen von bisher 30 Seiten keine Leistung, mit der man sich rechtfertigen kann, wenn für vier Wochen Rechenschaft gefordert wird.

Offenbar hatte Kafka das Buch von Puah erhalten, die es aus Palästina mitgebracht hatte. (→ Abb. 1166)

An Max Brod am 25. X. 1923.

1188 | Im Hof des *Jüdischen Volksheims* in der *Dragonerstraße* Nr. 22 (heute *Max-Beer-Straße* Nr. 5) in Berlin. In der zweiten Reihe von unten, rechts: Puah Bentovim (Frühjahr 1924).

[...] von ihrer Selbstsicherheit, ihrer ruhigen Fröhlichkeit blieb eine Aufmunterung zurück.

Puah, die in Berlin ihr Hochschulstudium fortsetzen wollte, begleitete im Juli 1923 als Ferienjob eine Gruppe Berliner Jugendlicher aus der *Ahawah* (Liebe) nach Eberswalde, wo man in der Synagoge wohnte, aber im nahegelegenen *Messingwerk*, einem In-

dustrieunternehmen, Erholung fand. Die 1920 gegründete *Ahawah* war ein aus jüdischen Fonds finanziertes Kinderheim in der Berliner *Auguststraße* Nr. 14-17, in dem jüdische Pogrom- und Kriegswaisen aus dem Osten aufgenommen und erzogen wurden. Da Puah Kafka von dieser Tätigkeit geschrieben hatte, beschloß er, sie am 5. Juli, als er in Berlin Zwischenhalt einlegte, zusammen mit Emmy Salveter in Eberswalde zu besuchen, scheiterte aber an Verkehrsproblemen.

Ende des Monats, nach ihrer Rückkehr aus Eberswalde, fuhr Puah zusammen mit einer Jugendleiterin der *Ahawah* nach Müritz, um Kafka zu sehen, der ihr zum Abschied ein Buch schenkte und ihren Besuch Tile Rößler gegenüber in der hier angeführten Weise kommentierte. Der Kontakt zwischen den beiden setzte sich in den folgenden Monaten zunächst fort. Kafka suchte Puah Anfang Oktober im *Viktoriaheim II* in der *Steinmetzstraße* Nr. 16 auf, wo sie inzwischen Unterkunft gefunden hatte, während sie zweimal in die *Miquelstraße* kam, um ihm bei der Lektüre des Brennerschen Romans zu helfen. Danach verschwand sie aus seinem Lebenskreis. Es gibt Indizien dafür, daß sie und Else Lasker-Schüler (→ Abb. 708) Anregungen zur Konzeption der *Josefine*-Erzählung geliefert haben, die im März 1924 in Prag entstand.

1925 kehrte Puah als Erzieherin nach Palästina zurück, hielt sich aber zwischen 1928 und 1934 wieder in Berlin auf, um ein Biologiestudium zu absolvieren. Danach arbeitete sie in ihrer Heimat als Gymnasiallehrerin, seit 1954 in Bersheba an der ersten Gesamtschule Israels. Sie starb 1991.

Br 440, vgl. Puah Bentovim am 12. und 17. X. 1976, Br 440 sowie Hartmut Binder. *Kafkas Hebräischstudien*, in: *Jahrbuch der Deutschen Schillergesellschaft* 11 (1967), S. 552–554.

1189 | Dr. Hans Löwy.

Was die Übersiedlung betrifft, kann ich nicht sagen, daß sie mich sehr angestrengt hat. Um ½ 11 etwa ging ich aus der alten Wohnung fort, fuhr in die Stadt war in der Hochschule, wollte dann zum Essen gehen, um nachher gleich nach Steglitz zu fahren und doch noch ein wenig an der Übersiedlung teilzunehmen, wurde aber in der Friedrichstraße plötzlich angerufen, es war Dr. Löwy (die Müritzer aus unserer Familie kennen ihn), ich hatte ihn in Berlin noch nicht gesehn, er war sehr lieb und freundschaftlich, lud mich gleich zum Mittagessen bei seinen Eltern ein, wohin er eben ging, ich zögerte vor diesem Billionengeschenk, auch wollte ich ja nach Steglitz, aber schließlich ging ich doch, kam in den Frieden und die Wärme einer wohlhabenden Familie und ehe ich an der Gartentür in Steglitz läutete, war es schon 6 Uhr und die Übersiedlung restlos vollzogen.

Da Dora am Tag der Übersiedlung natürlich nicht kochen konnte, wollte Kafka offenbar in einem ihm bekannten vegetarischen Restaurant in der *Friedrichstraße* zu Mittag essen.

Löwy hatte an der Front im *Juden* einen Artikel Siegfried Lehmanns über das *Jüdische Volksheim* gelesen und sich dafür begeistert. Als er gegen Ende des Krieges als Invalide vom Militärdienst freikam, wurde er Gruppenleiter im Heim, wo er auch wohnte. Er war bis 1933 Jugendrichter in Berlin, dann holte ihn Lehmann nach Palästina. Er starb in Bersheba in Israel.

An Ottla am 17. XI. 1923, vgl. Br 457 f.

1190 | Das 1904 erbaute Haus *Grunewaldstraße* Nr. 13, in dem Kafka und Dora vom 15. November 1923 bis zum 31. Januar 1924 wohnten.

ich lebe fast auf dem Land, in einer kleinen Villa mit Garten, es scheint mir, daß ich noch niemals eine so schöne Wohnung hatte, ich werde sie auch gewiß bald verlieren, sie ist zu schön für mich.

Kafka spricht seinen Eltern gegenüber von zwei im ersten Stock einer kleinen Villa gelegenen, schön eingerichteten Zimmern, von denen eines, das Wohnzimmer, so sonnig sei wie sein bisheriges, während das kleinere, das Dora und er als Schlafzimmer benutzten, Morgensonne habe. Auch gab es, anders als in der *Miquelstraße*, Zentralheizung und elektrisches Licht.

In dieser Wohnung entstanden zwischen Dezember 1923 und Januar 1924 der Fragment gebliebene *Bau* sowie die Erzählung *Eine kleine Frau*, die Teil des Bandes *Ein Hungerkünstler* wurde.

Seit September 1983 befindet sich an dem Gebäude eine von der Republik Österreich angebrachte Gedenktafel, auf der Kafka als österreichischer Dichter bezeichnet wird. (→ Abb. 87 und 124)

An Milena, Oktober 1923, vgl. Br E 35 und NS II A 148 f.

1191 | Das Rathaus in Berlin-Steglitz.

[...] mein Potsdamer Platz ist der Platz vor dem Steglitzer Rathaus, noch er mir zu lärmend, glücklich tauche ich dann in die wunderbar stillen Alleen.

An Robert Klopstock am 16. X. 1923.

1192 | Die 1872 eröffnete *Hochschule für die Wissenschaft des Judentums*, seit 1907 in der *Artilleriestraße* Nr. 14 (heute *Tucholskystraße* Nr. 9) in Berlin, die biblische, talmudische, geschichtlich-literarische und philosophische Lehrgegenstände umfaßte und jedem religiösen Standpunkt Raum gab. Die Fenster im dritten Obergeschoß gehörten zum Lesesaal, die Bibliothek selbst öffnete sich zur Rückfront des Gebäudes.

Die Hochschule für jüdische Wissenschaft ist für mich ein Friedensort in dem wilden Berlin und in den wilden Gegenden des Innern. [...] Ein ganzes Haus schöne Hörsäle, große Bibliothek, Frieden, gut geheizt, wenig Schüler und alles umsonst. Freilich bin ich kein ordentlicher Hörer, bin nur in der Präparandie und dort nur bei einem Lehrer und bei diesem nur wenig.

Die geistige Notlage der Studierenden hatte zur Schaffung der Hilfseinrichtung *Präparandie* geführt, in der vor allem Vorbereitungskurse über das Gebetbuch, die *Bibel*, die *Mischna* und den *Talmud* abgehalten wurden, die den Zweck hatten, Studienanfänger sprachkundig zu machen, deren Hebräischkenntnisse nicht ausreichten, klassisch-jüdische Texte im Original zu lesen.

Brod behauptet in seiner Kafka-Biographie, sein Freund habe in der *Präparandie* Vorträge von Dr. Harry Torczyner und Prof. Dr. Julius Guttman über den *Talmud* gehört. Zwar existiert inflationsbedingt kein gedruckter Bericht über das Studienjahr 1923/24, obwohl die Lehrveranstaltungen an der Hochschule in üblicher Weise abgehalten worden waren, sicher ist aber, daß die beiden erwähnten Lehrkräfte nicht an der *Präparandie* arbeiteten und auch keine Veranstaltungen über den *Talmud* anboten. Andererseits läßt sich einem an Robert Klopstock gerichteten Schreiben vom 19. Dezember 1923 entnehmen, daß Kafka an der Hochschule an einem Sprachkurs über den *Talmud* teilnahm und nur einen Lehrer hatte, bei dem es sich nach den Erinnerungen von Josef Tal um dessen Vater Dr. Julius Grünthal gehandelt haben muß.

Die Hochschule wurde 1942 geschlossen und beherbergt heute den *Zentralrat der Juden in Deutschland*.

Br 470, vgl. FK 176 und Fritz Bamberger, undatiert.

1193 | Der Rabbiner Dr. Julius Grünthal (1875–1943) mit seinem Sohn Josef (*1910).

Eines Abends erzählte Vater bei Tische von seinen Studenten an der Hochschule. Da war einer, der immer auf der letzten Bank im Unterrichtsraum saß und der durch seine ungewöhnlich klugen Fragen auffiel. Vater bestellte ihn nach dem Kolleg zu sich und fragte ihn, was er denn täte und studiere, worauf er antwortete, er sei Journalist. Und sein Name? Franz Kafka. [...] Es verging noch geraume Zeit, dann besuchte uns Franz Kafka mit seiner Freundin, mit der er zusammen nach Palästina auswandern wollte. Sie kamen nachmittags zum Kaffee. Kafkas weißes Gesicht mit den tiefschwarzen Augen und sein leises und zartes Sprechen während der wenigen Minuten, die ich ihn sah, sind unvergeßlich geblieben.

Grünthal wurde in Breslau ausgebildet und sprach fließend Hebräisch. Er war seit 1914 als Dozent an der *Präparandie* tätig, ein vorzüglicher Pädagoge. Er wurde 1940 in Holland deportiert und starb drei Jahre später in einem Vernichtungslager.

Josef Tal [d. i. Josef Grünthal]: *Der Sohn des Rabbiners. Ein Weg von Berlin nach Jerusalem*, (Berlin 1985), S. 53 f. (→ Abb. 56), vgl. Niels Bokhove: «*Friedensort in den wilden Gegenden des Innern.*» Kafka en de Berlijnse «*Hochschule für die Wissenschaft des Judentums*», in: KK 7, Nr. 2 & 3 (1999), 43–49.

1194 | Der Leseraum der *Hochschule für die Wissenschaft des Judentums* in Berlin (30er Jahre). Ganz rechts sitzend: Leo Baeck, links daneben stehend Ismar Elbogen. Die weißhaarige Dame weiter links, mit gekreuzten Händen, ist Jenny Wilde, die Bibliothekarin.

Zweimal in der Woche und nur bei gutem Wetter gehe ich ein wenig in die Hochschule für die Wissenschaft des Judentums.

Kafka hörte nicht nur an der *Präparandie*, sondern benutzte auch den Lesesaal der Hochschule. Sein Platz war am Ende eines der langen Tische rechts auf der Abbildung in der Nähe des Fensters, und zwar im hinteren Teil des Raumes. Hier las er die *Jüdische Rundschau*, neben der *Selbstwehr*, die er abonniert hatte, und der *Fackel*, die ihm Robert Klopstock schickte, das einzige Blatt, das er in Berlin sorgfältig studierte.

Kafkas Besuche in der *Hochschule für die Wissenschaft des Judentums* können als Versuch angesehen werden, seinen unruhigen Geist, der in der *Dahlemer Gärtnereilehranstalt* keine Betätigung hatte finden können, *in andere Richtungen* zu lenken.

Br 466 und 456, vgl. Fritz Bamberger, undatiert und Felix Weltsch: *Entretiens avec Dora Diamant* (Typoskript um 1950).

1195 | Der bis heute existierende Kinderspielplatz im *Stadtpark*, der sich im Süden des Steglitzer Bezirks östlich der *Albrecht-Straße* erstreckt.

Als Kafka und Dora bei einem ihrer Spaziergänge im *Steglitzer Park* (so Doras Bezeichnung) ein Mädchen entdeckten, das seine Puppe verloren hatte, erklärte er dem weinenden Kind, es werde von der Puppe, die sich auf Reisen befinde, einen Brief erhalten, den er sich dann selbst ausdachte und der noch leseunkundigen Kleinen bei der nächsten Begegnung vorlas. Die Puppe äußerte darin den Wunsch, sich für einige Zeit von dem Mädchen trennen zu wollen, versprach aber, jeden Tag zu schreiben. Und tatsächlich schlüpfte Kafka in den nächsten drei Wochen in die Rolle der Puppe und berichtete in Briefen von immer neuen Erlebnissen, die in einer Heirat gipfelten und der Empfängerin schließlich zu der tröstlichen Einsicht verhalfen, ein Wiedersehen sei ausgeschlossen.

Der Ort des Geschehens ist allerdings nicht mit letzter Sicherheit auszumachen, denn wenn Kafka von den *schönen Anlagen* spricht, so dachte er dabei gewiß auch an den heute nur in Restbeständen existierenden *Schloßpark* an der Ecke *Rothenburgstraße/Grunewaldstraße* und an den *Park am Fichtenberg*, die seinen Steglitzer Domizilen fast unmittelbar benachbart waren und ebenfalls Ziel seiner Spaziergänge gewesen sein dürften.

EFK 196, vgl. 197 f., O 140 und Karl Baedeker: *Berlin-Steglitz. Stadtführer*, Freiburg 1980, S. 38–43.

1196 | Ludwig Bachhofer: *Die Kunst der japanischen Holzschnittmeister. Mit 69 Bildwiedergaben*, (Kurt Wolff Verlag) München (1922), Tafel 58 (Ichiryusai Hiroshige).

Am 18. Oktober 1923 erhielt Kafka vom Kurt Wolff Verlag die Abrechnung für das Geschäftsjahr 1922/23. Da *der ziffernmäßige Absatz* und damit das finanzielle Ergebnis so geringfügig war, daß sich angesichts der inflationären Geldentwertung die Überweisung einer Geldsumme verbot, schlug der Verlag als Ausdruck seines guten Willens vor, seinem Autor Kafka zur Entschädigung eine Büchersendung zugehen zu lassen, die neben einigen Exemplaren Kafkascher Erzählungen zwei Übersetzungen von Werken Otokar Březinas (*Musik der Quellen* und *Winde von Mittag nach Mitternacht*), Dichtungen von Heym und Trakl sowie die Lyriksammlung *Auf der Erde* von Franz Janowitz enthalten sollte. Daraufhin fragte Kafka am 26. des Monats an, ob er Einfluß auf die Auswahl der Bücher nehmen könne, und bekam daraufhin postwendend ein Verlagsverzeichnis mit der Vorgabe zugeschickt, eine *entsprechende Auswahl* vorzunehmen. Da er nicht wußte, was darunter zu verstehen sei, bat er den Verlag Mitte November um die Mitteilung, für welchen Betrag man ihm Bücher zu schicken beabsichtige. Nachdem Georg Heinrich Meyer ihn darüber unterrichtet hatte, wählte er neben eigenen Veröffentlichungen, die er zu Geschenkzwecken benötigte, Gedichte von Hölderlin, Hölty und Eichendorff, Chamissos *Schlemihl*, Bürgers *Münchhausen*, einen nicht näher bezeichneten Band von Knut Hamsun – zur Auswahl standen *Unter Herbststernen* und *Gedämpftes Saitenspiel* – sowie fünf kunstgeschichtliche Werke, nämlich Georg Simmels *Rembrandt*, Paul Gauguins *Vorher und Nachher*, Friedrich Perzyńskis *Von Chinas Göttern*, Otto Fischers *Chinesische Landschaftsmalerei* und Ludwig Bachhofers *Kunst der japanischen Holzschnittmeister* – mit anderen Worten: Gedichtbände seiner expressionistischen Schriftsteller-Kollegen wollte er nicht einmal geschenkt in seinem Bücherschrank haben.

1197 | Volksheimer in Müritz. Halb rechts, mit der linken Hand auf der Schulter der vor ihr Sitzenden: Reha Fertig (1923).

Am 1. Februar 1924 schrieb Kafka an Ludwig Hardt, der ihn telegraphisch zu seinem am darauffolgenden Tag stattfindenden Berliner Vortrag eingeladen hatte, er könne an der Veranstaltung nicht teilnehmen. Die Überbringerin des Briefes war Recha Fertig, eine Freundin Doras, die sie bei der Übersiedlung nach Zehlendorf unterstützt hatte. Dora brachte mit ihrer Hilfe Umzugsgut mit der Bahn von Steglitz nach Zehlendorf, obwohl die dortige Haltestelle eine Viertelstunde von der neuen Wohnung entfernt lag.

Vgl. *Kotte Autographs* 15, (Stuttgart 2005), S. 63 f. (im Druck des Briefes Br 476 fehlt der Name Reha Fertig) und Br E 57.

Als sein Gesundheitszustand im März 1924 kritisch wurde, rief Dora Dr. Ludwig Nelken (1898–1985), damals Assistenzarzt am *Jüdischen Krankenhaus* in Berlin, den sie von ihrem Breslauer Aufenthalt her kannte. Da er sich weigerte, für diesen Krankenbesuch eine Rechnung auszustellen, sandte ihm Kafka als Dank Simmels *Rembrandt*.

Vgl. Br 465, 467, KB 188 und Eric Gottgetreu: *They knew Kafka*, in: *Jerusalem Post* am 14. VI. 1974.

1198 | Robert Klopstock und seine Frau Giselle während einer Floßfahrt auf dem Dunajec im slowakisch-polnischen Grenzgebiet, das schon in der Zwischenkriegszeit zu den touristischen Attraktionen der Region gehörte. Im Vordergrund Alexander Bugsch, der Vater Irene Bugschs (→ Abb. 1152) (1956).

Ihr Brief hat mich trotz mancher Traurigkeiten, die darin stehn, sehr gefreut, weil er mir Ihre Situation sehr begreiflich macht und mich an Ihrem Leben teilnehmen lässt. Ich kann die meinige nicht so begreiflich machen, konnte es niemals, bitte, nehmen Sie es mir nicht übel und hören Sie deshalb nicht auf, an meinem Leben teilzunehmen, es ist auch so möglich und es ist wahrscheinlich besser möglich, als wenn ich lange Berichte über mich schreiben würde.

Im Früjahr 1922 kam es in Klopstocks Beziehung zu Kafka zu Irritationen. Denn während er um seinen Freund warb und dessen Nähe suchte, sah sich dieser psychisch immer weniger in der Lage, die Bedürfnisse des Freundes nach geistiger Intimität zu befriedigen, so daß eine gewisse Entfremdung zwischen den beiden eintrat. Diese Situation verschärfte sich naturgemäß noch, nachdem Kafka nach Berlin übersiedelt und Klopstock allein auf die seltenen Briefnachrichten angewiesen war, die viel weniger Aufschluß über die Lebensverhältnisse des von ihm Bewunderten gaben als persönliche Begegnungen, die er jederzeit selbst herbeiführen konnte.

Klopstock lernte Giselle Deutsch (1902–1995), die 1929 seine Frau wurde, Anfang 1924 kennen.

An Robert Klopstock, vor dem 19. XII. 1923, in: *Kafkas letzter Freund*, hrsg. von Hugo Wetscherek, (Wien 2003), S. 66, vgl. 84 f. und Br 431 (der Brief entstand im Frühjahr 1922).

1199 | Das 1905 erbaute Haus *Heidestraße* (seit 1928 *Busseallee*) Nr. 24–25 in Berlin-Zehlendorf, das der Schriftsteller Carl Busse (1872–1918) 1916 erworben hatte. Auf der Freitreppe (links mit Tochter) Busses Frau Paula, die jüdischer Herkunft war, 1942 nach Theresienstadt gebracht wurde, die Deportation aber überlebte.

Sonst, trotzdem, ist es ja sehr schön hier, auf der Veranda zu liegen und zuzusehen, wie die Sonne an zwei der Schwere nach so verschiedenen Aufgaben arbeitet: mich und die Birke neben mir zu natürlichem Leben zu wecken (die Birke scheint Vorsprung zu haben).

Kafka und Dora bezogen am 1. Februar 1924 zwei Zimmer im ersten Obergeschoß der Villa. Das Gebäude ist inzwischen durch einen Neubau ersetzt worden, an dem eine Gedenktafel an Busse und Kafka erinnert.

Br 478, vgl. Maja Rehbein: *Der Schriftsteller und Literaturkritiker Carl Busse*, in: *Heimatverein Zehlendorf e. V. (1886) mit Museum und Archiv. Heimatbrief* 45, Nr. 1 (März 2002), S. 13–17.

1200 | Lise Kaznelson (1917).

Meine [...] vielleicht interessanteste, für mich jedenfalls lebendigste und erschütterndste Erinnerung an Kafka sind meine letzten Begegnungen mit ihm im Herbst 1923 in Berlin, also kurz vor seinem Tode. Er bewohnte damals mit Dora D. ein kahles, schlecht geheiztes möbliertes Zimmer [...], wo mein Mann und ich ihn einige Mal besuchten. Er lag gewöhnlich im Bett, ich sehe ihn vor mir mit dem Thermometer im Mund – aber er war der Alte, immer heiter, an allem interessiert, zu allen Gesprächen aufgelegt. (→ Abb. 247 f. und 726)

Lise Kaznelson-Weltsch am 14. III. 1972, vgl. Br 473.

Das Ende

Drei Tage nach seiner Rückkehr in das elterliche Domizil am *Altstädter Ring* in Prag (→ Abb. 246 und 1121), die Kafka in seinem letzten Brief an die Eltern eine *Wohnungsstörung* nannte, zeigten sich die ersten Symptome einer Kehlkopferkrankung. Klopstock berichtet: *In diesen Tagen schrieb er die Geschichte «Josefine oder Das Volk der Mäuse», und als er eines Abends das letzte Blatt der Geschichte fertiggestellt hatte, sagte er mir: «Ich glaube, ich habe zur rechten Zeit mit der Untersuchung des tierischen Piepsens begonnen. Ich habe soeben eine Geschichte darüber fertiggestellt.» Ich habe aber nicht den Mut gehabt, sie von ihm zu verlangen, um sie zu lesen. Noch am selben Abend sagte er mir, daß er ein komisches Brennen im Halse fühle, beim Genießen gewisser Getränke, besonders Fruchtsäfte, und er äußerte seine Besorgnis, ob nicht sein Kehlkopf auch angegriffen sei.* In dieser Situation erinnerte Kafka sich des kehlkopfkranken Mitpatienten in Matlarenau, dessen Namen er inzwischen vergessen hatte, glaubte er doch, die Leiden dieses Mannes jetzt besser verstehen zu können (→ Abb. 1099).

Nachdem man verschiedene andere Möglichkeiten erwogen hatte, brachte Dora, die inzwischen nach Prag gekommen war, den Schwerkranken am 5. April in das bei Pernitz (Niederösterreich) gelegene *Sanatorium Wienerwald*, wo er fünf Tage blieb, während sie selbst in einem Bauernhaus neben der Anstalt wohnte. Damals schrieb er an Klopstock: *Lieber Robert, nur das Medizinische, alles andere ist zu umständlich, dieses aber – sein einziger Vorteil – erfreulich einfach. Gegen Fieber dreimal täglich flüssiges Pyramidon – gegen Husten Demopon (hilft leider nicht) – und Anästhesiebonbons: Zu Demopon auch Atropin, wenn ich nicht irre. Hauptsache ist wohl der Kehlkopf. In Worten erfährt man freilich nichts Bestimmtes, da bei Besprechung der Kehlkopftuberkulose jeder in eine schüchterne ausweichende starräugige Redeweise verfällt. Aber ‹Schwellung hinten›, ‹Infiltration›, ‹nicht bösartig› aber ‹Bestimmtes kann man noch nicht sagen›, das in Verbindung mit sehr bösartigen Schmerzen genügt wohl.*

Da der Kehlkopf hier nicht richtig behandelt werden konnte, wurde Kafka am 10. April in einem offenen Auto, notdürftig vom Körper Doras vor Wind und Regen geschützt, in die Wiener Universitätsklinik überführt, wo er auf Fürsprache des aus Strakonitz stammenden Architekten Leopold Ehrmann (1887–1951), eines Neffen Dr. Salomon Ehrmanns, Professor für Dermatologie an der Wiener Universität, unverzüglich in die Klinik Professor Markus Hajeks aufgenommen wurde, der als größte Kapazität für Kehlkopferkrankungen galt. Leopold Ehrmann war vermutlich ein Anverwandter von Julie Kafka, einer Schwester von Kafkas Vater, die in Strakonitz lebte und mit Siegmund Ehrmann verheiratet war (→ Abb. 491).

Am 16. April schrieb Kafka aus Wien seinen Eltern eine Karte, in der er unter witziger Bezugnahme auf den Umstand, daß er keinen Militärdienst geleistet hatte, die Adressaten über seinen Zustand zu beruhigen und zu verschleiern sucht, wie sehr er unter seiner Krankheit und den Zwängen des Krankenhauslebens litt. Es heißt da: *Liebste Eltern, schon ziemlich lange ohne Nachricht von Euch. Das Wetter ist sehr schön geworden, das Fenster den ganzen Tag offen. Mit den Einspritzungen habe ich heute zum zweitenmal ausgesetzt, was auch zur Verschönerung der Tage beiträgt. Wenn Ihr einen guten Rat annehmen wollt, so trinkt viel Wasser, ich habe darin einiges versäumt und jetzt darf ich es nicht nachholen [zu diesem Zeitpunkt hatte Kafka bereits starke Schluckbeschwerden]. Das Leben hier gefällt mir sonst auch weiter recht gut, es ist ein allerdings sehr kleiner und schwacher nachträglicher Ersatz für das militärische Leben, das mir gefehlt hat. Um ½6 steht man auf, um ½7 ist alles fertig, freilich ist bei der Waschschüssel kein großes Gedränge. (Fließendes warmes und kaltes Wasser ist im Zimmer.) Und auch sonst mag manches vom Militär verschieden sein, z. B. der Schlaf der Leute. Das Essen, soweit ich daran teilnehme, ist immer ausgezeichnet zubereitet, auch ist immer eine gewisse Auswahlmöglichkeit. Herzl. Grüße Eueres F.*

Auch in dieser Klinik konnte Kafka von Dora betreut werden, der man sogar erlaubte, für ihn zu kochen. Aber wegen des hier herrschenden militärischen Drills, wegen des rauhen Umgangstons Hajeks und weil Dora eine ländliche Umgebung für günstiger hielt, wurde Kafka am 19. April in das *Sanatorium Dr. Hoffmann* in Kierling bei Klosterneuburg gebracht, wo sich auf ihre Initiative hin verschiedene Wiener Kapazitäten um ihn bemühten. Auch Robert Klopstock, der sein Prager Studium unterbrochen hatte, kam nach Kierling, um Dora und dem Freund beizustehen, der den Tag über meist auf dem Balkon seines Zimmers lag und schlief.

Doch Kafkas Gesundheitszustand verschlechterte sich so schnell, daß er am 3. Juni starb. Er wurde drei Tage später nach Prag überführt und am 11. des Monats auf dem *Neuen jüdischen Friedhof* begraben. Der Journalist Otto Pick, fast ein Freund, der Kafka auf Reisen nach Berlin, Wien und Dresden begleitet hatte, schrieb aus diesem Anlaß in der *Prager Presse*: *Gestern wurde der deutsche Dichter Franz Kafka in Prag zu Grabe getragen. Sang- und klanglos, wie es zu geschehen pflegt, wenn ein Außenseiter der Alltagsmenschheit den menschlichen Alltag verläßt. Daß ein paar Menschen erschienen waren, in deren Herzen die Erscheinung Franz Kafkas unveränderlich weiterleben wird, und andere, die durch Konvention oder Gründe gesellschaftlicher Natur auf den sommergrünen Friedhof verschlagen worden waren, erscheint unwesentlich angesichts der Tatsache, daß keine der sogenannten repräsentativen deutschen Literatur- und Kunstinstitutionen Prags, die traurige Gelegenheit wahrgenommen hatte, am Grabe des bedeutendsten deutschen Prosadichters, den Prag hervorgebracht hat, wenigstens äußerlich das Wissen um die Existenz seines unvergänglichen Lebenswerkes zu bekunden.*

An die Eltern am 2. VI. 1924, Br 479 f., Br 521 und o. p. [Otto Pick]: *Dichterehrung*, in: PP 4, Nr. 161 (12. VI. 1924), S. 4, vgl. Br 480, Br E 68, 118 f., Rotraud Hackermüller: *Das Leben, das mich stört. Eine Dokumentation zu Kafkas letzten Jahren. 1917–1924*, Wien, Berlin 1984, S. 144 und Martin Svatoš: *Pozůstalostní spis Franze Kafky*, in: *Archiv hlavního města Prahy. Dokumenta Pragensia* 15, hrsg. von Václav Ledvinka, Praha 1997, S. 332.

1201 | Das *Sanatorium Wienerwald* in Pernitz (Niederösterreich), in dem Kafka vom 5. bis 10. April 1924 behandelt wurde.

Er liegt mit zwei schrecklich leidenden Menschen (Auch Kehlkopf mit Apparaten) in einer Zelle. Bette an Bett Er kann nicht essen, nicht sprechen.

Kafka, der sich inzwischen nur noch schriftlich mit seiner Umgebung verständigen konnte, spricht Brod gegenüber von einem bösen, bedrückenden Sanatorium, den Eltern gegenüber von abscheulichen Erfahrungen, unerfreulichem Essen und medizingläubigen, hilflosen Ärzten, Umstände, die natürlich *die wirklich unglaublich herrliche Lage* der Anstalt überhaupt nicht aufwiegen konnten.

Das 600 m hoch gelegene, in Bergen eingebettete und von großen Parkanlagen umgebene Privatsanatorium für Lungenkranke wurde 1904 eröffnet. Während des Zweiten Weltkriegs war es ein nationalsozialistisches Mütterheim. Heute, in etwas veränderter Gestalt, dient es der österreichischen Gewerkschaft der Metall- und Bergarbeiter als Erholungsheim.

Dora Diamant an Robert Klopstock am 9. oder 10. IV. 1924, in: *Kafkas letzter Freund,* hrsg. von Hugo Wetscherek, (Wien 2003), S. 71 und Br E 74 f., vgl. Br 481.

1202 | Die 1870 errichtete *Klinik für Kehlkopf- und Nasenkrankheiten* in der Wiener *Lazarettgasse* Nr. 14.

Liebste Eltern, so bin ich hier sehr gut untergebracht, unter der besten ärztlichen Aufsicht, die man in Wien haben kann, von Ärzten behandelt, die ich mir, wenn ich z. B. in einem Privatsanatorium wäre, erst auf eigene Kosten kommen lassen müßte.

Die Krankenzimmer für Männer lagen im zweiten Obergeschoß in dem vom Betrachter abgewandten Gebäudeflügel, der in dem rechts auf der Abbildung sichtbaren Vorbau endet.

An die Eltern am 22. IV. 1924.

1203 | Josef Schrammel, Zimmergenosse Kafkas in der *Laryngologischen Klinik* der Universität in Wien.

Den Mann neben mir haben sie getötet, jeder Assistent ist auf einen Sprung hingekommen und hat ohne zu fragen

Mit Lungenentzündung haben sie ihn herumgehn lassen 41 stark. Großartig war es, wie dann in der Nacht alle Assistenten in ihren Bettchen waren und nur der Geistliche mit seinen Gehilfen da war. Er mußte nicht beichten. Nach der letzten Ölung ist der Geistliche wieder.

Bei dem Mitpatienten, der in der Nacht zum 19. April im Bett neben Kafka starb, handelte es sich um den aus dem Waldviertel stammenden Schuhmachermeister Josef Schrammel, der wie er selbst an Kehlkopftuberkulose litt, wegen hochgradiger Atemnot ins Krankenhaus eingeliefert worden war, wo man ihm zur Linderung seiner Leiden zwei Luftröhrenschnitte gesetzt hatte. Kafka war erbost, weil er sich schwer mit der Erkenntnis tat, daß hier ein Mann sterben mußte, der trotz des Röhrchens, das er im Hals tragen mußte, lustig war, viel herumging und gern aß.

Br 487 (Gesprächszettel mit Klopstock als Adressaten), vgl. Rotraud Hackermüller: *Das Leben, das mich stört. Eine Dokumentation zu Kafkas letzten Jahren. 1917–1924*, Wien, Berlin 1984, S. 110–114 und 121.

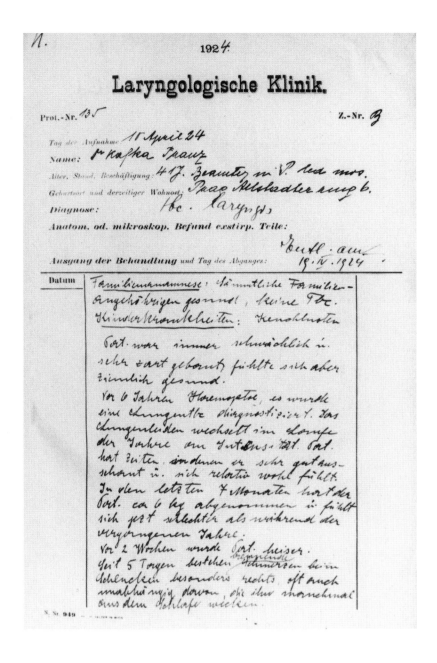

1204 | Krankenblatt Kafkas aus der *Laryngologischen Klinik* der Universität Wien mit der Anamnese, die folgenden Wortlaut hat:

Familienanamnese: Sämtliche Familienangehörigen gesund, keine Tbc.

Kinderkrankheiten: Keuchhusten

Pat. war immer schwächlich u. sehr zart gebaut, fühlte sich aber ziemlich gesund.

Vor 6 Jahren Haemoptoe [Bluthusten], es wurde eine Lungentbc diagnostiziert. Das Lungenleiden wechselt im Laufe der Jahre an Intensität. Pat. hat Zeiten, in denen er sehr gut ausschaut u. sich relativ wohl fühlt. In den letzten 7 Monaten hat der Pat. ca 6 kg abgenommen u. fühlt sich jetzt schlechter als während der vergangenen Jahre.

Vor 2 Wochen wurde Pat. heiser.

Seit 5 Tagen bestehen brennende Schmerzen beim Schlucken besonders rechts, oft auch unabhängig davon, die ihn manchmal aus dem Schlafe wecken.

Ein anderes Blatt zeigt, daß Kafka dauernd leichtes Fieber hatte, das an den Abenden auf knapp 38° anstieg, an zwei Tagen sogar noch beträchtlich darüber lag. Sein Körpergewicht wird mit 45,6 Kilogramm angegeben. Sein Normalgewicht in früheren Zeiten hatte 60 Kilogramm betragen.

Vgl. Rotraud Hackermüller: *Das Leben, das mich stört. Eine Dokumentation zu Kafkas letzten Jahren. 1917–1924*, Wien, Berlin 1984, S. 115.

1205 | Das 1901 erbaute Sanatorium Dr. Hoffmann in Kierling, *Hauptstraße* Nr. 187, in dem sich Kafka vom 19. April 1924 bis zu seinem Tod am 3. Juni 1924 aufhielt.

Er liegt von Morgens um 7 Uhr bis Abends 7 – 8 Uhr, auf dem Balkon. Bis Mittag um 2 ist Sonne dann geht sie weg zu anderen Patienten, die auf der anderen Seite liegen, und statt ihr steigt allmählich aus den Tiefen ein wunderbar berauschender Duft auf, der wie Balsam wirkt.

Seit 1983 existieren in dem Gebäude Tagungs- und Gedenkräume, die von der *Österreichischen Franz-Kafka-Gesellschaft* betreut werden. An der Fassade befindet sich eine Gedenktafel mit folgendem Wortlaut: *In diesem Haus starb/Franz Kafka/(3. Juli 1883 – 3. Juni 1924)/Österreichische Gesellschaft für Literatur.*

Dora Diamant an die Eltern, um den 19. V. 1924 (BR E 77).

1206 | Dr. Hugo Hoffmann, der Besitzer des Sanatoriums.

Als es von allen Ärzten rund hieß, dass Franz sterben muß, fingen die Leute im Sanatorium an, mir in den Ohren zu liegen, mich trauen zu lassen. Besonders eifrig war dabei Frau Dr. Hoffmann und der Hilfsarzt. Sie wollten alles dazu erforderliches selbst besorgen: Standesbeamten, Rabbiner, etc. Dies mußte ich mir wochenlang, jeden Tag anhören. Eines Nachmittags, wurde ich in das Zimmer von Dr. Hofmann gerufen, in dem sich ein mir unbekannter Mensch befand. Ein Beamter von der Wiener jüdischer Gemeinde, der die Trauung vornehmen wollte. Dr. Hoffmann und Frau wollten Zeugen sein. – Es war einer der schrecklichsten Augenblicke meines Lebens, mit solche nackter Grausamkeit das allerunfaßbarste so eingehämmert zu kriegen: Ein Leben nach Franzens Tode. – Robert war davon verständigt. Ottla hat schwach und hilflos zugeredet. – Von der Grausamkeit Franz gegenüber, der sich an der Hoffnung zu leben klammerte, schon gar nicht zu reden.

Diese Erinnerungen stehen in einem gewissen Spannungsverhältnis zu Kafkas Absicht, Dora heiraten zu wollen. Er schrieb nämlich bald nach seiner Ankunft in Kierling an Doras Vater einen entsprechenden Brief, in dem er darlegte, zwar kein gläubiger Jude,

aber ein Bereuender und Umkehrender zu sein, der in die Familie des frommen Mannes aufgenommen werden wolle. Aber der Gerer Rabbi, den der Vater in allen Lebensfragen zu Rate zog, verbot die Ehe, so daß sich auch Doras Vater verweigerte. Gleichwohl hat sich Dora in gewisser Weise als Ehefrau Kafkas betrachtet: Als sie 1928 ein Exemplar des *Landarzt*-Bandes einer Freundin schenkte, zeichnete sie die eigenhändige Widmung mit *Dora Dymant- Kafka.* Dabei deutet die Lücke zwischen den beiden Namen auf ein Zögern bei der Niederschrift, in dem ihre und ihres Vaters Widerstände gegen die vier Jahre zuvor vom *Sanatorium Hoffmann* und Kafka betriebenen Pläne Ausdruck zu finden scheinen.

Bei dem von Dora erwähnten Hilfsarzt handelt es sich um Dr. Eduard Orenstein (*1895), einen Kafka sehr angenehmen Besucher, mit dem er *mehr freundschaftlich als medicinisch* verkehrte. Orenstein vertrat von Mai bis November 1924 den erkrankten Dr. Hoffmann und mußte bei seinen täglichen Besuchen an Kafkas Bett von Wien erzählen. Kafka wehrte sich ihm gegenüber gegen Injektionen und sagte: *Die Lilien auf dem Felde brauchen auch keine Injektionen.*

Dora Diamant: *Chronologische Initialen* (unveröffentlicht), Franz Kafka: *Oxforder Oktavhelt 1 & 2*, (hrsg. von Roland Reuß), (Frankfurt/M., Basel 2006), Beilage: Faksimile-Ausgabe Franz Kafka: *Ein Landarzt*, (Kurt Wolff Verlag) (München und Leipzig 1919), Titelblatt und Willy Haas: *Franz Kafkas Tod*, in: *Der Tagesspiegel* 9, Nr. 2479 (25. XI. 1953), *Beiblatt*, S. 1, vgl. Kathi Diamant: *Kafka's Last Love*, (New York 2003), S. 108, 116, FK 181 und Roland Reuss: *Kafkas letzte Geliebte*, in: *Frankfurter Allgemeine Zeitung* Nr. 85 (10. IV. 2006), S. 37.

1207 | Norbert Glas (1897–1986).

Unter den Wiener Ärzten, die Dora Diamant zuzog, um Kafkas Schmerzen und das immer gegen Abend auftretende Fieber (38,6°–38,8°) zu bekämpfen, war Dr. Norbert Glas, den man dem Architekten Leopold Ehrmann verdankte. Er kam dreimal in der Woche nach Kierling und erinnerte sich in folgender Weise an diese Besuche: *Es dürfte im Frühjahr 1924 gewesen sein – wenn ich nicht irre im April – daß mich eine Dame von Wien nach Kierling bei Klosterneuburg rief, um Kafka zu sehen und medizinisch zu beraten. Ich weiß noch, daß es ein regnerischer Tag war als ich in den Nachmittagsstunden ankam. Es muß Samstag oder Sonntag gewesen sein. Es war ein ganz einfaches Haus und ich glaube, dass man es «Sanatorium» nannte. Eine jüngere Dame, offenbar Dora Diamant, empfing mich und führte mich zu einem sehr abgezehrten Patienten, der im Bette lag. Kafka war sehr bleich, hatte eingefallene Wangen und fieberisch glänzende Augen. Die Stimme war etwas heiser und leise. Man hatte sofort den Eindruck einen Kranken mit einer schwersten Tuberculose vor sich zu haben. Die Diagnose von Prof. Hajek wurde mir auch vorgelegt. Sowohl Kafka wie Frl. Diamant flehten mich an, ob ich irgendeinen Vorschlag für einen Behandlung angeben könnte. Die Behandlung kann ich heute kaum mit*

Sicherheit mehr angeben. Es war ein ganz bestimmtes Phosphorpräparat, wahrscheinlich, ein spezielles Eisensalz aus Pyrit hergestellt. Natürlich erhielt er auch eine stärkende Diät und auch äußere Anwendungen, die ich aber nicht erinnere. Frl. Diamant muss meine Beziehungen zu Rudolf Steiner und zur Anthroposophie gekannt haben, da dies ja überhaupt der Grund gewesen ist, warum ich gerufen worden war. Unsere Unterhaltung in dem Krankenzimmer war sehr herzlich und ich hatte den Eindruck, dass Kafka zumindest neue Hoffnung schöpfte.

Aus einem unveröffentlichten Schreiben Robert Klopstocks an Kafkas Eltern geht hervor, daß Glas einen sehr guten Eindruck auf Kafka machte, der ihm vertraute, jedoch ein wenig traurig war (obwohl er es hinnahm), als er erfuhr, daß der Arzt Anthroposoph war.

Der aus Wien stammende Glas war jüdischer Herkunft und studierte von 1916 bis 1921 in seiner Heimatstadt Medizin. 1920 lernte er Rudolf Steiner kennen und schätzen und wurde im Juni 1921 Arzt am *Klinisch-Therapeutischen Institut* in Arlesheim (Kanton Basel). Im darauffolgenden Jahr eröffnete er in Wien eine Praxis. Von 1928 bis 1938, als er nach England emigrierte, arbeitete er in Gnadenwald bei Innsbruck an einer anthroposophisch orientierten Heilanstalt.

Norbert Glas am 21. V. 1974, vgl. Maja Rehbein: *Alles ist in den besten Anfängen. Der Arzt Norbert Glas und der Dichter Franz Kafka,* in: *Novalis. Zeitschrift für spirituelles Denken 56,* Nr. 5/6 (2002), S. 78–81.

1208 | Kafkas letzter Brief, geschrieben am Tag vor seinem Tod, Beginn und Schlußseite, die ahnen lassen, wie ihn während der Niederschrift die Kräfte verließen.

Der Text zeigt die um seine Angehörigen kreisenden Sorgen des Sterbenden und hat den Hauptzweck, seine Eltern von einem geplanten Besuch abzuhalten, dem er sich psychisch nicht gewachsen glaubte. Kafka schreibt: *alles ist wie gesagt in den besten Anfängen, aber noch die besten Anfänge sind nichts; wenn man dem Besuch – und gar einem Besuch, wie Ihr es wäret – nicht große unleugbare, mit Laienaugen meßbare Fortschritte zeigen kann, soll man es lieber bleiben lassen. Sollen wir es nicht also vorläufig bleiben lassen, meine lieben Eltern?* Anschließend beruhigt er die Adressaten, indem er die ihm zuteil werdende vorzügliche ärztliche Versorgung durch Robert Klopstock und die Wiener Spezialisten – Professor Dr. Heinrich Neumann (*1873), seit 1919 Vorstand der *Universitätsklinik für Ohren-, Nasen- und Kehlkopfkrankheiten,* Prof. Dr. Kurt Tschiassny, den Dozenten Dr. Oscar Beck und den Assistenzarzt (Dr. Orenstein) – sowie den jungen Arzt (Dr. Glas) hervorhebt, der dreimal die Woche von Wien herauskomme.

Er hatte gerade mit den Worten *Da ich mich so zu dem Besuch verhalte* angesetzt, um sein Thema weiter zu entfalten, als ihm bewußt geworden sein muß, daß er möglicherweise bei den Empfängern des Briefes, die weitgehend für seine Behandlung aufzukommen hatten, den Eindruck erwecken würde, er verschwende deren Geld, denn er wußte natürlich, daß seine Pension nicht ausreichte, seine Krankheitskosten zu bezahlen, auch wenn ihm Dora das Ausmaß der bereits eingetretenen Verschuldung verschwieg. Im vorhergehenden Absatz hatte er nämlich geschrieben, letzthin habe ein Wiener Professor – es handelte sich dabei, wie Brods Kafka-Biographie erweist, um Kurt Tschiassny –, der einmal in der Woche mit eigenem Automobil herauskomme und, verräterische Worte, dafür fast nichts verlange, eine wesentliche Besserung seines Kehlkopfs festgestellt. Wie aber, so muß es ihm jetzt durch den Kopf gegangen sein, wenn die Eltern daraus den Schluß zogen, Dr. Glas verursache unnötig hohe Kosten, weil er dreimal die Woche mit dem Auto von Wien nach Kierling fahre? In der Sorge, in dieser Weise mißverstanden zu werden, wechselte er, obwohl der angefangene Satz, den er offensichtlich später beenden wollte, erst die zweite Zeile einer gerade begonnenen Seite bildete, auf die gegenüberliegende Seite des verwendeten Doppelblattes und schrieb dort die drei Schlußzeilen, die zu erkennen geben sollten, daß er auch im Angesicht des Todes sparsam wirtschafte (→ Abb. 1210). Dann verließen ihn die Kräfte, und zwar so sehr, daß nicht einmal Dora, die ihm das Blatt aus der Hand genommen hatte, um für ihn weiterzuschreiben, vollenden konnte, was er noch mitgeteilt wissen wollte.

Ein vergleichbarer Korrekturvorgang ist schon für Ende Mai überliefert: Als Dora an die Eltern schrieb, Kafka sei ein leidenschaftlicher Trinker geworden, der zu jeder Mahlzeit Bier, Tokayer oder andere Feinschmecker-Weine zu sich nehme, fügte dieser dem Brief eine *Richtigstellung* hinzu, in der er erläuterte, seine Sehnsucht nach Obst und Wasser (also billigeren Produkten) sei nicht geringer als die nach Bier. Dieses Verlangen des Durstgepeinigten, das in seinen letzten Lebenswochen mehrfach in seinen Briefen und Gesprächszetteln artikuliert wird, begegnet auch im Eingangsteil seines letzten Briefes, wo er sich daran erinnert, welchen Genuß es ihm als Junge bereitet hatte, nach einem Besuch der *Civilschwimmschule* in der dortigen Restauration mit dem Vater zusammen ein Glas Bier zu trinken (→ Abb. 45). Seine in diesem Zusammenhang gemachte Aussage, er halte nicht viel vom heurigen Bier, erklärt sich dadurch, daß Dora heimlich Somatose hineinzumischen pflegte, um den Eiweißgehalt seiner Nahrung zu erhöhen, aber der Rede wert war ihm der Sachverhalt vor allem, um den mißtrauischen Vater glauben zu machen, unter solcher Voraussetzung werde sich der Bierverbrauch des Sohnes in Grenzen halten.

O 157, vgl. Br E 128 f., FK 179, 182, Franz Kafka: *Briefe an die Eltern aus den Jahren 1922–1924*, hrsg. von Josef Čermák und Martin Svatoš, (Prag 1990), S. 145–151 (Faksimiles), O 216, Br 491 und Hartmut Binder: *Franz Kafka*, in: *Genie und Geld. Vom Auskommen deutscher Schriftsteller*, hrsg. von Karl Corino, Nördlingen 1987, S. 399–410.

1209 | Gartenansicht des *Sanatoriums Dr. Hoffmann* in Kierling.

[...] wohl aber erfüllte der treue Klopstock eine dritte, geheime Ab-
machung, daß er Dora unter einem Vorwand in der letzten Stunde
fortschicken werde, damit sie den Todeskampf nicht sehe. Das tat
Klopstock auch und sandte Dora mit einem Brief zur Post.

Aber in den letzten Minuten vermißte Kafka Dora. «Ich schickte das
Stubenmädchen hinterher», schreibt die Pflegerin, «denn die Post war
in der Nähe». Dora kam atemlos zurück, Blumen in der Hand, die sie
wohl eben gekauft hatte.– Kafka schien völlig bewußtlos. Dora hielt
ihm die Blumen vor das Gesicht. «Franz, sieh mal die schönen Blu-
men, rieche mal!» flüsterte Dora. «Da richtete sich der Sterbende, der
schon entrückt schien, noch einmal auf, und er roch an den Blumen.
Es war unfaßbar. Und noch unfaßbarer war es, daß sich das linke
Auge wieder öffnete und lebendig wirkte. Er hatte so wunderbar
strahlende Augen, und sein Lächeln war so vielsagend, und Hände
und Augen waren so beredt, als er nicht mehr sprechen konnte.»

Als Max Brod im Jahr 1964 anläßlich eines Besuchs in Wien auch
Kierling aufsuchte, identifizierte er das im ersten Obergeschoß hinter dem Balkon ganz rechts liegende Zimmer als das seines Freundes. Aussagen Dora Diamants über die auf dem Balkon herrschenden Lichtverhältnisse (→ Abb. 1205) bestätigen Brods Erinnerung.

EFK 220 (Willy Haas).

1210 | An Dr. Siegfried Löwy in Prag adressierte Rechnung der *Städ-*
tischen Leichenbestattung in Wien, betreffend die Überführung der
sterblichen Überreste Kafkas von Kierling nach Prag.

1211 | Die Hauptallee auf dem *Neuen jüdischen Friedhof* in Prag, die durch Sturmschäden inzwischen einen Teil ihres Baumbestandes verloren hat.

Ich ging in dem Trauerzug, der Kafkas Sarg von der Zeremonienhalle zum offenen Grab geleitete; hinter der Familie und der bleichen Gefährtin, die von Max Brod gestützt wurde, ging ich mit seinen Freunden.

Johannes Urzidil: *11. Juni 1924*, in: J. U.: *Da geht Kafka*, (erweiterte Ausgabe), (München 1966), S. 103.

1212 | Das Grab Kafkas auf dem *Neuen jüdischen Friedhof* in Prag.

Als der Sarg sank, schrie Dora Dymant qualvoll und durchdringend auf; ihr Schluchzen, das nur der ermessen konnte, für den es bestimmt war, umschleierte der Nachklang des hebräischen Totengebets, das die Heiligkeit Gottes und die Hoffnung auf Erlösung verkündigt.

Die Beisetzung fand am 11. Juni um vier Uhr nachmittag statt. Als die Angehörigen und Max Brod um ein Viertel sechs Uhr in die Wohnung der Familie Kafka am *Altstädter Ring* zurückkehrten, sahen sie, daß die *Astronomische Uhr* (→ Abb. **224**) am *Rathausturm* um vier Uhr stehengeblieben war.

Johannes Urzidil: *11. Juni 1924*, in: J. U.: *Da geht Kafka*, (erweiterte Ausgabe), (München 1966), S. 103, vgl. FK 182 f.

1213 | Die *Kleine Bühne* am *Havliček-Platz* in Prag (II-869).

[...] ich weiß, daß sich um das Werk des wundersamen Genies Franz Kafka immer mehr Werte der Verehrung und Liebe anordnen werden und daß dieses Vermächtnis mit einer einigenden Kraft stets alle Guten an sich heranziehen wird.

Am 19. Juni 1924 fand um 11 Uhr am Morgen in der *Kleinen Bühne* – sie war geschaffen worden, nachdem das *Deutsche Landestheater* widerrechtlich von tschechischen Nationalisten okkupiert worden war – eine Gedenkfeier für den Verstorbenen statt, die von dem Dramaturgen Hans Demetz veranstaltet wurde, der im Namen des von ihm und dem Schriftsteller Hans Regina von Nack gegründeten *Literarisch-Künstlerischen Vereins* eröffnet wurde. Danach kamen Max Brod und Johannes Urzidil zu Wort, der Kafka im Namen der jüngeren Prager Autoren würdigte. Anschließend rezitierte der Schauspieler Hans Hellmuth Koch *Ein Traum, Kleider, Der plötzliche Spaziergang, Vor dem Gesetz* und *Eine kaiserliche Botschaft.*

Johannes Urzidil: *Rede zum Ehrengedächtnis Franz Kafkas*, in: J. U.: *Da geht Kafka*, (erweiterte Ausgabe), (München 1966), S. 107, vgl. ders.: *11. Juni 1924*, in: Ebenda, S. 103 f., PT 49, Nr. 143 (19. VI. 1924), S. 8 und Nr. 144 (20. VI. 1924), S. 6.

1214 | Tile Rößler, als ‹Jemenitin› tanzend.

Aus den ungedruckten Teilen ihrer Erinnerungen geht hervor, daß Tile Rößler Jahre nach Kafkas Tod dessen Grab aufsuchte, das sie bereits im September 1924 in einem Traum gesehen hatte, in dem sie sich leise singend davor auf die Knie geworfen hatte. In ihrem Gedicht *Memorium*, das den Untertitel *Im Gedenken an Franz Kafka* trägt, beschreibt sie, wie sie, an seinem Grab stehend, seine Stimme hört, die sie auffordert, Tänzerin zu werden, und zu tanzen beginnt.

Vgl. *Tile Rössler 1907–1959*, (hrsg. von Fanny Bone), Tel Aviv 1959, S. 19 (Privatdruck).

Anhang

Zu den Textnachweisen

Wörtliche Zitate aus Kafkas Werken und Lebenszeugnissen werden, wo nicht anders vermerkt, den im folgenden angeführten Editionen entnommen und stets unmittelbar im Anschluß an die Einführungstexte zu den Kapiteln und Unterkapiteln sowie direkt nach den Legenden und Erläuterungen nachgewiesen, die den einzelnen Abbildungen zugeordnet sind, und zwar in der Reihenfolge, in der sie jeweils im Text in Erscheinung treten. Freigestellte Zitate, die in der Regel auf die eigentlichen Bildlegenden folgen und in engstmöglichem Bezug zu den Abbildungen stehen, werden dabei wie folgt behandelt: Anführungen aus literarischen Werken Kafkas werden mit Titel und Seitenzahl nachgewiesen, Briefstellen mit dem Namen des Empfängers und dem Entstehungsdatum, Tagebuchpassagen mit dem Wort ‹Tagebuch›, dem, durch ein Komma getrennt, das Datum der Niederschrift folgt (sofern dieses überliefert ist), währenddessen Reiseaufzeichnungen unter der Sigle EFR mit nachfolgender Seitenzahl erscheinen. Falls die Datumsangaben schon im Argumentationsgang selbst erwähnt werden, entfallen gesonderte Nachweise. Die mitgeteilten Datierungen erlauben dem Leser auf einfache Weise, das chronologische Gerüst zu erkennen, das die Abfolge der Abbildungen regelt und damit den Gang der Darstellung bestimmt.

In den Argumentationsgang eingebaute Kafka-Zitate und direkte Anführungen aus Brods Reisetagebüchern und seinen an Kafka gerichteten Korrespondenzstücken werden durch die in der Rubrik *Siglen* verzeichneten Abkürzungen mit nachfolgender Seitenzahl belegt. Sie folgen meist unmittelbar auf den Nachweis des freigestellten Hauptzitats, auf jeden Fall aber in der Reihenfolge, in der sie im jeweils davorstehenden Textkorpus Verwendung fanden. Die Nachweise indirekter Zitate aus Kafkas Werken und Lebenszeugnissen folgen auf die nachgewiesenen wörtlichen Zitate und werden durch ein ‹vgl.› eingeleitet. Soweit möglich, werden auch sie in der Reihenfolge verzeichnet, in der sie im Text begegnen.

Wo nicht anders vermerkt, sind Zitate aus Korrespondenzstücken unveröffentlicht, die weder von Kafka geschrieben noch von ihm empfangen wurden (Ausnahme: Goethe-Briefe). An den Verfasser dieser Untersuchung gerichtete Briefe werden lediglich mit Urheber und Entstehungsdatum nachgewiesen, ihm zugegangene mündliche Mitteilungen sind als solche gekennzeichnet und meist datiert. Dokumente anderer Art und wissenschaftliche Literatur werden in üblicher Weise bibliographisch erfaßt; in Einzelfällen sind Siglen im Gebrauch. Brods Tagebücher werden als *Brod: Tagebuch* mit Datumsangabe erfaßt.

Um dem Leser die Auffindung der erwähnten Orte, Straßen, Gebäude und anderer Topographica zu erleichtern, werden Namen, die sich auf das Gebiet der Tschechischen Republik beziehen, wo immer möglich auf deutsch und auf tschechisch wiedergegeben (für die Slowakei auch auf ungarisch), wobei meistens die deutsche Bezeichnung an erster Stelle erscheint, die von den Prager Deutschen zur

Zeit Kafkas üblicherweise gebraucht wurde. (Kafka selbst und seine Freunde verwendeten allerdings zuweilen greuliche, sich von Fall zu Fall ändernde Mischformen.) Außerdem wurde regelmäßig verzeichnet, ob sich die erwähnten Objekte erhalten haben und wie in diesem Fall ihre heutige Bezeichnung und Anschrift lautet.

Was die Hausnummern betrifft, so begegnet in Prag (aber auch in Städten wie Friedland, Karlsbad, Marienbad oder Reichenberg) neben der alten Art der Kennzeichnung durch sogenannte *Hauszeichen*, die in Einzelfällen, weil noch immer gebräuchlich, als zusätzliches Identifikationsmerkmal verwendet wird, eine zweifache Zählung: Die *Orientierungsnummer*, die das Auffinden eines Gebäudes in einer Straße oder auf einem Platz erleichtern soll und in Prag auf einem blaugrundigen Schildchen angezeigt wird, entspricht üblicher Hausnumerierung und unterliegt deswegen immer dann Veränderungen, wenn Baumaßnahmen in der Umgebung zu einer Vermehrung oder Verminderung in der Zahl der zu zählenden Gebäude führen. Demgegenüber handelt es sich bei der sogenannten *Konskriptionsnummer*, die an den Prager Hauswänden auf rotem Grund (manchmal auch als Teil des Fassadenschmucks) erscheint, um eine Art Katasternummer, die sich nicht ändern sollte, solange das Gebäude existiert, ein Grundsatz, der von den zuständigen Baubehörden leider nicht immer befolgt wurde, so daß in der Forschungsliteratur gelegentlich falsche Identifizierungen begegnen.

Wo immer es geboten scheint, werden in der vorliegenden Darstellung die Konskriptionsnummern, die auf einer alten Einteilung Prags in durchnumerierte Stadtbezirke beruhen, zusätzlich vermerkt (in der Regel in runden Klammern). Die Angabe I-602 bezeichnet also beispielsweise ein in Prag I, der Altstadt, gelegenes Gebäude, das die Konskriptionsnummer 602 trägt. (Es ist das Haus *Zu den drei Königen* in der *Zeltnergasse* Nr. 3, in dem die Familie Kafka von September 1896 bis Mai 1907 wohnte.) Nach dem Zweiten Weltkrieg wurde zwar die beschriebene Aufgliederung der böhmischen Metropole in Stadtbezirke aufgegeben und durch eine neue ersetzt, die größere Einheiten bildet, doch wird die alte Kennzeichnung der Gebäude durch römische Zahlen und zugeordnete Konskriptionsnummern wegen ihrer Zweckmäßigkeit weiterhin in topographisch orientierten historischen und kunstgeschichtlichen Darstellungen benutzt.

In Fällen, in denen Photos genauer datierbar sind, werden gelegentlich den Bildlegenden entsprechende Angaben in runden Klammern beigefügt. Diese Datierungen sollen dem Leser ein Gefühl dafür vermitteln, in welcher Weise Kafkas Umfeld durch die verwendeten Abbildungen chronologisch zutreffend repräsentiert werden kann.

Siglen

AS Franz Kafka: *Amtliche Schriften*, hrsg. von Klaus Hermsdorf und Benno Wagner, (Frankfurt/M 2004)

B I Franz Kafka: *Beschreibung eines Kampfes*, (hrsg. von Roland Reuß in Zusammenarbeit mit Peter Staengle und Joachim Unseld), (Frankfurt/M., Basel 1999) [erste Version]

B II *Franz Kafka: Beschreibung eines Kampfes. Gegen zwölf Uhr [...],* (hrsg. von Roland Reuß in Zusammenarbeit mit Peter Staengle und Joachim Unseld), (Frankfurt/M., Basel 1999) [zweite Version]

Br Franz Kafka: *Briefe 1902–1924*, (hrsg. von Max Brod), (Frankfurt/M. 1958)

Br I Franz Kafka: *Briefe 1900–1912*, hrsg. von Hans-Gerd Koch, (Frankfurt/M. 1999)

Br II Franz Kafka: *Briefe 1913–März 1914*, hrsg. von Hans-Gerd Koch, (Frankfurt/M. 1999)

Br III Franz Kafka: *Briefe April 1914–1917*, hrsg. von Hans-Gerd Koch, (Frankfurt/M. 2005)

Br E *Briefe an die Eltern aus den Jahren 1922–1924*, hrsg. von Josef Čermák und Martin Svatoš, (Frankfurt/M. 1990)

C *Franz Kafka. Eine Chronik.* Zusammengestellt von Roger Hermes, Waltraud John, Hans-Gerd Koch und Anita Widera, Berlin (1999)

D Franz Kafka: *Drucke zu Lebzeiten*, hrsg. von Wolf Kittler, Hans-Gerd Koch und Gerhard Neumann, (Frankfurt/M. 1994)

DA Franz Kafka: *Drucke zu Lebzeiten. Apparatband*, hrsg. von Wolf Kittler, Hans-Gerd Koch und Gerhard Neumann, (Frankfurt/M. 1994)

DZB *(Deutsche Zeitung) Bohemia*

EFB Max Brod/Franz Kafka: *Eine Freundschaft. Briefe*, hrsg. von Malcolm Pasley, (Frankfurt/M. 1989)

EFK *«Als Kafka mir entgegenkam ...». Erinnerungen an Franz Kafka*, hrsg. von Hans-Gerd Koch, Berlin (2005)

EFR Max Brod/Franz Kafka: *Eine Freundschaft. Reiseaufzeichnungen*, hrsg. unter Mitarbeit von Hannelore Rodlauer von Malcolm Pasley, (Frankfurt/M. 1987)

F Franz Kafka: *Briefe an Felice und andere Korrespondenz aus der Verlobungszeit*, hrsg. von Erich Heller und Jürgen Born, (Frankfurt/M. 1967)

FK Max Brod: *Über Franz Kafka*, (Frankfurt/M. 1966)

G Georg Gimpl: *«Weil der Boden selbst hier brennt». Aus dem Prager Salon der Berta Fanta (1865–1918)*, (Furth im Wald, Praha 2001)

KB Jürgen Born: *Kafkas Bibliothek. Ein beschreibendes Verzeichnis.* Zusammengestellt unter Mitarbeit von Michael Antreter, Waltraud John und Jon Shepherd, (Frankfurt/M. 1990)

KH *Kafka-Handbuch in zwei Bänden.* Unter Mitarbeit zahlreicher Fachgelehrter hrsg. von Hartmut Binder, Stuttgart (1979), Band 1: *Der Mensch und seine Zeit*

KK *Kafka Katern. Kwartaalblad van de Nederlandse Franz Kafka-Kring*

M Franz Kafka: *Briefe an Milena.* Erweiterte und neu geordnete Ausgabe, hrsg. von Jürgen Born und Michael Müller, (Frankfurt/M. 1983)

NA *Národní archiv*, Prag (Paß- und Polizeiakten)

NS I Franz Kafka: *Nachgelassene Schriften und Fragmente I*, hrsg. von Malcolm Pasley, (Frankfurt/M. 1993)

NS I A Franz Kafka: *Nachgelassene Schriften und Fragmente I. Apparatband*, hrsg. von Malcolm Pasley, (Frankfurt/M. 1993)

NS II *Franz Kafka: Nachgelassene Schriften und Fragmente II*, hrsg. von Jost Schillemeit, (Frankfurt/M. 1992)

NS II A   Franz Kafka: *Nachgelassene Schriften und Fragmente II. Apparatband*, hrsg. von Jost Schillemeit, (Frankfurt/M. 1992)

NZZ   *Neue Zürcher Zeitung*

O   Franz Kafka: *Briefe an Ottla und die Familie*, hrsg. von Hartmut Binder und Klaus Wagenbach, (Frankfurt/M. 1974)

P   Franz Kafka: *Der Process, (Faks.-Ed.)*, (hrsg. von Roland Reuß unter Mitarbeit von Peter Staengle), (Basel/Frankfurt/M. 1997) [die einzelnen Hefte werden mit ihrem Titel zitiert]

PA   *Prager Abendblatt*

PK   Max Brod: *Der Prager Kreis*, Stuttgart, Berlin, Köln, Mainz (1966)

PN   *Prager Nachrichten*

PP   *Prager Presse*

PT   *Prager Tagblatt*

S   Franz Kafka: *Das Schloß*, hrsg. von Malcolm Pasley, (Frankfurt/M. 1982) [korrekter Titel: *Das Schloss*]

SL   Max Brod: *Streitbares Leben 1884–1968*, München, Berlin, Wien (1969)

SW   *Selbstwehr. Unabhängige jüdische Wochenschrift*

T   Franz Kafka: *Tagebücher*, hrsg. von Hans-Gerd Koch, Michael Müller und Malcolm Pasley, (Frankfurt/M. 1990)

TA   Franz Kafka: *Tagebücher. Apparatband*, hrsg. von Hans-Gerd Koch, Michael Müller und Malcolm Pasley, (Frankfurt/M. 1990) [S. 75–82 Tagebuchnotizen aus der Zürauer Zeit]

TK   Franz Kafka: *Tagebücher. Kommentarband*, hrsg. von Hans-Gerd Koch, Michael Müller und Malcolm Pasley, (Frankfurt/M. 1990)

U   Joachim Unseld: *Franz Kafka. Ein Schriftstellerleben*, (München, Wien 1982)

V   Franz Kafka: *Der Verschollene*, hrsg. von Jost Schillemeit, (Frankfurt/M. 1983)

W   Klaus Wagenbach: *Franz Kafka. Eine Biographie seiner Jugend. 1883–1912*, Berlin (2006)

Z   Von Hélène Zylberberg vor dem Zweiten Weltkrieg zusammengestellte Bücherliste mit Titeln aus dem Besitz Franz Kafkas, heute im *Deutschen Literaturarchiv*, Marbach/N., vgl. Schiller Nationalmuseum/Deutsches Literaturarchiv Marbach am Neckar: *Die Kafka-Sammlung Hélène Zylberberg*, (Marbach/N. 1996) (→ Abb. 1025)

[ ] und *[ ]*   Einfügung des Verfassers

Pfeile verweisen entweder auf Abbildungen, auf denen die Personen oder Monumente zu sehen sind, die gerade in Rede stehen, oder auf die den Bildern zugeordneten Erläuterungen, die ergänzende Informationen zum Argumentationsgang liefern.

Bildnachweise

Theodor Ackermann / Frankfurter Bücherstube: *Das 20. Jahrhundert. Geistesleben – Bibliophilie,* (München, Frankfurt/M.), o. J. [1993], Titelblatt und Nr. 500 (Gemeinschaftskatalog): 391

Album Representantů všech oborů Veřejného života československého, hrsg. von Fr. Sekanina, Praha 1927, S. 133: 1103

Almanach 1902–1964 Jüdischer Verlag, Berlin, o. J., nach S. 6: 817

Almanach und Adressenbuch für das Jahr 1912, hrsg. von den Souffleuren des Königlich deutschen Landestheaters in Prag, Prag 1911, Inseratenteil: 233

An Stelle der feierlichen Inauguration des Rektors der deutschen Universität in Prag für das Studienjahr 1927/28, Prag 1929, nach S. 76: 994

Antikvariát Ztichlá klika, Prag: Schutzumschlag, 229, 928

Archiv Corps Austria, Frankfurt/M.: 149

Archiv hlavního města Prahy: 33, 77

Archiv národního divadla, Prag: 1135

Archiv Univerzity Karlovy v Praze: 124, 166

Assicurazioni Generali, Triest: 257

Assicurazioni Generali. Bolletino V Serie, 3, Nr. 12 (Dicembre 1952), S. 33: 256

Bayerische Staatsbibliothek, München: 760

Bericht über die Tätigkeit der Staatlichen Landeszentrale für das Königreich Böhmen zur Fürsorge für heimkehrende Krieger im Jahre 1916, Prag 1917, S. 30 und S. 145: 932, 1020

Berliner Tageblatt 45, Nr. 342 (6. VII. 1916), S. 2: 882

Bibliothèque historique de la ville de Paris: 317

Bibliothèque Nationale de France, Paris, service reproduction: 314, 321, 399, 421, 422

Die Bildnisse Goethes, hrsg. von Ernst Schulte-Strathaus, München (1910), *(Goethes Sämtliche Werke, Propyläen-Ausgabe, erstes Supplement)* Nr. 158, Nr. 71 und Nr. 67: 610, 609, 662

Wilhelm Bode: *Damals in Weimar,* Weimar 1910, S. 61: 614

Bodleian Library, Oxford: 10, 11, 460, 1014, 1114, 1116, 1120, 1167

Bühne und Welt 11, II. Halbjahr (April-September 1909), S. 708: 536

Max Brod: *Franz Kafka. Eine Biographie. (Erinnerungen und Dokumente),* Prag 1937, nach S. 32 und 128: 14, 292

Max Brod: *Franz Kafka. Eine Biographie,* 3., erweiterte Auflage, (Frankfurt/M. 1954), S. 257: 445

Die deutsche Carl-Ferdinands-Universität in Prag unter der Regierung seiner Majestät des Kaisers Franz Josef I., Prag 1899, nach S. 90, nach S. 414 und nach S. 28: 106, 108, 189

Central Zionist Archives, Jerusalem: 438, 496

Československé umění, sestavil Zdeněk Wirth, Praha 1926, Abb. 125: 552

Český svět 4, Nr. 28 (24. IV. 1908): 44

Český svět 5, Nr. 16 (1909): 676

Český svět 5, Nr. 26 (9. IV. 1909): Schutzumschlag, 522

Český svět 5, Nr. 30 (7. V. 1909): 86

Český svět 5, Nr. 41 (23. VII. 1909): 242

Český svět 7, Nr. 6 (21. X. 1910): 678

Český svět 7, Nr. 37 (26. V. 1911): 378

Český svět 7, Nr. 6 (21. X. 1910): 678

Český svět 8, Nr. 7 (20. X. 1911): 550

Český svět 8, Nr. 44/45 (1912): 673

Český svět 9, (13. VI. 1913): 717

Český svět 10, Nr. 7 (17. X. 1913): 1129

Český svět 10, Nr. 14 (5. XII. 1913): 500

Český svět 10, Nr. 18 (23. I. 1914): 798

Český svět 11, Nr. 44 (9. VII. 1915): 874

Český svět 11, Nr. 45 (16. VII. 1915): 741

Charisteria. Alois Rzach zum achtzigsten Geburtstag dargebracht, Reichenberg 1930, Frontispiz: 98

Il circuito aereo di Brescia. Settembre 1909. Guida ufficiale del primo circuito aereo internazionale italiano organizzato dalla città di Brescia, Milano 1909, vor S. 7: 293

Comœdia illustré 3 (1910), S. 424: 324

Mary Pickford Foundation, Culver City, California: *Daddy-Long-Legs,* Chatsworth 1999 (DVD-Video): 1046

Dějiny českého divadla, III, Praha 1976, S. 334, Abb. 186: 545

Deutsche Akademie der Künste, Berlin: 328

Deutsches Literaturarchiv, Marbach/N.: 190, 284, 571, 572, 574, 575, 633, 709, 765, 911, 1009, 1047, 1149

Deutsche Staatsbibliothek, Berlin, Handschriftenabteilung: 907

Kathi Diamant, San Diego, Kalifornien: 1181

DZB 80, Nr. 89 (31. III. 1907), *Osterbeilage,* [S. I]: 304

[Wolf Dohrn]: *Die Bildungsanstalt Jaques-Dalcroze. Hauptanstalt Hellerau bei Dresden,* (Hellerau) o. J. [1912], Bildteil nach S. 8 und Frontispiz: 549, 1161

EFR 126, 243: 439, 599

Emil Orlik. Zeichnungen und Druckgraphik von 1889–1932. Ausstellung des Adalbert Stifter Vereins, München in Zusammenarbeit mit dem Städtischen Kunstmuseum, Bonn und der Villa Stuck, München, 1972, S. 114: 114

175 Jahre wissenschaftliche Buchhandlung Robert Lerche vorm. J. G. Calve'sche Universitätsbuchhandlung Prag–München 1786–1961, (München 1961), S. 9: 147

J. Elbogen und J. Höniger: *Lehranstalt für die Wissenschaft des Judentums. Festschrift zur Einweihung des eigenen Heims,* Berlin 1907, nach S. 105: 1192

Peter Engel, Hamburg: 766, 767, 772, 1028, 1140

Falster-Minder-Museum, Nykøbing, Dänemark: 775

[Friedrich Fellenberg]: *Sanatorium Erlenbach. Naturheilanstalt,* (Horgen-Zürich 1907), S. 7 (Werbebroschüre): 433

Cäser Fleischlen: *Emil Milan als Künstler. Worte bei seiner Gedächtnisfeier in der alten Aula der königl. Universität Berlin, am 8. Mai 1917,* Berlin (1917), Frontispiz: 749

Václav Formánek: *Vilém Nowak. Kapitoly o životě a díle,* (Praha 1977), Abb. 27: 488

Forschungsstelle und Dokumentationszentrum für österreichische Philosophie, Graz: 171

Fünfundzwanzig Jahre Arbeiter-Unfall-Versicherung. Bericht über die Entwicklung der Arbeiter-Unfall-Versicherungs-Anstalt für das Königreich Böhmen in der Zeit vom 1. November 1889 bis 31. Oktober 1914. Im Auftrage des Vorstandes der Anstalt herausgegeben von JUDR Robert Marschner, Direktor der Arbeiter-Unfall-Versicherungs-Anstalt für das Königreich Böhmen in Prag, Prag 1915, nach S. 134: 306

50 Jahre deutscher Dilettantenverein Prag 1879–1929, Prag 1929, S. 40: 561

G 297, 301, 350 und 282: 138, 163, 351, 945

Gemeindearchiv Graal-Müritz: 1171

Gemeindeblatt der Jüdischen Gemeinde zu Berlin 21, Nr. 5 (Mai 1931), S. 161: 1128

[James Goldwater]: *Franz Kafka: Ein Landarzt: Kleine Erzählungen. The Author's Corrected Proof,* New York o. J., S. 8 f.: 1030

Rotraud Hackermüller, Wien: 1203, 1204, 1206

Ernst Haeckel: *Der Kampf um den Entwicklungs-Gedanken.* Sechstes bis zehntes Tausend, Berlin 1905, Frontispiz: 79

Heeresgeschichtliches Museum im Arsenal, Wien: 53

Sven Helbrink, København: 1051

Herder-Institut e. V., Marburg, Bildarchiv: 520

Hlavní Katalog, vydal Výkonný Výbor, redigoval Josef Fořt, V Praze 1891, Annoncenteil, S. 121: 42

Josef Paul Hodin: *Kafka und Goethe. Zur Problematik unseres Zeitalters,* London, Hamburg (1968), S. 9: 935

Herbert Ihering: *Von Josef Kainz bis Paula Wessely. Schauspieler von gestern und heute,* Heidelberg, Berlin, Leipzig (1942), nach S. 32 und vor S. 65: 538, 860

L'illustrazione italiana 36, Nr. 39 (26. IX. 1909), S. 293: 294

Gustav Janouch: *Franz Kafka und seine Welt,* Wien, Stuttgart, Zürich (1965), S. 65 und 119: 161, 1095

Alfred Javorin: *Pražské arény,* Praha 1958, S. 326: 752

The Jewish National and University Library, Jerusalem: 70, 75, 76, 80, 87, 89, 99, 103, 126, 172, 248, 726, 744, 858, 1126

Adolf Just: *Kehrt zur Natur zurück,* 7. Auflage, Jungborn-Stapelburg 1910, S. 680 f.: 641

Franz Kafka: *Amtliche Schriften,* hrsg. von Klaus Hermsdorf und Benno Wagner, (Frankfurt / M. 2004), S. 195: 334

Kafka a Praha. Vzpomínky. Úvahy. Dokumenty [Kafka und Prag. Erinnerungen, Betrachtungen, Dokumente], (hrsg. von Hugo Siebenschein, Edwin Muir, Emil Utitz, Petr Demetz), Praha 1947, Abb. 6 (seitenverkehrt), Abb. 18, nach S. 24 und Abb. 9: 32, 66, 188, 219

Kafkas letzter Freund. Der Nachlaß Robert Klopstock. Mit kommentierter Erstveröffentlichung von 38 teils ungedruckten Briefen Franz Kafkas. Bearbeitet von Christopher Frey und Martin Peche, hrsg. von Hugo Wetscherek, (Wien 2003), S. 229: 1101

Karpathen-Post. Politisches Wochenblatt zur Förderung der gesamten Interessen des Zipser Deutschtums 42, Folge 17 (23. IV. 1921), S. 1: 1104

[Adolf] Keller-Hoerschelmann: *Mein Atmungssystem,* dritte vermehrte und verbesserte Auflage, Olten (1914), S. 179: 434

Klassik Stiftung Weimar, Goethe- und Schiller-Archiv: 580, 581, 584, 585, 622

Hans-Gerd Koch, Hagen: 455, 723, 763, 770, 987, 1136

Karl Krall: *Denkende Pferde,* Leipzig 1912, nach S. 192: 811

Der Kriegsruf. Offizielles Organ der Heilsarmee in der Schweiz 25, Nr. 7 (20. II. 1909), S. 3: 438

Kungliga Biblioteket, Stockholm: 872

Heinrich Lahmann: *Die diätetische Blutentmischung (Dysämie) als Grundursache aller Krankheiten,* elfte, vermehrte Auflage, Leipzig 1901, S. 160: 154

Miroslav Lamač: *Osma a Skupina výtvarných umělců. 1907–1917,* (Praha 1988), Abb. 63 und Abb. 105: 117, 687

Lask Collection, Berlin: 1174

Franz Lengmann: *Der Matschakerhof*, 2. Auflage, Wien 1902, S. 24: 724

Leo Baeck Institute, New York, Nachlaß Johannes Urzidil: Schutzumschlag, 191, 1194

Franz Ludwig: *Ludwig Wüllner. Sein Leben und seine Kunst. Mit vierzehn Beiträgen zeitgenössischer Persönlichkeiten*, Leipzig 1931, S. 119: 933

M 271: 30

Guido Massino, Turin: Schutzumschlag, 457, 461

Moderne Neubauten aus Süd- und Mitteldeutschland, hrsg. von Wilhelm Kick, Stuttgart 1898, S. 78: 312

Der Monat 1, Heft 8/9 (Juni 1949), vor S. 65: 1180

Museum Beth Hatefusoth, Tel Aviv: 925

Muzeum hlavního města Prahy: 2

Národní Archiv, Prag: Schutzumschlag, 61, 115, 134, 142, 143, 167, 186, 228, 282, 285, 297, 303, 353, 395, 396, 399, 400, 402, 452, 454, 458, 462, 474, 476, 477, 527, 661, 714, 718, 746, 754, 812, 825, 829, 833, 844, 854, 861, 871, 908, 913, 921, 942, 953, 957, 992, 1003, 1013, 1027, 1033, 1038, 1049, 1050, 1067, 1073, 1075, 1077, 1081, 1085, 1086, 1091, 1092, 1097, 1115, 1139, 1148

Národní Galerie v Praze: 1143

Národní muzeum, Theaterarchiv, Prag: 543, 544, 546

Národní památkový ústav, Praha: 809

Neubauten in Wien, Prag, Budapest, Wien 1904, S. 29: 214

Neue Freie Presse 56, Nr. 20114 (26. VIII. 1920), *Morgen-blatt*, S. 5: 1093

Nordico – Museum der Stadt Linz, Lichtbildarchiv: 484

Anthony Northey, Wolfville, Nova Scotia: 49, 132, 139, 195, 210, 268, 469, 479, 675, 689, 690, 691, 810, 1029, 1063

Österreichische Nationalbibliothek, Wien, Bildarchiv: Haupttitel, 123, 174, 184, 205, 607, 725

Österreichisches Theatermuseum, Wien: 532

Orplid 1, *Weihnachtsheft* 1912, S. 48: 440

Ostdeutsche Galerie, Regensburg: 1141

O Abb. 16 und 17: 1023, 1114

Reinhard Pabst, Bad Camberg: 313, 325

Památník národního písemnictví, Prag: 288, 560, 706, 868, 905, 1019, 1022, 1109, 1208

Phono-Ciné-Gazette 1 (1905), S. 146: 319

PK vor 49 und nach 64: 265, 274

PP 2, Nr. 157 (11. VI. 1922), *Bilderbeilage der Prager Presse* Nr. 24, S. 2: 1150

Prager Dichter in ihrem Heim, in: *Die Wahrheit* 6, Nr. 8 (15. IV. 1927), S. 4: 1000, 1206

Das Prager Ghetto, unter Mitwirkung von Ignát Herrmann, Dr. Jos. Teige und Dr. Zigm. Winter, Prag 1903, S. 115: 8

PT 27, Nr. 132 (14. V. 1902), S. 17: 116

PT 27, Nr. 148 (31. V. 1902), S. 18: 45

PT 34, Nr. 101 (11. IV. 1909), S. 127: 676

PT 36, Nr. 285 (15. X. 1911), S. 35: 448

PT 39, Nr. 100 (12. IV. 1914), S. 13: 388

PT 39, Nr. 335 (25. XII. 1914), S. 7: 815

PT 41, Nr. 237 (27. VIII. 1916), S. 5: 936

PT 42, Nr. 89 (1. IV. 1917), S. 13, Wochenbeilage *Onkel Franz. Illustrierte Jugend-Zeitung* Nr. 12: 941

PT 46, Nr. 301 (24. XII. 1921), S. 5: 558

Prager Theaterbuch, hrsg. von Carl Schluderpacher, Prag 1924, nach S. 142: 541

Prag in Bildern, Aufnahmen von Alexander Exax, hrsg. von Johannes Eckardt, Wien und Leipzig 1929, Abb. 59: 175

Der Querschnitt 5, Heft 8 (August 1925), S. 683: 1125

Raccolta delle Stampe Achille Bertarelli, Mailand: 414

Roger-Viollet, Paris: 327

Roland 23, Nr. 8 (18. II. 1925), S. 1: 952

Harald Salfellner: *Franz Kafka und Prag*, (Prag 1996), S. 102: 1096

Hans-Jürgen Sarfert, Dresden: 564, 757, 761, 1199

Karl Scheffler: *Paris. Notizen*, (Leipzig 1908), nach S. 34: 323

Pavel Scheufler, Prag: 954

56. Bericht der Lese- und Redehalle der deutschen Studenten in Prag. 1904, Prag 1905, nach S. 12: 168

Selbstwehr 13, Nr. 38–39 (24. IX. 1919), S. 1: 817

Jürgen Serke: *Böhmische Dörfer. Wanderungen durch eine verlassene böhmische Landschaft*, Wien, Hamburg (1987), S. 246: 1079

S. Fischer Verlag, Frankfurt/M.: 376, 659, 699

Das alte Spiel von Jedermann. Siebzehn Figurinen von Alfred Roller und sieben Schauspielerbildnisse. Bemerkungen von Hugo von Hofmannsthal, Berlin 1912: 540

Stadtarchiv Halberstadt: 639

Stadtarchiv Leipzig: 563, 570

Stadtarchiv Weimar: 606

Stadtbibliothek München, Handschriftenabteilung: 924

J. A. Stargardt: *Autographen aus allen Gebieten. Auktion am 23. und 24. November 1971 in Marburg. Katalog Nr. 597*, Marburg (1971), S. 57: 1147

Státní oblastní archiv v Praze: 478

Státní okresní archiv Cheb: 879

Státní okresní archiv Jeseník: 178

Státní okresní archiv Liberec: 349

Karl Storck: *E. Jaques-Dalcroze. Seine Stellung und Aufgabe in unserer Zeit*, Stuttgart 1912, Frontispiz: 548

August Strobel: *Unsere Fahne. Eine Gedenkschrift anläßlich der Fahnenweihe der Lese- und Redehalle der deutschen Studenten in Prag*, Prag 1899, Frontispiz: 110.

Martin Svatoš: *Pozůstalostní spis Franze Kafky* [Franz Kafkas Verlassenschaftsakte], in: *Archiv hlavního města Prahy. Dokumenta Pragensia* 15, hrsg. von Václav Ledvinka, Praha 1997, S. 330: 1210

T 945, 15: 405, 523

Das Theater 2, Heft 12 (Februar II 1911), S. 239: 526

Das Theater 2, Heft 19 (Juni I 1911), S. 397: 530

Le Théâtre Nr. 264 (*Weihnachts-Nummer* 1909), S. 13: 316

Le Théâtre Nr. 298 (Mai 1911): 423

Über Land und Meer 56, Band III (Oktober 1913–1914), Nr. 23, S. 596: 1160

ullstein bild, Berlin: 747

Uměleckoprůmyslové muzeum, Prag: 63

Ungarische Akademie der Wissenschaften, Budapest: 394

Universitätsbibliothek Wuppertal: 663, 1010

Joachim Unseld: *Franz Kafkas «Brief an den Vater»*, (Text des Briefes in Faksimile und Transkription), (Hamburg 1986), S. 1: 1037

Úřad městské části Praha 1, stavební archiv: 251

Eric Albert Vivian: *Georg Kaiser und seine Stellung im Expressionismus*, München (1946), Frontispiz: 1164

Vojenský historický archiv, Prag: 843

Das jüdische Volksheim Berlin. Erster Bericht. Mai/Dezember 1916, S. 9: 910

WDR, Köln: 988

Zdeněk Wirth: *Kutná Hora. La ville et son art*, Prague 1931, Abb. 16: 819

Zdeněk Wirth: *Pražské Zahrady*, Praha 1943, Abb. 14: 839

Zdeněk Wirth: *Stará Praha*, V Praze (1942), Abb. 377 und 299: 468, 707

YIVO *Institute for Jewish Research*, New York: 892

Giorgio Zampa: *Rilke. Kafka. Mann. Letture e ritratti tedeschi*, (Milano 1968), vor S. 97: 737

Židovské muzeum v Praze: 9, 475, 742

Zur Neuorientierung der deutschen Kultur nach dem Kriege, Jena 1916, vor S. 1: 762

Alle anderen Abbildungen: Hartmut Binder, Ditzingen.

Bei den vielfach langwierigen und über Jahrzehnte sich hinziehenden Bildrecherchen des Verfassers ist es vorstellbar, daß Informationen über Urheberrechtsträger verlorengegangen sind. Der Verlag bittet in solchen Fällen um Benachrichtigung.

Dank

Am Zustandekommen dieses Bildbandes waren viele helfende Hände beteiligt, denen mein aufrichtiger Dank gilt. Da aber unmöglich alle namentlich genannt werden können, die ich im Lauf der Jahre um die Bereitstellung von Materialien gebeten habe, muß ich mich darauf beschränken, diejenigen anzuführen, die durch Rat und Tat in besonderer Weise zu seinem Gelingen beigetragen haben. Es sind

Kathi Diamant, *San Diego,*

Peter Engel, *Hamburg,*

Friedrich Fellenberg jr., *Uster,*

Rotraud Hackermüller, *Wien,*

Chawa Hoffe, *Tel Aviv,*

Hans-Gerd Koch, *Hagen,*

Gabriele Lehmann, *Gotha,*

Guido Massino, *Turin,*

Vlasta Mèstanková, *Prag,*

Tony Northey, *Wolfville,*

Reinhard Pabst, *Bad Camberg,*

Harald Salfellner, *Prag,*

Hans-Jürgen Sarfert, *Dresden,*

Věra Saudková, *Prag,*

Reiner Stach, *Hamburg,*

Marianne Steiner †, *London,*

Roland Templin, *Kleinmachnow.*